러시아어 파생어 모음집

Dictionary of Russian Derivative

Словообразовательный Словарь Русского Языка

김정태 편저

소망사

러시아어 파생어 모음집

초판 1쇄 2017년 3월 23일
개정 1쇄 2017년 12월 15일

엮은이 | 김정태
펴낸이 | 고점순
펴낸곳 | 도서출판 소망사
등 록 | 제2015-000048호(2015. 9. 16)
주 소 | 서울 마포구 독막로 331 마스터즈타워 1903호
전 화 | 02-392-4232
팩 스 | 02-392-4231
E-mail | somangsa77@hanmail.net

Printed in Korea

ISBN | 978-11-956881-9-7 03230

책값은 뒷표지에 있습니다.

이 책의 전부 또는 일부 내용을 재사용하려면 반드시 사전에
저작권자와 도서출판 소망사의 동의를 받아야 합니다.

◆ 머 리 말 ◆

   외국어를 새롭게 배워 익힌다는 것은 누구에게나 그리 쉬운 일은 아니라고 생각합니다. 특히 한국사람과 같이 한 언어만을 사용하는 사람들에게는 더욱이 쉽지 않은 일이라고 생각합니다.

   본인도 60세가 다 되어서 러시아를 배우기 시작해서 지금은 의사소통을 하고 있지만 그렇게 쉽지만은 않았습니다. 다행이랄까 본인은 영어를 어느 정도 구사하기 때문에 러시아를 배우는 것이 조금은 쉽지 않았나 생각합니다.

   언어를 집으로 비유하면 문법은 집의 기본 골격이고 단어는 그 골격을 채우는 벽돌로 비유 할 수 있다고 생각합니다. 집을 짓기 위해서는 뼈대가 필요하고 그 뼈대를 채우는 벽돌도 필요한 것은 자명하다고 하겠습니다.

   그래서 본인은 그동안 나름대로 터득한, 단어의 뜻을 좀더 명확히 파악하고, 또 좀 더 효과적으로, 더 오래, 그리고 더 많이 기억하는 방법을 러시아어를 공부하는 분들과 함께 나누기 위해서 이 작은 책자를 출간하게 되었습니다.

   이 작은 책자를 낼 수 있도록 환경과 여건을 허락하신 하나님께 감사드리며 또 이 책자를 내도록 격려해 주신 분들과 책이 나오기까지 수고해 주신 분들께 감사드립니다.

2017년 3월

♦ 일러두기 ♦

본인이 러시아어권 나라에서 러시아 공부를 하면서, 단어를 파생어별로 함께 모아서 체계적으로 공부 할 때 자연스럽게, 더 많이, 더 오래 기억되는 것을 경험하게 되었습니다. 이런 이유로 러시아 파생어 사전 원본을 참조하여 이 파생어 모음집을 출간하게 되었습니다.

이 책은 일반 사전으로 사용하기 보다는 이미 알고 있는 단어를 중심으로, 파생된 단어들을 찾아서 함께 기억하여 효과적으로 단어를 기억 하는데 사용할 수 있다고 생각합니다.

예를 들어 러시아어를 처음 배울 때 먼저 쓰는 말 들을 보면 здра́вствуйте, как дела́, до свида́ния 등등 회화에 기초적인 단어들이 있습니다.

여기에서 위의 단어들을 예를 들어 설명을 해 보면,

до свида́ния는 до(까지) + свида́ние(면회, 회견) → с(함께) + вида́ть, ви́деть 의 명사형(보다, 만나다)로 분석이 되고 вида́ть, ви́деть에서 또 많은 단어들이 파생되어 나옵니다(파생어집 참조).

как дела́는 как(어떻게) + дела́(일) → де́лать(하다) 이 단어에서도 많은 파생어가 나오며 дела́(일) → неде́ля(주일, 주간) (예전에는 일이 없는 날 즉 일요일) → понеде́льник(휴일 직후의 날 즉 월요일).

очки́(안경)은 о́ко(눈) → о́чи(눈의 복수)→ очки́(안경), очко́(점, 점수), о́чный(대면하는), зао́чный(부재중의) 등 그 밖에도 여러 파생어들이 있습니다(모음집 참조).

본인은 지금도 이런 방법으로, 연관된 단어들을 함께 보면서, 단어들이 어떻게 발전해 갔는지 알아 가면서 재미있게 러시아 공부를 계속 하고 있습니다.

아무쪼록 이 작은 책자가 러시아어를 공부하시는 여러분들에게 조금이나마 도움이 되기를 바랍니다.

♦ 러시아어 알파벳 ♦

러시아어 알파벳은 모두 서른셋이다. 언어에 따라서 러시아어의 로마자 표기는 아래 표기법과 다를 수 있다.

알파벳		이름	IPA	로마자 표기
대문자	소문자			
А	а	ah		a
Б	б	bĕ		b
В	в	vĕ		v
Г	г	gĕ		g
Д	д	dĕ		d
Е	е	yĕ		e
Ё	ё	yŏ		ë
Ж	ж	zhĕ		zh
З	з	zĕ		z
И	и	ē		i
Й	й	ēkră ́tkŏyĕ		ĭ
К	к	kah		k
Л	л	ĕl		l
М	м	ĕm		m
Н	н	ĕn		n
О	о	ŏ		o
П	п	pĕ		p
Р	р	ĕr		r
С	с	ĕs		s
Т	т	tĕ		t
У	у	ōō / ŭ		u
Ф	ф	čf		f
Х	х	xaf		kh
Ц	ц	tsĕ		ts
Ч	ч	chĕ		ch
Ш	ш	shah		sh
Щ	щ	shch		shch
Ъ	ъ	tvyor ́dĭznahk		된소리 부호
Ы	ы	ĭ		y
Ь	ь	myah ́k-kĭznahk		약소리 부호
Э	э	ĕŏbeŏ ́tnŏyĕ		é
Ю	ю	ū		yu
Я	я	yah		ya

♦ 전치사 및 접두어 ♦

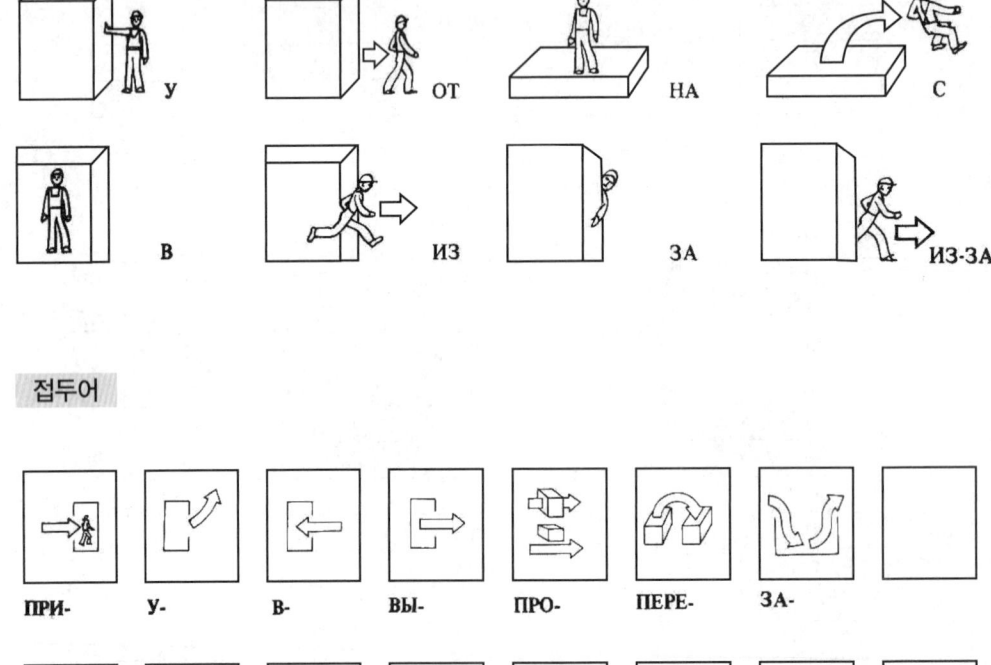

А

абду́ктор 외전근
абду́кция 유괴, (의) 외전

аболи́ция (법률, 결의의) 폐지, 은사, 노예 제도 폐지
аболициони́зм 폐론론, 노예 제도 폐지론
аболициони́ст 노예 제도 폐지론자

абони́ровать (전화 등의) 가입하다, (신문·잡지·좌석 등의) 예약하다
абонеме́нт 이용권, 관람권, 정기권
абоне́нт 가입자, 예약자

або́рт 낙태, 유산,
аборта́рий 낙태·피임 전문의원
аборти́вный 낙태의, 급변시키는, (생)발육 부전의
абортма́хер 낙태 시술자

абсолю́т 절대자
абсолюти́вный 독립적, 자족적
абсолютизи́ровать 절대화 하다
абсолюти́зм 절대론, 절대주의, (정) 전제정치
абсолюти́ст 전제 정치가, 독재주의자
абсолю́тно 절대
абсолю́тность 절대성
абсолю́тный 절대적, 절대의, 완전한

абсорбе́нт 흡수제
абсо́рбер 흡수기
абсорби́ровать 흡수하다
абсорбцио́нный 흡수식 냉동기
абсо́рбция 흡수

абстра́кт 추상개념, 추상성
абстра́ктный 추상적인
абстракциони́зм 추상파, 추상주의
абстра́кция 추상, 추상적 개념

аванси́ровать 선불하다, 앞으로 나아가다
аванта́ж 이익, 우월
аванта́жный 눈에 띄는, 훌륭한

авантю́ра 모험, 엽기
авантюри́зм 모험주의
авантюри́ст 모험가
авантюристи́ческий 모험심의
авантю́рный 모험적인, 엽기적인

ава́рия 파손·조난, 사고, 실패, (운전 중에 일어난) 기계의 파손
авари́йка 파손 수리용 자동차
авари́йность 자주 파손되는 일, 파손율
авари́йный 파손 수리의, 해난 구조의
авари́йщик 파손 수리·해난 구조 근무자

авиа- авио- 항공의, 비행의 뜻
авиаба́за 항공기지
авиабиле́т 항공권
авиабо́мба 투하용 폭탄
авиагоризо́нт (항공)경사 측정기
авиазаво́д 항공기 공장
авиаинжене́р 항공기사
авиака́рта 항공지도
авиакомпа́ния 항공사
авиали́ния 항공로
авиало́дка 비행정
авиамая́к 항공등대
авиаметеоста́нция 항공기상관측소
авиамоде́ль 모형 비행기
авиано́сец 항공모함
авиапа́рк 격납고
авиапо́чта 항공우편
авиапромы́шленность 항공기 공업
авиаскла́д 항공 재료창
авиасъёмка 항공 측량·촬영
авиате́хник 항공기 정비원
авиате́хника 비행기 기술

авиа́тор   비행사, 조종사
авиатра́нспорт   공중 수송
авиацио́нный   항공의, 비행의
авиа́ция   비행, 항공
авиача́сть   비행대
авиашко́ла   비행 학교
гидроавиа́ция   수상 비행
авиогородо́к   비행사 도시
авиожурна́л   항공일지
авиомотоцикле́тка   경비행기
авио́н   각종 비행기의 총칭
авиониза́ция   항공지식의 보급

а́втор   저자, 작자
а́вторский   저자의, 발명자의
а́вторство   저작권, 발명권
а́вторствовать   저술·문필을 업으로 하다

авто- автомоби́ль   의 약어, 자동의 뜻
автоба́за   자동차 기지
автобензово́з   가솔린 수송자동차
автобетономеша́лка   콘크리트 믹서차, 레미콘
автобиогра́фия   자서전, 이력(서)
авто́бус   버스
автово́з   화물자동차
автога́мия   자가 수정
автогара́ж   차고
автогене́з   자연 발생, 자생, 자연 발생론
автогипно́з   자기 최면
автого́нка   자동차 경주
авто́граф   자필, 자서 사인
автодро́м   자동차 경기장
автозаво́д   자동차 공장
автокаранда́ш   샤프 펜슬
автокла́в   압력솥(요리·소독 등)
автокра́т   전제군주
автокра́тия   전제·독재 정치
автома́т   자동기계, 자동 총, 자동인형, 자동 판매기
автоматиза́ция   자동화, 인간의 행동이 기계적으로 되는 것
автоматизи́ровать   자동화하다
автомати́зм   자동성, 자동작용, 반사운동
автома́тика   자동화 기술·장치
автомати́ческий   자동적인
автомати́чный   기계적인, 무의식 적인
автомаши́на   자동차
автометаморфи́зм   (지질) 자기 변질 작용
автомобилестрое́ние   자동차 제조(업)
автомобилиза́ция   자동차 화
автомобили́ст   자동차 업자, 자동차 경기자
автомоби́ль   자동차
автомоби́льный   자동차의
автоно́мия   자치제, 자치권, 자율
автопа́рк   자동차 차고, 자동차 재료창
автоперево́зка   (군) 자동차 수송
автопла́стика   (의) 정형수술
автопокры́шка   자동차 타이어
автопортре́т   자화상
автопробе́г   오토레이스
автопси́я   (의) 시체 해부, 검시
авторегуля́тор   자동 조절기
авторита́рный   권력 만능의, 권위 있는
авторите́т   권위, 전문가, 당국
авторите́тный   권위 있는, 믿을 만한, 강압적인
авторота́ция   (비행기의) 자동회전
автору́чка   만년필
автосвеча́   모터용 점화 장치, 플러그
автостра́да   고속도로
автострое́ние   자동차 제조
автото́рмоз   자동브레이크
автотя́гач   자동 차 예인기
авточа́сть   (군) 자동차 부대
автоши́на   자동차 타이어

аге́нт   대리인, 대표자, 요원, 앞잡이, 간첩
аген́ти́рование   대리인 또는 대리 시설에 의한 사무 처리
аге́нтство   대리점, 취급점
агенту́ра = аге́нт   의업, 위임단, 첩보 사무

суперагент 고등 첩보 요원
финагент 재정 기관의 근무자

агит- агитационный 뜻
агитатор 선동요원(공산당의), 교반기, 휘저어 섞는 기계
агитационный 선동의, 선전의
агитация 선동, 선전
агитировать 선동하다, 설득하다
агитмассовый 대중 선동의

агонизировать 임종의 고통을 겪다
агония 임종의 고통

агора 광장(고대 그리스)
агорафобия 광장 공포증

агро- агрономический 뜻
агроризация 농업화
аграрий 대지주
аграрник 농업문제 전문가, 농사 통
аграрный 농업의, 농민의, 농지의
агробаза 농사 지도소
агробиология 농업생물학
агрогород 농업도시
агрокультура 농업개량
агрология 농업토양학
агроном 농학자, 농학사, 농업기사
агрономизация 농업화
агрономический 농학의
агрономия 농학, 농업일반
агротехник 농사기사
агротехника 농업기술
агроэкономический 농업경제의

ад 지옥, 공포, 고민, 혼란, 소동 등의 상징
адов 지옥의
адский 지옥의, 흉악한, 지독한

адаптация 순응, 적은

адаптер (전) 픽업, 음파 수신
адаптировать 적응 시키다, 순응시키다
адаптивный 적응성의, 순응의
адаптометр (의) 눈의 적응 시간을 재는 기계

административный 행정의, 관리의
администратор 행정관, 관리자
администрация 행정, 행정기관, 관리
администрирование 사무적인 처리·관리
администрировать 관료적으로 처리·관리하다
административно-хозяйственный 행정 관리의

адмирал 해군장성, (소련) 해군 대장
адмиралтейство 해군 공창
адмиральский адмирал 의
адмиральство 해군장성의 직책
адмиральша 해군장성의 부인

адоптация 수양, 입양
адоптировать 양녀(자)로 삼다
адоптатор 양부
адоптивный 입양의

адрес 수신인의 이름·주소, 축사
адресант 발신인
адресат 수신인
адресовальный 수신인의 주소·성명의
адресовать (우편물·사람을) 보내다
адресоваться 아무에게 의뢰·질문하다, 송부하다

адсорбент (화) 흡착제
адсорбер 흡착기
адсорбировать 흡착하다
адсорбиционность 흡착성
адсорбиционный 흡착의
адсорбция (화) 흡착

А́зия   아시아
Мала́ия А́зия   소아시아
азиа́т   아시아 사람
азиа́тский   아시아의, 야만의, 미개의
азиа́тчина = азиа́тщина   야만, 미개, 비문화적인 것
палеоазиа́т   고대 아시아인

азо́т   (화) 질소
азосоедине́ние   (화) 질소 화합물
азотеми́я   (의) 혈육 요소 과다증
азотиза́ция   질소화
азоти́рование   질소화
азоти́ровать   질소화 하다
азотистоки́слый   (화) 아 초산의
азо́тистый   (화) 질소를 포함한
азотоба́ктер =азотобакте́рия   (화) 초산균
азотфикса́ция   (화) 공중질소 고정
азотфикси́рующий   (화) 공중질소 고정의
азофо́ска   질소·인산·칼리 비료

ак-, академ-   아카데미의 뜻
акаде́мия   아카데미, 대학, 전문학교, 연구소
академи́зм   연구 제일 주의, 전통주의, 학자냄새를 풍기는 것
акаде́мик   아카데미의 회원, 미술원 회원
академи́ст   아카데미즘의 경향이 있는 사람
академи́ческий   아카데미의, 학술적인, 모범적인
академи́чный   아카데미의, 학술적인, 모범적인

аквала́нг   수중 호흡기
аквамари́н   남옥
аквамоби́ль   잠수 작업 원 수중 이송기
аквана́вт   잠수 연구원
акварели́ст   수채화가
акваре́ль   수채화구, 수채화
аква́риум   양어기, 수족관
акватория   수역

акведу́к   수로교
акклиматиза́ция   풍토에 순화하는 것
акклимати́зировать   풍토 환경에 길들이다
акклиматизи́роваться   풍토 환경에 익숙해지다

аккомода́ция   (생리) 조절
аккомоди́ровать   (생리) (눈알의 초점을) 조절하다, 적응시키다

аккомпанеме́нт   반주, 부수적으로 일어나는 사건
аккомпаниа́тор   반주자
аккомпани́рование   반주하는 일
аккомпани́ровать   반주하다
аккомпанирóвка   반주하는 일

аккредити́в   신용장, 신용어음
аккредити́ровать   신임장을 주다, 위임하다

аккумули́рование   축적
аккумули́ровать   모으다, 축적하다, 집중하다
аккумули́роваться   모이다, 축적되다
аккумуля́тор   (전) 축전지, 축력기, 탱크
аккумуля́ция   축적, 누적, (전) 축전

аккура́т = аккура́тно   정확하게, 바르게, 차분히, 조심해서
аккурати́ст   (속) 빈틈없고 꼼꼼한 사람
аккура́тность   정확성, 면밀성, 정밀도
аккура́тный   정확한, 면밀한, 정밀한

акроба́т   줄타기 꾼, 곡예사
акробати́зм   (체조·곡예 등의) 민첩한 행동
акроба́тика   곡예술
акроба́тический   곡예의
акроба́тничать   곡예사의 흉내를 내다
акроба́тство   곡예업
акроба́тствовать   곡예를 업으로 삼다

акселера́тор 가속기
акселера́ция 가속도
акселеро́метр 속도계

акт 행위, 동작, 법규, 판결문, 조서, (극) 막
актёр 예능인, 배우, 위장한 사람
актёрка 서투른 여배우
актёрство 기만, 위장, 꾸밈, 배우 업
актёрствовать 배우를 업으로 하다, 허튼 소리를 하다, 위장하다
акти́в 활동 분자, 열성 분자, (상) 자산, 성공, 성과
актива́тор (화) 활성제
актива́ция (화) 활성화
активиза́ция 동화, 활발화
активизи́ровать 활동하게 하다, 기능을 높이다
активи́зм (사회적·정치적) 활동
активи́ровать 활동하게 하다, 기능을 높이다
активи́ст 활동분자, 활동원
акти́вность 적극성, 주동성
акти́вный 능동적인, 적극적인, 진취적인
актри́са актёр의 여성
актуали́зм 현실론
актуа́льность 현실성, 실재성
актуа́льный 현실의, 실재의

алка́ние 갈망
алка́ть 갈망하다, 굶주리다
а́лчность= алчба́ 갈망, 탐욕
а́лчный 탐욕스러운, 열망하는, 굶주린
а́лчущий — алка́ть
а́лчничать 갈망하다, 탐욕하다
взалка́ть (алка́ть의 완전)

ампута́ция 절단
ампути́ровать (다리 등을) 절단하다

ана́лиз 분석, 분해
анализа́тор 분석기

анализи́ровать 분해하다, 분석하다, 해석하다
анали́тик 분해자, 분석자
аналити́ческий 분해의, 분석의

анало́г 유사 물, 유사 체
аналоги́зм (논) 유추
аналоги́чный 유사한데 바탕을 둔, 서로 비슷한
анало́гия 유사, 상사, 유추

анархи́зм 무정부주의
анархи́ст 무정부주의자
ана́рхия 무정부 사회, 무질서, 무정부 상태
анархи́чность 무정부 상태

ана́том 해부학자
анатоми́рование (의) 시체 해부
анатоми́ровать (의) 해부하다
анато́мичка 해부실
анато́мия (의)해부(학), 구조, 조직

ана́фема (종) 주축, 파문, 저주, 저주스러운 놈
анафема́тствовать (종) 주축하다
ана́фемский 저주스러운, 지독한

анекдо́т 일화, 허구
анекдоти́ст 일화 수집가
анекдоти́ческий 일화의, 색다른

анеми́я 빈혈, 원기가 없는
анеми́чный 빈혈의

анестези́я (의) 감각 탈실, 마취
анестези́ровать (의)마취시키다
анестези́н 마취제, 진정제
анестезио́лог 마취의사, 마취 학자

анимали́зм 동물적인 존재·활동, 인간 동물설
анимали́ст 동물 화가·조각가

анима́льный 동물의

аннули́ровать 무효로 하다, 취소하다, 폐기하다
аннуля́ция 무효선언, 취소, 파기

анома́лия 변칙, 이상
анома́льный 이상의, 변태의

анони́м 익명의 필자, 무명씨
анони́мный 익명의
анони́мка 익명의 편지
анони́мщик 익명 편지의 필자

ано́нс 광고, 예고
анонси́ровать 광고하다, 공고하다
анонсода́тель 공고자, 광고주

антагони́зм 대립
антагони́ст 반대자, 경쟁자, (해) 길항근
антагонисти́ческий = антагонисти́чный 반대의, 적대의

анти́к 고대 미술품, 고물, 골동품
антиква́р 고물·골동품 애호가 및 수집가
антикварна́т 고물상, 고화상
антиква́рный 고화·고물·골동품의
анти́чный 고대의, 단정한
анти́чность 고대 그리스·로마의 문화

анти- 반·비·대·항의 뜻
антиалкого́льный 알콜 성분을 없애는, 금주의
антибио́тики 항생물질
антивещество́ (물) 반물질
антиви́рус (의) 항미생물 약제의 일종
антиге́н 항원체
антивое́нный 전쟁에 반대하는, 반전의
антигигиени́чный 비위생적인
антигосуда́рственный 반국가적인, 반국가

주의의
антидетона́тор 폭발 예방약
антидо́т 해독제
антиистори́ческий 반역사적인, 반역사주의의
антикоррозио́нный 녹슬지 않는, 침식되지 않는
антикри́тика 반박
антинау́чный 비과학적인
антино́мия (논) 이율 배반
антиоксиге́н (논) 항산화제
антипа́тия 반감, 혐오
антисейсми́ческий 지진을 견디어내는
антисеми́т 유태인 배척자
антисе́птик 방부제
антисе́птика 소독, 방부제
антисепти́рование 방부
антистари́тель 노화 방지 물질
антите́ло (생물) 항체
антитокси́н (생) 항독소
антиферме́нт 항효소
антифри́з 부동제, 부동액
антифрикцио́нный 마찰을 감소시키기 위한
анти́христ 반 그리스도

антиципа́ция 예견, 예치, 예측, (법) 사전 행위
антиципи́ровать 예견·예측하다, (일찍이) 행하다

антропо- 인간의 뜻
антропогене́з 인류기원 설
антропо́ид 유인원
антропо́лог 인류학자
антрополо́гия 인류학
антропоме́трия 인체 측정 학
антропоморфи́зм (종) 신인 동형설
антропомо́рфный 인간의 모습을 하고 있는
антропосо́фия (철) 인지학
антропоте́хника 인종 개량학

антропофа́г 식인종
антропофа́гия 식인
антропофо́бия 인간 혐오, 공인병
антропоцентри́зм 인간 중심주의, 인간이 신을 만들었다는 설

аплоди́ровать 박수를 보내다, 갈채하다
аплодисме́нт 박수, 갈채

апологе́т 해설자, 옹호자, 변호자
апологе́тика 변호, 그리스도교 수호론
аполо́гия 변해, 변명

аппе́ндикс 부속물, 부록, 충양돌기
аппендици́т 충양 돌기염

аппети́т 식욕, 기호, 욕망
аппети́тный 먹음직한, 입맛을 당기는

аппроба́ция 시인, 승인
аппроби́ровать 시인하다, 승인하다

апте́ка 약국, 약방
апте́карский 약국의
апте́карь 약사, 약장수
апте́чка 가정용 약통

арби́тр (법) 중재자, 조정자, (스포츠) 심판
арбитра́ж (법) 중재, 조정

аргуме́нт 논거
аргумента́ция 논증하는 일
аргументи́ровать 논증하다

аре́нда (부동산) 임대차, 임대료
аренда́тор 임차인, 소작인
арендова́ние 임차, 소작인
арендова́ть (부동산을) 임차하다
соаре́нда 공동임차
соаренда́тор 공동임차인

субаре́нда 빌린 것을 제3자에게 빌려주는 것
приарендова́ть 더 추가하여 임차하다

аре́ст 구류, 구치, 체포
ареста́нт 죄수
арестова́ть 구류하다, 감금하다, 체포하다
переарестова́ть (많은 사람을 남김없이) 체포하다

аристокра́т 귀족
аристократи́зм 귀족적인 것
аристократи́ческий 귀족 제도의, 귀족적인
аристокра́тия 귀족 계급, 귀족 정치

арти́ст 예능에 종사 하는 사람, 배우, 명인, 사기꾼
артисти́зм 예능·예술애호심
артисти́ческий 예능가의, 배우의, 교묘한
артисти́чный 예능적인

аспира́нт 대학원생, 연구생
аспиранту́ра 대학원 학생, 연구원

аспира́тор (의) 흡출 기, 흡진 장치
аспира́ция 흡출, 흡인, 지원, 열망

ассимили́ровать 동화시키다
ассимили́роваться 동화 하다
ассимиля́торство 농화, 농화 정책
ассимиля́ция 동화, 동화작용

ассисте́нт 조교
ассисти́ровать 조교로 근무하다, 보조하다

ассоциа́ция 연합, 조합, 협회, 단체, 연상
ассоции́ровать 연합시키다, 연상하다

астро- 별의 뜻
астрогеогра́фия 천체 지리학
астрогеоло́гия 천체 지질학

астрогно́зия 성좌에 대한 지식
астролёт 혹성의 항행용 우주선
астро́лог 점성술가
астроло́гия 점성술
астроме́трия 위치 천문학
астронавига́ция 천체 관측에 관한 항행
астрона́вт 우주 비행사
астрона́втика 우주 여행
астрономи́ческий 천문학의
астроно́мия 천문학
астроско́п 천체 망원경
астрофи́зика 천체 물리 학

асфа́льт 아스팔트
асфальти́ровать 아스팔트로 포장하다
асфальтиро́вка 아스팔트 포장
асфальти́т 아스팔트 유사 물
асфальтобето́н 아스팔트 시멘트
асфальтосмеси́тель 아스팔트 시멘트의 혼합기
асфальтоукла́дчик 아스팔트 포장차

ата́ка 공격, 돌격, 습격
атакова́ть 공격, 돌격, 습격 하다
контрата́ка 역습
контратакова́ть 역습하다

атеи́ст 무신론자
атеи́зм 무신론

атле́т 경기자, 운동가, 힘이 센 사내
атлети́зм 스포츠 기량
атле́тика 경기, 운동
атлети́ческий 경기, 운동의
биатло́н 2종 경기 (스키, 사격)
биатлони́ст 2종 경기 선수
легкоатле́т 육상 경기 선수
легкаотле́тика 육상 경기
легкоатлети́ческий 육상 경기의
тяжелоатле́т (역도 등의) 중량 경기자, 역도 선수
тяжелояатле́тика 중량 경기, 역도
тяжелоатлети́ческий 중량 경기의

атмосфе́ра 대기, 공기, 분위기, 기압의 변화
атмосфе́рика 공중 방전(특히 번개)에 의한 전파
атмосфери́ческий 대기의
атмосферосто́йкий 풍우에 견디는
атмосфи́льный 천기의

а́том 원자, 미소 량
атома́рный 원자의
атоми́зм 원자설
атомисти́ческий 원자론의
атомифика́ция 원자력화
а́томник 원자물리학자
а́томность 원자가
а́томный 원자의
атомово́з 원자력 기관차
атомохо́д 원자력 선박

аудиовизуа́льный 시청각의
аудито́рия 강당, 청중, 청강자

аукцио́н 경매
аукционе́р 경매 참가자

аэра́рий (의) 대기욕장
аэра́тор 통풍장치
аэра́ция 통풍, 공기 혼화
аэро- 공기·비행·공중의 뜻
аэро́б 호기성 생물
аэробо́мба 공중 폭탄
аэро́бус 에어 버스
аэровизуа́льный 비행관측의
аэровокза́л 공합의 대합실
аэрогра́мма 무선 전선
аэрогра́ф 도료를 뿜는 기구
аэродина́мика 기체 역학

аэродро́м   비행장
аэроклиматоло́гия   항공 기후학
аэроли́т   운석
аэроло́г   고층기상학자
аэроло́гия   고층기상학
аэромая́к   항공용 등대
аэромеха́ника   기체 공학, 항공 역학
аэромоби́ль   프로 펠라가 달린 자동차
аэронавига́ция   항공학
аэрона́вт   항공기 비행사
аэрона́втика   항공술, 비행술
аэроно́мия   대기학
аэропла́н   비행기
аэропо́езд   공중열차
аэропо́рт   공항
аэропо́чта   항공우편
аэрораспыли́тель   공중 살포기
аэросало́н   비행기 쇼
аэросе́в   공중 파종
аэросоля́рий   대기·일광욕실
аэроста́т   기구, 경비행기
аэросъёмка   공중촬영
аэротерапи́я   (의) 대기요법
аэрофо́бия   고소공포증
аэрофо́н   공중무선 전화기
аэрофотосни́мок   공중사진
аэрохо́д   호버크라프트

• • Б • •

ба́ба   (기혼의) 농부(여), (속) 처, 여자, 부인, 여편네, (공) 망치의 대가리, 원추형의 빵, 과자
бабёнка = бабёшка   원기 왕성한 젊은 여자
ба́бий   여자의
ба́бин   농부(여)의, 조모의
ба́биться   여자와 함께 있다, 여자와 지내다, 어머니가 되다
ба́бища   (경멸) 뚱뚱보, 야비한 여자
ба́бка = ба́бушка
ба́бник   색골
ба́бничать   여자 같은 행동을 하다, 산파가 되다, 여자를 꾀어 내다
ба́бочка   나비, (속) 젊은 여자, 나비 넥타이
ба́бушка = бабу́ля   할머니, 조모, 여자 점술사
бабьё   (속) (경멸) 아낙네들, 여편네들
праба́бушка = праба́бка   고조모
прапраба́бушка = прапраба́бка   증조모

ба́виться   꾸물거리다
доба́вить (добавля́ть)   보태다, 추가하다, 부언하다
доба́виться   추가되다, 증가 되다
доба́вка = доба́вление   추가, 보충, 추가물, 보충물
доба́вочный   추가의, 보충의
заба́вить (забавля́ть)   즐겁게하다, (아이를) 달래다
заба́виться   즐거워하다
заба́ва   오락, 위안, 기분 전환
заба́вник   재미 있는 사람, 익살 꾸러기
заба́вный   재미있는, 우스운, 이상한, 묘한
изба́вить (избавля́ть)   (어려운 일 등에서) 벗어나게 하다, 구제하다, 면하게하다
изба́виться   구제되다, 벗어나다
избавле́ние   изба́вить 의 추상 명사
изба́витель   구원자, 구제자, 해방자
наба́вить   (특히) 금액을 추가하다, 증액하다

наба́вка   (금액의) 추가, 할증
наба́вщик   наба́вить을 하는 사람
отба́вить   일부를 제거하다, 줄이다
отба́вка   일부를 제거하는 것
подба́вить   (조금) 부가하다, 첨가하다
подба́виться   (조금) 첨가 되다, 불어나다
подба́вка   부가·첨가(물)
приба́вить   부가하다, 첨가하다, 보충하다, (신체의 중량이) 늘다, 과장해서 말하다, 거짓말하다
приба́виться   불다, 많아지다, 증가 되다
приба́вка   부가, 첨가, 첨가물, 증가, 증가물
приба́вление   부가, 첨가한 물건, 부록
пробавля́ться   근근히 해나가다, 적은 것을 갖고 참다
разба́вить   (액체를) 묽게 하다, 말을 길게 끌다
разба́виться   (액체가) 묽어지다, 희박해지다
разба́вка   разба́вить의 추상명사
сба́вить   (값·양·중량 등을) 줄이다, 감하다, 낮추다
сба́вка   감가, 할인, 줄이는 것
сба́вочный   할인의, 감액의
уба́вить   줄이다, 경감시키다, 줄다, 적어지다
уба́виться   줄다, 덜어지다, 단축되다
уба́вка = убавле́ние   감소, 감축, 단축
уба́вочный   차감의, 잔액의

бага́ж   여객 수하물, 학식많은 사람, 슬기 주머니
бага́жник   짐받이

беда́   불행, 재액, 고난, 재난, (부) 실로, 아주
бе́дствие   재해, 재액, 참화
бедова́ть   빈곤하다
бе́дственный   불행한, 비참한
бе́дствовать   궁핍하다, 가난한 생활을 하다
бе́дный   가난한, 빈곤한, 허술한, 불행한, 불쌍한
бедня́га   불쌍한·애처러운 사람
бедня́к   가난한 사람, 빈농, 불쌍한 사람
бедня́цкий   빈농의

бедня́чество   빈농 계급
бедола́га   불쌍한·불운한 사람
безбе́дный   불편한 것이 없는, 유복한, 무사한
обедни́ть   가난하게 만들다
прибедни́ться   (동정을 사기위하여) 가난·불행을 가장하다

бе́гать   달리다
бегле́ц   도망자, 탈주자
бе́гло   멈추지 않고 술술·대충·간략하게
бе́глый   극히 빠른, 유창한, 조잡한, 대강의, 탈락하는, 탈주자
бегово́й   경주의
бего́м   달려서
беготня́   분주히 뛰어 다니는 것, 분주
бе́гство   도주, 탈주
бегу́н   잘 달리는 사람, 말, 경주자
бегуно́к   가벼운 경주용 마차, 썰매
бегу́чий   (물에 대하여) 빨리 흘러가는
бе́женец   피난자, 피난민
бе́женство   집단적 피난, 피난민
вбежа́ть   뛰어 들어가다, 뛰어 오르다
взбежа́ть   뛰어 올라가다
вы́бежать   뛰어 나오다, 뛰어서 추월하다
вы́бег   뛰어 나가는 것
добежа́ть   달려서 도착하다
добега́ться   뛰어서 나쁜 결과를 초래하다
забе́г   경주
забе́гать   이리 저리 뛰기 시작하다, 두리번거리기 시작하다
забега́ться   달려서 피곤하게 되다
забежа́ть (забега́ть)   잠깐 가는 길에 들르다, 선수를 치다, 어떤 장소에서 뛰어 나오다
забежно́й   잠깐 멈추기 위한
избежа́ть   피하다, 회피하다, 면하다
избежа́ние   피하는 길, 회피
набежа́ть (набега́ть)   (달려서) 부딪치다, 모여들다(달려서), 불어나다, 축적하다, 주름이 잡히다
набе́г   습격, 급습, 침입

обежа́ть 주위를 뛰어다니다, 피해서 달아나다
отбежа́ть 달려서 멀어지다, 달려서 도망가다
перебежа́ть (어느 거리) 주행하다, 달리다, 달려서 통과하다
перебе́жка (어느 거리의) 주행, (한 곳에서 다른 곳으로) 이주, 약진, 재경주
перебе́жчик 배신자, 투항자
побе́гать 달리다, 뛰어 돌아다니다
побе́г 탈주, 도망
побегу́шка 심부름을 다니는 사람
побежа́ть 달리기 시작하다, 패주하다, (물이) 흐르기 시작하다
побе́жка (말이) 뛰는 방법
подбежа́ть 뛰어 오르다, 달려오다
прибежа́ть 달려오다
прибе́жище 도피처, 피난처, 보호해 주는 사람 또는 물건
пробежа́ть 뛰어 지나가다, 대강대강 읽다
пробежа́ться (기력을 조금 돋구려고) 조금 뛰다
пробе́жка → пробежа́ть
перепробе́г 초과 주행거리
сбежа́ться (сбега́ться) (사방에서) 급히 모이다
сбег 뛰어 내리는 것, 도망, 탈주
сбежа́лый 도망한, 탈주한
убежа́ть (убега́ть) 도망하다, 탈주하다, 급히 떠나다, 피하다
убе́г 노망, 날수
убе́жище 은신처, 방공호
автопробе́г 오토레이스
велопробе́г 자전거 경주
разбе́г (도약하기 위하여) 달려 오는 것, 활주

бе́лый 흰, 흰색의

бель 백색
бельмо́ 백내장, 눈, 눈깔
белесова́тый 하얀, 하얀 빛을 띤
белево́й 흰 아마로 만든
беле́ние 표백
белёный 표백한
бе́ленький = бе́лый
беле́ть 하얗게 보이다, 하얗게 되다
бе́ли 냉, 대하증
белизна́ 백, 백지, 세제
бели́ла 백색안료, 하얀분
бели́льница 분그릇
бели́льный 표백용의
бели́льня 표백하는 장소
бели́ть 백분등을 바르다, 표백하다, 하얀색칠을 하다
бели́ться 얼굴에 분을 바르다
бе́лка 표백
белобиле́тник 병역 면제자
белобо́кий 배가 하얀, 옆구리가 흰
белоборо́дый 하얀 수염의
белобо́чка 돌고래
белобры́сый 연한 흰 머리털의
белова́тый 하얀색을 띤
белови́к 정서한 원고
белово́й 정서한, 깨끗이 베낀
беловоло́сый 머리가 하얀
белогва́рдия 백군
белоголо́вый 백발의
Бе́лое мо́ре 백해
бело́к 단백질, 눈의 흰자위, 눈, 계란의 흰자위
белокали́льный 백열의
белока́менный 백석의
белокро́вие 백혈병의
белоку́рый 금발의, 블론드의
белоли́ственный 하얀 잎의
белоли́чка 얼굴이 하얀 사람
Белору́ссия 백러시아
белору́чка 화이트 칼라
белосне́жный 눈처럼 하얀
пробе́л 여백, 공백, 탈락, 결함, 책의 삽입 백지
пробели́ть 희게 칠하다
пробели́ться 희게 칠해지다
про́бель 흰색채, 광택
пробе́льщик 표백공

добела́ 백열화 될 때까지
на́бело 깨끗이, 말끔히
вы́белить 아주 희게하다
вы́белка 표백
добели́ть 표백을 마치다
забели́ть 하얗게 만들다, 크림이나 우유를 섞다
забе́лка 조미료로 사용하는 우유나 크림
обели́ть 하얗게 만들다, 결백을 증명하다
обели́ться 희어지다, 결백한 몸이 되다
обе́лка 희게 칠하거나 물들이는 것
обе́льный 납세 등을 면제 감면 받은
отбели́ть 바래다, 표백하다
отбе́лка 바램, 표백
отбе́льщик 표백하는 일꾼
перебели́ть 희게 다시 칠하다, 표백하여 손상하다
перебе́лка перебелить의 명사형
побели́ть → бели́ть
побе́лка 희게 칠하는 일
подбе́лка 희게 칠하는 것, 조미료
подбе́льщик 흰칠을 하는 도공

бере́чь 소중하다, 아끼다, 저축하다, 보호하다
бере́чься 조심하다
бережённый 보호받고 있는, 중시되고 있는
бережли́вый 검소한, 절약하는
бе́режный 조심스러운, 신중한
небре́жный 게으른, 태연한
обере́чь (оберега́ть) 지키다, 보호·옹호 하다
обере́чься 몸을 지키다, 조심하다
о́берег 부적, 주문
побере́чь 건사하다, 보관하다, 보살피다
побере́чься 주의 하다
прибере́чь 저축하다, 모아두다
сбере́чь 소중히 보존·보관 하다, 돈을 저축하다
сбере́чься 보존돼 있다
сберега́тель 예금자
сберега́тельный 예금의, 저축은행

сбереже́ние 보존, 저축, 예금
убере́чь 보호·감시·경계하다
убере́чься 자신을 보호하다

бить 치다, 두둘기다, 사격하다
би́ться 치다, 서로 싸우다, 맥이 뛰다, 벌벌 떨다
би́тый 맞은, 두들겨 맞은, 도살된, 총맞아 죽은, 맞아서 부서진
битьё 치는 것, 쳐부수는 것
би́тва 대전투, 전투, 결전
би́та (나무 쓰러뜨리기등의 노리에서) 타격용 구
бое- 전투의 뜻
боеви́к 저공용 전투기, (구) 대인기의 영화·연극
боеви́тость 투지
боево́й 전투의, 과감한, 완강한
боёк 총의 공이, 도리깨의 타목
бое́нский 도살장의
бое́ц 무인, 전사, 병사, 전투원, 투사, 도살꾼
бой 치고 때리는 것, 전투, 격투, 사격, 분쇄, 파편, 도살, 사냥, 토론, 약삭 빠른 것
бо́йкий 기민한, 민첩한, 원기있는, 왕성한, 깨지기 쉬운
бо́йница 포문, 총안, (광) 폭파때 광부의 피난소, 도살용의 큰 나무 방망이
бо́йный 도살·사냥·사격의 뜻
бо́йня 도살장, 살육, 학살, 전쟁
бойцо́вый 전사·투사·경기자의 뜻
бо́йщик 갱부
вбить (вбива́ть) 박다, 때려넣다
вбить клин 쐐기를 박다
взбить 두들겨 부드럽게 만들다,
взби́ться 두들겨 약하게 되다
вы́бить 쳐서 부수다, 때려 부수다, 때려 내쫓다, 쳐서 떨구다, 먼지를 털다
вы́биться 겨우 나오다, 이탈하다, 벗어나다
доби́ть (부상 당한 것을) 죽여 버리다, 남김없이 부셔 버리다

доби́ться (노력해서 어떤 일을) 얻다, 도달하다

заби́ть 박아 넣다, 틀어 막다, 가득 채우다, 때려 눕히다, 학대하다

заби́ться 몸을 숨기다, 침투하다, 가득차다, 막히다

изби́ть 마구 때리다, 몰살하다, 때려서 못쓰게 만들다

изби́ться 부딪쳐서 상처투성이가 되다

избие́ние 사정없이 때리는 것

изби́тый 낡아 빠진, 진부한, 평범한

избо́ина 깻묵

наби́ть 가득 채우다, 쳐서 박다, 나염을 하다, 때리다, 부수다, (많은 양을) 죽이다, 이기다

наби́ться 몰려들다, 가득차다, 강요하다, 간청하다

набо́йка 무늬 있는 천·직물, 무늬, 구두의 뒤축창

набо́йник 충전기, 박는 도구

набо́йщик 충전공, 나염공

надби́ть 금이 가게 하다, (찻잔 등의) 이가 빠지다

надбо́й 파손량

недоби́ток (속) 격멸·대학살후에 살아 남은 자

оби́ть (아주·전부) 두들겨 떨어뜨리다, 타작하다, (판자등을) 붙이다

оби́ться (의복이) 달아 빠지다, (석회가) 벗겨지다

обо́й 벽지, 벽포

обо́йный 벽지의, 벽포

обо́йка 탈곡, 곡물 부스러기

обо́йщик 도배장이

обо́чина 길가, 가장자리

обби́ть → оби́ть

отби́ть 되치다, 되받아 치다, 탈취하다, 측량하여 나누다

отби́ться 물리치다, 피하다, 면하다, 꺽이다

отбо́й (검도에서) 되 받아 치는 것, 군의 퇴각

отбо́йка (광) 광석의 분쇄

отбо́йный 분쇄용의

переби́ть 다수를 죽이다, 꺽다, (남의 말을) 가로막다, 가로채다

переби́ться 깨지다, 부서지다, 연명하다

перебо́й 비정상적인 고동, 비정상적인 움직임

наперебо́й 앞을 다투어, 겨루어

перебо́йный 중단의, 중지의

поби́ть 때리다

поби́тие → поби́ть

по-боево́му 전투적으로

поби́ться 부서지다

побо́й 구타

побо́ище 격전, 대전투, (고) 전쟁터

подби́ть 박아 붙이다, 안감을 대다, 쏘아서 상처를 입히다, 닿다

подби́ться 신용·동정을 얻다

подбо́йка 구두창·의복의 안감대기, 제화공의 작업대

подбо́йщик 길가의 구둣방, 구두창 만드는 사람

приби́ть 못 박아 고정 시키다, 쓸어 눕히다, 구타하다

приби́ться 못 박히다, 못으로 고정되다

приби́вка 못을 박는 것

прибивно́й 못을 박는

прибо́й 묻가에 밀려오는 파도

прибо́й наро́ду 군중의 파도

проби́ть 착공하다, 뚫다, 꿰뚫다, 꿰다, (틈새 막는 물건으로) 틈을 잘 막다, 공을 치다

проби́ться 세상에 나가다, 성공을 거두다,

проби́тие 착공, 관통, 타개, 개통

про́бка 코르크 마개, 막힘, 폐쇄, 착공기

пробо́ина 터진구멍, 새는 틈, 구멍

пробо́й (자물쇠를 채우기 위한) 반달형의 쇠붙이, 걸쇠

пробо́йка 착공기

разби́ть 깨뜨리다, 부수다, 분할하다, 상처를 입히다

разби́ться 쪼개지다, 부서지다, 분열하다

разби́вка (식기·악기 따위의) 파손, 토지의 분할, 정원을 꾸밈, 설비

разбивно́й 분할 할 수 있는, 낱개의
разби́вчивый 깨지기 쉬운
разбо́йничество 강도 행위, 강탈
разбо́й 강도행위
разбо́йник 강도
разбо́йничать 강도질하다, 착취하다
сбить 쳐서 떨어뜨리다
сби́ться 길을 잃다, 실족하다, 벗어나다
сби́тый 쳐서 깨어진, 신어서 삐뚤어진, 뒤축이 닳은, (몸매가) 단정한
сби́тень 뜨거운 꿀물
сби́теньщик 뜨거운 꿀물 팔이
сбой 도살된 동물의 머리·다리와 내장
сбо́йка 연락 갱도
уби́ть 죽이다,
уби́ться 타박상을 입다, 몹시 다치다, 비탄에 젖다
уби́йство 살인, 살해
убие́ние 살해
уби́вка 두드려 고르게 함, 전면을 덮음
уби́йственный 살인 적인, 파멸 시킬 듯한, 지긋지긋한, 무서운
уби́йца 살인자
убо́й 도살
убо́ина 도살된 짐승의 고기, 신선한 고기, 육축
убо́йность (군) (탄환·포화의) 치명적·살인적인 위력, 살상력
убо́йный 도살용의, 도살의, 살상의, 위험한,
бронебо́йка 대전차총, 파갑탄
бронебо́йщик 대전차 사수
ветробо́й 바람에 떨어진 가지, 바람에 떨어진 풋과일
водобо́й (공) 물받이 (댐공사의 일부)
воздухобо́йный (군) 항공기를 사격하는
воскобо́й 밀랍제조, 밀랍제조인
глиноби́тный 마른 가지 짚 나무 등을 섞어서 이긴 점토의
градоби́тие 싸락눈이나 우박의 피해
градобо́йный 우박 피해 방어용의
дальнобо́йка 장거리포

зверобо́й 야수 사냥꾼
зверобо́йка 야수 사냥
каменобо́ец 석공, 채석부
китобо́ец 포경선
китобо́й 포경에 종사하는 사람
китобо́йный 포경의
маслобо́й 기름·버터 제조인
маслобо́йка (버터 제조용) 교유기, 착유기
молотобо́ец 망치를 만드는 사람
мордоби́тие 뺨을 때리는 것
мо́рда 짐승의 낯, 낯바닥
разнобо́й 깨어진 물건, 잡동사니, 모순
рукоби́тье 손뼉을 치는 것(상담이 성사 될 때), 혼약
свинобо́й 돼지 도살자
скотобо́ец 백정
скотобо́йня 가축 도살장
стеноби́тный 파벽의 (공성포)
чело́ 이마
чолоби́тная 탄원서
челоби́тье 이마를 땅에 대는 옛날의 경례, 탄원
челоби́тчик 탄원자, 고소인
червобо́й 벌레 먹는 것, 병충해
червобо́ина 병충해로 떨어진 사과
шерстоби́т 타모공, 털실 방적공
шерстобо́йка 타모기
шерстобо́йня 타모공장

бла́го 선, 행복, 좋은 일
бла́го- 선, 량, 호, 복, 미의 뜻
благове́рный (러시안 황제의 칭호) 정교를 믿는, (농담) 남편, 아내
бла́говест (그리스 정교의 사원에서) 기도를 알리는 종소리
благовести́ть 교회에서 기도의 시작을 알리기 위해 종을 울리다
благови́дный 보기 좋은, 풍체가 당당한, 고상한
благоволе́ние 호의, 친절, 총애

благоволи́ть　호의를 가지다, 귀여워하다, --할 가치가 있다고 인정하다
благово́ние　방향, 향기, 향수
благово́нный　향기로운
благовоспи́танный　예의 범절이 바른, 고상한
во благовре́мнии　좋은 시기에
благовре́менный　시기에 적절한
благоглу́пость　(농담) 진지한 얼굴로 하는 바보같은 이야기·행위
благогове́йный　경건한
благогове́ние　경건
благогове́ть　경건한 태도를 취하다
благодари́ть　사의를 표하다
благодаре́ние　감사
благода́рность　감사, 감사장, 뇌물
благода́рный　감사하고 있는
благода́рственный　감사의 뜻을 표하는
благодаря́　-의 덕분에
благода́тный　복을 주는, 은혜를 베푸는, 행복한
благода́ть　행운, 행복, 축복, 은혜
благоде́нственный　평안한, 안락한
благоде́нствие　평안, 안녕
благоде́нствовать　평안·행복하게 하다
благоде́тель　은혜를 베푸는 자, 은인
благоде́тельный　은혜를 주는
благодея́ние　선행, 은혜, 친절
благоду́шествовать　한가로이 살다
благоду́шие　온화, 유화, 온순
благоду́шный　온화한, 부드러운
благожела́тель　친절한 사람
благожела́тельный　호의 있는, 친절한
благожела́тельствовать　호의를 가지다, 귀여워하다
благозву́чие　화음, 음의 조화
благозву́чный　화음의
благоизво́лить　칭찬하다
благо́й　선한, 좋은
благоле́пие　화려, 웅장, 장려
благоле́пный　화려한, 웅장한

благомы́слящий　사려·분별이 있는, 양식 있는
благонадёжность　사상온건, 확신, 신뢰할 수 있는 것
благонадёжный　사상이 견실한, 신뢰할 수 있는
благонаме́ренный　좋은 의도를 가진
благонра́вие　선행, 품행이 방정
благонра́вный　품행이 방정한
благообра́зие　단정, 단아, 고상
благообра́зный　단정한, 단아한, 고상한
благополу́чие　무사, 안녕, 부유, 행복
благополу́чный　순조로운, 무사한, 부족없는
благоприли́чный　예의 바른, 어울리는
благоприобре́тение　자기 힘으로 얻을 수 있는 것·얻은 것
благопристо́йный　예의 바른, 고상한
благоприя́тный　형편이 좋은, 다행한
благоприя́тствование　조력, 원조, 촉진
благоприя́тствовать　도와 주다, 도움이 되다
благоразу́мие　사려, 분별, 상식
благоразу́мный　사려있는, 분별력 있는, 상식 있는
благорасположе́ние　호의, 관심, 호감
благорасполо́женный　호의 있는, 친절한
благорастворе́ние　좋은 공기, 좋은 기후
благорастворённый　(공기·기후에 대하여) 맑고 깨끗한
благоро́дить　고상하게 하다
благоро́дный　집안이 좋은, 귀족 출신의
благоро́дство　귀족 출신, 우아, 고결
благоскло́нность　호의, 총애
благоскло́нный　호의 있는, 총애하는
благослове́ние　축복, 찬송, 감사, 승낙
благослове́нный　축복 받는, 다행한
благослови́ть　축복을 주다, 찬송하다, 감사하다
благослови́ться　승락을 얻다, 성호를 긋다
благосостоя́ние　행복, 복지, 부, 자산
благостный　친절한, 자비심이 많은

благосты́ня   자선, 선물
бла́гость   온화, 자비, 관용
благотворе́ние   자선
благотвори́тель   자선가
благотвори́тельность   선행, 자선
благотвори́тельный   자선의
благотвори́тельствовать   자선사업을 하다
благотвори́ть   자선하다, 은혜를 베풀다
благотво́рный   유익한, 도움이 되는
благоуго́дный   바람직한, 필요한
благоусмотре́ние   재량, 결재
благоустро́енный   잘 정리된, 정돈된, 정비된
благоустро́ить   정비, 정돈하다
благоустро́йство   정비, 정돈
благоуха́ние   방향, 향기
благоуха́нный   향기로운
благоуха́ть   향기를 내뿜다
благочести́вый   경건한
благоче́стие   경건함
благочи́ние   정연, 단정
возблагодари́ть   감사를 드리다
блаже́нный   행복한, 지극히 다행한, 축복의
блаже́нство   지극한 행복
блаже́нствовать   더없이 행복을 즐기다
облагоде́тельствовать   보호하다, 돌보다
облагозву́чить   좋은 가락을 제공하다
облагоро́дить   아름답게·고상하게 되다
заблагове́стить   종을 치기 시작하다
заблаговре́менный   사전의, 미리부터
заблагорассуди́ть   타당하다고 생각하다, 적당하다고 생각하다
заблагорассу́диться   적당하다고 생각 되다, 문득 생각 나다
отблагодари́ть   어떤 물건을 사례로 보내다, 감사하다
соблаговоли́ть   동의하다(비꼼)
соблаговоле́ние   허가, 응락
ублаготвори́ть   (익살, 비꼼) 완전히 만족시키다
ублаготвори́ться   만족하다

блажи́ть   고집을 부리다, 제멋대로 행동하다
блажно́й   어리석은, 완고한, 변덕스러운
блажь   변덕스러운 마음, 고집이 센 것
блаже́нненький   다소 멍청한, 변태적인
ублажи́ть   아첨하다, 환심을 사다

блуди́ть   (1) 음탕한 생활을 하다
блуди́ть   (2) 떠돌다, 배회하다, 방황하다, 장난하다
блуд   음란
блудни́к   방탕자, 음탕한 사람
блу́дный   음탕한
блу́дня   방황하며 돌아 다니는 사람
блудя́га   부랑자
заблуди́ться   길을 잃다
заблуди́вшийся   길잃은, 방탕한, 타락한
заблужда́ться   잘못 생각하다, 오해하다
заблужде́ние   오해, 망상, 방종
поблужда́ть   헤매다, 방황하다
приблуди́ть   (가축이) 다른 무리 집에 들어가 헤매다
проблуди́ть   일정시간 방황하다
руколу́дие   수음, 자위
руколу́дник   수음·자위 상습자
словоблу́дие   쓸데없는 말, 잡담, 음담패설

блюсти́   지키다, 보호하다, 감시하다
законоблюсти́тель   국법 준수자
наблюда́ть   주의 해서 보다, 관찰하다, 관측하다, 감시하다
наблюда́тель   관찰자, 관측자, 감시자
наблюда́тельность   관찰력
наблюда́тельный   관찰력이 있는,
наблюда́тельский   (경멸의 뜻으로) 방관적인, 소극적인
наблюде́ние   관찰, 관측, 감독, 감시
наблюсти́   관찰, 감시하다
соблюсти́ = соблюда́ть = блюсти́
соблюде́ние   준수, 준봉

бог 하나님, 신
бога́ня 여신
богобо́рец 무신론자
богобоя́зненный 신을 공경하는
богоиска́тель 신을 구하는 자
боголе́пный 신성한, 숭고한
богома́терь 성모
богомо́л 신자, 경건한 사람, 사마귀, 성지 순례자
богомо́лье 성지 순례
богомо́льный 경건한
богомо́льня 예배당
богоме́рзкий 믿음이 없는, 추악한
богоно́с 신의 체득자
богоотсту́пник 배신자
богоподо́бный 신을 닮은
богопроти́вный 신을 배반하는
богоро́дица 성모
богорожде́ние 그리스도의 강림
богосло́в 신학자
богосло́вие 신학
богослуже́ние 예배
богоспаса́емый 신의 가호가 있는, 행복한
боготвори́ть 열애하다, 신격화 하다
богоуго́дный 신의 뜻에 어울리는, 자선의
богоху́льник 신성모독하는 사람
богоху́льство 신성모독
богоху́льствовать 신성모독하다
богочелове́к 인간의 형태로 나타난 신, 그리스도
богоявле́ние 신의 출현, 주현절
божба́ 맹세, 선서 (신을 걸고)
бо́же → бог
бо́женька → бог
бо́жеский 공정한, 온당한, 신의
боже́ственный 신의, 교회의, 훌륭한
божество́ 신, 하나님, 숭배의 대상
бо́жий 신의
божни́ца 신을 모시는 제단
божи́ться (신을 걸고) 맹세 하다

божо́к 신, 숭배 받는 사람, 인기인, 우상
обожа́ть 열렬히 사랑하다, 숭배하다
обожа́тель 숭배자, 펜
обожестви́ть 신성화 하다, 우상시하다
безбо́жие 무신앙, 반종교
безбо́жник 무신앙자, 무신론자, 불신자
безбо́жный 신앙이 없는, 반종교의, 파렴치한
на́божник 신앙이 깊은 사람
на́божничать 신앙이 깊은 척하다
на́божный 경건한
богаде́ленка = богаде́лка 양로원에 수용되어 있는 늙은 부인
богаде́льня 양로원

бога́тый 부유한, 훌륭한
богате́й 부자
богате́ть 부자가 되다
богати́ть 부자로 만들다
бога́тство 부귀, 재물
бога́ч 부자
пребога́тый 굉장히 부유한
разбогате́ть 손에 넣다, 얻다
обогати́ть 풍족하게 하다, 가치를 높이다, 광석을 농축하다
обогати́ться 풍부해 지다, 부유해지다, 확충되다
обогати́тель 풍요하게 한 사람
обогаще́ние 부유케 하는 것, 부화, 농축
скоробога́те́й 벼락 부자
скоробогате́ть 벼락 부자가 되다
скоробога́тый 벼락 부자가 된
убо́гий 가난한, 궁핍의, 불구의, 빈민, 불구자
убо́жествовать 빈궁에 빠지다
убо́жество 불구, 궁핍
убо́жить 빈곤에 빠뜨리다

богаты́рь 영웅, 호걸
богаты́рство 영웅성, 용감함

бодри́ть 고무하다, 원기를 북돋우다

бодри́ться 기운을 내다, 용기를 북돋우다
бо́дрствовать 밤을 새우다, 한시도 방심하지 않다
бо́дрствование 철야, 밤을 새우는 것
бо́дрость 원기, 활력, 혈기
бо́дрый 원기완성, 건장한
бодря́к 원기 있는 사람
взбодри́ть (взба́дривать) 기운을 북돋우다, 재빨리 하다
взбодри́ться 기운이 나다, 활발해 지다
ободри́ть 원기·용기를 북돋우다, 격려 고무 하다
ободри́ться 힘을 내다, 스스로 격려 고무하다
ободре́ние 고무, 격려
ободри́тельный 격려 고무하는
ободри́тель 고무 격려하는 사람
приободри́ть 원기를 북돋우다
приободри́ться 기운이 나다
подбодри́ть (조금) 격려하다
подбодри́ться (조금) 기운이 나다
прибодри́ться 기운을 내다, 기운이 나다, 명랑해 지다

бок 신체의 측면, 물건의 측면, (수)변
окови́на (속) 물고기·기관차 등의 옆구리
боково́й 옆의, 옆구리의, 방계의
бокову́ша 옆방, 옆집
бокову́шки (인) 난외
бо́ком 옆으로, 비스듬이, 옆, 한쪽의
бочко́м (걸음 걸이에 대하여) 몸을 비스듬이 기울이고, 옆으로, 옆구리로
бочо́к → бок
безбо́кий (의자 등에 대하여) 한쪽이 없는, 한쪽이 찌부러진
вбок 옆으로, 횡으로
на́бок 옆으로, 삐뚜름하게
о́бок 옆에, 나란히
побо́ку 옆으로, 저리로
побо́чный 부의, 제2의 적인, 방계의, 측면의, 서출의

сбо́ку 곁에서, 옆에서, 곁에
сбо́чить 옆으로 기울이다, (모자 따위를) 삐딱하게 하다
сбоче́ниться 옆으로 몸을 구부리다
избочи́ться = избоче́ниться 한쪽 허리를 내밀고 한손을 허리에 얹는 다(용감한 자세)
подбоче́ниться 몸을 뒤로 젖히고 양손을 허리에 대다
белобо́кий 배가 하얀, 옆구리가 하얀
белобо́чка (어) 돌고래
однобо́кий 한쪽 밖에 없는, 치우친

брать 쥐다, 잡다, 채용하다, 극복하다
бра́ться 잡다, 붙잡다, 착수하다, 일어나다, 움직이다
вобра́ть 빨아 들이다, 받다, 감수하다
вобра́ться 스며들다
вы́брать 고르다, 선택하다, 선거하다
вы́браться 나오다, 면하다, 벗어나다
вы́бор 선택, 선정, 선거
вы́борка 선택, 발췌, 홈
вы́борность 선거에 의한 결정
вы́борный 선출된
вы́борщик 2차 선거인
довы́боры 보궐선거
перевы́брать 개선하다, 다시 선거하다
перевы́боры 개선, 재선거
добра́ть (나머지, 부족을) 거두다, 긁어 모으다, (인쇄) 판을 짜다
добра́ться 힘들여 도달하다, (어떤 사물을) 얻다, 도달하다
добо́р (나머지를) 거두어 들임, 징집
забра́ть 가지다, 체포하다, 차압하다, 손에 넣다, (욕심 공포등에) 휩싸이다, 줄이다, 막다, 가불하다
забра́ться 높은 곳에 오르다, 잠입하다
забо́р 울타리, 담장, 외상구매
забо́рка (주로 나무로 만든) 간막이
забо́рный 울타리의, 담장의, 외상으로 매입한
забо́рщик 외상손님

водозабо́р (하천 저수지에서 관개 수로 등에로) 급수장치
избра́ть 선거하다, 선택하다
избра́ние 선거
и́збранный 선발된, 우수한, (소수의) 행복한
избра́нник 중요한 사명을 띠고 선출된 사람
избира́емость 피선거권
избира́тель 선거인
избира́тельный 선거의
избирко́м 선거 위원회
избо́рник 집, 선집
избра́нничество 선출된 자로서의 사명
переизбра́ть 선거를 다시하다, 재선하다
переизбра́ние 개선, 재선
набра́ть (물건을) 모으다, 따다, 수집하다
набо́р 징집, 모집, 한벌, 식자(인)
набо́рщик 식자공
оргнабо́р 노동력의 국가 모집조직
фотонабо́рный 사진 정판의(출판)
обобра́ть 따다, 거두어들이다, 빼앗다, 우려내다
обобра́ться 셀 수 없다, 그칠 때가 없다
обира́ла 약탈자, 착취자
обира́ловка 터무니 없이 물건을 비싸게 강매하는 곳
отобра́ть 따다, 거두어 드리다, 빼앗다, 우려내다
отбо́р 선출, 꺼내는 것, 도태
отбо́рный 정선된, 뛰어난
перебра́ть (많은 물건을) 선별하다, 손에 잡다, 상기하다, 다시 조판하다
перебра́ться 넘다, 옮기다
перебо́р 다시 조판하는 것, 손을 땜, 여분, 과잉
перебо́рка 선별, 조사, 검사, 간막이, 격벽
побиру́ха 거지
побира́шка 거지
побра́ть (어떤 수, 양을) 취하다
побо́р 무거운 세금, 뇌물
подобра́ть 거두다, 가려내다, 훔치다, 죄다
подобра́ться 구성되다, 만들어지다, 다가가다, 없어지다, 자기의 옷차림을 단정히 하다, 마르다
подо́бранный 잘 정돈된, 산뜻한
подбо́р 집어 올리은 것, 선별, 수집
подбо́рка 주어 올리는 것, 선별
подбо́рщик 선별하는 사람
прибра́ть 정리하다, 정돈하다
прибра́ться 옷차림을 단정히 하다, 죽다
прибо́р 용구, 기구, 도구, 도구의 한벌, 1인분의 식기
прибо́рка прибрать의 명사형
пробра́ть (느낌·추위 따위가) 침투하다, 질책하다, 잡초를 제거하다, 주름을 잡다
пробра́ться 겨우 지나가다, 잠입하다
пробо́р 가리마, 가른 머리
пробо́рка 질책, 비난, 제초, 주름 잡는 것
разобра́ть 분해하다, 풀다, (건물 일부를) 헐다, 매점하다, 정리하다, 연구하다, 심사하다, 이해하다, 사로잡다
разобра́ться 신변을 정리하다, 연구 해명하다
разбо́р 분해, 훼손, 판정, 선택, 종류
разбо́рка 분해, 헐어 버림, 선별
разбо́рный 조립식의, 분해 할 수 있는
неразбери́ха 혼란, 난잡
разбира́тельство 심리, 음미, 재판
разбо́рчивый (물건을 고르는 데) 까다로운, 조심스러운, 예리한 눈의, 섬세한
разбо́рщик 분해공, 집등을 부수는 인부, 해판공
неразбо́рчивый 읽기 힘든, 분명치 않은, 가리지않는
собра́ть 모으다, 집합 시키다, 채집하다, 수집하다, 징집하다, 조립하다, 준비시키다
собра́ться 모이다, 집합하다, 채비하다, 계획하다, 입다
собо́р = собо́рне, собо́рно 대사원, 본산, 본당, 대집회
собо́рность 집단주의, 집단 공동의 원칙
собра́ние 수집, 집(서적), 회합, 회의, 집회
собра́нный 마을을 집중시킨, 긴장한, 깔끔한

Б

собира́ние 모으는 것, 채집, 징집, 회수
собира́тель 채집자, 수집자
собира́тельный 징집적인
собира́тельство 모으는 것, 수집
насбира́ть 차례로 조금씩 모은다
прособира́ть (얼마 동안) 모으다
прособира́ться (얼마 동안) 출발 준비를 하다
сбо́рить 주름을 만들다
сбор 모이는것, 집합, 수금, 수확, 추수, 징수, 준비, 채비
сбо́рка (기계 등의) 조립, 작은 주름
сбо́рник 선집, 집
сбо́рность 조립 방식
сбо́рный 집합의, 조립의, 혼합의
сбо́рня 농촌 공동체의 집합소
сбо́рчатый 주름이 많은
сбо́рочный 기계조립의
сбо́рщик 모으는 사람, 징수계
сбо́рище 군집
подсобра́ть (조금씩) 모으다, 저축하다
подсобра́ться (점차로) 모여지다, 저축이 늘다
убра́ть 치우다, 정돈하다, 간수하다, 쫓아내다, 꾸미다, 먹어치우다
убра́ться 물러가다, 정리되다, 거둘어 들이다, 치장하다, 자리잡다
убо́р 복장, 장구, 장식
убо́ристый 세밀한, 글자의 간격이 촘촘한
убо́рка 정리, 정돈, 수확, 손질, 장식하는 것
убо́рный 의상의, 장식의
убо́рная 화장실, 탈의실, 휴게실, 변소
убо́рочная 추수, 수확 시기
убо́рочный 수확의, 추수의
убо́рщик 청소부
приубра́ть (조금) 정돈하다, 치우다, 신변의 일을 정리하다
приубра́ться 정돈되다, 신변의 일이 정리되다
послеубо́рочный 수확 후의
разубра́ть 아름답게 꾸미다, 치장하다

предубо́рочный 수확 전의
зерноубо́рка 곡물 수확
капустаубо́рка 배추 수확
рисоубо́рка 쌀 수확
снегоубо́рка 눈 치우기
крохобо́р 자잘한 일까지 간섭하는 사람, 구두쇠
кроха́ 남은 것, 쓰레기
крохобо́рство 자잘한 일까지 참견 하는 것, 인색
крохобо́рствовать 자잘한 일까지 참견하다, 인색하게 굴다
новобра́нец 신병, 초년병
новобра́нческий 신병의, 초년병의
ска́терть-самобра́нка (옛날 얘기의) 생각대로 맛있는 음식이 나오는 식탁보
камнеубо́рочный 돌을 치우는

броса́ть (бро́сить) 던지다, 내버리다, 그만두다, 낭비하다
бро́ситься 서로 던지다, 대들다, 돌진하다, 뛰어 들다, 급히 일을 하다, 무시하다, 낭비하다
бро́совый 쓸모없는, 조악한
бросо́к 한번 던짐, 스프린터, 대쉬
бро́ский 누부신, 민첩한
бро́ском 단김에, 일격에, 단쉼에
броса́ние 던지는 것, 투척
броса́тельный 던지기 위한
закида́ть 마구던지다, 퍼붓다
забро́сить 멀리 더지다, 내던지다
забро́ска 배달, 송달
забро́шенный 버려진, 황폐하게 버려진
забро́с 돌보지 않음
в забро́се 버려진 체로
наброса́ть (여러 번) 던지다, 낭비하다, 약도를 그리다
набро́сить 집어 던지다, 옷을 걸치다, (색채를)주다
набро́ситься 덤벼들다, 들어 붙다, 대들다
набро́ска 집어 던져서 씌운 것

набросно́й 돌로 쌓은 제방
набро́сок 초고, 스케치, 원안
вбро́сить 던져넣다, 투입하다
взбро́сить 위로 던지다
взброс 역단층(지질)
вы́бросить 집어 던지다, 삭제하다, 해고하다, 급파하다
вы́броситься 뛰어 나오다
вы́брос 움직이는 것, (깃발) 흔드는 것, 분출 (화산)
вы́бросок 쓰레기
добро́сать 던지기를 마치다
добро́сить 어느 장소까지 던지다
отбро́сать (몇 번이나) 던져버리다, 던지기를 마치다
отбро́сить 옆으로 던지다, 격퇴하다, 반사하다
отбро́ска отбро́сить의 명사형
отбро́сный 폐물의
отбро́с 쓰레기
переброса́ть (많은 물건을) 차례로 던지다
перебро́сить 던져넣다, (다리 등을) 놓다, 이동시키다
перебро́ситься 뛰어 넘다, 급히 이동하다
перебро́ска 이송, 수송, 파견
подбро́сить 위 또는 아래로 던지다, 공급하다, 버리다
подбро́ска 위로 또는 아래로 던지는 것, 추가하는 것
прибро́сить 내던지다
приброса́ть (여러 번) 던지다
проброса́ть 죄다 잘못 던지다, (카드의) 패를 다 버리다, (공 따위) 빗 맞추다, (카드의 패를 잘못내다
проброса́ться 던져서 자기가 다치다
пробро́сить 통하여 던지다, 지나치게 샘하다
разброса́ть 던져서 흩어지게 하다, 흩뜨리다, 분산시키다, 낭비하다
разброса́ться 주변을 어지르다
разбро́сить 사방으로 던지다
в разбро́с 뿔뿔이

разбро́санность 혼란, 분산, 산재
разбро́санный 산산이 흩어진, 산만한
разбро́ска 살포
разбросно́й 땅에 뿌리는(종자)
вразбро́с 어수선하게, 산산이
сброса́ть 떨구다, 버리다,
сбро́сить 값을 깎다, 방출하다, 떼어내다, 폐기하다, 털다(주판), 카드장을 버리다
сбро́ситься 뛰어 내리다
сброс 버린 카드장
сбро́сный 방수용의, 물을 떨구기 위한

быть 이다, 되다, 있다, 일어나다, 가다, 오다
быт 생활상태, 관습, 세태, 풍속
бытие́ 존재, 실재, 생활, 창세기
бы́тность 존재하는 것, 채류
бытова́ть (어떤 상태 속에) 있다, 일어나다
бытови́зм 세태묘사
бытови́к 풍속 소설가
бытово́й 풍속의
бытописа́ние 기술, 역사, 사기
бытописа́тель 역사가
бытьё 생활 양식, 사는 방법
быва́ть 있다, 일어나다
быва́лец 노련한 사람, 세상물정에 밝은 사람
быва́лый 세상 물정에 밝은, 노련한, 옛날의, 지나간
быва́льщина 실화, 사실담
бы́вший 예전의, 전의
было́й 이전의, 지나간
быль 과거의 사건, 옛날 일, 실화
небытие́ 무, 공, 실재하지 않는 것
небыва́лый 미증유의, 전례없는, 가공의, 인생의 경험이 부족한
небыва́льщина 거짓말, 허구, 해학
небыли́ца 밑도 끝도 없는 이야기, 근거 없는 소문, 공상적 이야기
перебыва́ть (많은 사람이) 오다, 방문하다, 다니다
перебы́ть 오래 살다, 생존하다

побывать (여러 곳을) 돌아 다니다, 방문하다
побывальщина 이야기, 실화
побыть (잠시) 있다, 체류하다, 손님이 되다
выбыть 떠나다, 이탈하다, 퇴직, 퇴교하다
выбытие 떠나는 것, 퇴직, 퇴교, 탈회
отбыть 출발하다, (어떤 임무를) 끝내다, (형기를) 마치다
отбывание 근무, 형기를 마치는 것
отбывка 근무, 형기를 마치는 것
отбытие 출발, (임무, 형기 등을) 끝내는 것
пребыть (공손한 표현) 계시다
пребывание 채류, 채재, 거류, (어떤 상태에) 있는 것
прибыть 도착하다, 입하 하다, 불다, 증가하다
прибылой 새로온, 나타난, 새로 물이 불어난, 새로 나타난(동물)
прибыль 이익, 이윤, 이득, 증가
прибыльный 이익이 되는
прибытие 도착
прибыток 이익, 이윤
прибыточный 이익이 되는, 돈벌이가 되는
сверхприбыль 초과 이익
пробыть (일정시간을) 머물다, 체류하다
сбыть (널리) 팔다, 쫓아내다, (시간을, 물건을) 피하다
сбыться (예언, 기대가) 적중하다, 실현되다, 일어나다, 생기다, (물이) 줄다
сбыт 매상, 판로
событие 사건, 대사건
событийный 사건투성이의, 파란만장의
сбытный 매상이 좋은
сбытовой 판매의
сбыточный 실현성이 있는
сбытчик 장물아비
убыть 줄다, 감소하다, (달이) 이그러지다, 자리에 없다
убылой 적어진, (달이) 이그러진, 없어진
убыль 감소, 단축
убыток 손해, 손실

убыточить 손해를 입히다
убыточный 손해가 되는, 유해한
изубыточить 손해를 주다, 파괴하다
поубыть (조금) 줄다

••В••

вали́ть 처서 넘어 뜨리다, (전염병이) 다수를 죽이다, 내던지다, (죄책감을) 전가하다
вали́ться 넘어지다, 몸을 엎드리다, 붕괴하다, (전염병으로) 다수가 죽다
вале́жина 쓰러진 나무
вале́жник 쓰러진 나무, 떨어진 나무 가지
ва́лка 처서 넘어 뜨리는 것, 질병이 가축을 죽이는 것
ва́лкий (배가) 전복하기 쉬운
ва́льщик 나무 베는 인부
ввали́ть 던져넣다, 때리다, 밀고 들어 가다
ввали́ться 빠지다, 떨어지다, 우묵해 지다, 밀어 닥치다
вы́валить (상자 등에서 내용물을) 쏟아 내다, (군중등이) 갑자기 몰려나오다
довали́ться 드러눕다, 뒹굴다
завали́ть 묻다, 메우다, (길을) 막다, 가득 채우다, 기대다, 무너 뜨리다, (코·귀·목 등이) 막히다
завали́ться 떨어지다, (눈 등이) 움푹들어 가다, 눕다, 굽다, 무너지다, 실패하다
зава́л (통로를 막는) 흙더미, 폐색, 방공기구
зава́лка 용광로의 충전, 매립
зава́льный 퇴적 또는 매몰되어 생긴
за́валь 묵은 상품, 덤핑상품, 잡동사니
навали́ть 쌓다, 부과하다, 내려 쌓이다, 모여들다
навали́ться 덮치다, 기대다, 달려들다, 만나다, 터치하다
нава́лка 쌓아 올린 것, 부과하는 것, 배의 경사
нава́лом 꾸리지 않은
нава́льный 적재된, --을 실은
нава́лочный 저재의, 꾸리지 않고 싣는
нава́льщик 짐을 싣는 광부
обвали́ть 무너뜨리다, 주위에 쌓다
обвали́ться 무너지다, 떨어지다
обва́лка 뼈에서 살을 떼어 내는 것

отвали́ть 무거운 것을 굴려서 치우다, 아낌없이 주다
отвали́ться 떨어지다, 벗겨지다, 물러가다 처지다
отва́л 굴려서 치우는 것, 배가 해안을 떠나는 것, 보습판, 빈약한 광층
отва́лка 굴려서 치우는 것
отва́льный 굴려서 치우는
отва́льщик 광부(광석 쓰레기 제거작업)
перевали́ть 던져서 굴려서 옮기다, (산길을) 넘다, (시간이) 경과하다
перевали́ться (어떤 장소를) 넘다, 비틀거리다, 동요하다
перева́л 고개, 령을 지나는 산길, (고개 등을) 넘는 길
перева́лка 던져서 옮기는 것, 적환 지점
перева́лец 작은 고개
перева́льный 굴려서 옮기기 위한, 고갯길의
в перева́лку 비틀거리며 (걷다)
впова́лку 나란히, 뭉쳐서 (드러눕다)
напова́л 일격에, 한발로, 당장에
лесопова́л 벌채
лесопова́льщик 벌채자
подвали́ть (물건의 아래 옆에) 쌓다, 배가 닿다, 군중이 모이다, 불어나다
подвали́ться 떨어지다, 굴러 들어가다, 넘어지다, 덮치다
подва́л 지하실, 움, 지하 저장실, 신문의 하단기사
подва́льный 지하실의
подва́льщик 짐을 싣고 내리는 인부
привали́ть (무거운 물건을) 굴려서 가져오다, 쌓아로리다, (배가) 강변에 도착하다, (다수가) 몰려오다, (행운이) 굴러 들어오자
привали́ться 기대다, 의지하다
прива́льный 휴식용의
прива́л (배가) 뭍에 닿는 것, (군) 휴계, 휴식(행군중)
провали́ть 낙하 시키다, 함락 시키다, (일, 계획 등을) 망치다, 거부하다, 낙제 시키다, 몰려서 지나가다

прова́литься 떨어지다, 함락하다, 보이지 않게 되다, 낙제하다
прова́л 붕괴, 사태, 구멍, 낭떠러지, 실패, (지각) 상실
развали́ть 허물다, 여기저기 쌓아 올리다(농)
развали́ться 허물어지다, 몸을 쭉 펴고 눕다
разва́л 와해, 문란, 노천 고물 시장
разва́лец с разва́льцем 비틀거리며(걷다)
разва́лина 폐허, 폐인
разва́листый 비틀거리는
разва́лка 작은 폐허
разва́льца с разва́льцем 비틀거리며(걷다)
разва́люга 무너지기 시작한, 흔들리기 시작하는 건물
свали́ть 내려 던지다, 쓰러 뜨리다, (책임을) 지우다
свали́ться 쓰러지다, 병상에 눕다, (배가) 충돌하다
свал → сва́лка 난잡하게 쌓은 퇴적, 난투, 쓰레기 버리는 곳
сва́льный 혼란한
сва́льщик 내려던지는 일을 하는 노동자
автосамова́л 자동 하역장치, 덤프차
ували́ть 비스듬히 쌓아 올리다, (군중이) 물러가다
ува́л → ува́лка (2) 급경사의 고개 언덕, (도로의) 파인곳, 구멍
ува́листый 완만하고 긴 고개가 있는, 비틀거리는
ува́льность (범선이) 키를 사용치 않아서 바람 때문에 회전하는 성질
ува́льчивый (범선이) 항로를 벗어 나기 쉬운, 흔들리는, 기울기 쉬운
бурева́л 수목을 스러뜨릴 정도의 대폭풍
ветрова́л 바람에 뿌리가 뽑힌 나무
древова́л 나무를 패내는 기계
сенова́л 건초를 쌓아 두는 곳간
снегова́л 쌓인 눈의 무게로 나뭇가지가 부러지는 것

вари́ть 끓이다, 달이다
вари́ться 끓다, 소화가 되다
варе́нец 응결된 우유
варе́ние 소금에 절인 것, 잼으로 만드는 것
варе́ние → вари́ть 의해 제조된 것
варе́ник 응유
варе́нье 잼
ва́рка 삶는 것,
ва́ркий 잘 달아 오르는, 잘 끓는
варёный 끓인, 삶은, 피곤한
ввари́ть (부품 등을) 용접하여 고정하다
вы́варить 삶아 요리하다, 삶아 내다
вы́варка 속옷 따위를 삶는 그릇
вы́варки 삶아서 남은 찌꺼기
вы́варно́й 삶아서 얻은
довари́ть 충분히 끓이다
довари́ться 충분히 끓다, 삶아지다
завари́ть 달이다, 끓이다, 데우다, 용접하다
завари́ться 끓다, 익다, (나뭇잎이) 생기다
зава́рка 찻주전자에 한번 넣어 끓이는 용량
заварно́й 끓이기 위한
навари́ть 끓이다, 양조하다
нава́р (스프 등의 표면에 생기는) 얇은 지방
нава́рка 단접
наварно́й 단접된
нава́рный 기름기가 있는
недова́ренный 설익은
обвари́ть 뜨거운 물을 붓다, 화상을 입다 (끓는 물, 증기 등에)
обвари́ться 뜨거운 물에 화상을 입다
отва́р 탕약, 탕제
отва́рка отвари́ть의 명사형
отварно́й 데친, 삶은
перевари́ть 다시 (끓여) 익히다, 소화하다, 참다
перевари́ться 너무 끓다, 잘 소화되다
перева́рка 다시 삶는 일, 너무 삶는 일
повари́ть 삶다, 요리하다
по́вар 요리사

поваре́нный 요리의, 요리용의
поварёнок 요리사의 견습소년
поварёшка 국자
повари́ха (여자) 요리사
повар́ничать 요리를 하다, 요리사로 일하다
пова́рня 주방
поварско́й 요리사의
привари́ть 용접하다, 삶다
прива́рка 용접, 땜
прива́рок 뜨거운 음식
провари́ть 삶다, 용접하다
провари́ться 푹 삶아 지다
прова́р 용접선의 홈
прова́рка 열탕에 의한 처리
развари́ть 삶아서 아주 연하게 하다
развари́ться 익어서 연해지다
разварно́й 연하게 삶은
свари́ть 끓여서 만들다, 용접하다
свари́ться 끓다, 용접하다
свариваемость 용접성
сва́рка 용접, 단접
сварно́й 용접의, 용접한
сва́рщик 용접공
увари́ть 충분히 끓이다
увари́ться 충부히 끓다, 졸다
ува́рка = ува́р 충분히 끓임, 끓여 졸인 분량
ува́рочный 바짝 졸이는
красков́ар 염료제조공
красков́арня 염료실
медов́ар 밀주 제조인
медоваре́ние 밀주제조
медов́арня 밀주 제조실
мылов́ар 비누 제조인
мылов́арня 비누제조 소
пивов́ар 맥주 양조인
пивоваре́ние 맥주 양조
пивов́арня 맥주 공장
салов́ар 수지를 끓이는 사람
самов́ар 사마바르, 신선로와 유산한 차를 끓이는 화로

самова́рничать самова́р를 놓고 차를 마시다
сахарова́р 설탕제조 업자
сахароваре́ние 제당
сахарова́рня 제당공장
солева́р 제염소의 노동자
солеваре́ние 제염
солева́рня 제염소
сталева́р 제강공
сталеваре́ние 제강
стеклова́р 유리 제조 공
стекловаре́ние 석영 가루의 용해
сырова́р 치즈 제조인
сыроваре́ние 치즈 제조
сырова́рня 치즈 제조소
удобовари́мый 소화가 잘되는, 이해가 쉬운
фруктова́р 과일로 통조림이나 과자를 만드는 사람
шелкова́рня (비단) 생사공장

ве́дать 알다, 감지하다,
ве́дать чем 지배·관리·주재하다
ве́даться 교섭을 갖다
веде́ние --학의 뜻, 예) 동양학
ведовско́й ведовство의 형용사형
ведовство́ 무술, 주술, 마술
ве́домо 물론
ведомостича́ (업무·직업에 대한) 간단한 보고서
ве́домость 통지서, 보고서, 계산선, 일람표
ве́домственность 관청의 할거 주의
ве́домственный 관청의, 자성중심의
веду́н =веду́нья (속) 마법사
веду́щий 알고 있는
всеведе́ние (현대어에서는 야유) 전지의 뜻, 박식
всеве́дущий 전지의(신의 형용사), (현대) (야유) 무었이나 다아는, 전지자, 만물 박사
неведе́ние 무지, 무식
неве́домый 알려지지 않은, 불가사의 한, 이해

되지 않는
заве́домо   미리 알고 있으면서, 고으로
заве́домый   유명한, 확실한
вы́ведать   알아내다, 간파하다, 알아내려고 애쓰다
доведа́ть (доведа́ться)   간파하다, 알아내다
изве́дать   경험하다, 맛보다, 알다, 이해하다
наве́дать   방문하다
наве́даться   무언가를 물으러 들르다
отве́дать   맛보다, 음미하다, 시험해 보다, 경험하다
переве́даться   배상·위자료를 요구하다
пове́дать   알리다, 알려주다
поведе́ние   품행, 행실, 몸가짐, 행위
испове́дать (испове́довать)   (교의·신념·견해에) 따르다, 신부가 청죄하다, 참회를 듣다, 어떤일을 밝히다, 고백하다
испове́да́льня   (종) 참회실
испове́дание   심문, 고백, 종교, 신앙
испове́дник   참회자, 참회를 듣는 신부
испове́дный   참회의, 고백의
и́споведь   (종) 참회, 고백
пропове́довать (пропове́дать)   포교하다, 전도하다, 선전하다, (종)설교하다
пропове́дник   설교자, 전도자, 선전자
пропове́дничество   설교, 전도, 선전보급
про́поведь   설교, 선전
прове́дать   방문하다, 위문하다, 소문으로 알다, 우연히 알다
разве́дать   탐지하다, 알아내다, 답사하다, 시굴하다
разве́даться   담판하다, 복수하다
разве́дка   실지 탐사, 답사, 수색, 척후, 시굴, 정보 보안 기구
разве́дчик   척후병, 정찰병, 정찰기
разве́дывательный   실지 탐사의, 정찰의
све́дать   물어서 알다, 정보를 얻다
све́даться   협정하다, 서로 알게 되다
сведе́ние   알림, 보도, 보고, 정보, 아는 것, 지식
све́дущий   (어떤 사정에) 밝은, 통달한, 숙달한

уве́домить   통지하다, 통보하다, 보고하다
уведомле́ние   통지, 통보, 보고, 통지서, 안내자, 공고, 고시

везти́   (차로) 운송하다, 일이 잘되다, 운이 좋다
везти́сь   (옷 등이) 질질 끌리다
везу́чий   운이 좋은
вози́ть   (운수기관에 의해) 운반 운송되다
вози́ться   떠들며 장난치다, (어떤 사물에) 매달려 있다
воз   짐수레, 마력, 다량
вози́лка   수송, 운송
вози́мый   (차안) 휴대용의
во́зчик   짐마차꾼
ввози́ть   (속으로) 넣다, --하게 하다
ввози́ться   도입, 설정, 개시되다
ввоз   반입, 수입
вво́зный   수입세
вы́возить   여러 번 운반하다
вы́возиться   딩굴어서 더러워지다
вы́воз   반출, 수출
вы́возка   반출
вывозно́й   반출의, 수출의
довози́ть   운반을 끝마치다
завози́ть   보내다, 운반하다
заво́з   보냄, 운송, 송달, 공급
заво́зный   송달된, 반입된
заво́зня   거룻배, 창고, 헛간
заво́зчик   (상품의) 배달인
извози́ть   끌고 다녀 더럽히다
извози́ться   끌고 다녀 더럽혀지다
изво́з   마차에 의한 운송
извозни́чать   운송업에 종사하다
извозовладе́лец   운송업자
изво́зчик   미부, 운송업자
обвози́ть (обвезти́)   (차로) 옮기다, 돌아다니다
обво́з   обвози́ть의 명사형
отвезти́ (отводи́ть)   운반해 버리다
отво́зчик   운반인

возо́к   상자 모양의 썰매
перевози́ть   차례 차례로 전송하다, 이송하다
перево́з   운반, 운송, 도선장
перево́зка   운수, 운송
перевозни́чать   나룻배 사공을 직업으로하다
перево́зный   운반입
перево́зня   대형도선
перево́зчик   나룻배 지기
повезти́   나르다, 운송하다, 행운이다
повози́ть   여기저기 태우고·데리고 다니다, 여러 번 운반하다
ему́ повезло́   그는 운이 텃다
повози́ться   (구) (잠시) 돌보다, 관계하다, (잠시) 떠들다
пово́зка   수레, 짐마차, (천) 대응 성좌
подво́з   운수, 운송
подвози́ть   (어느 지점까지) 운반하다, 운이 좋다
привози́ть   (배, 수레, 말등으로) 날라오다, 수입하다
привози́ться   반입, 수입되다
приво́з   반입, 수입품
провезти́   나르다, 신고가다, 휴대하다
провози́ть   수송에 일정 시간을 보내다
провози́ться   (일에 쫓기어) 몹시 바쁘게 일정 시간을 보내다
прово́з   운수, 운송, 휴대
провозно́й   운송의
провозоспо́собность   수송능력
развезти́   여러곳으로 운반하다, 기진 맥진하다
развезти́ сь   큰소동을 부리다
разво́зка   배달차, 용달차
развозно́й   실고 다니는
разво́зчик   배달꾼, 행상
разво́з   각 방면으로 운송하는일
свози́ть   배 차등으로 나르다
свози́ться   흘러 떨어 지다
своз   운반, 날라 가는 것
сво́зчик   운반인
увезти́   데리고 가다, 훔쳐가다

бензово́з   가솔린 수송용 탱크차
бетоново́з   레미콘 같은 차
водово́з   물을 운반하는 사람
водово́зка   물을 운반하는 말 마차
газотрубово́з   가스 터빈 기관차
землево́з   흙을 운반하는 인부
парово́з   기관차
теплово́з   내연 기관차, 디젤 기관차
электрово́з   전기 기관차

век   생애, 일생, 수명, 시대, 세기, 영겁
векова́ть   살다, 생활하다
векове́чный   끝없는, 영원한, 항상의
веково́й   오랜 세월의, 늙은, 옛날부터의
векову́ха   노처녀
ве́чный   영구의, 무궁의, 불변의, 종신의
ве́чник   (속) 종신형의 죄수
ве́чно   영원히, 끊임 없는
ве́чно не забу́ду   결코 잊지 않겠다
вечнозелёный   상록의
ве́чность   영구, 영원
изве́чный   오래전부터
наве́чно   영원히, 영구히
предве́чный   (종) 개벽 이전의
ввек   영구히, 어느 때든, (부정 동사와 함께) 결코 -아니다
вове́к, вове́ки   영구히, 언제나, (부정동사와 함께) 결코
дове́ку   영구히, 언제까지 라도, 일생
изве́ка   예로부터
сызве́ка = сызве́ку   (속) 예부터, (문) 태고부터
наве́к = наве́ку = век
отекова́ть   일생을 마치다
свекова́ть = векова́ть
полве́ка   반세기
средневеко́вье   중세
средневеко́вый   중세의
увекове́чить   영구불변하게 하다, 영원히 전해 주다

увекове́читься 영원히 남다

вели́кий 위대한, 아주큰
веле- 크다는 뜻
велегла́сный 큰소리의 (야유)
велему́дрый 뛰어난 지혜를 가진
велере́чивый 과장된, 허풍떠는
велика́н 거인
Великобрита́ния 대영제국
велико́ватый 다소큰
великовозра́стный 나이를 너무먹은 (학생), 적령이 넘은
великодержа́вный 열강의, 대국주의의
великоду́шие 관대, 아량
великоду́шничать 관대한 모습을 하다
великоду́шный 관대한
великокня́жеский 대공국의
великоле́пие 웅장, 화려
великоле́пный 웅장한, 화려한, 근사한
великому́ченик 대순교자
великоро́слый 키가 큰
великору́с 대 러시아인
великосве́тский 상류사회의
велико́сть 중대함, 위대함
велича́вый (용모, 풍채) 당당한, 훌륭한
велича́ние (2) 축가, 찬가
велича́ть 사람을 우러러 보며 부르다, 축하 하다
велича́ться 뽐내다, 자랑하다
вели́чественный 위대한, 장엄한
вели́чество 왕, 왕족, 폐하
вели́чие 위대함, 위대한 일
величина́ 크기, 용량, 위대한 것, 사람
возвели́чить 철찬하다
возвели́читься 오만, 기만해 지다, 지만해기 시작하다
преувеличе́ние 과대 시, 과장, 과장법
преувели́ченность 과장된것
преувели́ченный 관장된, 과대한
преувели́чить 과대 시 하다, 과장하다

увели́чить 크게하다, 확대하다, 늘리다, 높이다, 강화하다
увели́читься 증가 되다, 확장되다, 강화되다
увеличе́ние 증가, 증대, 강화
увеличи́тель 확대기
увеличи́тельный 증가·확대하는
увеличи́тельное стекло́ 확대경
равновели́кий 같은 크기의

ве́ра 믿는 것, 신념, 신앙, 종교, 신용
ве́рить 믿다, 신뢰하다
ве́риться 믿어 지다, 신심이 생기다
вери́тель 위임자
вери́тельный 위임하는, 신임하는
верифика́ция 증명
ве́рно 올바르게, 충실히, 아마
верноподданни́ческий 충성스러운 시민의
верноподда́нный 충성스러운
ве́рность 충실, 성실, 정확, 정조
ве́рный 옳은, 진실한, 충실한
верня́к 활실한것
ве́ровать 신을 믿다
ве́рование 신앙, 종교, 믿음
вероло́мный 배신의
вероло́мство 배신행위
вероотсту́пник 배교자
вероотсту́пнический 배교의
вероотсту́пничество 배교
вероподо́бие 진실 같은 것
вероподо́бный 진심 같은
веротерпи́мый 이교에 대해 관대한, 신앙의 자유의
вероуче́ние 교리, 교의
вероучи́тель 포교자
всроя́тис 그럴듯한 것, 믿을 만한 것
вероя́тно 아마, 필시
вероя́тность 있을 법한, 확실성이 있음직한 것, 확률
по всей вероя́тности 십중팔구, 확실히
вероя́тностный 확률론적

вероя́тный 있을 법한
безве́рие 불신
единове́рец 같은 종교를 믿는 사람
единове́рие 같은 종교를 믿는 것
единове́рный 같은 종교의
инове́рец 이교도
инове́рие 이교
инове́рный 이교의
легкове́рие 경신, 맹신
легкове́рный 맹신적인, 속기 쉬운
неве́рие 불신, 무신앙, 자신이 없는 것
неве́рно 옳지 않다
неве́рный 옳지 않은, 잘못된, 부정확한, 불신의
невероя́тие до невероя́тия 매우, 믿을 수 없을 만큼
невероя́тный 믿을 수 없는, 믿기 어려운
неве́рующий 불신자, 무신론자
старове́р 구교도 (그리스도정교의 비개혁파)
старове́рство 구교 신봉, 구습을 굳이 지키는 것
старове́рчество 구교파
старове́рщина 구교도
изве́риться 신뢰를 잃다
пове́рить (2) 검사하다, 교합하다, 맡기다, 고백하다
пове́рка 검사, 점호
прове́рить 조사하다, 검사하다, 확인하다
прове́рка 검사, 점검, 시약
прове́ренный 시험필의, 감정딱지가 붙은
уве́рить 보증하다, 단언하다
уве́риться 확신하다
уве́ровать 전적으로 확신하다
уве́рение 확언, 보증, 고백, 신념
уве́ренность 확신, 신뢰
уве́ренный 단단한, 확고한, 확실한
уве́рительный 믿을 만한, 확실한
неуве́ренный 확신이 없는, 동요하는
самоуве́ренный 자신 만만한, 자기를 과신한
переуве́рить 신념·견해를 변하게 하다
разуве́рить 신념 신뢰를 잃게 하다

разуве́рение 신념 신뢰를 잃게 하는 것

вервь 줄, 끈, 굵은 실
верва́ 구두를 꿰매는 실
ве́рвие 줄, 끈
верёвка 밧줄, 가는 줄, 끈, 교수대
верёвочник 줄 만드는 사람
верёвочный 줄의

верну́ть 뒤돌려 주다, 되찾다, 회복하다, 불러 되돌아 오게 하다
верну́ться 돌아가다, 되돌아 가다, 되찾다
вверну́ть 비틀어 넣다, (말을) 삽입하다
вверну́ться 비틀어 박히다, 급히 기어 들어가다, 급히 나타나다
вы́вернуть 비틀어 뽑다, 돌려서 빼다, 탈골하다, 뒤집다
вы́вернуться 틀어 뽑히다, 돌려 빠지다, 탈골되다, (손에서) 미끄러져 떨어지다, 교묘하게 벗어나다
заверну́ть (заве́ртывать) 싸다, 감싸다, 포장하다, 나사로 조이다, (소매등을) 집어 넣다, 길이 구부러지다, 들르다
заверну́ться 몸을 싸다, (속) 걷어 올리다
изверну́ться 몸을 빼내다, 벗어나다, 위험을 모면하다
наверну́ть 감다 (на что), 나사로 조이다, (속) 어떤양을 먹어 치우다, (속) 열심히 하다
наверну́ться 감다, 나사로 조이다, 갑자기 나타나다
оберну́ть 싸다, 감싸다, 감다, 말다
отверну́ть (나사를) 돌려서 뽑다, 늦추다, 풀다, 비틀어 부수다, (얼굴을) 옆으로 돌리다, (옷 자락등을) 뒤로 접다
отверну́ться 나사가 빠지다, 느슨해지다, 옆을 보다, 되 접다,
переверну́ть 뒤엎다, 안팎을 뒤집다, 당혹케 하다
переверну́ться 뒤집히다, 뒤덮이다, 방향이 바뀌다

повернуть 다른 방향으로 돌다, 방향을 바꾸다, 다른 방향으로 돌리다

повернуться 돌다, 방향을 바꾸다

подвернуть (힘껏 나사 등을) 죄다, 밀어넣다, (소매) 접어 올리다, (각반 등을) 감다, (마차를) 타고 오다, 끌고 오다

подвернуться 조여지다, (끝이) 아래로 접어 들다, (발이) 접질리다, 우연히 만나다

привернуть 틀어서 죄다, 비틀어서 줄이다, 어느 물건 쪽을 향하게 하다

провернуть 천공하다, 통하게 하다, (속) (사건 등을) 신속히 처리하다

свернуться (종이 등이) 말리다, 오그라 지다, 웅크리다, (피, 우유 등) 엉기다, 밀집 축소 되다, (비틀려) 망가지다, 뒤집히다

увернуть 싸다, 감다, 덮다

увернуться 몸을 감싸다, 피하다, (от чего) 발뺌을 하다

развернуть (잠긴 것, 닫혀진 물건을) 펴다, (꾸러미 등을) 풀다, (힘을) 내다, (운동을) 전개하다, 육성 시키다, (군) 전개하다, 승격시키다

развернуться 펴지다, 열리다, 풀어지다, 전개되다, 방향을 바꾸다, (속) (때리려고) 손을 휘두르다

свернуть 말다, 꼬다, 압축시키다, 축소하다, (옆길로) 구브러 지다, (열쇠 등을) 비틀어 부수다, 화제를 돌리다

вертеть 회전 선회시키다, 돌리다, (속) 구멍을 뚫다

верть 급히 방향을 바꾸다

вертеться 돌다, 회전하다, 항상 따라 다니다, 빈둥 거리며 시간을 보내다, 속이다, 발뺌 하다

вёрткий 재빠른, 민첩한, (배) 흔들리는, (강) 꼬불 꼬불한

свёрток 꾸러미, 묶음, (길의) 모퉁이

свёртка 감는 것, 감아서 만든 것

свёртывание (피의) 응결

свёртывать = свернуть 둘둘 말다, 접다, 수축하다

свёртываемость (생리) (혈액, 담백질의) 응결성

увёртываться = увернуться --을 피하다, 비키다

увёртка 회피, 도피

увёртливый 잘 피하는, 교활한, 말을 잘 둘러대는

завёртывать = завернуть (길이) 구부러지다

завёртка 싸는 것, 포장, 포장지, 문 빗장용 나무 토막, 각반

извёртка 교묘한 회피, 속임수를 잘 하는 것

извёртывать - извертеть 비틀어 못쓰게 하다

навёртка 천공기, 타래 송곳

обвёртка 싸는 것, 감는 것, 각반, 꽃 받침

обвёртывать → обвернуть

отвёртывать → отвернуть

отвёртка 나사를 늦추는 것, 뽑는 것, 드라이버

перевёртывать → перевернуть

перевёртка 뒤엎는 일, 안팎을 뒤집는 일

перевёртыш 위선자, 표리 부동한 사람

повёртывать → повернуть

повёртка 길 모퉁이

подвёртывать → подвернуть

подвёртка 각반

развёртывать → развернуть

развёртка (감겨진·꾸부러진 것을) 펴는 것, (나사를) 푸는 것, 전개도, (구멍을) 송곳 따위로 넓게 하는 것

развёртывание 여는 것, 푸는 것, 넓히는 것, 전개, 강화

верх 상부, 상층, 정점, (마차의) 포장, 덮개, (하천의) 상류, 극도, 절정, 승리, 우월, 승마, (사회의) 상층부, 피상, (목소리·악기의) 최고음

верхами 말을 타고 (여러 명이)

верхний 위의, 겉에 입는 (옷), 고음의

верхогляд 겉만 보는 사람

верхогля́дничать 겉만 보다
верхогля́дство 피상적인 태도
верхне- (나라·하천 등에 대하여) 위·높음의 뜻
верхове́нство 지배, 관리, 통할
верхуве́чный (식) 꼭지눈
верхови́к 상류에서 부는 바람, 높은 곳에서 일하는 사람
верхо́вник 추밀원 의원
верхо́вный 최상의
верхово́д 지도자, 권력자
верхово́дить 지도하다, 좌지 우지하다, 끌고다니다
верхово́дка 지표에 가까운 지하수
верхово́й 승마의, (강의) 상류의, 말타는 사람
верхо́вье (하천의) 상류, 상류지방
верхоко́нный 승마자
верхола́з 높은 곳에서 일하는 노동자·기술자
ве́рхом 위쪽의, 가득히, 수북이
верхо́м 말을 타고, 걸터앉아
верхоту́ра 윗부분, 윗층
в верху́ 윗쪽에, 높은 곳에
безве́рхий 꼭대기가 없는
вверх 위로 향하여
до́верху 위까지, 가장자리까지
к ве́рху 윗쪽으로, 위로
нога́ми к ве́рху 거꾸로, 물구나무로
наве́рх 위로, 윗쪽으로, 하늘로, 상공으로
наверху́ 위에서, 위에, 윗층에서
пове́рх (생각을 지배하여) --위로, 위에
пове́рхностно акти́вный 표면 활성제
пове́рхностный 표면의, 피상적인
пове́рхность 표면, 외면
пове́рху 윗쪽에, 표면에, 피상적인
сверх 위에, 넘어, 이상으로, --에 반하여
сверх- 이상, 초 등의 뜻
сверхбы́стрый 초고속의
сверхвысо́кий 초고의
сверхвысо́тный 초고도의
сверхгига́нт 초대형의 기계·건축
сверхда́льний 초 원거리의, 대륙간 (로켓)

сверхдальнобо́йный (무기에 대하여) 초 원거리용의
сверхдредно́ут 초대형함
сверхзада́ча (작품 등의) 주요 과제
сверхзвуково́й 초음속의
сверхкомпле́кт 초과 (분), 여분, 정원외
сверхкрити́ческий 허용 노르마·조건을 초과한
сверхлёгкий 초경량의
сверхлими́тный 제한 초과의
сверхмагистра́ль 초간선(철도)
сверхме́рный 기준이상의
сверхме́ткий 최고도로 적중하는
сверхмо́щный 최대의 위력으로
сверхнормати́вный 노르마 이상의
сверхпа́мять 대량 기억 장치
сверхпла́новый 계획 이상의
сверхпри́быль 초과 이윤
сверхпроводи́мость 초 전도성
сверхра́нний 극단적으로 이른
сверхсветово́й 초광속의
сверхскоростно́й 초 고속의
сверхсме́нный 교체 시간이상의
сверхсме́тный 견적이상의, 예산외의
сверхсро́чный 기한 초과의
сверхсро́чник 복무연장 군인
сверхтеку́честь 초 유동성의
сверхто́ки 과전류
све́рху 위에, 표면에, 위에서
сверхуда́рник 초 돌격 작업원
сверхуда́рный 초 돌격적인
сверхуро́чный (노동) 시간외의
сверхчелове́к 초인
сверхчу́вственный 초 감각적인, 형이상학적인
сверхшта́тный 정원 외의
сверхъесте́ственный 초자연적인, 불가사이한
сверхэкспре́сс 초 특급열차
златове́рхий 황금머리의, 금빛 원형지붕

верши́на 정상, 정점, 절정
ве́ршник 베틀의 횡목, 승마자
верху́шка 정상, 상층부
сухове́рхий 나무 정상부가 죽은

верши́ть 처리하다, 결정하다, 완성하다
верши́тель 지배자, 처리자, 결정자
вы́вершить (건물의 지붕 따위) 윗부분을 완성하다
доверши́ть 성취·완성하다, 끝마치다
доверши́ться 끝나다, 완성하다
доверше́ние 완성, 성취
недоверше́нный 미완성의
заверши́ть 완성하다, 완수하다
заверши́ться 끝나다, 완료하다
заверша́ющий 마지막의, 최후의
заверше́ние (큰 일의) 성취, 완성
незаверше́нный 미완성의
поверши́ть 쌓아 올리다
подверши́ть (건초더미의) 윗부분을 정리하다
сверши́ть 행하다, 실현하다
сверши́ться 실현되다, 행해지다
сверши́тель 실행자
соверши́ть 하다, 행하다, 완수하다, 수행하다
соверши́ться 끝나다, (어떤사건이) 일어나다
соверше́ние 성립, 성취, 실현
соверше́нно 전혀, 완전히, 아주
совершенноле́тний 성년의, 정년의
совершенноле́тие 성년, 정년
соверше́нный 온전한, 완전한
соверше́нный 이루어진, 완수된, 수행된
соверше́нство 완성, 완전, 완전한 사람·물건, 장점, 적성
соврше́нствовать 한층 완전한 것으로 하다, 한층 진보 시키다
соверше́нствоваться 향상하다, 한층 좋아지다, 완성되다
соверши́тель 수행자, 완성자
усоверше́нствование 개량, 개선

усоверше́нствованность 개량, 개선
усоверше́нствовать 한층 완전한 것으로 하다, 한층 진보 시키다
самосоверше́нствование 자기완성

вес 무게, 계량법, 위신
ве́сить 무게가 나가다, 중량이 얼마이다, 달다
вески́ 작은 저울
ве́ский 무게있는, 묵직한, 유력한
ве́скость 무게 있는 것, 위신이 있는 것
весово́й 저울의, 중량의
весовщи́к 저울질하는 사람, 검량인
весо́мый 저울로 달 수 있는, 묵직한
противове́с 평형추, 대항, 맞버팀
равнове́сие 균형, 평형
равнове́сный 균형이 잡힌
равновесо́мый 같은 무게의
вы́весить 내걸다, 달아매다, 무게를 달다, 수평이 되게 하다 (추로)
вы́веска (상점등의) 간판, 속임수, 무게를 다는 것
вы́весочный 간판의
взве́сить 무게를 달다, 생각하여 헤아리다
взве́ситься 자신의 체중을 달다
взвесь 부유물, 현탁액
дове́сить (일정한 중량으로 만들기 위해) 첨가하다, 모자라게 달다
дове́сок 더 보탠 분량
недове́сить 저울로 부족하게 달다, 근수가 모자라다
недове́с 정량부족, 눈금 부족
обве́сить 저울을 달때 속이다
обве́ситься 저울을 잘못 달다
обве́с 저울의 눈속임
отве́сить 이띤양을 달아시 나누다, 빰을 치다
отве́с 연추, 수직선
отве́сный 수직의, 위험한, 가파른
переве́сить 다시 저울질 하다, 딴 것으로 바꿔놓다, 중량으로 우세하다, 압도하다, 승리하다
переве́ситься 무게가 기울다

перевес 다시 저울질 하는 것, 과중, 우세, 우월
переве́ска 다시 저울질 하는 것, 바꾸어 거는 것
приве́сить 매달다, 늘어 뜨리다
приве́ситься 매달리다, 늘어 지다
приве́ска 매다는 것
приве́сок 저울에 보태는 물건, 보충, 부가
прове́сить 중량을 적게 달다, 노천에서 말리다
про́вес 중량부족
прове́сный 노천에서 말린
разве́сить 달아서 나누다, 사면으로 넓히다, 사방에 걸다
разве́ситься 사방으로 가지를 뻐치다, 곳곳에 걸리다
разве́ска (저울로) 달아서 파는 것
разве́сной (저울로) 달아서 파는
разве́сочный (공장의) 계량부
све́сить 달아매다, 머리를 숙이다
све́ситься 늘어지다
свес 차양, 처마, 벼랑
уравнове́сить 평형을 유지 시키다, 조정하다
уравнове́ситься 평형을 유지하다, 균형을 이루다
уве́систый 무거운, 강한 힘의

вести́ (води́ть) 인도 해가다 오다, 데리고 가다 오다, 이끌다, 조종하다, 운전하다, 행하다, 통하다, 향하다, 결과를 가져오다
води́ться 실시되다, (습관 등이) 지켜지다, 번식하다, 사귀다, 교제하다, 살다
веде́ние 전쟁의 수행, 일의 수행, 사무, 잡무
книговеде́ние 부기
ведо́мый 수동적인, 다른 것에 유도되는
води́тель 지도자, 교도자, 수령, 조종자, 운전수
води́тельство 지도, 지휘
вожа́к 인도하는 사람, 길 안내자, 지도자
вожа́тый 길 안내자, 지도원
ввести́ (속으로) 넣다, --상태에 두다, 인도하다, 개설하다, 설정하다
ввести́сь (вводи́ться) 도입 설정 개시 되다
ввод 인입, 도입, 실시, 설정, (전기 가스 등을) 끌어들이는 설비
вво́дный 도입 설정의, 머리말의, 삽입의, 소유권증서
взвести́ 끌어 올리다, 올리다, 모함하다, 뒤집어 쒸우다
взвести́сь (взводи́ться) 오르다, 위로 향하다
взвод (군) 소대, 총의 노리쇠 뭉치, 위로 올리는 것
возвести́ 위로 올리다, 승진 시키다, 등용하다, 높이다, (높고 크게) 건축하다, (혐의를) 두다, 제공하다
вы́вести (вы́водить) 이끌어 내다, 쫓아내다, (얼룩 등을) 없애다, 구출하다, (원인을) 찾아내다, 이주시키다
вы́водить 바른 길도 이끌다
вы́водиться 폐지되다, 없어지다, (얼룩따위가) 빠지다
вы́водка 얼룩을 빼는 것
вы́водок 갓 태어난 짐승의 새끼 무리
повы́вести (모든 것을) 이끌어가다
повы́вестись (전부, 다수가) 사멸하다
довести́ 어느 장소까지 인도하다, (도로 따위를) 부설하다, 원인이 되게하다, 통치하다, 전달하다
довести́сь (доводи́ться) 끌려가다, (길이) 통하다, 어떤 상태가 되다
до́вод 논증, 논거, 이유
дово́дка 광을 내는 것
завести́ (заводи́ть) 연행하다, (몸의 일부를) 다른 방향으로 돌리다, 시설을 만들다, 설비하다, (시계태엽을) 감다
завести́сь (заводи́ться) 생기다, 살게 되다, (시계 등이 감겨서) 움직이기 시작하다, 필수품을 갖추다
заво́д (대규모) 공장, 제작소, 종축장, 감는 일, 관습
заводи́ла 주창자, 주동인물

заводне́ние (유정 등에) 물을 압입하는 것
заводски́й 공장의
заво́дчик 공장주, 주창자
обзавести́ 필수품을 배치하다, 설치하다
извести́ (돈을) 소비하다, 써버리다, 근절하다, 몰아 없애다, 괴롭히다, 화나게 하다
извести́сь 지쳐버리다, 사멸하다, (돈, 재산) 탕진하다
изво́д 소비(돈 시간 등), 근절, 구제, 쇠약하게 하는 것, 괴롭히는 것
произвести́ (производи́ть) 행하다, 일으키다, (인상을) 주다, 생산하다, 제조하다, 승진시키다, 파생시키다
произведе́ние 작품, 저술, 저서, 산물
производи́тель 생산자, 제작자, 종마, 종우, 인수
производи́тельность 생산적인 것, 유효, 생산성
производи́тельный 생산하는, 생산적인
произво́дный 파생한, 파생적인
произво́дственник 직접 생산에 참여하는 사람
произво́дственный 생산의, 산업의
произво́дство 시행, 생산, 공장
наводи́ть 인도하다, (생각)을 일으키게 하다, 채색하다
наво́дка (대포를) 조준하는 것
наводно́й (다리에 대하여) 철거가 가능한, 임시의, 칠을 한
наво́дчик 조준수, 도둑패거리의 안내역, 거울 닦는 인부
низводи́ть 끌어 내리다
обвести́ (обводи́ть) 주위를 걷게 하다, 우회시키다, 둘러쌓다, 테를 두르다, 쓰다듬다, 속이다
обво́д 가장자리, 주위, 테두리
обво́дка 테를 두르는 것, 둥근테
обво́дный 주위에 있는, 둘러싼
отвести́ (отводи́ть) 옆으로 데리고 가다, 면하게 하다, 벗기다, 할당하다, 분배하다, 기피하다, 거부하다, (테두리 등을) 붙이다
отво́д 옆으로 데려가는 것, 거부, 부인, 분기, 지선
отво́дка 테두리 장식, 칠하기, 분기, 지선, 지맥
отводно́й 이끌기 위한, 거부의
отво́док 삽목, (동물의) 자손
отводя́щий 외선의, (근) 외전의
перевести́ 어떤 상태로부터 다른 상태로 옮기다, 이동시키다, 진급시키다, 송급하다, 환산하다, 번역하다
перевести́сь (переводи́ться) 옮기다, 근절되다, (돈이) 없어지다
повести́ 데리고 가다, 안내하다, (일을) 시작하다, 행동하다
повести́сь 사이가 좋아지다, 습관이 되다
поводи́ть 여기저기 데리고 다니다
по́вод 동기, 원인, 기회
поводы́рь 안내자
провести́ (проводи́ть) 전송하다, 동행하다, 안내하다
про́вод 전선, 도선, 전송, 송별, 안내, 동반
прово́д 유도
проводи́мость 전도성, 전도율
прово́дка 인솔, 기입, 전선
проводни́к 안내자, 열차 승무원, 마부, 도체, 전파자
проводно́й 도선에 의한
прово́дчик 안내인
провожде́ние → проводи́ть
вы́проводить 내 쫓다, 몰아내다
препроводи́ть 송부하다, 발송하다
препроводи́лка 첨부서류
препроводи́тельный 송부되는, 발송되는
препровожде́ние 송부, 송치, 발송, 시간을 보내는 것
сопроводи́ть (сопровожда́ть) 첨부하다, 동행하다, 수반하다, 따라가다
сопроводи́ться 수반되다
сопроводи́ловка 첨서, 설명서
сопроводи́тель 호송자, 동행자

сопроводи́тельный 호송의, 첨부의
сопровожда́ющий 수행원
сопровожде́ние 동행, 수행, 수반
делово́д 사무원, 서기
перевести́ (переводи́ть) 어떤 상태에서 다른 상태로 옮기다, 이동 이주 시키다, 전임시키다, 승진 시키다, 송금하다, 명의를 바꾸어 쓰다, 환산하다, 변역하다, (해충을) 구제하다, 돈을 죄다 써버리다, 제도 정책을 바꾸다
перево́д 전임, 진급 (학생의), 송금, 환산, 번역, 낭비, 구제 (해충)
перево́дка 이동, 이전, 전도장치
перево́дный 대체의
перево́дческий 번역자의
перево́дчик 통역, 통역관, 소비자, 구제자
переведе́ние 이동 이전 시키는 것
переве́денец 이동 농민
повести́ (조금씩) 데려오다, 지도하다, 성질을 부여하다
подвести́ (подводи́ть) 끌어오다, (아래에) 넣다, 설치하다, 근거를 부여하다
подво́д 데리고 오는 것, 도입하는 것
подво́да 짐마차, 수레
подво́дный 유도하는, 연결하는
подво́дчик 마부, 짐마차꾼, 도포공, 도둑을 안내하는 사람
привести́ 데리고 오다, --결과로 이끌다
привести́сь (приводи́ться) 일어나다, 하게 하다
приво́д 데려오는 것, 연행, 구류, 구치, 원동·전동 장치
приво́дка (인쇄) 정판
приводно́й 전동장치의
развести́ (많은 사람들을 제각기) 장소로 분산 시키다, 갈라놓다, 이혼시키다, 녹이다, 희석하다, 번식시키다, (불을) 피우다, 일으키다
развести́сь 이혼하다, 녹다, 번식되다
разво́д 배치, 이혼, 양식, 눈가리게
разво́дка (톱날을) 세우는 것, 교량의 개폐, 이혼한 여자
разво́дчик (톱날을) 세우는 직공, 양식자, 재배자
разводя́щий 위병 사령(하)사관
свести́ (своди́ть) 데리로 떠나다, 결말을 짓다, (우의를) 맺다, --탓으로 하다, 귀착하다, 삐뚤어지게 하다
своди́ться --로 귀착되다
свод 전서, 집성, 대전, 원형 천장아취
небе́сный свод 궁창
свод зако́нов 법전
сво́дка 요약, 총괄, 총괄적 보고, 명세서
сво́дник 뚜쟁이
сво́дничать 뚜쟁이 짓을 하다
сво́дничество 뚜쟁이질
сводно́й 집합 집성 할 수 있는, 혼성의
сво́дный 집성한, 총괄적
сво́дня 여자 뚜쟁이
сводообра́зный 궁륭형의
сво́дчатый 둥근 천정 아취를 이룬
сво́дчик (교정하기 위해) 활자를 갈아 꽂는 직공, 중개인
увести́ (уводи́ть) 데리고 가다, 유괴하다,
уво́д 데리고 감, (가축 등을) 몰래 끌고감

ве́шать 걸다, 달아매다, **교후형에 처하다**, 무게를 달다
ве́шаться 매달다, 걸다, 목매달아 죽다, 체중을 달다
ве́шалка 옷걸이, 모자걸이
ве́шание 거는 것, 달아매는 것
вы́весить 내걸다, 올리다, 무게를 달다
вы́веска (상점 기타의) 간판, 위장물, 무게를 다는 것, 수평이 되게 하는 것
вы́весочный 간판의
дове́шать 남김없이 걸다, 끝까지 걸다
заве́сить 덮다, 막을 치다, 장막을 가리다
заве́с = заве́са 막, 장막
заве́ска 경첩
заве́шать 둘러 걸어 놓다
наве́сить 갈고리 못에 걸다, 돌쩌귀에 걸다

наве́ска 돌쩌귀
навесно́й 돌쩌귀로 다는
наве́сный 곡사의
наве́с 처마, 차양, 임시건물, 대합실
наве́шать 걸다, 달다, (저울로) 달다
занаве́ска 커튼, 앞치마
за́навес 막 (무대의)
занаве́сить 막·커튼으로 치다, 천으로 덮다
занаве́ситься 자기 몸을 천으로 가리다
обве́сить 저울을 속이다
обве́ситься (저울을) 잘못 달다
обве́с 저울의 눈속임
обве́шать 가득히 드리우다, 매달다
обве́шаться 자기 주위에 드리우다
отве́сить 어떤 양을 달아서 나누다, 뺨을 치다
отве́сный 수직의, 가파른
отве́с 연추, 수직선
отве́шать 달기를 마치다
переве́сить 다시 저울로 달다, 중량으로 우세하다, 압도하다
переве́с 다시 저울로 다는 것, 압도
переве́ска 고쳐 저울질 하는 것, 바꾸어 거는 것
переве́шать (많은 것을) 걸다, 교살하다, 교수형에 처하다
наперве́с 앞쪽으로 기울여
подве́сить 걸다, 매달다, 드리우다
подве́ситься 드리워 지다
подве́ска 드리운 물건, 귀거리, 자동차의 현가 장치
подвесно́й 걸려 있는, 매달려 있는
приве́сить 매달다, 저울질 하여 보태는 것
приве́ситься 매달리다
приве́ска 매다는 것
привесно́й 매달 수 있는
приве́сок 저울에 보태는 것, 보충, 부가, 추가
прове́сить 중량을 적게 달다(우연히 또는 고의 적으로), 노천에 말리다(물고기 따위), 구부러진곳을 고치다
прове́ситься 중량이 부족하다, 바람에 마르다

прове́с 중량 부족, 고르지 못한 것 (요, 철)
прове́сный 노천에 말린
разве́сить 달아서 나누다, 사면 팔방으로 넓이다, 사방에 걸다
разве́ситься 사방으로 가지를 뻐치다
разве́ска 저울로 달아 나누는 것
разве́сочный 계량부
разве́шать 사방에 걸다
све́сить 달아매다, (머리를) 숙이다, 달다(무게를)
све́ситься 늘어지다
свес 차양, 처마, 돌출부, 벼랑 해안
уве́сить 무게를 속이다
уве́ска 무게를 속이는 것
уве́шать 가득하게 걸다
уве́шаться 자기 문에 달다, 걸다

веща́ть 예언하다, 위엄있게 말하다, 방송하다
веща́ние 예언, (라디오)방송
веща́тель 예언자, 점장이
вещу́н 예언자, 점장이
радиопровеща́тельный 라디오 방송의
широковеща́ние (라디오) 방송
широковеща́тельный 과대한 약속을 하다
завеща́ть 유언으로 넘겨주다, 유언하다
завеща́ние 유서, 유언장
завеща́тель 유언자, 유산 양도자
завеща́тельный 유언의, 유언장의
заве́т 유언, 유훈, 맹약, 구 (신) 약
заве́тный 귀중한, 진지한, 비밀의, 유언에 따라, 양도된·금지된
провеща́ть 말하다, 예언하다
увеща́ть 설유하다, 충고하다, 훈계하다
увеща́ние 간언, 충고, 훈계
увеща́тель 설유자
увеща́тельный 설유의, 충고의

ви́деть 보다, 보이다, 만나다, 우연히 마주치다, 알다, 경험하다, 발견하다, 깨닫다, 가정 하다, 눈에 보이다
вида́ть 보다, 만나다, 경험하다,
вида́ться 만나다, 면회하다
вид 외관, 외모, 모양, 얼굴 생김새, 풍체, 경치, 조망, 의향, 계획, 시야, 시계, 종류
вида́лый (속·방) 경험이 많은, 세상 물정에 밝은
вида́льщина 흔히 있는 일, 일상 다반사
неви́даль 불가사이한 사물, 현상
неви́данный 보통이 아닌, 미증유의, 기괴한
ви́дение 보는 것, 시력
виде́ние 환상, 환영, 유령
видеоза́пись 비디오테이프·레코드 녹음
ви́димо 눈에 보이게, 분명하게, 보아하니, 일견, 아마, 필시, 어쩌면
ви́димо-неви́димо (구) 무수히, 엄청나게, 광대한, 거대한
ви́димость 보이는 것, 눈에 띄는 것, 시력, 외견, 외관
ви́дно 보이다, 분명하다, 알게 되다, 아마, 필시
ви́дный 보이는, 명백한, (구) 눈에 띄는, 중요한, 당당한
- видный --형의, --모양의
видово́й 경치의, 풍경의, 종류의, 종의
видоизмени́ть 변형 시키다, 일부 변경하다
видоизмени́ться 변형 되다, 일부 변경되다
видоизмене́ние 변형, 변체, 변종
видоизменя́емость 변형할 수 있는 것, 그 정도
видообразова́ние 종형성
бобови́дный 콩모양의
венчикови́дный 왕관모양의
внутривидово́й (생물) 종내 경쟁
всеви́дящий 모든것을 볼수 있는 (야유)
дальнови́дение 형안, 선견지명
дальнови́дный 형안의, 선견지명이 있는
иглови́дный 바늘 모양의
кругови́дный 원형의

межвидово́й 다른 종류 사이의
невиди́мка 투명인간
невиди́мый 보이지 않는
неви́дный 보이지 않는, 보잘것없는
неви́дящий 아무것도 보이지 않는, 멍청한, 얼빠진
очеви́дец 목격자
очеви́дно 아마, 필경
очеви́дный 명료한, 명확한
подви́д 아종
привиде́ние 환영, 유령
разнови́дный 여러 종류의
разнови́дность 변형, 변종, 이종, 괴짜
сердцеви́дный 하트형의
самови́дец 목격자
яснови́дение 천리안
яснови́дец 천리안을 가진 사람
яснови́дящий 천리안의 통찰력이 있는
зави́довать 부러워하다, 질투하다
зави́дный 부러워할 만한, 선망의 가치가 있는
зави́дущий (속) 욕심 많은
зави́деть 멀리서 보다
зави́деться 멀리서 보이다
зави́дки 부러워함, 선망
навида́ться (нави́деться) 실컷보다
ненави́деть 미워하다, 증오하다
повида́ться → вида́ться
по-ви́димому 보건데, 아마도
пови́дло 잼의 일종
предви́деть 예견하다, 예지하다
предви́деться 예견되다, 기대되다
предви́дение 예견, 선견
прови́деть 예견, 예지하다, 예언하다
прови́дение 예견, 예지
провиде́ние 섭리 (신의)
провиденциали́зм 섭리설
прови́дец 예견자
сви́деться → свида́ться
сви́деться с кем-либо 만나다, 상봉하다
свида́ние 면회, 상봉, 밀회, 랑데부

до свида́ния 안녕 (다시 만날 때까지)
свиде́тель 목격자, 증인
свиде́тельство 증언, 증명서, 면허장, 증거
свиде́тельствовать 증언하다, 증명하다, 확증하다
свиде́тельствование 증명, 입증, 표명, 검사
уви́деть → ви́деть

вина́ 죄, 잘못, 과실, 원인, 책임
вини́ть 죄·책임을 지우다, 비난하다, 책망하다
вини́ться 자기의 잘못을 인정하다, 사죄하다
винова́тость 죄·책임의 자각
винова́тый 죄가 있는, 잘못된, 원인이 되는, 죄 책임을 느끼는
вино́вник 어떤 일의 원인이 되는 사람
вино́вность 유죄
неви́новность 무죄, 결백, 무구, 순진한, 소박한, 악의가 없는 것
вино́вный 죄가 있는, 죄인, 책임자
невино́вный 죄없는, 결백한
винослóвный 원인의, 원인을 가르키는 접속사
неви́нный 죄없는, 무근의, 순진한, 동정의
безви́нный 죄가 없는
пови́нный 죄있는, 유죄의, 의무있는, 책임있는, 자백한
сови́но́вник 공범
сови́но́вный 공범의, 연루의
извини́ть 용서하다, 변호하다
извини́ться 용서를 빌다, 사죄하다, 변명하다
извини́тельный 용서할 만한, 사죄의, 변명의
извине́ние 용서, 구실, 변명, 사죄
извине́ние в том, что 나의 변명은 이것입니다
обвини́ть (обвиня́ть) 책망하다, 탄핵하다, 유죄로 인정하다
обвине́ние 비난, 탄핵, 기소, 고발, 검사의 논고
обвини́тель 고소인, 고발자, 구형인, 검사
обвини́тельный 고소·기소·구형의

провини́ться 죄를 범하다, 과실을 범하다
прови́нность 과실, 위반, 허물, 과오

винт 나선, 나사, 스크루, 네 사람이 하는 카드놀이의 일종
винтёр (카드놀이를) 좋아하는 사람
ви́нтик (2) 작은 부분, 세부
винти́ть 나사를 돌리다
винт 카드놀이를 하다
винти́ться (나사가) 죄이다
винтова́льня 작은 나사를 깎는 선반
винтова́ть 나사로 조이다, 나선을 만들다
винто́вка 라이플총
винтово́й 나사의, 나사모양의
винтокры́л 회전익, 프로펠러 비행기
винтокры́лая маши́на 헬리콥터
винто́м 나선형으로
винтообра́зный 나선형의
винторе́зный 나사 깎는 것의
ввинти́ть 틀어 박다
взвинти́ть 흥분시키다, 터무니 없이 올리다
взвинти́ться 흥분하다
взви́нченный 흥분된
вы́винтить (나사를) 돌려 뽑다
вы́винтиться (나사가) 빠지다
довинти́ть 나사로 끝까지 조이다
завинти́ть 나사로 조이다
завинти́ться 나사가 조여지다
извинти́ть 나사 머리를 뭉그러 뜨리다, 나사로 조이기 위하여 구멍을 내다
извинти́ться 나사 머리가 뭉그러지다
навинти́ть 나사로 조이다
отвинти́ть 나사를 풀다, 느슨하게 하다
отвинти́ться 나사가 풀리다
ереви́нтить (나사를) 너무 감다, 다시 감다
подвинти́ть 단단하게 나사로 조이다, 고무하다
привинти́ть 나사로 틀어 마추다
привинти́ться 나사로 고정 되다
провинти́ть 나사로 꿰뚫다

развинти́ть 나사를 풀다, 뽑다, 분리하다, 해체하다
развинти́ться 나사가 빠지다, (심신이) 헤이해지다
свинти́ть 나사로 연결하다, 나사를 돌려 빼다
свинти́ться 나사 따위가 여러 번 조여서 못쓰게 되다
увинти́ть 비틀어 넣다, --까지 나사로 조이다, 급히 도망가다

вить 감다, 비틀다, 꼬다, 뜨다, 짜다
ви́ться 꼬이다, 감기다, 읽히다, 선회하다, 감돌다, 달라 붙다
витьё вить의 추명
вито́й 꼬인, 감긴, 뒤틀린
вито́к (공, 전) 코일, 나선선
виту́шка 감겨진 것, 꼬인 것
вви́ть (ввива́ть) 섞어 뜨다, 짜맞추다, 섞어 꼬다
вы́вить 뜨다, 꼬다
дови́ть 감기, 틀기, 짜기, 엮기를 마치다
дови́ться 감다, 틀다, 역다, (어느 한도까지) 감다, 틀다
зави́ть (завива́ть) (머리를) 파머하다, 감아 올리다, 곱슬 곱슬 하게 하다
завива́ться 곱슬 곱슬 해지다, 감기다, 자기 머리를 파머하다
зави́тка 꼬아서 합치는 것, 곱슬 곱슬 하게 만드는 것, 퍼머, 곱슬 머리
завито́й (머리카락이) 곱슬 곱슬 하게된, 감겨진, 퍼머한, 말려진
завито́к 퍼머한 머리채, 짧잖거나 복잡한 말투, (식) 덩쿨손, 나선형, 와형, (해) 귓바퀴
завиту́шка → завито́к 소라 모양으로 만든 빵
изви́ть 완전히 구부러지다, 감다, 사리다
изви́ться 구부러지다, 굽이치다 (강, 길 등), (뱀) 몸을 사리다, 비틀어 지다, 용케 피하다
изви́в 굴절, 만곡, 기복, (뱀) 몸을 사리는 것
изви́лина (하천·도로 등의) 만곡, 굴곡, 곡절,

몸을 돌돌 마는 것
изви́листый 활모양으로 굽은
нави́ть 감다, (감거나 꼰 것을) 많이 만들다, (갈퀴를 사용하여) 쌓아 올리다
нави́ться 감기다, 얽히다
навива́ть 감다, 만들다, (갈퀴를 사용하여) 쌓아 올리다
нава́льный 감기위한, 꼬기 위한
нави́вка навить의 명사형
навивно́й 감기 꼬기 위한, 감은, 꼰
надви́ть 끝까지 짜다, 새끼줄 또는 노끈을 잇다
обви́ть 감다, 둘러감다, 휘감다
обви́ться 감기다, 얽히다
отви́ть 꼬기를 마치다, 다감다, 돌려꼬다
переви́ть 다시감다, 짜다, 꼬다, 비틀다, 감다
переви́ться 서로 얽히다
перевивно́й (무엇으로) 감아놓은
пови́ть 둘러 감다, 감싸다
повива́льник - сва́льник 기저귀 끈
повива́льный 조산의, 산파술의
пови́тель (식) 메꽃과의 하나
пово́йник 기혼 농부의 머리수건
подви́ть (조금) 곱슬 곱슬 하게 하다, 아래로 다가가다
подви́ться 자기 머리를 곱슬 곱슬하게하다,
подви́вка (모발을) 곱슬 곱슬 하게 하는 것
приви́ть 접목·접지하다, (의) 접종하다, (성질 등을) 습득시키다, 넓히다, 짜서 엮어 붙이다
приви́ться 접목·접지·접종이 되다, 몸에 베다, 일반화 하다
приви́тие 접한 나무·나무가지, (의) 접종, 습득시킴
приви́вка 접붙인 나무, 나뭇가지, (의) 접종
разви́ть (꼬인·감긴 것을) 풀다, 발생시키다, 육성하다, 발달 발전 시키다, 전개하다, (속력을) 내다
разви́ться (꼬인 감긴 것이) 풀리다, 발생되다, 육성되다, 발달·발전 되다, 전개되다, (속력이) 나다

развитие 발달, 발전, 신장, 앙진, 발생, 형성, 확장, 확대
развитой 현저하게 성숙 발달한
неразвитый 발육·발달이 부족한
недоразвитие 발육·발달 부족
переразвить 너무 발달 시키다, 조숙하게 하다
переразвиться 너무 발달하다, 조숙해지다
свить (새끼·끈을) 꼬다, 엮다, 말다, 강보에 싸다, 감싸다
свиться 몸을 둥그렇게 하다
свивальник 기저귀 끈
свивальный (기저귀를) 채워 매기 위한
свиток 두루마리 (고문서), 말은 종이, 일련, 연쇄
увиться 휘감기다, 얽히다
вьюн (어) 미꾸라지, 칠성장어, 빈틈이 없는 사람, 날샌 동물
вьюнок (식) 나팔꽃속

владеть 영유·지배하다, 능통하다, (사상·감정을) 사로잡다
владелец 소유자, 주인
владение 소유, 영유, 사용, 능력, 부동산, 영지, 소유지, 영토, 판도
владетель 지배자, 영주, 소유자
завладеть (부정한 수단으로) 손에 넣다, (사람들의 주의를) 끌다
овладеть 잡다, 차지하다, 사로잡다, 얻다, 획득하다, (기능·지식) 습득하다
совладеть 공유하다
совладелец 공유자
совладение 공유
владыка 군주, 영주, 주권자, 대사교, 대승정
владычество 주권, 통치권
владычествовать 지배하다, 통치하다
владычица владыка의 여성, 성모
владычный 대사교, 대승정의, 권력·위력을 가진, 위압적인

вода 물, (하천의) 흐름, 강, 바다의 흐름
водица = водичка 물(애칭)
водник 수운 종업원
воднолыжник 수상스키타는 사람
водность 저수량
воднотранспортный 수상 운송의
водный 물의, 항해에 관한
водо- 물의 뜻
водобой (공) 물 받이 (댐 공사의 일부)
водобоязнь 공수병
водовместилище 물통··웅덩이·저수지
водо-водяной 물통, 웅덩이, 저수지의
водовоз 물을 운반하는 사람
водовозка 물을 운반하는 말·마차
водовозный 물 운반용의
водоворот 소용돌이
водовыпускной 방수용의
водогрелка 물끓이는 그릇
водогрейный 물을 데우는, 물을 끓이는
водогрейня 물을 끓이는 곳
вододействующий 수력의
водоём 저수지, 저수통
водоёмник 많은 물을 담는, 습기를 잘 흡수하는
водоёмкость 저수량
водозабор (관개수로의) 급수장치
водозащитный 방수의
водоизмеритель 양수기, 수류계
водоизмещение 배수량
водокачка 양수장, 수탑
водолаз 잠수부
водолазный 잠수의
водолей (구) 닥치는 대로 지껄이는 연설가·변사, 수병좌
водолечебница 수치료원
водолечебный 수료 (치료) 법의
водолечение 수료법
водолив 배수부
водолюбивый 수중·습지를 좋아하는
водомер 수량계, 수면계

водомёт 사수구동장치, 분수, 샘
водонагрева́тель 온수기
водоналивно́й 물을 붓는
водонапо́рный 수압에 의한
водонепроница́емый 내수의, 방수의
водоно́с 물을 운반하는 맬대, 물을 운반하는 사람
водоно́сный 물을 함유한
водоотво́д 배수, 방수
водоотдели́тель 수 분리기, 탈수기
водоотли́в 배수
водоотли́вщик 배수 인부
водоотопле́ние 온수난방 (장치)
водоохра́нный 수원 보호의
водоочисти́тель 정수기
водоочисти́тельный 정수용의
водоочи́стка 정수, 증류
водопа́д 폭포
водопла́вающий 물에서 사는
водопла́вный 물에 뜨는, 물에 사는
водоподгото́вка 공업용정수
водоподогрева́тель 물끓이는 기구
водоподпо́рный 유수를 차단하는
водоподъёмник 양수 장치
водоподъёмный 양수의
водопо́й (가축의) 물 먹는 곳
водопо́лье 봄철의 증수, 범람
водопо́льзование 국내 수원의 이용
водопо́льзователь 국내 수원의 이용자
водоприёмник 양수장치
водоприёмный 양수 치수용의
водопрово́д 수도
водопрово́дчик 수도공
водопроница́емый 물이 침투하는
водоразде́л 분수계
водоре́з (뱃머리의) 물결을 가르는 부분, 제비갈매기
водоро́д 수소
водоро́сль 물에서 사는 식물
водосбо́р 집수, 저수
водосбо́рники 집수우물
водоска́т 여울목
водосли́в 댐, 저수지의 수문
водосмо́тр 급수 감시인
водосмягчи́тель 연수기
водоснабже́ние 급수
водоспу́ск 수문, 갑
водосто́к 방수로, 도랑, 하수
водотёк 수류, 누수
водото́к 수류
водотру́бный 수관의
водоупо́рный 내수성의
водоустро́йство 수자원개발·정비
водохо́д 뱃머리 (하천을 항행하는)
водохо́дный 하천을 항행하는
водохо́дство 하천운항
водохозя́йственный 수리의
водохрани́лище 저수지 (인공적인)
водочерпа́лка 양수기
водяни́стый 수분이 많은, 생기가 있는
водя́нка 수종, 부종
водяно́й (1) 물의, 물을 이용한, 물에 사는 (2) 물의 요정
заводни́ть 물을 압입하다 (유정)
заводне́ние (유정등에) 물을 유입하는 것
за́водь 작은만, (강 호수가의) 웅덩이
наводни́ть (강물이) 범람하다
наводни́ться 홍수에 잠기다, 남아 돌아 가다 (부정적)
наводне́ние 홍수, 범람
обводни́ть 관개하다, 물을 공급하다
обводне́ние 물의 공급, 관개
обводнённость 토지의 습윤도
обводни́тельный 관개의
приводни́ться 착수하다
приводне́ние 착수 (물에 내려 앉는 것)
обезво́деть 물이 없어지다
обезво́дить 물을 없애다
па́водок 호우·눈이 녹았을 때의 증수·범람
подво́дный 물밑의, 수중의

подво́дник 잠수하는 승무원, 잠수부
подво́дничать 잠수함에 타다
разво́дье 봄의 홍수, 얼음 사이의 수면

волочи́ть 끌다, 잡아 늘이다, 지연 시키다
волочи́ться 의복등이 끌리다, 겨우 걷다, 분주히 돌아 다니다
во́лок 연수 육로, 두 마을의 잇는 숲의 통로
воло́ка 금속을 원하는 굵기의 줄로 뽑기 위한 틀
волоки́тный 까다로운, 귀찮은
волоки́тство 지연, 지체
волоки́тчик 사무를 지연 시키는 사람
волокни́на 섬유소
волокно́ 섬사, 섬유
волокноотдели́тель 조면기
во́локом 연수 육로를 끌어서, 질질 끌어서
волоку́ша 목재 운반용 굴림장치
волокни́стый 섬유의, 섬유질의
волоче́ние 잡아 당기는 것, 질질 끄는 것, 철사 제조
воло́ченный 철사 제조의
волочи́льный 줄을 잡아 당기는 기계
волочи́льня 철사 제조공
воло́чь 잡아 끌다, 질질 끌다
воло́чься 간신히 걷다
вволо́чь 당겨서 끌어 넣다
взволо́чь 끌어 올리다
взволо́к 완만한 산비탈
вы́волочь 끌어 내다, 채취하다, 추출하다
вы́волочка 채취, 추출
доволо́чь (доволочи́ть) 어느 장소까지 끌고 가다
изволочи́ть (억지로 끌고다녀) 망가 뜨리다
изволочи́ться 망가지다, 파괴되다, 여자 꽁무니를 좇아 다니다
отволочи́ть 끌고가다, 연행하다, 심하게 때리다, 철사를 제조하다
отволо́чь 연행하다, 심하게 때리다 지치다
отволо́ка 먹줄, 그것으로 그린 선
переволо́чь 끌어서 옮기다(선박 등 무거운 물건을)
переволо́к 연수 육로
поволо́чь 잠시 머물다, 여자를 따라 다니다
поволо́чься 꼬시다
подволочи́ть 끌어 오다
подволо́ка 다락방, 갑판의 아랫층
приволо́чь 끌어오다
приволо́чься 겨우 도착하다
проволочи́ть 하는 일 없이 무익하게 세월을 보내다
проволочи́ться 여자의 뒤를 좇아 일정 시간을 보내다
проволо́чь 질질 끌고가다
проволо́чься 겨우 지나가다
проволо́чка 오래 끌기, 정체, 지연
про́волочный 철사의, 와이어 로프의
сволочи́ть 질질 끌어 내리다, 훔치다
сволочи́ться 겨우 다리를 끌면서 내리다
уволочи́ть 끌고 가다, 훔치다
уволочи́ться 겨우 걸어가다
дымоволо́к 오막살이의 굴둑
заволо́чь (구름·이슬 등이) 덮다, 눈물이 앞을 가리다, 끌고가다
заволо́ка (의) 관선법
наволо́чь 많이 나르다, 긁어 모으다, 뒤덮다
на́волок 낮은 강변의 초지
наволо́чка 베갯잇, 쿠션커버
обволо́чь 싸다, 씌우다, 덮다, 숨기다, 포로로 하다
обволо́чься 싸이다, 덮이다, 포로가 되다
разволо́чь 끌고 가서 훼손하다, (바람이 구름을) 몰아내다
разволо́чься 바람에 구름이 흩어지다

во́ля 의지, 의욕, 임의, 자유, (속) 농노해방
волево́й 의지의, 의지에 의한, 의욕적인, 단호한
волеизъявле́ние 의지의 표명
воле́й 자발적으로, 자유의지로
воле́й-неволе́й 좋든 싫든, 하는 수 없이

во́льница 고대 러시아 탈주 농노 도적단, 제멋대로 구는 사람
во́льничать 제멋대로 굴다
во́льно 자유롭게
вольно́ (방종을 탓하는) 무엇 때문에
во́льно- 자유의뜻
вольноду́мец 자유 사상가
вольноду́мный 자유사상의
вольноду́мство 자유 사상
вольноду́мствовать 자유 사상을 품다
вольнонаёмный 자유 근무의, 고용된 (자유계약으로), 고용인
вольноопределя́ющийся 지원병
вольноотпу́щенник 해방된 노예·농노
вольноотпу́щенный 해방된
вольнослу́шатель 청강생
во́льность 자유, 정치적 자유, 특권, 특혜, 멋대로 함, 변칙, 파격
во́льный 자유롭게, 자유의지의, 마음대로 하는, 해방 농노
обезво́лить 자유의지를 잃다, 예속시키다
безво́лие 우유부단, 의지가 없는 것
безво́льный 우유부단의, 마음이 약한
вво́лю (구) 충분히, 마음껏
нево́лить 강요하다, 학대하다, 박대하다
нево́льник 노예, 포로, 죄수
нево́льничество 노예·죄수의 상태·신분
нево́льный 고의가 아닌, 우연한, 강요된, 본능석인
нево́ля = нево́люшка 노예·죄수의 상태·신분, (속) 강제, 필요
понево́лить 강요하다
понево́ле 부득이, 무리하게
поднево́льный 예속적인, 강요된
пово́льник (고대 러시아) 노상 강도
доброво́лец 의용군, 지원병, 자발적으로 어려운일을 도맡는 사람
доброво́льный 자발적인, 지원의, 민간의
доброво́льчество 의용군 참가
самово́лие 제 마음대로 함, 방자

самово́лка (속) (군) 무단외출
самово́льник 방자한 사람
самово́льничать 방자하게 굴다
самово́льный 방자한, 무허가의
самово́льство → самово́лие
самово́льщик (속) 제멋대로 구는 사람
самово́льщина 방자한 무리, 방자한 행동
своево́лие 방자, 횡포
своево́льник 방자한 사람
своево́льничать 방자하게 굴다
своево́льный 방자한, 제멋대로의
своево́льство =своево́лие
слабово́лие 의지 박약

вор 도둑, 절도, 착복자, 악당, 사기꾼, 변절자
воров́ать 훔치다, 도둑질하다,
вори́шка 작은 도적, 좀도둑, 아이 도적
ворова́тый 교활한, 남의 눈을 속이는
воро́вка 여도둑
воровски́ 교활하게, 남의 눈을 속여서, 음흉하게
воровско́й 도적의, 절도의
воровство́ 절도, 사기 취득, 사용, 착복
доворова́ться 절도하여 불쾌한 일을 자초하다
изворова́ться (속) 도벽이 붙다, 좀도둑이 되다
наворова́ть 많이 훔치다, 훔쳐 모으다
обворова́ть (죄다·많이) 훔치다
поворова́ть 절도하여 세월을 보내다, 다수를 훔치다
проворова́ться 도둑질하다가 들키다, (공금을) 유용하다, 유용자임이 판명되다
разворова́ть 차례로 몽땅 훔치다
своров́ать → воров́ать

вороти́ть 1) (**верну́ть**) 돌려주다, 되돌아 오게 하다, 갚다, (속)받아 내다 2) (**воро́чать**) 방향을 바꾸다, 처리하다
вороти́ться (속) 돌아가다, 돌아 오다, 복귀

하다
вороти́ла   모든 것을 관할 처리하는 사람 (야유), 두목
взвороти́ть (взвора́чивать)   (무거운 것을) 들어 올려 실다, 처넣다
вы́вороти́ть (вывора́чивать)   흔들어 빼다, 속을 뒤집다
вы́вороти́ться   (무리하게) 끌어내다, 뒤집어 지다
навы́ворот   반대로, 꺼꾸로, 뒤집어
завороти́ть (завора́чивать)   뒤로 돌아 가다, 구부리다, 방향을 바꾸게 하다
завороти́ться   접혀지다, 꺽여지다
за́ворот   급한 각도로 구부러 지는 것, (길) 모퉁이, 외전
изворо́т   (춤에서 머리나 손을) 선회 시키는 것, 굴곡, 간교, 술책
изворо́тливый   솜씨있는, 민첩한
наворо́ти́ть   제멋대로 마구놓다, 쌓다, 휘갈기다
обвороти́ть   싸다, 감싸다, 말다
отвороти́ть   굴려가다
отворо́т   의복, 신발을 뒤집는 것
переворо́т   뒤집다, 방향을 바꾸다,
переворо́ти́ться   엎지르다, 반전하다
повороти́ть (повора́чивать)   방향을 바꾸다
поворо́тливость   민첩, 민활, 회전능력
поворо́тливый   민첩한
поворо́тный   회전의, 전환의
поворо́т   회전, 변천, 길모퉁이, 급변
подвороти́ть   (물건 아래에) 밀어 넣다, 접어 넣다, 굴려 넣다,
привороти́ть   (무거운 물건을) 굴려서 가까이 가져가다, (일정시간) 뒤섞다, 혼합하다
приворо́т   미력
приворо́тный   (마술 등으로) 매혹시키다, 반하게 하다
развороти́ть   굴려서 산산이 흩어지게 하다, 때려서 훼손하다
разворо́т   전개, 발달, 진흥, 전환, 파괴

свороти́ть   굴려서 옮기다, (몸의 일부를) 꺼다
своро́т   (길의) 모퉁이
круговоро́т   순환, 끊임 없는 변화

высо́кий   높이
высоко́-   고, 대의 뜻
высоково́льтка   고압선
высоково́льтный   고압의
высокого́рный   산악의
высокоиде́йный   사상성이 높은
высококалори́йный   열량이 높은
высокока́чественный   매우 품질이 좋은
высококвалифици́рованный   잘 숙련된
высокома́сличный   지방함유도가 높은
высокоме́рие   거만, 오만
высокоме́рничать   거만·오만하게 굴다
высокоме́рный   거만한, 오만한
высокомолекуля́рный   고분자의
высоконра́вственный   고결한
высокообразо́ванный   교양이 높은
высокоодарённый   뛰어난 재능을 가진
высокоокта́новый   옥탄가가 높은
высокоопла́чиваемый   보수가 좋은
высокопа́рный   허풍을 떠는, 과장된
высокопоста́вленный   고위의, 고관의
высокопро́бный   최고급의
высокопродукти́вный   생산성이 높은
высокопроизводи́тельный   생산성이 높은
высокора́звитый   고도로 발달된
высокосо́ртный   양질의
высокотала́нтливый   매우 재능있는
высокотова́рный   상품성이 높은
высокоторже́ственный   (큰 명절에 대하여) 매우 엄숙한
высокоуважа́емый   가장 존경하는
высокоуло́вистый   어획률이 높은
высокоу́мный   (야유) 아주 거만한, 자신만만한
высокоурожа́йный   수획률이 높은
высокочасто́тный   고주파의
высокочти́мый   가장 존경하는

высокоширо́тный   고위도의
высокоэласти́ческий   고탄성의
высь   하늘의 높은 곳, (보통) 산의 정상, 공상의 세계
вы́сший   하늘의, 신의
вышина́   높이, 높은 곳
вы́шка   건물 위에 있는 성루 모양의 장소, 성루, 망루
наивы́сший   최고의, 지고의
ВУЗ –вы́сшее уче́бное заведе́ние   고등 전문학교
ву́зовец   고등 전문학교 학생
превы́сить   넘다, 초과하다, 능가하다
превы́спренний   지고의, 숭고한
превы́ше   자장높이
превыше́ние   초과, 탁월, 뛰어남
свысока́   오만하게
свы́ше   위로부터, 하늘로부터
вы́ше-   위로부터, 앞에서의 뜻
вышеизло́женный   상술한, 전술한
вы́шелушить   껍질을 벗기다
вы́шелушиться   껍질에서 나오다
вышена́званный   상술한, 전술한
вышеозна́ченный = вышепоимено́ванный = вышеска́занный = вышеука́занный = вышеупомя́нутый   상술한 전술한
вышестоя́щий   (행정기관의 순서에서)상급의
вы́ситься   우뚝솟다, 높이솟다
ввысь   위로, 높은 데로
сверхвысо́кий   초고의
сверхвысо́тный   초고도의
возвы́сить   (지위를) 높이다, (가격을) 올리다, (목소리를) 높이다, 승진시키다
возвы́ситься   승급하다, (지위가) 높아지다, 치솟다, 이기다
возвыше́ние   승급, 승진, 향상
возвы́шенность   높은 곳, 고지, 구릉, 고양, 초월
возвы́шенный   (지형이) 높은, 고상한
превозвы́сить   지나치게 높이다, 격찬하다

превозвыше́ние   지나치게 높임, 격찬
завы́сить   (실제보다) 높이다, 지나치게 올리다
повы́сить   높이다, 올리다
повы́ситься   높아지다, 향상되다
подвы́сить   조금 높이다

вяза́ть   묶다, 동여매다, 뜨개질하다, 교착하다, 조여들다, 떫은 맛이 나다, 접합하다
вяза́ться   부합하다, 일이 잘 되다
вя́жущий   점착성의, 수렴하는, 떫은
вяза́нка   털실로 짠 스웨터, 장갑등
вяза́льный   뜨개질하기 위한
вяза́льщик   뜨개질하는 사람, 단을 묶는 사람
вяза́ние   вяза́ть 의 명사형
вяза́нка   털실로 짠 스웨터·장갑 따위, 다발, 단
вя́заный   짜서 만든
вяза́нье   편물, 짜서 만드는 것
вя́зка   줄, 끈, 가는 노끈
вя́зкий   끈적 끈적한, 떫은
вя́зкость   점성, 수렴성, 떫은 것, 질퍽거리는 것 (지면)
вя́зче → вя́зкий
вя́зчик   단을 묶는 일꾼
вязь   결합문자, 화환, 진흙탕
ввяза́ть   묶어서, 짜서 넣다, 끌어들이다
ввяза́ться   참견하다, 끼어들다, 연루되다
вя́зка   짜거나 꿰맨 것
вы́вязать   뜨다, 뜨개질로 벌이하다
завяза́ть   묶다, 싸매다, (대화, 싸움을) 시작하다, 범죄 사회에서 인연을 끊다
завяза́ться   매여지다, 시작되다, (열매가) 열리다
завя́зка   묶는 것, 실, 발단
извяза́ть (навя́знуть)   달라붙다, 끼우다
навя́зка   감는 것, 매는 것
навя́зчивый   치근 치근한, 집요한
навя́зень   도리깨
надвяза́ть   (편물을) 보태어 짜다, (노끈 등을) 잇다, 천을 덧대다
надвя́зка   (편물을) 보태어 짜는 것, (노끈 등을)

обвяза́ть 묶다, 짐을 꾸리다, 붕대를 감다, (천을) 덧 붙이다
обвя́зка 묶는 것, 짐을 꾸리는 것, 지주, 뼈대, 붕대
отвяза́ть (묶은 것을) 풀다
отвяза́ться 풀어지다, 자유를 얻다
отвя́зка 푸는 것
безотвя́зный 끈질기게 따라 붙는
неотвя́зный 끈덕진, 귀찮게 딸아 다니는
неотвя́зчивый 성가시게 구는, 싫증나는, 치근치근한
перевяза́ть (상처등을) 붕대로 감다, 묶다, 다시매다, 이어 맞추다
перевя́зка 뜨는 일, 붕대 감는 일
перевя́зочный 붕대의
пе́ревязь 맬빵, 붕대
перевя́сло 곡식단을 묶는 끈
повяза́ть 감싸다, 입히다, 매다, 뜨다, 이종 교배시키다
повяза́ться 머리·신체를 감싸다, 교미하다
повя́зка = повя́зь (완장, 눈가리개 등) 작은 천, 노끈, 붕대
подвяза́ть 잡아매다, (떨어지지 않도록) 매다, 짜다, 감다
подвяза́ться (자기 몸에) 감다, 매다, 묶다
подвя́зка 잡아 매는 것, 댓님
подвязно́й 어떤 물건 아래 묶여있는
привяза́ть 얽매이다, 결박하다, 끌어당기다, 애착을 느끼다
привяза́ться 묶다, 애착을 느끼다, 트집잡다
привя́зка 얽매이는 것, 결박
привязно́й 매어진, 결박당한
привя́зчивый 애착하기 쉬운, 귀찮게 붙어다니는, 트집잡기를 좋아하는
привя́зь 매는 줄, 사슬
развяза́ть 풀다, 끄르다, 해방하다, 해결하다, 완화하다
развяза́ться 풀리다, 자유롭게 되다, 관계를 끊다
развя́зка 종국, 종말, 결말
развя́зный 거리낌이 없는, 지나치게 마음을 터놓은
связа́ть 묶다, 옭아매다, 서로 잇다, (사람과 사람)을 연결하다, 구속하다, 관계를 갖게 하다, 엮다
связа́ться 결부되다, 관련되다, 연락하다
свя́занный 자유로이 되지 않는, 곤란한, 화합한
связи́ст 통신원
связи́шка 정교, (인척) 관계, 연줄
свя́зка 매는 것, (열쇠) 뭉치, 한줄, 끈, 인대
связни́к (식물) 약격, 첩보 연락원
связно́й 연락, 연결의, 연락병
свя́зность 연관, 맥락, 시종일관 하는 것
свя́зный 시종일관의
свя́зочка 작은 다발, 묶음
связь 관계, 연관, 결부, 통신, 연결부, 결합
бессвя́зность 앞뒤 연결이 안되는 것
взаимосвя́зь 상호 연락, 상호교제
несвя́зный 연결이 안되, 일관성이 없는
неувя́зка 불일치, 어긋나는 것
кистовя́з 환장이, 그림장이
кисть (1) 붓, 솔 (2) 손가락
коновя́зь 말을 매는 말뚝
снопо́вя́з 곡물을 단으로 묶는 사람
узловяза́тель 매듭기구

• • Г • •

гла́дкий 미끄러운, 평평한, 번지르르한
гла́денький 상당히 미끄러운
гради́лка 미끄럽게 가공하기 위한 대, 흙손, 인두, 주걱,가래 (평평하게 만드는)
гради́льный (미끄럽게) 다리미질을 하기 위한
гла́дить (вы-, по-) 다리미질하다
гла́дкий 미끄러운, 평평한, 평탄한, 유창한, 기름진 (안색이)
гладкокра́шенный 단색으로 칠한·물들인, 무늬가 없는
гла́дкопись 슬슬 자연스러운 말투로 이야기 하는 방법
гладкоствольный (총·대포 등의) 총신 속에 강선의
гладкошёрстный 부드러운 털의
гладь 넓고 평평한 표면 (바다나 호수 등의), 평자수
гла́женый 다리미 질이 된
гла́женье 다리미 질 하는 것
вгладь 미끄럽게, 평평하게
догла́дить 다림질을 마치다
загла́дить 고르게 하다, 지우다, 고치다, (죄과를) 씻다
загла́диться 고르고 매끈해 지다, 누그러지다
изгла́дить 깎아서 없애다, 말살하다, 씻어내다
изгла́диться 평탄하게 되다, 사라지다
неизглади́мый 지울 수 없는 (기억에서), 씻기 어려운
нагла́дить 다림질하다, 펴다
огла́дить (말·개를) 쓰다듬어 진정시키다
обгла́дить 주위를 평평하게 하다, 의복전체를 다리미질 하다
отгла́дить 다리미질을 하다, 눌러서 펴다
отгла́диться 다리미질이 잘 되어 있다
перегла́дить 다시 다리질 하다
перегла́диться 매끄럽게 되다

погла́дить 다리미질하다
подгла́дить 또다시 다리미질하다
пригла́дить 매끈하게 하다, (머리를) 쓰다듬다, 유창하게 하다, (문장등을) 다듬다
пригла́женный 매끄러운 (용어), 세련된
прогла́дить 다리미로 잘 펴다
разгла́дить 평평하게 하다, 고르게 하다
разгла́диться 주름이 펴지다
разгла́живающий 주름이 펴지는 것
сгла́дить 평평하게 하다, (나쁜 인상 등을) 지우다
сгла́диться 매끄럽게 되다, (흔적이) 없어지다, 희미해 지다
угла́дить 매끄럽게 하다

глота́ть (глотну́ть) 삼키다, 들이키다, 게걸스럽게 먹다, (바다가 배 등을) 게걸스럽게 삼키다, 닥치는 데로 읽다, 열심히 듣다
глот (음식물을) 씹지 않고 꿀꺽 삼키는 사람, 대식가, 착취자
глота́ние 꿀꺽 삼키는 일
глота́тельный 삼키는, 들이키는
гло́тка (해) 후두, 인두
глото́к 삼키는 것, 들이키는 것, 한모금
глоттого́ния 언어 기원론
заглота́ть 물고기가 (먹이 등을) 삼켜버리다
заглотну́ть (속) 단번에 삼켜버리다
загло́точный 인두의 뒷 부분
наглота́ться 실컷 마시다, 많이 삼키다
переглота́ть (많은 것을 모두) 삼켜 버리다
поглота́ть (많은 것을 여러 차례에) 삼키다
поглоти́ть (поглоща́ть) 섭취하다, 빨아 들이다, 몰두하다, 병탄하다
поглоще́ние 삼키는 것
проглоти́ть 삼키다, 꾹 참다, 감수하다, (구) 대강 대강 읽다
сглота́ть 걸신 들린 것처럼 먹다
сглотну́ть (속) 꿀꺽 삼키다, 단숨에 마시다
живогло́т (속) 착취자, 흡혈귀
шпагоглота́тель 칼을 먹어 보이는 요술쟁이

глядéть (глянýть)   보다, 주시하다, (물건들 사이로) 얼굴을 내밀다, --으로 보이다, 감시·감독하다, 마음에 두다, 찾다, 발견하다
глянýться   자신의 모습을 비추어 보다
глядь   보아하니(의외)
взглянýть   보다, 시선을 향하다, 견해를 갖다
взглянýться   서로 쳐다보다, 마을에 들다
взгляд   시선, 눈매, 보는 것
вглядéться   응시하다, 보아서 익숙하다
вы́глядеть   1) 찾아내다, 몰래 엿보다 2) -처럼 보이다, 모양을 하고 있다
вы́глянуть   바깥을 내다보다
доглядéть   끝까지 바라보다, 살펴보다
догля́д   감독, 감시
догля́дчик   감독자, 감시자
недоглядéть   간과하다, 주의가 부족하다
недогля́дка   간과, 부주의
заглядéться   자신을 잃은 채 넋을 잃고 보다
заглядéнье   감상할 가치가 있는 것, 황홀 하도록 아름다운 것
заглянýть   언뜻보다, 엿보다, (광선이) 들어 오다, 잠깐 들르다
наглядéть   자꾸 보고 나서 골라 잡다
наглядéться   실컷 보다
нагля́дный   일목 요연한, 실물에 의한
оглядéть   둘러보다, 단호한, 한눈을 팔지 않는
оглядéться   자기 주위를 둘러보다, (어둠 속에서) 눈이 익숙해지다, (일 따위에) 익숙해지다
огля́дка   깊은 주의, 신중한 태도, 뒤돌아 보는 것, 후회
неогля́дный   끝이 없는, 아득한
безогля́дный   끝이 없는, 단호한, 한눈을 팔지 않는
переглядéть   돌아보다, 검열하다
перегля́д   눈짓, 윙크
перегля́дка   눈짓, 윙크
переглянýть   (어떤 물건을 통하여, 너머로) 보다, 엿보다
переглянýться   서로 눈짓을 하다, 눈을 마주 보다

поглядéть   보다, 고려하다, 주의를 돌리다
поглядéться   비쳐보다(거울에)
подглядéть   (틈으로) 보다
приглядéть   감시하다
приглядéться   싫증나다
пригля́д   감시, 감독
пригля́дка   감시, 숙시
пригля́дный   아름다운, 겉 모양이 좋은
проглядéть   대강대강 훑어보다, 간과하다, 관찰하다
проглянýть   어떤 물건 사이에 모습을 보이다
разглядéть   발견하다, 분별하다, 이해하다
углядéть   (자세히 보고) 알아 차리다, 감시하다

гнать   쫓다, 추방하다, 몰다, 재촉하다, 학대하다, 양조하다, (내) 주다
гнáться   뜻을 두다, 노리다
погнáть → гнать
погнáться   따라가기 시작하다, 추구하다
гоня́ть   몰다, 쫓아내다, 독촉하다, 보내다, 파견하다, 자주 가다
гон   쫓는 것, 수렵장, 숙소 간의 거리
гонéние   압박, 박해
гонéц   급사, 파발꾼, 통보자
гóнчий   사냥개, 사냥개 좌
гоньбá (гнать, гнáться)   돌진, 충돌, (쫓다, 추방하다, 재촉하다, 압박하다)
погоня́ть   (채찍 등으로) 몰다
погóн = погóна   추적, 추구, 견장 (군인의), (총등의) 멜방, 최초의 증류물
погóнка   증류되고 남은 것
погóнный   길이의
погóнчик   견장
погóнщик   소, 말몰이꾼
погóнь   추적, 추격, 추구, 추격대
погóня → погóнь
погоня́лка   (말을 몰기 위한) 채찍, 나뭇가지
загоня́ть (загнáть)   (가축을) 몰아넣다
загóн   (가축을) 몰아넣는 것, 가축우리, (경작지) 한구획

заго́нка → заго́н
заго́нщик 몰이꾼
нагоня́ть 마음껏 따라 다니다, 달리게 하다, 사냥에 길들이다
нагоня́ться 따라다녀 피곤해지다
наго́н (탈 것 등으로) 시간의 절약, 몰아 오는 것, 증류, (가격) 인상, 수면의 상승
наго́нка 사냥개의 훈련
нагоня́й 심한 질책
отгоня́ть 쫓아 버리다, (가축 등을 목장으로) 내몰다, 증류해서 제조하다
отго́н 증류, 추출, 목장으로 내모는 것
отго́нка 증류, 추출, 목장으로 내모는 것
перегоня́ть (перегна́ть) (가축을) 몰아 넣다, 앞지르다, 증류하다
перего́н 몰아 넣는 일, 앞지르기, 구간
перего́нка 몰아 넣는 일, 앞지르기, 구간, 증류, 재경주
перего́нный 증류의
перего́нщик 증류 공
прогоня́ть (прогна́ть) 추방하다, 물리치다, 몰아내다, (목재) 부송하다, 빨리 끝까지 하다
прого́н (가축 따위를) 모는 것, 목재의 부송, 가축의 통로, 대들보, 역 사이의 거리
прого́нка (가축 따위를) 모는 것, 목재의 부송, 나사의 이를 만드는 공구
прого́нный 몰리는, 부송의
сгоня́ть (сгна́ть) 구축하다, (얼룩을) 빼다, 끌어 모으다
сгон 구축, 방축, 부송, 몰아서 모음 (동물)
сго́нный 몰래 모아진, 부송용의
сго́нщик 몰잇꾼, 목재 부송 인부
угоня́ть (угна́ть) 쫓아내다, 훔치다, 보내다, (억지로) 파견하다, 급히 타고가다
уго́н = уго́нка угоня́ть의 명사형, 개가 포획물을 따라 붙는 것
вогна́ть (닭을 닭장에) 몰아넣다, (못 따위를) 박다, (곤란한 상태에) 빠뜨리다
возгна́ть 승화 시키다 (물리)
возго́нка 승화

выгоня́ть 추방하다, 구제하다, 증류하여 만들다, 이익보다
вы́гонка 증류
вы́гон 내모는 것
вы́гонный 목장의
повыгоня́ть (전부) 차례차례 내쫓다
догоня́ть (догна́ть) 따라잡다, 증류하다, 어느 장소까지 이동시키다
дого́н 따라 잡는것
дого́ня 추적, 추구
догоня́лки 술래 잡기
изгоня́ть (изгна́ть) 방축하다, 추방하다, 유형에 처하다
изгна́ние 방축, 추방, 근절, 박멸
изгна́нник 유형 자
изгна́нничество 추방·유형중에 있는 것
обгоня́ть (обогна́ть) 추월하다, 능가하다
обго́н = обго́нка 추월, 능가
обго́нный 앞지르기 위한
подогна́ть 몰아가다, 어떤물건을 밑으로 몰아 넣다, 재촉하다, 맞추다, 늦추다
подго́н (2) 성장이 빠른 나무
подго́нка подогна́ть의 명사형
подго́нщик 사냥개 지기의 조수
пригна́ть (가축) 몰고 오다, 몰아 넣다, (자동차등을) 운전해 오다
приго́н (가축 등을) 몰아 오는 것, 조종하여 오는 것, 몰고 온 가축의 머릿수, (가축 등을) 몰아 넣는 장소
приго́нка (가축 등을) 몰아 오는 것, 조종하여 오는 것, 창틀을 맞추어 끼우는 것
приго́нный (육로 수로로) 운반되어 온
разогна́ть 쫓아서 흩어지게 하다, 해산시키다, (말을) 달리게 하다, (자동차 따위를) 전속력으로 달리게 하다
разогна́ться 질주하다, 대단한 일을하다
разго́н 몰아 내는 것, 해산시키는 것, 질주 시키는 것, 차륜의 회전력, 템포, 동종의 두 물건 사이의 간격

разго́нистый (인쇄물) 간격을 넓게 잡은
разго́нка 몰아내는 것, 해산 시키는 것,
разго́нный 몰아 내는 것, 해산시키는 것, (금속을 두드려) 늘이는 것, 반복 증류
ветрого́н 송풍기 (곡물을 까부는 채 등의)
ветрого́нный 장내의 가스를 빼는
глистого́нный 구충의
клопого́нный 빈대 박멸의
коного́н 말몰이 꾼
медого́нка 채밀 기
молокого́нный 젖의 분비를 촉진하는
мочего́нный 이뇨의
плодого́нный 낙태의
потого́нный 땀을 내게 하는
самого́н (1) 자가 제주류, 밀주 (2) 사냥개 없이 사냥감을 쫓는 것
самого́нка 자가 제주 류, 밀주
самого́нный 자가 양조
самогонваре́ние 밀조
самогонокуре́ние 자가 양조
самого́нщик 자가 양조자, 주류 밀조자
слюного́нный 침을 내는
смолого́н 수지 거류 공
смолого́нный 수지 타르 제조의

гнуть 구부리다, 굽히다, 노리다, 목표로 삼다, (카드놀이에서) 판돈을 배로 늘이다
гну́ться 구부러지다,
гну́тый 구부러진
гнутьё 굽히는 것
ги́бкий 구부러지기 쉬운, 부드러운, 하늘 하늘한, 탄력성 있는, 솔직한, 고분고분한
ги́бкость 성질이 솔직하거나 확고하지 못한 것
вогну́ть 안쪽으로 구부러지다, 우묵하게 들어가게 하다
вогну́ться 안쪽으로 휘어지다, 우묵하게 들어가다
вогну́тость 오목면
вогну́тый 오목면의
вы́гнуть 구부리다, 활처럼 휘게하다

вы́гнуться 휘어지다, 구부러지다
загну́ть 굽히다, 접다, (과격한 말투를) 쓰다, (엄청난 값을) 부르다, (길이) 구부러지다, (카드에서) 두 배의 돈을 걸다
загну́ться 굽히다, 접히다, 죽다
за́гнутый 굽혀진
заги́б 구부러짐, 모퉁이, 편향
заги́бщик 편향 자
изогну́ть 굽히다, 꺽다
изогну́ться 구부러지다, 굽이치다
изо́гнутый 굴절된
изого́на 등 편 각선
изги́б 굴절, 굽이, 예민, 섬세
изги́бина 만곡, 굽이
изги́бистый 굴곡이 많은, 굽이치는
нагну́ть 굽히다, 숙이다, (머리를) 숙이다
нагну́ться 숙이다, 굽다
надогну́ть 좀 구부리다, 휘게 하다
обогну́ть (테 따위를) 끼우다, 모퉁이를 돌다
обогну́ться 휘감기다
отогну́ться 굽은 곳을 바로 잡다, 접어 넘기다
перегну́ть 구부리다, 꺽다, 지나친 행동을 하다
перегну́ться 꺽이다, 굽다
погну́ть (두드리거나 때려서) 구부리다, (잠깐 동안) 굽히다
погну́ться 구부러지다, 꺽이다, 아주 약학게 되다
по́дгиб 굴곡, 만곡점
подгну́ть(подгиба́ть) 밑으로 구부리다
подогну́ться 휘어지다, 굴하다
пригну́ть (조금) 숙이다, 굽히다
пригну́ться (조금) 굽혀지다
пригибно́й (세게 눌러) 굽혀진
прогну́ть (무게로) 굽게 하다, 움푹 들어 가게 하다
прогну́ться (무게로) 굽다, 움푹해 지다
проги́б (무게에 눌려서) 굽는 것, 우묵 들어 가는 것
разогну́ть (구부러진 곳, 휘어진 곳을) 펴다,

곧 바르게 하다
разогну́ться (구부러진 곳, 휘어진 곳이) 곧게 펴지다
согну́ть 구부러 뜨리다, 꺾다, 약하게 하다
согну́ться 꺾이다, 굽히다, 새우 등이 되다
сгиб 굽히는 것, 굴곡, 만곡, 접힌곳, 관절
сгиба́ние → сгиб
сгиба́тель 굴근
сгибно́й 굽어진,
сгибно́й но́жик 접는 칼
несгиба́емый 굽혀지지 않는, 불굴의, 확고한
угну́ть 꺾어 구부리다, 낮게 드리우다
трубоги́б 파이프를 구부리는 기계

говори́ть 말하다, 이야기하다
говори́ться 말해지다, 이야기 되다
го́вор 말소리, 소문
говоре́ние 말, 회화
говори́льный 말하는
говори́льня 수다를 떠는 곳, 의회, 회의
говорли́вый 말이 많은
говорно́й 구어식의
говоро́к 말투, 말씨
говору́н 수다쟁이
возговори́ть 말하다, 이야기하다
вы́говорить 말하다, 입 밖에 내다, (교섭하여) 얻다
вы́говориться 생각을 모두 말하다
вы́говор 발음, 질책, 잔소리
договори́ть 말을 마치다
договори́ться 약속하다, 일치하다, 협정하다
догово́р 계약
договорённость 사전 협정, 합의
догово́рник 임시 노동자, 계약 노동자
заговори́ть (양심의) 눈을 뜨다, 각성하다
заговори́ться 이야기에 열중하다
за́говор 음모, 동당, 결사, 모반, 주문
заговорный 주문의, 주술의
заговорщик 음모 도당의 한패, 모반자
наговори́ть 많이 말하다, 주문을 외다, 지껄이다

наговор 주문을 외는 것, 중상, 비방
наговорщик 중상자, 마법자
недоговори́ть 어떤 부분을 숨기고 말하다
оговори́ть 미리 설명하다, 조건을 붙이다, 무고하다, 비난하다
оговори́ться 단서, 조건을 붙이다
огово́р 중상, 무고
огово́рка 보류, 부대조건, 약관, 주석, 실언
огово́рщик 비방자, 중상자
обговори́ть 심의 연구하다
отговори́ть -하지 못하게 권고하다
отговори́ться 변명하다, 발뺌하다
отгово́рка 변명, 구실
отгово́ры 제지
отгово́рщик 변명하는 사람
переговори́ть 서로 이야기 하다, 교섭하다
перегова́риваться 상담하다
перегово́ры 교섭, 담판, 절충
поговори́ть 이야기 하여 시간을 보내다, 상담하다
погово́рка 관용구, 속담, 격언, 소문
подговори́ть 유혹하다, 부축이다
подговори́ться 동의를 얻다
подгово́р 교사
подгово́рщик 교사자
приговори́ть 언도하다, 선고하다, 결정하다
пригово́р 판결, 선고
приговорённый 선고된, 기결된
проговори́ть 말하다, 무심코 지껄이다, 입을 잘못 열다
разгово́р 담화, 회화, 대담, 상담
разговори́ться 열심히 이야기 하다
разговори́ть 담화에 끌어 들이다
разгово́рник 회화책
разгово́рчивый 말하기 좋아하는
разгово́рчик 쓸데없는 이야기
разгово́рщик 수다쟁이, 욕설가
сговори́ть (자기 자녀들에게) 결혼 상대를 정하다, 협정·합의 하다

сговори́ться 합의 되다, 협정되다
сго́вор 협정 (나쁜 의미의), 공모
сговорчи́вость 온순, 고분고분
сговорчи́вый 곧 승락하는, 다루기 쉬운
уговори́ть 설득하다, 설복하다
уговори́ться 합의, 협의 하다
угово́рный 약속의, 약정의
угово́рчивый 쉽게 설득할 수 있는
угово́рщик 설득자

годи́ть 기다리다
годи́ться 적당하다, 쓸모가 있다
го́дность 유용한 것
го́дный 쓸모 있는, 유효한
негодова́ть 분노하다, 분개하다
него́дник 쓸모 없는 사람, 망나니, 난봉꾼
него́дность 쓸모 없는 것
него́дный 질이 나쁜, 쓸모 없는, 적합치 않은
негодова́ние 분노, 격분
негодя́й 쓸모 없는 자, 소용없는 자, 무뢰한
негодя́йство него́дяй의 행위
негодя́щий (속) 쓸모 없는, 나쁜
него́жий 쓸모없는, 부정당한
вы́года 이익, 벌이
вы́годный 이익이 있는, 벌이가 있는, 유리한
заго́дя (속) 적시에, 미리
переподи́ть (속) 기다리다, 참고 기다리다
пригоди́ться 쓸모가 있다, 유용하다
приго́дность 유용성, 필요성
приго́дный 쓸모가 있는, 적합한
сгоди́ться (속) 쓸모가 있다, 도움이 되다
угоди́ть (угожда́ть) 기쁘게 하다, 마음에 들게하다, 부딪치다
уго́да в угоду кому --에 만족 하도록
уго́дливость 딸방미인 주의, 추종, 아첨
уго́дливый 추종적인, 아첨을 잘 하는
уго́дник 추종자, (종) 신의 종복, 성자
уго́дничать 추종하다, 아첨하다
уго́дно 필요하다, 긴요하다, 원하다
уго́дность в -- кому -의 마음에 들도록

уго́дный 알맞은, 바람직한, 마음에 드는, 유익한
угожде́ние 마음에 들도록 하는 것, 기분을 맞춤

голова́ 머리, 목, 두뇌, 지혜, 난 사람, 마리, 두, 필, 선두, 생명
голова́н 머리가 큰 사람이나 동물
голова́стик 올챙이
голова́стый 머리가 큰
голо́вка 물건등의 둥글게 새긴 끝 부분, 간부, 극상단, 썰매의 미끄러 지는 앞부분
головно́й 머리의, 머리로 짜낸, 실감나지 않는
боеголо́вка (로켓의) 탄두
малоголо́вый 머리가 작은
головокруже́ние 현기증
головокружи́тельный 현기증나는
головоло́мка 풀기 어려운 문제·과업, 생각을 필요로 하는 놀이
головоло́мный 두통거리의
головомо́йка (교훈적인) 엄한 질책, 꾸지람
головоно́гий 두족류 (문어, 오징어, 조개)
головоре́з 악당, 무뢰한, 죽음을 두려워하지 않는 사람, 지독한 장난 꾸러기
головотя́п 일을 되는 대로 막 해치우는 엉터리 같은 사람
головотя́пство 일을 되는 대로 막 해치우는 것
голо́вушка 머리, 녀석, 사람
безголо́вый 머리가 없는, 상식이 없는, 바보 같은, 어리둥절한
обезгла́вить 참수하다, 두목을 빼앗다
изголо́вье 머리말, 베개
изголо́вок 머리말, 베개
наголо́вник 부인들이 머리에 쓰는 것, 말 고삐의 머리 부분 장식
на́голову разби́ть на́голову (적을) 분쇄 하다
оголо́вок (관, 말뚝 등의) 두부
оголо́вье 굴레, 말 굴레

поголо́вный 일반의, 전체의, 한사람씩
пого́ловье 가족 두수의 총계
подголо́вник 안락의자, 이발의자등의 베개
подголо́вок 안락의자, 이발의자등의 베개
суголо́вный ремень 말의 머리에서 오른쪽 뺨에 걸치는 가죽띠
глава́ 머리, 우두머리, 둥근 지붕, 수령, 지도자
глав- 중요한, 다스리는, 우두머리의 뜻
глава́рь 수령, 괴수, 두목, 주모자
главбу́х 회계주임
главвра́ч 주임 의사
главе́нство 최고 지배권
главе́нствовать 지휘하다
возгла́вить 영도하다, 선두에 서다
надгла́вок 교회의 둥근 지붕에 십자가를 지탱하는 장식
надгла́вье 침대의 머릿부분의 덮개, 천심

го́лос 목소리, 음성, 음향, 음조, 의견, 평판, 투표, 발언
голоси́ть 슬피울다, 슬프게 노래하다
поголоси́ть 통곡하다, 노래 부르다
голоси́на 조야한 목소리
голоси́стый 큰소리의, 성량이 풍부한, (새가) 잘 지저귀는
голоси́шко → го́лос
голосова́ть 1)투표하다 2) 자동차를 세우려고 손을 들다
голосова́ние 투표, 표결
голосово́й 소리의, 음성의, 발성의
голосо́к → го́лос
отголо́сок 반향, 공명, 여파
подголо́сок 남의 비위를 맞추어 남의 말이나 의견을 떠들고 다니는 사람
безголо́сица 목소리가 나오지 않거나 약해 지는 것
безголо́сный 무음의, 무성의
безголо́сый 목소리가 작은
звонкоголо́сный 목소리가 잘 들리는
одноголо́с(н)ый 한 목소리로, 만장 일치로

обезголо́сеть (가수) 목소리가 나오지 않게 되다
заголосова́ть 반대 투표를 하다, 투표를 하지 않다
проголосова́ть 표결에 일정한 시간을 보내다
проголо́сный 천천히 뽑는 소리
глас 목소리, 음, 가락
гласи́ть 알리다, 고하다, 진술하다
гла́сность 공표, 공개
гла́сный 공개의, 공공연한, 시의원
глаша́тай 포고자, 전령자, 선포자
во́зглас 환성
возгласи́ть 큰소리로 말하다, 공고하다
провозгласи́ть 아주 큰소리로 외치다
возглаше́ние 포고, 선언
громогла́сный (오늘날은 익살) (노래나 목소리가) 큰
провозгласи́ть 포고하다, 선언하다
провозглаше́ние 포고, 선언
огласи́ть 소리내어 읽어 공고하다, 반향시키다
огла́ска 공시, 공고
огласи́тельный 공고의,
оглаше́ние 공고, 공시
огла́шенный 반 미치광이의
разгласи́ть (비밀따위을) 퍼뜨리고 다니다
разгласи́тель (비밀따위을) 퍼뜨리고 다니는 사람
разглаше́ние (비밀따위을) 퍼뜨리고 다니는 것
разногла́сить 당착, 모순하다, 의견이 맞지 않다
разногла́сие (의견의) 불일치, 불화, 모순
пригласи́ть(приглаша́ть) 초대하다, 초빙 하다
пригласи́ть в го́сти 손님으로 초대하다
пригласи́тельный (구) 초대의
приглаше́ние 초대, 초대장
согласи́ть (의견 이해 등을) 일치시키다, 조화 시키다, 동의 시키다
согласи́ться 승락하다, 허락하다, 동의하다

согла́сный 승락하는, 동의하는, 합치하는, (음성등이) 조화된
согла́сие 동의, 일치, 화합, 친목, 조화
согласи́тельный 화해의, 조정의
согла́сно --와 일치하여, 일제히, 화합하여
согла́сность 조화, 일치, 화합
согласова́ть 조화 일치 시키다
согласова́ться 조화 일치 하다
согласова́ние 조화, 일치, 화합, 문법적 일치
согласо́ванный 조화 일치한, 전혀 모순이 없는
соглаша́тель 협조주의 자
соглаша́тельский 협조적인, 점진적인
соглаше́ние 합의, 타협, 협약, 조정
несогла́сие 불일치, 상이, 불화, 알력, 거절, 반대
несогла́сность 반대, 불일치
несогласо́ванность 부조화, 불균형, 문법에 맞지 않음

гора́ 산, 산악, 고지, 산맥, 산지, 많음, 설산, 빙산, (유원지등의) 활주
го́рец 산악 지대 사람, 까자크인
го́рка 작은산, 언덕, 급상승
го́рный 작은 산의, 언덕의
гори́стый 산이 많은, 산지의
горнодобыва́ющий 채광
горнозаво́дский 광산의, 광업의, 채광의
горнозаво́дчик 광산 주인
горноклимати́ческий ---ская станция 고원 요양소
горнолы́жник 산악 스키 선수
горнопромы́шленность 광업
горнорабо́чий 광산 노동자, 갱부
горнору́дный 채광의
горноспаса́тельный 갱내 재해 구조의
горнотехни́ческий 채광 공학의
горня́к 광산 노동자, 갱부, 광산 기사, 산악스키 선수
взго́рок = взго́рье 야산, 언덕

косого́р 산의 경사면
крутого́р 험한 산
наго́рный 언덕을 이룬, 언덕의, 산위의, 산속의
наго́рье 고지, 고원, 구릉
подго́рный 산밑의, 산록의
предго́рье 산을 등진 토지, 산기슭 부분의 토지
приго́рок 작은산, 언덕
уго́р 작은 산
уго́рок 작은 언덕
уго́рье 산기슭

горе́ть 타다, (등불이) 켜지다, 발열·염증 상태에 있다, 충혈로 붉어지다, 빛나다, 번쩍이다, 마음을 불태우다, (기온 때문에) 썩다, 파손되다
горево́й (도로등) 석탄재를 뿌린
гарь 탄냄새, 석탄재, 산림이 타고난 흔적
горе́лка 버너, 보드카
горе́лый 탄, 눌은, 썩은
горе́ние 연소
горячи́ть 흥분시키다, 격하게 하다
горячи́ться 격하다, 열이 오르다
горя́щий 눈깜짝할 사이
горя́чий 뜨거운, 무더운, 열렬한, 성급한, 늘 바쁜
горячека́таный 열간 압연에 의한
горя́ченький 조금 뜨거운
горя́чечный 열병의
горячи́тельный 체온을 높이는
горя́чка 열병, 열중, 분망함, 성미가 급한 사람
горя́чность 열중, 성급함
вгоряча́х 흥분하여
сгоряча́ 흥분하여
погоряч́иться 흥분하다, 격분하다
дымога́рный (보일러 내부에 있는) 연관
горю́честь 가연성
горю́чий 가연성의, 발화하기 쉬운, 발동기 연료

горю́чка   엔진 연료
ога́рок   양초의 타다 남은 것, 불량소년
возгоре́ть   타기 시작하다, 발발하다, (정열·욕정이) 타오르다
самовозгора́емость   자연 발화성
самовозгора́ние   자연발화
самовозгора́ться = самовозгора́еться   자연 발화하다
вы́гореть   모조리 타버리다, 소실하다, 햇볕으로 퇴색하다, 잘되가다
вы́гарки   타고 남은 찌끼
догоре́ть   다타버리다, 빛이 꺼지다
загоре́ть   햇볕에 타다
загоре́ться   불이 나다, 타기시작하다, (강한 감정의 발작으로) 얼굴·눈이 타오르다, (강한 감정을) 체험하다, (격렬한 사건이) 시작되다, 갑자기 강한 욕망이 생기다
зага́р   햇볕에 그을름
загоре́лый   햇볕에 그을린
подзагоре́ть   조금 햇볕에 타다
изгоре́ть   타서 없어 지다, (연료가) 소비되다
нагоре́ть   (초가 타서) 심지가 까맣게 되다, (연료가) 소모되다, 벌을 받다, 질책을 받다
обгоре́ть   주위가 표면이 타다, 눋다, 화상을 입다
обгоре́лый   불에 타서 몹시 손상된, 탄
отгоре́ть   끝까지 타다, 다타다, 불타서 떨어지다
перегоре́ть   불타서 재가 되다, (따뜻한 기온으로) 썩다, (토양) 말라붙다, (강렬한 시련에) 참고 견디다
перега́р   탄것, 술을 마신후에 불쾌한 구취
погоре́ть   화재를 당하다, (식물에 대하여) 시들다, (더워서) 뜨다, 불타다
погоре́лый   불에 탄, 소실된
погоре́лец   화재민
подгоре́ть   타다, 너무 굽다, 탄냄새가 나다, 눋다
подгоре́лый   너무 태운, 너무 구운, 너무 끓인, 탄

пригоре́ть   불에 타다, 타서 냄새가 나다, (금속이) 용해해서 무거워지다
пригоре́лый   불에 탄, 탄냄새가 나는
прогоре́ть   다 불타 버리다, 재로되다, 타서 끊기다, 불붙다, 도산하다, 실패하다, 타서 구멍이 나다
прогоре́лый   타서 구멍이 난
разгоре́ться   타오르기 시작하다, 더워지다, 새빨갛게 되다, 격렬해지다, (욕망이) 불타다
разга́р   최고조, 절정
сгоре́ть   소실되다, 죽다, 강한 감정에 사로 잡히다, 떠서 썩다
угоре́ть   숯내에·탄산가스에 중독되다, 머리가 돌다
угоре́лый   탄산 가스에 중독된
уга́р   탄불의 유독가스, 탄산가스 중독, 열광, 몰두
уга́рный   탄내, 탄산가스가 차있는, 열광한, 부스러기 털실옷

го́род   도시, 군, (사) 시의 내성, (공을 치는 놀이에서) 진지
городи́шко   시골 구석의 마을
городи́ще   대도시, 고도·고성의 유적
городни́чество   시장의 직위, 시, 군
городни́чий   (19세기 중엽까지의) 시장
городово́й   시의, 마을의, 순경
городо́к   작은 도시, 나무토막 쓰러뜨리기 놀이, (위놀이에서) 세워놓은 나무토막들
городско́й   도시의, 도회의, 마을의, (속) 도회인의
горожа́нин   도시인, 도시의 주민
по-городски́ = по-городско́му   도시 풍으로
за́городный   시외의, 교외의
междугоро́дный   도시간의
подгоро́дный   도회지 근처의, 근교의
при́город   교외, 시외, 시의 부속지, 예속 도시
иногоро́дный   다른 도시의
град → го́род

градонача́льник 특별시장, 도시의 장관
градонача́льство 특별시, 도읍
градообразу́ющий 도시 형성의
градострои́тель 도시 계획 건설 기사
градострои́тельство = градострое́ние 도시 건설
гра́дский → городско́й
городи́ть 담으로 둘러싸다, 담벽치다
городьба́ 담·울타리를 둘러 싸는 일, 담, 울타리
городо́шник 나무토막 쓰러뜨리기 놀이를 하는 사람
городо́шный 나무토막 쓰러뜨리기 놀이의
вы́городить 담·울타리로 둘러 치다, (속) (변호로 무고한 죄에서) 구하다
загороди́ть 담·울타리로 둘러 치다, (길·입구·광선 등을) 막다, 차단하다, 가득채우다
загороди́ться 자신의 주위에 담을 치다, 자신을 감싸다,
загоро́дка 울타리, 담, 간막이
загради́ть (загражда́ть) 막다, 저지하다
загражде́ние 저지, 방해, (군) 장애물
загради́тельный 막기위한
изгоро́дка (속) 낮은 울타리
и́згородь 울타리, 담
нагороди́ть (구) 많은 장벽을 쌓다, 마구 지껄이다
огороди́ть 울타리 담장으로 두루다
огороди́ться 자기의 주위에 울타리를 두르다, 집에 틀어 박혀 살다, 사람을 피하다
огоро́д 야채밭, 채소밭
огоро́дина (채소밭에서 키울수 있는) 야채
огоро́дник 야채밭의 소유자
огоро́дничать 야채를 기르다, 채소밭을 경영하다
огоро́дничество 야채 재배, 야채 재배법
отгороди́ть 담장을 둘러 세우다,
отгороди́ться 둘러 막히다
перегороди́ть 사이를 구분하다, 간막이 하다
перегоро́дка 간막이, 분벽, 장벽

подгороди́ть 가까이에 울타리를 만들다
пригороди́ть (울타리로) 둘러치다, 증축하다
приго́родка (울타리로) 둘러쳐 추가 한것
разгороди́ть 울타리 간막이로 나뉘다, 분할하다
разгороди́ться 서로의 사이에 간막이를 세워두다

гость 손님, 방문객, (여관) 손님, 방문객, 내빈, 대상인
го́стья 여자 손님
гостево́й 빈객의, 손님의
гости́ная 객실, 응접실 세트
гостеприи́мный 손님을 후하게 접대하는
гостеприи́мство = гостеприи́мность 손님을 후하게 접대하는일
гости́нец 토산물, 선물 (주로 타지방에서 가져온)
гости́ница 여관, 호텔
гостинодво́рец 시장 상인
гости́ть (гостева́ть) 나들이 가다, 손님으로 체재하다
загости́ться (손님으로) 오래 머물다
нагости́ться 오랫동안 손님으로 있다
отгости́ть (어느 기간) 손님으로 있다
перегости́ть (속) (너무 오랫동안) 손님으로 있다
погости́ть (잠시) 손님으로 있다
прогости́ть (일정기간) 손님으로 있다
угости́ть (угоща́ть) 대접하다, 환대하다, 향응을 베풀다
угоще́ние 환대, 접대, 향응

гото́вый 용의가 있는, 준비가 되어 있는, 기성의, 각오가 된, 틀림없이 -할 것같다
гото́вить 준비하다
сгото́вить 조리하다
загото́вить 저장하다
гото́виться 채비하다, 마련하다
гото́вальня 제도 용구의 상자

гото́венький 준비가 된
гото́вка 준비, 채비, 마련
гото́вность 준비가 되어 있는 것
заготови́ть (загота́вливать) 장만하다, 준비하다, 저장하다, 조달하다, 수매하다
загтови́тель 조달 준비하는 사람·기관
загтови́тельный 준비의, 조달의
загото́вка 준비, 조달
заготовле́ние 준비, 조달
загото́вщик 준비인, 조달자, 구두가죽 재단사
загтпу́нкт 조달물자 수납소
изготови́ть 만들다, 조제하다, 마련하다, 채비를 하다, 요리하다
изготови́ться 준비·마련되다 (군, 스포츠)
изгото́вка 조제, 제조, 준비, 요리, 제품
изготовле́ние 조제, 제조, 준비, 요리, 제품
изгото́вщик 조제자, 제조자
наготови́ть (어떤 양을) 준비하다, (요리를) 준비하다
наготови́ться (돈, 음식 등을) 충분히 준비하다
нагото́ве 준비가 되어, 대기하여, 사격준비를 하고
переподготови́ть 재훈련, 재교육하다
переподгото́вка 재훈련, 재교육
подготови́ть (미리) 준비하다, 예비교육을 시키다, 준비교육을 시키다
подготови́ться (필요한) 준비를 하다
подгото́вка 사전준비, 준비 교육, 양성, 예비지식
подгото́вленность 준비태세를 가추고 있는 것
самоподгото́вка (군사교육에서) 자립교육
приготови́ть 준비하다, 마련하다, 양성하다, 채비하다, 예비하다, 준비하다
приготови́ться (자신에 대하여) 준비, 채비하다
приготови́тельный 준비의
приготовле́ние 준비, 제작, 양성
кормоприготови́тельный 사료제조의

сготови́ть 만들다, 작성하다
уготови́ть 준비하다, 채비하다

грести́ (배를) 젓다, (건초 등을) 긁어 모으다, (돈을) 많이 얻다
гребе́ц 사공
гребно́й 노를 젓는
гребо́к 노를 한번 젓는 것
гре́бля 노젓기, 긁어 모으는 일
вы́грести 긁어 내다, 노를 저어가다
вы́гребка 긁어 내는 것, 오수통, 쓰레기통
выгребно́й 긁어 내기 위한
догрести́ 긁어 모으다, 배를 젓다
загрести́ 긁어 모으다, 배를 젓다
загребно́й 배를 젓기 위한, 1번 노잡이
нагрести́ 긁어 모으다, (많이) 벌다, (돈 따위를) 따다
нагреба́льщик 긁어 모으는 사람
огрести́ 갈퀴로 긁다, 헤치다, 삽으로 퍼내다, (돈) 긁어 모으다
огрёбки 긁다 남은 건초
отгрести́ 갈퀴로 밀어 젖히다, (물건을) 헤치다, 노를 젓다
отгрёбщик 긁어 내는 사람
перегрести́ 긁어 모아 옮기다, 노질하여 앞지르다, 노를 저어 건너다
погрести́ 얼마 동안 젓다, 긁어 모으다
подгрести́ 긁어 모으다, 저어서 다가가다
подгрести́сь 긁어 모으다, 저어서 다가가다
подгрёбка 긁어 모은 나머지
подгребно́й 긁어 모은
пригрести́ 긁어 모으다, 노를 저어 다가오다
пригрести́сь 긁어 모으다, 노를 저어 다가오다
прогрести́ 긁어 없애다, (일정시간) 노를 젓다
разгрести́ 헤쳐나누다, 헤쳐놓다
угрести́ 노를 저어 가버리다, 긁어 모으다

греть (нагре́ть, согре́ть) 따뜻하게 하다, 덥게하다

гре́ться 따뜻해지다, 덥게 되다
гре́лка 난방도구
погре́ть (잠시) 따뜻하게하다
погре́ться 따뜻해지다, 녹다
взгреть 후려갈기다, 욕하다, 야단치다
нагре́ть (нагрева́ть) 덥히다, 데우다, 가열하다, 횡령하다
нагре́ться 더워지다, 뜨거워지다
нагре́в 데우는 것, 가열, 전열면
нагрева́льщик 가열공
нагрева́тель 난방장치, 가열장치,
нагрева́тельный 가열하는
огре́ть 심하게 때리다
обогре́ть 덥히다, 추위로부터 보호하다
обогрева́ться (전체가) 따뜻해지다
обогре́в 데우는 것
отогре́ть (언손을) 따뜻하게 하다
перегре́ть 과열하다,
перегре́ться 지나치게 뜨거워지다
перегре́в 과열
подогре́ть 데우다, 다시 열을 가하다, (기분을) 돋구다
подогре́ться 다시 가열해지다
подогре́в подогре́ть의 명사형
подогрева́тель 가열기
подогре́вный 가온용의
пригре́ть (위로부터) 따뜻하게하다, 비호하다, 돌보다
пригре́в 양지
прогре́ть 충분히 따뜻하게 하다
прогре́ться 충분히 따뜻해지다
прогре́в 충분히 따뜻하게 하는 것
согре́ть 데우다
согре́ться 따뜻해지다
согрева́ние 따뜻하게 하는 것
согрева́тельный 따뜻하게 하기 위한
согрева́ющий 몸이 따뜻해지는
угрева́ть 데우다
угрева́ться 따뜻해지다
угре́в 햇볕이 드는 따뜻한 곳

водогре́йка 물끓이는 그릇
водогре́йный 물끓이는데 쓰는
водогре́линя 물끓이는 곳
душегре́йка 소매없는 부인용 자켓
лобогре́йка (농) 간이 수확기
носогре́йка 짧은 담배 파이프
телогре́йка 부인용 자켓

грози́ть чем 위협하다, 놀라게 하다, 위험이 있다, (불행등이) 닥쳐오다, 위협하는 손짓을 하다
гроза́ 뇌우, 소나기, 위난, 재난, 엄격한 사람, (속) 위협
гро́зный 준엄한, 엄격한, 무서운, 위협적인
грозово́й 소나기의, 뇌우의
предгрозово́й 소나기가 내리기 직전의
предгрозо́вье 소나기가 내리기 직전, 위협·재해의 직전
угрожа́ть 겁을 주다, 위협하다, 위험에 있다
угрожа́ющий 위협적인, 위험에 찬
угро́за 위협, 협박, 두려움

гром 우뢰소리, 뇌성, 벼락, 굉음, (속) 번개
громи́ть (가옥 등을) 파괴하다, 겁략하다, 분쇄하다, 격멸하다
погроми́ть (잠시) погром을 행하다
громи́ла 강도, 파괴자, 약탈자
погро́м (유태인등에 대한) 조직적인 학살, 약탈, 파괴, 유린
погро́мщик 유태인 학살 가담자, 극단적인 반동주의자
разгроми́ть → громи́ть
разгро́м 파괴, 분쇄, 괴멸, 파멸 시키는 일
гро́мкий 큰소리의, 우렁찬, 명성이 쟁쟁한, 비닐이 높은, 과장된, 야단스러운
громкоговори́тель 확성기, 라디오 스피커
громкоголо́сный 큰 목소리의
громово́й 우뢰의, 뇌성의, 우뢰와 같은
гро́мовый = громово́й 격파하는, 파괴력이 큰

громогла́сный (노래나 목소리가) 큰
громозву́чный 소리 높은
громоподо́бный 우뢰와 같은

груз 화물, 짐, 무거운 것
грузи́ть 적재하다, 짐을 쌓다
грузи́ло 저울추, 분동, (어망에 달린) 납
гру́зка 적재하는 것
грузну́ть 밑으로 가라앉다 (짐이·무거운 선박·차량이)
гружёный 화물을 실은
гру́зный (몸이) 활발치 못한, 둔중한, 무거운
грузови́к 화물자동차, 트랙터
грузовладе́лец 화주
грузово́й 화물의
грузооборо́т 화물 취급수량
грузоотправи́тель 화물 발송인
грузоподъёмность (기중기의) 들어올리는 힘
грузоподъёмный 화물을 들어 올리는
грузополуча́тель 화물 수령인
грузопото́к 물류, 화물의 순환
гру́зчик 짐꾼, 인부
вы́грузить 짐을 부리다
вы́грузиться 짐이 내려지다, 하차 하선 상륙하다
вы́грузка 짐부림, 양륙
выгрузно́й 양륙용의
вы́грузчик 짐을 부리는 인부
догрузи́ть (배에) 짐을 싣다, 부족량을 싣다
догрузи́ться 짐싣는 것으로 보충하다
догру́зка 짐싣기를 마침
загрузи́ть (짐) 가득싣다, (일을) 잔뜩 시키다
загрузи́ться (배가) 짐을 가득 싣다
загру́женность 만재, 부하량
загру́зка (짐을) 만재, 하중
загру́знуть 가라앉다, 잠기다
загру́зочный 적재용의
загру́зчик 적재인부
нагрузи́ть 짐을 싣다, 추가로 일을 부가하다
нагрузи́ться 많은 일을 인수하다, 술에 취하다
нагру́зка 싣는 것, 적재, 적하, 적재량, 근로봉사, 하중, 부하, 능률, 조업률
нагру́зчик 적재자, 짐을 싣는 기계
недогрузи́ть (용량보다) 적게 적하 출하하다, (기업따위에) 일을 충분히 주지 않다
недогру́з (용량보다) 적게 적하 출하하는 것
огру́знуть 짐이 너무많아 가라앉다, 너무 무거워 움직이지 못하다
огрузне́ть 너무 살찌다
огрузи́ть 짐을 너무 많이 쌓다, 무게로 누르다
огру́злый (무거운 짐 때문에) 가라 앉은
отгрузи́ть (화물을) 발송하다, 짐싣기를 마치다, 짐을 내리다
отгру́зка (화물의) 발송
перегрузи́ть (다른 배에) 화물을 옮겨싣다, 너무쌓다
перегрузи́ться 과도한 부담을 짊어지다, 옮겨싣다
перегружа́тель 적환기
перегру́женность перегрузи́ть의 명사형
перегру́зка 옮겨싣기, 과잉적재, 일의 과중
перегру́зочный 짐을 옮겨 싣는
погрузи́ть 가라앉히다, 적시다, (일정시간) 짐을 싣다
погруже́ние 적재, 힘하, 몰입
погру́зка 적재, 적하
погру́зчик 짐을 싣는 인부, 이동 적기계
лесопогру́зочный 목재를 싣는
путепогру́зчик 조립식 레일 운바차
подгрузи́ть (화물을) 싣다
подгру́зка (화물을) 싣는 것
разгрузи́ть 짐을 부리다, 부담을 면제 경감하다
разгрузи́ться 자기의 짐을 내리다, 부담이 면제 경감되다
разгру́зка 짐을 싣는 것, 부담의 면제 경감
разгрузно́й 짐을 부리는
разгру́зочный 짐을 내리는
сгрузи́ть 짐을 풀다, 양륙하다
сгрузи́ться 하역되다, 양륙되다
сгру́зка 하역, 양륙

··Д··

далёкий 먼, 먼곳의, 오랜, 공통점이 적은, 현명치 않은
далеко́ 멀리, 결코-하지않다, 전혀 -아니다
далеко́нько 제법멀다
недалёкий 멀지 않은 곳에, 영리하지 않은
недалеко́ 가까이에
даль- 극동의 뜻
дальневосто́чный 극동의
дальнови́дение 형안, 선견지명
дальнови́дный 형안의, 선견지명이 있는
дальнозе́мелье 인가에서 멀리 떨어진 경작지
дальнозо́ркий 원시안의, 먼곳을 바라보는
дальнозо́ркость 원시안, 먼곳을 바라 보는 것
дальноме́р 거리측정기
дальноме́рщик 거리측정수
да́льность 원거리, 먼곳
сверхда́льний 초 원거리
чужеда́льний 먼 이국의
вдали́ 멀리에, 먼곳에
вдаль 멀리, 먼데로
издале́ка 멀리에서, 멀리로부터
и́здали 멀리에서
о́даль 곁에, 옆에, 곁으로
пода́льше 좀 더 멀리·될수록 멀리·떨어져서
отдали́ть 멀리하다, 연기하다, 떼어놓다
отдале́ние 멀리 하는 것, 간격, 거리
отдалённый 먼곳의, 멀리있는, 공통점이 적은, 본체를 벗어난,
отдали́ться 멀어지다, 떨어지다, 소원해지다
удали́ть 멀리하다, 추방하다, 면직시키다, 제거하다
удали́ться 멀이지다, 벗어나다, 피하다, 떠나다
удале́ние 멀리함, 추방, 파멸, 뽑아냄
удалённость 멀리 떨어진 것, 원거리
удалённый 원거리의
недалеко́ ходи́ть 그런예는 많다

неда́льний (친척 관계에 대하여) 가까운
недальнови́дный 선견지명이 없는
неподалёку 멀지 않은 곳에

дать 주다, 넘겨주다, 평시에 나타내는 행위를 나타냄
дава́ть (연회를) 열다, 승락하다, 평가되다, 가하다
дава́й --합시다
да́ться 자신을 맡끼다, 성공하다, 총아가 되다
дава́лец 주문자
дава́льческий 손님의 재료를 가지고 제작하는, 재료를 위임받고 있는
дава́льщик 주문자, 고객
надава́ть (수차례에 거쳐) 주다
заимода́вец 채권자
да́тель 증여자
да́тельный 여격
да́ча = да́чка 주는 것, 별장
дачевладе́лец 별장 소유자
да́чник 별장거주자, 피서객
да́чный 별장의
астрода́тчик 대성 방향 즉정기
биода́тчик 생체 미터기 (생물에 부착하여 생체 상태를 검사하는)
да́точный 징집하는
да́тчик 송신, 송화기
да́нность 주어진 사실, 현존
да́нный 해당의, 본·여건·실상의
да́нник 납공자, 조공국
вда́ться 돌입하다, 열중하다
возда́ть (보답으로) 주다, 도돌려주다, 복수하다
возда́ться 보답을 받다
воздая́ние 보우, 보상, 부복, 징벌
вы́дать 교부하다, 발행하다, 지불하다, 넘겨주다, 누설하다, 배반하다, 사칭하다
вы́даться 돌출하다, 뛰어나다, 일어나다(생기다)
вы́дача 교부, 발행, 급여, 인도, 누설, 배반, 생산

выдаю́щийся　우수한, 탁월한
дода́ть　마저 주다
зада́ть　(문제 등을) 주다, 부과하다, (연회 등을) 개최하다
зада́ться　정성을 드리다, 기회가 있다, 성공하다
зада́ча　문제(수학), 과제, 임무, 행운
зада́чник　문제집
зада́ток　약조금, 선금, 소질, 천품
надда́ть　추가하다, 속력을 내다, 힘을 더내다
надда́ча　추가, 추가물
недода́ть　어떤 수량만큼 덜 주다, (지불) 완수 하지않다
недода́ча　지불 부족, 생산 부족
обда́ть　사방에서 퍼붓다, 끼얹다, 뿌리다, 갑자기 어떤 느낌을 일으키다
обда́ться　(물을) 끼얹다, 자신에게 끼얹다
отда́ть　돌려주다, 갚다, 건네주다, 부여하다, 신체·체력 등을 어떤 일 혹은 타인에게 바치다, 냄새가 나다, (말 등) 풀다, 방향을 바꾸다, (병) 완화되다
отда́ться　몰두하다, 항복하다, (여자가) 몸을 맡끼다, 반사하다
отда́ча　(1) (스포츠에) 공을 되받아 치는 것, 총포의 반충, 효율
отда́ча　(2) 어떤 일에 쏟는 힘, 정력
отда́ние　축제의 마지막 경례하는 것
переда́ть　건네다, 인도하다, 양도하다, 방송하다, (넓게) 정하다, 묘사하다, 유전하다, 너무주다
переда́ться　전달되다, 전염되다, 항복하다
переда́ток　과하게 준 금액
переда́точный　전달의, 옮겨 갈아 타는
переда́тчик　(소문·험담 등을) 퍼뜨리고 다니는 사람, 라디오 송신기
переда́ча　손수 넘겨 주는 일, 전송, 이송, 양도, 방송, 위탁, 전염, 전달장치
пода́ть　내놓다, 공급하다, 제출하다, 주다, (테니스) 서브하다, 묘사하다, 연기하다
пода́ться　(타인의 의견에) 굴복하다, 양보하다, 후회하다, 떠나다
пода́ча　주는 것, (요리 등을 식탁에) 내 놓는 것, 동냥, 서브, 제출
пода́тель　제출자, 전달자
пода́тливый　양보적인, 가공하기 쉬운, 탄력성이 있는
податно́й　조세의
пода́чка　(개에게 던저주는) 먹이, 동냥, 팁
подая́ние　동냥, 희사
подда́ть　쳐다보다, (공등을) 올려치다, 증가시키다, 때리다, 굴복시키다, (바둑·장기에서) 일부러 적에게 먹히다
подда́ться　항복하다, 양보하다
подда́ча　подда́ть의 명사형
преда́ть　맡기다, 배신하다
преда́ться　몸을 맡기다, 의지하다, 열중하다, (어떤감정에) 잠기다
преда́тель　배신자, 반역자
преда́тельский　배반의
преда́тельство　배신행위, 반역행위
прида́ть　부가하다, (힘을) 북돋우다
прида́ток　부가물, 첨가물, 돌기
прида́ча　부가, 첨가, 경품, 부조
прида́нник　인도된 농노, 지참금이 많은 며느리
прида́ное　지참금
прода́ть (продава́ть)　팔다, 판매하다, 적에게 팔아 넘기다, 배신하다
прода́ться　내통하다, 배반하다, 적측에 서다
продаве́ц = продавщи́к　상인, 매주, 점원
прода́жа　판매
прода́жный　판매의, 팔, 뇌물이 통하는
ку́пля = прода́жа　(법) 매매
допрода́ть (допродава́ть)　남은 물건을 다 팔다, 추가로 팔다
запрода́ть　예약 판매하다, 매매 계약을 하다
запрода́ться　노동계약을 맺다
запрода́жа　예약 판매, 매각 계약
перепрода́ть　전매하다
перепродаве́ц　전매인, 중매인
перепрода́жа　전매

распрода́ть 모조리 팔아 버리다, 매진하다
распрода́жа 다 팔리는 것, 점포 정리 판매
разда́ть (많은 사람에게) 분배하다, 넓히다
разда́ться (소리가) 울리다, (군중이) 길을 내다, 갈라지다, 늘어나다, (익살) 뚱뚱해지다
разда́точный 분배의
разда́точник 분배·공급을 담당하는 사람, (화물) 인도 주임
разда́ча 분배, 배급, 할당
сдать (물건 또는 일을) 인도하다, (카드를) 돌리다, 시험에 합격하다, (일을) 물려주다, (추위와 더위가) 누그러지다
сда́ться 항복하다, 양보하다
сда́точный 인도하는, 교부하는, 공출의, 징집병
сда́ча 인도, 교부, 항복, 배포 (카드의), 탁송, 공출, 수험
засда́ться (카드에서) 패를 잘 못 나누다, (돈을 바꾸면서) 계산이 틀리게되다
насда́ть (카드를) 돌리다, (잔돈을 많이) 거스름 돈으로 주다
пересда́ть 다시 빌려주다, (카드를) 다시 나누어 주다, (시험을) 다시보다
пересда́ча (재) 추가 시험을 받는 것
взяткода́тель 뇌물을 주는 사람
взяткода́тельство 증회, 매수
заимода́тель = заимода́вец 채권자
законода́тель 입법자
законода́тельный 입법의, 법률 제정의
законода́тельство 입법, 법률 제정
мздада́тель 증회자
ссудода́тель 채권자
чекода́тель 수표 발행인
уда́ться 성공하다, 잘되다
уда́ча 성공
уда́чливый 행운의, 만사가 형통하는
уда́чник 행운아
уда́чный 성공적인, 잘된
неуда́ча 실패, 실수, 실책

два 2, 2개, 사소 (아주 작은 것을 나타냄)
двадцатигра́нник 20면체
двадцатиле́тие 20년, 20주년
двадцатипятиле́тие 4반세기
двадцатипятиле́тний 4반세기의
двадца́тый 20번째의
два́жды 2번, 2회
двенадцатигра́нник 12면체
двенадцатипе́рстный 십이지장
двенадцатиуго́льник 12각형
двена́дцатый 12번째의
двена́дцать 12
дво́е 두사람
двое - 이중, 양쪽의 뜻
двебо́рье 이종경기
двебра́чие 중혼
двеве́рие 이중신앙
двевла́стие 양두정치
дведу́шие 두 마음, 위선
дведу́шничать 표리 부동하게 행동하다
двеже́нец 중혼자, 재혼자
двеже́нство 중혼(남자의)
двекра́тный 두 번의
двему́жие (여자) 중혼
двему́жница 중혼자(여자)
двемы́слие 두 가지의 뜻이 있는 것, 애매, 주저
две́ние 주배, 정제(재증류)
двесло́в 설교 해석자
двето́чие 콜론
двео́чник 두점 (낙제점) 을 받은 학생
дво́ешка 쌍둥이
двои́льный 둘로 나누어 지는, 정류용의
двои́ть = раздвои́ть 양분하다, (농) 다시 논 밭을 갈다
двои́ться 이중으로 보이다
двои́чный 이진법의
дво́йка 2, 2번, 2호, 2점(학과 점수)
двойни́к 똑 같이 생긴 사람, 이중인격, 분신
двойно́й 이중의, 2배의

двойня   쌍둥이
двойняшка   쌍둥이의 어느 한명
двойственность   이중, 이원론
двойственный   이중의, 이원론의, 위선의
двойчатка   두 개의 같은 모양으로 이루어진 것 (쌍생과 식물 등)
дву -   두개의 뜻
двубортный   (남자 양복) 두 줄 단추의
двубрюшная мышца   2복근
двуглавый   쌍두의
двугласный   2중모음
двугорбый   쌍봉의
двугранный   2면의
двугубый   양순형의
двудонный   이중 밑바다의
двуединый   2개의 물건이 결합된
двужильный   질긴, 강인한, 두겹의, 완고한
двузначный   (1) 두개의 기호로 이루어지는 (2) 두개의 뜻이 있는
двуклассный   2학급의
двумужие   두지아비를 거느림
двунога   (총) 양각대
двуногий   두발의, (익살) 인간
двуножный   (책상 등) 두다리의
двуокись   이산화물
двупалубный   이중 갑판의
двупалый   두 손가락의, 두 발가락의
двуперстие   집게 손가락과 가운데 손가락을 힙치는 것
двуплaнный   두개의 면을 가지고 있는
двуполый   양성의
двуполье   해거리 농경법
двураздельный   둘로 나누어지는
двурогий   쌍각의
двурукие   쌍수 동물(사람 따위)
двуручный   두개의 손잡이가 달린
двурушник   두마음을 가진사람, 표리 부동한 사람, 양면 주의자
двурушничать   두만음을 갖다
двурушничество   표리부동한 태도

двускатный   경사면이 두개 있는 (천막, 지붕 등)
двусменный   2교대의
двусмысленный   두 가지 의미의, 애매한, 무례한
двусмыслица   애매한 표현
двуспальный   두 사람이 자는
двустволка   쌍신총의
двустворчатый   2매의, 2장의
двустихийный   수륙 양서류의
двустишие   2행시
двусторонний   양면의, 양측의, 상호적인
двууглекислый   중탄산염의
двуустка   흡충
двуутробка   유대류 동물
двух → два
двухактный   2막의
двухатомный   2원자의
двухвековой   2세기의
двухвершинный   두개의 산정이 있는
двухвесельный   두개의 노가 달린
двухвинтовой   쌍추진기의
двухгодичный   2년의
двухгодовалый   2살의
двухголосный   2음성의
двухдекадный   20일
двухдневник   2일에 걸친 캠페인
двухдневный   2일간의
двухквартирный   2채의 집으로 형성된
двухкилометровка   20만분의 1지도
двухкилометровый   20만분의 1지도의(2킬 로 미터의)
двухколейный   복선의
двухколёсный   2륜의
двухкомнатный   2개의 방으로 이루어진
двухламповый   진공관 2개의
двухлетие   2년
двухлетний   2년의
двухлеток   2년짜리 어린이
двухлитровый   2리터 짜리의

двухма́чтовый 쌍돛대의
двухме́стный 2좌석의
двухме́сячник 2개월동안 하는 캠페인, 격월의 잡지
двухме́сячный 2개월 동안의, 2개월 마다의
двухмото́рный 쌍발동기의
двухнеде́льный 2주간의, 2주마다 발행되는
двухпала́тный 양원제의
двухпа́лубный 이중 갑판의
двухполю́сный 양극의
двухпроце́нтный 2퍼센트의
двухпу́тный 복선의
двухра́зовый 일정기간에 2번 행하는
двухря́дка 건반이 두개있는 아코디온
двухря́дный 2열의
двухсве́тный 2중창의
двухсме́нка 2교대 작업
двухсме́нный 2교대 작업의
двухсо́тенный 200년의
двухсо́тник 200% 수행자
двухстепе́нный 2계급의, 이중의
двухта́ктный 두박자의, 2싸이클의
двухто́мник 두권으로된
двухты́сячный 2000의, 2000번째의
двухфа́зный (전기) 2상의
двухфо́кусный 2개 초점의 (근·원시양용)
двухцве́тный 2색의
двухчасово́й 2시간의
двухшёрстный 2가지색의 털이 있는
двухэта́жный 2층으로 지은
двучле́н 2항식
двуязы́чие 2개국어 병용
двуяйцо́вый 2난생의 (쌍동이)
двуколёсный 이륜의
двуко́лка 이륜마차
двуко́нный 쌍마의
двукра́тный 두 배의, 2회의
двукры́лый 쌍시류
двуле́тник 2년초
двули́кий 두 얼굴을 한, 양면의, 애매한

двули́цый 양면의
двули́чие 표리부동, 위선, 양면성
двули́чный 표리있는, 위선의
двум → два
вдво́е 2배로, 2중으로
вдвоём 둘이서
вдво́йне 두배로
на́двое 둘로, 두쪽으로, 어주간하게
вздво́ить 2열로 만들다, 2분하다
задво́иться 겹으로 보이기 시작하다, 이중으로 되기 시작하다
передво́ить 다시 경작하다, (알코올등을) 다시 증류하다
раздво́ить 양분하다
раздво́иться 양분되다
раздвое́ние 이분, 양분
раздво́енный 이분의, 양분의
сдво́ить 이중으로 하다
сдво́иться 이중으로 되다
удво́ить 두배로 하다, 강화시키다
удво́иться 두배로 되다, 훨씬 강해지다
удвое́ние 두배로 함·됨, 강화
удво́енный 두배의, 이중의, 훨씬 강해진

дви́гать (дви́нуть) (물건을) 움직이다, 동요시키다, 앞으로 밀다, 원동력이 되다, 때리다
дви́нуться 움직이다, 전진하다, 승진하다,
движе́ние 운동, 동작, 행동, 운전, 감동, (단체) 운동, 운수, 교통
дви́жимость 가동성, 동산
дви́жимый 움직일 수 있는, 가동의
движо́к 소형 발동기, 넉가래
дви́жущий 움직이는, 동기가 되는
задвига́ть (задви́нуть) 밀어 넣다, (커튼 등) 끌어 당겨 닫다, 덥다, 씌우다
задви́нуться (서랍 등이) 끼워지다, (빗장 등이) 닫히다
задви́жка 빗장, 폐쇄 장치
надвига́ть (надви́нуть) 밀거나 움직여서 어떤물건을 위로 가져오다

надвига́ться (서서히) 다가가다, 닥쳐오다
надвижно́й 밀어 올릴 수 있는
отдви́нуть 이동시키다, 물리치다, (시간을) 연장하다
отдви́нуться 이동하다, 물러서다
отдвижно́й (한쪽으로) 조금 움직일 수
отодви́нуть 옮겨 놓다, 움직이다, 연기하다
отодви́нуться 이동하여 움직이다, 연기되다
передви́нуть (передвига́ть) 옮기다, 이동시키다
передви́нуться 이동하다, 움직이다, 진행하다, 여행하다
передвиже́ние 이동, 여행, 진행
передви́жка 이동, 여행, 진행, 이동식 문화 시설
передви́жник 이동 전람화가, 순회 도서관원
передвижно́й 이동하는
подвига́ть 끌어오다, 추진시키다, 도움이 되다
подвига́ться 다가가다, 전진하다, 진척되다
по́двиг 공적, 공훈, 헌신적 행위
подви́жка 움직이는 것
подви́жник 고행자, 난행자, 영웅적·헌신적인 사람, 순국자
подви́жнический 영웅적인, 희생적인
подви́жничество 난행, 고행, 희생적인 행동
поддвига́ть 가까이 움직이다, (물건 밑으로) 움직여 넣다
пододвига́ть 가까이 가져가다, 접근 시키다
пододви́нуться 조금 다가 오다
придви́нуть 가까이 끌어 당기다, 접근 시키다
придви́нуться 가까이 가다, 접근하다
придвижно́й 가동의
продви́нуть 밑에서 저쪽으로 보내다, 끝까지 밀다, 추진하다, 발탁하다
продви́нуться 전진하다, 진척하다, (물건사이를) 지나가다, 승진하다, 완성에 가까이하다
продвиже́ние 추진, 진행, 승진
продви́жка 추진, 진행, 승진
раздвига́ть 좌우로 밀어 부치다
раздвига́ть но́ги 두 다리를 벌리다

раздвига́ться (좌우로) 나누어지다, 분리하다, 길을 양보하다, 조립식으로 되다
раздвижно́й 분리 할 수 있는, 늘일 수 있는
сдви́нуть 옮기다, 움직이다, 접근 시키다, 틈을 채우다
сдви́нуться 움직이다, 이동하다
сдвиг 진척, 진보, 변동, 변위, 사태
сдви́жка 옮김, 움직이는 것, 접근
сдвижно́й 움직일 수 있는, 접근 할 수 있는
обезви́живать 움직일 수 있는 힘을 빼앗다

де́лать (сде́лать) 하다, 행하다, --을· -으로 하다, 만들다, 제작하다, 어떤일을 어떤 사람에 대하여 行하다
де́латься (어떤 상태가) 되다, (어떤 일이) 생기다·일어나다, 되다, 만들어 지다, 해결하다
де́ланный 인공의, 꾸며진
де́латель 행위자, 일손
де́ло 일, 용무, 일어난 일, 문제, 진실, 사실, 사건, 사무, 사정, 공문서
неде́ля 주, 한주간(원래 일이 없는 날, 이것이 일요일로, 그 다음 한 주간으로)
делови́к 사무가, 민완가
делови́тый 일에 능숙한, 사무적인
делово́й 사무적인, 업무의, 사무에 능란한
делопроизводи́тель 사무원, 서기
делопроизво́дство 사무, 사무처리
деле́ц 실리를 쫓는 사업가, 실무에 뛰어난 사람
де́льный 유능한, 민완의, 진지한, 요령이 있는
де́льце 조그만 일, 사건
деля́га (사리사욕만 찾는) 사업가, 실무가
деля́чество (편협한) 공리주의
безде́лица 사소한 일, 소핵
безде́лка 자질 구레한 장식품
безде́лье 한가 한 것, 무위, 하찮은 것
безде́льник 나태한 사람, 불량배
безде́льничать 나태하게 시간을 보내다
безде́льный 무위의, 한가한, 나태한, 사소한
пробезде́льничать (일정 기간) 하는 일 없이 지내다

изде́лие 제조, 제작, 제품, 공품
вде́лать 끼워 넣다, 박아 넣다
вде́лка 끼워 넣는 것
возде́лать (토지 밭을) 개간하다, (농산물을) 재배하다
вы́делать 가공하다, 완성하다, 생산하다
доде́лать 마치다, 완성하다, 수행하다
доде́лка 완성, 보수
заде́лать 충전하다, 막다, 싸다, 포장하다, (병에) 마개를 하다
заде́латься 매꾸어 지다, 막히다
заде́лка 메우는 것, 충전
наде́лать 많이 만들다, 많이 하다, 저지르다, 붙여 만들다
наде́лка 만들어 내은 것, 만들어 붙여 진 것
надде́лать 붙여서 만들다, 증축하다
недоде́л 미완성, 미완성의 부분
недоде́лка 미완성, 미완성의 부분, 미완성 품
обде́лать 가공하다, 세공하다, 완성하다, 테두리를 두르다, 상감하다, 잘 끝맺다, 속이다, 더럽히다 (주로 대변으로)
обде́латься 잘 되어가다, 오물로 더럽히다 (유아, 환자가)
обде́лка 마무리, 가공, 완성, 테두리 장식
обде́льщик 마무리, 가공, 완성, 테두리 장식 하는 직공
необде́ланный 채 완성 되지 않은, 테두리가 없는
отде́лать 완성하다, 장식을 하다, 마구 욕설을 퍼붓다, 나쁘게 만들다
отде́лка 완성, 마무리, 장식, (의복·모자) 장식품
отде́лочник 마무리 작업 하는 직공
отде́лочный 마무리의, 작업의
отдсльщик 치장, 장식을 전문으로하는 사람
переде́лать 개조하다, 변경하다, (많은 일을) 완성하다, 일을 마무리 짓다
переде́л (금속을 다시 녹여서) 정련 하는 것
переде́лка 개조, 개작, 변경
переде́льный 개조 할 수 있는

поде́лать (잠시) 어떤 일을 하다, 행하다, 만들다
поде́лка 세공, 수리, 수선, 수공품, 세공품
поде́лом 당연히
ему поде́лом 자업 자득이다
подде́лать 밑에 장식하다, 위조하다, 모조하다
подде́латься 모방하다, 흉내내다, 아첨하다
подде́лка 밑에 장치하는 것, 위조, 위작, 모조, 위조물
подде́лыватель 위조자, 모조자
подде́льный 위조의, 모조의, 인조의, 거짓의, 외면상의
приде́лать к чему 붙이다, 고착시키다, 증축하다, 완수 하다
приде́латься 달라 붙다
приде́л 증축한 방, 부 제단
приде́лка приде́лать의 명사형
проде́лать 잘라 열다, 잘라 뚫다, 실행하다, 성취하다, (농담, 장난을) 하다, (일정한 시간) 행하다
проде́лка (구멍 따위를) 내는 것, 장난, 간계, 책략
разде́лать 만들어 내다, (일을) 마무리하다, (구멍을) 크게하다, 넓히다, 매우 욕하다
разде́латься 청산하다, 손을 떼다, 해방되다, 앙갚음하다
разде́лка (세공의) 마무리, 준비, 청산, 결제, 굴뚝 주위의 벽돌층
разде́лочный (세공의) 마무리의, 준비의, 청산의
сде́лать→ де́лать
уде́лать (장식 부품 등을) 달다, 만들다, 수리하다
уде́лка 설비, 조제, 제작
бракоде́л 불합격품만을 만드는 공원
бракоде́льство 불합격품만을 만드는 것
виноде́л 포도주 양조장
домоде́льный 손으로 만든, 집에서 만든
домоде́льщина 수제품
земледе́лец 농부

земледе́лие 농사, 경작, 농학
земледе́льческий 농부의, 농군의, 농업의
коврoде́лие 융단·양탄자제조
ничегонеде́лание 아무것도 하지 않는 것, 무위
рукоде́лие 수공, 수예, 수제품
рукоде́льница 수공, 수세공을 하는 여자
рукоде́льничать 수세공에 종사하다
самоде́лка 수제품
самоде́льный 수제의, 자력으로 출세한
сталеде́лательный 제강의
сукноде́л 양복지·나사제조 전문가
сукноде́лие 양복지 제조
тестоде́л 반죽하는 직공
тестоде́лательный 반죽을 하기 위한
черепицеде́лательный 기와를 만드는
сыроде́л 치즈제조

дели́ть 분할하다, 나누다, 제하다, 나누기하다, 나누어 갖다
дели́ться (수) 나누어 지다, 제해지다, 분열하다, 분가하다, 전하다, 함께하다
деле́ние 분배, 할당, 배당, 제법, 나눗셈, 도수, 눈금
делёж 분배, 할당, 배당
дели́мое 피제수, 실수
дели́мость 나누어지는 것,
дели́тель 제수, 제수법
дели́тельный 나누어지는
деля́на = деля́нка 몫, 분배량, 용지, 삼림벌채구역
вы́делить 분리시키다, 뽑아내다, 구별하다, (재산을) 분배하다, 분비하다
вы́делиться (재산의 일부를 받아) 분가하다, (분비물이) 나오다, 우수하다
вы́дел 배당, 분배
выделе́ние 분리, 선출, 선발, 배당, 배출, 분비물, 뛰어난것
выдели́тельный 선별적인, 배출의, 분비기관
мочевыделе́ние 뇨분비

надели́ть 분여, 분배하다, 부여하다
наде́л 분배, 부여, 농민의 가족에 부여된 토지
одели́ть (많은 사람들에게)선물을 나누어 주다, (재능을) 부여하다
обдели́ть 빠뜨리고 분배하다
отдели́ть 어떤사물의 일부를 나누다, (농민이) 자신을 분가 시키다
отдели́ться 갈라서다, 분리되다
отделе́ние 분리, 구분, 분비 (물), 배설, 지부, 지청, 분대
отде́л (서적의) 부문, 편, (관청) 국, 부, 과, (신문·잡지) 난, 분가 시키는 것
отделённый → отдели́ть
отдели́мый 분리할 수 있는
отдели́тель (화) 분리, 분비를 도와주는 물질
отдели́тельный 나누는, 분리하는
отде́льность в отде́льности 개별적으로
отде́льный 개별적인, 갈라진, 떨어진
гноеотделе́ние 농분비
мочеотделе́ние 뇨분비
потоотделе́ние 땀분비
слезоотделе́ние 눈물 분비
слюноотделе́ние 침 분비
женотде́л 여성부, 과, 국
жилотде́л 주택 배분과
здравотде́л 보건국·부
культотде́л 문화국·부
хозотде́л 경제부, 국
передели́ть 구분하다, 재분할하다
передели́ться 변화하다, 바뀌다
переде́л 재분할
раздели́ть 나누다, 분배하다, (수) 나누다, 떼어놓다, 함께하다
раздели́ться 나눠지다, 갈라지다
разде́л 분할, 별거, (서적) 편, 부, 간막이, 경계
разделе́ние 나누기, 분할, 분열
раздели́мый 나눌 수 있는, (수) 나누어지는
раздели́тельный 분할의, 구별의
раздельнопо́лость (생) 자웅이체
раздельнопо́лый 자웅이체의

разде́льный   분배의, 분할의, 개별의
преде́л   경계, 분계, 한계, 한도, 극한, 영역, 나라, 극한, 운명
преде́льный   극한의, 극도의, 최대의
удели́ть   분배하다, 나누다
уде́л   배당, 할당, 분령지, 영지, 운명

день   낮, 날, 오후, 일, 하루, 시일, 시대, 생명
денёк → день
денни́ца   아침노을, 새벽녘에 밝은 별
денно́й   날의, 백주의
долгоде́нствие   장명, 장생, 오랜 생애(행복한)
равноде́нствие   밤과 낮의 길이가 같음
весе́ннее равноде́нствие   춘분
осе́ннее равноде́нствие   추분
днева́ть   (어느곳에서) 하루를 보내다
днева́лить   당직근무를 하다
днева́льный   보초병, 당직자
днева́льство   당직
дне → день
дневни́к   일기, 일지, 과제장
дневно́й= дне́вный   한낮의, 하루의
днёвка   (행군과 행군 사이의) 하루의 휴식, 임시휴일, 낮의 휴식, 수면
днём   주간에, 낮에
дня → день
днесь   현재, 지금, 오늘
доднесь   오늘까지
поднесь   오늘까지, 지금까지
ежедне́вный   매일의, 일상의
поде́нка   하루살이
поде́нный   일급의, 매일 매일의
поде́нщик   일급 노동자
поде́нщина   일급노동
ободня́ть   밤이새다, 밝아지다
отднева́ть   하루를 다보내다, 당직을 마치다
переднева́ть   하루를 지내다, (군) 하루 휴양을 취하다
вседне́вный   매일의, 일상의
двухдне́вный   2일간의

повседне́вность   매일의 일, 일상성
повседне́вный   매일의, 나날의
по́лдень   정오
каждодне́вие   매일의, 나날의
по́лдник   런치, 점심
полдне́вный   정오의, 대낮의
по́лдничать   점심 식사를 하다, 간식을 먹다
полу́денный   정오의, 한나절, 남쪽의
политде́нь   정치 학습의 날
пятидне́вка   주 5일제
семидне́вный   7일로 된 기간, 주일 주간
трёхдне́вный   3일간의
трудоде́нь   (집단농장의) 노동일
челове́ко-де́нь   한사람이 하루에 할 업무량
шестидне́вка   6일 주일제

дёргать (дёрнуть)   갑자기 잡아 당기다, 뽑다, 잡아 뜯다, 초조하게 만들다, 외출하다
дёргаться   뽑히다, 경련을 일으키다
задёргать   실룩거리다, 애태우다
задёргаться   실룩거리기 시작하다
подёргать   (여러 번 계속해서) 잡아당기다, 경련적으로 움직이다
подёргивание   경련

де́рево   나무, 수목, (건축용 및 가구용의) 나무, 목재
деревина   들보, 각재, 통나무
деревобето́н   목조모르타르 건축
де́рево-земляно́й   나무와 흙으로 만든
деревообде́лочник   목공
деревообде́лочный   목공의, 나무세공의
деревообраба́тывающий   목재가공의
деревообрабо́тка   목재가공
де́ревце= деревцо́   작은 나무, 어린나무
деревяни́стый   목질의, 나무처럼 딱딱한
деревя́нный   나무의, 나무로 만든, 목제의, 우둔한, 무감각한
деревя́шка   작은 나무 조각, 나무 단추, 의족
деревене́ть = деревяне́ть   딱딱해지다, 경화

되다, 무감각해지다, 마비되다
задеревене́ть 나무처럼 딱딱해 지다, (추위로 인하여) 감각을 잃다
задеревене́лый 나무같이 딱딱하게 굳어진, 감각을 잃은
белодере́вец 생나무로 된 간단한 가구를 다루는 소목장이
белодере́вный 판자를 덮지 않은(가구 등의 원료에 대하여)
краснодере́вец 마호가니 세공장이
краснодере́вный 마호가니 세공의
краснодерёвый 마호가니 제의
однодерёвка 통나무 배
дре́во 나무
древеси́на 목질 섬유, 목질, 목재, 건축용 재목
древе́сный 나무의, 목질의
древе́сница 나무를 갉아 먹는 벌레, (동) 청개구리
дре́вко (창·깃발·천막 따위의) 막대, 장대
одревесне́ть 목화하다, 목질화하다
дрова́ 장작
дровозаготовка 장작 조달
дровоко́л 장작패는 사람, 나뭇꾼, 도끼
дровоко́льный 장작 패는 데 사용하는
дворо́резный 장작 자르는 데 사용하는
дровору́б = дровосе́к 나뭇꾼, 벌목공, (곤) 하늘 소
дровосе́ка 벌채 지구
дровяни́к 장작 장사, 나무 창고
дровя́нка 나무 자르는 특수 톱, 장작을 연료로 하는 기관차
дровяно́й 장작의
дрога́ 앞뒤의 차축을 연결하는 나뭇대
древова́л 나무를 파내는 기계
древови́дный 나무모양의, 나무 같은
древогры́з (충) 딱정벌레의 일종 (수목을 갉아 먹는)
древое́д 나무를 갉아 먹는 벌레
древонасажде́ние 조림, 식수
древообра́зный 나무모양의

древосто́й 산림 또는 그 한 지구를 구성하는 수목
древото́чец (충) 나방의 일종(유충은 나무를 갉아 먹음)

держа́ть 손으로 쥐고 있다, (사람또는 물건)을 어떤상태에 놓아두다, 소유하다, 지탱하다, 경영하다, 행하다
держа́ться 붙잡고 있다, 매달려 있다, 지탱하다
держа́ва 국가, 국권, 주권, 그릇
держа́вный 주권 대권을 쥐고 있는
держа́лка = держа́к 손잡이
де́ржаный 사용해서 낡은
держа́тель 유가 증권 주식 소유자, 홀더
бомбодержа́тель 폭탄걸이(폭격기의)
держимо́рда 순경, 경찰, 성질이 포악한 사람
воздержа́ть 절제 시키다
воздержа́ться 절제하다, 자제하다, 삼가다
воздержа́ние 절제, 자제
вы́держать 지탱하다
вы́держанный 확고한, 지조있는, 변함없는
вы́держка (1) 발췌 (2) 인내, 극기, 끈기, 일관성, (사진) 노출시간
невы́держанный 충분히 되어 있지 않은, 일관성이 없는, 활로가 없는
додержа́ть (어느 시까지) 보관하다
додержа́ться (--까지) 지반을 지키다, 완강히 버티다
задержа́ть 만류하다, 구속하다, 연기하다, 저지하다, 저해하다
задержа́ться 정체·지체하다, 꾸물거리다
задержа́ние 구류, 유치, 정체, 지연
заде́ржка 지체, 중지, (시계등의) 고장
недоде́ржка 가공·유지 시간 불충분, (사진) 노출부족
обдержа́ться (싫은 일에) 익숙해 지다, 길들다, 무일푼이 되다
передержа́ть 너무 오래 가지고 있다, 은닉하다, 너무 오래 만류하다

передéржка 너무 오래 만류하는 일, 은닉, 새 시험
подержáние 잠시 사용하는 것
подéржанный 사용하여 낡은
поддержáть 지탱하다, 지지하다, 협력하다, 유지하다
поддержáться 건강을 유지하다
поддержáние 유지, 지지, 보지
поддéржка 지탱하는 것, 지지, 지원, 원조, 협력, 조력, 기둥, 지주
придержáть (가볍게) 지탱하다, 억제하다, 간수하다
придержáться 기대다, 붙잡다, 방향을 잡다, 따르다, 지키다
продержáть (일정시간을) 보유하다, (자기손에) 남겨두다
продержáться 머물러 있다
сдержáть (감정따위를) 억누르다, (남의 공격을) 억제하다, 견디다, 보유하다
сдержáться 자제하다
сдéржанность 자제, 절제
сдéржанный (사양하듯) 소극적인, 절제 있는, 신중한
сдéрживание (군) 견제
несдéржанный 지켜지지 않은, 깨진(약속), 자제력이 없는
удержáть 지탱하다, 멎게하다, 억제하다, 보존·유지하다, 공제하다
удержáться 버티다, 견디다, 참다, 고집하다, 지탱하다
ýдерж 제지, 보전, 억제
удержáние 보전, 공제, 공제액
неудержи́мый = неудéржный 멈출 수 없는, 억제하기 어려운
придержáть 약간 억제 저지하다
искроудержáтель 굴뚝에서 불꽃 튀는 것을 막는 물건(철사 그물로된)
вседержи́тель 신, 권력장악자, 제 일인자, 독재자

дéять 하다, 행하다
дéяться ---이 일어나다, 생기다
деяние 행동, 행위, 사업, 공적, 사도행전
дéятель 사업가, 일꾼, 활동가
дéятельность 사업, 활동, 일, 경영
дéятельный 활동적인, 근면한
содéять 하다, 행하다
содéяться 일어나다, 생기다
благодеяние 선행, 은혜, 친절
благодéтель 은혜를 베푸는 자, 은인
благодéтельный 은혜를 주는
благодéтельствовать 선을 행하다
злодеяние 간악, 나쁜짓, 악행
чародéйство 요술, 마술
бездéятельный 활동 노력하지 않는, 무능한
дéйствовать 동작하다, 행동하다, 작동하다, 움직이다, 효력이 있다, 효과가 있다, 영향을 미치다
дéйственный 활동력 있는, 활동적인, 실제적인
дéйствие 활동, 행동, 운동, 동작, 작용, 효력, 운전, 행위, 군사행동, 영향, 인상, 효과, 일어난 일, (극)막, 산법
дéйствительно 진실로, 실제로, 참으로, 정말, 전혀, 확실하게
дéйствительность 현실, 실제, 진실, 사실, 유효, 효력
дéйствительный 현실의, 실제의, 진정한, 확실한, 타당성 있는
дéйствующий → дéйствовать
злодéй 악행
лиходéй 악당
лиходéйство 악행, 적의, 악의
прелюбодéйствовать 간통하다
прелюбодéй 간통자
прелюбодеяние 간통
стиходéй 시인 (고어)
чудодéй 기적을 행하는 사람, 마법사, 괴짜
чудодéйственный 기적을 행하는, 기적의
содéйствовать 협력·협조·방조하다

соде́йственный 협력·방조하는
соде́йствие 협력, 협조, 방조, 조성
соде́йствователь 협력자

дитя́ 어린 아이
де́ти →дитя́
дет- де́тский의 뜻
детва́ 꿀벌의 유충, 어린 꿀벌
детвора́ (구) 어린 아이들
детгородо́к 아동 유원지
детдвиже́ние 소년 운동
детдо́м = де́тский до́м 아이들의 집, 고아 원
детдо́мец 보육원에 수용 되어 있는 아이
детдомо́вец 보육원의 양부·보모
детёныш 동물의 새끼
дети́на (속) 대장부, 장정
дети́шки = де́тушки де́ти의 애칭
дети́ще 아이
де́тка = де́точка (구) дитя́의 애칭
де́тки = де́точки де́ти의 애칭
детко́м деткоми́ссия 아동생활 개선회
де́тный 아이를 가지고 있는
детолюби́вый 아이를 좋아하는
детеро́дный 아이를 낳기 위한, 생식의
деторожде́ние 생식
детоуби́йство 유아살해
детоуби́йца 유아살해자
детплоща́дка (여름철 또는 겨울철의) 임시 유치원
детприёмник 유치원, 고아 수용소
детса́д = де́тский сад 유치원
детса́довский 유치원의
де́тский 어린이의, 아동의, 어린이다운
де́тство 어린시절, 유년 시절
дитё 어린아이

диви́ть (구) 놀라게 하다, 이상한 생각이 들게 하다
диви́ться (дивова́ться) 놀라다, 감탄하다
ди́вный 놀라운, 신기한, 훌륭한
ди́во 불가사이한 사물, 기이한 일, 기적
надиви́ть (많은 사람을·자주) 놀라게 하다
надиви́ться 많이 놀라다
подиви́ть 놀라게 하다, 기쁘게 하다
подиви́ться (구) 놀라다
удиви́ть (удивля́ть) 놀라게 하다, 경탄케 하다, 감탄시키다
удиви́ться 놀라다, 경탄하다, 깜짝 놀라다
удиви́тельный 놀랄 만한, 기이한, 불가 사이의, 훌륭한
удивле́ние 놀람, 경탄

ди́кий 1) 야만적인, 미개의, 야생의, 불모의, 조잡한, 기괴한, 사람을 싫어하는
полуди́кий 거의 인기척이 없는, 반 야만의
дика́рство 야만성, 미개, 사람을 싫어 하는 것, 옹졸함
дика́рь 야만인, 미개인, 사람을 싫어하는·마음 이 옹졸한 사람
ди́ко 깜짝 놀라서
дикобра́з 고슴도치의 일종, 세상을 싫어하는 사람
дико́вина 놀라운 일, 이상한 일, 희한한 일
дико́винный 이상한, 진기한, 불가사의한
дикорасту́щий (식물에서) 야생의
дикоро́с (보통) 야생 유용 식물
ди́кость 미개, 야만, 야생, 황폐, 황량, 난폭, 기이, 묘한 것, 어리석은 행동, 무뚝뚝한 것
дичеразведе́ние 들새 번식 보호
дича́ть 거칠어지다, 야생것으로 되다, 사교성을 잃다, 교제하기 싫어하다
задича́ть (정원등이) 황폐하다, 야성적이 되다, 사람을 싫어 하게 되다
одича́ть → дича́ть
одича́лый 거칠게 자란, 거칠고 조잡한, 교제를 싫어 하는, 야성을 띤, 거칠 어진
дичи́ться 피하다, 꺼리다, 경원하다, 수줍어 하다, 겸연쩍어 하다
дичо́к 어린 야생 과일 나무, 수줍어 하는 사람
дичь 들새, 엽조, 들에 사는 작은 동물, 들새고

기, 엉터리, 헛소리
в дичи́ 벽촌에서, 인적이 드믄곳에서

длина́ 길이, 키, 높이, 세로
длинне́ть (구) 길어지다
длинно- 길다, 긴의 뜻
длиннооро́дый 수염이 긴
длиннова́тый 좀 긴
длинноволно́вый (라디오) 장파의
длинноволокни́стый 긴 섬유의
длинноволо́сый 머리가 긴, 장발의
длинноголо́вость 장두
длинноголо́вый 장두의
длинноде́вный (식물에 있어서) 장일성의
длиннокры́лый 날개가 긴
длинноли́цый 얼굴이 긴
длинноно́гий 다리가 긴
длинноно́сый 코가 긴
длиннопла́менный 불길이 긴 (석탄 따위의)
длиннопо́лый 옷자락이 긴
длинноу́рукий 손이 긴
длиннота́ 길이, 연장, 장황하게 늘어 놓은 부분 (문학작품에서)
длинноу́сый 콧수염을 길게 기른
длинноу́хий 귀가 긴
длиннохво́ст 심해어과
длиннохво́стый 꼬리가 긴
длинноше́ий 목이 긴
длинношёрстный 털이 긴
длинну́хий (속) 매우 긴
дли́нный (시·공간적으로) 긴, 길다, 키가 큰
длиноме́р 규정을 초과한 긴 화물
длить 길게 끌다, 지연시키다
дли́ться 오래 끌다, 계속되다
дли́тельность 길이, 계속, 시간의 연속
дли́тельный 오래 끄는, 긴
продли́ть = продлева́ть 기간을 늘리다, 연장하다
продле́ние продли́ть의 명사형
продлёнка 부모가 돌아 오는 시간 까지 학교

에 남아 있는 것
удлини́ть (удлиня́ть) 길게 하다, 늘이다
удлини́ться 길게 되다, 늘어나다
удлине́ние 신장, 연장
удлини́тельный 늘리기 위한, 신장·연장을 위한

добро́ (1) 선, 선한것, 호의, 선행, 동산, 재물, 넝마, 쓰레기
добро́ (2) 좋아, 충분하다
добро- 착한, 어진, 옳은의 뜻
до́бреть 선량해지다, 살찌다, 뚱뚱해지다
доброво́лец 의용군, 지원병, 자발적으로 어려운 일을 도 맡아 하는 사람
доброво́льный 자발적인, 의용의, 민간의
доброво́льческий 의용군의
доброде́тель 덕, 덕행, 미덕, 정결
доброде́тельный 덕이 있는, 미덕의
доброду́шие 선량, 온후
доброду́шный 선량한, 친절한, 사람이 좋은, 얼빠진
доброжела́тель 남의 행복을 기원하는 사람
доброжела́тельный 호의적인, 친절한
доброжела́тельство 호의, 친절, 동정
доброжела́тельствовать 호의를 베풀다, 동정하다
доброка́чественный 양질의
доброка́чественность 양질
добро́м 자발적으로
добронра́вие 품행이 방정함, 선량
добронра́вный 품행이 방정한, 선량한
добропоря́дочный 의연한, 예절있는
добросерде́чие 선량, 친절, 자비심, 성실
добросерде́чный 선량한, 친절한, 자비심있는, 성실한
добросо́вестный 양심적인, 성실한, 정직한, 열정적인
доброcосе́дский 이웃을 사랑하는
доброта́ 품질, 양질
доброта́ 선량, 인자, 친절

добро́тный 품질이 좋은, 튼튼한, 질긴
доброхо́т 친절한 사람, 자발적 참가자
доброхо́тный 친절한, 자발적인, 남의 행복을 비는
доброхо́тство 호의, 친절, 동정, 호의적인 태도
до́брый 선량한, 호의적인, 훌륭한, (품질) 좋은, 충분한(무게, 시간 등)
добря́к 착한 사람, 호인
предо́брый 대단히 친절한, 선량한
задо́брить 매수하다, 농락하다
раздо́брить (어떤사람을) 좋은 인간으로 만들다
раздобри́ться 선량 온순해지다
сдо́брить 맛, 풍미를 내다
удо́брить (토지 밭에) 비료를 주다
удобре́ние 시비, 비료
удобри́тельный 비료가 되는, 시비용의

дово́льно 충분하다, 넉넉하다, 상당히, 꽤, 만족하게
дово́льный 만족한, 충분한
дово́льствие (군) (식량 급여 등의) 공급·급여
дово́льство 만족, 풍부, 부유
дово́льствовать (군) 급여하다, 공급하다, 만족시키다
дово́льствоваться 만족하다
удовлетвори́ть 만족시키다, 보상하다, 공급하다
удовлетворе́ние (필요등을) 충족시키는 것, 배상, 보상
удовлетворённый 만족스러운
удовлетвори́тельный 만족할 만한, 만족 스러운
удово́льствие 만족, 희열
удово́льствовать 만족시키다

долг 의무, 본분, 부채, 빚
долгово́й 빚의, 부채의
должа́ть 빚지다, 꾸다
до́лжен 부채를 지다, 해야만 한다, --임에 틀림없다
долженствова́ние 당연, 필연
долженствова́ть --하여야 한다
должи́шко (구) 빚, 차용
должни́к 채무자, 빚쟁이, 은혜를 입은 사람
до́лжно -하여야 한다, --할 필요가 있다
до́лжно → до́лжен
до́лжно быть 아마 --에 틀림없다
должностно́й 직무상의, 공무에서 일하는
до́лжность 임무, 직무, 직위, 역
до́лжный 당연한, 당연히 해야 할, 의무적인 것, 의무
должо́к 적은 빚
надолжа́ть 돈을 많이 빌다
одолжа́ть = одолжи́ть 빌려주다 (금전을), (익살) 돌보다, 은혜를 베풀다
одолжи́ться 은혜를 입다
одолже́ние 돌보는 것, 친절, 은혜
передолжа́ть (다수 또는 모든 사람에게) 돈을 빌리다

до́лго 오래, 오랫동안
долго- 긴, 오랜의 뜻
долгова́тый 다소 긴
долгове́чный 명이 긴, 장기간의, 견고한, 튼튼한
долговре́менный 장기간의, 장구한
долговя́зый 가늘고 긴
долгогри́вый (말의 갈기가) 긴, 머리카락이 긴
долгоде́нствие 장명, 장생
долгожда́нный 오래 기다린
долгожи́тель 고령자
долгоигра́ющий 장시간 연주하는
долголе́тие 장수
долголе́тний 다년간의, 오랜
долгоно́жка 다리가 긴 사람, (충) 다리가 긴 거미의 일종
долгоно́сик 바구미

долгоно́сный 코가 긴
долго́нько 너무나 오래
долгопо́лый 옷자락이 긴
долгосро́чный 장기간의
долгота́ 길이, 경도, (천) 황경
долготерпели́вый 참을 성이 강한
долготерпе́ние 참을성, 견인성
долгоу́хий 귀가 긴
долгохво́стик 꼬리가 긴 박새
долгоше́йка 호리병 박
долгуне́ц 섬유가 좋고 긴 아마
долгу́ша 차체가 긴 시골마차의 일종

до́ля 부분, (수) 분수, 몫, 배당, 할당, 운, 숙명, 역할, 떡잎, 중량단위 (1/22그램)
доли́ть 붓다, 부어서 채우다,
доли́ться (흐르는 물이) 어느 높이까지 도달하다
недоли́ть 부족하게 붓다
недо́ля 불운, 불행
семенодо́ля (식) 자엽, 떡잎
до́лька → до́ля
до́льник (시) 강음절 사이에 임의수의 약음절을 놓은 시적
до́льчатый 세분된, 부분으로 이루어진
до́льщик 조합원, 주주
бездо́лье 불행, 불운
бездо́льный 불행한, (식) 무자엽의
обездо́лить (물건을 주지않고 또는 빼앗아서) 불행하게 만들다

дом 집, 가옥, 아파트, 주거, 전가족, 가사, 가정, 왕조, 회관, 원
дома́шний 집의, 가정의, 가족의, 가사의, 집에서 만든, 집에 자주 드나드는 친한
дома́шность 가정, 세대, 가재, 가족적인 태도
до́мик 건축물
доми́на 큰집, 대저택
домици́лий 주소
доми́циль 개인 주소, 법인의 소재지
доми́шко 누추한 집
доми́ще → дом
домко́м 주택 위원회
домови́на 관, 요
домови́тый 살림 잘하는
домовладе́лец 가옥 소유자
домавладе́ние 가옥소유
домовни́ца 집을 지키는 여자
домовни́чать 집을 지켜주다
домово́д 살림을 꾸려가는 사람
домово́дство 살림살이
домово́й 집귀신, 가신
домо́вый 집안에서 서식하는 벌레
домоде́льный 손으로 집에서 만든
домоде́льщина 수제품
домо́й 집으로, 고향을으로
домо́к 가정, 세대·살림살이
домоправи́тель 집사
домоправле́ние 가정관리
доморо́щенный 세상 물정을 모르는, 평범한, 시시한
домосе́д 안방샌님
домостро́евский (가훈을) 잘 지키는
домостро́ение 주택건설
домостро́ительный 주택건설의
домострои́тельство 주택건설
домотка́нина 집에서 짠 천
домоупра́в 주택관리인
домоуправле́ние 주택관리소
домохозя́ин 주인, 집주인
домохозя́йка 여주인, 여집주인
домоча́дец 동거인, 하인
домрабо́тница 가정부
дому́шник 집도둑
бездо́мник 무숙자, 부랑인
бездо́мный 집없는
надо́мник 가내 수공업자
надо́мница 여자 가내 수공업자
надо́мный 가정에서의
по-дома́шнему 집에서처럼, 편안히

подо́мный 집집마다 징수하는
подомовни́чать (잠시) 집을 보다
придомо́вый 집 근처의
пустодо́м 살림에 무관심한 주인
пустодо́мство 가계의 내용 목적따위 결여
детдо́м 어린이 수용소, 고아원
детдо́мец 고아원에 있는 아이
детдо́мовец 보육원의 양부모
исправдо́м 형무소, 교도소
управдо́м 빌딩·아파트 관리인

доро́га 길, 도로, 한길, 여행
дорого́й 도중에
доро́женька доро́га의 애칭
доро́жка 소로, 오솔길, 보도, 좁고 긴 오솔길, 줄무늬, 줄낚시, 이랑, 말의 경주로
доро́жник 철도기사, 토목기사, 도로 건설원, 선로 기술자
доро́жно-строи́тельный 도로 결설의
подоро́жник 질경이, 여행용 휴대용 음식, 노상강도
подоро́жный 길가의, 노상에 있는, 역마권
придоро́жный 도로 연변의
автодоро́га 자동차 도로
железнодоро́жник 철도 종사원
железнодоро́жный 철도의
легкодоро́жный 좋은 길을 달리기 위한
полдоро́ги 중도, 도중

до́рого = дорого́й 고가의, 비싼, 귀중한, 소중한, 사랑하는
дорогова́тый 꽤 비싼, 귀중한
дорогови́зна 물가앙등, 고물가
дорогу́ша 정다운 사람끼리의 호칭
за́дорого 비싸게
предорого́й 대단히 비싼
дорожа́ть 값이 오르다, 비싸지다
дорожи́ть 높이 평가 하다, 귀중히 여기다
дорожи́ться 값을 비싸게 부르다, 비싸게 팔다
подорожа́ть 비싸지다, 값이 오르다
удорожи́ть 값을 올리다
удорожи́ться 값이 오르다, 비싸지다
драгоце́нность 귀금속, 보석, 고가의 물건
драгоце́нный 고가의, 귀중한, 귀여운, 경애하는

драть 갈기 갈기 찢다, 토막 토막 자르다, (옷 신발을) 헤어질때 까지 입다 신다, 매질하다, 가죽을 벗기다, 부당하게 이득을 취하다, 맹수가 포획물을 찢어 죽이다, (이빨따위를) 뽑아 내다, 뺑소니 치다
дра́ться 서로 싸우다, 때리다, 투쟁하다, 노력하다
дра́нка = дрань (지붕을 덮거나 벽에 대는) 오림대, 오리목, 얇은 널판지
дра́ный 찢어진, 누더기의, 헐벗은, 누더기를 걸친
драньё 찢는 것, 뜯는 것, 떼는 것
дёра зада́ть дёру 채찍으로 때리다, (별로 귀나 머리를) 잡아 다니다
дёрка 태형, 채찍질 하는 것
дёр зада́ть дёру 급히 도망가다
драч 커다란 대패, 가죽을 벗기는 사람
дра́ка = дра́чка 싸움, 주먹다짐
драчли́вый 싸움을 좋아하는
драчу́н 싸움을 좋아 하는 사람, 싸움꾼
голодра́нец 걸인, 극빈자
вы́драть 잡아 찢다, 찢어 내다
вы́драться 간신히 나오다, 탈출하다
додра́ть 남김없이 찢다, 오래 신어 닳다
додра́ться 군중을 헤치고 지나가다, 끝까지 싸우다, 오래 신어 닳다
задра́ть (손·발·머리를) 쳐들다, 들어 올리다, (옷자락을) 걷어 올리다, (나무껍질 등을) 벗기다, (고의로) 화나게 하다, 싸움을 걸다
задра́ться (옷자락이) 위로 올라가다, (껍질 등이) 벗겨지다, 서로 싸움을 걸다
задира = задира́ла 싸움꾼
задири́стый 싸움을 잘거는
задо́риться 노하다, 격분하다, 안달복달하다

задо́ристый = задо́рный 화내기 쉬운, 도전적인
задо́р 열정, 격정, 쉽게 격분함
задо́рина= задо́ринка 긁힌곳, 긁힌 상처
раззадо́рить 자극하다, 교사하다
раззадо́риться 열중하다
издра́ть = издира́ть 사방을 찢다, 갈기 갈기 찢다
издра́ться 사방이 찢어지다, 갈기 갈기 찢어지다
надра́ть 찢거나 잡아뜯어 얻다, 긁어서 상처를 내다
надра́ться 몹시 싸움을 하다
надодра́ть (표면 가장 자리를) 좀 찢다
ободра́ть (обдира́ть) (주위를) 벗기다, 헤어질때까지 쓰다, 강탈하다, 터무니 없는 가격으로 팔다
ободра́ться 벗겨지다, 드러나다, 오래 사용하여 헤어지다
ободра́нец 누더기를 입은 사람
обо́дранный 누더기의, 구멍투성이의
обдира́ла 사기꾼, 터무니 없이 값을 메기는 사람
обдира́тельство 폭리를 취하는 것
обди́рка 둘레를 벗기는 사람, 껍질을 벗기는 것, 벗기는 도구, 탈곡소
обди́рный 탈곡한, 도정한
отодра́ть 잡아 뽑다, 쥐어 뜯다, 마구 때리다
отодра́ться (찢어져서) 떨어지다
передра́ть 둘로 찢다, (많은 것을) 찢어 버리다, (많은 사람을) 매질하다, (전부) 탈곡하다, 다시 탈곡하다
передра́ться (다수가) 서로 때리다
переди́р 탈곡
подра́ть (어떤양 수를) 찢다, 잡아 뽑다
пододра́ть (밑에서 부터)찢기 시작하다, 갱로 굴착작업을 하다
подди́р 부서지기 쉬운 광물을 떼어내는 기계, 도구
подди́рка 부서지기 쉬운 광물을 떼어내는 특수 작업

продра́ть 깨어 찢어서 구멍을 내다
продра́ться 깨어져서 찢어져서 구멍이 나다, 군중을 헤치고 나가다
разодра́ть 잡아 찢다, 자로 찢다, 분열 시키다
разодра́ться 찢어지다, 구멍이 나다
содра́ть (가죽 따위를) 벗기다, (돈 따위를)우려먹다
содра́ться 표면이 벗겨지다
удра́ть 급히 도망치다
чинодра́л 공무원
горлодёр 외치는 사람, 목구멍을 자극하는 물 (술, 담배 등)
живодёр 박피인, 도살자, 동물을 학대하는 사람, 흡혈귀

дре́вний 고대의, **옛적의, 아주 오랜, 연로한**
дре́вле 옛날에, 오래 전부터
древлехрани́лище 고대의 유물·기록·미술품 따위의 보관소·소장관
древля́не 고대 러시아에 이주해온 슬라브민족의 하나
древнегре́ческий 고대 그리스의
древнееврейский 고대 에브레이의
древнеру́сский 고대 러시아의
дре́вность 연대가 오래된 고대에 속하는 것, 고대, 태고, 고적, 유적, 고미술품
издре́вле 옛적부터

дрема́ть 졸다, 깜깐 잠들다, 주저하다, **방심하다**
дрема́ться 졸음이 오다
дремли́вый 꾸벅꾸벅 졸고 있는
дремо́та = дрема= дрёма 졸음, 비몽 상몽, 생기가 없는 상태, 침체, 정체
дремо́тный 졸린, 원기가 없는, 활발치 못한
вздремну́ть 잠깐 졸다
вздремну́ться 자기도 모르게 졸다
задрема́ть 잠깐 졸다
передрема́ть 잠깐 동안 꾸벅꾸벅 졸다

придрема́ть (придремну́ть) 꾸벅꾸벅 졸다, 가벼운 잠에 빠지다

дроби́ть 분쇄하다, 부수다, 가늘게 세분하다, 구분하다,

дроби́ться 부서지다, 세분되다
дроби́лка 쇄광기, 파쇄기
дроби́льный 쇄광용의, 파쇄용의
дроби́на (엽총에 사용되는) 산탄의 한알
дроби́тельный 쇄광용의, 파쇄용의
дробле́ние 분쇄, 세분
дроблёный 분쇄된, 조각난
дробни́ца 산탄을 넣는 상자
дро́бность (по-) 세분된 것, 구분된 것, 작은 것, 세분, 구분
дро́бный 세분된, 자잘한, 가는, 섬세한
дробови́к 산탄총
дробово́й 산탄의
дроболите́йный 산탄을 만들기 위한
дробь 산탄, 소수, 분수, 파편, 부서진 조각
издроби́ть 잘게 부수다, 세분하다,
надроби́ть 부스러 뜨려 많이 많들다
раздроби́ть 박살을 내다, 세분하다, 분쇄하다
раздроби́ться 잘게 부서지다, 세분되다
раздроби́тельный 분쇄용의, 세분의
раздробле́ние 세분, 분할, 분쇄
враздро́бь 따로 따로, 제각기, 사방에서 무질서 하게

дрожа́ть (дро́гнуть) 떨다, 진동하다, (불빛이) 가물 거리다, 무서워서 벌벌 떨다, 염려하다, 혼란에 빠지다

дро́гнуть (몸이) 얼다, (추워서) 떨다
дрожа́ние 떠는 것, 진동
дрожа́нка в---ку игра́ть (속)(추워서) 떨다
дрожмя́ 매우 심하게 흔들리다, 덜컹 거리다
дрожь (소리·음성·빛 따위의) 떨림, 한기, 오한, 전율
вздро́гнуть 몸을 떨다, 전율하다
надрожа́ться (추위·공포에) 몹시·오래 떨다

продрожа́ть (일정 시간) 떨다

друг 동무, 친구, 지지자, 옹호자
друг дру́га 서로 서로를
друг дру́гу 서로 서로에게
дру́жба 우정, 우의, 친선
дружелю́бие 우의, 우정, 후의
дружелю́бный 우정 있는, 친절한, 화목한, 다정한
дру́жеский 친구의, 정다운, 친절한, 우의 적인, 다정한, 상냥한, 화목한
дру́жественый 우정있는, 화목한, 친한, 친선 관계가 있는, 우호 속에
дру́жество → дру́жба
дружи́на 고대 러시아의 제후들의 호위병, 군대, (제정시대의) 민병
дружи́нник дружи́на의 일원, 간호원
дружи́ть 친교를 맺게 하다, 친하게 만들다
дружи́ться 친해지다, 사이가 좋아지다
дружи́ще друг의 호칭으로 사용함
дру́жка 신랑의 둘러리,
дру́жный 친한, 화목한, 일치된, 빨리오는
дружо́к друг의 애칭, 집에서 기르는 개를 부르는 호칭
не́друг 적, 원수
недружелю́бный 우정이 없는, 적의가 있는
подру́га 여자 친구, 어릴 때 친구, (여자의) 옛친구
подру́жка 신부의 둘러리
содру́жество 우호관계, 친목, 사이좋은 사람들, 우호단체
раздружи́ть 불화를 조장하다, 절교 시키다
раздружи́ться 절교하다, 불화를 일으키다
сдружи́ть 친구로 하다, 친하게 하다
сдружи́ться 친구가 되다, 친해지다
удружи́ть 우정어린·친절한 행위를 하다, (야유) 폐를 끼치다

друго́й 다른, 별개의, 다음의, 서로 닮은
по-друго́му 달리, 다르게

раз-другой 한 번 또는 두 번

думать 생각하다, 궁리하다, --할 생각이다
думаться --생각되다
дума 생각, 사고, 배려, 걱정, 근심, 의회
думец 국회의원, 시의회 의원
думка = дума 조그만 베게 쿠션
думский 시의회의, 국회의
думный 귀족회의의
думушка → дума
бездумный 머리를 쓰려고 하지않는, 무사태평한
бездумье 깊이 생각하지 않는 상태, 방심상태
вдуматься 깊이 생각하다, 골똘히 생각하다, 숙고하다
вдумчивость 심사 숙고
вдумчивый 깊은 생각에 잠긴
вздумать 문득 생각해 내다
вздуматься 문득 생각나다
выдумать 공부하다, 고안하다, 허구·날조 하다
выдумка 공부, 고안, 허구, 꾸며낸 이야기
выдумщик 고안, 착상을 잘하는사람, 대포장이
додумать 생각을 마치다, 충분히 생각하다
додуматься 어느 생각·결론에 도달하다
задумать 생각해 내다, 궁리하다, 기도하다, 선택하다, 결심하다
задуматься 생각에 잠기다, 명상하다
задумка 마음속에 숨긴 염원
задумчивость 심사, 명상, 생각에 잠김
задумчивый 깊이 생각하는 성질의
призадуматься 잠시 생각에 잠기다
надумать 많이 생각해 내다, 결심하다
надуматься 결심하다
надуманный 억지로 끌어대는, 지어낸
одуматься 생각을 고쳐먹다, 다시 생각하다
обдумать 깊이 생각하다, 숙고하다
обдуматься 곰곰이 생각하다, 생각을 고치다
обдуманность 신중, 숙고

обдуманный 심사 숙고한, 깊이 생각한
необдуманный 무분별한, 경솔한
отдумать 생각을 고쳐먹다, 단념하다, 체념하다
передумать 생각을 고쳐먹다, 곰곰이 생각하다
подумать (잠깐 동안) 생각하다
подумывать (때때로)생각하다, --할 작정이다
подумываться --라고 생각되다
придумать 생각해 내다, 고안하다
придумка 안출해 낸 것, 생각, 허구
придумщик 연구가
придуманный 인위적인, 현실에 존재하지 않는
продумать (일정시간을) 고민하며 보내다, 숙고하다
раздумать 생각을 바꾸다, 단념하다, 망설이다
раздуматься 골똘이 생각하다
раздумчивый 생각에 잠긴, 결심하지 못한
раздумье 심사, 숙고, 주녀
вольнодумец 자유사상가
вольнодумие 자유사상
вольнодумный 자유사상의
вольнодумность 자유사상
вольнодумствовать 자유사상을 품다(종교, 도덕에)
тяжелодум 생각이 느린사람, 이해가 둔한 사람
тяжелодумный 생각이 느린, 이해가 둔한
скородум 생각이 빠른 사람

дура 천치, 바보
дурак = дуралей 바보, 얼간이, 익살꾼, (부정법과 동반하여) 능숙하다, 카드놀이의 일종
дураковатый 다소 어리서은, 우둔한
дурацкий 바보의, 어릿광대의
дурачество 바보짓
дурачина → дурак
дурачить 우롱하다, 속이다, 골려주다
дурачиться 까불다

дура́чливый 바보 같은, 우둔한, 장난을 즐기는

дурачо́к 백치, 저능, 멍청이

дурачьё 바보들

дура́шливый 바보 같은, 우직한, 장난을 즐기는

дуре́й 그 보다 바보다

ду́рень → дура́к

дуре́ть 바보가 되다, 우둔해 지다

дурёха 머저리, 바보

ду́рий 바보, 얼간이

ду́риком 헛되이, 공연히

дури́ть 장난하다, 시룽거리다, 우둔한 짓을 하다, (말이) 고집부리다

дури́ща (욕설) 아주바보

вздури́ться 갑자기 바보 같은 짓을 하다

одура́чить = обдура́чить 우롱하다, 바보처럼 취급하다

раздура́читься 바보짓을 하다

приду́ривать 때때로 장난기 어린짓을 하다

приду́риваться 시치미를 때다, 모른척하다

придуркова́тый 어리숙한

при́дурь 어리숙한 사람, 우둔, 변덕

одуре́лый 바보가 된, 멍청한, 머리가 혼동된

одуре́ние 바보처럼 되는 것, 바보

одурма́нить 의식을 혼돈 시키다

о́дурь 의식의 혼돈, 바보같이 되는 것

одуря́ть 얼빠지게 하다, 취하게 하다, 신경을 마비시키다

обдури́ть 우습게 여기다, 속이다

сдури́ть 사려 분별을 잃다

сдуре́ть 바보 같은 짓을 하다

самоду́рничать = самоду́рствовать 완고 고루하다

самоду́р 완고하고 사리에 어두어 고루한 사람, 미끼없이낚는 어구

самоду́рство 고루, 완고, 편협

полуду́рье 바보, 천치

дуть 바람이 불다, 숨을 내불다, (열중하여) 어떤 동작을 하다, 유리를 불어서 만들다, 외풍이 불다

ду́ться 뽀르퉁해 지다, 성을 내다, (승부에 열중하여) 불만을 품다

дутьё (유리를) 불어서 만드는 것, 풀무

ду́тик 속이빈 조그만 그릇, 화를 잘 내는 것

ду́тый 속이 텅빈, 과장된, 허풍의

дунове́ние (바람이) 부는 것, 한번붊

вдуть (вду́нуть) 불어 넣다

вы́дуть (выдува́ть) 불어내다, (바람이) 어떤 결과를 이끌다, 남김없이 마시다, (유리를) 불어서 만들다

вы́дувка 유리를 불어서 만드는 것

выдувно́й (--에 대해서) 불어서 만든

выдува́льщик 유리 제조공, 유리 부는 직공

заду́ть (задува́ть) (바람이) 불다, 재빨리 해치우다, (불을) 불어서 끄다, (용광로를) 활활 더타게 하다

заду́вка 불을 타오르게 하는 것, (용광로의) 화입

наду́ть (надува́ть) 부풀게하다, 공기를 넣다, 바람을 넣다, 불다, 찬바람이 불어오다, 속이다, 기만하다

надува́ться 부풀다, 뽀루퉁하다, 불만을 품다, 뽐내다, (차 등을) 배가 부를 때까지 마시다

наду́в наду́ть의 명사형, 눈·먼지 등이 쌓여 있는 곳

надува́ла 사기꾼, 협잡꾼

надува́льщик 부풀게 하는 사람(공기·가스 등으로)

надува́ние 부풀게 하는 것(공기·가스 등으로)

надува́тельный 부풀게 하기 위한(공기·가스 등으로)

надува́тельский 사기의, 협잡의

наду́вка 부풀게 하는 것, 공기를 불어 넣는 것

надувно́й 바람을 넣어 채운

наду́вочный 공기로 부풀게 하기 위한

наду́тый 부푼, 교활한, (문체 언어에 대한) 과장된, 뽀루퉁한, 시무룩한

обду́ть (обдува́ть) (어떤 사람 물건을 향하여) 불다, 속이다, (승부에서) 휩쓸다
обдува́ть 자기 자신을 불다(먼지등을 떨기 위하여), 지나치게 마시다
обдува́ла 사기꾼, 협잡꾼
отдува́ть 불어서 날려 버리다, 단숨에 달리다, 몹시 구타하다
отдува́ться 부풀다, 세찬소리로 숨을 헐떡거리다
поду́ть 불기 시작하다, (잠깐 동안) 불다, 솔솔 불다
подува́ть 바람이 아래에서 불다
поддува́ло (난로의) 재를 떠는 곳, 바람구멍
приду́ть (바람이 물건을) 불어 오게 하는 것
проду́ть (продува́ть) 불어서 청소하다, 바람이 불어서 빠져나가다, (틈새기 바람으로)썰렁해지다, 감기들다, (카드에서) 져서 잃다
продувно́й 교활한, 능글맞은
продува́ться (내기에서 져서) 돈을 고스란히 잃다, 무뚝뚝한 표정을 하다
проду́вка 불어서 청소하는 것, 세정 (증기 등에 의한)
продува́ние (공기 약품 등의 체강내의) 흡입
раздува́ть (불, 숯불 따위를) 불다, 불어 일으키다, (감정을) 자극하다, 선동하다, 부풀게 하다, 과장하다, 불어 날리다, 부어 오르다
раздува́ться 팽창하다, 붓다
разду́тие 불어서 일으키는 것, 선동, 과장, 팽창, 부종
раздува́льный 불을 불어 일으키는
раздува́льный мех 풀무
раздува́тельный 바람을 보내는, 부풀게하는
сдуть (сду́нуть, сдува́ть) (먼지 등을) 불어 떨구다, 표적하다, 컨닝하다, 훔치다
воздуходу́вка 증기 풀무, 송풍기
воздуходу́вный 송풍의
пескоду́вка 모래를 뿜는 기계
пескоду́вный 모래를 뿜는
сыроду́тный (철) 원광에서 직접 얻은
стеклоду́в 유리를 불어서 부풀게 하는 직공

дух 정신, 영혼, 참회, 원기, 의기, 기분, 호흡, 기식, 공기, 향기, 냄새, 향수
ду́хов 성령의
духове́нство 승려
духови́дец 영매
духови́тый 향기나는
духо́вка 공기로(오븐)
духовни́к 참회 청문승
духо́вность 영적인 것, 탈속
духо́вный 정신적인, 종교적인, 승려의, 성직의
духово́й 취주의, 호습의, 숨의, 공기의
ду́хом 단숨에, 한번에
духота́ 무더위, 무더움
во́здух (1) 공기, 대기, 공중, 집밖, 외기
во́здух (2) 베일, 면사포, 성찬덮개
воздухово́д 송풍관
воздуходу́вка 송풍기
воздухолета́ние 항공, 비행
воздухонагнета́тельный 공기 압착용의
воздухонагрева́тель 가열 송풍기, 난방장치
воздухоно́сный 공기를 함유한
воздухообме́н 환기
воздухоохлади́тель 공기 냉각기
воздухоочисти́тель 공기 정화기
воздухоочисти́тельный 공기 정화의
воздухопла́вание (비행선, 기구 등에 의한) 비행, 항공
воздухопла́ватель (기구, 비행선에 의한) 비행가
воздухопла́вательный (기구, 비행선에 의한) 항공의
воздухопрово́дный 송풍의
воздухопроница́емый (천 따위의) 통풍이 잘되는
воздухотря́д 항공대
воздухофло́т 공군
воздухшко́ла 비행 학교
возду́шник 공중 수송원
воздушнодеса́нтный 공중강하의

возду́шно-реакти́вный 가스터빈형 제트 엔진
возду́шность 공기 같이 가벼운 얇은 것
возду́шный 공기의, 대기의, 공중의, 가벼운, 취약한
безвозду́шный 진공의, 공기가 없는
противовозду́шный 방공의

душа́ 영혼, 마음, 사람, 감정, 정, 중심, 안목, 사랑하는 사람을 부르는 호칭
душевнобольно́й 정신병에 걸린, 정신병자
душе́вный 영혼, 마음, 정신의, 충심의, 친절한
душево́й 일인당의
душегре́йка 소매없는 부인용 자켓
душегу́б 살인자, 살인귀
душегу́бка 여자 살인자, 살인귀
душегу́бство 살인
ду́шенька → душа́
душеполе́зный 교훈적인, 신앙심을 일으키게 하는
душеприка́зчик 유언 집행인
душераздира́ющий 단장의, 애절한
душеспаси́тельный 영혼을 구하는, 교훈적인
ду́шечка → душа́
душо́нка → душа́
душещипа́тельный 감상적인
души́стый 향기로운
великоду́шие 관대, 아량, 너그러움
великоду́шничать 관대한 모습을 하다
великоду́шный 관대한
доброду́шие 선량, 온후
доброду́шный 선량한, 온후한, 친절한
задуше́вный 마음에서 울어난, 성의 있는
криводу́шие 양심 성의가 없는 것
криводу́шничать 양심없는 행동을 하다
малоду́шествовать 소심·무기력 하다
малоду́шие 소심, 무기력
малоду́шничать 소심·무기력 하다
обезду́шить 내용 의미가 없게 하다, 냉담하게 만들다
одухотвори́ться 고무되다, 분발하다
одушеви́ть 격려 고무하다, 분발시키다
одушеви́ться 원기가 나다, 용기가 나다
одушевле́ние 원기, 열의, 생기
одушевлённый 생생한, 싱싱한
одухотворе́ние 영감, 감동, 고무
одухотворённый 영감을 받은
одухотвори́ть 고무하다, 분기 시키다
простоду́шие 순박, 정직, 소박
простоду́шничать 선량 수박을 가장하다
простоду́шный 순박한, 정직한
прямоду́шие 정직, 성심, 공명
слабоду́шие 소심, 비겁

души́ть 질식시키다, 교살하다, 억압하다, 숨 쉬지 못하게 하다, 괴롭히다, 향수를 뿌리다
души́ца 향목
души́ться 목을 매어 죽다
души́тель 억압자, 압박자
ду́шка 매력있는 사람
ду́шник 통풍구
ду́шный 무더운, 답답한, 괴로운
душо́к = дух (2) 썩은 냄새, 기미, 성향
надуши́ть (1) 향수를 뿌리다 (2) 질식시켜 죽이다, 교살하다
передуши́ть (많이 또는 전부를) 교살하다, (많이) 향수를 뿌리다, 향수를 너무 뿌리다
подуши́ть 향수를 뿌리다, 교살하다, (기침 등이) 숨막히게 하다
подуши́ться 자기 몸에 향수를 조금 뿌리다
поду́шина 인두세
раздуши́ть (손수건 따위에) 향수를 너무 뿌리다
раздуши́ться (자기에게) 향수를 너무 뿌리다
задуши́ть → души́ть
задуше́ние 숨을 멋게 함, 교살, 질식사

дым 연기
дыми́ть 연기나다, 연기를 내다

дыми́ться (남아 있는 불이) 연기를 내며 타다, (증기·김이) 나다, (안개가) 끼다
ды́мка 아지랑이, 안개, 운무, 애매, 모호, 하늘하늘한 천, 가스
ды́мный 연기가 나는
дымови́к 연막을 치는 병기
дымово́й 연기의, 연기가 나는
дымоволо́к 오막살이집의 굴뚝
дымо́вье 집, 주거, 오막살이
дымога́рный (보일러 내부에 있는) 연관
дымо́к 가는 연기, 조그만 연기
дымоку́р 모기를 그슬려 없애기 위한 모닥불
дымообразу́ющий 발연용의
дымопу́ск 발연통, 발연탄
дымосо́с (화실의) 연소 증진기, 환풍기
дымохо́д 연기 골, 연기 빠지는 길
ды́мчатый 연기 색의
задыми́ть 그을리다, 연기로 꽉 채우다, (군) 연막을 치다
задыми́ться 연기를 내면서 훌훌 타기 시작하다, 수증기가 나오기 시작하다
задымле́ние 연막을 치는 것, 연막
надыми́ть 많은 연기를 내다, 그을다
подыми́ть 약간 연기를 내다
продыми́ть 완전히 연기가 끼게하다, (일정기간) 연기를 내게하다
продыми́ться 연기만 나다, (일정시간) 연기가 나다

дыра́ 구멍, 틈, 구덩이, 갈라진 틈
ды́рка → дыра́
ды́рочка → дыра́
дыря́вить (속) 구멍을 뚫다
ды́рчатый 구멍이 많은, 구멍투성이의
дыря́вый 구멍뚫, 피열된
издыря́веть (의복·구두 등) 구멍 투성이가 되다
издыря́вить (издыря́вливать) (의복·구두 등) 구멍 투성이로 만들다
издыря́виться 구멍투성이가 되다

продыря́вить (продыря́вливать) 구멍을 내다, 써서·입어서·신어서 구멍을 내다
продыря́ться 구멍이 나다, 써서·입어서·신어서 구멍이 나다

дыша́ть (дохну́ть) 숨쉬다, 호흡하다
дыхну́ть (감정, 기운이) 넘치다, 숨을 내쉬다, (식물이) 산소를 섭취하다
ды́хало 인후, 목구멍
дыха́льце (곤충의) 호흡공
дыха́ние 호흡작용, 호흡, 바람
дыха́тельный 호흡의
двоякоды́шащие = двуды́шащий 폐어류
жаброды́шащий 아가미로 호흡하는
оды́шка 숨이찬, 헐떡임, 호흡곤란
задыха́ние 호흡곤란
надыша́ть 입김으로 다스하게 하다, 여러 번 입김을 불다
надыша́ться 충분히 호흡하다
отдыша́ться = отды́хиваться 호흡이 정상으로 되돌아 오다
о́тдых 휴식, 휴게, 휴식시간
передыш́ка 한숨돌림, 짧은 휴식
подыша́ть (잠깐 동안) 호흡하다
придыша́ться (보통 불쾌한) 냄새에 익숙해지다
придыха́ние 기음
придыха́тельный 유기음의
продыша́ть (일정시간) 계속 호흡하다
продыша́ться 심호흡을 하다
дохну́ть → дыша́ть
вдохну́ть (가슴에) 흡입하다, 고취하다
вдох 숨을 들이 마심
вдохнове́ние 영감, 창조적인 영혼
вдохнове́нный 패기 만만한, 영감을 받은
вдохнови́тель 고무자, 격려자, 교사자
вдохнови́тельный 고무하는, 영감을 주는
вдохнови́ть 원기를 북돋우다, 고무하다, 감동시키다, 동기를 주다, 부추기다
вздох 심호흡, 한숨, 탄식

вздохну́ть 깊이 숨쉬다, 탄식하다, 한숨쉬다, 동경하다, 한번쉬다
подвздо́х 명치
подвздо́шный 명치의, 배의

вы́дохнуть (숨을) 내쉬다
вы́дохнуться 냄새가 빠지다, 향기가 빠지다 (술 따위), 신선미가 없어지다, 원기가 없어지다
вы́дох 숨을 내쉬는 것
выдыха́ние 숨을 내쉬는 것
выдыха́тельный 숨을 내쉬는
передыха́ть 한숨 돌리다, 휴식하다
продыха́ть 충분히 호흡하다
отдохну́ть = отдыха́ть 쉬다, 휴식하다
отдохнове́ние 휴식, 휴게

·· Е ··

еди́ный = еди́н 하나의, 단일의, 통일된
едине́ние 합동, 병합, 연합, 통일, 단결
едини́ть 결합시키다, 통일하다
едини́ца (숫자의) 1자리수, 1점, 단위, 일원 (어떤회사의)
едини́чный 단독의, 개개의, 특별한
едино- 하나, 단일, 동등의 뜻
единобо́жие 일신론, 일신교
единобо́рец 일대일로 결투하는 사람
единобо́рство 결투
единобо́рствовать 결투하다
единобра́чие 일부 일처제
единове́рец 같은 종교를 믿는 사람
единове́рие 같은 종교를 믿는 것
единове́рный 같은 종교의
единовла́стие 독재
единовре́менный 1회의, 일시의, 동시에
единогла́сие 만장일치, 이구동성, (음) 화성
единогла́сный 만장일치의, 이구동성의, 화성의
единодержа́вие 군주제
единоду́шие 일치, 화합
единоду́шный 일치하는, 화합하는
еди́ножды = одна́жды 언젠가, 어느 때에
единоже́нство 일부일처
единокро́вный 배다른, 이복의
единоли́чник 혼자 힘으로 하는 사람, 개인경영 농민
единоли́чный 개인의, (농업에서) 개인 경영의
единомы́слие 같은 의견, 같은 사상
единомы́шленник 동지, 공모자, 공범자
единомы́сленный 같은 의견의, 동지의
единонасле́дие 장자상속
единонача́лие 독재, 단독 책임제
единонача́льник 독재자, 관리자
единообра́зие 같은 모양, 일치, 조화, 천편일률

единообра́зный 같은 모양의, 일치의, 조화를 이룬, 천편일률적인
единопле́менник 같은 종족
единопле́менный 같은 종족의
единоро́дный 독자의
единосу́щный 같은 몸의, 분리 할 수 없는
единоро́г 일각 고래, 유니콘, (군) 일각표
единоутро́бный 이부 동포, 혈통이 다른
еди́нственно 유일하게, 다만, 오직
еди́нственный 유일한, 특별한, 특이한
еди́нство 유일, 단일, 균일, 통일, 합동
субъедини́ца 소유권자
воеди́но 함께, 같이, 하나로
заеди́но = заодно́ 공동으로 함께, 겸사 겸사
наедине́ 단둘이서, 마주 앉아서, 홀로 외로이
объедини́ть 통일하다
объединя́ть 단결시키다
объедини́ться 연합 합동하다
объедине́ние 합동, 연합, 연맹
объедини́тельный 통일을 위한
отъедини́ть 떼어 놓다, 나누다
разъедини́ть 분리 분열 시키다, 절연시키다
разъедине́ние 분리, 분열, 결단
разъедини́тель (전) 고압선용 스위치
соедини́ть 결합 연결하다, 화합시키다
соедини́ться 결합하다, 합동하다
соедине́ние 결합, 합동, 연합, (화) 화합, 편대
соединённо 힘을 합하여, 단결하여
соединённый 결합한, 합동한, 합병한
соедини́мый 결합 연결 할 수 있는
соедини́тель 결합기, 접속기 (소켓)
соедини́тельный 연결 결합을 위한, 연결재료 (아교, 본드)
воссоедини́ть 다시 결합 통합하다
воссоедини́ться 다시 결합 통합되다
воссоедине́ние 재결합, 재통합
отсоедине́ние (결합한 것을) 떼다, 분리 시키다
подсоедини́ть (전화 전기 기구 등을) 접속 연결하다

присоедини́ть 합병하다, 부가하다, 수에 넣다, 포함하다
присоедини́ться 합하다, 가입하다, 찬동하다
присоедине́ние 병합
присоедини́тельный 부가적인
триеди́нство 삼위 일체
триеди́ный 세개가 한벌이 된, 삼위 일체의

есть 1) быть --이다, 되다, 있다, 존재하다, 행해지다, 가다, 오다
есте́ственник 박물 학자, 자연 과학자, 이과 학생
есте́ственно 자연히, 있는 그대로, 순조롭게
есте́ственнонау́чный 자연과학의
есте́ственность 자연적인 것, 당연한 것, 솔직한 것
есте́ственный 자연의, 자연적인, 당영한, 솔직한, 고의가 아닌
естество́ 본질, 본성, 자연, 천연
естествове́д 자연 과학자, 박물학의 선행
естествове́дение 박물학, 기초 자연과학
естествозна́ние 자연 과학
естествоиспыта́тель 자연 연구가, 자연 과학자
неесте́ственно 부자연스럽게
сверхъесте́ственный 초감각적인, 초자연적인
противоесте́ственный 부자연스러운

есть (еда́ть) 2) 먹다, 침식하다, 자극하다, 욕질하다, 책망하다
еда́ 음식물, 먹는 것, 식사
обе́ 정찬
обе́дать 점심식사, 만찬을 들다
е́дкий 부식성의, 침식성의, 자극성의, 신랄한, 빈정대는
е́дкость 부식성, 자극성, 신랄한 말
едо́к (식량배급에서) 1인, (가족중의) 한식구
еду́н = едо́к 식욕
въе́сться (사람이 음식물에) 먹는 습관이 있다
въе́дливый 침식하는 듯한, 파고 들기 좋아하는

въе́дчивый 부식성의, 신랄한, 가시 돋친 듯한
взъе́сться 몹씨 꾸짓다
вы́есть 속을 먹다, 갉아 먹다, 부식시키다
дое́сть 끝까지 먹다
зае́сть 물다, 물어 죽이다, 괴롭히다, 후식으로 먹다
зае́сться 입이 까다롭다, 서로 물어 뜯다, 싸우다
зае́дки (식후에 먹는) 과자
изъе́сть 갉아서 못쓰게 만들다, 부식하다
нае́сть 먹어 버리다, 먹어서 어떤결과를 얻다
нае́сться (어떤 음식을) 많이 먹다, 배 불리 먹다
надъе́сть 윗 부분을 좀 먹다
недое́сть 실컷 먹지 않다, 배부르게 못 먹다
недоеда́ние 식품·식량 부족
объе́сть 주위·표면을 뜯어 먹다, 갉아 먹다, 남보다 많이 먹다, 부식 시키다
объе́сться 과식하다
объе́док 먹다남은 것
объе́дья 가축이 먹고 남은 건초
отъе́сть 식사를 마치다, 물어 뜯다, (녹·산이) 부식하다
перее́сть 과식을 하다, 딴사람 보다 많이 먹다, 부식하다
пое́сть (조금) 먹다, 먹어 치우다, 쏟다
пое́дом 심하게 꾸짖다
подъе́сть 밑에서부터 먹다, 남김없이 먹다, 접근하다, 앙랑거리다
прие́сть 다먹어 버리다
прие́сться 싫증나다, 물리다
прое́сть 깨물어 먹다, 침식하다, 식사 생활에 쓰다 (돈)
прое́сться (재산을) 먹어 버리다
прое́дина 먹혀서 뚫어 진곳, 침식된곳
разъе́сть 침식하다, 부식하다
разъе́дать = разъе́сть 2) 붕괴시키다, 퇴폐시키다
съе́сть 다먹어버리다, 괴롭히다, (적따위를) 파멸시키다, 부식하다

съестно́й 식용의
съеде́ние отда́ть кому́ на съеде́нии (어떤사람을 어떤 사람이) 맘대로 하도록 내버려 두다
съедо́бность 먹을 수 있는 것
съедо́бный 식용의, 먹을 수 있는
уе́сть 씹어서 먹다
уе́дливый 괴롭히는, (시간 정력등을) 소모시키는
дармое́д 기식자, 식객, 건달, 기생충
дармое́дничать 무위 도식하다
дармое́дский 기식자, 식객
дармое́дство 건달 행위, 무위도식
калое́д 똥을 먹는 벌레
книгое́д (책을 먹는) 좀
кожее́д 가죽을 먹는 해충
корое́д 나무좀
костое́д (의) 골저, 골양 (궤양), 카리에스
листое́д 잎벌레과
людое́д 식인종
людое́дство 식인
малое́жка 적게 먹는 사람
мертвое́д 송장벌레
мураве́д 개미핥기
мухое́дка 장수 벌레
ногтое́д (의) 생안손, 생안발
осое́д 매와 맹조 (금)
почкое́д 식물의 싹을 먹는 곤충
пухое́д 깃털에 끓는 이
пчелое́д 매종류
ракое́дка 왜가리와 비슷한 새
сеное́д 건초 벌레
сердцее́д (익살) 엽색꾼
сердцее́дка (익살) 탕부
сердцее́дство 사람의 마음을 잡으려는 것
сладкое́жка 단것을 좋아 하는 사람
спецее́д (당원이 아닌) 전문 기술자를 적대시 하고 박해 하는 것
сырое́жка 버섯의 일종
всея́дный 잡식하는

зерноя́дный   곡물을 먹고 사는
насекомоя́дный   곤충을 먹는
плотоя́дный   육식의, (식물) 식충의, 호색의
рыбоя́дный   물고기를 먹이로 하는
стервоя́дный   죽은 짐승의 고기를 먹는
сухояде́ние   빵과 물기가 없는 식사
сухоя́дец   빵과 물기가 없는 식사를 하는 사람
травоя́дный   초식의
травоя́ды   초식동물
чужея́дный   기생하는

е́хать   (배·차·말을) 타고 가다, (자동차 등이) 가다, 오다, 떠나다, 벗어나다
е́здить = е́хать   왕복하다
е́здка   차 따위를 타고 오기 위한 승행
ездово́й   타는, 타고 다니기 위한
ездо́к   승마자, 기수, 여행인, 말 탈줄 아는 사람
езжа́лый   잘타는, 여러 곳을 타고 돌아 다닌
е́зженый   타서 길들인, (도로) 차·말이 통과해서 좋게 길들여진
езда́   (배·차·말을) 타고 다니는 것, 여행
вы́ехать = вы́езжать   조련시키다, 돈벌다(마차업으로)
вы́езд   (탈것에 의한) 외출, 출발, (도시의) 출구, 외출용 거마
вы́ездка   훈련 (말의)
выездно́й   외출용의, 방문용의
дое́хать   (어떤 시간까지) 말을 타다, (말을 타서) 지치게 하다, 조마를 마치다, 말을 타고 어느 장소까지 가다, 도착하다, 혼내주다
дое́здка   조교, 조마를 마치는 것
зае́хать   (말을) 타서 지치게하다, 피곤하게 하다, 괴롭히다
зае́зд   (경마의) 한판경주, 도중에 들림
зае́здка   어린말의 조련
зае́здом   지나가는 길에
зае́зжий   다른 곳에서 온, 잠시 들린, 타향사람
изъе́здить   말을 타고 돌아 다니다, (차·말 등) 타고 다녀서 못쓰게 만들다
изъе́здиться   (타고 다녀서) 훼손하다

нае́здить   (얼마 동안) 타고 가다, 차 마로 운반해서 돈을 벌다, (길을) 차 마로 고르다, (말을) 조련하다
нае́здиться   마음껏 타다
нае́зд   마주치는 것, 충돌 (차 등의), 많은 사람의 방문, (기병의) 급습
нае́здник   승마자, 기수, 경마기수
нае́здничать   (기병이) 급습하다
нае́зднический   승마자의, 잘난체하는
нае́здничество   차를 타고 가는 것, 기병의 급습, 잘난체 하는 것
нае́зжий   다른 고장에서 온
объе́здить   말을 조련 시키다,
объе́здиться   (차나 말 등이) 타기 쉬워지다
объе́зд   순회, 우회, 기마의 순찰, 순찰대
объе́здка   (말의) 조련
объе́здчик   순라 대원, 순시, 조마사
объе́зжий   우회하는
отъе́зд   (어떤 거리, 시간을) 타고 가다, 여행을 마치다, (마차가) 낡아서 사용 할 수 없게 되다
отъезжа́ющий   여행을 떠나는 사람
отъе́зжий   마을에서 멀리 떨어진
отъе́хать   타고가다, 피하다, 떠나가다, (벽지 따위가) 벗겨지다, 떨어지다
перее́здить   드라이브하다
перее́зд   통과, 횡단, 건널목, 이전, (철도·도로) 두 지점사이의 거리
переездно́й   횡단용의
перее́здный   횡단로의, 철도 건널 목의
пое́здить   약간의 여행을 하다
пое́здка   여행, 유람, 소여행, 왕복
пое́зд   열차 (기차 또는 전차), 차열, 행렬
поездно́й   열차의, 기차의
поезжа́нин   혼례 행렬의 참석자
подъе́здить   (말을) 훈련 시키다
подъе́зд   (탈것에 의한) 도착, 접근, 차대는 곳, 현관의 입구, 입구, 승차구
подъе́здка   (말의) 훈련
подъездно́й   간선으로 통하는
подъе́здный   건물 입구의

подъе́здчик 조교사
подъе́хать (탈것으로) 접근하다, 알랑거리다
прие́зд 도착 (탈것에 의한)
приезжа́ющий 도착한 사람, 방문객, 내빈
прие́хать 도착하다(탈것에 의해)
прое́здить 길들이다, 조련하다, 거마비에 쓰다, (일정시간) 타고가다
прое́здиться 여행에 돈을 다 써버리다
прое́зд 통과(탈것으로), 끝까지 타는 것, 통로
прое́здка 길들이는 것
проездно́й 통과하는(탈것으로)
прое́здом 통과시에, 지나는 길에
прое́зжий 차마로 통과하는
разъе́здить (길을) 잦은 왕래로 못쓰게 만들다
разъе́здиться 정신없이 타고 다니다
разъездно́й 대피의, 여행의
разъезжа́ть 타고 돌아 다니다
разъе́хаться 여러 방향으로 떠나다, 빗껴 지나다
съе́здить (타고) 갔다오다, 세게 때리다
съезд 집합, 집회, 강하
съе́зжий 여기저기서 모인, 집회용의
уе́здить (길을) 지나 다녀서 다지다, 타서 길들이다
уе́здиться 길이 (차 마로) 단단해 지다
уе́зд 지역, 향
уе́здный 군의, 지방의
уе́зженный 밟혀서 좁혀진
уе́хать 출발하다, 타고 떠나다

••Ж••

жа́дный 탐욕스러운
жадне́ть 욕심쟁이가 되다
жа́дничать 탐내다, 욕심내다
жа́дина 대식가, 먹보, 욕심장이, 구두쇠
жа́дно 게걸스레, 욕심내어, 탐나는, 욕심내어
жа́дность 탐욕, 강한 흥미
жа́дный 탐욕스러운, 식욕이 몹시강한, 간절히 바라는

жа́ждать 목말라하다, 갈망하다, 열망하다
жа́жда 목마름, 갈증, 열망, 갈망, 욕심

жале́ть (пожале́ть) 가련하게 여기다, 동정하다, 아쉬워하다, 귀하게 여기다, 슬퍼하다
жа́лкий 불쌍한, 가련한, 초라한, 가난한, 빈약한
жа́лко 불쌍하게, 가엽게, 유감스럽다, 애석하다
жа́лостливый 자비심이 깊은, 연민의 정이 깊은
жа́лостный 가엾게 생각하는, 슬픈,
жа́лость 연민, 동정, 시애, 아쉬움, 유감
жаль кому́, кого́-что 가엾다, 안됐다, 애석하다, 유감이다
сжа́литься 가엾게 여기다, 동정하다
сожале́ть 유감스럽게·분하게 생각하다, 후회하다, 동정하다
сожале́ние 유감, 애석, 동정, 연민
к сожале́нию 유감스럽지만

жа́ло 동물(벌·개미 등의) 침, (모기·나비 등의) 대롱, 독사의 이, (핀·침의) 첨단, 예리한 말
жа́лить (벌레 등이) 쏘다, (뱀 등이) 물다, 비꼬다, (식물의 가지가) 쿡쿡 찌르다
жа́литься → жа́лить
изжа́лить (별·모기 등이) 마구 쏘다
нажа́лить (벌이) 쏘다
ужале́ние (별 등이) 쏘는 것
ужа́лить → жа́лить

жа́ловать 하사하다, 수여하다, 예뻐하다, 사랑하다, (현, 비꼼) 오시다
жа́лование → жа́ловать
жа́лованный 하사 받은
жа́лованье 봉급, 급료, 수량, 하사, 시혜

жа́ловаться 불평·고통·푸념을 말하다, 호소하다, 고소하다, 중상하다
жа́лобить 연민·동정의 마음을 일으키다
жа́лобиться 자기의 운명을 탓하다, 푸념을 늘어 놓다
жа́лоба 불평, 푸념, 하소연, (법) 소송, 소원
жа́лобщик 고소인, 원고
пожа́ловаться → жа́ловаться
препожа́ловать (지금은) (비꼼) 왕림하시다
разжа́ловать 벌로서 등급을 낮추다, 총애·신뢰하지 않게 되다
разжа́лобить 측은한 생각이 들게하다, 동정심을 일으키게하다
разжа́лобиться 동정하다, 측은한 생각이 들다

жар 열, 무더위, 더운장소, 혹서, 탄불, 체열, 흥분, 열심, 정열, 위협
жа́рить (고기따위를) 끓이다, 굽다, 볶다, 세게 채찍질하다, (급하게) 동작을 하다, 세게 불 때다
жа́риться 타다, 끓다, 덥혀지다
жара́ 더운공기, 더위, 무더위
жа́рево 구운고기, 불고기
жа́реный 구운, 튀긴, 프라이한
жа́ренье 구운 것, 볶은 것
жа́рища 혹서
жа́ркий 더운, 뜨거운, 열렬한
жа́ркое 구운요리, 불고기
жа́ровня 풍로
жаро́к 미열
жаропонижа́ющий (의) 해열용의
жаропро́чный 내열성이 있는
жаротру́бный 열관의, 열기관의
жароупо́рный 내열성이 있는

жар-пти́ца 불새, 피닉스
жары́нь 혹서
вы́жарить (식기 따위를) 아주 뜨겁게 하다, 충분히 굽다
вы́жариться 아주 뜨거워지다, 몹시 더워지다
дожа́рить 완전히 구워지다, 충분하게 굽다
дожа́риться 완전히 구워지다, 충분하게 구어지다
зажа́рить (요리에서) 굽다, 지지다, (노래·춤 등을) 열심히 시작하다
зажа́риться (요리가) 잘 구어지다, 지지다, (노래·춤 등을) 열심히 시작하다
изжа́рить 굽다, 불에 태우다, 햇빛에 검게 태우다
изжа́риться 구어지다, 불에 타다, 햇빛에 검게 타다
нажа́рить (많은 양을) 조리하다, 몹시 달구다, 몹시 열중하다
недожа́рить 충분히 굽지 않다, 소요량보다 적게 굽다
обжа́рить 주위를 약간 태워 굽다
обжа́риться 주위가 누렇게 되다 (타서)
отжа́рить 기름에 튀기다, 굽기를 마치다, 간단히 해치우다
пережа́рить (고기·커피 등) 다시 불에 굽다, 너무굽다
пережа́риться 너무 구워지다, 심하게 햇빛에 타다
пожа́рить (조금 잠시) 볶다, 불에 굽다, (많이) 불에 굽다
пожа́р 화재, 불이야!
пожа́рище 불탄자리
пожа́рка 소방서
пожа́рник 의용 소방대원, 소방수
пожа́рный 화재의, 화급의, 소방수
поджа́рить (외면·표면을) 굽다, (아래부터) 굽다, 햇볕에 타게 하다
поджа́риться (외면·표면이) 타다, 구어지다
поджа́рка 구은 고기 (생선) 요리
поджа́ристый (빵·육류 등이) 잘 구어진

прожа́рить 충분히 굽다, 충분히 뜨겁게 하다
прожа́риться 충분히 구어지다, 충분히 뜨거워지다
ужа́рить 충분히 굽다, 구어서 줄이다
ужа́риться 충분히 구어지다, 구어서 줄다

жать (1) 주다, 어누르다, (의복 따위가 붙어) 죄다, 답답하다, 짜다, 압박하다, 괴롭히다, (어떤동작을) 신속하게 하다
жа́ться (추위 등으로) 몸이 움추러 들다, 바싹 달라 붙다, 인색하다
жим (스포츠) 역기, 악력
жмот 구두쇠
жом 압착기, 기름 짜는 틀, (사탕무의) 찌꺼기, 수전노
вжать 밀어 넣다, 눌러넣다
вжа́ться 비집고 들어가다
вжа́тие вжать의 명사형
вы́жать 짜내다, 압착하다, 짜다, 착취하다, 밀어내다, 들어 올리다
вы́жаться 짜서 나오다, 짜서 물기가 완전히 빠지다
вы́жим (스포츠) 역기
выжима́ла 착취자
выжима́ние 착취
вы́жимки 짜고난 찌꺼기
соковыжима́лка 과즙짜는 기계
дожа́ть 다 짜내다, 압착하다
зажа́ть 압착하다, 꽉쥐다, (군중이) 억누르다, (코·귀를) 틀어막다, 억누르다
зажа́ться 꽉 쥐어 늘리다, 압착시키다
зажи́м 기름틀, 조임쇠, 압착기
зажи́мистый 강하게 쥐어 조르는, 인색한
зажи́мный 조이는
зажи́мщик 억압자
пневмозажи́м 공기 압착기 (고어)
нажа́ть (нажима́ть) 누르다, 압박하다, 짜다, 압박을 가하다, 독촉하다, 주위를 집중하다
нажа́тие 압박
нажи́м 누르는 것, 압착하는 것, 강조, 압박, 제압, 굵게 쓰는 것
нажи́мистый 잔소리가 많은, (필적) 선이 굵은
нажи́мный 압박하기위한, 선이 굵은 (필적)
поднажа́ть (조금) 누르다, 압도하다, 독촉하다
принажа́ть 누르다, 조이다
недожа́ть 충분히 물기를 짜지 않다, (스포츠) 아령를 정해진 기준까지 들어 올리지 않다
обжа́ть 사방에서 죄다, 압착하다
обжа́тие = обжи́м обжа́ть의 명사형
обжимно́й 압축용의
обжи́мок 압축한 덩어리, 굳힌 술 지게미, 삼지스러기
обжи́мка 꼭 죄는 것, 압기
отжа́ть 짜다, (마개 등을) 풀다, 밀어내다
отжа́ться 짜서 수분을 내다
отжи́м = отжи́мка → отжа́ть
отжи́мник 압축장치
отжи́мный 압축의
отжи́мок 짜낸 찌꺼기
отжи́мщик 압축공
пережа́ть (많은 물건을) 짜다
пережи́м 광맥이 가늘어 지는 곳, 하천의 폭이 좁아 지는 것
пожа́ть (조금) 쥐다, 누르다, 밀다, 짜내다
пожа́ться 줄어 들다, 내야 할 금품을 내기 아까워하다
пожа́тие 힘껏 쥐는 것
поджа́ть 꽉 누르다, 단단히 누르다
прижа́ть 꽉 누르다, 압박하다, 괴롭히다
прижа́ться 단단히 꽉 잡다, 밀착되다
прижи́м 압착기, 탄압
прижи́мистый 인색한, 돈만 탐내는
прижи́мный (선) 외륜을 보호하기 위한 용재
прожа́ть 눌러 찌그러 뜨리다, 눌러대다, 압착하다
прожа́ться (군중을) 헤치고 나가다
разжа́ть 열다, (꼭 쥔 것을) 늦추다
разжа́ться 열리다, 늘여지다, 펴지다
сжать 압착·압축하다, 단단히 맺다, (문제를) 간결하게 하다

сжа́ться 수축하다, (몸이) 오그라 들다
сжим 압착, 압축, 수축, 압축기
сжима́емость 압착·압축 할 수 있는 것
сжима́ние сжима́ть의 명사형
сжима́тельный 압축 압착하는
сжима́тельнная мы́шца 괄약근
сжа́тие 압축, 수축
сжа́тость 간결, 압축된것
сжа́тый → сжать
ужа́ть 압축하다, 축소하다, 작게하다
ужи́мина 주물한 금속표면의 결함(주름)
ужи́мка 거드름을 피우는 몸짓, 얼굴 표정, 찡그린 얼굴

жать **(2) 베어드리다, 수확하다**
жа́тва 수확, 수확기, 열매맺힌 곡물, 이익
жа́тка 자동 수확기
жне́йка = жнея́ 곡물 벌취기
жнец 곡물 벌취인
жнёшь → жать
жни́ва = жнивьё = жни́тво 수확 후의 밭, 그루터기, 수확
ожи́нок 베다 남은 이삭
вы́жать (어떤 구역을·어떤 양을) 베어내다, 베어버리다
вы́жимки 수확의 최종일 (축하하는)
дожа́ть 수확을 끝내다
зажа́ть 수확을 시작하다
зажа́ться 열심히 추수하다
зажи́н 추수의 시작
нажа́ть 추수하다
нажи́н 수확량, 추수량
недожи́н 수확량 부족, 미처 수확 하지 못한곳
обжа́ть 주위를 베다, 완전히 베다
обжа́ться 추수를 마치다
обжи́нок 베다남은 이삭
обжи́нка (2) 수확의 마무리를 축하 하는 제사
отжа́ть 베기를 마치다, 수확을 마치다
отжа́ться 베기를 마치다, 수확을 마치다
пережа́ть (남김없이) 베다, 베는 일에서 상대를 물리치다
пожа́ть 다베다, 곡식을 거두어 들이다, 획득하다
пожи́нки 수확의 완료시기, 수확제
пожни́вный 수확한 밭에서 자란
пожни́во 수확후의 밭
поджа́ть 수확을 마치다
прожа́ть (어떤 지역을) 수학하다, (일정시간을) 수확하다
сжать 곡식을 모두 베다
ужи́н 추수, 수확량

ждать **기다리다, 기대하다, 예상하다**
нежда́нный 뜻밖의
нежда́нно 불시에
вы́ждать 대기하다, …까지 기다리다, 끝내기를 기다리다
выжида́тельный 대기하고 있는
дожда́ться 기다리다, 자기가 한일로 불쾌한 일을 당하다
дожида́ться → дожда́ться
зажда́ться 오랫동안 애태우며 기다리다, 기다리다 지치다
нажда́ть 기다리다
нажда́ться 오래 기다리다
ожида́ть 기다리다 (기대하며), 예기하다, 알아서 기다리다
ожида́лка (공공건물의) 대합실
ожида́ние 기다리는 것, 예기, 예측
неожи́данность 불의, 의외, 의외의 사건
неожи́данный 불의의, 의외의
обожда́ть (얼마 동안) 기다리다, 끝나기를 기다리다
пережда́ть 어떤 기회가 올 때까지 기다리다
подожда́ть 잠깐 동안 기다리다
прожда́ть 일정시간 기다리다
долгожда́нный 오랫동안 기다린

жева́ть **씹다, 분쇄하다**
жва́ло (곤충의) 입

жва́чка   반추, 씹는 담배, 츄잉껌, 한가지 일의 반복
жва́чный   반추하는
изжева́ть   (개가 의복 따위를) 물어서 못쓰게 만들다, 끝까지 씹다
изжёванный   몹시 구겨진, 신선미가 없는, 진부한
нажева́ть   (상당한 양을) 씹어서 잘게 깨다
нажева́ться   마음껏 씹다, 잘게 씹어 새기다
обжева́ть (обжёвывать)   (속) 주의를 깨물다
отжева́ть (отжёвывать)   음식을 입에 넣고 잘 씹다, 씹어서 토해내다
пережева́ть (пережёвывать)   깨물어 부수다, 충분히 씹다, 반추하다, 되풀이 하여 말하다
пожева́ть (пожёвывать)   (잠깐 동안) 깨물다, (가볍게) 깨물다
разжева́ть (разжёвывать)   깨물어 부수다, 씹어서 먹이듯 설명하다, 곰곰이 생각하고 이해하다
сжева́ть   씹어서 으깨다, 찢다, 먹다

жела́ть   바라다, 희망하다
жела́ться   하고싶다, 바라다
жела́ние   희망, 욕구, 바람, 성욕, 음욕
жела́нный   바랬던, 기대한, 바람직한
жела́тельно   바람직하다, 마음에 들다
жела́тельный   바람직한, 마음에 드는
жела́ющий   희망자, 지망자
пожела́ть → жела́ть
нежела́ние   원치 않는 것, 뜻밖의, 본의가 아닌
нежела́тельный   바람직 스럽지 못한
благожела́тель   호의를 가지고 남을 대하는 사람
благожела́тельный   호의 있는, 친절한
благожела́тельствовать   호의를 가지다, 귀여워하다
доброжела́тель   남의 행복을 기원하는 사람
доброжела́тельный   호의적인
доброжела́тельство   호의, 친절, 동정
доброжела́тельствовать   호의를 가지다
зложела́тель   남을 저주하는 사람, 원한을 품은 사람

жёлтый   황색의 (얼굴, 피부에 대하여), 창백하게 누르스럼한, (신문따위에 대하여) 비속한, 선정적인, 비계급적인 (욕설)
желте́ть   노랗게 되다, (안색이) 창백해지다, 노랗게 보이다
желти́ть   노랗게 하다
Жёлтая река́   황하
жёлтенький   누르스럼한
желтизна́   노란것, 노란반점
желти́нка   노랗고 작은 반점
желтобрю́хий   배가 노란
желтова́тый   노란색을 띤, 약간 누르스럼한, (안색) 황백색의
желтогла́зый   노란 눈의, 새암하는, 선망하는
желтогру́дый   가슴이 노란
Жёлтое мо́ре   황해
желтозём   아열대 삼림지역의 담황색의 토양
желто́к   황신, 노란자위
желтоко́жий   피부가 노란
желтокры́лый   날개가 노란
желтоли́цый   얼굴이 누런
желтоно́сый   주둥이가 노란
желторо́тый   부리 주위가 노란, 풋나기의
желтоцве́т   노란색 꽃
желто́чный   노란자 위의
желту́ха   황달, (식) 택국
желть   황색염료, 황색
желтя́к   (익어서) 노랗게 된 참외
желче́ние   노랗게 하는 것
желчеотделе́ние   (의) 담즙분비
желчнока́менный   담석의
жёлчность   성급한 성격, 신경질
жёлчный пузы́рь   담낭
жёлчь   담즙, 담낭, 짜증, (실패후) 고통스런 기분
изжелти́ть   누렇게 더럽히다
изжелта -   (형용사에 붙여서) 노란색을 띤

зажелти́ть 노랗게 물들이다
пережелти́ть 너무 노랗게 물들이다
пожелти́ть 누렇게 하다
пожелте́лый 노랗게 된

жена́ 처, 여자
жена́тик (익살) 유부남
жена́тый 아내있는, 결혼한
же́нин 아내의
жени́ть (남자를) 결혼시키다, (남녀를) 결혼시키다
жени́ться (남자가) 결혼하다
жени́тьба (남자의) 결혼
жени́х 약혼한 남자, 구혼자, 혼기에 있는 청년
жениха́ться 약혼하고 있다, 구혼하고 있다
женихо́вство 약혼 하는일, 신부를 구하는 일
женишо́к → жени́х
жёнка = жено́ = жёнушка жена의 뜻
женолю́б 호색
женолю́бие 호색
жено-му́жие 자웅 합체
женонави́стник 여자를 싫어 하는 사람
женоподо́бный 여자 같은
женоуби́йство 처를 살해 하는 것
женоуби́йца 처를 살해 한 자
жен-премье́р (연극) 정부역
же́нский 여자의, 여자다운, 여성의
же́нственный 여자다운, 정숙한, 온순한
же́нщина 여자, 부인, 몸을 파는 여자, 첩, 식모
ожени́ть 장가 보내다
пережени́ть (차례 차례 모든 남자를) 결혼시키다
пережени́ться (차례 차례 모든 남자가) 아내를 맞다
пожени́ться (남녀기) 결혼히다
разже́нить 이혼시키다
разжени́ться 이혼하다
двоежёнство (남자의) 중혼
единожёнство 일부 일처
многожёнец 아내가 많은 사람
многожёнство 일부 다처
молодожён 갓 결혼한 남자, 새 부부

же́ртва 희생, 희생자, 제물, 공물, 기부
же́ртвенник 제단, 기도단, (천) 제단좌
же́ртвенный 희생물의, 제물의, 영웅적인, 자기 희생적인
же́ртвователь 기부자, 희사자
же́ртвовать (по~) 기부하다, 희사하다, 희생으로하다
жертвоприноше́ние 제물을 바치는 의식, 헌제

жёсткий 빳빳한, 딱딱한, 탄성이 없는, 준엄한, 엄한, 심한, 지독한
жёсткость → жёсткий
жестокови́йный 불굴의
жесткокры́лый 날개가 딱딱한
жестокосе́рдие 잔인, 박정
жестокосе́рдный 잔인한, 박정한
жесто́кость 잔인, 잔혹, 무자비
ожесточа́ть (ожесточи́ть) 냉혹·잔인·흉폭·고집세게 만들다, 노하게하다
ожесточе́ние 냉혹, 무정함, 잔인, 흉포, 격노, 울분, 완고
ожесточённый 격렬한, 열렬한
ужесточа́ться (ужесточи́ться) 엄하게 되다, 엄하게 하다
ужесточённый (공) 견고하게 만든, 지진에 강한

жечь 태우다, 굽다, 볶다, 데우다, 강하게 자극하다, 괴롭히다, 초조하게 하다
же́чься 타다, 구어지다, 찌르다, 화상을 입다, 값이 비싸서 힘들다
жже́ние (의) 가슴앓이
жжёный 구운, 탄
жгут → жечь
жгу́чий 타는 듯한, 뜨거운, 예민한, 강렬한, 신랄한
возже́чь 점화하다, 불을 피우다, (감정을) 일으

키다, 타오르게 하다

вы́жечь 태워버리다, 태워 소독하다, 소인을 찍다

вы́жиг 태우는 것

вы́жига 옛날 금·은 따위를 태워서 얻은 금·은, 삼림을 얻어서 태운 신개간지, 교활한 사람, 깡패

доже́чь 다 태워 버리다, 어느 정도 까지 연소 시키다

заже́чь 점화하다, 불을 때다, 흥분시키다, (감정을) 타오르게 하다

заже́чься 타기 시작하다, (정열 등이) 일다

зажига́лка (담배용의) 라이타, 소이탄

зажига́ние 점화, 점화기

зажига́тельный 점화 시키는, 흥분 시키는

изже́чь 여러곳을 태우다, 태워 없애다

изже́чься 많은 화상을 입다, 태워서 없어지다

наже́чь 태우다, 소비하다, 고열을 가하다, 소인을 찍다

наже́чься 속아 넘어가 손해를 보다

недожо́г 덜 구워진 것, 불완전 연소

оже́чь 화상을 입히다, 타는 듯한 고통을 느끼다, 어떤 감정으로 볼 타게 하다

ожо́г = обжо́г 화상, 화상을 입은 곳

обже́чь 화상을 입히다, 주위를 굽다, 태우다, 불에 타는 듯한 통증을 느끼다, 어떤 감정을 솟구치게 하다

обже́чься 화상을 입다, 실패하다

отжи́г 가열 처리, (유리를) 서서히 냉각 시키는 것

переже́чь 너무 태우다, 불에 태워 끊다, 구워서 만들다

переже́чься 너무 타서 못쓰게 되다, 눋다

пережи́г (2) 연료의 과도 사용, 태워서 버린 장소

пережо́г 화전, 몰을 태워서 얻을 금속

поже́чь 차례 차례 태우다, (잠깐 동안) 태우다

пожо́г 숲속의 탄자리

подже́чь 불을 때다, 점화하다, 방화하다, 선동·도발하다

поджига́тель 방화자, 선동자

поджига́тельство 방화, 선동

поджо́г 방화

приже́чь 태우다, 굽다, (의) 상처를 지지다

проже́чь 태워서 구멍을 내다, (태양이) 뜨겁게 쬐다, 강한 인상을 주다, (일정시간) 태우다, 돈을 소비하다

проже́чься 타서 구멍이 나다, 다 타버리다

про́жига 사기꾼

прожига́тель 태워서 구멍을 내는 사람

прожига́тельный 태워서 구멍을 내는 데 쓰는

разже́чь 불 타게 하다, 불지르다, 작열하다, 선동하다

разже́чься 훨훨 타오르다, 격렬해 지다

сжечь 태우다, 연소 시키다, 화장하다

всесожже́ние 번제

живи́ть 생기를 넣어 주다, 고무하다

жива́лый 세상 물정에 밝은

живе́ц 낚시 밥으로 하는 작은 물고기

живи́ться 벌다

живёхонек = живёшенек 매우 건강한

живи́нка 가장 중요한 점

живи́тельный 생명을 주는, 생기를 불어 넣는

жи́вность (식용) 집에서 기르는 새, 생존, 생활

жи́во 확실히, 생생히, 강하게, 발랄하게, 조속히

живо- живо́й의 뜻

живогло́т 착취자, 흡혈귀

живодёр 박피인, 도살자, 무정한 자

живодёрня 껍질을 벗기는 곳

живодёрство 동물학대, 착취, 강탈

живо́й 살아 있는, 할기 있는, 현실적인, 예민한, 생기를 불어 넣는

живописа́ть 생생하게 그림처럼 묘사하다

живопи́сец 화가

живопи́сный 화가의, 그림처럼 묘사하다

жи́вопись 회화술(예), 회화

живоре́з 약탈자, 악인

живородя́щий 태생의, 모체 발아의

живорожде́ние 태생
живорождённый 살아서 태어난
живо́росль (동) 식충
живоры́бный 살아 있는 물고기의, 활어의
живосече́ние (의) 생체 해부
жи́вость 민감
живо́т 배, 복부, 삶, 생명, 가축
животвори́ть 생명을 주다, 부활 시키다
животво́рный 생명을 주는
животворя́щий 생명을 주는
живо́тик 포복 절도하다
живо́тина 가축, 천치
животново́д 축산가
животново́дство 축산
живо́тное 동물, 천치
животрасте́ние 식충
живо́тность 동물성
живо́тный 동물의, 동물성의, 본능적인, 저급한
животрепе́щущий 위급한, 생명력이 충만한
живу́чий 생활력이 강한, 불멸의, 불사의
живу́щий 사는
живьё 생물
живьём 살면서, 산 채로
вживля́ть (생체속으로) 매몰·이식하다
вжи́ве 생존 중에, 살면서, 살아서
заживи́ть (заживля́ть) (상처를) 치료하다,
заживи́ться 치유되다, 회복되다
заживле́ние 치료, 치유, 유착
за́живо 산채로
неживо́й 죽은, 생기가 없는
нежи́зненный 필수 적이 아닌, 비현실적인
оживи́ть (оживля́ть) 소생시키다, 활기를 불어 넣다
оживле́ние 활기 있게 만드는 것, 활기, 융성, 번창
оживлёный 활기 넘친, 원기 있는, 융성한
оживотвори́ть 소생시키다, 활기를 불어 넣다
отживи́ть (отживля́ть) 선명한 색조를 부여하다

пожи́ва 이익, 이윤
пожива́ть 지내다, 날을 보내다
пожи́вший 경험이 많은, 도락을 남김없이 맛본
поживи́ть (상처를) 조금 치료하다
приживи́ть 접목하다, 접골하다
приживи́ться (접지·접골 따위가) 붙다, 유착하다
прижива́емость (식물 등의) 적응성
приживле́ние (приживка) 유착
приживчивый 잘유착하는
полуживо́й 다죽어 가는
жить (жива́ть) 생활하다, 거주하다, 살아 있다, 존재하다
нежи́ть 요정, 사람이 살지 않는 곳, 인적이 없는 고요한 장소
жи́ться 지내다
жите́йский 생활의, 세상의, 현세의, 속세의
общежите́йский 나날의, 일상생활의
общежи́тельный (수도원에 대하여) 공동 생활의
общежи́тие 기숙사, 공동 숙사, 공동 생활
жи́тель = жи́тельница 주인, 주민
сожи́тель 동거인, 같이 있는 것, 내연의 남편·아내
сожи́тельство 동거, 내연의 관계
сожи́тельствовать 동거하다, 같이 있다, 내연의 관계에 있다
сожи́тие 동거, 같이 있는 것, 부부생활
небожи́тель 하늘에 사는 신
пустынножи́тель (종) 은둔자
пустынножи́тельство (종) 은둔자의 생활
жи́тельство 거주, 체재
жи́тельствовать 거주하다, 체재하다
житие́ (성자의) 전기, 언행록, (익살) 생활, 생애
житу́ха (속) 걱정이 없는 평안한 생활
житьё 삶, 생활, 거주
житьи́шко 비참한 생활
жиле́ц 세든사람, 하숙인, 주민, 거주민
жили́ще 주거, 주택
жили́щный 주택의, 주택 관계의

жило́й 사람이 사는, 살기 위한, 주인, 거주자
нежило́й 사람이 살고 있지 않는, 빈집, 빈방
жилотде́л 주택 배분과
жилпло́щадь 주택내 면적
жилстрои́тельство 주택 건설
жилтова́рищество 주택 조합
жилуправле́ние 주택 관리부
жилча́сть 주택과
жильё 사람이 사는 곳, 주거, 주택, 거주
жи́вчик 활발한 사람, 정충

жизнь 생, 생명, 목숨, 인생, 삶, 활기, 인간, 생물

жизне- жизнь의 뜻
жизнеде́ятельный 생활력 있는, 활동적인, 정력적인
жизнелю́б 생활을 사랑하는 사람
жизнелюби́вый 생활을 사랑하는
жизнелю́бие 생활애
жизнепонима́ние 인생관
жи́зненность → жи́зненный
жи́зненный 생명의, 인생의, 생활의, 중대한, 긴요한
безжи́зненный 생명이 없는, 죽은, 생기없는, 활기 없는
пожи́зненный 일생의, 종신의, 일대의
пожило́е (사환 등의) 급료, 방값
пожило́й 연배의, 초로의, 중년의
прижи́зненный 존명중의
жизнеобеспе́чение 생명의 안전 확보
жизнеописа́ние 전기, 일대기, 어행록
жизнеощуще́ние 현실관조
жизнепонима́ние 인생관
жизнера́достный 매우 기뻐하는, 낙천적인
жизнеспосо́бный 생활력 있는,
жизнесто́йкий 확고한, 부동한, 강건한
жизнеутвержда́ющий 인생을 긍정하는, 낙천적인
жизнода́вец (종) 만물에 생명을 부여하는 자, 신

пожи́зненный 일생의, 종신의
вжи́ться 완전히 익숙해 지다
вы́жить (병·고난 따위를 견디고) 살아 남다, 오래 살다, 체험하다, 몰아내다
дожи́ть --까지 살아 남다, 어떤 상태에 달하다
дожива́ть 써버리다
дожи́ться 영락하다, 초라하게 되다
зажи́ть 아물다 (상처가), 벌다
зажи́ться (예상 외로) 오래 살다
зажито́й 벌어서 모은돈
зажи́точный 부유한
изжи́ть 제거하다, 근절하다, 체험하다, 써 없애다, (슬픔 등을) 견디다
изжи́ться 근절하다, 약해지다
изжи́тие 완전히 제거 하는 것
неизжи́тый 완전히 제거 하지 못한
нажи́ть 벌다, 얻다, (돈을) 모으다, (병에) 걸리다, (얼마 동안) 살다
нажи́ва 헐한 벌이, (낚시의) 미끼
нажи́вка (낚시 등의) 미끼
наживно́й 벌수 있는, (낚시 등의) 미끼로 사용할 수 있는
нажи́вщик 낚시 바늘에 미끼를 다는 노동자
ожи́ть 소생하다, (정신·감정 등이) 되살아나다, 원기를 되찾다
обжи́ть (토지·가옥 등을) 정비하여 주거지답게 되다
обжи́ться 새 집에 익숙해 지다, 필수품을 비치하다
необжито́й 사람이 살지 않는
отжи́ть (어떤 기간동안) 살다, 진부해 지다, 쓸모없게 되다
пережи́ть 어느 기간 살다, 살아남다, 체험하다, (괴로움·불행 등을) 참고 견디다
пережи́ток (과외의) 남은 물건, 잔존물, 유물 (풍속·사고 방식)
пережи́точный 잔존의, 유물의
сопережива́ть 함께 체험하다
пожи́ть (잠깐 동안) 살다, 지내다
пожи́тки 가재도구, 세대도구

прижи́ть (사생아를) 낳다
прижи́ться 오래 살아 정들다, 풍토에 익수해지다
прижива́льщик 귀족 지주의 집에 있는 손님, 식객
прижива́л → прижива́льщик
прижива́емость (식물 등의) 적응성
прижи́вчивый 잘 유착하는
прожи́ть (일정기간) 살다, 생존하다, 체재하다, 소비하다
прожи́тие 생존, 생활, 생계, 부양
прожи́ток 생계, 가계, 생활비
прожи́точный 생계에 드는, 생활비의
прожи́тый 체험, 경험한것
прожитьё → прожи́тие
разжи́ться 돈벌이 하다, 부유해지다, 손에 넣다
сжить (어떤 장소에서) 쫓아 내려하다, 견디지 못하게 하다
ужи́ться 오래살아 정이들다, 눌러살다, 친하게 지내다
ужи́вчивый 붙임성이 좋은, 사교성이 있는
неужи́вчивый 친하기 어려운
песко́жил 갯 지렁이
плодожи́л (과실의) 해충
старожи́л 한 고장에서 오래 산 사람
старожи́льский 한 고장에서 오래 산
трубкожи́л 환충류의 하나

жи́дкий 유동하는, 액체의, 희박한, 얕은, (음성이) 낮은, (모발이) 성긴, 허약한
жи́денький 약간 희박한, 약간 성긴
жидкова́тый 다소 멀건
жидкоко́стный (비꼼) 말라빠진, 빈약한 체구를 한
жидконо́гий 다리가 가는
жи́дкостный 유동체의, 액체의
жи́дкость 유동체, 액체
жи́жа 걸쭉한 액체(고체가 섞인)
наво́зная жи́жа 분료

жижесбо́рник 가축사의 분료 수거
пожиде́ть 얇아지다
ожижа́ть 녹이다, 액화하다
ожиже́ние 액화
ожижи́тель 액화 장치(가수의)
разжиди́ть (разжижа́ть) 희박하게 하다, 멀겋게 하다
разжиди́ться 희박해 지다, 멀겋게 되다
разжиже́ние 희박해 짐, 멀겋게 됨
сжиди́ть 액화하다
сжиже́ние 액화
газожи́дкий 액화 가스 (고어)
капельножи́дкий 지극히 작은
полужи́дкий 반 액체

жи́ла 혈관, 정맥, 힘줄, (해) 맥, 근육, 심줄, 광맥, 광층, 지맥, 엽맥, 시맥, 무뢰한, 교활한 자
жи́лка 혈관, 가는 혈관, 재능, 천분, 엽맥, 시맥, 줄무늬, 결
жилкова́ние 엽맥·시맥의 분포상태
жилкова́тый 엽맥이 있는, (돌·나무에 대하여) 무늬가 있는, 결이 있는
жилова́тый 줄무늬가 약간 있는
жи́листый 힘줄이 많은, 야윈, 힘줄이 불거진, 강건한, 근골이 튼튼한
жи́льный 혈관의, 정맥의, 맥·근·건의, 광맥의, 지맥의
отжи́лок 지광맥
поджи́лки 무릎의 힘줄
прожи́лка (나무·돌 따위의) 결, 목리, (표면에 보이는) 정맥
прожи́лок 광물의 가는 틈·금 (다른 광물이 끼어 있는)
стожи́льный 튼튼한, 완강히 버티는
сухожи́лие 건, 힘줄

жир 지방
жире́ть 지방이 많아지다, 살찌다
жи́рник 유지를 사용하는 등불
жирномоло́чность 우유 중의 지방량

жи́рный 지방이 많은, 맞좋은, 살찐, 비옥한, 굵은 글자체
жирова́ть 지방을 포함 시키다, 너무 먹어서 살찌다
жирови́к (의) 지방종
жиро́вка (2) (새 짐승의) 먹이
жирово́й 지방의, 지방을 함유한
жирово́ск 시랍, 사체 지방
жироло́вка 폐수로부터 지방을 분리 하기 위한 장치
жироотложе́ние 지방 침착
жиропо́т 양모에 부착된 지방
жирораствори́ющий 지방을 용해하는
жиросодержа́щий 지방을 포함하는
жирото́п 제지공
жиротопле́ние 제지(동물로부터의)
жирото́пня 제지소
зажире́ть 비만해 지다, 부자가 되다
прожи́рить 기름을 베게하다
обезжи́рить = обезжи́ривать 지방을 제거하다
обезжи́ривание 지방을 제거 하는 것
комбижи́р 혼합지방

З

запасти́ (запаса́ть) 저축하다, 예비로 남겨 놓다
запасти́сь (запаса́ться) (자신을 위하여) 저축 준비하다, 모으다 (지식 정보등)
запа́с 저장물, 재고품, 보유량, (군) 예비, 예비군
запа́ска 예비기구 부품
запа́сливый 저축하는, 저축심이 있는
запа́сник 예비역 군인
запасно́й 저축의, 예비의, 비상용의, 예비군의

зави́сеть --에 의하다, 딸리다, 의존하다, 종속관계에 있다
зави́симость 종속, 의존, 종속관계, 의존관계
зави́симый 독립되지 않은, 종속하는
незави́симец (영국의) 독립노동당원
незави́симость 독립, 자주
незави́симый 독립의, 자주의, 관계가 없는
незави́сящий 독립의, 관계가 없는
взаимозави́симый 서로 의존하는, 서로 부담하는

зад
задне- за́дний의 뜻
задненёбный 연구개의
заднепрохо́дный 항문의
заднеязы́чный 후설의
за́дний 뒤의, 뒷 쪽의, 후방의
за́дник 신발의 뒷축, (극) 무대의 배경
за́дница 궁둥이, 둔부
задо́к (주로 가구·탈 것의) 뒷부분, 의자의 등·등받이
за́дом 뒤를 향하여, 등지고
взад 뒤로
кза́ди 뒤에, 후방에
наза́д 뒤로, 제자리로, 이전에, 전에
наза́ди 뒤에, 배후에
позади́ = поза́дь 뒤에, 후방에, 이전에

сза́ди 배후에·에서부터
вислоза́дый (동물의) 엉덩이가 처진
сухоза́дый (동물에 대하여) 궁둥이가 여윈
шилоза́дый (동) 엉덩이가 가는

зако́н 법, 벌률, 법규, 법령, 법칙, 규정, (종) 신조, 교법, 결혼(교회의 의식을 거친)
зако́нник 법률을 통달한 사람, 법률을 준수하는 사람
законнорождённый 본처 소생의, 적출의
зако́нность 합법, 적법, 합법성
зако́нный 적법적인, 당연한,
законоблюсти́тель 국법 준수자
законове́д 법률가, 법학자
законове́дение 법률학, 법리학
законода́тель 입법자, 설정·설립·창조자
законода́тельство 입법, 법률, 제정, 법, 법률, 법규, 법제
закономе́рный 합법의, 법률 제정의
законоположе́ние 법률의 규정, 법규
законопослу́шный 법률을 준수하는
законопреступле́ние 법률 위반, 범칙
законопрое́кт 법안, 법률안
законовсеща́тельный 법안·법률안을 심의하는
законоуче́ние (종) 신학, 교설
законоучи́тель 신학교사
незаконнорождённый 사생의, 사출의
незако́нный 불법의, 법에 어긋나는, 부조리의, 사생의, 내연의
беззако́ние 불법, 위법, 불법행위
беззако́нник 범법자, 위법자
беззако́нничать 법률을 어기다, 불법 행위를 하다
беззако́нный 불법의, 위법의, 궤도를 벗어난
противозако́нный 법률 위반의, 위법의
обзако́нить 합법성을 부여하다, 합법적으로 결혼 시키다
обзако́ниться 합법성을 얻다, 합법적으로 결혼 하다

узако́нить 법적인 효력을 주다, 법제화 시키다
узаконе́ние 법적인 효력을 부여하는 것, 법령
узако́ненный 법률로 정해진
старозако́нный (종) 구약성경의
второзако́ние (종) 신명기

звать 부르다, 불러오다, 초대하다
зва́ться --로 불리다
зва́ный 초청된
зва́тельный 부르기 위한
зов 부르는 소리, 외침, 초대, 소환
самозва́нец 참칭자, 참칭왕
самозва́нный 위칭의, 사칭의
самозва́нство 위칭, 사칭, 참칭
незва́ный 초대되지않은
воззва́ть (взыва́ть) 큰소리로 불러 호소하다, 간청하다
воззва́ние 격문, 호소
вы́звать (вызыва́ть) 불러내다, 꾀아내다, (법정따위에) 호출하다, (점호에서) 이름을 부르다 (결투등에) 신청하다, 도전하다, 야기하다
вы́зваться 자진하여 응하다, 신청하다, 인수하다
вызыва́ющий 불손한, 오만한, 도전적인
вы́зов 호출, 소환, 초청장, 꼬어냄, 도전
дозва́ться 불러내다, 끌어내다
зазва́ть 끈기 있고 집요하게 초대하다
зазы́в 끈기있고 집요한 초대
зазыва́ла 손님을 끄는 일
называ́ть 부르다, 명명하다, 이름을 부르다, 지명하다, 많이 초대하다
называ́ться 불리우다, 자기이름을 말하다, 강청하다
назва́ние 이름, 명칭
на́званый 의리의
обозва́ть 악명을 부여하다, 명명하다
отозва́ть 옆으로 부르다, 소환하다
отозва́ться 부르는 소리에 대답하다, 평가하다, 느낌을 주다, 동정하다, 영향을 주다

отзыв   비평, 응답, 교과표, 소환, 리콜, (군) 암호
отзывной   소환의
отозвание   (사절·대표의) 소환
отозвист   소환주의자
позыв   (용변, 식욕 등의) 생리적 욕구, 욕망, 소환
позывать   (기분을) 일으키다, 권하다
позывной   (무선통신의) 호출, 선박의 호출신호
подозвать   불러오다, (손짓 목소리로) 부르다,
подзыв   подозвать의 명사형
призывать   불러오다, 어필하다, 호소하다, 권고하다
призываться   징집하다
призвание   천직, 사명, 어필, 호소
призыв   부름, 호소, (군) 징병, 소집병, 요청
призывник   징병 적령자, 징병검사 합격자
призывной   징병의, 불러오는
прозывать   다른 이름 별명을 붙이다, (일정시간) 부르다
прозываться   다른 이름이 붙다, 성명을 가지다
прозвание   별명, 성씨, 다른이름
прозвище   별명
созвать   불러 모으다, (상당수의 사람을) 초대하다, 소집하다
созыв   (집회) 소집

звезда   별, 명성, 스타, 운, 행운, 모든 별모양의 물건, 별 모양의 동식물
звездиться   빛나다, 번쩍이다
звёздный   별의, 별로 가득찬
звездолёт   우주선
звездоносец   성형 훈장 패용자
звездоносный   성형 훈장을 패용한
звездообразный   별모양의
звездопад   유성이 많은
звездоплавание   우주 비행학
звездоплаватель   우주 비행사
звездопоклонство   성진 숭배
звездорыл   북미 산 두더지의 일종
звездочёт   점성술가, 농어의 일종
звёздочка   별표, 별모양의 표식, 러시아 민속 무용의 이름
звездчатый   별처럼 찬란한
беззвёздный   별이 없는, 흐린
созвездие   성좌
вызвездить   별이 총총히 뜨다, 빛나게하다, (금속·구두 따위를) 반짝 반짝 빛나게 하다
кинозвезда   영화 스타, 영화 배우
краснозвёздный   (소련군의) 붉은 별 표지를 단
семизвездие   7요성

звенеть   (금속성의) 소리가 나다, 울리다
звон   소리(종, 방울), 소문, 뜬소문
звонкий   울려 퍼지는, 높고 날카로운 소리
звонковый   초인종의
звонница   (옛 러시아의) 종루, 종각
звонок   조그만종, 초인종
звончатый   잘 들리는, 잘 울려 퍼지는
звонить   종·방울이 울리다, 소리가 나다, 전화를 걸다
звониться   출입구의 초인종을 울리다
трезвонить   (교회의 종) 3번 울리다, 화재 경보를 울리다, 소문을 퍼뜨리다
трезвон   (종) 3연종, (선) 화재 경보, 소문, 소란
вызвонить   몇발의 총성을 울리다, 종악을 연주하다, 전화를 걸다
дозвониться   종을 울려 (전화를) 불러내다
зазвонить   (사람을 불러 모으기 위해) 종을 치기 시작하다
назвонить   요란하게 지껄이다, 소문을 퍼뜨리다, 침소 봉대하며 떠들다
обзвонить   모든 사람에게 전화를 걸다
отзвенеть   울림을 그치다
отзвонить   종치기를 마치다, 큰 소리로 빨리 지껄이다
перезвонить   (순번으로) 울리다, (소문 험담 등을) 널리 알리다, (많은 사람에게) 전화를

걸다, (다시) 전화를 걸다
перезвони́ться (차례로) 울리다, 전화로 알리다
перезво́н 차례로 울리는 모든 종소리
позвони́ть → звони́ть
позвоно́к 추골, (해) 요추, 작은 방울
позвоно́чник 척추
прозвони́ть (1) (종, 방울이) 울리다 (2)전화로 소비하다
прозвене́ть 울리다
раззвони́ть 소문을 퍼뜨리다
созвони́ться 전화로 말하다
пустозво́нить 허풍을 떨며 돌아 다니다, 소문을 퍼뜨리고 돌아 다니다
пустозво́н 허풍장이
пустозво́нный 시시한, 공허한
пустозво́нство 허풍을 떨며 돌아 다니는 것

зверь = зверёк = зверо́к = зверёныш = зверу́шка 짐승, 맹수, 흉악한 인간, 비인간 적인 사람
звере́ть 동물화 되다, 야수적으로 되다
зверёнок 짐승의 새끼
звери́на 거대한 짐승
звери́нец 야생 동물원, 동물의 우리
звери́ный 잔인한
зверобо́й 야수 사냥꾼, 고추 나물과
зверобо́йный 야수 사냥의
зверова́ть 야수를 사냥하다
зверово́д 모피용 짐승 사육인
зверово́дство 모피용 짐승의 사육
зверово́й 야수의
зверовщи́к = зверо́лов 사냥꾼
зверо́ловство 야생동물 사냥
зверообра́зный 야수와 같은
звероподо́бие → звероподо́бный
звероподо́бный 짐승과 같은, 야수적인
зверосовхо́з 국영 모피용 동물 사육장
зве́рский 야수적인, 잔인한, 흉악한, 맹렬한, 강렬한

зве́рство 야수적인 행위, 잔인한 만행
зве́рствовать 짐승과 같이 행동하다, 잔인한 흉악한 행동을 하다
зверьё 야수
зверю́га 짐승, 동물, 잔인한 사람
озвере́ть → звере́ть
озвере́лый 광란의, 흉포한

звук 소리, 음향, 음성
звуко- звук의뜻
звукови́дение 보이지 않는 물체의 초음파에 의한 탐지
звукови́к 청음 탐지자
звуковоспроизведе́ние 음성 재생
звуковоспроизводя́щий 음성 재생의
звукоглуши́тель 소음기, 소음 장치
звукозапи́сывающий аппара́т 녹음기
звукоза́пись 녹음
звукоизоля́ция 방음
звукомаскиро́вка (대포의) 소음장치
звукоме́р 음파 측정기
звукоме́трия 음원 탐지
звуконепроница́емый 방음의
звуконоси́тель 녹음된 것 (테이프의)
звукоо́браз 음형상
звукоопера́тор 녹음 제작자
звукопоглоти́тель 방음 장치, 음향흡수 자재
звукоподража́ние 의음, 의성, 의성의
звукоподража́тель 음성·성대묘사를하는 사람
звукопроводи́мость 음향 전도성
звукопроница́емый 소리를 잘 통과 시키는
звукоря́д 음계
звукосочета́ние 음결합
звукоте́хник 음향기사
звукоула́вливатель 청음기, 음파 탐지기
звукоусиле́ние 음향 증가
звукоусили́тель 음향 증가 장치
звукофикса́ция 토키화
звуко-фикси́ровать 토키화 하다

звуча́ние   소리나는 것, 음을 냄, 음향
звуча́ть   소리가 나다, 들리다, 울리다, 느낌이 들다
зву́чный   소리가 잘 나는, 낭낭한, 잘 울리는
звя́канье   소리가 나는 것, 울리는 것
звя́кнуть   딸그락 거리다, 전화를 걸다
беззву́чный   소리없는, 낮은
гиперзву́к   초고음
инфразву́к   가청 진동수 이하의 진동음
сверхзвуково́й   초음속의
созву́чие   동음, 같은 가락, 화성, 화음, 운
созву́чный   동음의, 같은 가락의, 화성의, 서로 통하는, 적응한
ультразву́к   초음파, 초가청음
отзвуча́ть   반향이 끝나다, 소리가 사라지다
отзву́чный   무성음의
о́тзвук   반향, 메아리, 흔적, 여운
озву́чить   유성화 하다
благозву́чие   화음, 음의 조화
благозву́чный   화음의, 말주변이 좋은
сладкозву́чие   미음, 묘음
сладкозву́чный   미음의, 묘음의
стереозву́к   입체 음향

здоро́вый   (1) 건강한, 튼튼한, 건전한, 건강에 좋은
здоро́вый   (2) 건장한, 단단한, 기묘하다, 능숙하다, 강대한
здоро́вье   건강, 정상
здоро́ваться   인사를 나누다
здорова́ние   인사말을 나눔
здорове́ть   건강해 지다, 튼튼해 지다
здоровёхонек =здоровёшенек   매우 건강한
здорови́ться   건강하다
здорови́ла   건강한 사람
здо́рово   비상하게, 매우, 훌륭하게, 솜씨좋게
здо́рово   건강하게, 정상적으로, 유익하게
здоро́вость   건강에 좋은 일
здорову́щий   튼튼한, 몸집이 좋은
здрав-   건강의 뜻

здра́вие → здоро́вье
здра́вица   축배, 건배 (건강을 위하여)
здра́вница   요양소
здра́во-   이성적, 합리적, 건강의 의미
здравомы́слие   건전한 사상, 분별
здравомы́слящий   건전한 사상이 있는, 분별 있는
здравоохране́ние   보건
здравоохрани́тельный   보건의
здравотде́л   보건국, 보건과
здравпу́нкт   보건소, 위생과
здра́вствовать   건강하게 지내다, 건강하다
здра́вствуйте (здра́вствуй)   (인사말) 건강하게 지내라, 건강하라
здра́вый   이성에 맞는, 합리적인
нездоро́виться   기분·건강 상태가 나쁘다
нездоро́вье   불쾌, 불건강
нездоро́вый   건강하지 않은, 불건전한
заздра́вный   (종) 축복의, 수복의, 건강을 기원하는
вы́здороветь (выздора́вливать)   완쾌되다, 쾌유되다
выздоровле́ние   완쾌, 쾌유
оздорове́ть   (병이) 낫다, 건강해 지다
оздорови́тельный   튼튼하게하는, 위생설비 개설의
оздорови́ть   튼튼하게 하다, 개선하다
оздорови́ться   개선되다, 건전하게 되다
поздорови́ться   не поздоро́вится кому́   불행한 일이 일어 날 것 같다
поздра́вить (поздравля́ть)   축하하다
поздрави́тель   하객, 축하를 하는 사람
поздравле́ние   축하, 축하의 편지 말

зелёный   녹색의, (안색이) 흙빛인, 청초의, 과일등의 덜 익은, 풋나기
зелёненький   녹색의, 초록의
зелене́ть   녹 색이 되다, 녹색으로 보이다
зеленёхонек = зелену́шек   진한 초록색이다
зелене́ние   녹화

зелени́ть 녹색으로 만들다, 녹색으로 칠하다
зелёнка 피부보호 녹색 로숀
зеленова́тый 프르스름하게 된
зеленогла́зый 푸른 눈의
зеленоку́дрый 노색의 곱슬 머리의, 푸르게 무성한
зелену́шка (동) 할미새의 일종, 청개구리
зеленча́к 모든 덜익은 과일, 엽연초
зеленщи́к 청과 물상, 채소장사
зеленя́ 곡물의 싹
иззелена- 형용사에 붙혀서 녹색을 띤
иззелени́ть 녹색으로 칠하다
пра́зелень 하늘색이 짙은 초록색
вы́зеленить 녹색으로 물들이다
вы́зелениться 녹색으로 물들여지다
зазелене́ть = зелене́ть 녹색으로 물들이다
зазелени́ть 녹화 하다, 초목을 심다
назелени́ть 너무 녹색으로 물들이다

земля́ = земе́ль =земе́лька 지구, 땅, 토지, 흙, 나라, 영지
земе́льный 토지의, 지면의, 농업의
землеби́тный 흙으로 지은 집
землеве́д 지리학자
землеве́дение 지리학
землевладе́лец 지주
землевладе́ние 토지소유, 소유지
землево́з 흙을 운반하는 사람
земледе́лец 농부
земледе́лие 농업, 농학
земледе́лка (공) 거푸집
земледе́льческий 농부의, 농업의, 경작의
землеко́п 토역꾼
землеме́р 측량기사
землеме́рие 측지학
земленосный (군) 모래 주머니
землеописа́ние 지리
землеотво́зный 흙 운반용의
землепа́шество 농업, 경작
землепа́шец 농부, 농꾼

землепо́льзование 토지 이용
землепо́льзователь 토지 이용자
землепрохо́дец 미지의 땅을 답사한 사람
землеро́б 농부
землеро́йка 들쥐
землеро́йный 땅을 파는
землесо́с 굴착용 펌프
землетрясе́ние 지진
землеудобре́ние 시비
землеустро́йство 경지 정리
землечерпа́лка 준설기
землечерпа́ние 준설
земли́стость 토질성
земли́стый 함토질의, 흙모양의
земли́ца = земли́шка земля́의 애칭
земля́к 동향인, 같은 나라 사람
земляни́ка 딸기, 딸기과에 속하는 열매
земляни́чина 딸기 과립
земляни́чный 딸기의
земля́нка 토굴, 움막
земляно́й 흙의, 토지의
земля́чество 동향, 동향인의 모임
зе́мно → земно́й
земново́дный 수륙양성의, 양서류
земно́й 지구의, 지상의, 현세적인, 향락적인
земноро́дный 지상에 태어난
земотде́л 농업부
зе́мский 지방자치의 지방서기
земсна́ряд 모래·흙을 빨아 올리는 펌프선
зе́мство 지방자치
зе́мщина 농촌주민
назе́мный 지상의
о́земь 아래로, 땅 위로(넘어뜨리다, 떨어뜨리다)
назём 비료
назёмный 비료의
безземе́лье 토지부족
безземе́льный 토지부족의
поземе́льный 토지 지면에 관한
позёмица 땅위를 낮게 휩싸는 눈보라

позёмный 비료의
позёмок = позёмка 땅위에 낮게 부는 바람
подзём 하층토
подземе́лье 지하동굴
подзе́мка 지하철도
подзе́мный 지하의
призе́мистый 땅딸막한 낮고 작은 (집따위)
приземли́ть (1) 착륙시키다
приземли́ться (приземля́ться) (스포츠) 낮추고 구부리다, (항) 착륙하다 (2) 물질적, 현실적으로하다
приземле́ние 착륙
приземно́й 대지에 접하는
средизе́мный 땅가운데의
Средизе́мное мо́ре 지중해
Средизе́мье 지중해 주변 지역
заземли́ть (전) 접지하다
заземле́ние (전) 접지
обеззе́мелить 토지를 빼앗기다, 땅이 없어지다
бурозём 갈색토
глинозём (화) 반토, 알루미나
жёлтозём 황토
инозе́мец 외국인
чужезе́мец 외국인
чужезе́мный 먼 이국의
чужезе́мщина 타국, 외국
дальноземе́лье 인가에서 멀리 떨어진 경작지
малоземе́лье 토지부족
малоземе́льный 경작지가 부족한

зерно́ 알곡, 곡물, 곡물의 종자, 알맹이, 과립, 맹아, 기원
зерни́ть 입자를 만들다
зернёный 곡물의, 알곡의
зерни́стый 알매이 모양의, 입자가 큰
зерно- 곡물·알곡의 의미
зерноаспира́тор 곡물 선별기
зернобо́бовый 콩 종류의
зернови́дный 입상의

зернови́к 곡물 전문가
зерно́вка 영과, 콩바구미
зернов́ой 알곡의, 곡물의, 곡물, 오곡
зернов́щик 곡물상
зернодроби́лка 곡식을 타는 기계
зерноочисти́тельный 종자 선별·정선용의
зернопогру́зчик 곡물 적재 장치
зернопоста́вки 곡물 공출
зернопу́льт 곡물 정선기
зерносовхо́з 국영 곡물 농장
зерносуши́лка 곡물 건조기
зерноубо́рочный 곡물 추수용의
зерноувлажни́тель 곡물을 분쇄하기 전에 습기를 가지게 하는 기계
зерноуло́витель 곡물 수확기
зернофура́ж 곡물 사료
зернохрани́лище 곡창, 곡물 저장소
зернoя́дный 곡물을 먹고 사는
зёрнышко зерно́ 의 애칭
череззе́рница 충분히 익지 않은 반쯤 여문 이삭
крупнозерни́стый 큰알의, 알이 거치른
мелкозерни́стый 낟알이 작은, 낟알이 보드라운, (대리석에 대하여) 돌결이 고운

зима́ 겨울, 겨울철
зи́мка 겨울 풍경
зи́мний 겨울의, 동계의, 동계용의
зимова́лый 월동한, 겨울을 이겨낸
зимова́льный 동면의, 월동용의
зимова́ть 월동하다, 동영·동면하다
зимо́вище 월동 장소, (군) 동영
зимо́вка 월동, 동영, 동면, 월동장소
зимо́вник 꿀벌 상자의 동계 보관소
зимо́вщик 월동하는 사람, 동영자
зимо́вье 월동, 동절기 체류, 월동 장소, 동절기 작업장
зимоpо́док (조) 물총새
зимосто́йкий 내한성
зи́мушка зима́ 의 애칭

позимова́ть 겨울을 보내다
зазимова́ть 겨울을 나다
зази́мок 초설, 초한, 최초로 난 썰매길
ози́мый 가을 파종의
о́зимь 발아한 가을 파종 작물, 그 밭
подзи́мний 늦가을에·겨울이 오기전에 해야하는
предзи́мний 겨울이 오기 전에
предзи́мье 겨울이 오기 전의 시기, 만추
вызимова́ть 겨울을 넘기다
дозимова́ть 나머지 겨울을 보내다
отзимова́ть 겨울을 다지내다
перезимова́ть (어느 곳에서) 월동하다
перезимо́вка 월동
прозимова́ть → зимова́ть
первози́мье 초겨울

зло (1) 악, 사악, 불행, 재앙 (2) 악의를 품고
зле́е злой 악의, 사악한
злеть 악해지다
злец 악인, 악당
злить 애태우게 하다, 화나게 하다
зли́ться 애태우다, 화나다
зло- злой의 뜻
зло́ба 악의, 적의, 원한
зло́бить 증오를 일으키다
зло́биться 원한을 품다, 노하다
зло́бный 악의에 찬, 독살스러운
злободне́вный 절박한
зло́бствовать 악감정을 품다, 적의를 품다
злове́щий 불길한, 음흉한
злово́ние 악취, 취기
злово́нный 악취가 나는
вовре́дный 매우 유해한
злоде́й 악, 죄인, (연극) 악역
злоде́йский 악인의, 사악한, 비도덕적인
злоде́йствовать 나쁜짓을 하다, 죄악을 행하다
злоде́йство 간악, 나쁜 짓
злодея́ние 간악

злоехи́дничать 악한 말로 빈정거리다
злоехи́дный 싫은 소리를 하는
зложела́тель 남을 저주하는 사람
зложела́тельство 저주, 적의, 원한
злой 악의 있는, 흉악한, 표독스러운, 나쁜, 지독한, 악성의, 얼얼한
злока́чественный (질환) 악성의
злоко́зненный 교활한, 간악한
злонаме́ренный 나쁜의도를 가진, 간악한
злонра́вие 부도덕, 옹고집
злопа́мятливый 원한이 깊은, 집념이 강한
злопа́мятство 원한이 깊음, 집념이 강함
злополу́чие 불행, 재화
злопыха́тель 적의에 불타는 사람
злопыха́тельство 지독한 적의, 집념이 강함
злора́дствовать 남의 재액을 기뻐하다
злора́дный 남의 재액을 기뻐하는
злора́дство 남의 재액을 기뻐하는 것
злоречи́вый 독설을 잘하는
злоре́чие 독설을 잘하는 습성
злосло́вить 험담하다, 비방하다
злосло́вие 험담, 독설, 비방
зло́стный 교활한, 사기의, 악에 물든
злость 악의, 증오, 독살스러움
злосча́стие 불행, 박명
злосча́стный 불행한, 박명한
злоумышля́ть 못된짓을꾸미다
злоумышле́ние 간계
злоумы́шленник 간계를 꾸미는 사람
злоумы́шленный 간계에 의한
злоупотреби́ть 남용하다, 악용하다
злоупотребле́ние 남용, 악용
злоязы́чие 험담벽, 독설벽
злоязы́чник 독설을 지껄이는 사람
злы́день 불행한 사람, 게으름장이, 불행, 궤계
злю́ка = злю́чка 성미가 급한 사람, 성질이 나쁜 사람
злю́щий = злю́чий 속이 검은, 포악한, 부도덕한

змея 뱀, 음흉한 인간
змее- 뱀의 뜻
змеебо́рец (신화·전설등의) 괴물같은 뱀을 물리치는 용사
змеебо́рство 괴사 퇴치
змееви́дный 뱀 모양의
змееви́к 사관식 (나성형 파이프식) 온냉방 장치, 사문석, 떡쑥의 일종
змеёк → змей
змееобра́зный 뱀 모양의
змеепокло́нство 뱀 숭배
змеи́ный 교활한, 약삭빠른, 집념이 강한
змеи́стый 구불구불한, 뱀 모양의
змеи́ться 꾸불꾸불하다, 넘실거리다, (미소·그림자 등이) 언뜻 보이다
змей = змея́ (동화에서) 날개 달린 뱀, 기상 관측용 연, 큰뱀, 이묵이
зме́йка = змея́ 사형대형, 장사진, 나선식 강하, 나선식 선별기, 스키활강의 일종
змий = змия = змея́ 뱀의 꼴을 한 악마

знак 표, 표식, 증표, 신호, 문자
значо́к 가장, 금장, 뱃지, 기호, 부호, (군) 작은 깃발
зна́ковый → знак
озна́чить 표시·기호를 달다, 표시하다
означа́ть 의미하다, 가리키다
озна́ченный 상술한, 전술의
обозна́чить 표시 기호를 붙이다, 제시하다, 기술하다
обознача́ть 의미하다
обозначе́ние 표시하는 것, 기호
знако́м = знако́мый 친분이 있는 사람, 아는 사람
знако́мец 아는 사람, 친지
знако́мство 친분, 가까움, 지기, 친지들
незнако́мый 모르는, 낯설은
знако́мить 알게 하다, 소개하다
знако́миться 아는 사이가 되다, 가깝게 되다
ознако́мить 알리다, 가르치다, 소개하다
ознако́миться 지식을 얻다, 조사, 시찰하다
ознакомле́ние 지식을 얻는 것
обзнако́миться 아는 사이가 되다
перезнако́мить 많은 사람을 소개하다
перезнако́миться (많은 사람과) 인사하다, 사귀다
познако́миться → знако́миться
раззнако́мить 교제를 끊게 하다
раззнако́миться 절교하다
малознако́мый 그다지 친하지 않은

знамена́тель (수) 분모
знамена́тельный 의미가, 있는, 중요한, 독립의
знамена́ть 표식 기호를 붙이다
зна́мение 표, 기호, 징후, 출현, 기사
знамени́тость 고명, 유명, 저명인사
знамени́тый 고명한, 유명한, 탁월한, 우수한
зна́менный 표식이 있는
знамённый → зна́мя
знаменова́ть 나타내다, 표시하다, 알리다
знаменова́ться 나타나다, 들어나다 (징후)
знаменосец 기수
знамёнщик (군) 기수
зна́мя 기, 군기, 기치, 표어, 슬로건
предзнаменова́ние 전조
предзнаменова́ть 전조가 되다, 예언하다
знать (1) 알다, 지식을 갖다, 인식하다, 예언하다 (2) 귀족, 명문 (3) 아마, 어쩌면, 분명히
зна́ться 알고 지내다
знава́ть = знать 알다, 알고 있다, 지기이다
зна́емый 알려진, 유명한
зна́мо 주지의 사실, 뻔한 일
зна́ние 지식, 학식, 인식, 학문
зна́тность 유명, 고귀
зна́тный 고귀한, 우수한
знато́к (어떤 사물에) 통달한 사람
знато́чество 정통, (미술품의) 감정
вы́знать 알아 내다

дозна́ть 자세히 조사하다, 확인하다
дозна́ние 심문, 취조
зазна́ть 알다
зазна́ться 자만하다, 거만해 하다
обозна́ться 착각하다
опозна́ть 인식하다, 알아보다
опозна́ние 검증
опознава́тельный 표지·표시가 되다
позна́ть 인식하다, 알다, 맛보다, 본질을 알다
позна́ться 이해하다, 판명하다
позна́ние 인식, 견문
познава́емое 형이하계, 물질계
познава́емый 인식이 가능한
познава́ние (철) 인식하는 것
познава́тельный (철) 인식의
непознава́емый 인식할 수 없는
распозна́ть 판별 식별하다
распозна́ние 분간, 식별
спозна́ться 서로 알다
призна́ть 인정하다, 승인하다, 알아내다, 분별하다
призна́ться 용인하다, 허용하다
призна́ние 인지, 인정, 허용, 인기, 호평
при́знанный 유명한, 쟁쟁한
призна́тельность 감사
призна́тельный 감사의
общепри́знанный 일반에게 인정된
прозна́ть 인정하다, 탐지하다
узна́ть 인지하다, 이해하다, 물어서 알다
узна́ться 알다, 판명되다, 확실해지다
наузна́ть (많이) 알다, 눈치 채다
предузна́ть 미리 인정하다, 예지하다
разузна́ть (상세하게) 탐지하다, 낌새를 알아내다
всезна́йка 만물박사
всезна́йство 많이 아는 체 하는 것
многозна́йка (비꼼) 만물박사
многозначи́тельный 커다란 의의, 의미심장한
многозна́чный 단위가 많은, 많은 뜻이 있는

рудозна́тец 광산사, 탐광자
созна́ть 의식하다, 자각하다, 인정하다, 인식하다
созна́ться 자인, 자백하다
созна́ние 인지, 지각, 의식, 자백
созна́тельность 지각 있는 것, 의식 있는 것, 자각성
созна́тельный 지각이 있는, 의식이 있는
несозна́тельный 지각이 없는, 책임감이 없는
бессозна́тельный 무의식의, 무지각의
подсозна́тельный 무의식의, 잠재의식의, 본능적인
подсозна́ние (심리) 잠재의식
осозна́ть (осознава́ть) 자각·이해·인식하다
зна́чить 의미하다, 나타내다, 가치 의의를 갖다
значе́ние 의미, 의의, 가치
зна́чимость 의의가 있음, 중요성
зна́чимый 의미가 있는
зна́чит 바꿔 말해, 요컨데
значи́тельный 현저한, 대단한, 엄청나게 많은, 탁월한
многозначи́тельный 커다란 의의·영향력이 있는, 의미 심장한

зо́лото 황금, 금, 금세공, 귀중품, 귀여운것, 금메달
золота́рь 금은 세공사, 변소 청소부(익살)
золоте́ть 금빛을 내다
золоти́льный 금 도금용의
золоти́льщик 금 도금사
золоти́стый 금빛의
золоти́ть 금 도금을 하다, 황금빛이 되게 하다
золо́тко (호칭) 사랑스러운 것
золотоволо́сый 금발의
золотодобыва́ющий 채금의
золотоиска́тель 금광 황금을 찾은 사람
золотоно́сный 금이 함유된
золотообре́зный 천금의
золотопого́нник 장교

золотопромышленник　금광 경영자
золотопромышленность　금광경영
золоторотец　유랑자, 무숙자
золотошвей　금 수공
золотошвейный　금수의, 금실로 꿰메는
золотчик　금 도금공
золочение　금 도금
золочёный　금 도금한
златить → золотить
златка　금속 광택이 나는 갑충류의 일종
злато → золото
злато-　금·금색의 의미
златоверхий　황금 머리의, 금빛의 원형 지붕의
златовласый → золотоволосый
златоглавый → златоверхий
златой → золотой
златокудрый　금발의 곱슬머리의
златорогий　금, 금빛의 뿔을 가진
златострунный　금실, 금
златотканный　금실로 수자를 한
златоуст　(익살) 능변가
златоцвет　노란색 국화의 하나
златоцветник　노란색 수선화
озолотить　황금색으로 만들다
позлатить　황금색으로 칠하다, 도금하다

зреть　(1) (과일) 익다, 성장하다
зрелость　발육, 성숙
зрелый　익은, 발육한, 원숙한
вызреть　완전히 익다, (과실이) 성숙 하다
дозреть　성숙하다, 무르익다
назреть　무르익다, (종기) 충분히 곪다
недозрелый　익지 않은
перезреть　무르익다, 적령을 지나다
созреть　익다, 여물다, 성숙하다
незрелый　미숙한 (과일·재능·인격)

зреть　보다, 응시하다
зреться　나타나다, 마음에 떠오르다

зрак　시선, 눈길, 눈매, 용모, 자태
зрачок　눈동자, 동공
зрелище　광경, 구경거리, 흥행물(연극·서커스 등)
зрение　시각, 시력
зримый　눈에 보이는; 볼 수 있는
зритель　목격자, 관객
зрительный　시력의, 보기위한, 구경꾼의
кинозритель　영화 관람객
телезритель　텔레비젼 시청자
незримый　눈에 보이지 않는
незрячий　장님의, 눈에 보이지 않는, 장님
зрячий　시력이 있는, 눈에 보이는, 글을 볼 줄 아는
зрящий　쓸모 없는, 무익한, 헛된
воззреть (взирать)　보다, 바라보다
воззрение　관점, 견해, 신념
воззриться　응시하다, 주시하다
зазрить　(양심이) 나무란다
зазрение　беззрения совести 조금도 부끄러워하지 않고
взор　시선, 눈길, 시력, 시각, 주목, 주의
зазор　치욕, 불명예, 간격, (군) 유격
озреть　두루보다
озреться　뒤돌아 보다, 좌우를 둘러보다
обозреть　바라보다, 둘러보다, 검사하다, 개관하다
обозреватель　평론가, 비평가
обозревать → обозреть
обозрение　평론, 비평, 가벼운 풍자 작품
обозримый　바라볼 수 있는, 검사가 가능한
обзор　실지조사, 돌러 보는 것, 일람, 스켓치, (군) 전망
обзорность　시계, 전망의 정도
необозримый → обозримый
удобообозримый　검사하기 편리한, 잘 볼 수 있는
подозреть　보다, 깨닫다, 찾아내다

подозрева́ть   의심하다, 수상히 여기다, 추측하다
подозре́ние   의심, 혐의
подозри́тельность   의심스러움, 혐의, 추측
подозри́тельный   의심스러운, 수상한, 미심쩍은
презре́ть (презира́ть)   업신여기다, 무시하다
презре́ние   경멸, 무시
презре́нный   경멸하는, 무시하는
презри́тельность   경멸 할만한것
призре́ть (призира́ть)   부양하다, 보살펴 주다
призре́ние   부양, 양육
призо́р   감시, 감독
прозре́ть (прозре́вать)   시력이 회복되다, 알다, 이해하다, 간파하다
прозре́вание   시력회복, 통찰, 간파, 터득
прозорли́вец   통찰력이 있는 사람
прозра́чность   투명성, 명백함
узре́ть   알아 차리다, 인지하다
кругозо́р   시야, 견식, 세계관

зуб   치아, (물고기 살갗의) 가시, 침, 톱니
зуба́стый   이가 큰, 이가 날카로운, 입이 험한, 싸우려고 하는
зуба́тый   이가 있는, 이가 큰
зу́бик → зуб
зубе́ц   (기구·기계 등의) 톱니 부분의 돌기 부분
зуби́ло   (공) 끌
зубни́к   치과 의사
зубно́й   이의, 치음의
зубовраче́бный   치과 치료의
зубовраче́вание   치과 치료
зубодёр   치과의사
зубодроби́тельный   이가 부러진 정도의
зубо́к   зуб의 애칭, 착공기
зуболече́бница   치과 병원
зубор́езный   이빨·톱니모양으로 만들기 위한
зубоска́л   냉소자, 조소자
зубоска́лить   냉소하다, 조소하다
зубоска́льство   냉소, 조롱, 멸시
зуботы́чина   주먹으로 이를 때림
зубочи́стка   이쑤시개
зубри́ть   깔쭉깔쭉하게 하다, 칼날등을 망가뜨리다, 날을 갈다
зубри́ться   깔쭉깔쭉하게 되다, 칼날등이 서다, 톱날이 서다
зубча́тка   (기) 통톱니 바퀴, 공구의 나사
зубча́тый   이가 있는, 이 모양의, 서로물린
зазу́брина   톱날 모양의
зазубри́ть   깔쭉 깔쭉하게 만들다, 톱날처럼 깍다
зазубри́ться   무디게 되다, 톱날 같이 되다
обеззу́беть   이가 다 빠지다
ядозу́б   (이에 독이 있는) 도마뱀의 일종

•• И ••

игла́ 바늘, 침, 가시, 침엽, 뾰족한 끝
игли́стый 가시가 많은, 침상으로 된
иглова́тый 가시가 있는
иглови́дный 침상의
иглодержа́тель 외과용 바늘 집게
иглообра́зный → иглови́дный
иглотерапи́я 침술
иглоука́лывание 침술
иглофи́льтр 지하수위를 낮추기 위하여 박는 파이프
иго́лка = игла́ 숨길 수가 없다, 나타나다
иго́лочник 삯바느질 하는 사람
иго́льник 바늘 꽂이, 잎사귀가 떨어진 침엽수지
иго́льный 바늘의
иго́льчатый 바늘이 있는, 바늘로 이루어진
иго́льщик 침공

игра́ть 놀다, 경기하다, 연주하다, 도박하다, 요동하다
игра́ючи 장난삼아
игра́ющий 게임자, 도박자
игре́ц 악사
игре́цкий 유희자의, 도박자의
игри́вый 발랑거리는, 익살 부리는, 경박한
игри́стый (음료수에) 거품이 이는
и́грище 청년들의 오락회
игрови́к 노름판의 리더
игрово́й (영화에서 기록이 아닌) 예술적인
игро́к (악기의) 연주자, (승부를) 하는 사람, 노름꾼
игроте́ка 완구를 수장하는 사람
игру́н 익살꾼, 장난꾸러기
игру́шечник 장난감 만드는 사람
игру́шечный 장난감의
игру́шка 장난감
взыгра́ть 기쁨으로 뛰다, (바다 바람 등이) 사나워지다
взыгра́ться → взыгра́ть
вы́играть (승부에서) 이기다, 벌다, 좋은 기회를 얻다, 호평을 받다
вы́играться (악기에서) 오래 써서 소리가 잘 나다, (술이) 충분히 발효하다
вы́игрыш 승부놀이에서 얻은 이득, 상금, 이기는 것, 이득
вы́игрышный 이겨서 얻은, 상금이 걸린, 이득이 있는
доигра́ть (극·카드놀이 등을) 마치다, 어느 때까지 (연극)을 하다
доигра́ться 노는 데 지쳐서 나쁜 결과를 초래하다
заигра́ть 계속 사용하여 낡아 빠지다, (가곡 등을) 끊임없이 연주하여 지루하게 하다, 장난치다
заигра́ться 지나치게 놀다, 놀음에 정신을 잃다
заи́грывание 시시덕 거리거나 장난 치는 것, 아양을 떰
наигра́ть 연주·도박에서 벌다·따다, (계속 많이) 연주하다, 녹음하다, (악기를) 오래 잘쓰다
наигра́ться 충분히 마음껏 놀다, 도박 연주하다
наи́грыш 도박 연주에서 얻은 것, 가락, 반주, (극) 연기의 부자연 스러움
наи́гранный 부자연스러운, 가면을 쓴, 거짓의
обыгра́ть 승부에서 이기다, 악기에 익숙해지다, (극중에서) 무대장치 등을 도입하다, (상대의 실언 따위를) 거꾸로 이용하다
о́быгрыш → обыгра́ть
отыгра́ть (승부에 져서 빼앗겼던 것을) 되찾다, 놀이를 마치다
отыгра́ться (승부에서) 패배를 만회하다, 교활한 방법으로 궁지를 벗어나다, (당구) 상대방이 치기 힘든 곳으로 공을 보내다
переигра́ть 다시 연주하다, 너무길게 하다, 남을 기기다, 지나치게 연기하다
переигро́вка 다시 노는 것, 연주·연출하는 것

поигра́ть (잠시) 놀다, 연주·내기 하다
подыгра́ть 낮은 음으로 연주하다
подыгра́ться 비위를 마추다
проигра́ть 내기 도박 경기에서 지다, 도박에서 져서 돈을 잃다, 손해를 보다, 실패하다, 연주하다, 너무 놀라서 -을 놓치다
проигра́ться 도박에서 소유물 재산등을 몽땅 날리다
прои́грыватель 레코드 플레이어
прои́грыш 짐, 져서 뻬인돈, 손해
беспрои́грышный 손실없는, 지지 않는
разыгра́ть 합주하다, (극을) 상연하다, (신곡 따위를) 연습하다, (승부를) 끝까지 하다, 어떤 역을 하다, (장난으로) 속이다
разыгра́ться 놀이에 열중하게 되다, (연주에) 활기를 띠다, 왕성하게 되다
ро́зыгрыш 경기, 승부, (카드의) 어떤패를 내는 것, 추첨, 무승부
сыгра́ть 패배의 빚을 갚다, 만회하다(놀이에서)
сыгра́ться 함께 연습하다
сы́гранность 장단 호흡이 맞는 것, 협조
сы́гранный 장단 호흡이 맞는
сы́гровка 오케스트라의 시연
сы́грывка (연극때의) 약속

идти́
предыду́щий 선행하는, 앞서는, 이미 말한
взойти́ 오르다, 상승하다, 떠오르다, 들어가다, (속) (옷·신발이) 맞다, 발아하다
войти́ 들어가다, 교섭·관계를 갖기 시작하다, (어떤 상태로) 되다, 개시하다, 얻다
вы́йти 나가다, 끝나다, 소비되다, 어떤 일이 일어나다, 성공하다
дойти́ (주로 걸어서 어느 장소까지) 다다르다, 도착하다, 이르다, 도달하다, 동감을 일으키다, 잘되다, 잘 끓다
зайти́ (지나가는 길에) 들르다, 깊숙히·멀리·뒤로 가다, 너무 지나치게 과도하게 되다, 돌아가다, (명성 등이) 하락하다, (화제가) -에 이르다
найти́ 발견하다, 찾아내다, 생각하다, 결정하다
найти́сь 발견되다, 눈에 띠다, 존재하다, 순간적으로 생각해 내다
снизойти́ 내려오다, 강림하다
обойти́ 주위를 걷다, 걸어다니다, 우회하다, 피하다, 추월하다, 능가하다, 속이다
отойти́ 떠나다, 물러가다, 벗겨지다, (종이 등이) 떨어지다, 사라지다, 가공 할 때 줄다
перейти́ 장소를 바꾸다, 이동하다, 횡단하다, 옮기다, 넘다, 지나가다
пройти́ 지나가다, 통과하다, (소문 따위가) 퍼지다, 지나다, (비·눈 등이) 그치다, 침투하다, 관통하고 있다, 승인되다, 선임되다, 떠 오르다, 이수하다, 수행하다, 표면을 가공하다
пройти́сь (조금) 걷다, 산책하다, (어떤 춤을) 추다, (무엇인가를) 조금하다
разойти́сь 분산하다, 뿔뿔이 헤어지다, 산회하다, 이별하다, 분기하다, (의견 등이) 나누어지다, (2개의 물건이) 맞지 않다, 팔리다, 퍼지다, 녹다, 극단에 이르다, 어긋나다
сойти́ 내려오다, 궤도에서 벗어나다, 물러서다, 떨어지다, 벗겨지다, 일이 끝나다
сойти́сь 만나다, 모이다, 친밀하게 되다, 일치하다, 잘되다, 성립하다
уйти́ 떠나다, 가버리다, 멀리하다, 이탈하다, 소비되다, 몰입하다, 지나다, 경과하다, 끓어넘치다, 추월하다, (시계가) 빠르다

име́ть 갖다, 소유하다,
име́ться 있다, 존재하다,
име́ние 귀족 지주의 영지, 소유물, 자산
иму́щественный 소유물의, 재산의
иму́щество 소유물, 자산
иму́щий 재산이 있는, 부자, 가진자
неиму́щий 무산의, 빈곤한
неиме́ние 갖지 않은 것, 결여
малоиму́щий 재산이 적은, 부유하지 못한
возыме́ть (생각 등을) 품다, 가지게 되다

и́мя 이름, 명예, 명성, 명사·형용사·수사의 의호칭

имени́нник 명명일을 맞는 사람
имени́нный 명명일의
имени́ны 명명일, 명명일의 축하
имени́тельный --паде́ж 주격
и́менно 즉, 바로, 도대체
именно́й 이름의
именова́ть 명명하다, 이름을 수여하다
именова́ться 칭하다, 불리우다
и́менослов 명칭표, 성자표
безымя́нный 이름이 없는, 세상에 알려지지 않은, 무명의, 익명의
отымённый 명사·형용사에서 파생한
поимённо 일일이 이름을 불러서
поимённый 이름을 적은
поименова́ть 일일이 호명하다, (이름을 불러서) 하나 하나 다세다
соиме́нник 이름이 같은 사람
соиме́нный 같은 이름의
наименова́ть 명명하다, 이름을 말하다·부르다
наименова́ние → назва́ние
переименова́ть 개칭하다, 개명하다
переименова́ться 개칭되다, 새 명칭을 가지다
полуи́мя 사람의 약칭·애칭
тезоимени́тство (귀족의) 이름의 날
тезоимени́тый 농명이인

ино́й 다른, 별개의, 밖의, 어떤, 어떤 사람

ино- 다른, 외국의, 남의 뜻
инобы́тие 타재
инове́рец 이교도
инове́рие 이교, 이단
инове́рный 이교의, 이교도
иногда́ 때때로, 이따금
иногоро́дный 다른 도시의
иномы́слие 이론, 이의
инонациона́льный 이민족의
инопланете́ц 다른 혹성의
иноплеме́нник 다른 종족의 사람
иноплеме́нный 다른 종족의
иноро́дец 이민족
иносказа́ние 비유, 우언
иносказа́тельный 비유적인
инославя́нский 러시아인의 이외의 스라브인에게 속하는
иностра́нец 타국인
иностра́нщина (경멸) 외국의 모든것 (언어 풍습등)
иноходе́ц 보조를 마추어 느리게 걷는 말
и́ноходь (말이) 보조를 마추어 느리게 걷는 것
ина́че 다르게, 달리, 그렇지 않으면
иноязы́чный 외국어의

иска́ть 찾다, 탐구하다, 구하다, 묻다, 요구하다 (소송), --하려고 노력하다, 아첨하다

иск (법) 민사소송, 소송에 따른 요구, 배상 요구
иска́ние 탐색, 탐구, (학술·예술 등의) 욕구, 아첨
иска́тель 탐구자, 지망자, 파인더 (사진기의)
иска́тельный 아첨하는
иска́тельство 아첨, 추종
соиска́ние (음모 따위의) 경쟁
соиска́тель (음모 따위의) 경쟁자
соиска́тельство 콩쿠르, 현상, 학위 청구 등에 참가
видоиска́тель 파인더
миноиска́тель 지뢰 탐지기, 병
иско́мый 미지의, 구해야 할, 목표로 하는
ище́йка 정찰용의개, 탐정, 앞잡이
вы́искать 찾아내다
вы́искаться 발견되다, 나타나다
доиска́ться 찾아내다
заи́скивать 아양을 떨다
изыска́ть 찾아내다, 골라내다
изыска́ться 발견되다, 탐구되다
изы́ск 작위적인 새로운 방법

изыска́ние 찾아 내는 일, 구멍을 뚫는 것, 탐구, 탐사
изы́сканность 세련된 말씨나 태도
изы́сканный 세련된, 우아한
изыска́тель 탐색 탐구 탐사하는 사람
трассоиска́тель 지하의 금속 도관·도선 탐색 기구
обыска́ть 수사 수색하다, 가택 수색하다, 남김없이 찾다
о́быск 수사, 검사, 심문, 가택수색
отыска́ть 찾아 내다, 발견하다
отыска́ться 발견되다, 나오다
переиска́ть 남김없이 찾다, 다시찾다
поиска́ть (잠깐 동안) 탐구하다, 탐색하다
по́иск 수색, 탐색, 추구, 지향, 정찰(군), (광맥) 시굴작업
поиско́вый 수색의, 추구의, 지향의
подыска́ть (적당한 것을) 찾다, 구하다
прииска́ть 찾아내다, 발견하다
прииска́ние 찾는 것, 발견
прииска́тель 보석·귀금속 광산 조업원
разыска́ть 찾아내다, 수색 탐색하다
разыска́ться 발견되다
разыска́ние 탐색, 연구, 조사
ро́зыск 수색, (법) 예심, 심리, 심문
угро́зыск 형사 수사국
сыска́ть 찾아내다, 발견하다, 수색하다
сыска́ться 발견되다
сыск 탐색, 수사
сы́щик 탐정, 형사

• • К • •

каза́ть (속) 보이다, 제시하다,
каза́ться 보이다, 생각 된다, 아마 -인 듯하다, 여겨진다
ка́жимость 외관, 외적 징후
ка́жущийся 외관상의, 진실이 아닌
доказа́ть 증명하다, 증거를 대다, 증언하다, 고발하다, 찔러 바치다
доказа́тельный 논증하는, 증명하는, 증거가 되는
бездоказа́тельный 증거가 없는, 입증되지 않는, 노력하지 않는, 나태한, 무능한
малодоказа́тельный 증거로서는 불충분한
недоказа́тельный 증명·논증될 수 없는
доказа́тельство 증거, 증언, 논거, 논증, 증명
доказу́емый 증명할 수 있는
дока́зчик 적발자, 증인
заказа́ть 주문하다, 마추다, (속)금지하다, 명령하다, 훈계를 하다
зака́з 주문, 요망, (속) 금지, 사냥 금지 구역
зака́зник 수렵 금지 구역, 체어 금지구역, 보호림 구역
заказно́й 주문의, 등기우편의, 금지된
зака́зчик 주문한 사람
наказа́ть 벌하다, 처형하다, 훈령하다, 명하다
нака́з 명령, 지시, 훈령, 멘데이트
наказа́ние 형벌, 벌, 보복
безнака́занность 벌받지 않는 것
безнака́занный 벌할 수 없는, 벌을 받지 않는
наказу́емый 처벌 해야 할
ненаказу́емый 처벌되지 않는, 처벌할 가치가 없는
оказа́ть (조력·영향·작용 등을) 주다, 나타내다
оказа́ться 판명되다, --로 인정되다, (어떤 장소에 있음을) 알게 되다
оказа́ние → оказа́ть

отказа́ть 거절·거부하다, 인정하지 않다, (기계가) 움직이지 않게 되다

отказа́ться 불찬성을 표명하다, 거부하다, 포기하다, 부인하다

отка́з 거절, 거부, 사퇴, (기계의) 고장에 의한 정지

отка́зчик 무엇이든지 거절하는 사람, 아무것도 하려고 하지 않는 사람

показа́ть 제시하다, 보여주다, 나타내다, 증언하다, 진술하다

показа́ться 얼굴을 내밀다, 나타나다, (자신을) 보이다, (속) 마음에 들다

пока́з 보여 주는 일, 진열, 공개, 묘출

напока́з 보이기 위해, 자랑삼아, 겉치장으로

показа́ние 증거가 되는 언행·문서, (법) 증언, 진술, (계량기의) 눈금 표시

противопоказа́ние 반대진술, (의)금기 징후, 금기

противопока́занный 금기를 나타내는

пока́занный 정해진, 규정의, (의) 치료에 효과가 있다

показа́тель (수) 지수, 지표·사실, 표시자, 특성, 성능

показа́тельный 표시하는, 공개의, 모범적인

образцо́во-показа́тельный 모범·전형적인

о́пытно-показа́тельный 시험적, 모범적

показно́й 견본의

показу́ха (구) 눈치, 겉보이기

приказа́ть 명령·지시하다, 위탁하다, 유언을 하여주다

прика́з 명령, 지령, 명령서, (16-17세기) 중앙 정보기관

жиропрка́з 은행에 대한 지도서

контрприка́з 반대명령, 취소(명령의)

приказа́ние 명령, 분부, 특별 명령, 본부 명령

приказно́й 명령의, 관리의, 관리, 하급관리, 사무원

прика́зный

прика́зчик 점원, 판매원, (귀족의) 집사, 가령, (경멸) 남의 말대로 하는 인간

сказа́ть 말하다

сказа́ться (자기 행동에 대하여) 미리 말하다, 일 컫다, 나타나다, 알리다, 말해지다

сказ 이야기, 전설

сказа́ние 이야기, 전설, 설화

сказану́ть (속) (익살) 말하다, 이야기하다

иносказа́ние 비유, 우언

иносказа́тельный 비유적인, 수수께끼 같은

вышеска́занный 상술한, 진술한

неска́занный 말로 표현할 수 없는, 이루 말할 수 없는

нижеска́занный 아래에 서술된

сказа́тель 이야기 작가

скази́тель (민요를 부르는) 가수, (전설을) 이야기 하는 사람

ска́зка 구전, 예날 이야기, 거짓말 투성이, 호적 목록, 진술

ска́зовый 이야기 체의

сказу́емое 술어, 빈개념

сказу́емость 술어로 될수 있는 것, 술어성

ска́зывать 말하다, 이야기하다

ска́зочка → ска́зка

ска́зочник 옛날 이야기를 이야기 하는 사람

ска́зочный 옛날 이야기의, 터무니없는

выска́зание 발언하는 것, 진술하는 것, 의견, 견해

вы́сказать 발언하다, 진술하다

выска́зываться 자기 생각을 진술하다

выска́зывание 발언하는 것, 진술하는 것

досказа́ть 말을 다하다

насказа́ть 많이 이야기하다, 중상하다, 악담하다

наска́з 악담, 고자질

недосказа́ть --을 다하지 않다, --않고 남겨두다

переска́з 다시 말하는 것, (읽거나 들은 것을) 이야기나 글로 쓰는 것, 요설, 풍설, 풍문

пересказа́ть (읽거나 들은 것을) 자기의 말로 서술하다, 요점을 따서 이야기하다, 말을 전하다, 지나치게 지껄이다

переска́зчик 수다쟁이

подсказа́ть (남몰래) 가르치다, 속삭이다, 암시하다, 생각해 내다
подска́зка 은밀히 속삭여 가르치는 것, 은밀한 조언
подска́зчик 은밀한 조언자, (극) 후견인, 속삭이며 가르치는 사람
предсказа́ть 예언, 예보하다
предсказа́тель 예보자, 예언자
предсказа́ние 예언, 예보
приска́зка 우화의 서론
рассказа́ть 말하다, 이야기 하다
расска́з 이야기, 담화, 단편 소설
расска́зчик 이야기 하는 사람, 말 솜씨가 좋은 사람
указа́ть 지시하다, 교시하다, 주의하다, 명령하다
ука́з (국가 원수등의) 명령, 지도, 지령
указа́ние 지시, 교시, 훈령
предуказа́ние 미리부터의 통달·지시·지령
вышеука́занный 상술한, 전술의, 상기의
неука́занный 위법의, 반칙의, 금지된
указа́тель 지시, 표식, 안내서, 목록, 색인
бензо-указа́тель 연료계기판
ветроуказа́тель 풍향계
указа́тельный 지시의
ука́зка 지시봉, 지시, 명령
ука́зник (구) 공안 법규 위반자
ука́зный 지령의, 명령의, 법규정의
ука́зывающий 지시의
ука́зчик 지시자, 교시자, 지도자

ка́мень = ка́мешек = ка́мушек 돌, 석재
камене́ть 돌이 되게하다, 경화되다, 무정·완고·냉혹하게 되다
камени́стый 돌로 된, 돌이 많은
каменноу́гольный 석탄의
ка́менный 돌의, 돌로 된, 석조의, 무표정한, 무감각한, 무자비한
камено- 돌의 뜻
каменобо́ец 석공, 채석부, 무정한 사람

каменотёс 석수, 석공
ка́менщик 석수장이, 석공
подка́менный (물이) 돌아래에서 흘러나오는
подка́менщик 모래 무지 비슷한 민물고기
песча́ный ка́мень 사암
закамене́лый 돌처럼 굳어진, 응고된, 부동의
закамене́ть 돌같이 되다, (주위에 대하여) 무감각해지다, 냉담해 지다
окамене́лость 화석, 화석 동·식물, 낡아 빠진·고루한 사람·사물
окамене́лый 돌로 변한, 화석이 된, 움직이지 않는, 냉혹한
окамени́ть → камени́ть
окамене́ть 감정을 견고히 하다·굳게하다
белока́менный 백석의
виннока́менный (화) 주석
камне- 돌의 뜻
камнеби́тный 쇄석용의
камневи́дный 돌 모양의
камнедроби́лка 쇄석기
камнело́мка 식물의 일종
камнемёт 투석기
камнепеча́тание 석판술
камнере́з 조각 석공
камнере́зный 돌에 새기는, 보석류 가공의, 석세공의
камнесече́ние 방광결석 적출술
камнетёсный 채석용의, 석제 가공용의, 모난 돌로 다듬는
камнеубо́рочный 잡석 제거용의

ка́пать 방울져 떨어지다, 새다, 엎지르다, 뚝뚝 흘리다
капе́ль = ка́пля = ка́пелька (눈이 녹을 때) 물방울이 떨어지는 것, 물방울, 도가니
ка́пельник 종유석, 석순
ка́пельница 적량기
ка́пельный 지극히 작은
вка́пать 방울방울 떨구어 넣다
зака́пать 물방울을 끼얹다, 흘리다

иска́пать 튕겨서·떨어뜨려 (옷 등을) 더럽히다, 다 떨어지다
нака́пать 한 방울 한 방을 떨어 뜨리다
обка́пать (물방울 등을) 떨어뜨리거나 부어서 더럽히다
отка́пать 적출하다
перека́пать 물방울을 너무 떨구다, 물을 한 방울씩 떨구어 옮기다
пока́пать (몇 방울·조금) 떨어뜨리다
подка́пать 다시 물방울을 떨어 뜨리다
прока́пать 새어 떨어지다, (일정 기간) 방울져 떨어지다
ука́пать 흠뻑 끼얹다, 튀게하다

кати́ть (ката́ть) **구르다, 차 말이 움직이다, 차 말에 태우고 가다, 유통시키다, (바람, 물이) 불어서 굴리다**
кати́ться (ката́ться) 굴르다, 차 말이 움직이다, 타고가다, 흐르다, 운행하다
ка́ткий 구르기 쉬운, 잘 미끄러지는
като́к 스케이팅, 링크, 압착롤러, 굴림대, 도르래의 일종
ката́льный 압연기의
ката́льщик 광택 내는 직공
ката́ние 주름펴기, 스케이트 타기, 스키타기
ка́танка 열간·압연의 선재
ка́танок 펠트 장화
ка́таный 압연된
кату́чий 이동하는
кату́шка 실패, 릴(전선, 철, 필름 등의)
ка́тыш 연한 물건 덩어리, 둥근 나무 덩이
ка́тышом 데굴 데굴, 뱅글 뱅글
горячеката́ный 열간 압연에 의한
холодноката́ный 냉간 압연에 의한 (고어)
вката́ть 굴려 넣다, (차를) 운전해 넣다, 주먹을 먹이다, (손해를) 입히다, 가입하다, 몰고 들어가다
вката́ться 굴러들다, 몰고 들어가다
вы́катать (옷을) 다림질 하다, (차 따위가) 달려나오다
вы́кататься 다림질하게 되다, 뒹굴다
вы́катка 다림질하는 것, 굴려내는 것, 광석을 지상으로 반출하는 것
вы́катчик 광석을 지상으로 반출하는 광부
вы́кат 통방울 눈
доката́ть 광택이 나도록 마무리 짓다
доката́ться 타고 다녀서 불쾌한 결과를 초래하다
докати́ть 어느 장소까지 굴려 보내다, 도착하다
докати́ться 어느 장소까지 굴러 가다, (큰소리) 달하다
заката́ть 감다, 둘러싸다, (롤러 등으로) 평평하게 하다, (소매등을) 걷어 올리다, 추방하다
закати́ть 뒤로 굴려 보내다, 세게 때리다
закати́ться 굴러 들어오다, (천체가) 지다, 외출하다
зака́т (천체) (태양이) 지는 것
наката́ть (많이·여러 번) 굴려서 나르다, 굴려서 만들다, 광택을 내다, 갈겨쓰다, (풀·잉크따위를) 칠하다, (길을) 만들다, 태워주다
наката́ться 실컷 타고 돌아 다니다
накати́ть (상당한 양을) 굴려오다, 타고가다, 충돌하다, 흥분하다, 변덕이 생기다
нака́т 천정마루의 격자 맞춤, 상하층의 음향, 온도, 절연 장치, 뗏목의 가로대, 감는 장치, 총의 반동
нака́тка 굴려서 나르는 것, 크림, 물감, 잉크 등을 칠하는 것, 광택내는기계, 금속제품에 나선 홈의 자국을 내다
нака́тник 천정 나무의 격자재, 작은 통나무
нака́тный вал 도로공사용 로울러
нака́тчик нака́тка에 종사하는직공
обката́ть 굴리다, 굴려서 둥글게 하다, (차를 몰아서) 굳이다, 시승하다
обкати́ть 주위를 굴리다, 차를 타고 돌아 다니다
обкати́ться 주위를 구르다
обка́т (길을) 굳이는 것, 시승

обка́тка (3) 시운전중의 기관차 또는 열차
обката́ть 굴리다, 굴려서 둥글게 하다, (차를 몰아서) 굳히다, 시승하다
отката́ть (세탁물의) 다림질을 마치다, (읽기 말하기등) 재빨리 해치우다, 호되게 후려 갈기다
откати́ть (통나무를) 굴려서 운반하다
откати́ться 옆으로 구르다, 신속히 도주하다
отка́т (군) 반충, 운반, 반출
отка́тка 반출
отка́тчик 광석이나 석탄을 운반하는 인부
поката́ть (조금) 차·썰매에 태워주다, (얼마 동안) 굴리다
покати́ть 굴리다, 서둘러서 출발하다
покати́ться 구르다, 굴러 떨어지다
пока́т = пока́тость 경사, 구배, 사면
пока́том 약간 경사진
пока́тывать (조금씩) 굴리다, 공을 굴리다, 차를 움직이다
пока́тый 경사진, 비탈진
подката́ть (여러번) 굴려넣다
подкати́ть 가까이 굴려오다, 아래로 굴려 넣다, 급히 하고가다, 운반해 오다, 괴롭다
подкати́ться 굴러오다, 밑으로 굴러 들어가다, 다가가다, 오다, 아첨하다, 추종하다
подка́т 가까이 굴려 오는 것
переката́ть (많이) 굴려서 옮기다, (많이 수레 등에) 짐을 싣고 다니다, (많이) 다림질하다, 윤(광)을 내다
переката́ться (모두 함께) 드라브하다, 천둥소리가 울려 퍼지는 것, 여울
переќа́т 굴려서 옮기는 것, 천둥소리가 울려 퍼지는 것, 여울
перека́тистый 천둥소리가 멀리까지 울리는
перекати́ть 굴려서 옮기다, 달려서 건너가다
перекати́ться 굴려서 옮겨지다
перека́тка переката́ть의 명사형
перека́тный (보통 파도에 대하여) 굴려 넘어 가는, 계속하여 멀리 울리는
перекати́- по́ле (식) 씨가 바람에 흩어 지는 식물

прикат́ать 밟아 고르다, (길을) 닦다
прикати́ть 굴려오다, (차로) 오다, 도착하다
прикати́ться 굴러오다
прика́т прикат́ать의 명사형
прика́тывание (파종 전후) 롤러에 의하여 땅을 고르는 것
проката́ть (세탁물 천 따위를) 홍두께로 펴다, (금) 압연하다, (얼마 동안) 태워가지고 돌아 다니다
проката́ться (천 따위가) 다려서 매끈 평평하게 되다, (금속이) 압연되다, (얼마 동안) 타고 돌아 다니다
прокати́ть 드라이브 시키다, (공따위를) 굴리다, 질주하며 나가다, 비난하다
прокати́ться (차·배·말로) 통과하다, (잠시) 갔다오다, 굴러가다
прока́т (금속의) 압연, 강재, 임대, 임차, 임대료
прока́тка (공) 압연
прока́тный 압연의, 임대의
прока́тчик 압연공
листопрока́тка 박판 압연
вибропрока́т (철근 콩크리트 제품의) 진동 전압계
рельсопрока́тный 레일 제조의, 레일 압연의
рельсопрока́тчик 레일 압연공
раската́ть (감긴것·말린것을) 펴다, 고르게 하다, 비판하다
раската́ться (말린 물건이) 풀리다, 평평해 지다, 자주 드라이 하다
раскати́ть 힘껏 굴리다, 이리 저리 굴리다
раскати́ться 힘차게 굴러가다, 이리 저리 구르다
раска́т 사방으로 굴리는 것, 감긴것을 풀고 넓히는 것, 활주사면, 꽹음
раска́тка 압연용 기구
раска́тник 전조 공구 (롤러의)
ската́ть (굴려서) 말다, 뭉치다, 얼른 갔다오다, 컨닝하다
ската́ться 뭉쳐지다, 얼키다, 전락하다, 굴러

떨어지다
скат 굴려서 떨어 뜨리는 것, 비탈, 경사갱도, 차량과 차축의 총칭, (어) 홍어
скатистый 다소 경사진
скати́ть 굴려서 떨구다
скати́ться 굴러서 떨어지다, 적의 편에 붙다
ска́тка (군) 말아서 어깨에 멘 외투
ска́тыш 뭉친것
уката́ть 차를 타서·롤라를 굴려서 고르게 하다, 타서 녹초가 되다
уката́ться 차를 타서 롤라를 굴려서 고르게 되다
укати́ть 굴려 보내다, (차를) 타고 떠나다
укати́ться 굴러가다
ука́тка 땅을 고르게 하는 것
ука́тчик 땅을 고르게 하는 사람
пимока́т (시베리아에서) 장화용 펠트 제조공
самока́т 자전거, 오토바이
самока́том 비탈을 자기 무게 때문에 저절로 굴러·미끄러져
самока́тчик (군) 자전거 부대원
ка́том 굴려서
вскати́ть 굴려서 올리다
напрока́т 임차 임대하여
водоска́т 여울목, 폭포로 떨어 지는 곳
двуска́тный 경사면이 두개 있는
кинопрока́т 영화 대부
кинопрока́тчик 영화 배급자

кача́ть 흔들어 움직이다, (요람따위에 태워) 흔들다, 행가래 치다, 펌프로 퍼올리다, (신체 일부를) 흔들어 움직이다
кача́ться 흔들리다, 진동하다, 휘청거리다
кача́лка 흔들의자
кача́ние кача́ть의명사형
каче́ли 그네
ката́ться на каче́лях 그네를 타다
ка́чка 진동, 동요, 요람, (조) 오리
ка́чкий 흔들리기 쉬운, 알맞게 흔들리는
вкача́ть 펌프로 퍼넣다 (물 따위를)

докача́ть 어느 장소까지 굴려 보내다, 흔들거나 움직여서 어느 결과에 도달하다, 펌프로 퍼 올리다
докача́ться 흔들려서 어느 상태에 빠지다
закача́ть (어린아이를 흔들어서) 잠들게 하다, 흔들거나 어지럽거나 구토증을 일으키다
закача́ться 동요하기 시작하다, 지칠때 까지 흔들리다, 너무 근사하여 황홀경에 빠지다
накача́ть (нака́чивать) (상당한 양을) 퍼올리다, 곤드레 만드레로 취하게 하다, 설명하다
нака́чиваться (실증날 정도로) 그네를 타다, 만취하다
нака́чка → накача́ть
откача́ть 펌프로 퍼내다, (물에) 빠진 사람에게 물을 토하게 하여 인공 호흡을 시키다
отка́чка 펌프로 퍼내는 것
перекача́ть 다른 그릇에 물을 길어 옮기다, (많은 사람들을) 흔들어 움직이다, 한쪽으로 기울다
перекача́ться (다수가) 그네등에 타다, 좌우로 흔들리다
перека́ченный 액체를 옮기기 위한
перека́чка 물을 길어 옮기는 것
покача́ть (잠깐 동안) 흔들다, (몇 번) 휘두르다, 펌프로 길어 올리다
покача́ться (잠깐 동안) 흔들리다, 움직이다
пока́чивать 가볍게 흔들리다, 휘두르다
пока́чиваться (가볍게) 흔들리다, 휘청거리다, 동요하다
прика́чивать 펌프로 보내다, 퍼서 채우다
прока́чивать (얼마 동안) 흔들다, (얼마 동안) 펌프질하다
раска́чивать 흔들어 움직이다, 흔들어 일으켜 세우다
раска́чка 흔들어 움직이게 하는 것, 흔들리는 것
враска́чку 흔들 흔들하며, 비틀거리며
скача́ть 퍼내면서 제거 하다
ска́чка 도약, 질주, 경마
укача́ть (흔들어서) 잠들게 하다, 흔들어서 졸

게 하다
укача́ться (흔들려서) 멀미하다, 졸리다
водока́чка 양수장, 급수탑

кида́ть (ки́нуть) 던지다, 내던지다, 내보내다, (군대를) 보내다
ки́нуться 서로 던지다, 달려들다, 날아오다, 뒹굴다, 오감을 강하게 자극하다
вкида́ть (몇번에) 던져넣다
вки́нуть (вки́дывать) 세게 던져넣다
вы́кидыш 유산, 낙태, 유산아
вы́кинуть 내버리다, 게양하다, 제거하다, 이상한 짓을 하다, 싹을 내밀다, 조산하다, 유산하다
вы́кинуться 뛰어나가다
докида́ть 모조리 던지다
доки́нуть (доки́дывать) 어느 장소까지 던지다
закида́ть (заки́дывать) 던져서 덮다, 메우다, (질문 비난등을) 계속해서 퍼붓다
заки́нуть (뒤로·멀리로·위로) 던지다, 팽개쳐 버리다, (의지·희망에 관계없이) 어떤 곳으로 가게하다, 둔 곳을 잊다
заки́нуться 덮치다, 알려지다, 던져지다, 걸쳐지다
накида́ть (던져서) 채우다, (많은 양을) 던지다
наки́дка (베게·침대 등의) 커버, 망토, 할증금, 베갯잇
накидно́й 걸치는, 할증의
наки́нуть (새끼줄 따위를) 걸다, (망토 따위를) 걸쳐입다, (값을) 올리다
наки́нуться 덮치다, 달려들다
внаки́дку 어깨에 걸쳐서, 팔을 소매에 넣치 않고
обкида́ть 주위에 던지다, 위에 쌓다
обки́нуть 던지는 일에서 이기다, 남보다 높이 멀리 던지다
окида́ть 발진하다, 발진으로 덮다
оки́нуть 둘러 보다, 바라보다
отки́нуть (몇번이나) 던지다, 내팽개치다

откидно́й 열 수 있는, 접는 식의
отки́нуть 내던지다, 격퇴하다, 표기하다, (뚜껑·커튼·옷깃 등) 걷어 올리다, 어떤 수를 빼다
отки́нуться 몸을 젖히다
перекида́ть (переки́нуть) (많은 물건을 차례 차례로) 던지다, 던져 넘기다, 다리 등을 놓다, 이동시키다
перекидно́й 던져 넘기기 위한
переки́дка → перекида́ть
подкида́ть (여러 차례) 던지다, (어떤 물건아래) 던지다
подки́дка → подкида́ть
подкидно́й 위로 던져진, 몰래 넘겨진
подки́дыш 버려진 아이
подки́нуть (구두의) 밑창을 꿰매다
прики́дка (여러 번) 던지는 것, 내던지는 것
прики́нуть 던져서 보내다, 개략적인 계산을 하다
прики́нуться --인 척하다, (병이) 갑자기 생기다
проки́нуть 잘못 던지다, 물건 사이로 던지다, 카드를 다내다
раски́нуть 내박치다, 흐트리다
раски́нуться 신변을 어지르다, 분산되다, 몹시 허우적거리다, 넓혔다 좁혔다 할 수 있다
раскидно́й 펼 수 있는
раски́дчивый 산만한 자꾸 이동하는
раски́дывать 사방을 둘러보다, 요염하게 흘깃보다
раски́нуть (수족 따위를) 펴다, 벌리다
раски́нуться 수족을 쭉 펴고 눕다, 퍼져 있다
скида́ть 던져서 모으다, 투하하다
ски́дка 투하, 감가, 할인, 감액, 던져서 모음, 자취를 감추기 위해 옆으로 뛰는 것
ски́дочка → ски́дка
ски́нуть 투하하다, (옷 따위를) 벗다, (기한은) 단축하다
ски́нуться 돈을 서로 내다
самоски́дка=самобро́ска=жаткаски́дка 자동적으로 쌓아 올리는 수확기

кипе́ть (물이) 끓다, (샘이) 솟다, (액체가) 거품이 일어나다, 사람이 무리를 지어 움직이다, 열심히 활동하다

ки́пка → кипе́ть

кипу́чий 끓어 오른, 거품이 인, 맹렬한

кипе́лка (건축용) 생석회

кипе́ние → кипе́ть то́чка кипе́ния 비등점

ки́пень → кипято́к 끓는 물, (부글 부글 끓는 물·거센 파도의) 흰거품, 격하기 쉬운 사람

кипяти́лка 물 끓이는 그릇, 큰솥이 있는 곳

кипяти́льник 물 끓이는 그릇, 큰솥

кипяти́льный 삶기 위한

кипяти́ть 끓이다, 삶다

кипяти́ться 끓다, 삶아 지다, 노하다

кипяче́ние кипяти́ть의 명사형

кипячёный 한번 끓은

кипя́щий 끓은, 거품이 인

вскипе́ть (вскипа́ть, вскипяти́ть) 끓기 시작하다, 끓어 오르다, 격분하다

вы́кипеть (выкипа́ть) 액체가 끓어 증발해 버리다, (열로 인해) 표면에 배어나오다

докипа́ть --까지 비등하다, 삶아지다

закипа́ть 끓기 시작하다, 파도가 일기 시작하다, 활기를 띠다

накипа́ть (액체가 끓어 표면에) 거품이 일어 나다, (쇠주전자에) 물때가 끼다, (분노 등이) 쌓이다

накипяти́ть (많이) 끓이다

откипа́ть 다 끓다, 비등 할 때 떨어지다, 분리되다

перекипа́ть 물이 너무 끓다, 끓어서 나쁘게 되다, (흥분·노여움이) 가라 앉다

перекипяти́ть 물을 다시 끓이다

покипе́ть (покипяти́ть) (잠깐 동안) 끓게 하다

покипяти́ться (잠깐 동안) 노하다, 화내다

прикипа́ть 애착하다

прикипе́ть 눌러 붙다(냄비 등에)

прокипяти́ть (충분히) 끓이다

раскипяти́ться (강하게) 끓다, 흥분·열광하다

скипе́ться 바짝 졸아 들다, 끓어 굳이다, 단접되다

ки́снуть 시어지다, 의기 소침하다, 틀어 박혀 있다

ки́сленький 새콤한

кисле́ть 시어지다

кисли́нка 새콤한 맛이 든

кисли́ть 시게 하다, 신맛이 있다

кисли́ца 괭이 밥, 신 과일 풀

кислоро́д 산소

кислосла́дкий 달고 신

кислота́ 산성

кисло́тность 산성

кисло́тный 산성의

кислотоупо́рный 내산성의, 산에 강한

кислоще́йный 산즙의

ки́слый 신, 신맛이 있는

кисля́тина = кисля́й 언짢은, 몹시 신것, 불평이 많은 사람

аминокислота́ 아미노산

кетокислота́ 키토산

сернаякислота́ 황산

раски́снуть 발효하여 부풀어 오르다, 맥빠지다

раскисле́ние 산화물 제거 (주로 강철의)

раски́слый 나른한, 맥빠진

заки́снуть 발효하다, 신맛이 돌다, 시들해지다

закислённый 산성의 (토양)

окисли́ть 산화시키다

окисли́ться 산화하다

о́кисел 산화물

окиса́ть → оки́слить

окисле́ние 산화

окисли́тель 산화제

о́кисный 산화의

о́кись 산화물

перекиса́ть (너무·완전히) 시어지다

перекисли́ть 너무 시어 지다
пе́рекись 과산화물
подкисли́ть = подкисля́ть 조금 산미를 가 하다, 조금시게 하다
азотноки́слый 초산의 (질산의)
вски́снуть (우유 등의) 산패, 발효하기 시작하다
недо́кись 이산화물
проки́снуть (прокиса́ть) (발효하여) 시어지다
проки́слый 시어진

класть (положи́ть) 놓다, 설치하다, 넣다, 칠하다, (도장을) 찍다, 탕진하다, 어림하다, 하다, 거세하다
кла́сться (닭이) 알을 낳다
клад (땅속이나 그밖의 곳에 매장된) 재보, 금은, 귀중한 보물, 보물, 물건
кла́дбище 공동묘지
кладене́ц меч 명검, 신검
кла́деный 거세된
кла́дка 벽돌, 돌조벽, 담을 쌓는 것, 놓는 것, 토대, 거세
кладова́я 곳간, 창고, 헛간, 광
кладовщи́к 창고 지기
кла́дчик (돌·벽돌 등을) 쌓는 사람
кладь 짐, 볏가리, 시내 따위에 건네 놓은 널, 돌, 통나무 다리, 가로목
яйцекла́д (곤충 물고기의) 산란기관
яйцекла́дка 산란
яйцекладу́щие 단공류
яйцекладу́щий 산란하는
вкласть (вложи́ть) 넣다, 삽입하다, (정신·정력) 집중하다, 투자하다, 예금하다
вложе́ние 손에 넣는 것, 투자, 예금, 예금액
вклад 예입, 출자, 예금, 공헌, 기여
вкла́дка 삽입자, 삽입부록(책 신문 따위의)
вкладно́й 예입 출자의, 삽입의
вкла́дчик 예금자, 출자자
вкла́дыш 삽입지, 부록, 삽입, 밑받침의 쇠조각

выкла́дывать (вы́ложить) 꺼내다, 펼치다, (옷에)장식을 붙이다, 밝히다, 고백하다
выкла́дываться 전력을 다하다
вы́кладка 꺼내는 것, 고백하는 것, 옷에 장식을 붙이는 것, 모자이크, 계산, 장비
докла́сть (доложи́ть) 1) (공개석상에서) 강연하다, 보고하다, (서면, 구두로) 상신하다, (방문객을) 알리다
доложи́ться 안내를 부탁하다, 상담하다
доложи́ть 2) 보충하다, 보태다, 놓는 것을 마치다
докла́д 보고, 보고서, 보고, 상신, 방문, 신고
докладно́й 보고의, 상신의
докла́дчик 강연자, 상신자
закла́сть (заложи́ть) --의 뒤에 두다, 밀어 넣다, 잘못 놓다, 막다, 닫다, 토대 기초를 만들다, (책에 세포를) 끼워 넣다, 전당 잡히다, (귀·가슴·코가) 막히다, 연기하다
закла́д 저당, 담보물, 도박, 내기건 물건
закла́дка 충전, 가득채움, 기공, 기초 설치, 부설, 서표, 틈박이, 빗장, 광석층의 충전물
закла́дничество 재산의 저당(봉건시대의), 인신매매
закладно́й 저당의, 담보의
закла́дчик 저당자, 담보 설정자
зало́жник 인질
зало́г 전당, 저당, 담보, 증거, 증표, (동사의) 태, 처녀지
залогода́тель 저당권 설정자
залогодержа́тель 저당권자
заложе́ние → заложи́ть
накла́дывать 흔적을 남기다
накла́д 위에 놓는 것, 쌓는 것, 놓을 자리, 손실, 소모
накла́дка 1) 위에 놓는 것, 쌓는 것, 놓을 자리, 손실, 소모 2) 실책
накладна́я 송장, 화물인도 증서
накла́дно 손해다, 불리하다
накладно́й 위에 놓는, 덮는, 도금의, (모발) 인공의

накла́дчик 흔적을 남기는 사람, (인쇄) 종이를 먹이는 사람

внакла́де 손해를 보고

внакла́дку 설탕을 넣어서(차에)

накла́сть (наложи́ть) 위에 놓다, 얇게 덮다, 칠하다, (붕대) 감다, 기브스하다, 도장을 찍다, 체크하다, 쌓다, 재우다, (세금 벌금형 따위를) 과하다, 무거운 짐을 지우다, 주먹으로 때리다

нало́г 조세, 세금

налогообложе́ние 과세

налогоплате́льщик 납세자

налогоспосо́бность 납세능력

налогоспосо́бный 납세능력이 있는

наложе́ние 없는 것, 과하는 것

нало́жница 첩

окла́д 봉급

окла́дистый (수염에 대하여) 폭이 넓게 빽빽히 자란

окладно́й 봉급의, 외형의, 납세의

обкла́сть (обложи́ть) 주위에 두다, 에워싸다, 덮다

обложи́ть 1) (군) 포위하다, 몹시 욕을 퍼붓다 2) 세금 따위를 부과하다

обложи́ться 자신을 에워싸다, 잘 못놓다

обло́г 방치하여 잡초에 덮힌밭

обложе́ние (지불·납부 금액을) 할당하는 것, (세금을) 부과하는 것

обло́жка 표지(얇은 것), 종이표지, 표지의 커버, 포장지

обложно́й --- дождь 장마

откла́дывать (отложи́ть) 연기하다, 연장하다, 옆에 놓다, 저축하다, 공제하다, (물고기 새등이) 산란하다

откла́дываться 자유롭게 되다, 탈퇴하다

отло́гий 가벼운 경사, 비탈이 있는

отложе́ние (지) 지층의 계

отло́жистый 경사진

перекла́сть (переложи́ть) (곳·때에 대하여) 옮기다

переложи́ться (경마 등에서) 바꿔넣다, 삽입하다, 고체를 만들다, 너무 많이 넣다, 순위가 바뀌다, 개작하다, 번역하다, (책임 등을) 넘기다, 환산하다

перекла́д 갱도의 천정을 떠바치는 나무

перекла́дина 횡목, 작은 거리

перекла́дка 바꿔 놓는 것

перекладно́й 바꿔놓는, 다시 쌓는, 역마의 교체 우편마차

перекла́дчик перекла́дка에 종사하는 사람

перело́г 노는 밭

переложе́ние 전위, 개작, 이조(음), (읽는 것의 내용을) 이야기 하는것

покла́жа 화물, 적하

полага́ть (положи́ть) 생각하다, 추측하다, (시작·끝·한계를) 두다, 정하다, 결정하다

полага́ться 신뢰하다, 의지하다, 당연하다

положи́ть (полога́ть) 가정하다, 죽이다, (보수등을)정하다, 결정하다

положи́ться 기대하다, 신뢰하다

по́лог 휘장(침대의) 씌우개

поло́гий 약간 경사진

поло́гость 경사가 완만한 것

положе́ние 상태, 정세, 위치, 지위, 입장, 규정, 범규, 논제, 명제, 놓는 일

поло́женный 정해진, 소정의

поло́жим 동의 할 수 없다, 의문이다

положи́тельно 긍정적으로, 전혀, 물론

положи́тельный 긍정적인, 적극적인, 쓸모있는, 확정적인, (수) 정의, (전) 양의

подкла́дывать 제출하다, (원서등을) 정리하여 두다, 물래 놓다

подкла́дка (의복의) 안감, 밑에 까는 것, 사물의 이면

подкладно́й 밑에 까는

подкла́дочный (의복 등의) 안의, 안감의, 밑에 까는

подложи́ть (밑에) 놓다, 안감을 대다, 더하다, 부가하다

прикла́д (총의) 개머리, 의복·신발의 부속품 (단추·안감 등), 부속, 추가

прикла́дистый (총이 어깨에 딱 붙어) 조준하기 쉬운
прикла́дка (군) 거총
прикла́дник 공예가, 응용과학자
прикладно́й 응용의, 실용적인
рукоприкла́дство 판결에 대한 자서, (비꼼) 구타
приложи́ть 옆에 놓다, 첨부하다, 적용하다
приложи́ться (익살) 정중하게 입맞추다, 겨누다, (귀, 눈, 입을) 가까이 가져가다
приложе́ние 옆에 놓는 것, 첨가, 부가물, (노력을) 더하는 것, 응용, (어) 동의어
проло́г 서막, 처음, 발단, 움푹펜 땅
раскла́сть (разложи́ть, слаживать) 사방에 나누어 주다, (풀어서) 적당한 장소에 두다, 할당하다, 불을 피우다
раскла́д 배열, 배당
раскла́дка 분배, 할당, 펼쳐 놓는 것
раскладно́й 분해 할 수 있는 것
раскладу́шка 폈다 접었다 하는 간이 침대
разложи́ться 사방에 진열되다, 할당되다, 분배되다
разложи́ть → разлага́ть 분해하다, 분산하다, 붕괴시키다
разложи́ться → разлага́ться 분해되다, 분산되다, 붕괴되다
разложе́ние 해체, 부패, 붕괴, 분해, 분할
скласть (скла́дывать) (сложи́ть) 한군데 놓다, 싣다, 가산하다, 조립하다, 짓다, (책임 등을) 벗다, 해제 하다, 짜다, 접다
склад 창고, 성격, 기질, 기구, 체격, 조화, 철자
скла́день 접을 수 있게 만든 물건
склади́ровать 창고에 넣다
скла́дка (종이·천의) 접은 금, 주름(옷), 습곡(지), 조립된것
скла́дно 조리있게, 유창하게, 순조롭게
складно́й 접어넣는
скла́дность 조화된것
скла́дный (체격에 대하여) 균형이 잡힌, 조화된

скла́дочный 짐을 싣는, 창고의
складско́й 창고 업무
скла́дчатость 습곡, 습곡 작용
скла́дчик 출자자, 저장자
скла́дчина 갹금, 공동출자
скла́дчинный 갹금의, 공동 출자의
зерноскла́д 곡물창고
нескладёха (익살) 사리를 모르는 사람
нескла́дица 지리 멸렬한 것
нескла́дный 지리멸렬한, 꼴사나운
сложи́ться 조립되다, 구성되다, (돈을) 같이 내다
сложа́ → сложи́ть
сложе́ние 내려 놓는 것, 제거 하는 것, 조립, 제작, 체격, 더하기, (광)층
сложе́нный → сложи́ть
сложносокращённый (어) 복합약어
сложносочинённый 병립 본문(어)
сло́жность 조립, 합성, 복합성
сло́жный 합성적인, 복잡한, 착잡한
укла́сть (уложи́ть) 길게 누이다, 재우다, 넣다, 거두어두다, (잔디 대리석 등을) 입히다, 규칙대로 부설하다, 살해하다
уложи́ться 짐을 챙기다, 출발 준비를 하다, 수습하다, 이해되다(머리에 들어 가다)
уложе́ние 법전
укла́д 조직, 제도, 단철, 강철
укла́дистый 용량이 큰
укла́дка 거둬들임, 넣음, (대리석 벽돌 등을) 붙이는 것
укла́дочный 거둬 들이는, 넣는, 붙이는

клей 아교풀
клеева́р 아교 제조공
клеваре́ние 아교 제조
клева́рня 아교 제조소
клеево́й 풀의
клеёнка 유포, 방수포
клеёный 밀납을 먹인, 아교를 바른
клеесварно́й 접착, 용접의

клеи́льный   아교, 풀 먹이는
клеи́льщик   아교 풀 먹이는 직공
кле́ить   아교·풀로 붙여 만들다
кле́иться   끈적 끈적하다, 달라 붙다, 순조롭게 처리되다
кле́йка   아교 풀로 붙이는 것
клея́нка   풀 아교를 끓이는 그릇
вкле́ить   붙여 넣다
вкле́иться   속에 달라 붙다
вкле́йка   붙여 넣은, 끼워 넣는 것
вы́клеить   풀로 붙여 만들다, 주위를 완전히 붙이다
вы́клеиться   벗겨지다, 떨어지다(붙어 있던 것이)
докле́ить   (아교로) 붙이다, 붙이기를 마치다
закле́ить   봉합하다
закле́йка   아교·풀 붙인 곳
накле́ить   (표면에) 풀로 붙이다, 풀로 붙여서 만들다
накле́иться   달라 붙다
накле́йка   풀로 붙이는 것, --로 붙인것
надкле́ить   붙여서 늘이다, (종이 따위를) 덧붙이다
надкле́иться   표면에 덧붙이다
надкле́йка   덧붙이는 것, 덧붙여진 부분
окле́ить   주위에 붙이다, 발라서 덮다
окле́йка   주위에 붙이는 것, 바르는 것
окле́йщик   도배장이
обкле́ить → окле́ить
откле́ить   (붙인 것을) 떼다, 벗기다
откле́йка   (붙인 것을) 떼는 것
перекле́ить   다시 풀로 붙이다, (많이) 풀로 붙이다
подкле́ить   밑에 붙이다, 덧붙이다
подкле́йка   덧붙이는 것, (장화 허리의) 안가죽
прикле́ить   붙이다, 풀칠하다
прикле́иться   붙다, 불활하다
прикле́йка   붙이는 것, 풀로 붙여진 물건
прокле́ить   (종이에) 도사·반수를 먹이다, (얼마 동안) 붙이는 일을 하다
прокле́йка   아교, 풀, 아교 풀 따위를 바른 곳

прокле́йщик   도사를 칠하는 직공
раскле́ить   사방에 붙이다, (붙은 물건의 일부를) 떼내다
раскле́иться   붙은 물건이) 떨어 지다, 못쓰게 되다, 약해지다
раскле́йка   광고를 사방에 붙이는 것
раскле́йщик   광고를 사방에 붙이는 사람
скле́ить   붙이다, 한데 모으다, 원상 복구하다 (찢어진 것을)
скле́иться   붙다, 옛 상태로 돌아 가다
скле́йка   붙이는 것, 서로 붙인곳
скле́йщик   붙이는 직공 (영화 필름등)
укле́ить   전부 붙이다, 남김없이 붙이다

кли́кать (кли́кнуть)   (거위 따위가) 큰 소리로 울다, 히스테릭하게 외치다
клик   외침, 부르짖음, 함성
клику́н   큰소리로 우는 것, 미끼로 쓰는 짐승
клику́ша   히스테릭한 여자, 히스테리한 정치광
клику́шеский   히스테릭한
клику́шество   히스테리
клику́шествовать   히스테릭하게 불만을 토로하다
клич   외침, 부르는 소리, 호소
кли́чка   (개따위를) 부르는 이름, 별명
воскли́кнуть =восклица́ть   (감탄으로) 소리 높여 말하다
восклица́ние   부르짖음, 절규, 감탄
восклица́тельный   절규의, 감탄의
вы́кликать   큰소리로 호출하다
вы́кликнуть   부르다, 금속을 내다, 끽끽 소리를 내다
вы́клик   고함, 호출
докли́каться   들릴 때까지 부르다
окли́кнуть = окли́кать   소리를 내어 부르다, 이름을 부르다
окли́кнуться = окли́каться   소리내어 부르다
откли́кнуться   부르는 소리에 응답하다, 반향을 주다, 비평하다

о́тклик 부르는 소리에 대한 응답, 반향, 결과, 영향
перекли́кнуть = перекли́кать 점호하다
перекли́каться 서로 부르다, 공통점이 있다
перекли́чка 점호, 서로의 경험을 교환 하는 것
перекли́к 서로 불러 내는 소리
подкли́кнуть 큰소리로 불러 들이다
по́дклик 큰소리로 불러 들이는 것, 그 목소리
накли́кать (미신) 나쁜 얘기한 대로 재난을 불러오다

кли́мат **기후, 풍토**
климатизёр 온도·습도 조절기
климатизи́роваться 기후·풍토에 익숙해지다·순응하다
климатоло́гия 기후학, 풍토학
климатотерапи́я (의) 기후요법
климатро́н 인공 기후 온실
акклиматиза́тор 순화용 병아리 장
акклиматиза́ция 풍토에 순화 하는 것, 환경 순응
акклиматизи́ровать 풍토·환경에 길들이다
акклиматизи́роваться 풍토·환경에 익숙해지다
аэроклиматоло́гия 항공 기후학
горноклимати́ческий --ская ста́нция 고원 요양소
макрокли́мат 광역기후

клони́ть **굽히다, 구부리다, 마음을 가지게 하다, 돌리다, 방향을 잡게하다**
клони́ться 굽다, 기울다, 접근하다, 지향하다, 뜻을 두다
клон (스포츠) 경사, 구배, (식)(꽃꽂이·분근 등에 의한) 묘목
наклони́ть (наклоня́ть) 아래로 굽히다, 기울이다, 경사지게하다, 치우치게 하다
наклони́ться 굽다, 기울다, 경사지다, 치우치다, 몸을 구부리다, 구부러지다, 고개를 숙이다

накло́н 경사, 구배, 사면, 경사면, 기울이는 것
наклоне́ние 기울이는 것, 경사(도), 법, 편자
накло́нка внакло́нку 몸을 구부리고
накло́нность (어떤일에) 기울이는 것, 경향, 기호, 성벽, 경사각
накло́нный 경사된, 구배가 있는, 경향이 있는, 즐기는
отклони́ть 기울이다, 기울이게 하다, 거절하다, 뒤집어 업다
отклони́ться 기울다, 방향에서 벗어나다
отклоне́ние 거부, 거절, 옆으로 벗어 나는 것, 편자, (광선의) 수차
поклони́ться (поклоня́ться) 숭배하다, 존경하다
покло́н 경례, 고개를 끄덕임, 인사
поклоне́ние 예배, 숭배
покло́нник 숭배자, 흠모자, 구애 하는 사람, 신앙자·찬양자
покло́нный = покло́н 온순한
звездопоклонство 성진숭배
идолопокло́нник 우상숭배자
идолопокло́ннический 우상숭배자의
идолопокло́нство 우상숭배
низкопокло́нник 아첨자, 추종자
низкопокло́нничать 아첨·추종하다
низкопокло́нничество 아첨, 추종
преклоне́ние 깊은 존경, 숭배, 감탄, 찬미, 찬양
преклони́ть (преклоня́ть) 구부리다, (머리를) 숙이다, 꿇다, 설득하다, 움직이다
преклони́ться 몸을 굽히다, 엎드리다, 경복하다, 경탄하다, 마음이 움직이다
приклони́ть 아래로 구부리다, 접히다, 숙이다,
приклони́ться 구부리다, 아래로 구부러지다
склони́ть 기울이다, 숙이게 하다, 뜻에 따르게 하다, 권유하다, 설복하다, (어) 어미를 변화시키다
склони́ться 내려가다, 기울어지다, 뜻에 따르다, 굴복하다, 말하는 것을 듯다

склон 경사, 사면, 비탈
склонение 기울어 지는 것, 고개을 숙이는 것, 편차, (천) 적위, (어) 명사·수사 등의 변화
склонность 경향, 취미, 기호, 성벽
склонный --로 기울어진, 경향이 있는, 성벽·기호가 있는, --하고 싶어 하는
склоняемый (어) 장미만 변화시킬 수 있는
уклон 경사, 사면, 내리받이, 경사갱도, 편중, (사상적) 편향
уклонение → уклонить, уклониться
уклонизм (좌·우익의) 편향정책
уклонист (좌·우익의) 편향자
уклонный 경사면의, 내리 받이의
уклоноуказатель (철도·도로의) 경사표지
уклонить 기울게하다, 구부리게하다
уклониться 구부러지다, 옆길로 가다, 이탈하다, 벗어나다, 피하다, 멀리하다, 회피하다
неуклонный 부단·불변한, 확고한, 부동의, 의연한
неуклончивый 양보할 수 없는, 완고한

ковёр = коврик 융단, 양탄자, 모전, 카펫, 깔개
ковровщик 융단·양탄자 제조인
ковровый 융단의, 양탄자의, 깔개의
ковроделие 융단·양탄자 제조

когда 언제, 어느 때에, --한 때에, 언젠가, 이따금
когда-либо = когда-нибудь (과거·미래 모두) 언제가, 어느 한때
когда-то 일찍이, 전에, 예전에
кое-когда 때때로, 이따금
некогда 1) 언제가, 훨씬 이전에, 한 때, 먼 앞날에 2) 짬이 없다, 시간이 없다,
мне теперь некогда 지금 나는 시간이 없다
никогда 결코·늘 -않는다·없다

кожа 피부, 피혁, 식물·과실 등의 껍질
кожанка 가죽 제품의 총칭, 가죽 자켓·잠바

кожволон 다공질 의혁 고무
кожевенный 가죽의, 피혁제조·판매의
кожевник 무두장이, 제혁공, 피혁상인
кожевня 제혁소
кожедёр 가죽을 벗기는 사람
кожеед 가죽을 좀 먹는 해충
кожимит 모조 피혁
кожистый 두터운 가죽의, 가죽과 같은
кожица 얇은 가죽, 엷은 껍질, 식물의 외피·피막
кожник 피부과 의사
кожный 피부의, 가죽의, 피막으로 되는
кожура 과실·야채류의 두꺼운 껍질, 두꺼운·굳은 껍질
кожух 가죽옷, 모피외투, 격리·절연용 덮개·씌우개·함, 대포의 외피관
накожник 피부과 의사, 옴벌레
накожный 피부의, 피부상의
надкожница 각질층, 표피, 찌른 자국, 벤 자국

колебать (колебнуть) 진동시키다, 동요시키다, 불안정하게 하다, 흔들리게 하다, 주저하게 하다
колебаться 진동하다, 동요하다, 불안정하게 되다, 흔들리다
колебание 진동, 흔들리는 것, 변동, 동요, 불안정, 주저
колебательный 진동하는, 동요하는
колеблемый 동요하기 쉬운
колеблющийся 변동하기 쉬운
всколебать 동요시키다, 진동시키다
всколебаться 동요·진동하다
поколебать (잠깐 동안) 동요시키다, 진동시키다
поколебаться (잠깐 동안) 동요·진동하다, 변화하기 시작하다
непоколебимый 확고 부동한, 견고한, 엄연한

колено=коленка=коленце = коленья 무릎, 넓적다리, 대퇴

коле́нный 무릎의
коленопреклоне́ние 무릎을 굽히는 것, 꿇어 앉는 것, 무릎을 꿇고 절하는 것
коле́нчатый 무릎의
надколе́нник 슬개골
надколе́нный 무릎 위의
поколе́ние 한시대의 사람들, 세대, 일족, 일문, 일가
поколе́нный 일족·일문·일가의
подколе́нка 무릎의 안쪽
подколе́нник 무릎차기
подколе́нный 무릎 밑의

колесо́ 차륜, 바퀴, 차, 회전, 변전(운명 따위의)
колеси́ть 우회하다, 타고 돌아 다니다, 타고 가다
коле́сник 차바퀴 제조·판매인
коле́сница 전차 (주로 두바퀴), 아름답게 꾸민 전차
колёсно-гу́сеничный 차륜과 무한 궤도의
колёсный 차륜의, 차륜이 있는
колесова́ть 사지를 수레바퀴에 매어 찢어 죽이다
колесова́ние 차로 찢어 죽이는 형
ко́ломазь 차륜용 기름
исколеси́ть 여러곳으로 타고 돌아 다니다, 주유하다, 온통 바퀴자국을 내다
околеси́ть (어떤곳을) 순방하다·역방하다
околе́сица 어리석은 이야기, 쓸데없는 수다

коне́ц 1) 끝, 말단, 종말, 구석, 결말, 종국, 최종, 최후, 첨단, 밧줄, 편도, 목적
коне́ц и делу 그것으로 끝이다
концево́й 끝의, 끝이 있는
коне́чно 물론, 틀림없이, 물론 그렇다
коне́чность 수족, 사지, 끝이 있는 것, 유한성
коне́чный 끝이 있는, 최후의, 궁극의
-коне́чный 끝의 뜻
ко́нчить (конча́ть) 끝마치다, 완료하다, 종료 하다, --으로 끝나다, 그만두다, 폐지하다, 죽이다, 목숨을 끊다, 관계를 끊다, 청산하다
ко́нчиться 끝나다, 완료하다, 낙착되다, 그치다, --로 그치다, 죽다
ко́нченый 끝난, 결정난, 결정적인
ко́нчик 끝, 첨단
кончи́на (경어적으로) 사망, 서거, 최후
бесконе́чность 무한, 영원, 무궁, 무한량, 무한대
бесконе́чный 무한한, 무궁한, 끝없는, 기나긴, 터무니 없는,
вконе́ц 아주, 완전히, 몽땅
наконе́ц 마침내, 드디어, 끝으로, 그 위에, 결국, 겨우, 간신히
наконе́чник 칼집 끝의 장식, (지팡이끝의) 쇠갓, 일반적으로 물건의 끝에 씌우거나 장치하는 것
наконе́чный 끝에 있는
оконча́ние 종료, 완료, 완결, 종편, 어미
оконча́тельный 최종의, 최후의, 결정적인, (법) 상고 없는, 결심의
око́нчить 끝내다, 성취하다
око́нчиться 마치다, 끝나다, --의 의미를 지니다
поко́нчить 끝내다, 종결하다, 제거하다, 청산하다
прико́нчить 다 써버리다, 다 먹어 버리다, 다 탕진하다, 숨통을 끊다, 죽이다
прико́нчиться 끝나다, 그치다, 없어지다
остроконе́чный 앞끝이 날카로운
тупоконе́чный 끝이 무딘, 끝이 뭉특한

конь
конево́д 마필 사육자, 양마부
конево́дство 마필 사육, 양마
конево́р 말 도적
конёвый (장기의) 말의
конесовхо́з 국영 양마 농장
конефе́рма 양마장
конёк = ко́ник → конь 망아지

кони́на 말고기
ко́нка 철도마차
ко́нник 기병
ко́нница 기병대
ко́нно- ко́нный의 뜻
конноартилле́рия 기마 포병
конногварде́ец 근위 기병
коннножеле́зный --ная доро́га 철도 마차
коннозаво́дство 양마, 육마, 종마장, 육마장
коннозаво́дчик 종마 사양장의 주인·관리인
конноспорти́вный 마술 경기의, 승마 경기의
ко́нный 말의, 말에 의해 움직이는, 기병의
конова́л (민간의) 말의사, 돌팔이 의사
конево́д 우두머리, 두목, 괴수, 마필 당번병
конево́дить 두목·괴수이다, 우두머리가 되다, 마필 당번을 하다
ко́новый → конь
коново́язь 말을 매는 말뚝
коного́н 말 몰잇군
конокра́д 말 도적
конокра́дство 말을 훔치는 것
конь-ры́ба 잉어과의 하나

копа́ть (копну́ть, копану́ть) 파다, 파엎다, 굴착해서 만들다, 조사해 보다
копа́ться 파엎다, 휘저어 찾다, 여러모로 생각하다, 주저하다
копа́лка 파는 도구
копа́льный 파기 위한
копа́ние 파는 것
копа́ч 공사판의 막벌이꾼
копь 갱, 갱도
копа́тель 파는 사람
гробокопа́тель 무덤을 파는 사람, (비꼼) 돌팔이 고고 학자
гробокопа́тельство 고고학자의 일
канавокопа́тель 도랑을 파는 기계
картофелекопа́тель = картофелекопа́лка 감자 캐는 기계
лункокопа́тель 야채를 심는 구멍을 파는 기계

копу́н = копу́ша 굼뜬 사람, 굼뱅이
ко́пка 파는 것, 캐내는 것
ко́поткий = ко́потный 완만한, 느린, 굼뜬 (일꾼 따위), 품이 드는
копотня́ 굼뜨게 하는 것, 지연
копоту́н 느린, 굼뜬 사람
закопа́ть 파묻다
закопа́ться 스스로 묻히다, 꾸물 거리다
вкопа́ть (파낸 구멍속에) 세우다, 고정시키다
вкопа́ться 파나가다, 깊이 참호를 파서 둘러 치다
вскопа́ть 파서 일구다, (땅을) 부드럽게 만들다
вы́копать 파올리다, 발굴하다, 찾아 내다
вы́копаться 파여서 나오다, 파내지다
докопа́ть 다 파내다, --까지 파다
докопа́ться --까지 파다, 밝혀내다
закапа́ть 파묻다, 파기 시작하다
закапа́ться 스스로 묻히다, 꾸물거리다
ископа́ть 여러곳을 파다
ископа́емый 땅속에서 발굴된, 화석의, 시대에 뒤 떨어진, 광물
накопа́ть 파내다, 채굴하다
окопа́ть 주위를 둘러 파다, 제방으로 에워 싸다
окопа́ться 호를 파고 들어 가다, 은신처를 발견하다
око́п = око́пчик 참호
откопа́ть 발견하다, 찾아내다
откопа́ться 우연히 발견되다
отко́пка 발굴
перекопа́ть (새롭게) 땅을 파서 일키다, 다시 파다, (길을 가로 질러서) 파다
переко́п (길등을 차단하는) 둑이 있는 홈
переко́пка перекопа́ть의 명사형
покопа́ть (얼마 동안) 파다
покопа́ться 파들어 가다, 뒤져서 찾다, 꾸물거리다
подкопа́ть 밑을 파다, 지하도를 뚫다, 갱도를 파다
подкопа́ться 통로를 만들다, 갱도를 파다
подко́п = подко́пка 갱도를 파는 것

прикопа́ть 가식하다, (보호를 위해) 가볍게 흙을 덮다
прико́пка прикопа́ть의 명사형
прокопа́ть 파서 구멍을 내다, (얼마 동안) 파다
прокопа́ться 파나가다, 꾸물거리다
проко́пка 굴착
проко́п 파헤치는 것 (구멍·지하도·운하)
раскопа́ть 파헤치다, 발굴하다, 찾아 내다
раско́пка 파해치는 것, 발굴하는 것, (유적·보물 등) 발굴, 그작업
скопа́ть 파버리다, 파치우다, (작은 언덕 따위를) 평평하게 하다
землеко́п 땅파는 일꾼, 토역꾼
рудоко́п 광부, 갱부
углеко́п 탄광부

копи́ть 저축하다, **모으다**, **축적하다**, **숨기다**, 품다
копи́ться 모이다, 축적되다, 증가되다
копи́лка 저금통
накопи́ть 축적하다, 쌓다
накопи́ться 쌓이다, 모이다, 점점 많아지다
накопи́тель 축재자, 구두쇠
накопле́ние 축적, 집적, 저축
поднакопи́ть 어떤양을 조금 저축하다
подкопи́ть 조금씩 저축하다, 모아두다
поднакопи́ться 어떤양이 조금 저축되다
принакопи́ть (점점) 축적하다, 모아서 저축하다
прикопи́ть 쌓다, 모으다, 저축하다
скопи́ть 돈을 모으다, 축척하다
скопи́ться 모이다, 쌓이다
ско́пище (사람 물건의) 군집, 무리, 무더기
скопле́ние 집적, 퇴적, 붐빔, 혼잡, 군집
ско́пом 다같이, 협동하여, 떼를 지어

ко́рень (식물의) 뿌리, **뿌리(모근, 치근, 손톱, 발톱, 혀뿌리 등), 근원, 기원, 본질, 신분, 태생, 혈통, 가문**
корена́стый (식물에 대하여) 뿌리가 굵은, (사람에 대하여) 땅딸막한, 다부진
корениза́ция 본원적 주민화 (원주민을 주로 하여 각종 시설을 하는 것)
коренизи́ровать (지방기관을) 주민화 하다
корени́стый 뿌리가 많은, 뿌리가 뻗은
корени́ться 뿌리를 박다, 정착하다, 근원을 두다, 유래하다
коренни́к (세필이 끄는 말중) 가운데 말, 토박이
коренно́й 옛부터의, 본래부터의, 근본적인, 본질적인, 주요한, 최대의
коре́нья ко́рень의 복수형
внекорнево́й 뿌리 외의
подкоренно́й 뿌리 밑에 있는, (루트부호) 안에 있는, 뿌리에 가까운
прикорну́ть 웅크리다
вкорени́ть (사상·습관 따위에 대하여) 뿌리를 내리게 하다, 심어주다
вкорени́ться 뿌리를 내리다, 스며들다
закорене́ть (감정 습관 등이) 뿌리를 박다, 깊이 스며들다, (악습에) 물들다, 깊이 빠지다
искорени́ть 근절하다
искорени́ться 근절되다
искорене́ние 근절, 절멸
неискорени́мый 근절하기 어려운
окорени́ться 뿌리를 내리다
укорени́ть 뿌리를 뻗게하다, (사고방식 습관 등을) 고정, 정착시키다
укорени́ться 뿌리를 뻗다
укорене́ние 뿌리를 내리는 것
корнева́ть 약초 뿌리(특히 인삼)를 채집하다
корневи́дный 뿌리 모양의
корневи́ще 근경, 지상에 나온 뿌리, 지하경
корнево́й 뿌리의, 어근의
корневщи́к 약초뿌리 채집자
корнеклубнемо́йка 근채 세정기
корнеклубнепло́ды 근채류의 총칭
корнено́жка (동) 근족 충류
корнепло́д 뿌리를 먹을 수 있는 식물, 근채
корнере́зка 사료용 근채 재단기

корнесло́в 어원 사전, 어원학자
корнесло́вие 어원학
корни́стый 뿌리가 뻗은

корми́ть (가축에) 사료를 주다, (갓난 아기, 환자 등에게) 먹여주다, 양육하다, 젖을 먹이다, 식사를 주다, 부양하다, 생활비를 주다, 실컷 먹이다, 때리다

корми́ться (가축) 사료를 받다, 먹다, --을 먹이로 하다, 생계를 세우다

корм 먹이, 사료, 여물, (사람의) 음식물
корма́ч 사료계
корме́жка 먹이 식사를 주는 것, 식사
корми́лец 한가정을 부양하는 사람, 남자에 대한 친근한 호칭
корми́льщик (조·수의) 사육자
кормле́ние 사료를 주는 것, 양육
ко́рмленый (사료를 많이 주어) 살진
кормово́й 사료용의, 생활비로 지급되는
кормозапа́рник 사료를 끓이는 그릇
кормоку́хня 사료 조리장
кормоприготови́тельный 사료 조제의
корморе́зка 사료 제단기
корму́шка 구유
вскорми́ть 길러내다 (동물을·사람을·지도자를)
вскормленник 양자, 피양육자
вскорм (동물을) 길러내는 것
вы́кормить 기르다, 사육하다, 사료를 충분히 주다
вы́корм = вы́кормка 사육
докорми́ть 먹이 사료를 다주다, 수유를 마치다
закорми́ть 음식을 지나치게 주다, 과식시키다, 지나치게 대접하다
накорми́ть → корми́ть
недоко́рм 사료 부족
окорми́ть 너무 먹이다, 독이든 것을 먹이다, 독살하다
обкорми́ть 너무 많이 먹이다

откорми́ть 육용 가축·가금을 비육하다
откорми́ться 잘 먹어서 살찌다
отко́рм 육용 가축·가금의 비육
отко́рмок = отко́рмы 비육한 가축 가금
отко́рмочный 비육의
перекорми́ть 너무 많이 먹이다, 모든 사람을 먹이다
переко́рм = переко́рмка 너무 많이 먹이는 것
покорми́ть 조금 먹이다
покорми́ться 조금 먹다
подкорми́ть (사람 및 가축에 대하여) 음식를 늘려주다, 영양을 좋게 하다, (토시의) 시비를 늘려주다
подкорми́ться 배불리 먹다, 영양을 충분히 섭취하다
подко́рм подкорми́ть의 명사형
подко́рмка 미끼로 낚는 것, 식물에 비료를 주는 것
подко́рмочный 가축의 영양을 추가하기 위한
прикорми́ть 먹이를 주어 길들이다, 좋은 미끼로 유인하다, (사료를) 더주다
прикорми́ться 실컷먹다
прико́рмка 사료, 먹이
прокорми́ть 부양하다, 먹을 것을 주다, (얼마 동안)부양하다, 사육하기 위해 쓰다
прокорми́ться 살아가다, 입에 풀칠하다
проко́рм 양육, 입에 풀칠 할 돈
прокормле́ние 양육, 사육
раскорми́ть 잘 먹여서 살찌게 하다
скорми́ть 사료로 다 써버리다

коро́ткий 짧은, 가까운, 친한, 간단한, 단호한, 부족한

коро́тенький (익살) 키가 낮은
короти́ть = укора́чивать = укороти́ть 짧게 하다, 줄이다
коро́тко 짧게, 간단하게, 친밀하게
-коро́тко 짧음의 뜻
короткова́тый 짤막한

коротковоло́сый 털 머리칼이 짧은
короткоголо́вый 머리가 짧은
короткогри́вый 갈기가 짧은
короткометра́жный 치수가 짧은
коротконо́гий 다리가 짧은
коротконо́жка 다리가 짧은 사람
коротконо́сый 코가 짧은
короткопа́лый 손가락이 짧은
короткопо́лый (의복의) 옷자락이 짧은
коро́ткость 짧은 것, 친밀, 절친한 사이
короткоу́сый 수염이 짧은
короткофо́кусный 초점 거리가 짧은
короткохво́стый 꼬리가 짧은
короткоше́ий 목이 짧은
короты́ш 키가 작은 사람, 난장이
коро́че 간단히 말해서
вкоротке́ 가까운 미래에, 간단히
накоротке́ 근거리에서, 단시간
на́коротко 곧, 이윽고
корота́ть (시간·틈·짬을) 단축시키다, 메우다, 보내다
корота́ться 경과 하다, 지나다
окороти́ть (окора́чивать) 너무 짧게 하다
подкороти́ть 조금 짧게 하다
скороте́льный (가축 특히 소에 대하여) 해산이 수월한
укороти́ть 짧게 하다, 줄이다
укоро́чение 단축
кра́ткий 짧은, 가까운, 간결한, 다음의
кратко- 단의 뜻
кратковре́менность 잠깐 동안인 것, 잠시
кратковре́менный 잠시 동안의, 영속하지 않는
краткосро́чный (어음·휴가 따위가) 단기의
кра́ткость 짧은·가까운 것, 간략, 다음인 것
вкра́тце 간단히 말해서, 짧게
сократи́ть 단축하다, 줄이다, 생략하다, 해고하다, 꾸짓다
сократи́ться 짧아 지다, 감소하다
сократи́мый 단축 생략 할 수 있는

сокраще́ние 단축, 삭감, 생략
сокращённость 단축, 생략, 감소
сокращённый 단 어미의, 단축한
сложносокращённый 복합 약어

коры́сть 이익, 탐욕
коры́стливый 욕심장이의
коры́стный 이익·사리를 목적으로 하는, 사리 사욕에 눈이 어두운, 이익이 있는
корыстолю́бец 욕심쟁이, 욕심이 많은 사람
корыстолюби́вый 욕심이 많은, 사리를 탐내는
корыстолю́бие 금전욕이 강한 것, 욕심이 많은 것
бескоры́стие 욕심이 없는 것, 청렴
бескоры́стный 사심이 없는, 청렴한

коси́ть (풀을) 베다, 가로 쳐서 쓸어 뜨리다, (대량으로) 죽이다
коса́ 변발, 큰낫, 갑, 좁고 긴 삼림지다, 혜성의 꼬리
коса́рь = косе́ц 풀베는 사람, 손도끼
коси́лка 풀베는 기계
косови́ца 추수, 추수 때
косови́ще 큰 낫의 자루
косни́к 낫을 사용하는 사람
ко́сный 큰 낫의
газонокоси́лка 잔디 깍는 기계
коше́ние коси́ть의 명사형
кошени́на 베었으나 아직 마르지 않은 풀
вкоси́ться (풀을 베어) 깊이 파고 들어가다, 풀 베는 일에 익숙해 지다
вы́косить 몽땅 베어 버리다, (질병 따위를) 절멸시키다, 풀을 베어 돈을 벌다
вы́коситься (낫이) 들지 않게 되다, 풀베기를 마치다
вы́кос вы́косить의 명사형
докоси́ть (дока́шивать) (풀 따위를) 파베다
закоси́ть (추수에) 남은 것을 베어내다
накоси́ть (어떤 양을) 베다

накоси́ться 싫증나도록 베다

обкоси́ть (обка́шивать) 주위의 풀을 베다, (큰낫으로) 써서 길들이다

откоси́ть (어느 시간 동안) 풀을 베어내다, 수확을 끝내다

откоси́ться 수확을 끝내다

перекоси́ть (모조리) 베다, 죽여 버리다, (고통으로) 얼굴을 찡그리다, 일그러지다, 굽다,

переко́с 모양이 뒤틀리는 것, 잘못, 고장

покоси́ть (모조리) 베어버리다, (잠깐 동안) 베다

подкоси́ть (낫으로) 베다, 깎다, (밑을 쳐서) 넘어 뜨리다, 힘 원기를 빼았다

подкоси́ться (피로 쇠약 충격으로) 다리가 서지 않다

подко́с 풀을 다 벤 초원

подко́шенный 파 베어진

прокоси́ть (얼마 동안) 베다, 좁은 지대의 풀을 베다

проко́с 풀을 베어낸 자리

раскоси́ть 함께 풀을 베다

ско́шенный 베어낸

скос 수확, 베어내는 것

укоси́ть 완전히 베다, 수확을 끝내다

уко́с = уко́сина 추수량, 추수시기

уко́сный 추수의

сеноко́с 풀베기, 풀을 베는 곳·시기

травоко́с 풀베기 (고어)

сенокоси́лка 풀깎는 기계

кость 뼈, 골질, 유골, 유해, 주사위, (비꼼) 혈통, 가문

косте- 뼈의 뜻

костево́й 뼈의

костедроби́лка 쇄골기

костене́ть (주로 시체가) 뼈처럼 굳어지다, (수족이) 무감각해지다, 경직되다, 굳어지다

костеобжига́тельный 뼈를 태우기 위한

кости́стый 뼈가 많은, 뼈가 앙상한

костля́вость 뼈가 앙상한 것, 그런 체격

костля́вый → кости́стый

ко́стный 뼈의, 뼈로된

косто- → косте-

костое́да 골저, 골양, 카리에스

костоло́м 골통, 쇄골기

костоло́мка 골통, (의) 매독, (뼈가 부러질듯한) 나쁜 도로

костопра́в (예날의) 마을의 접골사, 엉터리 의사

косторе́з 골제 조각사

ко́сточка = кость (과일의) 핵·씨, 주판 알, 코르셋 등에 넣는 고래뼈

ко́сточковый (과일에 대하여) 씨가 있는, 핵이 있는

костре́ц (해) 천골의 하부, 넓적다리 고기

костя́к 해골, 골격, 중견, 주력, 핵심

костя́нка (식) 핵과, 뼈단추

костяно́й 뼈의, 뼈로 만든

костя́шка 작은 뼈, 뼈조각, 주판알

беско́стный 뼈가 없는

межко́стный 뼈 사이의

нако́стница 말다리의 유종

нако́стный 뼈 위의, 뼈의

подко́стный 뼈 밑에 있는, 뼈 밑의

закостене́ть 뼈처럼 굳어지다, (공포·낙담 등으로) 움직일 수 없게 되다

окостене́лый 뼈처럼 단단해진, 경직된, 침체한

окостене́ть 뼈처럼 단단해지다, 굳어지다, 경직되다

жидкоко́стный (비꼼) 말라빠진, 빈약한 체구를 한

ширококо́стный 뼈가 넓은, 뼈가 굵은

кот 수코양이, (매음부의) 정부

ко́тик 물개

котёнок → котя́та 새끼 고양이

коти́ться (고양이가) 새끼를 낳다, (양 따위가) 새기를 낳다

ко́шка 암코양이, (일반적으로) 고양이, 고양이

가죽, 가종 갈고리 모양의 도구
кошечка   кошка의 애칭
кошкодав   고양이 사는 사람, 묘피 사는 사람
кошурка → кошечка
кошатина   고양이 고기(식용)
кошатник   고양이 잡는 사람, 고양이 애호가

край   1) 가장자리, 끝, 가 , 귀퉁이, 모서리, 변두리, 국도, 지역, 지방,
край   2) -곁에, --옆에, --가장 자리에
краевед   지지학자
краеведение   지지학, 지지연구
краевой   지방의, 끝의, 구석에 있는
краеугольный   근본적인, 가장 중요한
краешек   귀퉁이, 끝, 작은 조각, 소부분
крайбюро   지방 사무국
крайисполком   지방 집행 위원회
крайком   지방 위원회
крайне   극단적으로, 매우, 과격하게, 편향하여
крайний   제일 끝의, 극단적인, 최후의, 과격한, 편향적인
крайность   극도, 극단, 절박, 핍박, 궁핍
крайоно   지방의
крайплан   지방계획
бескрайний   끝없는, 무한한
закрай   볼록 나온·구부러진 가장자리
межкраевой   지방사이의
окраина   (마을·산림·부락 등의) 외진 곳, 변두리, 변경
украек   끝, 가장자리
украина   국경지방
Украина   우크라이나

красивый   아름다운, 고운, 훌륭한, 성장한
краса   미, 아름다움, 광채, 자랑, 미인, 아름다운 여인의 육체, 장식
красавец   미인, 미녀
красавчик   멋장이, 모양을 내는 사람
красивенький   (다소 비꼼) 아름다운, 고운
красивость   외면만의 아름다움

красоваться   (미려한 것이) 보이다, 미를 과시하다
красота   미, 아름다움, 아름다운 장소·것, 미녀, 이쁘다, 잘한다
красотка   귀여운·사랑스러운 소녀
красить   색칠하다, 물들이다, 장식하다
краситься   (눈썹, 머리, 입술) 화장하다, 염색하다
прикрасить   말을 과장하다, 꾸미다, 윤색하다
прикраса   윤색(말의), 과장
без прикраса   솔직한 (과장하지 않고)
скрасить   장식하다, (좋은 물건으로 나쁜 물건을) 가리다
украсить   꾸미다, 장식하다
украситься   장식되다, 몸을 치장하다
украшатель   허식가
украшательский   허식가의
украшательство   허식
украшение   장식, 꾸밈, 장식품, 자랑
изукрасить   장식하다, (익살) 추하게 만들다
изукраситься   장식되다, (익살) 더럽히다
приукрасить   조금 장식하다, 미화하다
разукрасить   장식하다
разукраситься   화려하게 치장되다
раскрасить   착색·채색하다
раскрасавец   절세의 호남자
раскрасавица   절세의 미인
раскраска   착색, 채색
раскрасить   착색, 채색하다, 도식하다
раскрасчик   착색공
прекрасно   매우 아름답게, 멋지게, 좋다, 훌륭하다
прекрасный   매우 아름다운, 멋진
краска   물감, 안료, 도료, 색조, 상태, (얼굴의) 홍조
красочный   안료의, 염료의, 그림 같은, 특징이 있는
бескрасочный   색채가 없는
красилка = красильня   염료 공장, 염색실
красильщик   염색공

краси́тель　물감, 안료
кра́шение　착색, 염색하는 것
кра́шени́на　물들인 삼베
кра́шеный　칠한, 물들인, 화장한
вы́красить　염색하다
вы́краситься　물들다
докра́сить　염색·칠을 마치다
докра́ска　염색을 마치는 것
докра́сна　빨갛게 될때까지
закра́сить　칠하여 감추다, 빈틈 없이 칠하다
закра́ситься　칠하여 보이지 않게 되다
закра́ска　칠하여 가림
искра́сить　(염료를) 다써버리다
накра́сить　칠하다, 물들이다
накра́ситься　(자기의) 입술을 칠하다, 화장하다
окра́сить　착색·염색하다
окра́ситься　물들다, 채색되다
окра́ска = окра́с　색채, 음영, 뉴앙스
обкра́сить　물들이다, 칠하다
откра́сить　채색 염색을 마치다, 착색하다
перекра́сить　(다시) 바르다, 칠하다, 색갈을 바꾸다
перекра́ситься　색채가 변하다
перекра́ска　다시 물들임
покра́сить　(잠깐 동안) 염색하다
покра́ска　염색 하는 일, 칠하는 일
покра́сочный　도장용의
подкра́сить　조금 질하다, 색칠하다, 비슷하게 칠하다, 조금 윤색하다
подкра́ска　подкраси́ть의 명사형
прокра́сить　온통 칠하다, 칠하다
прокра́ситься　물들다
прокра́ска　прокраси́ть의 명사형
кра́скова́р　염료 제조공
кра́скова́рный　물감을 만드는
кра́скова́рня　염료실, 염료 제조 공장
краскопу́льт = краскораспыли́тель　염료 도료 분무기
краскотёр　그림물감 혼합공, 그림물감 뭉개는 막대
краскотёрка　그림물감을 섞는 판대기, 접시

кра́сный　적색의, **붉은**, **좌익의**, **공산주의**, 아름다운, 고운, **훌륭한**
кра́сненький　불그스름한
красне́ть　빨갛게 되다, 얼굴이 붉어 지다, 부끄러워하다, 좌경하다
красне́ться　빨갛게 보이다
краснёхонек　새빨간, 진홍의
красно-　붉은 훌륭한 뜻
красноарме́ец　붉은 군대 군인
красноба́й　요설가, 수다쟁이,
красноба́йство　요설, 미사여구
красноватый　붉으스름한
красногварде́ец　적위병
краснодере́вец　고급 가구 제조인
Кра́сное мо́ре　홍해
красноз́ём　적토, 자토
красноќожий　피부가 붉은, 인도인, 아메리카 인디안
красноле́сье　침엽수림, 솔밭
красноли́цый　홍안의
красноречи́вый　응변술이 능한, 능변하게 말하는
красноре́чие　웅변, 웅변술
краснота́　적색, (몸의) 붉은 반점
краснощёкий　뺨이 붉은
красну́ха　(의) 장마진, 홍반, 돼지 전염병의 하나
докра́сна　빨갛게 될 때까지
закрасне́ть　붉게 보이기 시작하다, 붉어 지기 시작하다
закрасне́ться　붉게 보이기 시작하다, 얼굴이 붉어 지다
инфракра́сный　적외선의
искрасна-　형용사에 붙어서 붉은 빛을 띠었다는 뜻
искрасножёлтый　적황색의
покрасне́ть → красне́ть

прекра́сное   미, 미적인 것, 미녀들
прекра́сно   매우 아름답게, 멋있게, 좋다, 훌륭하다
прекрасноду́шие   (비꼼) 매우 상냥한 마음, 극도의 이상주의
прекра́сный   매우 아름다운, 멋있는
раскрасне́ться   새빨게 지다

красть   훔치다, 도둑질하다
кра́сться   살며시 다가오다
кра́жа   절취, 절도
кра́деный   도난 당한
вы́красть   훔쳐내다, 표절하다
вы́красться   도적맞다, 사라지다
накра́сть   (많이) 훔치다, 훔쳐모으다
обокра́сть   (--에게서) 훔치다, 약탈하다, 표절하다
обокра́денный   훔친, 표절한
перекра́сть   (많이·모조리) 훔치다
покра́сть   (많이) 훔치다, 약탈하다
прокра́сться   살금 살금 지나가다, 잠입하다, 속여서 얻다
раскра́сть   몽땅 훔치다
скра́сть   (주로 결함을) 눈에 뜨이지 않게하다, 훔치다
скра́сться   눈에 뜨이지 않게 되다, 숨다
укра́сть → красть
казнокра́д   공금 유용자, 관물 착복자
казнокра́дство   공금 유용, 관물 착복
конокра́д   말도적
конокра́дство   말을 훔치는 것
скотокра́дство   가축 절도

кре́дит   (부기의) 대변
креди́т   신용, 신용대부, 크레디트, 융통자금, 준비금
кредитбюро́   신용 조사소
креди́тка   지전, 지폐, 태환권
креди́т-но́та   (상) 대변표
креди́тный   신용 대부의, 외상의
кредитова́ть   크레디트를 설정하다, 융자하다
кредитова́ться   크레디트를 받다, 융자를 받다
креди́товый   빌려 주는 쪽·사람의
кредито́р   채권자, 대주
кредитоспосо́бный   신용 능력 있는, 지불 능력 있는
кре́до   신조, 신념, 주의
аккредити́в   신용장, 신용어음, 신임장(외교관의)
аккредити́ровать   신임장을 주다 (외교관에게), 금전·화물 등의 수취나 청구를 위임하다

кре́пкий (крепча́йший)   굳은, 견고한, 튼튼한, 확고한, (차 따위가) 진한, (술) 독한
крепёж   수직 갱도의 보강
крепи́льщик   수직 갱도의 보강용 치목
крепи́тель   결합제
крепи́тельный   고정용의, 강장·건강하게 하는
крепи́ть   굳히다, 견고하게 하다, (배) 선구를 단단히 붙잡아 매다, (돗 따위를) 접다, (의) 변비를 일으키다
крепи́ться   참다, 견인 분발하다
кре́пко   매우, 단단하게
кре́пко-   강한, 굳은 의 뜻
крепкова́тый   약간 굳은
крепкоголо́вый   머리가 굳은, 이해가 나쁜
крепкоду́шный   성격이 견실한, 불굴의
крепконо́гий   건각의
крепле́ние   굳히는 것, 고정, 돗을 감은 것, 단단히 붙잡아 매는 것
кре́пнуть   강하게·튼튼하게 되다
кре́пость   강한 것, (음료의) 농도, (광물의) 경도, 요새, 성채
крепостни́к   농노제 찬성자
крепостни́ческий   농노제 옹호의
крепостни́чество   농조제
крепостно́й   농노제의, 성채 요새의, 거래의 (부동산 양도권에 관한)
крепостца́   작은 요새

крепча́ть (바람 추위 따위에) 강하게 되다, 심해지다

крепы́ш 강건한 사람, (속) 구두쇠

крепь 농노제

накре́пко 딱, 빈틈없이, 단단한, 엄중히

вкрепи́ть (вкрепля́ть) 넣어서·끼워서·고정시키다

закрепи́ть 견고하게 때려 박다, 묶다, 조이다, 확고히 하다, 확보하다, (소유권·지위 등을) 확인하다, (사) 정착액으로 고정시키다

закрепи́ться 튼튼히 묶이다, 조여지다, 진지를 구축하다

закре́пка = закре́па = закрепи́тель 고정 견고히 하는 데 쓰는 물건 (못, 핀, 쐐기), 고정

закрепи́тельный 고정·견고히 하는 데 쓰는, 조이기 위한

закрепле́ние закрепи́ть의 명사형

закрепости́ть 노예로 하다, 농노로 하다, 굴종시키다

закрепости́ться 농노·노예가 되다, 예속되다

закрепоще́ние закрепости́ть의 명사형

открепи́ть 풀다, 늦추다, (명부에서) 제외하다

открепи́ться 풀어 지다, 탈퇴하다

перекрепи́ть 다시매다, 죄다

подкрепи́ть 보장하다, 원기를 북돋아 주다, 증명하다, 뒷 바침하다

подкрепи́ться 스스로 용기를 북돋우다 (먹고 마셔서)

подкрепле́ние 원기를 북돋우는 것, 보강

прикрепи́ть 고정시키다(핀·못 따위로), 고착하다, 밀접한, 상호관계에 두다, 등록하다

прикрепле́ние 고착, 밀착

раскрепи́ть 조인 물건을 풀다, 떼다, 벗기다, 단단히 조이다

раскрепи́ться 조인 물건이 산산이 떼어 지다, 풀리다

раскрепости́ть 농노의 신분에서 해방하다, 해방하다

раскрепости́ться 농노의 신분에서 해방되다, 해방되다

скрепи́ть 함께 죄다, 단단하게 하다, 인증 확인하다

скрепи́ться 함께 죄어 지다, 불만을 참다, 용기를 내다

скре́пка 클립, 종이 집게

скрепле́ние 접합, 인증

скрепно́й 죄는, 고정의

скре́почный 접합 연결을 위한

скреп = скре́па 인증, 이은 곳

укрепи́ть 강하게·튼튼하게 하다, 성벽·요새를 짓다, 강장·강화 시키다, (소유권을) 확장하다

укрепи́ться 강화 되다, (군) 방비를 하다, 확고히 하다

укрепле́ние (군) 보, 보루

укрепи́тельный 강하게 하는

берегоукрепле́ние 호안 공사 (해안 보호)

сердцеукрепи́тельный 강심제의

крест 십자가, 십자장, 십자 훈장, 불행, 서약의 표

крестец́ 천골, 선골, 작은 십자가

крести́ → крест

крести́ть 세례를 베풀다, 교 부모의 역할을 하다, 성호를 긋다

крести́ться 성호를 긋다, 세례를 받다

кре́стный 십자가의, 십자가 형의

крёстный 세례의

крестови́дный 십자가 모양의

крестови́к 무당 거미

крестови́на 십자가형으로 이은 두개의 막대기, 십자관 스파이더

кресто́вка 카드의 크로바

кресто́вник 애기풀

кресто́вый 십자가의, 클로바의

крестоно́сец 십자군사, 박명한 사람

крестоно́сный 십자가를 받드는, 기독교의, 십자군의

крестообра́зный 열십자 형의

крестопокло́нный 십자가 예배의

крестосло́вица 크로스 워드, 퍼즐

крестцо́вый 천골, 선골의
креще́ние 세례, 명명, 주현절
крещёный 세례 받은
вы́крестить 기도교로 개종시키다
вы́крест 기도교로 개종한 사람
закрести́ть 대부가 되다, 성호를 긋다
искрести́ть 전뜩 십자가 표시를 하다, 십자 표시로 지우다
окрести́ть 별명을 붙이다
перекрести́ть (그리스도교로) 개종하다, 개명하다, 교차하다, 성호를 그어 축복하다
перекрести́ться 십자가를 긋다, 개종하다, 다시 세례를 받다, 교차하다
перекрёстный 십자의, 십자로 교차한
перекрёстный допрос (법) 반대심문
перекрёсток 십자로, 교차점
перекреще́ние 교차
наперекрёст 열십자로
покрести́ть 세례를 받게 하다, 성호를 긋다
покрести́ться 세례를 받다, (자신에게) 성호를 긋다
скрести́ть 교차시키다, 십자형으로 놓다, 십자형을 지우다
скрести́ться 교차 하다
скреще́ние 교차, 이종교배
скре́щиваемость 이종교배의 가능성
скре́щивание (동식물의) 교배, 언어의 혼효

криво́й 비뚤어진, **굽은**, **기울어진**, **애꾸눈의**, **부정한**, **편파·허위의**
криво- 굽은, 부정의 뜻
кривобо́кий 굽은, 기울어진
кривогла́зый 애꾸눈의, 애꾸눈이
криводу́шие 양심·성의가 없는
криводу́шничать 양심·성의가 없는 행위를 하다
криводу́шный 양심·성의가 없는, 마음이 바르지 않는
криволоко́ленный 직각으로 구부러진
кривола́пый (동물) 다리가 굽은

криволине́йный 곡선의
кривоно́гий 다리가 굽은
кривоно́жка 다리가 굽은 사람, 안짱다리
кривоно́сый 코가 굽은
криворо́гий 뿔이 굽은
криворо́тый 입이 삐뚤어진
кривото́лки 허황된 소문
кривоше́ий 목이 굽은
кривоше́я 경 부 만곡증
кривоши́п 크랭크
криву́ля 굽음
криву́ша 자루가 굽은
криви́ть 굽히다, 꾸불 꾸불하게 하다
криви́ться 굽다, 휘다
кри́вда 부정, 거짓말
криве́ть 애꾸눈이 되다
кривизна́ 굴곡, 만곡, 굽은 것
вкривь 구부려져서, 비뚜로 틀리게
на́криво 비스듬이, 구부려져, 기울여
закриви́ть (закривля́ть) 구부리다, 삐뚤게 하다
закриви́ться 구부러지다, 삐뚤게 하다
закривле́ние 굴절, 만곡
искриви́ть 굽히다, 구부리다, (얼굴·입술 따위를) 찡그리다, 일그러 뜨리다
искриви́ться 굽어지다, 굴곡하다, 찡그리다, 세침 떼기가 되다
искривле́ние 구부리는 것, 굴곡, 만곡, 찡그리는 것, 왜곡, 탈선
перекриви́ть 구부러 지게 하다, 얼굴을 찡그리다
покривля́ться 얼굴을 찡그리다, 걷치레를 하다

крича́ть(кри́кнуть) 외치다, 부르짖다, 고함치다, 꾸짖다, 호통치다
крик 외치는 소리, 부르는 소리, 외침
крикли́вый 목소리가 높고 날카로운, 걸핏하면 싸우려고 드는, 눈에 띄는, 과대한
кри́кса 울보

крику́н 고함 치는 사람, 요설가
крику́ша 시끄러운 사람
крича́щий 남의 눈을 끄는, 반짝 바짝하는, 유난히 화려한
вскри́кнуть 소리치다, 고함치다
вскрича́ть 흥분하여 소리 치다, 소리높여 꾸짓다
вы́крикнуть 큰 소리로 말하다, 큰 소리로 호출하다
вы́кричать 남김 없이 말하다, 소리치다, 고함쳐서 얻다
вы́кричаться 소리쳐서 피곤해 지다, 실컷 외치다
докрича́ться 들릴때 까지 부르다, 부른 결과 어떤 상태가 일어나다
закрича́ть 큰소리를 지르다, 비명을 지르다, 아파서 소리 지르다
накрича́ть 크게 소리지르다, 큰소리로 꾸짓다
накрича́ться 소리쳐 지치다, 마음껏 소리치다
перекрича́ть 자기소리로 남의 소리를 억누르다
перекри́киваться 서로 불러 대다
покрича́ть 잠깐 동안 외치다
по́крик (어떤 새·짐승의) 특정인 고함, 울음
прокрича́ть (부르짖어) 나쁘게 만들다, (얼마 동안) 부르짖다
раскрича́ть 널리 알리다, 선전하다
раскрича́ться 큰소리로 외쳐 시작하다, 큰소리로 꾸짖다

кровь(кро́вушк) **피**, **살륙**, **혈족**, **가문**, **정열**, **월경**
крова́вить 피로 물들이다, 피투성이가 되다
крова́во-кра́сный 피와 같이 새 빨간
крова́вый 피투성이의, 충혈한, 유혈의, 핏빛을 한
кровене́ть 피투성이가 되다
кровени́ть 피투성이가 되게하다
кровено́сный 혈액 순환의
кровесо́сный 피를 빨아내는, (의) 방혈기

кроветворе́ние 조혈
кроветво́рный 조혈(기관)의
крови́нка 핏방울
кро́вный 혈연의, 순종의, 본래의, 진짜의, 결심한
крово- 피의 뜻
кровожа́дный 피에 굶주린, 잔인한
кровозамеща́ющий 혈액 대용의
кровоизлия́ние 출혈, 일혈 (뇌)
кровообраще́ние 혈액 순환
кровооостана́вливающий 지혈의, --ее сре́дство 지혈제
кровоочище́ние 정혈, 월경
кровоперелива́ние 수혈
кровопи́йца 피에 굶주린 사람, 흡혈귀
кровопи́йство 피에 굶주린 것, 잔인
кровоподтёк 자반, 멍
кровопроли́тие 유혈, 살륙
кровопроли́тный 유혈의, 살륙의
кровопуска́ние 방혈, (비꼼) 대량학살
кровосмеси́тель 근친 상간자
кровосмеси́тельство = кровосмеше́ние 근 친상간
кровосо́с 흡혈 큰박쥐, 흡혈귀, 극악 무도한 자
кровотече́ние 출혈
кровоточи́вость 혈우병으로 고생하는 것, 혈우병
кровоточи́ть 출혈하다
кровоха́ркание 각혈
кровоха́ркать 각혈하다
кровяни́стый 피가 많은, 피가 섞인
кровяни́ть → кровени́ть
кровяно́й 피의, 피투성이의, 새빨간
кро́вник (타부족과) 근친 살해에 대한 복수에 관계 있는 사람
искрова́вить (искрове́нить) 피투성이로 만들다
искровени́ться 피투성이가 되다
окрова́вить (окрова́вливать) 피로 물들다
окрова́вливаться 피로 물들다, 피투성이가

К

되다
окрова́вленный 피투성이의
окровене́ть 피투성이가 되다
окровени́ть 피투성이로 만들다
бескро́вие (의) 빈혈
бескро́вный 빈혈의, 핼쑥한, 무혈의
су́кровица 혈장, 고름, 진물
су́кровичный 혈장이 많은
раскровени́ть 피가 날 때까지 때리고 할퀴다
обескро́вить (обескро́вливать) 다량의 피를 흘리게 하다, 무력하게 만들다
обескро́вливание 방혈
гнилокро́вие се́псис 패혈증
малокро́вие 빈혈
мочекро́вие 혈뇨
полнокро́вие 다혈증
полнокро́вный 다혈의, 다혈질의, 밝은, 건강한, 낙천적인
полукро́вка 혼혈동물
полукро́вный 혼혈의
теплокро́вный 온혈의
хладнокро́вный 냉혈의, 냉정한, 냉담한
хладнокро́вие 냉정, 냉담
холоднокро́вие 냉혈
холоднокро́вный 냉혈의
чистокро́вка 순종 동물
чистокро́вный 순종의, 진짜의

кроха́ 넘은 것, 쓰레기, 파편
кро́ха 어린 애, 유아
кроши́льщик 잘게 써는 사람, 직공
кро́шечка (кро́шка) 조각, 소편, 작은 아이, 꼬마, 소량, 썰은 것
кро́хотка 소량, 사소한 일
кро́хотный 극히 작은
крохобо́р 자잘한 일까지 간섭하는 사람, 구두쇠, 노랑이
крохобо́рство 자잘한 일까지 간섭하는 것, 인색
крохобо́рствовать 자잘한 일까지 간섭하다

кро́шево 잘게 썰은 가지 각색의 요리, 무침, 잡탕
кро́шеный 작은 조각으로 된
кро́шечный 아주 작은
кроши́ть 작은 조각으로 썰다
кроши́ться 잘게 부서지다
вы́крошить 잘게 부스러지다, (빵·과자) 부스러 떨어지다
вы́крошиться 잘게 바스러지다
искроши́ть 잘게 만들다, (구) 베어 죽이다
искроши́ться 분쇄되다
накроши́ть 잘게 썰다, 부스러기를 떨어뜨려 더럽히다
обкроши́ть 가장 자리부터 부수다
обкроши́ться 가장 자리부터 부서지다·깨지다
перекроши́ть (모조리·잘게) 부수다, 썰다, 찔러 죽이다
перекроши́ться 분쇄되다
покроши́ть 잘게 썰다, 가루를 내다
раскроши́ть 잘게 썰다, 가루를 내다
раскроши́ться 부스러 지다

круг 원, 원형, 고리, 원형장소, 둥그런 물건, 순환기, 주기, 영역, 동아리, 사회
кру́гленький 꽤 살찐, 토실 토실한
кругле́ть 둥글해 지다
кругле́хонек 동그란
кругли́ть 둥글게 하다, 원형으로 하다
кругли́ться 둥글어 지다, 원형이 되다, 둥글게 보이다
круглогоди́чный 일 년 동안 계속되는
круглоголо́вый 머리가 둥그런
круглогу́бцы 뻰찌, 못뽑이
круглоли́цый 둥근 얼굴의
круглопи́льный 둥근 톱의
круглосу́точный 만 일주야의
кругло́та 원형, 둥그런 것
круглощёкий 포동포동한 뺨의
кру́глый 둥그런, 전체의, 전적인, 완전한, 개

산적인, 모서리를 버린
круглы́ш (кругля́ш) 둥근 돌, 자갈
кругля́к 둥근목재, 통나무
круговой 원형의, 순환·회전하는
круговоро́т 순환, 끊임 없는 발전 변화
круговраща́тельный 회전·순환하는
круговраще́ние 회전, 원전
кругозо́р 시야, 시계, 안계, 견식, 세계관
круго́м 빙빙 도는, 방향이 서지 않는
круго́м 둥글게, 회전하여, 주위에, --을 돌아
кругооборо́т 순환, 회전
кругообра́зный 원형의
кругообраще́ние 회전, 순환
кругосве́тка 세계 일주 비행(항해)
кругосве́тный 세계 일주의
круглосу́точный 밤낮 끊임없이
кружа́ло 도공 회전 녹로, 술집, 진주 선별판
круже́ние 돌리는 것, 회전, 도는 것
кружи́ть 원형으로 움직이다, 빙글 빙글 돌리다, 미혹 시키다
кружи́ться 회전하다, 빙빙 돌다
кру́жка 손잡이가 달린 컵, 자선함, 모금함
кружко́вец 그룹 서클의 일원
кружково́д 그룹 서클의 지도자
кружко́вый 그룹 서클의
кру́жный 우회하는
кружо́к 그룹, 서클
круи́з 선박여행, 순항
вы́круглить 둥글게 하다
закругли́ть 동그랗게 하다, 끝수를 떼어내다, 원활 하게 하다
закругли́ться 동그랗게 되다, 설명을 간단하게 하다
закругле́ние 둥글게 하는 것, 곡선, 간결, 원활 한 문구
закруглённый 둥글게 된, 모나지 않은, 원활 한
закружи́ть (빙빙 돌려서) 지치게 하다, 현기증을 일으키다, (달콤한 말로) 황홀케 하다, 현기증을 일으키다

закружи́ться 돌기 시작하다, 눈앞이 어찔어찔하다, (분주하여) 기진 맥진하다
округле́ть 둥그래 지다
округли́ть 둥글게 하다, 절상하다, (돈을) 증식하다, (글)을 완성하다
округли́ться 둥그래 지다, 끝수가 없어 지다
окру́глость 동그란 것, 부풀은 것
окру́глый 둥근, 둥그스럼한
окружа́ющий 주위의, 주위에 있는사물
окруже́ние 둘러 싸는 것, 에워싸는 물건, 부근, 환경, (군) 포위 상태
окружи́ть 감싸다, 둘러 싸다, 포위하다
окружно́й 둘러 싸인, 환상의
окру́жность 원, 원주, 주위, 부근의 땅
о́круг 관구 (райо́н보다 상위)
окру́г 주위, 주위를, --의 주위에
окру́га 주위, 부근
округле́ние 끝수를 잘라 내거나 절상하는 것, 사사 오입
вскружи́ть -- кому́ го́лову 열중하게 하다
вскружи́ться 열중하다, 멍해지다
покружи́ть 빙글빙글 돌다, (길을 잃고) 돌아다니다, 여기저기 여행다니다
покружи́ться (잠깐) 빙글빙글 돌다
подкругли́ть 둥글게 하다, 둥글리다
прокружи́ть (얼마 동안) 빙글빙글 돌리다, 헤매다
прокружи́ться (얼마 동안) 빙글빙글 돌다
скругле́ние 둥그렇게 하는 것
скругли́ть 둥그렇게 하다
скругли́ться 둥그렇게 되다
головокруже́ние 어지러움, 현기증
головокружи́тельный 현기증이 나는
вкруг = вокру́г 주위에, 주위를, --에 대하여
полкру́га 반원

кру́пный 큰, 굵은, 대규모의
крупне́ть 커지다, 두꺼워 지다
кру́пно 크게, 굵게, 격심 하게, 강하게
крупно- 대의 뜻

крупнобло́чный 대형 블록의, 크게 다듬은 돌의
крупноголо́вый 머리가 큰
крупнозерни́стый 큰알의, 알이 굵은
крупнокали́берный (총) 대구경의
крупнопане́льный 조립식 건축의
укрупии́ть 확대 하다, 확장하다
укрупии́ться 확대되다, 확장 되다, 대규모화 하다

круто́й 험한, 급한, 갑작스런, 엄격한, 짙은, 굳은, 바짝 조린
руте́нек 꽤 험한, 꽤 험준한
крутизна́ 험준, 절벽
кру́то 험하게, 준엄하게, 격심하게, 굳게, 짙게
крутобере́жный 험한 기슭의
крутобо́кий 측면이 깎아 지른 듯한
крутоло́бый 뒷박이마의
круторо́гий 뿔이 갑자기 위로 굽은
кру́тость 험한 것, 급한 것, 완고한 것
крутоя́р 험한 낭떠러지
кру́ча 험한 낭떠러지, 절벽
вкруту́ю (계란에 대하여) 단단하게

крыло́ 새 곤충의 날개, 비행기의 날개, 풍차 스크루의 날개, 가옥 건축의 좌우에 붙여진 건조물, (사상의) 좌 우익, (차) 흙받이, 군대 대형의 좌우끝
крыла́ны 익수류
крыла́тка 망토, 망토 같은 외투, (공) 날개
крыла́тный 날개가 있는, 비상하는, 자유분방한
крыла́ч 통풍기
крылоно́гие 익족류
крылообра́зный 날개 모양의, 익상근
кры́лый- 날개의 뜻
кры́лышко → крыло́
крыльево́й 날개 있는
крыльцо́ 출입 승강구, 현관 계단
крыльча́тый 날개 프로펠러가 있는

обескры́лить 날개를 제거하다, 감흥·창조적인 힘을 제거하다
подкры́лок 양력증대 장치(비행기)
подкры́льный 날개 밑의
предкры́лок (항공) 수평 안정판
воскрыли́ть 활기를 띠다, 매우기뻐하다
окрыли́ть 용기를 북돋우다, 고무하다
окрыли́ться 용기가 나다, 원기가 나다
шерстокры́л 날 다람쥐

крыть (물건을 위에서) 씌우다, 덮다, 가리우다, (소리를) 지우다, 들리지 않게하다, (장기 따위에서) 선수를 쓰다, 헐뜯다
кры́ться 몸을 숨기다, 숨다
кры́тый 씌우개가 있는, 지붕이 있는, 차양이 있는
кры́ша 지붕, 덮개
вскры́ть 열다, 파헤치다, (의) 절개하다, 해부하다
вскры́ться 드러나다, 폭로되다, 풀리다, (곪은 종기가) 터지다, (카드가) 젖혀지다
вскры́тие 파헤치는 것, 여는 것, (시체) 해부
вы́крыть 전부덮다, (카드에서) 전부를 이기다
закры́ть (열린 것을) 닫다, 열쇠를 채우다, 빗장을 지르다, (길·국경·시설) 폐쇄하다, 덮다, 숨기다, (수도·전기·가스 등을) 막다
закры́ться 막히다, 자신을 감추다, 틀어 막히다, 폐쇄되다, (상처가) 아물다, 닫히다
закрыва́ть закрыва́ть глаза́ 죽다
закры́тие 닫는 것, 폐쇄, 피복, (군) 엄패, 엄패물
закры́тый 막힌, 비공개적인, 덮힌, 국외자의 침입, 이용을 금하는, (의) 잠복성의, 내부의
накры́ть 덮다, 씌우다, 불의에 닥치다, 범행의 현장에서 잡다
накры́ться 머리부터 뒤집어 씌우다
накрыва́льщик 덮는 사람
открыва́ть (문·기구·신체의 부분 등을) 열다, 개설하다, 개시하다, 폭로하다, 발견하다, 고안하다

открыва́ться 열리다, 시작하다, 나가다, 나타나다, 고백하다
открыва́лка 열리는 도구
откры́тие 열리는 것, 여는 것, 개시, 개설, 발견, 분명해짐
откры́тка 우편 엽서
откры́то 공공연히, 숨김없이
откры́тый 열려있는, 입(입구)이 열려 있는, 드러난, 공공연한, (문제) 미해결의
приоткры́ть (조금) 열다, (조금) 분명하게하다
перекры́ть 다시 덮어 씌우다, 바꾸어 씌우다, 능가하다, (카드에서 상대의 패를) 물리치다, (철) 궤도를 닫다
перекры́тие 지붕, 지붕밑 받침
покры́ть 덮어 씌우다, (명예·치욕 등에) 둘러 싸이다, 변상하다, 충당하다, 감싸서 보호하다, 없애다, 지우다, (놀이에서) 이기다, (동물을) 수태시키다
покры́шка 뚜껑, 타이어 고무 바퀴, 공의 가죽 외피, (털 외투의) 겉, 장정, 표지
покрыва́ло 덮개, 보, 씌우개, 면사, 숄
покро́в 표면층, 덮개, 보호
покрови́тель 비호자, 보호자
покрови́тельственный 비호하는, 보호하는
покрови́тельство 비호, 보호, 후원
покрови́тельствовать 비호하다, 보호하다, 후원하다
покро́вный 덮개의, 외피의, 감싸주기 위한
прикры́ть (가볍게) 덮다, 닫다, 싸다, 차단하다, 감싸다, (군) 엄폐하다, 엄호하다, (속) 닫다, 폐쇄하다
прикры́ться 자기자신을 가리다, 숨기다, (계획등을) 숨기다
прикры́тие 방어문, 엄호물, 보호, 방어, 음폐, (군) 엄호부대
раскры́ть 덮게 뚜껑을 벗기다, 활짝 열다, 밝히다, 폭로하다
раскры́ться 열리다, 드러나다, 의복을 벗다
раскрыва́емость 범죄의 발각율
скрыть (скрыва́ть) 숨기다, 감추다, 금하다

скрыва́ться 숨다, 사라지다
скры́тный 속을 주지 않는, 내성적
скры́тый 비밀의, 숨은, 잠재의
укры́ть 덮다, 은닉하다, (카드에서) 남의 패를 이기다
укры́ться 몸을 피하다, 숨다, 도망가다
укрыва́тель 은닉자, 은폐자
укрыва́тельский 은닉 은폐의, 은닉자의
укрыва́тельство 은닉, 은폐, (법) 범죄은닉
укры́тие (군) 은폐물, 은폐장소
укры́тый 은폐된

ку́дри 고수머리, 곱슬머리, 곱슬 털
кудрева́тый (머리칼이) 좀 곱슬곱슬한
кудря́виться (머리칼이) 곱슬곱슬하다
кудря́вка 곱슬 머리 여자
кудря́вый 머리가 곱슬곱슬한, 무성한, 울창한, (필적에 대하여) 지나치게 장식한, 미려한
кудря́ш 고수 머리 청년

купа́ть (вы́купать) 입욕시키다, 목욕시키다, 미역감기다
купа́ться 입욕하다, 목욕하다, 미역감다
Купа́ла 세례요한
купа́льник 수영복
купа́льный 목욕의, 해수욕의
купа́льня (바닷물 속에 세워져 있는) 작은 욕장
купа́льщик 목욕사, 수영객
купе́ль 세례반, 성수반
купа́ние 입욕, 목욕, 해수욕
докупа́ть 목욕시키다
докупа́ться 목욕을 마치다
накупа́ть 충분히 목욕 시키다
накупа́ться 충분히 목욕을 하다
перекупа́ть 너무 오래 목욕을 시키다
перекупа́ться 너무 오래 목욕하다

купи́ть 사다, 구입하다, 매수하다, (카드) 여분의 카드를 가지다
купе́ц 상인, 장사꾼, 상선

купе́цкий 상인 식의
купе́чество 상인, 상인 계급
ку́пля 매입, 구입
купцо́вский 상인다운
ку́пчик = купчи́на 상인
купчи́ха 여자 상인, 장사꾼의 아내
вы́купить 보상하다, 되사다, 몸값을 내고 받다, (저당물을) 찾다, 남김없이 사다
выкупно́й 몸값을 내고 받는, 되사는
вы́купщик 몸값을 내고 받는 사람, 되사는 사람
вы́куп 보상 하는 것, 되사는 것, 매수, 되사는 돈, 몸값
докупи́ть 더사다, 마저 사다
закупи́ть (대량으로 도매로) 사들이다, 매점하다
за́куп (고대 러시아에서) 대지주의 부채를 값기 위해 일하는 농부 고용인
заку́пка 사서 모음, 매점, 수매
заку́пщик 대량으로 사들이든 사람, 구매자
искупи́ть 죄를 보상하다, (잘못을) 보상하다, 매우다
искупи́ться 죄가 면하여 지다, 보상되다
искупи́тель (종) 속죄자
искупи́тельный 속죄의, 보상의, 구하는
искупле́ние 속죄, 보상
накупи́ть 상당한 양을 사들이다
накупи́ться 필요한 충분한 양을 사다
откупи́ть 보충하다, 보상하다, 보답하다
откупи́ться (지출이) 보상되다, 매워지다, 보답을 받다
окупа́емость 비용의 회수성
откупи́ть 매입하다, 매점하다, 임차하다, 혼자서 도맡다
откупи́ться 몸값을 치루고 자유의 몸이 되다
о́ткуп 독점 판매권
перекупи́ть 가로 채서 물건을 사다, 매점하다, 많이 사다
переку́п = переку́пка 매점
перекупно́й 매점의

переку́пщик 중매인, 거간꾼
покупа́ть → купи́ть
покупа́тель 구매자, 고객
покупа́тельный 구매의
поку́пка 사는 일, 구입
покупно́й 구입의
покупщи́к 구입자, 고객
подкупи́ть 매수하다, 뇌물을 주다, 동정·환심을 사다
подкупа́ющий 인상이 좋은
подкупно́й 뇌물이 통하는, 매수 할 수 있는
неподку́пный 매수 되지 않는, 청렴한
прикупи́ть 사 보태다, 더사다, (카드를 정해진 매수이상) 남보다 더 받다
при́куп = прику́пка 사보태기, 더사는 것
раскупи́ть 모조리 사버리다
скупа́ть = скупи́ть 매점하다
скуп = ску́пка 매점, 사모이기
скупа́тель 매점인
скуперда́й (욕설) 노랭이
скупе́ц 노랭이, 인색한 사람, 소전노
скупи́ться 아끼다, 인색하게 굴다
скупно́й 사재기의
скупова́тый 다소 인색한
скупо́й 쩨쩨한, 인색한, 빈약한, 모자라는, 구두쇠
ску́пость 쩨쩨함, 인색
ску́пщик 매점인, 구매자
укупи́ть 남김없이 사다, 많이 사들이다

кури́ть (담배따위를) 피우다, **흡연하다, 양조하다, 태우다, 연기를 피우다**
куре́ние 흡연, 연기가 나게 하는 것, 양조, 향을 피우는 것
куре́нь 살림속의 숯을 굽는 곳, 바라크
кури́лка 흡연실, 애연가
кури́льня = кури́льная 흡연실
кури́льница 향로
кури́тельный 흡연 용의, (향을) 피우기 위한
курно́й 굴뚝이 없는, 연기가 나는

воскури́ть 향을 피우다
вы́курить 담배를 다 피우다, 연기를 내서 쫓아내다, (손님 따위를) 돌려 보내다, (보드카 등을) 증류하여 만들다
вы́куриться (담배가) 피워 없어지다, 떠나다, 가버리다
докури́ть (담배를) 다 피워 버리다
докури́ться 담배를 다피워 없어지다, 너무 피워서 나쁜 결과를 초래하다
закури́ть 담뱃불을 붙이다, 끽연가가 되다, 담배연기로 괴롭히다, 방탕하기 시작하다
закури́ться (담배가) 불붙다, 타기 시작하다
заку́рка 끽연 하는 것
искури́ть 피워서 없애다
искури́ться 피워서 없어지다
накури́ть 연기(담배 향)로 가득채우다, (보드까·타르 등) 증류하다
накури́ться 너무 담배를 피우다
окури́ть 연기를 내다, 그슬리다
оку́ривание (농) 약품을 태워 해충을 구제 하는 것
оку́рок 꽁초
обкури́ть 연기로 덮다, 객초를 피우다
обкури́ться 지나친 흡연으로 빠지다
перекури́ть (담배를) 남김없이 피워 버리다
перекури́ться 너무 흡연하여 불쾌해지다
переку́рка 휴식(일하는 사이의), 담배한대 피우는 것
подкури́ть (연기를 피워) 내쫓다, 내몰다
прикури́ть 담뱃불을 빌려 붙이다
прокури́ть (얼마 동안) 흡연하다, (돈을) 흡연에 소비하다, 연기로 자욱하게 하다
прокури́ться 연기로 자욱하다, 그을려지다
раскури́ть (담배에) 불을 붙이다, (담배를) 빨다, 담배를 피우며 시간을 보내다
раскури́ться 담뱃불이 붙다
раску́рка 담배를 피워 무는 것, 담배를 마는 종이
виноку́р 주정, 화주, 양조자
винокуре́ние 주정, 화주 제조

виноку́рный 주정, 화주 양조의
виноку́рня 화주 양조장
дымоку́р 모기를 그슬려 없애기 위한 모닥불
смолоку́р 수지 타르 제조인
смолокуре́ние (침엽수에서) 타르 테레빈유의 건류
смолоку́рный 수지 타르 제조의
смолоку́рня 수지 타르 제조 공장
куря́щий 흡연가
табаку́р 끽연자
трубоку́р 파이프 담배 애호가

куса́ть 물다, (모기 벼룩 따위가) 깨물다, 자극하다, 찌르다, 갉아 먹다, 절단하다, 갈라내다
куса́ться 깨물다, 서로물다, (일이) 어렵다, (값이) 너무 비싸다
куса́ка 깨무는 버릇이 있는 짐승, 짓궂은 사람, 잘 싸우는 사람
кус = – кусо́к = кусо́чек 조각, 덩어리, 필(한필)
куса́чий 깨무는 버릇이 있는
куса́чки 철사를 끊는 도구, 뻰치, 손톱깍기
вы́кусать 깨물어 먹다
вы́кусить → вы́кусать
вы́кус 이빨로 깨물어 떼어낸곳
закуса́ть 심하게 깨물다
закуси́ть 깨물다, 조금 먹다, 간단한 식사를 하다
заку́ска 자꾸스까, 경식, 전채, 술안주, 간식
заку́сочный 간이식당, 다방
искуса́ть 여러군데를 물다
накуса́ть 여기저기를 깨물다, 찌르다, 잘라내어 부스러기를 만들다, 사방에 이빨자국을 내다
накуси́ть 위에서 좀 깨물다, 이빨 자국을 좀 만들다
надку́с 위에서 좀 깨무는 것, 이빨 자국을 좀 내는 것
обкуса́ть 그 근처를·주위를 깨물다, 물어뜯다
откуса́ть (여러 번) 물어뜯다, 깨물어 자르다

откуси́ть 물어 뜯다, 물어 자르다, (절단기로) 자르다
отку́с 물어 자르는 것, (절단기로) 자르는 것
перекуса́ть (많은 사람을) 물다, 물어 끊다, 조금먹다
перекуса́ться 서로 물어 뜯다
переку́с 차마시며 잠깐 쉼
переку́ска 조금 먹는 것
покуса́ть (몇번씩) 물다, 찌르다
подкуси́ть (아래부터) 갉아 먹다, (가까스로) 절단하다, 야유하다
прикуси́ть (살짝) 깨물다, 갉아 베어 먹다, (조금) 먹다, (뺀치로 손가락 따위를) 집다
прику́с 치아의 교합상태, 치열
прику́ска 갉아 먹는 버릇
прокуса́ть 여러 곳을 물어 뜯다, 깨물다(얼마 동아)
прокуси́ть 물어서 상처를 내다
раскуси́ть 깨물어 부수다, 이해하다
скуси́ть 물어서 끊다
укуси́ть 물다, 찌르다, 물어서 뜯다
уку́с 찌르는 것, 물어 뜯는 것, 물린 상첨
ку́шать 먹다, 마시다, 잡수시다
ку́шанье 식물, 식품, 요리
доку́шать 다마시다, 먹어버리다
обку́шаться 과식하다
отку́шать 식사를 마치다, 함께 마시고 먹다, 맛보다
переку́шать (비꼼) 너무먹다
поку́шать (친절의 마음으로) 조금 식사하다, 먹어치우다
подку́шать 죄다 먹다
прику́шать 맛을 보다, 조금 먹어 보다
ску́шать = ку́шать 꾹 참고 듣다

••Л••

ла́дно 잘, 훌륭히, 화합하여, 좋다
ла́дить 화합하다, 일치하다, --하려고 하다, 지향하다, 되풀이 하다
ла́диться 잘나가다, 진척되다, 계약하다
лад 화합, 일치, 형, 양식, 풍, 화성, 현악기의 지판, (아코디언의) 건반, (짐승의) 체격
ла́да = ла́душка 연인, 남편 또는 아내
ладко́м 사이좋게, 화합하여
ла́дный 좋은, 적당한, 체격이 좋은, 의좋은, 쓸모있는
залади́ть 같은 일을 되풀이 하기 시작하다, 집요하게 일을 시작하다, 의좋게 지내기 시작하다
залади́ться (зала́живаться) (일이) 잘되다
изла́дить 만들어 내다, 준비하다
нала́дить 조직하다, 건설하다, 조정하다, 수리하다, 되풀이 하다
нала́диться 상태가 좋아 지다, (속) 나쁜 습관이 생기다
нала́дка 정돈 하는 것, 조정, 수리
нала́дчик 조정공
обла́дить 갖추다, 모양 상태를 좋게 하다
обла́диться 잘 되어 가다
отла́дить 무기등을 정비하다,
отла́дка 무기등을 정비하는 것
перела́дить (기구 등을) 고치다, 가락을 맞추다
пола́дить 화목하게 지내다, 화합하다, 타협하다
пола́дка 수리, 수선
прила́дить -- к чему 맞추다, 적합하게 하다
прила́дка 맞추는 것
разла́дить 박자를 어긋나게 하다, 방해하다, 망치다
разла́диться 박자가 어긋나다, 망치다, 잘 진행 되지 않다
разла́д 무질서, 부조화, 불화, 반목

разла́дица 무질서, 부조화, 불화, 반목
вразла́д 불화속의, 반목하여, 사이가 나쁘게
сла́дить --에 따르게 하다, 잘다루다, 처리하다, 조정하다
сла́диться 처리되다, 해결되다, 협정하다
сла́дкий (맛이) 단, 미묘한, 유쾌한, 좋은, 생것의, 디저트
сладкова́тый 약간 단
сладково́нный 방향이 있는
сладкозву́чие 미음, 묘음
сладкогла́сие 미성의
сладкогла́сный 미성의
сладко-го́рький 맛이 짙어 달고도 매콤한
сладкое́жка 단것을 좋아 하는 사람
сладкозву́чный 미음의, 묘음의
сладко-ки́слый 달콤 새콤한
сладкоко́рень 감초속
сладкопе́вец 미음으로 노래하는 사람
сладкоречи́вый 명쾌한 변설의, 입에 발린 말을 잘 하는 사람
сладостра́стие 색욕, 음욕, 음탕, 대만족, 쾌락
сладостра́стник 음탕한 사람
сладостра́стный 음탕한
сла́достный 상쾌한, 유쾌한
сла́дость 단것, 쾌, 상쾌
сладча́йший → сла́дкий
сла́женность 정연함, 완전한 협조
наслади́ть- наслажда́ть 즐겁게 하다, 기쁘게 하다
наслади́ться (наслажда́ться) 즐기다, 향락하다
наслажде́ние 즐거움, 쾌락, 향락
услади́ть (услажда́ть) 즐겁게 하다, 기쁘게 하다
услади́ться 위로가 되다, 기분이 좋은, 유쾌한
услади́тельный 즐겁게 하는, 기쁘게 하는, 유쾌한
услажде́ние 즐겁게 하는 것
усла́да 위안, 위락, 즐거움
ула́дить 정리 정돈하다, 중재, 조정하다, 수리하다

ула́диться 정리 정돈 되다, 화해하다
сласти́ть 달게 하다, 설탕을 치다
сластёна 단것을 좋아하는 사람
сластёны 튀김 꿀과자
сластолю́бец 호색한 사람
сластолюби́вый 음탕한
сластолю́бие 음탕
сластолю́бствовать 음욕에 빠지다
сласть 단것, 단맛, 감미, 기분 좋은 것
слащённый 달게 만든
всласть 많이, 충분히, 만족할 때까지
заласти́ть 단것으로 입가심을 하다, 너무 달게 하다
насласти́ть 맛을 달게 하다
пересласти́ть 너무 달게 하다
подсласти́ть 단맛을 더내다
усласти́ть 달게 하다
усласти́ться 달게 되다

лгать 거짓말하다, 중상·비방하다
лганьё 거짓말을 함, 거짓
лгун 거짓말장이
лже- 거짓의, 사이비
лжеиску́сство 사이비 예술
лжемудре́ц 궤변가
лжеприся́га (법) 위서, 위증(죄)
лжепроро́к 사이비 예언자
лжесвиде́тель 위증자
лжесвиде́тельство 위증
лжесвиде́тельствовать 위증하다
лжесло́вие 허언, 거짓말
лжетолкова́ние 잘못된 해석
лжеуда́рник 사이비 돌격 작업 반원
лжеу́мствовать 궤변을 늘어 놓다
лжеуче́ние 사이비 교리, 허위 학설
лжеучи́тель 사이비 설교자, 사이비 교사
лжеучи́тельство 사이비 교리를 설교함
лжеучи́тельствовать 사이비 교리를 설교하다

Л

лжец   허풍선이, 거짓말장이
лжи → ложь
лжи́вый   거짓의, 허위의
ло́жно-   허위의 뜻
ложноклассици́зм   (문학의) 의 고전주의
ложноно́гие   (동) 위족
ложно́ножка   허족, 위족
ложнопаразити́зм   우연기생
ло́жный   거짓의, 부정의
ложь   거짓, 불성실
залга́ться   무턱대로 거짓말을 하다, 거짓말을 하는 것이 습관이 되다
изолга́ться   거짓말이 버릇이 되다
налга́ть   마구 거짓말을 하다
отолга́ться   거짓말을 해서 궁지를 모면하다
полга́ть   (잠깐) 거짓말을 하다
прилга́ть   거짓말을 섞어 말하다
разолга́ться   지나친 거짓말을 하다
солга́ть → лгать

лёгкий   가벼운, 약한(식사 음료가), 용이한, 경미한

легко́   쉽게, 가볍게, 조금
легкоатле́т   육상경기 선수
легкоатле́тика   육상경기
легкова́тый   조금 가벼운
легкове́рие   경신, 맹신
легкове́с   (스포츠) 경량선수
легкове́сный   경량의, 내용이 빈약한
легково́й   승객 및 수하물 수송의
легково́й автомоби́ль   승용차
легковоспламеня́ющийся   불붙기 쉬운, 가연성의
легкову́шка   (속) 승용차
легкодоро́жный   (자동차 자전거등) 좋은 길을 달리기 위한
лёгкое   폐
легкокры́лый   빨리나는, 뛰는, 마음이 변하기 쉬운, 속편한
легкомы́сленничать   경솔하게 행동하다

легкомы́сленность   경솔성, 경박성
легкомы́сленный   경솔한, 생각이 없는
легкомы́слие   경솔, 무분별
легконо́гий   (익살) 걸음이 가벼운
легкопла́вкий   용해 하기 쉬운
легкопла́вкость   용융점이 낮은것
легкораствори́мый   쉽게 용해되는
лёгкость   가벼움, 용이함, 쾌적함, 기민, 민첩
лёго́нький → лёгкий
лёгочный   лёгочная боле́знь   호흡기 질환
лёгочник   폐병환자, 폐병전문의
легча́йший → лёгкий
ле́гчать   약해지다, 좋아지다, 풀리다, (병 기분이) 좋아지다
ле́гчить   (동물을) 거세하다
налегке́   짐을 가지지 않고, 경장으로
слегка́   가볍게, 약간, 조금
облегчи́ть   가볍게 하다, 완화시키다, 간단하게·용이하게 하다
облегчи́ться   (기분이) 가벼워 지다, 편해지다, 배변하다, 토해내다
облегче́ние   경감, 완화, 편해 지는 것, 간소화
облегчённый   가벼원진, 경쾌해진, 간소화된
облегчи́тельный   가볍게 하는, 완화하는, 편하게 하는

лёд   얼음, 냉담, 어름같이 차가움
ледене́ние   동결, 응결
ледене́ть (о--, за--)   얼음이 되다, 식어서 굳다, 제구실을 못하게 하다
ледене́ц   드롭프스, 알사탕
ледени́стый   얼어붙은, 동결한
ледени́ть   얼리다, 냉각시키다, 마비시키다
ле́дник   냉장실, 냉장고, 냉장차
ледни́к   빙하, 빙원
ледобу́р   얼음에 구멍을 뚫는 드릴
ледо́вый   빙상의, 빙중의, 얼음속을 가는
ледови́тый   --океа́н (북 남) 빙양
ледозащи́та   방빙, 방빙시설
ледо́к → лёд   살얼음

ледоко́л 쇄빙선, 채빙인부
ледоло́м 다리주위의 유빙 방지장치
ледопа́д 빙벽
ледоре́з 유빙 방위재, 쇄빙선(얇은 얼음을 부수는)
ледору́б (등산) 쇄빙용 피켈
ледосбро́с (제방에 있는) 유빙 방출구
ледоспу́ск 제빙장치
ледоста́в 호수·하천의 완전한 동결
ледохо́д 유빙
леды́шка 빙편, (익살) 냉담한 사람
ледяне́ть = ледяни́ть → ледени́ть
ледя́нка 타고 빙상을 활주하는 상자 광주리 따위
ледяно́й = ледя́ный 얼음의, 냉혹한, 굳어 버린
доледнико́вый 빙하기 이전의
межледнико́вый 빙하기 중에
послеледнико́вый 빙하기 후에
льда → лёд
льди́на 빙괴
льди́стый 얼음에 막힌, 얼음이 많은
льдо 얼음의
льдодроби́лка 쇄빙기
льдоподо́бный 얼음 같은
льдоудали́тель 방빙장치
льдохрани́лище 얼음 저장고, 빙고
льды → лёд
на́ледь 빙층위에 생긴 물, 그것이 언 얼음, 물건의 표면에 생긴 얼음
подледене́ть 조금 얼다
подле́дник 얼음 밑의 물고기를 잡는 어구
подлёдный 얼음 밑에 있는
заледене́ть –ледене́ть
заледене́лый 얼음이 깔린, 결빙된, 굳어진
оледене́ть = ледени́ть → ледене́ть
оледене́лый 얼음에 덮힌, 결빙된, 굳어진
обледенева́ть = обледене́ть = обледени́ть = обледяне́ть 얼음에 덮히다
обледене́лый 얼음에 덮힌

антиобледени́тель (항공) 동결 방지기
противообледени́тель (항공) 동결 방지기
гололёд (땅·나무·전선 등에 가득끼는) 살얼음

лежа́ть (사람이) 누워있다, 와병중에 있다, (토지 건물이) 있다, 놓여 있다, 나타나다, (도로가) 통하고 있다, (의무 책임등이) 있다
лежа́к 옥외용 침상의자
лежа́лый 오래 저장 방치된
лежа́ние лежа́ть의 명사형
лежа́нка 뻬치카에 붙은 침대, 묘혈속의 시신 안치소
лежа́чий 누워있는, 쓰러진
ле́жбище 해수의 군집지, 풀위의 짐승이 누웠던 자국
лежебо́ка 개으름장이(경멸)
ле́жень 수평으로 놓인 목재
лёжка (장시간) 누워 있는 것, 짐승의 굴, 숨는 장소
лежмя́ 누워서
ле́жневый 살림속에 부설한 차도
ло́же 와상, 하상, (신방의) 잠자리
ло́жа 특별석, 프리메이슨의 지부, 총대
мужело́жство 남색
скотоло́жец 수간자
скотоло́жство 수간
цветоло́же 꽃받기
возлежа́ть 누워 있다
вы́лежать (일정기간) 누워서 지내다, 누워서 아무일도 하지 않고 어떤 것을 얻다
вы́лежаться 충분히 누워 쉬다, (구겨진 옷 등) 본래 대로 되다
вы́лежка 충분히 누워서 쉬는 것
долежа́ть --까지 누워있다, (따놓은 과일이) 익다
долежа́ться 오래 누워 있어 나쁜 결과가 생기다
залежа́ться 오랫동안 침대에 누워 있다, 오랫동안 팔리지 않다, 오래 두어 상하다
залёжка 해표·해마 등의 무리, 해표·해마 등의

Л

무리가 모이는 곳
залежа́лый 오랫동안 묵혀둔, 오랫동안 팔리지 않은
за́лежь 광층, 탄층, 휴경지, 오랫동안 묵은 상품
излежа́ться (오랫동안 버려 두어) 못쓰게 되다
належа́ть 오랫동안 누워서 신체 일부에 해를 끼치다 -- себе́ про́лежень 욕창을 만들다
належа́ться 실컷 자다
нале́жка 증기에 쐬여 주름을 펼 때 생기는 물감의 얼룩
облежа́ть (소파를) 오래 사용하여 포근하고 편하게 하다
облежа́ться 누워 있는데 익숙해지다
отлежа́ть (손·발을 부자연스러운 자세 때문에) 저리게 하다, 마비시키다
отлежа́ться 옆으로 누워서 휴식하다, (과실따위가) 오랫동안 저장되어 잘 익다
перележа́ть 너무 오래 잠자다, 너무오래 방치되어 못쓰게 되다
перелёжка 너무오래 방치되어 못쓰게 되는 것
полежа́ть 잠시 누워있다, 잠자다
полёживать → полежа́ть
предлежа́ть 앞에 있다, 목전에 있다
предлежа́ние 앞에 있는 것, (의) 전치 태반
пролежа́ть (пролёживать) (얼마 동안) 누워 있다, 너무 오래 누워 서 감각을 잃다, (상품에 대하여) 오래 묵혀 있다, 욕창을 만들다
про́лежень 욕창
разлежа́ться 눕는 버릇이 붙다
слежа́ться 오래 방치되어 망가지다, 굳어져 버리다
слёжка 오래 방치되어 망가지는 것
улежа́ть (싸움·소란 등을) 참으면서 누워있다
полулежа́ть 기대고 있다, 상반신을 일으키고 있다

лезть (ла́зить) 기어 오르다, 끼어들다, (생각이) 떠오르다, 오다, (호주머니에) 손을 넣다, 괴롭히다, (모발이) 빠지다

лаз (울타리의) 좁은 통로, 개구멍, 짐승의 통로
лазе́йка 개구멍, 빠질구멍
вы́лазить 사방을 기어 돌아 다니다
вы́лаз 뚫린 구멍(비밀 통로)
вы́лазка 돌연한 공격,
вла́зить = влезть = влеза́ть 높은 곳으로 기어 오르다, (좁은 곳 따위로) 기어들어가다, 깊이 들어 가다
взлезть → взлеза́ть 기어 오르다
вы́лезти (вылеза́ть) 기어나오다, (깃털따위가) 빠지다, 주제 넘게 참견하다
доле́зть (долеза́ть) 어느 장소까지 기어 오르다, 기어 올라가 도달하다
зале́зть (залеза́ть) 기어 오르다, 살짝 숨어 들다, 손을 찔러 넣다, 끼어들다, 신다(맞지 않는 신발)
изла́зить 사방으로 기어다니다, 배회하다
нале́зть (налеза́ть) 기 어들다, (의복, 시발이) 꼭맞다
обла́зить 기어 다니다, 걸어 다니다
обле́зть (облеза́ть) 머리가 벗겨지다, 털이 빠지다, (칠 따위가) 벗겨지다, 떨어지다, 지워지다, 주위를 기다
обле́злый 머리가 벗겨진, 털이 빠진, 낡아 빠진
отла́зить 기는 것을 그만두다
отле́зть (отлеза́ть) 기어서 가버리다
перела́зить (아무데나) 기어다니다
перела́з (담등의) 뛰어 넘을 수 있는 곳
переле́зть 넘다, 타고 넘다
пола́зить (잠깐 동안) 기다
подле́зть - подлеза́ть 아래로 기어 들어 가다
подла́з 아첨꾼
приле́зть - прилеза́ть 기어서 다가오다, (싫은 사람이) 오다
прола́зать (прола́зить) (얼마 동안) 기어 오르다
прола́з = прола́за 교활한 사람, 책략가
непрола́зный 지나갈 수 없는, 빠져 나갈 수 없는

проле́зть - пролеза́ть 기어서 빠져 나가다, 기어 들어 가다, 비집고 들어가다, 끼어 들다 (지위, 직책에)
разле́зться (разле́заться) 실밥이 풀리다, (봉합된 것이) 벌어지다
слезть (слеза́ть) 내리다, 기어 내리다, 탈락하다, (머리털이) 빠지다, 바래지다, (손톱이) 빠지다
уле́зть (улеза́ть) 기어나가다
верхола́з 높은 곳에서 일하는 노동자·기술자
водола́з 잠수부
скалола́з 암벽 등반자
скалолаза́ние 암벽등반
стенола́з (조류) 선벽작(절벽을 달린다)

лес 숲, 산림, 재목, 목재, 용재, 발판
лесо́к = леслчи́к 작은 숲
леси́на 줄기를 짜른 통나무
леси́стый 살림이 많은
лесни́к 산림 간수, 임업 종업원, 임학과 학생
лесни́чество 삼림구청
лесни́чий 산림구청장, 산림관
лесно́й 산림의, 목재의
лесо- 산림 목재의 뜻
лесове́дение 임학
лесови́к 산림주민
лесово́д 산림 학교 졸업자, 임학자
лесово́дство 산림학, 조림
лесово́з 목재 운반선·차
лесовозвраще́ние 재식림
лесово́зный 목재 운반용의
лесовозобновле́ние 삼림 갱생, 조림
лесовщи́к 산림간수
лесозаво́д 제재 공장
лесозаготови́тельный 목재 공급의
лесозагото́вка 목재 공급준비
лесозащи́тный 산림보호의
лесоистребле́ние 산림 박멸
лесокомбина́т 조재 및 목재의 종합 공장
лесоматериа́лы 재목, 목재

лесонасажде́ние 조림, 조림지
лесообраба́тывающий 목재 가공의
лесоохране́ние 산림보호
лесопа́рк 도시 교외의 산림공원
лесопиле́ние 제재
лесопи́лка 제재 용구
лесопи́льный 제재의
лесопи́льня 제재소
лесопито́мник 나무 묘포
лесопова́л 벌채
лесопогру́зочный 목재를 실은
лесополоса́ 식림대
лесопоса́дка 조림, 식림, 묘목(조림용)
лесопоса́дочный 조림의
лесопромы́шленик 목재 업자
лесопромы́шленность 목재업
лесопропускно́й 모재 부송로
лесопу́нкт 임업장
лесоразведе́ние 육림, 조림
лесоразрабо́тка 벌목 작업장
лесору́б 나뭇꾼
лесоспла́в 목재 부송(물에 띄어 수송함)
лесоспу́ск 목재 활송 (미끌어지게 보냄)
лесосте́пь 스탭과 삼림대의 중간 지대
лесота́ска 부송 목재 인양기
лесотехни́ческий 임업 기술의
лесоторго́вец 목재상
лесоторго́вля 목재 매매
лесоту́ндра 삼림지대와 툰드라의 중간 지대
лесоукла́дчик 자동식 목재 하역 기계
лесоуправле́ние 산림 관리
лесоустро́йство 산림 경영
лесохи́мия 목재 화학
лесохозя́йство 산림 경영
лесоэксплуата́ция 산림 이용, 목재 공급
лесоэкспо́рт 목재 수출
ле́ший = леша́чий = лешачи́ха 숲의 요정, 도깨비, 사람을 욕하는 말
безле́сный 산림이 없는
лесоразрабо́тка 벌목 작업장

залеси́ть 식림하다
залесённый 수풀이 무성하게 자란(삼림)
зале́сный (삼림·수풀) 뒤쪽에 있는
зале́сье 숲 뒤쪽이나 숲속
переле́сок 작은 삼림지대, 어린나무숲
переле́сье 양쪽 삼림간의 공지
подле́сье 삼림옆의 공지
подле́сок 삼림속 나직한 작은 숲
проле́сок 숲속의 좁고 긴 공터
обезле́сеть 숲이 없어지다
обезле́сить 숲을 없애다
облеси́ть 식림하다
облеси́тельный 식림의
облесе́ние 식림, 조림
черноле́сье 활엽수림
красноле́сье 침엽수림, 솔밭

лесть 아부, 아첨, 추종
ле́стный 칭찬의, 찬양의, 비위를 맞추는, 아첨하는
неле́стный 시인 하지 않는, 좋지 않게 보는, 고맙지 않은
льстец 아첨장이, 따리꾼
льсти́во 환심을 사려고, 따리를 붙이는
льсти́вость 아첨, 아부
льстить 아첨하다, 구슬리다, 치켜세우다, 만족을 주다
льсти́ться 바라다, 기대하다, 기뻐하다
зальсти́ть 아첨 추종하기 시작하다, 꾀어들다
обольсти́ть (обольща́ть) 유혹하다, 속이다
обольсти́ться 유혹·꾀임에 빠지다
обольсти́тель 유혹자, 난봉꾼, 여자 바람등이
обольсти́тельный 매우 유혹적인
самообольща́ться 자기도취, 자기 망상에 빠지다
самообольще́ние 자기 도취
себяобольще́ние → самообольще́ние
польшённый 추겨주어 기분이 좋은
подольсти́ться 마음을 사다, 아첨하다
прельсти́ть 매혹하다, 유혹하다, 유인하다, 홀리다
прельсти́ться 반하다, 연모하다, 마음이 끌리다, 유혹되다
прельще́ние 매혹, 유혹
прельсти́тель 매혹자
прельсти́тельный 매혹하는, 홀리는
улести́ть 아첨 감언으로 사람을 꾀다

лете́ть (лета́ть) 날아 오다·가다, 비행하다, 날듯이 뛰어가다, (시간이) 빨리 경과하다, (화폐나 유가 증권등의 값이) 급속히 내려가다
лета́ющий 비행하는, 날아 가는
лёт 날아다님, 비행, 비상
лета́ние 비행
лета́тельный 비행 비상의
лётный 날기위한, 비행 항공의
лётом 매우빨리
лету́н 비행가, 잘뛰는 사람, 유성
лету́чий 날아가는, 날 수 있는, 휘발성의, 돌연한, 뜻밖의, 변하기 쉬운, 급성의
лету́чка 비라, 호외, (식) 갓털, (군) 전령이 배포하는 서류
лётчик 조종사, 비행사
летя́га 날다람쥐, 날치
влёт 날아 드는 것, 뛰어 드는 것, 질책
влете́ть (влета́ть) 날아 들다, 날아 오르다, 뛰어들다, 벌·꾸중을 듣다
взлете́ть 날아가다, 높은 곳으로 날다, 이륙하다, 이수하다
взлёт 날아 오르는 것, 이륙, 뛰어오르는 것, 힘이 솟는 것, 앙양
вы́лететь 날아가다, 뛰어 나가다, 날아 오르다, 출발하다, 면직·해직·제명되다
вы́лет 날아 가는 것, 이륙, (새끼 새가) 날을 수 있게 되는 것
залете́ть (멀리) 날아가다, 날아 오르다, 날아들다, (비행도중에) 잠시 들르다, 지위가 매우 오르다, 공상에 잠기다
залёт (멀리 높이) 날아감, 뛰어듬, 도중 착륙
залётный (비행도중) 일시 착륙한, 우연히 날

아온, 씩씩한, (목소리가) 높은
долете́ть   어느 장소까지 날아 도착하다, (소리 냄새 따위가) 전파되다
излета́ть   여기저기 날아 다니다, (비행함으로써) 다써버리다
излёт   (탄환등이) 떨어지는 순간
налете́ть   뛰어 들다, 달려들다, 덮치다, 불의에 나타나다, 많이 날아오르다, 달려오다
налёт   뛰어 드는 것, 덮치는 것, (군) 급습, 많이 날아오는 비행시간, 풍화물, 설태, 음영
налётный   갑자기 습격해오는
налётчик   노상강도
облета́ть   비행기로 여기저기 비행하다, 시험비행을 실시하다
облета́ться   (비행기가) 사용 할 수 있게 되다
облете́ть   주위를 날다, 날아서 앞지르다, 퍼지다, (잎·꽃잎이) 떨어지다
облёт   주위를 나는 것
отлета́ть   날기를 마치다, (어느 기간 동안) 비행사로 지내다
отлете́ть   (항공기가) 어떤 거리를 날다, 없어지다, 떨어지다, 사라지다
отлёт   날아가는 것, 사라지는 것
отлётный   날아가 버리는
перелета́ть   날아서 건너가다, 지나치게 날다, 목적지 보다 더가서 착륙하다
перелёт   (철새의) 날아서 이동하는 것, (항) 원거리 비행, 초월, 기회주의자
перелётный   날아서 이동하는
полета́ть   비행하다, 날다
полете́ть   날기 시작하다
полёт   비행, 비상, 비행경주, 비행연습, 도약
пролете́ть   (어떤 장소를) 날아가다, 날다, 통과하다,(시간 따위가) 빨리 지나가다
пролёт   날아서 이동하는 것, 빈터, 공지, 역에서 역까지의 구간
подлете́ть   날아오다, 급히 달려오다, (아래로) 다이빙하다, 날아 오르다
подлёт   날아 오는 것, 급히 달려오는 것
прилете́ть   (새·비행기가) 날아오다, 급히오다

прилёт   (후조가) 날아 오는 것, (항공기의) 도착
прилётный   다른데서 날아온
разлете́ться   사방으로 날아가다, 산란하다, 산산이 부서지다, 뛰어 들다, 날아서 오다
разлёт   사방으로 날아서 없어 지는 것, 비산, 산란
разлета́йка   위에 걸치는 것, 망토
разлета́ться   (옷단이) 갈라지다, 벗겨지다
слете́ть   날아서 내리다, 날아 가다, 날아서 사라지다
слете́ться   (새가) 날아서 모이다, 사방에서 모이다
слёт   (새) 날아서 모이는 것, 새무리, 집회, 대회
слётанность   날아서 모이는 것, (편대) 비행기술
слета́ть   날아서 갔다 돌아오다
слета́ться   편대 비행에 숙련되다
улете́ть   날아가다(새가), 급히 떠나다, (시간등이) 지나가 버리다
вертолёт   헬리콥터 (верте́ть   선회하다, 돌리다, верте́ться   돌다, 회전하다)
вертолётчик   헬리콥터 조종사
звездолёт   점성술가
мимолётный   옆을 지나가는, 순간적인
самолёт   비행기
самолётовожде́ние   비행기의 조종술
самолётостро́ение   항공기 제조
скоролётный   빨리 달리는
скоролётка   말파리의 일종
ковёр-самолёт   날으는 양탄자

ле́то   여름, 년, 연령, 연세
ле́тний   여름의
ле́тник   여름 관상용 식물, 여름의 주거
летова́ть   여름을 지내다
летови́ще   (사냥꾼·유목민 등의) 여름 거주지
ле́том   여름에
летописа́ние   연대기의 편찬
летопи́сец   연대기의 편자
ле́топись   편년체 역사, 연대기

летоисчисление 역법, 기원
лéтось 작년, 작년 여름

лечи́ть 치료하다
лечи́ться 치료를 받다
лечéние 치료, 의료
лечéбник 가정의료 지침서
лечéбница 의원, 진료소(외래 환자를 위한)
лечéбный 치료의, 의료의
ветлечéбница 가축병원
лéкарь (속) 약사
лекáрка 주술, 마술로 치료를 하는 여자, 여자 의사
лéкарский 약사의
лекáрственный 의약의
лекáрство 약, 약재, 구제 수단
лекáрша лéкарь의 아내
лéкпом лéкарский помóщник
подлéкарь 의사의 조수, 제대로 알지못하는 초심자
вы́лечить 완전히 치료하다, 고치다, (미신 악습관 따위를) 없애주다
вы́лечиться 완치 완쾌 되다, (악습따위가) 없어지다
долечи́ть 치료해서 고치다, 완치될때 까지 치료하다, 잘못 치료해서 나쁜 결과를 초래하다
долечи́ться 완전히 치료하다, 잘못 치료해서 나쁜 결과 초래되다
залечи́ть (상처를) 치료하다, 겉만을 치료하다, 진정시키다, 잘못 치료하여 고통을 주거나 죽이다
залечи́ться 상처가 아물다, (고통이) 가라앉다, 서투른 치료을 해서 해치다
излечи́ть 회복 완치하다
излечи́ться 완치되다, 이탈하다
излечéние 완치, 회복
излечи́мый 완치 할 수 있는
перелечи́ться (자기에 대하여) 너무 오래 치료하다
полечи́ть (잠깐 동안) 치료하다

полечи́ться (잠깐 동안) 치료받다
подлечи́ть (조금) 치료하다
подлечи́ться (조금) 치료받다, 조금 나아지다
пролечи́ть (얼마 동안) 치료하다, (돈을) 치료에 소비하다
пролечи́ться (얼마 동안) 요양하다

лечь (ложи́ться) 눕다, 드러눕다, 멈추다, --위에 떨어지다, 걸리다, 전사하다
влечь 끌다, 끌어 당기다, 마음을 끌다
влечéние 애착, 동경, 의욕, 성향
возлéчь (사람)눕다
налéчь 밀다, 누르다, 덮치다, 위에 올라가 눕다, 노력하다, 의지하다
приналéчь 누르다, 열심히 노력하다, 기대하다
облéчь (1) 둘러 싸다, 채우다, (옷이) 꼭맞다, 포위하다 (2) 입히다, 싸다, 덮다, 부여하다, 표현하다
облéчься 입다, 싸여지다, 나타나다, --의 형태를 취하다
отлéчь (고통·불안 등이) 사라지다
приотлéчь (조금) 홀가분해 지다, 편해지다
перелéчь 잠자리를 바꾸다, 돌아 눕다
полéчь (다수가) 눕다, 전사하다, (곡식의 줄기가) 굽다, 고개를 숙이다
полегáемость (식물) 향지성(땅쪽으로 향하는 것)
полёглый (보리 등) 땅에 쓰러진
подлéчь (옆에 아래에) 눕다
прилéчь 밀접하여 위치하다, 접경하다, 고개를 숙이다
пролéчь 길게 눕다
разлéчься 쭉 뻗고 드러 눕다, 들어 가다, 납득이 가다
слечь 와병하다, (곡초) 옆으로 쓰러지다
улéчься 자리에 눕다, 들어가다, 납득이 가다, 가라앉다, (흥분이) 진정되다
поулéчься 차례 차례로 눕다, 조금 진정되다
приулéчься (풍파) 가라앉다, 자다, 잔잔해

지다

полуле́чь 상반신을 일으키고(기대어) 눕다
ночле́г 숙소, 숙박소
ночле́жка 싸구려 숙박소
ночле́жничать 묵다, 밤을 보내다
ночле́жный → ночле́г

лист 나뭇잎, 약제 양념용으로 건조시킨 수엽, 잎, 종이장, 금속판, 인쇄지
листа́ж 인쇄용지 할당량
листа́ть → перели́стывать 책의 페이지를 넘기다, (여기저기) 대충읽다
листва́ →лист
ли́ственница 낙엽송
ли́ственный 활엽수의
ли́стик → лист
листоби́т 금·은박 장인
листовёртка 잎말이 나방
листови́дный 나뭇잎 모양의
листови́к 한장으로 이루어진
листо́вка 비라, 리플릿
листово́й 나뭇입 모양의, 박판·편을 이루는
листое́ды 잎 벌레과
листозе́лень 엽록소
листо́к → лист 기입용지, 기입카드, 신문
листоно́гий 나뭇입 모양의 발을 가진, 엽가류, 물벼룩 따위
листоно́с 박쥐의 일종
листообра́зный 나뭇잎 모양의
листопа́д 낙엽, 낙엽기
листопрока́тка 박판압연
листоре́з 금속 박공
листо́чек 소엽
безли́ственный 잎이 없는, 벌거숭이의
олиственéть 잎 수풀로 덮이다
олистве́ть → олиственéть
оли́ственность 잎이 달려 있는 정도
оли́ственный 잎이 달린, 잎에 싸인
обезли́ствить 나뭇잎을 없애다
поли́стный 매수의(장수의)

лить (액체를) 붓다, 쏟다, 흘리다, 주조하다, (빛·향) 발산하다, (비·땀) 쏟아지다, 흐르다
ли́ться 힘차게 흐르다, (빛 등이) 나다, 확산하다, (소리가) 들리다, 울려 퍼지다
литьё 주조, 주물
лите́йный 주조의
лите́йщик 주물공
ли́тка 금속의 주괴
ли́тник 주형의 주입구
лито́й 주조한
ли́вень 강우, 폭우
ле́йка 살수기, (배) 물드는 국자, 라이카(사진기)
влить 부어넣다, (마음에) 불어넣다, (대열 따위에) 끼어들다
вли́ться 흘러들다, (마음속에) 생기다, (대열 따위에) 끼다
возли́ть (종) 식전에 신에게 술을 올리다, 헌주하다
возлия́ние (종) 식전에 신에게 술을 올리는 것, 헌주
вы́лить 따르다, 주조하다, (짐승을 굴에서) 술로 쫓아내다
вы́литься (가득차도록) 붓다, 어느곳 까지 붓다
доли́ть (가득차도록) 붓다, 어느곳 까지 붓다
доли́ться (물이 흘러) 어느 높이까지 도달하다
зали́ть (залива́ть) (홍수 등으로) 물에 잠기다, 적셔 더럽히다, 가득채우다, (물 등을) 끼어 얹어 끄다, 바르다, (고무 등으로) 막다, 흘러 들어 가기 시작하다, 술을 많이 마시다, 허풍을 떨다
зали́ться 침수되다, (좁은 틈으로) 물·액체 등이 흘러 들어가다, 개가 짖다, 외출하다
зали́в 내해·만·육지로 깊숙히 들어간 강·호수·바다의 일부분
зали́вистый 잘 어울리는, 끊임없이 음색이 변하는
зали́вка 가득채우는 것, 바르는 것, (고무) 막는 것

Л

заливно́й (장기적으로) 물에 잠기는, 주수 소화용의, 소리가 높은
зали́вочный 주수하는, 붓는
зали́вщик 땜쟁이
изли́ть 쏟다, 흘리다(눈물 등을), (감정을) 토로하다, (분노등을) 터뜨리다, (소리·냄새 등을) 발산하다,
изли́ться 흘러나오다, (감정 등이) 토로·폭발되다, (소리·빛 등이) 새어 나오다, 퍼지다
излия́ние 유출, 토로, (종) 강림(성경의)
нали́ть (налива́ть) 그릇을 액체로 채우다, 가득 따르다, 따라넣다, 엎지르다
налива́ться 가득차다, (과일 따위가) 익다, 살찌다, 취하다
нали́в 주입, 성숙(과일·곡물), 과일의 즙, 통의 주둥이
нали́вка 과일주
наливно́й (과실에 대하여) 익은, 즙이 많은, 물·기름을 부은, 주입용의
недоли́ть 부족하게 붓다
недоли́в 부족량, 주형의 주입부족
обли́ть 붓다, 퍼붓다, 덮다, 감싸다, (유약 따위를) 뿌리다, 채우다, 감정등을 강하게 나타내다
обли́ться 끼얹다, 젖다, 싸이다, 가득차다
облива́ние 붓는것, 뿌리은 것, (의) 관수법, 냉수욕
обли́вка 유약을 칠하는 것, 유약
обливно́й 유약을 바른
отли́ть (отлива́ть) (액채를 일부) 따라내다, (배에 들어온 물을) 퍼내다, 주조하다, 여러 가지 색채을 내다
отли́ться 흘러나오다, (사상이) 어떤 형태를 취하다
отли́тие 주조
отли́в 썰물, 간조, 감퇴, 감소, 변화하는 색채
отли́вка 주조, 주물
отливно́й 부어 넣기 위한
отли́вщик 주물공
перели́ть 다른 그릇에 따르다, 다시 따르다, 개주하다, (색갈이) 변하다, 소리가 변조되다

перели́ться 옮겨지다, 넘치다, (색깔이) 변하다, 소리가 변조되다
перели́в (색깔) 변화, 윤기, (소리) 이조
перелива́ние 액체를 다른 그릇에 따는 것, 개주
перели́вчатый (색깔·소리) 변조하는
поли́ть 뿌리다, (비가 갑자기) 내리기 시작하다
поли́ться 물을 뒤집어 쓰다, 흐르기 시작하다, 잇달아 오다
поли́в = поли́вка 살수
поли́ва 유약
полива́льщик 살수부, 식물 또는 길에 물뿌리는 사람
поли́венный 유약을 칠한
поливно́й 살수에 필요한
поли́вочный 물주는, 살수의
подли́ть 어떤 물건 밑에 쏟다, 쏟아 넣다
подли́ться 어떤 물건 아래로 흐르다, 흘러 들어가다
подли́в (아래로) 따르는 것, 소스, (액체) 조미료
подливно́й 딸아 넣기 위한
прили́ть 흘러오다, 흘러모이다, 부어서 채우다
прили́ться 흘러오다, 흘러모이다, 부어서 채우다
прили́тие (생) 품종개량을 위한 연속교배
прили́в 만조, 밀물, 유입, 집중, 폭주
прили́вный 만조의, 밀물의, 유입의
проли́ть 쏟다, 흘리다
проли́ться 쏟아지다, 흐르다
проли́тие 쏟는 것, 흘리는 것
проли́в 해협
про́ливень 호우
разли́ть (차·술 따위를) 나누어 붓다, 따르다, 넘쳐흐르다, 넓히다, (애교 따위를) 흩뿌리다
разли́тие 부어서 나누어 주는 것, 넘치는 것, 범람, 가득차는 것
разлито́й 크게 넓혀진
разли́в 범람, 홍수, (광선따위가) 퍼지는 것, 부어서 나누는 것

разлива́нный 주지(육림)
разлива́тельный 쏟아서·부어서 나누기 위한
разли́вка 쏟아서·부어서 나누기 위한 것
разли́вщик 쏟아서·부어서 나누는 사람
ро́злив → разли́в
ро́зливень 눈이 녹을 때의 범람
слить 따르다, 흘리다, 따라서 나누다, 모으다, 결합하다, 주조하다, 합금하다, 흘러 모이다
сли́ться 합류하다, 하나로 합치다
сли́тие слить의 명사형
сли́тковый (금속에 대하여) 덩어리를 이룬
сли́тный 들러 붙은, 결합된
сли́ток (금속의) 주괴
сли́точный (금속의) 주괴의
слив 배수설비, 범람에서 물이 빠지는 것
сли́вки 크림, 유지, 정화
сливкоотдели́тель 크림 분리기
сливно́й (각종 그릇으로부터) 쏟아 모은
сли́вочник 크림을 넣는 그릇
сли́вочница 크림을 파는 여자, 크림을 좋아하는 여자
сли́вочный 크림의
сли́вщик 배수·급수 설비공
улить 잔뜩 쏟다, 부어주다, (일정량을) 쏟다
ули́ться 스스로 쏟다, 뿌리다
водоле́й 배수부, 닥치는 대로 지껄이는 연설가, 변사, 물병좌
водоли́в 배수부
словоли́тчик 활자 주조용

лицо́ 얼굴, **사람**, **인물**, **표면**, **특성**, **면목**, **체면**
лицева́ть 덧칠·덧붙이기하다, (의복을) 뒤집어 재봉하다
лицево́й 얼굴의, 거죽의, 표면의, 삽화가 있는
лицеде́й 배우, 위선자
лицеде́йство 배우의 연기, 위선, 가면을 쓰는 일
лицеде́йствовать 연기를 하다, 거짓을 행하다
лицезре́ние 대면, 목격, 직시
лицезре́ть 대면 직시하다
лицеме́р 위선자
лицеме́рие 위선, 위선행위
лицеме́рить 위선적인 행위를 하다
лицеме́рный 위선의
ли́чико лицо́의 애칭
личи́на 가면, 마스크, 허위, 상판대기, 자물쇠의 뚜껑
ли́чно 개인적으로, 몸소, 직접
ли́чность 개성, 인격, 인물, 인신공격, 얼굴 생김새
ли́чностный 개인의
ли́чный 사람의 성원에 관한, 개인의, 인칭의
самоли́чность 자신, 본인의 출석
самоли́чный 본인의
собственноли́чно 스스로, 자기자신으로
безли́цый 안면이 없는
безли́чие 개성이 없는 것, 무성격
безли́чность 무인칭
безли́чный 개성이 없는, 무인층의
безли́кий 개성이 없는
обезли́чить 개성을 없애다, 집단화하다
обезли́читься 개성이 없어지다, 일반화하다
обезли́чение обезли́чить의 명사형
налицо́ 자리에 있다, 목전에 있다
нали́чествовать 자리에 있다, 존재하다
нали́чие 출석, 실제적 존재
нали́чник 문·창문의 문턱, 열쇠구멍 덮는 금속
нали́чность 출석, 현 재고, 현금
нали́чный 실재의, 현존의, 현금의, 현금
облицева́ть (돌·나무·금속 등을) 붙이다
облицо́вка (돌·나무·금속 등을) 붙이는 것
облицо́вщик (돌·나무·금속 등을) 붙이는 외장공
перелицева́ть (옷을) 안팎을 뒤집다, (문장·작품을) 개작
перелицо́ванный (옷을) 안팎을 뒤집어서 다시 재봉한
перелицо́вка (옷을) 안팎을 뒤집음
обличи́ть (나쁜 일을) 파헤치다, 적발하다, 폭

로하다, (재능 따위를) 보이다, 나타내다
обли́чье (사람의) 외견, 모습, 가면
обличе́ние 폭로
обличи́тель 폭로자
обличи́тельный 적발하는, 폭로하는
белоли́цый (얼굴이) 하얀
двули́чие 표리부동, 위선, 양면성
двули́кий 두 얼굴을 한, 아리숭한, 양면적인
двули́цый 양면의
двули́чный 표리 있는, 위선의

лови́ть 포획하다, 잡다, (그물 올가미 등으로) 잡다, (추상적으로) 포획하다
лов 어획, 수렵, 포획고
ловела́сничать 엽색하다
лове́ц 어부
лови́льный 붙잡기 위한
лови́тва = ло́вля = лов 어획, 수렵, 어장
лову́шка 올가미, 함정, 계략, 책략
ло́вчий 수렵의, 수렵 어로 담당관
вы́ловить 꽉 쥐어 꺼내다, 짐승 새 물고기를 모조리 잡다
вы́лов 포획, 어획, 어획고
долови́ть (дола́вливать) 고기잡이를 마치다
излови́ть (뒤쫓아서) 붙잡다, 서로 잡다, 죄승을 보이다
налови́ть (물고기 새 등을) 상당히 많이 잡다
недоло́в 흉어
облови́ть (호수 숲의) 일대에 걸쳐 고기잡이 사냥을 하다
обло́в (호수 숲의) 일대에 걸쳐 고기잡이 사냥을 하는 것
отлови́ть 수렵 어업을 마치다, 잡다
отло́в 수렵 어업을 마치는 것
перелови́ть (다수를 또는 모조리) 잡다
подлови́ть (길에서) 포획하다, (상대방의) 약점을 잡다
слови́ть 잡다
облиствене́ть 붙잡다
улови́ть (빠르게 지나가는 사물을) 잡다, 오감·지성으로 포착하다, 이해하다, (기회 등을) 포착하다
уло́в 포획, 어획량, 풍어, 풍엽
улови́мый 포착할 수 있는, 명확하게 할 수 있는
улови́стый 어획량이 많은, 잘 잡히는
улови́тель (공기·가스 등의) 포착기
уло́вка 간계, 트릭
уловле́ние → улови́ть
улавля́ть → улови́ть (비꼼) 유혹하다, 권유하다
уло́вный 포획의, 풍어의
барсоло́в 표범 사냥꾼
зверо́лов 사냥꾼
зверо́ловство 야생동물 사냥
жироло́вка 폐수로부터 기름을 분리 하기 위한 장치
китоло́в 포경업
китоло́вство 포경업
крысоло́в 쥐잡이꾼
крысоло́вка 쥐덫, 테리어(사냥개)
мышело́вка 쥐덫
мышело́в 쥐잡이꾼
песколо́вка 방사지
самоло́в 자동함정
тунцело́в 다랑의 어선 (тун 다랑어)

ложи́ть (속) 놓다, 두다
ло́жа 특별석, 지정석
ло́же 와상, 하상
вложи́ть 넣다, 삽입하다, 집중하다, 투자하다
вложе́ние 동봉물, 투자
вы́ложить 꺼내다, 꺼내어 늘어 놓다, 덮다, 펼치다, (속) 밝히다, 고백하다
доложи́ть 보충하다, 보태다, 놓는 것을 마치다
заложи́ть --의 뒤쪽에 두다, 밀어 넣다, 둔곳을 잊다, 잘못 두다, 부설하다, 전당잡히다, 담보로 하다, (귀·코가) 막히다, 연기하다
зало́г 전당, 저당, 담보, 증거, 증표, (어) 태, 처녀지

зало́годатель 저당권 설정인

залогодержа́тель 저당권자, 담보를 잡은 사람

зало́жник 인질

изложи́ть 말하다, 서술하다, 진술하다, 설명하다

изложе́ние 서술, 진술, 설명

наложи́ть 위에 놓다, 얹다, 얇게 덮다, 칠하다, 감다, 깁스하다, 도장을 찍다, 체크하다, 쌓다, 채우다, 부과하다, (쇠사슬을) 걸다, (속) 꿀밤 먹이다

нало́г 조세, 세금

налогообложе́ние 과세

налогоплате́льщик 납세자

налогоспосо́бность 납세 능력

налогоспосо́бный 납세 능력이 있는

наложе́ние 위에 놓는 것, 얹는 것, 과하는 거

нало́жница 첩

обложи́ть 1) 주위에 두다, 에워싸다, 깔다, (군) 포위하다, 몹시 욕을 퍼붓다 2) (세금 따위를) 부과하다

обложи́ться 자기 주위에 두다, 자기를 덮다

обложе́ние (지불·금액을) 할당하는 것, 과세, (군) 포위

обло́жка (얇은 것) 표지, 종이 표지, 포장지

отложи́ть 연기하다, 연장하다, 옆에 놓다, 저축하다, 공제하다, (물고기 등이) 산란하다

отложи́ться 자유롭게 되다, 탈퇴하다

отложе́ние → отложи́ться 지층의 계

отло́гий 가벼운 경사,

отло́гость 완만한 경사지

отло́жистый 경사진

положи́ть (класть) 놓다, 설치하다, 넣다, 칠하다, 탕진하다, 행하다, 거세하다

полага́ть → положи́ть 생각하다, 추측하다, (시작·한계를) 두다, 정하다, 결정하다, 가정하다, 죽이다, (속) 정하다, 결정하다

по́лог (침대의) 휘장, 씌우개

положе́ние 상태, 사태, 상황, 정세, 위치, 지위, 경우, 입장, 규정, 법규, (철) 논제, 놓는 일

поло́женный 정해진, 소정의

поло́жим → положи́ть (구) 동의할 수 없다, 의문이다

положи́тельно 긍정적으로, 전혀, 물론, 명료하다

положи́тельный 긍정적인, 적극적인, 좋은, 유효한, 결정적인, 전적인, (수) 정

положи́ться 기대하다, 신뢰하다

переложи́ть 옮기다, 자리를 옮기다, 삽입하다, 새로 조립하다, 너무 많이 넣다, 개작하다, 번역하다, 넘기다, 환산하다

переложи́ться (경마등에서) 순위가 바뀌다

перело́г 노는 밭

переложе́ние 전위, 개작, (음) 이조, 이야기하는 일

перело́жный 휴경지의

подложи́ть (밑에) 놓다, 안감을 대다, 더하다, 제출하다, 정리하여 두다, 살그머니 놓다

подло́жный 위조한, 사기의

предложи́ть → предлага́ть 신청하다, 신입하다, 권고하다, 제안하다, 제기하다, 건의하다, 명하다, 추천하다, 기용하다

предло́г 구실, 핑계, (어) 전치사

предложе́ние 제안, 제의, 신청, 건의, 동의, (상)제공, 공급, (어) 문장, 논제, 거래

предло́жный 전치사의

приложи́ть 옆에 놓다, 더놓다, 첨부하다, 행동을 어떤 것에 미치다, 적용하다, 응용하다

приложи́ться (익살) 정중하게 입맞추다, (구) 겨누다, (귀·눈·입을) 가까이 가져가다

приложе́ние 옆에 놓는 것, 더 놓는 것, 부가, 첨가, 부가물, 부록, 응용, 동위어

проложи́ть 깔다, 펴다, 길을 내다, 삽입하다

разложи́ть 1) 사방에 나누어 두다, 진열하다, 할당하다, 불을 피우다

разложи́ть 2) (화) 분해하다, 변형하다, 붕괴시키다

разложи́ться 분해되다, 부패하다, 붕괴하다

разложе́нец 타락자

разложе́ние 해체, 부패, 되폐, 붕괴, (화) 분해

сложи́ть 한군데 놓다, 간수하다, (수) 가산하다, 조립하다, 짓다, 제거하다, 내리다, (책임등을) 벗다, 짜다, 접다

сложи́ться 조립되다, 구성되다, 성립하다, 성숙하다, (돈을) 같이 내다

сло́женный → сложи́ть

сложённый 체격의

сло́жный 합성적인, 복잡한, 착잡한

сло́жность 조립, 합성, 복잡성

уложи́ть 길게 누이다, 넣다, 거두어 주다, 깔다, 규칙대로 설치하다, (구) 살해하다, 규정하다

уложи́ться 자기 짐을 챙기다, 출발 준비를 하다, 정리하다, 수습하다, 이해되다

уложе́ние 법전

уло́женный 자기 짐을 다 챙긴, 출발 준비가 된

лома́ть 깨다, 부수다, 해체하다, (부수어) 얻다, 채취하다, (습관등을) 타파하다, 아프다, 저리다, 쑤시다

лома́ться 찢어지다, 부서지다, 꺾어지다, 변성하다(남자아이가), 거드름피우다, (가축이) 교미기에 있다

лом 1) 쇠지렛대, 파편, 단편, (속) 통풍, 류마치즘

лом 2) 폐물, 쓰레기

лома́ка 거드름장이, 새침떼기

ло́манный 부서진, 깨어진, 변칙의, 부자연스러운

лома́нье лома́ть의 추상명사

ло́мик → лом

ломи́ть 꺾다, 파괴하다, 함부로 들어가다, 아프다

ломи́ться 꺾어질 듯이 휘다, 함부로 들어가다

ло́мка лома́ть의 추상명사, 채석장, 변혁, 혼란, 혼잡

ло́мкий 부서지기 쉬운

ло́мкость 부서지기 쉬운 것

ломота́ 뼈 관절의 아픔, 통풍, 류마치즘

ломо́ть 빵 만두 과일등의 조각

ломтере́зка 식품 절단기

ло́мтик → ломо́ть 조각

ло́мщик 채석장, 채염장 등의 노동자

взлома́ть 파괴하다, 부수다

взлом 깨뜨려 여는 것, 신간지

взло́мщик 가택 침입 강도

вы́ломать (вы́ломить) 꺾다, 깨뜨려 내다, (손 따위를) 삐다

вы́лом 꺾는 것, 삐는 것

долома́ть 마저 부수다, 어느 정도 파괴하다

доломи́ть 일격에 망가 뜨리다

залома́ть 구부려 꺾다

заломи́ть 구부리다, 주름을 잡다, (속) 에누리하다

зало́м 구부러진곳

излома́ть 파손하다, 약하게 하다, (정신적으로) 손해를 입히다

изло́м 파손, 굴절부, 굽이(하천 도로 등의), 변태, 단면

изло́манность 변태적인것

изло́манный 굴곡의, 변태적인

изломи́ть 한곳을 꺾다, 꺾어 버리다

налома́ть 깨부수다, 꺾다, (오랜 여행으로) 몸을 지치게하다

налома́ться 중노동으로 지치다, 마구 우롱하다

наломи́ть 몸의 관절을 상하게하다

надломи́ть 꺾어서 금을 내다, (체력 등을) 약화시키다, 떠러 뜨리다, 쇠약하게 만들다

надломи́ться 꺾이다, 부러지다, 약해지다, 좌절되다

надло́мленный надломи́ть의 추명, 녹초가 된, 허약한

облома́ть 주위를 꺾다, 치다, 타이르다, 가르치다, 정리하다, 처리하다

облома́ться 둘레가 꺾이다, 부서지다

обло́м 꺾이는 것, 꺾여진 장소, 성벽의 돌출부, 예의 없는 자

отлома́ть 부러뜨리다, (어떤 거리를) 통과하다

отломаться   꺾어지다, 깨어지다, 떨어지다
отлом   갈라진 곳, 꺾인 곳, 단층
отломок   단편, 파편
переломать   (다수를) 부수다, 파괴하다
переломаться   (다수가) 부서지다, 깨지다
переломить   꺾다, 양단하다, (의사·관습 등을) 급히 바꾸다
переломиться   부러지다, 골절상을 입다
переломный   굴절의, 변혁의
перелом   부러지는 것, (의) 좌상골절, 꺾인 곳, 굴절
поломать   깨뜨리다, 꺾다, 불행에 빠뜨리다
поломить   아프다
полом → поломка   파괴, 파손, 파손장소
подломать   (아래서부터 조금) 부수다, 꺾다
подломаться   (무게로) 꺾이다, 부러지다, 부서지다
подлом   부서진곳, 꺾인곳
проломать   (몇번에) 꿰뚫다, 깨뜨려 구멍을 내다, (얼마 동안) 깨뜨리다
проломаться   (얼마 동안) 게으름을 피우다, 고집부리다
проломить   꿰뚫다, 깨뜨려 구멍을 내다, (얼마 동안) 아프다
проломиться   깨지다, 부서져 구멍이 나다
пролом   부수어 뚫는 것, 깨는 것, 뚫린 구멍, 틈바귀
проломный   뚫린
разломать   꺾다, 쪼개다, 부수다, 파괴하다
разломаться   꺾어지다, 부서지다, 척하다, 고집을 부리다
разломить   쪼개다, 부수다, 통풍으로 고생하다
разлом   쪼갬, 부숨, 파괴, 분쇄, 꺾어 진곳
разломка   쪼개는 것, 부수는 것
разломщик   파쇄공
сломить   부수다, 꺾다, 극복하다, 깨다, (기세를) 꺾다
сломиться   꺾이다, 부숴지다, 쓰러지다, 약해지다

слом   파괴, 그 장소
сломка   파괴, 붕괴
уломать   설복시키다, 설득하다
уломить   부숴버리다
бурелом   풍해를 입은 수목
ветролом   바람에 쓰러진 부러진 나무
волнолом = волнорез   방파제
головоломка   풀기 어려운 과제, 생각을 필요로 하는 놀이
каменоломня   채석장
костолом   골통, 쇄골기(의)
костоломка   류마치즘 통풍 따위, (뼈가 부러지듯) 나쁜 도로
ледолом   다리주위의 유빙 방지 장치
металлолом   금속 부스러기
снеголом   눈의 무게로 가지가 부러지는 것, 부러진 가지
солеломня   암염 정제소
стенолом   파성퇴, 공성퇴
стружколом   부스러기 분쇄기

лишить   빼앗다, 잃다
лишиться   잃다
лишенец   (시민권 등) 상실자
лишение   박탈, 상실, 궁핍, 곤궁
лишённый   --을 빼앗긴
умалишённый   발광한, 미친

лучить   횃불로 잡다, 빛나다
луч = луча   빛, 광선, 광명, (이) (에너지의) 방사선, (해) 요골, (물고기 잡이에 쓰이는) 횃불
лучевидный   광선 모양의, 방사형의
лучевики   (동) 방사충류
лучевой   방사형의
лучезарность   찬란함, 빛남
лучезарный   빛나는, 찬란한, 기쁨·희망에 가득찬
лучеиспускание   발광, 방사, 복사
лучемер   복사제, 방사제
лучеобразный → лучевидный

лучепреломле́ние 광선의 굴절
лучепреломля́емость 광선의 굴절율
лучи́ться 방사상으로 갈라지다
лучи́на 나뭇조각, 관솔(농가의 조명용)
лучи́стость 발광성, 방사성

люби́ть 사랑하다, 귀여워 하다, 연애하다, (넓은 의미로) 총애하다
люби́ться 서로 사랑하다
люб 마음에 들다, 즐겁다,
лю́бо нелю́бо 싫거나 좋거나
ему́ лю́бо 그는 좋아 한다
лю́ба 연인
любвеоби́льный 애정이 충만한
любе́зник (남녀 사이에) 기분이 좋게 하는 사람
любе́зничать 따리 붙이다, 아첨하다
любе́зность 상냥함, 아첨
любе́зный 친절한, 정중한, 그리운, 사랑하는, 여보게
люби́мец 좋아하는 사람, 사랑 받는 사람
люби́мчик 귀염둥이
люби́мый 사랑받는, 좋아하는
люби́тель 애호가, 아마추어
люби́тельский 애호가의, 아마추어의, (상품에 대하여) 최고급의
люби́тельщина 아마추어 연극, 연주
любова́ться -- на кого·чего 재미있게 보다, 듣다
любо́вник 정인, 정부, 연애 하는 남자
любо́вница 정부(여)
любо́вный 사랑의, 정사의, 열성있는
любо́вь 사랑, 애정, 연애, 연인, 애호, 기호
любодея́ние 간통
лю́бо = до́рого → люб
любозначи́тельность 지식욕
любозначи́тельный 지식욕이 풍부한
любому́др 철학자, 철인
любому́дрие 철학
любопы́тничать = любопы́тствовать 호기심을 가지다
любопы́тство 호기심, 지식욕
любостра́стие 육욕, 색정, 호색
любостяжа́ние 금전욕이 강한, 탐욕
лю́бый 사랑받는, 마음에 드는
лю́бящий 사랑하는, 애정어린
люби́тель автолюби́тель 자동차 펜
кинолюби́тель 영화애호가
влюби́ть (влюбля́ть) в кого – что 반하게 하다
влюби́ться 반하다, 사랑하게 되다, 매혹되다
влюблённость 연모
влюблённый 사랑에 빠진, 반한, 열중하는
самовлюблённый 잘난체 하는, 남을 깔보는
влюбе́ -- с кем 아주 사이 좋게, 일심동체가 되어(야유)
влю́бчивый (야유) 쉽게 자주 사랑하는 사람, 사랑에 빠지기 쉬운
возлюби́ть 사랑에 빠지다, 좋아하게 되다
возлю́бленная 연인, 애인(여)
возлю́бленный 1) 열렬히 사랑하는
возлю́бленный 2) 연인(남)
залюбова́ться 넋을 잃고 보다
излюби́ть 특별히 사랑하다, 자기 것으로 만들다(완전히)
излю́бленный 즐기는, 언제나의, 완용의
нелюбе́зный 무뚝뚝한, 불친절한
нелюби́мый 사랑받지 못하는 사람, 싫은
нелю́бо 마음에 들지 않다, 싫다
нелюбо́вь 혐오, 증오
недолю́бливать 덜 좋아하다
облюби́ть → полюби́ть
облюбова́ть 고르다, 점찍다
отлюби́ть 사랑이 식다
полюби́ть 사랑하다, 좋아지다, 연애하다
полюби́ться 마음에 들다
подлю́бливать (여러 가지 물건 속에서)어떤 물건을 더 좋아하다
пролюби́ть 한동안 사랑하다, 사랑을 계속하다

разлюби́ть 사랑이 식어지다, 싫증나다
слюби́ться 서로 사랑하다, 서로 연애하다
братолюби́вый 동포를 사랑하는
братолю́бие 형제애, 이웃사랑
властолю́бие 권세욕
властолю́бец 권세욕이 강한 사람
властолюби́вый 권세욕이 강한
водолю́б 물 땅땅이 속
водолюби́вый 수중 습지를 좋아하는
вольнолюби́вый 자유를 사랑하는
дружелю́бие 우의, 우정
дружелю́бный 우의 있는, 환목한, 다정한
детолюби́вый 어린이를 좋아하는
златолюби́вый 황금을 좋아하는
корыстолю́бец 욕심이 많은 사람
корыстолюби́вый 탐욕스런, 사리를 탐내는
корыстолю́бие 금전욕이 강한 것
миролю́бец 평화 애호가
миролюби́вый 평화를 사랑하는
миролю́бие 평화 애호
однолю́б 평생 한사람만 사랑한 남자(여자)
правдолю́бие 진리애, 정의애
правдолю́б 진리를 사랑하는 사람
правдолюби́вый 진리를 사랑하는
самолю́б = самолю́бец 자존심이 강한 사람, 고집장이, 기기 주의자
самолюби́вый 자부심이 강한
самолю́бие 자존심, 자부심
самолюбова́ние 자기 만족, 자기 도취
себялю́б = себялю́бец 이기 주의자
себялюби́вый 이기적인
себялю́бие 이기주의
славолю́бие 명예심, 공명심
славолюби́вый 명예심이 강한
славолю́бец 명예심·공명심이 강한사람
сребролю́бец 수전노
сребролюби́вый 돈을 사랑하는, 탐욕적인
сластолю́бец 호색한
сластолюби́вый 음탕한
сластолю́бие 음탕, 음욕
сластолю́бствовать 음욕에 빠지다
страннолюби́вый 편력자 순례자를 후대하는
тенелю́б 음지를 좋아하는 식물
трудолю́б = трудолю́бец 근면가
трудолюби́вый 근면한
трудолю́бие 근면
чадолюби́вый 자식을 사랑하는
чадолю́бие 자식에 대한 사랑
человеколю́бие 박애
человеколюби́вый 박애의
человеколю́бец 박애주의자
честолю́бие 야심, 공명심
чинолю́бие 직위욕

Л

••M••

мазать 바르다, 더럽히다, 서투르게 그리다, 치다, 때리다, 실패하다, 틀리다

мазаться 자기 몸에 문질러 바르다, 더러워지다, 화장하다, (안료따위가) 묻다

мазальщик 페인트 도유공

мазаный 더러운, 흙벽의

мазила 서투른 그림장이, 불결한 사람, 칠장이

мазильщик 칠장이

мазка 바르는 일, 문질러 스며들게 함

мазкий 끈적끈적한

мазло 서투른 사람, 실수하는 사람

мазница 타르, 유지용기

мазня 서투른 그림, 서투른 연기

мазок 붓으로 한번 칠하는 것, 스메어, 실패(내기 등에서)

мазчик (당구 카드놀이에서) 판돈을 거는 사람

мазь 연고, 도유용 기름

мазюкать 더럽히다, 서툴게 그리다

вмазать 시멘트·진흙따위로 발라서 굳게하다

вмазка 시멘트·진흙따위로 발라서 굳히는 것

вымазать (기름 따위를) 칠하다, (기름 따위로) 더럽히다

вымазаться (기름따위가) 묻다, (기름따위로) 더럽혀지다

домазать 칠하기를 마치다, --까지 칠하다

замазать (페인트 도료등을) 칠하다, (세멘트 반죽등으로) 발라서 막다, (칠하여)더럽히다

замазаться 더럽게 되다

замазка 칠하는 것, 겉치레, 채색, 세멘트 아교 등

замазуля 불결한 사람, 칠칠치 못한 사람

измазать 칠하여 더럽히다, (고약 향유) 써서 없애다

измазаться 더럽히다

намазать 바르다, 칠하다, 그리다, 짙게 바르다

намазаться 화장품을 바르다

намазка 도말물

обмазать 주위를 칠하다, 바르다, 칠하여 더럽히다

обмазаться 자신의 주위에 칠하다, --투성이가 되다

обмазка 칠하는 것, 도료, 회반죽, 벽토

отмазать (칠한 것을) 벗겨내다, 칠하기를 마치다

перемазать (기름을) 다시 칠하다, 완전히 더럽히다

помазать 성유를 바르다, (조금씩) 기름을 바르다

помазаться 성유의식을 받다

помазание 성유식

помазанник 황제, 황후

помазок 도찰용 솔

помазь 글리세린, 유지, 윤활유

миропомазание 성유를 바르는 일, 견신례, 즉위례

подмазать (아래서부터) 칠하다, 다시 칠하다, 기름 회반죽등을 바르다, 매수하다

помазаться 화장하다, 아첨하다

примазать 칠하다, 고착하다, (카드) 판돈을 늘리다

примазаться (자기머리에) 포마드를 바르다, 환심을 사다, 판돈를 늘리다

примазка 칠하기, 늘린 판돈

промазать 꼼꼼히 전부 칠하다, 얼마 동안 칠하다, (궁술·테니스) 잘못 치다

промазка 꼼꼼히 전부 칠하기, (궁술 테니스) 잘못 치기 잘못 마추기

размазать 빈틈없이 칠하다, 넓게 칠하다, 과장하여 말하다

размазаться (기름따위가) 골고루 퍼지다

размазка 빈틈없이 칠하는 것, 넓게 칠하는 것

размазня 묽은 죽, 흙탕물, 애매모호한 말, 우유부단한 사람

смазать (기름 약따위를) 바르다, 칠하다, 뇌물을 쓰다, (의미 따위를) 속이다, (바른 것을) 벗겨내다

смазаться (자기몸에) 바르다, (바른 것이) 벗

겨지다
смáзка   바른 것, 바른 것을 닦아내는 일, 도포용의 것
смазнóй   (피혁제품의) 칠하고 닦은
смáзочный   도포용의
смáзчик   기름치는 도구, 기름치는 사람
смазь   증회
самосмáз   자동 윤활 장치
самосмáзка   자동 윤활
умáзать   (기름등을) 흠뻑 칠하다, 완전히 더럽히다
умáзаться   완전히 더럽혀지다
богомáз   성상화가
черномáзый   얼굴이 거무스름한

мáлый   ① 작은, 적은, 근소
мáлость   적은 일
малéйший → мáлый
мáленький   적은, 작은, 가치가 없는, 하찮은
малéнько   어린애, 잠깐, 조금
малéц   젊은이
малёхонький   매우 작은, 적은
мáло = мéлкий   하찮은, 사소한
малёк   치어
мало-   적게, 조금, 부족하게
малоавторитéтный   권위가 없는
малоблагоприя́тный   그다지 사정이 좋지않은
маловáжный   하찮은
маловáт   조금 작은
маловáттный   낮은 전력의
маловéр   신앙이 엷은 사람
маловéрие   신앙이 엷은 것
маловероя́тный   거의 그럴리 없는
маловéс   중량 부족의 위조(가짜) 추, 분동
маловéсный   중량 부족의
маловóдный   물이 적은
маловóдье   낮은 수위, 물 부족
маловрази́тельный   불명료한
маловрéдный   해가 적은
маловы́годный   이득이 적은

маловырази́тельный   표현력이 부족한
малоговоря́щий   설명 표현이 불충분한
малограмотный   무식한, 바르지 못한
малодарови́тый   재능이 모자라는
малодéйственный = малодействи́тельный   거의 효과 영향이 없는
малодéржанный   중고의, 조금 사용했을 뿐인
малодóйка   젖줄이 나쁜 암소
малодостовéрный   그다지 믿을 수 없는
малодостýпный   접근 도달 입수하기 어려운
малодохóдный   수입이 적은
малодýшествовать = малодýшничать   소심 무기력하다
малодýшие   소심, 무기력
малоéжка   (농담) 적게 먹는 사람
малоéзженый   훈련이 부족한, (탈 것) 충분히 길들이지 않은
малоéзжий   드물게 사람이 다니는 (길)
малозамéтный   거의 눈에 띄지 않는, 흔한, 평범한
малозаселённый   인구가 희박한
малоземéлье   토지부족
малоземéльный   토지가 부족한
малознакóмый   그다지 친하지 않은
малознáчащий   중요하지 않은
малозначи́тельный   시시한
малоизвéданный   경험 체험 부족의
малоизвéстный   그다지 알려져 있지 않은
малоизýченный   연구가 불충분한
малоказáтельный   증거로서 불충분한
малоимýщий   재산이 적은
малоинтерéсный   그다지 흥미가 없는
малоискýсный   기술이 미숙한
малоисслéдованный   연구 조사가 불충분한
малоинтеллигéнтный   지식이 적은
малокали́берный   소 구경의
малокалори́йный   칼로리 부족의
малоквалифици́рованный   기능이 미숙한
малокварти́рный   방수가 적은
малокомпетéнтный   (어떤 일에) 통달하지 못한

малоко́рмный 사료 부족의
малокро́вие 빈혈
малокульту́рный 미개한, 교양이 부족한
малоле́сье 수림이 적은
малоле́тка → малоле́ток 소년, 연소자, 미성년자
малоле́тний 연소의, 어린이 용의
малоле́тство 연소자, 미성년
малолитра́жка (연료을 적게쓰는) 소형 자동차
малолитра́жный 용적이 적은, 시린더가 적은
малолю́дный 인적이 드믄
малолю́дство 인적인 드믄 것
маломе́рка 너무 작은 의복 신발
маломе́рный 치수 넓이가 작은 또는 부족한
маломо́щный 체력이 빈약한, (기계 등) 출력이 부족한
малонадёжный 그다지 믿을 수 없는
малонаселённый 인구가 희박한
малоно́шеный 그다지 오래 입지·신지 않은
малообеспе́ченный 충분히 보장 받지 못하고 있는
малообжито́й 살기 좋게 길들이 않은
малообита́емый = малозаселённый 인구가 적은
малоо́блачный 구름이 적은
малообосно́ванный 근거 논거가 충분치 못한
малообрабо́танный 잘 가공 되지 못한
малообразо́ванный 교양이 부족한
малообщи́тельный 교제를 싫어하는
малоо́пытный 경험이 부족한
малооснова́тельный 근거가 불충분한
малоотве́тственный 책임이 적은, 주요하지 않은
малопита́тельный 영양분이 부족한
малоплодо́вый 결실이 적은
малоплодоро́дный (지질) 비옥하지 못한
малоподви́жный 잘 움직일 수 없는
малоподгото́вленный 준비·예비·교양이 모자라는

малополе́зный 그다지 유익하지 못한
ма́ло-пома́лу 점차, 조금씩
малопомести́тельный 좌석이 적은
малопоня́тный 난해한
малоприбы́льный 이익이 적은
малоприго́дный 그다지 도움이 되지 못하는
малоприменимый 이용 응용도가 낮은, 적응시키기 어려운
малопродукти́вный = малопроизводи́тельный 그다지 생산적이 아닌
малопросо́льный 소금기가 적은
малопроце́нтный 저율의
малоразвито́й = малора́звитый 성장 발육이 불충분한, 교양부족의, 식견이 좁은
малораспространённый 그다지 보급되지 않은, 희귀한
малорента́бельный 채산이 맞지 않는
малоречи́вый = малоразгово́рчивый 과묵한
малоро́слый 왜소한, 키가 작은
малоро́с = малоро́сс 소러시아인
малосве́дущий 지식이 천박한
малосеме́йный 가족이 적은
малоси́льный 힘이 약한, 출력이 약한
малосмы́сленный 머리가 둔한
малосне́жный 눈이 적은
малосодержа́тельный 내용이 빈약
малосо́льный 싱거운
малосостоя́тельный 재력이 부족한, (증거 등이) 불충분한
малоспосо́бный 능력이 부족한
малосуще́ственный 본질이 아닌
малотира́жный 인쇄 부수가 적은
малоубеди́тельный 신용 못할, 확증이 없는
малоуглеро́дистый 탄소함유량이 적은
малоупотреби́тельный 드믈게 쓰는
малоурожа́йный 수확이 불충분한
малоуси́дчивый 끈기가 부족한
малоуспева́ющий 성적이 불량한
малоуспе́шный 그다지 성공하지 못하는

малоутеши́тельный 별로 위안이 안 되는
малохле́бный 곡물 생산량이 적은
малохудо́жественный 그다지 예술적이 아닌
малоце́нный 가치가 적은
малочи́сленный 적은 인원수의, 드믈게 있는
малочувстви́тельный 그다지 예민 하지 못한
малошёрстный (양의) 털이 짧은
ма́лый ② 젊은이, 소년, 사나이, 놈, 야, 여보게, 종복
малы́ш 유아(특히 남자), 난장이
малышко́вый 어린이의
малышня́ 어린이들
мальё 작은것, 자잘한 것
ма́льчик 남아, 소년, 풋나기, 사동, 소년공
мальчико́вый 소년용의,
мальчи́шеский 소년다운, 경솔한
мальчи́шество 소년다운것, 어리석은 장난
мальчи́шник 혼례의 전날 밤에 신랑이 친구들을 초대하는 잔치
мальчо́нка → ма́льчик
малю́сенький 매우 작은
малю́тка 유아, 베이비
вма́ле 조금 지나서, 멀지않아, 조금
изма́ла = сы́змала = сы́змалу = сы́змальства 어렸을 때부터
нема́лый = нема́ленький 작지 않은, 큰, 적지 않은
нема́ло 직지않게,
немалова́жный 긴요한
пома́лу 조금씩, 점차
сма́лу = сма́льства 옛적부터
помале́ньку 서두르지 않고, 조금씩, 천천히
помале́ть 적어 지다, 작아지다
умали́ть 축소하다, 감소하다, 저하시키다
умали́тельный 축소하는, 감소하는
умали́ться 줄다, 적어지다, 저하되다

мани́ть 손짓으로 부르다, 유인하다, 유혹하다
ма́нный = ма́нной 유인물

манове́ние 손, 머리를 움직여 하는 신호, 지시
мано́к 유인물로 쓰이는 새
взмани́ть 흥미를 불러 일으키다, 유혹하다
замани́ть 꾀다, 유혹하다
зама́нка 유혹
зама́нчивый 강하게 마음을 끄는, 유혹적인
отмани́ть 꾀어내다, 유인해 내다
перемани́ть 꼬시다, 유혹하다
перема́нка 유혹
подмани́ть 손짓따위로 부르다, 유인하다
примани́ть (좋은 기끼로) 유인하다
прима́нка 먹이, 좋은 미끼, 유혹물
прима́ночный 미끼로 쓰이는
прима́нчивый 유혹적인, 매혹적인
размани́ть (점차로 강한) 욕망을 일으키다
смани́ть 유혹하다, 끌어 들이다
умани́ть 유혹하다, 속여서 데리고 가다

марш 행진, 진행, 진군, 행진곡, 바로 이어지는 계단
маршеви́к 보충병 (후방에서 전선으로 보충되는)
ма́ршевый 보충의
маршировать 행진하다
маршировка 행군연습
марш-марш (말의) 패주
маршру́т 통행로, 경로, (버스 등의) 운행노선
маршрутиза́ция 직통화차 또는 화물선에 의한 수송
маршру́тка 일정구간 택시
отмарширова́ть 행군을 마치다
промарширова́ть (얼마 동안) 행진하다

ма́сло 기름, 버터, 유화구, 유화
ма́сленик = ма́сляник 기름 상인
маслёнка 식탁용 버터그릇, 기름통, 상자제조용 두꺼운 종이
маслёнщик 주유 급유공
масли́на 감람나무, 올리브, 그열매
ма́слить 기름을 치다, 버터를 칠하다

маслиться 때묻다, 얼룩지다
масличный 감람나무의
замаслить 기름으로 더럽히다, 유지를 스며들게 하다
замаслиться 기름에 더럽혀지다
измаслить 기름으로 더럽히다, 유지를 스며들게 하다
измаслиться 기름에 더럽혀지다
намаслить 버터·기름·포마드 따위를 바르다
обмаслить 버터·기름을 바르다
обмаслиться 버터·기름으로 더럽혀지다
перемаслить 버터·기름을 너무 많이 바르다
подмаслить 버터를 조금 더넣다, 아첨하다, 매수하다
примаслить 기름을 발라 매끄럽게 하다
промаслить 기름을 발라 칠하다, 기름이 배게 하다
помаслиться 기름이 배다
умаслить 잔뜩 기름칠 하다, 설득하다
умаслиться 자기몸에 (머리카락에) 기름을 바르다
маслоблок 윤활유 공장
маслобой 기름·버터제조인
маслобойка 교유기(버터 제조용)
маслобойный 버터제조의, 착유의
маслобойня 버터 제조소
маслобойщик 기름·버터 제조인
маслодел 버터 제조업자, 제유업자, 제유학자
маслоделие 버터 제조업, 제유업
маслозавод 기름·버터 제조소
масломер 유량 측정기
маслонепроницаемый 기름이 투과하지 않는
маслообразный 기름 모양의
маслоотделитель 오일 분리기
маслоочиститель 오일 정화기
маслоочистка 오일 정화
маслосборник 기름 받이
маслотоп 유지 용해공
маслоуловитель 기름 빼기

маслянистый 기름이 있는
масляный 기름 버터의, 기름에 의한

мать 어머니, 연배의 부인에 대한 호칭, 아내의 호칭, 승려의 아내 호칭
матереубийство 모친 살해
матереубийца 모친 살해범
материн 어머니의, 어머니에 따른
материнский 모친의, 원래의, 모태가 되는
материнство 아내·어머니로서의 구실, 모성(애)
материть 상스러운 말로 욕하다
материться 서로 욕하다
матерный 상스러운 말로 욕하는
матерщина 상스러운 욕설
матерь=мать ---божия 기쁨, 놀라움, 찬탄의 소리
матка (해) 자궁, 가축의 암컷, 여왕벌, 모암, (공) 너트, 대장, 우두머리
маточка 부인·처녀·소녀에 대한 다정한 호칭
маточник 여왕벌집, 씨방, (인) 자모, 씨말(암컷) 의 관리인, (화) 모액
маточница 히스테리
маточный 자궁병, 히스테리
авиаматка = авианосец 항공모함
безматерний 어머니가 없는
безматок 여왕벌이 없는 벌집
богоматерь 성모

внематочный (의) 자궁 외의
---ная беременность 자궁외 임신
кроликоматка (번식용의) 암토끼
обезматочеть (꿀벌의 둥지에 대하여) 여왕벌이 없어지다
овцематка 암양
праматерь 민족·종족의 시조(여성)

махать 흔들다, 휘두르다, 흘들어서 신호하다
махаться 흔들다
махнуть 흔들다, 휘두르다, (속) 교환하다

мах   한번 흔듦, 휘두름, 실패하다
маха́льный = маха́льщик   (깃발을 흔드는) 신호수
махао́н   큰 나비의 일종
маховой   소매치기, 사기꾼
ма́хом   재빨리, 순식간에
маши́стый   진폭이 큰, 힘이 좋은
взмах   흔드는 것, 치켜드는 것
взма́хивать (взмахну́ть)   흔들다, 치켜올리다
вы́махать   흔들어 쫓아 버리다(모기 따위를), 흔들어 아프게 하다 (관절 따위를), 키가 커지다
вы́махнуть   흔들어 떨어 뜨리다, 급히 뛰어 나가다
домахну́ть (домаха́ть)   (마차로) 급히 달려 도착하다
замаха́ть → ма́хать
замахну́ться (зама́хиваться)   (때리기 위하여) 치켜 올리다
зама́х   (스포츠) 손을 치켜 올리는 동작
зама́шистый   힘이 좋은, 거만한, 모험을 좋아하는
зама́шка   (나쁜) 성벽, 습성
намаха́ть (нама́хивать)   (부채 등으로) 부쳐 올리다, 바람을 일으키다
намахну́ться → замахну́ться
обмахну́ть (обма́хивать)   부치다, 털다, 먼지를 털다
отмаха́ть (отмахну́ть)   (큰거리를) 단숨에 달리다, 단숨에 해치우다
отмахну́ться   제거하다, 뿌리치다, 피하다, 거절하다
перемахну́ть (перема́хивать)   뛰어넘다, (일거에) 이동하다, 너무 크게 말하다
перемахну́ться   서로 신호를 하다
подмахну́ть   황급히 서명하다, 급히 청소하다
про́мах = прома́шка   잘못치는 것, 잘못 맞추는 것, 실책, 실패, 헛탕
прома́хать   (얼마 동안) 흔들다

промахну́ть   질주하다,
промахну́ться   (스포츠) 잘못 치다, 표적이 벗어나다, 오산하다
разма́х   흔드는 것, 양팔을 벌려 길이를 재는 것, 진폭, 활동, 범위, 강도, 규모
размаха́ть   흔들어 움직이다
размаха́ться   힘껏 흔들다
размахну́ть   (때리려고) 들어 올리다
размахну́ться   손을 흔들어 올리다, 대단한 활략을 시작하다
разма́шистый   수족 신체를 크게 흔들어 움직이다, 분방한, 대범한, 과장된
смахну́ть (сма́хивать)   털어 버리다, 쓸어 치우다, 쳐서 떨구다, 약간 비슷하다
сма́ху   힘껏 팔을 휘두르며, 즉시, 당장

ме́дленный   완만한, 느린
медле́нье   완만한 것, 늦어 지는 것
медли́тельный   완만한, 느릿 느릿한
ме́длить   느릿느릿하다, 지체하다
неме́дленный   지체없는, 즉시의, 신속한
неме́для   즉시, 당장, 곧
заме́длить   더디게 하다, 늦추다, 지체하다
замедле́ние   지연, 지체, 연기
замедли́тель   감속장치
беззамедли́тельно   지체없이
незамедли́тельный   주저하지 않는, 유예 없이
поме́длить   주저하다, 우물쭈물하다
проме́длить   지체하다, 정체하다
промедле́ние   지체, 지연, 정체
уме́длить   약간 늦추다
уме́длиться   다소 늦다

ме́жду   사이에, 중간에
меж → ме́жду
межа́   지경, 경계, 밭 사이의 좁은 길, 한계, 한도
межбиблиоте́чный   도서관 상호 간의
межбро́вье   두 눈썹 사이, 미간

межве́домственный = междуве́домственный   관청 상호 간의, 여러 관청 연합의
межвидово́й   다른 종류 사이에
междо- → между-
междоме́тие   감탄사
междомолекуля́рный = междумолекуля́рный   분자 간의
междоу́злие   절간, 마디와 마디 사이의 부분
междоусо́бие   내분, 내란
между-   --사이의, 공통의 뜻
междугоро́дный   도시간의
междузвёздный   별과 별사이의
междунаро́дник   국제문제 전문가
междунаро́дный   국제적인, 만국의
междунача́лие   장관 궐석 기간
междупа́рье   봄과 여름사이의 농한기
междуплане́тный   혹성 간의
междупу́тье   (철) 선간 거리
междурёберный   늑간의
междуре́чье   두강사이의 토지
междуря́дье   밭두둑과 두둑사이, 파종한 두 줄 사이, 두줄로 늘어선 나무 사이의 토지
междуселе́нный   부락간의
междусою́знический   동맹자·동맹국 간의
междустро́чие   행간
междуца́рствие   (제위·왕위의) 공위기간
междуэта́жный   계단 사이의
межева́льный   경제 설정·구획하기 위한
межева́ние → межева́ть
межева́ть   경계를 정하다, 땅을 나누다
межеви́к   측량기사
межёвка → межева́ние
межево́й   측량의
межевщи́к → межевик
межéнь   갈수기의 수위 (하천·호수)
межеу́мок   중간치, 어중간한 것, 생각이 모자라는 사람
межеу́мье   생각이 모자라는 일, 그다지 영리하지 못한 일
межзаво́дский   공장 사이의

межзу́бный   두 이 사이의
межкле́тник   (식물조직의) 세포간 공간
межкле́точный   세포간의
межконтинента́льный   대륙간의
межко́стный   뼈 사이의
межкраево́й   지방 사이의
межледнико́вый   간빙기의
межнациона́льный   민족간의
межни́к → межа́
межобластно́й   주 사이의
межокружно́й   관구 사이의
межотраслево́й   몇몇 부분간의
межпарти́йный   각 정당 간의
межплеменно́й   종족 간의
межпло́дник   가운데 열매 껍질
межпозвоно́чный   추골간의
межполо́сье   지대·경지 간의 지역
межпоро́дный   (동·식물의) 종족 간의
межремо́нтный   한번 수리한 뒤 다음 수리까지의 기간
межродово́й   각 종간의
межсезо́нье   계절 중간기
межсе́льский   몇몇 마을 사이의
межсессио́нный   두 회 기간의
межсортово́й   (어떤식물의) 종별 간의
межцехово́й   (한 공장내의) 각 직장 간의
ви́межевать   (토지를) 측량하여 나누다
ви́межеваться   측량되어 나누어지다
замежева́ть   경계를 정하다, 토지를 나누다
намежева́ть   (여러 지구의) 경계를 정하다
обмежева́ть   경계를 정하다
отмежева́ть   토지에 경계를 지어 나누다, 자신의 분야을 정하다
отмежева́ться   나뉘다, 작별하다
перемежева́ть   다시 분배하다, (넓은·많은 토지를) 분배하여 나누다
перемежёвка   다시 부계 하는 일, 재 측량
перемежева́ть   (땅을) 측량하여 더하다, 경계를 넓히다
размежева́ть   경계를 정하다, 범위·권한을 정

하다

размежева́ться 상호 간의 경계를 정하다, 의논끝에 헤어지다

размежёвка→ размежева́ть

ме́кать 추측하다, 생각하다

намека́ть 시사하다, 암시하다

намёк 시사, 암시

домека́ть (домекну́ть) 통찰하다, 이해하다

домека́ться (домекну́ться) 생각해 내다, 간파하다

смека́ть 터득하다, 판단하다, 짐작하다

смека́листый 영리한, 눈치빠른

смека́лка 영리함, 기지

смека́ние 이해, 터득

ме́лкий = мельча́йший 작은, 보드러운, 얕은, 소규모의, 낮은

мелко- 작은, 보드러운, 얕은, 낮은

мелкобо́ртный 뱃전이 낮은

мелкобуржуа́зный 소시민적인

мелково́дный (하천 호수가) 얕은, 수량이 적은

мелково́дье (하천 호수가) 얕은곳, 얕은곳, 감수기

мелкодо́нный 밑바닥이 얕은

мелкозём 세토

мелкозерни́стый 낱알이 작은, 낱알이 보드라운, (대리석) 돌결이 고은

мелкозу́бка 이가 작은 톱

мелкозу́бчатый 이가 작은(톱니 풀잎)

мелкозу́бый 이가 작은

мелкокали́берка 소구경총

мелкокали́берный 소구경총의, 안계·시야가 좁은

мелкокрестья́нский 소농의

мелколе́сье 어린나무숲

мелколи́ственный 잎이 작은

мелкопло́дный 열매가 작은

мелкопоме́стный 소유지가 작은

мелкоро́слый 키가 작은

мелкосидя́щий (배에 대하여) 홀 수가 작은

мелкосо́бственнический 소지주의

мелкота́ 작은, 사소한일, 아이들, 신분·지위가 낮은 사람

ме́лкость 작은, 보드라운, 얕은, 사소한, 저급함

мелкоте́мье 지엽적 테마

мелкотова́рный 소상품 생산의

мелкотра́вчатый 가느다란 풀 무늬가 있는, (속) 작은, 시시한

мелкотра́вчатый вор 좀도둑

мелкоцве́тный 꽃이 작은

мелкошёрстный 체모가 짧은

мелочи́ть 좀스러운 짓을 하다

мелочи́ться 좀스러운 짓을 하다

мелочно́й (주로 부인용의) 잡화의

ме́лочный 협량, 소심한, 작은, 사소한

ме́лочь 작은 물건, 잔돈, 작은 일

мель 얕은여울

ме́льком 잠깐, 조금

меле́ть (개천 따위가) 얕아 지다, (사상·감정이) 보잘것없이 작아지다

мелизна́ (개천 따위가) 얕은 것

мели́ть 부수다, 잘게 만들다, 백악을 칠하다

мелюзга́ 작은 동물, 어린아이, 시시한 사람

моль 좀, 좀벌레, 매우 작은 것

обмеле́ть 얕아지다, 얕은 여울에 오라 앉다, 값어치가 없어지다

обмеле́лый 얕아진

обмеле́ние (호수·강 등이) 얕아 지는 것

о́тмель (강·호수·바다의) 주, 사구, 얕은 여울

помеле́ть 얕아지다

мельча́ть (мельчи́ть) 작게·부드럽게 하다, (정신적으로) 타락하다

измельча́ть = мельча́ть = мельчи́ть 잘게 부스러 뜨리다

измельча́ние 작아지는 것, 호수 등이 얕아지는 것

измельчи́ть 잘게 부스러 뜨리다

измельчи́ться 잘게 부서지다

измельчи́тель (사료 등의)분쇄기
намельчи́ть 작게· 잘게 하다
на́мелко 아주 잘게
размельчи́ть 잘게 부수다
размельчи́ться 잘게 부서지다
умельчи́ть 세분화 하다, 작게 만들다
умельчи́ться 세분화 되다, 잘게 되다

ме́ньший → ма́ленький, ма́лый 보다 작은

меньша́к 막내아들, 막내 동생
ме́ньше → ма́ленький, ма́лый
меньшеви́к (러시아) 소수당
меньшеви́ствовать 멘쎄비끼의 의견에 따르다
меньшинство́ 소수, 소수파
меньшо́й 사회적 지위가 낮은 사람을 가리키는 말
наиме́нее 가장 적게, 아주 근소하게
нацме́н 소수민족의 일원
нацменьши́нство 소수민족
наиме́ньший 최소의, 가장 적은
уменьша́емое 빼임수, 피감수
уменьша́ть → уме́ньшить
уменьше́ние 감소, 축소
уменьши́тельный 적게하다, 줄이다, 지소의
уме́ньшить 줄이다, 적게하다, 축소하다
уме́ньшиться 줄다, 작아지다
преуме́ньшить 과소 평가하다, 경시하다
преуменьше́ние 과소 평가
приуме́ньшить 좀 줄이다

меня́ть 교환·교역하다, 교환하다, 바꾸다, 환전하다

меня́ться 교환하다, 변하다, 변화하다
меня́ла 환전상
меня́льный 교환 환전의
меня́льщик 환전상, 교역상
ме́на 교환, 교역, 교환계약
меновщи́к 환전상, 교역상

вы́менять 교환하여 얻다
замени́ть --으로 대신 하다, 바꾸다
заме́на 교환, 대용, 바꾸는 것, 교대, 교대자, 대신하는 사람
замени́мый 쉽게 바꿀수 있는
замени́тель 대용물
взаме́н --의 대신으로, 교환으로
незамени́мый 쉽게 바꿀수 없는, 보상하기 어려운, 귀중한
измени́ть (изменя́ть) 바꾸다, 개정하다, (어미를) 변경시키다, 배신하다, 반역하다, (능력이) 없어지다, (행운 등이) 사라지다
изменя́ться 바뀌다, 변화하다, 개정되다, (어미가) 변화되다
изме́на 배신, 불신, 반역, 부정, 바람기
измене́ние 변경, 변화, 변동, 수정, 어미변화
изме́нник 반역자, 배신자, 간통자
изме́ннический 반역의, 배신의, 가통의
изме́нничество 반역행위, 배신, 변절행위
изме́нчивость 변하기 쉬운 것, 변이성
изме́нчивый 변하기 쉬운
изме́нщик → изме́нник
изменя́емый 변화되는
видоизмени́ть (видоизменя́ть) 변경시키다, 수정하다
видоизменя́ться 변경되다, 일부 변경되다
видоизменя́емость 변경할 수 있는 것
наменя́ть 교환하여 얻다
обмени́ть (실수 하여) 잘못 가지다, 바꾸다
обмени́ться 서로 잘못 가져가다, 교환하다
обме́нный 교환의, 환전의
обменя́ть (물건을) 교환하다
обменя́ться 교환하다, 섞다, 바꾸다
обме́н 교환, 교역
отмени́ть (отменя́ть) (결의·명령·법률 등을) 폐지하다, 파기하다, 취소하다, (결정된 것을) 중지하다
отме́на 폐지, 파기, 취소
отме́нный 우수한, 탁월한
перемени́ть (переменя́ть) 바꾸다, 새롭게

하다, 변경시키다
перемени́ться 변하다, 바뀌다
переме́на 변경, 변화, 이상 교체, 대용물, 입을 옷 한벌, (수업등의) 휴게시간
переме́нка (학교의) 휴게시간
переме́нник 비 상비병
переме́нный 변하는, 변하기 쉬운, 변하는 데 쓰이는
переме́нчивый 변하기 쉬운, 일정하지 않은
поменя́ть 교환하다
поменя́ться 서로 교환하다
подмени́ть 슬쩍 바꾸다, 고의로 바꾸다, 몰래 바꾸다
подме́на 슬쩍 바꾸는 것
подме́нный 대리의, 교체하기 쉬운
променя́ть 교환하다, 바꾸다, --쪽을 택하다
разменя́ть (돈을) 잔돈으로 헐다, 환전하다, 교환하다
разменя́ться 바뀌다, 교환하다, 정력 재능을 낭비하다
разме́нник 자동교환기
разме́нный 환전의
смени́ть (сменя́ть) 교체시키다, 바꾸다, 경질시키다
смени́ться 바꿔지다, 교체하다
сме́на (직업 근무에 대한) 교대제, 교대군, 경질, 교체, 젊은 세대, 어린 나무
сме́нник 교대로 일하는 사람
сме́нность 교대제
сме́нный 교대의
сме́нщик 대역배우
сменя́емость 바꿀 수 있는 것, 경질해야 할 것
сменя́емый 교체·경질되는, 바꿀 수 있는
подсме́на 교대하는 사람, 교대반

мере́ть 죽다, 호흡이 멎다
вы́мереть (вы́мирать) 죽어서 끊어지다
замере́ть 실신할 정도가 되다, 거의 감각을 잃다, (움직이는 물건·언어 활동에 대하여) 멎다

обмере́ть 인사 불성이 되다, 실신하다, 망연자실하다
обме́р 실신, 졸도, 망연자실
отмере́ть (가지·잎 등이) 시들다, 쇠퇴하다, 없어지다
помере́ть = помира́ть → умере́ть
перемере́ть 다수가 죽다
примере́ть (다수) 죽다
умере́ть (умира́ть) 죽다, 순직하다, 빈사상태에 있다, 사멸·소멸하다
уме́рший 죽은 사람
вы́мерить 죽어서끊어지다(대가)
мертве́ть 감각·생기가 없어지다, 마비되다
мертви́ть 생기를 잃게하다, 힘 빠지게 하다
мертве́ц 죽은 사람
мертве́цкий 죽은 사람 같은, 죽은 사람의
ме́ртвенный 시체와 같은, 전혀 생기가 없는
мертвечи́на 동물의 시체, 심적 침체
мертвое́д 송장벌레
мертворождённый 죽어 태어난, 사산의
мёртво → мёртвый 죽은, 생활력을 잃은
Мёртвое мо́ре 사해
мёртвый 죽은, 생활력을 잃은, 죽은 사람, 조용한, 쓸모없는, 빠져나갈 길이 없는
вмёртвую 빠지지 않게, 단단히
полумёртвый 반 죽음의, 죽어가는, 생기없는, 죽은 듯한
замертве́ть 감각을 잃다, 마비되다
за́мертво 죽은 듯이 되어, 감각을 잃은
на́мертво 치명적으로, 몹시, 틈없이, 굳게
омертви́ть → мертви́ть 동결하다, 몰수하다
омертве́лый 감각을 잃은, 움직일 수 없게된
омертве́ние 지각 상실, 괴사
помертве́лый 죽은 것 같은, 죽은 것처럼 창백한, 무감각한
умертви́ть (умерщвля́ть) 살해하다, 죽이다, (신경 등을) 죽이다, (감정을) 억제하다
замира́ние 퇴쇄, 페이딩
обмира́ть → обмере́ть

обмира́ние 실신, 인사불성, 기절
умира́ние 죽는 것, 사멸하는 것
мори́ть (독살등의 방법으로) 없애다, 괴롭히다, (널판지 목재등에) 떫은 감의즙액을 바르다, (불을) 끄다
мори́ться 몸이 여위다, 피로하다
мор 악역, 페스트, (역병으로) 많은 사람, 동물이 속속 죽어감
море́ние ---крыс 쥐의 구제
       ---досо́к 널판지에 떫은 감의 즙을 바르다
морёный 독살된, 구제된, 아사를 당한, 괴로움을 당한, 소화한
мори́лка (가구 등의) 재료에 착색액, 떫은 감의 즙
мори́льщик (쥐 해충 등의) 구제자, 페인트공
морово́й 전염, 유행성의
вы́морить 멸망시키다, 죽게 하다
вы́морка 삭제, 말살
вы́морочный 죽어서 상속인이 없는
замори́ть 죽을 정도로 굶기다, 괴롭히다, 혹사시키다
замори́ться 피로하다, 지치다
замо́р 물고기의 떼 죽음
замо́рыш 허약한, 발육이 불완전한 생물
измори́ть 피곤하게 하다, 맥빠지게 하다
измори́ться 피곤하게 되다, 맥빠지다
измо́р 기아에 빠지는 것, 아사 시키는 것
намори́ть 독살하다, 구제하다, 냄새·쓴맛을 없애다, 숯불을 끄다, 괴롭히다
намори́ться 피로해지다, 지쳐버리다
перемори́ть (굶겨서 또는 독물등으로 다수를) 죽이다, 구제하다, 괴롭히다, (목재등을) 부식시켜서 물건을 만들다
помори́ть 학대하다, 괴롭히다, 사(박)멸 시키다
подмори́ть 다시끄다, 맛을 연하게 하다, (속) 조금 지치게 하다
подмори́ться (속) 조금 지치다
промори́ть (얼마 동안) 굶기다, 계속해서 괴롭히다

размори́ть 더위로 지치게하다, 기진 맥진하게 하다
смори́ть 완전히 피곤하게 만들다
умори́ть 죽이다, 못쓰게 하다, 몹시 괴롭히다
умори́ться 몹시 지치다
клопомо́р 빈대 퇴치약·도구, 빈대 퇴치를 업으로 하는 사람
мухомо́р 파리 퇴치약·도구, 파리퇴치를 업으로하는 사람
подмо́р 벌집 밑에서 죽은 벌
умо́ра 웃음거리, 우습다
смерть 죽음, 사망, 최후, 멸망
смерте́льно 치명적으로, 심하게
смерте́льность 치명적인것
сме́ртник 사형수, 결사대원
сме́ртничество 사형, 죽음의 운명에 처해진 것
сме́ртность 사망수, 사망률
сме́ртный 죽어야 할, 치명적인, 죽음의
смертоно́сный 치명적인, 살인적인
смертоуби́йство 살해, 살인

мерзе́ть 더러워지다, 매우 싫어 지다, 불쾌하게 되다
мерзи́ть 비위를 상하게 하다, 혐오감을 일으키다
мерза́вец 파렴치한·더러운 놈
ме́рзкий 혐오감을 일으키는
ме́рзостный = мерзе́е = ме́рзейший → ме́рзкий
ме́рзость 비위를 상하게 하는 것, 빈축을 사는 행위
омерзе́ть 싫어지다
омерзи́тельный 혐오해야 할, (구) 매우 나쁜, 혐오하는
омерзе́ние 극도의 혐오

ме́рить 분량을 재다, 입어보다, 신어보다, 치수를 재다, 걷다
ме́риться 비교하다, 자기의 힘 키를 재다

ме́ра 도량형 (척도·용량·중량), 수단, 방책, 처치, 정도, 한도
-мер 계의 뜻, 측량기사의 뜻
мери́ло 단위, 계측용구, 기준
мери́льный 계량(기)
ме́рка 자로 재는 일, 계량, 측정, 치수, 자의 대용물, 표준, 기준
ме́рник 액체 계량기
ме́рный 율동적인, 박자가 맞는, 법정 치수·크기를 헤아리기 위한
мероприя́тие 처치, 조치, 방책, 정책
ме́рочка → мерка
безме́рный 무한한, 무수한, 극도의, 지나친 정도를 넘어서
всеме́рный 온갖 수단을 다하는, 온갖
контрме́ра 대책
маломе́рка 너무 작은 의복·신발
маломе́рный 치수가·넓이가 작은
полноме́ра 반사이즈
полноме́рный 표준규격 크기의
полуме́ра 미봉책, 고식책
по ме́ре --에 따라서
равноме́рный (어떤 사상에 있어서) 동등한, 평등한, 고른, (다른 사람과) 같은 크기의, 가벼운
сверхме́рный 기준이상의
трёхме́рный 3배의
чрезме́рный 과도한, 지나친
вы́мерить (вымеря́ть) (용적·길이·면적 따위를) 측정하다
доме́рить 계량을 마치다, 부족한 양을 재서 보태다
заме́рить 측량·측정을 하다
изме́рить (измеря́ть) 재다, 측량하다, 측정하다
измеря́ться 측량되다, 측정되다
измере́ние 측량, 측정, 척도, 차원(수)
измери́тель 각 종의 계기, 지수
измери́тельный 계량용의
телеизмере́ние 원격 측정

неизмери́мый 측량할 수 없는, 막대한
соизме́рить 통약하다
соизмери́мый 측량할 수 있는, 가양적인
частотоме́р 주파수계
намерева́ться (вознаме́риться) --하려고 생각하다
наме́рить 재다, 측량하다, --로 판명되다
наме́рен ---할 생각이다
наме́рение 기도, 심산, 계획, 의향, 생각
с наме́рением 일부러, 짐짓
наме́ренный 고의적인, 의도적인
недоме́рить 치수를 속이다, 작게하다
недоме́рок 길이의 부족, 치수가 부족한 것, 작은 옷 신발
обме́рить 재다, 측량하다, 측량할 때 속이다
обме́риться 잘못 재다
обме́р 측량, 측정
обме́рка 재는 일, 측량
обме́рок 길이 근량등이 부족한 것, 측량하고 남은 것
отме́рить (토지·옷감 등을) 측량하다, 재다, 나누다
переме́рить 다시 재다, 모조리 재다, (치수를) 재다
поме́рить 재다, 달다, 맞춰보다, 입어 보다, (얼마 동안) 재다
поме́риться → ме́риться
непоме́рный 과도한, 지나친, 터무니 없는
приме́рить (примеря́ть) 칫수를 맞추어 보다, 입어보다, 신어보다, 저울로 달아서 보충하다
приме́риться 적합 시키다, 가늠해 보다
приме́р 예, 실례, 전례, 본보기, 모범, 예제
приме́рный 모범적인, 훌륭한, 개략적인,
бесприме́рный 선례가 없는, 미증유의
к приме́ру → наприме́р
приме́рка 가봉
приме́рно 모범적으로, 훌륭하게, 약, 대체로
приме́рочный 칫수를 재기위한
приме́рщик 가봉을 하는 사람, 칫수를 재는 사람

например   이를테면
промерить   측량하다, 잘못 측정하다
промер   측량, 측정, 측량, 측정의 오차
промерник   도로 포장의 두께를 측정하는 기계
промерный   측량의
размерить   (어떤 목적에 맞게) 측정하다, 측정하여 나누다
размер   길이, 크기, 넓이, 금액, 비율, 치수, 사이즈(옷 구두), 정도, 규모, 운율, 박자
размерность   도, 척도, 차원
размерный   운율있는, 박자가 맞는
соразмерить   상응시키다, 균형잡히게 하다,
соразмериться   상응하다, 균형잡히다
соразмерно   -에 알맞게, 상응하여
соразмерность   상응, 균형
смерить → мерить
смерка   다는·재는·되는 것, 칫수를 재는 것
умерить   1) 실재보다 양을 적게 하다, 양을 속이다 2) 경감하다, 완화하다, 억제하다
умериться   경감되다, 완화되다, 적게 되다
умеренность   절도 있는 것, 알맞는 것, 중용, 절제
умеренный   중용의, 절도 있는, 적당한
неумеренный   정도를 지나친, 과도한, 절도를 모르는
бензомер   유량계
влагомер   습독계
водомер   수량계
высотомер   고도계
глубиномер   심도계
длинномерный   길이 재는 기구의 (고어)
звукомер   측음기, 음파 측정기
пылемер   먼지 측정기
солемер   염도 측정계
твердомер   경도 측정기
тягомер   견인력 측정기
угломер   측각기, 분도기, 각도기
уклономер   경사측정기 (고어)
шагомер   도보 측정기

яркомер   밝기 측정기 (고어)

место   곳, 장소, 순위, 지역, 자석, 현장, 직위, 지방, 화물의 개수, 표, 상자, (해) 태반
местами   여기저기에, 곳곳에, 일부분
местечко   자그마한곳, 하찮은 지위, 소도시, 큰촌락
местишко → место
местничество   문벌주의,
местность   토지, 지역, 지방, 지형
местный   지방의, 해당지의, 토착의, 한곳에 한정된
местожительство   주소, 거주지
местоимение   대명사
местонахождение   소재지
местопоражение   위치, 지세
местопребывание   체류지
месторасположение   위치, 소재지
месторождение   출생지
вместо = заместо   대신에
вместить = вмещать   수용하다, --에 넣다
вместилище   저장소, 용기, вод--- 물저장소
вместимость   용량, 용적, 적재량, 수용량
вместимый   용량있는, 수용력이 있는
вместительность   용량이 큰 것
вместительный   용량이 큰
заместить   갈아 치우다, 경질하다, 메우다, 보충하다, (지위를) 대리하다, 대행하다
заместитель   차관, 차장, 차석자, 대리자, 대리
заместительство   대리 차석이 되는 일
замещение   교대, 교체, 보충, 대리
зам   차석자, (차석·차관) 대리자
зам-   заместитель의 뜻
замдиректор   부디렉터
зампред → запредседатель   -의장 대리, 부의장
наместник   대리인
наместничать   대리인으로 근무하다
наместо = вместо   --의 대신에
переместить   자리를 옮기다, 다시 놓다, 전임

시키다, 경질하다
перемести́ться 이전하다, 이주하다, 경질되다
перемеще́ние 자리를 바꿈, 위치 변경, 경질
помести́ть 놓다, 앉히다, 넣다, 장소를 내주다, 게재하다
помести́ться 자리를 차지하다, 거처를 정하다, 자리 잡다, 거주하다
поме́стный 영지의, 토지를 가지고 있는, 지방의
поме́стье 영지, 소유지
поме́стьице 작은 영지
помеще́ние 놓는 것, 장소를 제공하는 것, 주택, 실, 방
поме́щик 지주, 영주
помести́тельный 넓은, 용량이 큰
размести́ть (размеща́ть) 사방에 두다, 진열하다, 할당하다
размести́ться 재각기 자리를 차지하다
размеще́ние 배치, 배분, 분거, 순열
смести́ть 교체 경질하다, 전치하다, 옮기다
смести́ться 위치가 바뀌다, 전위되다
смеще́ние 경질, 전치, 전위, 지층전위
умести́ть 완전히 남김없이 넣다, 치워 버리다
умести́ться 완전히 들어가다, 넣어지다, 들어가 바리다
умеще́ние 완전히 들어가는 것, 넣어 두는 것
повсеме́стный 각처의, 도처의, 방방곡곡의
трёхме́стный 3인승의, 3좌석의, 3개 들이의
двухме́стный 2인승의, 2 자석의, 2개 들이의

мёд= медо́к 벌꿀, 벌꿀술
медва́ 꿀물
медвя́ный 벌꿀과 같은 향기가 있는
медова́р 밀주 제조인
медоваре́ние 밀주 제조
медова́рня = медова́рка 밀주 제조소
медови́к 꿀·생강을 넣은 과자
медову́ха 밀주
медо́вый → мёд (목소리가) 달콤한

медо́к →мёд
медоно́с 꿀이 나는 식물
медоно́сный (식물에 대하여) 꿀을 만드는, (벌에 대하여) 꿀을 만드는
медосбо́р (꿀벌에 의한) 채밀, 벌꿀이 모아 놓은 꿀
медоточи́вый 말 솜씨가 유창한, 입에 발린 말을 잘하는

мёрзнуть 얼다, 결빙하다
мерзлота́ 동결(토지의)
мерзлотоведе́ние 동토연구
мёрзлый 동결한, 추위에 해를 입은, 무척 추운
мерзля́к 추위를 타는 사람
мерзля́тина 추위 때문에 망친 천연 생산물
тало-мёрзлый 표층만이 녹은
вмёрзнуть (вмерза́ть) (얼음·눈에) 갇히다
вы́мерзнуть 서리로 죽다, (식물이) 동사하다, 얼어붙다
замёрзнуть 얼다, 얼어서 마르다, 얼어죽다, 얼다
замёрзлый 결빙된, 동결된, 동사한, 차가와진
измёрзнуть 꽁꽁 얼다
намёрзнуть 물건 표면이 얼다, (신체의 일부가)얼다
намёрзлый 얼어 붙은
обмёрзнуть 주위·표면이 얼다, 꽁꽁 얼다
обмёрзлый 주위·표면이 얼어 붙은
отмёрзнуть 손·발이 얼어서 말을 듣지 않다, (가지·잎이) 냉해를 입다
перемёрзнуть 얼어 버리다, (다수가) 얼어서 시들다
помёрзнуть (помёрзать) 서리를 맞아 시들다, 얼어죽다
помёрзлый 얼어서 시든
подмёрзнуть (부분적으로·조금) 얼다, (추위 때문에) 조금 상하다
подмёрзлый 조금 언
примёрзнуть 얼어붙다
примёрзлый 얼어붙은

промёрзнуть 꽁꽁 얼다, (손·발 등이) 차가와 지다
промёрзлый 꽁꽁언, 속까지 언
смёрзнуть 얼다, 서로 얼어 붙다
смёрзлый 얼어붙은, 결빙된

месть 보복, 복수
мстить 복수하다, 보복하다
мститель 복수자
мстительность 복수심, 복수심에 차있는
мстительный 복수심있는, 복수심에 차 있는
отмстить (отомстить) 복수하다, 보복하다
отмщение 복수, 보복

метать 던지다 (비유적으로), (물고기가) 산란하다
метнуть (건초를) 쌓아 올리다
метаться 허위적 거리다, 몸부림치다, 뒤척이다
метание 물고기의 산란, (스포츠) 추척경기, (고) 예배, (원반·창·해머) 던지기
гранатомёт 수류탄 투척
бомбометание 폭탄투하
икрометание 산란
метатель (스포츠) 투수, 투척경기자
метальщик- метатель
метать - мечущий
вметать 쓸어넣다
взметать (먼지를) 일으키다, 날리다, 위로 집어 던지다
взмёт 위로 던짐, 개간
выметать 내던지다, (물고기가) 알을 낳다, (싹이) 내밀다
выметаться 뛰어 나오다, 급히 나타나다, 산란하다, 싹이 나오다
дометать 던지기를 마치다, --까지 던지다
заметать 뿔뿔이 던지다, 자꾸 던지다
наметать 뿔뿔이 던지다, 던져 올려 만들다, 산란하다, 일에 익숙케하다
наметаться 오랫동안 써서 숙달되다

обметать 올가미를 걸어놓다, 온통 발진하다
обмёт 사냥그물
отметать 던지기를 마치다, 카드를 다 돌리다
переметать (마른 풀 등을) 다시 쌓다, 넘겨 던지다
перемётка переметать의 명사형
пометать (잠깐 동안) 던지다
помёт 똥(짐승의), 한 배에서 낳은 새끼(동물의)
однопомётник 한 배에서 낳은 새끼(동물의)
приметать 많이 던지다
примётка приметать의 명사형
прометать (얼마 동안) 던지다
прометаться 괴로워 딩굴다, (환자가 고통스러워) 뛰어 돌아 다니다
разметать 사방으로 던져 흐트러뜨리다, 쫓아서 해산 시키다, 흩날리다, 넓히다
разметаться 딩굴다, 몸을 쭉펴고 눕다
размёт разметать의 명사형, 개의 다리가 넓게 벌어지는 것
сметать 던져서 떨어뜨리다, 던져 쌓다
смётка 청소용 부러쉬
уметать 던져서 쌓다
банкомёт (카드놀이) 물주
бомбомёт 폭뢰 발사 장치, 척탄포
водомёт 사수 구동장치, 분수, 샘
икромёт 산란
камнемёт 돌 던지기
миномёт 박격포
огнемёт 화염 방사기
пулемёт = пулямёт 기관총

метить 노리다, 점찍다, 목표로 삼다, 암시하다, --할 예정이다
метиться 노리다
мета 과녁, 표적, 목적, 표, 눈금
метить 2) 도장 기호를 붙이다
метина 도장, 기호
метка 도장, 기호를 찍는 일, 기호
меткий 조준이 정확한, 바른

ме́ткость 겨냥 조준이 정확한 것, 적중률
мече́ние 표 (기호) 를 붙이는 일
ме́ченый 도장·기호가 있는
ме́тчик 도장·기호를 찍는 사람
вы́метить (вы́мечать) (일정한 수량에 전부에) 표를 붙이다
доме́тить 표지를 그려 넣다
заме́тить (замеча́ть) 눈치채다, 깨닫다, 마음에 두다, 지정하다, (가볍게) 질책하다, 주의하다
заме́титься 나타나다, 눈에 뜨이다
заме́тка 주의, 비고, 메모, 수기, 짧은 기사, 표, 징표, 기억
заме́тливый 주의 깊은, 눈치가 빠른
заме́тный 눈에 띄는, 현저한, 탁월한, 저명한
замеча́ние 알아 챈점, 의견, 비난, 질책, 주석, 주시, 관찰
замеча́тельный 비범한, 현저한, 우수한, 뛰어난
замече́нный 발각된, 입증된
наме́тить (계획을) 세우다, 정하다, 지명하다, 예정하다, 번호를 달다, 윤곽을 그리다, 조준하다, 겨누다
наме́титься→ намеча́ть 전부터 인정되다, 미리 결정되다, 인정되다
намётка 예정안
обме́тить (전부 또는 다수에) 표지를 찍다, 체크하다
отме́тить = отмеча́ть 표적 기호를 달다, 기입하다, 식별하다, (호적에서) 말소하다
отме́титься 자기 이름을 기입하다, 등록하다, (호적부의) 말소 신고를 하다
отме́тка 기호, 부호, 표시, 성명기입, 등록, (학교) 점수, (지리) 표고
отме́тчик 기입계, 등록계
отме́тина 짐승 콧등의 흰 반점, 표적, 기호
переме́тить (많이 남김없이) 표시를 하다, 표시를 바꿔서 달다
поме́тить 기호를 달다, 표지하다, 날짜를 찍다
поме́та = поме́тка 기호, 표기, 부호, 주해

подме́тить 알아 차리다, 찾아내다
приме́тить 주의하다, 주목하다, 유의하다, 감시하다
приме́тливый 눈치빠른, 형안의, 영민한
приме́тный 눈에 띄는, 명백한, 현저한, 탁월한
примеча́ние 주, 방주, 각주, 주해서
примеча́тельный 주목할 만한
непримеча́тельный 눈에 띄지 않는
неприме́тный 눈에 띄지 않는
достопримеча́тельность 구경할 가치가 있는 물건, 장소, 명승고적, 명소
достоприме́чательный 구경할 가치가 있는, 주의를 기울일 만한
приме́та 특징, 징후, 전조
заприме́тить 눈치 채다, 알아차리다, 유의하다, 마음에 두다
разме́тить (온통) 기호 표를 붙이다
разме́тка 여러 가지 목적으로 여러곳에 표를 붙이는 것, 그 기호, 표식, 지적
разме́тчик 기호 표식을 하는 사람
сме́тить 인정하다, 알아 차리다
смётка 이해가 빠른 것, 영리, 예민
сме́та 견적, 예산, 예측, 판단
сме́тливый 이해가 빠른, 영리한, 예민한
сме́тный (сме́та) 예산의, 견적의
сме́тчик 예산계, 견적원

мечта́ть 공상·망상·몽상하다, 염원하다, 숙망을 가지다
мечта́ться 공상·꿈에 나타나다
мечта́ 몽상, 망상, 공상, 숙망, 염원, 환상, 환영
мечта́тель 공상가, 몽상가
возмечта́ть 공상이나 몽상하다, 공상에 빠지다, 자부하다, 자만하다
замечта́ться 공상에 빠지다
намечта́ться 공상에 잠기다
помечта́ть 공상하다, 망상하다
промечта́ть 공상하면서 지내다
размечта́ться 공상에 잠기다

меша́ть 1) 방해하다
меша́ться 방해 장애가 되다, 쓸데없는 일에 끼어들다
помеша́ть 방해하다
поме́хоусто́йчивость (라디오) 간섭전파에 대한 안전성
поме́шка = поме́ха 방해, 훼방, 고장
поме́шанный 광기의, 미친, 정신 착란의
помеша́тельство 광기, 정신 착란 (=умо---)
промеша́ть (얼마 동안) 방해하다

меша́ть 2) 휘저어 섞다, 혼합하다, 혼동하다, 뒤섞다
меша́ться 섞이다, 혼란하다
мешани́на 혼합물
ме́шаный 혼합물이 있는, 섞은
меша́лка 주걱, 혼합기, 믹서
бетономеша́лка 세멘트 혼합기
глиномеша́лка 흙반죽기
кормомеша́лка 사료 혼합기
краскомеша́лка 색소 혼합기
тестомеси́лка 반죽기
фаршемеша́лка 잘게 간 고기 혼합기 (고어)
вмеша́ть 섞다, 넣다, 가하다, 개입시키다, 연주 시키다
вмеша́ться 속으로 파고 들어 가다, 간섭하다, 개입하다
вмеша́тельство 간섭, 방해, 개입
вы́мешать 충분히 섞다
домеша́ть 끝까지 -까지 섞다, 젓다
замеша́ть (나쁜일에) 말려들게하다, 연루시키다
замеша́ться 말려들다, 가담하다, 뒤죽박죽이 되다, 첨가되다, 끼어들다, 당혹하다
замеша́тельство 혼란, 난잡, 당황, 곤혹, 당혹
намеша́ть 섞어넣다
перемеша́ть 혼합하다, 섞다, 뒤섞다, 혼동하다
перемеша́ться 섞이다, 착란되다, 알지 못하게 되다
впереме́шку 뒤섞여서, 난잡하여
помеша́ть 섞다, 혼합하다
помеша́ться 미치다, 발광하다, 열중하다
помеша́тельство 광기, 정신 착란
подмеша́ть 조금섞다, 반죽하다
примеша́ть 섞다, 말려들게하다
при́месь 섞인 물건, 혼합물
беспри́месный 혼합물이 없는, 순수한
промеша́ть 충분히 섞다, 혼합하다
размеша́ть 휘젓다, 잘 섞어 녹이다
размеша́ться 잘 혼합되어 녹다
смеша́ть 혼합하다, 혼동하다, 혼란·분규시키다
смеша́ться 혼합되다, 허둥지둥하다
сме́шанный 합성의, 혼합의
сме́шиваемость 혼화성
сме́шиватель 혼합기
смеше́ние 혼합, 혼화, 혼란, 분규
смесь 혼합물, 혼화물
смеси́ть → смеша́ть
смеси́тель 혼합기
сме́ска 혼방사, 각종섬유의 혼합물
умеша́ть 충분히 섞다

мига́ть (мигну́ть) 눈을 깜박거리다, 눈짓하다
мгнове́ние 순간, 순식간
мгнове́нный 순간의, (어)파열음
мига́лка 등피가 없어 불꽃이 아른거리는 석유 램프, 섬광식 신호등, 눈
мига́ч 윙크하는 새침떼기, 멋장이
мига́ние 깜박거리기,
мига́тельный 깜박거리는
перемигну́ться 서로 눈짓하다
подмигну́ть 눈짓하다, 윙크하다
промига́ть (얼마 동안) 계속 깜박거리다
смигну́ться (눈짓을 하여 몰래) 동의를 나타내다, 눈짓으로 서로 알리다

ми́лость 호의, 친절, 후원, 자선, 은총, 총애, 동정

ми́ловать 자비를 베풀다, 사면하다, 용서하다

ми́лостивый 호의를 가진, 관용의

милосе́рдие 자비, 동정

милосе́рдный = милосе́рдый 동정심이 깊은, 연민의 정이 깊은

милосе́рдствовать 동정하다, 불쌍히 여기다

всемилостивейший 지극히 인자한

немилостивый 흥이 나지 않는, 기분이 좋지 않은, 실총

немилосе́рдие 무자비, 박정

немилосе́рдный 무자비한, 강한, 지독한, 맹렬한

сми́ловаться 불쌍히 여기다

уми́лостивить = умилосе́рдить 연민의 정을 일으키다, 동정심을 일으키다

уми́лостивиться = умилосе́рдиться 동정심이 일어나다

ми́лый 사랑스런, 애교있는, 아름다운, 친근한, 좋은, 기분좋은

миле́ть 귀여워지다

мила́ша 귀여운 사람·여자, 귀여운 아가씨

ми́ленький → ми́лый

милёнок 연인

милёхонек 무척 귀엽다

милова́ть 애무하다, 귀여워하다, 총애하다

милови́дный 사랑스런, 아름다운, 용모가 아름다운

мило́к (보통 부르는 말로) 남자의 애칭

мило́рд (영국에서) 귀인에 대한 경칭

ми́лочка = ми́лошка 친근한·허물없이 부르는 말, 아름다운·귀여운 여자·아가씨

ми́лость 호의, 친절, 후원, 자선, 은총

миля́га 친절한 사람, 좋은 사람

неми́лость (비꼼) 흥이 나지 않는 것, 실총

неми́лый 싫은, 마음에 거슬리는, 싫은 놈

сми́ловаться 서로 연애하다

умиле́ние 감동

умилённый 감동된

умили́тельный 감동시키는

умили́ть (난폭한 사람 등을) 유순하게 하다, 상냥하게하다, 감동시키다

умили́ться 동정하게 되다, 감동하다

богоми́л 선악 이원론을 인정하는 이단파의 신도

богоми́льство богоми́л의 교의·운동

мир 1) 세계, 우주, --의 세계, --의 사회, 농촌 공동체, 속인, 속세

миря́нин 속인(출가자에 대하여)

мирско́й 현세의, 속세의, 농촌 공동체의

обмирщи́ть 세속화하다, 일반화 하다

мирове́дение 전세계 중계 텔레비전

мировоззре́ние 세계관, 인생관

мирово́й 세계의, 국제적, 우주의, 극상의

миро́к 특정한 사람들만의 작은 단체, 사회, 그룹, 좁은 범위

мирозда́ние 우주 세계

мироощуще́ние 기분, 느낌(주위의 어떤 것에 대한)

миропонима́ние = миропозна́ние → мировоззре́ние

полми́ра 세계의 절반

мир 2) 평화, 평안, 강화, 화평, 화목, 화해

ми́рный 평화의, 태평의, 온순한, 온화한, 평온한

мирово́й 화해·중재의

миронаруши́тель 평화 파괴자

утихоми́рить 조용하게 하다, 안정 시키다

утихоми́риться 조용하게 되다, 안정되다

мири́ть 화해 시키다, 중재하다

мири́ться 화해하다, 인내하다, 순응하다

замири́ть (замиря́ть) 진압하다, 압제하다, 화평하게 하다

замири́ться 화평하다, 강화하다

замире́ние 강화, 화목

переми́рить (다수 또는 전부를) 화해시키다

перемири́ться (다수 또는 전부와) 화해하다
переми́рие 휴전, 일시적인 화해
помири́ть – мири́ть
примири́ть 화해 시키다, 인증시키다
примири́ться 화해하다, (부득이) 만족하다, 복종하다
примире́нец 협조주의자, 타협주의자
примире́ние 조정, 중재, 화해, 화목
примирённость 인증, 무관심
примирённый 온화한
примире́нчество 협조주의, 타협주의
примири́тель 중재자, 조정자
примири́тельный 화해시키는, 조정하는
смире́ть 온순하게 되다, 정온하게 되다, 누그러 지다
смире́ние 겸손, 비하, 온순, 유화, 화해
смире́нник (비꼼) 온순·유화한 사람
смире́нничать 온순한 척하다
смире́нномудрие (종) 겸손하고 현명한
смире́нный 겸손한, 유순한
смирённый → смири́ть
смире́нство → смире́ние
смири́тельный 진압의, 진정의
смири́ть(смиря́ть) 가라앉히다, 진압하다, 굴복시키다, 온화하게 되다
смири́ться 가라앉다, 굴복하다, 누그러지다
сми́рный 조용한, 침착한, 온순한
умири́ть 조용하게 하다, 평정시키다, 조정하다
умири́ться 조용해지다, 평정되다, 화해하다
умиротворе́ние 중재, 조정, 진압
умиротворённый 평정의, 만족한
умиротвори́тель 중재자, 조정자
умиротвори́ть 중재하다, 조정하다, 진정시키다
умиротвори́ться 화해하다, 진정되다
миролю́бец 평화 애호자, 반전주의자
миролюби́вый 평화 평온을 사랑하는
миролю́бие 평화애호, 온화, 온순
миротво́рец 평화 창조자, 조정자

миротво́рный 조정, 중재의

мнить 생각하다
мни́ться --로 생각되다
мни́мый 상상의, 가상의, 허위의, 가짜의,
мни́мость → мни́мый
мнимоуме́рший 가사 상태의
мне́ма (심) 기억력
мнемо́ник 기억술가
Мнемози́на 무네모슈네(기억의 여신)
мнемо́ника 기억술
мне́ние 의견, 견해, 설, 평가
мни́тельный 조그만 일에도 마음을 쓰는, 의심 많은
амнези́я = амнеси́я 기억력 상실, 건망증
амнисти́ровать 대사하다, 특사하다
амни́стия 대사, 특사, 은사
возомни́ть 자만하다, 자부하다
сомнева́ться 의심하다
сомне́ние 의심, 의혹
сомни́тельность 의심하는 것
сомни́тельный 의심스러운
усомни́ться 의심하다
несомне́нно 확실히

мно́го 많이, 크게, 충분히
мно́го- 많은·다수의 뜻
мно́гажды (현대에는 익살로) 때때로
многобо́жие 다신론, 다신교
многобо́рец (스포츠) 종합 경기선수
многобо́рье (스포츠) 종합경기
многобра́чие 일부다처, 일처다부, 자웅동주
многова́то 조금 많은
многовеково́й 몇세기에 걸쳐 존재하는
многовла́стие 다두정치
многово́дный 수량이 풍부한
многово́дье 범람기(하천의), 수량과다, 범람
многогла́вый 여러 개의 둥근 지붕을 가진
многоглаго́лание 다변
многоглаго́ливый 말이 많은

многоговоря́щий	많이 말하는, 의미심장한
многоголо́вый	많은 사람의
многоголо́сие	다음, 다성
многоголо́сный	(음) 다음의, 다성의
многогра́нник	다면체
многогра́нный	면 각이 많은, 다면체의
многогре́шный	(익살) 죄가 많은
многоде́льный	많은 노력을 요하는, 곤란한
многоде́тный	아이가 많은
многодне́вный	여러날 계속되는
многодо́льный	꽃잎이 많은, 잎이 많은
многоже́нец	아내가 많은 사람
многожёнство	일부다처
многозаря́дный	연발의(총)
многозахо́дный	나선이 많은 사사못
многозву́чие	중선률
многоземе́лье	경작지가 많은 것
многозна́йка	(비꼼) 만물 박사
многознамена́тельный	
= многозначи́тельный	
= многозна́чащий	커다란 영향력이 있는, 의미 심장한
многозна́чный	단위가 많은, 많은 뜻이 있는
многокле́точный	다세포의
многокра́сочный	색이 많은, 다채로운
многокра́тный	빈번한, 몇 배의
многола́мповый	(라디오) 진공관이 많은
многоле́тие	만세, 장수
многоле́тник	(식) 다년생 풀
многолоша́дный	(농민) 많은 말을 가진
многолю́дность	사람수가 많은 것
многоме́стный	좌석수가 많은, (식) 다방의
многому́жество	일처 다부
многонача́лие	다두정치
многоно́жка	지네(동)
много́нько	(속) 너무 많이
многообеща́ющий	유망한, 의미심장한
многообра́зие	다종, 다양
многоо́сный	(자동차) 다축의
многополю́сный	(전) 다극의
многоразли́чный	다종의, 다양한
многоречи́вый	다변의, 말이 많은
многосеме́йный	대가족의
многосемя́нный	다종자의, 씨가 많은
многосло́вие	다변, 요설
многосло́жный	매우 복잡한
многосло́йный	다층의
многосне́жье	눈이 많은 것
многососта́вный	복합의, 합성의
многостепе́нный	많은 단계를 거치는
многосторо́нний	다방면에 걸친
многострада́льный	고난이 많은
многостру́нный	(악기) 현이 많은
многоступе́нчатый	다단식의
многоте́мный	테마가 많은
многотира́жка	(발행부수가 많은) 기업신문
многотира́жный	발행 부수가 많은
многото́мный	여러권의
многото́чие	연속점, 다중점
многотру́дный	곤란한, 귀찮은
многоуважа́емый	대단히 존경하는
многоуго́льник	다각형
многоуго́льный	다각의
многоцве́тный	잡색의, 다색판의, 꽃이 많은
многочи́сленный	다수의, 많은 사람의
многочле́н	다항식
многоэта́жный	여러 층의, 높은
многоязы́чный	여러 나라 언어의
многоя́русный	여러 층의
мно́жественный	다수의
мно́жество	다수, 집합
мно́жимое	피승수, 곱해지는 수
мно́житель	승수
мно́жительный	복제 복사용의
мно́жить	곱하다, 증가하다
премно́жество	다수, 과다
премно́го	매우, 대단히
премно́гий	매우 많은
намно́го	훨씬, 굉장히 많이, 현저하게
немно́го (ненадо́лго)	잠시, 잠깐 동안

понемно́гу = понемно́жку   조금, 조금씩, 천천히, 점차적으로, 그럭저럭
помно́гу   다량으로, 많이
перемно́жить = перемножа́ть   곱셈하다
перемноже́ние   여러 개의 수로 곱하는 것
помно́жить   곱셈하다
помно́житься   배수가 되다
помноже́ние   곱셈, 배가
размно́жить = размножа́ть   증가 시키다, 번식 시키다
размноже́ние   증가, 번식, 생식
умножа́ть = умно́жить   곱하다, 증가 시키다
умно́житься   늘려지다, 증대되다
умноже́ние   증대, 증가, 배가 시키는 것, 승산
приумно́жить   (더 한층) 증가 시키다
приумно́житься   늘다, 불어나다

могу́чий   강력한, 힘있는
могу́тный   강건한
могу́щественный   강대한, 위력있는
могу́щество   세력, 위력, 힘
могу́щий = могу́чий
всемогу́щество   전능
всемогу́щий   전능한

мо́крый   습한, 물기가 있는, 젖은
мокре́нек → мокрёхонек   흠뻑 젖은
мокре́ц   발의 피부병
мокри́ца   (식) 별꽃
мо́крядь   수분, 습기, 우천
мокропого́дица   질척거리는 날씨
мокро́та   담, 객담
мокро́тный   담의, 객담의
мо́крядь   비가 올 듯한 날씨, 습기
мо́кнуть   젖다, 축축하게 되다
взмо́кнуть - взмока́ть   젖다, 축축하게 되다
вы́мокнуть - вы́мокать   물에 젖어 짠맛 신맛이 빠지다, 습기로 부드러워지다, 푹젖다
домока́ть   흠뻑 젖다
замока́ть   물에 젖다, 물기로 부드럽게 되다, 부풀다
измока́ть   흠뻑 젖다
намока́ть   젖다, 습기 차다
надмока́ть   위가 좀 젖다
обмо́кнуть   표면 주위가 좀 젖다
отмо́кнуть = отмока́ть   수분 때문에 부드럽게 되다
перемо́кнуть   모조리 젖다, 흠뻑 젖다
помо́кнуть   (잠시)젖다
подмо́кнуть   (아래로부터 조금) 젖다, 축축해지다
подмо́клый   축축해진, 젖어서 못쓰게 된
промо́кнуть   젖다, 흠뻑 젖다, 습기 물기를 받다
размо́кнуть   습기로 부풀다
размо́клый   습기로 부풀어 오른
смо́кнуть   젖다, 습기차다
умо́кнуть   물에 젖어 부드럽게 되다, 알맞게 젖다
мочи́ть   적시다, 축축하게 하다, 절이다
мочи́ться   방뇨하다, 젖다
моча́   오줌, 소변
моча́га   소택지
моче́ние → мочи́ть
мочёный   젖은, 담근, --에 절인
мочи́ло   아마를 담그는 구덩이 못
мочи́льный   적시기 담그기 위한
мочли́вый   습기가 많은, 비가 많이 오는
взмочи́ть   적시다, 흠뻑적시다
вы́мочить   젖어서 후들후들하게 하다, (생선 따위) 간을 빼다
вы́мочиться   완전히 흠뻑 젖다
вы́мочка   습기가 많기 때문에 식물이 부패하는 것, 습기가 많기 때문에 농작물이 썩는 밭
замочи́ть   (약간) 축이다, 젖게하다, (가공하기 위해) 물에 담그다
замо́чка   물에 적시는 것
измочи́ть   흠뻑 적시다
измочи́ться   흠뻑 젖다
намочи́ть   적시다, 담그어 적셔서 만들다, 튀

기다
намочи́ться 젖다, 소변을 흘리다
надмочи́ть 위를 좀 적시다
обмочи́ть 담그다
обмочи́ться 자신을 적시다, 오줌으로 옷을 더럽히다
омочи́ть 적시다
омочи́ться 젖다, 잠기다
отмочи́ть (물로) 적셔서 떼다, 제거하다, 벗기다
отмо́чка (물로) 적셔서 부드럽게 하는 것
перемочи́ть 너무 적시다, (전부) 적시다
перемо́чка 너무 적셔서 못쓰게 되는 것
помочи́ть 조금 적시다
помочи́ться 오줌을 누다, 방뇨하다
подмочи́ть (밑에서부터) 축축하게 하다
подмочи́ться (밑에서부터) 젖다
примочи́ть (환부 등을) 축이다, 적시다
примо́чка 환부 등을 축이는 것
промочи́ть 흠뻑 적게 하다
размочи́ть 액체에 담궈서 부드럽게하다
размочи́ться 습기에 차서 부드럽게 되다
размо́чка 습기에 차서 부드럽게 함
смочи́ть 조금 적시다
смочи́ться 젖다
моча́ 오줌, 소변
мочеви́на 뇨소
мочево́й 오줌의
мочего́нный 이뇨의
мочеизнуре́ние = мочеистоще́ние 당뇨병
мочеиспуска́ние 배뇨
мочека́менный 신장결석의
мочекро́вие 요독증
мочеобразова́ние 요형성
мочеотделе́ние 비뇨(뇨분비)
мочеполово́й 비뇨 및 생식기
мочето́чник 수뇨관

мо́лвить 말하다, 이야기하다
мол мо́лвит 나 мо́лвил의 생략형으로 쓰인다
молва́ 소문, 풍설, 평판, 세평
мо́лвь 이야기, 소문, 평판
безмо́лвствовать 잠자코 있다, 침묵을 지키다
безмо́лвие 침묵, 정숙, 정적
безмо́лвный 무언의, 침묵을 지키는, 조용한
вы́молвить 발언 하다, 입 밖에 내다
домо́лвить 다 말하다, 끝까지 말하다
замо́лвить 변호하다, 이익이 되도록 말하다
недомо́лвка 충분이 말하지 못한 점, 빼 놓은 말
обмо́лвиться 잘못 말하다, 실언하다, 입을 잘못 놀리다, 무심코 진실을 말하다
обмо́лвка 잘못 말함, 실언을 함
перемо́лвить 서로 이야기 하다, 말을 주고 받다
перемо́лвиться 말을 주고 받다
промо́лвить (주로 낮은 목소리로 애매하게) 말하다
размо́лвка 작은 언쟁, 조그만 불화

моли́ть 한결같이 빌다, 간원하다
моли́ться (신에게) 빌다, 기도하다, 기원하다
ма́ливать → моли́ть
моле́бен 짧은 기도
моле́бствовать 짧은 기도를 하다
моле́льня = моле́льная 예배당, 기도실
моле́ние 기원, 간원
моли́тва 기도, 기도문
моли́твенник 기도서, 기도자
молитвосло́в 기도서
мольба́ 애원, 간청, 기도
взмоли́ться 간절하게 원하기 시작하다
вы́молить 애원·간원하여 얻다, 기도에 의해서 얻다
замоли́ть (죄 용서를 신에게) 기도하다
отмоли́ть 기도하여 재앙 등을 제거하다, 기도하여 물리치다
отмоли́ться 기도를 마치다

умоли́ть 허리를 굽혀 부탁하다, 간원하다, 간절히 원하다
неумоли́мый 소원을 받아 들이지 않는, 완고한, 가차 없는, 엄격한

мо́лкнуть 침묵하다
немо́лчный 끊임없이 소리를 내는, 침묵을 모르는
замо́лкнуть (замолка́ть) 말을 않하다, 침묵하다, 말·노래·비명을 멈추다, 진정하다, 교통·통신을 중지하다
примо́лкнуть (примолка́ть) (잠시) 침묵하다
смо́лкнуть (사람소리·소동·바람소리 등이) 가라앉다, 잠잠해지다
умо́лкнуть 잠자코 있다, (소리가) 그치다, 조용해지다
безумо́лкный 침묵하지 않는, 끊임없는 (담화에 대하여)
безу́молку 침묵하지 않고
тихомо́лком 말 없이, 조용히, 가만히

молодо́й 젊은, 새로운, 신랑, 신부
молодёжь 젊은 사람들
моло́денький 매우 젊은
молоде́ть 젊어지다, 회춘하다
молоде́ц 영웅, 강자
молоде́ц 씩씩한 젊은이, 훌륭한 젊은이, 잘한다! 훌륭하다! 급사, 사환
молоде́цкий 용감한, 대담한, 씩씩한
молоде́чество 용감, 대담
молоди́ть 실제 보다 젊게 보이다
молоди́ться 젊게 차리다
мо́лодость 젊을때, 청년시대, 청춘
молодцева́тый 용감한, 대담한
моло́дчик 멋쟁이, 사기꾼, 건달, 깡패
молодчи́на 잘했다, 훌륭하다
мо́лодь 갓 태어난 동 식물(특히 물고기)
моложа́вый 나이보다 젊게 보이는
моло́же молодо́й의 비교급
молоди́ца 농사를 짓는 젊은 부인네
моло́дка 어린 암닭
молодня́к 어린동물, 새끼, 어린나무
молодогварде́ец 젊은 친위대원
молода́я гва́рдия 젊은 친위대, 독소 전쟁때 공훈을 새운 부대
молодожён 갓결혼한 남자, 부부
комсомо́л 레닌 공산주의 청년 연맹
комсомо́лец 레닌 공산주의 청년 연맹원
комсомо́льский 레닌 공산주의 청년 연맹원의
смо́лоду = смла́да 젊어서부터
омолоди́ть 젊어지게 하다, 평균연령을 젊게 하다
омолоди́ться = омоложа́ть 젊어지다, 젊어지도록 시술받다
омоложе́ние - омола́живание (의) 젊어지는 방법, 나이 먹은 나뭇가지를 잘라 새눈이 나오는 것을 촉진하는일(것)
подмолоди́ть (подмола́живать) 젊게하다
подмола́живаться 젊어지다, (외모가) 다시 젊어지다

мо́лот 망치, 큰메
молото́чек (망치 등의) 물건을 치는 부분, (의) 타진추
молото́к 망치
молото́вище 망치자루
мо́лот-ры́ба 귀상어
молотко́вый 분쇄의
молотобо́ец 망치를 만드는 사람
молоти́ть 탈곡하다, 도리깨질 하다
молотьба́ 타작, 타작의 시기
моло́чение 타작
моло́ченый 타작하는
молоти́лка 탈곡기
молоти́ло 도리깨, 타작봉
молоти́льня 탈곡장
молоти́льщик 타작하는 사람
вы́молотить 탈곡하다, 탈곡으로 돈을 벌다

вы́молот   вы́молотить의 명사형
вы́молотки   탈곡 때 남는 것(왕겨)
домолоти́ть = домола́чивать   타작을 끝내다
замола́чивать → молоти́ть
измолоти́ть   도리깨로 두두리는 것을 벌이로 삼다, 모조리 탈곡하다
измолоти́ться   모조리 탈곡되다
измоло́т   탈곡량
намолоти́ть   일정한 양을 탈곡하다
намоло́т   탈곡한 알곡의 양
недомолоти́ть   미쳐다 탈곡하지 못하다
недомо́л   미쳐다 탈곡하지 못한양, 낟알을 거칠게 빻은 것, 오분도
обмоло́ть   미쳐다 탈곡하지 못하다
обмоло́т   탈곡, 탈곡한 낟알
обмолоти́ть   탈곡하다
обмолоти́ться   탈곡을 마치다
обмоло́тки   탈곡하고 남은 것
обмоло́точный   탈곡용의
свежеобмоло́ченный   새로 탈곡한, 햇것의 (고어)
отмолоти́ть   어떤양을 탈곡하다, 탈곡을 마치다
перемолоти́ть   (곡물에 대하여) 많이 또는 전부를 탈곡하다, 다시 탈곡하다, 너무 때려서 못쓰게 만들다
перемоло́т   다시 탈곡 하는 것
помолоти́ть   조금 탈곡하다, 타작을 마치다
примолоти́ть   탈곡하여 보태다
промолоти́ть   전부 탈곡하다, 얼마 동안 탈곡하다
размолоти́ть   탈곡하다, 도리깨질하다
умолоти́ть   탈곡하다
умоло́т   탈곡한 곡식
сыромоло́т   밭에서 막 말려 탈곡한 곡식
моло́ть   가루를 만들다, 빻다, 지껄이다
ме́лево   탈곡된 곡식, 수다쟁이
ме́льник   제분소 주인, 제분소에서 일하는 사람
ме́льница   제분소, 맷돌

ме́льничать   제분소를 경영하다
вы́молоть   빻아서 얻다
вы́молотиться   (맷돌이) 오래 써서 못쓰게 되다
вы́мол   두 번째 빻는 일, 마지막으로 빻아 올리는 일
домоло́ть   다갈다, 빻다, 실없이 말을 그치다
измоло́ть   (곡식등을) 모조리 빻다,
измоло́ться   빻아지다, (속) 지나치게 지껄여 지쳐버리다
намоло́ть   (일정한 양을) 탈곡하다, (속) 마구 지껄이다
намо́л   탈곡한 곡식의 양
недомо́л   오분도
обмоло́ть   곡물을 탈곡하다
обмо́лотки   탈곡하고 남은 것
обмо́л   곡물을 탈곡하는 것, 그 양
отмоло́ть   (어떤양을) 절구로 빻다
подмоло́ть   (곡식) 타다, 조금 빻다
примоло́ть   (맷돌로) 갈아서 채우다
промоло́ть   (죄다) 빻다, 갈다
размоло́ть   (곡식 따위를) 빻다, 갈다, 가로로 만들다
размоло́ться   가루가 되다
размо́л   (곡식 따위를) 빻는 것, 제분
размо́льщик   제분인, 빻는 사람
кофемо́лка   커피를 빻는 그릇
мукомо́л   제분소 주인, 제분 직공
мукомо́льничать   제분을 직업으로 하는 사람
мукомо́льный   제분의
мукомо́льня   제분소
пустомо́ля   수다쟁이, 허풍쟁이
солемо́лка   소금 빻은 그릇

молча́ть   침묵을 지키다, 소식을 전하지 않다
мо́лча   잠자코, 아무말도 없이
молчали́вый   말수가 적은, 과묵한, 무언의
молча́льник   침묵을 지키는 러시아의 한 종파의 교도
молча́ние   침묵, 무언

молчко́м → молча́
молчо́к 잠자코 있다, 입 다물다
молчу́н 말수가 적은 사람
замолча́ть (зама́лчивать) 한마디도 언급하지 않다, 묵살하다
намолча́ться 오랫동안 침묵을 지키다
отмолча́ться 일부러 대답하지 않다, 함구하다
перемолча́ть 말없이 보고 지내다
помолча́ть (잠깐 동안) 침묵하다
промолча́ть (얼마 동안) 침묵을 지키다, 끝까지 침묵을 지켜내다, 대답하지 않다
смолча́ть 침묵하다 (대답하지 않다)
умолча́ть 말하지 않고 숨기다, 비밀로 간직하다
умолча́ние 말하지 않고 숨기는 것, 비밀로 간직하는 것, 침묵

монти́ровать 몽타주하다, 배열하다, 정리하다
монта́ж (기계의) 조립, 설치, 편집, 편곡, 몽타지, 몽타지 사진
монтажёр 몽타주 하는 사람, 편집자
монта́жник 기계조립 설치공
монта́жничать 조립·설치에 종사하다
монтёр 기계 조립·설치기사
монтиро́вка → монти́ровать
монти́ровщик → монта́жник
демонта́ж (장비·설비 등의) 분해, 해체, 철거, 파괴
перемонта́ж 재편집
вмонти́ровать (기계 따위를 조립하여 부품을) 끼워넣다, 삽입하여 고정 시켜놓다
демонти́ровать (공) 분해하다, 해체하다, 치워버리다
перемонти́ровать (영화) 재편집하다, (공)재조립하다,
размонти́рование 해체, 분해
смонти́ровать → монти́ровать
смонти́ровка 조립, 몽타지

морга́ть (моргну́ть) 눈을 깜박이다, 눈짓하다, (불·빛 등이) 깜박이다
морга́ние 눈을 깜박이는 것
моргу́н 눈을 깜박이는 버릇이 있는 사람
подморгну́ть 눈짓하다
пома́ргивать (조금·이따금) 눈을 깜박이다
проморга́ть 놓치다, 못 보다

мо́ре = мо́рюшко 바다, 해양, 큰 담수호, 대량, 매우 넓은 곳
морцо́ (하구에 있는) 염호
моря́к 선원, 수부, 수병, 해군, 바다쪽에서 부는 바람
оморя́чиваться (оморя́читься) 바닷 사람이 되다
военмо́р 해군 군인
моря́на (카스피에서 부는) 남동풍
моря́нка 오리의 일종
морско́й 바다의, 해상의, 항해의, 해군의
мори́стый 원양의
взмо́рье 해안, 바닷가, 해변
замо́рский 바다건너 저쪽의, 해외의, 외국의
помо́р 백해·북빙연안의 주민
помо́рец 북러시아 연안의 분리파 교도
помо́рский 백해 의 남서해안
помо́рье 해안, 연안 지방
поморя́нин 해안 거주자, 발트연안의 슬라브인
примо́рский 해안의, 연안의, 연해의
примо́рье 연해지, 해안지
примо́рец 연해지에 사는 사람
морепла́вание 항해, 항행
морепла́ватель 항해자
морепроду́кт 해산물(물고기를 재외한)
моретрясе́ние 해저가 진원인 지진
морехо́д 항해자, 하급선원
морехо́дность 항해에 사용 할 수 있는 것
морехо́дство 항해
морж (동) 해마
Бе́лое мо́ре 백해
лукомо́рье 만, 후미 луко- 굴곡

моро́з   영하, 주위, 그 장소
моро́зик   작은 추위
моро́зилка   냉장고의 냉장소
морози́льник   냉동기, 냉장고
моро́зить   동사 시키다, 얼게 하다, 얼다
моро́зный   얼어 붙을 듯이 추운
морозосто́йкий   (식물에 대하여) 추위를 견디는
морозоупо́рный   추위에 의하여 변하지 않는
морозоусто́йчивый   (식물에 대하여) 추위를 견디는
моро́женица   아이스 크림 제조기
моро́женое   아이스 크림
моро́женщик   아이스 크림 판매인
моро́женый   냉동시킨, 얼린
вы́морозить   냉기로 정화·소독하다, 냉기로 말리다, 냉각 시켜 용액을 분리하다
вы́морозиться   냉기로 공기가 정화 소독되다, 냉기로 마르다
вы́морозки   수분이 얼고 남은 강한 술
заморо́зить   냉동하다, 얼리다
заморо́зки   아침 냉기, 저녁 추위
замора́живание = заморо́жение   동결
---платы 임금 동결
изморо́зить   얼게 하다(오랫동안 추운 곳에 세워서)
и́зморозь   서리, 하얀 서리, 차가운 공기
наморо́зить   얼려서 만들다, 표면을 얼리다
обморо́зить   동상을 입히다, 주위을 얼리다
обморо́зиться   얼다
отморо́зить   동상을 입히다
отморо́жение   동상
переморо́зить   (많이 또는 전부) 얼리다
поморо́зить   (잠깐) 얼게 하다, 동사을 입히다
подморо́зить   조금 얼게 하다, 동사을 입히다
приморо́зить   얼어 붙게 하다
проморо́зить   동결시키다, 냉동하다
разморо́зить   (냉동된 것을) 녹이다
разморо́зиться   더워서 기진 맥진하다
сморо́зить   거짓말을 하다, 쓸데없는 말을 지껄이다
рыбоморози́льный   냉동 생선의 (고어)
скороморози́льный   급속 냉동의
морозобо́ина   냉전 (고어)
дед моро́з   산타크로스

мох   이끼
мохна́тить   보풀리다
мохна́тка   길고 거친 털이 있는 새, (모피의 털을 바깥으로 한) 벙어리 장갑
мохна́тый   거칠게 털이 난, 거칠 거칠한
мохноно́гий   다리에 털이 있는(비둘기 등)
мохово́й   이끼의, 이끼가 생긴
мохообра́зный   이끼같은
мшить   보풀을 일으키다
мши́ться   보풀이 일다
мша́ный   이끼가 낀
мши́стый   이끼가 덮인
обомше́ть   이끼에 덮히다
обомше́лый   이끼에 덮힌
омша́ник   겨울 밀봉을 놓는 따뜻한 장소

мочь   1) 가능하다, 되다, 할 수 있다
мо́чься   как мо́жется   기분이 어떤가
возмо́чь   가능 하다
мо́же → мо́жет → мо́жет быть →мочь
мо́жеться → мо́чься
мо́жно   해도 좋다, 할 수 있다
возмо́жно   될 수 있는 대로, 되도록, 가능하다
возмо́жность   가능성, 확실성, 재력, 수단
возмо́жный   가능한, 당연한
занемо́чь = занемога́ть   병에 걸리다
изнемо́чь = изнемога́ть   힘이 빠진다, 약해지다
изнеможе́ние   힘이 빠지는 것, 쇠약, 기진 맥진
изнеможённый   힘이 빠지는, 쇠약한, 기진 맥진한
разнемо́чься   병으로 몸이 몹시 쇠약해 지다
перемо́чь = перемога́ться   인내하다, 참다

перемо́чься 극복하려고 노력하다, 겨우 빈곤을 견뎌나가다
помо́чь = помога́ть 돕다, 원조하다, 효과가 있다, 쓸모가 있다, 효력이 있다
помо́га 도움, 원조
по́мощь 조력, 원조, 보조, 보좌, 구제, 구조
помо́щник 원조자, 조수, 보좌역
помбу́х 회계원의 조수
помдире́ктора 디렉터 조수
помре́ж 조감독
беспо́мощный 아무도 도와 주지 않는
вспомога́тельный 조력하는, 원조의, 보조적인
вспомо́жение 조력, 원조
вспомоществова́ть 돕다, 원조하다
подмо́чь → помо́чь → подмога́ть
подмо́га 도움, 원조, 지원
смочь --할 수 있다, 가능하게 하다
немогузна́йка 아무 것도 무르는 자
немо́жется 기분 몸이 편치 않다
немо́жно = нельзя́ 불가능한, 할 수 없는

мочь 2) 힘, 능력, 재능
мо́ченька --- мо́ченьки нет --할 수 없다
немо́чь = не́мощь 허약, 피로, 쇠약, 병
немощно́й 허약한, 병약한
невмогу́ту невмо́чь кому 참을 수 없다, 어떻게 할 수 없다
маломо́чный = маломо́щный 체력이 빈약한, (기계등이) 출력이 약한
всемогу́щество 전능
всемогу́щий 전능한

му́дрый 현명한, 지혜로운
мудрено́ 이해 할 수 없게, 묘하게, 곤란하게, 가능성이 적게
мудрёный 이해 할 수 없는, 교묘한, 곤란한
мудре́ц 현자, 성현, 지혜로운사람, 박식한 사람
мудри́ть 지혜로운 체하다, 똑똑한 체하다
мудро́ 곤란하다, 불가해 하다

му́дро = му́дрый 현명한
му́дрость 현명함, 학문있음, 복잡함
му́дрствовать 지혜로운 체 하다, 위엄있게 보이다
нему́дрый = нему́дрёный 어렵지 않는, 용이한, 호인의, 저능의
прему́дрый 가장 현명한, 가장 총명한
прему́дрость 가장 현명한 것, 총명
замудри́ть → мудри́ть
заму́дрствоваться 지독히 똑똑한 체하다
намудри́ть (наму́дрствовать) 쓸데없이 복잡한, 난해한 방법 말투를 쓰다
помудри́ть (помудрствова́ть) 영리한 체 하다, 쓸데없는 핑계를 늘어 놓다
смудри́ть (смудрова́ть) 영리한 체 하면서 어리석은 짓을 하다
умудри́ть 가르치다, 영리하게 하다, 지혜를 쌓게 하다
умудри́ться 머리을 짜 고안해 내다
умудрённость 학식 경험이 풍부한 것
велему́дрый 뛰어난 지혜를 가진
любому́др 철학자, 철인
любому́дрие 철학
смиренному́дрый 겸손하고 현명한
смиренному́дрие 겸손하고 현명한 것
суему́дрие 궤변, 곡론, 공상
суему́дрствовать 궤변을 늘어 놓다

мути́ть (액체를) 저어서 흐려놓다, 흐려놓다, 선동·교사하다, 구토를 일으키다
мути́ться 흐리다, 몽롱해지다, 현기증이 나다
му́тный 흐린, 더럽고 탁한, 어두운, 광택이 없는, 몽롱한
муто́вка 휘젓는 방망이, 절구공이
мутоско́п (요지경식) 활동사진
муть 침전물, 흐린·더러운 것·곳, 기분이 나쁜 것
взмути́ть → мути́ть
возмути́ть = возмуща́ть 분개·격앙 시키다, 소요를 일으키다, 선동하다
возмути́ться 격앙하다, 반란하다, 폭동을 일

으키다

возмути́тель 선동자, 교란자

возмути́тельный 격분 시키는, 선동적

невозмути́мый =невозмуща́емый 태연한, 침착한

возмуще́ние 분개, 격분, 선동, 소요, 반란, 폭동

замути́ть 흐리게 하다, 구역질 나게하다, 불안하게하다, 나처하게 하다

замути́ться 흐려지다, 봉기하다

намути́ть 휘저어 흐리게 하다, 마구 휘젓다

отмути́ть (отму́чивать) 혼합물의 성분을 침전시키다

отму́тка → отмути́ть

перемути́ть 온통흐리게 하다, (전부 또는 다수를) 소란스럽게 하다

перемути́ться 온통흐리다, (다수가) 떠들다

помути́ть (조금) 흐리게 하다

помути́ться → мути́ться

промути́ть 물속에서 흔들어서 씻다 (진흙을)

смути́ть 쩔쩔매게하다, (평정을) 어지럽게 하다, 동란을 일으키게하다

смути́ться 당혹하다, 동란을 일으키다

сму́та = сму́тка 소요, 동란, 분란, 무질서

мутне́ть 흐리다, 더럽고 탁하다, 멍청하게 되다

му́тность 흐린 것, 탁한 것, 멍청하게 되는 것

му́тник 잔고기를 잡는 어망의 일종

замутне́ть (물이) 흐려지다

помутни́ть 조금 흐리게 하다, 몽롱하게 하다

помутне́ние 혼탁, 몽롱, 불투명

помутнённый 흐린, 불투명한

сму́тник 모반인, 반란자, 선동자

сму́тный 동란의, 소요의, 불명료한

смутья́нить 불안과 소란의 씨를 뿌리다

смутья́н 선동자

смуща́ть - смути́ть

смуще́ние 당황, 곤혹

му́чить (му́чать) 괴롭히다, 학대하다

му́читься 괴로워하다, 고민하다

му́ка 괴로움, 고난, 신고

муче́ние 고통, 고뇌, 고난, 가책

му́ченик 순교자, 수난자

великому́ченик 대순교자

му́ченический 극심한 괴로움

му́ченичество 순교, 수난

му́читель 괴롭히는 사람, 박해자, 학대자

мучи́тельный 괴롭히는, 괴로운

вы́мучить (고생하여) 어떤것을 얻다, 억지로 짜내다

дому́чить 끝까지 고통을 주다

дому́читься 끝까지 고생하다, 기진 맥진해 지다

заму́чить 들볶아 죽이다, 괴롭혀서 고달프게 하다

заму́читься 고달프다, 지치다, 출산으로 죽다

изму́чить 몹시 괴롭히다, 고통을 주다

изму́читься 괴로움에 지치다, 쇠약해지다

наму́чить 마구 괴롭히다, 고통을 주다

наму́читься 많은 고난을 격다, 곤경을 치르다

отму́чить 괴롭히기를 그치다, 학대를 그만하다

отму́читься 괴로움이 끝나다

перему́чить 몹시 괴롭히다, (다수 또는 전부를) 괴롭히다

перему́читься 심한 괴로움을 맛보다, 몹시 지치다

поу́чить 괴롭히다, 못살게 굴다

поу́читься 괴로워하다, 고통을 받다

поу́чивать (이따금·조금) 괴롭히다, 고통을 주다

прому́чить (얼마 동안) 괴롭히다

прому́читься (얼마 동안) 괴로워하다, 고생하다

разму́чить 심하게 괴롭히다

разму́читься 피로에 지치다, 녹초가 되다

сму́чить → изму́чить

уму́чить 심히 피곤케 하다, 고달프게 하다

умучиться 극도로 지치다, 고달퍼지다

мысль 생각, 사상, 사고력, 심산, 계획, 견해, 관심, 의견, 신념
мысленный 흉중의, 심중의, 입밖에 내지 않는
мыслимый 생각 할 수 있는, 상상 할 수 있는, 가능한
мыслитель 사색가, 사상가
мыслительный 사색가의, 사색적인
мыслить 생각하다, 사색하다, 속샘하다
немыслимый 생각조차 할 수 없는, 불가능한
немыслимость 생각조차 할 수 없는 것, 불가능한것
благомыслящий 사려 분별있는, 양식있는, 사상이 온건한
единомыслящий 생각이 같은, 같은 생각을 품은
здравомыслящий 건전한 사상이 있는, 분별 있는
здравомыслие 건전한 사상, 분별, 상식
инакомыслящий 이단의, 이설의
свободномыслящий 자유사상의, 자유주의의, 자유사상가
недомыслие 생각이 모자람, 짧은 소견
вымыслить (вымышлять) 공상으로 만들어 내다, 날조하다, 꾸며내다
вымысел 공상, 상상, 허구, 허풍
вымышленный 허구의, 날조된
домысел = домысл 억측, 추측, 추정
замыслить (замышлять) 기도하다, 계획하다, 의도하다
замысел 계획, 기도, 구상, 음모, 모략, (예술품의) 구상
замысловатый 복잡한, 이해하기 힘든, 정교한, 과장한
измыслить - измышлять 날조하다, (보통 좋지 않은 일) 생각해 내다
измышление 허구, 날조, 조작
помыслить 생각하다, 고려하다, 기도하다

помысел = помысл 생각, 착상, 기도
примыслить 고안 생각해 낸 것을 보태다, 얻다, 입수하다
примышление 고안 생각해 낸 것을 보태는 것
промыслить (промышлять) 조달하다, 얻다, 영업하다, 경영하다
промысловик 채취, 채굴, 어로, 수렵을 업으로 하는 사람
промысловый 채취의, 채굴의, 직업 영업의
промысл 신의 섭리
промышленник 산업가, 기업가, 실업가
промышленность 공업, 산업, 공업 산업의 기술 능력 수준
промышленный 공업의, 산업의,
промысел 이전 농부의 부업이었던 직업, 수로, 어업, 채취, 채굴 에 관한 직업
промышленность --업
горнопромышленность 광업
золотопромышленность 금광업
кинопромышленность 영화산업
нефтепромышленность 석유산업
размыслить (размышлять) 심사· 숙고·묵상하다
размышление 심사, 묵상, 숙고
поразмыслить 신중히 침착하게 생각하다
смыслить 이해하다, 알다, 뜻을 알다
смысл 뜻, 의미, 필요성, 가치, 분별, 이해력
смысловой 의미상의
смышлённый 이해가 빠른, 영리한, 총명한
несмышлённый 영리하지 못한, 생각이 없는, 아무것도 모르는
несмысленный 의미가 없는
несмыслёночек = несмышлёныш 눈치가 없는 사람, 둔한 사람
бессмысленный 무의미한, 부조리한, 우매한
бессмыслие 영문을 알 수 없는 것, 이해 할 수 없는 것
бессмыслица 무의미한·부조리한 언행, 엉터리, 넌센스

обессмы́слить 무의미하게 만들다,
обессмы́слиться 무의미하게 되다
осмы́слить 의의를 부여하다, 이해하다
осмы́сленный 이해가 빠른, 영리한
осмы́сление 이해가 빠른 것, 영리한 것
переосмы́слить 새로 다르게 이해하다
переосмысле́ние 새로 다르게 이해 하는 것
умы́слить 기도하다, 꾸미다
у́мысел 기도, 계획, 의도(나쁜), 법의
умы́шленность 고의, 계획적인 일, 생각을 품는 일
умы́шленный 고의적인, 계획적인
злоумышля́ть 못된 짓을 꾸미다
злоумы́шление 간계, 나쁜 계략
злоумы́шленник 악한, 간계를 꾸미는 사람
злоумы́шленный 간계에 의한
предумы́шленный 미리 꾸며낸, 고의적인
соумы́шленник 공모자
соумы́шленный 공모의
разномы́слие 의견·사고방식의 상이
разномы́слящий 의견·사고방식이 다른
легкомы́сленничать 경솔하게 행동하다
легкомы́сленность 경솔성, 경박성
легкомы́сленный 경솔한, 생각이 없는
легкомы́слие 경박, 경솔
суемы́слие 공허한 생각, 이상한 생각

мыть 씻다, 세탁하다, 세척하다
мы́ться 자신(얼굴 신체 등)을 씻다
мытьё 세탁, 세정
мо́йка 세탁, 세정, 세탁기, 통, 대야
мо́йный 씻기 위한
мо́йщик 세탁 청소 담당원
мо́ечный 세정, 세탁기
бутылко-мо́ечный 병세척기의
вы́мыть 씻어내다, 씻으며 흐르다
вы́моина 물 따위에 파여 오목해 지곳, 땅의 틈
домы́ть 다 씻다, --까지 씻다
замы́ть (의복의) 얼룩진것을 씻어내다
намы́ть 씻어서 (무엇을) 얻다, (상당량을) 세탁하다, 충적시키다, 깨끗이 씻다(얼굴·손)
намы́ться 자기몸을 깨끗이 씻다
намы́в намы́ть의 명사형, 충적층 토
намывно́й 충적된
омы́ть 주위를 흐르다(강이), (바다 등이) 둘러싸다
омове́ние (종) 세례(익살), 세척 시키는 것
обмы́ть 주위를 씻다, 씻어서 깨끗하게 하다
обмы́ться 자기 몸을 씻다, 씻겨 내리다
обмы́в = обмыва́ние = обмы́вка 세척, 세척에 쓰이는 액·물
отмы́ть 씻어서 깨끗이 하다, 씻어내다, 세광하다, 세탁을 마치다
отмы́ться 씻어서 더러움이 없어 지다, 세수를 마치다
перемы́ть 다시 씻다, (다수 또는 전부를) 씻다, 목욕시키다
перемы́ться (많은 사람이) 자기를 씻다, 목욕하다
помо́й (식기 내의 등을 씻은) 더러운 물, 구정물, (경멸) 맛이 없는 수프
помо́йка 구정물을 담아 두는 곳, 쓰레기 담아 두는 곳
помо́йник 구정물통
помо́йный 구정물 통의, 쓰레기 용의
подмы́ть 겨드랑 밑·넓적다리 사이를 씻다, 더러운 것을 씻다, 다시 씻다, 하고 싶어서 못견디다
подмы́ться (자기의) 겨드랑 밑·넓적다리 사이를 씻다
подмы́шка 겨드랑이 밑
примы́ть (전부 많이) 씻다
промы́ть 씻다, 세척하다, 빨다, 세광하다, 소독하다
промыва́ние 세척, 세광, (화) 산미 염분제거
промыва́тельный 세척·소독용의
промы́вка 씻어 내리는 것
промывно́й 세척용의
промо́ина 물에 씻기어 생긴 움푹 패인곳
размы́ть 씻어 무너 뜨리다, 상처를 씻다

размы́в (물의 흐름이) 씻어 버리는 것, 물에 씻겨 흘러간 장소
размыва́ние 암석에 미치는 수식작용
размыва́тель 세정기
размы́вчатый (냇가·바닷가에 대하여) 씻겨서 흘러가기 쉬운
смыть 씻어내다, 씻어 떨구다, 제거하다, (포화로) 소탕하다, (속) 훔치다
смы́ться 세탁하여 줄어 들다(천이), 씻겨 떨어지다, 행방을 감추다
смыв = смы́вка 씻어 내림, 제거
смыва́льный = смывно́й 세정용의
смы́вочный 씻겨 떨어지는, 세정용의
смы́вщик 세정공
умы́ть (умыва́ть) (손·얼굴) 씻다, 주위를 에워싸다(바닷물 등이 육지를)
умыва́ться 세면하다
умыва́лка 화장실, 세면장
умыва́льник 세면기, 세면대
умыва́льный 얼굴을 씻기 위한, 세면장, 화장실
умыва́льня 세면장
умыва́ние 세면, 세면용 화장품
умыва́ться 세면하다 ---- кро́вью 얼굴이 피투성이가 되다
приумы́ть (아이따위를) 씻어서 깨끗하게 하다
портомо́йка = портомо́я = пра́чка 세탁부
портомо́йня 세탁실
судомо́йка 설거지 하는 여자, 행주, 걸레
судомо́йня 설거지 하는 장소
шерстомо́ечный 세모용의
шерстомо́йка 털씻는 기계, 털씻는 공장
шерстомо́йня 털씻는 공장

мы́ло 비누, (말의) 땀방울
мы́лить 비누로 빨다(씻다), 비누를 풀다,
мы́литься (자신을) 비누로 씻다
мы́лкий (비누) 거품이 잘 이는
мылова́р 비누공장
мылова́рение 비누제조
мылова́рня 비누공장

мылова́тый 비누 같은, 비누질의
мы́льница 비누갑
мы́льный 비누의, 땀방울의
мы́льня → ба́ня
мы́льщик (목욕탕에서) 불도 때고 손님의 몸도 씻어 주는 일꾼
взмы́лить 비누거품 투성이로 만들다, (말을) 땀에 흠뻑 젖도록 달리게 하다, 과장하다
взмы́литься 비주 거품투성이가 되다
вы́мылить (어느양의) 비누를 쓰다
вы́мылиться (비누) 다써서 떨어지다
измы́лить (어느양의) 비누를 쓰다
измы́литься (비누) 다써서 떨어지다
намы́лить 비누칠을 하다
намы́литься 몸에 비누칠을 하다
омыле́ние 비누화
обмы́лить 비누를 칠하다, 비누화 시키다
обмы́литься (자신에게) 비누를 칠하다, 닳다, 작아지다
обмы́лок (구) 쓰고 남은 비누
помы́лить (잠깐 동안) 비누로 씻다
помы́лки 빨래한 구정물
подмы́лить (조금 또는 되풀이 하여) 비누로 씻다
подмы́ль 세탁에 사용하는 비눗물
смы́лить 비누로 씻다
смы́лки 비누의 남은 것

мя́гкий 부드러운, 유연한, 연한, 편안한
мягкосерде́чие 온화, 온후, 선량
мя́гкость 부드러운 것, 유연, 온화한 모습
мягкоте́лый 신체가 부드러운, 연한, 성격이 약한, 꾸물거리는, 흐늘 흐늘한
мягкошёрстный (짐승의) 털이 부드러운
мягча́йший → мя́гкий
мягче́ть 부드러워지다
мягчи́тельный 부드럽게 하는, 진정의, 진통의
мягчи́ть 부드럽게 하다, 유연하게하다
мя́гкиш 빵의 말랑 말랑한 부분
мя́кнуть 부드럽게 되다, 흐늘 흐늘해지다

мя́конький 연한
мя́коть 몸의 부드러운 부분, 짐승의 고기, 과육
мя́лка 삼을 다듬는 기계, 가죽을 무두질 하는 기계(피혁)
мя́клый 부드럽게 된, 시들은
мя́льня 삼을 다듬는 곳, 가죽을 무두질 하는 곳 (피혁)
мя́льщик 삼을 다듬는 직, 가죽을 무두질 하는 직공
измя́кнуть 연해지다
намя́кнуть 눅어서 부드러워지다
обмя́кнуть 유연해 지다, 행동이 굼떠지다, 마음이 약해지다
обмя́клый 유연해진
отмя́кнуть 수분 때문에 부드러워지다
подмя́кнуть (подмя́кать) 습기로 부드럽게 하다
промя́кнуть 완전히 부드러워 지다
размя́кнуть 부드럽게 되다, 지나치게 감상적·동정적으로 되다
размя́клый 부드럽게 된
смя́кнуть (смя́кать) 연해지다, (익살) 약해지다, (취해서) 노그라 지다
умя́кнуть 완전히 부드럽게 되다
размягчи́ть 연하게 하다, 동정심이 일어나게 하다
размягче́ние 연하게 하는 것, 온정, (의) 뇌 연화증
смягчи́тель 연화제(도로 따위에)
смягчи́тельный 부드럽게 하기 위한, 완화용의
смягче́ние 부드럽게 하는 것, 유화 시키는 것
умя́кнуть 부드럽게 하다, 유화시키다
умягче́ние 부드럽게 하는 것, 유화시키는 것
умягче́ние воды 경수를 연수로 만드는 것
мять (мну, мнешь) 부수다, 비비다, 주물러서 부드럽게 하다, 구기다, 쭈글쭈글 해지다, 짓밟다, 이기다, 압력을 가해서 모양을 변하게 하다
мя́ться 구겨지다, 꾸물거리다

вмять (вмина́ть) 밀어넣다, 비벼넣다
вмя́тина (밀어 넣어서 생긴) 오므라진 곳
вы́мять 충분히 비비다, 반죽하다, (초원) 짓밟아 못쓰게 하다
домя́ть 조이다, 이기다, 비비다
замя́ть 중절시키다, 뭉게 없애다, 묵상하다
замя́ться 주저하다, 당황하다, 말을 우물 거리다
измя́ть 주름투성이로 만들다, 반죽하다
измя́ться 엉망으로 구겨지다, 반죽하여 연하게 하다
намя́ть (намина́ть) 이기다, 으깨다, 반죽하다, 비벼 쭈그리다, (마찰로 껍질이 벗겨져서) 아프게하다
нами́н (가축 피부의) 찰과상, 염증
нами́нка (말의) 찰과상, 말 발굽 밑의 염증
обмя́ть (필요한 형태를 얻기 위해) 압착하다, 누르다
обмя́ться 눌리어 필요한 형태를 얻다, (옷을) 몸에 맞게 잘입다
отмя́ть 반죽하여 부드럽게 하다, (구) 옆으로 밀어 젖히다
перемя́ть 다시 반죽하다, (옷을) 구기다,
перемя́ться 주의하다, 망서리다, 모조리 구겨지다
помя́ть 구기다, 짓밟다, 세게 때리다
помя́ться 구겨지다, 주저하다
примя́ть 밟아 버리다, 깔아 뭉게다, 우글 쭈글 하게 만들다
примя́ться (조금) 쭈글거리다
промя́ть 눌러서 움푹들어가게 하다, 운동으로 원기를 돋게하다, (얼마 동안) 반죽하다
промя́ться (잠시) 우물쭈물하다, 산책하여 근육을 풀다
проми́нка (근육 긴장을 풀기 위해) 천천히 팔을 왔다 갔다 하게 하는 것
размя́ть 주물러 부드럽게 하다, (가죽을) 무두질하다, (점토를) 반죽하다, (굳어진 곳을) 풀어주다
размя́ться 주물러 부드럽게 되다, (굳어진 것

을) 풀다

размИнка - размЯть

размЯться

смять   구기다, 쭈글쭈글하게 하다, 이기다, 눌러 부수다, 당혹하게하다

смЯться   마구 구겨지다, 당혹하다

смЯтый   마구 구겨진, 마구 짓밟힌

смЯтка   (계란에 대해) 반숙으로

умЯть   충분히 반죽하다, 늘려서 밀어 넣가, 다지다, (속) 잔뜩 먹다

умЯться   충분히 반죽하여 부드럽게 되다, 굳혀지다

сухомЯтка   물기가 없고 매만른 음식

сыромЯть   반제 피혁, 생가죽

сыромЯтина   반제 피혁의 조각

сыромЯтник   피장

сыромЯтня   유피 제조소

·· Н ··

нагОй   벌거숭이의, 초목이 없는, 꾸밈이 없는

нАголо   (칼을) 칼집에서 빼들고, 알몸으로, 남김없이, 뿌리채

нагишОм   알몸으로, 벌거벗고

наготА   벌거숭이, 알몸, 나체

донагА   벌거숭이 될 때까지, 알몸으로

обнажИть   벗기다, 노출시키다, 나무를 벌거숭이로 하다, 초목을 없애다, 파헤치다

обнажИться   벌거숭이가 되다, 나뭇잎이 떨어지다, 분명히 밝히다

обнажЕние   노출, 벌거숭이, 거죽을 벗는 것, 폭로

обнажЁнный   덮개가 없는, 벌거벗은

полуобнажЁнный   반나체의, 반 노출한

наградИть   표창하다, 상을 주다, 수여하다, 병을 옮기다, 잔소리를 퍼붓다

нагрАда   포상, 상, 보수

наградной   보너스, 상여금, 사례금

награждЕние   포상하는 것

вознаградИть   보답하다, 보수를 주다, 보상하다, 배상하다

вознаграждЕние   보상하는 것, 보수를 주는 것, 보수, 사례금

невознаградИмый   보상하기 어려운, 감사·보상하기 어려운

надЕть (надевАть)   (의복을) 입다, 몸에 걸치다, 입히다, 씌우다, 끼우다

надЕться   입다, 쓰다, 신다

надЁванный   (의복에 대하여) 신품이 아닌, 입던, 신던

ненадЁванный   (옷·신발에 대하여) 아주 새로운, 아직 입어·신어 보지 않은

надЕяться   기대하다, 바라다, 희망하다

надЕжда   희망, 기대, 예기, 포부

наде́жа → наде́жда
наде́жный   확실한, 기대할 수 있는, 믿을 만한
ненаде́жный   의지할 수 없는, 믿을 수 없는, 불확실한, 위험한
обнадёжить   희망을 주다, 위로하다, 약속하다
обезнадёжить   실망시키다
небезнадёжный   절망적이 아닌, 어느 정도 유망한
самонадея́нность   자기를 과신하는, 우쭐해 하는
самонадея́нный   자기과신, 자부, 우쭐함

на́до   하지 않으면 안된다, 할 필요가 있다, 해야한다, 필요하다
на́добиться   필요하다
на́добно → на́до
на́добность   필요, 필요성
на́добный   필요한, 소용되는
нена́добность   불필요, 쓸데없는 것
сна́добиться   요하다

нача́льник   책임자, 장관, 우두머리, 주간
нача́льнический   장의, 장관의
нача́льственный   명령적인, 사람을 얕보는
нача́льство   관청, 당국, 수뇌부, 상사
нача́льствовать   지휘하다, 지도하다, 우두머리가 되다
поднача́льный   종속하는
градонача́льник   특별시장, 도시의 장관
градонача́льство   특별시, 도읍, 특별시장·도읍의 장관·관방
начсоста́в   간부, 지휘관급
безнача́лие   무정부, 무질서
междунача́лие   장관 궐석기간
начдив (нача́льник диви́зии)   사단장
воена́чальник   (통칭으로서) 사령관
единонача́льник   독재자, 단독 책임자, 관리자
единонача́лие   독재, 단독 책임제, 단독 관리제
многонача́лие   다두 정치

столонача́льник   (관청의) 계장
чинонача́лие   관리의 등급

нача́ть (начина́ть)   시작하다, 착수하다
нача́ться   시작되다, 일어나다
нача́ло   시작, 처음, 출발점, 본원, 기원, 원리, 방법, 원칙, 지휘, 감독
нача́льный   처음의, 본원의, 기원의, 초보의, 초등의, 우두머리의, 수뇌의
нача́тие   시작하는 것
нача́ток   시작, 처음
начи́н   시작, 단서
начина́ние   시작, 시작된 사업
начина́тель   창시자, 원조, 발기자
начина́тельный   (어) 시동 동사
начина́ющий   초학자, 초심자
начи́нщик   발기인
внача́ле   처음에는, 최초는
изнача́ла   옛날부터, 당초부터
изнача́льный   옛날부터의, 당초부터의
первонача́ло   본원, 근원
понача́лу → снача́ла
первонача́льно   처음에, 처음에는
первонача́льный   최초의, 초등의, 원시의
попервонача́лу   우선 최초로
родонача́льник   선조, 창시자
снача́ла   처음에, 최초에, 우선
спервонача́ла (спервонача́лу) → снача́ла

неду́г   병환, 질환
неду́жить   몹씨 건강이 나쁘다, 앓다
неду́житься   건강이 나쁘다, 기분이 나쁘다
неду́жный   질환이 있는
занеду́жить   병에 걸리게 되다
занеду́житься → занеду́жить

не́жный   상냥한, 부드러운, 온화한, 약한
не́жничать   상냥하게 하다, 다정한 말을 걸다
не́жность   상냥함, 유화, 유연, 연약함, 나약
не́женка   응석받이로 자란 사람, 나약한 사람

не́жить 응석부리게하다, 응석받이로 길러 나약하게 하다

не́житься 1) 응석부리다, 나약하게 되다, 편안한 것을 즐기다, 넋을 잃다

нане́житься 몹시 응석부리다, 방자하게 굴다

поне́жить 응석을 받아 주다, 어리광을 부리게 하다

поне́житься 어리광 부리다, 안락함을 즐기다

поне́жничать (잠시) 상냥하게 하다

изне́жить 여자답게 만들다, 연약하게 하다

разне́жничаться 너무 감상적으로 되다

немо́й 벙어리의, 침묵한, 조용한, 숨겨진

неме́ть 벙어리가 되다, 아연해지다, 아연해지다, 마비되다, 감각을 잃다

немо́тствовать 침묵하다, 말하지 않다, 가만히 있다

немота́ 벙어리, 무언, 침묵

занеме́ть 마비되다, 말을 못하게 되다

онеме́ть 벙어리가 되다, 마비되다, 감각이 없어지다

онеме́лый 벙어리가 된, 마비된, 굳어진

глухонемо́й 귀머거리에다 벙어리

глухонемота́ 농아

нести́ (носи́ть) 가지고 가다, 휴대하다, 지고·메고 가다, (의무를) 떠맡다, 수행하다, (감정 등을) 품다, (말이) 질주하다, 불다, 피어오르다, (찬바람이) 불어들어오다

носи́ться 질주하다, 빨리 날다, 산란하다, 오래가다

несе́ние (의무·책임을) 지는 것, 수행하는것

несу́шка 알을 낳는 가금

но́ский 오래 견디는, 질긴, 알을 잘낳는

но́ска носи́ть의 명사형

но́ша 짐, 무거운짐

ноше́ние носи́ть의 명사형

но́шеный 오래입어 헤어진, 한번 입은 신은

носи́лки 들것, 가마

носи́льный 몸에 착용하는, 착용의

но́сик = носа́к 짐꾼

носи́льщик 짐꾼, 포터, 들것 담당병사

носи́тель 착용자, 사용자, 소지자, 보유자

бацилоноси́тель 보균자

збуконоси́тель 녹음된 것(테이프 등)

ракетоноси́тель 로켓 탑재기

теплоноси́тель 보온 물질 (온수·증기 등 난방에서)

вы́носить 제달을 채워 해산하다, (생각을) 성숙시키다, 입어서 닳아 떨어지다

вы́носка 내려가는 것, 반출, 각주, 방주

выно́сливость 인내력, 견인

выно́сливый 인내력이 강한, 끈기있는

выносно́й 방주의, 각주의, 옆에 붙들어 매인, 내가는

донести́ (доноси́ть) 어느 장소까지 운반하다, 가져오다, 보고하다, --на ком 밀고하다

донесе́ние 보고, 신고, 상신, 고발, 적발

доноси́ться 들려오다, 눌려오다, 빨리 도착하다

занести́ (заноси́ть) --하는 김에 갖고 오다, 가다, 가지고 가다, 오다, 무거운 것을 치우다, (장부등을) 기입하다, (모래 눈으로) 막다, 메우다, 지껄이기 시작하다

заноси́ться 공상에 잠긴, 거만을 떨다, (닭이) 알을 낳기 시작하다

занесе́ние занести́의 명사형

зано́с 바람에 날려 쌓인 눈, 눈더미

зано́сный 다른 곳에서 가져온, 감염된

зано́счивый 거만한, 불손한, 오만한

зано́шенный 남루한, 입어서 낡은

износи́ть (изна́шивать) (옷 구두 등을)입어서 신어서 헤어지게 하다, 헐어질 때까지 입다

износи́ться 입어서 헤어지다, 써서 닳다

изно́с (옷 구두 등을) 입어서·신어서 헤어지게 하는 것

износосто́йкий 마멸에 견디는

износосто́йкость 내마모성

износоусто́йчивость 피로, 쇠약, 기진맥진

неизноси́мый 견고한, 오래가는

наноси́ть (нанести́)　많이 가져오다, 초래하다, 충적시키다, (타격·손해 등을) 주다, 좌초 시키다, 써넣다, (표면에) 엷게 칠하다

нанесе́ние　선을 그어 나타내는 것, (타격·손해·모욕 등을) 주는 것, 얇게 칠하는 것

недонесе́ние　불신고, 은닉 (범인의)

недоноси́тель　불신고자, 은닉자

недоноси́тельство　불신고 죄, 은닉죄

недоно́сок　조생아, 조산아, 팔삭동이, 얼간이

недоноше́нный　조산의

обнести́ (обноси́ть)　들고 돌아다니다, 나르며 다니다, 둘러싸다, 욕하다, 비방하다

обнесе́ние　(요리를)날라 주는 것

обно́с　둘러 싸는 것, 비방하는 것

обно́сок　입어 닳아 빠진옷

отнести́ (относи́ть)　가지고 가다, 운반하다, 옮기다, 관련 시키다

отнести́сь (относи́ться)　관계하다, 관련하다, 어떤 태도를 취하다, 의뢰하다, 조회하다, 비평하다

отнесе́ние　отнести́сь의 명사형

отно́с → относи́ть

относи́тельно　상대적, 비교적, 어느 정도

относи́тельный　상대적인, 비교적인

относи́тельность　상대적인 것, 비교적인 것, 관계를 나타냄

отно́ска　운반해 가는 것

отно́счик　운반인, 반출인

отноше́ние　관련, 관계, --대한 태도, 교제, 상호관계, 비율, 왕복 문서(관공서의)

перенести́　이동시키다, 운반하다, 옮기다, 넘기다(페이지), 이월하다, 연기하다, 참다, 인내하다, 전하다(정보), 퍼뜨리다

перено́с　전치, 이동, 넘기는 일, (단어 의미의) 전이, 이월, 넘김, 고자질

перено́ска　치환,

перено́сность　치환성

перено́сный　이동의, 옮길 수 있는, 비유적인

перено́сок　출산이 늦어진 아이

перено́счик　운반하는 사람

понести́　가지고 가다, 지고가다, 수행하다, 격다

понести́сь　빨리 달리기 시작하다, 넓게 퍼지기 시작하다

поноси́ть　(잠시) 휴대하다, 나르다, 입고 다니다

поноси́ться　(잠시) 휴대하다, 운반하다, 옷을 입다

поно́с　설사

поно́ска　개가 물어 오는 것, 벌들이 꿀을 모아 오는 것, 짐

поно́сный　비방하는, 욕하는

поноше́ние　비방, 욕설, 웃음거리, 수치

поно́шенный　입거나 신어서 낡아 빠진, 건강을 해친, 비방하는

поднести́　(근처에) 가져오다, (술잔 등을) 권하다, 증정하다, 제공하다

поднести́сь (подноси́ться)　높이 날아오르다, 달려나오다

поднесе́ние　(술 등을) 대접하는 것, 향응, 증정, 제공

подно́с　가져오는 것

подноси́тель　증정자, 제공자

подно́сный　운반하여 오기 위한, 증정용의

подно́счик　운반자

подноше́ние　선물, 제공물

предноси́ть　상상하게하다, 공상하게 하다

предноси́ться　상상 공상에 들뜨다

принести́ (приноси́ть)　가져오다, 지참하다, 야기하다, 낳다, 새끼치다, 산출하다, (신·악마 등이) 찾아오다

принесе́ние　가져오는 것, 끼치는 것, 실행하는 것

прино́сный　다른 곳에서 운반되어 오는

приноше́ние　선물, 공양물

прино́с　가져오는 것

пронести́　(어떤 거리·시간) 나르다, 지나서 나르다, 나르다, 질주하여 나르다, (재난 등이) 지나가다

пронести́сь (проноси́ться)　질주하다, 지나

가다, 갑자기 퍼지다
проноси́ться 급히 걸어 돌아 다니다, 닳아 빠지다, (얼마 동안) 착용하다, 열심히 조사하다
проно́сный 심한 설사를 일으키다
проно́с 운반, 계속유지
разноси́ть (разнести́) 배포·배달하며 다니다, 여러군데 기입하다, 부수다, 불어서 흩어지게 하다, 꾸짖다, 부풀다, 살찌다
разноси́ться (разнести́сь) (소문) 빠르게 퍼지다, (소리가) 울려퍼지다
разно́с 배달, 배포, 여러곳에 써넣는 일, 파괴, 파손, 불어서 흐트려 뜨리는 것, 비난, 질책
разно́ска → разно́сный 배달, 배포, 문서 기록 용의, 행상의, 욕설에 찬
снести́ (сноси́ть) 내려놓다, 가지고 가다, 조회하다, 참다, 인내하다, (카드를) 버리다, 한 곳에 모이다
снести́сь (сноси́ться) 교섭하다, 문서가 왕래하다
снос 가져가는 것, 허는 것
сно́ска 가져가는 것, 내리는 것, (카드를) 버리는 것
сно́сливый 인내력이 강한, 견고한, 강인한
сно́счик 운반부(목재 따위)
авиано́сец 항공모함
броненосец 전함, 장갑함
броня́ 갑옷, 투구
венцено́сный 관을 쓴
витаминоно́сный 비타민이 함유된
водоно́сный 수분을 함유한
воздухоно́сный 공기를 함유한
газоно́сный 가스를 포함한
жалоно́сный 침을 가진
звездоно́сец 성형훈장 패용자
змеено́сец 땅꾼
знамено́сец 기수
крестоно́сец 십자군사, 박명한 사나이
кровено́сный 혈액순환의
листоно́с 박쥐의 일종
медоно́с 꿀이 나는 식물
металлоно́сный 금속을 함유한
меченос 기어, 청새치
меченосец 중세 기사단
миноно́сец 수뢰정
миноно́ска 소형 수뢰정
миноно́сный 수뢰 공격용의
контрминоно́сец 대 수뢰정
оружено́сец (중세) 기사의 종자, 맹종자 (비꼼)
письмоно́сец 우편 집배원
нефтено́сный 석유를 포함한
плодоно́сный 열매를 맺는
плодоно́сность 결실성
плодоноше́ние 결실, 수태, 잉태
победоно́сный 상승의, 불패의, 이긴
порфироно́сец (порфир 제황의 예복) 황제, 군주
светоно́ска 백납충
светоно́сный 빛을 발하는
свещено́сец (종) 양초를 받들어 드는 자
семеноно́сный 종자가 있는
смертоно́сный 치명적인
цветоно́сный 꽃이 피는
шерстоно́сный (짐승) 털이 나 있는
внести́ (вноси́ть) 가지고 들어가다, 불입하다, 납입하다, 제출하다, 제안하다, 기장하다
внесе́ние 가지고 들어감, 불입, 제출, 기입
привнести́ 첨부하다, 부가하다
вноси́ть 공헌하다
внос 가지고 들어감, 불입, 기입
вно́ска 기재된 것, 써넣음
взнести́(взноси́ть) → внести́
взнос 불입, 납부, 불입금, 회비
вознести́ 들어올리다, 칭찬하다, 지위를 높이다
вознести́сь (возноси́ться) 올라가다, 솟다, 우쭐대다
вознесе́ние 올리는 것, 승진시키는 것, 예수 승천
превознести́ 높이 평가하다, 지나치게 칭찬

하다
превознести́ (превозноси́ться) 자만하다, 오만하다
превозноше́ние 자만, 오만
унести́ 가지고 가다, 훔치다, 빼았다, 생각이 치닫다
уно́с 가지고 가는 것, 훔치는 것, (4두마차의) 전마
унести́сь (уноси́ться) 급히 도망쳐 버리다, 소멸되다, 치닫다

низ 하부, 밑, 하층, 하층사회, 대중, 저음부
низведе́ние 내리는 것, 아래로 떨구는 것
низверга́ть (низвергну́ть) 투하하다, 내던지다, 전복시키다
низве́ргнуться 굴러 떨어지다, 낙하하다
низверже́ние 투하, 타도, 전복
низвести́ 끌어 내리다, (높은 지위에서) 끌어내리다
низе́нький →ни́зкий
низёхонький 매우낮은
низи́на 저지
низина́ 매우낮은 것
ни́зиться 내려가다, 낮아지다
ни́зкий 낮은
низкоза́дый (동물) 둔부가 낮은
низколо́бый 이마가 낮은
низкоопла́чиваемый 낮은 임금 율의
низкопокло́нник 아첨하는 사람, 굴종하는 사람
низкопокло́нничать 아첨·추종하다
низкопокло́нничество 아첨, 추종
низкоро́слый 키가 작은
низкосо́ртный 품질이 낮은
низлага́ть (низложи́ть) 전복하다, 폐위하다
низложе́ние 전복, 폐위
ни́зменность 저지(해발 200미터 이하의 땅), 비열, 열등
ни́зменный 비열한, 열등한
низо́вка (각종 기관의) 하급기관, 지방적인

низо́вье 하류, 하구 지방
низойти́ 내려오다, 강림하다
низо́к 지하, 하층에 있는 주점, 전방
ни́зом 저지를 지나서, 산기슭을 지나서
низри́нуть 내려 던지다, 쓰르뜨리다
ни́же 이하, 아래로, 하류로 ни́зкий의 비교급
нижеизло́женный = нижеска́занный 아래에 서술된
нижеозна́ченный 아래에 기술된
нижеподписа́вшийся 아래에 서명한
нижепоимено́ванный 아래에 열거하는
нижесле́дующий 이하의
нижестоя́щий 하위의, 하급의
нижеупомя́нутый 하기의
ни́жний 아래에, 하부의, 낮은, 저음의
вниз 아래로
внизу́ 아래쪽에, 밑에
дони́зу 밑에 까지
изни́зу 밑에서부터
испо́днизу 밑에서, 밑으로부터
кни́зу 아래로
нани́зу → внизу́
нани́зм 왜소
пони́зу 낮은 곳에서
понизо́вый 하천의 하류에 있는
понизо́вье 하류지역
понизо́вщина 하천의 하류지역에서 일하는 사람
ни́зиться 내려가다, 낮아지다
занизи́ть 과도하게 줄이다, 저하시키다
заниже́ние занизи́ть의 명사형
пони́зить 낮추다, 내리다, 감하다
пони́зиться 저하하다, 내리다
принизи́ть (принижа́ть) 깔보다, 경멸하다, 낮추다
приниже́ние 비굴, 비하
прини́женный 비굴한, 겸손한
сни́зить 내리다, 낮추다, 줄이다
сни́зиться 내리다, 줄다, 낮아지다
сниже́ние 강하, 감소, 감액

снизойти́ 내리다, 관용으로 대하다
сни́зу 아래서부터, 하중에서
уни́зить 멸시하다, 헐뜯다
уни́зиться 자신을 낮추다, 비하시키다
унизи́тельный 깔보는, 굴욕적인, 모욕적인
униже́ние 낮춰내리는 것, 겸손, 모욕, 비하
униже́нный 모욕을 당한, 학대받은

нища́ть 가난해지다, 영락하다
нищебро́д 거지
ни́щенка 여자거지
ни́щенский 거지의, 거지 같은, 하찮은, 극히 적은
ни́щенство 거지생활, 적빈
ни́щенствовать 걸식하다, 극히 가난하다
нищета́ 적빈, 극도의 가난, 걸식, 거지
ни́щий 적빈의, 빈궁한, 걸식, 거지
изнища́ть 아주 빈곤해 지다
обнища́ть → нища́ть
обнища́лый 가난해진, 영락한

но́вый 새, 새로운
новь 경작되지 않은 땅
нова́тор 혁신자
нова́торство 혁신, 새재도, 새 방법
нове́йший → но́вый
нове́нький 신입생, 신참
нове́ть 새로워지다, 부흥되다
новёхонький 아주 새로운
новизна́ 새로운 것, 진기, 신기한 사물
нови́к 신참자
нови́на 처녀지, 햇곡식
нови́нка 새로운 것, 진기, 신품, 신상품
новичо́к 신입자, 풋나기, 신참
новобра́нец 신병, 초년병
новобра́чный 신혼의
нововведе́ние 새 제도, 혁신
нововведённый 새로 설치·실시된
нововы́строенный 신축의
нового́дний 신년의

новозаве́тный 신약의
новои́збранный 새로 선출된
новои́зданный 새로 발행된, 신판의
новоизобретённый 신발명품의
новоиспечённый 갓나온, 새로 만든, 새로 임명된
новокаи́н 신 코카인
новолу́ние 초생달
новомо́дный 새 유행의
новонаречённый 새로 명명된, 신임의
новонаселённый 새로 식민된, 새로 개척된
новообразова́ние 신생, 신출현, 새로 출현한 사물, (비꼼) 신념을 바꾼 것
новообращённый 새로 귀의한, 의견을 바꾼
новоокры́тый 신개설의, 신발견의
новопоселе́нец 새로운 이주민
новопреста́вленный (종) 최근에 사망한
новоприбы́вший 최근에 도착한, 새로운
новорождённость 신생·유아기
новоро́жденный = новорождённый 신생의
новосёл 신 이주자
новосе́лье 새로 이사한 집, 지은 집, 집들이
новостро́йка 새로 건축하는 것, 새마을, 새건물
но́вость 새로운 것, 신발견, 신발명, 뉴스, 진기한 소식
новотёл 암소의 초산
новоте́льная (암소) 처음으로 새끼를 낳음
новоя́вленный 새로 출현한
но́вшество 신제도, 새습관, 신발견
внове́ 새로이
вновь 새로이, 다시, 최근, 최초로
за́ново 새롭게, 다시
на́ново 다시, 새로이
сно́ва 다시, 새로이, 거듭
сы́знова 다시, 새로이
нове́ть (понове́ть) 새로워 지다
обнови́ть (обновля́ть) 갱신하다, 쇄신하다, 복구 시키다, 신품을 쓰다

обновля́ться 새로워지다, 갱신되다, 부흥되다
обно́ва = обно́вка 새로 입수된 물건
обнови́тель 혁신자, 부흥자
обновле́ние 개신, 혁신, 부흥, 복구, 갱신
возобнови́ть 갱신하다, 부흥시키다, 부활시키다
возобнови́ться 다시 시작되다, 재개 되다
возобновле́ние 갱신, 혁신, 부흥, 재개
понови́ть 개신 하다, 개수하다
поднови́ть 고치다, 복원하다, 수리하다, 새롭게 하다
поднови́ться 새로워 지다
подновле́ние 고치는 것, 새로워지는 것

нога́ 다리, 발, (기구의) 다리
нагови́ца 각반
ножи́ще = но́жка = но́женька 발, 다리의
ножно́й 발·다리의
плодоно́жка 과실의 꼭지
сороконо́жка = многоно́жка 노래기속, 지네
стоно́жка = стоно́г → тысячино́жка 지네
цветоно́жка 꽃자루
безно́гий 절름발이, 앉은 뱅이
обезно́жеть (피로 또는 병으로) 걸을 수 없게 되다
обезно́жить 못걷게 만들다
обно́жка 꿀벌의 다리로 옮겨오는 꽃가루
босоно́гий 맨발의
босоно́жка 맨발의 여자, (복) 부인의 여름용 샌달
быстроно́гий 발이 빠른
головоно́гий 두족류
голоно́гий 맨발의
двуно́га (자동총) 양각대
двуно́гий 두 발의
двуно́жный 두 다리의(책상 등)
долгоно́жка 다리가 긴 사람, 거미의 일종(다리가 긴)

жидконо́гий 다리가 가는
козлоно́гий 염소다리의, 다리가 굽은
колчено́гий 염소다리의, 절름바리의
колчено́жка 절름발이
кривоно́жка 다리가 굽은 사람
кривоно́гий 다리가 굽은
крылоно́гие 익족류
легконо́гий 걸음이 빠른
листоно́гий 나뭇잎 모양의 다리를 가진
ложноно́жка 허족
многоно́гие = многоно́жка 노래기, 지네
осьмино́г 문어
сухоно́гий 여윈 다리, 다리가 잘 움직이지 않는
трено́жник 세 다리 의자, 삼각대
хромоно́гий 절름거리는
хромоного́сть 절름거리는 것
членистоно́гий 절족동물
сногсшиба́тельный 놀라운

но́рма 규범, 표준, 이윤, 평균율
нормализа́ция 표준화, 기준화, 규격통
нормализи́ровать нормализа́ция를 행하다
норма́ль 수직선, 평균
норма́льный 정규적인, 정상적인, 표준의, 보통의, 상식적인, 제정신
нормати́в 기업의경제 지수, 기준, 표
нормативи́зм 규범주
норми́ровать 규정하다, 적정화하다
норми́ровка → норми́рование
норми́ровщик 규격화·적정화 된 전문기술
сверхнормати́вный 노르마 이상의
анорма́льный 이상의, 변태의
норма́льный 변칙의, 이상의, 변태의, 약간 정신이 이상이 있는

ночь = но́ченька = но́чка = нощь 밤, 야간
ночева́ть 밤을 새우다, 숙박하다

ночёвка 밤을 지새는 것
ночле́г 숙소·숙박소, 숙박, (군) 숙영
ночле́жка 싸구려 여인숙, 간이 숙박소
ночле́жник 숙박객
ночле́жничать 밤을 보내다, 묵다
ночни́к (침실욕·야간용) 작은 등잔, 야간 비행사, 밤에 일하는 사람
ночни́ца 나방의 일종, 박쥐의 일종
ночно́й 밤의
но́чью 밤에
переночева́ть 밤을 지내다, 묵다
предночно́й 밤이 되기 전에
заночева́ть 외출한 곳에서 숙박하다
отночева́ть 밤을 지내다, 숙박하다
полуно́чник 밤늦게까지 자지 않고 있는 사람, 밤일을 하는 사람
полуно́чничать (여러 가지 일로) 밤에 자지 않고 있다
полу́ночный = полно́чный = полно́щный 야밤중에
полу́ночь → по́лночь
по́лночь 밤중, 밤12시
по́лночи 야반, 한밤중

нрав 성격, 성질, 기질, 습관, 풍속
нра́вный 화를 잘내는, 완고한
нравописа́ние 풍속지
нравоуче́ние 도덕론, 윤리, 교훈, 훈계
нра́вственность 도덕, 품행, 도덕성
нра́вственный 도덕의, 도덕이 견고한, 정신적인
благонра́вие 현대에는 (비꼼) 선행, 품행, 방정
благонра́вный 현대에는 (비꼼) 선행하는, 품행이 반정한
добронра́вие 방정한 품행, 얌전, 선량, 유화
добронра́вный 품행이 방정한, 얌전한, 선량한
самонра́вный 제멋대로 노는, 완고한, 응석부리는

своенра́вие 방자함, 변덕스러움, 뻔뻔스러움
своенра́вный 방자한, 변덕스러운
тихонра́вие 온화, 온순, 유화,

нра́виться (понра́виться) 마음에 들다, 좋다, 뜻에 맞는다
разонра́виться 마음에 들지 않게 되다

ну́дить 강요하다, 부득이-하다, 피곤하게 하다
нуди́ться 싫증나다, 무리하게-하게 하다
ну́дный 싫증나는, 염증나는
нудь 지긋 지긋함
прину́дить 강요하다, 강제하다, 부득이-하게 하다
принуди́ловка 강제노동
принуди́тельный 강제적인
принужде́ние 강제, 강요, 강압, 고의성
принуждённый 고의적인 듯한, 부자연스러운
непринуждённый 격의 없는, 자연스러운, 구속받지 않는, 자유로운, 제멋대로의

нужда́ 가난, 곤궁, 결핍, 필요, 수요
нужда́емость 필요성, 필요의 정도
нужда́ться 가난하다, 곤궁하다, 부족하다, 필요하다,
ну́жник (속) 변소
ну́жно → ну́жный
ну́жный 필요한, 요구되는
нену́жный 불필요한

ны́не 현재, 지금, 오늘날
но́не 지금, 오늘
ны́нешний 현재의, 지금의, 오늘날의
ны́нче 오늘, 현재, 지금
доны́не 지금까지
отны́не 지금부터
поны́не 지금까지

-ня́ть (-нима́ть)

внять (внима́ть) 듣다, 경청하다, 귀를 귀울이다
внима́ние 주목, 주의
внима́тельный 주의 깊은, 신중한
вня́тный (소리등이) 명료한, 잘들리는, (의미가) 명료한

вынима́ть = вы́нуть 꺼내다, 빼내다, 잘라내다
вы́нуться (вынима́ться) 빠지다, 나오다
вы́ем 꺼내는 것, (법) 압수, 도려내는 것, (건) 세로홈
вы́емный 인출되는, 꺼낼 수 있는
вы́емочный 압수한, (건) 세로 홈을 판
вы́емчатый (건) 세로홈을 판

доня́ть (донима́ть) 못살게 굴다, 몹시 괴롭히다

заня́ть (занима́ть) 빌리다, 점유하다, 점령하다, 흥미·마음을 끌다
заня́ться 종사하다, 공부하다, 가르치다, 관심을 기울이다, 불타기 시작하다
заня́тие (일 자리 지위 등을) 차지하는 일, 훈련, 영입, 직업, (군) 점령
заня́тный 흥미있는
занято́й 바쁜
за́нятость (노동자의) 고용, 종업, 다망함
за́нятый 점유된, 꽉차 있는, 바쁜, 흥미를 갖는
занима́тельный 마음을 끄는, 흥미있는
перезанима́ть (금전 등을) 차환하다, 차용하다
перезанима́ться 지적 노동을 너무 많이 하다
позаня́ть (잠시) 일하다, 종사하다
заи́мка (공지) 점유, 획득, (마을에서 떨어진) 개간지, 독립주택, (상업용) 건물
заём 부채, 고채, 차관
взаём 빌려서, 빌려줘서
заёмщик 채무자
заимода́вец = заимода́тель 채권자
заимообра́зный 대차 형태의, 차용의

заи́мствование 빌림, 차용
заи́мствовать (언어 문화 풍속 등을 타민족으로부터) 차용하다, 전용하다
заи́мствоваться 차용하다(자신을 위하여)
назанима́ть (많은 사람으로부터) 많이 빌리다
подзанима́ть 조금 빌리다
подзанима́ться 조금 종사하다, 조금 공부하다
призанима́ть 돈을 좀 차용하다

наня́ть (нанима́ть) 고용하다, (집·방을) 빌다, 셋집을 살다
нанима́ться 고용되다
нанима́тель 고용주, 차주(집 등의)
сонанима́тель 공동 임차인
квартиро-нанима́тель 아파트 임차인
наём 고용하는 것, 임차
наёмник 고용인, 용병
наёмничество 고용인의 지위, 신분
наёмный 고용의, 임대의
наёмщик 고용주, 임차인, 노동자 모집 담당자
вольнонаёмный 자유 근무의, 고용된(자유 계약으로), 고용인
найма́ → наём
найми́т = найми́чка 고용인
внаём 임대차로
перенаём 남이 빌린 것을 되 빌림
поднанима́тель 전대 계약 체결자
поднаём 전대

обня́ть (обнима́ть) 안다, 포옹하다, 둘러싸다, 덮다(불길), 포함하다
объя́ть → обня́ть
объя́тие 포옹
объём 넓이, 크기, 용적, 용량, 한계
объёмистый 용적이 큰, 분량이 많은
объёмный 용적의, 부피의
объемо́метр 용적계

отня́ть (отнима́ть) 빼앗다, 잡아 떼다, 탈취하다, 제거하다, 벗기다, (시간 등을) 요하다, 빼다

H

отнима́ться (수족 등이) 마비되다, 빼앗기다, 떼어질 수 있다
отня́тие 빼앗는 것
неотъе́млемый 탈취하기 어려운, 시료에 의해 소멸 되지 않는
отъя́ть → отня́ть
отъём → отня́ть
отъёмный 떼엇다 붙였다 할 수 있는

переня́ть (перенима́ть) 흉내내다, 본 받다, 가로 채다, 범인을 (모조리) 잡다, 흐름을 막다
переём = переёмка (하천 호수의) 좁아진 곳, 횡령, 체포, 흐름을 막는 일
поня́ть (понима́ть) 이해하다, 해석하다, 침수·범람하다
понима́ние 이해, 오성, 견해, 관점, 설명
взаимопонима́ние 상호이해
поня́тие 개념, 이해, 이성, 판단력
поня́тливость → поня́тливый
поня́тливый 이해가 빠른, 영리한
поня́тно 명료하게, 물론
поня́тный 명백한, 지당한, 당연한, 이해 할 수 있는
поня́той 입회인, 증인, 참고인

подня́ть (поднима́ть) 들어올리다, 안아 올리다, 계양하다, 일으켜 세우다
подня́ться (연기 따위가) 오르다, (해·달이) 떠오르다, 올라가다
подня́тие 오름, 상증, 증가, 격앙, 들어올리는 것
подъём 높이는 것, 오르는 것, 비탈길, (발·신발 등의) 등, 향상, 증진, 감동, 격동, 채비, 중기, 기상, 출발 신호
подъёмистый 발등이 높은
подъёмка 올리는 것
подъёмник 승강기, 기중기
подъёмный 올리기 위한, 왕성한, 여행용의
подъёмщик 기중기·엘리베이터의 조종자

водоподъёмник 양수 장치
путеподъёмник 레일 기중기
рыбоподъёмник 댐의 물고기의 통로
свеклоподъёмник 사탕무우 수확기
сеноподъёмник 건초를 재어 넣는 기계
сетеподъёмник 어망인상기
скороподъёмность 상승속도
судоподъёмник 침몰선 인양 장치
приподня́ть (조금) 들어올리다, 높이다, 몸을 일으키다

приня́ть (принима́ть) (손님을) 받다, 맞다, 영접하다, (사물) 받다, 접수하다, 복약하다, 채용하다, (의안) 채택하다, 승인하다, (의무) 지다, 간주하다, (물건을) 치우다, 정리하다
принима́ться 착수하다, (식물이)뿌리를 내리다, 싹트다
принима́ние (스포츠·군) 옆으로 접근하다
приём = приёмка 수령, 수납, 영접, 리셉션, 복용양, 방법, 거동
переприём 전보 중계
приёмистость (내연 발동기의) 가속력
прие́млемость 허용, 시인 해야 할 것
прие́млемый 허용·시인 할 수 있는, 타당한
приёмник (전류 등의) 수신기, 라디오 수신시, 임시 수용소, 보호소
водоприёмник 양수, 취수 장치
дождеприёмник 물받이 구덩이(구멍)
грязеприёмник 피뢰침 (고어)
дождеприёмник 물받이 구덩이(구멍)
сейсмоприёмник 지진계
телеприёмник 텔레비전 수상기
приёмный 수입의, 수용의, 채용의, 응접의
молокоприёмный 우유를 받아 들이는
скотоприёмный 가축을 받아 들이는
приёмочный 수령하는, 접수하는
приёмщик 수납계, 검수인
приёмыш 남의 집에서 양육되는 고아, 양자
гостеприи́мство 손님 환대

гостеприи́мность 손님을 후대하는 것
гостеприи́мный 손님을 후대하는
странноприи́мный 나그네를 접대하는
странноприи́мец 나그네를 접대하는 사람
странноприи́мство 나그네를 접대하는 것
общепри́нятый 일반에 통용되는
прия́ть → приня́ть
прия́тель 친구
прия́тельский 친구의, 사이 좋은
прия́тельство 친구 관계
прия́тие 받는 것, 수령, 섭취, 채용, 인용, 인수, 수용
прия́тность 만족, 유쾌한 것
прия́тный 기분좋은, 유쾌한, 즐거운
обоюдоприя́тный 상호 간에 즐거운

проня́ть 감동 시키다, 몸에 베게 하다
проём (창문을 내기 위해 벽에 만든) 공극, 구멍

разня́ть (разни́мать) 분해하다, 나누다, 떼어 놓다
разня́ться 분해되다, 분리되다
разъём 분해, 분리
разъёмный 분리가 되는

снять (сни́мать) 떼어내다, 치우다, (옷을) 벗다, 철거 철회하다, 해제하다, 수확하다, 치수를 재다, 모사하다, 촬영하다, 임차하다
сня́ться 떠나다, 물러나다, (자기의) 사진을 찍다
сня́тие 면함
снима́ть 지양하다
снима́ться 떠나다, 물러나다, (자기의) 사진을 찍다
сни́мка 제거하는 것, 옷을 벗는 것, 사진을 찍는 것, 셋집을 얻는 것, 지우개
сни́мки (우유에서 떠낸) 짙은 유지
сни́мок 베낀 것, 사진
сни́мочный 베낀, 사진의

сни́мщик 촬영자, 차주, 청부인
съём 제거하는 것, 임차 하는 것, 베끼는 것
съёмка 제거하는 것, 임차 하는 것, 베끼는 것, 측량, 촬영
рапидсъёмка 고속도 촬영
съёмник 떼어 내기 위한 기구
съёмный 떼어 낼 수 있는
съёмцы 양초의 심지
съёмщик 집에서 세든 사람, 측량사, 촬영기사
заснима́ть 촬영을 다시 시작하다
засня́ть 촬영하다
дерносни́м 잔디 따위를 깎는
звукоснима́тель 픽업, 어댑터
пеноснима́тель 거품 제거기
плодоснима́тель = плодосъём 과실 채집기
авиасъёмка 항공 측량, 촬영
аэросъёмка 공중측량, 촬영
киносъёмка 영화 촬영
рентгеносъёмка 엑슬레이 촬영 (고어)
плодосъёмник 과실 채집기
квартиросъёмщик 아파트 임차인
насня́ть (насн́имать) (여러 번에 걸쳐) 많이 찍다, 촬영하다
отсня́ть (отсн́имать) 촬영을 마치다
пересня́ть 영화, 사진을 다시 촬영하다, (문서 등을) 새로 복사하다, (도면) 다시 고치다, 다시 임차하다
пересня́ться (자기의 사진을) 다시찍다
пересъёмка 재촬영, 재복사
поснима́ть (얼만큼) 제거하다

уня́ть (унима́ть) 가라 앉히다, 완화 시키다, 재우다, (감정 등을) 억누르다
уня́ться 진정되다, 누그러지다, 멈추다, 진정하다
неуёмный 가라 앉히기 어려운, 억제할 수 없는

O

обеспе́чить (обеспе́чивать) 생활을 보장하다, 필요량을 공급하다, 확보하다
обеспе́читься 대비하다, 준비하다, 피하다, 몸을 지키다
обеспе́чение 확보, 보증, 보장, 담보물, 담보
обеспе́ченность 확보·보증·보장이되어진 것, 생활을 보장 받는 것
обеспе́ченный 생활을 보장 받은, 생활에 어려움이 없는
обеспечи́тельный 보증·보장에 관한

оби́деть (обижа́ть) 심하게 대하다, 무례하게 대하다, 화나게 하다, 손해를 주다, 속이다
оби́да 모욕, 능욕, 무례, 울분, 손해, 불리
оби́дный 모욕하는, 무례한
оби́дчивый 모욕을 느끼기 쉬운, 성을 잘 내는
оби́дчик 모욕자, 능욕자, 무례하게 행동하는 사람
безоби́дный 감정을 해치지 않는, 해롭지 않는, 온순한, 천진한
небезоби́дный 꽤 모욕적인, 무례한, 남에게 해를 줄 수 있는
изоби́деть 몹시 모욕·능욕하다
разоби́деть 몹시 화나게 하다
разоби́деться 몹시 화나다

оби́льный 풍부한, 다량의
оби́лие 풍부, 다량, 부유, 유복
изоби́ловать 풍부하다, 많이 있다
изоби́льный 풍부한, 많이 있는, 윤택한
любвеоби́льный 애정이 충만한

обору́довать 설비하다, 필요한 비품따위를 비치하다
обору́дование 장비, 설비, 비품
дообору́довать 추가적·보충적인 설비를 하다
переобору́довать 새장비를 갖추다
переобору́дование 장비를 바꾸는 일

образова́ть 형성·조성·구성하다, 교육·교화하다
образова́ться 형태를 이루다, 생기다, 교육을 받다
о́браз 형, 모습, 생김새, 형상, 타입, 양식, 방법
образо́к = образо́чек → о́браз
о́бразом каким, таким образом 어떤 방법으로, 이리하여
образе́ц = обра́зчик 견본, 모범, 견본, 본보기, 전형, 모형, 모델
образи́на (욕설) 낯짝, 추한 얼굴
образни́ца 성상의 테두리
о́бразность 생기, 박진력
о́бразный 그림 같은, 사실적인, 비유적인
образцо́вый 모범·모형적인
образова́ние 형성, 구조, 구성, 조직, 교육, 교양
видообразова́ние 종형성
горообразова́ние 조산 작용
льдообразова́ние 얼음을 만드는 것
наро́браз 국민교육
новообразова́ние 신생, 신출현
парообразова́ние 기화, 증발
самообразова́ние 독학, 자습
формообразова́ние 형성, 일정한 형태를 갖추는 것
холмообразова́ние 구릉형성
ценообразова́ние 가격형성
образо́ванность 교육받은 것, 교양있는 것
образо́ванный 교육받은, 교양있는
высокообразо́ванный 고등교육을 받은, 높은 교양을 가진
необразо́ванный 교육받지 못한
самообразо́ванный 스스로 교육하는, 독학하는
парообразова́тель 기화기, 증기 발생기
образова́тельный 교육·교화에 대한, 형성하는

общеобразова́тельный 일반 교육의
образу́мить 설득하다, 계몽하다, 미혹을 풀다
образу́миться 깨닫다, 이해가 되다
преобрази́ть (--жа́ть) 변형시키다, 면목을 일신 시키다
преобрази́ться 변형하다
преображе́ние 변형, 변모, 그리스도의 변용
преобразова́ть (преобразо́вывать) 개조하다, 개혁하다, 변환 시키다, 전환하다
преобразова́ться (преобразо́вываться) 고치다, 개조하다
преобразова́ние 개혁, 변혁, 개조, 전환
преобразова́тель 개조자, 개혁자, 변류기(전)
фазопреобразова́тель (전) 화상 변환기
фотопреобразова́тель (전) 화상전환기
сообразова́ть --을 -에 부합시키다, 적응시키다, 상응 시키다
сообразова́ться --에 부합되다·상응되다, --에 순응하다
сообра́зно --에 부합되게·적응하게
сообра́зный --에 부하하여·적응하여

обрати́ть (обраща́ть) (방향을) 돌리다, --으로 바꾸다, 변경하다
обрати́ться --쪽을 향하다, 방향을 바꾸다, 호소하다, 순환하다, 유통하다, 회전하다, (자본이), 교제하다, 조종하다
обра́тно 원래대로, 꺼꾸로, 반대로
обра́тный 원래대로의, 꺼꾸로의, 반대의
обраща́емость 순환성, 운전, 회전률
обраще́ние 순환 (혈액), 유통, 변환, 전이, 교제, 대우, 사용, 호소, 취급
кровообраще́ние 혈액 순환
товарообраще́ние 상품유통
обрати́мый 환원 할 수 있는, 가역적
необрати́мый 환원 할 수 없는, 불 가역적인, 돌이킬 수 없는
преобрати́ть -으로 바꾸다

обрести́ (обрета́ть, обре́сть) 찾아내다, 획득하다
обрести́сь 발견되다, 나오다
обрете́ние 찾아냄, 획득
приобрести́ (приобрета́ть) 얻다, 획득하다
приобрета́тель 구매자, 취득자, 치부에 눈이 어두운사람
приобрете́ние 획득, 사는 것, 구입품, 횡재, 우연히 얻은 진귀한 물건
благоприобрете́ние 자기 힘으로 얻을 수 있는 것 (세습이 아닌)

о́бщий 일반의, 공동의, 전반적인, 대체적인
о́бще 공동으로, 함께
обще- 전체·전반·공통의 뜻
общеарме́йский 전군의
общегородско́й 전시의, 온 도시의
общегосуда́рственный 전국의
общедосту́пный 일반용의, 염가의, 알기쉬운
обще́е = общо́ 요약적으로, 대략
общежите́йский 나날의, 일상 생활의
общежи́тельный 공동생활의
общежи́тие 기숙사, 합숙소, 사회, 공동생활
общезаво́дский 공장전체의
общезна́чимый 만민에게 중요한
общеизве́стный 일반에게 알려진
общекла́ссовый 전계급적인
общенаро́дный 일반 대주의, 국민전체의
обще́ние 교제, 교통, 연락
общеобразова́тельный 일반 교육의
общеобяза́тельный 일반인의 의무인
общепи́т 공공급식
общеполе́зный 일반인에게 이익이 되는
общепоня́тный 누구나 알 수 있는, 통속적인
общепри́знанный 일반에게 인정된
общепри́нятый 일반에게 통용되는
общераспространённый 보통의, 보편적인
обще́ственник 사회 운동가
обще́ственность 공공단체, 사회, 여론, 공공성
обще́ственный 사회의, 공공의, 집단경영의

о́бщество 사회, 집회, 세상, 동료, 회, 성회, 회사, 조합
обществове́д 사회학자
обществове́дение 사회학
общетеорети́ческий 일반이론적인
общеупреби́тельный 일반에게 사용되는
общеустановле́нный 일률적으로 정해진
общечелове́ческий 일류전반의
общи́на 공산체, 공동체, 마을 공동체, 단체, 협회
общи́нник 공동체 회원
общи́тельный 사회성이 있는, 남에게 호감을 주는
о́бщность 일치, 공동, 공통, 공통성, 불가분성
антиобще́ственный 반사회의
всео́бщий 전체의, 보편적
всео́бщность 전체성, 보편성
вообще́ 대체로, 대개, 전혀-아니다(부정사와 함께)
обобщённый 일반적인, 전형적인
обобществи́ть 사회화 하다, 공공화하다
обобществле́ние 사회화, 공공화
обобщи́ть 귀납적으로 결론을 내리다, 일반화하다, 종합하다, 혼합하다
обобще́ние 보편화, 일반화, 종합
приобщи́ть (приобща́ть) 관여시키다, 가입시키다, 참가 시키다, 성찬을 베풀다
приобщи́ться 관여하다, 참가하다, 가입하다, 성찬을 받다
приобще́ние 관여, 참여, 가입
разобщи́ть 분리하다, 떼어놓다, 이간하다, 연락을 끊다, (전) 절연시키다
разобщи́ться 분리되다, 떼어지다, 연락이 끊어지다
разобще́ние 분리, 격리
разобщённый 연결이 안 된, 분산된
разобщи́тельный 분리·절단·격리시키는
сообщи́ть (сообща́ть) 알리다, 보도하다, 통지하다, 보도하다, (성질) 부여하다, (병) 퍼뜨리다

сообщи́ться (성질 등이) 옮다, (보도가) 전해지다, 교제하다
сообща́ 함께, 공동으로
сообще́ние 보도, 통보, 통지, 교통, 연락
соо́бщество 단체, 조합, 동아리
сообщи́тельный 마음을 터놓은, 전염적인, 숨김 없는
соо́бщник 공모자, 한패
соо́бщничество 공보, 연루, 공범

обяза́ть 어쩔수 없게 만들다, 강제하다, 베풀다
обяза́ться 의무를 지다, 도움을 받다, 은혜를 입다
обя́занность 의무, 본분, 임무, 책무
обя́занный 의무있는, 은혜를 입다, 신세를 지다
обяза́тельный 의무적인, 강제적인, 필연적인, 마음씨 좋은, 친절한
обяза́тельно 꼭, 반드시, 틀림없이
обяза́тельство 약속, 계약, 약정서, 채권, 증권
общеобяза́тельный 일반의 의무인

о́вощи = о́вощь 야채, 소채, 청과물
овощево́д 야채 재배자
овощево́дство 야채 재배
овощесуши́лка 야채·감자 건조기
овощесуши́льный 야채건조의
овощехрани́лище 야채 저장소
овощни́к 야채 관리인, 야채가게, 청과물상
овощно́й 야채의, 청과물의

ого́нь 불, 등불, 사격, 발사, 포화, 열, 열정
огнебу́р 열보링용 오거(타래 송곳)
огневи́дный 불 같은
огневи́к 규석, 부싯돌, 악성 부스럼, 악성종기, 포수
огневи́ца (신체의) 열, 발진
огнёвка 유해한 나비의 일종, 붉은 여우
огнево́й 화력의, 화기에 의한, 사격의, 불 같은, 맹렬한, 타는 듯한

огнеды́шащий 불을 뿜는
огнезащи́тный 방화의
огнемёт 화염방사기
о́гненный (눈초리에 있어) 번쩍이는, 빛나는, 힘있는, 열렬한
огнеопа́сный 가연성의, 인화성의
огнепокло́нник 배화교도
огнепокло́ннический 배화교의
огнепокло́нничество 배화교
огнеприпа́сы 탄약
огнепрово́д 도화선
огнесто́йкий 내화성의
огнесто́йкость 건축제료의 내화성
огнестре́льный 사격의, 발사의
огнетуше́ние 소화
огнетуши́тель 소화기
огнеупо́рность 내열성
огнеупо́рный 내화성의
огнеупо́ры 내화재료
огнецве́т 수염 며느리 밥풀
огни́во 부싯돌용 돌·쇳조각
огни́стый 불 같은, 불빛을 띤
огни́ще 모닥불· 화톳불의 흔적
огонёк 1) 번쩍임, 반짝이는 빛, 열의·재능의 번쩍임

оде́ть (одева́ть) (옷을) 입히다, 감싸다, 의복을 주다, 지급하다, 입다
оде́ться 옷을 입다, 감씨이다, 싸이다
оде́тый 옷을 입은, 치장을 한, (옷 따위로) 감싸인, 두른, 덮힌
оде́жда - одёжа
одёжина 의복 중의 한가지
одея́лишко → одея́ло
одея́ло 모포
одея́льщик 모포·이불을 만드는 사람
одея́ние 의상(주로 명절 의상용의)
переоде́ть (옷을) 갈아 입히다, 가장·변장 시키다, 옷을 바꾸다
переоде́тый 가장한, 변장한

приоде́ть 옷을 주다, 성장시키다, 잘 차려입다
приоде́ться 성장하다, 옷의 손질을 하다
разоде́ть 곱게 입히다
разоде́ться 곱게 입다
разоде́тый 곱게 입은, 성장한
полуоде́тый 반나체의

оди́н 한사람, 하나, 한 개, 동일한, 어떤
одина́кий = одина́ковый 같은, 동일한
одина́рный 단일의, 한겹의
одинёхонек 그지 없이 외로운, 고독한
одино́жды 1배하여
одино́кий 단하나의, 고립된, 쓸쓸한, 고독한
одино́чество 미혼, 독신, 고독
одино́чка 독신자, 미혼자, 속세를 떠난사람
одино́чник 독방의 죄수
одино́чный 단독의, 혼자의, 1일 용의, 개개의
одна́жды 언젠가, 어느날, 어느때
одна́ко 그러나, 하지만, 그럼에도 불구하고
одно- 단일의 동일의 뜻
одноа́ктный 일막의
однобо́кий 한쪽밖에 없는, 치우친
однобра́чие 자웅 동체
одновесе́льный 노 하나의
одновре́менный 동시에
одногла́вый 단두의
одногла́зка 눈이 한 개인 것
одногоди́чник 1년간 군복무에 종사하는 대학교 졸업생
одногоди́чный 1년간의
одного́док = одного́дка 동년배, 한 살짜리
одного́рбый (낙타) 단봉의
однодереве́нец 같은 마을 사람
однодне́вка 하루살이, 단명의
однодне́вный 하루뿐인, 1일간의
однодо́мный 자웅 동주의
одноду́м 언제나 한 가지만 생각하는 사람
одножи́льный (전기) 같은 축의
однозаря́дный (총에 대하여) 단발의
однозву́чный 시종 같은 음을 내는, 단조로운,

지루한

однозначащий 같은 의미의, 단 한 가지의 뜻이 있는
одноимённый 같은 이름의
однокалиберный 같은 구경의
однокашник 동기생, 한솥밥을 먹는 사람
одноклассник 동급생, 같은 반 학생
одноклеточный 단세포의
одноклубник 같은 크럽 멤버
одноколейка 단선 철도
одноколка 한필말 이륜마차
однокомнатный 한방으로 된
одноконный 말 한필이 끄는
однократный 일회의
однокурсник 동창생
однолетний 일년간의, 일년생의, 한살의
однолетник 일년생 식물
одноле́ток с кем 같은 나이의 사람
однолюб 한평생 한 남자만(한 여자) 사랑한 여자(남자)
одномачтовый 마스트가 하나인
одноместный 일인 승의, 좌석이 하나인
одномоторный 단발 동기
одноногий 한 다리의
однообразие 단조, 천편일률
однообразный 단조로운, 천편 일률적인
однообщественник 동일 사회 단체에 속한 사람
однооосный 축이 하나인
однопалатный 단원제의
однопалубный 갑판이 하나인(배)
одноплеменный 같은 종족의
однополчанин 같은 연대의 동료
однополый 단성의
однопомётник 같은 배에서 태어난 새끼
однопутка 단궤 철도
одноразовый 일 회의, 한 번의
однорогий 일각의
однородный 동질의
однорукий 한쪽팔의

одноручный 한손으로 행하는
односельчанин 같은 마을 사람
односильный 같은 마력의
однословный 한 낱말로 이루어진
односложный 한 음절의, 말 수가 적은
односпальный (침대) 일인용
односторонний 일방적인, 한쪽면의
однострунный 현이 하나인
однотипный 같은 형태의
однотомник 한권으로 된 책
однотомный 한권으로 된
однотонный 같은 음조의, 같은 색의
одноугольный 단각의
одноутробный 이부 동모
одноухий 한쪽귀의
однофазный 단상의
однофамилец 성이 같은 사람
одноцветный 단색의, 단조로운
одночасье 즉각, 즉시
одночлен 단항식
одношерстный 같은 털실의, 전체가 같은 털색의
одноэтажный 단층의

одолеть (одолевать) 상대를 이기다, 완전히 극복하다, 자기 것으로 만들다
неодолимый 극복하기 어려운, 이기기 어려운
преодолеть 극복하다, 승리하다, 이겨내다
преодолимый 극복할 수 있는, 이겨낼 수 있는
непреодолимый 극복할 수 없는, 이겨낼 수 없는, 불가 항력의

око 눈
окоём 눈이 미치는 범위, 시계, 지평선
стоокий 백안의, 모든것을 다 보는
ясноокий 눈이 아름다운
очечник = очешник 안경집
очечный = очешный 안경의
очи око의 복수

очка́рик   안경을 낀 사람
очка́стый = очка́тый   안경을 낀
очки́   안경
очковтира́тель   사기꾼, 기만하는 사람
очковтира́тельство   사기, 기만
очкова́ть   (원예) 눈접하다
очко́   (카드·주사위 등의) 눈, 점, (스포츠·놀이) 점수, 바늘귀
о́чник   직접(통신 교육이 아닌) 교육을 받는 학생
о́чный   대면하는
зао́чник   통신교육 수강자
зао́чный   결석 중의, 부재 중의, 외출하여 집에 없는, 통신(교육)의

опаса́ться   겁내다, 두려워하다, **경계하다, 주의하다**
опасе́ние   우려, 공포, 위구, 경계, 조심
опа́ска → опасе́ние
опа́сливый   주의 깊은, 위태롭게 여기는, 의심적은
опа́сность   위험, 두려움
опа́сный   위험한, 위태로운, 유해한
безопа́сливый   무서워하지 않는, 조심성이 없는
безопа́сность   안전
безопа́сный   위험이 없는, 안전한
неопа́сный   위험이 없는, 안전한, 해롭지 않은
обезопа́сить   위험하지 않게 만들다, 안전하게 하다
обезопа́ситься   자신을 안전하게 하다

о́пыт   경험, 체험, **실험, 시험, 시도, 시작**
о́пытник   실험 담당자, 실험계
о́пытно-показа́тельный   시험적, 모범적
о́пытный   경험있는, 속련·숙달된, 재주있는, 실험의, 시험의
неопы́тный   경험이 부족한, 미숙한
подо́пытный   시험·실험 중의, 실험용의

о́рган   기관, 시설, 관청, 기관 잡지
органи́зм   유기체
микрооргани́зм = микро́б   미생물, 세균
организме́нный   유기체의,
орга́ника   유기화학, 유기비료, 유기물
органи́ческий   유기체의, 기관의, 내장의, 본질적인, 본능적인
органи́чный   본질적인, 우발적이 아닌
орграфи́я   생물 기관학
органо́ид   원생생물 기관
органоле́птика   감각기관에 의한 연구
органотерапи́я   장기요법
органопла́стика   장기성형
организова́ть   조직·구성·편성·설립 하다, 조직을 세우다
организова́ться   조직·구성·편성·설립 되다
организа́тор   조직자, 창시자, 설립자
организа́ция   조직·구성·결성·편성하는 것, 구조, 조직, 기관
организо́ванный   조직된, 정연한, 조직적인
органо́н   사상체계·조직, 과학연구의 방법
дезорганизова́ть   (조직을) 파괴하다, 해체하다, 혼란에 빠뜨리다
дезорганизова́ться   (조직이) 파괴되다, 와해되다, 혼란에 빠지다
заорганизова́ть   지나치게 정비하다
переорганизова́ть   바꾸어 조직하다, 재조직하다
реорганизова́ть   개편하다, 개조하다, 재조직하다
реорганиза́ция   개조, 개편, 재조직, 재편성
сорганизова́ть   단단히 조직하다

ору́жие   무기, 병기
оруже́йник   무기 제작인, 병기공, 총공
оруже́йный → ору́жие
оружено́сец   (중세의) 기사의 부하(무기를 휴대한), 맹종자
безору́жный   무기가 없는, 맨손의, 무방비의
вооружи́ть   무장하다, 장비하다, 공급하다, 적

대·반대하게하다
вооруже́нец 무기 제조 업자
вооруже́ние 무장, 장비, 구기, 병기, 군비, 정비, 준비
вооружённость 장비를 갖추는 것
довооружи́ть 어느 정도에 달할 때까지 무장·군비·장비를 확충하다
довооружи́ться 자기의 무장·군비·장비를 어느 정도에 달할 때까지 확충하다
перевооружи́ть 재무장·재군비 확장하다, 장비를 신설하다
перевооруже́ние 재무장, 재군비 확장, 무장개량, 신식장비
перевооружённость 필요 이상으로 무장·군비확장하는 일, 장비의 철저한 개선
обезору́жить 무기를 빼앗다, 무력하게하다, 달래다, 진정시키다
обезору́жение 무장해제
разоружи́ть 무장을 해제하다, 군비를 축소·철폐하다, 방비 시설을 제거하다, 장비를 풀다, 투지를 꺽다
разоруже́ние 무장해제, 군비축소, 투지를 버리는 것

осно́ва 기초, 기반, 토대, 근저, 근본, 골조, 원론, (직물의) 날실, 어간
основа́ние 창립, 개설, 설립, 기초, 토대, 근거, 이유, 저변, 원론, 원리, (화) 염기, 법규
основа́тель 건설자, 창립자
основа́тельный 이유·근거 있는, 정당한, 확고한, 견실한, 근본적인, 철저한, 견고한
основа́ть 창립·창시·개설·건설하다, 근거를 두다
основа́ться 정착하다, 의거하다, 입각하다
осно́вник 전임자
основно́й 근본의, 본질적인, 중요한, 긴요한, 전임의
осно́вность 염기도
осно́вный 염기의, 날실의
основополага́ющий 중요한, 긴요한, 근본적인
основополо́жник 창시자
основополо́жный 학설의 근본인, 어떤 학설에 있어서 가장 중요한
осно́вщик 날실을 짜는 사람
подосно́ва 근저, 기초, 근본원인
обоснова́ть 근거를 부여하다, 옳은 것을 증명하다
обоснова́ться 정착하다, 정주하다
обоснова́ние 근거가 있게 하는 것, 입증하는 것, 근거, 확증
обосно́ванный 확실한 근거가 있는, 진실한

осо́бый 특수한, 특별한, 특히큰, 독특한
осо́ба (비꼼) 귀인, 신분이 높은 사람, (익살) 신체, 몸
осо́бенно 특히, 주로, 대단히, 매우, 따로
осо́бенность 특수, 특별, 독자, 특수성
осо́бенный 특별한, 특히큰, 다른
осо́бинка 특별·특수하게
осо́бист 특별부원
осо́биться 홀로 있다, 고독하게 있다
осо́бица 단독으로, 개별적으로
осо́бняк 독립된 가옥(도시의 저택), 모두 하나씩 떨어져 존재하는 것
осо́бо 따로, 특히
о́собь 각게, 개체
обосо́бить 낱낱으로 분리하다, 고립시키다, 특수화 하다
обосо́биться 고립하다, 특수화 하다, 이별하다
обособле́ние 고립·독립시키는 것
обосо́бленный 특수한, 고립된, 독립된

оста́вить (оставля́ть) 남기다, 두고가다, 남겨두다, 방치하다, 내버려두다
оста́ться (остава́ться) 남다, 두고가다, 어떤 상태에 있다, --할 의무가있다
остально́й 남은, 남어지의, 잔여의
остане́ц (지질) 잔구
оста́нки 유해, 유골, 나머지, 남은 것

останов 전화기를 거는 곳

остановить (останавливать) 멈추다(진행을), 만류하다, 저지하다, 중지하다, 기울이다 (주의를)

остановиться 그치다, 멈추다, 체재하다, 중지하다

остановка 중지시키는 것, 정지, 정류장

остаток 여분, 남은것, 잔해, 흔적, 앙금, 잉여

остаточный остаток의 형용사 형

осторожный 주의 깊은, 세심한, 신중한

осторожничать 지나치게 신중·세심하다

осторожность 조심성이 많은 것, 신중·세심한 것

предосторожность 경계, 조심, 주의

остров 섬, 도서, 들판속의 작은 숲, (사막의) 오아시스, 주위로부터 동떨어져 존재하는 것

островитянин 섬사람, 섬의 주민

островной 섬의, 섬에 있는

островок → остров

полуостров 반도

островской 섬에 사는

острый 날카로운, 뾰죽한, 예민한, 자극성의 (음식), 급성의, 위급한, 신랄한, 기발한

остренький 상당히 예리한, 날카로운

остриё (바늘·창·만년필·핀의) 날카로운 끝, (칼)날

острильный 갈기위한, 연마용의

острить 갈다, 날카롭게 하다, 익살·- 비아냥 거리는 말을 하다

острица 요충

остричь (остригать) (털·손톱 등을) 가위로 깎다, 자르다, (머리털·양털을) 깎다

остригаться 자기머리를 깎다, 깎게하다

островерхий 앞끝이 날카로운

остроглазый 눈이 날카로운, 형안의

остроголовый 머리가 뾰족한

остроrорбый 뾰족한 혹을 지닌

острогубцы 집게, 펜치

острожить 작살로 잡다(물고기)

острозаразный 강한 전염력이 있는, 전염병에 걸린

острозубый 날카로운 이가 있는

остроклювый 부리가 뾰족한

остроконечный 앞끝이 날카로운

остролицый 가늘고 뾰족한 얼굴

остроносик 코가 뾰족한 사람

острословить 빈정거리는 말을 하다, 빈정리다

острослов 풍자가

остросовременный 극히 현대적인

острота 날카로운 것, 예민, 기지, 경구, 자극성, 긴박, 격렬함

остроугольник 예각

остроумничать 기지를 보이다

остроумец 기지·재치가 뛰어난 사람

остроумие 재치, 기지

остроумный 기지·재치가 뛰어난

остроухий 귀가 쫑긋함

острохвостый 꼬리가 가늘고 뾰족한

остряк 풍자가

остряки́зм 해학, 익살, 비꼼

заострить 날카롭게하다, (문제·대립 등을) 강조하다

заостриться 날카로와 지다, 분명히 하다, 현저하다

изострить 예리하게 하다

наострить 날카롭게하다, 갈다

обострить 첨예화 하다, 긴장하게 하다, 항진시키다

обостриться 예민해지다, 여위어 불거지다, 항진하다

поострить (잠시) 갈다, (잠시) 농담을 섞어 비꼬아 말하다

осуществить (осуществлять) 실현·성취·시행·설치하다

осуществиться 실현하다, 성취되다

осуществле́ние 실현, 실행, 성취

отве́тить (отвеча́ть) 응답하다, 회답하다, 보답하다, 보복하다, 응하다, 적합하다
отве́тный 회답·응답·보복으로서
ответрабо́тник 주임
отве́тственность 책임이 있는 것, 책임, 중대·중요한
отве́тственный 책임있는, 책임지는, 중요한
отве́тствовать 답하다, 대답하다
отве́тчик 피고, 책임자, 보증
соотве́тственно 응하여, --에 따라, 그와 같이, 각각
соотве́тственный 적당한, 적응한
соотве́тствие 적응, 적합, 적당, 일치
соотве́тствовать 일치하다, 합치하다, 상당하다
соотве́тствующий 적당한, 상당한, 관계있는
соотве́тчик 공동 피고·책임자

оте́ц 아버지, 부친, 수호자, 보호자, 은인, 지도자, 두목
пра́отец 시조
оте́ческий 아버지의, 아버지다운
оте́чественный 조국의, 본국의, 고국의
соотéчественник 동국인
оте́чество 조국, 본국, 고국
отечествове́дение 조국에 대한 상식
отцеуби́йство 부친 살해
отцеуби́йца 부친 살해자
отцо́в 아버지의
отцо́вство 아버지다운 것, 부친의 신분
отчи́зна 조국, 모국, 고향
о́тчий 아버지의
о́тчим 의부, 계부, 어머니의 두번째 남편
отличи́ть (отлича́ть) 분별하다, 구별하다, 특별히 칭찬하다, 영예를주다
отличи́ться --의 차이가 있다, 발군의 공적을 세우다
отли́чие = отли́чка 차별, 구별, 특색, 우월

отличи́тельный 차별·구별을 하는, 특별
отли́чно (학교 성적 등에서) 수·우, 좋다, 멋지다
отли́чный 차별있는, 특수한, 훌륭한

охо́та 1) 사냥, 수렵, 동물을 사용하는 수렵
охо́та 2) → хоте́ть
охо́титься 사냥하다, 포획하다, 구하다
охо́тник 사냥꾼, 포획자, 애호가
охо́тничать 수렵을 업으로 삼다
охо́тничий 사냥꾼·수렵가의, 거짓이 많은, 허구가 많은
охотове́д 수렵학자
охотове́дение 수렵학
охо́тка → охо́та
наохо́титься 실컷 사냥하다

ощути́ть (ощуща́ть) (육체적 또는 정신적으로) 느끼다
ощути́мый 느껴지는, 감지도는, 명료한
неощути́мый 감지 하기 어려운, 눈치 채지 못하는, 극히 미세한
ощуще́ние 느낌, 감각, 감촉
жизнеощуще́ние 현실관조
мироощуще́ние 기분, 느낌
самоощуще́ние 자기감각, 자각
предощути́ть 예감하다
предощуще́ние 예감, 예지

❚❚ П ❚❚

пакéт   꾸러미, 포장한 것, 종이 포장, 봉한 편지
пакетбóт   우편 등을 운반하는 정기선
пакетúровать   포장하다
пакетоуклáдчик   재료 운반용 자동자
паковáть   포장하다, 짐을 꾸리다
акóвка   포장·짐을 꾸리는 것
паковщик   포장공
запаковáть   포장하다, 짐을 싸다
запаковáться   포장되다, 짐이 꾸려지다
перепакóвка   재포장
распаковáть   포장·짐을 풀다
распаковáться   (포장이) 풀리다, 자기 짐을 풀다
упаковáть   짐을 꾸리다
упаковáться   물건·가재 도구를 꾸리다, 들어가다
упакóвка   짐꾸리기, 포장, 포장 재료
упакóвочный   짐꾸리는, 포장의
упакóвщик   짐꾸리는 사람, 포장소

палúть   불 태울다, 지피다, (보풀 털 등을) 태우다, (전력을) 소비하다, (속) (열로) 물건을 나쁘게 하다, (태양이) 타는 듯 내려 쬐다, 발사하다
палéние   태우는 것, 불에 굽는 것
паленúна   불에 타서 역한 냄새가 나는 것
палёный   조금 탄
паль   타버린 자리(숲속 등의)
пальбá   사격, 발사, 발화, 포성
пальнúк   (구식 대포의) 화승간
паляший   타는 듯한, 혹열의
вы́палить   (일제히) 발사 발포하다, 불쑥 말을 꺼내다
вы́пал = вы́стрел   사격, 발사
вы́палка   (밭 숲을) 다태워 버리는 것, 심하게 욕을 퍼붓는 것
воспалúть   염증을 일으키다, (감정을) 일으키다, 타오르게 하다

воспалúться   (감정에) 불타다, 격하다, 염증이 생기다
воспалéние   (의) 혼충, 염증, 흥분, 격정
воспалённый   염증이 생긴, 감정이 격한
воспалúтельный   염증의
запалúть   점화하다, 담뱃불을 붙이다
запáл   (총포의) 폭관, 화문, 도화선, 격정
запалённый   불이 붙은
запáльник   점화자
запáльный   점화용의
запáльчивость   흥분하기 쉬운 성질, 성급함
запáльчивый   흥분하기 쉬운, 노한
опалúть   표면을 태우다, (손발이) 햇볕에 그을리다
опалúться   화상을 입다, 자기의 옷을 태우다, 노하다
опáлка   태우는 것(보풀, 직물 등)
неопалúмый   타지 않는, 불 연소의
попалúть   (잠시) 불에 태우다, 굽다, 발사 발포하다
подпалúть   (표면을) 태우다, 화상을 입히다
подпалúна = подпáл   탄자리
припалúть   (표면을) 태우다, 눌리다, 다 태우다
пропалúть   전부 태우다, 굽다, 눌리다, 사격하다
распалúть   세게 달구다, 격한 감정을 일으키다
распалúться   작열되다, 감정이 불타다

пáмять   기억, 외우는 것, 기억력, 기념, 추억, 회상, 지각, 의식, 기일, 각서, 통지, 지령
пáмятка   지침, 안내서, 각서, 교훈적인 사건, 기념품
пáмятливый   기억이 좋은
пáмятник   기념비, 동상, 돌비석, 고적, 고대 문헌
пáмятно   분명히-하다
пáмятный   기억할 만한
пáмятовать   기억하다
пáмятование   기억하고 있는 일, 잊을 수 없는 일

беспа́мятный 건망증이 심한
беспа́мятность 건망증
беспа́мятство 인사 불성, 실신, 무아지경
обеспа́мятеть 기억력을 상실하다, 의식을 잃다, 인사 불성이 되다
сверхпа́мять 대량 기억장치
достопа́мятный 기억할 만한, 현저한, 유덕을 기릴만한
злопа́мятливый 원한이 깊은, 집념이 강한
злопа́мятство 원한이 깊음, 집념이 강함
незлопа́мятный 집념이 강하지 않은
приснопа́мятный 영원히 기념할 만한, 잊을 수 없는
слабопа́мятный 기억력이 약한

пансио́н 기숙학교, 기숙사, 하숙, (기숙인의) 식사
пансиона́т 식사제공 숙박소, 거주자를 위한 완전 급양
пансионе́р 기숙학교 학생, 하숙인

пар 증기, 김, 안개, 동물의 입김
па́рить 찌다, 삶다, 증기 세척하다, 증기로 퇴치하다, 무덥다
пари́ть 1) 증기를 내 보내다
пари́ть 2) (새가) 날개를 움직이지 않고 날아다니다, 비상하다
паро́к 김이 약간 서린 것
па́рник 삶는 냄비, 찌는 그릇
парни́к 온실, 온상
па́рная 목욕탕안의 한증탕
парниково́д 온실 재배가
парно́й 신선하고 따스한 (우유·고기), 무더운
паро- 증기의 뜻
парова́ть 1) 증기를 내다, 열 수분을 발산하다
парова́ть (па́рить) 2) 경작지를 묵혀두다
парова́ние парова́ть의 추상명사
парови́к 보일러, 기관, (속) 기관차, 기선
пароводяно́й 수증기 사용의
парово́з 기관차

парово́зник 기관차 종업원
паровозоремо́нтный 기관차 수선의
паровозосбо́рочный 기관차 조립의
паровозостро́ение 증기 기관차 제조
парово́й 증기의, 온상에서 자라난, 휴경의
паровыпускно́й 배기의
парогенера́тор 증기 발생기
пародина́мо 증기 발전기
паромаши́на → маши́на 증기 기관
пароме́р 증기계, 증발계
парообра́зный 증기상
парообразова́ние 기화, 증발
парообразова́тель 기화기, 증기 발생기
пароосуши́тель 증기 건조기
пароотво́д 배기
пароотсека́тель 증기 잠그는 꼭지
пароохлади́тель 증기 냉각기
пароочисти́тель 증기 정화 장치
пароперегрева́тель 증기 과열기
паропрово́д 증기관
паропрово́дный 증기를 공급하는
паропроизводи́тельность (보일러) 증기 발생능력
парораспределе́ние (기과내의) 증기 분배
парораспредели́тель 배기장치
паросбо́рник 증기류
паросилово́й 증기력의
паротурби́на 증기 터빈
паротя́га 증기력 견인
парохо́д 기선
парохо́дик 장난감 기선
парохо́дство 기선 항행, 기선회사, 선박국
парохо́дчик 선주
испари́ть 증기 기화 시키다
испари́ться 증발 발산하다, 슬쩍 사라지다
испаре́ние 증기, 발산, 기화, 증발률
испа́рина 땀을 내는 일, 땀
испаря́емость 증발률, 휘발률
запа́рить (한증막에 넣어) 죽이다, 지치게 하다, (직물을) 증기 처리하다, 폭염으로 피로

하게 하다, 더위가 맹위를 떨치기 시작하다

запа́рка (직물을) 증기로 찌는 직업, 증기가마, 바쁨

запа́рник 사료를 찌는 기구

запарно́й (직물) 증기로 찌기 위한, 찐

вспа́рить 증기로 쪄서 부드럽게하다, (토지를) 파 일구다, 땀을 흘리게하다, (속) 때리다

вы́парить 찌다, 증기로 소독하다, 증발에 의해 탈수 시키다, (증기욕에서) 자작 나무로 때려서 때를 빼게하다

вы́парить соль (짠물에서) 소금을 채취하다

вы́парка 증기로 찌는 것, 증발에 의한 탈수

вы́парки 잔류물, (증발 탈수후의) 침전물

выпарно́й 증발 탈수 용의

допа́рить 김내기를 마치다, --까지 김을 내다, --까지 치다

допа́риться 증기 목욕을 마치다, 한증으로 몸을 거든하게하다

напа́рить 찌다, 쪄서 만들다

напа́риться (충분히) 증기 목욕에서 몸을 두둘기다

опа́рить 증기목욕을 준비하다, 열 뜨거운 물에 다치다

отпа́рить 증기로 다리미질을 하다, 증기 열탕으로 부드럽게하다, 증기목욕을 마치다

перепа́рить 너무 찌다, 모조리 찌다

перепа́риться 너무 오래 찌다

попа́рить (조금) 찌다

попа́риться 한증탕에 들어가다

припа́рить 찜질하다, 습기로 덮히다, 뜨거운 찜질을 하다

припа́рка 찜질

пропа́рить 충분히 찌다

пропа́риться 충분히 쪄지다

распа́рить 찌다, 몹시 땀을 내게하다

распа́риться 몹시 땀을 흘리다, 증기탕에서 오래 목욕하다

распа́р 몹시 땀을 흘리는 것

спа́рить (축축한 채) 뜨게 하다, 썩히다

спа́риться 떠서 썩다

упа́рить 증기로 쏘이다, 찌다

упа́риться 지쳐서 땀을 흘리다

сухопа́рник 증기 저장소

па́ра 2개, 한벌, 한쌍, 어울리다, 조금만

па́рочка влюблённая-- 서로 사랑하는 두 사람

па́рный 쌍을 이루는, 한조의, 쌍두의, 2인승의

парнокопы́тный 양제의(양굽)

попа́рно 둘, 두사람씩, 한쌍이 되어

спа́рить 쌍, 짝으로 하다, 마추다, 교미시키다, 공동으로 작업하다

спа́риться 교미하다

спа́рник 연간(철)

спарова́ть 짝을 짓다, 둘을 한 조로하다

спарова́ться 쌍·짝이 되다

спа́ренный 2연식의, 짝지어 행하는 연동의

пасти́ (가축 양 등을) 방목하다, 목양하다

пасти́сь 방목되어 있다, 풀을 뜯어 먹다

па́стбище 목장

па́ства 신도단

па́стор 목사, 설교자

пасту́х 목인, 목동

пасту́шеский 목인 생활의

па́стьба 방목, 목양

па́стырь = пасту́х 신도단을 지도하는 목사, 사제

подпа́сок 목동

архипа́стырь (종) 주교

вы́пасти 방목하다, 목축으로 돈을 벌다

допасти́ 방목을 마치다, --까지 방목하다

напасти́ 일정량을 모아두다, 마련하다, (돈)을 저축하다, 충분히 방목하다

напасти́сь (필요한 만큼) 모아두다, 준비하다

отпасти́ 목축을 마치다

отпасти́сь 목자의 역할을 마치다, (짐승이) 풀 뜯어 먹기를 마치다

попасти́ (얼마 동안) 목축하다

попасти́сь 목장에서 풀을 먹다

пропасти́ (얼마 동안) 목축하다
пропасти́сь (얼마 동안) 목장에 있다, 방목되다
конепа́с 말 방목
свинопа́с 돼지 방목

пасть (па́дать) 떨어지다(어떤 장소에서 밀어져), 쓰러지다, 드리워지다, 덮히다, (온도·가치·수요 등이) 내리다, 탄원하다, 쇠약해 지다(산업 세력), (안개가) 내리다, (제비가) 당첨되다, 전사하다, (요새가) 함락되다, (신용 품위가) 떨어지다, 타락하다, (눈 비가) 내리다, (모발 등이) 아래로 드리워지다

па́далица 떨어진 이삭·낟알, 나무에서 떨어진 과일
па́даль 짐승의 시체, 죽은 고기
па́данец 나무에서 떨어진 과일
па́дание 떨어지는 것
па́дающая ба́шня в го́роде Пи́зе 피사의 사탑
паде́ж (동물의) 폐사, (가축의) 질병
паде́ние 낙하, 전도, 추락, 저하, 쇠퇴, 타락, 멸망
падь 깊은 골짜기
паду́чка 간질
па́дкий 갈망하는, 대단히 좋은, 탐욕스런
паду́н 폭포
паду́чий 쓰러지는, 넘어지는
водопа́д 폭포
звездопа́д 유성이 많을 때
ледопа́д 빙벽
листопа́д 낙엽, 낙엽기
снегопа́д 강설
впасть (впада́ть) 흘러들다, 움푹패이다, 들어가다
впа́лый 들어간, 움푹한, 푹꺼진
впаде́ние 흘러 들어가는 것, 하구
впа́дина 움푹 한곳, 구멍, 홈, 작은 계곡
впа́дистый 푹한, 구멍 홈이 많은
вы́пуклово́гнутый 요철

вспасть (вспада́ть) 생각이 들다, 머리에 떠오르다
вы́пасть 굴러 미끌어 떨어지다, (비나 눈이) 내리다, (운명·추첨 등이) 맞다, 찌르기를 하다, 하천이 시작하다
вы́пад 찌르기, 공격, 독설, 혹평
выпаде́ние 굴러 미끌어 떨어지는 것, (의) 이탈, (비·눈) 내리는 것
запа́сть (запада́ть) (뒷쪽으로) 넘어지다, 떨어지다, 깊이 빠져들다
за́пад 서쪽(해가 떨어지는), 서구
за́падина 웅덩이
за́падник 서구주의자
западни́ческий 서구주의 자의
западни́чество 서구주의
за́падный 서쪽의, 서구의
напа́сть (напада́ть) 덥치다, 공격하다, (말로) 공격하다, 대들다, (감정·감각 등이)사로잡다
нападе́ние 공격, 습격, (축구 등) 전위
напа́дки 비난, 논란
ниспа́сть 낙하하다, 내려 드리우다
опа́сть (꽃·나뭇잎이) 떨어지다, 지다, (종기가) 가라앉다, 여위다
отпа́сть (붙인 것이) 떨어지다, 떠나가다, 벗겨지다, 배반하다, 이탈하다, 위반하다, 사라지다, 못쓰게 되다
отпаде́ние 이탈, 배반
перепа́сть 이따금 내리다(비·눈 등이), 이따금 입수되다, 경과하다, 수척하다
припа́сть 굽다, 고개를 숙이다, 매달리다, 해가 지다, (조금) 다리를 절다, (욕망) 불현듯 일어나다
припа́док 발작
попа́сть (попада́ть) (총알 등이) 명중하다, 만나다, 찾아내다, 나타나다(어느 상태 속에), 간계에 걸려들다, 당하다
попада́ться 눈에 띄다
попада́ние 명중, 적중(예상 등이)
пропа́сть 1) 없어지다, 사라지다, 망하다,

죽다, 못쓰게 되다, 허사로 돌아가다

пропа́дом 뒈져버려, 꺼져버려 (분노의 표현)

пропа́сть 2) 심연, 벼랑, 큰격차, 다량, 파멸, 멸망

распа́сться (распада́ться) 무너지다, 붕괴하다, 몰락하다, 분해하다, 분열하다

распа́д 와해, 붕괴, 몰락

распаде́ние 와해, 붕괴, 몰락

распа́док 좁은 계곡

самораспа́д (우라늄 원자핵의) 자기·자동 분열

спасть 낙하하다, 탈락하다, 감소하다, 감퇴하다

спа́сться 수축하다, 축소되다

спад → спаде́ние 낙하, 수축

спаде́ние (의) 수축

упа́сть (упада́ть) 떨어지다, 내리다, 넘어지다, (눈·비) 내리다, (안개 등이) 내려 깔리다

упа́д до упа́ду 쓰러질 때까지, 지칠 때까지

упа́док 쇠미, 쇠퇴, 와해, 몰락, 쇠약

упа́дочничество 퇴폐, 데카당스

упа́дочный 퇴폐의, 데카당스의

па́хнуть 향기가 나다, 냄새가 나다, 느낌이 들다

паху́честь 방향이 있는 것, 향기

паху́чка 향기가 나는 풀

паху́чий 향기가있는

запа́хнуть → па́хнуть

за́пах 냄새

запашо́к 약간 썩은 냄새

пропа́хнуть (냄새가) 스며들다·충만하다, (구) 썩어서 냄새를 풍기다

пахну́ть (바람이) 불다

опахну́ть 부채질하다

опа́хло 대형부채, 벌레 쫓는 꽃, 깃털의 한쪽

отпахну́ть (예를 들어) 옷자락을 급히 들어 올리다, (구) 급히 열다

отпахну́ться 급히 걷어 올려지다, 홱 열다

распахну́ть 활짝 열어 놓다, 넓게 열다

распахну́ться 넓게 활짝 열리다

пена́ 거품

пе́нить 거품을 일게하다

пе́ниться 거품이 일다

пе́нка (우유 등의) 윗꺼풀, 엷은 막, 해포석

пе́нковый 해포석의

пенкосни́матель (비꼼) 남의 노력을 이용하여 자기 이익만 추구하는 사람, 자유주의를 표방하지만 실은 보수 적인 사람

пенкосни́мательство 위와 같은 사람의 행위

пе́нник 강한 화주

пе́нный 거품이 인

пенобето́н 기포 세멘트

пеногенера́тор 발포 소화기

пеноги́пс 기포석고 페넬 (건축용 단열재)

пеного́н 소화기의 하나

пеномагнези́т 기포 마그네 싸이트 콩크리트 (단열재)

пенопла́ст 기포 플라스틱

пеностекло́ 기포 유리

пенотуше́ние 거품에 의한 소화

пе́ночка 꾀꼬리과의 작은 새

вспе́нить 거품을 일게 하다

вспе́ниться 거품이 일다

запе́нить 거품을 일으키다

запе́ниться 거품이 일기 시작하다

напе́нить 휘저어 거품을 일게 하다, 거품투성이로 하다

пе́рвый 제일의, 일급의, 최초의, 처음의, 주요한, 탁월한

пе́рвенец 첫 아이, 맏아들, 첫 열매

пе́рвенство 수위, 1위, 공적

пе́рвенствовать 1위를 차지하다

пе́рвенствующий 가장 중요한

перви́нка 최초로 나타나는 것

перво- 제1, 최초, 처음, 우두머리의 등의 뜻

первоапре́льский 만우절 바보

первобы́тный 원시적인, 태고의

первовосходи́тель 처음으로 나타난 사람

первого́док 1년 미만의 아기또는 동물

первозда́нный 최초로 생긴, 제1일 창조의
первози́мье 초겨울
первоисто́чник 원천, 본원
первой → пе́рвый
первокатего́рник 1급 선수
первокла́ссник 중학 일년생
первокла́ссный 중학 일년생의
первоку́рсник (대학·전문학교) 일년생
перволе́тье 초여름
Первома́й 메이데이
первому́ченик 최초의 순교자
пе́рво-на́перво 우선, 제일 먼저
первонача́льно 처음에, 처음에는
первонача́льный 최초의, 원시의, 초등의
первоо́браз 원형
первообра́зный 원형의, 본원의
первоосно́ва 근원, 근본, 초본, 입문
первооткрыва́тель 최초의 발견자 (초지·나라 등)
первоочередно́й 제1위의, 가장 중요한
первопеча́тник 인쇄술의 창시자
первопресто́льный 군주·수장이 거주하는
первопричи́на 근본적인 원인
первопрохо́дец 최초의 답사자, 개발자
первопу́т (겨울의) 첫 썰매길
перворазря́дник (스포츠) 일류선수
перворазря́дный 제일급의, 최고의, 우수한
перворо́дный 최초에 태어난, 원시의
перворо́дство 맏아들다운 것, 제일의
первородя́щая 초산부
перворождённый 처음에 태어난
первосвяще́нник 대제사장
первосо́ртный 최고의
первостате́йный 제일급의, 발군의
первостепе́нный 제일위의, 최고의
первотёлка 처음으로 새끼를 벤 소
первоте́льная 처음으로 새끼를 낳음
первоцве́т 봄에 피는 여러 가지 꽃
первоэлеме́нт 근본적인 요소
перва́ч 일등품

во-пе́рвых 첫째로
впервинку (속) 처음으로, 새로이
впервой → пе́рвые 최초로, 처음으로
на́перво 최초의, 첫회에
сперва́ 최초에, 우선
спервонача́ла = спервонача́лу = снача́ла
 = сперва́ 처음부터, 처음에
попервонача́лу 우선 최초로

перёд 전면, 앞부분, 탈 것, 차의 앞부분
пе́ред 앞에, 전면에, (때) 앞에, 대하여, 비하여
перед → перёд
передненёбный 구개음의
пе́редний 앞의, 전면의,
пе́редник 앞치마, 에이프런, (공) 반의 전판
передови́к 선구자, 전위분자, 논설위원
передови́ца 사설, 권두논설
передо́вка (신문의) 소 사설
передово́й 앞의, 전면의, 진보적인, 선구적인
передовщи́к 선도자, 선동자, 생산 조합의 장
передо́к (짐마차의) 앞부분, (포차의) 앞바퀴
передо́м = впереди́ 먼저, 앞서
вперёд 앞으로, 미리, 먼저, 최초로, 이후
впереди́ 앞에, 앞서서, 금후에, 장래에
кпе́реди 전방으로
наперёд 앞으로, 미리, 우선
спе́реди 앞에서, 앞에서부터
вы́передить 앞지르다, 뛰어나다
опереди́ть 추월하다, 앞지르다, 이기다, 따라가다
упереди́ть 앞서다,
упереди́ться 사전에 오다, 빨리오다

пере́ть 가다, 밀다, 서로 떠밀다, (무거운 물건) 가지고 가다, 나타나 있다, 훔치다
впере́ть (впира́ть) 밀어 넣다, 끼어 넣다
впере́ться 밀고 들어가다
вы́переть (выпира́ть) 밀어내다, (속) 제명하다, 두드러 지게 눈에 띄다
вы́пор (주형의) 부어 넣는 아가리

наперёть (속) 위로부터 덮치다, 누르다, 밀다, 밀고 들어 가다, (구)압박하다, 강조하다, 훔치다

напо́р 미는 것, 압박, 압력, 고집이 센 것, 의지가 강한 것, (군) 강습

перепере́ть 겨우 끌고 가다, (익살) 서툴게 번역하다, (다른 장소로) 이동하다

попере́ть 가다, 밀어 닥치다, 내쫓다, 내몰다, 가지고 오다

припере́ть 밀어 내다, 밀어 붙이다, 쌀짝 닫다, 가지고 오다

припере́ться 찾아오다, 겨우 도착하다

пропере́ть (억지로·간신히) 통과시키다, 밀어 내다, 가다

пропере́ться (간신히) 빠져 나가다

распере́ть 밀어서 열다, 떼어 놓다, (속) 뚱뚱해지다

распо́р 추력, 횡압력

спере́ть 짓누르다, 압착하다, 잡아 당기다, 훔치다

спере́ться 군집하다

упере́ть 억누르다, 떠받히다, 응시하다, 훔치다, 주장하다, 고집하다, 물러나다

упере́ться 기대다, 의지하다, 버티다, 고집하다

упо́р 떠받치는 것, 기대는 것, 지주, 받침대, 완충기

упо́рность → упо́рный

упо́рный 지주의, 떠받치기 위한, 완강한, 확고한, 불굴의, 완고한, 집요한, 만성의, 잇달은

пёс (복수 пса) 개, 숫캐, 더러운 행위를 하는 사람, 경멸할 놈, 천랑좌

песе́ц 북극 여우, 그 모피

пёсик пёс의 애칭

пёсий → пёс

пси́на 개고기, 개의 냄새, 큰개

пси́ный 개의

псо́веть (강아지) 털이 온몸에 나다, 큰 개가 되다

псо́вина 개의 털모양

псо́вый 개의

пса́рня 사냥개집

пса́рь 사냥개 지기

петь (пева́ть) 노래하다, (속) 말하다, 찬미하다, 찬양하다,

певе́ц 가수, 시인, 찬미자

певи́чка 저속한 가수

певу́н 열심히 노래 하는 사람, 노래 애호가

певу́честь 좋은 가락

певу́чий (이야기의 어조에 대하여) 노래하는 것처럼

пе́вческий 교회 합창단의, 가수의

пе́вчий 노래하는, 새가 지저귀는, 노래하는 사람

пе́ние 노래하는 것, 노래, 지저귐

псалмопе́ние 시편노래

пе́сельник 가수, 합창단원

пе́сенка – пе́сня

пе́сенник (코라스의) 가수

песнопе́вец 성가부르는 사람, 시인

песнопе́ние 성가, 찬미가, 종교가, 시

песнотво́рец 작곡가(성가)

песнь (교회의) 찬송, 노래, 곡, 시

пе́сня 노래, 가곡, 시, 소곡, 편, 장

пету́х 수탉, 수탉이 우는 소리, 싸움군

петуши́ться 짜증을 내다, 성내다, 격노하다

петушо́к 수탉모양의 장난감, 싸움꾼

воспе́ть (시가에서) 칭찬하다

вы́петь 똑똑히 노래 부르다, 노래를 불러 돈을 벌다

допе́ть 노래 부르기를 마치다

допе́ться 계속해서 노래 부르다

запе́ть 노래 부르기 시작하다, 선창하다

запе́в → запе́вка 합창이 시작될 때의 독창, 첫음을 잡음

запева́ла 합창의 선창자

напе́ть 노래을 불러 얻다, 벌다, (많이) 노래하다, 읊조리다, (속) 중상·악담을 하다

напе́ться 마음껏 노래 부르다, 언제나 입밖에 나오다
напе́в 선율, 가락
напе́вный 음악적인, 좋은 선율의
отпе́ть 노래를 그치다, 추모의 노래를 부르다, (교회에서) 장례를 행하다
отпева́ние (종)(교회에서) 장례
перепе́ть 다시 노래 부르다, 모두 노래 부르다, 노래 솜씨가 남보다 앞서다
перепе́в 같은 일의 반복
попе́ть (잠깐 동안) 노래하다
подпе́ть 따라 부르다, (경멸) 맞장구를 치다
подпева́ла 반창자, 아첨장이
припева́ть 후렴을 노래하다, 흥얼 거리다
припе́в 후렴
припе́вка 짧은 연애 서정 가요(우스꽝 수러운)
пропе́ть 얼마 동안 노래하다
распе́ть 연습하다 (노래 소리를), (시간을) 노래 부르며 보내다
распе́ться 열심히 노래 부르다
распе́в 노래연습, 노래 박자
спеть → петь
спе́ться 장단을 맞춰 노래하다, 협조하다
спе́вка 합창연습

печа́ль 슬픔, 설움, 비탄, 근심, 격정
печа́лить 슬프게 하다, 서글프게 하다
печа́литься 슬퍼하다, 탄식하가
печа́ловаться = печа́литься 배려하다, 돌보아 주다
печа́льник (비꼼) 남의 일에 근심하는 사람
печа́льный 슬픈, 우울한, 정이 없는, 참혹한, 꼴볼견의
попеча́ловаться (잠깐 동안) 슬퍼하다

печа́ть 도장, 인판, 스탬프, 봉인, 흔적, 자국
печа́тать 인쇄하다, (지면·건물 등에) 날염하다, (인쇄물에) 싣다, 게재하다, 도장을 찍다, (사진을) 현상하다
печа́таться 인쇄되다, 출판하다

печа́тание 서적의 인쇄
печа́тка (반지 등의) 작은 인판, 스탬프를 찍은 상품
печа́тник 인쇄공
печа́тно 인쇄하여
печа́тный 인쇄한, 인쇄의, 이쇄체의
печа́тная = типогра́фия 인쇄소
печа́точный 판형으로, 상표가 찍혀 있는
впечатля́ть 강한 인상 감동을 주다
впечатле́ние 인상, 감동, 감회, 효과
впечатли́тельность 민감한 성질, 감수성이 강한 것
впечатля́емость 강한 감동을 주는 것, 인상성
допеча́тать 인쇄를 마치다
допеча́тка 인쇄를 마치는 것, 나머지를 인쇄하는 것, 증쇄, 보충인쇄
запеча́тать 봉인하다, 압인하다, 봉합하다, 사용을 금하다, (강제로) 폐쇄하다
опеча́тать (재산을) 봉인하다
опеча́таться 오식하다 (인쇄), 타이프로 잘 못 치다
опеча́тка 오식
отпеча́тать 자국·얼룩을 남기다, 봉인을 뜯고 열다, 명료하게 발음하다
отпеча́таться 자국이 나다, 남다
перепеча́тать 증쇄하다, 복제하다, 타이프로 치다 (속), (많은 물건에) 도장을 치다
перепеча́тка 증쇄, 부록, 추가기사
подпеча́тать (조금) 인쇄해내다
припеча́тать 중쇄하다, 부록을 달다, 날인하다, 봉합하다, 치다, 때리다
припеча́тка 중쇄, 부록, 추가 기사
пропеча́тать 신문 잡지 따위에 실다, 인쇄하다
распеча́тать 봉인을 뜯다, 봉인을 찢다, (속) 타인의 치부를 퍼뜨리다
распеча́таться 개봉되다, 봉인이 찢어지다
упеча́тать (인쇄) (페이지 난에) 넣다, 완전히 인쇄하다
упеча́таться 수록되다, 다 인쇄되다

старопеча́тный 고판의

пе́чь 1) (난로 속에서) 구워서 만들다, (태양이) 내려 쬐다
пе́чься 타다, 배려하다, 돌보다
пе́чь 2) 난로, 공업용로
пе́чево 빵, 빵 과자류
печево́й 용광로의
пече́ние 굽는 것, 구운 음식물, 과자
печёный 구운
пече́нье 구운 음식물, 비스킷
печи́ще 난로의 잔해
пе́чка 난로, 뻬치카
печни́к 난로공, 난로사
печу́рка 작은 난로
пека́рить 빵굽는 일을 직업으로 하다
пека́рний 빵구이의
пека́рня 빵굽는 장소, 빵집
пе́карь 빵굽는 사람, 빵집
пе́кло 일광의 작열, 지옥, 지옥의 불, (격전·격론) 한 복판
допе́чь 잘 구워 내다, 애를 태우다, 괴롭히다
допе́чься 충분히 굽다
недопёк (빵이) 덜 구워 진 것, (빵 등을) 생산 부족
запе́чь 그을려서 엷은 껍질이 생기도록 굽다, 거죽을 입혀서 튀기다
запе́чься 누러서 껍질이 생기다, (피가) 응고하다
запе́чный 난로 뻬치가 뒤에 있는
испе́чь (빵·과자 등을) 굽다
испе́чься 구어지다
напе́чь 굽다, (어떤 것을) 일정량 만들다, 햇볕이 내려 쬐다
напе́чься 햇볕에 타다, 더워서 두통이 나다
отпе́чь (빵 등을) 구어내다
отпе́чься 굽다, 구워지다
перепе́чь 너무 굽다, (다수 또는 전부를) 굽다, 태우다
перепе́чься 너무 구어지다, 타다

попе́чь (잠깐 동안) 굽다
попе́чься (불에) 타다, 열기에 닿다, 근심하다, 돌봐주다
подпе́чь (빵 등을) 누르스럼하게 굽다, 햇볕에 그을 리다
подпе́чься (빵) 구워지다, 밑에서부터 누르스럼 해지다
подпёк 빵, 삐로그의 탄 부분
подпе́карь 점포의 빵 굽는 사람
припе́чь (아래서부터) 세게 굽다, 태워서 눌어 붙게하다, (태양이) 내려쬐다
припёк = припёка 양지, 양달, 양지 바른 곳
пропе́чь 속까지 굽다, 잘 데우다, (얼마 동안) 굽다
спе́чь = спе́чься 타서 딱딱해지다, 굳어지다, 응결하다
спека́ние 열에 의한 응결
упе́чь (빵등을) 충분히 굽다, 내쫓다
упе́чься 잘 굽히다, 구워서 줄다
упёк 탄상태, 타서 줄어든
солнопёк – солнцепёк 햇볕이 세게 쬐는 곳
хлебопёк 빵굽는 사람

пешко́м = пешо́чком 도보로, 걸어서
пешедра́лом 도보로, 걸어서
пешехо́д 보행자, (스포츠) 경보선수
пе́ший 도보의, 보병의
пе́шка = пе́шечка (장기의) 졸, 변변치 않은 놈, 무용지물
пёхом 도보로

писа́ть 쓰다, 메모하다, 그리다
писа́ться 쓰이다, 표시하다, 써지다, 이름 등을 쓰다
писа́ка 엉터리 작가, 삼류문사
писа́ние 쓰는 일, 문서, 성서
писани́ца 글쓰는 것, 서류
пи́саный 쓰여진, 처례한
пи́сарь 서기, (구) 글을 쓸 줄 아는 사람
писа́тель 작가

писа́тельство 문필업
писа́чка → писа́ка
писну́ть (속) 조금 쓰다
пису́н 서투른 작가
пису́лька (익살) 쪽지, 단신
писцо́вый 서기의
писчебума́жный 문방구 용의
пи́счий 쓰기 위한
письмена́ 문자(고대의)
пи́сьменность 문헌, 문자의 조직
пи́сьменный 글로쓴, 문서의, 필기용의, 글의
письмо́ = письмецо́ 편지, 서한, 문서, 문자
письмо́вник 모범 서한문 집
письмоводи́тель 사무원, 서기
письмоводи́тельство → письмоводи́тель
письмово́дство 사무직, 문서관리
письмоно́сец 우편 집배원
борзописа́ние 갈겨씀, 난필
борзопи́сец 난필가
бо́рзый 빠른
бытописа́ние 사적 기술, 역사
иконопи́сь 성상 화술
иконопи́сец 성상 화술가
летописа́ние 연대기의 편찬
летопи́сец 연대기 편찬자
ле́топись 편년체 역사, 연대기
правописа́ние 정법자, 철자법
рукописа́ние 수사본
рукопи́сный 인쇄가 아닌, 필사의
ру́копись 필사의 문서, 필서
ско́ропись 속기
чистопи́сь 서법, 정서, 습자
вписа́ть (장부 따위에) 기입하다, 가필하다, 써넣다
вписа́ться 가입하다
впи́ска 기입, 가필
вы́писать (выпи́сывать) (책 등에서) 요점이나 필요한 부분을 뽑아 쓰다, 주문하다, 초빙하다, 삭제·제명하다, 정성들여 쓰다
вы́писаться 퇴장·탈퇴하다
вы́писка 발췌, 요약, 초빙, 제명, 탈퇴
выписно́й 주문하여 들여온
вы́пись 발췌, 요약, 등본, 초본
дописа́ть 다쓰다, 나머지를 쓰다
дописа́ться 자꾸쓰고 그려서 나쁜 결과를 가져오다
записа́ть 적어두다, 기입하다, 필기하다, 장부에 기입하다, 등록하다, 누구에게 부담시키다, 자리를 예약하다
записа́ться 가입하다, 입접하다, 등록하다, 쓰기에 열중하다
запи́ска → запи́сочка 메모, 적어둠, 약식편지, 수기, 일기, (잡지 등의) 명칭
записно́й 기입용의, 유명한, 이름있는
за́пись 적어넣음, 기록, 필기, 메모, 가입, 등록, 녹음
видеоза́пись 비디오 테이프, 레코드 녹음
звукоза́пись → звукопи́сь 녹음
исписа́ть (공책종이에) 가득 쓰다, 써서 소비하다
исписа́ться (종이·펜따위가) 써서 없어지다, 창작력이 무뎌지다
написа́ние 서법, 글씨모양
надписа́ть 표면 또는 뒷면에 쓰다, 서명하다, 이서하다
надпи́ска 고쳐쓰기
надпи́сь 표서, 수신인 이름, 표제, 수표 등에의 이서, 자막, 돌 등에 새긴 고대 텍스트
описа́ть (опи́сывать) 기술 묘사 서술하다, 기록하다
описа́ться 잘못쓰다, 오기하다
описа́ние 묘사, 기술, 기록
описа́тель 기록자, 서기
описа́тельство 피상적인 단조로운 서술
опи́ска 오기, 잘 못 쓴 것
о́пись (재고 품등의) 목록, 명세서, 차압
нравоописа́ние 풍속지
отписа́ть 서면으로 통지하다, 쓰기를 마치다, 유언에 의하여 유산을 물려주다
отписа́ться 변명조로 형식적인 답변을 하다,

적을 이탈하다
отпи́ска   내용이 없는 형식적인답변
переписа́ть   정서하다, 전사하다, 다시쓰다, 고쳐쓰다, 타이프로 치다, 명의를 변경하다, 명부를 만들다
переписа́ться   편지를 주고 받다
перепи́ска   정서, 써서 고침, 교신
перепи́счик   타자생, 서기, 타이피스트
пописа́ть   (얼마 동안) 쓰다
подписа́ть   서명하다, 기명하다, 조인하다, 써넣다, (날짜 등을) 쓰다, 양도하다, 기부하다
подписа́ться   서명하다, 조인하다, 신청하다, 예약하다, 응모하다
по́дпис = по́дпись   서명 기명하는 것, 서명
подписа́ние   서명하는 것
подпи́ска   신청, 예약, 응모, 약정서, 계약서
подписно́й   신청의, 예약의
подпи́счик   신청자, 예약자
предписа́ть   명령 지령하다, 처방하다, 명령서를 제출하다
предписа́ние   명령, 지령, 지시, 명령서
приписа́ть   더 써넣다, 추기하다, 부언하다, 추신하다, 편입하다, 가입시키다, 추기하다, 편입하다, 가입하다, 탓으로 인정하다
приписа́ться   편입되다, 가입되다
прописа́ть   사증하다, 인증하다(여권 거주증), (의사가) 처방하다, 밑그림을 그리다, 신문 잡지등으로 비난하다, (얼마 동안) 쓰다
пропи́ска   사증, 인증(여권 등의)
прописно́й   (문자에 대하여) 처음의, 대문자의, 사증의, 평범한, 지부한
пропи́сь   습자교본, 고루한 생각, 이탈릭체, 밑그림
расписа́ть   써넣다, 기입하다, (시간 날짜 장소 등을) 예정 지정하다, 색칠하다, 그림그리다, 과장하다, 만화적으로 묘사하다
расписа́ться   서명하에 확인하다, 서명하다, 이서하다, 인정하다, (속) 결혼등록을 하다
расписа́ние   시간표, 예정표
распи́ска   영수증, 인수증, 써넣는 것

расписно́й   그림 모양을 그린
списа́ть   베끼다, 복사하다, 한군데에 써모으다, -- с чего 쓴 것을 지우다, (선원)해직하다
списа́ться --- с кем о чём   문서로 약속, 결정하다
списа́ние   말소하는 것, (선원의) 퇴직, 하선
спи́сок   사본, 등본, 목록, 일람표, 명부
уписа́ть   다 써넣다, (속) 먹다
уписа́ться   다 써넣다, 다 써지다
баснопи́сец   우화작가
высотопи́сец   고도 기록계
маши́нопись   타이핑
одопи́сец   송가 작가
сте́нопись   벽화
стенопи́сец   벽화가
та́йнопись   암호기법

пита́ть   음식을 주다, 양육하다, 공급하다, (감정등을) 마음에 품다
пита́ться   먹다, 영양을 취하다, 늘 먹다, 생계를 꾸려 나가다
пита́ние   영양, 식사, 양육, 성취, 보급
пита́тель   공급기, 급수판
пита́тельный   영양이 되는, 급식의
пито́мец   피양육자, 생도, 양자
пито́мник   양어장, 양식장
боепита́ние   탄약 무기의 공급
электропита́ние   전력공급
общепи́т   공공 급식
пи́ща   식품, 양식
пищебло́к   식량 창고
пищеваре́ние   소화
пищевари́тельный   소화의
пищеви́к   식료품 공장에서 일하는 사람
пищевкусово́й   식료품 제조의
пищево́д   식도(해)
пищево́й   식품의
напита́ть   충분히 먹이다, (액체를) 배어 들게 하다, (냄새를) 가득 채우다
напита́ться   (농담) 배가 터지도록 먹다, (액체

를) 충분히 빨아들이다
пропита́ть 베게하다, 스며들게 하다, 기르다, 침투시키다
пропита́ться 스며들다, 침투하다
пропита́ние 양육, 부양, 생계, 음식물
пропи́тка 주입·침투 시키는 것
упита́ть (사료를 먹여서) 살찌게 하다
упи́танный (음식이 좋아서) 살이 통통한

пить (пива́ть) 마시다, 술을 마시다, 건배하다
пите́йный 주류를 판매·거래 하는
пити́е = питьё 마시는 일, 음료
питьево́й 마시는
питу́х 주정꾼
впить 빨아 들이다, 마시다, 흡수하다, (이상 따위를) 받다,
впи́ться 흡착하다, 착 달라붙다, 깨물다, 술을 마셔 버릇하다
подвы́пить 조금 취하다
допи́ть 다마시다, 끝까지 마시다
недопи́ть 충분히 마시지 못하다
допи́ться 너무 마셔서 나쁜 결과를 가져오다
запи́ть 통음 하기 시작 하다, 주벽을 갖다, 입가심으로 마시다
испи́ть 약간 마시다, 전부 마시다
испито́й 여윈, 호리호리한
напи́ть (어떤 금액 만큼을) 마시다
напи́ться 충분히 마시다, 갈증을 풀다, 곤드레 만드레 취하다
напи́ток 음료, 마실것
опи́ть 남의 돈으로 마시고 폐를 끼치다
опи́ться 과음하다
отпи́ть (조금) 마시다, 마시기를 마치다
отпи́ться (오랜 음용으로) 병을 치료하다
перепи́ть (술을) 너무 많이 마시다, 술 마시기 에서 이기다
перепи́ться (전부 다수가) 취하다
попи́ть (잠시) 마시다, 한잔 마시다, 충분히 마시다
подпи́ть (조금) 술에 취하게 하다

подпи́тие 명정, 술에 취하는 것
припи́ть (속) 다 마시다
пропи́ть 음주에 소비하다(돈), 음주 때문에 해를 입히다, (얼마 동안) 음주하다
пропи́ться 음주로 몰락하다
пропи́тие 음주에 소비 하는 것
распи́ть (잔을) 함께 마셔서 비우다, 천천히 (이야기 하면서) 마시다
спи́ть (차·커피 등을) 재탕 삼탕 하여 싱겁게 하다
спи́ться 술로 세월을 보내다
спито́й (차·커피 등을) 재탕·삼탕 하여 싱거운·연한
упи́ться 충분히 마시다, 향락하다, 몰두하다
пьяне́ть 취하다, 황홀해지다
пьяни́ть 취하게 하다, 황홀하게 하다, 열중하게 하다
пья́ница 대주가, 술꾼
пья́нка 떠들썩한 주연
пья́нство 대주, 통음
пья́нствовать 술을 많이 마시다, 음주에 빠지다
пьянчу́га 모주꾼
пья́ный = пья́ненький 취한, 도취한, 취한 사람
до́пьяна 완전히 취 할 때까지
непью́щий 술을 마시지 않는
распьяны́йм －пья́но 곤드레 만드레 취해서
спья́на → спья́ну 술에 취해서
запьяне́ть = опьяне́ть 취하다
опьяни́ть 술 취하게 하다
опьяне́ние 명정, 황홀, 자기 자신을 잊는 것
пои́ть 마시게 하다, 적시다, 축이다
пои́лка (가축 등에) 물을 주는 통, 액체를 빨아 마시는 그릇
пои́льник (환자용) 주둥이가 긴 그릇
вспои́ть 젖을 먹여 기르다, 기르다, 양육하다
вы́поить 젖을 먹여 사육하다
допои́ть 마시게 하다
запо́й 발작성 음주벽

запойный (속) 음주벽이 있는, 닥치는 대로 마시는
испоить 전부 마시게하다
напоить 충분히 마시게 하다, 취하게 하다, 채우다
напоение 충분히 마시게 하는 것
опоить 마구 마시게 하다, 과음 시키다
опой 말의 병 (열이 있을 때 냉수를 주어 생기는 병)
отпоить (젖 따위로) 기르다, (물약으로) 치료하다,
перепоить (술을) 너무 마시게 하다, 술을 너무 마시게 하여 취하게하다
перепой 과음, 폭음
попоить (얼마 동안) 마시게 하다
попойка 주연
подпоить (목적이 있어서) 술에 취하게 하다, (얼마 동안) 마시게하다
пропоить 남에 게 술 대접을 하여 (돈을) 허비하다
пропой 음주에 소비하는 것 (돈·물품 등)
пропойца 모주꾼, 술꾼, 음주에 돈을 다 써버리는 사람
споить 취하게 하다, 술꾼이 되게하다, 마시게 하다
упоить 1) 충분히 마시게 하다
упоить 2) 도취 시키다
упоение 환희, 몰두하는 것
упоительный 무아 지경에 빠지는, 멋진
упоённый 황홀한, 취한
водопой (가축의) 물 마시는 곳
выпивать 술을 좋아하다
выпивала 술꾼
выпивоха 호주가, 대주가
выпивка 주연, 음주, 마실 것(술)
выпивши 한잔 마셔 거나한 기분이다
опивала (남의 돈으로) 과음 하는 사람
опивки 마시다가 남은 것
распивочный (술 따위를) 잔으로 파는, 선술집

кровопийство 피에 굶주린 것
кровопийца = кровопивец 피에 굶주린 사람, 흉악한·잔인한 사람, 흡혈귀
чаепийца 차를 좋아하는 사람
чаепитие 차마시기, 다과회

плакать 울다, 애읍하다, (유리 등이) 흐리다
плакаться 불평을 말하다, 울다
плакальщик 불평을 늘어 놓는 사람, 삯을 받고 울어주는 남녀
плакса 울보
плаксивый 울보의, 슬픈
плакун (민간에서 쓰는) 약초류, (동화에서) 마녀를 울리는 풀, 바다의 연체동물
плакучий 울보의, 잘 우는
всплакать 울음을 터뜨리다, 눈물로 호소하다, 소리없이 울다
выплакать (슬픔을) 울음으로 토하다, 울며 호소하여 얻다
исплакаться 울다가 지치다
наплакать 많이 울어 붙게 하다, 눈물을 흘리다
наплакаться 마음껏 울다, 슬픈 일을 당하다
оплакать 어떤 사람의 죽음을 슬퍼하다
поплакать (잠깐) 울다, 슬퍼하다
проплакать (얼마 동안) 울다, 울어서 눈이 붓다
проплакаться 실컷 울다
проплакнуть 울며 불며 말하다
расплаканный 눈물로 시새는, 통곡하는
расплакаться 한없이 눈물을 흘리다, 눈물로 지새다
плач 울음, 울음소리, 애도가, 곡, 수액의 분비
плачевность 서러움, 비탄
плачевный 애처로운, 비참한, 서글픈
плачущий 울먹이는

пламя = пламень 불길, 화염
пламенник 횃불, 관솔불
пламегаситель 소화기
пламенеть 불이 활활 타오르다, 강한 감정이

불타다
пламени́стый 눈부시게 불타 오르는
пла́менный 불이 활활 타오르는
пламеобра́зный 불길 불꽃 모양의
беспла́менный 불길이 없는
воспламени́ть 타오르게 하다, 발화하다, 고무하다
воспламени́ться 발화하다, 열중하다, 격려하다
воспламене́ние 발화, 고무, 격려
воспламеня́емость 가연성
воспламеня́емый 가연성의
легковоспламеня́ющий 불붙기 쉬운
самовоспламени́ться 자연 발화하다
по́лымя → пла́мя

плати́ть (заплати́ть) 지불하다, 보복하다
плати́ться (보답) 보복을 받다
пла́та 지불, 임금, 보수
платёж 지불
платёжеспосо́бность 지불 능력
платёжеспосо́бный 지불 능력이 있는
платёжный 지불의
плате́льщик 지불인
пла́тный 지불을 요하는, 유료의
беспла́тный 무료의
беспла́тно 무료로, 무료다
зарпла́та (за́работная пла́та) 임금, 급료
квартпла́та 집세
налогоплате́льщик 납세자
вы́платить 다 지불하다, 다 갚다
выпла́та 지불, 다 갚음, (속) 할부 지불
выплатно́й 지불하는, 다 갚는
доплати́ть 미불금을 지급하다, 추가 지불하다
допла́та 미불 잔액, 후불, 추가 지불
недопла́та 지불 잔액, 지불 부족
оплати́ть 어떤 사물에 대해 지불하다, 상환·보상하다
оплати́ться 지불을 마치다, 부채를 다 지불하다

опла́та 지불, 보수
отплати́ть 보복·복수하다
отпла́та 보복, 보답, 복수
переплати́ть 초과 지불하다
перепла́та 초과 지불
приплати́ть 추가 지불하다
приплати́ться 쓸데없는 것을 하여 그 때문에 고생하다
припла́та 추가 지불, 할증요금
расплати́ться 계산을 마치다, 청산하다, 보복하다
распла́та 지불, 청산, 보복, 응보
уплати́ть 지불하다, 불입하다
упла́та 지불, 불입

плева́ть (плю́нуть) 침·가래를 뱉다, 깔보다, 멸시하다
плева́ться 함부로 침·가래를 뱉다, 이야기 하면서 침을 튀기다, 재미없다, 싫다
вы́плевать (вы́плюнуть) 침과 함께 내뱉다
заплева́ть (바닥 등을) 침으로 더럽히다, 침을 뱉다, 욕찌거리를 퍼붓다
исплева́ть 침이나 가래투성이로 만들다
наплева́ть 침을 뱉다, 얕보다, 문제로 삼지 않다
наплева́ться 마구 침을 뱉다
оплева́ть 침 투성이가 되게 하다, 경멸하다
отплева́ть 입안에서 토해내다, (가래를) 뱉어내다
отплева́ться 퉤하고 내뱉다, 싫은 사람에게서 벗어나다
переплева́ть (마루바닥 등을) 침·가래투성이로 만들다
поплева́ть (몇 번) 침을 뱉다
проплева́ть 침으로 몽땅 더럽히다, 침을 뱉다
расплева́ться 침을 여기저기 뱉다, 절교하다
сплю́нуть 입에서 내뱉다, 세게 침을 내뱉다 (불쾌한 감정을 나타내다)

пле́мя 종족, 인종, 부족, 일족, 가문, 세대, 한

패거리, 출신, 동아리, 혈통
племена́ → пле́мя
племенно́й   종족의, 손혈종의, 우량종의
племфе́рма   종축 양식장
племя́нник = племя́ш   조카
племя́нница   조카딸
племя́шка   조카딸

плен   생포된 몸, 예속상태
плени́ть   마음을 끌다, 뇌쇄하다, 포로로 하다
плени́ться   매혹되다, 황홀하게 되다
плене́ние   포로로 하는·되는 것, 유혹, 매혹
плени́тельность   매력, 매혹적인 것
плени́тельный   황홀한, 매력적인
пле́нник   포로, 노예 (욕정, 사상 등의)
пле́нный   붙잡힌, 포로가 된, 포로
поло́н   포로의 몸, 포로인 것
полони́ть   포로로 잡다, 매혹시키다
полоня́ник   포로
заполони́ть   마음을 사로 잡다, 가득채우다

плод   과실, 열매, 태, 태아, 성과, 결과
плоди́ть   많은 아이를 낳다, 번식하다, 조장하다, 많이 만들다
плоди́ться   번식하다, 많이 생기다
пло́дник   (식) 암술
пло́дный   과실의, 태아의, 생식의
плодови́тый   열매를 많이 맺는, 다산의
плодово́д   과실·딸기 재배자
плодово́дство   과실 딸기 재배
плодово́й   과실을 맺는, 과실에서 얻은
плодого́нный   낙태의, 유산용의
плодожо́рка   (과실을 잠식하는) 나비의 일종
плодоизгна́ние   낙태
плодоли́стик   암꽃 술잎
плодоно́жка   과실의 꼭지
плодоноси́ть   열매를 맺다
плодоно́сный   열매를 맺는
плодоноше́ние   결실
плодоно́сность   결실성

плодоовощево́д   과수 야채 재배 전문가
плодоо́вощь   과실 및 야채
плодопито́мник   과수원
плодоро́дие   풍양, 비옥
плодоро́дный   풍양한, 비옥한
плодосбо́р   과실 수확·채집
плодосме́н   윤작
плодосуши́лка   과일 건조장치
плодосуши́льня   과일 건조실
плодосъём = плодосни́матель   과실 채집기
плодотво́рно   유익하게, 효과 있게
плодотво́рность   유익성
плодохрани́лище   청과물 보관소
плодоя́годный   과일 또는 딸기로 만든
плодоя́дный   과일을 먹는
плоду́ха   꽃봉우리가 달린 잔가지
плоду́щий   열매를 맺는
беспло́дный   열매가 없는, 불임의, 무익한, 매마른(땅)
беспло́дие   불임(동물 사람), (땅의) 메마름
обеспло́деть   불모가 되다, 불임이 되다
обеспло́дить (обеспло́живать)   불모로 만들다, 새끼를 못 배게 하다, 창조력을 잃게하다
межпло́дник   가운데 열매 껍질
внепло́дник   밖깥 껍질
внутрипло́дник   안 껍질
околопло́дие   과일 껍질
околопло́дник   과일 껍질, 콩깍지
околопло́дный   태아 주위의
припло́д   가축의 새끼(총칭)
сопло́дие   집합과, 모임 열매
оплодотвори́ть   수태시키다, 초지를 비옥하게 하다, 창조력을 부여하다
оплодотвори́ться   비옥해 지다
оплодотворе́ние   수정, 수태
дикопло́дный   야생열매의 (고어)

плоть   육, 육욕, 성욕
плотоуго́дный   호색의, 음란한
плотоя́дный   육식의, 식충의, 호색의, 음학한

пло́тский 육체의, 관능적인, 육욕적인

плыть – пла́вать 헤엄치다, 항행하다, 부류하다, 떠 흐르다, 날다
плав 수영, 항행
пла́вание 수영, 항행
пла́вательный 헤엄치기 위한
плавба́за 어업모선
плавдо́к 독, 부선거
плавни́к 지느러미, 바닷가에 들어 올린 재목
плавно́й 부송의, 물 위에 띄운
пла́вный 유창한, 경쾌한
плавсоста́в 항해사
пла́вщик 목재 부송 인부
пла́вить 목재를 부송하다
пляж 물가, 해변(수영이나 일광욕을 할 수 있는)
пля́жный костю́м 수영복
переплави́ть 부송하다
спла́вить (сплавля́ть) 물에 띄워 보내다
сплав (목재의) 부송
спла́вать (물위를) 왕복하다
сплавле́ние спла́вать의 명사형
сплавно́й 물에 띄워서 보내는
спла́вщик 뗏목꾼
воздухоплава́тель 비행가
звездоплава́ние 우주 비행학
звездоплава́тель 우주 비행사
космоплава́ние 우주 비행
морепла́вание 대양 항해
стратоплава́ние 성층권 비행
плаву́н (지) 유사층
плавуне́ц 물 방개과
плаву́нчик 도요새의 일종
плаве́ц 수영 선수, 항해자
плаву́честь 부력
плаву́чий 물에 떠 있는, 부력있는
пловчи́ха 여자 수영 선수
вплавь 헤엄쳐서
запла́вать 헤엄 치기 시작하다

запла́ваться 지나치게 수영을 하여 지치다
испла́вать 여러 곳을 헤엄쳐 돌다, 항해하며 돌다
напла́вать 어떤 거리를 항해하다
напла́ваться 싫증나도록 헤엄치다, 항해하다
напла́в (조구 어망의) 부표
наплавно́й (물에) 뜨는, 떠 도는
напла́ву 항해중에
попла́вать (얼마 동안) 뜨다
поплаво́к (낚시 도구의) 낙시, 찌, 부표, 부낭, 부척
пропла́вать (얼마 동안) 헤엄치다, 항해하다
спла́вать (물 위를) 왕복하다
сплав (목재의) 부송
плыву́н (지) 유사층
плыву́чий 유동성의
вплыть 배가 들어가다, 헤엄쳐 들어가다
всплыть 떠오르다, 드러나다, 표면에 나타나다
вы́плыть 항해하여 헤엄쳐 나오다, 떠오르다, 궁지에서 벗어나다, 옛날로 돌아가다
доплы́ть 어느 장소까지 헤엄쳐서 또는 배로 도착하다
заплы́ть 멀리 뒤쪽으로 항해하다, 헤엄치다, (몸) 비대하다, 팽창하다, 번지다
заплы́в (보트 또는 수영에서) 개별적 경기
заплы́вчивый 스며 번지기 쉬운
наплы́ть 헤엄쳐 항해하여 부딪치다, 흘러서 모이다, (냄새가) 풍기다
наплы́в 흘러 고이는 것, 퇴적물, 충적물, 앙금, 쇄도
оплы́ть 조금 부풀어 오르다, 살찌다, (양초가) 녹아 내리다, (물에 씻겨) 무너지다, 배로 돌다, 주위를 헤엄치다
оплы́в оплы́ть의 명사형, 퇴적된 것
отплы́ть 헤엄쳐 떠나다, 출범하다
отплы́тие 출범, 출항
переплы́ть (하천 해양을) 건너가다, (배로) 건너다
переплы́тие (하천 해양을) 건너가는 것
поплы́ть 헤엄 항해 하기 시작하다

подплы́ть 헤엄쳐 다가가다
приплы́ть 헤엄쳐 닿다, 배로 도착하다
проплы́ть (어느 기간) 헤엄치다, 항해하다, 헤엄쳐 항해하여 지나가다, 거만한 걸음걸이로 걷다
проплы́в (스포츠) 범주 경기, 경영
расплы́ться (расплыва́ться) (잉크 따위가) 번지다, (부풀어 올라서) 형태가 무너지다, 퉁퉁해 지다, 사방으로 헤엄쳐 흩어지다
расплы́вчатый 멍청한, 애매한, 불명료한
ро́сплывь 재목을 물에 띄워 수송하는 것
сплы́ть 흘러 떠내려 가다, 떠나다, 없어지다
сплы́ться 합류하다, 하나로 되다
уплы́ть 항해하며 떠나다, 유쾌하게 떠나다, (시간이) 지나가 버리다, (돈이) 없어지다

побе́да 승리
победи́тель 승리자
победи́ть 이기다, 압도하다, 능가하다
побе́дный 승리의, 상승의, 불행한, 불운의, 고난에 가득찬
победоно́сный 상승의, 불패의, 우월감에 가득찬
побежда́ть → победи́ть
непобеди́мый 극복하기 어려운

пого́да 일기, 날씨, 악천후 (눈보라·폭풍우 등)
погоди́ть 눈이 내리고 있다
пого́дный 1) 일기의, 날씨의, (날씨가) 나쁜
пого́дный 2) 매년의, 해마다의
пого́жий (일기가) 좋은, 청명한
пого́душка → пого́да
непого́да 악천후, 나쁜날씨
распого́диться (날씨가) 개다, 맑아지다
всепого́дный 전천후의
мокропого́дица 질척거리는 날씨

по́длинный 원본의, 사본이 아닌, 진짜의
по́длинник 원본, 원작, 원화
по́длинность 진실, 진실성, 진본, 진짜

допо́длинный 실제의, 확실한, 당연한

подо́бный 비슷한, 닮은, 유사한, 그와 같은
подо́бие 유사, 동형, 묘사, 모조
наподо́бие 비슷한, 유사한
расподобле́ние 이화, 이반
уподо́бить (уподобля́ть) 견주다, 비교하다, 예를 들다
уподо́биться 닮다, 비슷하다
уподобле́ние 비교, 비유, 유사
богоподо́бный 신과 닮은
женоподо́бный 여자 같은
человекоподо́бный 사람을 닮은

по́за (사람 물건 등에 대한) 태도, 마음가짐, 포즈, 허세
позёр 모양을 꾸미거나 진지한 척하는 사람
позёрство 모양을 꾸미거나 진지한 척하는 것
пози́ровать (그림·사진의) 모델·대상이 되다, 모양을 내다, 아첨하다

позво́лить (позволя́ть) 허락하다, 용인하다, 가능케하다, --하여 주십시요
позволе́ние 허가, 허용
позволи́тельный 허용할 수 있는
непозволи́тельный 허용할 수 없는

по́здний 때늦은
поздне́нько 내난히 늦은
позднеспе́лый 늦게 무르익은
допоздна́ 늦게까지
запозда́лый 늦게 도착한 손님
запозда́ние 지체됨, 지각, 지연
запозда́ть (조금) 늦다, 지각하다, 지연되다, 때 맞지 않다
запо́здно 매우 늦게
опозда́ть 늦다, 지각하다, 지연되다
опозда́ние 지각, 지연
припозда́ть 조금 늦어지다
припоздни́ться 시간이 걸리다, 늦어지다

поко́й 평정, 안정, 평온, 방, 실
поко́ить 편안하게 하다, 안정시키다
поко́иться 근거하다, 의거하다, 쉬다, 영면하다
поко́йник 고인, 사자, 유해
поко́йницкий 고인의
поко́йный 고요한, 조용한, 정적인, 기분좋은, 죽은
упоко́ить 안식·평안을 주다
упоко́иться 안식·평안을 얻다, 영민하다
непоко́йный 침착하지 않은, 안절부절 못하는
беспоко́ить 시끄럽게 하다, 걱정시키다, 번민시키다, 괴롭히다
беспоко́иться 괴로워하다, 근심하다, 염려하다, 보살피다
небеспоко́иться → беспоко́иться
беспоко́йный 불안한, 불안하게 하는, 시끄럽게 하는
беспоко́йство 불안, 근심, 걱정
забеспоко́иться 불안하게 되다, 조심하기 시작하다
побеспоко́ить 근심시키다, 불안하게 하다, 괴롭히다, 방해하다
побеспоко́иться 걱정하다
покори́ть (покоря́ть) 복종시키다, 승리하다, 정복하다, 길들이다(짐승을), 마음을 끌다, 믿게하다, 꾸짖다
покори́ться 정복되다, 복종하다, 굴복하다, 따르다
поко́рливый 순종하는, 유순한
поко́рность 공순, 순종, 복종, 굴종
поко́рный 순종하는, 고분 고분한, 인종하는, 무저항의
поко́рствовать 순종하다, 복종하다
непоко́рный 순종할 줄 모르는, 복종하지 않는

пол 1) 마루
поло́к 한증탕에서 계단식 걸상, 선반식의 도구·기계·설비
поло́чный 선반의, 서가의

полови́к = полови́чок 신발 터는 깔개, 매트, 짚거적
полови́ца 마루청
полово́й 마루의, 마루 청소부, (옛날) 급사
полови́ик 마루 놓는 일꾼
напо́льный 야외·옥외용의
по́дпол 농가의 마루 밑의 움·지하실
подпо́лье 지하실·마루 밑의 움, 지하 활동, 잠행 운동
подпо́льный 지하실·움의, 잠행적인
подпо́льщик 지하 활동가
подпо́льщина 비합법 문서, 비합법 활동
поломо́йка 마루 씻는 청소부
полотёр 마루 닦는 일꾼
полотёрничать 마루 닦기를 직업으로 하다

пол 2) 성
полово́й 성의
половозре́лый 성숙한
мочеполово́й 비뇨 및 생식의
беспо́лый 성의 구별이 없는
двупо́лый 자웅 양성을 가진, 양성의
обоепо́лый 양성의
однопо́лый 단성의
раздельнопо́лый 자웅이체의

по́ле 들, 들판, 밭, 경작지, 수렵지, 지대, 경계, 활동무대, 범위, 가장자리, 결투, 수렵
полева́ть 사냥하다
полёвка 들쥐, 설치류
полево́д 농사 지도원
полево́дство 경장, 일반 농작물 재배
полево́й 들판의, 밭의, 야전의, 야생의
заполева́ть 사냥하다, 죽이다
вспо́лье 들판이나 밭의 가장자리, 변두리
запо́лье 멀리 떨어진 농경지
двупо́лье 해거리 농경법
напо́льный 야외·옥외용의
предпо́лье (군) 전진 진지

семипо́лье 7년 윤작
спо́лье 밭의 경계
спо́льный 인접한 (밭에 대하여)
трёхпо́лье 3포식 경작법, 3년 윤작
травопо́лье (목초에 의한) 토질 개량법

ползти́ **기다, 포복하다, 흐르다, (소문 등이) 널리 퍼지다, (껍질이) 벗겨지다, 찢어지다**
ползко́м 기어서, 굽실거리면서
ползу́н (아기 등) 기는 사람, 굽실거리는 사람
ползунки́ 기기 시작한 어린이용 롬퍼스
ползуно́к 기어다니는 아기
ползу́честь 기는 일, (기계의) 잠동
ползу́чий 기는
вползти́ (вполза́ть) 기어 들어가다, 기어 오르다
всползти́ (всполза́ть) 기어오르다
вы́ползти (вы́ползать) 기어나가다, 슬슬 걸어 나가다
вы́ползень 애벌레 껍질에서 나온 성충, 건전한 사회에 끼어든 무뢰한
вы́ползок (곤충·뱀 등의) 껍질
доползти́ (довполза́ть) --까지 기어가다
заползти́ (завполза́ть) 기어 들다, 잠입하다
наползти́ (навполза́ть) 가다가 맞부딪치다, 기어 들어오다
оползти́ (ополза́ть) 함몰하다, 붕괴하다, 우회하여 가다, 주위를 기다
о́ползень 사태, 함몰, 무너져 내리는 것
отползти́ (отвполза́ть) 기어가다, 포복해 가다
переползти́ (перевполза́ть) (기어서 또는 가까스로) 넘기다·건너다·빠져나가다
переполза́ние 기어서 넘는 것, 건너는 것
поползти́ (поползать) 기기 시작하다
подползти́ (подполза́ть) 기어다가오다, 밑으로 기어오다
приползти́ (приполза́ть) 기어다가오다, 기어오다
проползти́ (провполза́ть) 기어나가다, 옆을 기어지나가다, 기어 들어가다
расползти́ (располза́ть) (사방에) 기어다니다, (옷 등이) 누더기가 되다, 황폐하다
сползти́сь (сполза́ться) 기어서 내려오다, 서서히 내려오다, (올바르지 않은 길에)빠지다
уползти́ (уполза́ть) 기어서 가다

полирова́ть 연마하다
поли́р 광을 내는 기계, 연마기구
полирова́льный 연마하기 위한
полиро́ванный 연마한, 매끈매끈한, 세련된
полиро́вка 연마, 광택
полиро́вщик 연마공, 윤내는 직공
вы́полировать 닦아 윤이나게하다
вы́полироваться 닦아 윤이나다
наполирова́ть 닦아서 광택을 내다

полк **연대, 부대, 군, 군대, 다수**
полко́вник 육·공군 대령, 부대장, 지휘관
полко́вница 육군 대령 부인
полково́дец 사령관, 장군
генера́л-полко́вник 육군 대장
инжене́р-полко́вник 공병대장
полково́й → полк
однополча́нка 같은 연대에서 근무하는 여자
однополча́нин 같은 연대 동료
комполка́ 연대장
подполко́вник 육군 중령
по́лчище 내군, 대군집
ополчи́ть (ополча́ть) 무장시키다, 무기를 공급하다, 반항·적대시키다
ополчи́ться 무기를 잡다, 적대하다
ополче́ние 예비역, (고대 러시아 시대의) 국민군
ополче́нец 국민군의 일원

по́лный **가득찬, 충만한, 완전한, 최상·최고의**
непо́лный 불완전한, 불충분한
полне́ть 살이 찌다, 똥똥해지다
полни́ть 너무 똥똥해지다

полнёхонький 가득찬, 만원의
по́лно 가득히, 충분히, 이젠 충분하다, (부정법과 함께) 그만 두시오, 정말인가?
полно́ (-кому) 어째서
полно- 충분한, 가득한, 온전한 등의 뜻
полнове́сный 무게가 충분한, 강한, 심한, 유력한
полновла́стие 전권
полновла́стный 전권 있는
полново́дный 물이 가득찬
полново́дье 만수기
полногру́дый 풍만한 가슴을 가진
полнозву́чный 잘 울리는
полнокро́вный 다혈질의, (성질이) 밝은, 건강한
полноли́цый 둥근 얼굴의
полнолу́ние 만월
полноме́ра 반사이즈
полноме́рный 표준 규격 크기의, 표준량의
полномо́чие 전권
полномо́чный = полномо́щный 전권을 부여 받은
уполномо́чить 전권을 부여하다
уполномо́ченный 전권위원의
уполномо́чие 전권부여
полнопра́вие 완전한 권리
полнопра́вный 완전한 권리를 가진
по́лностью 전현, 죄다, 남김없이
полнота́ 충만, 가득함, 풍부, 비만, 비대
неполнота́ 불완전, 불충분
полноте́лый 살이 찐, 비만한
полноце́нный 규격 대로의
неполноце́нный 질이 나쁜, 하등의
полно́чи 한밤중
полно́чный 한밤중의
по́лночь 한밤중, 밤 12시
по́лным-полно́ 빽빽히 채운, 아주 가득한
вполне́ 충분히, 완전히, 전적으로
допо́лнить 추가하다, 보충하다
допо́лниться 추가 보충하여 완전히 하다
дополна́ 충분히, 가득 넘치게
дополне́ние 보충, 추가
дополни́тельный 보충의, 추가의, 할증의
неполнозу́бые 빈치류
воспо́лнить 보충하다, 채우다
воспо́лниться 보충되다, 채워 지다
запо́лнить 가득 채우다, 막다, 보충하다, 필요한 사항을 적어 넣다
запо́лниться 충만되다, 막히다, 기입되다
запо́лнитель (콘크리트 등의) 혼합 재료
напо́лнить 채우다, 가득하게 하다, 충만시키다
напо́лниться 차다, 메워지다
наполне́ние 채우는 것, 메우는 것, 충전
перепо́лнить 가득 붓다, 넣다, (차에) 태우다, (어떤 감정으로) 넘치다
перепо́лниться 넘치다, 가득차다
переполне́ние 가득 차는 것, 포식
попо́лнить 보충하다, 충실히하다
попо́лниться 충실히하다
пополне́ние 보충, (군) 보충대, 비만
располне́ть 쌀찌다
сполна́ 죄다, 전액

полови́на 절반, 중앙, 한가운데, 건물 속의 일부
полови́нный 절반의
полови́нчатость 흐지부지함
полови́нчатый 양분된, 흐지부지한, 어중간한
полови́нщик 반액 소유자
поло́вник 1) 수확의 2분의 1을 지주에게 바치는 소작인
поло́вник 2) 요리용의 손잡이가 긴 국자
поло́вничать 수확의 2분의 1을 지주에게 바치는 일을 하다
поло́вничество 수확의 2분의 1을 지주에게 바치는 일을 하는 것
полови́нка 절반, 한쌍의 물건의 한쪽
вполови́ну 반만큼, 반쯤
вполпути́ 중도에서, 도중에

наполови́ну	절반, 반쯤, 도중까지
ополови́нить	반감 시키다
попола́м	절반씩, 등분하여
сполови́нить	반감 시키다
уполови́нить	반감 시키다
полбеды́	(절반의 불행 재난의 뜻으로) 대단한 일은 아니다, 놀랄 것 없다
полбуты́лки	반병
полве́ка	반세기
полве́тра	횡풍(배)
полде́ла	일의 절반
вполгла́за	눈을 반쯤 감고, 실눈으로, 조금, 잠깐
полго́да	반년
полуго́дие	반년
полугодова́лый	생후 반년의
полуго́док	생후 반년된 새끼
полуголо́дный	반 굶은
полуго́лый	반 나체의
по́лдень	정오, 한낮, 일생의 절반, 청춘의 끝, 남쪽
полдне́вный	정오의
по́лдничать	점심을 먹다, 간식을 먹다
по́лдник	런치, 점심
полдоро́ги	중도, 도중
полдю́жины	반 다스
Полка́н	반인 반견의 괴물, 개의 이름
полкирпича́	벽돌 길이의 절반
полли́тра	반리터의 술병
полмину́ты	30초
полми́ра	세계의 절반
полкру́га	반원
полно́мера	반사이즈
полно́чи	야밤, 한밤중
полно́чный	야밤의, 한밤중의
по́лночь	밤중, 밤 12시
опо́лночь	한 밤중에
полоборо́та	(스포츠·군) 반전
вполоборо́та	반쯤 돌아서, 반쯤 방향을 바꾸다
полпути́	중도
полсло́ва	더듬거리는 말, 한마디의 말
полсо́тни	50개
полсто́лька = полсто́лько	절반만
полтора́	1과 2분의 1
полуавтома́т	반 자동
полуавтомати́ческий	반 자동식의
полуба́к	이물 갑판
полубезрабо́тный	반 실업자
полубессозна́тельный	반 무의식의
полубо́г	반신, 공적이 뛰어난 사람
полубольно́й	가냘프고 약한, 반 환자의
полубо́рт	구두의 아랫부분
полуботи́нки	단화
полубре́д	반의식 혼탁상태
полуваго́н	측벽이 높은 무개 화차
полува́л	거친 쇠가죽
полувеково́й	반세기의
полуги́чка	얕고 가벼운 보트
полугла́сная	반 고음
полугла́сный	반고음의
полугли́ссер	반 적재 활 주정
полугнило́й	거의 썩은
полугра́ция	허리까지 오는 브래지어
полугу́сеничный	바퀴·무한 궤도 병용의
полуде́ва	(익살) 반처녀
полуде́нный	정오의, 한낮의
полудённый	(속) 한나절
полуде́тский	반 어린이 같이, 미숙한
полуди́кий	거의 인기척이 없는, 반야만의
полужи́вой	반 죽음의, 죽어가는, 매우 쇠약한
полужи́рный	반 고딕체의
полузабы́тый	거의 잊혀진
полузабытьё́	반 무의식 상태
полузакры́ть	좀 남기고 닫다
полузащи́та	(스포츠) 하프백
полузащи́тник	→ полузащи́та
полузна́йка	기억이 흐리멍텅한 사람, 충분한 지식이 없는 사람
полузна́йство	기억이 흐리멍텅한 것
полуи́мя	사람 이름의 약칭, 애칭

полуквалифици́рованный 충분한 자격이 없는, 반 숙련의
полуколо́ния 반 식민지
полуколыцо́ 반륜
полукоче́вник 반 유목민
полукочево́й 반 유목민의
полукро́вка 혼혈 동물, 혼혈
полукру́г 반원, 반원형, 궁형
полукру́жие 반원, 반원형
полукру́жный ---каналы 삼반 규관(고리관)
полулега́льный 반 합법의
полулежа́ть 기대고 있다, 반신을 일으키고 있다
полуле́чь 상반신을 일으키고 눕다
полули́ст 반편, 반장
полума́ска 얼굴의 윗 부분을 가린 가면
полумгла́ 저녁때 또는 이른 아침에 낀 엷은 안개
полуме́ра 미봉책
полумёртвый 반 죽음의, 죽어가는, 생기없는
полуме́сяц 반달, 초생달, 회교
полуме́сячный 반달의, 초생달의
полумра́к 어스름
полунаго́й 반 나체의
полуно́чничать 밤늦게 까지 자지 않고 있다
полуно́чник 밤늦게 까지 자지 않고 있는 사람, 밤일을 하는 사람
полу́ночь 한 밤중
полуно́чный = полуно́щный 야 밤중
полуобезья́на (동) 여우 원숭이
полуобнажённый 반 나체의, 반 노출의
полуоборо́т 반 회전
полуоде́тый 반 나체의
полуокру́жность 반원, 반원형
полуосвещённый 조명이 불충분한
полуо́стров 반도
полуо́сь (공) 반축, 구동축
полуотворе́нный = полуоткры́тый 반개의, 반쯤 열린

полуофициа́льный 반 공식의, 반관·반민의
полупальто́ 짧은 외투
полупарази́т 반 기생 식물
полуперча́тки 벙어리 장갑
полуподва́л 반 지하실
полупокло́н 가벼운 인사
полупочте́нный (비꼼) 존경할 가치 없는
полуприседа́ние (체조) 무릎 반 굽히기
полуприце́п 세미 트레일러
полупроводни́к 반도체
полупроду́кт 반제품
полупрозра́чный 반투명의
полупусты́ня 사막지대(사막과 초원의 경계)
полупья́ный 술에 얼큰이 취한
полуразде́тый 반나체의
полуразру́шенный 반쯤 무너진
полураскры́тый 반쯤 열린
полуро́та 반개 중대
полусапо́жки 반장화
полусве́т 미광, 화류계
полусиде́ть 기대어 앉다, 기대어 눕다
полусло́во = полсло́во
полусме́рть до полусме́рти 심하게, 몹시
полусо́гнутый 반쯤 굽은, 몸을 굽힌
полусо́н 반수면상태, 꿈을 꾸는 듯한 상태
полустано́к 간이역
полусти́шие 시의 반행
полусу́мрак 박명
полусфе́ра 반구
полутёмный 희미한, 약간 어두운
полуте́нь 반음영
полуто́н 반음, 농담이 상반되는 빛깔
полуто́нка 반톤 적재 트럭
полу́тора → полтора́
полу́торка 한톤반 적재 화물차
полу́торный 한 개반의
полутьма́ 어스름
полуфабрика́т 반제품, 반가공품
полуфина́л (스포츠) 준결승전
полуцирку́льный 반원형의

получи́стый 그다지 순수하지 않은, 흠이 있는

получа́с → полчаса́

получасово́й 반시간의

полуша́г 반보

полуша́лок 짧은 숄

полуша́рие 반구

полушёлковый 반견의

полушерстяно́й 반모의

полушу́бок 털가죽 반 코트

полушутли́вый 반 농담의

полушутя́ 농담 반으로

полуэкипа́ж (선) 승조원의 반수

полуя́вь 반수 상태

полцены́ 반값으로

и́сполу 절반씩

два с полови́ной 2.5의

полоса́ 줄, 봉, 선조, 줄무늬, 지대, 지역, 한 줄의 땅, 한페이지, 시기, 시대, 운명, 기분

полоса́тик 줄무늬의 고래, 줄무늬 동물·곤충

полоса́тый 줄무늬의

поло́ска → полоса́

полосова́ть (공) 줄무늬의 선 모양으로 자르다, 막대 모양으로 자르다, (속) 몹시 채찍으로 때리다

полосова́ние полосова́ть의 명사형

полосово́й 막대모양의

поло́сонька полоса́의 애칭, (경작지대이) 좁은 구역

межполо́сье 지대, 경지간의 지역

исполосова́ть 줄무늬로 가늘게 썰다, 회초리·가죽끈으로 줄이 보이도록 심하게 때리다

наполосова́ть (많은 것을) 갈기 갈기 찢다

отполосова́ть (철따위를) 막대기 모양으로 하다, 마구 때리다

располосова́ть 가늘고 길게 자르다

лесополоса́ 식림대

пограни́чная полоса́ 국경지대

полоска́ть 헹구어 씻다, 세척하다, 양치질하다, 가글하다

полоска́ться 찰싹 찰싹 물소리를 내다, (바람에) 퍼럭거리다

полоска́нье 세척, 양치질, 양치질 약

полоска́тельница 찻잔 씻은 물을 담는 그릇, 양치질 컵

полоска́тельный 세척용의, 양치질용의

всполосну́ть (가볍게·조금) 씻다, 헹구다

вы́полоскать 헹구어 씻다

дополоска́ть (빨래를) 헹구다

дополоска́ться 헹구어 나쁜 결과를 가져오다

заполоска́ть 헹구어 씻어내다, 헹구어 지우다

заполоска́ться 열심히 헹구다·씻다

заполосну́ть 헹구어 씻다

наполоска́ться 충분히 물속에서 주물럭거리다, 지칠 때까지 씻다

наполоска́ть (일정한 양을) 헹구다

ополосну́ть 씻다, 헹구다

отполоска́ть (세탁물을) 씻어 헹구다, 헹구기를 마치다

переполоска́ть 다시 헹구다

пополоска́ть (잠깐 동안) 양치질하다

пополоска́ться 목욕하다, 서로 물을 끼얹다

прополоска́ть 가글하다, 헹구다

прополоска́ться 미역감다

располоска́ться 정신없이 첨벙거리다(거위 등이)

сполосну́ть 소금 씻다, 행구다

получи́ть (получа́ть) 받다, 수령하다, 얻다

получи́ться 얻어지다, 접수되다, 판명되다, 결과로 되다

получе́ние 수령, 얻는 일

полу́чка 수령, 노임, 급료

получа́тель 수령자

взяткополуча́тель 뇌물을 받는 사람, 수뢰자

грузополуча́тель 화물 수령인

ссудополуча́тель 차주, 채무인

товарополуча́тель 화물 수취인

дополучи́ть 부족한 부분을 받다, 나머지를 받다
дополу́чка 부족한 부분을 받는 것
заполучи́ть 미리 받다, 얻다, 손에 넣다
недополучи́ть 덜 받다

по́льза 효용, 이익, 벌이, 이문
по́льзительный → поле́зный
поле́зность 유용, 유익, 유효
поле́зный 유익한, 유용한, 좋은
душеполе́зный 교훈적인, 도덕적으로 이끄는
малополе́зный 그다지 유익하지 않은
по́льзовать 이익을 주다, 이익이 되다, 치료하다
по́льзоваться 이용하다, 행사하다, 향유하다, 사용하다
по́льзование 이용, 사용, 향유
по́льзователь (법) 용익권자, 이용자, 사용자
бесполе́зность 무효, 무익
бесполе́зный 도움이 안되는, 무효의, 무익한
испо́льзовать 이용하다, 사용하다
испо́льзоваться 이용되다, 쓸모가 있다
испо́льзование 이용, 사용
общеполе́зный 공익의

по́люс 극, 극지방, 극단, 극점
поля́ра (수) 극선
поляриза́тор 편광자
поляризацио́нный 편광의
поляриза́ция 치우침, 편극, 분극
поляризова́ть 편광시키다, 분극시키다
поляри́метр 편광계
поляри́скоп 편광기
поля́рка 극지 관측소
поля́рник 극지 탐험대원
поля́рность 양극성, 정반대
поля́рный 극의, 양극의, 양극적인
заполя́рье 남·북극 권내의 땅
предполя́рный 아 북극지방
приполя́рный 극권에 있는

приполю́сный 극지에 있는

по́мнить 기억하다, 암송하다
по́мниться 기억되다
помни́ть 대담한 생각을 품다
вспо́мнить 생각해 내다, 회상하다
вспо́мниться 생각이 떠오르다
воспомина́ние 추억, 회상, 상기, 회상록
запо́мнить 기억하다, 기억에 남다
запо́мниться 기억에 남다, 마음속에 두다
напо́мнить 상기시키다, 정신차리게 하다·경고하다
опо́мниться (опо́минаться) 제 정신이 돌아오다, 정신 차리다
попо́мнить 생각해 내다, 잊지 않다, 복수하다
припо́мнить 생각해 내다, 상기하다
припо́мниться 생각나다
упо́мнить 기억에 새겨 넣다, 기억하다
упомина́ние 기술, 언급, 지시
поми́н 공양, 추억, 회상
помина́льный 추도의, 명복을 비는
помина́льный обря́д 추도식
поми́нки 추도식, 추도
поминове́ние 공양
помяну́ть 추억하다, 회상하다, 어떤 일·사람에 대하여 말하다, 공양하다
помя́нутый 상기의, 위에서 언급한
воспомяну́ть → воспо́мнить
вспомяну́ть → вспо́мнить
упомяну́ть 진술하다, 언급하다, 상기시키다, 내보이다, 지시하다

поро́к 결함, 단점, 흠, 악덕, 죄악, 불구, 육체의 결함
поро́чить 비난하다, 신용을 잃게하다
поро́чный 비도덕적인, 결함있는
беспоро́чный 순결한, 티없는, 나무랄 때 없는
непоро́чный 청순한, 순결한, 무구한
опоро́чить 중상하다

порошо́к 분말, 분말제, 가루약, 가루약의 1회분

пороши́ть (싸락눈·첫눈이) 내리다

поро́ша 방금 내린 첫눈

пороши́на 보드라운 분말, 화약가루, 먼지

поро́шка 사락눈, 소설

порошко́вый 분말야금

порошкообра́зный 분말상의

порошо́чный → порошо́к

припороши́ть (살짝) 가루를 뿌리다, 구멍을 뚫는 형지로 무늬를 내다

при́порох 꿰뚫어 구멍을 내는 형지(색가루를 뿌리는)

по́ртить 망그러 뜨리다, 상하게 하다, 해롭게 하다, 타락시키다, 악화시키다

по́ртиться 못쓰게 되다, 상하다, 악화되다, 부패하다, 퇴폐하다

по́рча 손상, 훼손, 변질, 퇴폐, 타락, (저주에 의한) 나병

по́рченый 손상된, 엉망된, 파손된, 악화된

испо́ртить → по́ртить

испо́рченность 퇴폐, 타락,

испо́рченный 못쓰게 된, 부패가 된, 타락한, 악화된

напо́ртить 부수다, 망가 뜨리다, 해를 입히다

перепо́ртить (다수·전부를) 못쓰게 만들다, 전혀 못쓰게 만들다

перепо́ртиться 못쓰게 되다

попо́ртить → испо́ртить

подпо́ртиться 조금 망그러 지다

портно́й 재봉사, 재단사

портни́ха 여재봉사, 여재단사

портно́вский 재봉의, 재봉사의

портня́га 재단사

портня́жить 재봉을 직업으로 삼다, 옷 바느질 하다, 수선하다

портня́жка → портно́й

портня́жний → портно́й

портня́жничать → портня́жить

портня́жничество 재봉업

портня́жный 재봉의

посети́ть (посеща́ть) 방문하다, 찾아 가다, 어떤 곳에 가다, (사건이) 일어나다, 출석하다, 엄습하다

посети́тель 방문객, 손님

посеща́емость 방문자 수, 출석자수, 출석률

посу́да 식기, 용기, 소목선

посу́дина = посу́да 배, 작은 배

посу́дник (식기) 찬장

посудомо́ечный 식기 세척용의

посудомо́йка 식기 세척기

пот 땀

потни́к (땀) 언치

потни́ца 땀띠

по́тный 땀이 밴, 땀으로 덮인

потли́вость 땀이 많이 나는 체질

потли́вый 땀이 많이 나는

потово́й 땀의

потого́нный 땀을 나게 하는, 땀 흘려 일하게 하는

поте́ть 땀이 나다

поте́ние 발한

вспоте́ть 땀이 나다

запоте́ть – отпоте́ть 흐리다, 흐려지다(유리창 등이)

вспоте́лый 땀이 나는

вы́потеть (증발된 것이 식어서) 응결하다, 물방울이 되다, (속) 비지땀을 흘리다

вы́пот 악성 분비물, 침출물

запоте́ть (유리 등에) 김이 서리다, 땀에 젖다

запоте́лый (유리 등에) 김이 서린, 땀에 젖은

напоте́ть 땀 투성이가 되다, 물기에 (유리) 흐려지다

отпоте́ть (증기로) 습기차다, 흐려지다

пропоте́ть 땀이 많이 나다, 얼마 동안 고생하다

пропотелый 흠뻑 땀에 젖은
употеть 땀을 많이 흘리다
жиропот 양모에 부착된 지방 (땀샘에서 분비된) (연고의 원료)

потребить 소비하다, 상용하다, 먹다
потребовать → требовать
потреба 소용, 필요
потребилка 소비조합, 매점
потребитель 소비자
потребительный 소비의
потребительский 소비자의, 소비의
потребление 소비
потребность 필요, 소용
употребить (употреблять) 쓰다, 이용하다, 행사하다, 복용하다
употребиться 이용 되다, 상용화 되어있다
употребление 사용, 행사, 통용, 상용
злоупотребить 남용하다, 악용하다
злоупотребление 남용, 악용

похитить (похищать) 절취·약탈하다, 훔치다, 유괴하다
похищение 절취, 약탈, 유괴
похититель 절취자, 약탈자, 유괴자

почва 땅, 토양, 토지, 지질, 지반, 근거, 원인, 사회환경, 사회층
почвенник 대지주의자(러시아 문학의 한파)
почвенничество 대지주의
почвенный 토지의, 토양의
почвовед 토양학자
почвоведение 토양학
почвозащитный 토양을 형성하는
почвообрабатывающий 농경용의
почвообразующий 토양을 형성하는
почвоуглубитель 심경기
почвоутомление 지력감퇴
беспочвенный 근거없는, 확실한 기반이 없는
подпочвенный (토양에 대하여) 상층의

почить (почивать) 주무시다, 가로눕다, 영민하다, 휴식하다, 그치다
почивальня 침실
започивать 주무시다
опочить 잠들다, 주무시다, 영원히 잠들다
опочивальня (궁전 등의) 침실

пояс 띠, 모든 띠모양의 물건, 허리, 지대, 산맥, (모피의) 색갈이 다른 무늬
поясина (극지대의) 얼음이 갈라진 지대
поясница 허리, 요부
поясной 띠의, 띠가 되는, 허리의, 지대별의
поясок 벽에 수평으로 드른 띠 모양의 돌출부
запоясать 허리띠를 조이다
запоясаться (자신의) 혁대를 조이다
опоясать 띠를 매게하다, 띠 멜빵이 달린 무기를 지니게 하다, 감싸다, 에워싸다
опоясаться 띠를 매다, 띠 멜빵이 달린 무기를 지니다
опояска (보통 끈 모양의) 띠
перепоясать (띠 등을) 다시매다
подпоясать 띠로 매다
подпоясаться 자기의 띠로 매다
подпояска 띠
препоясать 띠를 매어 주다
препоясаться 띠를 매다
распоясать 띠를 풀게하다
распоясаться (자신의) 띠을 풀다, 제멋대로 굴다

правда 참, 진리, 진실, 정의, 진실로
неправда 거짓말, 허위, 부정
вправду 실재로, 참으로
заправду → вправду
правдивость 올바른 것, 진실, 성실
правдивый 올바른, 진실의, 성실의
правдолюб 진리를 사랑하는 사람
правдолюбие 진리애, 정의애
правдолюбивый 진리를 사랑하는
правдоподобие 진실한 것, 그럴듯한 것

правдоподо́бный 진실한, 그럴싸한
пра́ведник 경건한 사람, 정의로운 사람
пра́ведный 경건한, 정의로운, 공정한
оправда́ть 옳다고 인정하다, 무죄로 인정하다, 정당화하다, 변명하다, 구실로 삼다, 실증하다, 실현시키다
оправда́ться 무죄로 인정 받다, 보상 받다, 적중하다
оправда́ние 무죄로 인정하는 것, 석방, 시인, 변명, 정당화

пра́вило 규칙, 법칙, 규정, 습관, 관습
пра́вильность 규칙성, 옳은 것, 정확, 진실
пра́вильный 규칙적인, 법규에 맞는, 옳은, 정당한
прави́льный 규칙적인, 두들겨 펴기
прави́льщик (인) (식자) 교정공

пра́вить 1) 다스리다, 통치하다, 지배하다, 조종하다, 주재하다
правле́нец 간부, 이사, 중역
правле́ние 통치, 지배, 정치, 행정, 이사회, 관천
прави́тель 지배자, 통치자, 주재자, 관리자
прави́тельство 정부, 내각, 통치, 치세
соправи́тель 공동 통치자
домоправи́тель 집관리자, 집사
градоправи́тель 시장 (고어)
упра́вить (управля́ть) 조종하다, 다루다, 지배하다, 통치하다, 지휘하다, 제어하다
управля́ться (사람 또는 일을) 처리하다, 해치우다, 제압하다, 다루다
управ- 통치, 관리의 뜻
упра́ва 처분, 처치, 심판, 명예회복, 지방 자치 기관
управде́л 사무주임, 주사, 총무부장
управдо́м 빌딩 아파트 관리인
управле́нец 국원, 관리부인
управи́тель 지배인, 관리인, 집사
управля́емость 조종 가능성, 피조종성
управля́емый 조종 가능한
управхо́з 경리 부장
самоупра́вец 무법자, 제멋 대로 하는 사람
самоуправле́ние 자치(권)
самоуправля́емый 자동 조절의
самоуправля́ться 자치권을 가지다
самоупра́вный 전단적인, 무법한
самоупра́вство 전단, 자의, 무법, (법) 권리 불법행사
самоупра́вствовать 제멋대로 굴다
гуртопра́в 가축 관리인
народопра́вство 민주 정치

пра́вить 2) 고치다, 정정하다, (굽은 것을) 곧 바르게 하다, (칼을) 갈다, 거행하다
пра́вка 수정, 교정, 복원, 가는 것(칼)
пра́вленый 수정된, 고정된
костопра́в (옛날의) 마을 접골사, (비꼼) 엉터리 의사, 돌파리 의사
вы́править (выправля́ть) 곧 바르게 하다, 펴다, 수정하다, (군) 훈련하다, 조회하다, (여권 증명서 등을) 얻다
вы́правиться 곧 바르게 되다, 펴다, 회복되다, 고쳐지다
вы́правка 곧바로 펴지게 되는 것, 수선, 수정, 개정, (여권) 얻는 것, (군) 바른 자세
запра́вить 밀어 넣다, 끼워 넣다, (도구 기계의 사용) 장비를 갖추다, (연료를) 공급하다, 맛을 내다, 조미하다
запра́виться 실컷 먹다, 꼭끼다
запра́вка 조미료
запра́вщик (기계의) 준비공
испра́вить 고치다, 바로 잡다, 개량 수정하다, 교정하다, 집행 대행하다(직무)
испра́виться (성질 따위가) 고쳐지다, 좋아지다
исправле́ние 개량, 개정, 교정, (직무) 집행
испра́вник 경찰 서장
испра́вность 정돈, 정연, 완전 무결, 정확, 성실

исправный   정돈된, 정연한, 완전 무결 한, 정확한, 성실한
направить (направлять)   방향을 주다, 향하게 하다, 파견하다, 집중시키다, (칼을) 갈다, 가르치다, 교훈하다
направляться   방향을 잡다, 조정되다
направка   조정하는것, (칼) 가는 것
направление   방향을 지시하는 것, 방향, 방위, 경향, 서류 송달, 지령서, 허가서, (군) 전선
направленность   경향, 지향
направленный   지향성의
оправить   단정히 하다, 정돈하다, 틀 테를 끼우다, 옳다고 인정하다
оправиться   회복하다, 의복 등을 단정히 하다
оправа   틀, 테
оправка   (속) 틀, 테, 작업대, 마무리, 끝손질
отправить   (서신 화물 열차 배) 내다, 보내다, 발송하다, 파견하다, (사람을) 보내다
отправиться   나가다, 출발하다
отправитель   배웅하는사람, 발소인, 파견자
отправка   발송, 파견, 송달
отправление   발송, 파견, 송달, 출발, 작용, 기능
отправной   출발의, 발송의
переправить   (국경 등을) 넘어 가게 하다, 전송하다, 고치다, 개정하다, 고치다, 개정하다
переправиться   (하천 국경 등을) 넘어가다, 건너가다
переправа   호수 하천등을 건너는 것, 도선장, 나루터
переправление   도하, 전송
переправочный   전송의
поправить   수선하다, 수리하다, 고치다, 개선하다, 다루다
поправиться   자기의 잘못을 고치다, 건강이 회복되다, 살찌다, 개선되다
поправка   수리, 수선, 수정, 개선
поправление   (질병의) 치유, 회복
подправить   약간 고치다, 군데 군데 고치다, 끼워넣다, (요리) 여러 가지 재료를 섞다
расправить   곧게 하다, 펴다

расправиться   곧게 되다, 펴지다, 혼내주다, 복수하다
расправа   제재, 징벌, 폭력, 강제, 재판
справить   (식전·축제를) 행하다, 만들다, 얻다, 서명하여 확인하다
справиться   조회하다, 조사하다, 수습·선처하다, 처치하다, 물리치다, 대조하다, 회복하다
справка   조회, 문의, 통지, 정보, 조사서, 증명서, 참고 자료
справочник   안내서, 편람
справочный   조회·문의 하는, 조사의
справщик   교정원

право   1) 정말로, 실제로, 참으로
право   2) 법, 법학, 권리, 자격, 정당함
право-   권리, 법률, 우측, 공정 등의 뜻
праветь   우경·보수·반동화 하다
правописание   정자법, 철자법
правобережный   우안의
правобережье   강의 오른쪽 기슭
правовед   법률학자, 법률가, 법학도
правоверие   정통적 신앙
правовик   법률학자, 법률가, 법학도
правовой   법의, 법률의, 권리의, 적법의
правозаступник   변호사
правозаступничество   변호사직
правомерный   합법적인
правомочие   권한, 직권
правомочный   권한 있는, 직권의
правонарушение   법률위반
правонарушитель   죄인
правооппортунист   우경 기회주의자
правоотношение   권리 관계, 벌률관계
правописание   정자법, 철자법
правопоражение   공민권 상실
правопорядок   안녕 질서
правопреемник   권리·의무의 계승자
правопреемство   권리·의무의 계승
правопроизношение   정음법

правосла́вие (러시아의) 그리스 정교
правосозна́ние 준법정신, 정의의 관념
правоспосо́бность 권리 능력
правосу́дие 재판, 공정한 재판
правота́ 공평, 공정, 정당
междунаро́дное пра́во 국제법
пра́вый 1) 오른쪽의, 우측의, 우익의, 우경의
пра́вый 2) 옳은, 죄없는, 정당한, 공정한
полнопра́вный 충분한 권리, 자격을 가진
равнопра́вие 권리의 평등
равнопра́вный 평등한 권리의
неравнопра́вие 권리의 불평등
впра́ве 오른 손 편에, 오른쪽에
впра́во 오른 쪽으로, 우측에
напра́во 오른 쪽으로, 우측에
напра́вщик (칼) 가는 사람
спра́ва 오른 쪽으로부터, 우측에서

пра́здник = пра́здничек 축일, 경축일, 명절, 휴일
пра́зднество 성대한 축제
пра́здничать 잔치를 벌이다, 하는일 없이 놀고 지내다
пра́здничный 축일의, 휴일의, 축제 기분의
пра́здновать 축하 하다, 축제를 거행하다, 휴식하다, 쉬다, 즐기다
празднолюби́вый 놀기를 좋아하는, 태만한
празднолю́бие 놀기를 좋아함, 태만
празднослов 잡담 하는 사람
празднословие 실없는 소리, 잡담
празднословить 잡담하다
пра́здность 무위, 태만
праздношата́ние 부랑
пра́здный 빈, 쓸모없는, 무위의, 태만의, 무익한
отпра́здновать = спра́здновать → пра́здновать
упраздни́ть 폐지하다, 폐쇄하다, 해산하다, (습관등을) 없애다
упраздни́ться 폐지 하다, 폐지 되다

приве́т 인사
приве́тить 상냥하게 응접하다, 환영하다
приве́тливый 상냥한, 친절한, 공손한
приве́тный 상냥한, 공손한
приве́тствие 환영사, 축사, 인사
приве́тствовать 환영하다, 축사를 하다
неприве́тливый 서먹 서먹한
бесприве́тный 부침성이 없는, 냉담한

прили́чный 예절 바른, 고상한, 적당한, 상당한
прили́чествовать 어울리다, 상당하다, 적당하다
прили́чие 예절이 바른 것, 예절, 예의범절
неприли́чие 무례, 버릇 없는 것
неприли́чный 무례한, 버릇 없는

примени́ть (применя́ть) 응용하다, 적용하다, 사용하다, 비교하다
примени́ться 순응하다, 응하다, 따르다
применя́емость 적용·응용·사용할 수 있는 것, 적응·응용·사용정도
примене́ние 적용, 응용, 사용, 순응, 적응
примени́тельно --에 적용하여, --에 준하여
непримени́мый 응용·적용하기 어려운

приспосо́бить (приспособля́ть) 적응시키다, --적합하도록 설비·정비·조정하다
приспосо́биться 적응하다, 순응하다, 익숙해지다, 영합하다, 거짓 순응하다
приспособле́нец 영합하는 사람, 거짓 순응하는사람, 편의 주의자, 기회주의자
приспособле́ние 적은, 순응·영합, 설비, 장치
приспосо́бленность 적응, 순응, 적합
приспособле́нчество 영합하는·거짓 순응하는 행위, 기회주의, 양면주의
приспособля́емость 순응성

причеса́ть (머리를) 빗다, 머리를 빗겨주다, 결발·속발해주다

причеса́ться 자기머리를 빗다
причёска 조발, 속발, 결발

причини́ть (причиня́ть) 야기하다, 주다, 가하다, 입히다, --의 원인이 되다
причи́на 원인, 기인, 이유, 유래, 동기, 돌발 사고
причине́ние 원인으로 되는 것, 야기시키는 것
причи́нность 인과 관계
причи́нный 인과적인, 죄있는, 책임있는

про́бовать 시도하다, 시험해 보다, 맛을 보다, 검사하다, 애쓰다
про́бник 시험용 숫 말양, 시험용구
про́ба 시도, 시험, 음미, 검사, 샘플, 시금, (제품) 품위
кинопро́ба 영화의 시험 촬영
проби́ровать 귀금속의 정위 정량 분석하다, 시금하다, 귀금속에 품위·규정·낙인하다
проби́рер 시금공, 시금관
проби́рка (화) 시험관
проби́рный 시금의, 시금용의
проби́рочный 연구실적, 연구의
проби́рщик 시금공
высокопро́бный (금·은에 대하여) 72이상의 품위를 가진
чистопро́бный (금·은에 대하여) 높은 품위의, (비꼼) 완전한, 순도가 높은
испро́бовать 시도하다, 시험하다, 음미하다
опро́бовать (기계등을) 시험하다, 시운전하다, 맛을 보다
перепро́бовать (다수 또는 전부) 시험하여 보다, 시식하다, (많은 것을) 경험 하여보다
попро́бовать (명령형만 쓰임) 해봐라
распро́бовать 맛을 보다

пробле́ма 과제, 문제
проблема́тика 문제점, 문제범위
проблемати́ческий 미해결의, 가정적인, 의문의, 수상한, 괴이한, 미덥지 못한

прогно́з (어떤 현상의 발전·종결의) 예측, (의) 예후
прогно́стика 예측법, 예후 진단법

произво́л 제멋대로 함, 전횡, 전제정치
произволе́ние (신·귀인의) 마음, 존의, 허락
произво́льный 근거 없는, 독단적인, 구속없는, 제마음대로의
непроизво́льный 무의식적인, 의지를 수반하지 않은
самопроизво́льность 자연발생, 자발성
самопроизво́льный 자연발생적인, 자발적인

прока́за 나병, 장난, 못된 장난
прокажённый 나병환자
прока́зить 장난하다, 못된 장난을 하다
прока́зливый 장난을 좋아하는, 익살스러운
прока́зник 장난꾸러기, 익살꾼
напрока́зить = напрока́зничать 장난치다
спрока́зить 장난을 하다

прони́кнуть (проника́ть, проница́ть) 스며들다, 침입하다, 침투하다, 간파하다
прони́кнуться (проника́ться) (어떤 감정으로) 일관 되다, 충만되다
проникнове́ние 침투, 침입, 통찰
проникнове́нность 성실, 감격에 찬 마음
проникнове́нный 신념이 어린, 마음으로부터
прони́кнутый 가득차 있는, (마음에) 강하게 느껴지는
проница́емый 투철 할 수 있는, 투과성의
проница́тельный 형안의, 명민한

пропове́дать (пропове́довать) 포교·전도하다, 선전하다, 설교하다
пропове́дник 설교자, 전도자, 보급자, 선전자
пропове́дничество 설교, 전도, 선전 보급
про́поведь 설교, 선전

проси́ть (попроси́ть) 요청하다, 바라다, 부탁하다, 초청하다, 구걸하다, 고소하다

проси́ться (떠나는) 허가를 청하다, 알맞다, (아이가) 대·소변을 알리다

про́сьба 소원, 부탁, 의뢰, 청원서

прося́щий 간청하는 듯한

проси́тель 청원사, 신청인, 의뢰인

проше́ние 원서, 청원서

вы́просить 간청하여 얻다

вы́проситься 간청하여 퇴거를 허락 받다

допроси́ть 심문하다, 신문하다, 케어묻다

допроси́ться 간청하여 목적을 이루다

допро́сный 심문의, 신문의

допро́счик 심문자

запроси́ть 질문하다, 문의 하다, 에누리하다

запро́сный 질문 할 부분, 의문점

запро́с 질문(서), 조회, 에누리, 신청, 수요, 관심

запро́счик (라디오) 호출기

напроси́ть 많은 사람을 초대하다

напроси́ться 원하는 것을 얻으려고 하다(졸라서), 시키다, 자연이 나오다, 생각나다, 간원하여 지치다

опроси́ть 다수에게 묻다, 사방에 문의 하다, 심문하다

опро́с 질문, 심문

опро́счик 질문자, 심문자

отпроси́ть 부탁하여 -을 벗어나게하다, 모면하게하다

отпроси́ться 허가를 청하다, 얻다

перепроси́ть 전근·이동을 간청하다

перепроси́ться (자기 자신의) 전근·이동을 간청하다

попроша́йка 거지, 귀찮게 구걸 하는 사람

попроша́йничать 구걸하다, 걸식하다

попроша́йничество 구걸, 강청

припроси́ть (추가, 증가, 경품, 팁 등을) 요구하다

спроси́ть 묻다, 물어보다, 구하다, 청하다, 책임을 묻다

спроси́ться 조언·허가를 부탁하다, 상담하다, 요구되다

спрос 질문, 요청, 수요, 책임추궁

вы́спросить 자세히 물어 알아내다

доспроси́ть 심문을 마치다, 추가로 보충으로 질문하다

переспроси́ть 다시 물어보다, (많은 사람에게) 묻다

поспроси́ть 이리저리 물어서 알려고 하다

расспроси́ть 자세히 심문하다

расспро́с → расспроси́ть

упроси́ть 동의를 구하다

прости́ть 용서하다, (의무)를 면제 시키다

прости́ться – попроща́ться с кем 작별을 고하다, 헤어지다, 용서 받을 수 있다

проще́ние 사면, 용서, 면제

проща́льный 작별의, 이별의

прощённый 용서받은

распроси́ться 결별하다, (영원히) 이별하다, 버리다, 방기하다

прости́тельный 용서할 만한

непрости́тельный 용서할 수 없는

про́сто 단지, 쉽게, 깨끗이, 순박하게, 정말, 단순히, 우연히

про́стенький → просто́й

просто́й 단순한, 간단한, 쉬운, 보통의, 순박힌, 정직한, 솔직한, 좀 우둔한, 사람이 너무 좋은, 평민의, 비천한

простова́тый 어리석은, 우둔한, 얼빠진

за́просто 형식을 차리지 않고, 조심성 없이, 산뜻하게, 평복으로

простота́ 단순, 간단, 정직, 솔직, 소만, 선량, 천진, 우매,

проста́к = простачо́к = простя́к 얼뜨기, 소탈한 사람, 격식 차리지 않는 사람, (달구지) 빈것

просте́ц 교육을 못 받은 사람

просте́цкий 순박한, 순진한

попросту 솔직히, 간단히, 소박하게
спроста́ = спро́сту 아무런 생각 없이, 그만 무심코
неспроста́ 목적 이유가 있다
просте́ть 단순하게 되다, 어수룩한 사람이 되다
опроста́ть 비우다, 내용(물)을 빼다 꺼내다
опросте́лый 간소한 생활의
опросте́ть = опрости́ться 간소한 생활을 하다
опрости́ть 단순화 하다
вы́простать 비우다, 밑에서 내놓다
вы́простаться 비다, 배설하다
опрощенец 간소한 생활을 하는 사람
опроще́ние 간소한 생활
упрости́ть 단순화 하다, 빈약하게 하다
упрости́тель 천박하게 단순화 하는 사람, 문제를 안이하게 이해하는 사람
упрости́тельство 천박하게 단순화 하는 것, 문제를 안이하게 이해하는 것
упрощенец 복잡한 문제를 간단하게 다루는 사람
упроще́ние 단순화, 간편화
упрощённый 간편화 한, 간단한
упроще́нский 잘 못하여 간단하게 한
упроще́нство 잘 못하여 간단하게 한 것
простоволо́сый 모자를 쓰지 않은(여자에 대하여), 맨 머리의
опростоволо́ситься (опростофи́литься) 얼간짓을 하다, 웃음 거리가 되다
простоду́шие 순박, 정직, 소박
простоду́шничать 순박·정직·소박을 가장 하다
простоду́шный 순박한, 정직한
простоква́ша 산유(신), 응유
простолюди́н 평민, 서민
простонаро́дный 평민의, 대중의
простонаро́дье 민중, 대중
просторе́чие 속어, 구어
простосерде́чие 순박, 솔직, 성실, 정직

простосерде́чный 순박한, 솔직한, 성실한, 정직한
простофи́ля 얼간이, 바보

простра́нство 공간, 공지, 두물체 사이의 공간, 간격, 구역, 면적
простра́нный 넓은, 광활한, 장황한, 지나치게 자세한
простра́нственный 공간의, 넓이가 있는
распространи́т (распространя́ть, распространя́ться) 퍼지다, 확장되다, 전개 되다, 상세하게 말하다, 보급하다
распростране́ние 퍼뜨리는 것, 넓히는 것, 보급, 유포, 전파, 확산, 부연
распространённый 확대된, 전파된
распространи́тель 보급자, 유포자, 전파자
распространи́тельный 글짜 뜻을 넓게 해석하는
распространи́тельский 보급에 종사하는

про́тив --에 면하여, 대립하여, 반대하여, 비하여, --에 의해, ---에 따라서, 상황으로
про́тивень 네모난 프라이 팬, 역풍, 부본, 사본, 등본
противи́тельный 반의 접속사
проти́виться 반항하다, 저항하다, 거스르다
противле́ние 반항, 저항, 적대
проти́вник 반대자, 경기의 상대, 적수, 적군
проти́вно 1) --에 거슬려, 어기로
проти́вно 2) 서로 마주 대하여
проти́вность 반대 행위, 방해
проти́вный 서로 마주 대하는, 마주보는, 반대의, 역의, 혐오하는, 싫은
противо- 반·대·역의 뜻
противоалкого́льный 금주의
сопротивле́ние 반항, 저항, 레지스 탕스, 저항(물리)
сопротивля́емость 저항력, 저항률
сопротивля́ться 저항하다, 반항하다
напро́тив 저쪽에, 반대로, 그것에 반하여, 에

향하여, 거슬려, 반대하여

воспроти́виться → противи́ться 반항하다

богопроти́вный 신을 배반하는, 신을 증오하는, (야유) 싫은, 추악한

противоа́томный 원자병기 방어

противоболево́й 진통의

противоболево́е сре́дство 진통제

противобо́рство 적대, 항쟁

противове́с 평형추, 대항, 매몰지선(전지)

противовозду́шный 반공의

противога́з 방독면, 가스 마스크

противога́зовый 방독의

противогриппо́зный 유행성 감기 예방 용의

противодавле́ние 반대 압력, 역압, (의) 대압

противоде́йствие 반작용, 반항, 반응, 방해하는것

противоде́йствовать 반작용하다, 거스르다, 방해하다

противоесте́ственный 부자연스러운

противозако́нный 불법의, 위법의

противозача́точный 피임용의

противоизлуче́ние 반복사

противолежа́щий 서로 마주하다

противолихора́дочный (의) 해열의

противоло́дочный 대 잠수함의,

противоми́нный 대 수뢰의, 수뢰 제거의

противообще́ственный 반사회적인

противоокисли́тель 산화방지제

противопожа́рный 소화의, 방화의

противопоказа́ние (법) 반대 진술, (의) 금단현상

противоположи́ть 대비 대조하다, 대립 시키다, 대치시키다

противополо́жность 반대, 대립, 모순, 반대의 성질을 가진 사람 물건

противополо́жный 반대의 위치에 있는

противопоста́вить 대조시키다, 대비 시키다, 대치 시키다

противопоставле́ние 대립, 대조, 대치 시키는 것

противоправи́тельственный 반 정부의

противора́ковый 암 예방의, 암 치료 용의

противоречи́вый 모순된, 반대의, 상반된

противоре́чие 모순, 당착, 반박, 대립, 충돌

противоре́чить 반대하다, 모순되다, 등지다

противосамолётный (대공의) 비행기를 막는

противосия́ние 대일조, 태양과 반대쪽의 하늘에 비치는 미광

противоснаря́дный (군) 방탄의

противостари́тель (고무의) 노화 방지제

противостоя́ть --향하여 서다, 거역하다, 대립시키다

противота́нковый 대전차용의

противохими́ческий 독가스 제거의, 방독의

противоя́дие 해독제, 항독소

пры́гать (пры́гнуть) 뛰다, 뛰어오르다, 도약하다

пры́галка 줄넘기 줄

прыгу́н 늘 뛰어 돌아 다니는 사람, (스포츠) 점프선수

прыгу́нчик 남, 동아프리카의 산토끼의 일종

прыжо́к 뜀질, 도약, (스포츠) 점프 경기

впры́гнуть во что 뛰어 들다

вы́прыгнуть 뛰어 나오다

вспры́гнуть 뛰어 오르다, 뛰어 타다

допры́гать (допры́гнуть) 깡충깡충 뛰어 -까지 도달하다, 도약하다

запры́гнуть 뛰어 어르다

напры́гаться 마음껏 뛰다, 마구 뛰어 나쁜 결과를 초래하다

отпры́гать (отпры́гнуть) 껑충 뛰어 비키다, 뛰는 것을 그만두다, 튕겨서 되돌아 오다

перепры́гнуть 뛰어 넘다, (스포츠) 재차 뛰다

подпры́гнуть 밑으로 뛰다, (조금) 뛰다, 뛰어 오르다

припры́гать 뛰어 오다, 깡충깡충 뛰다

припры́жка 뛰어 오르는 것

попрыгу́н 깡충깡충 뛰는 버릇이 있는 사람, 안절부절 하는 사람
распры́гаться 정신 없이 뛰 놀고 있다
спры́гнуть 뛰어 내리다, --сума́ 미치다
упры́гнуть 뛰어서 도망하다 (개·토끼 등)
упры́гнуться 뛰어서 지치다, (익살) 어떤 일에 너무 몰두하여 지치다

прямо́й 곧은, 직선적인, 직접의, 직통의, 정직한, 진짜의, 참다운, 완전히
пря́мо 똑바로, 직선적으로, 정확히, 직접, 정직히, 참으로, 완전한
прямёхонький (속) 완전히 곧은
прямизна́ 곧음, 똑바름
прями́ло 크랭크의 일종
прямлённый 똑바로 된
прямо- 바르다는 뜻
прямоду́шие 정직, 성실, 공평
прямое́зжий (도로에 대하여) 똑바른, 직선상의
прямокры́лый 직시
прямолине́йный 직선의, 정직한, 우고 좌면 하지 않는
прямопропорциона́льный 정비례
прямосло́йный 나무결이 똑바로 선
прямота́ 정직, 공명
прямоуго́льник 장방형
прямоуго́льный 직각의
непрямо́й 곧지 않은, 솔직하지 않은
впрямь 실제로, 정말로
напрями́к → напрямки́ 곧장, 똑바로, 솔직히, 숨김없이
прями́ть 똑바로 비행하다, 똑바로 하다
вы́прямить 똑바르게 하다
вы́прямиться 자세를 바로 하다, 직립하다, 바르게 하다
выпрями́тель (전) 정류기, 정류관
испрями́ть 곧바로 하다
испрями́ться 곧바로 되다
распрями́ть 곧게 하다, 고르게 하다, 펴다

распрями́ться 몸을 펴다, 곧게하다
спрями́ть 곧게 하다, 고르게 하다, 펴다
спрямле́ние 곧게 하는 것, 곧게 한 부분
упря́мец 완고한 사람
упря́миться 고집을 부리다
упря́мство 완고, 외고집
упря́мствовать 고집하다, 고수하다
упря́мый 완고한, 고집이 센

пря́тать 숨기다, 감추다, 치우다, 간수하다
пря́таться 숨다, 남의 눈을 피하다, 자기 생각을 숨기다
пря́тки 숨바꼭질
запря́тать 숨기다, 은익하다
запря́таться 숨다, 잠복하다
напря́тать (많이) 숨기다, 간직하다
перепря́тать 다시 감추다, (다른 장소에) 숨기다, (다수를) 숨기다
перепря́таться 다시 숨다, (다른 장소에) 숨다, (다수가) 숨다
попря́тать (많은 것을) 감추다
попря́таться 숨다
подпря́тать (밑으로) 넣다, 감추다, 치워 버리다
припря́тать 숨기다, 숨겨두다, 간수해 두다
упря́тать (упря́тывать) 감추다, 넣다, 처넣다
упря́таться 숨다

пти́ца 새, 금, 놈
птицево́д 양금가
птицево́дство 양금
птицело́в 새잡이꾼
птицело́вство 새잡이
птицеотко́рмочный 조류사육의
птицефа́брика 새알 인공 부화장
птицефе́рма 가금 사육장, 양계장
пти́чий 새의
пти́чник 새집

пуга́ть (пугну́ть) 놀라게 하다, 위협하다
пуга́ться чего 놀라다, 깜짝놀라다
пу́гало 허수아비
пуга́ч 장난감 권총
пугли́вый 겁이 많은, 두려워하는
пу́ганый 놀란 모양을 한, 때때로 위협받는
вспугну́ть 놀라게 하여 쫓다
вы́пугнуть (выпу́гивать) 위협하여 쫓아 내다
запу́гивать 겁주어 몰아내다
запуга́ть 으르다, 위협하다
запу́ганный 겁먹은, 벌벌 떠는, 무서워하는
запу́гивание ме́тод запу́гивания 공갈 수단
испуга́ть → пуга́ть
испу́г 경악, 놀라움
в испу́ге 놀라서
испу́ганный 놀라, 놀란 표정의
испужа́ть → пуга́ть
напуга́ть 몹시 놀라게 하다
напуга́ться 대경 실색하다
отпуга́ть = отпу́гивать = отпугну́ть 위협하여 쫓아 내다
перепуга́ть (перепужа́ть) 몹씨 놀라게 하다
перепу́г с перепу́г 소스라 치게 놀라서
попуга́ть 위협하다, 놀라게 하다
подпугну́ть (조금) 위협하여 쫓아 버리다
припугну́ть 위협하다, 협박하다
pacпугну́ть (распуга́ть) 놀라게 해서 쫓나 (흩다)
спугну́ть 놀라게 해서 쫓아내다(새 따위를), 방해하다

пульт 보면대, 설교대, 사면 탁자, 중앙 운전 지령소, 조종대
пультово́й пульт의

пусти́ть (пуска́ть) 놔 주다, 내다, 내놓다, 자유로 하다, 방면하다, 넣다, 놓다, 발사하다, 시동 시키다, 색조를 내다

пуска́ться 나가다, 출발하다, 돌진하다, 시작하다, 착수하다
кровопуска́ние 방혈, 대량학살
пуща́ть → пуска́ть
пуск пуска́ть의 명사형
пуска́тель (공) 시동기, 기동기, 전기 모터의 스위치
пуска́ч 기동기, 스타터
пусково́й 시동의
самопу́ск 자동 시동기
впусти́ть 들여 보내다, 입장 시키다
впуск 들여 보내는
впускно́й 들여 보내기 위한
вы́пустить (выпуска́ть) 내다, 방출하다, 유출시키다, (시장에) 내다, 해방시키다, 방면하다, 졸업시키다, 발행하다, 출판하다, (소매를) 늘이다, 삭제하다, 생략하다
вы́пуск 내 놓는 것, 발행, 생산, 생산고, 분책, 졸업, 생략, 삭제, 목장, 잘라낸 부분, 소매 따위를 넓히는 것
выпускно́й 방출의, 유출의, 공장 생산의, 졸업의
допусти́ть (통행·입장·면회 따위 등을) 허가 하다, 허용하다, 가정하다
до́пуск 통행허가, 상위 한도, (공) 규격의 허용 오차
допусти́мый 허용되는, 인정 할 수 있는, 가정 할 수 있는
допуще́ние 허가, 허용, 가정, 가상
допусти́м 가령, 예를 들어
запусти́ть 힘차게 던지다, 띄워 올리다, (손가락을) 찔러 넣다, 방치하다, (기계를) 움직이게 하다, (머리카락·손톱 등을) 길게 하다, 소비 하다
за́пуск 움직이게 하는 것, 운전시킴, 띄우는 일, 휴경, 금지
взапуски́ 앞 다투어, 서로 겨루어
испусти́ть (소리·빛·냄새를) 방출하다, 내 뿜다, 방사하다
испуска́тельный (소리·빛·냄새를) 방출하는

мочеиспуска́ние 방료
лучеиспуска́ние 발광, 복사
напусти́ть (많이) 넣다, 입장 시키다, 방출 하다, 가장하다, 보내다(군대를), 놓아주다, 교사하다
напусти́ться 달려들다, 엎치다, 욕하다
на́пуск (많이) 넣는 것, 방출하는 것, 벽면보다 앞으로 나온부분, 부인의 앞머리, 개를 짐승을 향하여 부추기는 것
напускно́й 꾸민, 거짓의, 가장한
ниспусти́ть (시·문) 내리다
отпусти́ть 내어주다, 가는 것을 허락하다, 놓아 주다, 자유롭게 하다, 해고하다, 늦추다, 내다 팔다, 지출하다, 생산하다, 제공하다, 말을 하다
отпусти́ться 느슨해지다
о́тпуск (상품을) 내 놓는 것, 지출, 공급, (직장의) 휴가, (관청) 발송서류사본
отпускна́я 농노해방 증서
отпускни́к 휴가 중인 사람
отпускно́й 휴가의, 휴가를 주는
отпуще́ние 죄을 용서 하는 것
отпу́щенник 해방된 노예
перепусти́ть (액체 또는 가루 등을 다른 장소에) 옮기다, 먼저 지나가게 하다, (그물·실 등을) 조금씩 내보내다, 지나치게 넣다, (가열하여 녹인 것을) 식히다, 조금 따르다
перепускно́й 물·가루 같은 것을 따라 옮기기 위한
попусти́ть 묵과하다, 방임하다, 간과하다
попусти́тель 방임자, 묵과자
попусти́тельство 방임, 묵과
попусти́тельствовать 방임하다, 묵과하다, 방해 하지 않다
попуще́ние (신의 의지에 의한) 불행, 재난
пропусти́ть (물 따위를) 통하게 하다, 통과 시키다, 길을 양보하다, (제출 서류를) 통과 시키다, 누락하다, 생략하다, 결석하다, 잃다(기회), (속) 술을 마시다
про́пуск 통행 허가증, 통행권, 결석, 누락된 곳

пропускни́к санпропускни́к 공중 보건소
пропускно́й 통행의, ---вид 통행증
распусти́ть 풀다, 펴다, 넓히다, (꽃 봉오리를) 내밀다, (전염병을) 전파 시키다, (집회) 해산하다, 용해하다, 방종케 하다, 퇴폐시키다
распусти́ться (꽃이) 피다, (싹이) 트다, 풀어지다, 방종하게 되다
распу́колка 활짝핀 꽃 봉오리
распуска́ние 개화, 싹·꽃 봉오리가 트는 것, 푸는 것, 용해
распустёха (속) 차림새가 단정하지 않은 여자
распу́щенность 규율이 없는 것, 방탕, 부도덕
распу́щенный 문란한, 방탕한, 부도덕한
спусти́ть 내리다, 놓아 주다, 물리치다, 진수 시키다, (금전을) 다 써버리다, 짐승을 교미, 시키다, 명령따위를 하달하다, 용서하다, 여위어 무게가 줄다
спусти́ться 내리다, 내려가다
спуск 내리는 것, 내놓는것, 비탈, 경사, (총의) 방아쇠, (약) 납고
спускно́й 내리는, 놓아 주는
водоспу́ск 수문, 갑
ледоспу́ск 제빙 방지
лесоспу́ск 목재 활송
упусти́ть 방심하여 놓치다, 놓아 주다, 제외하다
упуще́ние 태만, 등한

пусто́й 빈, 공허한, 사람이 없는, 짐이 없는, 가치 없는, 무익한, 헛된
пусте́ть 비우다, 황폐하다
пустельга́ 하찮은 것, 시시한 사람
пу́стенький 시시한, 하찮는, 가치 없는
пусто- 공허의 뜻
пустобрёх 자꾸 짖어 대는 개, 수다쟁이
пустова́тый 빈, 공허한, 하찮은
пустова́ть 비어있다
пустоголо́вый 어리석은, 사려가 없는

пустодо́м 살림에 무관심한 주인
пустодо́мство 가계의 내용의 결여
пустозво́н 허풍쟁이, 거짓말쟁이
пустозво́нить 허풍을 떨고 다니다
пустозво́нный 시시한, 쓸데없는, 공허한
пустозво́нство 허풍을 떨고 다니는 것
пустола́йка 필요 없이 짖는 개
пустоме́ля 허풍쟁이
пустопоро́жний 텅빈, 공허한, 쓸데없는
пу́сторосль 삼림이 없는 장소
пустосвя́т 위선자, 위군자, 사이비 신앙가
пустосло́в 수다쟁이
пустосло́вие 쓸데없는 말
пустосло́вить 쓸데없는 말을 하다
пустота́ 빔, 공허, 무가치, 무익, (마음의) 공허, 진공
пустоте́лый (공) 빈틈, 공동
пусто́тный (공) 진공의
пустоцве́т 헛꽃, 수꽃, 미덥지 못한 사람, 사업의 결실을 못 맺는 사람
пустоши́ть 황폐시키다
пу́стошный = пу́стошный 쓸데없는, 시시한, 하찮은
пу́стошь 황무지
пу́стула (의) 농포
пустулёзный 농포의
пусты́нник 은둔자, 속세를 떠난 사람
пустынножи́тель (종) 은둔자
пустынножи́тельство 은둔자의 생활
пусты́нный пусты́нь· пусты́ня의 형용사형
пусты́нь = пусты́ня 은자의 암자, 마을에서 떨어진 수도원
пусты́ня 황야, 사막, 인기척이 없는 곳
пусты́нный 황야과 같은, 황량한, 인기척 없는
пусты́рь 공지, 황무지, (해부)와, 강, 방, 실
пусты́шка 빈건물, 고무 젖꼭지, 시시한 인간
пустя́к = пустяко́вина = пустячо́к 시시한 일, 하찮은 물건
пустяко́вый 시시한, 어이 없는

запусте́ние 황폐, 황량
запусте́ть 황폐해지다, 황폐하게 되다
запусте́лый 황폐한, 방치된
опустоши́ть (опустоша́ть) 황폐하게하다, 짓밟다, 텅비게하다, 정신적으로 퇴폐시키다
опустоше́ние 황폐, 유린
опустоши́тельный 황폐하게 하는, 유린하는
впусту́ю 무익하게, 공연히
впусте́ (토지에 대하여) 방치된 대로
по-пусто́му по́пусту 헛되이, 공연히
спу́ста 공연히, 헛되이
запусте́ть 황폐해 지다, 황량하게 되다
запусте́лый 황폐한, 황량한, 버려둔
запусте́ние 황폐, 황량
опусте́ть → пусте́ть
опусте́лый или опустоши́тельный 사는 사람이 없는, 황량한

пу́тать 뒤얽히게 하다, 혼란 시키다, 당황하게 하다, 혼동하다, 잘못 생각하다, 끌어 들이다, (말의 다리를)묶다, 뒤죽바죽이 되다, 길을 잃다
пу́таться 혼란하다, 얼키다, 당황하다, 간섭하다, 상관하다, (여자와) 관계하다
пу́таник 일을 당하여 당황하는 사람, 일을 분규 시키는 사람
пу́таница 분규, 분란, 혼란
пу́таный 혼란한, 사리에 어두우, 이해가 나쁜
впу́тать 짜 넣다, 감아 넣다, 연루 시키다
впу́таться 섞여 짜지다, 연루되다
вы́путать 풀어서·뜯어서 빼내다
вы́путаться (속박에서) 풀려서 자유가 되다, 궁지에서 벗어나다
запу́тать (머리카락을) 헝크러 뜨리다, 혼란 시키다, 분규시키다, 현혹 시키다, 머리를 혼란 시키다, 말려 들게하다, 뒤죽 박죽 지껄이다
запу́таться 뒤엉키다, 걸리다, 헤매다, 갈피를 못 잡게 되다, 궁지에 몰리다, 나쁜 길로 빠지다
запу́танность 분규, 혼란, 착잡
запу́танный 분규의, 혼란의, 착잡한

напу́тать 엉키게 하다, 복잡하게하다, 잘못하다
опу́тать 감다, 묶다, 껴앉다, 연루 되게 하다, (속) 속이다
отпу́тать 풀다, 풀어서 분류하다
отпу́таться 풀리다, 풀려지다
перепу́тать 뒤범벅이 되게하다, 헝클어 지게 하다, 잘못하여 바꿔다
перепу́таться 헝클어 지다, 뒤범벅이 되다, 분규하다
перепу́танный 뒤엉킨, 혼란된
попу́тать 엉키게 하다, 휘감기게 하다, 유혹하다
попу́таться 헝크러지다, 휘감기다, 뒤죽 박죽이 되다, 여자와 관계하다
подпу́тать (밑으로) 헝크러 지게 하다, 잘못하다
припу́тать 붙잡아 매다, 갈아 넣다, 쓸데없는 것을 삽입하다, 연루 되게 하다
припу́таться 연루 되다, 말려들다
распу́тать 풀다, 뜯다, 해명하다, 밝혀 내다, (묶은 끈을) 풀다
распу́таться 풀리다, 뜯어지다, 명료하게 되다, 면하다, 묶은 끈이 풀리다
спу́тать 휘감기게 하다, 얽키게 하다
спу́таться 얽히다, 혼란하다, 결합하다
упу́тать 단단이 묶다, 싸다, 잘 싸다, 휘감다

путь 길, 도로, 선로, 관, 도, 여행, 진로, 과정, 수단, 이익, 득, 국, 과
путеви́к 철도 선로과 원
пу́тевка 무임 승차권
путеводи́тель 여행 안내서, 지도자
путеводи́тельный 여행 안내의
путево́й 길여·여행의
путе́ец 교통기사, 철도 학교 학생, 철도 종업원, 도로공사 종업원
путе́йский 도로의, 철도 노선의
путеме́р 주행 거리계
путеобхо́дчик 철도 순시인, 보선공

путеочисти́тель (철) 배설(눈) 장치
путепогру́зчик 조립식 레일 운반차
путеподъёмник 레일 기중기
путепрово́д 고가교, 육교, 구름다리
путеукла́дка 철도 레일 부설
путеукла́дчик 철도 레일 부설공
путе́ц 거두집의 깔대기 주둥이, 발파의 도화선
беспу́тица = бездоро́жье 통로의 부족·결여
междупу́тье 선간 거리(철) (복선의)
напу́тственный 출발 기도, 축복, 송별사
напу́тствовать 출발을 축복하다, 송별사를 하다
перепу́тье 십자로, 기로
попу́тный 동행하는, 수수적인, 동반된
попу́тчик 동행하는 사람, 동반자, 가맹자, 참가자
попу́тничество 동반주의
распу́тица 길이 질퍽 질퍽한 시기 (봄에 눈이 녹아), 진창길,
распу́тье 네거리, 기로
спу́тник = сопу́тник 길동무, 동반자, 따라다니는 것, 위성, 배성
метеоспу́тник 기상위성
сопу́тствовать 동행하다, 수반하다, 동시에 일어나다
вполпути́ 중도에서, 중도에
первопу́т (겨울의) 첫 썰매길
сухопу́тье 육로
сухопу́тный 육로의, 뭍의, 육지의
путеше́ствие 여행, 여행기
путеше́ствовать 여행하다, (익살) 걸어서 돌아 다니다
путеше́ственник 여행자, 나그네
отпутеше́ствовать 여행을 마치다
пропутеше́ствовать (얼마 동안) 여행하며 지내다

пу́хнуть 부풀다, 붓다
пу́хленький 포동 포동한
пухлощёкий 뺨이 통통한

пу́хлявый = пу́хлый   부푼, 포동 포동하게 부드러운
запу́хнуть (запу́хать)   완전히 부풀어 오르다
напу́хнуть   붙다, 부어오르다, 부르트다
опу́хать   부풀어 오르다, 부석 부석하다
опу́хлый   부풀어 오른, 부어오른
опухлеро́дный   종기를 일으키는
о́пухоль   종기, 종양
подпуха́ть   조금 붓다, 불룩해 지다
подпу́хлый   조금 부은, 부어오른
припу́хнуть (припу́хать)   조금 붓다
припу́хлость   작은 부스럼
припу́хлый   조금 부은
распу́хнуть   부풀어 오르다, 팽창하다, 굵어지다
распу́хлый   부푼, 부어오른, 굵어진

пу́чить   부풀다
пу́читься   부풀다, 불룩해지다
пучи́на   (공) 도사의 부분적 솟아오름
вспу́чить   부풀어 오르다
вы́пучить   튀어 나오게 하다, 부풀게 하다
вы́пучиться   돌출하다, 불룩해 지다, 부풀어 오르다
распу́чить   부풀어 오르다
пучегла́зие   (의) 안구 돌출증
пучегла́зик   퉁방울 눈을 가진 사람

пыл   분격, 격징, 화열, 불실
пыла́ть   활활타다, 반짝 반짝빛나다, (얼굴이) 붉어지다, 불타다
пы́лкий   잘타는, 타기위한, 활활 타는, 열심인, 불과 같은
пы́лкость   열정적인 것
воспыла́ть → пыла́ть
вспыли́ть   울화통을 터뜨리다
запыла́ть   타기 시작하다
распыла́ться   활활 타오르다, 새빨갛게 되다, 충분하다

пыль   티끌, 먼지
пылеви́дный   가루모양의, 분말상의
пылевса́сывающий   먼지를 빨아 들이는
пыле́мер   (대기중의) 먼지 측정기
пыленепроница́емый   먼지가 스며들 수 없는
пыле́ние   먼지가 일어나는 것
пылеотса́сывающий   먼지를 빨아 들이는
пылеочисти́тель   도로용 진애 청소기
пылесо́с   진공 청소기
пылеу́гольный   분탄
пылеулови́тель   공중 진애 청소기
пыли́нка   가는 먼지
пыли́ть   먼지를 일으키다, 먼지가 일다
пыли́ться   먼지투성이가 되다
пыли́ща   대량의 티끌, 먼지
пыльца́   꽃가루
пы́льник   꽃밥, 방진 외투, 더스트 코트
пыльно́й   먼지의
пы́льный   먼지투성이의
запыли́ть   먼지로 덮히다
запыли́ться   먼지투성이가 되다
опыли́ть   (식물에) 구충제를 살포하다, 수분·수정 시키다
опыли́ться   수분·수정하다
опыле́ние   수분, 수정작용, 식물에 구충제를 살포하는 것
опы́ливатель   살포기(약제)
опыли́тель   (곤충, 새, 바람) 꽃가루을 운반 하는 것, 분무기
ветроопыля́емый   풍매에 의한
насекомоопыля́емый   곤충에 의한 수정의
пропыли́ть   먼지를 뒤집어 씌우다
пропыли́ться   먼지를 뒤집어 쓰다
распыли́ть   안개 같이 불어 흩뜨리다, 분산 하여 힘을 없애다
распыли́ться   작아지다(먼지처럼), 분산되어 힘이 없어지다
распылённый   분산된
распыли́тель   분무기

распы́л на – пошло́ (속) 헛되이 소비 되었다
обеспы́лить   먼지를 제거하다
обеспы́ливание   먼지 제거
отпыло́вка   (원료·반제품의) 먼지를 제거 하는 것
отпыло́вщик   (원료·반제품의) 먼지를 제거 하는 직공

пыта́ть   고문하다, 괴롭히다, 탐구하다, 얻으려고 애쓰다, 질문하다, 묻다
пыта́ться (попыта́ться)   시도하다
пы́тка   고문, 가책, 고통
пытли́вый   뭐든지 알고 싶어 하는, 탐구를 즐기는
пы́точный   고문용의
вы́пытать   캐어내다, 자백시키다, 고문으로 알아 내다
допыта́ть   상세히 심문하다, 심문하여 알아내다
допыта́ться   애써서 알아 내다
о́пыт   시험, 실험, 경험, 체험
опы́тник   실험 담당자, 실험계
о́пытно   시험적, 모범적
о́пытность   경험이 있는 것, 숙련, 숙달
о́пытный   실험의, 시험의, 경험적인, 경험있는, 숙련·숙달된, 재주있는
запыта́ть   몹씨 죽도록 고문하다
испыта́ть   시험하다, 연구하다, 경험하다, 맛보다
испыта́ние   실험, 시험, 괴로운 체험, 시련
испыта́тель   실험자, 시험 검사관
испыта́тельный   실험자의, 시험관의, 연구의
испыту́емый   시험된, 수험의, 수험자, 검사 받는 자
испыту́ющий   예민한, 주의 깊은
попыта́ть   물어보다, 알아 보다, 시험해 보다, 떠보다, 고문하다
попы́тка   기도, 시험, 시도
следопы́т   짐승의 발자국을 발견 하는데 숙련 된 사냥군

пята́   발 뒤꿈치, 저부, 기부
пя́тить   뒷거름 질 치게 하다, 후퇴 시키다
пя́титься   뒤거름질 치다, 후퇴 하다
пя́тка   발 뒷 꿈치, 저부
запя́тить   (밀어서) 다시 뒤로 보내다
запя́тки   (마차 뒷 부분의) 하인석

пятно́   반점, 오점, 얼룩, 오욕, 누명
пятна́ть (пятни́ть)   오점, 얼룩을 남기다, 누명을 씌우다, 명예를 더럽히다
пятни́стый   반점이 있는(의)
пятни́стый тиф   발진 티브스
испятна́ть   온통 얼룩지게 하다
испятна́ться   얼룩투성이가 되다

·· Р ··

раб 노예, 종복, 농노, 자유를 빼앗긴 사람, 굴종자

ра́бий 노예의, 노예적인

рабовладе́лец 노예 소유자

рабовладе́ние 노예 소유, 노예 제도

раболе́пие = раболе́пство 노예 근성, 비굴, 맹종

раболе́пный 노예 근성의, 비굴한

раболе́пствовать 맹목적으로 추종하다, 비굴하게 굴다

рабо́та = рабо́тка 일, 작업, 노동, 일의 결과, 직업

работорго́вец 노예 상인

работорго́вля 노예 매매

ра́бский 노예의, 노예 근성의, 맹종적인, 비굴한

ра́бство 노예 신분, 노예 제도, 착취, 맹종

ра́бствовать 굽신 거리다, 추종하다

рабо́тать 일하다, 노동하다, 작업하다, 움직이다, 작동하다(기계), 제작하다, (말을) 조련하다

рабо́тник 일꾼, 고용인, 종업원, 종사자, 여공, 노동자,

рабо́тницкий 노동자의

рабо́тный 평일의

работода́тель 고용주, 고용자

работоспосо́бность 노동 능력, 노동 적성

работоспосо́бный 노동 능력이 있는, 노동적의

работя́га 일꾼, 근면한 사람

работя́щий 근면한

рабо́че-крестья́нский 노동자와 농민의

рабо́чий 1) 노동자, 노무자, 공원

рабо́чий 2) 노동의, 일의, 작업의, 노동자에 관한, 일의 도움이 되는

рабочко́м 노동 위원회

рабсе́кция 노무과

рабси́ла 노동력, 노동자

врабо́таться 일에 익숙해지다

вы́работать (выраба́тывать) (대규모로) 제조 제작하다, 만들다(계획, 안), (인간 종류를) 만들다, (광) 다파다, 다 채굴하다

выраба́тываться (어떤 종류의 인간이) 되다, (어떤 종류의 습관·성질이) 생기다, (광물이다) 채굴되다

вы́работка 제조품, 제작품, 생산고, (제품의) 품질, 외적 표현

дорабо́тать 일을 끝마치다, 어느때까지 일하다

дорабо́таться --할 때까지 일하다

дорабо́тка (제품·원고·작품 등의) 완성, 일을 끝내는 것, 어느때 까지 일하는 것

зарабо́тать 벌다, (일·노력으로) 얻다

зарабо́таться 너무 일하여 지치다, 정신 없이 일하다

зарабо́тный 일한 대가로 번

зарабо́ток 임금, 노임, 벌이, 돈벌이, 삯일

израбо́тать (속) 작업을 하여 사용해 버리다

израбо́таться 오랫동안 사용하여 쓸모가 없어 지다, 오랫동안 무리한 일을 하여 건강을 해치다

нарабо́тать (많이) 만들다, 완성하다, 돈을 벌다

нарабо́таться 마음껏 일하다, 일하여 지치다

обрабо́тать 가공 정제 정련하다, (문장을) 다듬다, 경작하다, 처리하다, 뜻대로 하다, 설복하다, 잘 결말 짓다

обрабо́таться 사용하기 좋게 되다

обраба́тываемость 가공 될 수 있는 것

обрабо́тка 가공, 정련, 정제, 경작, 퇴고, 완성, 다듬는 것

обрабо́тчик 완성하는 일꾼, 마무리공

деревообраба́тывающий 목재 가공의

деревообрабо́тка 목재 가공

малообрабо́танный 잘 가공 되지 못한, 마무리가 부족한

необрабо́танный 잘 가공 되지 못한, 거치른, 경작하지 않은

отрабо́тать (규정된 시간을) 일하다, (부채등의) 대신으로 일하다, 연습하다(스포츠), 완성하다, 일을 마치다
отрабо́таться 너무 오래 사용하여 쓸모가 없어지다, 일을 마치다
отрабо́тка (부채 등 대신으로) 일하는 것
перерабо́тать 고치다, 개작하다, 가공하다, 섭취하다, 전부 완성하다, (규정 이상으로) 일하다, 기준양을 초과하다, (다른 사람보다) 더 많이 일하다, 과로 하여 건강을 해치다
перерабо́таться 소화되다, 변하다, 변질되다, 과로 하여 건강을 해치다
перерабо́тка 가공, 변형, 개작, 시간외 근무, 가공품, 초과 생산
перерабо́точный 가공의
порабо́тать 얼마 동안 일하다
поработи́ть (порабоща́ть) 노예로 만들다, 예속시키다
поработи́ться 복종하다, 노예가 되다, 예속하다
поработи́тель 억압자, 정복자
порабоще́ние 정복, 억압
подрабо́тать 완성하다, 만들어 내다, (부업으로) 벌다
подрабо́таться (일하여 활동하여) 몸을 해치다, 빨리 늙다
подрабо́тка 부업으로 벌어들인 돈
прирабо́тать 더 많이 벌다, 부수입을 얻다
прирабо́тка = прирабо́ток 부수입, 여분의 수입
прорабо́тать (한동안) 일하다, 작업하다, 연구하다
прора́б 현장감독, 작업감독
прорабо́тка 연구, 검토, 혹평
разрабо́тать 다듬다, 마므르다, 작성하다, 연구 조사 하다, (토지·산림 등을) 이용하기 위하여 필요한 작업을 하다, (광산) 다 채굴하다, (기술을) 연마하다
разрабо́танный 마멸된, 써서 낡아 빠진
разрабо́тка 일의 마무리, 작성, 연구, 경작, 채굴, 벌채, 연마, 채굴업, 채굴 장소

срабо́тать (속) 제작하다
срабо́таться 마모되다, 일의 협력 일치가 잘 되다
сраба́тывать 자기 역량을 나타내다
сраба́тывание 오래 써서 나쁘게 되는 것, 마모된 것
срабо́танный (사용해서) 마모된
срабо́танность 마모율, 일치, 협력
несрабо́танность (일에서) 조화 협조 상호의 이해가 없는 것

ра́вный 서로 같은, **평등한, 동등한**
ра́венство 평등, 균등, 무차별, 등식
ра́внение 평등하게 하는 것, (공) 평평하게 하는 것
равнёхонький 완전히 평등한, 균등한
равни́на 평지, 평원, 평야
равни́нник (스키) 평지 활주자
равноапо́стольный (종) 사도에 준하는
равнобе́дренник 2등변 삼각형
равнобе́дренный 2등변의
равнобо́чий 등변의
равновели́кий 같은 크기의
равнове́сие 균형, 평형, 평균
равнове́сный 균형이 잡힌, 평형된
равновесо́мый 같은 무게의
равноде́йствующий 동등하게 작용하는
равноде́нствие 밤과 낮의 길이가 같은
весе́ннее равноде́нствие 춘분
осе́ннее равноде́нствие 추분
равно- 똑같게, 평등하게, 균등하게, 동일하게
равноду́шие 무관심, 냉담
равноду́шный 무관심한, 냉담한, 냉정한, 무심한
равнозна́чащий 같은 의미의
равноме́рный 동등한, 평등의, 고른, 같은 크기의, (발걸음) 가벼운
равномо́щный 힘이 같은, 같은 세력의
равноостоя́щий 같은 거리의

равнопле́чий   세력 균형의, 균형이 잡힌
равнопотенциа́льный   등위의
равнопра́вие   권리의 평등
равнопра́вный   평등한 권리의
равноси́льный   힘이 같은
равносторо́нний   등변의
равноуго́льный   등각의
равноуско́ренный   등가속도의
равноце́нный   가치가 같은, 의의가 같은, 동등의
равня́ть   동등하게 하다, 평등하게 하다
равня́ться   равня́ться чему --와 동일하다
ро́вня   동등한 사람(어떤 면에서든지)
вро́вень   같은 크기로, 같은 높이로
наравне́ с чем, кем   가지런히, 나란히, 평등하게
нера́венство   불평등, 부등식
нера́вно   만일 -이면 야단이다, --이 아니면 좋으련만
неравноду́шный   동정·호의있는, 흥미있는
неравноме́рный   처음부터 끝까지 같지 않음
неравнопра́вие   권리의 불평등
нера́вный   같지 않은, 상이한, 균형이 잡히지 않은
по́ровну   꼭 같이, 평등하게
поравня́ть   평등하게 하다, 고르게 하다
поравня́ться   고르게 되다, 나란히 하다
подровня́ть (подровнива́ть)   평평하게 하다, 고르게하다
приравня́ть   견주다, 비교하다, 동일시 하다, 버기다
приравня́ться   고르게 되다, 나란히 되다
сравни́ть (сравня́ть)   비교하다, 대조하다, 동일시 하다, 균등시 하다
сравня́ться   동일·균등하다, 비교되다, 대조되다
сравне́ние   비교, 대조
по сравне́нию с кем и чем   --와 비교하여
сравни́тельно   비교하여, 비교적
сравни́тельный   비교의, 대조의

уравня́ть   평등·균등히 하다
уравне́ние   평등·균등하게 하는 것, 방정식, 등식
уравни́ловец   (임금 등의) 균등화를 주장하는 사람
уравни́ловка   (임금 등의) 균등화
уравни́тельность   (권리의) 평등주의
уравни́тельный   (권리의) 평등주의의, 조절 조정하는
уравнове́сить   평형을 유지 시키다, 균형을 잡다
уравнове́ситься   평형을 유지하다, 균형을 이루다
уравнове́шенность   냉정, 침착성
уравнове́шенный   냉정한, 침착성있는

рад   기쁜, 반가운
радёхонек – радёшенек   매우 기쁜
ра́дость   기쁨, 희열, 환희, 즐거운일, 사건, (호칭) 사랑하는 사람
ра́дуга   무지개, 태양의 스팩트럼
ра́дужный   무지개의, 유쾌한, 희망에 찬
ра́достный   기쁜, 즐거운
жизнера́достность   쾌활, 생의 즐거움
ра́довать   기쁘게 하다, 즐겁게 하다
ра́доваться   기뻐하다, 즐거워하다
возра́доваться (обра́доваться)   기뻐하다
нара́доваться   기뻐하고도 남음이 있다
обра́довать = ра́довать   기쁘게 하다
пора́довать   잠깐 동안 기쁘게 하다
пора́доваться   잠깐 동안 기뻐하다

раз   한 번, 일회, 배
ра́зик → раз
разо́к   단 한 번, 겨우 한 번
ра́зом   한 번에, 한숨에, 즉시
разови́к   (극) 한 번만의 출연에 초청된 배우
разово́й = ра́зовый   한 번의
  --биле́т   일회권
враз   (속) 한 번에, 일거에

за́раз 단번에, 동시에
сра́зу 단번에, 한꺼번에, 즉시, 느닷없이
двухра́зовый 2회에 실시되는
одноразовый 일회에 실시되는
трёхра́зовый 3회에 실시 되는

раздражи́ть (раздража́ть) 초조하게 하다, 노하게 하다, 자극하다
раздражи́ться 초조해 지다, 화내다, 염증을 일으키다
раздраже́ние 성내는 것, 흥분, 격분, 자극, 통증, 초조, 분개
раздражённый 초조한, 화난, 염증을 일으킨
раздражи́мый 초조·분개·흥분하게 하는
раздражи́тель 흥분제
раздражи́тельный 초조하기 쉬운, 노하기 쉬운

рази́ть 때리다, 치다, 격파하다, 손해를 끼치다, 놀라게 하다
рази́тельный 경탄할 만한
отрази́ть (отража́ть) 반격하다, 격퇴하다, 되풀이 하여 말하다, 반박하다, 반사 시키다, 반영하다, 재현시키다, 나타내다
отрази́ться (물·거울 등에) 비치다
отража́емость 반사성
отража́тель 반사경, 반사기
отраже́ние 반사, 반영, 격퇴, 변박, 영상, 재현, 구현
отрази́тель 남의 사상을 그냥 받아들여 옮기는 사람
порази́ть (поража́ть) 치다, 때리다, 찌르다, 두들기다, 격파하다, 분쇄하다, 침범하다, 깜짝 놀라게 하다, 깊은 감동 타격을 주다
пораж́аться 대단히 놀라다
пораже́ние (전쟁에서의) 패배, (승부의) 실패, (의) 이상·장애
пораже́нец 패배주의자, 반혁명 일파의 배신자
сража́ть 타도하다, 때려죽이다, 기를 죽이다,

심한 충격을 주다
сража́ться 싸운다, 승부놀이를 하다
сраже́ние 회전, 교전, 전투, (익살) 노름, 도박
зарази́ть (заража́ть) 전염 시키다, 감염 시키다, 채우다
зарази́ться 감염되다
зара́за 전염 병균, 전염병, 악풍, 선동자, 분란을 일으 키는 자
зарази́тельность 전염성, 전염력
зарази́тельный 전염성의, 전염력의, 악영향을 미치는

различи́ть (различа́ть) 구별하다, 알다, 감득하다, 차별하다, 식별하다
различи́ться 다르다, 구별되다
разли́чествовать 다르다, 차이가 있다
разли́чие 차별, 차이
различи́тельный 차별·구별하는
разли́чный 여러 가지의, 서로 다른, 각양각색의

ра́зный (서로) 다른, 같지 않은, 개개의, 여러 가지의
ра́зниться 상이하다, 차이가 있다
ра́зница 차, 차액, 상이, 차이
ра́зно 다르게, 달리, 여러 가지로
разно- 갖가지, 여러 가지의 뜻
ра́зность 차, 상이, 다양, 각색
по-ра́зному 각각으로, 여러 가지로
ра́знствовать 다르다, 같지않다, 차이가 있다
разнобо́й 깨어진 물건, 잡동사니, 불일치, 모순, 당착
разнове́с 작은 분동, 저울추
разнове́ска 작은 분동 한개
разнови́дность 이종, 변종, 변태, 변형, 괴짜
разнови́дный 형태 종류가 다른, 여러 가지의
разновре́менный 시간을 달리 하는
разновысо́кий (스포츠) 높이가 다른
разногла́зый 좌우의 눈빛이 다른, 사팔뜨기
разногла́сие 불일치, 상이, 의견의 구구한 것,

불화, 모순, 당착, (음) 박자 음정이 빗나가는

разногла́сить --кем с чем 의견이 맞지 않다, 당착 모순이다

разногла́сный 소리가 고르지 않은, 모순되는, 일치 하지 않는

разноголо́сица 하모니가 맞지 않는 합창, 불일치, 부등의

разноголо́сый 하모니가 맞지 않는, 여러 가지 소리의

разно́жка 개각 도월 (스포츠)

разнозна́чащий 의미가 다른

разноимённый 이름이 다른, 여러 가지 이름의

разнокали́берный (대포의) 구경이 다른, 형태가 다른

разноли́кий (성상이) 다른 얼굴을 지닌, 얼굴이 다른

разноли́стный (한나무에) 상이한 잎을 가진

разнома́рочный 상표 형이 다른

разнома́стный 색깔이 다른, 얼룩색의, 그림이 다른

разномы́слие 의견·사고방식의 상이

разномы́слящий 의견·사고방식이 상이한

разнообра́зие = разнообра́зность 다양, 부동

разнообра́зить 다양하게 하다, 변화를 주다

разнообра́зиться 다양해지다, 변화가 생기다

разнообра́зный 다양한

разноплемё́нный 다른 종족의, 여러 인송으로 구성된

разноработчий 잡역부(공)

разноре́чить --с кем 의견이 다르다, 반대하다

разноречи́вый 모순되는, 조리가 맞지 않는

разноре́чие (언어·사상의) 모순, 사투리

разноро́дный 종류가 다른, 별종의

разносклоня́емый (명사 등에 대하여) 불규칙 변화의

разносло́жный 여러 가지 음절로 구성되는 (시)

разносо́л (청과물 야채에) 향신료를 넣어 절인 것, 향신료, (보통) 잔손질이 간 음식

разносло́вный 여러 가지 계층에 속하는

разнососта́вный 다성분의

разноспряга́емый (동사) 불규칙 변화의

разносто́пный (시) 운각의 숫자가 다른

разносторо́нний (교양·재능 등) 다방면의, (수) 부등변의

разностро́йный 부조화의

разноти́пный 여러 가지 형의

разното́нный 어조·소리가 서로 다른

разнотра́вье 초원에 여러 가지 풀이 있는

разнохара́ктерный 여러 가지 성질의

разноцве́тный 이색의, 여러 가지 색깔의

разноце́нтренный 편심의

разночте́ние 이본(책)

разношёрстный 얼룩진(말), 잡색의, 혼합된

разноязы́чие 갖가지 언어로 말하는것

разноязы́чный 여러 언어로 말하는, 각국어에 관한

вразноты́к (부사) 무질서 하게

ро́зный 떨어진, 갈라진, 따로 따로의, 반편의, 짝짝이의, 찢어진, 구멍난

ро́знь 반목, 불화, 다르다, 차이나다

ро́зно 별개로, 따로 따로

ро́знить 잡아 당겨서 떼어 놓다, 반으로 가르다

ро́зница 소매, 산매, 소매 상품

разро́знить (разро́знивать) 토막으로 만들다, 잘라 떼어놓다

разро́зниться 외짝이 되다, 짝이 갈라 지다

врозь 혼자서, 헤어져, 따로 따로

врозницу (상) 소매로

по́рознь 따로 따로, 개별적으로, 한사람씩

ра́ма (건) 틀, (공) (자동차의) 뼈대, 프레임, 창문의 틀, 액자의 틀

ра́мка = ра́мочка 작은 틀, 종이 에 그은 테, 범위

рамотёс 목재의 틀·가대 따위의 제작자

подра́мник 캔버스를 펴는 나무틀

обра́мить 틀에 끼우다, 틀을 끼우다, 테두리를 두르다, 에워싸다
обрамле́ние 틀에 끼우는 것, 채우는 것, 틀, 테두리

ра́на 상처, 마음의 아픔, 번뇌
ранево́й 상처의
ране́ние 상처를 입히는 것, 상처, 부상
ра́неный 상처를 입은, 부상자
рани́мый 상처 입기 쉬운
ра́нить 부상 시키다, 상처를 입히다
изра́нить 상처투성이로 만들다
перера́нить (다수 또는 모든 사람을) 부상 시키다, 많이 부상 시키다
пора́нить (몸에) 상처를 입히다, 부상 하다
пора́ниться (자기의 손발 등을) 다치다, 상처 입다
подра́нить 가벼운 상처를 입히다
подра́нок 상처를 입은 새와 짐승

ра́нний 이른, 초기의, 조기의, 너무 이른, 이른 아침의
ра́но 이르게, 빠르게, 시기적으로 앞질러
ранова́то 좀이르게, 조금 일찍이
рань 이른 아침, 새벽
ра́ньше 이전, 이전에는, --보다 먼저
ране́нько 매우 일찍기
ранёхонько = ранёшенько 매우 이르게
раннеспе́лый 조숙한
ра́не → ра́ньше
зара́не = зара́нее 이전에, 사전에, 미리
рань 이른아침
сверхра́нний 극단적으로 이른
спозара́нку = спозара́нок (속) 아침 일찍기

распя́ть 십자가에 못 박다, 책형에 처하다
распя́ться (비꼼) 분골쇄신하다, 노력하다
распя́лка 벌려서 매달기 위한 설치물
распя́тие 책형, 그리스도의 책형상·그림

расти́ 성장하다, 자라다, 증가·발전하다
расте́ние 식물, 초목
растениево́д 식물 재배가, 농예기사
растениево́дство 농업 식물 재배, 농예학
растениепита́тель (농)추비기
раще́ние 육생, 재배
врасти́ (враста́ть) (땅)속으로 자라 들어가다, 새로 태어나다, 갱생하다
взросле́ть 성인이 되다, 성숙하다
взро́слый 어른의, 성숙한, 어른, 성인
возрасти́ (возраста́ть) 증가·증대하다
во́зраст 연령
возраста́ние 증가, 증대, 등귀
вы́расти 발육하다, 성장하다, 자라다, (자라서) 맞지 않게 되다
вы́растить (выра́щивать) 재배하다, 사육하다, 양육하다, 기르다
вы́рост 곁눈, 나무혹(수목 등의 줄기에 생기는)
выростно́й 양육의
вы́росток 일년생 송아지의 날가죽, 부드러운 가죽, 손수 기른 동물
дорасти́ --까지 성장하다, 커지다, --연령에 달하다, --까지 이르다, 발달하다
дорасти́ть --까지 키우다
зарасти́ (초목이) 무성하다, 우거지다, (털이) 빽빽이 자라다, (상처에) 새살이 돋다
зарасти́ть (초목을) 무성하게 자라게 하다, 머리카락 수염을 길게 기르다, 치료하다 (상처를)
за́росль 풀숲, 숲, 잡초나 어린나무등에 덮힌곳
заросто́к (식) 전엽체
израста́ние (농) 작물의 이상 성장
нарасти́ (нараста́ть) 어떤 물건의 표면에 자라다, 끼다, (식물이 많이) 나다, 우거지다, 쌓이다, 늘다, 증가·증대·강화·경화되다
нараста́ние 증가, 증대, 증식, 강화, 격증, 격렬화
нарасти́ть 어떤 물건 위에서 자라게 하다, 생기게 하다, (물건을 이어서) 길게하다, 높게

하다, 증대시키가, (식물 등을) 심다, (이자·빚) 쌓이다

наращение   нарасти의 추명

нарост   군살, 혹, 나무의 마디, 나무 옹이, (공) 물앙금, 물때

надрасти   좀 자라다, 성장하다

недоросль   미성년의 귀족, 응석 바지로 키운 청년, 팔살동이, 철부지

недоросток   (속) 미성년, 키가 작은 사람, 난장이 (동식물에도)

обрасти   (식물 따위가) 덮이다, (털따위가)온통 자라다, (수염따위가) 덮다, 감추다

обрастание   우거짐, 무성함, 다른 생활 양식, 습관을 받아 들이는 것

отрасти   (털 따위가) 어느 정도 자라다, 나다

отрастить   (털 따위를) 키우다, 기르다

отрасль   싹, 싹이 트는 것, 부문, 분과, 자손, 후예

отросток   (식) 움 돋는 싹, 옆으로 나온 새로운 가지, (해) 지선, 가지, 녹각의 가지

перерасти ---кого   어떤사람보다 키가 커지다, 지적·심적발달에 있어서 어떤사람을 앞지르다, 성장하여 어떤것으로 변형·진화하다

переросший   너무성장한

переросток   (학교 따위에) 연령이 지난 아동

порасти   가득히 자라다, 식물로 덮이다, 무성하다, 키가 자라다, 신장이 늘다

порастить   키우다, (유아를) 자라게하다

поросль   (그루터기 등에서 나온) 나무싹, 새가지, 어린 나무숲, 덤불숲

подрасти   조금 성장하다, 조금 커지다

подрасти (подрастать)   조금 성장 시키다, 조금 커지게 하다

подрост   어린나무, 어린 숲

подросток   소년, 소녀, (12세- 16세)

прирасти   뿌리를 내리다, 유착하다 (피부 따위가) 늘어나다, 증가하다

прирастить (приращать, приращивать)   유착 시키다, 뿌리를 내리게 하다, 합성시키다, 늘리다

приращение   증식, 증가, (수) 급수

прирост   (수량의) 증가, 증식

приросток   융기, 돋아난 것

прорасти   발아하다, 싹트다, 어떤 물건을 통하여 자라다, (얼마 동안) 생육하다

прорастить   발아 시키다

прорастание   발아(식)

пророст   발아, 싹틈, 움틈

проросток → пророст

прорость   중간층을 이루는 것, 비계속의 살코기, 과육의 맥

произрасти   성장하다, 자라다

разрастись   번성하다, (사건 따위가) 확대되다, 진전하다

разрастить   크게 번성시키다, 번식시키다

разращение   번성 번식시키는 것, 번성, 번식, 확대

срастись   유착 접합하다(골절 따위가), 부착하다(접목 등)

срастить   합성시키다, 접합 시키다, 꼬아서 합치다, 섞다

срастание   유착, 접합(골절 따위가), 합생(접목)

сращение   유착, 이어 맞춤

сращивание   제휴, 합동

срост   유착한 부위, 합성부

сросток   총생림, 합생체

урасти   오그라 들다, 줄어 들다, (식물로) 가득 덮히다

ростить → растить

рост   성장, 발육, 신장, 키, 증대, 발달, 이자, 연령

ростовой   성자의, 발육의, 금리의

ростовщик   고리대금 업자

ростовщичество   고리대금업, 고리를 취하는 일

росток   싹, 싹트는 것, 접지, 맹아, 조짐

росточек   рост의 (축소형) 신장, 키

рослый   키가큰, 초목이 무성한

растелиться   (소가) 새끼를 낳다

P

расти́тельность (어느 지방의) 식물, 식물계, 체모
расти́тельный 식물의, 식물서의, 식물에 기생하는, 성장의
во́доросль 물에 사는 은화 식물, 해초
доморо́щенный 세상 물정을 모르는, 평범한, 시시한, 집에서 기른(동물)

рвать 세게 잡아 당기다(뽑으려고), 잡아 빼다, 빼앗아 갈취하다, 잘게 찢다, 끊다, 쿡쿡 쑤시며 아프다, 구토하다
рва́ться 찢어지다, 갈갈이 깨지다, 망가지다, 파열하가, 작열하다, 지향하다, 열망하다
рвану́ть 힘껏 잡아당기다, 횡령하다
рвану́ться 급하게 달리기 시작하다, (속) 파열하다
рва́ный 갈갈이 찢어진, 해진, 풀린
рвань 누더기 옷, 찢어진 신발, 남아서 버린 실·천, 인간 쓰레기
рванье́ 잡아 뽑는 것, 빼앗는 것, 잘게 찢기, 뜯어 자르기
рве́ние 열의, 성의
рвач 제 잇속만 차리는 욕심쟁이
рва́чество 탐욕, 강한 욕심
рво́та 구토, 구토물
рво́тный 토하게 하는
рыво́к 급격하게 일시적으로 일어나는 동작·노력, 갑자기 강하게 사람을 잡아 끄는 것
срыв 결렬(회의 등의), 좌절, 실패(계획 등의), 결함
сры́ву → сры́вка 휙, 날렵하게, 급격히, 퉁명스럽게
сры́вщик (일·계획 등을) 좌절 시키는·무너뜨리는 사람
взорва́ть 폭파하다, 격노시키다
взорва́ться 폭파되다, 격노 하다, 파열하다
взрыв 폭파, 파열, 갑자기 격하게 일어나는 현상
взрыва́тель 기폭장치, 폭발 신관
взрывни́к 폭파 기술자, 발파공

взрывно́й 폭파의, 파열의
взрывобезопа́сный 비폭발성의, 폭발의 위험이 없는
взры́вчатка 폭발물
взры́вчатый 폭발의, 폭발성의
взры́вщик 발파공
вы́рвать 빼내다, 뜯어내다, 잡아 떼다, 강제로 -하게 하다
вы́рваться 찢겨 나가다, 미끄러져 나가다, 뿌리치고 도망가다, (말이) 무심코 나오다, 내뿜다
дорва́ть 찢다, 따다, 해지도록 입다·신다
дорва́ться (의복·신발이) 다 헤어 지다, 떨어지다, 겨우 손에 넣다
изорва́ть 갈기 갈기 찢다, 여러개로 부수다
изорва́ться 갈기 갈기 찢어지다, 누더기가 되다(옷 따위가)
нарва́ть (많이) 꺽다, 뽑아서 모으다, 따다, 뜯다, 찢다
нарва́ться (좋지 못한 일과) 만나다, 부닥치다
надорва́ть (윗쪽·가장자리를) 좀 찢다, 과로로 몸을 상하게 하다
надорва́ться (노력·상심으로) 녹초가 되다, 지치다, 노력하다, 위가 좀 찢어지다
надо́рванный (감정에 대하여) 발작적인
надры́в 벤자국, 괴로운 긴장, 피로, 의기 소침, 감정의 강한 발작
надры́вистый 발작적인, 신경질 적인, 격한
надры́вный 감정 발작의, 단장의 느낌을 주는
оборва́ть 주위를 잡아 뜯다, 비틀어 따다, (자기의 말을) 갑자기 중도에 그치다, (남의 이야기를) 급히 중지 시키다, 급히 가로 막다
оборва́ться 찢어지다, 끊기다, 떨어지다, 빠지다, 갑자기 중단하다
оборва́шка 누더기를 입은 사람
оборва́нец = обо́рвыш 누더기를 입은 사람, 부랑자, 건달 (주로 아이들에 대하여)
обо́рванный 헤어져서 누더기가 된, 누더기를 몸에 걸친, 산산 조각난
обры́в 낭떠러지, 절벽, 자르는 것, 잘린 자리

обры́вистый 가파른, 험한, 끊어질 듯한

обры́вность 잘린 곳, 깨진 곳, (실을 잣다가) 실이 끊어지는 것

обры́вок 잘린 끝, 지스러기, 단편

оторва́ть 찢어내다, 잡아 뜯다, 분리 시키다

оторва́ться 찢어지다, 부서지다, 갈라지다, 떠나다, 버리다, 멀어지다

ото́рванность 격리, 분리, 고독

отры́в 찢어 지는 것, 뜯어 내는 것, 분리, 분할

отры́вистый 단속 적인

отрывно́й 찢어내는, 뜯어내는

отры́вок (문학 작품, 희곡, 논고의) 단편

безотры́вник 생산에 열중하면서 학습하는 노동자

безотры́вный 생산에 열심인

перерва́ть 양단하다, 찢다, 끊다, 중단 시키다, 자르다

перерва́ться 끊어지다, 찢어지다, 중단하다

переры́в 중단, 중절, 휴지, 휴식, 휴식시간 (수업, 회의등의), 가라진 틈, 금이 간곳

переры́вчатый 중단이 있는, 공백이 있는

вперерыв = наперерыв 앞을 타투어, 경쟁하여, 겨루어

порыва́ть (조금) 찢다, 뜯다, (с кем) (관계등을 끊다), 절교하다, 따서 모으다, 곪아서 아프다, 구토하다

порыва́ться 찢어지다, 끊기다, (관계가) 단절되다, 발작적으로 움직이다

поры́в 째지는 것, 끊어 지는 것, 절단, 돌발, 격돌, 충동, 발작

порыва́ние 단절, 단교, 절교

поры́вистый 돌발 적인, 발작적인, 성급한

подорва́ть (밑으로부터, 내부로부터) 찢다, 잡아 뜯다, 찢어내다, (잎을) 따다, 폭파하다, 해치다, 훼손하다

подорва́ться 손상하다, 훼손되다, 찢어지다

подры́в (아래·안에서부터) 찢는 것, 폭파, 훼손, 파괴, (밑에서) 파는 것, 땅에 묻은 것을 파내는 것

подры́вник (군) 폭파하는 사람

подрывно́й 폭파용의, 파괴의

подры́вщик (광) 발파하는 사람

прерва́ть 끊다, 중단하다, 중적 시키다, 차단하다

прерва́ться 중단하다, 끊어 지다

прерыва́тель (전) 전류의 자동 차단기

преры́вистый 중간에서 끊어 지는

беспреры́вный 중단 없는, 연속적인

непреры́вка 주간 무휴 취업 집무제도, 교대 휴가 연속 노동제

непреры́вный 중단 없는, 연속적인

прорва́ть (찢어·부수어) 구멍을 내다, 돌파하다(적진따위에), (제방 따위를) 무너뜨리다, (속) (짜증이) 일어나다

прорва́ться (찢겨서·터져서) 구멍이 나다, 무너지다, 터지다, 돌파당하다, 붕괴 되다, 사이를 뚫고 전진하다

про́рва 막대한 수량, 다수, 새로생긴 하상, 강 호수의 깊은 곳, 입, 목구멍

проры́в 붕괴, 무너진 곳, 돌파, 돌파구, 터지는 것 (종기등의), (작업의) 지체, 미 달성

проры́вка 굴착, 파는 것, 솎는 것

проры́вщик 생산을 지체 시키는 사람, 또는 과제를 수행 하지 않는 사람

разорва́ть 잡아 찢다, 잡아 째다, (관계를) 끊다, 절교하다, 파열·폭발하다

разорва́ться 찢어지다, 망가지다, 파열하다, 단번에 많은 일을 하다

разры́в 파열, 작열, 갈라진곳, 잘린곳, 결렬, 단절, 불화, 단교, 불균형, (전) 간격

разрывно́й 파열의, 폭발용의

сорва́ть (срыва́ть) 비틀어 짜다, 찢어지다, 빼았다, (회의·교섭 등)을 결렬시키다, (계획 따위를) 좌절 시키다

срыва́ться 떨어져 나가다, 벗겨지다, 떨어지다, (소리·말이) 갑자기 나오다, (회의 등이), 결렬 되다, 좌절 실패하다

срыв 결렬, 좌절, 실패, 결함

срывка → сры́ву 홱, 날렵하게, 급격히, 퉁명스럽게

срывщик (일·계획 등을) 좌절 시키는 사람
урвать (급히) 비틀어 뜯다, 찢다, 속여서 취하다, 탈취하다, 시간을 내다
урваться 틈을 내다 (시간)
урывками 틈틈이, 때때로, 사이사이에
урывочками 잠깐 틈을 내어
урывочный 사아사이의 짬을 보아서 하는

реализовать (реализировать) 실현시키다, 이행하다, 팔다, 정금으로 바꾸다
реализоваться 실현하다, 현금으로 교환하다
реал 스페인의 옛 은화, 식자틀, 실재, 실수
реализация 실현, 실시, 이해, 정금으로 바꾸는 것
реализм 실념론, 실제론, 사실주의, 실학주의, 현실주의
реалист 실제론자, 사실주의 자,
реалистический → реалистичный
реалистичный 실제적인, 현실적인, 실현가능한
реальность 현실성, 실제성, 현실, 실제, 사실
реальный 실제로 존재하는, 실제적인, 실과적인
иррреальный 비현실적인
нереальный 실체가 없는, 가공의, 비현실적인
сюрреализм 초현실주의
сюрреалист 초현실주의 자

ребёнок 유아, 간난아기, 어린이, (복수) 젊은 이들, 동료들, 무분별한 사람
ребята 젊은 이들 (장교가 사병을·주인이 고용인을 친근하게 부를 때 쓰임), 동료, 친구
ребятёнок → ребёнок
ребятишки (속) 조그만 아이들
ребятки → ребята
ребятия = ребятня 아이들
ребятушки → ребята
ребяческий 어린이 같은, 생각이 젊은
ребячество 유아·소아시절, 어린이 같은 짓
ребячий 어린이의

ребячиться 어린이 같이 행동하다
ребячливый 어린이다운, 어린이와 같은

ревизия 검사, 검열, 심사, 개정, 수정
ревизионизм (러시아) 수정파 사회주의
ревизионист 수정주의자
ревизионный → ревизия
ревизовать (обревизовать) 검사·검열·심사를 행하다, 수정하다, 개정하다
ревизовка → ревизия
ревизор 감사, 감사관, 검찰관, 감독관

ревность 질투, 질시, 선망, 시샘, 열중, 열심
ревновать -- кому чем 질투하다, 선망하다, 노력하다, 열중하다
ревнивец 질투가 심한 사람
ревнивый 질투심이 강한, 시샘이 많은, 질투의 마음으로 가득찬
ревнитель 열성, 열심가, 열성적인 옹호자
ревностный 열심인, 열중하는, 열성적인
взревновать 질투를 일으키다
возревновать о чём 열중하다, 열심히 하다
поревновать (잠시) 질투하다, --을 위하여 애쓰다, 열중하다
приревновать к кому 질투하다

революция 혁명, 근본적 변혁
революционер 혁명가, 혁명당원
революционизировать 혁명화 하다, 변혁하다,
революционизироваться 혁명화 되다
революционизм 혁명주의
революционный 혁명의

регистрация 기입, 기록, 등록, 등기
регистр 목록, 표, (음) 성역, 조음장치, 조절기, 선박관리청
регистратор 서록계, 서기, 파일
регистратура 기록과, 등록소, 등기소, 서기의 직책

регистри́ровать (зарегистри́ровать) 기입·기록하다, 등록·등기하다

регистри́роваться 자기를 등록하다, 결혼을 등록하다

реги́стровый → реги́стр

перерегистри́ровать 재등록하다, 복적하다

перерегистри́роваться 복적하다

перерегистра́ция 재등록, 복적

регули́ровать 정돈·조정·조절·정리하다

регули́рование 정리, 조절, 정돈

регулиро́вка → регули́рование

регулиро́вщик 조정자, 정리원

ре́гулы 월경

регуля́рность 규칙 바른 것, 정규

регуля́рный 규칙적인, 정규의

регуляти́вный 규제적, 통제적

регуля́тор 조절자, 정리자, 조정자, 자동 조절기, 표준시계

регуля́ция 회복, 재생

зарегули́ровать 규제하다

отрегули́ровать 반응하다

разрегули́ровать 조직의 움직임을 망치다

урегули́ровать → регули́ровать

реда́ктор 편집자, 편찬자, 기초자

редакти́ровать 교정하다, 편집·편찬하다, 글로 말로 표현하다

реда́кторствовать 편집업무에 종사하다

редакту́ра (원고의) 교정

редакцио́нный (신문·잡지의) 편집국

реда́кция 교정, 감수, 완성된 원고, 편집국, 편집자, 표현 형식

средакти́ровать редакти́ровать의 완료형

ре́дкий = редча́йший = реде́нький 보기 드문, 진귀한, 성긴, 길이 거친, 희박한

ре́дкость 드문 진귀한 것, 현상, 희박한 것, 진귀품

редни́на 조잡하게 짠 천

и́зредка 드믈게, 가끔, 군데 군데

нере́дкий 드믈지 않게, 종종 있는, 보통의

реде́ть (пореде́ть) 드믈게 되다, 결이 거칠어지다, 희박해 지다

изреди́ть (수목·곡초·목초) 성기게 자라게 하다

изре́женный = изрежённый 지나치게 성기게 자란, 발아율이 나쁜

пореди́ть (숲을) 솎다, 솎아베다, (식물을) 솎다

проре́живание (식물·작물을) 솎아 내는 것

разреди́ть 드문 드문 성기게 하다, 희박하게 하다

разреди́ться 드문 드문 성기게 되다, 희박 해지다

разреже́ние 드문 드문 성기게 하는 것

разрежённый 성긴, 희박한

разряди́ть (문) 긴장을 완화하다, 간격을 두다

разря́дка 어떤 말을 강조 하기 위하여 글자 사이를 비우는 것

вразря́дку 글 사이를 떼어서

редковоло́сый 머리털이 성긴

редкозу́бый 이사가 뜬, 이가 성긴

редколе́сье 나무가 드문 숲

редкометалли́ческий 희귀 금속의

редкосло́йный 층이 적은

ре́дкостный 드문, 진귀한, 예외적인

ре́дька 무우

ре́дечка → ре́дька

ре́дечный 무우의

ре́зать (резну́ть, заре́зать) 자르다, 끊다, 베다, (사람·동물 등을) 도살하다, 절개하다(종기 등을), (익살) 수술하다, 표면을 긁다, 새기다, 조각하다, 따끔한 아픔을 느끼게하다, (с-) 낙제 시키다, 직언하다, (테니스) 자르다, (칼 따위) 들다, 날이 베어지다

ре́заться 낙제하다, 자해하다, (속) 이가나다, 승부를 걸다, (с кем) 백병전을 하다, (배가)

아프다

резак = резачок 조각용칼, (절단기의) 머리 부분 칼, 석고 세공용의 작은 갈, (고) 돌도끼, 재단사, 도살자, 부엌칼

резалка 절단도구, 생선을 저미는 여공 (통조림 공장에서)

резальный 절단용의

резальщик 절단공

резание резать의 명사형

резнуть 힘차게 베다

резаный 절단된, 잘린데서 생긴, (정구) 컽팅

резец 물건을 자르는 도구, 재단기, 조각, 앞니, 돌도끼

резецировать (의) 절제하다

резка 절단, 여물, 카드놀이에서 속이는 방법

резник 정육점, 유태인의 희생 동물을 잡는 도살자

резной 조각의, 절단용의

резня 칼 부림, 몰살, 학살, 맹렬한 승부

резчик 조각가, 조물사, 재단공, 기구 기계의 물건을 자르는 부분

резь 찌르는 듯한 아픔, 격통, 잘라낸 곳

резьба 조각, 조각물, 조각모양, 나선형의 홈

резьбовой 조각용의

резьбомер 나삿니를 측정하는 기계

бензорез (벤진을 사용하는) 금속 절단기

болторез 볼트 절단기

зуборезный 이빨 톱니 모양으로 만들기 위한

врезать --во что 잘라서 끼우다

врезаться 돌입하다, 움푹 파고 들어 가다, (마음에) 깊이 새기다, (속) 반하다

врезка 잘라서 끼우는 것

врезной 잘라서 끼운

взрезать 가르다, 자르다, 째다

взрез 절개, 베인자리

вырезать 잘라내다, 잘라서 만들다, (목석 금속에) 새기다, (토지를) 잘라내다, 살육하다, 물어 죽이다 (늑대 따위가)

вырезаться 절취·절단이 되다, 또렷이 드러나다, 그려지다

вырез 잘라내는 것, (부인복의) 목 둘레를 깊이 파낸홈

вырезка 잘라 내는 것, (신문 따위의) 오린 것, 등심살의 좋은 부분

вырезной 새긴, 조각한, (부인복의) 목 둘래를 깊이 파낸

навырез 갈라 봐서 그만둔다는 약속으로(수박·참외 등을 살 때)

дорезать 자르기를 마치다, --까지 자르다, 도살을 마치다

зарезать (사람을) 참살하다, (짐승을) 도살하다, 물어 죽이다, 파멸시키다, (말을) 지나치게 타서 죽다

зарезаться 목을 베어 자살하다

зарез 재난, 곤경, 위기

позарез (속) 극히, 매우

изрезать 잘게 썰다, 토막치다, (하구·만 등이 해안선을) 굴곡지게 만들다, 썰고 토막친 자국이 가득하다

изрезаться 자기 몸을 칼자국투성이로 만들다, 상처투성이가 되다

нарезать 많이 베다, 자르다, 잘라내다, 눈금을 만들다, (땅을) 나누다, 할당하다, (어떤 양) 베어 죽이다(닭 등), (짐을 지는 멜방이) 찰과상을 남기다

нарезаться (속) 술에 취하다

нарезка 분할지, 나선, 총의 강선

нарезной 벤 자국 눈금이 있는, 강선 나선이 있는

надрезать 위를 약간 베다, 베서 자국을 내다

надрез 벤자국, (표면적인) 절개(의)

обрезать 일부를 자르다, 잘라 줄이다, 주위를 자르다, 절상을 입다, (사람의 말을) 가로막다, (종) 할례를 실시하다

обрезаться 칼 유리 등으로 상처를 입다, 실패하다

обрез 벤자리, 횡단면, 일종의 짧은 총, 통을 반으로 자른 것, 벽의 들어간곳, 제본용 제단 용구

обрезанец 할례를 받은 사람

обре́зание 할례
обрезно́й 끝을 자른
обре́зок 절단, 자른 부스러기
обре́зчик 절단공
отре́зать 잘라 내다, 잘라서 떼다, 절단하다, 저지하다, 차단하다, 연락 관계를 끊다, 단호하고 거칠게 대하다,
отре́з 절단, 복지, 천(옷감), 자른 단면, 한군데의 토지
отре́занность 연락 관련이 없는 것
отрезно́й 잘라내는, 분계된
отре́зок= отре́зочек 농민에게서 빼앗은 토지
переpе́зать 절단하다, 재단하다, 여러곳을 베다, (다수·전부를) 베어 죽이다, (길을) 가로막다, 분계하다, 구분하다
переpе́з 절단, 재단, 절단한 곳, 절단면
напереpе́з (어떤 사람의 앞을) 가로 질러
поре́зать 베다, 베어 상처를 재다, (다수)베어 죽이다, 도살하다, (빵 등을) 필요한 수대로 자르다
поре́заться (자기에게) 상처를 내다, 놀이·승부에 열중하다, 시험에 떨어지다
поре́з = поре́зь 절상, 상처를 내는 것
подре́зать (짧게 하기 위하여) 자르다, 절단하다, (밑을) 자르다, 잘라내다, 구멍을 뚫다, 붕괴 시키다, (카드) 분배하다, (스포츠) 스핀을 주다, (가축을) 거세하다
подре́з 벤자리
подре́зка 선반에 의한 절단면
подре́зчик 자르는 사람, 활자공
приpе́зать 숨통을 끊다, 죽이다, (전부 다수를) 족이다(조·수를), (땅을) 측량하여 보태다
приpе́з → приpе́зка
приpезно́й 측량하여 보태진
проpе́зать (проpе́зывать) 베어내다, 절단하다, 베어서 구멍을 내다, 관통하다, 횡단하다
проpе́заться (이가) 나오다, 헤치고 나가다
проpе́з 절단 하는 것, 구멍을 뚫는 것, 구멍, 재단 한 곳, 관통(철도·도로)

прорезно́й 찟긴, 끊긴, 절단된, 잘린
проре́зка = проре́зывание 절단 하는 것, 구멍을 뚫는 것, 재단 해 자르는 것
про́pезь 구멍 뚫은 구멍, 활어조가 있는 배
разpе́зать 자르다 (잘게), (외) 절단하다, 구분하다, 돌파하다
разpе́з 절단, 단면, (외) 절개,
разpеза́льный 절단용의, 절개용의
разpеза́льщик 절단공
разpезно́й 절단용의, 절개 용의
вразpе́з 반대로, --에 반하여 (다음에 전치사 с를 취한다)
сpе́зать 잘라내다, 떼어내다, (시험에서) 낙제 시키다, (스포츠) 공을 깎아 치다
сpе́заться (시험에서) 낙제하다, 남의 앞에서 창피를 당하다
сpез 벗겨내는 것, 절단, 절단면, 현미경 검사에 쓰이는 박편
сpеза́льщик 절단공
сpеза́нный 튀어나오지 않은, 평평한, 바싹 깎은, 짧은
сpе́зка сpе́зать의 추명 (스) 깎아 친공
сpезно́й 절단된, 절단 되는
сpе́зок 단면
уpе́зать 베어내다, 잘라서 줄이다, 감축 감소하다
уpе́з = уpе́зка 절취하는 것, 잘라서 줄이는 것
уpе́зник 제화용 칼

рези́на 고무, 차 바퀴(타이어)
рези́нить --에 고무를 입히다
рези́нка 고무 지우개, 고무줄
рези́нковый 고무제품의, 이렇게 저렇게 해석될 수 있는
рези́нщик 고무 제품 제조공, 지연시키는 사람
проpе́зинить 고무를 입히다·칠하다
проpези́нка 고무를 입히는 것

результа́т 결과, 결말, 귀결, 기록, 레코드
результати́вность → результати́вный

результати́вный 결과적인, 결말을 가져오는, 풍부한 결과를 가져오는
результа́тный 총계적인
результи́рующий 결과로 나타나는, 귀결되는
безрезульта́тный 결실없는, 무효의, 실패한
небезрезульта́тный 헛되지 않은, 어떤효과·성과가 있는, 결과가 없지 않은

рекла́ма 광고, 선전
реклама́ция 반박, 항의, 이의 신청, 손해 배상 청구
реклами́ровать 광고하다, 선전하다, 무턱대로 칭찬하여 --에 대하여 손해 배상을 요구하다
реклами́ст 자가 선전가, 광고 제작자
рекла́мный 광고의
рекламода́тель 광고주

рекомендова́ть 추천·천거하다, 소개하다, 권하다
рекомендова́ться 자기소개하다, 추천되다, 권고되다
рекоменда́тельный 추천의, 천거의, 소개의
рекоменда́ция 추천, 천거, 소개
зарекомендова́ть 자기의 장점·단점을 나타내다, 자신을 과시하다
отрекомендова́ть 소개하다, 추천하다
отрекомендова́ться 자기소개를 하다

ре́ктор 대학총장, 대학장, 신학교장
ректора́т ректор의 사무국
проре́ктор 대학 부총장, 신학교 부교장

рели́гия 종교
религио́зность 신앙심이 깊은 것
религио́зный 종교의, 신앙의, 신앙심이 깊은
антирелигио́зник 반종교 선전자
антирелигио́зный 반종교의

рельс= ре́льса 궤도, 레일

рельсопрока́тный 레일 제조의
рельсопрока́тчик 레일 압연공

реме́нь 혁대, 가죽끈, 벨트
реме́нный→ реме́нь
реме́шечник →реме́шник
ремешко́вый → ремешо́к
реме́шник 혁대만드는 직공, 가죽제품직공
ремешо́к - реме́нь
ремне́ц 물고기·새의 기생충
ремнецве́тник 참나무 겨우살이 (상록 기생관목)

ремо́нт 수리, 수선, 수복, 마필의 보충, 가축의 보충
ремонти́ровать 수리하다, 수선하다, 말필을 보충하기 위해 구입하다
ремонтиро́вка 수선, 수리
ремо́нтник 수리공
ремо́нтный 수리의, 수선의, (가축의) 보충의
отремонти́ровать 수선하다
подремонти́ровать 약간 수선하다

ресу́рс = ресу́рс 자원, 재원, 수단
гидроресу́рсы 수자원

рефле́кс 반사작용, 반사운동, 반영, 반응, 그림자, 영상
рефлекти́ровать 반응하다, 반사 작용을 일으키다, 반성하다
рефле́ксия 반사, 반성, 자기 관찰
рефле́ксный 리플렉스 증폭방식의
рефлексоло́гия 반사학
рефлекти́вный 반사적인, 반사성의
рефлектоме́тр 반사계
рефле́ктор 반사망원경, 반사경
рефлекто́рный → рефле́кс
усло́вный рефле́кс 조건반사

рефо́рма 개혁, 개신, 혁신, 개정, 정치적 개혁, 농노해방

реформи́ровать 개혁하다, 개신하다,
реформи́роваться 자신을 개혁하다, 변화하다
реформа́т 개혁파 (칼빈파) 교회신자
реформа́тор 개혁·혁신·개신을 수행하는 사람, 종교개혁가
реформато́рий 소년 교도소
реформа́тство 개혁파 (칼빈파) 교회
реформа́ция 종교개혁
рефо́рменный → рефо́рма
реформи́зм 사회개량주의
реформи́ст 사회개량주의자
реформи́стский 사회개량주의의

реце́пт 처방전, 만드는 법, 행하는 방법
рецепта́р 조제사
рецепту́ра 처방, 처방론

речь 언어, 말, 낱말, 방언, 연설, 강연, 논고, 치사, 회화, 화제, 소문, 풍설
речу́га 연설
речево́й 언어의
рече́ние 성구, 숙어
речённый 위에 말한
речи́вый 수다스러운
речи́стый 웅변의, 수다스러운
изре́чь = изрека́ть 말하다, 진술하다, 엄숙근엄하게 말하다
наре́чь 이름을 짓나
нарека́ться 이름지어 지다, 불리우다
проре́чь (прорека́ть) 예언하다 (지금은 비꼼)
проро́к 예언자, 선지자
велеречи́вый (현대에는 야유) 웅변적인, 과장된
злоречи́вый 입이 더러운, 독설을 말하는
красноречи́вый 달변한, (심중 일의 내용을) 잘 나타 내는
перека́ться 논쟁하다, 의논하다
перека́ние 의논, 논쟁
малоречи́вый 과묵한

многоречи́вый 말이 많은, 수다스러운
простре́чие 속어, 구어
разноречи́вый 모순 되는, 반대하여
разноре́чие (언어·사상의) 모순, 당착, 사투리
разноре́чить 의견이 다르다, 반대하다
сладкоречи́вый 명쾌한 변설의, 입에 발린말을 잘하는
тихоречи́вый 조용히 말하는 (고어)

реши́ть (реша́ть) 풀다, 해결하다, 해답을 주다, 결정하다, 정하다, 결심하다, 판단하다, 죽이다
реша́ться 풀어지다, 해결되다, 결심하다, 상실하다, 잃다
реша́емость 해결의 가능성
реша́ющий → реша́ть 결정적인, 가장 중요한
реше́бник 문제 해답서, 교과서의 자습서
реше́ние 해답, 해결, 결정, 결의, 판결, 제정
решённый 확정 되어 있는
реши́мость 결의, 결단력, 각오
реши́тельно 단호히, 결연히, 과감히, 뚜렸히
реши́тельность 단호함, 결연성, 과감성, 결의, 결단
реши́тельный 단호한, 결연한, 과감한, 뚜렸한
вы́решить 완전히 해결하다, 결말을 짓다
вы́решиться 결말이 나다, 해결되다
переши́ть 결정·결심·해결을 변경하다, (법) 재심하다
пореши́ть 결정·결심·해결하다, 끝내다, (일을) 마치다
пореши́ться 결정하다, 정하다
предреши́ть (предреша́ть) 미리 정하다, 예정하다
разреши́ть 허락하다, 허가 인가하다, (논쟁 따위) 해결하다, (문제따위를) 풀다, 면하다, 용서하다
разреши́ться 허락되다, 해결되다, 끝나다, 결말이 나다

разреше́ние 허가, 인가, 해결, 허가증, 분만
разреши́мый 해결이 가능한, 풀수 있는
разреши́тельный 허가의, 해결의

рис 쌀, 벼
рисово́д 쌀생산가
рисово́дство 벼농사
ри́совый 벼의

риск 리스크, 모험, 위험, 위협, 투기, 위험
риско́ванный 모험적인, 애매모호한
рискова́ть (рискну́ть) 감히--하다, 위험을 무릅쓰고 -하다, 도박하다
рисково́й 요행을 노리는, 한판 승부를 거는
риско́вый = риско́ванный 용감한

рисова́ть 스케치하다, 그리다, 서술하다, 묘사하다
рисова́ться 나타나다(그림처럼), 보이다, --로 생각되다, 우쭐대다, 뽐내다, 체하다
рисова́льный 미술 제도의
рисова́льщик 연필, 펜화가, 도공, 스케치 화가
рисова́ние 그리는 것, 미술
рисо́вка 의기 양양한 것, 뽐내는 것
рису́нок 그림 (펜·연필·크레용·화필·수채화 도구의), 도화, 삽화, 윤곽, 모양, 무늬
рису́нчатый 무늬 있는
вы́рисовать 세밀히 그리다
вы́рисоваться 또렷이 나타나다
вы́рисовка 세밀히 그리는 것
дорисова́ть 그리기를 마치다, --까지 그리다, (마음으로) 그리다, 상상하다
дорисо́вка 다 그리기, --까지 그리기
зарисова́ть 그리다, 묘사하다, (화첩등에) 모조리 그리다
зарисова́ться 보이게 하다, 나타나다
зарисо́вка 그리는 것, 묘사, 그림, 그린것
изрисова́ть (종이 따위에) 가득히 그리다, 그려서 소모하다
изрисова́ться 그려서 없어지다, 닳다(색연필 따위가)
нарисова́ть →рисова́ть
обрисова́ть 밑그림 약도를 그리다, 소케치하다, 서술 묘사하다
обрисова́ться 대강 윤곽이 드러나다, (다수 또는 전부를) 그리다
обрисо́вка 소묘, 묘사
перерисова́ть 다시 그리다, (다수 또는 전부를)그리다
подрисова́ть (그림·사진.등에) 수정을 가하다, (군데 군데) 그림을 그리다
пририсова́ть 추가하여 그리다
прорисова́ть (도면의 선을) 똑똑히 긋다, (얼마 동안) 그림을 그리다
срисова́ть 모사하다, 사생하다
срисо́вка 모사, 사생, 묘사

ритм 리듬, 율동, 박자, 운율
ритмиза́ция 율동화, 리듬화
ритмизи́ровать 율동적으로하다
ритмизо́ванный 박자있는, 리듬이 있는
ри́тмика 리듬·운율의 성질·체계, 운율학
ритми́ческий → ритмизо́ванный
ритмопла́стика 리듬체조
аритми́я 비율동적인 것, (의) 부정맥

ро́вно 평평하게, 고르게, 똑같이, 정확히, 바르게, 전혀, 완전히
рове́сник 동갑, 동년배
ровнёхонький 평평한(매우), 단단한
ровнёхонько 평평하게, 똑바르게, 꼭, 완전하게
ро́вность = ровнота́ → ро́вный
ро́вный 고른, 변동이 없는, 균일한, 똑같은
неро́вный (неро́вно) 평탄하지 않은, 울퉁 불퉁한, 굽은, 같지않은, 불균형의, 변덕 스러운
неро́вня 동등하지 않은 사람
ровня́ть 평평하게 하다, 고르게 하다
ровня́ться 고르게 평평하게 되다, 나란히 하다, 따라 잡다

вы́ровнять (вы́ровнить)　평평하게 하다, 정리하다, 정렬 시키다

вы́ровниться　평평해지다, 고쳐 지다, 정렬 시키다, (성장하여 육체가) 튼튼 하여 지다

заровня́ть　(메워서) 평평하게 하다, 고르다,

заровня́ться　수평이 되게 하다, 고르게 되다

обровня́ть　평평하게 하다, 펴다, 눌러펴다

обровня́ться　평평해 지다

поровня́ть　평평하게 하다, 동등하게 하다, (길을) 고르게 하다

подровня́ть　평평하게 하다, 동등하게 하다, (길을) 고르게 하다

приравня́ть　평평하게 하다, 동등하게 하다, (길을) 고르게 하다

разровня́ть　평평하게 하다, 동등하게 하다, (길을) 고르게 하다

сровня́ть　평평하게 하다, 동등하게 하다, (길을) 고르게 하다

сровня́ться　평평하게 되다, 같은 지위가 되다

уровня́ть　평평하게 하다, 고르게 하다

уровня́ться　평평하게 되다, 고르게 되다

у́ровень　수평면, 수준, 표준, 레벨, (임금 등의) 베이스, 수준기

уровнеме́р　수위계, 액면계

рог　뿔, 뿔피리, 뿔로 만든 용기, 도출된 물건, 모서리, 귀퉁이, 혹, 부정한 처의 상징, 화냥년

рога́теть　뿔이 생기다, 아내에게 배반 당하다

орогове́ть　(의) 피부가 각질화 하나

рога́лик　반달 모양의 소형빵

рога́ль　쟁기의 손잡이

рога́стый　커다란 뿔이 난

рога́тик　뿔이난 곤충, 작은 동물

рога́тица　곰 사냥에 쓰이는 작은 창

рога́тка　녹채, 장애물, 옛날의 투석구의 일종, (동물의) 칼, 목걸이

рога́тый　뿔이 난, 뿔모양의, 아내에게 배반당한

рога́ч　사슴 벌레의 총칭, (뿔이 달린) 숫사슴, 큰 부젓가락, (익살) 아내에게 배반 당한 남편

рогови́дный　뿔 모양의

рогови́к　(광) 각석

рогови́на　짐승의 가죽에 생긴 뿔자국 상처

рогови́ца　눈의 각막

рогово́й　뿔의, 뿔 세공의, 뿔피리의

рогоно́сец　(익살) 아내에게 배반당한 남편

рогу́ля = рогу́лина　(모든) 뿔 모양으로 구부러 진 가지

рогу́лька　(모든) 뿔모양으로 구부러진 가지, 뿔 모양의 빵

рогу́льник　마름

вилоро́г　미국산 영양의 일종

злоторо́гий　황금의 뿔을 가진 (초생달등)

криворо́гий　뿔이 굽은

круторо́гий　뿔이 갑자기 위로 굽은

полоро́гий　(동) 암수 모두 뿔을 지닌 (반추 동물에 대하여)

роди́ть (рожа́ть, рожда́ть)　낳다, 출산하다, 일으키다, --의 원인이 되다

роди́ться　태어나다, 출생하다, 생기다, 성장하다, 맺다

род　출생, 태어남, 종족, 씨족, 대, 종류, 족, (식) 속, 성, 풍작, 분만

роди́льница = роже́ница　산부

роди́льный　출산의, 분만의

роди́менький = роди́мый　육친이 낳은, 여보, 당신

роди́мец　(아이들의) 경끼, 임산부의 급간

роди́мый　육친의, 여보

ро́дина　고향, 모국, 조국, 원산지, 발생지, 요람

ро́динка　작은 반점, 점

роди́ны　출산의 축하, 출산

роди́тель　부친, 양친, 부모, 조상

роди́тельный　생격

роди́тельский　양친의, 조상의

ро́дич　(원시사회에서의) 씨족의 구성원

родни́ться　친척관계가 되다, 동일한 범주의 것으로 되다

ро́дненький = родно́й　친밀한 사람에 대한 칭호

родни́к 샘, 원천, 시초
родно́й 육친의, 낳은, 태생의, 고향의, 친애하는, 사랑하는, 친족의
ро́дный 육친이 낳은, 태생의, 친애하는, 사랑하는(호칭으로)
безро́дный 양친이 분명하지 않은, 혈연이 없는, 애국심이 없는, 태생이 비천한
родня́ 친척, 친척의 한사람
родови́тый 명문의
родо́вич 동족자
родово́й 조상의, 전례의, 씨족의, 종족의, 유의, 출산의
родовспомога́тельное учрежде́ние 조산원
родовспомога́тельный 조산의
родовспоможе́ние 조산, 조산을 위한 시책
рододе́ндрон 만병초
родонача́льник 선조, 창건자, 창시자
родосло́вец 계보, 족보
родосло́вие 계보, 족보
ро́дственник 친척, 친족
ро́дственный 친척의, 친근한, 같은 계통의
родство́ 친족관계, 인척관계, 친척, 연고자, 동계관계
рожда́ть 낳다
рожда́емость 출산수, 출생률
рожде́ние 낳는 것, 분만, 탄생, 출생, 생일
рожде́нник 생일을 맞는 사람
рождённый 타고난, --하도록 태어난
врождённый 천부의, 타고난
мертворождённый 사산된
прирождённый 타고난, 천성적인
свободнорождённый 자유의 몸으로 태어난
слепорождённый 장님으로 태어난
рожде́ственский 크리스마스의
рождество́ = ро́жество 크리스 마스, 탄생
роже́ница 산부
врождённый 천부의, 타고난
вы́родиться 퇴화하다, 변이하다
вы́родок = вырожде́нец 괴물 같은 사람, 괴

상한 사람
вырожда́емость 퇴화성, 토화의 정도
вырожде́ние 퇴화, 변성
вырожде́нческий 퇴화의, 퇴화된 사람의
живородя́щий 태생의
живорожде́ние 태생
живорождённый 살아서 태어난
зароди́ть (зарожда́ть) 낳다, 일으키다, 발생시키다
зароди́ться 생기다, (사상·감정이) 일어나다
заро́дыш 태아, 배아
заро́дышевый 태아의, 배아의
зарожде́ние 출생, 발생(감정, 사상 등)
народи́ть (많이) 낳다
народи́ться 태어나다, 생기다
наро́д 국민, 민족
народове́дение 민속학, 토속학
наро́дец 후진·소수민족
наро́дишко → наро́д
наро́дище 인산 인해
наро́дник 인민주의 파
наро́дность 민족, 국민성, 민풍
наро́дный 국민의, 대중의, 일반의, 민족적
наро́дничество 인민주의
наро́дно-демократи́ческий 인민 민주주의
наро́дно-освободи́тельный 인민 해방의
наро́дность 민족, 민족체, 국민성, 국풍
наро́дно-хозя́йственный 국민경제의
народове́д 민속·토속학자
народовла́стие 민주정치
народонаселе́ние 인구
народопра́вство 민주 정치
народове́дение 민속 토속학
междунаро́дный 국제의
принаро́дный 모든 사람앞에서의
обнаро́дывать 공포 선언하다, 일반에게 알리다
общенаро́дный 전민중의, 전국민의, 공개적인
всенаро́дный 전민중의, 전국민의, 공개적인

простонаро́дный   평민의, 서민의
отроди́ться   새 생명을 얻다, 번식하다, 재생하다
о́троду   태어난 이후
отро́дье   (동물의) 변종, (욕설) 자손, 후예, 못된자손
отро́дясь   지금까지 한번도 -하지 않다 (부정사와 함께)
перероди́ть   개조하다, 혁신하다, 변질 시키다
перероди́ться   재생하다, 다시 태어나다, 변질되다, 변하다
переро́д   변질한 곡물, 대풍작
перерожде́нец   (부르주아로) 변질한 사람
перерожде́ние   변질(나쁜 쪽으로), 퇴화, 쇄신, 혁신
перерожде́нчество   (부르주아로) 타락
перероднѝться   (모든사람 많은 사람과) 친척이 되다
породи́ть   낳다, 야기 시키다, 분만 하다, 생산하다
поро́да   (가축·조류) 동일과, (사람) 체격, 문벌, 계급, (동) 순혈종, (광) 광층
поро́дность   어떤 종류에 속하는 것, 순혈종
поро́дный   순종의, 양종의
порожде́ние   소산, 산물
поро́дистость   순혈종, 귀족, 명문 출신
поро́дистый   순종의, 체격이 좋은, 우람한
послеродово́й   산후의
праро́дина   (인종·민족의) 발상지, (동식물의) 기원지
прароди́тель   민족·종족의 조상
предродово́й   출산전의
приро́да   자연, 자연계, 본성, 본질, 태생, 혈통
приро́дный   자연의, 천연의, 나면서부터의, 순수한
природове́д   박물학 교수, 박물학자
природове́дение   박물학
прирождённый   타고난, 천성적인
соро́дич   일가, 친척, 동향인
разроди́ться   번식하다, 번성하다, 분만하다

саморо́дковый   천연광의
саморо́дность   자연 그대로의 것, 본래, 천연, 거칠고 천함
саморо́дный   (광물) 천연의, 타고난
саморо́док   천연광, 타고난 재능이 있는 사람
сродни́ть → роди́ть
сродни́ться   서로 친숙해 지다
сродни́   근친이다
сро́дник   친척
сро́дный   같은 종류의, 적당한, 쓸모있는
сродство́   같은 종류의 것, 친화력
уроди́ть   열매를 맺다, 생산하다, (속) 낳다
уроди́ться   (열매 과일이) 열리다, 나다, 닮다
урожа́й   수확, 작황, 풍작, 다량, 다수
неурожа́й   흉작
недоро́д = неурожа́й   흉작
урожа́йность   풍요, 풍작, 수확량
урожа́йный   수확량의, 풍요한
урождённая   집안에서 태어난 (기혼 부인의 친정 성씨를 말할 때)
уроже́нец   고장 사람, --출신의 사람
уро́довать   불구 기형으로 만들다, 추하게 하다, 부수다, 깨다, 상하게 하다, 비뚤게하다
уро́доваться   불구·기형으로 되다, 추하게 되다
уро́д = уро́дец = уро́дина = уро́диха = уро́дище   불구자, 비정상적인 사람, 추한 사람, 변질자
уро́дливый   기형의, 불구의, 추한, 이상한, 괴상한
уро́дский   불구의, 병신의
уро́дство   기형, 불구, 추한 용모, 추악, 기괴한 물건·성질
водоро́д   수소
кислоро́д   산소
селитроро́д = азо́т   질소
синеро́д   시안(화)
солеро́д   할로겐 화합물
теплоро́д   열소(옛날)
углеро́д   탄소

хлеборо́д 풍작
богоро́дица 성모
богорожде́ние 그리스도의 강림
облагоро́дить 고결 고상하게 만들다, 개량하다
благоро́дный 집안이 좋은, 귀족 출신의, 고결한
неблагоро́дный 천한, 열등한, 귀족출신이 아닌
благоро́дство 가문, 출신이 좋은 것, 우아, 고결
великоро́дный 고귀한 가문 출신의
высокоро́дный → великоро́дны
гноеро́дный 화농시키는 (세균)
двою́родный 사촌
трою́родный 육촌
единоро́дный 독생한
земноро́дный 지상에 태어난
иноро́дец 이민족 (슬라브 민족 이외의 민족의 호칭)
иноро́дный 다른, 관계없는, 별종의
опухлеро́дный 종기를 일으키는
плодоро́дный 열매를 맺는
полноро́дный (법) 같은 부모의
порфироро́дный 왕족·황족 태생의
хлеборо́дный 풍작의, 풍요한
худоро́дный 신분이 낮은, 천한
худоро́дство 신분이 낮은 것, 천한것
чадоро́дие 출산
чадоро́дный 자식을 낳는, 자식이 있는
чужеро́дный → иноро́дный
яйцеро́дный 난생의

рожь 호밀, 쌀보리, 호밀밭
ржано́й 호밀의, 라이보리의
ржа́нище 그 해에 보리·밀을 벤 밭
ржа́нка 밀과 보리의 잡종
ржи → рожь
ржи́ца → рожь
су́ржа 가을밀과 나맥을 동시에 밭에 심는 것, 잡종의 밀

ро́за 장미, 장미속, (보석) 장미형 세공
ро́зан 장미꽃, 장미나무, 흰빵의 일종, 예쁜아이, 아름다운 부인
ро́занчик → ро́зан
роза́рий 장미원, 장미꽃밭
роза́риум → роза́рий
розова́тый 장미빛이 나는
розове́ть 장미색을 띠다
розоволи́цый 장미빛 얼굴의
розовощёкий 장미 빛 뺨의
ро́зовый 장미의, 장미빛의, 낙천적인, 천진한, 순진한, 장미과의
розоцве́тные 장미목
ро́зочка 조그만 보석
штокро́за 접시꽃

рома́н 장편소설, 연애사건, 로맨스
романи́ст 장편작가, 로망의 학자
романи́ческий 소설적인, 연애 사건의
рома́нный 소설의, 장편소설 적인
рома́нтика 몽상적인것, 낭만적인것, 정서적·감적요소, 감정요소가 탁월한 문예
романтизи́ровать 공상화하다, 몽상화하다, 낭만화 하다
романти́зм 낭만주의, 공상적인 것
рома́нтик 낭만주의자, 몽상가
романти́ческий 낭만주의의, 몽상적인, 연애 사건의
романти́чный → романти́ческий

роня́ть (урони́ть) 떨어뜨리다 (손·입·주머니·책상 등에서), 잃다, 실추하다, 느릿 느릿 아무렇게나 말하다
рони́ть (풀·숲 따위를) 베어서·잘라서 넘어 뜨리다, 말을 입밖에 내다
вы́ронить 떨어 뜨리다, 잃어 버리다
зарони́ть 어떤 물체 뒤로·가운데로 떨어 뜨리다, (감정을) 일으키다

зарони́ться 마음속 깊이 두다, 기억에 남다
наро́нять (어떤 양을 몇번에 걸쳐) 떨어 뜨리다
оброни́ть 떨어뜨리다, 무심코 말하다
пороня́ть (모두·많이) 잃다
пророни́ть 무심코 떨어뜨리다
разроня́ть (많은 것을 차례로) 떨어 뜨리다, 없애다, 흘리다
срони́ть 떨어뜨리다
уро́н 손해, 손실

ропта́ть 투덜거리다, 불평·불만을 말하다
ро́пот 투덜 투덜 불평하는 것, 불평
ропотли́вый 잔소리가 심한, 불평·불만이 많은
ро́потный 중얼거리는 듯한
ропта́ние → ропта́ть
безропо́тный 불평하지 않는, 순종하는, 온순한
возропта́ть 몹시 투덜거리다, 불평하다

роса́ 이슬, 식물의 기생충병
роси́ть 이슬이 내리다
роси́ться 이슬에 젖다·덮히다
роси́нка 이슬 방울, 낱알
роси́стый 이슬에 젖은, 이슬이 많이 내리는
ро́сный 이슬이 많은
росоме́р 이슬 측정기
росяно́й 이슬의, 이슬진

ро́скошь 화려, 호화, 사치, (외침) 좋구나, 멋지다
роско́шествовать 사치를 누리다, 호화롭게 살다, 분에 넘치다
роско́шество 사치, 호화
роско́шничать → роско́шествовать
роско́шник 사치를 좋아하는 사람
роско́шный 호화로운, 화려한, 멋진, 사치한, 풍부한

рот 입, 구강, 식구
ро́тик = роти́шко = роти́ще = -рото́к → рот
ротово́й 입의
ротозе́й (зева́ть 하품하다) 멍청한 사람, 얼뜨기
ротозе́йничать 멍청해 있다, 얼간이 짓을 하다
ротозе́йство 지나치게 멍청함, 부주의
желторо́тый 주둥이가 노란, (구) 풋나기의
полоро́тый (욕설) 입을 멍청하니 벌린

руби́ть 베다, 벌목하다, 자르다, 패다, (사람을) 참하다, 썰다, 거칠게 행동하다, (с -) 작은 집을 짓다
руби́ться 서로 베어대다, 결투하다
ру́бка 오두막집, 갑판실, (비행선의) 사령실, 각종 특별실
ру́бленый 잘게 썬, 자흔, 통나무로 만든
рубе́ц 상처, 상흔(베거나 타박상에 의한), (의복의) 가장자리
ру́бчик 반추 동물의 첫째위
руби́ло 원시인의 도끼
руби́льник (전) 나이프 스위치
рубцева́ние (상처의) 유착
рубцева́тый 흠집, 상처의, 딱지투성이의
рубцева́ться (상처가) 아물다, 유착하다
ру́бчатый 줄무늬가 오톨 도톨한
вруби́ть (구멍을 뚫어서 그속에) 넣다
вруби́ться 베어들이다, 쳐들어 가다, (광) 세로 구멍을 만들다
вру́бка 가옥의 모조부에 끼워 넣는 것
вруб (광) 세로로 구멍을 만드는 것, 광석을 부수기 위해 만드는 구멍
врубмаши́на = вру́бовка 광석의 착공기
вру́бовный 광석 착공의
врубмашини́ст 광석 착공의 기수
врубо́к 구멍에 끼워 넣는 나무 금속조각
вы́рубить 다베다, 베어내다, (나무를 베어서) 만들다, 새기다, 조각하다, 잘라내다, 채굴하다

вы́рубиться 베어서 생기다, (숲에서 길을) 나무를 베어서 만들어 나오다
вы́руб = вы́рубка 다 벌채 하는 것, 베어 내는 것, 베어 만드는 것, 벌채지, 칼자국, 흔적
вы́рубщик 나뭇꾼
доруби́ть 벌채를 마치다, --까지 벌채하다
заруби́ть (도끼·칼 등으로) 쳐서 죽이다, 참살하다, (도끼등으로) 찍어 표를 하다, (광) 광층에 눈금 우획을 새기다, (광층을) 노출 시키다
зару́бка = зару́бина 끊어진 자국, 새긴 자국, 광층에 눈금을 새기는 작업, (광층을) 노출시키다
зарубцева́ться (상처가) 허물을 남기면서 아물다
зару́бщик (광) 막장꾼, 채광부
изруби́ть 잘게 자르다, (베어서) 상처투성이로 만들다, 참살하다
изрубцева́ть 상처투성이로 만들다
наруби́ть (나무 따위를) 많이 베다, 빠개다, (고기·양배추를) 썰어두다, (광) 잘라내다, 잘라서 만들다
нару́бка 베어서 만든 표지, 세긴 눈금, 자리
надруби́ть 눈금을 세기다, 위를 자르다
надру́б 눈금, 자른 자국
обруби́ть 도끼로 가장 자리를 자르다, 잘라 줄이다, (수목을) 자르다, 가지를 치다, 테두리 장식을 꿰매 붙이다
обру́б 도끼로 자른 자리, (우물 따위의) 둘레
обру́бка (공) 주형으로 빠져나온 부분을 제거 하는 것
обру́бок 목괴, 그루터기, 짧게 자른 봉, 통나무 따위
отруби́ть 잘라 내다, 잘라서 떼어내다, 거침 없이 말하다
о́труб (목재의) 벤자리, 단면도
о́труби 쌀겨, 밀기울
переруби́ть 양단하다, 쪼개다, (숲) 남김 없이 벌채하다, (전부를) 참살하다
перерýб 벤자리, 절단된 곳
поруби́ть (수목 등을) 모조리 벌목하다, (많은 사람을) 베어 죽이다, (얼마 동안) 베다, 자르다
поруби́ться 서로 칼 싸움하다
пору́бка (산림등의) 도벌, 비 합법적인 벌목
пору́бливать (조금씩) 자르다, 도벌 남벌하다
пору́бщик 도벌·나벌자
подруби́ть 잘라서 짧게 하다, (밑을) 절단하다, (광석을) 채굴하다, (채탄기로) 뚫다, 밑에서 새 통나무를 넣다
прируби́ть 증축하다 (목조 가옥에 대하여), 잘라서 끼우다, 잘라서 보태다, 죄다 벌목하다
пpиру́б 통나무로 만든 증축 건물
приру́бка 증축, 잘라서 끼우는 것
проруби́ть 베어서 터놓다, 베어서 구멍을 내다, 나무를 베어서 길을 내다
проруби́ться 뚫고 나가다, 칼부림 하며 싸우다, 싸우다
про́рубь 얼음 구멍(세탁·고기잡이를 위한)
разруби́ть 자르다, 절단하다(도끼 칼따위로)
разру́б 절단 된곳, 베인 자리
разру́бка 절단
сруби́ть 베어 쓰러 뜨리다(주로 나무를), 통나무로 짓다
срубщи́к 나뭇꾼, 초부
мясору́бка 고기를 다지는 기계
сучкору́б 나뭇 가지를 치는 노동자

руга́ть 험담하다
руга́ться 욕설을 퍼붓다, 잔소리 하다, 비방하다, 험담하다
ру́гань 욕, 욕설
руга́тель 욕쟁이, 입이 험한 사람
руга́тельный 욕설의, 험담의, 부정적인
руга́тельский 험담 욕설을 다하는
руга́тельство 험구, 욕설, 잔소리
вы́ругать 욕설을 퍼붓다, 몹시 꾸짓다
вы́ругаться 욕설을 퍼붓다
доруга́ть 욕 비난을 마치다
доруга́ться 욕지거리를 해서 나쁜 결과에 이르다
заруга́ть 심하게 욕설을 퍼붓다

заруга́ться → руга́ться
изруга́ть 몹시 욕하다
изруга́ться 매도하다, 욕설하다
наруга́ться 마구 욕을 퍼붓다
надруга́тельство 심한 모욕, 폭언
надруга́ться 몹시 모욕하다
обруга́ть 욕하다
обруга́ться 욕설을 퍼붓다
переруга́ть 모조리 욕하다, 몹시 꾸짖다
переруга́ться 서로 욕설을 주고 받다 (많은 사람이)
поруга́ть 욕하다, 난폭하게 꾸짖다, 호되게 비판하다,
поруга́ться 욕설을 퍼붓다, 몹시 꾸짖다
пору́гивать (잠깐·때때로) 욕하다
пору́гиваться (잠깐·때때로) 서로 욕설을 주고 바다
поруга́ние 모욕, 능욕
разруга́ть 심하게 욕하다
разруга́ться 서로 욕하다

рука́ 팔(어깨에서 손가락 끝까지), 손, 노동 일 하는 자의 상징, 필적, 서명, 개인, 사람, 점유, 세력, 범위, 비호, 보호, 후원, 약혼, 결혼의 상징, 순번, 쪽, 측면, 품종, 급, 원숭이의 네 발중의 하나
рука́в 소매, (하천의) 지류, 호스, 방수관
рукави́ца 벙어리 장갑
рукави́чник 제조인
рука́вный 소매의
рука́вчик 덧소매
рука́стый 손이 긴·굵은, 손버릇이 나쁜
рукоби́тье 손벽을 치는 것, 혼약
рукоблу́дие 수음, 자위
рукоблу́дник 자위 상습자
руководи́ть 지도하다, 주관하다
руководи́ться 지침이 되다, 주관하다
руково́д = руководи́тель 지도자, 장, 주임
руководи́тельство 지도, 주재
руководи́тельствовать 지도하다, 주재하다

руково́дство 지도, 지도서, 입문서, 안내서, 지도자, 간부
руководя́щий 지도적인, 주동적인, 근본적인
рукоде́лие 수공, 수예, 수세공, 수예 작품, 수공품
рукоде́льница 수공 수예 하는 여자
рукоде́льный 수공의, 수제의
рукокры́лые 익수류
рукомо́йник 물통을 매달은 세수대, 세면대
рукопа́шный 백병전의, 격투의
рукописа́ние 수사본
рукопи́сный 필사의, 인쇄가 아닌
ру́копись 필사의 문서, 원고
рукоплеска́ть 박수 소벽을 치다
рукоплеска́ние 손뼉을 치는 것, 박수 갈채
рукопожа́тие 악수
рукотво́рный 사람의 손으로 만든
рукоя́тка 자루, 손잡이, 핸들
рукоя́ть 자루 손잡이
ру́ченька = ручи́ща → рука́
ру́чка – ру́ка 손잡이, 핸들, 펜대
ручне́ть (동물이) 사람에 익숙해 지다
ручни́к 숙련된 수공인
ручни́ца 수고업 여공
ручно́й 손의, 팔의, 수동의, 수세공의, 가벼운, 길들인, (사람) 순종하는
ручо́нка → рука́
безрука́вка 일종의 소매가 없는 옷
безру́кий 양손 또는 한손이 없는, 솜씨 없는, 서투른
врукопа́шную 맨주먹으로 또는 칼만을 가지고
вручи́ть (вруча́ть) 넘겨주다, 수여하다, 소교하다, 맡기다
вруче́ние 넘겨줌, 수교, 수여
вручи́тель 넘겨 주는 사람, 수교자
вручну́ю 손으로, 수공으로
вы́ручить (곤경에서) 구출하다, 벗어나게 하다, (장사에서) 판매 대금을 받다
вы́ручиться (판매 대금이) 들어오다, (곤경에

서) 벗어나다
вы́ручка (곤경에서의) 구출, 매상, 매상고, 카운터
зарука́вье 장식된, 소맷등, (옛날 소매위에 낀) 팔찌
зару́чка 보호, 원조, 확실한 패
нарука́вник 덧소매, 소매를 덮는 것
нару́ку 편리하게, 유리하가
нару́чи 갑옷 토시(무구의 하나)
нару́чники = нару́чный 수갑
обручи́ть 약혼시키다 (손에 반지를 끼워서)
обручи́ться 약혼하다
обруча́льный 약혼의
обруче́ние 약혼 (반지를 교환하다)
обру́чье = запя́стье 손목 팔찌, 손목 장식
подрука́вый 안소매의
пору́ка 보증
пору́чень 손위의, 손에 끼우는
подру́чник 부하, 신하, 조수, 견습
подру́чный 일상용의, 보조의, 마부 오른 쪽의
сподру́чник 조수, 부하, 졸개
сподру́чничать 돕다, 조수로 근무하다
сподру́чно 적당히, 안 맞춤으로, 안성 맞춤이다
сподру́чный 편리한, 안성 맞춤인, 조수
перепоручи́ть (перепоруча́ть) 남에게 다시 위임하다, 다시 맡기다
поручи́ть 의뢰하다, 부탁하다, 위임하다, 위탁하다
поручи́ться = руча́ться 책임지다, 보증하다
поруче́нец 고급 촉탁(장관의 의촉에 의한)
поруче́ние 위임, 위탁, 의뢰
пору́чи 갑옷의 소매, 사제의 법의 위에 소매 씌우개
поручи́тель 보증인
поручи́тельный 보증하는, 보증의
поручи́тельство 보증
препоручи́ть (препоруча́ть) 하다, 위임하다
приручи́ть (прируча́ть) 길들이다, 따르게

하다
приручи́ться 길들다, 따르다

руль 키, 타기, **자동차의 휠, 지도중추**
рули́ть 키를 돌리다, 자상 활주하다
рулево́й 키의, 타수, 키잡이
руле́ние 전타, 지상활주
подрули́ть 활주 하여 다가 가다
прирули́ть 활주하여 오다

ру́шить **파괴하다, 부숴 헐어버리다**
ру́шиться 무너지다, 망가지다, 좌절되다
ру́шение 탈곡
руши́льный 파괴용의
неруши́мый 파괴하기 어려운, 견고한
обру́шить 무너뜨리다, 붕괴 시키다, 집중시키다, 탈곡하다
обру́шиться 무너지다, 쓰러지다, 부서지다, 습격하다, (불행 따위가) 불시에 생기다
обру́шение 붕괴, 추락
обру́шенный 무너진, 붕괴된
пору́шить 무너뜨리다, 붕괴시키다, 탈곡하다
пору́шиться 부서지다, 붕괴하다, 없어지다
пору́ха 파괴, 붕괴, 손해
разру́шить 붕괴시키다, 엎어버리다, 파괴하다, 깨뜨리다
разру́шиться 붕괴되다, 망가지다, 못쓰게 되다
разру́ха 붕괴, 분란, 내란, 내분
разру́шение 파괴, 와해, 붕괴
разруши́мый 파괴할 수 있는
разруши́тель 파괴자
разруши́тельный 파괴적인, 파괴하는
крупору́шка 곡식을 타는 기계
просору́шка 수수찧는 기계

ры́ба 물고기, 어육, 맥이 풀린사람
рыбакова́ть 고기잡이를 업으로 하다
рыба́к 고기잡이, 어부
рыба́лить 고기를 잡다

рыба́лка   어업, 어로
рыба́рь   고기잡이, 어부
рыба́цкий →рыба́к
рыба́чество   어부의 직업
рыба́чить   고기잡이를 업으로 하다
рыба́чий → рыба́к
рыба́чка   여자 어부, 어부의 처
рыбе́ц   황어의 일종
рыбёшка   조그만 물고기
ры́бий   물고기의, 활기가 없는
ры́бина   (물고기의) 한마리
ры́бинка   (물고기의) 한마리
ры́бица = ры́бища = ы́бка → ры́ба
рыбнадзо́р   어업감시(관)
ры́бник   생선 장수, 생선가게
ры́бница   잡은 물고기를 모으는 장소, 어선
ры́бный   물고기의, 물고기가 풍부한
рыбово́д   양어하는사람
рыбово́дство   양어
рыбозаво́д   어류가공 공장
рыбокомбина́т   어패류 가공 종합 공장
рыболо́в   고기잡이, 어부, 물고기를 잡는 동물
рыболове́цкий   어획의
рыболо́вство   어업, 어로
рыбомучно́й   어분의
рыбонасо́с   고기를 끌어 올리는 펌프
рыбоохра́на   어류 보호
рыбопито́мник   양어장
рыбоподъёмный   물고기가 댐을 통과 하기 위한
рыбопоса́дочный   양어의
рыбоприёмный   물고기를 받아 들이기 위한
рыбопромысло́вый   어업의
рыбопромы́шленник   어업가, 어장 경영자
рыбопромы́шленность   어장 경영, 어업
рыборазво́дня   양어장
рыботорго́вец   어물상
рыбохо́д   무고기의 통로(댐의)
рыбоя́дный   물고기를 먹이로 하는
рыбчо́нка   작은 물고기

зары́бить   (저수지에 고기를) 양식하다
белоры́бица   살이 하얀 연어
конь-ры́ба   잉어과의 하나
луна́-ры́ба   개복치
мо́лот-ры́ба   귀상어
меч-ры́ба   청새치 성좌
пила́-ры́ба   톱상어

рыда́ть   흐느껴 울다, 통곡하다
рыда́лец   울보, 잘 우는 사람
рыда́льщица   우는 여자
рыда́ние   흐느낌, 통곡
взрыда́ть   흐느껴 울기 시작하다
возрыда́ть   슬피울다, 통곡하다
зарыда́ть → рыда́ть
разрыда́ться   통곡하기 시작하다

рыть   파다, 마구 헤적이다(물건을 찾기 위하여)
ры́ться   헤적이다, 뒤적거리다
рытьё   파는 것
ры́ло   (짐승의 특히 돼지의) 주둥이
ры́льце   그릇의 주둥이
рылово́рот   추남
ров   굴강, 호, 참호(군)
ро́вик   굴강, 호의 추소형, (군) 야전 변소
врыть   파묻다, 매몰하다
вры́ться   묻히다, 매몰 되다
взрыть (взрыва́ть)   파헤치다, 파올리다
вырыва́ть   파내다, 파다, 발굴하다, 찾아내다
вырыва́ться   파내다, 파서 나오다
доры́ть   다파다, --까지 파다
доры́ться   --까지 파다, 파내다
зары́ть   파묻다 (물건을 구멍에)
зары́ться   (모래 속에) 자기 몸을 묻다, (이불을) 뒤집어 쓰다, 얼굴을 숨기다, 세상을 떠나서 살다, 일에 몰두하다
изры́ть   마구 파헤치다, (상자속을) 휘젓다, 휘저어 찾다
нары́ть   (일정 양을) 파내다, 파서 만들다(도랑 따위)

обры́ть 둘레를 파다, 돌아가며 파다, (감자의) 주위에 흙을 쌓다

обры́ться 자기 주위를 파다, 둘레에 도랑을 두르다

отры́ть 캐내다, 발굴하다, 파서 버리다, (우연히) 찾아 내다

отры́ться 발굴되다, 밀어 제치고 밖으로 나오다

перерыть 다시 파다, 횡단하여 파다, 모조리 파다, 뒤져서 찾다

поры́ть (얼마 동안) 파다

поры́ться 파헤치면서 찾다, (이곳 저곳) 휘저어 찾다

подры́ть (밑에서부터) 파다

подры́ться (밑에서) 파다, 기어 들어 가다, 사람을 간계에 빠뜨리다

проры́ть 파헤치다, 굴착하다, (식물을) 솎다, 얼마 동안 파다

проры́ться 파헤치고 지나가다, (얼마 동안) 마구 휘젓다

проры́тие 굴착하는 것, 파는 것

разры́ть 파내다, 발굴하다, 뒤섞다, 휘젓다

сры́ть 파서 무너 뜨리다

сры́тие → сры́ть

ря́дом 나란히, 옆에, 인접하여, 아주 가까이에

ряд (물건·좌석 따위의) 줄, 열, (군중 따위의) 행렬, 일련의 사상의 총체, 아케이드, 대오, 급수, 약정

ря́да 약정, 계약

ряди́ть (가장행열, 무도회에서) 가장시키다, 정리하다, 감독하고 관리하다, 고용하다

ряди́ться 옷 치장하다, 가장하다, 임무·급여 조건을 정하다

рядко́м 나란히, 옆에, 줄을 지어, 대열로

ря́дность 순서

ря́дный 계약의, 약정의

рядови́к 평공원, 평당원, 평직원

рядово́й 보통의, 간부가 아닌, 평범한, (파종에 대하여) 똑바르게 한 줄로 이은, 병졸

рядо́к (고) 여인숙·구멍가게 등이 나란히 늘어 서있는 마을, 바르게 나란히 심는 식수

ря́дчик 고용자, 청부인

ря́дышком 옆에, 나란히

ря́женный → ряди́ть

ря́женый 약정 계약된, 가장한, 변장한

ря́женье 가장 시키는 것

кря́ду (속) 연속적으로, 계속하여

междуря́дье 밭두둑과 두둑사이, 두줄로 늘어선 나무, 사이의 토지

наряду́ 나란히, 가지런히, 동시에, 같이

сря́ду 연속적으로, 계속하여

звукоря́д 음계

краснорядец 포목상, 포목 상인

вы́рядить (속) 화려하게 입히다

вы́рядиться (속) 성장하다(옷)

заряди́ть 장탄, 장전하다, 충전하다, 장비를 갖추다, (어떤 감정을) 일으키다, 환기하다, 같은 일 말을 되풀이 하기 시작하다

заря́д 탄약통, 장약, 장전, 충전, 전하, (농담) 일정한 음주량, 저축

заря́дка (군) 장진, 충전, 축적, 가벼운 운동, 아침 체조, 트레이닝

заря́дный 탄약의, 장약의

заря́дчик 장전수

заря́дье 시장 뒷 골목

заряжа́ние 장약, 장탄, 충전

изря́дный 꽤좋은, 상당한, 제법 훌륭한, 다액의, 다량의, 커다란, 유별난

наряди́ть 1) 치장하다, 성장시키다, 가장 시키다

наряди́ться 성장하다

наряди́ть 2) 특정 임무를 명하다

наря́дный 선장한, 화려한, 아름다운

наря́дчик 지시 하는 사람

наря́д (특히여자의) 복장, 의상, 지령, 명령, 지령서, 특정한 임무반, (식기 따위의) 한벌

снаряди́ть 장비하다, 장치하다, 배당하다

снаряди́ться 준비하다, 채비하다, 갖추다

снаря́д 탄환, 포탄, 기구, 장치, 준비·비치

снаряже́ние   채비, 준비, 장비, 충원
обряди́ть   (익살) 입히다, 치장 시키다, 내장을 빼다 (죽은 짐승의)
обряди́ться   입다, 치장 하다
обря́д   의식, 예식, 관례, 수속
　　таможенный--   통관 수속
обря́дность   (종교상의) 의식, 의례, 관습
обря́довый   의식의, 의례의
обря́дчик   도살군 (짐승의 껍질을 벗기고 내장을 빼는)
отряди́ть   파견하다, 분견하다
отря́д   분견대, 지대, 부대, --단, --단체, (분류) 목
переряди́ть (переря́живать)   옷을 갈아 입히다, 분장 가장 시키다
переряди́ться   분장·가장을 하다
поряди́ть → ряди́ть
поря́док   차례, 순서, 질서, 규율, 수속, 방법, 제도, 영역, 성질, 부서, 열, 속, 류
беспоря́док   무질서, 폭동, 소요
беспоря́дочный   무질서한
правопоря́док   안녕질서
поря́дковый   순서대로 하는
поря́дком   매우, 대단히, 충분히, 제대로, 적당히
поря́дливый   성격이 꼼꼼한, 정연한, 정리된, 규율 바른
поря́довка   (건) 돌벽을 곧바로 쌓기 위한 도구 (주로 실)
поря́дочно   상당한 양, 상당히, 제법, 대단히
поря́дочность   성실한것, 예절 바른 것
поря́дочный   대단한, 꽤 큰, 제법좋은, 훌륭한, 정연한, 고상한
распоря́док   정돈, 정비, 질서
упоря́дочить (упоря́дочивать)   정돈하다, 정리하다
упоря́дочиться   정돈 되다, 정리가 되다
подряди́ть   (일시적으로) 고용하다, 고용하다
подряди́ться   고용 되다, 청부를 맡다
подря́д   1) 청부, 공급계약, 청부공사

подря́д   2) 연이어
подря́дный   청부의, 계약의
подря́дчик   청부인, 공급자
принаряди́ть   성장 시키다, 몸치장을 하여 입히다
принаряди́ться   성장 하다
разряди́ть   1) 옷을 치장 시키다
разряди́ться   옷치장하다
разря́д   종류, 부류, 범주, 등급, 서열, 추탄
разряди́ть   2) 추탄하다, 발사하다, 방전시키다, 완화하다, 간격을 두다
разря́дка   어떤 말을 강조하기 위해 글자 사이를 비우는 것, 추탄
разря́дник   방전자, (스포츠) 유급·유단의 선수
разря́дный   추탄의, 방전의
уряди́ть   몸차림을 갖추게 하다, 준비시키다, 경비하다, 조직하다
уряди́ться   준비하다
уря́дчик   까자끄군의 하사, 시골의 경찰
уряжа́ть → уряди́ть

ᆞᆞ С ᆞᆞ

сажа́ть (сади́ть) 심다, 자리에 앉히다, 두다, 넣다, 당혹하게 하다, 곤란하게 하다, 부끄럽게 하다, 심는 것·재배를 위해 사용하다

сад 뜰, 공원, 동산

са́дик 작은 뜰

са́дка 심는 것, 재배, (새가) 서있는 것, (천이) 줄어 드는 것, 침전, 가공하기 위해 넣는 것, 사냥개 훈련의 일종

са́дкий 줄어 들기 쉬운, 침전하기 쉬운

садовладе́лец 정원·과수원의 주인

садо́вник 정원사

садо́вничать 원예에 종사하다

садово́д 원예가

садово́дство 원예학, 원예

садо́во-огоро́дный 원예에 관한

садо́во-па́рковый 정원과 공원에 관한

садо́вый 정원의 재배된

садозащи́тный 정원 과수원 보호용의

садо́к (동물의) 사양장, 새장, 활어조

садоразведе́ние 원예

садострои́тельство 조원, 조원술

саж 돼지 비육장

са́жалка → садо́к

сажа́лка 감자 소채의 모내기 기계

сажа́льный 심기 위한

сажа́льщик 심는 일을 하는 사람

са́женец 묘목, 종자 이외에서 자란 식물

са́женный 양식되고 있는, 혼례에서 신랑 신부의 양친의 역할을 하는, 임명된, 장식이 있는

всади́ть 찌르다, 박다, (자본 등을 주로 무익하게) 쏟아 넣다

вса́дник 말탄사람, 기수, 기마병, 기사

вы́садить (강제로·도움으로) 내리게 하다, 하차·하선 시키다, (온실에서 노천으로) 이식하다, (속) 때려 부수다

вы́садиться 하선·하차·상륙하다

вы́садка 하선, 하차, 상륙, 이식

вы́садок 옮겨 심은 어린 식물 (못자리에서 밭으로)

вы́садочный 상륙(용)의

досади́ть (досажа́ть) 다 심다, 심기를 마치다, --까지 심다

засади́ть 심다, 심어넣다, 박아 넣다, (가시가) 찌르다, (속) 던지다, 내동댕이 치다, 감금하다

заса́да 매복, 잠복, 매복초소, 복병

заса́дка 식목, 나무심기

заса́дный 복병의, 매복의

насади́ть 1) (사상·감정 등을) 심다, 고취하다, (학문·교리 등을) 보급하다, (나무 등) 심다 재배하다

насади́ть 2) (사람 또는 동물에 대하여) 많이 넣다, 싵다, 태우다, 심다, 재배하다, 꽂다, 채우다, 꿰매다, 태우다, 쓰다

наса́д 뱃전이 높고 평평한 배

насади́тель 보급자, 전파자

наса́дка (자루따위를) 끼우는 것, 싣고 꿰매는 것, 끼운 부분, 낚싯 밥

насажа́ть (насади́ть) (속) 때려서 멍들게 하다

насажде́ние 식목, 재배, 보급, 식목된 나무

осади́ть 포위하다, 둘러 싸다, 귀찮게 따라다니다, (화) 침전시키다, (유목민을) 정착 시키다

осади́ться 침전 하다

осади́ть (말을) 고삐를 죄어서 세우다

оса́дка (건물등의) 가라 앉음

оса́дный 포위의

оса́док 침전물, 침하, 괴로운, 울적한 느낌

осажда́ть → осади́ть

осажде́ние (화) 침전, (비·눈 등) 내리는 것

оса́да 포위, 공위

осади́тель (화) 침전제

обсади́ть 주위에 심다, 심어서 에워 싸다

отсади́ть 이식하다, 떨어져 앉게 하다, 잘라 내다, (광) 세광하다

отса́дка 옮겨 심는 것, 이식, (광) 세광

отса́док 이식한 식물

пересади́ть 옮기다, 옮겨 타게 하다, (의) 이식

하다

переса́дка (식·의) 이식, (배·기차) 갈아 타는 것

переса́док 이식한 식물

переса́дочный 갈아 타는 표, 승환권

пересажа́ть 많은 것을 놓다, 심다, 많은 사람을 앉히다

беспереса́дочный 갈아 타지 않는

посади́ть → сади́ть

поса́дка 식수, 재배, 심는 것, (배·말에) 태우는 것, 타는 것, 착수, 착륙, 승마의 자세

поса́д 새 도회 모양의 마을, 교외

поса́дник 시장

поса́дничество 시장직

поса́дочный 착륙, 착수, 식목 재배용의

поса́дочный талон 비행기 자석표

поса́дский 교외의 주민, 무뢰한, 깡패

поса́дчик 원료를 용광로 주형등에 넣는 직공

посажа́ть (많이) 넣다, 놓다, 앉히다, (잠깐) 심는 일을 하다

посажёный (결혼 할 때) 친부모 대신의

подсади́ть 앉히다, 자리를 내주다, 태우다, (식물을) 옮겨 심다, 나란히 앉히다

подса́д 더 심는 것, 끄는 배의 보조용 큰 밧줄, 수목의 어린싹, 모피의 긴 솜털

подса́дка (의) 식피 요법

подса́дной 미끼로 새나 짐승의(오리사냥 때)

подса́дный 이식한, 더심은

присади́ть 더 심다, 녹여서 보태다 (합금시), (단추를) 달다

приса́дистый (속) 땅딸막한

приса́дка 합금에 섞는 금속

просади́ть (속) 낭비하다, 소비하다, 찌르다, 꿰뚫다, (얼마 동안) 심다

проса́дка (천장 따위가) 늘어셔 내리는 것, (도로의) 함몰

рассади́ть 제각기 자리에 앉히다, 옮겨 심다, 뿌리를 기르다, (속) 때려서 쪼개다, 부수다

расса́да 묘종

расса́дка 이식, 뿌리를 기르는 것

расса́дник 묘상, 양수원, 온상, 발상지

рассадопоса́дочный 모를 심는

сса́дить 내리다 (배·차·의자 등에서), 찰과상을 만들다

усади́ть 앉히다, 착수하게 하다, 가득히 심다, 온통 덮다, 깊이 눌러 넣다

уса́д = уса́дебка = уса́дьба 시골의 택지, 대저택(지주의), 부지 안에 있는 땅

уса́дка 나무를 촘촘하게 심는 것, 옮겨 심기, 수축, 가마에 넣는 것

самоса́д 자가제 담배

самоса́дка (호수밑에) 침전한 소금

сам 자기, 자신, 자체, 그 자체, --조차, 혼자서

само- 자아·자동의 뜻

самоана́лиз 자기 분석, 반성

само- 가장의 뜻

самобичева́ние (종) 자책

самобо́рство 결투

самобре́йка 안전 면도칼 (전기)

самобро́ска 자동 적상식 수확기

самобы́тность 독창성, 자주성, 자립성

самобы́тный 독특한, 자주적

самова́р 사마 바르

самова́рничать 사모 바르를 놓고 차를 마시다

самови́дец 목격자

самовла́ствовать 전제를 행하다

самовла́стие 전제, 독재, 지배욕

самовласти́тель 전제 군주, 독재자

самовласти́тельный 전제 군주의, 독재의

самовласти́тельство 전제

самовла́стный 전제의, 독재권을 가지는, 방자한

самовлюблённый 잘난 체 하는, 우쭐해 남을 깔보는

самовнуше́ние 자기 암시

самовозбужде́ние 자기 흥분

самовозвеличе́ние 자기를 훌륭하게 보이려고 하는 것

самовозгора́емость 자연 발화성
самовозгора́ние 자연 발화
самовозгора́ться (самовозгоре́ться) 자연 발화하다
самово́лие 방자
самово́лка (군) 무단 외출
самово́льник 방자한 사람
самово́льничать 방자 하게 굴다, 제멋데로 굴다
самово́льный 방자한, 제멋 대로의
самово́льщик 제멋대로 구는 사람
самово́льщина 제멋 대로 하는 행동
самовоспита́ние 자기 수양·교육
самовоспита́тельный 자기 수양의, 자기 교육의
самовосхвале́ние 자찬
самовыпрямля́ющийся 자동으로 복원하는
самовя́з 손으로 매는 넥타이 띠
самовя́зный 손으로 뜬
самогипно́з 자기 최면, 자기 암시
самогла́сный 자기의 음이 있는, 모음의
самоговоря́щий 음성을 재생하는
самого́н 1)밀주, 자가 제주류
самого́н 2)사냥개 없이 사냥감을 쫓는 것
самого́нка 밀주
самогоноваре́ние 주류 밀조
самогонокуре́ние 주류 밀조, 자가 양조
самого́нщик 자가 양조자, 주류 밀조자
самодви́гатель 자동 발동기
самодвиже́ние 자동, 자기 운동
самодви́жность 자동성
самодви́жущийся 자동의, 기계에 의해 움직이는
самоде́йствующий 자동(식)의
самоде́лка 수제품
самоде́льный 수제의, 자력으로 출세한
самоде́льщина 수제품, (아마추어) 세공품
самодержа́вие 전제, 독제 정치
самодержа́вный 전제의, 독제의
самоде́ржец 전제 군주, 독제자

самоде́ятельность 자주 활동, (음악회·연극 등) 아마추어 활동
самоде́ятельный 독장적인, 자율적인
самодисципли́на 자제, 자율
самодовле́ющий 자족적인, 단독 존재의
самодово́льный 자기 만족의, 잘난체 하는, 독신 적인
самодово́льство 자기 만족, 자부, 독선
самоду́р 완고하고 도리에 어두워 고루한 사람, 미끼없이 많이 낚는 어구
самоду́рство 완고, 고루, 편협
самоду́рствовать 완고 고루하다, 완고·고루 하게 굴다
саможе́ртвование 자기 희생, 헌신
самозабве́ние 몰아, 무아의 경지
самозабве́нный 몰아의, 무아경지의
самозаводя́щийся (시계 태엽이) 자동으로 감기는
самозагото́вка 자력 조달
самозажига́ние 자연 점화
самозажига́тель 라이터
самозака́ливание = самозака́лка (야금) 자동 경화
самозака́ливаться 자동 경화 하다
самозакрепле́ние 자동 연결
самозапи́сывающийся 자동기록식의
самозараже́ние 자가 중독
самозарожде́ние (생) 자연 발생의
самозаря́дный (총) 자동 장전의
самозата́чиваться (절삭 공구가) 작업중에 자동적으로 갈리다
самозащи́та 자위, 정당 방위, 호신술, 자기 변호
самозва́нец 참칭자, 참칭왕
самозва́нный 위칭의, 사칭의
самозва́нство 사칭, 참칭
самоинду́кция (물리) 자기 유도, 자기 감응
самоиспыта́ние 자기 시련
самои́стина 공리
самоистребле́ние 자멸

самоистяза́ние　자학
самока́л　자경강(야금)
самока́т　(군) 자전거, 오토바이
самока́том　비탈을 자기 무게 때문에 저절로 굴러
самока́тчик　(군) 자전거 부대원
самокла́д　직물 표백용 틀
самокла́дчик　직물 표백 직공
самоконтро́ль　자기 통제, 자숙
самокорму́шка　자동식 사료 공급 장치
самокри́тика　자기 비판
самокрити́чный　자기 비판적 정신이 왕성한
самокру́тка　1) (속) 자기 손으로 마는 궐련
самокру́тка　2) 부모가 동의 하지 않는 결혼
самоку́рсы　교원 자습 교과서
самолёт　비행기
самолётовожде́ние　비행기의 조종술
самолётострое́ние　항공기 제조
самоли́чность　본인의 출석, 자신
самоли́чный　본인이 마침 그곳에 있는, 자신의
самоло́в　자동 함정
самоло́вный　스스로 잡는
самолю́б = самолю́бец　자존심이 강한 사람, 이기주의
самолюби́вый　자존심·자부심이 강한
самолюбова́ние　자기 만족, 자기 도취
самомне́ние　자부, 자만
самомни́тельный　자부하는, 자만하는
самонаблюде́ние　(군) 내성, 자기 관조
самонаведе́ние　(군) 자동 조준
самонаводя́щийся　(포탄·폭탄에 대하여) 자동 조준 장치를 한
самонаде́янность　자기 과신, 우쭐해 하는
самонаде́янный　자기를 과신하는, 우쭐해 하는
самоназва́ние　(민족등의) 자칭
самонакла́д　(인) 종이를 인쇄기에 넣기 위한 자동장치
самонастра́ивающийся　자동 조절하는

самонра́вный　제멋대로 노는, 완고한, 응석 부리는
самообвине́ние　자책
самообеспече́ние　자급
самооблада́ние　자제, 침착
самообличе́ние　자수
самообложе́ние　자발적 기부금
самообма́н　자기 기만
самообогаще́ние　자기를 부하게 하는 것
самообожа́ние　자기도취, 자만
самообольща́ться　자기 도취·자기 망상에 빠지다
самооборо́на　자위
самообразова́ние　독학, 자수(수련)
самообслу́живание　자기일을 자기가 하는 것, 셀프 써비스
самообуче́ние　독학, 자습
самооговор́　고의적인 자기 비난, 남의 죄를 떠맡음
самоограниче́ние　자제, 근신, 조심
самока́пывание　(군) 적의 포화 밑에서 자기가 들어갈 참호를 파는 것
самоокисле́ние　자동 산화(화)
самоокупа́емость　독립 체산(제)
самооплодотворе́ние　(생) 자가 수정, 자가 수정 생식
самооправда́ние　자기 변호, 변명
самоопредели́ться　민족 자결을 달성하다
самоопределе́ние　(주로 민족주의의) 자결
самоопроки́дывающийся　자동으로 짐을 푸는, 덤프식의
самоопыле́ние　(식) 자가 수분
самоопыли́тель　자가 수분을 하는 식물
самоопыля́ться　자가 수분으로 수정하다
самоорганизу́ющийся　자동으로 조절 되는
самооса́дка　(소금의) 자연 침전
самоосвобожде́ние　자력 해방
самооста́нов　(공) 자동 정지 장치
самоосужде́ние　자기 비난, 자책
самоотверже́ние　몰아, 헌신, 자기 희생

самоотверженный 몰아적, 헌신적
самоотвод 구실을 만들어 사회적 활동을 거부하는 것, 자격 포기, 사퇴
самоотдача 몰두
самоотравление 자가 중독
самоотречение 개인적인 이익의 포기, 극기
самоотрешённость 자력 몰각, 자기의 이해을 무시 하는 것
самоотчёт 자기 일에 대한 보고
самоотчётность 자명성
самоохрана 자위, 자위단
самооценка 자기 평가, 자신을 이해하는 현명함
самоочевидный 자명한
самоочищаться (물·토양) 자연히 정화 되다
самоочищение (하천·호수의) 자연 정화
самоощущение 자각
самопал 화승총
самопальник 화승총수
самописец 자동 기록 계기
самописка = авторучка 만년필
самопишущий 자동 기록의
самоплав 유목 (흐르는 나무)
самоплавий (광물에 대하여) 용해 하기 쉬운
самоплавом 저절로 (항해하는)
самоподаватель 자급 장치
самоподающий 자급의
самоподготовка (군) 자립 훈련
самопознание 자기 인식
самопомощь 자조, 상호 원조
самопожертвование 자기 희생, 헌신
самопочитание 자존
самопресс 증기 다리미
самопрививка 자기 접종
самопричинный 스스로 생긴
самопроверка 자기 검사, 자성
самопроизвольность 자연 발생, 자발성
самопрялка 물레 (개량된)
самопуск (공) 자동 시동기
саморазвивающийся 자기 증배성의

саморазвитие 자력 발달, (철) 자연 운동
саморазгружающийся 자동적으로 짐을 푸는
саморазгрузчик 자동적으로 짐을 푸는 장치
саморазложение 자기 분해(화)
саморазоблачение 자기 폭로
саморазряд 자기 방전
саморанение 자기가 낸 상처
самораспад (우라늄의) 자기 분열 (자연 붕괴)
саморасчёт (셀프 써비스 식당에서) 고객이 직접 하는 계산
саморегистрирующий (공) 자동적으로 기록하는
саморегулирующий (공) 자동적으로 조절하는
самореклама 자가 광고, 자화 자찬
самородковый 천연광의
самородность 자연 그대로의 것, 거칠고 비천함
самородный (광물에 대하여) 천연의, 타고난
самородок 천연광
самосад 자가제 담배
самосадка (호수 밑에) 침전한 소금
самосброска 자동적으로 쌓아 올리는 수확기
самосвал 자동 하역 장치, 덤프카
самосветящийся 자연 발광의
самосев 자연 파종
самоседка 제마음대로 둥지에 들어 앉는 암닭
самосей = самосейка (농) 저절로 땅에 떨어진 씨에서 나온 작물
самосильно 자력으로, 자연히
самосмаз 자동 윤활 장치
самосмазывающийся 자동 윤활류의
самоснабжение 자급
самосовершенствование 자기 완성
самосогревание 자연 발열 (저장한 곡물 따위의)
самосожжение 분신 자살
самосожигатель 분신 사살한 광신자
самосозерцание 자기 반성, 관조

самосознание 자각, 자아의식
самосохранение 자기 보존
самосплав 목재 부송
самостерильный (식) 자기 불임성의
самостийный 정치적으로 독립의
самостил 이탄 벽돌을 까는 기계
самостоятельность 독립 자립 자주성
самостоятельный 독립의, 자립의
самостраховка (스포츠) 스포츠 맨의 자기 보전 수단
самострел 쇠뇌, 구식의 총
самострельный 자동적으로 발사하는
самость = эгоизм 개인주의, 이기주의
самосуд 사형, 린치
самосхват 크래인원 그랩, 조가비
самотаска 자동 운반 장치
самотёк (액체의) 누출, 침출, 누출물, 침출물
самотканина 손으로 짠 천, 의복
самотканный 손으로 짠
самоторможение 자동 제동
самоточка 자동 만능 선반
самотряс (탈곡기의) 짚 제거 장치
самоубийственный 자살의, 자살적인
самоубийство 자살, 자멸
самоубийца 자살자
самоуважение 자존(심)
самоуверенность 자신만만한 것, 자기 과신
самоуверенный 자신만만한, 자기를 과신하는
самоуглублённый 내성이 강한, 깊이 생각에 잠긴
самоудовлетворение 자기 자신에 대한 만족
самоудовлетворённый 자기 자신에 대해 만족 하는
самоумаление 자기 비하
самоунижение → самоумаление
самоуничтожение 자살, 자멸
самоуплотнение 주거자의 자연 증가
самоуправец 무법자, 제멋대로 하는 사람
самоуправление 자치(권)
самоуправляемый 자동 조절의
самоуправный 전단적인, 무법한
самоуправство 전단, 무법, (법) 권리 불법행사
самоуслаждение 자기 향락
самоуспокоение 자기 안심
самоуспокоенность (무책임한) 무사 태평함
самоустанавливающийся 자동적으로 정해지는
самоустраниться 재멋 대로 손을 때다
самоутверждение 자기 긍정
самоучитель 자습서
самоучка 독학자
самофертильность 자기 결실성
самохвальствовать 자만하다, 자화 자찬하다
самохвал 자랑꾼, 자찬가
самохвальство 자만, 자화자찬
самоход 자주포
самоходка 자주포, 자주 크레인
самоходный 자주식의
самоходом (기계) 자동적으로, 견인 되지 않고
самоходчик 자조포 부대의 포수
самоцвет 천연 보석
самоцветный 천연색의 아름다움을 지닌 (광물)
самоцель 자기 목적, 목표자체
самоцентровка 자동 중심 조절
самочинствовать 제멋 대로 굴다
самочинный 자의적인, 독단 적인, 자발적인
самочинство 독단, 월권행위
самочувствие 건강 상태의 자각, 심신의 감각, 기분

санаторий = санатория 사나토리움, 요양소
санаторник 요양소의 환자
санаторно = курортный 요양소의, 요양의
санация 예방보건 조치
санбат 의무대대, 구호소
санврач 위생의사, 요양소의 의사

санинстру́ктор (군) 위생 지도원
сани́ровать 건강하게하다, (재정상태 등을) 개선하다
санита́р 간호원
санита́рия 공중위생학, 공중위생을 위한 시책
санита́рка 보조 간호원, 구급차
санита́рный 위생·보건의, 위생·보건시설에 관한
саннадзо́р 위생 감독
санпо́езд 위생열차
санпропускни́к 공중보건소
санпросве́т 공중위생교육
санпу́нкт 보건소, 진료소
санте́хник 위생공학 기술자 (냉난방·환기·가스·온수 공급등)
санте́хника (= санита́рная те́хника) 위생공학 (기술)
сану́зел 보건위생 시설(목욕탕, 변소, 세탁소 등)
сану́пр 위생과·국
санча́с 위생과업 시간
санча́сть 의무·위생부대

сатана́ 사탄, 악마, (미국산) 원숭이의 일종
сатане́ть 미쳐 날뛰다, 흉폭하게 되다, 싫어지다
сатани́зм 악마 숭배, 악마주의
сатани́нский 악마의, 흉악한
сатани́нство 극악 무도, 악마주의
сатани́нщина 극악 무도
осатане́лый 분노·분격한, 미쳐 날뛰는
осатане́ть -сатане́ть 꺼림직해지다, 밉살스러워지다

са́хар 설탕, 당(분), (속) 붙임성이 있는 사람
сахара́т 당산염
са́харец = са́харок → са́хар
сахари́д 당류
сахари́метр 검당계
сахари́н (화) 사카린

сахари́нщик 사카린 제조공
са́харистость 당분 함유량
са́харистый 당분을 포함하는
сахарифика́ция 당화
са́харник 설탕 제조공
са́харница 설탕 그릇
са́харный 설탕의, 제당의, 달콤한
сахарова́р 제당업자 기술자
сахарова́рение 제당
сахарова́рня 제당공장
сахароно́с 당분을 포함하는 식물
са́харить 설탕을 넣다, 달게 하다
са́хариться 당화 하다, 당분이 나오다
заса́харить 설탕을 입히다
заса́хариться 설탕으로 변하다
наса́харить 설탕에 절이다, 설탕을 넣다
переса́харить 설탕을 너무 많이 넣다
обса́харить 설탕 가루로 덮어 씌우다, 설탕으로 싸다, 당화 하다
подса́харить 설탕를 좀넣다
приса́харить 설탕을 조금 뿌리다
уса́харить 설탕을 듬뿍 넣다, 아첨하다

све́жий 신선한, 새로운, 날것의, 싱싱한, 새로운, 갓 만든, 최근의, 참신한, (선) 파도 바람에 강한
свежина́ 날고기, 날 생선
свежо́ (날씨) 좀 춥다
свежа́к (어부 용어) 해상의 세찬 상쾌한 바람, 금방 잡은 생선
свежа́тина 금방 잡은 짐승의 고기
свежева́льщик 금방 잡은 짐승의 껍질을 벗기는 사람
свежева́тый 다소 상쾌한, 시원한, 약간 쌀쌀한
свежева́ть (짐승의) 가죽을 벗기고 내장을 제거하다
свежевьё = свежьё 가공용 날식품
свежезаморо́женный 신선한 상태로 냉동한
свежеиспечённый 지금 막 구어낸, 풋나기의

све́женький 약간 쌀쌀한
свежепросо́льный 소금에 절인
све́жесть 신선함, 상량
свеже́ть 서늘해 지다, 힘차게 되다, 혈색이 좋아지다
свежёхонький → све́жий
засвеже́ть (바람이) 심해지다
освежи́ть 신선하게 하다, 상쾌하게 하다
освежи́ться 신선 해지다, 상쾌해 지다
освежи́тельный 기분을 상쾌 하게 하는, 신선하게 만드는
просвежи́ть 신선하게 하다
просвежи́ться 상쾌해 지다

све́ргнуть (сверга́ть) 던져서 떨어뜨리다, 던져서 버리다, 뒤집어 엎다, 타도하다
све́ргнуться (높은 데서) 떨어지다
сверже́ние (권력자·제도 등의) 타도
све́рзить 쿵하고 떨구다
све́рзиться 꼴사납게 떨어지다

сверка́ть (сверкну́ть) 반짝이다, 번쩍이다
сверка́ние 번쩍임, 반짝임
засверка́ть → сверка́ть
отсверка́ть 빛나지 않게 되다, 빛을 잃다
просверка́ть 번쩍하고 지나가다, 여러 번 번쩍이다

свет = све́тик 1) 빛, 등불, 밝은 장소, 등, 새벽, 가장 사랑 하는 자, 그림자의 반대, 시력
свет 2) 세계, 세상
света́ть 날이 밝다
света́ние 날이 밝아 오는 것
светёлка 밝은 작은 방
свете́ц 실내용 횃불대, 화톳불을 담아 두는 쇠 바구니
свети́ть 빛나다, 비치다, 가는 길을 비춰주다
свети́ться 비치다, 빛나다, 빛나 보이다
светя́щийся 자연 발광의, 형광의
свети́лен (종) 아침 기도, 아침 찬송가

свети́ленка = свети́льня 등심, 램프 심지
свети́льник 대형 램프, 등명
свети́льничный 불빛으로 행해지는
свети́льный 조명용의
свети́мость 조도, (천) (해와 비교한) 별의 광도
свеча́ = све́ченька 양초, 점화선, 촉광
свече́ние 발광 하는 것
све́чка = све́ча (작은 양초 모양을 한) 항문 좌약, 비행기의 급상승
све́чник 양초 제조인
свечно́й 양초의
свещено́сец (종)(교회의)양초를 받들어 드는 자
свети́ло 천체, 거성, 대가
вы́светить 충분히 비추다, 똑똑히 비추어 밝히다
засвети́ть 1) 점화하다, 등불을 켜다, 주먹으로 얼굴을 힘껏 때리다(눈에서 불이 나게), 손바닥으로 뺨을 때리다
засвети́ться 빛나다
засвети́ть 2) (필름·인화지 등) 빛을 쏘여 못쓰게 하다
засвети́ться (필름·인화지 등) 빛이 들어가 못쓰게 되다
засве́тка (사진) 노출
освети́ть 비추다, 조명하다, 풀다, 해명하다
освети́ться 밝아 지다
освети́тель 조명계, 조명 기구
освети́тельный 조명의, 등잔 용의
освеще́ние 조명, 빛, 해명 (문제등의), (서) 명암의 분포
освещённость 조명도, 밝기
отсвети́ть 빛을 잃다, 빛이 사라지다
о́тсвет 반짝이는 것, 빛, 반사
отсве́чивать 반짝이다, 빛나다, 반사하다, 비추다, (속) 빛을 차단하다, 그림자를 만들다
посвети́ть (잠깐 동안) 비치다, 빛나다, (길을) 비춰 주다
подсвети́ть 밑에서 약하게 비추다
подсве́чивать 밑에서부터 광선이 비치다

подсве́чник 촛대
просвети́ть 1) 빛을 통하다, 빛을 통하여 보다, X 선으로 검사하다, 통하여 빛나다, 들여다 보이다
просвети́ть 2) 계몽하다, 개화하다, 개발하다
просвети́ться 지능을 연마하다, 계몽 계발 되다
просве́т (어둠속에 비치는) 빛의 줄기, 세광, 미광, 희망의 빛, (건) 창문·문의 넓이, (건) 빛을 들이기 위한창, (견자에서) 직위를 표시하는 줄, (스포츠) 짬·틈·간격
просвети́тель 계몽자, 개발자, 교화자
просвети́тельный 계몽의, 개발의, 교화의
просвети́тельство 계몽 운동
просве́чивание → просвети́ть
просвеща́ть → просвети́ть
просвеще́нец 교육자, 교원, 교사
просвеще́ние 교화, 교육, 계몽, 개발
просвещённый 문화 교육이 보급된, 교육을 받은
беспросве́тный 빛이 없는, 캄캄한, 희망이 없는
рассвета́ть (рассвести́) 밤이 새다, 동이 트다
рассве́т 미명, 새벽, 여명, 초기
светле́ть 밝아 지다
светле́ться 빛나 보이다
све́тленький = светлёхонький 매우 밝은
светли́ть 밝게 하다, 연마 하다, 윤을 내다
светлина́ 밝은 장소, 선명
светли́ца (가옥내의) 좋은 방 (밝고 깨끗한)
све́тло 빛
све́тло 밝게, 밝다
светло- (색갈에 대하여) 밝은, 연한 의 뜻
светло-бу́рый 담갈색의 (말에 대하여)
светлова́ть 윤·광택을 내다
световоло́сый 블론드의
светлогла́зый 밝은 빛의 눈을 가진
светло-гнедо́й 연한 밤색 (말에 대하여)
светло-голубо́й 엷은 청색의

светло-жёлтый 엷은 황색의
светло-зелёный 연두색의
светло-кашта́новый 연한 밤색의
светло-кори́чневый 담갈색의
светло-кра́сный 분홍색의
светлокры́лый 밝은 빛의 날개를 가진
светлоку́дрый 밝은 빛의 머리 카락의
светлоли́кий 얼굴이 흰
светло-лило́вый 연보라 빛의
светло-мали́новый 담홍색의
светло-ро́зовый 연한장미 빛의
светло-ру́сый 블론드의
светло-се́рый 연한 회색
светло-си́ний 연한 남빛의
све́тлость → све́тлый 의 추명
светлота́ → светлы́нь 달빛, 별빛
светлоцве́тный 연한 빛의, 엷은 빛의
светля́к 개똥 벌래, 반딧불
светобоя́знь (의) 주맹
светово́д 광선 전도관
светово́й 빛의
светодальноме́р 광선 측거의
светоза́рный 찬란한, 빛나는
светокопирова́льный 청사진 용의
светокопирова́ние 청사진 제작
светокульту́ра (농) 인공 광선에 의한 재배
светолече́бница (의) 광선 요양소
светолече́ние (의) 광선 요법
светолюби́вый (식) 광선을 좋아하는
светомаскиро́вка 차광, 등화 관제
светоме́р 광도계
светому́зыка 색채와 함께 감상할 수 있는 음악
светопроница́емый 빛을 통과 시키는
светонепроница́емый 빛을 통과 시키지 않는
светоно́ска (충) 백납충
светоно́сный 빛을 발하는
светоотда́ча (이) 발광 효율
све́топись 사진
светосигна́л 등화 신호, 발광 신호

светоси́ла 광력, 광도
светоси́льный 명도가 큰
светососта́в 발광 물질
светосто́йкий 변색 하지 않는, 내광성의
светотенево́й 명암이 있는
светоте́нь 명암, 농담, 대조(문학의)
светоте́хника 광선 공학
светофи́льтр 여광기
светофо́н 광선 전화
светофо́р 교통 신호등
све́точ 횃불, 대형 촛불, (문화·학술의) 지도자
светочувстви́тельность 감광도
светя́щийся 자연 발광의, 형광의
засветле́ть 밝기 시작하다, 번쩍이기 시작하다
засветло 밝을 때에, 어둡기 전에
просветле́ть 밝아지다, 맑아지다, 분명해지다
просветли́ть 밝게하다, 투명하게하다, (머리를) 명쾌하게하다
просветли́ться 밝아 지다, 명랑해지다
вы́светлить 빛을 비추다, 밝게하다
осветли́ть 투명하게하다, 맑게하다

свинья́ 돼지, 더러운 놈, 배은 망덕한 놈
свина́рник 돼지우리
свина́рный 돼지우리의, 양돈의
свина́рня → свина́рник
свина́рь 돼지치는 사람, 양돈자
свинёнок (욕설) (지저분한 아이에게) 돼지새끼
свини́на 돼지고기
свинобо́ец 돼지 도살자
свинобо́й 돼지 도살자
свиново́д 돼지 사육자
свиново́дство 양돈
свино́й 돼지의
свинокопчёности 돼지고기의 훈제 식품
свинома́тка 어미돼지
свиномолодня́к 새끼돼지
свиноотко́рм 양돈
свиноотко́рмочный 양돈의
свинопа́с 돼지치는 사람
свиноро́й 우산 잔디
свинотова́рный 양돈업의
свинофе́рма 양돈장
сви́нский 돼지 같은, 불결한, 비열한, 누열한
сви́нство 불결, 비열, 비 문화 적인 것
сви́нтус 돼지(인정없고 불쾌한 사람에 대한 농담적 애칭)
свину́шник 돼지우리
свиня́рня → свина́рня
свиня́рник → свина́рник
свиня́чий 돼지의
свиня́чить 돼지같이 더러운 짓을 하다

свобо́да 자유, 해방, 면제
свобо́дно 자유롭게
свободнорождённый 자유의 몸으로 태어난
свобо́дный 자유로운, 용건이 없는, 한가한, 비어있는, 면제된, 유창한, 자기 의지대로 되는, 낙낙한, 격이 없는, (화) 유리한
свободолю́бец 자유 애호자
свободолюби́вый 자유를 사랑하는
свободолю́бие 자유 애호
свободомы́слие 자유 사상
свободомы́сляший 자유 사상의, 자유주의의, 자유 사상가
вы́свободить (высвобожда́ть) (좁은 곳에서) 빼내다, 꺼내다, 구조하다, 구출하다,
вы́свободиться 나오다, 빠져나오다, 해방되다, 사용하지 않게 되다
высвобожде́ние 꺼내는 것, 구출, 탈출
освободи́ть 자유롭게하다, 해방하다, 면제하다, 내어주다
освободи́ться 자유로와지다, 자유를 얻다, 해방되다, 불필요해지다, 비다
освободи́тель 해방자
освободи́тельный 자유롭게하다, 해방하는
освобожде́ние 해방·자유를 부여하는 것, 면제, 면직
наро́дно-освободи́тельный 인민해방의

национа́льно-освободи́тельный 민족해방의

свой 자기에게 소속하는 뜻, 자기의, 자기 특유의, 친근관계, 자가의, 친한, 집안, 동아리, 집안 사람, 자기의 것
свое- 자기·나의 뜻
своевла́стие 방자함, 제멋대로 굶
своевла́стный 방자한, 제멋대로 구는
своево́лие 방자, 횡포
своево́льник 방자한 사람
своево́льничать 방자하게 굴다
своево́льство → своево́лие
своевре́менный 시기 적절한
своекоры́стие 이기, 탐욕
своекоры́стный 이기적인, 탐욕적인
своеко́штный 자비의
своенра́вие 방자함, 완고함
своенра́вный 방자한, 변덕스러운
своеобра́зие 독특함, 이상함, 남과는 다른데가 있는 것
своеобра́зный 독특한, 이상한
своеобы́чие → своеобра́зие
своеру́чный 자필의
сво́йски 자기류, 자기의
сво́йственник 인척자(사돈)
сво́йственный 고유의, 타고난, 본래의
сво́йство 특성, 특질, 본성
сво́йство́ 인척관계 (혼인의해 생긴)
по-сво́ему 자기의 생각으로, 자기대로
присво́ить (присва́ивать) 횡령하다, 착복하다, 남의 이름을 사칭하다, (칭호·신분 등)부여하다
присво́ение 횡령, 수탈, 착복
усво́ить (усва́ивать) 자기의 것으로 하다, 터득하다, 통달하다, (습관 등에) 물들다, 심다
усво́ение → усво́ить
усвоя́ть → усво́ить
усвоя́емость 이해력, 동화력

связа́ть (свя́зывать) 묶다, 읆아매다, 서로 잇다, 함께 매다, 연결시키다, 결합하다,속박하다, 관계를 갖게하다, 엮다, 화합시키다
связа́ться 결부되다, 결합하다, 관계를 갖다, 연락하다
свя́занность 속박, 수반, 화합, 결합도
свя́занный 자유로이 되지 않는, 곤란한, 화합한
связи́ст 통신 종합원
связи́шка 정교, 관계, 연줄
свя́зка 매는 것, 뭉치·한 줄, 끈, 인대
свя́зник 약격, 첩보 연락원
связно́й 연락·연계·결합용의, (군) 연락병
свя́зность 연관, 맥락, 시종 일관한 것
свя́зный 시종 일관한, 말의 조리가 맞는
свя́зочка 작은 다발·묶음
связу́ющий → связа́ть
связь 관계, 연관, 결부, 통신, 연락, 연고, 연결부, 결합, 응집
свя́сло 풀단 따위의 묶는 새끼

свято́й 신성한, 거룩한, 성자, 성상화
святе́йшество 총주교 및 로마 교황의 존칭
святе́йший 지성한
святи́лище 사원, 성당, 성전
святи́ть 깨끗하게 하다, 거룩하게 하다
святи́тель 고위 성직자
свя́тки 크리스 마스 주간
свя́то 거룩하게, 엄밀히
свя́тость 신성함
святота́тствовать 성물을 모독하다
святота́тец 성물 모독자
святота́тственный 성물 절취의
святота́тство 성물 모독
святота́ть 성물 절취자
свя́точный → свя́тки
свято́ша 신앙이 돈독한 체하는 사람, 위선자, 독신자
свя́тцы 교회력
святы́ня 성물, 성소, 성지, 보물

священный → святить
священник 사제, 목사
священно- 성·성직자 등의 뜻
священнодействовать 성사를 집행하다, (비꼼) 엄숙히 행하다
священнодействие 성사 집행
священноинок → монах 수도사, 수사
священноначалие 교회정치
священнослужение 성사집행
священнослужитель 성직자, 예배자, 사제
священный 거룩한 성질을 지닌, 불가침의, 숭고한, 신비적인, 귀중한, 중요한
священствовать 사제의 직분에 있다
священство 성직자의 직분
освятить 깨끗이 하다, 신성·존엄하게 하다
священие → освятить
пустосвят 위선자, 사이비 신앙가

себя 자기, 자신
себялюб = себялюбец 이기주의자
себялюбивый 이기적인
себялюбие 이기주의, 에고이즘

север 북, 북부지방, 북극지방
северный 북의, 북부지방의, 북방의
североатлантический 북대서양의
северо-восток 북동, 북동지방
северо-запад 북서, 북서지방
северморец 북양함대의 승무원
северморский 북양 항로의
северянин 북국인
северянка 북국의 여자

седой 백발의, 희끗한, 백발 섞인, 흰실이 섞인
седенький 백발의
седина 백발, 노년, 모피의 흰 반점
сединка (한올의) 백발, 약간의 백발
седобородый 수염이 센
седобровый 눈썹이 센
седоватый 백발이 섞인

седовласый = седоволосый 백발의
седоголовый 백발 머리의
седоусый 코밑 수염이 희

седло 안장, (산악의) 안부
седлать 안장을 얹다
седален 앉아서 부르는 것이 허용되는 찬송가
седалище 두부, 엉덩이, 자리, 왕좌
седалищный 둔부의
седёлка 안장 받침요
седельник 안장 제조공
седельный 안장의
седельце → седло
седельчатый 안장 모양의
седельщик 안장 제조공
седлистый 등이 안장 모양으로 굽은
седловатый (말에 대하여) 등이 안장모양을 한
седловидный 안장 모양을 한
седловина (말·짐승의) 안부, (산악의) 안부
седловка - седлать
сёдлышко- седло

селить 입주시키다, 정주 시키다, 입식 시키다
селиться 이주·정주·입식하다
селение 마을, 동리, 부락
селитьба (도시 따위의) 건설구역, 거주민 용지, 촌락
селишко 지그만 마을
село = селище 마을, 부락, 농촌, 교회가 있는 마을
сель- – сельский의 뜻, 마을의, 농촌의
сельмашина 농업기계
сельскосоюз 농촌 협동조합 연합
сельскохозяйственный 농업의
сельцо 작은 마을
сельчанин 마을 사람, 농민
селянин → сельчанин
внеселитебный 거주 지점이외에 있는
вселить -во что 정주시키다, (감정·사상 등

을) 불어넣다
вселиться 정주하다, (감정·사상 등이) 주입되다
вселение 정주
вселенная 우주, 만유, 세계
вселенский (종) 전세계의, 전교회의
выселить 추방하다, 퇴거 시키다, (농민들을) 이주 시키다,
выселенец 이주자
выселение 이주 시키는 것, 이주하는 것
выселок 이주민 촌
заселить 거주하다, 이주하다, 살게 하다, 식민하다
заселиться (한지방에) 식민되다, (어떤집에) 입주자가 생기다
засельщик 식민자, 이주자
населить 식민하다, (어떤장소에) 거주시키다, 정착하다
населиться 사람이 살게 되다, (다수가)살다
население 주민, 인구, 식민
населённость 인구, 인구 밀도
насельник 거주자
обселить (어떤 장소에) 식민하다
обселиться (어떤 토지에) 정착하다
отселить 이주 시키다
отселиться 이주하다
переселить (переселять) 이주 시키다, 옮기게 하다, 이민시키다
переселенец 이주자, 이민
переселение 이주, 이민
переселенческий 이민의, 이주의
поселить 정주시키다, 이주시키다, 야기시키다, 씨를 뿌리다
поселиться 살다, 거처를 정하다
поселенец 이주자, 이민, 정착자, 유형이민
поселение 이주, 이민, 이주지, 정착지
поселенный 둔전의, 촌락 마다의
поселковый 촌락의
посёлок 도회지 모양의 부락·거리
поселье → поселение

поселянин 농민, 백성
подселить 근처에 살게 하다, (어떤 사람과) 동거시키다
подселиться 근처에 이전하다
приселить 주민·이민의 수를 늘이다, 더많이 살게하다
расселить (여러 장소에) 거주시키다, 따로 따로 거주 시키다
расселиться (여러 장소에) 거주 하다, 따로 따로 거주 하다
расселение 사방으로의 이주, 거주, 인구의 분포
сселить 사방에서 모아 한군데에 정주 시키다
сселиться 사방에서 모아 한군데에 정주 하다
новосёл 신 이주자
новоселье 새로 이사한 집, 집들이

семья 가족, 가정, 일가
семьянин 가족의 일원, 처자가 있는 사람, 가족이 있는 사람
семейка 작은 가족
семейность = семейственность 가정적인 것, 가정을 사랑하는 것, 사리적인 것
семейный 가족·가정의, 가족·배우자가 있는
семейственный 가정의, 가족적인, 사리적인
семейство 가족, 가정

семя 종자, 씨, 근본(불화 따위의), (생) 정액, 후예, 후손
семечко = семячко 작은 씨, (과일) 씨
семянка 수관
семена → семя
семенистый 씨가 많은
семенить 파종하다
семениться (식물에 대하여) 씨가 생기다
семенник 채종 식물, 채종밭, (식) 과피, (생) 정계 맥관
семенной 종자의, 파종용의, 채종의, 정자의
семенной канал 정관 -
семенной --ная жидкость 정액

семенове́д   종자 학자
семенове́дение   종자학
семенновмести́лище   (식) 태좌
семеново́д   종자 식물 전문가
семеново́дство   종자 증식, 육종업
семендо́ля   자엽, 떡잎
семенозача́ток   배주, 밑씨
семеноло́жие   (식) 맹아 포낭
семеноно́сный   종자 있는
семеночисти́тельный   종자 선별기
семзерно́   파종용 낱알
семссу́да   종자의 대여
семфо́нд   저장 종자
вы́семениться   (농) 씨가 익어 떨어지다
осемени́ть   (생물) 인공으로 수정 시키다
осемене́ние   수정, 인공 수정
осемена́тор   가축 인공 수정자
обсемени́ть   (논·밭에) 파종하다
покрытосеме́нные   피자 식물
семина́р   신학교 졸업생
семина́рий   세미나, 연구과, 강습회
семинари́ст   семина́рия의 졸업생, 세미나 참가자
семина́рия   특수 중학교, 신학교

сепари́ровать   분리하다
сепарати́вный   분리주의의
сепарати́зм   분리주의
сепарати́ст   분리주의자
сепара́тный   분리한, 별개의
сепара́тор   분리기, 선광기, 원심분리기, 분리제
сепара́ция   분리, 이탈

се́псис   패혈증
асе́птика   무균법, 소독, 방부
антисе́птик   방부제
антисе́птика   소독(법), 소독약, 방부제
антисепти́рование   방부
септицеми́я → се́псис

септи́ческий   부패의, 부패성의, 패혈증의

се́ра   유황, 귀지
се́рить   유황으로 싸다
се́рение   유화 시키는 것
се́ренка   유황성냥
серни́к   유황성냥
се́ристый   유황을 함유하는
сероводоро́дный   유화수소의
сероки́слый   황산의
се́рный   유황의, 유황을 함유하는
серобакте́рия   유황 박테리아
сероводоро́д   유화 수소
се́рокись   황화탄소
сероуглеро́д   이유화 탄소
серя́нка   유황성냥, 불소시개, 도가니

серди́тый   노하기 쉬운, 노한, (술·담배에) 강한, 열심히 하는, 부지런한
серди́ть   노하게 하다
серди́ться = сержива́ться   노하다, 화내다
серди́тка   성을 잘 내는 (귀여운) 처녀·여자
серже́ние   화나게 하는 것
осерди́ть   화나게 하다, 분개 시키다
осерди́ться   화내다, 분개하다
посерди́ть   (조금) 화나게 하다
посерди́ться   (잠시) 화내다
рассерди́ть   노하게 하다
рассерди́ться   노하다
серча́ть (осерча́ть)   노하다, 성내다
рассерча́ть   노하다

се́рдце   심장, 애정, (강렬한) 감정, 반감, 증오, 분노, 마음속, 중심, 핵심
серде́чко   (익살) 점잔 빼느라 다문 입술
серде́чки   (비꼼) 호색한
серде́чник   굴대, 철심, 심장병 전문의, 심장병 환자
серде́чность   성의, 충심, 애정이 깊은 것, 친밀한 것

серде́чный 심장의, 충성의, 마음으로부터의, 정성이 담긴, 애정이 깊은, 친밀한, 인애의
серде́шный 연인, 애인
сердобо́лие 자비, 동정
сердобо́льничать (지나치게) 동정하다
сердобо́льный 자비심이 많은, 동정심이 많은
сердцебие́ние 심장의 고동, 심계항진
сердцеве́д (-ец) 사람의 마음속 깊이를 간파할 수 있는 사람
сердцеви́дка 연체동물, 새조개 속
сердцеви́дный 하트형의
сердцеви́на 심, 고갱이, 속, 나무속, 중심, 핵심
сердцее́д (익살) 엽색꾼
сердцее́дка 탕부
сердцее́дство 사람의 마음을 사로 잡으려는 것
сердцеобра́зный 하트형의
сердцещипа́тельный 감동시키는
сердчи́шко се́рдце의 애칭
сердя́га 귀여운·불쌍한 사람
бессерде́чие 무정, 박정
бессерде́чный 무정한, 박정한
добросерде́чие 선량, 친절, 자비심, 성실
добросерде́чный 선량한, 친절한, 자비심이 있는, 성실한
жестокосе́рдие 잔인, 박정
жестокосе́рдный 잔인한, 박정한
милосе́рдие 자비, 동정
милосе́рдный 동정심 깊은
милосе́рдствовать 동정하다, 불쌍히 여기다
околосерде́чный 심장 주위의
подсерде́чный 심장의 하부에 있는
умилосе́рдить 연민의 정을 일으키다
умилосе́рдиться 동정심이 일어 나다
простосерде́чие 순박, 솔직, 성실, 정직
простосерде́чный 순박한, 솔직한, 성실한, 정직한
твердосерде́чный 냉혹한
усе́рдие 열심
усе́рдный 열심인, 성심 성의의

усе́рдствовать 열심히 하다, 열의를 쏟다
чистосерде́чие 솔직, 정직, 공정
чистосерде́чный 솔직한, 정직한, 공적한

серебро́ 은, 은그릇, 은제품, 은메달
серебри́ть 은도금하다
серебри́ться 은빛으로 빛나다, 은빛으로 보이다
серебре́ние 은도금
серебре́ник 은화, 은세공, 수전노
серебрёный 은도금한
серебри́льщик 은도금공
серебри́сто-се́рый 은회색의
серебри́стый 은빛의, 은을 함유한, (목소리) 명랑한
сереброно́сный 은을 함유한
сереброплави́льный 은 용해의
серебря́ник 은도금공
серебря́нка 하등 담배의 일종, 실버스틸
се́ребряный 은의, 은제의, 은과 같은, (목소리) 울림이 좋은

се́рый 회색의, 쥐색의, 학문이 없는, 저급한, 흐린, 음울한, 평범한, 토끼
сере́ть 회색으로 되다, 광택을 잃다, 평범하게 되다, 회색으로 보이다
сере́ться 회색으로 보이다
се́ренький 매우 평범한
се́рка 회색말, 흰바탕에 검정·기타 색이 섞인 말, 회색말·개·고양이를 부르는 이름
серо- 회색의 뜻
се́ро-бу́рный 회갈색의
се́ро-буро-мали́новый 색이 똑똑치 않은
серова́тый 약간 회색을 띤
серогла́зый 회색의 눈을 가진
се́ро-голубо́й 회청색의
се́ро-гри́вый 회색 갈기의
се́ро-жёлтый 회황색의
се́ро-зелёный 회녹색의
серозём 회색토

се́рость 회색, 범용, 무교양
серь 회색
и́ссера- 형용사에 붙어, 잿빛이 되어

серьёзный 진지한, 진실의, 진실한, 중요한, 엄숙한, 근엄한

серьёз → серьёзность
серьёзнеть (посерьёзнеть) 진지하게·엄숙하게 되다
серьёзничать 근엄·진지한체하다
серьёзность 진지한것, 엄숙한 것, 중대한 것
всерьёз 진지하게, 진정으로
несерьёзный 진지하지 않은, 하찮은

сесть (сади́ться)

седо́к (마차의) 승객, 말탄사람
воссе́сть (восседа́ть) (야유) (위엄있게) 자리에 앉다
засе́сть 오래 앉아 있다, 오래 종사하다, 갇혀 살다, 깊이 들어가다
насе́сть 자리를 차지하다, 타다
насе́д 난배
насе́дка 둥지에 남아 있는 어미닭, 어린아이에게만 매달려 있는 여자
надсе́сться 열심히 노력하다, 목소리를 다해 외치다
осе́сть 내려앉다, 가라앉다, 침전하다, 자리잡다, 정착하다
обсе́сть 빙 둘러앉았다, (파리가) 꾀다, 포위 공격하다
отсе́сть --로부터 떨어진 곳에 자리를 옮기다
пересе́сть 자리를 옮겨 앉다, 갈아타다, 자기보다 지위가 높은 자의 상석에 앉다
посе́сть (다수가) 앉다, 착석하다, (새가) 멎다
подсе́сть 나란히 앉다, 옆에 앉다
присе́сть 쪼그리다, 웅크리다
приседа́ние 웅크리는 것
приса́дка 합금에 섞는 금속
рассе́сться 제각기 자리에 앉다, 금이 가다
ссе́сться (직물·가죽 등이) 줄어들다, 응고하다

усе́сться 착석하다, 자리를 차지하다, 착수하다, 안정되다
непосе́да 침착하지 못한 사람, 안절 부절 못하는 사람
непосе́дливый 침착하지 못한, 안절 부절 못하는

сеть 그물, 올가미, 간계

сетево́й → сеть
сетевяза́льный 그물을 뜨기 위한, 제망용의
сетевяза́ние 그물을 뜨는 것, 그물 제조
сетеподъёмный 어망인상기
се́тка 작은 그물, 네트, 그물모양의 쇼핑 주머니, 패션판, 방안지
сетно́й → сеть
се́точник 그물 제조인
се́точный → сеть
сетча́тка (눈의) 망막
сетчатокры́лый 맥지의
се́тчатый 망사의
теплосе́ть 온수·스팀공급망
радиосе́ть 무전·라디오망
электросе́ть 전력계통

сечь 자르다, 베다, 찢다, 절단하다, 채찍으로 때리다, (비에 대하여) 물방울이 치다

се́чься 서로치다, 칼로 서로 싸우다, по- 머리칼이 빠지다, (직물이) 풀리다
сс́ча 회전(선생), 혈전
сече́ние 절단, 태형, 벤자리, (의) 개개
се́ченый 잘려서 생긴
се́чиво 도끼
се́чка 절단, 양배추용의 시칼, 자른 볏짚
секану́ть 절단하다, 재단하다
сека́рь 이탄 절단기·공
сека́тор 전지 가위
сека́ч 쇠를 절단하는 도끼, 짐승의 숫컷
секи́ра 도끼
секу́ция 태형
секу́щий → сечь

се́кция 부, 지부, (기계의) 부분, (의) 해부, 절단
вы́сечь 새기다, 조각하다
вы́сечься (실이) 떨어지다
вы́сечение 조각물, 본을 뜨는 기구
засе́чка 도끼로 새긴 나무 줄기의 표시, 위치등의 측정·기입, 말굽의 찰과 상
засе́чь 1) (나무에 표식을) 새기다, 표시하다, 위치를 표정하여 지도에 넣다
засе́чь 2) 채찍으로 때려 눕히다
засе́ка 벌채를 하고 난 땅, 금 벌림
иссе́чь 1) 깎다, 조각하다 (돌로 초상 따위를), 절개하다
иссе́чь 2) 곳곳을 베다, 무참하게·가차없이 사람을 때리다
насе́чь (눈금을) 새기다, (톱날등을) 세우다, 잘게 썰다
насе́ка 새긴 눈금, 벤자리, 칼자국
насека́ла (정육공장의) 고기를 베는 사람
насека́льщик 재단공 (두꺼운 종이의)
насеко́мое 곤충, (속) 이
насекомоя́дный 곤충을 먹는
насе́чка 무늬 또는 선을 새기는 것, 새긴 눈금, 베인 자국, 상감
осе́чь → обсе́чь
осе́чься (총이) 나가지 않다, 불발하다, 이야기 도중에 입을 다물다, (속) 실수하다, 실패하다
осе́чка 총구 폐색, 불발
обсе́чь 잘라내다, 끊어 내다, (돌을) 대충 깎아 내다, (밧줄 따위를) 잘라 줄이다, 바싹 자르다
отсе́чь (도끼등으로) 잘라내다, 잘라 떨어 뜨리다
отсече́ние 잘라 내는 것
отсе́чка 철 전단기
отсе́чный 절단, 분리 하기 위한
отсе́к 그루터기, 간을 막은 장소, 격리된 장소
пересе́чь = пересека́ть = пересе́чься 횡단하다, 가로 지르다, 교차 하다
пересече́ние 횡단, 차단, 교차, (스포츠) 크로스 컨트리, 양단, 절단
пересечённый (언덕이나 골짜기에 의해) 차단된, 막힌
пересе́к 큰통을 절단해서 만든 나무통
пересека́емость (수) 교차의 가능성
посе́чь = посе́чься 채찍으로 때리다, (칼 같은 것으로) 베다
подсе́чь (경작지를 만들기 위하여) 벌목하다, (밑을) 자르다, (물고기 잡혔을 때) 낚싯대를 당기다, (속) 상대방을 꼼짝 못 하게 하다
подсе́ка 숲속의 수목을 벌채한 장소(경작지를 만들기 위하여)
подсе́кция 분과
просе́чь 찍다, 치다, 잘라서 쳐서 구멍을 내다, 산을 헐거나 나무를 베어 길을 내다
просе́чься (천 따위가) 찢어 지다, 혈로를 열다
про́сек 숲속의 나무를 찍어 낸 길 또는 경계선
рассе́чь 자르다, 뚫고 나가다
рассе́чься (머리털·실이) 풀어지다, 흩어지다
рассе́чка 절단, 재단
ссечь 잘라 버리다, 잘라내다
ссе́чька 숲속의 나무를 베어 버린 장소
усе́чь 잘라서 줄이다, 긴축하다, 깨닫다
усече́ние 잘라서 짧게 하는 것, 생략된 말, 싯귀
дровосе́к 나뭇꾼, 벌목공, (곤충) 하늘소
дровосе́ка 벌채지구
лесосе́ка 벌목 지구

се́ять (посе́ять) 파종하다, 씨를 뿌리다, 세균을 배양하다, (금전을) 생각 없이 마구쓰다
сева́лка 어깨에 메는 파종 바구니
сева́ть → се́ять (고어)
севе́ц = сева́льщик = сева́льник 파종자
сев 파종
севосме́н 채착(불완전한 윤작)
сево́к (손으로 씨를 뿌릴 때) 씨의 한 웅큼
севооборо́т 윤작
се́вщик 파종자
аэросе́в 공중파종(비행기에 의한)
самосе́в 자연 파종(종자가 사방에 흩어 져서 생기는)

самосе́вка = самосе́йка (농) 저절로 땅에 떨어진 씨에서 나온 작물

самосе́вка = самосе́й = самосе́йка (농) 저절로 땅에 떨어지 씨에서 나온 작물

мукосе́й 곡물을 채로 치는 직공

травосе́йный 목초를 파종한

травосе́яние 목초를 파종 하는 것

се́ялка 파종기, 조파기

се́яльный 파종용의

се́яльня 파종 기계

се́яльщик 파종자, 채질하는 직공

се́янец 씨에서 나온 식물

се́яние 파종

се́янка 곱게 체어진 밀가루

се́яный се́янка로 만든 빵 등

се́ятель 파종자

се́ятельный 파종의

все́ять = всева́ть (어떤 물건 속으로) 뿌려 넣다, 잘 가르치다

высе́ять 파종하다, 모종하다

вы́сев 파종, 파종량

вы́севка 무거리, 밀기울, 벼껍질

досе́ять 파종을 끝내다, --까지 파종하다, 채로 치는 것을 마치다

засе́ять = засева́ть 종자를 뿌리다

засе́в 파종, 파종한 종자, 파종 면적

насе́ять (일정량을) 파종하다, (어떤 양을) 채로 치다

недосе́в 파종 하지 않은 경지, 뿌리고 낚은 종자

обсе́ять (어떤 면적에) 파종하다, (온통) 뿌리다, 입히다

обсе́яться 자기 밭에 뿌리다

обсе́вок 파종하지 않은 경지, 뿌리고 남은 종자

отсе́ять 채로치다, 도태하다, 파종을 마치다

отсе́в 채로 치는 것, 도태

отсе́вки 채로 치고 남은 것

отсевно́й 채로친

посе́в 파종, 파종된 종자

посевно́й 파종의

посе́вщик 파종하는 농부

пересе́ять 다시 심다, (제차) 채로 치다

пересе́в 두번 씨를 뿌리는 것, 다시 채로 치는 것, 너무 뿌리는 것

подсе́ять 씨를 뿌리다

подсе́в 다시 씨를 뿌리는 것, 그 종자

подсе́вка 보충 파종

присе́ять 더 파종 하다

присе́в 더 파종 하는 것

просе́ять (채로) 치다, (한동안) 채로 치다

просе́яться 채로 쳐서 곱게 되다, 넘쳐 흐르다 (가루 따위가)

просе́в = просе́вка 채로 치는 것

рассе́ять 사방에 뿌리다, 파종하다, 산재 시키다, 뿔뿔이 흩어지게 하다, (나쁜 간정 따위를) 풀다, 분산 시키다

рассе́яние 분산, (감정이) 가라 앉은 것, 산만, 방심, 오락, 소창

рассе́янность 산만, 방심, 부주의

рассе́янный 분산된, 집중 되지 않는, 방심하는, 무관심한, 느긋한

рассе́в 씨뿌리기, 파종, 그 방법, 채질하는 기계

усе́ять 가득 뿌리다, 산포하다

усе́яться 가득 뿌려지다, 흩어지다

сигна́л 신호, 눈짓·몸짓 등의 신호, 경보, 계기, 단서

сигна́лить (сигнализи́ровать) 알리다·경보하다, 경고하다

сигнализа́тор 신호기·장치

сигнализацио́нный 신호용의, 신호를 하기 위한

сигнализа́ция 신호, 경보, 신호장치

сигна́лик→ сигна́л

сигнали́ст 신호수, 나파수

сигна́льный 신호의

сигна́льчик → сигна́л

сигна́льщик 신호수

сиде́ть (си́живать)   앉아 있다, (어떤 장소에) 있다, 종사하다, (옷) 몸에 맞다
сиде́ться   (보통) 부정
не сиде́ться   앉아 있을 수 없다
сиде́лец   (점포의) 바 텐더, 우두머리 종업원, 파수꾼
сиде́лица   여점원, 술집·여관의 여주인
сиде́лка   간호 보조원, (환자의) 시중꾼, 간병인
сиде́лый   (새따위에 대하여) 오래 기른
сиде́льчиха   сиде́лец의 아내
сиде́ние → сиде́ть
сиде́нь   걸을 수 없는 사람, 외출을 싫어하는 사람
сиде́нье = сиде́ние   좌석
си́дка   (속) (주로 감금 포위되어) 있는 것
сидя́чий   앉아 있는, 자주 앉는
си́жено   (오래) 어떤 장소·상태에 있다
вы́сидеть   어느 기간 머므르다, 알을 까다, 오래 걸려 얻다
вы́сидеться   오랫동안 앉아 있다
вы́сидка   (속) 금고
доси́деть   --까지 앉아 있다
доси́деться   너무 오래 앉아서 나쁜 결과에 이르다
заси́деть   (곤충, 새 등이) 똥으로 더럽히다
заси́деться   오래 머물다
наси́деть   증류하다, 양조하다, (새가) 알을 품다, 부화시키다, 오래 앉아 있다,
наси́деться   오래 앉아 있다
обси́деть   (의자 따위를) 오래 써서 앉기 좋게 하다
обси́деться   앉기 익숙해지다
отси́деть   (예를 들어 불편한 자세로 해서 발을) 마비 시키다, 저리게 하다, (형기를) 보내다
отси́деться   참호·요새 속에서 몸을 보호하다
отси́дка   금고
поси́деть   (잠시) 앉아 있다, 머물러 있다, 손님이 되어 있다
посиде́лки = посиде́нки   농촌 청년 남녀의 겨울밤 모임
подси́деть   숨어서 보다, 잠복하다, (속) 간책을 꾸미다, 기만하다
подси́дка   잠복, 매복
подси́живание   (속) 음모, 간책
проси́деть   (얼마 동안) 앉아 있다, (구) 오래 앉아 있어 손해 보다
расси́деться   (속) 오래 앉아 있다, 새가 둥지에 들다
уси́деть   계속 앉아있다, 같은 지위·역할에 오래 머물러 있다, 눌러 앉다, (속) 파리가 똥으로 더럽히다
уси́дчивый   끈기 있는, 인내심이 강한
уси́дчивость   인내, 끈기
домосе́д   집안에만 죽치고 있는 사람, 안방샛님
полуси́де́ть   기대어 앉다, 기대어 눕다
самосе́дка   제마음대로 둥지에 들어 앉은 암탉

си́ла = силёнка   **힘, 에너지, 체력, 병력, 원기, 정력, 동력, 원동력, 병력, 군대, 군세, 효력, 작용, 의의, 권력, 세력**
сила́ч   장사
силён = си́льный   강한, 힘센, 유력한, 통달한, 극렬한
си́литься   노력하다, 힘주다, 시도하다
си́лка = сили́ща → –си́ла
силови́к   발전소 종업원
силово́й   완력 또는 제종 에너지를 사용하는
силоизмери́тель   역측정기
сило́мер   역량계, 측정기
силоприёмник   (기) 증기실
оси́лить   물리치다, 압도하다, 깔보다, (힘들여) 통달하다, (음식물을) 짠득 집어넣다
переси́лить   이겨내다, 극복하다 (다른 사람 또는 정욕·욕망을)
всеси́льный   전능의, 전능자, 신
всеси́лие   전능
вполси́лы   전력을 다하지 않고
си́лушка → си́ла
си́льно   강하게, 힘차게, 매우

сильноде́йствующий (약 따위가) 격렬히 작용하는
сильното́чник 강전 공학자, 기사
бесси́лие 무력, 허약, (의) 음위
бесси́лить 무력하게 하다, 약화시키다
бесси́льный 무력한, 몹시 약한
обесси́лить → бесси́лить
обесси́леть 무력해 지다, 약해지다
заси́лье 압제, 중압, 힘, 전력
наси́ловать 강요하다, 강간하다
наси́лие 폭행, 완력으로 하는 것, 강압, 강제, 강요, 강간
наси́лу 간신히, 겨우
наси́льник 폭행자, 강압자
наси́льничать 폭행하다, 폭력을 쓰다
наси́льно 강제 적으로, 억지로
наси́льнический 강제적인, 강압적인
наси́льственный 강제적인, 강제로 수행된
изнаси́лование 강간
непоси́льный 힘이 미치지 않는, 힘에 겨운
поси́льный 힘에 알맞는, 힘에 겨운
уси́лие 수고, 노력
усиле́ние 강하게 하는 것, 강화, 증강, (전) 증폭
уси́ленный 강화된, 완강한
уси́лить 강하게 하다, 확대하다, 보강하다, (전) 증폭하다
уси́литься 강하게 되다, 수고 하다,
уси́литель (전) 증폭기, 승압기, 증감제
уси́лительный 강하게 하기 위한

си́мвол 상징, 심볼
символизи́ровать 기호로 나타내다, 상징화 하다, 표상이다
символиза́ция 기호로 나타내는 것, 상징화
символи́зм 상징주의, 상징적 표현
символика 상징적 의미·표현
символист 상징주의자, 심볼리스트
символи́стика → символика
символи́ческий 상징주의의

символи́чный 상징적인

си́ний 푸른, 청색의
сине́ть 푸르게 되다, 푸르게 보이다
синёхонький = синёшенький 암청색의, 짙은 남색의
сини́льник 푸른 물을 들이는 직공
сини́льный 푸른 물을 들인, (화) 청산의
сини́ть 청색으로 물들이다, (청색을 이용하여) 천에 광택을 내다
синева́ 청(색), 시퍼런 멍, 반점, (식) 시들병
синева́то-багро́вый 푸르스럼하고 검 붉은
синева́тость 푸르스럼 한 것
синева́тый 푸르 스럼한
синегла́зый 푸른 눈의
синёный 푸르게 물들인
си́ненький → си́ний
сине́род (화) 시안
синь 청색, 청색 안료, 남색 광석의 총칭
си́нька 퍼렇게 물 들인 것, 감청
синю́ха (의) 시나노제
синю́шный 혈액 순환계 질병으로 인한 푸른 빛을 띤 (피부·입술 등)
синя́к (타박에 의한) 멍, 피하 출혈
до́синя 파래 질 때까지, 파래 질수록
и́ссиня 푸른 빛을 띤
про́синь 다른 빛깔, 푸른 반점, 푸른 무늬, 구름 사이의 푸른 하늘
вы́синить 푸른 색으로 물들이다
вы́синиться 퍼렇게 물들다
засине́ть 푸르게 보이다, 푸르게 되다
засине́ться 푸르게 보이다, 푸르게 되다
заси́нить 푸르게 하다, 푸르게 염색하다
иссини́ть (푸른색의 염료를) 다 써버리다
насини́ть 푸르게 물들이다, 푸른 빛을 띄게 하다
пересини́ть 다시 푸른 물감을 드리다, 너무 푸르게 하다
пересини́ться 지나치게 파래 지다
подсини́ть 푸른색으로 물들이다, 엷은 푸른

색으로 물들이다

синтези́ровать 종합하다, 합성하다
си́нтез 종합, 합성
синте́ктик 종합자, 합성자
синтета́за 합성효소
синте́тика 종합, 합성, 합성 물질
синтети́ческий 종합적, 합성의
синти́н → синто́л
синто́л 합성연료의 이름
биоси́нтез 생합성
фотоси́нтез 광합성
хемоси́нтез 화학 합성

сирота́ 부모중 한쪽 또는 양쪽이 없는, 고아
сироте́ть 고아가 되다, 비다, 고독하게 되다, 의지할 곳이 없는 생활을 보내다
сироти́ть (осироти́ть) 고아로 만들다
сироти́на → сирота́
сиротли́вый 고독한, 쓸쓸한
сиро́тский 고아의
сиро́тствовать 고아이다, 고아의 생활을 하다
сиро́тство 고아인 신세, 고독
си́рый 고아가 된, 의지할 곳 없는, 가난한

систе́ма 조직, 체제, 체계, 방식, 제도, 식, 설계 방식
систематизи́ровать 체계화·조직화하다, 계통을 세우다
систематиза́тор 조직자, 분류자
систематиза́ция 체계화, 조직화
система́тик 분류학자
система́тика 계통화, 분류법, 분류학
системати́ческий 질서 있는, 정연한, 조직적인, 일관한, 분류학의
системати́чность → системати́ческий
системати́чный → системати́ческий
системоте́хника 시스템 공학, 시스템 이론

скака́ть (скакну́ть) 뛰다, 도약하다, 급주하다(말 마차로), 잘주하다, 경마에 나오다, 격하게 춤추다
скак на скаку́ 질주 하면서, 질주 중에
скака́лка 새끼줄 넘기 하는 새끼줄
скака́ние 도약, 질주
скаково́й 경마의, 잘 달리는
скаку́ля 시소
скаку́н 경마용 말, 뛰는 것을 좋아하는 사람, 침착하지 못한 사람, (충) 길 앞잡이
скакуно́к 뛰어 나오는 장난 감 종류
скаку́нчик (충) 껑충 거미, 파리 잡이 거미
скаку́ня 말괄 량이, 왈가닥
скаку́ха 개구리
скок 1) 도약, 구보
скок 2) = скакну́л он разом-- 그는 단번에 뛰었다
скок поско́к 껑충 껑충 뛰고 있다
вскака́ть 뛰어 들다, 뛰어 올라가다
вска́кивать = вско́чить 뛰어 올라가다, (종기등이) 갑자기 생기다
вскачь 구보로, 갤럽으로
вы́скакать (승마에서) 뛰어 나가다, (경마에서) 상대를 앞지르다
- вы́скочить
вы́скочить (выска́кивать) 뛰어 나가다, (이빨 따위가) 빠져 떨어지다, (항해 중에) 갑자기 좌초 하다, 뜻밖에 나타나다
вы́скочка 주제 넘게 구는 사람, (편역이나 책략에 의해) 남보다 빨리 승진 한 사람
доскака́ть 말을 달려 - 까지 도착하다
доскака́ться 너무 뛰거나 달려 나쁜 결과를 가져오다
заскака́ть 멀리 뛰어 가 버리다
заскака́ться 뛰어서·달려서 지치다
заскочи́ть 뛰어들다, 잠시 들르다, 뒤로 뛰다, 뛰어 오르다, 앞서려고 앞으로가다
наскака́ть (наска́кивать) (말을 타고) 충돌하다, (많이) 달려오다
наскака́ться 마음껏 질주하다

наскочи́ть 뛰어 들다, 달려들다, 심한 말로 대들다, 트집 잡다, 마주치다
обскака́ть 말로 추월하다, 주위를 달리다, 말을 타고 곳 곳을 방문하다
обскочи́ть 주위에 달려 보이다, 급히 둘러싸다
отскака́ть (어떤 거리를) 말이나 수레를 타고 달리다, 달려서 사라지다
отскочи́ть 껑충 뛰어 비키다, 퉁겨 돌아오다, 부착한 것이 떨어지다
перескака́ть 뛰어 넘다, 경마를 다시하다
переска́чка 경마를 다시 하는 것
переско́к 뛰어 넘는 것, 도약
перескочи́ть 뛰어 넘다, 건너 뛰다, 껑충 뛰어 옮겨 가다, 도중에 다른 이야기로 옮기다
подскака́ть 말을 타고 달려오다
подско́к (스포츠) 가벼운 도약
подскочи́ть 뛰어가다, 뛰어 오르다, 급등하다
поскака́ть 달리다, 질주하다, (잠시) 뛰다
поска́чка 사냥개의 질주
поско́к 도약(스포츠)
прискака́ть 껑충 껑충 뛰어 오르다, (급하게) 날아오다
прискочи́ть 조금 뛰어 오르다, 껑충 뛰다
проскака́ть 질주하여 지나가다, 뛰어 지나가, (얼마 동안) 껑충 껑충뛰다
проско́к → проскочи́ть 회전 중에 과속에 의한 바퀴 운동의 난조
проскочи́ть 뛰어서 지나가다, 장애물 사이을 뛰어서 지나가다, 새어 떨어지다, 잠입하다
проска́чка (경마의) 실격점
расскака́ться 맹렬한 기세로 내 달리다
соскочи́ть 뛰어 내리다, 벗어 나다, 탈선하다, 급히 사라지다
соско́к (스포츠) 뛰어내리기
ускака́ть 도망가다, 급히 떠나다
вприско́чку = вприпры́жку 껑충 껑충 뛰면서

скала́ 바위, 절벽, 자작나무 표피
скалола́з 암벽등반
скалола́зание 암벽등반
ска́льный 바위가 많은, 암석지의
ска́льщик 암서지 노동자

сканда́л 추문, 스캔들, 부정사건, 소란
скандалёзный → сканда́льный
скандализи́ровать (скандализова́ть) 폐를 키치다, 거북스럽게 하다, 민망스럽게 하다
скандали́ст 끊임없이 추문을 일으키는 사람
сканда́лить 추문을 일으키다, 추태를 연출하다
сканда́литься 창피한 꼴을 당하다
сканда́льничать → сканда́лить
сканда́льный 해괴망칙한, 평판이 나쁜, 추문을 일으키는, 꺼림직한, 거북스러운
сканда́льчик → сканда́л

скве́рно 나쁘게, 꺼림직하게, 추악하게
скверне́ть 나빠지다, 추악 하게 되다
скверно- 추악한, 추잡한 등의 뜻
скверна́вец (속) 나쁜 사람, 비열한 사람
скве́рность 추잡한 말 행동
скве́рный 나쁜, 추잡한, 추악한, 비루한, 서투른
скверносло́вить 비루한 것을 말하다, 걸쩍지근하게 욕설을 퍼붓다, 음담하다
скверносло́в 입이 더러운 사람, 음담가
скверносло́вие 비루한 말, 욕설, 음담
скверносло́вный 추잡한
оскверни́ть 더럽히다, 신에게 바칠 수 없게 하다, 신성 조엄을 더럽히다
оскверни́ться 더럽히다, 신에게 바칠 수 없게 되다
оскорби́ть (оскорбля́ть) 모욕하다, 능욕하다
оскорби́ться 기분을 나쁘게 하다, 모욕을 느끼다, 화를 내다
оскорби́тель 모욕자, 경멸자, 능욕자

оскорбительный 모욕적인, 무례한
оскорбление 모욕, 능욕

сквозь 통하여, 관통하여
сквозить (광선·바람 등) 통하다, 비쳐보이다, 희미하게 보이다
сквозник → сквозняк
сквозной 빠져나가는,
сквозняк 틈으로 들어오고 나가는 바람
засквозить 사이로 보이기 시작하다, 틈이나 구멍으로 보이다
насквозь 꿰뚫어서, 관통하여
просквозить 틈새기 바람으로 식히다

сколько 얼마, 어느 정도
сколечко → сколько
сколько-нибудь 얼마간이라도
сколько-то 어느정도, 다소
сколь → насколько
насколько 어느 만큼, 어느 정도, 만큼, 정도
поскольку 얼마, 어느정도
несколько 몇몇, 약간, 어느 정도, 다소, 조금
нисколько 조금도, 하등, 추호도

скорбь 비애, 애수, 비탄, 슬픔, 불행, 병, 고통
скорбеть 슬퍼하다, 비탄하다, 근심하다
скорбящий 슬퍼하는, 한탄하는, 상 중인
скорбный 슬픈, 애처로운, 슬픈 듯한, 애처로운, 병의
прискорбие 비탄, 애상, 애통
прискорбный 통탄할, 애처로운, 슬픈

скорый (시간 및 속도에 대하여) 빠른, 조속한, 신속한, 아주 가까운
скорее (비교급) 오히려, 더욱, 몹시, 극히
скоренький 꽤 빠른, 이른
скоренько → скоро
скорёхонький → скорый
скоро 빨리, 속히, 곧, 이윽고, 머지 않아
скоро- 신속히, 빨리의 뜻

скоробогатеть 벼락 부자가 되다
скоробогатей (속) 벼락 부자
скоробогатый 벼락 부자가 된
скороварка 고압솥
скороговорка 말을 빨리하는 사람
скороморозилка 식품 급속 냉동 장치
скороморозильный 식품 급속 냉동 하는
скороногий 발이 빠른
скороножка 발이 빠른 사람
скоропалительный 몹시 서두르는 사람
скоропечатный 고속도 인쇄의
скоропечатня 고속도 인쇄소
скоропись 빨리쓰기, 초서, 속기
скороплодный (과수) 심은 후 결실이 빠른
скороподъёмность (항공) 상승 속도
скоропортящийся 망가지기 쉬운, 부패하기 쉬운
скоропостижный 급한, 돌연한 (죽음에 대하여)
скоропреходящий 재빨리 지나가는, 눈깜짝 할 사이
скороспелка 일찍 익는 과일, 조숙아, 너무 빨리 성공한 사람
скороспельность 조숙
скороспелый 조숙의
скоростемер 속도계
скоростник (속도가 빠른) 우수한 노동자, 고속도를 내는 운전사
скоростной 속력의, 고속의, 쾌속의
скорострелка (군) 속사포
скорострельность 속사, 사격 속도
скорострельный 속사의
скорость 속도, 속력
скоросшиватель 서류철, 파일 북
скоротельный (가축) 해산이 수월한
скоротечный 빨리 지나가는, 잠시 동안의, 덧없는
скороход 질주자, 수레를 타고 가는 주인을 따라가는 종자
скороходь 급행

вско́ре = вско́рости   얼마 안 있어, 곧
наско́ро   급히, 빨리
уско́рить   빨리 하다, 촉진하다, 앞당기다
уско́риться   빨라 지다, 진척 되다
ускоре́ние   촉진, 빨리 되는 것
уско́ренный   빠른, 이른, 가속도의
ускори́тель   (화) 촉진제, (공) 가속장치, (해) 촉진 신경
ускори́тельный   촉진하는

скот   농업가축, (욕설) 빌어 먹을, 개새끼
ско́тий   가축의
скоти́на   가축, 빌어 먹을, 개새끼
скоти́нка → скоти́на
ско́тник   가축지기
ско́тный   가축의
скотобо́ец   백정
ското-   가축의 뜻
скотобо́йный   가축 도살을 위한
скотобо́йня   가축 도살장
скотово́дничать   목축하다
скотово́д   축산가, 목축가
скотово́дный   목축의
скотово́дство   목축, 가축사양, 축산업
скотово́дческий   축산에 관한, 축산을 업으로 하는
скотовра́ч   수의사
скотовраче́бный   수의의
скотозагото́вка   가축 조달
скотокра́дство   가축절도
скотолече́бница   가축병원
скотолече́ние   가축 치료용의, 수의의
скотоло́жец   수간자
скотоло́жство   수간
скотоме́сто   가축 한마리를 수용하는 장소
скотомоги́льник   가축의 시체 매매장
скотоподо́бие   짐승 같은 비열한 행위·성정
скотоподо́бный   (동물 같은) 비열한 성정의
скотоприго́нный   가축을 몰아 보내는
скотоприёмный   가축을 받아 들이는

скотопрого́н   가축몰기
скотопромы́шленник   가축업자, 가축 상인
скотосырьё   도살용의 가축, 가공용의 도매
скототорго́вец   가축 장수
скотоубо́йный   가축도살의
ско́тский   가축의, 짐승과 같은, 비열한
ско́тство   가축 같은 상태, 수성, 비열, 야비

скрипе́ть (скри́пнуть)   삐걱거리다, 삐걱삐걱 소리내다, 이럭저럭 살아가다
скрипи́чный   바이올린의
скри́пка   바이올린
скри́почка → скри́пка
скри́почник   바이올린 제작자
скри́почный   바이올린의
скрипу́н   삐걱거리는 소리를 내는 사람, 빠드득거리는 구두를 신은 사람, 하늘소
скрипу́чий   삐걱거리는

скро́мный   공손한, 겸손한, 검소한, 질박한
скро́мник   조심스러운·소극적인 사람, 겸손한 사람
скро́мничать   조심스럽게 행동하다, 사양·겸손하다
скро́мничание   사양, 겸손
скро́мность   사양, 겸손
скромня́га   조심성 있는 사람

ску́дный   부족하다, 얼마 안 되는, 가난한
скуде́ть   부족하게 되다, 가난하게 되다, 줄다
скудне́нький   부족한, 가난한,
скудоборо́дый   수염이 듬성 듬성한
скудомы́слие → скудоу́мие
ску́дость   적은 것, 부족한 것, 가난한 것
скудоу́мие   저능, 우둔
оскуде́ть   가난해 지다, 궁핍해 지다
оскуде́лый   가난해진, 궁핍해진
оскуде́ние   가난하고 궁핍해 진 것, 빈곤, 부진

скуча́ть 무료하다, 지루하다, 그리워하다, 쓸쓸해하다
ску́ка 지루함, 권태, 울적함, 우민
скучи́ща → ску́ка
скучли́вый 심심해 하는, 적적해 하는, 쓸쓸해 하는
скучне́ть 무료하게 되다
ску́чненький 다소 지루한
скуднова́тый 다소 지루한, 재미없는
ску́чный 무료한, 재미없는, 적적한, 울적한
заскуча́ть 갑갑해지다, 갑갑증이 나다
наску́чить 귀찮게하다, 싫증나게 하다, 싫증 나다
поскуча́ть (잠시·조금) 쓸쓸해 하다, 적적해 하다, 울저해지다
приску́чить 지루하게 하다, 싫증나게하다
проскуча́ть (얼마 동안) 지루해 지다, 따분해 지다́
соску́читься 지루해하다, 허전함을 느끼다, (이별의) 허전함을 느끼고 사모하다, 그리워하다

сла́бый 약한, 허약한, 박약한, 느슨한, (술·차) 연한
слаба́к 미력한 사람, 무기력한 사람
сла́бенький 조금 약한
слабе́ть 약해지다, 힘이 빠지다, 느슨해지다
сла́бже (속) = слабе́е
слаби́ть 설사하다, 설사 시키다
слабина́ 느슨해 진 곳, 약한 곳
слаби́тельный 설사 시키는
слабну́ть (속) 약해지다, 느슨해지다
сла́бо 약하게, 힘없이, 느슨하게, 불충분하게
слабова́тый 다소 약한, 느슨한
слабово́лие 의지 박약
слабоголо́вый 어리석은, 머리가 나쁜
слабоголо́сый 목소리가 약한
слабогру́дый 폐가 약한
слабоду́шие 소심, 비겁
слаболету́чий 잘 날 수 없는

слабоне́рвный 신경이 약한
слабопа́мятный 기억력이 약한
слаборазви́тый 후진의
слабоси́лие 힘이 모자라는 것, 허약
слабоси́льный 힘이 모자라는, 박약한
сла́бость 약한것, 쇠약, 약점, 박약, 불충분
слабоу́здый 입이 약한 (센 제갈을 견디지 못 하는)
слабоу́мие 우둔, 무지
слабохара́ктерный 성격이 약한
ослабе́ть 약해지다, 쇠약해 지다
осла́бить 약해지게 하다, 쇠퇴 시키다, 가볍게 하다, 느슨하게 하다
ослабе́лый 약해진, 쇠약해진
ослабле́ние 약해 지는 것, 느슨 해 지는 것
осла́блять 너무 관용을 베풀다, 설사 시키다
осла́бнуть → ослабе́ть
послабе́ть 약해지다
послаби́ть (조금) 설사하다
послабле́ние 지나친 관용, 묵과, 묵인
расслабе́ть 몹시 약해지다
расслаби́ть 몹시 약하게 하다
расслабле́ние 몹시 약하게 하는 것, 몹시 약해진 것
рассла́бнуть → расслабе́ть

сла́ва 명예, 명성, 영광, 평판, 칭찬의 소리, 찬가
сла́вить 찬양하다, 찬미하다, (남의) 소문을 퍼 뜨리다
сла́вильный 찬송의
сла́вильщик 크 리스마스 전야에 찬송가를 부르며 다니는 사람
слави́стика 슬라브학
сла́вица 찬가
сла́вка 꾀꼬리 과의 작은 새
сла́вненький 기분이 좋은, 고운
сла́вный 영광스러운, 명예·명성 있는, 매우 좋은, 훌륭한, 멋있는
славолю́бец 명예심이 강한 사람
славолюби́вый 명예심이 강한

славолю́бие 명예심, 공명심
славосло́вие 찬미, 찬송가
славосло́вить 찬미하다, 찬송하다
сла́вушка → сла́ва (비꼼) 나쁜 평판
бессла́вить 명예를 훼손하다, 비방하다
бессла́виться 자기 명예를 더럽히다
бессла́вие 불명예, 치욕, 추문
бессла́вный 불명예의, 치욕의
обессла́вить 명예를 더럽히다
воссла́вить 찬양하다, 찬미하다
осла́вить 악명을 부여하다, 나쁜 소문을 퍼뜨리다, 얼굴에 흙칠을 하다
осла́виться 혹평을 당하다, 자기 얼굴에 똥칠하다
просла́вить 찬양하다, 찬미하다, 칭찬하다, 소문내다
просла́виться 유명해 지다, 명성을 떨치다
прославле́ние 칭찬, 찬미
просла́вленный 고명한, 저명한
рассла́вить 무턱대고 찬양하다, 과장하여 이야기 하다, (소문을) 퍼뜨리다
достосла́вный 영광스러운, 칭찬 할 만한
тщесла́вие 허영, 허세, 허영심
тщесла́виться 허영심이 많다, 허세를 부리다
тщесла́вный 허영심이 많은, 허세를 부리는

слать 보내다, 파견하다
сла́ться 보내어 지다, 파견 되다
воссыла́ть 보내다 (신에게 기도를)
вы́слать 발송하다, 보내다, 파견하다, 추방하다, 앞으로 내 뻗다 (손 발을)
вы́сылка 발송, 파견, 추방
досла́ть 나머지를 다보내다, 부족분을 보내다, (군) (총포·포신에 탄창을) 밀어 넣다
досы́лка → досла́ть
засла́ть 멀리 보내다, 틀린 곳으로 보내다, 미리 보내다
засы́лка 정보를 얻기 위하여 засла́ть하는 것
насла́ть 일정양을 보내다, 파견하다, (하나님이) 재앙을 내리다

недосла́ть 조금 보내다
отосла́ть 발송하다, 보내다, 멀리하다, 파견하다
пересла́ть (한곳에서 다른 곳으로) 발송하다, 부치다, 배달하다
пересы́лка 송부, 전송, 배달
пересы́лочный 전송하기 위한, 죄인 호송의
пересы́льный 호송 죄인 일시 수송을 위한, 호송되는 죄수
пересыла́ться (편지·소포) 서로 보내기
посла́ть 보내다, 파견하다
посла́ться 증거로 하다, 증인으로 하다
посла́нец 사자, 사절
посла́ние 교서, 메시지, 서한, 편지, 교훈서, 훈계서
посла́нник 공사
посла́нница 공사 부인
посо́л 대사, 사자
посо́льство 대사관, 사절단
посо́льский → посо́л
ниспосла́ть (하나님이) 강림하다
предпосла́ть 서문을 쓰다, 서언을 붙이다
посы́л (스포츠) (말 등을 어느 방향으로) 향하게 하는 것, (탄약 등의) 보급
посы́лка 파견, 보내는 것, 송치, 송부, 소포, 전제
посы́льный 파견의, 파송의, 배달인, 전령
подосла́ть 밀파하다
подсы́л = подсы́лка 밀파
присла́ть (물건을) 보내오다, (사람을) 파견하다
присы́л = присы́лка 송부, 파송, 발송물
разосла́ть 사방에 파견 송부하다, 모조리 파견 송부하다
рассыла́ть → разосла́ть
рассы́лка 파견, 발송, 송달
рассы́льный 배달물 기입용의, 배달부
сосла́ть = ссыла́ть 추방하다, 유형에 처하다
сосла́ться = ссыла́ться 인용하여 증거를 삼다, 구실로 삼다

ссы́лка 추방, 유형, 인용, 인용 문구
ссы́лочный 인용 방주
ссыльнока́торжный 유형 징역수
ссыльнопоселе́нец 유형 식민자
ссы́льный 유형의
усла́ть (멀리) 보내다, 쫓아 내다, 심부름 시키다
усы́лка → усла́ть

след 자국 (발자취, 차바퀴 자국, 흉터, 파괴의 흔적 등)
следи́ть (사람·현상의) 뒤를 추적하다, 지켜 보다, 유의하다, 주시하다, 감독하다, 발자국을 따라가다, 더러운 흔적을 남기다
сле́довать 따르다, 연달아 가다, 뒤를 따라 가다, 다음에 오다, 연이어 오다, 따르다, 의거하다, 모방하다, 향하여 가다, 가다, 운행하다, 해야한다
сле́дование 추적, 추종, 운행, 모방, 답습, 심리
сле́дователь 예심판사
сле́довательно 그래서, 그러기 때문에
следово́й 자국의
сле́дом 바로 뒤를 따라, 뒤지지 않고, 한 사람에게
следопы́т 짐승의 발자국을 발견하는 데 숙련된 사냥꾼
следоуказа́тель (농) 작조기
сле́дственно → сле́довательно
сле́дуемый 지불해야 할, 받아야 할, --мое 지불금
слежка 감시, 미행
сле́дующий 다음의, 이하의,
вслед (보통 за와 함께) 곧이어, 뒤따라, 뒤를 따라
всле́дствие (생격과 함께) -결과, --때문에
бессле́дный 흔적이 없는, 자취가 없는
подсле́дственный 심리중의
вы́следить (짐승 따위의) 발자국을 찾아내다, 행선지·거처를 알아내다
досле́довать 추가 조사하다, --까지 따가가다,

뒤쫓다
досле́дование 추가 조사, 추심
заследи́ть (засле́живать) 자국으로 더럽히다
исследи́ть (иссле́живать) 마구 짓밟아 더럽히다, 발자국투성이로 만들다
иссле́довать 연구·조사·답사하다
иссле́дование 연구, 연마, 조사, 답사, 탐험, 연구상의 적작, 연구논문
иссле́дователь 연구자, 조사자, 답사자, 탐험자
насле́дить- следи́ть
насле́дие → насле́дство
насле́дник 상속인, 유산 상속자, 후계자
насле́дный 왕위 계승자인, 후계자의
насле́довать 상속하다, 계승하다, 유산으로서 얻다
насле́дование 상속, 계승
наследода́тель 피상속인
насле́дственность 유전, 유전성, 상속될 수 있는 것, 상속
насле́дственный 상속·계승의, 상속·계승되는·된, 유전의, 유전성의
насле́дство 상속재산, 유산, 상속권, (농담) 떠난 사람이 남기고 간 유물, 유물
последи́ть 뒤를 쫓다
по́сле --의 후에, 뒤에서
после- 후의 뜻
послевое́нный 전후의
после́д 태반, 포의
после́йствие 잔류 작용
после́дки 나머지, 찌꺼기
после́дний 최후의, 마지막의, 후자, 최근의, 최신의, 최하급의
последи́ть - сле́довать
после́дователь 추종자, 모방자
после́довательность 무모순성
после́довательный 계속적인, 연속적인, 순차적인, 철저한, 초지 일관한
после́довый → после́д

после́дствие (어느 사건의) 결과로 일어나는 사태
после́дующий 그 다음의, 다음·뒤에 오는
после́дыш 막내 아들, 아류
воспосле́довать (어떤이의) 뒤에 일어나다
проследи́ть 추적하여 찾아 내다, 굴착하다, 취조하다, 조사하다, 연구하다, 감시하다
просле́довать 지나가다, 행차하다, 향하다
соследи́ть 발자국을 따라 짐승의 소재를 알아내다
уследи́ть 감시의 눈으로 좇다, 눈을 때지 않다, 이야기의 줄거리를 좇다

слеза́ (복수 слёза) = слези́нка = слёзка 눈물 방울, 눈물
слези́ться 눈물이 나오다
слезли́вый 눈물이 헤픈, 눈물을 머금은
слезни́ца (서) 탄원서
слезоотделе́ние 눈물의 분배
слезоточи́ть (의) 유루증을 앓다, 눈물을 흘리다
слезотече́ние (의) 유루증
слезоточа́щий 눈물을 나오게 하는
слезоточа́щий газ 최류가즈
слезохрани́лище 눈물 주머니
слёзный 눈물의, 애원의
бесслёзный 눈물을 흘리지 않는, 슬프지 않은

слепо́й 눈이 먼, (익살) 근시안의, 맹목적이, 우연의
слепе́нь (욕설) 장님
слепе́ц 장님, 눈뜬 장님
слепи́ть 눈을 부시게 하다, 눈을 가리다
слепорождённый 배내 장님의
слепота́ 먼눈
слепу́н (동) 소경뱀의 일종
слепушо́нка 두더지의 일종
слепы́ш 장님, 두더지
вслепу́ю 맹목적으로
со́слепа = со́слепу 먼눈·근시 때문에

заслепи́ть 눈멀게 하다
ослепи́ть 눈멀게 하다, 눈부시게 하다, 현혹하다, 유혹하다
ослепи́ться 유혹 되다, 망설이다, 얼떨떨 해지다
ослепи́тельный 눈이 멀 정도의, 번쩍거리는, 찬란한
ослепле́ние 실명, 현혹 시키는 것

сло́во 단어, 발의, 말, 담화, 약속, 연설, 지식, 의견, 어록, 이야기, 실화
слова́рик 소사전, 단어장
слова́ришка = слова́рь 사전
слова́рник 사전 편찬인, 어사 학자
слове́сник 문과적 교육을 받은 사람, 문과 학생
слове́сность 문학, 문학적 작품, 빈말
слове́сный 구두의, 언어·문학 연구자
слове́чко → сло́во
сло́вник 사전 편찬 어휘록
словоблу́дие 쓸데없는 말
словоизверже́ние 쓸데없는 말
словоизви́тие 미사 여구
словоизлия́ние (비꼼) 열변
словоизмене́ние 단어 의 변화
словоли́тие 활자 주조
словоли́тня 활자 주조소
словоли́тчик 활자 주조공
словообразова́ние 난어의 구성, 조어법
словоохо́тливый 요설의, 다변의, 수다스러운
словопре́ние = словопря́ 입씨름
словосложе́ние 둘이상 어간의 복합어
словотво́рчество 신어 작성
словотолкова́ние 낱말의 해석
словотолкова́тель 낱말의 해석자, 사전
словоупотребле́ние 낱말의 사용
словцо́ → сло́во
бессло́весный 말하지 않는, 과묵한, 불평 하지 않는, 순종하는
голосло́вие 밑도 끝도 없는 이야기

голосло́вный 밑도 끝도 없는, 근거 없는
досло́вный 문자 그대로의
злосло́вить 험담 하다, 비방하다
злосло́вие 험담, 욕설
именосло́в 명칭표 (이름, 명칭, 술어 등)
корнесло́в 어원 사전, 어원학자
корнесло́вие 어원학
молитвосло́в 기도서
односло́вный 한 낱말로 이루어진
острословить 빈정거리는 말을 하다, 익살 떨다
остросло́в 풍자가, 날카로운 기지의 소유자
празднословить 쓸데없는 말을 하다
празднослов 잡담하는 사람
празднословие 실없는 소리, 잡담
посло́вица 속담, 이언, 격언
посло́вный 단어 마다의
послесло́вие 결어, 맺는 말, 후기
предисло́вие 서문, 서언, 서두
пустосло́вить 쓸데없는 말을 하다
пустосло́в 수다쟁이
пустосло́вие 쓸데없는 말
скверносло́вить 비루한 것을 말하다, 음담 하다
скверносло́в 입이 더러운 사람, 음담가
скверносло́вие 비루한 말, 욕설, 음담
скверносло́вный 추잡한
сосло́вие 사회 계층, 계급
сосло́вность 계급, 계급성
сосло́вный 사회 계층의
усло́виться 약정하다, 계약하다
усло́вие 조건, 상태, 약정, 계약, 조약, 환경
усло́вный 약정된, 계약된
усло́вленный 약정된, 계약의
усло́вность 조건성, 사회의 관례
обусло́вить 조건을 붙이다, 속박하다, 기인 하다
обусло́виться --에 의하다, 설명되다
безусло́вно 의심할 나위 없이, 물론
безусло́вный 무조건의, 절대적인, 확실한, 완전한

слой 층, 얇은 조각, 사회층
слоева́тый 편석 모양의, 스레이트 모양의, 층이 얇은 모양의
слоеви́ще 버섯, 김, 말 등의 몸체, 엽상체
слоевцо́вый 엽상식물
слоёк → слой
слоёный 얇은 층을 이루는
слои́ть 층으로 만들다
слои́ться 층으로 되다
сло́истый 층을 이루는
слое́ние = сло́йка → слои́ть
сло́йчак 판암
наслои́ть (층으로) 쌓아 올리다, 포개다, 얇은 층으로 나누다
наслои́ться 층을 이루다
наслое́ние 층으로 쌓는 것, 성층
отслои́ть (나무 껍질 따위를) 얇게 벗기다
отслои́ться (층을 이루며) 벗겨지다, 갈라져서 발생하다
отслое́ние 벗겨 내는 것, 분층
переслои́ть 층을 이루다
переслои́ться 층을 이루다
пересло́йка 석층, 연층
подслои́ть 층상으로 놓다
просло́й (지질) 간층
просло́йка 포개 놓는 것, 중간층, 층, 그룹
расслои́ть 얇은 층으로 나누다, 벗기다, (반죽) 고르게 늘이다, 동일 계급사회내에서 분화시키다
рассло́йка 층으로 나누는 것, 벗기는 것, 층
кососло́й (나무·목재의) 나상 섬유
прямосло́йный 나무결이 똑바른

служи́ть 근무하다, 역할을 하다, 봉사하다, 도움이 되다, --의 역을 하다
слуга́ 머슴, 하인, 사환, 심부름꾼
служа́ка 노련하고 근면한 근무자 (주로 군인에 대하여)

служа́нка 식모, 하녀
служа́щий 근무하고 있는, 관리, 점원, 사원
слу́жба 직무, 근무, 장소, 과, 부
служби́ст 근면하나 형식주의 적인 관리
служе́бник (종) 미사서
служе́бный 근무의, 직무의, 보조적인
служе́ние 봉사, 근무, 기도, 예배
служи́вый 직무에 관한, 병사, 군인
служи́лый 공무 직무에 관한
служи́тель 하급 근무자, 봉사자, 성직자
слу́жка 성당의 심부름꾼, 구둣주걱
вы́служить 근무하여 벌다 얻다, 근속하다, 근무하다
вы́служиться 아첨하여 승진하다
вы́слуга 근무하여 버는 것, 근무하는것
дослужи́ть 일정한 기간 까지 근무하다
дослужи́ться 근무해서 -을 얻다
заслужи́ть (어떤 행위에 대한 결과에 대한 칭찬이나 비난을) 받다, --할 가치가 있다, (속) 보상하다, 빛을 갚다, 보답하다
заслу́га 공로, 공적, 공훈, 공
заслу́женный 당연한, 정당한, 공적이 있는, 항상 있는
наслужи́ть 근부하여 얻다, 일정기간 근무하다
наслужи́ться 충분히 근무하다, 근무하여 싫증나다
обслужи́ть 수요에 응하다, 봉사하다, 써비스 하다
обслу́живание 써비스, 봉사, 취급, 조작
отслужи́ть (근무를) 마치다, (미사·예배를) 마치다, 퇴직하다
отслужи́ться (근무를) 마치다
переслужи́ть 규정 이상으로 오래 근무하다, (많은 장소에서) 근무하다
послужи́ть (잠깐 동안) 근무하다, 봉사하다
послужно́й 근무의
подслужи́ться 알랑 거리다, 아첨하다
прислу́живать (прислужи́ть) 시중들다, 심부름하다, 남의 일을 돌봐주다
прислужи́ться 아부하다, 발라 맞추다

прислу́га 식모, 하녀, 머슴, 노비, 포수, 사수
прислу́жливый 마음에 들게 하려고 열심히 근무하는
прислу́жник 사환, 급사, 하녀, 아첨꾼, 충복
прислу́жничество 하인·하녀의 직, 아첨
прослужи́ть 근무하다, 복무하다, 도움이 되다, 소용되다
сослужи́ть 아무개를 위해 봉사하다
сослужи́вец 동료, 같은 일을 하는 사람
услужи́ть 친절히 하다, 대우하다, 시중들다
услу́га 봉사, 써비스, 노력의 제공, (공공의) 설비, 급사
услужа́ющий 봉사·심부름하는
услуже́ние 봉사·심부름하는 것
услу́жливый 남을 보살피기를 좋아하는, 친절히 하는
услу́жник 하인, 사용인, 고용인, 친절한 사람

случи́ться (случа́ться) 생기다, 발생하다, 일어나다, (짐승이) 교미하다
слу́чай 사건, 일, 경우
во вся́ком слу́чае 여하간, 하여간, 어쨌든
на вся́кий слу́чай 만일의 경우를 대비하여
по слу́чаю 때문에, 까닭에
при слу́чае 기회 있을 때에
случа́йно 우연히, 뜻밖에
случа́йность 우연성, 우연한·불의의 사건, 천재, 이변
случа́йный 우연한, 우발적인, 불의의

слу́шать 듣다 (들으려고 생각하고), 귀담아 듣다
слу́шаться 듣다, 따르다, 심리되다
слу́шание 듣는 것, 청문, 심리, 심문
слу́шатель 청취자, 청강생, 청중(복수)
слушо́к = слух 소문(대개 근거 없는)
слу́хать → слу́шать
слуха́ч 청취자, 청음병, 머리에 끼는 수화기
слухово́й 청각의, 청관의
слухопротези́рование 보청기 조제

вслух 들리도록, 소리를 내어
вслушаться 귀담아 듣다, 경청하다
выслушать 충분히 드다, 끝까지 듣다, (의) 청진하다
выслушивание 끝까지 경청하는 것, 청진
дослушать 다듣다, --까지 듣다
заслушать 듣다 (공석상에서)
заслушаться 잘 듣다, 정신없이 듣다
наслушаться 많이 듣다, 만족할 때까지 듣다
ослушать 청진하다
ослушаться 말하는 것을 듣지 않다, 순종·복종하지 않다
ослушание 불 순종, 반항
ослушник 복종하지 않는 자, 위반자, 반항자
ослушный 복종하지 않는, 위반하는, 반항하는
отслушать 끝까지 듣다
переслушать (많은 사람들이 또는 전부 말하는 것을) 듣다
послушать → слушать
послух (고) 증인
послушание 순종, 복종, 속죄를 위한 노력
послушный 온순한, 어떤일에 충실한
подслушать 엿듣다, 몰래 듣다
прислушаться 경청하다, (구) 들어서 익숙하다
прослушать (얼마 동안 또는 처음부터 끝까지) 듣다, (의) 청진하다, 청강하다, 빠뜨리고 듣다
расслушать (속) 알아 듣다, 경청하다
слышать 듣다(들리다), 들어서 알다, 지각하다
слышаться 들리다, 들려오다, 느껴지다
слышимость 들리는 것, 들리는 정도
слышимый 들리는, 들을 수 있는
слышно 들린다, 뜬소문이 있다
слышный 들리는, 감지되는
слышь 좀 들어 봐요, 들리는 말에 의하면
заслышать 우연히 듣다, 알아채다, 냄새를 맡다
заслышаться 들리다

наслышанный 소문으로 들어 잘 알고 있다
наслышаться 귀에 들려오다
наслышка (속) 소문
недослышать 끝까지 듣지 않다
ослышаться 잘 못 듣다
ослышка 잘못 듣는 것
послышать 듣다, 알다, 감지하다
прослышать 들어서 알다, 감지하다
расслышать 명확히 알아듣다

слюна́ 침, 타액, 군침
слюнистый 타액상의
слюнить 침으로 더럽히다
слюниться 침으로 더럽혀지다
слюнный 침의, 타액의
слюногонный 침을 내는
слюноотделение 타액 분비
слюноотделительный 타액 분비의
слюнотечение (의) 타액의 분비 과다
слюнтяй 침을 흘리는 사람, 무기력한 사람
слюнтяйство 무의지, 우유부단, 무기력한 것
слюняветь 침을 흘리다
слюнявить 침으로 더럽히다
слюнявка = слюнявчик (갓난 아기의) 침 받이, 턱받이
слюнявый 침을 흘리는
заслюнить (заслюнявить) 침으로 더럽히다
исслюнить (исслюнявить) (속) 침을 벹어서 더럽히다, 침 투성이로 만들다
наслюнить (наслюнявить) 침 투성이로 만들다
обслюнить (обслюнявить) 침·군침으로 더럽히다
переслюнить (переслюнявить) 침투성이로 만들다, 손가락에 침을 발라 다시 세어보다
послюнить (послюнявить) → слюнить

сметь 감히 -하다,
как он сме́ет это делать 감히 그가 어떻게 그것을 하나

не смей трогать 감히 건드리지 못한다
смеленький 상당히 대담한, 염치 없는, 무례한
смелеть 용감 대해해 지다, 제멋대로 굴다
смелёхонький 아주 대담한, 무례한
смело 대담하게, 용감하게, 쉽사리
смелость 대담, 용감, 무례한것, 겁 없는 것
смелый 대담한, 용감한, 주저 하지 않는
смельчак 용감 대담한 사람, 무모한 사람
осмелиться = насмелиться 감히 -하다, 강행하다

смех **웃음, 웃음 소리, 농담, 장난**
смехота 웃을 일, 우스운 일
смехотворный 우스운, 우스꽝스러운
смешинка 엷은 웃음
смешить 웃기다
смешливый 잘 웃는
смешной 가소로운, 우스운, 우스꽝스러운
смешок 은밀한 웃음, 조소
смеяться 웃다, 조소하다, 농담으로 말하다, 무시하다
досмеяться 너무 웃어 나쁜 결과를 가져오다
насмехаться 조소·조롱하다
насмех 웃음거리로, 농담으로, 조소하여
насмехательство 조소, 조롱
насмешить 웃기다, 조소하게 하다, 웃음거리로 만들다
насмешка 조소, 조롱
насмешливый 조소적인
насмешник 조소하는 사람
насмешничать 조소하는 버릇을 가지다
пересмехнуться 조소하다, 조롱하다(서로 눈짓을 하면서 제3자를)
пересмех (낮은 억눌린) 전원 모두의 웃음 소리
пересмешить (많은 사람을) 웃기다
пересмешка 조소, 조롱
пересмешник 조소 하기를 좋아하는 사람, 비웃는 사람
посмешить (잠깐) 웃기다
посмешище 웃음 거리, 조소, 조롱
посмеяние 조소, 조롱
рассмешить 웃기다
высмеять 조소하다, 비웃다
высмеяться 마음껏 웃다
засмеять 몹시 비웃다, 웃다
засмеяться → смеяться
насмеяться 실컷 웃다, 비웃다
осмеять 조소·우롱하다
отсмеяться 웃기를 마치다 그치다
отсмеиваться 대답 대신 웃다
пересмеять 놀려 대다, 조롱하다
посмеиваться (때때로) 웃다, 몰래 조소하다
посмеяться (잠깐 동안) 웃다
подсмеиваться (подсмеяться) 조소하다 (남의 행동을 보거나 들으면서)
просмеять 조소하다, 우롱하다
рассмеяться (크게) 웃어대기 시작하다

смирный **조용한, 침착한, 온순한**
смирёна = смиренник (보통 비꼼) 온순·유화한 사람
смирение 겸손, 비하, 온순, 유화
смиренничать 온순한 척하다
смиренномудрие 겸손하고 현명한 것
смиреть 온순하게 되다, 누그러지다
смиренный 겸손한, 온순한
смиритель 진압자, 진정자
смирительный 진압의, 진정의
смирительный дом 교도소
смирить 진압하다, 가라 앉히다, 굴복시키다, 달래다, 잘 다루다
смириться 가라 앉다, 굴복하다, 누그러지다
смирять- смирить
присмиреть 온순해 지다, 누그러지다
присмирить 가라 앉히다, 진정 시키다, 완화시키다
усмиреть = усмириться 진정되다, 온순하게 되다

усмири́ть 진정 시키다, 진압하다, 평정하다
усмире́ние 진정 시키는 것, 마음을 가라 앉히는 것, 진정, 진압
усмири́тель 진정 시키는 사람, 진압자
усмири́тельный 진압·평정을 위한

смола́ 수지, 타르, 콜타르 피치
смолева́тый 약간 수지·타르를 포함한
смолево́й 수지·타르의
смоле́ние 수지·타르를 바르는 것
смолёный 수지·타르를 바른
смоли́ть 수지 타르를 바르다
смоли́льный 수지·타르를 바르는 데 쓰이는
смоли́льщик 타르 고장공
смоли́стый 수지를 포함한
смо́лка → смола́
смолова́р = смолоку́р 수지 타르 제조인
смолова́рня = смолоку́рня 수지 타르 제조 공장
смолого́н 수지 건류공
смолого́нный 수지 타르 제조의
смолоку́рение 타르·테러빈유의 건류
смолоку́ренный 타르·테러빈유의 제조의
смолоно́сный 수지가 생기는
смольё 수지가 많은 소나무·자작나무 부스러기 가지
смо́льня 수지·타르 제조소
смоля́к 수지성 이탄
смоляни́стый 수지 냄새가 나는
смоля́нка 수지통
смоляно́й 타르의
смоля́р 수지 타르를 칠하는 직공
вы́смолить 수지·역청·타르를 바르다
вы́смолиться 수지·역청·타르로 더러워지다
досмоли́ть 수지·역청·타르를 다 칠하다
засмоли́ть 송진·타르를 칠하다
засмоли́ться 송진·타르로 더럽혀 지다
насмоли́ть 송진·타르를 바르다, 담배 연기로 가득 채우다
осмоли́ть 송진·타르를 바르다

осмо́лка 송진·타르를 바르는 것
пересмоли́ть 송진·타르를 다시 칠하다
пересмоли́ться 송진·타르로 더럽혀지다
подсмоли́ть (밑에서) 타르를 칠하다
просмоли́ть 수지를 먹이다
просмоли́ться 수지가 베다·칠해지다

смотре́ть 보다(의식하고), 관찰하다, 검사·검증하다, 찾다, 바라보다, 생각하다, 고려하다, 감시·감독하다, 모양을 하고 있다, --처럼 보이다, 주의 하다, --에 따라
смотре́ться 자신을 보다, 잘 보이다
смотр 열병, 사열, 전람, 경연, 검열
смотри́ны 맞선 (결혼전의)
смотри́тель 감시인
смотрово́й 열병 사열에 관한, 관찰을 위한
смотро́к 감시하는 사람
всмотре́ться 자세히 보다, 눈여겨 보다
вы́смотреть 살피다, 관찰하다, 구경하다, 찾아 내다, 엿보다
досмотре́ть 끝까지 보다, 검사 검시 하다, 간과하다
досмо́трщик 검사관, 감시인
досмо́тр 검사, 감독, 임검, 수색
засмотре́ться 넋을 잃고 보다
насмотре́ть (속) 잘보고 정하다
насмотре́ться 보다, 여러번 만나다
надсма́тривать → надзира́ть
надсмо́тр 감독, 감시
надсмо́трщик 감독자, 감시자
недосмотре́ть 눈이 다 미치지 않다, 감시 주의의 소홀로 잘 못을 저지르다
недосмо́тр 간과, 부주의, 실수
осмотре́ть 둘러보다, 잘보다, 검사하다, 조사하다, 진찰하다
осмо́тр 구경, 견학, 관람, 검사, 검열
осмотре́ться 자기 주위를 둘러보다, 자주 보아서 익숙해 지다, 친해지다, 정들다
осмотри́тельный 세심한, 신중한
осмо́трщик 검사관, 심사관

пересмотре́ть 다시 검사하다, 재열하다, 재심하다
пересмо́тр 재검토, 개정, 총검열, (법) 재심
посмотре́ть → смотре́ть
подсмотре́ть (몰래) 엿듣다, 들여다 보다 (구멍으로)
присмотре́ть 감시 감독하다, 찾아내다, 발견하다
присмотре́ться 눈여겨 보다, 숙시하다, 익숙해 지다
присмо́тр 감시, 감독
присмо́трщик 감시자, 감독자
просмотре́ть 조사하다, 검열하다, 못 보고 빠뜨리다, (얼마 동안) 관찰하다
просмо́тр 검열, 검사, 빠뜨리고 못 보는 것
рассмотре́ть 숙시하다, 잘보다, 분별하다, 심사하다, 음미하다
рассмотре́ние 숙시, 주시, 식별, 심사, 연구, 음미
усмотре́ть 감시하다, 지켜보다, 감시하여 발견하다
усмотре́ние 간파, 판정, 재량, 판단
предусмотре́ть 미리 앞을 내다 보다, 미리 생각 해 두다, 지시하다, 규정하다
предусмотри́тельный 선견지명이 있는, 조심성이 많은
непредусмотри́тельность 예견성이 없음
непредусмотри́тсльный 예견성이 없는, 경솔한, 소견이 좁은
водосмо́тр 급수 감시인

снег 눈, 적설, 설원
снегова́ние 눈 밑에서의 야채의 보존, 눈 모으기
снегови́к 눈사람
снегово́й 눈의, 눈으로 된
снегозадержа́ние 눈 모으기 (겨울 작물의 보존을 위한)
снегозащи́та 방설 장치
снего́лом 눈의 무게로 가지가 부러지는 것, 부러진 가지
снегоме́р 양설계
снегообра́зный 눈 모양의
снегоочисти́тель 제설기
снегопа́д 강설
снегопогру́зчик (트럭에) 눈을 싣는 기계
снегота́ялка 용설기
снегота́яние 눈 녹음
снегоубо́рщик 제설기
снегохо́д 눈에서 사용하는 자동차
снегу́рка 백설공주
снежи́ть 눈으로 덮다, 눈이 오다
снежи́на = снежи́нка 눈송이
сне́жистый 눈이 많은
снежни́к 눈사람, 눈이 쌓인 골짜기
снежни́ца 눈의 반사로 인한 일시적 맹목, 설맹, 눈녹은 물
сне́жно-бе́лый 눈처럼 흰
сне́жный 눈의, 눈으로 덮인
снежо́к 조금 내리는 눈, 눈 싸움
снежура́ 물을 함유한 눈
бессне́жный 눈이 없는, 눈이 적은
подсне́жник 수선화의 일종
подсне́жный 눈 밑에 있는
засне́женный 눈에 덮인
насне́жить 눈을 많이 가지고 들어 오다, 눈이 많이오다
осне́жить 눈으로 덮다

соба́ка 견류, 천한 놈, 도둑놈, 처치 곤란한 놈
собаке́вич 똥둥한 멍청이, (익살)개
собакове́д 견학 전문가
собакове́дение 견학
собаково́д 개의 사육
собаково́дство 개의 사육·사육장
собакообра́зный 개를 닮은, 개모양을 한
собача́та 강아지
собаче́й 애견가
собачёнка = собачо́нка
соба́ченька → соба́ка

соба́чий 개의, 심한, 참기 어려운
соба́чина 개고기
соба́читься 서로 욕을 퍼붓다
соба́чища 큰개
соба́чка 강아지, 방아쇠, 연결 쇠고리
соба́чливый 입이 더러운, 싸움을 좋아 하는
соба́чник 개 애호가, 개장수
собачо́нка 떠돌이 개,
собачо́ночка 강아지, 귀여운 개
насоба́читься 숙달하다, 솜씨가 좋아지다

соблазни́ть 유혹하다, 꼬드기다, 희망을 일으키게 하다, 마음이 들게하다
соблазни́ться 유혹에 빠지다,
собла́зн 유혹, 꼬드김
соблазни́тель 유혹자
соблазни́тельный 유혹하는, 유혹적인

со́бственный 자기 소유의, 소속의, 자기의, 자기 자신의
со́бственник 소유자, 사리만을 좇는 사람,
со́бственнический 소유자의, 소유자 특유의
со́бственно 본래, 원래, 실제, 대체
со́бственнолично 스스로, 자기 자신의
со́бственноручный 자기 손으로 하는, 자필의
со́бственность 소유, 소유권·제, 소유물, 재산

со́весть 양심, 염치
со́вестить 후회시키다, 간하다
со́веститься 양심에 부끄러워하다, --하는 것을 부끄러워하다
со́вестливый 양심있는, 양심적인
со́вестно 부끄럽다, 무안하다
со́вестный = со́вестливый 양심에 따라 행동하는
доброcо́вестный 양심적인, 정직한, 진지한, 열성적인
недоброcо́вестный 비양심적인, 부정직한, 불성실한
засо́веститься 몹시 부끄러운 생각이 들다, 당황하다, 망설이다
усо́вестить 후회하게 하다, 훈계하다, 창피를 주다

сове́т 조언, 충고, 소련의 입법 행정관, 협의회, 이사회, 회의, 동의, 승락, 화합, 일치, 현명
совети́зация 쏘비에프화
сове́тник 조언자, 충고자, 참사관, 고문, 고문관
сове́товать 조언 충언 하다, 권하다
сове́товаться 상담하다, 상의 하다
совето́лог 소련 학자
сове́тский 소련의, 협의회
сове́тчик 조언자, 상담 상대
совеща́ться 협의하다, 상담하다
совеща́ние 평의, 협의, 상담, 협의회
совеща́тельный 협의의, 자문의
Совзна́к (1924년까지의) 소련방 지폐
совсою́з 쏘베트 연방
совхо́з 국영 농장
насове́товать 여러 가지 충고 조언하다, 권하다
отсове́товать 하지 못하게 말리다, 그만 두게 하다
присове́товать 조언하다, 충고하다

содержа́ть (держа́ть) 함유하다, (사용인 따위를) 두다, 급양하다, 경영하다, 유지하다
содержа́ться 의식주를 얻다, 부양되다, 보전되다, 유지되다
содержа́ние 내용, 함유물, 목차, 부양, 봉급, 급료, 경영
содержа́нка 첩
содержа́тель 소유주, 축첩자
содержи́мое 내용, 알맹이
содержи́мость 함유 능력, 수용력, 용량
содержа́щий --을 함유하는
азотсодержа́щий 질소를 함유하는

золотосодержа́щий 금을 함유하는
медьсодержа́щий 동을 함유하는

созда́ть 창조하다, 창립하다, 설립하다
созда́ться 이루어 지다, 되다, 생기다
созда́ние 만드는 것, 창립, 설립, 창조, 생물, 인간
созда́тель 창조자, 창립자, 조물주, 하나님
воссозда́ть 재건하다, 부흥하다, 재현하다
воссозда́ние 재건, 부흥, 재생, 재현
пересозда́ть 개조하다, 재작하다

сок 즙, 액즙(과즙, 나무진, 체액 등), 정수, 석회수
сокова́рка 용액 체취장치
сокодвиже́ние 식물의 수액 이동
соковыжима́лка 과즙 짜는 기계
со́чиво 종유
сочи́ть (물방울이) 떨어지게 하다, 짜서 흐르게 하다
сочи́ться 방울져 떨어지다, 흐르다, 새다
со́чность 다액, 다즙
со́чный 다액의, 다즙의, (색채에 대하여) 농염한, 표현력이 풍부한
сочо́к → сок
малосо́чный 액즙이 적은
па́сока 임파액, 나무 줄기 뿌리에서 나오는 단 즙액
подсо́ка 수액, 수지, 채취를 위해 나무에 낸 상처(흠)
насочи́ться 떨어져 새어 흘러 들다
просочи́ться 스며들다, 스며 나오다, (속) 터지다
вы́сочить (вы́сочивать) 수액을 짜내다
вы́сочиться 물이 나오다, 물이 떨어지다
подсочи́ть (나무에 상처를 입혀서) 수지 수액을 채취하다

солда́т 병, 병졸, 병사, 일개미(병정)
солдатёнок 졸병의 아들, 작은 병사
солда́тик → солда́т 장난감 병사
солдати́на → солда́т 크고 강한 병정

солда́тка 병사의 아내
солда́тский 병사의
солда́тчина 징병, 병역, 병역의무
солдафо́н (욕설) 병정, 거칠은 군인
солдафо́нство 거칠은·교양없는 군인의 행동·행위

со́лнце 태양, 일광, (생명·행복 등의) 원천, 항성
солнцеворо́т = солнцестоя́ние (천)지일
ле́тнее-солнцеворо́т 하지
зи́мнее-солнцеворо́т 동지
солнцезащи́тный 차양용의
--- ные очки 선글래스
солнцелече́ние 일광 요법
солнцепёк 햇볕이 세게 쬐는 것
со́лнышко 해의 애칭
со́лнечный 해가 비치는

соль 소금, 기지, 재치, 해학, (담화의) 급소, 본질적인 취지
солева́р 제염소의 노동자
солева́рение 제염소
солева́рня 제염소
солево́й 소금의
солевыно́сливый (식) 내염성의
соледобыва́ние 채염
солело́мня 암염 정제소
солелюби́вый (식) 호염성의
солеме́р 염도계
соле́ние 소금에 절이는 것, 소금을 치는 것
соле́нье 염장 식품
солепромы́шленность 제염업
солеразрабо́тки 채염장, 제염소
солёно-ки́слый 짜고 신
солёность 소금기, 염분, 염도
солёный 소금기 염분·염도가 있는, 짠
соли́ть 소금을 더하다, 소금으로 맛을 내다, 소금으로 절이다, 비난하다, 불쾌하게 하다
соли́льный 염장용의
соли́льщик 염장 일에 종사 하는 사람

со́лка   소금에 절이는 것
со́лкий   (소금에 대하여) 효과가 잘 나타나는
вы́солить   (어느 양을) 모조리 소금에 절이다, (화) 염석하다
выса́ливание   염석(식염에 의한 용해물의 석출)
досоли́ть   소금에 절이다,
досоли́ться   소금에 절여지다
досо́л = досо́лка   소금에 절이는 것
засоли́ть   소금에 절이다
засоли́ться   짜게 되다, 염분이 듬뿍 가미되다
засо́л = засо́лка   소금절임, 짠맛의 정도
засоле́ние   짜게 되는 일
засолённый   (광) 광물염을 다량 함유한
засо́льщик   소금 절임하는 일꾼
иссоли́ть   (소금을) 다 써버리다
насоли́ть   소금을 넣다, 소금에 절이다, 불쾌하게 하다
недосоли́ть   소금을 덜치다
недосо́л   싱거운, 간이 모자라는 것
обсоли́ть   주위에 온통 소금을 뿌리다
пересоли́ть   소금을 너무 넣다, 소금에 절이다, 과장하다, 지나치다, 도를 넘다
пересо́л   지나치게 소금을 많이 넣는 것
пересо́лка   한번더 소금을 치는 것
пересолёный   소금을 너무 많이 넣은
посоли́ть - соли́ть
посо́л = посо́лка   소금에 절이는 것, 소금을 넣는 것
посо́лочный   소금에 절이기 위한
подсоли́ть   소금을 치다, 좀더 짜게 하다
подсоли́ться   짜지다
подсо́л - подсо́лка   소금을 치는 것
присоли́ть   소금을 치다
просоле́ть   소금에 베다
просоли́ть   충분히 소금에 절이다
просоли́ться   소금에 절다
просо́л   간, 간을 맞추는 것
просо́ль   살짝 절인 것
рассо́л   (생선·야채 따위를 절이는) 소금물, (화)

소금용액
рассо́льник   염천, 소금국
усоли́ть   충분히 소금에 절이다
усоли́ться   충분히 소금에 절여지다
усо́л   충분히 소금에 절이는 것
усо́лье   제염소, 채염장
обессо́лить   염분을 제거하다
обессо́ливание   수중의 염분 제거
хлебосо́л   손님을 환대하는사람
хлебосо́льный   손님을 환대하는
хлебосо́льство   손님을 환대하는 것
солони́на   소금에 절인 고기
солони́ца = соло́нка   (식탁의) 소금 그릇
со́лоно   짜게(맛이), 짜다, 괴롭게, 괴롭다
солонова́тый   짭짤한
солонцева́тый   (지질) 함염의
солоне́ц   함염토양
солонча́к   염택, 염소지
соло́ный → солёный

сон   잠, 수면, 꿈
сонли́вец   잠이 덜 깬 사람, 잠꾸러기
сонли́вость   졸음, 가면 상태
сонли́вый   졸리는, 나태한
со́нник   해몽서
со́нность   졸음, 무기력
со́нный   잠자고 있는, 비몽사몽의, 나태한
бессо́нный   불면의
бессо́нница   불면(증)
сонь   잠, 쉼
со́ня   잠꾸러기
полусо́н   반 수면 상태
электросо́н   전기 최면 요법
сни́ться   꿈에 보이다
присни́ться → сни́ться
засну́ть (засыпа́ть)   잠들다, 자기 시작하다
проснуться (просыпа́ться)   잠을 깨다, 눈을 뜨다
беспросы́пный = беспробу́дный   깨지 않는, (유추에 대하여) 한이 없는

беспро́сыпу 깨는 일 없이
впросо́нках = впросо́нье 반쯤 잠에 취해서, 잠결에
спросо́нков = спросо́нок = спросо́нья 잠에 취해서
соснýть 잠시 눈을 붙이다, 잠시자다
уснýть 잠들다, 진정되다, (물고기가) 죽다
сновиде́ние 꿈, 꿈꾸는 것
снови́дец 예언 적인 꿈을 꾸는 사람
снотво́рный 졸음이 오는, 최면의, 지루한, 하찮은
снотво́рное сре́дство 최면제
снотолкова́ние 해몽
снотолкова́тель 해몽하는사람, 해몽서
сон-трава́ 아네 모네 일종
спа́ться 졸음이 오다
спанье́ 수면
спа́льник (17세기) 침전 수종관, 수립핑백
спа́льный 자기 위한, 침실의
спа́льня 침실
сплю́шка 부엉이
вы́спаться (высыпа́ться) 충분히 자다
доспа́ть 어느 때까지 자다, 푹자다
доспа́ться 오랫동안 잠을 자서 어떤 결과를 초래하다
заспа́ть 잠으로 잊다, (갓난 아기를) 옆에서 자다가 깔아 죽이다
заспа́ться 지나치게 자다
за́спанный 아직 눈을 잘 못뜨는, 졸리는 듯한
наспа́ть 오래 잔 결과로 얻다
наспа́ться 실컷 자다
недоспа́ть 잠이 모자라다
отоспа́ть 수면을 마치다
отоспа́ться 충분히 자서 피로를 풀다
переспа́ть 너무 자다, 밤을 새다
поспа́ть 조금 자다
проспа́ть (얼마 동안) 자다
проспа́ться 잠을 자서 술을 깨다, 잠을 자서 피로를 회복하다
про́сып 눈을 뜨는 것

разоспа́ться 너무 많이 자다
усыпи́ть (усыпля́ть) 마취시키다, 잠들게 하다, (동물을) 약물로 죽이다
усыпле́ние 마취 시키는 것, 잠재우는 것
усыпи́тельный 최면의

сообрази́ть **판단·터득하다, 생각하다,** 사리를 생각하다, 비교하여 생각하다
соображе́ние 판단, 고려, 생각, 대조, 비교, 의견
сообрази́тельный 판단력이 있는, 영민한

сооруди́ть (сооружа́ть) **설비하다, 만들다,** 건축하다, 축조하다
сооруди́тель 건설자, 축조자, 조영자
сооруже́ние 건설, 축제, 조영, 설비, 건축물, 축조물

сопе́рник 경쟁자, 적수, 호적수
сопе́рничать 경쟁하다, 필적하다
сопе́рнический 경쟁의
сопе́рничество 경쟁

сор 먼지, 티끌, 부스러기
соре́ние 먼지투성이로 하는 것
сори́нка 세진, 근소
сори́ть (먼지 등을) 던져버리다, 먼지 투성이로 하다, 낭비하다, 함부로 쓰다
сорня́к 잡초
со́рный 먼지의
засори́ть 먼지·모래·쓰레기 등으로 더럽히다· 메이게 하다
засори́ться 더럽혀지다, 메다, 막히다
засоре́ние 소화 불량
му́сорить 먼지·쓰레기를 흐트러 뜨리다, 먼지 투성으로 하다
му́сор 먼지, 쓰레기, 기와·돌부스러기, 아무 쓸 모 없는 것, 잡동사니
мусорово́з 청소차, 쓰레기 수거 자동차
мусородроби́лка 폐기물 분쇄기

мусоропрово́д 페기물 방출관
мусоросжига́тельный 쓰레기 소각의
мусороубо́рочный 쓰레기를 치우는, 수거하는
му́сорщик 넝마주의
насори́ть 먼지투성이로 만들다
рассори́ть 사방에 흘리다, 떨어뜨리다, 해프게 소비하다
рассори́ться 사방에 흘리다, 떨어지다

сорт 품질, (주로 농예식물의) 품종, 종류
сорта́мент 품별, 유별, 각종 구색, 한 벌
сортирова́ть 품별하다, 분류하다
сортиро́вка 분류, 품별, 선별
сортиро́вочный 분류의, 선별의
сортиро́вщик 분류자, 선별자, 조차장, 역월
со́ртность 품질, 고급 품질
со́ртный 양질
сортова́ть → сортирова́ть
сортово́й 분류된, 양질의, 봉상의
сортоиспыта́ние 품질 시험
сортообновле́ние 품종 갱신
сортосме́на 품종을 바꾸는 것
ассорти́ 각종 구색, 각종 구색을 갖춘 물건
ассортиме́нт 품종, 유별, 한셋트
второсо́ртный (품질의) 제2종의, 2급의
высокосо́ртный (품질의) 상급의, 제2급의
насортирова́ть 종류별로 분류하다
отсортирова́ть 골라서 나누다, 골라내다
пересортирова́ть 품종을 가르다, (다수 또는 전부를) 정선하다
пересортиро́вка 품종을 가르는 것
пересо́ртица 품질을 구분 하는 것, 재분별
подсортирова́ть 종류 품질에 따라 분별하다
рассортирова́ть 종류 품질에 따라 구분하다
рассортиро́вка 종류 품질에 따라 구분, 분별

соса́ть 빨다, 빨아 올리다, 착취하다, 고통을 주다
соса́ние 빠는 것
соса́тельный 빠는, 빨기 위한
соса́льщик (동) 흡충류
соса́льце = присо́ска (생물) 흡반, 흡지
со́ска 젖병, 젖꼭지(고무 제품의), 긴 부리가 달린 주전자
сосо́к 젖 꼭지, 유두, 시신경의 앞쪽 끝
сосо́чек 피부, 점막 등의 돌기
сосо́чка → со́ска
сосо́чный → со́ска
сосе́ц → сосо́к
сосу́н 젖을 먹는 새끼 사슴, 젖먹이, (공) 흡수 장치
сосуно́к = сосу́н
сосу́щий 흡판이 있는
всоса́ть (вса́сывать) 빨아 들이다, 빨아 넣다
всоса́ться (거머리 따위가) 달라 붙어 빨다, 스며들다, 빠는 버릇이 있다
вы́сосать (вы́сасывать) 빨아 대다, 짜내다, 빨아 올리다
дососа́ть 다 빨다, 흡수하다, 핥다
дососа́ться 너무 빨아서 나쁜 결과를 가져오다
засоса́ть 빨아 드리다, 괴롭히다, 압박하다, (환경이) 인간을 나쁘게 만들다
засо́с 빨아 들임, 흡입
иссоса́ть = наса́сывать 빨다, 빨아서 지치게 만들다 (갓난 아이가 어머니의 젖을)
насоса́ть (어떤 양을) 빨아 내다, 빨아서 상처를 내다
насоса́ться 충분히 빨다, 취하다
насо́с 펌프, (말의) 아구창
насо́счик 펌프계
обсоса́ть (обса́сывать) 주위를 빨다, 완전히 탐구하다
отсоса́ть (отса́сывать) 빨아서 줄이다, 젖을 때다, 빨기를 마치다
отсо́с 빠는 것, 빨아서 마시는 것
пересоса́ть (переса́сывать) 너무 빨다(아기가 젖을)
пососа́ть (잠깐 동안) 빨다
подсоса́ть (подса́сывать) 빨아 마시다, 가

라 앉히다(물 흐름 등이 물건을)
подсоса́ться 가라 앉다, 스며들다
подсо́сный 새끼에게 젖을 먹이고 있는
подсо́сок 젖 떨어진 지 얼마 안 되는 가축의 새끼
присоса́ть 빨아서 들이다, 흡입하다,
присоса́ться 흡착하다, (아첨하여) 환심을 사려하다, 잠입하다
присо́с 흡입, 흡수장치
прососа́ть (물이 스며들어) 구멍을 내다
просо́с 물이 뚫어 놓은 구멍
рассоса́ть (рассасы́вать) (종기 따위를) 삭히다
рассоса́ться (종기가) 삭다, 점차 없어지다
ссоса́ть 빨아 들이다·내다, 빨아서 줄이다
дымосо́с (화실의) 연소 증진기, 배연용 선풍기, 환풍기
землясо́с 굴착용 펌프
кровосо́с 흡혈 큰 박쥐, 흡혈귀, 극악 무도한 사람
медосо́с 꿀을 빠는 것
молокосо́с 풋나기, 젖내나는 아이
пылесо́с 진공 청소기
пылесо́сить 진공 청소를 하다
solesо́с 암염의 세척과 화차에 의 적재를 동시에 하는 기계
торфосо́с 이탄 흡취기
углесо́с 수양식 채탄기

сосе́д 이웃, 가까운 이웃 사람, 옆자리에 앉아 있는 사람
сосе́дить 서로 이웃이 되다
сосе́дка 이웃의 여성형
сосе́дний 이웃의
сосе́дский 이웃 사람의
сосе́дствовать 인근에 살다
сосе́дственный 인접한
сосе́дство 인접, 부근, 인근의 사람들
сосе́душка → сосе́д
подсосе́диться = присосе́диться 나란히 앉다, 이웃이 되다
доброссо́седский 이웃을 사랑하는, 선린의

сосна́ 소나무
сосни́на 소나무 재목
сосни́ща → сосна́
сосно́вый 소나무의, 소나무 재목의
сосня́к 솔숲, 송림

со́товый 벌집의
со́ты 벌집
сотови́дный 벌집 모양의
со́товый-телефо́н 이동전화

сочини́ть 저작하다, 허구하다
сочине́ние 저술, 작곡, 작문
сочини́тель 저자, 작곡가
сочини́тельный 병립의
сочини́тельство 저술, 작곡, 거짓, 허구
насочини́ть (насочиня́ть) (주로 쓸모 없는 작품을) 많이 만들다
насочини́ться 날조하다, 마구 지껄여 대다
досочини́ть 거짓을 섞다, 과장하다
пересочини́ть 다시 저작하다
присочини́ть 써서 보태다, (이야기에) 거짓을 섞다

спас 구세주, 그리스도, 그리스도의 축제일, (놀라움·기쁨·불만을 나타내는) 하나님
спаса́ть (спасти́) 구하다, 구조하다
спаса́ться (спасти́сь) 면하다, 구조되다, 자기 영혼을 구하다
спас = спасти́
спаса́ние 구조
спаса́тель 구조하는 사람, 구조선
спаса́тельный 구조를 위한
спаса́тельный по́яс 구명대, 구명튜브
спасе́ние 구조, (위험 등을) 면하는 것, 구원
спаси́бо 고맙다, 감사
спаси́бочка спаси́бо의 속어

спаси́тель   구조자, 구원자
Спаси́тель   구세주, 그리스도
спаси́тельный   구조의, 유익한
спа́сский   구세주의

спе́рма   정액
сперматогене́з   정자 형성
сперматозо́ид   정충
спермато́логия   정액학
спермаморе́я   유정
сперматоци́т   정모세포
асперматизм   정자 결여, 음위
азооспермия   정자 결핍
ангиоспе́рм   피자 식물
полиспермия   다정 수정, 정액 과다증

спеть   익다
спе́лый   익은, 성숙한
спе́лость   성숙
неспе́лый   익지 않은, 미성숙한
вы́спеть (выспева́ть)   익어서 떨어지다
доспе́ть   충분히 성숙하다, (시간이) 도래하다
недоспе́лый   성숙하지 못한
переспе́ть (переспева́ть)   너무 익다, 무르익다
переспе́лка   너무 익은 과일
поспе́ть (поспева́ть)   익다, 여물다, 충분히 삶다
подоспе́ть   제때에 오다
приспе́ть   (때가) 오다, 다가 오다
позднеспе́лый   늦게 무르익은
раннеспе́лый   조기에 익은, 조숙한
скороспе́лость   조숙
скороспе́лый   조숙의, 너무 빨 성공한
скороспе́лка   일찍 익은 과일, 조숙아
специа́льный   특별한, 특수한, 다른, 전문의, 특이한
спец (специали́ст)   전문가, 특기자
спецее́д   (당원이 아닌) 전문 기술자를 적대시 하고 박해하는 자

спецее́дство   (당원이 아닌) 전문 기술자에 대한 박해
спецзна́ние   전문지식
специализи́ровать   전문화하다
специализи́роваться   전문화 하다, 전문적 지식을 얻다, 전문가가 되다
специализа́ция   전문화, 특수화
специали́зм   과도하게 전문화 하는 것
специали́ст   전문가, 특기자, 전공자
специа́льность   특수성, 전문, 전업, 본업
специа́льный   특수한, 특별한, 전문의, 특이한
специфика   특성, 특질
спецификатор   명세서 작성자, 재료 감정가
спецификация   명세서를 쓰는 것, 명세서
спецификум   특성, 특질, 특수성
специфици́ровать   특수성, 특징을 정하다, 명세서를 만들다
специфи́ческий   특유한, 고유한, 특징적인
спецко́р   특파원
спецкорреспонде́нт   특파원
спецку́рс   특수강의
спецоде́жда   작업복
спецпримене́ние   구급환자 수송·농업·소화 등의 서비스 비행
спецснабже́ние   특별 배급
спецста́вка   전문가에 대한 특별 급여율
спецу́ра   작업복
спецфа́к   특별학과
спецхо́з   특수농장
узкоспециализи́рованный   좁게 전문화 된
узкоспециа́льный   좁은 전문 분야의

спеши́ть   서두르다
спе́шка   서둘러서, 창졸 간에
спе́шность   서둘르는 것, 시급을 요하는 것
спе́шный   급속한
спех   서두르는 것
на́спех   시급히
запеши́ть → спеши́ть
поспеша́ть   서두르다

поспеше́ние 성공
поспе́шествовать 도와 주다, 원조하다, 촉진하다
поспе́шный 아주 서두르다, 성급한

спина́ 등
спи́нка спина́ 의 애칭, (물고기·가구 등의) 등부분
спинно́й 등의
спинно́й мозг 등골
спи́нушка → спина́
заспи́нник 타인이 하는 것을 보고 만 있는 사람
наспи́нник 갑옷의 등 부분

спира́ль 나선, 나선 모양의 철사, (공기에 대하여) 숨이 막힐 듯 한것
спира́лька 나선 모양의 철사
спира́льный 나선형의
спири́ллы 나선상균

спири́т 강신술사, 강신술, 그 신자
спирити́зм 강신술
спири́тский → спири́т
спиритуализа́ция 영화, 영성화, 정신화, 정신적 해석
спиритуали́зм 심령론, 유신론
спиритуали́ст 유신론자, 심령론자
спирогра́мма 호흡 운동도
спиро́метр 폐활량계
спироме́трия 폐활량 측정(법)

спирт 알코올, 주정
спиртова́ть 알코올에 담그다, 알코올을 베게 하다, 알코올을 더하다
спирто́вка 알코올 램프
спиртоме́р 알코올이게, 알코올 비중계
спирт-ректифика́тор 알코올 정제기
спиртуо́зы 알코올 음료
заспиртова́ть 알코올에 절이다

проспиртова́ть 알코올에 절이다

споко́йный 조용한, 평온한
споко́й 안식, 정적, 고요
споко́йствие 평정, 평온, 침착
преспоко́йный 조용한, 냉정한, 침착한
успоко́ить (успока́ивать) 진정시키다, 달래다
успока́ивающий 진통제, 진정제
успока́ивающее → успока́ивающий
успокое́вание 진정 시키는 것, 평정, 평안
успокои́тель (배·차의) 진동 완충 장치
успокои́тельный 진정 시키는, 안심 시키는

спо́рить 논쟁·말다툼을 하다, 내기를 하다
спо́риться 논의 하다, 잘진행 되다, 진척되다
спо́рливый 논의를 좋아하는
спо́рный 의논의, 논쟁의
спор 논쟁, 말다툼, 논의
спо́рщик 언쟁을 좋아하는 사람
бесспо́рный 논쟁 할 수 없는, 명백한
небесспо́рный 다소 논의할 여지가 있는
вы́спорить (논쟁·추첨따위에서) 이겨서 얻다
доспо́рить 논쟁을 마치다, ---까지 논쟁하다
запо́рить 정신 없이 다투다
запо́риться 순조롭게 진행되다, 진척되다
наспо́риться 마음껏 언쟁하다
оспо́рить 논쟁하다, 논박하다, (어떤 물건을 얻으려고) 다투다
оспо́римый 논쟁의 여지가 있는
неоспо́римый 다툴 여지가 없는
переспо́рить 논쟁으로 이기다
поспо́рить 내기하다, 싸우다
проспо́рить (언쟁 내기에서) 지다, (얼마 동안) 다투다

спо́соб 방법, 수단, 자금, 비용, 능력, 힘
спо́собность (천부의) 재능, 기량, 솜씨, 능력
спо́собный 재능있는, 능력 있는, 적합한, 적당한

неспосо́бный 무능한, 능력 없는, 재능이 없는
боеспосо́бность 전투력
боеспосо́бный 전투력 있는
дееспосо́бный 활동 능력이 있는
дееспосо́бность 활동 능력이 있는 것
жизнеспосо́бный 생활력이 있는
конкурентоспосо́бный 경쟁 할 수 있는
кредитоспосо́бный 신용 능력이 있는, 지불 능력이 있는
малоспосо́бный 능력이 부족한
налогоспосо́бность 납세 능력
налогоспосо́бный 납세 능력이 있는
обороноспосо́бность 방어 능력
обороноспосо́бный 방어 능력이 있는
патентоспосо́бный 특허의 가치가 있는
пахотоспосо́бный 경작에 적합한
правоспосо́бность (법) 권리 능력
провозоспосо́бность 수송능력
работоспосо́бность 노동 능력
работоспосо́бный 노동 능력이 있는, 일 솜씨가 좋은
трудоспосо́бность 노동 능력이 있는
трудоспосо́бный 노동 능력
спо́собствовать 조성하다, 촉진하다, 납득시키다, 가능케하다

сравни́ть 비교하다, 대조하다
сравни́ться 동일·균등하다, 대조되다
сравня́ть 같게·동격으로 하다
сравне́ние 비교, 대조
сравни́мость 비교 할 수 있는 것
сравни́тельно 비교하여, 비교적
сравни́тельный 비교의, 대조의
несравне́нно 비할데 없이, 매우
несравне́нный 비할 데 없는, 비범한
несравни́мый 비할 바 없는, 매우 좋은, 전혀 닮지 않은

срам 부끄러움, 치욕
срами́ть 모욕하다
срами́ться 기를 욕되게 하다
срамни́к 파렴치한 사람
срамо́й 창피한, 파렴치한
срамосло́вие 상소리
срамота́ 수치, 치욕
засрами́ть 심하게 모욕을 주다
осрами́ть 모멸·비방하다
осрами́ться 자기의 이름을 더럽히다
посрами́ть 욕되게 하다, 비밀을 폭로하다
посрами́ться 창피를 당하다, 명예를 잃다
соро́м → срам
соро́мный 부끄러움을 모르는

сре́дний 중정도의, 중앙의, **평범한**, **평균의**
среда́ 수요일 (요일의 가운데)
Средиземномо́рье 지중해
сре́дне 중간에 위치하여, 평범하게
сре́дне- 중앙의, 중정도의, 평균의 뜻
среднеазиа́тский 중앙 아시아의
средневеко́вый 중세의
средневеко́вье 중세
средневи́к 중거리 선수, 미들 웨이트 선수
среднегодово́й 년 평균의
среднеме́сячный 월평균의
среднесу́точный 주 평균의
усредни́ть 평균화 하다
средосте́ние 중격, 창벽
средото́чие 중심
сре́дство 수단, 방법, 방책, 재료, 약, 금전, 자금
рассредото́чить (군) 소개 시키다
сосредото́чить 집중하다, 한점으로 모으다
сосредото́чение 집중, 한점으로 모으는 것
сосредото́ченность 긴장, 주의 집중
сосредото́ченный 한점으로 집중된, 긴장된
сосредото́чие 집중점

срок 기일, 기한, 기간
сро́чно 긴급으로
сро́чность 서두르는 것

сро́чный 기한이 정해진, 시급을 요하는
бессро́чный 무기한의
сверхсро́чник (군) 복무 연장자
сверхсро́чный 기간 초과의, 지급의
отсро́чить 연기하다, 기한을 연장하다
досро́чный 기한전의
просро́чить 기한을 넘기다
просро́чка 기한을 넘기는 것
рассро́чить 분할제로 지불하다
рассро́чка 분할제로 지불 하는 것, 할부 지불
долгосро́чный 장기간의
краткосро́чный 단기간의

ссо́рить 다투게 하다
ссо́риться 다투다, 싸우다
ссо́ра 다툼, 싸움
ссо́рливый 다투기를 좋아하는
ссо́рщик 다투기를 좋아하는 사람
перессо́рить (많은 사람들이) 다투게하다
перессо́риться (많은 사람들과) 다투다
рассори́ть 사이를 나쁘게하다, 절교시키다
рассори́ться 절교하다

ссуди́ть 대부·대출하다
ссу́дный 대부의
ссудоба́нк 대부 저축 은행
ссудода́тель 대부인, 채권자
ссужа́ть → ссуди́ть
ссу́да 대부, 대출
ссудополуча́тель 채무자

стаби́льный 안정된, 고정된, 내구성 있는, 공고한
стабилиза́тор 안전장치, 안정판, 안정제
стабилиза́ция 안정
стабилизи́ровать 안정시키다, 공고히 하다
стабилизи́роваться 안정하다, 공고히 되다
стабилово́льт 정전압 방전관
стаби́льность 안정, 공고, 고정

ста́вить (поста́вить) 놓다, 세우다, 설비하다, (연극을) 상연하다, 진단하다, 납품하다, 평가하다
сеноста́в 건초 수확
сеноста́вец 산토끼 (겨울이 올 때 굴입구에 건초를 쌓아놓는다)
трубоста́в (기관차등의) 배관공
ста́вка 본부, 본진, 진영, 비율, 배당, 내기에 건 돈
ста́вленник 남의 연줄로 관직에 오른사람, 졸개, 주구,
ста́вленный 남의 연줄로 관직에 오른, 졸개의, 주구의
ставно́й 놓여 있는
ста́вня 창문의 덧문
ста́вец 큰잔, 촉대
ста́вник 정치 그물
вста́вить 끼워 넣다, 삽입하다
вста́виться 삽입되다
вста́вка 삽입, 끼워 넣음, 덧댄 천, 펜대
вставле́ние 삽입, 끼워넣음
вставно́й 삽입되는
вста́вочный → вставно́й
восстави́ть 부흥시키다, 복구하다, 재건하다, 상기하다, 위에 놓다
восстанови́ться 회복되다, 복구되다
восстанови́мый 회복·부흥 할 수 있는
восстанови́тель 복구자, 재건자, 환원제(화)
восстанови́тельный 부흥의, 복구의, 환원의
восстановле́ние 회복, 부흥, 복귀, 상기
вы́ставить (밖으로, 눈에 띄는 곳으로) 내놓다, 진열하다, 자랑스럽게 내보이다, 표시하다, 상품을 납품하다, 대접하다
вы́ставиться 몸을 앞으로 내밀다, (전람회에) 출품하다
вы́ставка 진열, 전람회, 진열품, 면직, 해직, 창틀을 때냄
вы́ставка-прода́жа 전시직매
выставно́й 때어 낼 수 있는
вы́ставочный 진열품의, 박람회의

заста́вить (1) 물건으로 자리를 가득 채우다, 막다, 차단하다
заста́вка 책이나 천정의 컷, 장식그림
заста́вить (заставля́ть) (2) 강요하다
заста́ва 관문, 초소, 첨병, (건널목의) 횡목
наста́вить 놓다, 배치하다, 천조각을 대다, (총구등을) 겨누다, 교훈하다, 인도하다
наста́вительный 교훈적인
наста́вка (많이) 놓는 것, 이을 천, 접두사
наставле́ние 교시, 훈시, 지도
наста́вник 교사, 스승, 지도자
наставно́й 이은, 이어서 길어진
наста́вничество 교사직
наста́вок 놓여진것, 배치된것, 바대, 덧댄천
надста́вить 첨가·부가하다, 잇대어 늘이다
надста́вка 첨가, 부가, 첨가한 부분
надставно́й → надста́вка
надставна́я тру́бка 취주 악기의 공명관
обста́вить 주위에 놓다, 에워싸다, 조건을 부여하다, (승부에서) 이기다
обстано́вка 가구, 세간, 무대장치, 사정, 정세, 정황
обстано́вочный 무대장치 및 소도구의
отста́вить 옆에 끌어들이다, 떼어놓다, 해고면직하다, 말미를 주다, 폐지하다
отста́вка 퇴직, 퇴역
отставно́й 퇴직한
отста́вник 퇴역장교
переста́вить 옮겨놓다
перестано́вка 옮겨 놓는 것, 순열, 치환
переставно́й 옮겨 놓을 수 있는
поста́вить → ста́вить
поста́в 맷돌한틀, 베틀, 직물의 필
поста́вка 납품, 용달
поставля́ть 성직에 임명하다, 납품하다, 공급하다
поставщи́к 납품 청부업자, 어용상인
поста́вка 납품, 용달
постано́вка 세우는 것, 설치, 자세, 포스
постановле́ние 결정, 결의, 법령, 명령
постано́вочный 무대 효과가 있는, 무대에서 사용되는
постано́вщик 연출자, 감독
поставе́ц 작은 찬장, 여행용 음식물 상자
противопоста́вить 대조시키다, 대항하다, 대치하다
подста́вить (물건밑에) 놓다, (옆에) 놓다, 기대놓다, (비바람을) 맞히다, 노출시키다, 대치하다
подста́вка 밭침대, 지주, 기둥, 접미사
подставно́й 밑에 놓여진, 가짜의(몰래 바꿔친)
подстано́вка 바꾸어 놓은 것
подста́нция 변전소, 중계 전화분국
подста́ва 역마, 파발마
приста́вить 옆에 붙여 놓다, 기대다, 들이대다, 꿰메다, (감독자 등을) 붙이다, 판돈을 늘리다
приста́вка 꿰매는 것, 접미사, 접두
приставле́ние → приста́вить
приста́вник (감시·보호를 위하여) 곁에서 시중 드는 사람, 감시인
приставно́й 옆에 붙여 놓은, 기대게 할
приставу́чий 귀찮게 따라 다니는
при́став 경찰서장, 감독관
пристава́ла 찰거머리, 찰거머리 같은 사람
пристава́ние 부착, 접착, 귀찮게 따라 다니는 것, 참가, 가입, 강청
приста́нище 은신처
при́станский = при́стань 부두, 선창, 은신처
проста́вить 써넣다, 적어 넣다, (말다툼·내기에) 지다
проста́вка 간격판
расста́вить 사이를 넓히다, 배치 배열하다
расста́виться 배치되다, 사이가 넓어지다
расста́вка 넓히는 것
расстано́вка 배치, 배열, 사이, 중간
расстано́вщик 배치계에서 일하는 직공
соста́вить 조립하다, 이루다, 조성하다, 이루다

соста́виться 성립되다, 되다
составля́ться 성립이 되다, 되다
соста́в 성원, 맴버, 조직, 성분
состави́тель 저자, 편자, 작성자
составно́й 조립하고 있는, 모조의
пересоста́вить (책·보고서 등을) 새로 편찬하다
пересоставле́ние 새편집
уста́вить 놓아두다, 배치하다, 돌리다, 응시하다
уста́в 규칙, 규정, 정관, 법규
уставно́й 규칙, 규정의, 법규에 맞는
уста́вщик 규칙, 규정 설치인
сеноста́в 건초 수확
сеноста́вец 산토끼 (겨울이 올 때 굴입구에 건초를 쌓아놓는다)
трубоста́в (기관차 등의) 배관공

стан 동체, 몸통, (적의) 진영, 집합소, 소굴, 큰 가게
станово́й 주된, 중앙의
станкострое́ние 공작기계 제작
станова́ть 숙영하다
станови́ще (일시적인) 체류지, 숙영지
стано́вье 체류지(일시적인)
стано́к 1) 작업대, 공작기계
стано́к 2) 돼지 우리, 숙박역
стано́чник 공작 기계 노동자

стара́ться 힘쓰다, 노력하다
стара́ние 노력, 고심, 수공, 업적, 체금
стара́тель 금채취인, 노력가
стара́тельность 노력, 근면
стара́тельство 수공업적 채금
постара́ться → стара́ться
перестара́ться 너무 애쓰다, 자나치게 노력하다
расстара́ться 노력하다, 전력을 다하다

ста́рый 늙은, 낡은, 이전의, 왕년의, 노인

старо- 고, 노의 뜻
старобы́тный 고풍의, 구식의
старова́тый 늙스그레한, 수식의
старове́р 구교도, 보수적인 사람
старове́рство 구교 신봉, 구습을 지키는 것
старове́рчество 구교파
старове́рщина 구교도
старода́вний 매우 낡은
старода́вность 매우 낡은 것
староде́вичий 올드미스의
староде́довский 조상 때부터 있는
староду́м 고풍을 존중하는 사람
старожи́л 한 고장에서 오래 산 사람
старожи́льский 한고장에서 오래 산
старозаве́тный 구습고수의
старозако́нный 구약 성경의
старозале́жный 오랫동안 경작된 일이 없는
старозапа́шный = старопа́хотный (토지에 대하여) 옛부터 경작된
старола́тний 오래된
старомо́дный 구식의
старообра́зный 노인 같은 표정을 하는
старообря́д → старове́р
старообря́дский = старообря́дческий 구교(동)의
старопа́шня 옛부터 의 경작지
старопеча́тный 고판의 (18세기 초까지)
старопи́сный = старопи́сьменный 옛문자로 쓰여진
старопоме́стный 옛날부터 소유하는 용지에 대하여
старорежи́мец 구정체 옹호자
старре́чье 옛 하상(물이 마른)
старору́сский 고대 러시아의
старосве́ткость 대에 뒤떨어 진 것
старосве́тский 시대에 뒤 떨어진
старосе́лье 옛날부터 인가가 있던 곳
старослу́жащий 고참병
старослужи́вый → старослу́жащий
ста́роста 작은 단체의 장

старостат (학교의) 급장회
старость 노년, 노령, 노화
старврач 선임 의사
старейший 최고 연장자인
старейшина 족장, 가장, 당수, 장로
старейшинство 족장, 가장, 당수, 장로의 신분
старение 노인이 되는 것, 낡은 것, 노화, 시효, 숙성
старенький 좀 낡은, 좀 늙은
стареть (стареться) 늙다
старёхонький 매우 연로한, 매우 낡은
старец 고로, 할아범, 늙은 거지
старик 노인, 노련가
старикан 할아버지, 늙은이
старикашка 이상한 노인
стариковский 노인다운, 노인 고유의
старина 자난날, 옛날, 구습, 고물, 노인장, 고향땅, 출생지
старинарь 고물상, 옛 것을 좋아하는 사람
старинка 구습
старинный 옛날의, 낡은
старинщик 고물 수집가, 골동상
старить 늙게 하다, 늙게 보이게 하다
стариться 늙다, 노인티를 내다
старица 여승, 수녀
старичина 노인
старичонка 노인
старичьё 노인들
старка 오래된 술, 어미새
старуха 노부인, 노파
старушечий 노파다운
старушка = старуха → старушонка
старческий 노인의, 노인 다운
старчество 노령, 노인인것
старшеклассник 최고 학년 학생
старшекурсник → старшеклассник
старший 연장의, 최연장의, 선임자, 장, 연장자
старшина 직공장, 간사, 특무상사, 대장, 외교단의 주석

старшинство (직공장, 간사, 특무상사, 대장, 외교단의 주석) 의직분
старшинство 상위 연장순, 고참순
старь 먼 옛날, 낡은 것
старьё 고물, 폐물, 헌옷
старьёвщик 고물상, 고물을 좋아하는 사람
встарь = в старину 원래는
старина 옛날, 고향
исстари 예로부터
по-старому 옛날처럼, 고풍으로, 여전히
подстарок 초로의 사람
престарелый 고령의
перестарок 연령이 지난 사람, 동물
застареть (застаревать) 고루·완고·만성이 되다
постарение 노령, 노후, 고풍, 구식
состариться → стареть
устареть 캐캐 묵다, 낡다, 노쇠하다
устарелый 오래된, 낡은 노후한

стать 1) 체격, 몸매, 이유, 원인, 까닭, 구성, 형상
стать 2) становиться 서다, 어떤 형태를 취하다, 족하다, 비용이 들다, 되다, 일어서다
статься 일어나다, 생기다, 되다
статистый (말에 대하여) 균형이 잡힌, 날씬한
встать 일어서다, 기상하다, 궐기하다
восстать 일어서다, 궐기하다, 봉기하다
достать 집어내다, 꺼내다, 얻다, 구하다, --까지 닿다, 도달하다, 넉넉하다, 족하다
достаток 부유, 풍족, 유복, 소득, 재산
достаточно 충분하다, 넉넉하다
достаточный 풍부한, 넉넉한, 부유한,
застать 만나다, 찾아내다
настать (때·계절 등이) 오다, 되다, 다가오다
оставлять (оставить) 남기다, 남겨두다, 두고가다
остаться (оставаться) 남다, 잔류하다
остальной 나머지의
остаток 여분, 남은 것, 추억, 앙금, 잉여

останки 유해, 유골, 나머지, 남은 것
остаточный 여분의, 나머지의
останний 최후의, 나머지의
отстать 늦어지다, 처지게 되다, 그만두다, 떨어지다, 없어지다
отсталость 후진성, 시대에 뒤떨어진 것, 낙오
отсталый 후진의, 낙오자
перестать = престать 그치다, 중지하다
пристать (приставать) 부착하다, 점착하다, (병에) 걸리다, 옮다, 귀찮게 따라다니다, 가입하다, (배가 기슭 등에) 닿다, 기항하다
пристава́ла 귀찮게 따라 붙어 성가시게 구는 사람, 찰거머리
приставание 부착, 점착, 귀찮게 따라다니는 것, 참가, 가입, 강청
присталый (속) 피곤한
пристанище 피난처, 은신처
пристань 부두, 선창, 나룻터, (목적 달성후) 안심, 평정
расстаться 헤어지다, 오랫동안 이별하다, 결별하다
устать 피로하다, 싫증나다
устаток 피로
усталость 피곤, 피로, 노후
усталый 지친, 피로한
усталь 피로
приустать 좀 피곤해지다

стекло́ 유리, 판유리, 유리 제품
стекленеть 유리 같이 되다, 생기를 잃다
стеклить 연마하다, 윤를 내다, 유리를 끼우다
стекли́льщик 가죽에 윤을 내는 직공
стекловать 유리로 만들다
стекловальщик = стекловар 석영 용해공, 유리 제조공
стеклование (화) 유리화
стекловатый 유리질의
стекловидный 유리 모양의
стеклограф 유리 인쇄기
стеклодел 유리공

стеклоделательный 유리 제조의
стеклоделие 유리 제조
стеклодув 유리를 불어서 부풀게 하는 직공
стекломасса 유리 원료
стеклоочиститель 와이퍼
стеклопакет 속이빈 이중유리 창문 건재
стеклорежущий 유리 절단의
стеклорез 유리칼, 유리 자르는 사람
стеклорезный 유리 절단의
стеклуемость 유리화 하는 능력
стёклышко → стекло
стеклянистый 유리를 닮은
стеклянница (날개가 투명한) 나방이 일종
стеклянный 유리의
стеклярус 유리 구슬, 비즈
стеклярусник 비즈의 장식을 만드는 직공
стекляшка 유리의 작은 조각, 작은 유리 제품
стёкол → стекло
стёколышко = стекольце → стекло
стекольчатый 유리를 끼운, 유리의
стекольщик 유리기사
пеностекло 기포 유리 (건축재료)
застеклить 유리를 붙이다
остеклить 유리를 끼우다
остекловать 유리를 만들다
остекленеть (눈에 대하여) 유리처럼되다, 흐리멍텅하여 생기를 잃다
расстксловаиие (유리익) 실투

стена́ (집의) 벽, 외벽, 밀집한 군중, 장벽
стенгаз = стенгазета 벽신문, 벽보
стенгазетный 벽보의
стенгазетчик 벽보 편집자
стенка 좁은 벽, (상자·각종 용기의) 가장자리
стенкор 벽신문 통신원
стенновка → стенгазета
стенной 벽의
стенобитный 파벽의
стенобойный → стенобитный

стеново́й 벽의
стеноло́м 파성퇴
стенопи́сец 벽화가
сте́нопись 벽화

сте́пень 등급, 등, 위, 정도, (수) 누승
степе́нник 착실한 사람, 침착한 사람
степе́нничать 단정한 모습을 하다, 점잔 빼다
степенно́й 거듭 제곱의
степе́нный 착실한, 어김없는, 단정한, 현직의
степе́нство 유력한 상인, 시민, 술탄등에 대한 존칭
остепени́ть 견실하게 만들다, 제구실을 하게 하다
остепени́ться 견실하다, 침착하다
остепеня́ться 학위를 얻다
остепенённый 학위를 받는
многостепе́нный 많은 단계를 거치는

стиль 문체, 양식, 스타일, 역법
стилиза́тор 양식화 하는 사람
стилево́й 문체의
стилиза́ция 양식화, 양식화 된 작품
стилизова́ть 양식화 하다
стили́ст 문체가 아름다운 작가, 스타일 리스트
стили́стика 양식화, 문체론
стилисти́ческий 문체의
сти́льный 일정한 양식의
стиля́жничать 새 유행의 스타일을 좇아 탈선 적인 행동을 하는 경박 하게 행동하다
стиля́га 새 유행의 스타일을 좇아 탈선적인 행동을 하는 경박한 젊은이
стиля́жи (стиля́жий) 새 유행의 스타일을 좇아 탈선적인 행동을 하는 경박한 젊은이의
стиля́жничество 새 유행의 스타일을 좇아 탈선적인 행동을 하는 경박한 행동

сти́мул 동기, 기인, 자극
стимули́ровать 자극을 주다, 활동을 촉진 하다
стимули́рование 자극하는 것
стимуля́тор 자극제, 식물 성장 촉진제

стих 시구, 각행, 시, 기분, 성정, 변덕
стихи́ра 송가(종)
стихове́дение 시학
стихира́ль 송가집
стихо́вна 저녁 기도 때 부르는 성가
стихово́й 시 구의
стихоло́гия 운율론, 시학
стихома́ния 시작광
стихоплёт 서툰 시인
стихоплётство 서투른 시를 짓는 것
стихослага́тель 시작가
стихосложе́ние 작시, 작시법
стихотво́р 서툰시인
стихотворе́ние 짧은 시
стихотво́рец 시 인
стихотво́рный 시작의, 운율의
стихотво́рство 작시
стихотво́рческий 작시의
стишо́к – стих
стишо́нки 서투른 시
акрости́х 시행 첫자를 모으면 낱말이 된다

стлать 펼치다, 깔다
стла́ться 자기 잠자리를 깔다, (식물이) 지면을 뻗어 가다, 퍼지다, (새·짐승이) 질주하다
стла́нец 비·이슬에 바랜 아마·대마
стла́ник 지면에 붙은 듯한 낮은 관목
стлань 깔개, 널판지 마루바닥, 통나무 바닥
стланьё (아마류의) 노천 표백, 바닥에 까는 것
сти́лка 삼을 표백하기 위해 널어 놓는 것, 마루를 까는 것
сти́лище 대마 아마를 넣는 장소
стля́га – стелю́га 긴목재, (건축) 비계 걸어 다니기 위해 걸쳐 놓은 판자
стелю́ → стлать
сте́лька 신발의 깔창
сте́лющийся 경사재배 과수원

вы́стлать = выстила́ть = вы́стелить 일면에 깔다, 펴지다
застла́ть 깔다 덮다, 포장하다, 죽 깔다
застла́ться 덮히다, 보이지 않게 되다, 포장되다
засти́л = засти́лка 덮는 것, 포장, 까는 것, 덮개
изостла́ть 덮다, 깔다, 매우다
настла́ть 깔다, 덮다, 펴다, (마루 따위를) 깔다
насти́л 판자나, 돌을 까는 것
насти́лка 깔거나 펴는 것
насти́льный 깔거나 펴서 만들어지는, (스포츠) 직선 코스
насти́льщик (마루를) 까는 인부, (도로의) 포장 인부
перестла́ть (잠자리를) 다시 깔다, (마루를) 다시 깔다
перести́лка (잠자리를) 다시 까는 것, (마루를) 다시 까는 것
постла́ть = постели́ть 깔다, 펴다
постла́ться 잠자리를 펴다
посте́ль = посте́ля 침상, 침대, 침구, 이부자리, 설치도대, 하상
посте́льник 매트리스, 침전관 (역사)
пости́лка 펼치는 것, 끼는 물건 (매트리스 등)
посте́льный 침대의, 음란한, 외설의
подостла́ть 밑에 깔다
подсти́л = подсти́лка 밑에 까는 것, 받침
простла́ть 길게 펴다, 깔다, (얼마 동안) 깔다
прости́л 전주식 회랑, 사원
разостла́ть 깔아서 채우다, 넓히다
разостла́ться 깔아서 채워지다, 넓혀 지다, 퍼지다
рассти́л = рассти́лка (깔개 따위를) 펼치는 것
устла́ть (바닥 벽 등) 빈틈없이 붙이다, 깔다
устла́ться 가득 덮히다
усти́лка 빈틈 없이 까는 것
самости́л 이탄·벽돌 까는 기계

сто́ить --의 값이다, 가치가 있다
сто́имостный 가격에 관한, 가치의, 금전의
сто́имость 가격, 가치, 값
себесто́имость 원가, 제조가, 실비
сто́ящий → сто́ить 가치가 있는, 훌륭한, --할 만한
несто́ящий 쓸모 없는, 열등한, 보잘것없는

столб 기둥, 말뚝
столбене́ть (경악·공포 때문에) 그자리에 선채로 꼼짝 못하게 되다
столбе́ц (신문 따위의) 난, (고대) 문서 의 두루마리
сто́лбик → столб
столби́ть (경계 소속을) 말뚝으로 표시하다
столбня́к 파상풍, 멍하니 정신을 잃는 것 (서 있는 것)
столбово́й 말뚝의, 주요한, 고래의
столбча́к 현무암
столбча́тый 기둥 모양의
остолби́ть (소유지에) 말뚝을 박다
остолбене́ть → столбене́ть
остолбене́лый 움직일 수 없게 된, 아연한
остолбене́ние 움직일 수 없게 된 것
столп → столб

столь 그 만큼, 그렇게, 이와 같이
сто́лький 그 만큼의, 그 정도의
сто́лько 그 만큼, 그 것만큼
сто́лько-то 얼마간
насто́лько = насто́ль 그만큼, 그토록
посто́льку -- 할 만큼, --때문에
поско́льку → сколь --한 만큼, --때문에
полсто́лька → полсто́лько 절반만

стоп 스톱, 정지
сто́пор 스토퍼, 매개, 꼭지
сто́порить 멈추다, 채우다, 막다, 마개를 하다, (일의 진전을) 억제하다, (기계가) 서다, 진전이 되지 않다

сто́порный   정지 장치의 노무자

сто́рож   파수꾼, 수위
сторо́жа = стра́жа = насторо́же   조심하여, 주의 하여
сторожеви́к   순시선, 초계정
сторожево́й   파수를 보는, 경계의, 수위의
сторожи́ть   파수를 보다, 망보다
сторожи́ха   파수꾼의 아내, 여자 파수꾼
сторо́жка   파수꾼의 오두막
сторо́жкий   조심성이 많은
сторожо́к   계기의 바늘, 억제 장치
насторожи́ть   경계 시키다, 장치하다, 파수꾼을 두다
насторожи́ться   주의 하다, 경각심을 높이다
насторо́же   조심하여, 주의 하여
насторожённый   조심성이 많은, 경계하는, 주의 깊은
осторо́жничать   지나치게 신중·세심하다
осторо́жный   주의 깊은, 신중한, 세심한
осторо́жно   주의하시요
осторо́жность   조심성이 많은 것, 신중한 것
посторожи́ть (постере́чь)   감시 하다, 지키다
просторожи́ть   (얼마 동안) 감시하다, 잘못 감시 하여 놓치다
усторожи́ть (устере́чь)   충분히 보호 경계하다, 주시 하여 발견하다
усторожи́ться   주의 하여 발견하다, 주의 깊게 자신을 보호하다
стра́жа   무장한 경비대, 보초병, 경위, 경호
страж   (고) 수호자, 원호자
стра́жник   촌락의 순경
стере́чь   감시하다, 파수를 보다, 경호하다, 매복하다
стере́чься   조심하다, 경계하다
постере́чь   감시하다, 지키다
подстере́чь   숨어서 기다리다
простере́чь   (얼마 동안) 감시하다, 지켜보다, 감시를 잘 못해 놓치다

устере́чь   충분히 보호·경계하다, 주시하여 발견하다
устере́чься   주의 깊게 자신을 보호하다, 조심하여 피하다

сторона́   번, 측, 쪽, 옆, 곁, 반면, 측
сторони́ться   옆으로 비키다, 물러서다, 경원하다
сторо́нка → сторона́
сторо́нний   의, 면의, 방면의 뜻
сторо́нничать   편들다
сторо́нник   자기편, 동조자
сторо́нушка → сторона́
равносторо́нний   등변의
разносторо́нний   다방면의 (교양·재능·취미 활동 등에 관하여), (수) 부등변의
разносторо́нность   다방면인 것

стоя́ть   서다, 서있다, 있다, 존재하다
сто́я   선체, 수직으로
стоя́к   지주
стоя́лый   오래 같은 곳에 있는, 낡아 버린
стоя́ние   서있는 것
стоя́нка   정지, 정류, 정박, 정거장, 정박소, 주차장
стоя́чий   서있는, 멈추어 서있는, 고여있는
стоя́чка   서있는 상태
стоя́щий   가치있는, 할 만한
сто́йбище   유목민의 가옥
сто́йка   직립, 차렷 자세, 지주, 버팀목, 판매대, 카운터
сто́йкий   굳은, 견고한
-сто́йкий   잘 견딘다는 뜻
сто́йкость   견고, 확고, 완강, 지구성 있는
сто́йло   외양간의 한 구획
стойма́   바로 세워, 세워서
стол   식탁, 탁자
столо́вая   식당
столе́шник   상보
столе́шница   탁자의 표면, 윗판

сто́лик 작은 탁자
столи́кий 다면의, 가지가지
столи́ца 서울, 수도 (왕좌가 있는 도시)
столи́ще → стол
столи́шка 작고 허술한 테이블
столова́ться 식사하다, 기식하다
столова́нье 식사, 주연
столо́вая 식당, 식당 가구
столо́вка 대중 식당, 음식점
столо́вник 식객
столо́вский 식당의
столо́вый 테이블의, 탁자의, 식탁의, 식사의
столонача́льник (관청의) 계장
сто́льник 고대 러시아의 궁정 고관
сто́льный --го́род 서울, 수도
стольча́к 양변기
вы́стоять 얼마 동안 서있다, 지탱하다, 견디다
вы́стояться (시간이경과 하여) 향기·김이 빠지다, 퇴색하다, 충분히 쉬다
достоя́ть -까지 서있다
достоя́ться 너무 오래 서있어 나쁜 결과를 초래하다
достоя́ние 자산, 재산
застоя́ться 오래 머물러 있다, 고여서 나쁘게 되다
застоя́лый 오래 멈춰서 움직이지 않는
засто́й 정체, 침체, 정지, 부진
засто́йный 정체의, 매기가 없는, 팔다 남은
засто́лица 연회 참석자
засто́лье 연회, 연회 참석자
засто́льный 식사중의, 회식이 벌어지고 있을 때
настоя́ть 주장하다, 고집하다, 강청하다
настоя́ться 오랫동안 계속 서있다
настоя́ние 강청, 강한 주장
настоя́тель 수도원장
настоя́тельный 완강한, 집요한, 긴급한
настоя́щий 현재의, 지금의, 참된, 실제의
насто́й 우려낸, 다려낸 즙, 다린 약
насто́йчивый 끈기 있는, 불굴의, 완고한, 집
요한
насто́льный 탁상의, 책상의
несто́йкий 약한, 오래가지 못하는
обстоя́ть -의 상태에 있다
обстоя́тельный 정밀한, 세밀한, 신중한
обстоя́тельство 사정, 상황, 사태
отстоя́ть 막다, 보호하다, 방어 고수하다, 끝까지 지켜내다
отстоя́ться 침전이 생겨 맑아 지다, 가라앉다, 평온해 지다
отсто́й 침전물, 앙금
отсто́йник 침전지
отсто́йный 침전용의
перестоя́ть 너무 오래 서있다, 서서 기다리다
пересто́й 오래 방치 되는 것
постоя́ть (잠시) 서있다, 지지하다, 주장하다
постоя́лец 하숙인, 숙박인
постоя́лый 숙박의, 하숙의
постоя́нно 끊임 없이, 부단히, 항상
постоя́нность = постоя́нство 불변, 항구성
постоя́нный 부단한, 불변의
посто́й 숙영, 숙박
подсто́жник 건초를 쌓는 받침대
подсто́й 뿌리에서부터 말라 버린 나무
подсто́йный 뿌리에서부터 말라 버린
подсто́лье 탁자의 다리
престо́л 왕좌, 옥좌
престолонасле́дие 왕위 계승
престолонасле́дник 왕위 계승자
предстоя́ть 앞에 있다, 가까이 있다, 임박하다
предстоя́щий 직면한, 앞으로 다쳐올
простоя́ть (얼마 동안) 계속해서 서있다, 숙영하다
просто́й 정선, 정박, 그 기간, 작업 중지
противостоя́ть --향하여 서있다, 거역하다, 대립시키다
противостоя́ние (천문) 혹성의 황경과 태양의 황경이 180도 되는 것
состоя́ть 성립이 되다, 되다, --에 있다
состоя́ться 성립되다, 행해지다, 집행되다

состоя́ние 상태, 상황, 신분, 재산
состоя́тельность 재력이 있는 것, 근거가 있는 것
несостоя́тельность 지불 불능, 파산, 돈이 없는 것, 근거가 없는 것, 불충분
несостоя́тельный 지불 능력이 없는, 파산의, 근거가 없는
малосостоя́тельный 재력이 부족한, (증거 등의) 불충분한
устоя́ть 참고 견디다, 버티어 멈춰 서다, (견해를) 고수하다
устоя́ться (액체가) 맑아 지다, 안정되다, 냉정해 지다
усто́й 교각, 기초, 원칙
усто́йчивость 부동성, 불변성, 내구성, 저항성
усто́йчивый 부동의, 확고한, 견실한
древосто́й 산림 또는 그 한지구를 구성하는 수목
сухосто́й 고목
травосто́й 목장등을 덮고 있는 풀
хлебосто́й 수확전에 밭에 서있는 곡물

страда́ть 고생하다, 괴로워하다, (병에) 걸리다, 동정하다, 사모하다
страда́ 고된 노동
страда́лец 고난 받는 사람, 수난자, 순교자
страда́тельный 고난의
страда́тельство 고난, 순교
страда́ние 고통, 괴로움
страда́тельность (어) 동사가 피동의 뜻을 나타내는 것
страда́тельный 불쾌한, 고민의, (어) 피동의
вы́страдать 갖은 괴로움을 겪다, (고생 끝에) 얻다, 달하다
исстрада́ться 괴로움에 지치다, 고민에 시달리다
настрада́ться 많이 고민하다, 고생하다
отстрада́ть 고통을 참아내다, 고뇌·고민을 그치다, 수확기의 힘든 들 판의 일이 끝나다

перестрада́ть 많은 고난을 체험하다
пострада́ть (잠시) 고생하다
пострада́вший 피해자, 이재민
сострада́ть 동정하다, 가엾게 여기다
сострада́тельный 동정심이 있는, 자비가 많은
сострада́ние 동정, 연민

страна́ 지방, 나라
стра́нник 편력자, 순례
стра́нный 불가 사이한, 이상한, 순례의, 편력하는
стра́нничество 편력 하는 것
страннолюби́вый 편력자 순례를 후대하는
стра́нствие 여행, 편력
стра́нствовать 방황하다, 편력하다, 끊임 없이 여행 하다
постранствовать (잠시) 유랑하다, 편력하다
пристра́нствовать (익살) 편력하고 돌아오다
простра́нство 간, 공지, 두물체 사이에 비어있는 곳, 지역, 구역, 면적
простра́нный 공간의, 넓이가 있는
иностра́нец 타국인, 외국인
иностра́нный 타국의, 외국의
иностра́нщина (경멸) (언어·문화등) 외국의 모든 것
чужестра́нец 외국인

страсть 1) 정욕, 색욕, 강한 욕망, 열정, 고뇌, 수난
страсть 2) 극히, 심히
страсти́шка 나쁜 버릇, 탐닉
страстно́й 그리스도의 수난
стра́стность 열정, 열애
стра́стный 열정적인, 열렬한, 열애하는
страстоте́рпец 많은 고난을 겪은 사람, 수난자
бесстра́стие 침착, 냉정, 무정, 냉담, 무감각
бесстра́стный 참착한, 냉정한, 태연한
пристрасти́ть 특히 좋아하게 하다, 편애·열중

하게 하다
пристрасти́ться 편애하다, 열중하다, 탐닉하다
пристра́стие 강한 기호, 애착, 편애, 불공평, 위협
пристра́стный 편애적인, 편파적인, 불공평한

страх 공포, 두려움, (공포를 주는) 동물, 책임, 위험
страхови́дный 무서운 외모의
страхови́тый 공포감을 주는
страхолю́дина 무서운 용모의 사람
страше́нный 매우 무서운
страши́ла = страши́лище 무서운 것, 괴물, 도깨비, 못생긴 사람
страши́ть 겁을 주다, 위협하다, 두렵게 하다
страши́ться 무서워 하다, 두려워하다
стра́шливый 겁난, 벌벌 떠는
стра́шненький 약간 무서운
стра́шный 무서운, 심한, 극단적인
страща́ть 으르렁대다, 협박하다
устраши́ть 위협하다
устраши́ться 두려워하다
застраща́ть 위협하다
настраща́ть 무섭게 하다
пристраща́ть → настраща́ть
страхова́ть 보험을 걸다, 예방하다
страхова́ться 보험에 들다
страхова́ние 보험
страхова́тель 피 보험자
страхови́к 보험 업자, 사회보험 회사원
страхо́вка = страхова́ние 보험계약, 보험금, 보험료
страхово́й 보험의, 재해 예방의
страхо́вщик 보험 인수인, 보험 업자, (스포츠) 위험 예방자
застрахова́ть 보험에 들게 하다
застрахова́ться 스스로 보험에 들다

стреля́ть 사격하다, 쏘다, 발사하다, 총포로 잡다, 부탁하여 (물건을) 얻다
стреля́ться 자살하다, 서로 쏘다
стрела́ 화살, 꽃꽂이, 줄기, (공) 기중기의 물건을 집는 부분, 탑위의 뾰죽한 것, 특급열차
стрелбри́г (군) 저격 여단
стрелди́в (군) 저격 여단
стреле́ц 친위병, (천) 사수좌
стре́лка 지침, 바늘, 화살표, 무늬, 포인트, 작은 화살
стрелкова́ние (식) 꽃 줄기가 나오는 것
стрелко́вый 화살 모양의
стрелово́й 기중기 운전기사, 화살의
стрело́к 사수, 졸라대는 사람
стрелоли́ст (식) (소택지의) 벗풀
стреломёт 노포
стрелообра́зный 화살 모양의
стре́лочник 전철 기수, 포인트맨
стре́лочный 전철의
стрелполк 저격 연대
стрельба́ 사격, 쿡쿡 쏘는 아픔
стре́льбище 사격장
стрельну́ть → стреля́ть
стре́льчатый 화살 모양의, 꽃줄기가 나온
стреля́ние 사격 하는 것
стре́ляный 사살된, 사격을 받는
стремгла́в 쏜살 같이
вы́стрелять 탄약을 쓰다, 사냥감을 쏴 주이다
вы́стрел 사격
исстреля́ть (탄약·화약 등을) 다 써버리다, 쏘아서 뚫다
обстреля́ть 사격을 가하다, 사격에서 뛰어나다, 시사하다
обстре́л 사격, 사계
отстрели́ть 총알로 쏘아 떨어 뜨리다
отстре́л (사냥에서) 죽이는 것, 시험사격
отстре́льщик 직업적인 사냥꾼
отстреля́ть 사냥해서 죽이다, 사격을 끝내다, 중지하다
отстреля́ться 방어 사격하다

перестреля́ть 사살하다, 탄환을 다쓰다
перестреля́ться (많은 사람들이) 총을 맞대고 쏘다, 자살하다
подстрели́ть (동물을) 사격하여 상처를 입히다
пристрели́ть 사살하다
пристре́л 시험 사격
пристре́лка 시험 사격
пристреля́ть 시사하다, 사살하다
простреля́ть 쏘아서 뚫다, 처음으로 쏘다
расстреля́ть 총살형에 처하다, 근거리에서 맹사격을 하다

стреми́ть 돌진 시키다, 향하게 하다
стреми́ться 돌진하다, 급진 하다, 지향하다, 노력하다
стремле́ние 지향, 갈망, 노력하는 것, 돌진
стреми́тельность 힘껏 나아감, 돌진
стреми́тельный 급속한, 맹렬한
устреми́ть 보내다, 돌격하다, 집중하다 (시선)
устреми́ться (향하여) 돌진하다, 지향하다
устремле́ние 기획, 의도, 의향

стричь (머리카락·털·손톱 등을) 자르다, 깍다
стри́чься 이발하다
стригну́ть → стричь
стри́женый (머리카락) 짧게 깍은
стри́жка 이발, 산발
стрига́ла (피혁공장) 모피 정제공
стрига́льщик (양털 따위의) 털 깍은 노동자
па́стриги 잘라낸 머리, 잘라낸 나무의 윗부분
вы́стричь 잘라내다, 깍아 다듬다 (머리 모양)
вы́стричься 잘라 버리다, 깍아 다듬다 (머리 모양)
вы́стрижка (머리털, 털)을 깍는 것
достри́чь 다자르다, --까지 자르다
застри́чь 너무 짧게 자르다
настри́чь (일정양을) 깍다, 베다
на́стриг 깍아낸 양털의 양
остри́чь (털·손톱·머리털 등을) 가위로 깍다, 자르다
отстри́чь (가위 등으로) 자르다
перестри́чь (전부) 깍다, 다시 깍다
перестри́га (봄에 깍고 두번째 깍는) 보드라운 양털
постри́чь 깍다, 따다, 삭발례를 올리다
постри́чься 이발하다, (종) 중이 되다
по́стриг (수도승이 되기 위한) 삭발례
постри́женец (종) 삭발례를 올린 수도승
постриже́ние (종) 삭발례를 올리는 것
подстри́чь 가위질을 하다, (건초 따위를) 베다, 이발하다
простри́чь 세로로 깍아서 손질하다, (얼마 동안) 가위 질하다
расстри́чь 파문하다, 가위 로 자르다
расстри́чься 승적을 이탈하다
расстри́га 파문승, 파계승
расстриже́ние 승적 박탈
состри́чь 가위로 완전히 깍다, 깍아 내리다
электростри́жка (양털의) 전기 삭모

строга́ть 대패질하다, 깍다
строга́ло 대패
строга́ль = строга́льщик 재패질 하는 직공
строга́ние 깍는 것, 대패질 하는 것
стро́ганый = стру́ганый 대패질을 한, 매끈매끈한
вы́строгать 대패로 깍아서 평평하게 하다
вы́строгаться 대패로 깍아서 평평하게 되다
застрога́ть 깍아서 나카롭게 하다, 대패질을 하여 고르다
исстрога́ть (널판지 등을) 너무 밀어서 옅어지게 만들다, (널판지 등을) 너무 밀어서 못쓰게 만들다
настрога́ть 대패질을 하여 만들다
надстрога́ть 위를 좀 깍다
обстрога́ть (사방에서) 대패질하다
отстрога́ть 대패로 깍아 내다
перестрога́ть 다시 대패질하다, (다수 또는 전부를) 대패질하다

подстрога́ть 약간 대패질하다
пристрога́ть 대패로 깍아 붙이다
состро́гать 대패로 깍아 버리다, 밀어 버리다
устрога́ть 깍아서 줄이다, 짧게 하다
струг 대패류, 평삭기구의 총칭, 길바닥을 고르는 기계
стружи́ть 양손 대패질을 하다
стру́жка 대패질을 하는 것, 작은 조각, 대패밥
стружо́к → струг
застру́га = застру́га 바람에 불려 쌓인 눈더미
струга́ть → строга́ть

стро́гий 엄한, 엄격한, 엄밀한, 정확한, 단정한
строга́ч 엄한 질책
стро́гость 엄격, 엄중한 것, 가혹한 것
на́строго 가장 엄하게

стро́ить (стра́ивать) 건축하다, 꾸미다, 수립하다, (군) 정렬시키다, --처럼 행동하다
стро́иться 짓다, (군) 정렬 하다
строеви́к 대열을 인솔하는 장교
нестроеви́к 비전투 부대의 장병
строево́й 대열의, 건축용의
нестроево́й 전열외의, 직접 전투하지 않는, 건축용재로 쓰지 않는
строе́ние 건축, 건조, 구조, 구성
стро́енный 조화된, 균형 잡힌
стройпла́н 건설 계획 위원회
строи́тель 건축가, 건축기사, 건축 노동자
строи́тельный 건설의, 구조의
строи́тельство 건설, 건축, 건축장
стро́йка 건축
стройматериа́лы 건축 자재
стро́йный 조화된, 균형 잡힌
стройплоща́дка 건축 부지, 건축 현장
строй 기구, 구성, 조직, 정체, 제도, 대형, 대오, 조화
стройба́т (строи́тельный батальо́н) 건설 대대(군)
стройдво́р 건축 자재 적치장

стройдета́ли 건축 부품
разностро́йный 부조화의, 어울리지 않는
встро́ить (다른 건물 속에) 건조하다, 증축하다
вы́строить 준공하다, 정렬시키다, 배열하다
вы́строиться (군) 정렬하다, 짓다, 자기의 건축을 마치다
нововы́строенный 신축의
достро́ить 다 짓다, 준공하다
достро́йка 낙성, 준공
застро́ить 터에 꽉 차도록 건축하다
застро́иться (공터가) 건물로 꽉차다
застро́йка (어떤 토지에의) 건축
застро́йщик (소련의) 자비 가옥 건축자
настро́ить (많이) 건축하다, 증축하다, 조율·조정하다, 상태를 조정하다(악기·기계·라디오 수신기 등), 사상을 갖게 하다
настро́иться 조음이 잘되다 (악기 등), 어떤 기분·감정·사상을 가지다
настрое́ние 기분, 마음, 상황, (군) 사기
настро́енность 기분, 의향, 지향
настро́енный 어떤 기분을 갖다
настро́й 기분
настро́йка 증축, 위로 증축한 부분, 조율, 조정, 조정 장치
настро́йщик 조율사, 조정자
понастро́ить (가옥 등을 차례로) 건축하다
надстро́ить 위로 증축하다
надстро́йка 위로 증축하는 것
обстро́ить (주위에 도처에) 세우다
обстро́иться 자기가 쓰려고 세우다, 건물로 덮히다
отстро́ить 건축을 마치다, 재건축하다, (라디오) 음향을 마추다
отстро́иться (자기집) 건축을 마치다
отстро́йка (라디오) 음향을 마추는 것
перестро́ить 다시 짓다, 고쳐 짓다, 제조직하다, 개조하다, (음) 변조하다, (라디오) 파장을 바꾸다
перестро́иться 개축되다, 조직·편성이 고쳐지다

перестро́йка 재건, 재조직, 재편성
постро́ить (잠깐 동안) 건축하다, 짓다
постро́ение 건설, 구성, 구조, 조직
постро́йка 건축, 건설, 건축물, 건축 현장
подстро́ить (곁에 나란히) 세우다, (군) 정렬 시키다, 일을 꾸미다
подстро́иться (자기집을 남의 집의) 곁에 붙혀서 세우다, (군) 정렬하다
пристро́ить 증축하다, 직업 자리를 주선하다, 적당한 장소를 부여하다(사람 또는 물건에 대하여), (군) 종전의 부대에 새부대를 추가하다
пристро́иться 취직하다, 패거리에 들어 가다
пристро́йка 증축, 별관
расстро́ить 혼란시키다, 어지럽히다, 해치다, 손상 시키다, (악기의) 음조를 이상하게 하다, 실망시키다
расстро́иться 혼란하다, 손해를 입다, 실망하다
расстро́енный 악화된, 무질서한, 실망한
расстро́йка → расстро́ить
расстро́йство 문란, 혼란, 장애, 낙담, 실망
состро́ить 표정을 짓다, 모습을 하다
устро́ить (устра́ивать) 설비하다, 만들다, 거행하다, 개최하다
устро́иться 정리되다, 갖추어 지다, 안정 되다
устро́ение 조직, 기구
устро́енный 잘 정돈된
устро́итель 조직자, 주최자
устро́ительство 협력, 원조, 주선
устро́йство 조직, 기구, 체제, 구조, 설비
устро́йщик (기계 장치의) 제작공, 조립공
устроя́ть 정리하다, 정비하다, 조정하다
обустра́ивать 둘러 세우다, 설비하다
благоустро́ить 정비 정돈하다
благоустро́енный 잘 정리된
благоустро́йство 정비, 정돈
землеустро́йство 경지 정리
трудоустро́йство (퇴역자 신체 장애자에 대한 국가의) 취직 알선

структу́ра 구조, 구성, 조직
структурали́зм 구조주의
структура́льный 구조주의의 원리에 근거한
структу́рщик 구조학자
инфраструкту́ра 하부구조

струна́ (악기 따위의) 현, 현악기, 음악, 실금
струни́ть 밧줄 가죽끈으로 묶다, 동여매다
стру́нник 현악기 연주자
стру́нный 현의
приструни́ть 엄하게 다루다
струнобето́н 강현 콘크리트
струнодержа́тель (현악기의) 줄 울림판
струнцы́ 선충류

студе́нт 학생
студе́нтка 여학생
студе́нчество 학생들, 학생시대

студи́ть 식히다, 냉각 시키다
студи́ться 식다, 냉각되다
студёный 매우 추운, 차가운, 한냉한
стужа́ 한기, 한냉, 엄한 (겨울)
сту́женый 언, 식어빠진
сту́день 교병 (고기 또는 물고기의 조린 국물이 엉겨 굳어진 것), 젤리
студене́ть 응고하다, 엉겨 굳어지다
студене́ц 샘, 우물
студени́чный 샘의, 우물의
студени́стый 아교질의, 젤리와 같은
вы́студить 온기를 식히다
вы́студиться 식다, 싸늘해 지다
застуди́ть (상처 등을) 차게 해서 악화 시키다, 통증을 일으키다
застуди́ться 차게 해서 통증이 생기다
настуди́ть 식히다
остуди́ть → настуди́ть
осту́да (인간관계의) 냉각, 노여움, 불화, 싸움
перестуди́ть 너무 차게 하다, 너무 식히다
простуди́ть 감기에 걸리게 하다, 차게 하다,

식히다
простуди́ться 감기에 걸리다
просту́да 감기
просту́дливый 감기에 걸리기 쉬운
просту́дный 차가워서 일어나는, 감기에서 기인하는

стук 노크, 삐걱거리는, 두들기는 소리
сту́кать 타이프를 두들기다, 때려 죽이다, 때가 오다
сту́кнуть 치다, 대리다, 마시다, 어떤 나이가 되다
сту́кнуться 부딧 치다, 세게 때리다
засту́кать 불의에 현행범을 만나다, 붙잡다, 때려 죽이다
пересту́кать (전부를) 때려 부수다, 타이프로 치다
пересту́каться 두들겨서 의사를 전달하다
вы́стукать (의) 타진하다, 물건을 두둘겨서 멜로디를 내다, (감옥에서) 벽을 두둘겨서 동료와 신호를 하다, 송신하다 (전신기로)
досту́каться (경솔한 행위를 해) 나쁜 결과를 초래하다
насту́кать 두르려서 찾아 내다, 두드려서 전하다
стуча́ть (문을) 노크하다, 삐그덕 거리는 밟는 소리가 나다
стуча́ться 도들기다
достуча́ться 들릴때까지 두드리다
обстуча́ть (사방의 문 따위를) 두드리며 돌아다니다
отстуча́ть 두드리기를 마치다, 두들겨 꺽다

ступе́нь (제단·사다리의) 단, 단계, (음) 옥타브 중의 각음
ступе́нчатый 계단이 많은
ступе́нька 좁은 계단, (기차·전차 등의) 승강기 계단

ступи́ть (ступа́ть) 걷다, 가다, 나아가다, **밟다**
ступня́ 발바닥, 뒷꿈치
по́ступь 걸음 걸이, 보조, 운동, 전진
вступи́ть (어떤 장소 상태에) 들어 가다, 참가하다, 가입하다, 개시하다, 착수하다
вступи́ться 옹호하다, 변호하다, 간섭하다
вступи́тельный 들어가기 위한, 가입의, 발단의, 머리말의
вступле́ние 들어 가는 것, 참가, 착수, 되는 것, 서문, 서곡
вы́ступить 나가다, 앞으로 나아가다, 출발하다, (눈물따위가) 나오다, 튀어 나오다, 출연하다, 연주하다, 탈퇴하다, 뽐내며 걷다
вы́ступ (건물벽·산의) 돌출부, (군) 전선의 돌출부
наступи́ть 밟다, 짓 밟다, 진격하다, (시기·계절이) 오다, 시작되다
наступа́тельный 공격적인
наступле́ние 진격, 공격, 도래
оступи́ться 헛디디다
обступи́ть 빙둘러 에워싸다
отступи́ть 뒷 걸음치다, 물러 서다, 퇴각하다, 양보하다, 벗어나다, 글을 쓰기 전에 여백을 남기다,
отступи́ться 포기하다, 연락 관계를 끊다, 떠나다
о́тступ 활자가 시작 되기전의 여백
отступа́тельный 퇴각의
отступле́ние 퇴각, 양보, 회피, 삽입구
отсту́пник 변절자
отсту́пнический 변절자의, 변절의
отсту́пничество 변절, 변질
отступно́й 권리 요구등의 포기, 해약금
богоотсту́пник 배교자
переступи́ть 딛고 넘다, (법률 등을) 위반하다, 걷다
переступа́ть 방문하다, 나타나다
поступи́ть 거동하다, 행동하다, 대접하다, 대우하다, 다루다, 입학하다, 들어가다, 취업하다, 입수되다, 들어오다

поступиться 양보하다, 포기하다, 희생하다
поступательный 전진적인, 진보적인
поступление 수입, 임금, 소득
поступок 행실, 행위, 행동
поступь 걸음걸이, 보조, 운동, 전진
подступить 접근하다
подступ 접근, 접근하기 위한 장소
подступиться 옆으로 다가 오다, 가까이 오다
преступить 넘다, (법을) 깨뜨리다, 범하다
преступление 범죄, 범행
преступник 죄인, 범죄인
преступность 범죄성, 범죄행위, 범죄 건수
преступный 범죄의, 범죄성이 있는
приступить 착수하다, 접근하다, 졸라대다
приступиться 가까워 지다, 부탁하다, 바라다
приступ 전진, 돌격, 발작, 서론, 발단, 접근하는 것
приступка 발판, 층대
проступить 스며나오다, 부분적으로 밖에 나가 있다
проступок 실책, 과실, 죄행
расступиться 옆으로 비키다, 길을 터주다
уступить 양보하다, (가격을) 깎아 주다, 굴복하다, 지다
уступка 양도, 양보, 굴복, 감가

стыд 부끄러움, 수치
стыдить 창피를 주다, 비난하다
стыдиться 부끄럽게 여기다, 사양하다
стыдливица 함수초(식)
стыдливый 부끄러워하는, 수줍어하는
стыдный 부끄러워하는, 거북한, 면목이 없는
стыжу → стыдить
бесстыдничать 뻔뻔스럽게 행동하다
бесстыдник 철면피한 사람
бесстыдный 뻔뻔스러운
бесстыдство 파렴치, 철면피
бесстыжий 파렴치한
застыдить 부끄럽게 하다, 당황하게 하다
застыдиться 부끄러워하다, 당황하다

постыдить 약간 창피하게 하다, 꾸짖다
постыдный 수치스러운, 파렴치한
пристыдить 무안을 주다, 부끄럽게하다
устыдить 무안을 주다, 모욕을 주다
устыдиться 창피를 느끼다, 낯을 붉히다

стяжать 획득하다 (애정, 명성, 금전, 동정 등을)
стяжание 획득, (고)재산
стяжатель 욕심이 많은 사람, 강탈 하는 사람
стяжательство 탐욕
любостяжание 금전욕이 강한 일, 탐욕

субъект (어) 주어, 주체, 사람, 놈
субчик (일반적으로 수상한 으심스러운) 사람, 놈
субъективизм 주관주의
субъективист 주관주의자
субъективность 주관 적인 것
субъективный 주관 적인 것, 독선
субъектный 주어의, 주체의

судить 판단하다, 생각하다, 심판하다, 운명 짓다
судиться 재판받다, 재판에서 싸운다
суд 재판, 심판, 법정, 판정, 비판
судбище 재판
судебномедицинский 법 의학의
судебный 재판의, 법정의
судеец 재판소원
судейский 재판관의
судейство (스포츠의) 심판
судилище (경멸) 법정
судимость 유죄 판결
судисполнитель 집달리
судия = судья 판사, 심판
подсудимый 피고
подсудность 재판권 아래 있는
высудить 재판에 의해 얻다
засудить 엄벌을 선고하다

осуди́ть 형을 선고하다, 비난하다, 운명지우다
осужде́ние 비난, 죄의 언도
обсуди́ть 심의 고찰 연구 헤아려 생각하다
обсужде́ние 심의, 연구, 고찰, 협의, 토의
обсу́живать 뒷공론하다
отсуди́ть 재판에 의하여 몰수하다
пересу́д 재심, (남의 행위에 대한) 악평 험담
пересу́дчик (남의 행위에 대한) 악평 험담하는 사람
пересу́живать 악평하다
подсуди́ть (경기에서) 불공평하게 심판하다
присуди́ть 선고하다, (포상·칭호 등을) 수여하다
просуди́ть (재산을) 소송으로 다 써버리다, (얼마 동안) 재판하다
просуди́ться 소송으로 탕진되다, 소송으로 몰락하다
рассуди́ть 판단하여 결정하다, 실증나게 생각하다
рассуди́тельный 세심한, 신중한, 사려깊은
рассу́док 이성, 오성, 사려 분별, 상식, 양식
рассу́дочный 이성의, 오성의, 이론만을 고집하는
рассужда́ть 생각하다, 판단하다, 논의 하다, 따지다, 이유를 말하다
рассужде́ние 고찰, 심의, 의론, 논문
безрассу́дный 무분별한, 경솔한, 무모한
безрассу́дство 무분별, 경솔
безрассу́дничать 무분별하게 행동하다
су́дный 재판
су́дный день 최후 심판의 날
судопроизво́дство 소송 수속
судоустро́йство 재판 제소
правосу́дие 재판, 공정한 재판
правосу́дный (재판) 공정한
кривосу́дие 불공정한 재판
самосу́д 사형, 린치

су́дно 1) 배, 선박
су́дно 2) 쟁반, 주발, 그릇, 요강, 변기

судове́рфь 조선소
судовладе́лец 선주
судоводи́тель 배의 운전사
судовожде́ние 항해술
судово́й 배의
судовщи́к 선주
судо́к 조미료 양념그릇
судомоде́льный 배의 모양을 만드는
судомо́йка 설거지하는 여자, 설거지하는 장소, 행주, 걸레
судомо́йня 설거지 하는 장소
судоподъём 침몰선 인양
судоподъёмник 침몰선 인양 장치
судорабо́чий 하역 노동자
судоремо́нт 배의 수선
судосбо́рщик 선체 조립 기술원
судостро́ение 조선학, 조선업
судостро́итель 조선 업자
судохо́д 선원
судохо́дный 배가 통행 할 수 있는
судохо́дство 항행
судохозя́ин 선주
посу́да 식기, 용기, 소목선
посу́дина 작은 배
посу́дник 찬장, 그릇 씻는 사람
посудомо́ечный 식기 세척 용의
посудомо́йка 식기 세척기
сосу́д (액체의) 용기, (해) 관, 맥관, 도관
сосу́дистый 도관·맥관·혈관이 많은
сосудодви́гатель 혈관 운동 신경
сосудорасшири́тель 혈관 확장 신경
сосудосжима́тель 혈관 수축 신경

суеве́рный 미신의
суеве́рить 미신이다, 미신을 좋아하다
суеве́р 미신을 좋아하는 사람
суеве́рие 미신
суеве́рничать 미신을 좋아하다, 미신가 이다
суему́дрие 궤변, 공상
суета́ 공허, 무가치, 허무, 무상, 큰 소동, 공연

한 소동
суети́ться 공연히 안달하다
суетли́вый 공연히 안달하는, 번거로운, 성가신
суе́тность 헛된 것, 무익, 쓸데없는 노력
су́етный 공허한, 번거로운
суети́ться 큰소동, 공연한 소동
суетня́ 큰 소동, 공연한 소동
засуети́ться (바삐돌아 다녀서) 녹초가 되다
насуети́ться 실컷 돌아 다니다, 분주히 돌아 다니다

сума́ 자루, 주머니, 비렁뱅이 주머니
су́мка 손가방, 배낭, 육아낭, (조류의) 자낭
су́мочка 작은 주머니, (부인용) 작은 손가방
су́мчатка 유대류
су́мчатый 자루 모양의, (식·동) 주머니를 가진
подсумо́к 탄약갑
толстосу́м 부자, 벼락부자

су́мма 금액, 총액, 합계
сумма́рный 전체의, 통계의
сумма́тор 덧셈 계산기
сумми́ровать 총계하다, 요약하다
суммово́й 금액의
бру́тто сумма 총합계

суп 스프, 국
су́пец 스프, 국
су́пник 국그릇
супово́й 국의, 스프용의

супру́г 남편, 부부, 배우자 (남자)
супру́га 부인, 마님, 배우자(여자)
супру́жеский 부부의, 배우자의
супру́жество 부부인것, 부부생활
супру́жник 배우자 (남자)
супру́жница 배우자 (여자)

суро́вый 냉엄한, 준엄한, 혹독한 (기후 등), 미가공의
суро́веть 거칠어 지다, 냉엄해지다
суро́вость 엄격한 준엄한 태도, 성질

суста́в 관절, 마디
суста́вчатый 관절이 있는·관절로 된
суста́вчик → суста́в
внутрисуста́вный 관절내의

су́тки 1주야, 24시간
су́точник 공안을 문란시킨 혐의로 수일간 강제 노동에 처해진 사람
су́точный 1주야의

суть 본질, 핵심, 요점
суще́ственность 본질, 본체, 진수, 현실
суще́ственный 본질적인, 긴요한, 현실의
малосуще́ственный 본질이 아닌, 별로 중요하지 않은
несуще́ственный 본질적이 아닌, 제2의
существова́ть 생존하다, 현존하다
сосуществова́ть 공존하다
существи́тельное (어) 명사
существо́ 존재, 인간, 살아 있는 것, 본체, 요점
существова́ние 존재, 인간, 살아 있는 것
существу́ющий 현존의, 현재의
су́щий 실재의, 현실의, 완전한, 존재하는
су́щность 본질, 본체, 진상, 요점
единосу́щный 같은 몸의, 분리 할 수 없는
насу́щный 긴요한, 없어서는 안될

сухо́й 마른, 건조한, 시든, 마실 것이 없는, 여윈 (수족이 마비된), 무미 건조한, 매정한
су́хо 말라서, 매정하여, 무미건조하게
сухова́тый 약간 건조한
сухове́й 러시아의 건조풍
сухове́рхий (나무의 윗부분) 우듬지가 죽은
суховерши́нность (나무의 윗부분) 우듬지가 죽은 것

сухово́здушный 건풍의
сухогру́з 건조한 화물
суходо́л 하천이 없는 골짜기
сухожи́лие 건, 힘줄
сухоза́дый (동물) 궁둥이가 여윈
сухоло́м 고목, 죽은 가지
сухолю́б 건지 식물
сухолюби́вый 건조를 좋아하는
сухоно́гий 여윈 가리의, 다리가 잘 움직이지 않는
сухоно́с 거위의 일종
су́хонький 매우 건조한
сухопа́рник 증기 저장소
сухопа́рый 여윈, 뼈가 앙상한
сухопу́тный 뭍의, 육로의
сухопу́тье 육로
сухорёбрый 여위어서 갈비뼈가 나온
сухору́кий 손이 자유롭게 움직이지 않는
сухосто́й 고목, (젖이 잘 나오지 않는) 암소
су́хость 건조, 무미건조, 무뚝뚝함
сухота́ 건조, 우수, 걱정
сухоте́лый 여윈
сухо́тка 위축
сухофру́кты 건조 과일
сухоцве́т 장기간 마르지 않는 꽃을 가진 풀
сухоща́вый 여윈, 허약한
сухояде́ние 조식, 술없는 식사
суха́рь 건빵, 마라깽이, 무정한 사람
суха́рик → суха́рь
суха́рище 큰 비스켓, 큰 건빵
сухме́нный 건조한 (일기·바람에 대하여)
сухме́нь 한발, 건조한 땅, 건조한 열풍
всуху́ю проигра́ть всуху́ю (스포츠) 영패하다
всухомя́тку 물기 없이
до́суха 충분히 마를 때까지
насу́хо 완전히 마를 때까지
по́суху 육로로
со́хнуть 마르다, 빠짝마르다, 시들다, 여위다
вы́сохнуть (высыха́ть) 마르다, 빠짝마르다, 시들다, 여위다
досо́хнуть (досыха́ть) 완전히 마르다
засо́хнуть 마르다, 바싹 마르다
засо́хлый 바삭 바삭 마른, 마라 죽은
иссо́хнуть 완전히 마르가, 여위다
насо́хнуть 말라 붙다
обсо́хнуть 건조하다, 바싹 마르다
отсо́хнуть (식물가지가) 말라서 떨어지다, (인체가) 마비되다
пересо́хнуть 지나치게 마르다, 고갈하다
пересо́хлый 바짝 마르다
подсо́хнуть 서서히 마르다, (상처가) 아물기 시작하다
присо́хнуть 말라서 달라 붙다
просо́хнуть 마르다, 바짝 말라 버리다
рассо́хнуться 말라서 금이 생기다
ссо́хнуться 말라서 굳어지다, 말라서 휘다·오그라 들다
усо́хнуть 말라서 줄어들다
усо́хлый 바짝 마른, 말라서 작아진
суши́ть 말리다, 건조 시키다, 여위게 하다
суши́ться 마르다, 자기 옷을 말리다
су́ша 육지, 건계
суше́ние 말리는 것, 말린 과일
сушени́на 말린 식품 (건어, 말린 과일)
сушёный 말린, 건조시킨
суши́лка 건조기, 건조 장치
суши́ло → суши́лка
суши́льный 말리기 위한
суши́льня 건조실
суши́льщик 건조공
суши́на 고목
су́шка 작은 비스킷, 물에 담갔다가 말린 것, 건조제
сушня́к 고목, 그가지
сушь 한천, 말린 물건, 빈 벌집, 가뭄, 무미 건조한 것
вы́сушить 바짝 말리다, 아주 초췌하게 만들다
вы́сушиться 바짝 마르다
засуши́ть (식물을) 건조 시키다, 생기를 없

애다, (감정을) 고갈 시키다
засу́шливый (기후가) 건조한
за́суха 가뭄, 한발
иссуши́ть 바싹 말리다, (고통등으로) 고달프게 하다
иссуши́ться 바싹 마르다, 건조하다
насуши́ть (일정량을) 건조 시키다
на́сухо 완전히 마를 때까지
осуши́ть 말리다, 남김 없이 마시다
осу́шка = осуше́ние → осуши́ть
осуши́тельный 건조를 위한
обсуши́ть 건조 시키다, 말리다
обсуши́ться 건조하다, 마르다
обсу́шка 건조
пересуши́ть 너무 말리다
пересу́шка → пересуши́ть
подсуши́ть 조금 말리다, (빵 등을) 굳어 지게 하다
подсуши́ться 조금 마르다
подсу́шка 말리는 것, (빵 등을) 너무 굽는 것
присуши́ть 마법으로 매혹하다
прису́ха 홀리게 하는 마법, 애인, 연인
просуши́ть 바싹 말리다, (얼마 동안) 말리다
просуши́ться 바싹 마르다
просу́шка 건조
усуши́ть (말려서) 줄어들게 하다
усуши́ться 말라서 오므라 지다
усу́шка 말려서 오므라 지게 하는 것, 말라서 줄어진양

сфе́ра 구체, 부면, 범위, 권, 사회환경
сфери́ческий 구의, 구상의, 구면의
сфери́чность 구상, 구형
сфери́чный 구형의
сферо́ид 회전 타원체
сфероидиза́ция 구상화의 처리
барисфе́ра 지구의 중핵
батисфе́ра 구형 잠수기
биосфе́ра 생활권
гемисфе́ра 반구

литосфе́ра 암석권
ноосфе́ра 정신·기술활동의 영역
полусфе́ра 반구
стратосфе́ра 지각 표층의 수성암으로 된 부분
тропосфе́ра 대류권
фотосфе́ра 광구 (태양.항성의)
хромосфе́ра (태양의) 채층
центросфе́ра 지구 중심부, 중심부

сце́на 무대, 연기 생활, 장, 활극, 말썽, 활동무대
сцена́рий 연출, 희곡
сцена́рист 시나리오 작가
сцена́риус 무대 감독
сцена́рный 시나리오, 줄거리의
сцени́ческий 무대의, 연극의, 극적인
сцени́чный 상연 할 수 있는
сце́нка 짧은 극

сча́стье 행복, 행운, 다행, 요행
счастли́вец 행운아
счастли́виться 잘되다, 성공하다
счастли́вчик → счастли́вец
счастли́вый 다행한, 행복한, 상태가 좋은
несчастли́вый 불행한
осчастли́вить 행복하게 하다 (대개 비꼼)
несча́стненький 매우 비참한
несча́стный 불행한
несча́стье 불행, 불운, 재난, 재해

счита́ть 1) 세다, 계산하다, --라고 간주하다, 생각하다
счита́ться 셈하다, 간주 되다, 생각되다
счита́ть 2) 교정하다, 대조하다
счёт 계산, 박자, 득점, 계산서, 구좌
счётец 계산, 박자, 득점
счётный 계산의
счетово́д 회계원
счетово́дство 부기
счётчик 계산 담당, 계기, 미터, 카운터

счёты 주판
счисле́ние 계산(법)
бессчётный 무수한
несчётный → бессчётный
счита́лка 아이들의 숫자 풀이 놀이
вы́считать 산정하다, 공제하다
досчита́ть --까지 수를 세다, 다 세다
недосчита́ться 계산하여 부족을 발견하다
засчита́ть 계산하다, 계산에 넣다
насчита́ть 세다, 회계하다, 가산하다, --의 수를 가지다
насчита́ться 계산되다
обсчита́ть 셈을 속여서 조금 주다, 결산하다
обсчёт 오산 (고의 또는 우연)
отсчита́ть 세어 나누다, 계산해서 주다
пересчита́ть 다시 수를 세다, 하나하나 세다, 환산하다
пересчёт 검산, 재계산, 총계
посчита́ть 세다, -로 결정하다, 간주하다
посчита́ться 결말을 내다, 보복하다
подсчита́ть 계산하다, 결산하다, 총계하다
подсчёт 계산, 결산, 총계
присчита́ть 계산하다, 가산하다
присчёт 가산액
просчита́ть 결산하다, 계산하다, 검산하다, 오산하다
просчита́ться 오산하다, 예상이 빗나가다
просчёт 오산, 계산, 검산
рассчита́ть 셈하다, 고려하다, 계산을 치르고 해고하다, 기대하다, 의뢰하다, 신뢰하다, (군) 부대를 나누다
рассчита́ться 계산·지불을 전부 끝내다, 결재하다, 보복하다, 뒷처리를 하다, 보답하다
рассчи́танный --을 예상한, 염두에 둔, 고의의
расчёт 계산, 감정, 청산, 결제, (결산후) 해고, 기대, 예정, 절약
расчётливый 타산적인, 신중한
расчётный 계산용의, (공) 정품의
расчётчик 기계계산 전문가

нерасчёт 득이 아니다, 손해다
нерасчётливый 낭비하는, 대범한, 앞뒤를 잘 생각하지 않는
саморасчёт 셀프 써비스
хозрасчёт 특별회계, 독립 체산제
сосчита́ть → счита́ть
сосчита́ться 결제하다, 셈하다, 앙가픔을 하다
усчита́ть 검사하다, 삭감하다

сын (сыни́шка, сыни́ще, сыно́к, сыно́чек, сыну́ля) 아들, 후예
сы́нов 아들의
па́сынок 의붓 자식, 식물의 쓸모없는 곁가지
усынови́ть 양자로 삼다
усынови́тель 양자로 받아 들이는 사람
усыновле́ние 양자로 삼는 것

сы́пать (сыпану́ть) 뿌리다, 담다, 넣다, 퍼붓다, 빠른 말로 많이 지껄이다, 달리다
сы́паться 쏟아지다, 떨어져 흩어지다, 너덜너덜 하게 되다
сы́пка 살포
сыпу́чий 흩어지기 쉬운, 세립으로 이루어진
сыпе́ц (농) 썩은 퇴비, 잘게 만든 이탄
сыпу́ха 발진
сыпь 뿌리는 것, 곡물, 금속면의 거친 정도, 발진, 꺼칠 꺼칠한 표피
сыпно́й 살포성의, 발진성의
сыпно-тифо́зный 발진 지브스의
всы́пать 쏟아 넣다, 때리다, 두드리다
всы́паться 담기다, 들어가다
всы́пка 부어 넣는 것, 그 물건
вы́сыпать 뿌리다, 쏟아 비우다, 모조리 지껄이다, 발진하다
вы́сыпка 뿌리는 것, 쏟아 붓는 것, 뿌려 진 것, 갑자기 들새 때가 나타나는 것
досы́пать 다 뿌리다, 부족한 양을 뿌려넣다
засы́пать (가루·흙 모래로) 막다, 메우다, 묻다, 흩뿌려 덮다, (문제를) 제시하다
засы́паться (모래·먼지 등이) 들어가다, (먼

지·흙 등으로) 덮히다, 메워지다, (죄가) 발각 되다, 실패하다, 재난을 만나다
засы́пка 막는것, 매몰, 살포, 투입, 한끼의 사료
засы́пщик 방앗간 일꾼, (광석·석탄을 화로에) 넣는 일꾼
насы́пать (가루·곡물 등을) 표면에 뿌리다, 뿌려 넣다, 채우다, 모래 등으로 만들다, 쌓다, 때리다, 깨임에서 이기다
насы́паться 떨어지다, 흩어져 들어가다
на́сып 제분기의 깔때기 모양의 주둥이
насыпа́льщик (가루·낱알 같은 것을) 뿌리거나 채워 넣는 일꾼
насы́пка 새털을 넣은 배개용주머니
насыпно́й 살포한, 쌓아 올린
насы́пщик → насыпа́льщик
насы́пь 제방·둑·쌀·석탄 등을 포장하지 않고 수송하는 방법
надсы́пать 토사등을 뿌리거나 쌓아 올려 높이 하다
осы́пать (보석을) 박아 넣다, (꽃장식을) 여러 곳에 달다, (칭찬·비난·질문 등을) 퍼붓다
осы́паться 흩어져 내리다, 떨어지다, 무너지다
осыпа́емость (곡식 알갱이 등이) 주루룩 떨어지기 쉬운 것
осы́пание (수확의 지연 따위에서 오는) 곡물의 손실
о́сыпь 붕괴된 흙의 퇴적
обсы́пать 주위 전면에 살포하다, 온통 발진하다
отсы́пать (곡물 가루나 낱알을) 달아서 나누다, 아낌 없이 주다
отсы́паться 세어 나오다
отсыпно́й 까불려서 나누는
пересы́пать (밀가루·곡물 등을) 옮기다, (밀가루·곡물 등을) 너무 뿌리다, 산포하다, (이야기 도중에 재치있는 말을) 많이 하다
пересы́пка → пересы́пать
посы́пать 작은 만과 바다 호수 사이의 사주
посы́паться 뿌리다, 펴다, 깔다, 뿌리다, 치다

подсы́пать (밀가루·소금 등을) 뿌리다, 치다
подсы́паться (밑에 조금) 흩어지다
присы́пать 더 뿌리다, 뿌려 보태다, (살짝) 치다, (흙·모래 등을) 쌓아 올리다
присы́пка 더 뿌리는 것, 살포분, 살포약
просы́пать (가루 따위를) 엎지르다
просы́паться 엎질러 지다, 쏟아 지다
рассы́пать 사방에 흩드리다, (가루 등을) 나누어 넣다, (머리카락을 흔들어) 가르다, 산개 시키다
рассы́паться 흐르다, 새어 나오다, 산산히 부서지다, 웃음을 떠뜨리다, (아첨 따위를) 늘어놓다
рассы́пка (주로 가루 종류의 물건이) 흐르는 것, 흩어지는 것, (곡물) 나누어 넣다, (곡물이) 중량이 줄어 드는 것, 빠져 나가는 것
рассыпно́й 가루 모양의, 한 개씩 파는
рассы́пчатый 부서지기 쉬운, 무른
рассы́пщик (가루 종류의 물건을) 나누어 넣는 일에 종사 하는 사람
ро́ссыпь 살포하는것, (광) 광물을 함유한 지층, 광물 조각의 퇴적, (알곡 따위가 포장이나 운송중에) 감소 흘리는 것
ссы́пать (곡물 가루 등을) 넣다
ссы́пщик 곡물 공출자
усы́пать 전면에 뿌리다, 끼었다
искросыпи́тельный 불꽃이 튀기는 것 같은, 맹렬한

сыр 치즈
сырко́вый 응유 제품
сы́рник 응유제 음식, 과자
сы́рный 치즈의
сы́рня → сырова́рня
сырова́р 치즈 제조인
сыроваре́ние 치즈 제조
сыроваре́нный 치즈 제조의
сыро́к 응유 과자의 이름
сыроде́л → сырова́р
сыроде́льный 치즈 제조의

сыро́й 축축한, 습기가 찬, (과일) 익지 않은, 설익은, 날것의, 아직 가공 하지 않은
сыре́ть 축축 눅눅해지다, 푸석푸석 살찌다
сыре́ц 가공 하지 않은 물건, 원료
сырова́тый 약간 눅눅한, 미숙한, 날것의, 덜 삶아진
сыромя́ть 생가죽
сы́рость 습기, 습기 때문에 생긴 반점
сырцо́вый 미가공의, 원료의, 날것의
сырь 습기
сырьё 원료, 날것
сырьево́й 원료의
хло́пок-сыре́ц 원면
сыре́йщик 폐사한 가축으로 개의 먹이를 만드는 사람
насыре́ть 좀 축축해지다
отсыре́ть 물기를 조금 머금다
подсыре́ть 조금 젖다

сы́тый 배가 부른, 포식한, 비만한
сыта́ 꿀물
сыте́нький 꽤 배가 부른, 만족한
сыте́ть 포식하다, 살찌게 먹다
сытёхонький 매우 배가 부른, 만족한
сыти́ть (꿀로 물을) 달게 하다
сы́тный 배를 부르게 하는, 자양분이 많은, 수입이 많은
сы́тость 배부름, 흡족, 비만
досы́та 충분히, 배부르게
насы́тить 실컷 먹이다, 풍부하게 공급하다, 포화 시키다
насы́титься 실컷 먹다, 포식하다, 포화하다
насы́щение 포식, 만복, 포화
насы́щенность 포화, 포화 상태, 내용 풍부, 충실
ненасы́тный 게걸스럽게 먹는, 배부를 줄 모르는, 만족을 모르는, 탐욕스러운
ненасы́щенный (화) 불포화의
перенасы́тить 지나치게 포화시키다
перенасыще́ние 과포화

пересы́тить 너무 포화시키다, 너무 스며들게 하다
пересы́титься 너무 가득차다
пресы́тить 포만시키다, 배부르게 먹이다, 싫증나게하다
пресы́титься 만복하다, 포만하다, 싫증나다
пресыще́ние 만복, 포만, 권태
вполсыта́ 반쯤 배가 차도록

·· Т ··

табак 담배, 연초
табачок = табачишко = табачище → табак
табачный 담배의, 황갈색이, 부패한
табакерка 담배갑
табаковод 연초 재배자
табаководство 연초재배
табакур 끽연자
табачник 흡연자, 담배 공장노동자
табачная 끽연실, 담배가게
порттабак 담배갑

таить 비밀로 하다, 숨기다
таиться 몸을 감추다, 숨다, 잠복하다, 숨기다, 비밀에 부치다, 숨어 있다
таинственный 신비한, 현묘한, 비밀의
таинство 신비, 비밀, 성례식
тайком 비밀로, 남몰래
тайна 신비, 신묘, 성례
тайник 비밀 장소, 은신처, 마음의 깊은 곳, 샛길, 새 잡는 망
тайничать 무슨 까닭이 있는 체 하다, 숨기려는 태도를 취하다
тайнобрачие 포자 생식, 비밀 결혼 (사제가 돈을 받고 결혼할 권리가 없는 자를 결혼시키는 일)
тайнопись 암호기법
тайность → тайна
тайный 비밀의, 내심의, 미지의, 신비로운, 영묘한
втайне 몰래, 비밀히
затаить (마음속에) 감추어 두다 (분노등을)
затаённый 비밀의, 마음속에 감춘, 억눌려진
потаить 감추다, (잠시) 비밀로 해두다
потаённый 감추어둔
потай 비밀히, 몰래
потайной 비밀의
притаиться 숨다

утаить 숨기다, 비밀로 하다, 속여먹다, 착복하다
утаение 숨기는 것, 착복
утайка → утаить
безутайки 숨김없이
утайщик 은패자, 은닉자

так 1) 그렇게, 이만큼, 아주, 그대로, 이와 같이 문득 생각나서, 알맞게, 그러면, 때문에
такать так이라고 말하다, 맞장구 치다
так 2) 단속적인 타음
такать 기관총이 다속적으로 탕탕 소리치다
такальщик 항상 так이라고 말하는 사람, 항상 네네 하는 사람
также 역시, 또한, 똑같이
таки --하더라도, 그래도, 역시, 사실은, 드디어, 결국
таков 그와 같다
таковой 그러한, 이와 같이
таковский = такой 때로 경멸
такой 이러한, 저러한, 그와 같은
такой-сякой (익살이 섞인욕설) 나쁜, 지독한, 어처구니 없는
такой-то 아무개, 무엇 무엇
так-с 그래 맞다
потакнуть 묵인 하다, 응석을 받아 주다
потакатель = потаковщик = потатчик 묵인 하는자, 지나치게 관대한 사람

талант 타고난 재주, 특수안 재능, 재간꾼, 수재, 명장, 명인
талантливый 천부의 재능이 있는
высокоталантливый 매우 재능있는
бесталанный 재능이 없는, 평범한, 비운의, 박명한
бесталантный → бесталанный

там 저기, 그곳에, 그후, 그 다음에
тамошний 그곳의, 저기의
там-сям → там

тащи́ть (말이 수레를) 끌다, 잡아당기다, 꺼내다, 끌고가다, 훔치다, 소매치기하다

тащи́ться 겨우 걷다, (옷자락 등이)질질끌리다

таще́ние 끄는 것, 끌어 당기는 것

таска́ть 끌다, 끌어내다, 뽑다, 잡아 당기다, 소매치기하다

таска́ться 헤매다, 출입하다, 배회하다

та́ска = таска́ние → таска́ть

дотаска́ть (의복을) 헤질때까지 입다, 다 옮기다

дотаска́ться 헤매다, 출입하다, 배회하다

затаска́ть 입어서 더럽히다, 진부하게하다, 오래 사용하다

истаска́ть 입어서 헤어지다, 신어서 헤어지다

истаска́ться 지나치게 사용해서 망가 지다, 지쳐 버리다

натаска́ть 끌어오다, 제 마음대로 인용하다, 훔치다, 가르치다 (사냥개 등), 당장 필요한 것만 가르치다

натаска́ться 지칠때까지 쏘다니다, 싫증나다

ната́ска (사냥개 등의) 훈련

ната́счик (사냥개 등의) 조련사, 훈련사

протаска́ть (얼마 동안) 나르다, (얼마 동안) 입다, 끌려 돌아 다니다

протаска́ться (얼마 동안) 돌아 다니다, (얼마 동안) 입고 있다

та́ска → таска́ть

таску́н (바람직하지 못한 곳에) 출입하는 사람, 방탕자, 이성의 뒤를 따라 다니는 사람

втаска́ть (여러 번) 끌어넣다

вы́таскать 끌어내다, 질질 끌어내다

вы́тащить 끌어내다, 질질 끌어내다, 닥치는 대로 빼앗고 억지로 데리고 가다, 구출하다

вы́тащиться 끌려 나오다, 빠지다

оттаска́ть 끌고가다

оттаска́ться 가까스로 기어가다, 천천히 물러서다

растаска́ть 가지고 가다, 끌고가다, 야금 야금 모조리 도둑질하다, 흩어지게 해서 운반해 가다

растащи́ть (растаска́ть) 잡아 당겨서 때어 놓다

подтаска́ть 끌어 당기다, 끌어서 가까이 오게 하다

стаска́ть 끌어 모으다

стаска́ться 갔다오다

встащи́ть 끌어 올리다

утащи́ть 끌고가다, 억지로 연행하다, 도둑질하다

утащи́ться 겨우가다

та́ять 녹다, 융해하다, 사라지다, 없어지다, 황홀해지다, 도취되다, 쇠약해 지다, 눈이 녹다

та́яние 융해, 녹는 것

та́ялка 융해, 녹는 것

та́лый 녹는, 용해 되는

нета́лый 녹지 않는

таль 눈녹은 날씨

та́ли 녹로

та́лик (영구 동토 지대에서) 지면이 녹는 것

тали́на (빙설이) 녹는 것

таломёрзлый 표층만이 녹는

вы́таять (выта́ивать) (어떤 장소에서) 눈이 녹다

дота́ять 눈이 완전히 녹다

иста́ять (얼음·눈 따위가) 완전히 녹아 버리다, (촛불 따위가) 녹아 없어지다, (돈 따위가) 사라져 없어지다

ната́ять (눈·얼음을) 녹여서 물을 얻다, (많이) 녹다

обта́ять (주위 전면이) 녹다, 녹이다

отта́ять (얼었던 것이) 녹다, 녹아서 떨어지다, 녹이다

подта́ять (눈·얼음이 밑에서부터) 녹다, (초) 녹다, 조금 녹이다

прота́ять 눈이 녹아 구멍이나다, 해방하다

прота́лина 눈이 녹아 지면이 나온 것, 눈 얼음이 녹는곳

раста́ять 녹다, 융해하다, 사라지다, (마음이)

풀리다, 녹이다
ста́ять (얼음이) 녹아 버리다

твёрдо 굳게, 단단하게, 의연하게, 확실하게, 충분히

твердёхонек 매우 단단한, 매우 견고한
твердозём 딱딱한 땅
твердока́менный 돌처럼 단단한, 불굴의
твердоко́жий 살가죽이 단단한, 둔감한
твердоло́бый (비꼼) 머리가 잘 돌아가지 않는, 우둔한, (영국의 극단적인) 보수파
твердоме́р (고무의) 경도 측정기
твердосерде́чный 냉혹한
твердоспла́вный 경질 합금
твёрдость 단단함, 견고, 경도, 확고, 불굴, 정확, 확정
твёрдый 단단한, 굳은, 견고한, 확고한, 불굴의
тверды́ня 성채, 요새, 보루
твердь 지주, 토대, 창공, 하늘
тверде́ть 단단해지다, 굳어지다
творо́г 응유
затверде́ть 굳어지다, 경화하다
затверде́лый 굳어진, 경화된
затверде́ние 굳어지는 것, 경화, (의) 경화증
затверде́ние арте́рии 동맥 경화
отверде́ть 굳어지다, 응고하다
отверде́лый 굳어진, 응결한
отвержда́ть 경화시키다, (유지에) 수소를 첨가하다
утверди́ть (утвержда́ть) 확언하다, 단언하다, 증명하다, 비준하다
утверди́ться 견고히 하다, 확립하다
утвержде́ние 확언, 논증, 인가, 승인, 활립
утверди́тельный 긍정적인

твори́ть 창조하다, 행하다, 물을 넣어 반죽하여 만들다
твори́ться 일어나다, 생기다, 실시되다
творе́ние 피조물, 생물, 인간, 창작, 저작, 반죽하여 만드는 것

тварь 생물, 인간, 망할 놈
творёный 이겨, 반죽하여 만든
творе́ц 조물주, 저자, 작가, 창시자
твори́тельный 조격
тво́рчество 창조, 창작, 작품
сотво́рчество 공동 제작
вы́творить (이상한 짓·장난을) 하다
вытворя́ться 일어나다, 생기다
натвори́ть (좋지 않은 일을) 많이 하다, 녹이다
притвори́ться (притворя́ться) 2) -척하다, 가장하다, 거짓을 꾸미다
притво́рный 거짓의, 위선적인
непритво́рный 거짓이 없는, 정말의
притво́рствовать 가장하다, 위장하다
притво́рство 허위, 위선적인 행위
притво́рщик 위장한 사람, 위선자, 기만자
чудотво́рец 기적을 행하는 자
чудотво́рный 기적을 행하는
чудотво́рство 기적을 행하는 것

теа́тр 극장, 연극, 사건의 장소, 현장
театра́л 연극애호가, 극장에 자주 가는 사람
театрализа́ция 각색
театрализи́ровать = театрализова́ть 각색하다
театра́льность 연극성이 풍부한, 연극성, 연극적인것
театра́льный 연극의, 극장의, 연극성이 풍부한, 연극적인
театра́льщина 연극적인것
театрове́д 연극 학자
театрове́дение 연극학
театрове́дный 연극학의

теи́зм 유신론
теи́ст 유신론자
теисти́ческий 유신론의
атеи́зм 무신론
атеи́ст 무신론자
пантеи́зм 범신론

пантеи́ст   범신론자
монотеи́зм   일신론
монотеи́ст   일신론자
политеи́зм   다신론
политеи́ст   다신론자

телёнок   송아지, (때로는 사슴 따위의) 새끼
теля́та   송아지(복수)
теля́ → телёнок
теля́тина   송아지 고기
теля́тки → теля́та
теля́тник   소 외양간, 소를 돌보는 사람, 소장수
теля́чий   송아지의
тели́ться   (소가) 새끼를 낳다
тели́ца   암송아지
тёлка   암송아지
не́тель   낳지않은 어린 암소
сте́льность   암소가 새끼를 밴 것
сте́льный   (소) 새끼를 밴
растели́ться   (소가) 새끼를 낳다
новотёл   암소의 초산
новоте́льная   (암소 등에 대하여) 최근에 또는 처음으로 새끼를 낳은
первотёлка   처음으로 새끼를 벤 소
скороте́л   (특히 소에 대하여) 해산이 수월한

те́ло   물체, 체, 육체, 신체, 골수
телеса́   (비꼼, 익살) 드럼통, 뚱뚱보
теле́сно   육체적으로, 유형적, 구체적으로
теле́сность   유형적 존재, 입체성, 물질성, (속) 풍보, 형이하성
теле́сный   물체의, 신체의, 육체의, 물질 적인
те́льник   속셔츠, 내의, 세례용 십자가
тельно́е   뼈를 빼낸 생선요리
те́льный   속에 있는, 신체의, 육체의
те́льце   과육
антите́ло   (생) 항체
нате́льный   살에 붙는 (속옷)
телогре́йка   부인용 자켓 (솜을 둔)
телодвиже́ние   몸짓, 동작

телохрани́тель   친위병
белоте́лый   하얀 육체를 가진

тень   그늘, 응달, 사물의 그늘, 희미한 사람의 그림자, 그림자, 의혹, 악평, 속임, 환영, 망령, 음영
теново́й   그늘진, 음영이 있는, 흠이 있는
теневыно́сливый   음지를 잘 견디는 성질을 가진
тенелю́б   음지를 좋아하는식물
тенелюби́вый   음지를 좋아하는 성질의
тени́стый   그늘이 많은
тени́ть   음영을 나타내다
затени́ть   그늘을 짓다, 그늘로 덮다, 숨기다
отени́ть   그늘에 완전히 가리다
оттени́ть   (화) 음영 뉴앙스를 주다, 돋보이게 하다, 현저하게 하다
отте́нок   그림자, 음영, 뉴앙스
притени́ть   그늘에 두다, 그늘 지게하다
светоте́нь   (그림의) 명암, (문맥의) 대조, 파란

тео́рия   학설, 원리, 논, 설, 원칙, 이론, 의견, 견해
теоретиза́ция   이론적·이론에 얽매인 단판
теоретизи́ровать   이론적 문제를 취급하다, 이론적으로 논하다, 이론에 구애되다
теоре́тик   이론가, 공론가
теорети́ческий   이론의, 이론상의, 추상적 이론에만 의거한
теорети́чный   이론에 치우쳐 실제와 먼, 이론만의, 공론의
тео́рийка   확실한 이론, 유해한 이론

тепло́   1) 온난, 온기, 열
тепло́   2) 따뜻하게, 따뜻하다, 정답게, 따뜻한, 마음으로, 열심히
тепло-   열의 뜻
тёпел = тёплый   따뜻한, 포근한, 다정한, 부드러운
тёпленький → тёплый

теплéть 따뜻해지다
теплéхонький 매우 따뜻한
теплинá 모닥불
теплить 따뜻하게 하다
тéплить 불태우다, 열로 녹이다
тéплиться 희미하게 빛을 내며 타다, 켜져 있다 (초), 잠재하다 (희망의 불이)
теплицá 온실
теплвáтый 약간 따뜻한
тепловóз 내연 기관차, 디젤 기관차
тепловóзник 내연 기관차 종업원
тепловóй 열의
тепловáя единица 열량 단위
тепловóй луч 열선
теплоёмкий 열 용량이 큰, 많은 양의 열을 필요로 하는
теплоёмкость 열용량
теплозащита = теплоизоляция 단열
теплокрóвный 온혈의
теплолечéние 열요법
теплолюб 열·온기를 좋아하는
тепломéр 열량계
теплообмéн 열의 교류
теплопаровóз 내연·증기 양용의 기관차
теплопередáча (이) 열전파, 전도
теплопровóд 난방관
теплопровóдник 열전도관
теплопровóдность 열전도성
теплопроизводительность 발열성, 발열량
теплорóд 열소
теплосиловóй 화력의
теплостóйкий 내열성의, 열에 강한
теплотá 따뜻함, 온기, 온정, 열
теплотвóрный 열을 내는
теплотéхник 열공학자
теплотрáсса 전열관, 배선
теплофикáция 난방장치, 중앙 열공급 발전소
теплохóд 발동선, 모터선
теплоцентрáль 중앙 난방 공급소
теплýшка 난방실, 난방차

теплыhь 따뜻한 날씨·기운
тепляк 난방 장치가 된 작은 집, 따뜻한 바람, 안에 모피를 붙인 부인용 외투의 일종
затéплить (등불·촛불 등을) 켜다
затéплиться (등불·촛불 등이) 켜지다, (등불이) 깜빡 거리기 시작하다
затепло 아직 따뜻한 동안에
отеплить (집·방을) 따뜻하게 하다, 난방장치를 하다
отеплéние 난방장치, 난방장치를 하는 것
отеплитель 방한 물질
отеплительный 따뜻하게 하기 위한
оттепель = рóстепель (이른 봄의) 눈녹는 날씨, 해빙
потеплить → теплить
потеплéние 따뜻하게 하기, 온난화, 가온
утеплить 한기를 막다, 보온하다, 방한 설비를 하다
утеплитель 가열기

терапия 내과학
терапéвт 내과 의사
терапéвтика 치료학
терапевтический 내과의
--терапия --요법의 뜻
актинотерапия 광선요법, 방사선요법
аэротерапия 대기요법
иглотерапия 침술요법
бальнеотерапия 광천요법, 목욕치료법
баротерапия 기압요법
вакцинотерапия 왁친요법
гальванотерапия 전기요법
гелиотерапия 일광요법
гемотерапия 혈청요법
гидротерапия 수치법, 수료법
гипнотерапия 최면 요법
гормонотерапия 호르몬 요법
диетотерапия 식이요법
иммунотерапия 면역요법
ионотерапия 이온요법

климатотерапи́я 기후요법
кюритерапи́я 방사선요법
психотерапи́я 심리요법
термотерапи́я 열요법
химиотерапи́я 화학요법
электротерапи́я 전기요법

тере́ть 비비다, 무지르다, 문질러 닦다, 문질러 바르다, 비벼서 으깨다 (고추냉이 물감 등), 문질러 아프게 하다

тере́ться 자기 몸을 문지르다, 마주 비비다, 섞이다, 따라 다니다
тре́ние 문지르기, 마찰, 저항, 알력, 충돌
полотёрничать 마루 딲기를 직업으로 하다
полотёр 마루 닦는 일꾼
тёрка = тёрочка 강판, 채칼 (기구), 요리재료를 가는 기구
тёрочный → тёрка
тёрщик (그림물감, 감자등을) 빻는 가는 일꾼
тёртый 빻아서 가루를 만든, 노련한
втере́ть 문질러 넣다
втере́ться 문질러서 베게하다, 스며들다, 헤집고 들어 가다
втира́ние (연고따위를) 문지르는 것, 연고
втиру́ша (익살) 겉과 속이 다른 속세에 집착하는 사람
очковтира́тель 사기꾼, 기만하는 사람
очковтира́тельство 사기, 기만
вы́тереть 닦다, 닦아내다, 훔쳐니다, 닦아 없애다
вы́тереться 자기몸을 닦다, 닳아 떨어지다
дотере́ть 다 무지르다, 닦다, --까지 마찰하다
затере́ть 문질러서 지우다, 잡아 끌어서 귀찮게 하다, (오래써서) 못쓰게 하다
затере́ться (억지로) 밀고 드러가다
зато́р 혼잡하여 갈수 도 올 수도 없음, 혼잡, 흐르는 얼음의 퇴적, 양조용 엿기름 즙
истере́ть (비벼서) 닳게 하다
истере́ться 닳아서 없어지다
истёртый 닳아서 헤어진

истёрханный 누더기로 더렵혀진
натере́ть 문지르다, 쓸려서 아프게 하다, 갈아서 부수다, 잘게 썰다
натере́ться 자기옷에 문질러서 베게하다, 모가 없어저 원만해지다
отере́ть 닦다, 닦아서 없애다
отере́ться 스스로 닦다
обтере́ть 닦다, 씻다, 마찰 하다, 마멸시키다
обтере́ться 자신을 닦다, 마멸되다
обтёртый 의복이 헤어진
обти́рка 닦아서 깨끗이 하는 것, 닦는 천, 걸레
обти́рочный 깨끗이 닦기 위한
обтира́ние (식기) 닦아서 깨끗이 하는 것, 냉수 마찰, 도포액
оттере́ть 문지르다, (얼룩을) 닦아내다, 밀어내다, 문질러서 따뜻하게 하다
оттере́ться 문질러서 없어지다, 마멸하다
отти́рка 문지르거나 닦아서 오점을 지우는 것
перетира́ть 다시 빨다, (전부·많이) 세탁하다
подтере́ть 닦아서 깨끗하다, 긁어서 상하게 하다
подтере́ться 긁어서 상처를 내다
потере́ть 조금 문지르다
потёртость 마멸된 것, 찰과상
потёртый 마멸된, 생기가 없는
притере́ть (렌즈 따위) 갈아서 끼우다, 문질러서 바르다
притере́ться (분 따위) 문질러 바르다
притёртый 꽉 끼워진, 밀폐된
притира́ние (렌즈 따위를) 갈아서 끼우는 것, (분) 바르는 것, 화장품
прити́рочный (연마) 용의
протере́ть 문질러서 찢다, 비벼서 구멍을 내다, 문질러서 거르다
протере́ться 닳아서 떨어지다, 끼어 들다, 해치고 지나가다
проти́рка 걸레
проти́рщик 닦는 청소하는 사람
растере́ть 갈아서 부수다, (연고를) 문질러서 몸에 배게하다, 안마하다

растере́ться 문질러서 가루가 되다
расти́рка 갈아서 으깨는 것, 절구공이
стере́ть 훔쳐내다, 닳아 없어지게 하다, 찰과상을 내다
стере́ться 닦아 지다
утере́ть 닦다, 훔치다
утере́ться 자기 얼굴을 닦다, 모욕을 참다
ути́рка 닦는 것, 수건, 손수건
ути́ральник 다월, 손수건
ути́ральный 닦기 위한
стира́ть 세탁하다
стира́ться 세탁되다, (때가) 잘 빠지다
сти́рка 세탁
стиро́ль 가루 비누
стиро́чный 세탁용의
стира́льный 세탁용의
стира́льная маши́на 세탁기
стира́ние → стира́ть
сти́раный 세탁한, 깨끗한
вы́стирать (выси́рывать) 세탁하다
застира́ть (застѝрывать) 얼룩 흙을 씻어내다, 잘 못 빨아서 못쓰게 하다
исстира́ть = исстира́ться (세탁을 하여) 다 써버리다 (비누 등)
настира́ть (일정 양을) 세탁하다
обстира́ть (많은 사람의 의복을) 세탁하다
отстира́ть (더러운 것을) 씻어 내다, 세탁을 마치다
отстира́ться 세탁을 끝내다
отсти́рка (더러운 것을) 씻어 내는 것
перестира́ть 다시 세탁하다, 다시 빨다, (많이) 세탁하다
простира́ть (얼마 동안) 세탁하다
простирну́ть 빨다, 세탁하다
краскотёр 그림 물감 혼합공, 그림 물감을 뭉개는 막대

терза́ть 잡아 찢다, 괴롭히다, 고통을 주다
терза́ться 괴로워하다
терза́ние 괴로움
затерза́ть 고통을 주다, 괴롭히다
истерза́ть 곳곳을 찢다, 괴롭히다
истерза́ться 괴로움으로 수척해지다
растерза́ть 잘게 자르다, 갈기 갈기 찢다, 엉망 지창으로 만들다, 괴롭히다

терпе́ть 참다, (고난·손실을) 입다, 체험하다, 관용을 베풀다, 용인하다
терпе́ться 참을 수 있다
терпёж → терпе́ние
терпели́вость 인내, 참을성, 끈기
терпели́вый 인내력이 강한, 끈기 있는
терпе́ние 참을 성, 끈기
терпи́мость 견뎌 내는 것, 관용, 용인
терпи́мый 견뎌내는, 관대한
втерпёж 참을 만 하게
невтерпёж 참기 어렵게 (보통 부정법으로 씀)
веротерпи́мый 이교에 대하여 관대한, 신앙의 자유의
долготерпели́вый 참을 성이 강한, 오래 참는
долготерпе́ние 참을 성, 견인성
вы́терпеть 참아 내다
дотерпе́ть 끝까지 참다
натерпе́ться 많은 어려운 일을 겪어내다
обтерпе́ться 익숙해 지다
перетерпе́ться (많은 고난을) 견디다, 체험하다
притерпе́ться (불편한 것에) 익숙해 지다
протерпе́ть (얼마 동안) 참다, 견디다
стерпе́ть 참다, 인내하다
стерпе́ться 인내하여 익숙해 지다
утерпе́ть 참다, 자제하다
страстоте́рпец 많은 고난을 겪은 사람, 수난자

те́рпнуть (затерпну́ть) (손 따위가) 저리다, 마비되다
те́рпкий 괴로운, 고통스러운, 견디기 어려운, 떫은

теря́ть 잃다, 분실하다, 낭비하다, 손해 보다
теря́ться 보이지 않게 되다, 없어지다, 당혹하다
затеря́ть 잃다,
затеря́ться 보이지 않게 되다
зате́рянный 잊혀진, 내버려진
потеря́ть → теря́ть
потеря́ть себя́ 자기의 개성을 잃다, 침착성을 잃다, (여자가) 순결성을 잃다
поте́ря 상실, 손실, 손해, 사상자 수
поте́рянный 슬픈, 의기 소침한, 어떻게 할지 모르는
кровопоте́ря 혈액 유실
теплопоте́ря 열 손실
растеря́ть 차례로 잃어 버리다
растеря́ться 점차 없어 지다, 상실되다, 당황해 하다
растеря́ 언제나 물건 따위를 잃어 버리는 명청한 사람
расте́рянность 곤혹, 당혹
расте́рянный 평정을 잃은, 어찌한 바를 모르는
утеря́ть 잃다, 분실하다
утеря́ться 없어 지다
уте́ря 분실, 유실

тесни́ть 압박하다, 조르다, 억누르다, (적군 등을) 물리치다
тесни́ться 서로 밀치다, 붐비다, 헤치고 나아가다, 마음을 지배하다, 가득하다
тесне́ние → тесни́ть
тесне́нький 약간 좁은
тесни́на 애로, 좁은 길
теснова́тый 좀 좁은, 좀 거북한
те́сно = те́сный 좁은, 협소한, 거북한, 밀집한, 긴밀한 관계가 있는, 곤란한
теснота́ 비좁은 것, 협소함
втесни́ть 밀어 넣다
вы́теснить 밀어내다, 내쫓다, 배제하다
вытесне́ние (화) 치환 반응

затесни́ть 강하게 밀어 부치다, 박해하다
оттесни́ть 밀어 젖히다, 격퇴 시키다, (군) 압박해서 퇴각 시키다
притесни́ть 꽉 누르다, 압제하다
притесне́ние 압박, 학대
притесни́тель 압박자, 박해자
притесни́тельный 박해, 압박 하는
протесни́ться (군중을) 헤 집고 지나가다
стесни́ть 압박하다, 구속하다, 짓 누르다
стесни́ться 서로 밀다, 사양하다
стесне́ние 압박, 호흡 곤란, 사양
стеснённый 구속된, 부자유스러운
стесни́тельный 구속적인, 옹색한, 성가신, 내성적인, 너무 사양하는
утесни́ть 비좁게 하다, 억누르다, 학대하다
утесне́ние 좁게 하는 것, 짓 누르는 것, 확대
утесни́тель 압박자, 탄압자

те́хника 기술, 공학, 방법, 수법, 기술적 장비, 기계화 설비
техво́д 수운학교
техинспе́ктор 기술 감독관
техко́м 기술 위원회
техна́рь 비행기 기술자
техне́ций 인공 방사성 원소
техниза́ция 기술 수단의 도입
те́хник 기술원 (중등 기술 교육을 받은 사람)
те́хник-интенда́нт 주계관
те́хнико-экономи́ческий 기술 경제의
те́хникум 직업 기술학교
техници́зм 공허한 기교주의, 기교 제일주의, 기교에만 치우치는 것
техни́ческий 기술의, 기술적인, 기술상의, 공업의, 전문적인, 하급의
техни́чка 하급 종업원
техни́чный (스포츠) 기술이 뛰어난, 기교적인
техно́лог 공예 기술자
технологи́чность 제작 공정이 가장 간단하고 경제적인 것
технологи́чный 가장 간단하고 경제적인 방

법으로 만들어 질 수 있는
техноло́гия   공예학·기술
технору́к   기술 지도자
техобслу́живание   자동기계의 점검 정비
техперсона́л   기술 부원
техпропога́нда   기술의 보급·장려
техре́д   출판기술 주임
теху́пр   기술본부
техусло́вия   사양서
авиате́хник   항공 정비원
авиате́хника   비행기 기술
агроте́хник   농업기사
агроте́хника   농업기술
светоте́хника   광선 공학
электроте́хник   전기기사, 전기공학도
электроте́хника   전기 공학

течь   1) **흐르다, 흘러 나오다, 새다, (시간이) 흐르다, 움직이다, 진행하다**
течь   2) 새는 것, 새는 곳, 새는 구멍
те́ча   새는 것, 누감 (상), 새는 구멍
тече́ние   흐름(물·세월), 경과, (천체의) 운행, 풍조, 사조
кровоте́чение   출혈
слёзоте́чение   눈물(흐르는)
те́чка   (동물) 교미기, 생, 새는 곳
ток   흐름, 물의 흐름, 전류, 정신적 긴장, 흥분
токопро́вод   전기 도선
водото́к   수류
водото́ёк   수류, 누수, 물에 잠기는 강바닥(물이 붙어 날 때)
прямото́к   직류
теку́щий   지금의, 현재의, 당면의
теку́чий   흐르는, 유동하는, 부동하는
теку́честь   유동, 부동, 유동성
втека́ть (втечь)   흘러 들어 가다
вы́течь (вы́текать)   흘러 나오다, 넘쳐 흐르다
доте́чь   --까지 흐르다, 근원을 시작하다
зате́чь   흘러 들어가다, 팽창하다, 부어오르다,
손발이 져리다
затёк   물집, 부종
исте́чь (истека́ть)   흘러나오다, (시간이) 흐르다, 경과하다
истече́ние   유출, 경과, 만료
исто́к   수원, 기원, 시조
источи́ть   쏟아내다, 분출하다, 내뿜다, 발산하다, (은혜 등을) 베풀다
исто́чник   샘, 수원, 원천, 기원, 사료, 근거, 출처
источникове́дение   사료학, 사료(원전) 연구
нате́чь (натека́ть)   흘러들다, 스며들다, 새어 고이다
натёк   흘러 들어온 액체, 종유석, 여과된 액체 물의 덩어리
натёклый   흘러든
оте́чь   붓다, 부어오르다, (양초가) 녹아서 흐르다
отёк   (의) 수종, 부종
отёклый   부은 (고어)
обте́чь   주위를 흐르다, (군) 우회하다
обтёк → обте́чь
обтека́емость   유선형
обтека́емый   유선형의
обтека́тель   유선형을 만들기 위한 부가물
отте́чь   흘러 가다, 옆으로 흐르다
оттёк → отте́чь
отто́к   배수구, 관, 홈통
перете́чь   흘러 가다, 넘치다
поте́чь   흐르기 시작하다, 흘러나오다
потёк   흐른 흔적, 얼룩
пото́к   급류, 흐름, 여울, 다량, 흐름식 작업
пото́чность   흐름 작업 방식
пото́чный   (생산에서) 일관 적인 흐름의
подте́чь (подтека́ть)   밑으로 흘러 들어가다, 새다, 피하 출혈하다, 피부가 붓다
подте́чный   흘러 들어온
подто́к   물이 괴어 있는 웅덩이
прите́чь   흘러오다, (물이) 흘러 들다, 흘러 내리다

приток 물이 흘러 들어 오는 것, 차는 것, 강의 지류
проте́чь 흘러 지나가다, 옆을 흘러가다, 베어 가다, 새다, (때가) 지나가다
протёк 새는 구멍
прото́к 지류, 실개천, 관
протека́ние 새는 것, 경과
растека́ться (расте́чься) 사방으로 흘러 쏟아지다, (잉크가) 번지다, 넓어지다, 길게 늘어 놓다
стечь 떨어지다, 흘러내리다
сте́чься 합류하다, 모이다, 고이다
сток 유하, 적하, 하천에 유입되는 수량
водосто́к 방수로, 도랑, 하수
уте́чь (물·세월이) 흘러가다, 사라져 없어지다, 도주하다
утёк → уте́чь
уте́чка 새어 줄어 드는 것, 감소, 수전

те́шить 위로하다, 즐겁게 하다
те́шиться 자위하다, 즐기다, 조롱하다
нате́шить 충분히 기쁘게 하다
нате́шиться 충분히 즐기다, 기뻐하다, 우롱하다
поте́шить → те́шить (얼마 동안) 기쁘게 하다
поте́шиться 즐기다, 위안이 되다
поте́ха 심심풀이, 위안, 오락
поте́шник 익살꾼, 익살을 직업으로 하는사람
поте́шный 우스운, 우스꽝스러운, 오락의, 군사 훈련의
распотеши́ть 크게 웃기다, 재미있게 해주다
распотеши́ться 크게 웃다, 재미있어 하다
уте́шить 위로하다, 즐겁게 하다, 기쁘게 하다
уте́шиться 위로가 되다, 슬픔을 잊다, 즐거움을 찾다
утеше́ние 위로, 위안, 즐거움
утеши́тель 위로하는 사람, 위로자
утеши́тельный 위로가 되는, 즐거운, 기쁜

тип 진행, 유형, 류, 색다른 인간, 자모, 글자체, 어떤 사람
типа́ж 유형을 만드는 종합적 특징
типа́жный 어떤 인물, 역에 꼭맞는
типиза́ция (형·유형별) 분류, 전형화
типизи́ровать 유형화·전형화 하다
ти́пик (교회의) 예배 규칙
типи́ческий 전형적인, 대표적인, 독특한
типово́й 형의, 견본의, 모형의, 표준규격에 맞는
типогравю́ра 인쇄적 판화
типо́граф 인쇄업자, 인쇄 공장주, 인쇄 직공장
типогра́фия 인쇄소, 활판소
типогра́фский 인쇄소의, 활판소의
типоло́гия 유형학
архети́п 최고의 사본, 제일판, 초판, 고형(낱말)
прототи́п (문예) 원형
разноти́пный 여러 가지 형의

тира́ж (복권·채권의) 추첨, 상환, (인) 발행 부수, 생산고
тиражи́ровать 인쇄 발행 부수를 생산고를 정하다

тира́н 폭군, 압제자
тира́нить (어떤 사람을) 학대하다
тирани́ческий 폭군 같은, 포악한
тира́ния 압제정치, 학정, 폭정
тира́нство 포학, 비도, 학대
истира́нить 몹시 괴롭히다
затира́нить 혹독하게 다루다(폭군같이)

ти́хий 고요한, 온화한, 느린, 얌전한, 혼순한, 평온한, 한산한
тиша́йший → ти́хий
ти́хнуть 고요해지다, 잠잠해지다
ти́хо 고요히, 조용히, 평화롭게, 활기 없이
тихове́йный (바람이) 고요하게 부는
тихово́дный 물 흐름이 조용한
тихово́дье 물 흐름이 조용한 곳

тиходо́л   한적한 것을 좋아하는 사람
тиходо́м   말 없이, 조용히, 슬그머니
тихомо́лком   온화, 온순, 유화
тихо́нько   슬그머니
тихо́ня   동작·기질이 온화한 사람
тихоокеа́нский   태평양의
тихостру́йный   (작은 냇물이) 조용히 흐르다
ти́хость   정숙, 정온, 평온, 유순, 평안, 완만, 침체
тихохо́д   나무 늘보
тихохо́дный   (기선등이) 속력이 느린
тиша́ть   고요해 지다, 잠잠해 지다
тишко́м   남몰래, 슬그머니
тишь   무풍, 잔잔함
втиши́   소란을 피해서, 살짝
втихаря́   살짝, 몰래
втихомо́лку = втихую́   묵묵히, 몰래
зати́хнуть (затиха́ть)   조용하게 되다
зати́шек = зати́шье   정적, 평온, 소강상태, 인적이 드믄장소, 무풍
зати́шный   무풍의, 잔잔한
исподтишка́   몰래, 슬그머니
потихо́ньку   서두르지 않고, 천천히, 조용히
прити́хнуть (притиха́ть)   조용해 지다, 잔잔해 지다, (바람이) 자다
сти́хнуть (стиха́ть)   잠잠 해지다, 고요해 지다
ути́хнуть   조용해 지다, 그치다
ути́шить   부드럽게 하다, 가라 앉히다 (화를)
ути́шиться   조용해 지다, 가라 앉다
утихоми́рить   조용하게 하다, 안정 시키다, 점잖게 하다

тка́ть   짜다, 짜는 것처럼 만들다
тка́льный   짜기 위한
тка́льня   직물 공장
тка́невый   조직의
ткани́на   직물 조각
тка́ный   짜서 만든, 직물의
ткань   직물, (해) 조직, 보줄 거리, 내용을 이루는
тканьё   짜는 것, 방직, 직물
тка́невый   짜서 만든, 직물의, 무늬를 넣어짠
тка́цкий   방직공의, 방직용의
ткацкопряди́льный   방직의
ткач   방직공
тка́чество → тканьё
воткать   짜넣다, 섞어짜다
вы́ткать   (일정한 수량을) 다짜다, 짜는 일로 돈을 벌다
зато́к   직물의 첫 머리
изотка́ть   짜서 무늬를 넣다, 짜서 소비하다 (실)
натка́ть   (일정 수량) 짜다, (많이) 짜다
перетка́ть   (직물을) 짜다, (많이) 짜다
утка́ть   짜 넣다 (무늬를)
уто́к   옷감의 씨실

тлеть   썩다, 못쓰게 되다, 연기만 내다, 꺼지지 않고 살아남다
тле́ться   연기만 내다, 꺼지지 않고 살아남다
тлен   부패, 부신하는것
тле́ние → тлеть
тле́нный   썩을, 사멸할, 무상한
тлетво́рный   부패시키는, 썩어서 생긴, 유해한, 유독한
тля → тлен
тлить   썩히다, 부패하다
тли́ться → тлеть
дотле́ть   완전히 부패하다, 썩다, 연기를 내며 다 타 버리다
истле́ть   아주 썩어 버리다, 죄다 타 버리다
перетле́ть   (많이·죄다) 부패하다, 썩어 문드러지다, 불에 타버리다
протле́ть   완전히 썩어 버리다, 다 타버리다
растле́ние   (정신적) 타락, 퇴폐, (소녀의) 정조를 더럽히는 것
растле́нный   타락한, 근성이 썩은
растли́ть   (정신적으로) 타락 시키다, (소녀를) 강간하다
растли́ться   타락하다

товáр 상품, 화물, 물자, 광석, 생광, 가축떼, 틀에 맞춘 가죽
товáришко 조잡한 상품
товáрность 상품화율
товáрный 상품의, 화물의, 상품 생산의
товáро-багáж 소화물
товаровéд 상품학자, 상품 상담자
товаровéдение 상품학
товарообмéн 물물 교환, 바터
товарооборóт 상품유통, 거래
товáро-пассажúрский 여객 화물 양용의
товарополучáтель 화물 수취인
товаропроизводúтель 상품 생산자
товарораспорядúтельный 상품 처리의
товарохозя́ин 하주
подтовáрник = подтовáрье 화물 깔개용 목재
затовáрить 생산 과잉 되게하다, 재고를 과다하게 하다
затовáриться 과잉 생산 되다
затовáрность 생산 과잉, 체화(화물)
отовáрить 상품이나 물자를 보증으로하다(계약 등의)

тóже 마찬가지로, 역시, 또한
тождéственный 동일한, 동등한
тождество 동일, 동등, 똑같음, (수) 항등식
отождествúть 동일시 하다, 동등하게 취급 하다

толкáть (толканýть) 밀다, 떠밀다, 힘차게 앞으로 던지다 (스포츠), 촉구하다, 선동하다
толкáться 밀다, 서로 밀다, 두드리다(문을), 방문하다
толкáние (스포츠) 투포환
толкáтель 굴대, 연동축(자동차)
толкáч 보조기관차, 손으로 미는인부, 추신식의 비행기, 공이, 망치, (식) 질경이
толчóк 1) 미는 것, 진동, 자극, 충격, (스포츠) 머리 위로 치켜 올리는 동작
толчóк 2) 고물 시장
толкотня́ 군집, 혼잡, 붐빔, 서로 밀침
толкýн 공중의 기둥처럼 와글거리는 모기·성애 떼
втолкáть (втолкнýть) 밀어·찔러넣다
втолкáться 서로 밀고 들어가다, 돌입하다
затолкáть (затолкнýть) 강하게 누르다, 밀쳐서 괴롭히다, 밀어 넣다
натолкáть 찔러서 아프게하다, 밀어넣다, 쑤셔 넣다
натолкáться 서로 마구 찌르다, 많이 모이다
натолкнýть 충돌 시키다, (어떤 생각을) 일으키게 하다
натолкнýться 부딪치다, 충돌하다, 우연히 만나다
оттолкнýть 밀어 젖히다, 떼 밀다, 갑자기 멀리하다
перетолкнýть 밀어 놓다, 밀어 젖히다
подтолкнýть (여러 번) 가볍게 찌르다, 밀다, 찔러 신호하다
притолкнýть (한번 밀어) 접근시키다
протолкнýть 억지로 밀어 넣다, 찔러 넣다, 일을 추진하다, 촉진하다
протолкнýться 서로 밀치면서 지나가다, 헤매다
растолкнýть 밀어 내다, 떼밀다, 떼어 놓다, 물리치다, (잠든 사람을) 떼밀어 깨우다
столкнýть 물리치다, 충돌시키다
столкнýться 부딪치다, 충돌하다, 뜻 밖에 만나다

толковáть 해석하다, 설명하다, 주석하다, 말하다, 논하다, 대화하다
толк 의미, 요령, 뜻, 해석, 풍문, 상담, 종파, 교파
толковáние 해석, 해설, 주석
лжетолковáние 거짓 해석
снотолковáние 해몽
толковáтель 해석자, 주석자, 주석서
снотолковáтель 해몽하는 사람, 해몽서

толко́вник 번역자(히브-그리스어 구약)
толко́вый 이해를 잘하는, 총명한, 명료한
то́лком 명료하게, 알기 쉽게, 진정으로
толма́чить 통역하다, (속) 설명하다, 이야기하다
толма́ч (고) 번역자, 통역관
втолкова́ть 여러번 설명하여 이해시키다·납득시키다
истолкова́ть 설명하다, 해석하다
истолкова́ться 설명 해석 되다, 판명되다
истолкова́ние 해석, 설명
истолкова́тель 해석자, 설명자
перетолкова́ть 곡해하다, 다시 해석하다, 서로 이야기 하다
перето́лки 뜬소문, 실없는 소리
растолкова́ть 해석·설명하다
растолкова́ться 열심히 말하다
столкова́ться 서로 이야기 하다, 이야기 하다, 일치 점에 이르다

толпа́ 군중, 무리, 많은 사람, 민중
толпи́ться (사람들이) 떼를 짓다, 군집하다
столпи́ть 모으다
столпи́ться (다수가) 모이다

то́лстый 두꺼운, 살진, 뚱뚱한
толсте́нный 매우 굵은, 살찐, 두꺼운
то́лстенький 상당히 살찐, 두꺼운
толсте́ть 살찌다, 굵어지다, 두꺼워 지다
толсти́ть 통통하게 굵게 보이게 하다
толстобрю́хий 배가 나온, 뚱뚱한
толстобрю́шка 배가 나온 사람, 몸통이 불룩한 (병등)
толсто́вец 똘스토이 주의자
толстоголо́вка 대가리가 큰 파리의 일종, 대가리가 큰 나비의 일종
толстоголо́вый 머리가 큰
толстогу́бый 입술이 두터운
толстоза́дый 엉덩이가 큰 (사람, 동물)
толстоко́жий 피부 껍질이 두터운, 두꺼운 가죽으로 만든, 둔감한, 무정한
толстоко́рый 껍질 가죽이 두꺼운
толстомо́рдый 얼굴이 큰, (경멸) 낯짝이 두꺼운
толстомя́сый 살찐, 몸집이 좋은
толстоно́гий 다리가 굵은
толстоно́жка 다리가 굵은 소녀·젊은 여자
толстоно́сый 주먹코
толстопу́зый 배가 나온, 배불뚝이
толстосте́нный 벽이 두꺼운
толсторо́жий (경멸) 얼굴이 큰
толстосу́м 부자, 벼락 부자
толстоте́лый 살찐, 통통한(주로 동물)
толсто́тный 굵기의, 두께의
толстоше́ий 목이 굵은
толстоше́я 목이 굵고 짧은 사람
толсту́ха 뚱뚱한 여자
толстота́ = толщина́ 두께, 굵기
толсту́щий 매우 굵은, 두꺼운
толстя́к 뚱보
толсту́н 장과에 붙는 연지벌레
то́лща 두께, 굵기, 용적, 깊은 곳, 오지
утолсти́ть 굵게 두껍게 하다
утолще́ние 두껍게 된 부분

толь 그토록, 이정도까지
то́лько 다만, 오직, 겨우, 간신히, --하자 마자, --만 하면 좋을 텐데
толи́кий 그 정도
толи́ка 조금, 소량, (비꼼) 다수

то́мик 작은 권, 책
--то́мный 권, 책의 뜻
двухто́мник 두 권으로 된 책
одното́мник 한 권으로 된 책

томи́ть 피로하게 하다, 괴롭게 하다
томи́ться 지치다, 괴로워 하다, 생각하며 애태우다
томле́ние 피로·지치게 하는 것, 괴롭히는 것,

고뇌
томи́тельный 지치게 하는, 괴로운
то́мный 괴로운듯한, 곤란한
затоми́ться 몹시 지치다
истоми́ть 피로하게 만들다
истоми́ться 피로하다, 몹시 지치다
исто́ма 권태, 피로, 나른함
исто́мный 피로한
натоми́ть 열을 가하여 (자국·냄새·맛을) 없애다
натоми́ться 몹시 지치다, 생각에 번민하다
перетоми́ть 너무 피로 하게 하다, 증기로 찌다
притоми́ть 지치게하다
притоми́ться 피곤하다, 지치다
протоми́ть (얼마간) 고달프게 하다
протоми́ться (얼마간) 고달픈 상태에 있다
растоми́ть 녹초가 되게하다
утоми́ть 피로하게 하다, 지루하게 하다
утоми́ться 지치다
утоми́тельный 피곤하게 하는, 싫증나게 하는
утомле́ние 피로, 지침
утомлённый 피로한
утомля́емость 피로성, 탄성의 감소

тон 음조, 음색, 심음(의), 색조, 어조
тона́льность 가락, 음조
то́ника 주음조
тони́ровать 좌지 우지하다, 색조를 바꾸다
тониро́вка 색조를 바꾸는 것
тони́ческий 주조음의, (생리) 몸을 튼튼히 하는
тонме́йстер (라디오) 음향 담당자
тона́льный 가락의, 음조의
диатони́ческий 전음계
атони́я (의) 이완
оберто́н 배음
интони́ровать 억양을 달아 발음하다
интона́ция 어조, 억양, 조음
тоно́метр 음향 진동측정기
моното́ния 단조로움, 천편 일률

моното́нный 단조로운, 천편 일률적인
одното́нный → моното́нный
полито́нальный 다조 성의
полуто́н 반음, 뚜렷한 대조의 결여
разното́нный 여러 가지 색조의
унтерто́н 배음(본음)보다 낮은 음

то́нкий 얇은, 가는(목소리가), 가늘고 높은, 정교한, 날카로운, 예민한, 교활한, 빈틈없는
тонко- 가는, 얇은, 적은 뜻
тонкобро́вый 가는 눈썹의
тонкова́тый 약간 가는, 얇은
тонкогру́дый 가슴이 납작한
тонкозерни́стый 낱알이 작은
тонкоко́жий 피부 가죽이 얇은
тонкоко́рый 껍질 가죽이 얇은
тонконо́гий 다리가 길고 가는
тонкопа́лый 손가락이 가는
тонкосло́йный 얇은 층의
тонкосте́нный 벽이 얇은
тонкостру́нный (악기) 줄이 가는
то́нкость 얇은 것, 가는 것, 정교, 미묘, 예민, 세부
тонкоше́ий 목이 가는
то́ньше → то́нкий의 비교급
тонча́ть по--- 얇아지다, 가늘어 지다
истонча́ть 매우 얇아지다
истончи́ть 지나 치게 얇게 만들다
истончи́ться 지나치게 엷어지다
перетони́ть 너무 얇게 하다, 너무 세심하여 실패하다
утоне́ние 가늘게·엷게 하는 것, 가는 부분
утони́ть = утончи́ть 가늘게 하다, 세련하다, 정제하다
утончи́ться 가늘게·엷게 되다, 세련 되다, 섬세하게 되다

то́нна 톤
тонна́ж 톤수
декато́нна 10톤

килото́нна 1,000톤
мегато́нна 백만톤
однотонный 한톤의
многото́нный 여러톤의

то́нус (신체·기관·조직의) 활동력
тонизи́ровать 몸을 튼튼하게 하다, 원기를 북돋우다
тониза́ция 몸을 튼튼하게 하는 것
атони́я (의) 이완
гипертони́я 고혈압병
гипотони́я 저혈압병
изотони́ческий (용액) 등장의
изотони́я 등장

топи́ть 1) (난로를) 피우다, 방을 덥게 하다, 녹이다, 용해하다
топи́ться (난로가) 타다, (방이) 따뜻해 지다, 녹다, 용해 되다
то́пка (난로를) 피우는 것, 연소 장치, 아궁이, (공) 화실(기관차)
то́пкий 불이 잘타는
топле́ние 용해
топлёный 녹은, (우유) 끓인
то́пливник (공) 아궁이
то́пливо 연료, 땔감
топливопода́ча 연료 공급장치
топливоснабже́ние 연료 공급
вы́топить (난로를) 때다, 용석하다, (때서) 분리하다
вы́топиться 불을 때서 더워지다, 용석하여 언어지다
вы́топки 잔재, 찌꺼기 (용해해서 언어진)
дотопи́ть 다태우다, 다 용해하다
затопи́ть (난로에) 불을 때다
зато́пка 불을 피우기 시작함, (난로용) 땔감, 불쏘시개
истопи́ть 충분히 때다, (장작을) 다 때버리다, 죄다 녹이다
истопи́ться (촛물 등) 죄다 녹아 버리다
истопни́к 난방화부, 보일러공
натопи́ть 고온으로 가열하다, 새빨갛게 달구다, 녹이다, (일정량을) 끓이다
отопи́ть 따뜻하게하다
отопле́нец 난방 기술자
отопле́ние 난방, 난방 장치
отопля́емый 따뜻해지는, 난방장치가 있는
отопи́тельный 따뜻하게 하는
перетопи́ть (모조리 또는 많이) 태우다, (모조리) 녹이다, 다시 태우다, 다시 녹이다
перетопи́ться 전부 녹다, 재차 녹다
перето́пка 용해 하고 남은 것
потопи́ть (조금) 불을 지피다
пота́пливать (조금씩) 불을 지르다
подтопи́ть 불을 조금 피우다, (좀 더) 녹이다
подто́пка 불을 때는 것
протопи́ть 충분히 때다, (얼마 동안) 때다, 알맞게 녹이다
протопи́ться (충분히) 따뜻해 지다, 때다
растопи́ть (불을) 일으키다, 지피다, 열로 녹이다
растопи́ться (불이)일어나다, 난로를 피우다
расто́пка 불을 지르는 것, 불 쏘시개
стопи́ть 불에 녹여서 합치다, 완전히 녹이다
стопи́ться 녹아서 섞이다

топи́ть 2) 가라 앉히다 (배 물건등), (슬픔등을) 달래다, 파멸시키다, 망치다, 깊이 박아 넣다, 죄다
топи́ться = утопи́ться 투신 자살하다
топь 소택지
то́пкий 진창의, 질퍽거리는
топля́к 물에 떠내려 보낼 때 물에 잠긴 장작·목재
дотопи́ть 다 용해하다
затопи́ть 물에 담그다, (배) 침몰시키다
затопи́ться 물에 잠기다
перетопи́ть (모조리) 물에 빠지다, 익사하다
перетопи́ться 전부 녹다, 재차 녹다, (다수가) 물에 빠지다, 익사하다

потопи́ть (배를) 가라 앉히다
потопле́ние 물에 가라 앉히는 것, 침수 시키는 것
пото́п 노아의 홍수, 홍수
подтопи́ть (일부분을) 물에 침수 시키다
подтопле́ние (일부분을) 물에 침수 시키는 것
утопле́ние 침몰, 익사
утопле́нник 익사자
тону́ть = то́пнуть 가라 앉다, 침몰·침하하다, (슬픔 등에) 달래다, 파멸시키다, (일·자신을) 망치다, (못) 깊숙히 때려 박다
затону́ть (물건 등이) 가라 앉다
перетону́ть (다수가 또는 전부가) 물에 빠지다
потопа́ть → тону́ть
утону́ть 가라 앉다, 잠기다, 침몰하다
уто́п 가라 앉는 것, 침몰
уто́пать 가라 앉다, 묻히다, 덮이다, 탐닉하다, --에 빠지다

топта́ть 짓밟다, 짓밟아 더럽히다, 뭉개다, (찰흙을) 밟아 이기다, 신이 헤어지게 하다
топта́ться 제자리 걸음을 하다, 잡담으로 시간을 헛되이 보내다
втопта́ть 짓밟아 뭉게 넣다
вы́топтать 짓밟아 뭉개다
затопта́ть 밟아서 굳히다, 밟아 고르다, 밟아서 더럽히나
истопта́ть 짓밟아 뭉게다, 신어서 해어지다
истопта́ться 짓밟아 뭉개지다, 신어서 닳아 지다
натопта́ть 흙 발자국을 내다, 밟아서 길을 내다
отопта́ть = обтопта́ть 주위를 밟아 다지다
оттопта́ть (보행의 결과) 다치다, (타인의 발을) 밟다, 아프게하다
перетопта́ть 짓밟다, 유린하다, 밟아서 섞다
потопта́ть 짓밟다, 교미하다(새의 숫컷이)
подтопта́ть 힘껏 밟다, 밟아서 터뜨리다
притопта́ть 짓밟다, (속) 발 장단을 마추다

протопта́ть 밟아서 길을 내다, 밟아서 망처 놓다, (신) 신어서 닳게 하다
растопта́ть 짓밟다, (신발을) 신어 늘이다
стопта́ть (신발을 신어) 비뚫어 지게 하다
стопта́ться (신발을 신어) 비뚫어 지다
утопта́ть 밟아 굳히다
утопта́ться 밟혀서 굳다 딱딱해 지다

торгова́ть (чем) 장사하다, 매매하다, 팔다
торг 값을 흥정하다, 값을 깎다, 담판하다, 조건을 붙혀 고집을 부리다
торг- 상업, 상회, 상사의 뜻
торга́ш 소매 상인, 소매인, 시시한 인간, 머리가 모자라는 사람
торга́шество (경멸) 소매업, 소상인 기질
торгба́нк 상업 은행
торго́вец 상인
торго́вка 여자 상인 (소매)
торговли́шка = торго́вля 상업, 무역, 매매
торго́во-промы́шленный 상공업의
торго́вый 상업의, 무역의
торгпо́рт 무역항
торгу́ч 상업학교
торгфло́т 상선대
виноторго́вля 주류 판매, 주점
киноторго́вля 영화 무역
работорго́вля 노예 무역
хлеботорго́вля 곡물 무역
вы́торговать (вытрго́вывать) 장사로 돈을 벌다, 값을 깎다
заторгова́ть 입찰하여 손에 넣다
заторгова́ться 오랫동안 값을 놓고 단판하다
наторгова́ть 장사하여 얻다, (상품을) 어떤 값으로 팔다
отторгова́ть 장사를 마치다
перетрго́вывать 전매·중매에 종사하다
поторгова́ть (얼마 동안) 장사하다
поторгова́ться (잠시 동안) 값을 흥정하다
подторгова́ть 부업으로 장사하여 벌다
подто́ржье 장날의 전날

то́ржище 장, 시장, 세속
приторгова́ть 값을 흥정하다, 장사로 벌다
приторгова́ться 값을 흥정하다
проторгова́ть 장사에서 손해를 보다, (얼마 동안) 장사하다
проторгова́ться 장사로 큰 손해를 보다, 장사로 파산하다, 값을 깎다
расторгова́ть 상품 따위를 팔아 버리다
расторгова́ться 장사가 잘되다, 다팔아 버리다, 장사하여 돈을 모으다
сторгова́ть → торгова́ть

торжество́ 의식, 축제, 승리, 승리감, 성취감
торже́ственный 의식의, 제전의, 장중·장엄한, 진지한 체 하는, 그럴듯한
торжествова́ть 제전을 올리다, 축전을 거행하다
восторжествова́ть 승리하다, 이기다
восто́рженность 열광 하기 쉬운 성질
восто́рженный 열광하기 쉬운, 환희에 가득찬
восто́рг 환희, 희열, 열광, 광희
восторга́ть 매우 기쁘게 만들다
восторга́ться 미칠듯이 기뻐하다

то́рмоз 제동 장치, 브레이크, 장애, 방해
торможе́ние 제동을 거는 것, 정지, 방해, 지체시키는 것
тормози́льщик 방해자, 훼방꾼
тормози́ть 제동을 걸다, 막다, 못하게 하다, 방해하다
тормозно́й 제어의, 제동의
тормо́зчик 제동수
затормози́ть 제동 장치로 멈추다, 정체 시키다
затормози́ться 제동 장치로 인하여 진행이 둔화 되다, 오래 끌다
подтормози́ть 조금 브레이크를 걸다
притормози́ть → подтормози́ть

торопи́ть с чем 재촉하다, 촉진시키다, 서두르게 하다
торопи́ться 서두르다, 서둘러 하다
торопли́вый 서들는, 성급한, 급속한, 신속한
торопы́га 성급한 사람, 조급한 사람
второпя́х 급히
расторо́пный 재빨리, 민첩한
заторопи́ть = поторопи́ть → торопи́ть
уторопи́ть 빨리하다, 급히하다

тоска́ = тощи́ща 우수, 애수, 근심, 사모
тоскова́ть (затоскова́ть) (사람 또는 사물을 생각하여) 우수·애수에 잠기다, 우울해지다, 번민하다
тоскли́вый 우울한, 슬픈
истоскова́ться 괴로움에 지치다, 우수에 몸이 여위다
натоскова́ться (오랫동안) 번민하다, 그리워하다
растоскова́ть 점점 심하게 번민하다, 그리워하기 시작하다
стоскова́ться 사람이나 사물을 생각하여 쓸쓸해 하다, 사모하다

то́чка 1) 점, 지점, 거점, (추상적으로) 점, 관점, 마침표, 그만이다, 끝장이다
то́чечка → то́чка
то́чечный 점, 점모양의
отто́чие 긴점의 행렬(----)
радиото́чка 유선방송의 수신설비·수신소

точи́ть 1) 갈다, 갈고 닦다, 깍다, 새기다, 연마하다, 파먹다, 괴롭히다, 낭비하다
точе́ние 가는 것, 선반에 가는 것
точёный 같은, 예리한, 반듯한, 윤곽이 뚜렸한
то́чечный 점의, 점 모양의
точи́ло = точи́лка 숫돌, 연마기, 포도즙을 짜는 기계
точи́льный 갈기 위한

точи́льня 연마공의 작업장
точи́льщик 칼가는 사람, 연마공
то́чка 가는 것
тока́рничать 선반공으로 일하다, 선반기계로 일하다
тока́рничий 선반공의
тока́рня 선반 공장
тока́рь 선반공
вы́точить 선반 녹로로 만들다, 갈다, 다 좀 먹다
вы́точка 선반작업, 가는 것, 벌레 먹은 구멍
заточи́ть 충분히 갈다, 갈아서 날카롭게 하다
источи́ть 1) 너무 갈다, 총알등으로 구멍투성이가 되다
источи́ться 너무 갈아서 못쓰게 되다, 닳아 버리다
наточи́ть 잘 갈다, (일정 수량을) 갈다
обточи́ть 선반에 걸어 전면을 평평하게하다
отточи́ть 갈다, 갈기를 마치다
переточи́ть 갈다, 다시 갈다
подточи́ть (안에서 밑에서부터) 갉아 먹다, 잠식하다, 약하게 만들다, 쇠약하게만들다
приточи́ть 갈아서 닦아서 맞추다·끼우다
приточка 갈아서 닦아서 맞추는것·끼우는 것
проточи́ть (벌레 따위가) 좀먹다, 침식하다, 선반에 걸다, (물이 지면을) 씻어 내려가다
прото́чино 벌레 먹은 구멍, 물에 침식된 작은 구멍
прото́чный 흐르는
расточи́ть 1) 깎아서 깊게 넓게 하다, (물이) 무너 뜨리다
расточи́ться 깎아서 깊게 넓게 되다
расто́чка 깎아서 깊게 넓히는 것
расточи́ть 2)낭비, 탕진하다, 마구(아양 애교) 떨다
расточе́ние 낭비·탕진 하는 것, 마구(아양 애교) 떠는 것
сточи́ть 갈아서 고치다
сточи́ться 갈아서 나빠지다
сто́чка 깎은 곳

сто́чный 방수용의, 배수용의
уточи́ть 갈아서 줄이다, 갈아서 칼날이 좁아지게 하다
уточи́ться 갈아서 줄어지다
уто́чка 갈아서 줄어 지는 것

точи́ть 2) 액체를 쏟아 내다, 유출 시키다
источи́ть (источа́ть) 쏟아내다, 분출하다
исто́чник 샘, 수원, 사료, 근거, 출처
источникове́дение 사료학, 사료연구

то́чно 정확히, 꼼꼼하게, 그렇다, 실제로, 마치-같다
точнёхонько 매우 정확히, 실로, 참으로
то́чность 정확, 정밀, 정확도, 정밀도
то́чный 정확한, 정밀한, 꼼꼼한
точь-в-то́чь 조금도 틀림없이, 꼭 그대로
уточни́ть (표현·정의 등을) 보다 정확·확실하게 하다
уточни́ться 보다 정확하게 되다
уточне́ние 보다 정확·확실히 표현·정의하는 것

то́шный 매우 불쾌한, 싫은, 참을 수 없는
тошни́ть 속이 거북하다, 매쓱거리다, 구역질 나다
тошнёхонько = то́шно 혐오감을 느끼다, 속이 거북하다, 기분이 나쁘다
тошнова́тый 약간 속을 거북하게 하는, 약간 불쾌한
тошнота́ 구역질, 혐오, 불쾌
тошнотво́рный 구역질나게 하는, 혐오감을 갖게 하는
затошни́ть → тошни́ть
стошни́ть 구토하다

то́щий 여원, 초췌한, 쇠약한, 빈, 결핍한, 빈약한
тоща́ть 여위다, 쇠약해지다, 줄다, 가난해지다

натоща́к 공복에, 식전에
истощи́ть (истоща́ть) 소비하다, 써버리다, 쇄약하게 만들다, 녹초로 만들다
истощи́ться 쇠약해 지다, 소비 되다
истоще́ние 쇠약, 허약, 소모, 탕진
отоща́ть 여위다, (음식물 부족 때문에) 바싹 마르다
отоща́лый 수척 해진, 초췌한

трава́ 풀, 초본
тра́вка 1) 익살) 차
травене́ть 초지가 되다, 풀에 덮히다
トрави́на 풀의 큰 줄기
трави́нка 풀의 작은 줄기
тра́вник 약초를 넣어 담근 포도주
травни́стый 풀이 많은
травове́дение 본초학, 식물학
травопо́лье (목초에 의한) 토질 개량법
травосе́йный 목초를 파종한
травосме́сь 목초 교배, 혼합파종
травосто́й 목장등을 덮고 있는 풀
травоя́дный 초식의
тра́вушка → трава́
тра́вчатый 화초 모양의, 화초 무늬가 있는
травяне́ть → травене́ть
травяни́стый 초본의, 풀이 많은, 맛있는
травя́нка 풀에서 얻는 안료, 호리 병박
травяно́й 풀의, 풀이 돋은, 풀로 만든

тра́вма 외상, 창상
травмати́зм (의) 외상적 증상
травмати́ческий 외상성의
травмато́лог 창상 전문의
травматоло́гия 창상, 외상학
травми́ровать 외상을 입히다
травмобезопа́сный 외상 방지의

траге́дия 비극, 비극각본, 참극, 비참, 곤경, 고난
трагеди́йный 비극의

траги́зм 비극적 요소, 비극성, 궁지, 비참
тра́гик 비극배우
трагикоме́дия 희비극, 희비극적 사건
траги́ческий 비극의, 비참한, 사면초가의, 궁지의

традицио́нный 전통적인, 인습적인, 진부한
тради́ция 전통, 관례, 관습
традиционали́зм 전통·구습의 고수

транс 실신상태, 황홀상태, 신내린 상태
транс- 통과, 횡단, 저편
транзи́т 통과 (제3국, 중재자를 경유하는) 운송, 통과 하는, (천) 천체의 자오선 통과
транзити́вность 추이성, 이행성
транса́кция 화해, 처리, 취급
трансальпи́йский 알프스 저쪽의
трансаркти́ческий 극지 횡단의
трансатланти́ческий 대서양 횡단의
трансве́ртер (전) 변압 정류기
трансгре́ссия 유월, 해침 (바다가 육지에 침입하는 현상)
трансконтинента́льный 대륙 횡단의, 대륙 간의
транскриби́ровать 한나라 말의 문자가 가르키는 음성을 타국의 문자로 옮기다, 어떤 국어가 가지는 음성을 특수한 문자로 써서 나타내다, 편곡·개편하다
транскри́пция 한나라 말의 문자가 가르키는 음성을 타국의 문자로 옮기는 방식, 편곡
трансли́ровать (라듸오 등으로) 중개하다
транслите́рация 어떤 문자를 다른 문자로 옮겨 쓰는 것, 음역
трансля́ция 중계, 중계 방송
трансмисси́вный 전도하는, 옮겨지는
трансми́ссия 전도 장치
трансми́ттер (전신의) 송신기
трансокеа́нский 대양 횡단의
трансотде́л 운수과
транспара́нт 밑받침 괘지, 비쳐 보이는

транспира́ция 발한, 증산작용
транспланта́т 이식된 세포, 기관
транспланта́ция 이식, 이식법
транспози́ция = транспониро́вка 갈아넣기, 바꾸어 놓기, 변조
транспони́ровать 바꾸어 놓다, 갈아 넣다, (음) 변조하다
тра́нспорт 운송, 수송, 운수 기관, 화물, 수송선
транспо́рт (부기) 이월, 다음 페이지로
транспорта́бельный 수송에 편리한
транспортёр (공) 콘베이어, 운반장치, 운반인
транспорти́р (공) 분도기, 측각기
транспорти́ровать 수송, 운송하다
транспортиро́вка 운송, 수송
транспортиро́вочный 수송 운반용의
тра́нспортник 운수업자, 운수 종업원
тра́нспортный 수송(선), 수송(기)
транссуда́т (의) 삼출액
транссуда́ция (의) 삼출 작용
трансфе́р 환, 대체
трансформа́тор 변압기, 제빨리 모양을 변하게 하는 것
трансформа́ция 변형, 변채, 변화, 변압, 변형
трансформи́зм 변종성
трансформи́ровать 변형 시키다, 변압하다, 변환하다
трансформи́роваться 변화하다
трансфу́зия (의) 수혈

тра́пеза (수도원의) 공동 식탁, 식당, (익살) 식사
тра́пезник 재물 담당 (수도원의), 교회의 하급 성직자
тра́пезничать 향연을 베풀다
тра́пезный 수도원의 식당
тра́пезовать (수도원에 있어서) 공동 식사를 하다

тра́тить 쓰다, 소비하다

тра́титься --에 돈을 쓰다 на чего
тра́та 소비하는 것, 소비
затра́тить 지출하다, 비용을 들이다, (노력을) 들이다
затра́та 낭비, 소비, 비용, 경비, 지출
истра́тить 사용해서 없애다, 낭비하다
истра́титься 낭비하여 없어지다, 아무데나 돈을 뿌리다
натра́тить (어떤 금액을) 소비하다
перетра́тить 너무 소비하다, (모조리) 소비하다
протра́тить 써버리다, 소비하다
протра́титься 많은 돈을 다 써버리다
растра́тить 소비하다, 낭비하다, 부정지출하다, 횡령하다
растра́та 소실, 부정 지출, 낭비된 금액
растра́тчик 공금 착복 횡령자
утра́тить 잃다, 상실하다
утра́титься 없어 지다
утра́та 상실, 손실, 손해

тре́бовать 청구하다, 요구하다, 요구하다, 요청하다
тре́боваться 필요로 하다
тре́ба 1) 희생물, 제물
тре́ба 2) 요구 되다, 필요하다
тре́бование 청구, 요구, 수요, 요망, 소환, (관청의) 주문서
тре́бователь 요구자, 청구자, 발주자
тре́бовательность 엄한 것, 요구가 많은 것, 까다로운 것, 엄격
тре́бовательный 까다로운, 요구가 많은, 까다로운 청구의
востре́бовать (인도를) 요구하다, 청구하다
востре́бование 요구, 청구
вы́требовать 요구해서 얻다, 소환하다, 불러오다
затре́бовать (제출·출두를) 요구하다
потре́ба 소용, 필요
стре́бовать 요구하여 받다

трево́га 불안, 낭패, 공항, 경보

трево́жить 불안하게하다, 낭패·걱정시키다, 괴롭히다, 방해하다, 흥분시키다, 자극하다

трево́житься 불안을 느끼다, 놀라다, 허둥지둥하다, 당혹하다, 시달리다

трево́жный 불안한, 근심스러운, 소란한, 놀라게 하는, 경보의

перетрево́жить (많은 사람 또는 모든 사람을) 불안하게 하다, 무척 근심 시키다

перетрево́житься (다수가) 근심하다, 불안해하다

растрево́жить 몹시 불안하게 하다, (상처를) 찌르다, 자극하다

растрево́житься 몹시 불안 해지다, 걱정하다

трениров́ать 길들이다, 훈련하다

трениров́аться 훈련되다

трена́ж = трениро́вка 훈련, 연습

тренажёр 훈련 시설

тре́нер (스포츠) 훈련자, 트레이너

тре́нинг → трениро́вка

перетрениров́ать 과도하게 훈련하다

перетрениров́аться 지나친 훈련으로 건강을 해치다

трепета́ть 흔들리다, 펄럭이다, (부들 부들) 떨다

трепета́ться 걱정하다

тре́пет = трепета́ние 떨림, 진동, 전율, 경악, 걱정, 불안, 공포

тре́петный 떨리는, 전율하는, 펄럭이는

животрепе́щущий 관심의 대상이 되는, 위급한, 당면한, 생명력이 충만한, (익살) 위태 위태한, 의지 할 수 없는

вострепета́ть 떨기 시작하다, 부들 부들 떨다

тре́скаться 터지다, 갈라지다, 금이가다, 부딪치다

тре́скание 터지는 것, 부서지는 것, 금이 가는 것

трескотня́ 끊임 없이 터지는·부서지는 소리

треску́н 끊임 없이 터지는·부서지는 소리를 내는 물건

треску́чий 탁탁 튀는 소리를 내는, 터지는, (추위) 지독한

тре́снутый 틈새가 생긴, 금이간

тре́снуть (треща́ть) 소리를 내며 쪼개지다, 부서지다, 부러지다, 갈라지다, 금이가다, (웃음·분노 등이) 폭발하다, 일이 파탄나다, 세게 치다, 지껄이다

тре́щина = тре́щинка 균열, 틈트는 것, 틈새, 금, 불화, 반목, 소원

тре́щинный 지각의 틈새에서 분출·유출하는

трещинова́тый (광층에 대하여) 틈이 벌어진

натре́скаться 배가 터지도록 먹다, 취하다

натре́снуть 조금 깨지다, 금이 가다

надтре́снуть 다소 금이 가다, 표면에 좀 금이 가다

надтре́снутый 실금이 간, 진동하는, 떠는

истре́скаться 사방이 틈바구니 투성이가 되다

обтре́скаться 둘레가 깨어지다, 갈라지다, 터지다, 배가 터질 정도로 많이 먹다

перетре́скаться 사방에 금이 가다, (많은 것이) 균열이 생기다

потре́скивать 딱딱 소리를 내다, 소리를 내면서 갈라지다, 깨지다

растре́скаться (식기·피부·장화·입술·천정 따위가) 온통 틈이 생기다, 쪼개지다, 걸신 들린 것처럼 먹다

три 3, 셋

тро́е 세 개의

трое- 3의 뜻

тро́йка = тро́ечка 3의 숫자가 붙은 것, (학과 평점의) 3점, 3두, 3 편대, 3인 위원회, (저고리, 바지, 조끼) 신사복

тро́ечный 트로이카의

троебо́рье (스포츠) 3종경기

троебра́чие 3번째 결혼, (삼부·삼처) 를 거느리는 것

троевла́стие 3두 정치
троеже́нец = троежён 3번째 결혼한 남자, 3처 소유자
троеже́нство (남자의) 3번째 결혼, 3중혼, 1부 3처
троекра́тный 3회의, 3배의
троему́жие 3중혼, 1처 3부
трое́ние → трои́ть
троеперстие (종) 세손가락으로 성호를 긋는 성호
троетёс 3치의 못
троеца́рствие (중국사) 삼국시대
тро́ечник = тро́йка 마부, 늘 3점 정도 밖에 못 받는 학생
трои́ть 3중으로 하다, 3배로 하다, 3분하다, 1발로 3마리의 새를 쏘아 떨어 뜨리다
трои́ться 3중으로 되다, 3배로 되다, 셋으로 나뉘다, 물건이 삼중으로 보이다
тро́ица 삼위 일체, (종) 성령강림제의 제1일, 3인조
тро́ицын 성령 강림제의, 삼위 일체의
тройни́к 셋으로 이루어 진 것, T자형의 파이프
тройни́чник = тройни́чница 세 쌍둥이
тройни́чный -нерв 삼차 신경
тройно́й 3 배의
тройно́й прыжо́к 3단 뛰기
тро́йня (여) 세 쌍둥이
тро́йственность 3으로 이루어 지는 것, 3가지 모양
тро́йственный 3국을 구성원으로 하는
тройча́тка 1) 셋으로 이루어진
тройча́тка 2) (주로 두통약) 3가지 성분으로 이루어진
тройча́тный 셋으로 이루어 진 것
троя́кий 세가지의, 3종의, 3회의
втро́е 3배로, 3분의 1로
втроём 셋이서
втро́йне 3배나 많이
на́трое 셋으로, 삼분하여
вы́троить 3회 증류하다 (물 따위를), (논·밭에서) 세 번 갈다
утро́ить 3배로 하다
утро́иться 3배가 되다
три́дцать 30
три́дцатью 30배로
триеди́нство 삼위 일체
триеди́ный 세 개로 한벌이 된, 삼위 일체의
трина́дцать 13
тре́тий 제3의
трети́на 3분의 1
трети́чный 제 3의, 제 3기의
третни́к 3분의 1분량, 3분의 1분량의 몫을 받는 사람
треть 3분1
тре́тье- 제3의, 3번째의 뜻
третьёводни (속) 그저께
третьёвошний 그저께의
третья́к (만) 2년생의 가축
треуго́лка (여) 삼각 모자
треуго́льник 3각형
три́жды 3회, 3번, 3배

тро́гать (тро́нуть) 만지다, 닿다, 감동 시키다, 상하게 하다
тро́нуться 움직이기 시작하다, 감동하다, 상하기(썩기) 시작하다
затро́нуть 손을 대다, 건드리다, 상하게 하다
стро́нуть 옆으로 옮기다
тро́гание 발진
тро́гательный 감동시키는, 감명깊은
перетро́нуть 건드리다, 다치다, 어루 만지다
потро́нуть 만져 보다
растро́гать 매우 감동 시키다
растро́гаться 감동하다, 가격하다

трос 큰 밧줄, 로프, 새끼
трости́ть (실 등을) 꼬다, 꼬아 합치다
тростильщик 연사공
троще́ние (줄·실을) 꼬는 것

трость (갈대 또는 금속제 등의 가는) 지팡이, 스틱, 갈대 피리
тростни́к (러시아 특유의) 갈대
тро́стие (고) (식) 갈대
тростина́ 갈대의 줄기, 가늘고 긴 막대
тростнико́вый 갈대의, 갈대로 만든
тро́сточка → трость

труба́ 신, 통, 파이프, 나팔, 나팔관, 허풍선이
тру́бка = труба́ (담배) 파이프, 원통(형 기구), (전화의) 수화기
трубкожи́л 환충류의 하나
трубкозу́б 아프리카 산의 개미 핥기비슷한 동물
тру́бник 제관공, 물 뿌리는 소방수
тру́бный 나팔의
трубоги́б 파이프를 구부리는 기구
трубоду́р 서투른 나팔수
трубокла́д 굴뚝을 쌓는 노동자
трубоку́р 파이프 담배의 애호가
труболе́т (익) 파산자
трубопрово́д 기체·액체의 이·입용 도관
труборе́з 관 절단기
трубоста́в (기관차 등의) 배관공
трубочи́ст 굴뚝 청소부
тру́бчатый 통 모양의, 관모양의, 관으로 된
труби́ть 나파을 불다, 나팔이 울리다, 말을 퍼뜨리다, 오랫동안 꾸준히 노력하다
труби́ться 줄기·이삭을 내밀다
вы́трубить 나팔을 불다, (속) 오래 근무하다
натруби́ть 싫컷 나팔을 불다, (소문을) 퍼뜨리다
натруби́ться 싫증 나도록 나팔을 불다
оттруби́ть 나팔 불기를 마치다, (어떤시간) 일 해서 보태다
протруби́ть (얼말동안) 나팔을 불다, 말을 퍼뜨리다, 선전하다
раструби́ть (소문을) 퍼뜨리다, 지껄이며 다니다
раструб깔때기 모양의 구멍

па́трубок 지관, 접합관

труди́ться 일하다
труди́ться над чем 노력하다, 고심하다
труди́ть 귀찮은 일로 괴로움을 끼치다, 괴롭히다
труд 노동, 근로, 일, 작업, 봉사, 노력, 수고, 저술, (학자의) 업적, 휘보
без труда́ 쉽게
труд- трудово́й의 뜻
труддисципли́на 노동 규율
труддогово́р 노동 협약
трудна́лог 일하지 않는 사람으로부터 받는 노동세
трудне́нек = трудне́нько 상당히 힘이 드는
тру́дно 곤란하다, 어렵다, 힘들다
труднова́тый 약간 곤란한
труднодосту́пный 도달·접근이 힘든
труднопла́вкий (금속에 대하여) 녹이기 어려운
труднопроизноси́мый 발음 하기 어려운
труднопроходи́мый 통행 하기 어려운
трудносгора́емый 잘 타지 않는
тру́дность 곤란함, 어려움, 난국, 난관
тру́дный 곤란한, 어려운, 난해한, 중태의, 아픈(손·발)
трудово́й 노동의, 근로의
трудоде́нь (집단 농장의) 노동일
трудоёмкий 막대한 노력을 요하는
трудолю́б -ец -ца 근면가
трудолюби́вый 근면한, 부지런한
трудолю́бие 근면, 부지런한 것
трудоспосо́бность 노동 능력
трудоспосо́бный 노동력이 있는
трудоустро́ить 취직 시키다, 직업을 알선하다
трудоустро́йство (국가가 행하는) 취직알선
трудоуча́стие 의용 노동
трудпови́нность 노동 의무
трудпо́мощь 노동원조
трудя́га = тру́женик 노동자

трудя́щийся 근로에 의해 생활하는
тру́женичество 근로자의 생활, 근로 생활
сотру́дник 협력자, 동료, 동업자, 조수, 수행원, 사원, 기자, 기고자, 편집동인
сотру́дничать 함께 일하다, 협력하다
сотру́дничество 공동, 협력, 공저, 공편
натруди́ть 오랜·힘든 일로 지치게 하다, 몸을 아프게하다
натруди́ться 힘든 일로 지치다, 마음껏 일하다
перетруди́ть 몹시 지치게하다
перетруди́ться 힘든 일로 지치다, 마음껏 일하다
потруди́ться 일하다, 노력하다, --하여 주십시요
утруди́ть (утружда́ть) кого́ чем 걱정을 끼치다, 폐를 끼치다, 방해하다
многотру́дный 곤란한, 귀 찮은

труп (사람·동물의) 시체
живо́й труп 산송장
тру́пник 유아·작은 동물·곤충의 시체

трясти́ (тряхну́ть) что, чем 흔들다, 털다, 떨다, 흔들리다, 낭비하다, 점령하다
трясти́сь (тряхну́ться) 흔들리다, 동요하다
самотря́с (탈곡기의) 짚 제거 장치
тряса́вица (고) 열병
трясе́ние = тря́ска 진동, 흔들리느것
землетрясе́ние 지진
тряси́льщик (아마) 빗질하는 일꾼
тряси́на 소택지
тряси́нный 늪의, 진창의
тря́ский 덜커덕거리는, 흔들리는
трясогу́зка 할미새속, 손수레, 짐수레
трясу́н 입상물을 흔들어 보내는 장치
трясу́чий 떠는, 부들부들 떠는
трясу́чка 간헐열, 학질, 중풍
трясу́шка 오한발작, 말라리아
трясца́ = трясу́чка 간헐열, 학질, 중풍, 구두

쇠
встряхну́ть (조금 쳐들어) 흔들다, 충동·자극을 주다
встряхну́ться 몸을 흔들다, (구) 원기를 뒤찾다
встря́ска 흔드는 것, 충동, 자극, 충격, 매도
вы́трясти 흔들어 떨어 뜨리다
вы́трястись 흔들어 떨어 지다
вытряхну́ть 흔들어 떨어 뜨리다
вытряхну́ться 흔들어 떨어 지다
натрясти́ (일정양을) 흔들어 떨어 뜨리다
натрясти́сь 마구 떨다
обтрясти́ 흔들어 털다
оттрясти́ (оттряса́ть) 흔들어 떨어 뜨리다 (먼지·진흙 따위를)
перетрясти́ 흔들어 털다
перетрясти́сь 매우 불안해지다
потрясти́ 흔들다, 진동시키다, 강한 감동을 주다
потрясти́сь 진동하다
потрясе́ние 진동, 전율, 쇼크, 파국, 파탄
протрясти́ (마차가 사람을) 흔들어 피곤하게 하다
протрясти́сь 흔들리면서 가다, 돈을 다 써버리다
растрясти́ (건초 따위를) 펼치다, 낭비하다, 원기를 불어 넣다
растряса́льщик 담배 정제노동자
стрясти́ 털어 떨어 뜨리다
стрясти́сь 일어나다, 돌발하다, 흔들려 섞이다
сотрясти́ (сотряса́ть) 흔들다, 크게 감동 시키다
сотрясти́сь 떨다, 진동함, 크게 감동하다
сотрясе́ние 진동, 강렬한 감동
утрясти́ (утряса́ть) (가루 등을) 흔들어 높이를 줄이다, 흔들어서 멀미나게 하다, 의논하여 매듭짓다
утрясти́сь 흔들려 부피가 줄다, 결말이 나다
утру́ска 흔들려 넘쳐 흐르는 것, 부피가 줄어 드는 것

тума́н 안개, 공중에 끼는 연기, 혼란, 불가해
тума́нистый 안개가 많은
тума́нить 어슴프레하게 만들다, 흐릿하게 만들다
тума́ниться 안개하 끼다, 기만하다, 현혹시키다, 혼란 시키다
тума́нность 짙은 안개, 성운, 침울, 쓸쓸함
тума́нный 안개의, 컴컴한, 흐릿한, 움울한, 멍청한
затума́нить 안개로 덮다, 애매하게하다
затума́ниться 안개가 덮히다, 아련하다, 우울한 모습이 되다
отума́нить (머리·눈을) 몽롱하게하다
отума́ниться 멍청해 지다

ту́мба (차도와 인도 사이의) 작은 기둥, 받침, 대좌, 받침다리, (방파제의 선박 계류용) 큰 기둥, (익) 뚱뚱보
ту́мбочка 침대 곁에 놓는 작은 장

тупи́ть (칼날 등을) 무디게 하다
тупи́ться 무디게 되다
тупе́ть (칼날에 대하여) 무디게 되다, (감각이) 둔해지다
тупе́ц 껍질을 벗기는 칼
тупи́к 막다른 골목, 교착, 궁지, 무딘칼, 무딘도끼
тупо́й 무딘, 들지 않는, 감각이 둔한, 약한, 우둔한, 묵종적인
тупоконе́чный 끝이 무딘, 끝이 뭉툭한
туполо́бие 머리가 둔한
тупомо́рдый (동물에 대하여) 콧등이 뭉툭한
тупоно́ска 야생 물오리의 하나
ту́пость 무딘 것, 둔감, 분명치 않은 것
тупоуго́льный 둔각의
тупоу́м 어리석은 사람, 둔한 사람
тупоу́мие 우둔, 저능
тупоу́мный 우둔한, 저능한
тупоу́мок 어리석은 사람, 명청이
затупи́ть (칼날등을) 무디게 하다

затупи́ться 무디다
иступи́ть 아주 무디게 하다
иступи́ться 아주 무디어 지다
отупе́ть 멍청해 지다
отупи́ть 분별을 잃게 하다
перетупи́ть (많은 칼등을) 무디게 하다
подтупи́ть (조금) 무디게 하다
притупи́ть 무디게 하다

турби́на 터빈
турбо- 터빈의 뜻
турбово́з 터빈 기관차
турбобу́р 터빈 굴착기
турбохо́д 터빈선
турбонасо́с 터빈 펌프

тускне́ть (ту́скнуть) 광택이 없어 지다, 흐려지다, 둔해 지다, 생기를 잃다
тусклова́тый 약간 어둠침침한, 약간 생기를 잃은
ту́скло 희미하게, 흐리게, 삭막하게
ту́склый 어두스름한, 몽롱한, 흐릿한

ту́чный (사람·동물에 대하여) 비만한, 살찐, (토지) 비옥한
тучне́ть 뚱뚱해 지다
тук 1) 광물성 비료, (고) 지방, 기름기
утучни́ть (토지에) 거름을 주다, (가축 등을) 살찌게 하다
утучни́ться 비옥하게 되다

туши́ть 1) (불을) 끄다, (격정·싸움 등을) 진정시키다, 억누르다
туше́ние (불을) 끄는 것
туши́лка = гаси́льник 불을 끄는 데 쓰는 덮게 있는 항아리
туши́льный 시뻘겋게 타는 석탄·코크스를 끄기 위한
туши́тель 소방수
утуши́ть (불을) 끄다, (감정 등을) 가라앉히다,

억제하다

туши́ть 2) 고기·야채를 김으로 삶다
туше́ние (몽근불에) 찌는 것
тушёнка 통조림의 삶은 고기
тушёный (고기·야채에 대하여) 제김으로 삶은 (찐)
перетуши́ть (다수 또는 전부를) 찌다
утуши́ть (고기 등을) 약한 불에 찌다, 증기로 찌다
утуши́ть 약한 불에 충분히 익다, 잘 쪄지다

ты́кать (ткну́ть) 찌르다, 꽂다, 밀어 넣다, (손가락으로) 가르키다
ты́каться 부딪치다, 충돌하다, (쓸데없이) 분주하다
заткну́ть (заты́кать) 틀어 넣다, 막다, 끼우다
заткну́ться 막히다, 꽂히다, 입을 다물다
заты́чка 마개을 하는 것, 막는 것, 꽂는 것, 마개, 덮개, 대리인
воткну́ть (втыка́ть) (바늘·말뚝 따위를) 꽂다, 박다
воткну́ться 찌르다, 뚫고 들어가다
вы́ткнуть 뚫고 나오다, (바늘 따위로) 무늬를 새기다
наткну́ть 꽂아서 고정 시키다
наткну́ться 부딪치다, 마주치다, 발견하다
подтыка́ть (물건의 끝을) 끼워 넣다
протыка́ть 여기저기 찔러서 구멍을 내다
перетыка́ть (핀 등을) 다시 꽂다, 옮겨 꽂다
преткну́ться 발에 걸리다,
о ка́мень 돌에 걸리다
приткну́ть (핀 같은 것으로) 고정 시키다, 물건을 밀어 넣다, (사람을) 취직 시키다
приткну́ться 무리한 곳에 밀어 넣다
priты́чка 눌려 들어 가는 것, 마개
проткну́ть 꿰 뚫다, 찔러서 꿰 뚫다
соткну́ть 끝에서 접합하다
стык 접합, 접합점, 접촉점

сты́чка 충돌, 다툼, 싸움, 작은 전투
сты́чный (공) 끝과 끝을 접합한
уткну́ть 찔러 넣다, 몰입 시키다
уткну́ться (머리·얼굴·코 등을) 밀어 넣다, 피 묻다, 몰두하다, 빠지다
расты́кать 여기저기 밀어 넣다, 진열하다
тычо́к 땅에 우뚝 세운 말뚝
тычи́на 말뚝, 목책
уты́кать 가득 찌르다, 완전히 채우다
вразноты́к 무질서하게
зуботы́чина (속) 주먹으로 이를 때림

ты́сяча
ты́сяцкий 고대 러시아의 사령관, 농노제 시대의 부락의 대표
тысячекра́тный 빈번한
тысячеле́тие 1,000년간, 10세기, 천주년 기념제
тысячеле́тний 천년의
тысячено́жка = многоно́жка 지네
ты́сячник 부자, 부호, 천명 파견원 중의 하나
ты́сячный 천번째의, 수천의

тьма 암흑, 어둠, 무지, 몽매, 불명, (고대) 일만, 백만, 무수, 다수
тёмный 어두운, 검은, 흐리멍텅한, 비밀의, 무지한
темнёхонький 아주 컴컴한
те́мень 어둠, 암흑
тёмненький 어둑어둑한
темне́ть 어두어지다
темни́тель (관객석이나 영화 촬영장의) 명암을 부드럽게 바꾸는 장치
темни́ца 감옥, 옥사
темно́ 어둡게, 어둡다, 우울하다
темно- 검다는 뜻
тёмно-багро́вый 검붉은 빛의
темноволо́сый 흑발의
темноко́жий 피부가 거무 스레한
темногла́зый 눈이 검은

темнова́тый 어둑한
темноли́кий = темноли́цый 얼굴이 거무스레한
темнота́ 암흑, 어둠, 무학, 무지, 검은 반점
тёмный 어두운, 암흑의, 검은, 비밀의, 몽매한, 무지한
темь = тьм(а)
втёмную (카드놀이에서) 자기 패를 보지 않고, 되는 데로
дотемна́ 어두워질 때까지
затемне́ние 어두워짐, 어둡게 함, 차광설치
затемне́ть → темне́ть
затемни́ть 어둡게 하다, (카드) 자기 패를 보기 전에 돈을 걸다
затемни́ться 어두어지다, 애매해지다
потёмки 어둠, 불명확
потемне́лый 컴컴해진
стемна́ 캄캄한 때부터, 날이 밝기 전부터
темни́ть 어둡게 하다
притемни́ть (조금) 어둡게 하다
утемни́ть 어둡게 하다
утемни́ться 어두어지다
утемне́ние 어둡게 하는 것, 깜깜해지는 것
впотьма́х 어둠 속에서, 까닭도 모르게
потьма́ 어둠
тмить 어둡게 하다
тми́ться 어두어지다
затми́ть (затмева́ть) 광택, 빛을 잃게 하다, 흐리게 하다
затме́ние (천) 일·월식, 등화 관제
полутьма́ 어스름
тьма-тьму́щая → тьма

тяжёлый = тяжело́ 무거운, 곤란한, 싫은, 불쾌한, 답답한
тяжеле́ть 무거워지다, 동작이 둔해지다, 살찌다
тяжели́ть 보다 무겁게 하다
тя́жба 민사소소, 경쟁, 논쟁, 각축
тя́жебник 소송을 제기 하는 사람
тя́жебный 소송의
тяжущи́йся 소송중인
тяжёлая 임부
тяжелёхонек 매우 무거운
тяжелоатле́т 역도 선수
тяжелоатле́тика 역도 경기
тяжелова́тый 무거운, 곤란한
тяжелове́с 역도 선수
тяжелове́сный 중량이 나가는, 난처한
тяжелово́з (무거운 짐을 운반하는) 말
тяжелоду́м 생각이 느린 사람, 이해가 둔한 사람
тяжелоду́мный 이해가 둔한
тя́жкий → тяжёлый
затяжеле́ть 임신하다
отяжеле́ть 무거워지다
отяжели́ть 무겁게 하다
отяжеле́лый 무거워진, 살찐
утяжели́ть 까다롭게 하다, 어렵게 하다
утяжели́ться 어렵게 되다, 까다롭게 되다
утяжели́тель 가중제
вы́тягать 소송에서 얻다
потяга́ть 소송에서 이겨서·음모로 자기 것으로 만들다
потяга́ться с кем 서로 대항하다, 소송으로 시비를 가리다
протяга́ть 소송에서 지다
протя́гивать 뻗치다, 늘이다, 펴다, 내밀다, 제의하다
тягомо́тина 부담스러운 것, 번거로운 것
тя́гостный 곤란한, 괴로운, 참혹한, 비참한
тя́гость = тя́гота 무거운 짐, 부담, 곤란, 피로, 고통
тяготе́ть к чему́ 인력이 작용하다, 마음이 끌리다, 매혹되다
тяготи́ть 덮쳐 누르다, 부담을 지우다, 번거롭게 하다, 성가시게 굴다
тяготи́ться 중압·괴로움·번거로움을 느끼다
тяготе́ние 인력, 중력, 애착, 동경
отяготе́ть 무겁게 짓누르다, 자신의 무게로 누

르다
отяготи́ть 짐·부담을 지우다
отяготи́тельный 부담이 되는
отягчи́ть 무겁게 하다

тяну́ть 끌다, 잡아 당기다, 펴다, (사람 등을) 끌고 가다, 빨아 들이다
тяну́ться 뻗다, 퍼지다, 기지게를 펴다, 계속되다, --을 바라다
тяга́ть 끌다, 뽑다, 잡아 당기다
тяга́ться с чем 경쟁하다, 다투다, 소송하다
тя́га 끄는 것, 끌어 당기는 것, 견인력, 애착, (철새의) 이동, 견인용 기구, 중심, (고) 연공, 세금
тяга́льный 잡아 당기는
тяга́ч 견인차
тягачо́к 정력적·주도적인 사람
тягле́ц 납세 계급자
тя́гло 1) 견인용 가축
тя́гло 2) 일반인, 상인 등에 대한 직접과세(모스크바 공화국 시대)
тя́глый 부역의, 견인용의
тягоме́р 견인력 측정기
тягу́честь 신장성
тягу́чий 늘어 날 수 있는 (금속 등), 끈적끈적한, 장황하게 긴
натяга́ть 뽑아 모으다
тяж 인장봉, 혁대, 끄는 줄
тяну́чка 쫀득쫀득한 캔디의 일종
тя́нущий (통증 등이) 심하게 계속되는
втяну́ть 끌어 넣다, 흡입하다, 유인해 들이다
втяну́ться 익숙해지다, 버릇이 붙다, 빠지다
втяжно́й (공) 흡입의
вы́тянуть 길게 늘이다, 잡아 펴다, (채찍으로) 때려 눕히다, 배출 시키다, 참아 내다, 빼내다
вы́тянуться 늘어나다, 키가 커지다, 몸·손·발을 펴다, (속) 죽다, 빨려 나오다, 배출하다, 한 줄로 길게 늘어서다
дотяну́ть 어느 장소까지 끌다, 끌고 가다, --까지 지체 시키다, (어느 때까지) 시간을 보내다
дотяну́ться 가까스로 도달하다, 닿다

недотяну́ть 팽팽하게 늘이지 않다, 완전히 수행하지 않다
затяну́ть 긴장 시키다, 졸라 매다, (옷이난 부분품을) 단단히 몸에 붙이다, 흡입하다, (사건을) 오래 끌다, 상처가 아물다
затяну́ться (자기 몸의 혁대를) 졸라매다, 꼭 죄여 지다, 덮이다, 오래끌다, 담배 연기를 빨아 들이다
затя́жка 담배 연기를 빨아 들임, 지체, 지연, 낙하산을 늦게 펴며 내림
затя́жной 오래끄는, 지리한
затя́нутый (옷이) 몸에 꼭 끼는, 띠·코르셋 등으로 꼭 졸라맨
натяну́ть 팽팽하게 당기다, (겨우, 무리하게) 입다·신다
натяну́ться 팽팽해지다, (속) 많이 마시다
натяже́ние 잡아 당기는 것, 팽팽히 당기는 것
натя́нутый 부자연스러운, 꾸민, 긴장된
обтяну́ть 주위에 펴다, 펼쳐두다, (밧줄 따위) 늘이다
обтяну́ться 늘어나다, 탄력이 없어지다
обтя́жка 펴는 것, 포피
оттяну́ть 옆으로 잡아 당기다, 잡아 제치다, 연기하다, (속국을 잡아 당겨) 늘이다, (부대를) 철수하다
оття́жка (금속을 잡아 당겨) 늘이는 것, 질질 끄는 것, 죄는 밧줄
перетяну́ть 잡아 당기다, 끌어 옮기다, 끌어 당기다
перетяну́ться 허리띠등을 단단히 조여매다
перетя́жка 잡아 당기는 것, 조여 매는 것
перетя́нутый 허리쪽이 꼭 맞는, 너무 꼭 맞는
перетяга́ть (속) 많은 물건을 훔쳐내다, 소송에 이기다
потя́гивать 당기다
потя́гиваться 손발을 뻗다, 기지개를 켜다
потя́гивание 끌어 당기는 것
потяну́ть --할 능력이 있다
потя́г 당기는 운동, 개·가축 등을 묶어서 끄는 줄, 탄모궁

подтяну́ть (подтя́гивать) 졸라매다(비유적으로 규율을), 끌어 올리다, 끌어 당기다, 함께 노래하다, (군) 한 곳에 집결하다

подтяну́ться 끌어 당겨지다, 가까이 오다, (띠 등) 졸라매다, 긴장되다, 집결하다(군), 높아져서 동등해 지다

подтя́жка 졸라 매는 것, (양복바지의) 멜빵

подтя́нутый (배, 옆구리가) 우묵 들어간, 젊잖은, 단정한

притяну́ть 끌어 당기다, 마음을 끌다, 꾀어 들이다

притяга́тельный 끌어 당기는, 마음을 끄는

притяжа́тельный 물주의, 소유의

притяже́ние 중력

протяну́ть 길게 하다(밧줄 따위를)

протя́гивать (음성을) 천천히 발음하다, 가설하다, 미루다, 연명하다

протяже́ние 연장 (길이·높이·너비에 대하여), 거리, 기간

протяжённость 연장 (길이·높이·너비에 대하여), 연장도

протяжённый 길이·너비·높이가 늘어난

протя́жка (공) 늘이기(금속을 철사·철판으로)

протя́жный 완만한, 느린

растяну́ть (잡아당겨) 늘이다, 넓히다, (당겨) 못쓰게 하다

растя́гивать (연설·담화 따위를) 길게 끌다

растяже́ние = растя́жка 당겨서 팽팽하게 하는 것, 신장, (생) 인대

растяжи́мый 당겨서 느릴 수 있는, 신축성 있는, 모호한

растяжно́й 신축성이 있는

растя́нутость 늘어나는 것, 필요 없이 늘어 뜨리는 것, (발음을) 길게 늘리는 것

растя́нутый 장황한

стяну́ть (стя́гивать) 조이다, 묶다, 결합하다, 집결하다, 잡아 벗기다, (속) 손등에 쥐가 나다, 훔치다

стяже́ние 묶는 것, 조이는 것

стя́жка (차바퀴의) 연결기

стяжно́й 묶기·조이기·붙잡아 매기 위한

утяну́ть 끌어가다, (건네줄 돈을) 깍다, 몰레가져 가다, 훔치다

• • У • •

убеди́ть (убежда́ть) кого в чём 설득하다, 설복하다

убеди́ться в чём 확신하다, 확인하다, 승복하다

убеди́тельный 믿을 만한

переубеди́ть (переубежда́ть) 신념을 바꾸게 하다, 설득하다

переубеди́ться 자기의 신념을 바꾸다

предубеди́ть 편견·오해를 품게 하다

предубежде́ние 편견, 선입견, 오해, 열등감

предубеждённый 편견을 가지고 있는

разубеди́ть (разубежда́ть) 의견·신념·의도를 바꾸게 하다

разубеди́ться 의견·신념·의도를 바꾸다

уважа́ть 존경하다, 참작하다, 고려하다

уважа́емый 존경해 마지 않는

уваже́ние 존경, 경의

уважи́тельный 근거 있는, 존경심이 가득한

ува́жить (희망을) 이루어 주다, (의견을) 고려하다, 경의를 표하다

разува́жить 대단히 존경하다

многоуважа́емый 대단히 존경하는 (흔히 편지에 쓰는 경어)

высокоуважа́емый → многоуважа́емый

глубокоуважа́емый 깊이 존경하는

достоуважа́емый 존경하는(편지에 쓰임)

премногоуважа́емый 매우·대단히 존경하는

у́гол 모퉁이, 모서리, 구석, 각, 각도, 사는 곳

уголо́к (공장·학교 등에서) 특별한 용도로 쓰이는 방

уго́льный 각의, 구석의

-уго́льный ---각형의 뜻

угла́стый 모가 난, 모가 많은

углова́тый = углово́й → угла́стый

угломе́р 측각기, 분도기

многоуго́льный 다각의

прямоуго́льный 직각의

равноуго́льный 등각의

тупоуго́льный 둔각의

уголо́вный 형사상의, 형법의

уголо́вник 형법항의 죄인, 형사범, 형사전문 변호사

уголо́вщина 형사 사건, 형사 범죄

у́голь 탄, 목탄, 석탄

углеро́д 탄소

углеро́дистый 탄소를 함유한

углево́д (화) 함수 탄소, 탄수 화물

углеводоро́д 탄화수소

углево́з 석탄 수송선, 석탄 운반인부

углевыжига́тельный 숯을 굽는

углевыжига́тельная печь 숯 가마

угледобы́ча 석탄 채굴

углежже́ние 숯굽기, 탄화

углекислота́ 탄산 가스

углеки́слый 탄산의

углеко́п 탄광부

угленосный 석탄이 함유된

углепромы́шленник 탄광업자

углепромы́шленность 탄광업

углехи́мия 탄소 화학

уголёк 석탄·목탄의 작은 부스러기

у́голье 목탄

обу́глить 주위를 태우다

обу́глиться 주위가 타다

сероуглеро́д 이유화 탄소

уда́рить 때리다, 치다, 두드리다, 시작하다, 부딪다, 타도하다, 습격하다, 마시다, 먹다

уда́риться 충돌하다, 돌진하다, 열중하다

уда́рник 타악기 연주자, (구식총의) 공이, 돌격 대원

уда́рность 중요, 긴급, 긴요

уда́рный 타격의, 때리는, 돌격의, 중요한

уда́р 타격, 일격, 돌발적인 재난, 공격, 습격, (의) 졸중
ударе́ние (어) 역절, 액센트, 강조

удо́бный 알맞은, 편리한
удо́бство 편리, 편의
удо́бность 편리한것, 안성맞춤
удо́бо- 편리·편의의 뜻
удобовари́мый 소화가 잘 된다, 이해가 잘 되는
удобоисполни́мый 실행하기 쉬운
удобоноси́мый 휴대하기 쉬운
удобопереноси́мый 운반·이동하기 쉬운
удобопоня́тный 이해 하기 쉬운
удобопроходи́мый 통과 하기 쉬운
удобоуправля́емый 조종·운전하기 쉬운
удобочита́емый 읽기 좋은

у́жас 심한 공포, 두려움, 무섭다, 굉장하다, 몹시, 심히
ужаса́ть (ужасну́ть) 몹시 무섭게하다, 위협하다
ужаса́ться 몹시 두려워하다, 전율하다
ужа́сный 무서운, 소름이 끼치는
у́жасти → ужаса́ть

у́зкий 좁은, 갑갑한, 협소한, 도량이 좁은
у́зенький = у́зкий
узи́лище 뇌옥, 감옥
узина́ 좁은 장소
у́зить 좁히다, 가늘게 홀쭉하게 보이다
узко- 좁다는 뜻을 가짐
узкогла́зие 눈이 가는 것
узкого́рлый 목이 가는
узкогру́дый 가슴이 좁은
узкоза́дый (주로 말·개의) 궁둥이가 가는
узколе́йка 협궤 철도
узколи́цый 좁은 얼굴의
узколо́бие 좁은 이마
у́зкость = у́зость 좁은 것, 협소, 애로, 갑갑한 것

у́зы 족쇄, 쇠고랑, 속박, 구속
зау́зить 좁게 하다 (옷의 품을)
обу́зить (обужива́ть) (옷 따위) 좁게하다
су́зить 좁히다, 줄이다, 축소하다
у́зник (у́зница) 죄인, 죄수
у́зок- у́зкий
у́зничество 금고
сою́зник 감옥에 함께 있는 죄수

у́лица = у́личка = улично́нка 가도, 길, 거리, 집밖, 시정배, 가
у́личный 거리의, 가로의, 소시민다운, 저속한
зау́лок 왕래가 뜸한 도로, 골목길, 막다른 골목
закоу́лок 인적이 드문 쓸쓸한 골목길, 방의 한 구석
переу́лок 골목, 막다른 골목
проу́лок 골목, 뒷 골목

ум
уми́шко = уми́ще = ум 앎, 지력, 이성, 두뇌, 상식, 사고력, 민심, 식자
у́мный 지혜있는, 영리한, 어진
умню́щий 매우 영리한
умне́ть 현명하게 되다
у́мник 영리한 어린이, (비꼼) 영리한 체 하는 사람
у́мничать 영리한 체 하다
у́мственный 지적인, 정신적인
у́мственность 의의, 사고력
у́мствовать 사색하다, 추리·추론하다
ра́зум 이성, 이지, 분별, 의의, 정신
разуме́ние 이해력, 견해
разуме́ть (의미를) 이해하다, 알다
разу́мник 영리한 자, 똘똘이
разу́мный 이성을 지닌, 지적인, 합리적인
уразуме́ть 터득하다
вразуми́ть 설명하다, 알게 하다, 계몽하다
вразуми́тельный 알기 쉬운, 평이한
образу́мить 설득하다, 계몽하다

благоразу́мный 사려있는, 분별있는, 상식있는
обезу́меть = обезу́мить 분별력을 잃다, 자기자신을 잃게하다
надоу́мить 가르치다, 알게 하다
умозаключи́ть = умозаключа́ть 추론·추리 하다, 결론 하다
умозаключе́ние 추리, 삼단 논법, 결론
скудоу́мие 저능, 우둔
тупоу́м 어리석은 사람
тупоу́мничать 우둔함을 들어내다
тяжелоду́м 이해가 둔한 사람
хитроу́мие 교지, 교묘
хитроу́мный 교지가 있는, 다소 꾀를 부리지만 지혜가 있는
сходи́ть с ума́ 미치다
своди́ть кого́ с ума́ 미치게 하다
сумасше́дший 미친, 미친 사람
сумасше́ствовать 미치게 하다
с ума сошёл 미치다

уме́ть 할 수 있다
уме́лец 장인
уме́лый 교묘한, 숙련된
уме́ние 능력, 수완
уме́ючи 알고서, 통달해서, 교묘히

уничижа́ть (уничижи́ть) 비하시키다, 모욕하다
уничижа́ться 자신을 낮추다, 비하 하다
уничиже́ние 비하 시키는 것, 비하
самоуничиже́ние 자기비하

упова́ть 열렬히 기대·촉망하다
упова́ние 강렬한 기대·희망

упражня́ть 연습시키다, 실습시키다
упражня́ться 연습·실습하다, 종사하다
упражне́ние 연습, 실습, 단련, 과업

упрека́ть = упрекну́ть кого в чём 질책하다, 비난하다
упрёк 질책, 비난
безупре́чный 나무랄 때 없는, 비난할 여지가 없는
небезупре́чный 어딘가 결함이 있는, 비난의 여지가 있는

ура́ 우라, 만세
крича́ть ура 만세를 외치다

уро́к 과업, 수업, 교훈, 벌, 기한부 일·그 기한
урокода́тель 수업만을 할 뿐 교육을 행하지 않는 교사
уро́чный 정해진, 정한
сверхуро́чный 규정 외 노동의

ус = у́сик 사람의 콧수염, (곤충) 촉각, (식) 덩굴, (기구) 결쇠
уса́ч 콧수염이 많은 사람, (어) 잉어의 일종
уса́стый 콧수염이 많은
уса́тый 콧수염·수염·촉각이 있는

успе́ть (успева́ть) 시간에 늦지 않게 대다, --할 시간이 있다,
успе́ть в чём 성공하다, (학업이) 향상되다
успева́ющий 성적이 좋은
успе́ться 시간에 늦지 않고 대다 (고어)
успева́емость (학업성적 등의) 진척정도
успе́х 성공, 성취, 진척, 발전, 평판, 승리
преуспе́ть в чём 좋은 결과를 얻다

у́ста 입술
у́стный 구두의, 구술의

у́тка 오리, 오리과
уто́чка ходи́ть уто́чкой 비틀 비틀 걷다
утёнок 새끼오리
утя́та → утёнок 새끼오리들
ути́ный 오리의
утя́тина 오리고기

утя́чий   오리의, о리새끼의
у́ти-у́ти = утя́ - утя́   오리를 부르는 소리

у́тро = у́речко   아침, 오전, 초기
у́течком → у́тром
у́тренний   아침의
у́тренник   아침의 공연, 아침 서리
у́треня   (종) 아침예배, 아침근행
у́тренничать   조반을 먹다
зау́тро   내일 아침
нау́тро   이튿날 아침
поутру́   이른 아침에
обу́треть   아침이 되다, 날이 새다

утю́г   다리미
утю́жение   다리미질 하는 것
утю́женный   다리미질한
утю́жильщик   다리미질하는 직공
утю́жильный   다리미질을 하기 위한
утю́жить   다리미질을 하다, 어루만지다
утю́жка   다리미질하는 것
утю́жник   다리미 제작공
заутю́жить   다리미질하다
наутю́жить   충분히 잘 다리미질하다
отутю́жить   다리미질을 하다, 다리미질을 마치다
переутю́жить   다리미질을 다시하다, (전부 또는 많이) 다리미질하다
подутю́жить   조금 다리미질하다
приутю́жить   다리미질하다, 다림질로 펴다
проутю́жить   다리미로 다리다
разутю́жить   다리미로 다리다, 주름을 펴다

у́хо   귀, 청각, 귀마개, (집기 등의) 귀, 손잡이, 바늘귀, 그릇의 고리
у́шко → у́хо
ушка́н   토끼
уша́нка   귀덮게가 있는 모자 (턱끈이 없는)
уша́н   귀가 큰 사람
уша́т   손잡이가 달린 나무통, 귀가 큰 박쥐

уша́тый   귀가 있는
зауши́ть (зауша́ть)   귀를 때리다, 뺨을 때리다, 모욕하다
зау́шница   이하선 염
зауша́тельство   비방하기 위한 것
зауше́ние   따귀를 때림, 모욕
зау́шный   귀 뒤쪽의
нау́шник   (모자의) 귀덮개, 귀가리개, 수신기, 레시버, (구) 중상자
проу́шина   물건을 꿰는 구멍
околоу́шина   귀 주위의
уховёртка   집게 벌레의 일종
ухоре́з   난폭한, 무모한 인간
ухочи́стка   귀이개
востру́шка   활동적인 여자, 말괄량이
вполу́ха   (듣는다는 동사와 함께) 불완전하게
стремоу́хий   귀가 밝은
тугоу́хий   귀가 먼
ту́го   단단하게, 굳게

часть   (일반적으로 사물의) 부분, 일부, 부분품, 할당, 배당, 부문
причасти́ть   성찬을 베풀다, 관여·참가 시키다, 더하다
причасти́ться   성찬을 받다, 관여·참가하다, 가담하다
прича́стие   형동사, 성찬, 성찬식, 관여, 참여
прича́стник   성찬을 받는 사람, 관여·참가자
прича́стный   형동사의, 관여·참가한
причаща́ть → причасти́ть
причаще́ние   성찬수여, 성찬을 받음
сопричастный   관계하는, 관여하는, 연루하는
уча́ствовать   관여·참여·참가하다, 동정하다, 고락을 같이 나누다
уча́сток   지역, 구역, 영역, 부분, 전투지역
уча́стие   관여, 참가, 동정, 관심
безуча́стие   무관심, 냉담, 무심
безуча́стный   무관심한, 냉담한, 무심한, 태연한
уча́стливый   생각이 깊은, 관심이 많은

уча́стник 관여자, 참가자
соуча́ствовать 함께 참여·관여하다
соуча́стие 협력, 공범
соуча́стник 동류, 공범자, 협력자 (주로 나쁜 일의)

учи́ть 가르치다, 훈련사키다, 암송하다
учи́ться 배우다, 학습하다
уча́щий = учи́тель
уча́щийся 학생, 생도
учёба 수학, 학습, 연마
уче́бник 교과서
уче́бный 교수의, 학습의, 학습용의, 교육의
уче́ние 수학, 학습, 수업, 교수, 연병, 교의
учени́к 생도 (국민학교·중학교), 제자, 도제, 신봉자
учени́ческий 학생의, 미숙한
учёный 학문의, 박학한, 학자인체하는, 학자
учи́лище 학교
учи́тель 교사, 스승, 선생
самоучи́тель 자습서
самоу́чка 독학자
учи́тельный 교훈적인, 설교조의
учи́тельский 교사의
учи́тельство 교직, 교원생활, 교원
вы́учить 부지런히 배우다, 습득하다
вы́учка 배워 주는 것, 가르침
вы́ученик 수업을 잘 끝낸 문하생, 후계자
доучи́ть 다 가르치다, 다 배우다
доучи́ться 다배우다, 교육을 마치다
заучи́ть 암기하다, 암송하다
заучи́ться 공부를 지나 치게 하다
зау́ченный 암기·암송한, 익숙한, 기계적이된
изучи́ть (изуча́ть) 배우다, 연구하다, 관찰하다
изуче́ние 연구, 연마, 학습, 관찰
научи́ть 가르치다, 교육을 주다, 조언하다
научи́ться чему 학습하다, 기억하다
нау́ка 과학, 학문, 교훈, 본보기
псевдонау́ка 사이비 과학·학문

ненау́чный 비과학적인
наукове́дение 과학학
наукообра́зный 사이비 과학·학문
обучи́ть 가르치다
обучи́ться 배우다, 익히다
обуче́ние 교육, 훈련, 교련
обу́ченный 교육받은, 훈련된
переобучи́ть 재교육을 하다
отучи́ть (학습 따위를) 그만두다, 과업·수업을 마치다
отучи́ться (학습 따위가) 고쳐지다,
переучи́ть 재교육을 하다, 제차 배우다
поучи́ть (잠깐 동안) 가르치다, 훈련 시키다, 때리다
поучи́тельный 가르침이 되는
приучи́ть к чему́ 익히다
приучи́ться 익숙해 지다
проучи́ть 따끔한 맛을 뵈다, 혼내주다, 얼마 동안 공부하다
разучи́ть 암송·연습하다, (비꼼) 익힌것을 잊게하다

учреди́ть 창립하다, 설립하다, 정하다, 제정하다
учрежде́ние 창립, 설립
учреди́тель 창립자
учреди́тельный 창립의, 설립의
учреди́лка (1918년의) 헌법제정의회
учреди́ловец (1918년의) 헌법제정의회의 위원, 지지자

ущерби́ть 손해를 키치다, 압박·제한하다, 욕보이다
ущерби́ться 줄다, 손해보다
уще́рб 손해, 손실, 달이 이그러 지는 것
ущерблённый 창피를 당한, 모욕을 받은
уще́рбный 달이 이그러져 가는

ую́т 쾌적, 살기에 좋은 기분 (집·방 등이)
ую́тный 쾌적한

••Ф••

фа́брика 공장, 제조소
фабрика-ку́хня   조리 공장
фабрика́нт   공장주
фабрика́т   공장제품
фабрика́ция   공장제품, (비꼼) 위조, 모조
фабрикова́ть   (공장에서) 제조·제작하다, 위조·모조하다, 날조하다

фа́за   발달, 진보, 국면, (전기) 상, (생물) 상
фа́зный = фа́зовый → фа́за
двухфа́зный   2화상
трёхфа́зный   3화상
фа́зис   발달의 단계

факт   사실, 진실, 진상, 물론
факти́ческий   사실의, 실상의, 실제의
факти́чный   사실과 부합되는

фальшь   거짓, 부자연, 위선, 사기, 기만
фальши́вка   위조문서

фанта́зия   공상, 몽상, 창조적인것, 변덕스러움, 허구
фантази́ровать   상상·공상에 잠기다, 가능하지 않은 것을 생각해 내다
фантазёр   공상가, 몽상가
фантасмаго́рия   환상, 환영, 시시한 이야기
фанта́стика   환상적인 것, 공상적인 것
фантасти́ческий   환상적인, 기괴한, 가망없는
фантасти́чность   공상적인, 환상적인것
фантасти́чный   ваш прое́кт фантасти́чен 당신의 계획은 공상적이다

феминиза́ция   여성화
феминизи́ровать   여성화 하다
feminíзм   여권 신장론
feminíст   여권 신장론자

фено́мен   현상
феноменали́зм   현상론
феномена́льность   보기 드문 것, 이상한 것
феноменоло́гия   (철) 현상학

фе́од   봉건 영지
феода́л   영주, 봉건군주
феодализа́ция   봉건화
феодали́зм   봉건 제도

феокра́тия   신정, 제정일치
феоло́гия   신학

ферме́нт   (화) 효소, 효모
ферментати́вный → ферме́нт
ферментацио́нный   발효용의
ферменти́ция   발효(화)
ферменти́ровать   발효하다

фе́рмер   농장주, 소작농민
фе́рмерство   농장 경영
фе́рмерша   여자농장주, 농장주의 처

фи́бра   섬유질
фибри́лла   원섬유
фибри́н   피브린, 섬유소
фибриноге́н   섬유소원, 피브리노겐
фи́бровый   파이버의
фибро́зный   섬유질의

фигу́ра   형, 모양, 모습, 조상
фигура́льность   비유적인 것
фигури́ст   피겨 스케이트 선수
фигу́рка   작은 상
фигу́рный   특수한 모양의, 모양으로 장식한
фигуря́ть   꾸미다

физио́лог   생리학자
физиоло́гия   생리학
физиологи́ческий   생리학의, 추잡한, 노골적인

фи́зика 물리학
фи́зик 물리학자
фи́зико-географи́ческий 지구 물리학의
фи́зико-математи́ческий 물리 수학의
физи́ческий 물리학의, 물질의, 형이하의, 신체의, 육체의, 성 관계의
агрофи́зика 농업 물리학
астрофи́зика 천체 물리학
биофи́зика 생물 물리학
гелиофи́зика 태양 물리학
геофи́зика 지구 물리학
гидрофи́зика 수력 물리학
космофи́зика 우주 물리학
кристаллофи́зика 결정 물리학
метафи́зик 형이상학자
метафи́зика 형이상학
металлофи́зика 금속 물리학
общефи́зика 일반 물리학
психофи́зика 정신 물리학
радиофи́зика 전파 물리학
электрофи́зика 전기 물리학 (고어)

физиогно́мия = физионо́мия 용모, 인상, 표정, 안색, 사람, 특성, 특징
физиономи́ст 골상가, 관상가
фи́зия 얼굴모습, 용모

фикси́ровать 결정하다, 기록하다, 집중하다, (사진) 정착시키다
фикси́роваться 집중·정착하다
фикса́ж 정착액
фикс 정가, 확정된 금액
фикса́тор (생물) (알코올의) 고정제
фикса́ция 정착, 고정
су́ффикс 접미사
а́ффикс 접사(접미사, 접두사)
и́нфикс 어간사이에 덧붙이는 삽입사
пре́фикс 접두사
фил 친구, 호의를 가진 사람
фил- 사랑의 뜻

филантро́п 박애가, 자선가
филантропи́зм 박애주의
филантро́пия 박애
филармо́ния 음악 애호가
филатели́зм 우표·지폐수집
филатели́ст 우표 수집가
фило́лог 문학가, 언어학자, 문헌학 학생
филоло́гия 문헌학
филосо́фия 철학, 철학론
филосо́фский 철학의
филосо́фствовать 철학을 연구하다, 사색하다

фильм 필름, 영화
фильмова́ть 촬영하다
фильмоко́пия 복사 필름
диафи́льм 환등용 양화 필름
кинофи́льм 영화필름
культурфи́льм 교육영화
микрофи́льм 마이크로 필름
мультфи́льм 동화 필름
тонфи́льм 발성 영화

фильтр 여과기, 차광기
фильтра́т 여과액
фильтра́ция 여과
фильтрова́ть 여과하다, 거르다, 도태하다
фильтрова́льный 여과의
отфильтрова́ть 여과기로 정화하다·분리하다
профильтрова́ть 자세히 검사하다, 엄선하다, (얼마 동안) 여과하다
ультрафи́льтр 한외 여과기
инфильтри́ровать 침윤하다, 침투하다

фина́л 끝, 결말, 피날레
финали́ст (스포츠) 결승전 출전자
полуфина́л (스포츠) 준결승전
полуфинали́ст 준경승의 승리자
четвертьфина́л (스포츠) 준준결승전
финиши́ровать 결승점에 도달하다

фи́ниш (스포츠) 결승점, 골인, 어떤 운동·조작의 최후의 단계
фи́нишер 도로포장의 마무리 기계

фина́нсы 재정, 재무
финанси́ровать 자금을 융통하다, 융자하다
финанси́ст 재정가, 재정학자, 금융가
фина́нсовый 재정의, 금융의
фининспе́ктор 재무 감독관
фининспекту́ра 재무 감독관
фининспе́кция 재무 감독부

фи́рма 상회, 상사, 구실, 변병
фирма́ч 상회주인

флаг 기, 깃발
флаг-капита́н 함대 참모장
фла́гман 함대 사령관, 기함
флаг-офице́р 함대 부관
флагшто́к 깃대
флажо́к 작은 기
флажко́вый 작은 기에 의한
фла́жный 기의, 깃발의

фланг 측면, 익
фланго́вый 측면의
левофланго́вый 좌익의
правофланго́вый 우익에 배치된
фланк 보루의 측면
фланкёр 측후병
фланки́ровать 측면에서 공격하다
фланкиро́вка → фланки́ровать

флот 함대, 해군, 상선단
гидрофло́т 수상비행기
флота́тор (광) 부유선광공
флотацио́нный → флота́ция
флота́ция (광) 부유선광
флоти́лия 소함대 (하천·호수의)
флоти́ровать 부유선광하다

флотово́дец 함대 사령관, 제독
флотово́дческий → флотово́дец
флотоконцентра́т 부선에 의한 광물의 정선
фло́тский 수병, 해병

флуктуа́ция 동요, 파동, 상황 변이
флуктуи́ровать 요동·변동하다, 출렁이다

флуоресце́нция 형광
флуоресце́нтный 형광에 의한
флуоресци́ровать 형광을 발하다
флуорогра́фия 뢴트겐 사진술

фо́кус 초점, 중심
фока́льный 초점의
фокуси́ровать 초점을 맞추다
фо́кусный 초점의

фона́рь 제등, 각등, 초롱불, 등불, 가로등, 천창, 들창, 채광창, 얻어맞아서 생긴 눈 밑의 멍
фона́рик → фона́рь
фона́рный → фона́рь
фона́рщик 등불을 켜는 사람, 가로등 청소부, 등불을 가진 사람

фонд 준비금, 자금, 채권, 주식
фонди́ровать 적립하다
жилфо́нд 주택예비

фонта́н 분수, 무진장, 풍부
фонтани́ровать 분출하다

фо́рма 형, 형상, 윤곽, 양식, 형식, 제복
формали́зм 형식주의, 틀에 잡힌 것
формали́ст 형식주의자
формали́стика 형식주의
формалисти́ческий 형식주의의
форма́льность 형식주의
форма́льный 형식에 관한, 정식의, 외견상의
форма́т 규격, 모사의 원본

фома́ция 발달하는 단계, 구성, 형태, 견식
фо́рменный 제복의
профо́рма 표면, 겉, 외면, 형식, 체재, 견적
формирова́ть 편성·형성·조성하다
формирова́ние 편성, 형성
переформирова́ть 재조직하다, 개조하다, 개편하다
расформирова́ть 해산·해체·폐지하다, 부대를 해산하다
расформирова́ться 해산·해체하다, 부대가 해산되다
расформиро́вка 해산, 해체, 폐지, 군대해산
формова́ть (주조하거나 두드려서) 어떤 형태를 만들다, 틀을 만들다
формова́ться 어떤 형태가 이루어지다
формо́вка 틀, 주형
формово́й 틀의, 주형의
формо́вщик 틀을 만드는 직공
формоизмене́ние 변형
формообразова́ние 형성, 일정한 형식
наформова́ть 주형을 만들다, 형태를 만들다
отформова́ть 틀에 붓다
деформа́ция 변형, 손상, 훼손, 왜곡
офо́рмить (офо́рмлять) (계약·서류에) 일정한 형식을 부여하여 법률상으로 효과를 내게 하다, 외형을 갖추다, 구성하다
офо́рмиться 완전한 형식·구성을 하다, (입회·취직 등에 관한) 필요한 수속을 하다
оформле́ние 마무리, 수속·형식의 완성, 외형, 의견
офо́рмитель 마무리 작업공, 무대 장치가, 연출가
офо́рмительство 장식 디자인 기술
унифо́рма 제복, 연극용 특수 복장, 제복을 입은 조마장 계원
унифо́рмист (서커스의) 제복을 입은 조마장 계원

форт 보루
фо́рте (음) 강하게

форте́ция 보루, 요새
форти́ссимо (음) 매우 강하게

фо́то 사진, 인화
фотоаппара́т 사진기
фотобума́га 인화지, 감광지
фото́граф 사진사
фотографи́ровать 촬영하다
фотографи́ческий 사진의
фотографи́чный 사진 같은
фотогра́фия 사진술, 사진, 사진관
фотока́мера 사진기
фотоко́пия 사진 복사
фото́лиз 광분해
фотолюби́тель 사진 애호가
фото́метр 광도계
фото́н 광자
фототерапи́я 광선 요법
фотоувеличи́тель 사진 확대기

фра́за 구, 성구
фразеоло́гия 용어법, 성구론
фразёр 쓸데없는 미사여구를 늘어 놓는 사람, 요설가
фразёрствовать 미사여구를 남용하다
фразёрство 미사여구 남용
фрази́ровать 구절 속의 중요한 곳을 명확하게 발음하다
фрази́стый 미사여구를 남용하는
перефрази́ровать (알기 쉽게·해석적으로) 바꾸어 말하는 것
перифрази́ровать (парафрази́ровать) 알기 쉽게 다른 말로 표현하다, 부연하다

фра́кция 한정당내의 파벌, 프락치, (의회에서의) 분파, (화) 분별, 분류물
фракционе́р фра́кция의 일원
фракциони́ровать (화) 분열·분류하다
фракцио́нный 파벌의, 분류의

фра́нция 프랑스
франу́з 프랑스인
француу́зить 프랑스어를 사용하다, 프랑스식으로 흉내내다
францу́зкий 프랑스의, 프랑스인의

френо́лог 골상학자
френоло́гия 골상학

фрика́ция 마찰
фрикцио́нный 마찰의

фронт 대형, 정면, 전선
фронта́льный 정면의, 정면을 향한
фронтови́к 전선에 있는 군인

фрукт 과일
фруктова́р 과일로 통조림이나 과자를 만드는 사람
фруктовщи́к 과일 상인
фрукто́вый 과일의

фунда́мент 토대, 근거, 기초
фундамента́льность 확고, 강고, 근본적인 것
фундамента́льный 확고한, 근본적인
фунда́ментный 토대의, 기초의
фунди́ровать 창시·창립하다, 기초를 세우다

фу́нция 기능, 직능, 직무, 임무, 함수
фунционали́зм 기능설, 기능주의
фунциона́лка 극단적인 직책분할
фунциона́льный 기능의, 직능의
фунционе́р 직원, 담당자
фунциони́рование 기능, 작용

футури́зм 미래파
футури́ст 미래파의 사람
футуроло́гия 미래학

··X··

хам 천민, 야비하고 무절조한 사람, 인간 쓰레기
хами́ть 야비·비열하게 행동하다
хамова́тый 품위없는, 천한
ха́мский 야비한, 품위 없는
ха́мство 야비, 품위 없는 저급한 행위, 천민
хамьё 야비, 품위 없는 저급한 행위

хао́с 혼돈, 혼잡, 혼란
хаоти́ческий 혼돈의, 분규의

хара́ктер 성질, 기질, 특성, 고집이 센 것
хара́ктерец 완고한 성격
характеризи́ровать 특징을 지우다, 특색을 나타내다
характеризи́роваться чем --을 특징으로 하다
характери́стика 특징묘사, 성격묘사
характеристи́ческий 특징적인
характе́рность 특이성, 특징적인 것
хара́ктерный 고집이 센, 강한 성격의
характе́рный 특징적인, 고유의

хвали́ть 칭찬하다, 찬미하다
хвали́ться кем-чем 자랑하다, 자부하다
хвале́бный 칭찬의
хвале́бщик (경멸) 마구 칭찬하는 사람
хвале́ние 찬미, 칭찬
хвалёный 칭찬받은, 훌륭한
хвали́тель 찬미자
восхвали́ть 찬양하다, 찬미하다
восхвале́ние 찬양, 찬미
вы́хвалить 찬양하다, 찬미하다
вы́хвалиться 자찬하다
захвали́ть 지나치게 칭찬하다
нахвали́ть 몹시 칭찬하다
нахвали́ться 마구 칭찬하다
не нахвали́ться кем-чем 아무리 칭찬해

도 지나치지 않다
перехвали́ть 너무 칭찬하다
расхвали́ть 극구 칭찬하다, 매우 칭찬하다
расхвали́ться 너무 자찬하다
самохва́л 자랑꾼, 자찬꾼
самохва́льный 자랑의, 자찬의
самохва́льствовать 자만하다, 자화·자찬을 늘어 놓다

хва́стать = хва́статься (хвастану́ть) кем- чем 자만하다, 가볍게 경솔하게 맡다
хвастли́вый 자만하는, 오만한
хвастну́н 자만하는 사람, 교만한 사람, 큰소리 치는 사람

хвати́ть (хвата́ть) 잡다, 붙잡다, (속) 도달하다, 미치다, 얻다, 손에 넣다, чего 체험하다 먹다, 마시다, 정도를 넘어서 하다, чего 흡족하다, 충분하다
хвати́ться за кого-что 붙잡다, 착수하다, 손쓰다
хвать 붙잡다, 붙들다, 받다
хва́тка 잡는 법, 쥐는 법, 악기의 운지법, 손잡이
хва́ткий 재빠르게 꽉잡는, 이해가 강한
хвато́к (속) 잡는 방법, 쥐는 법
хва́тский 교묘한, 민첩한
нехва́тка 부족
недохва́т 부족
вы́хватить 잡아 빼았다, 잡아뽑다, 뽑아내다, 너무많이 베어내다 (옷을 재단할 때)
захвата́ть 자주 주물러서·만져서 더럽히다
захвати́ть 움켜쥐다, 재빨리 쥐다, 덮치다, 점령하다, 포획하다, 체포하다, (물건을) 갖고 오다, 연행하다, 만나다, 재때에 갈아 타다, (병 등을) 제때에 발견하여 적절한 치료를 하다
захва́т 약탈, 강탈, 침략, 장악, 자루, 손잡이, 손이 미치는 범위
захва́танный 진부하게 된, 평범하게 된
нахвата́ть 잡다, 포획하다, 손에 넣다

охвати́ть 안다, 얼싸안다, 둘러싸다, 에워싸다, (감정·감각이) 사로잡다, 참가시키다, 이해하다, 포위하면서 우회하다
охва́т (세력권 내에) 끌어들이는 것, 포위
обхвата́ть 한아름, 주위, 적의 측면에 접근하여 포위하는 것
обхва́т 붙잡아 더럽히다
обхвати́ть 안다, 포옹하다, 에워싸다, 싸다
отхвати́ть 잘라내다, 찢어내다, 잡아 뜯다, 교묘하게 재빨리하다
перехвата́ть (다수 또는 전부를) 체포하다, (상품을 많이) 긁어 모으다(전매할 목적으로)
перехвати́ть 체포·포박하다, 발견하다, 잡다, 묶다, 지나치게 하다
подхвата́ть (손으로 잡아서) 주어 올리다, 잡아 올리다
подхва́т 옷의 소맷부리, (옷에 대하여) 겨드랑 밑이 답답한 느낌
подхвати́ть 밑을 잡아 들어 올리다, 움켜잡다, 받다, 우연히 얻다, 발견하다, 노래를 따라서 부르다, (상대방의 말을) 받아서 말하다, 계승하다, 이용하다, 꿰매다
прихвати́ть 좀가지고 가다, 빌려가다, 빼앗다, 횡령하다, 비끄러매다, 손상되다, 좀 거짓말을 하다, 갑자기 심하게 아프기 시작하다
прихва́тка 단접금속의 일시적 접합
прохвати́ть 속속히 스며들다, 스며들어 퍼지다, 깨물어 찢다, 공격하다, 폭로하다, 몹시 설사하다
расхвата́ть 재빨리 모조리 잡다
расхвати́ть = расхвата́ть
расхва́т = нарасхва́т 앞을 다투어
схвати́ть 쥐다, 붙들다, (병에) 걸리다, 체포하다, 파악하다, 이해하다, 포착하다, 맞있다
схвати́ться 붙잡히다, 맞붙어 싸우기 시작하다, 알아차리다, 문득 생각이 떠오르다, 갑자기 어떤 동작을 하다
схват 접합부·물, 고정시키는·억제하기 위한 용구(멈춤쇠·걸쇠 등), (불) 집게, 못뽑이, 이중지주(배)

схва́тка 접전, 작은 충돌, 격투, 격통
схва́тывние (시멘트 따위 접합제의) 응결, 응고
ухвати́ть 잡다, 쥐다, 포착하다, 재빨리 이해하다,
ухвати́ться 잡다, 달라붙다, (일·기회·제안·생각 등에 대하여) 매달리다, 의지하다
ухва́т 화로에 쓰는 쇠 젓가락, 부젓가락
ухва́тистый 재빠른, 민첩한, 활발한
ухва́тка 태도, 몸짓, 거동, 책략, 수완
ухва́тливый 민첩한, 기민한, 솜씨있는

хвост (동물의) 꼬리, 후미, 항상 따라 다니는 사람, 차례를 기다리는 사람의 줄, 광석의 찌꺼기
хвоста́стый 길고 커다란 꼬리가 있는
хвоста́тый 꼬리가 있는
хвоста́ть 매질하다 (격려하다)
хвоста́ться 스스로 매질하다
хвосте́ц 미저골 (해), 회초리의 가는 끝
хво́стик 끝, 선단
сто с хво́стком 100조금 넘는
хвости́стский 추종점, 소극점
хвости́ст 추수 주의자
хвости́ще = хвост
хвостово́й - ваго́н 후미의 차량
бесхво́стый 꼬리가 없는
нахво́стник (마구의) 껑거리끈, 밀치끈
охво́стье (농) 한번 채로 쳐낸 후의 곡물이나 종자, (구) 아군, 부하, 끄나풀, 잔당
подхво́стник 말의 껑거리 끈 (말꼬리에서 안장에 거는)
прихво́стень (욕설) 아첨꾼, 앞잡이, 추근대는 사람
ухво́стье 처음나온 무거리, 잔당, 앞잡이, 주구
белохво́стие 꼬리가 흰
долгохво́стник 꼬리가 긴 박새

хераувим (종) **천사**
херуви́мчик 통통하고 볼이 빨간 어린이에 대한 부드러운 호칭

хи́мия **화학, 화학적 특성**
химзаво́д 화학공장
химиза́ция 화학화
химизи́ровать 화학화 하다
хими́зм 화학적 성질
хи́мик 화학자
химиотерапи́я 화학요법
хими́ческий 화학의
агрохи́мия 농예화학
геохи́мия 지구화학
гидрохи́мия 수화학
гистохи́мия 조직화학
химчи́стка 드라이크리닝

хирурги́я **외과 의술**
хиру́г 외과 의사
ме́дико-хирурги́ческий 내과 및 외과의
нейрохиру́г 신경계통의 외과의
нейрохируги́я 신경계통의 외과의학

хи́трый 꾀를 부리는, 교활한, 복잡한, 교묘한
хитри́ть 느글거리다, 교활하게 행동하다, 재치 있는 일을 생각해 내다
хи́тренький 약간 교활한
хитре́ц 교활한 사람, 꾀보, 잔꾀
хитреца́ = хитри́нка сказа́ть с хитрецо́й 능글 맞게·꾀를 부려 말하다
хитросплете́ние 복잡해서 잔손질이 많이 가는 구상·서술, 간계, 궤계
хи́тростный 복잡한, 귀찮은, 풀기 어려운
хи́трость 꾀를 부리는 것, 교활, 간교, 간책
хитроу́мие 교지, 교묘
хитроу́мный 교지가 있는, 극히 기묘한
хитрю́га 교활한 사람
вы́хитрить 교활한 솜씨로·솜씨 좋게 얻다
исхитри́ться (속) 잘해 나가다, 호기를 잡다
обхитри́ть 교활한 수단으로 속이다, 사기치다
перехитри́ть 술책으로 이기다, 너무 꾀를 부리다

ухитри́ться (약간 어려운 듯한 일을) 교묘하게 잘 해나가다

хихи́ = хихихи́ 히히히 (웃는 소리, 비웃는 소리)
хихи́кать = хихакну́ть 히히하고 웃다, 몰래 웃다, 비웃다
хихи́канье 히히히 하고 웃는 것, 비웃는 것
хи́ханьки 비웃음, 조소
подхихи́кавать (속) 뒤에서 조소하다

хи́щный (동물에 대하여) 육식을 하는, 탐욕스러운, 약탈적인
хище́ние 절취, 약탈, 착취
хи́щник 맹수, 맹금, 약탈자, 탐욕자
хи́щничать 다른 동물의 고기를 먹이로 하다
хи́щнический 멋대로의, 사리만을 추구하는, 약탈적인, 탐욕적인
хи́щничество (동물에 대하여) 다른 동물의 고기를 먹이로 하는 것, 약탈, 착취, 탐욕, 남획, 남벌, 무통제
хи́щность → хи́щный

хлеб 빵 (총칭), 임금, 알곡, 곡물, 곡초, 급량
хлеба́ла 먹보, 식충이
хлеба́ло (속) 입, 얼굴
хле́бец 작은 빵
хле́бина 꽃가루, 커다란 빵
хле́бник 빵집, 빵굽는 남자, 곡주
хле́бничать 빵집을 하다
хле́бный 곡물의, 빵의, 유리한, 이익이 있는
хлёбово (속) 보통 맛이 없는 죽 같은 액체 음식
хлебобу́лочный 빵의, 빵류의
хлебово́д 빵공장
хлебода́р 수도원의 식사를 준비하는 사람
хлебозагото́витель 곡물 조달관
хлебозагото́вка 곡물조달
хлебокопи́тель 곡물 퇴적기
хлебопа́шество 농업 농사
хлебопа́шествовать 농업에 종사하다, 경작

하다
хлебопа́шец 농부
хлебопёк 빵굽는 사람
хлебопека́рния 제빵소
хлебопече́ние 빵굽기
хлебопрода́вец 빵집, 빵장수
хлебосо́л 손님을 좋아하는 사람
хлебосо́льство 손님을 환대 하는 것
хлеборо́д 풍작
хлеборо́б (문) 농부
хлебре́з 빵을 자르는 사람
хлеборе́зка 빵절단기
хлебосда́ча 곡물 납입
хлебосто́й (수확전에) 밭에 서있는 곡물
хлеботорго́вец 곡물상
хлеботорго́вля 곡물 매매
хлебоубо́рка 곡물 추수
хлеб-со́ль 향응, 맛있는 음식, 환대
малохле́бный 곡물 생산이 적은, 불모의
многохле́бный 곡물 생산이 많은

хлеба́ть (хлебну́ть) 숟가락으로 떠먹다, 빨아 마시다
захлёб (웃음·눈물·재잘거림에) 목이 메는 것
захлебну́ть (어느 정도의 양을) 들이키다
захлебну́ться 목이 메다, 감동하다
хлебо́к 한 모금, 한 숟가락의 분량

хло́пать 쿵·쾅·틱·퍽 하는 소리·그런 동작을 하다
хлоп 꽝, 펑, 철석하는 소리
хло́пальщик 박수치는 사람, 몰이꾼
вы́хлопать = вы́колотить (쐐기·못) 두드려 빼다, 무드질하다, 억지로 빼앗다, (먼지를) 털어내다
вы́хлоп (공) 빼기, 배기구 (내연기관의)
охло́пать 환호·갈채로서 맞다, 박수 갈채하다
ухло́пать 죽이다, 써버리다
хлопо́к 박수

хло́пок 목화속, 솜, 면화
хлопкови́к 목화 재배 전문가·종사자
хлопково́д 목화 재배자
хлопково́дство 목화재배
хло́пковый 목화의, 목화 가공의
хлопкопряде́ние 면방적
хлопкоро́б 목화재배 종사자
хлопкосе́ющий 목화 파종의
хлопкоубо́рка 목화 수확
хло́пья 솜의 넝마
хлопяно́й 솜·털찌거기로 만든

хлор 염소
хлори́ровать 염소로 살균하다, 염소로 처리하다
хлора́л 클로랄
хлоралгидра́т 함수 클로랄
хлора́т 염소산염
хлора́тор 염소 정수기
хлора́торная 염소처리 정수소
хлорацетофено́н 클로르 아세트 페논 (강력 최루제)
хлори́л 염화물
хлористоводоро́дный 염화수소의
хло́ристый 염소와 화합한, 염소를 포함한
хлори́т 녹니석
хло́рка 클로르 석회, 표백분
хлорнова́тый 염소를 포함한
хло́рный 염소의, 염소를 포함한
хлорформи́ровать 클로르 포름으로 마춰시키다
хлорфо́рм 클로르 포름으로
хлорпикри́и 클로르피크린(살충제)

ходи́ть 다니다, 걸어다니다, 가다
хоже́ние 보행, 걷는 것, (환자들을) 돌보는 것, 유통, 순례기(고대 러시아)
хо́дка 화물, 여객을 운반하여 옮기는 것, 이동
ход 진행, 행진, 운행, 이동, 운전, 진전, 발전, 경과, 속도, 사용, 유행, 관용, 통로, 차례, 순번, 축, 앞뒤축의 거리
хода́ 말의 달리는 방법, 빠르고 경쾌한 말의 발거름
хода́тай 중보자
хода́тайство 청원, 운동, 중보
хода́тайствовать 청원·운동하다, 중보하다
ходе́бщик 행상인, 호객하는 상인, 곰을 부리는 사람
хо́день 움직이거나 흔들리는 것, 늪지대, 진창
ходе́ц = ходо́к 보행자, 대변인 (고대), (속) 약삭빠른 사람
хо́дик 추가 달린 기둥시계, 벽시계
ходи́мость 주행 내구성
хо́дкий 쾌속의, 잘 팔리는
хо́дкость → хо́дкий
ходово́й 보행의, 통행의, 날쌘, 바퀴의
ходьба́ 보행
час-ходьбы́ 걸어서 1시간
ходя́чий 걷는, 늘 쓰이는, 평범한
хожа́лый 경찰의 심부름꾼, 순경
хожде́ние 보행, 앞에 있음
хо́жено (자주·오랫동안) 걸었다
ходу́ли 죽마, 과장된 거짓, 허세를 부리는 것
ходу́льность 뽐내는 것
ходу́н 풀무를 움직이는 것, (익살) 다리, 발
ходуно́к 걸음마를 시작한 아이
входи́ть → воидти́
вход 들어 가는 것, 입장, 입구
входно́й 들으 가는, 입장의
входя́щий 들어 오는, 접수의
вхожде́ние → входи́ть
вхо́жий 자유롭게 출입하는
привходи́ть (우연히) 첨부되다, 포함되다
восходи́ть 시작하다, 거스러 올라가다, 기인하다
восхо́д 떠오르는 것, 나오는 것(천체가)
восходи́тель 등산가
горовосходи́тель 등산가 (고어)
восходя́щий 상승하는
восхожде́ние (높은 곳으로) 오르는 것, 등반

всходи́ть → взойти́
всхо́ды   움, 싹틈 (곡식의)
всхо́жест   발아율
выха́живать (выха́живать)   (환자를) 간호하여 낫게 하다, (돌보아) 기르다, 돌아 다니다
выходи́ть → вы́йти
вы́ход   등장, 외출, 탈퇴, 발행, 출판, 출구, 방책, 제조량, (종) 크고 작은 성인
вы́ходец   이주자, 타국인, 출세한 사람
вы́ходит   --이 된다, --인 것이다
вы́ходка   당돌한 언행, 적대행위, 합창중의 독창
выходни́к   휴일의 노동자, 종업원
выходно́й   나가기 위한, 출구의, 외출의, 휴가의, 해고의, (극) 단역의, 휴일
выходя́щий   (카드놀이에서) 페스 하는 사람
из ря́да вон выходя́щий   우수한, 보통이 아닌
доходи́ть   1) → дойти́
доходи́ть   2) 출산일까지 태아를 간직하다
дохо́д   수입, 소득
дохо́дишко   빈약한 수입
дохо́диность   유리한 것, 수입액
дохо́дный   유리한, 수입이 많은
дохо́дчивый   곧 눈에 띄는, 명료한
дохо́дяга   쇠약 할 대로 쇠약한 사람, 동물
заходи́ть → зайти́
заходи́ться   매우오래 걷다
захожде́ние   멀리 뒤로 우회하여 가는 것
захо́жий   타국·먼 곳에서 온
захо́д   이따금 지나가는 길에 들리는 것, 돌아가는 것
исходи́ть   1) 돌아 다니다, 편력하다
исходи́ть   2) → изойти́
исхо́д   출발, 끝장, 결말
исхода́тайствовать   청원·운동을 하여 얻다
исхо́дный   출발의, 최초의
исходя́щий   발신의
находи́ть   1) → найти́
находи́ться   1) → найти́сь
находи́ть   2) (어떤 거리를) 걷다, (속) 보행에 의해 얻다

находи́ться   2) 마구 걷다, 마음껏 것다
нахо́дка   발견된 것, 습득물, 횡재한 것
нисходи́ть → низойти́
нисходя́щий   내려가는, 감소하는
нисхожде́ние   내려가는 것, 감소하는 것
обходи́ть   1) → обойти́
обходи́ть   2) 걸어 다니다, 순방하다
обходно́й   (휴가·해고를 당할 때 작성되는) 공과표
обхо́дный   우회의, 도는
обхо́дчик   순찰 당번, 순시인
обхожде́ние   교제상의 태도·대우·취급
необходи́мость   필요, 필수, 필연성
необходи́мый   불가결한, 필수적인, 당연한, 불가피한 (돌아서 갈 수 없다는 뜻에서)
отходи́ть   1) → отойти́
отходи́ть   2) 시중을 들어서 회복시키다(환자를)
отхо́дная   임종하는 사람을 위한 기도
отхо́дник   도시로 돈벌이 나간 농부, 청소부
отхо́дчивый   곧 분노를 가라 앉히는
отхо́жий   (농부가 도시로) 돈벌이 나가기
отхо́д   출발, 멀어 지는 것, 폐품, 찌꺼기, (농한기에 농민이) 도시에 돈벌이 나가는 것
переходи́ть   1) → перейти́
переходи́ть   2) 두루 돌아 다니다, 방황하다
перехо́д   이동, 과도, 건너는 것, 옮기는 것, 그 장소, 과도, 전환, 이전, 과정, 회랑, (카드) 새로운 카드
перехо́дный   옮기기 위한, 과도적인, 이전하는
перехо́дчивый   변하기 쉬운, 무상의
переходя́щий   손에서 손으로 옮기는, 번갈아 오는, 다음으로 이행하는
перехо́жий   순례자
походи́ть   1) 왔다 갔다 하다, 여기저기 돌아 다니다, 일어나 있다
походи́ть   2) на кого́   닮다
похо́д   행군, 진군, 출정, 공세, 투쟁, 중량초과
похо́дка   걸음걸이, 보조
похо́дный   출정의, 행군의

походя́ 걸으면서, --하는 길에
похожде́ние 엽기적인 사건, 이상한 일
похо́жий на кого-чего 닮은
подходи́ть → подойти́ (속) 어떤 일을 할 나이가 되다
подхо́дец (--에대한) 태도, 취급방법
подхо́дный 입구의
подходя́щий 알맞는, 적당한, 상응하는
неподходя́щий 부적당한
малоподходя́щий 부적당한
преходи́ть → прейти́
преходя́щий 잠시동안의, 일시적인, 덧없는
преходи́мость 덧없음, 무상
приходи́ть → прийти́
прихо́д 도착, 도래, 수입, 교구
прихо́дный 수입의
прихо́давать 차변에 기입하다
прихо́до-расхо́дный 수납의, 수지의
прихо́дский 교구의
приходя́щий 다니는, 통근하는
прихожа́нин 교구의 신도
прихо́жая 현관, 문간방
проходи́ть 1) → пройти́
проходи́ть 2) (얼마 동안) 걸어서 돌아 다니다, 천천히 데리고 다니다
прохо́д 통과, 통행, 통로, 출입로
за́днии прохо́д 항문
проходи́мец (욕설) 사기꾼
проходи́мость 통과 할 수 있는 것, (창자따위가 음식물 따위를) 통과 시키는 힘, 통과 능력
проходи́мый 통과 할 수 있는
прохо́дом 지나 가는 길에, 통과하여
прохо́дка 개착, 굴착, 관통
проходно́й 통과를 위한, 빠져 나갈 수 있는
прохо́дность 통과 능력
прохо́дчик (갱도의) 개착 인부, 굴착인부
проходя́щий 통과하는, 도보로 가는
прохо́жий 통행인
землепрохо́дец 미지의 땅을 답사 하는 사람
первопрохо́дец 최최의 답사자, 개발자

расходи́ться 1) → разойти́сь
расходи́ться 2) 의견·방법 등이 갈리다
расходи́ться 3) 걸어 다니다, 노하다, 격노하다
расхо́д 지출, 비용, 경비, 사용량, 매상, 외출, 물의 통과량
расхо́дный 지출의, 지불의, 매상의
расхо́давать 지출하다, 지불하다, 소비하다
расхо́даваться 비용을 내다, 돈을 쓰다, 지출되다
расхожде́ние (광선 따위의) 방사, 확산, 퍼지는 것
расхо́жий 잘 팔리는
сходи́ть 1) → сойти́
сходи́ть 2) (가까운곳에) 갔다 오다
схо́дбище 집회, 군집
схо́день = сходня́ (배에서 부두에 놓는) 잔교, 건축의 발판
сходи́мость 집중성, 수렴
схо́дка 집회, 회합, 모임
схо́дность (값에 대하여) 적당한 것
схо́дный = схо́дственый 닮은, 유사한, (속) 값이 적당한
схо́дство 유사, 상사, 일치
схо́дствовать 닮다
схожде́ние 내려가는것, 떠나는 것, 떨어 지는 것, 만나는 것, 모이는 것
схо́жий 닮은, 유사한, 사방에서 모인
уходи́ть 1) → уйти́
уходи́ть 2) 피곤하게 하다, 괴롭히다, 죽이다, 없애다, 돈을 쓰다
уходи́ться 진정되다, 가라 앉다
ухо́дбище 야수가 숨는 장소
ухо́д 떠나는 것, 퇴거, 탈퇴, 간호, 돌봐 주는 것
ухо́женный 손질된, 보살펴진
атомохо́д 원자력 선박
аэрохо́д 호버 크라프트
быстрохо́дный 쾌속의
вездехо́д 어디나 다닐 수 있는 자동차(수륙양용의)

водохо́д   뱃머리 (하천을 운항 하는)
водохо́дный   하천을 항해하는
водохо́дство   하천 운행
газотубохо́д   가스 터빈 선박
газохо́д   가스 동력선
дымохо́д   연기가 빠지는 곳
инохо́дь   천천히 보조를 맞추어 걷는 것
ледохо́д   (하천의) 유빙, 유빙기
лунохо́д   달 탐색차
мимохо́дом   지나 가는 길에, 도중에, --하는 길에
морехо́д   항해자, 하급 선원
морехо́дность   내항성, 항해에 쓸 수 있는 것
морехо́дство   항해, 항행
парохо́д   기선
парохо́дик   장난감 기선
парохо́дство   기선 항해, 기선회사, 선박국
парохо́дчик   기선 소유자, 선주
пешехо́д   보행자
плотохо́д   뗏목이 통과 하는 물길
рыбохо́д   물고기의 통로
рыбохо́з   양어장
самохо́д   자주포
самохо́дка   자주차, 자주 크레인
самохо́дный   자주식의, 자동식의
самохо́дом   (공작 기계의 부분에 대하여) 자동적으로
самохо́дчик   자주포의 포수
скорохо́д   질주자, 발이 잰 사람, 수레의 종자
ско́роходь   급행
снегохо́д   눈에서 사용하는 자동차
судохо́д = судохо́дец   선원, 뱃사람
судохо́дный   배가 통행 할 수 있는
судохо́дство   항행
теплохо́д   발동선, 모터선
тихохо́д   나무 늘보
тихохо́дный   (기선 등의) 속력이 느린
электрхо́д   전기 모터선

хозя́ин   주인, **가장**, **영감님**, **숙주**
хозя́йка   여주인
хозя́йничать   집안 살림을 하다, 지배하다, 주인처럼 행세하다
хозя́йский   주인의, 남편의, 자상한
хозя́йственник   기업 경쟁의 담당자
хозя́йственность   경제면에서 능한 것, 경영의 재능
хозя́йственный   경제의, 경리에 관한, 경제에 능한, 경제에 관한
хозя́йство   경제, 생산시설, 경리, 가정
хозя́йствовать   경리를 보다, 경영하다, 집안 살림을 하다
хозя́йствование → хозя́йствовать
хозя́йчик   하찮은 개인 기업가
бесхо́зный   소유자가 없는
бесхозя́ный   자립 할 수 있는
бесхозя́йственный   경영이 서툰
сохозя́ин   공동경영자, 공동주인
судохозя́ин   선주
захозя́йничать → хозя́йствова́ть
захозя́йничаться   가계를 꾸려가는 데 지치다
хоздогово́р   경제 계약
хозко́р   경제 통신원
хозма́г   일용품 상점
хозотде́л   경리부
хозрасчёт   독립 체산부
хозуправле́ние   경리 본부
завхо́з   경리 부장
колхо́з (коллективое хозя́ство)   집단농장, 농업
колхо́зник   집단 농장원
леспромхо́з (леспромы́шленное хозя́ство)   산림경제
племхо́з (племенно́й хозя́ство)   종축 사육장
сельхо́з → сельскохозя́йственный
совхо́з (сове́тское хозя́ство)   국영 농장
совхо́зец   국영농장원
управхо́з   경리부장

учхо́з (уче́бно хозя́ство)   학습용 시험농장

холм (хо́лмик)   언덕, 구릉, 작은 산
холми́стый   언덕이 많은
холми́ть   수북이 쌓아 올리다
холми́ться   언덕처럼 수북이 쌓아 올리다
холмого́рые   구릉지
холмообра́зный   구릉 모양의
всхолмлённый   언덕이 많은

хо́лод   한냉, 한기, 추위, 추운 곳, (감정의) 냉정, 냉담
холода́ть   추어지다, 추위에 지다, 얼다
холоде́ть   추어지다, 냉랭·냉담해지다
холоде́ц   냉각 스프
холоди́ть   식히다, 냉각하다
холоди́льник   냉장고, 냉장실, 응결기
холоди́льный   냉장·냉각용의
холоди́льщик   냉방·냉동에 종사하는 사람
холодне́ть   서늘해 지다, 추위지다
холо́дненьки → холо́дный
хо́лодно   춥다, 차갑다, 냉담한 태도로, 냉정하게
холоднова́тый   차가운, 쌀쌀한
холоднокро́вие   냉혈
холоднокро́вный   냉혈의
хо́лодность   냉정, 냉담, 냉혹
холо́дный   추운, 차가운, (감정 따위) 냉정한
холодо́вый   한기의
холодо́к   다소 추운 것, 청량, 응달
холодопроизво́дство   인공 냉동
холодосто́йкий   내한 성의
холодоуто́йчвый → холодосто́йкий
холожёный   차게 한, 식힌
хлад → хо́лод
хладаге́нт   냉각제, 냉동제
хладнокро́вие   냉정, 냉담
хладосто́йкий   내한성의
хладотра́нспорт   냉동차에 의한 수송
хладоцентра́ль   중앙 냉방

хладоя́щик   냉동 상자
вы́холодить   완전히 차게 하다, 식히다
исхолода́ться   지독한 추위를 만나다
захолода́ть   (공기가) 차가와 지다, 얼다, 추어지다
захолоде́ть   아주 차가와 지다, 꽁꽁 얼다
захолодну́ть   소름이 끼치다, 가슴이 덜컹하다
нахолода́ться   몹시 추운 상황을 겪다, 추위를 참다
нахолоди́ть   냉각 시키다
нахолоди́ться   추워지다
охолоде́ть = охладе́ть   싸늘해 지다, 냉담하게 되다
охладе́лый   차가운, 냉담한
охлади́тель   냉각기, 냉각제
охлади́тельный   냉각용의, 실망시키는 듯한
охолоди́ть   식히다, 차게하다
охолоди́ться   차가와 지다
охлажде́ние   식히는 것, 냉각
прохолоди́ть   발아율을 좋게 하기 위해 냉각하다
расхолоди́ть   냉담하게 만들다, 냉정으로 돌아가게 하다

холосто́й   (남자에 대하여) 미혼의, 독신의, 속이빈
холостёжь   독신자, 미혼자
холости́льщик   짐승을 거세하는 사람
холости́ть   거세하다
холостя́к   독신자, 손님이 없이 텅빈 운행
холостя́чка   독신녀
холоще́ние   거세
холощёный   거세의
вы́холостить   (사상 따위를) 무력하게 만들다, 알맹이를 빼다
охолости́ть   거세하다

хор   합창, 합창대, 코러스, 높은 청중석
хо́ра   몰다비아 국민 무용단

хора́л   찬미가, 성가
хо́рый-хорово́й   낭독 합창극
хорово́д   슬라브 민족의 원무, 윤무

хорони́ть   묻다, 매장하다, 버리다, 잊어버리다, 은닉, 매장하다
хорони́ться   숨다, 은닉되다, 파묻히다
захорони́ть   감추다, 매장하다, 묻다
захороне́ние   매장
перехорони́ть   개장하다
похоро́нка   전사자공분
похоро́нный   장례식의, 매장의, 슬픈
по́хороны   매장, 장의, 장례식
схорони́ть = (1) хорони́ть (2) 망하게 못쓰게 하다
ухорони́ть   잘 공들여 숨기다
ухорони́ться   완전히 숨다, 피하다, 면하다, 구조 되다
ухоро́нка   숨는 장소

хоро́ший   좋은 훌륭한, 미인·미남이다, 충분한, 친근한, 사이가 좋은
хоро́шеньнечко = хоро́шнько   잘, 충분히, 확고히
хоро́шенький → хоро́ший
хороше́ть   예뻐지다, 귀여워지다
хороши́ться   멋을 부리다, 자찬하다
хорошо́   잘, 뛰어나게, 좋다, 알았습니다
по хоро́шему   호의적으로, 우의적으로
охора́шивать   (어린아이의) 옷차림을 단정히 해주다, 단정히 입다
охора́шиваться   옷을 차려 입다
прихора́шивать   (옷) 성장하다
прихора́шиваться   모양을 내다

хоте́ть   바라다, 희망하다
хоте́ться   -을 원하다
отхоте́ть   원하지 않게 되다, 싫어지다
расхоте́ть   욕심이 없어 지다, 싫어지다
расхоте́ться   하고 싶지 않게되다

не́хотя   본의 아니게, 무의식 중에, 마지 못해
охо́та 2) к чему   기호, 욕망, 열의, 교미욕, 농번기
охо́тливый   (어떤 일에 대하여) 기호를 가지는
охо́тка → охо́та
охо́тничый   (이야기에 대하여) 거짓이 많은
охо́тно   기꺼이, 자진하여
охо́тчий   좋아하는, 기뻐하는, 기꺼이
неохо́та   마음이 내키기 않는 것, 바라지 않는 것
похотли́вый   음탕한, 음란한
по́хоть   음욕, 색욕
похотни́к   음핵
отохо́тить   단념시키다, 흥미를 잃게하다
приохо́тить   좋아지게 하다
приохо́титься   좋아지다, 흥미를 일으키다
разохо́титься   강한 의욕이 일어나다
словоохо́тливый   요설의, 다변의, 말을 좋아하는, 입이 가벼운

доброхо́т   친절한 사람, 남의 행복을 기원하는 사람
доброхо́тный   친절한, 자발적인
доброхо́тство   호의, 친절, 동정, 친절한 태도

хоть   --라도, 비록 --라도, --하고 싶은 만큼, 무엇이라도
хотя́ = хоть   비록 --이지만, --에도 불구하고

хохо́= хохохо́   하하하
хо́хот   대소, 홍소, 떠들석한 웃음
хохота́ть   큰소리로 웃다
хохотали́вый   곧잘 웃는, 웃음판이 벌어진
хохотня́ → хо́хот
хохото́к   감추는 웃음, 참았던 짧은 웃음
хохоту́н   잘 웃는 사람
расхохота́ться   깔깔 웃어대다

хра́брый   용맹한, 과감한
храбре́ть (похрабре́ть)   용감해지다

храбре́ц 용감한 사람, 용자
храбри́ть 용기를 북돋아 주다, 격려하다
хра́брость 용기, 용감
расхраби́ться 용기를 내다, 결심하다

храм 신전, 성당, 성전, 교회
хра́мина (고) 건축, 건축물
храмозда́тель 사원의 재산을 돌보는 사람
храмозда́тельство 사원·회당 건립

храни́ть 보존하다, 보관하다, 저장하다
храни́ться 보존·보관 되어 있다
храни́тель 보존·보관자, 보호·수호자, 도서관장, 박물관장
хране́ние 보관, 보존, 저장
храни́лище 보관소, 저장소, 창고
телохрани́тель 경호원, 친위병
водохрани́лище (인공적인) 저수지
охрани́ть 방위·경비·수비하다, 보호·보전하다
охра́на 방위, 경비, 호위, 보존, 경비병, 방위대
охране́ние (군) 방위, 수비, 경비
охрани́тель 보호자, 수호자, 옹호자
охрани́тельный 보호·수호를 위한, 보수적인, 반동적인
охра́нка 보안과
предохрани́ть 예방·방지하다
предохране́ние 예방, 방지
предохрани́тель 예방기구, 안전기
предохрани́тельный 예방의, 안전을 위한
предохрани́тель электри́ческий - 전기 안전기
сохрани́ть 보전하다, 보지하다, 유보하다, 보관하다
сохрани́ться 보전되다, 존속하다
сохране́ние 보전, 보지, 저장, 존속, 보류
сохра́нно 상하지 않고, 무사히
сохра́нность 손상을 받지 않는 것, 무사, 완전
сохра́нный 손상을 받지 않은, 보관의

хромо́й 다리를 저는, (가구 등의 다리가) 기우뚱거리는
хромота́ 다리를 저는 것
хрома́ть 절뚝거리다, 결점이 있다
хроме́ть = охроме́ть 절름 발이가 되다
хроме́ц 절름 발이
хромоно́гость 절뚝거리는 것
хромоно́жка 절름 발이 여자
хрому́ша 절름발이

хру́пать (хру́пнуть) 덜그럭·바삭바삭 소리를 내며 부서지다
хру́пкий 깨지기·부서지기 쉬운, 약한
хру́пкость → хру́пкий
хрупст 부서지는·갈라지는 소리

худо́жник 화가, 예술가
худо́жество 조형미술, 계략, 책략, 간계
худо́жественность 예술성
худо́жественный 예술의, 미술의, 아름다운

худо́й 나쁜, 불량한, 졸렬한, 서투른, 여윈, 불행한, 가난한
худа́ть = худе́ть 여위다
худи́ть 파리하게 보이다, 여위어 보이다
ху́до 2) пло́хо → ху́же 기분이 나쁘다, 몸이 편치 않다
худоба́ 여윈 것, 수척
худоро́дный 신분이 낮은, 출신이 비천한
ху́дость 나쁜 것
худоща́вость 여윈 것, 초췌
худоща́вый 여윈
худу́щий 피골이 상접한
худы́шка 여윈·병든아이
худе́ть (похуде́ть) 악화되다, 여위다
ху́же → ху́до

хулига́н 무뢰한, 난폭자, 불량배, 장난꾸러기
хулига́нистый 불량벽이 있는
хулига́нить 난폭하게 행동하다, 망나니 짓을

하다
хулига́ничать → хулига́нить
хулига́нство   난폭한 행위, 무뢰한의 짓
хулига́нствовать   무뢰한으로 세상을 살다
хулиганьё   불량배, 난폭자

∙∙ Ц ∙∙

царь   제왕, 국왕, 군주, 러시아 황제(이반 4세가 처음 사용 했음)
царёв → царь
царе́вич   왕의 아들, 황태자
царе́вна   왕의 딸, 공주
царедво́рец   조정의 신하, 궁신, 궁인
царёк   작은 왕, 소국의 왕
царе́ние   통치, 군림
цареуби́йство   군주 살해
цареуби́йца   시역자, 군주 살해자
цари́зм   군주 정치
цари́ть   우세하다, 지배하다, 도처에 보이다
цари́ца   царь의 부인, 황후
ца́ристский   왕의, 호화로운, 멋진
ца́рственный   제왕다운, 존엄한
ца́рство   царь의 나라, 제국, 치세, 통치
ца́рствование   통치하는 것, 치세, 통치
ца́рствовать   царь가 되다, 통치하다, 지배하다
воцари́ться   즉위하다, 깃들다, 지배하다,
воцаре́ние   즉위, 등극, (어둠·정적 따위가) 깃드는 것
отца́рствовать   통치를 마치다
поца́рствовать   통치하다, 군림하다, 지배하다

цвет   1) 색, 색채
цвети́ть   선명하게 색칠하다
цвета́стый   색깔이 선명한, 많은 꽃무늬가 있는
цветно́й   색채가 있는, 채색한
цве́тость   다채
цветово́й   색의, 색깔의
цветоделённый   분색의, 촬영의
вы́цвести   퇴색하다
оцвети́ть   물들이다, 염색하다
обесцве́тить   탈색하다, 생기를 잃게 하다
обесцве́титься   색이 없어지다, 바래다, 생기를 잃다

подцветить (색의 조화를) 선명하게 하다, 착색하다
подцветка 착색하는 것
расцветить 다채롭게하다, 여러 가지 색으로 장식하다
расцветка 다채롭게하는 것, 채색
самоцвет 천연 보석 (러시아 산의)
самоцветный (광물에 대하여) 천연색의

цвет 2) 꽃, 화초, 정수, 정화
желтоцвет 노란색꽃이 피는 야생초류
златоцвет 노란색 국화의 하나
златоцветник 노란색 수선화
пустоцвет 헛꽃, 수꽃, 미덥지 못한 사람, 사업의 결실을 못맺는 사람
страстоцвет (식) 시계꽃과
сухоцвет 장기간 시들지 않는 꽃을 가진 여러 가지 풀
цветок 꽃 (한송이), 꽃피는 식물
цветастый 커다란 많은 꽃무늬가 있는, 색갈이 선명한
цветение 꽃이 피어 있는 것, 개화
цветень 꽃가루, 5월의 옛이름
цветик = цветочек → цветок
это только цветик 이것은 아직 시작에 불과하다 (주로 바람직하지 못한 일에 대하여)
цветистость 꽃이 만발하게 피어 있는 것, 화려, 만화
цветистый 활짝핀, 선명한, 지나치게 화려한
цветковый 꽃이 피는
цветневой 꽃가루의
цветник 화단, 화원, 화상, (부녀자의) 무리
околоцветник (식) 화개
прицветник 꽃받침, 포엽, 액엽
соцветие (식) 총상화
цветовод 화초 재배자
цветоводство 화초 재배, 화초 재배장
цветоед (식물의 즙을 빨아 먹는) 곤충
цветоложе 꽃받기, 화탁
цветолюб 꽃을 좋아하는 사람, 갑충의 일종

цветоножка 꽃자루, 화경
цветоносный 꽃이 피는, 꽃이 있는
цветорасположение 꽃차례, 화서
цветочник 원예가, 꽃장수
цветочница 화초용 상자
цветочный 꽃의, 꽃으로 된
цветуха 2년생 식물로 첫해에 꽃이 나오는 식물, 꽃양배추
цветущий 힘·건강·행복이 가득한
прицветник 꽃바침
расцвет 개화, 최성기
цвести 꽃이 피다, 피다, 프르다, 번영하다, 발랄하다, 생기가 있다, 수초 따위로 덮이다, 부스럼·여드름 따위로 덮히다.
доцвести (꽃)이 다피다, 꽃철이 지나가다
зацвести 꽃이 피기 시작하다
отцвести 꽃이 피다, 꽃철이 지나가다
процвести (процветать) 융성하다, 번영하다, 개화하다
процветание 융성, 번영
расцвести (расцветать) 꽃이 피다, 개화하다, 번영하다

целить 치료하다
целитель 치료자
целительный 치료에 효과가 있는, 건강에 좋은
целебность 건강에 좋은 것, 치료에 유효한 것
целебный 치료에 효과가 있는, 건강에 좋은
исцелить 치료하다, 고치다
исцелиться 치료되다, 완치되다
исцеление 회복, 완치
исцелимый 치료 할 수 있는
неисцелимый 치료 할 수 없는
исцелитель 치료자, 의사

целовать 키스하다
целоваться 서로 입맞추다
целовальник 술집·주막집에서 술을 파는 사람
целовальный 선서서(그것을 읽고 십자가에 입

맞춘다)
целова́ние → целова́ 키스, 입맞춤
перецелова́ть (다수 또는 모든 사람에게) 입 맞추다
расцелова́ть 격렬하게 여러 번 키스하다

це́лый 전부의, 완전히, 결합없는
целизна́ → целина́
цели́к 손길이 닿지 않은 것 (미개간지, 처녀림, 암석 따위)
целико́м 전적으로, 통째로, 전부
целина́ 미개간지, 처녀지, 원형 그대로의
целодне́вный 종일의
целому́дренность 동정, 순결, 순결성
целому́дренный 동정의, 무구의, 순결한
целому́дрие → целому́дренность
це́лость 완전, 무결
це́лостность 통일성, 순수(성)
це́лостный 온전한, 통일한, 분열되진 않은
всеце́ло 전연, 완전히
наце́ло 완전히, 전적으로
цель 미개간지, 천녀지
цельнокро́енный 한 장의 천으로 재단한
цельнометали́ческий 전 금속제의
це́льность 전일성, 완전무결, 완전결합
цельнотя́нутый 용접되지 않은, 연결되지 않은
це́льный 조립되지 않은, 한물질로 된, 생생한, 완전한, 순수한

цель 목적, 과녁, 목표, 조성
целево́й 특수한 목적을 위한, 목적의
многоцелево́й 다목적의
целенапра́вленность 분명한 목적을 가지는 것
целенапра́вленный 분명한 목적을 가진
целе́ние 겨누는 것, 노리는 것
целесообра́зность 합목적성
целесообра́зный 목적에 맞는
целеустремлённый → целенапра́вленный

це́лить 겨누다, 목표로 삼다, 뜻을 두다, 노리다, 지향하다
це́литься → це́лить
це́лик (총신에 붙어있는) 간단한 조준장치
наце́лить (총 등을) 돌리다, (공격 따위에) 방향을 정하다
прице́лить (총을) 조준하다
прице́литься 겨누다, 목표로 하다, 기대하다
прице́л (총포의) 가늠자, 조칙, 겨눔, 조준, 겨냥
прице́ливание 조준하는 것
прице́льный 가늠자의, 조준의
це́льный 목적의
бесце́льный 목적이 없는, 쓸데없는, 무의미한, 무익한
самоце́ль 자기목적, 최종목표, 목표자

цена́ 값, 가격, 요금, 비용, 노력, 희생, 가치, 의의
цени́ть 평가하다, 값을 정하다
цени́ться 값이 있다, 가치가 있다
цени́тель 평가자, 감정인, 감상자
це́нник 정가표, 카탈로그
це́нностный 가격의, 가격에 관한
це́нность 가격, 값, 가치, 의의, 귀중품, 유가증권
це́нный 가격을 가진, 고가의
бесце́нный 비할 데 없이 귀중한, 친애하는, 가치없는
ценообразова́ние 가격형성
наце́нить (наце́нивать) 값을 올리다
наце́нка 가격인상
оцени́ть 평가하다, 가격을 정하다, 존중하다
оце́нка 평가, 가격, 판정, 의격(어떤 물건에 대한)
оце́нщик 평가자
неоце́ненный → неоцени́мый
неоцени́мый (평가하기 어려운) 매우 귀중한, 완전한, 완벽한
переоцени́ть 재평가하다, 과대 평가하다

переце́нка 과대평가, 재평가
недооцени́ть 과소 평가하다
недооце́нка 과소평가
обесце́нить 가치를 떨어 뜨리다, 잃게하다
обесце́ниться 가치를 떨어지다
обесце́нение 가치의 하락, 소실
прицени́ться 값을 묻다
расцени́ть 가격을 정하다, 감정하다
расце́нка 가격을 정하는 것, 표준가격
расце́нщик 평가자
уцени́ть 값을 깎다, 할인하다
уце́нка 감가, 할인

центр 중앙, 중심, 중심지, 수도
антропоцентри́зм 인간 중심주의, 인간이 신을 만들었다는 설
апоце́нтр (천) 원중심
барице́нтр (무게) 중심
внеце́нтренный (물리) 편심의
гелиоцентри́зм 태양 중심설
гипоце́нтр 진원지
конце́нтр 종합교수법, 원심 교수법의 단계, 동심원
концентра́т (광) 정선광, 농축광, 농후사료
концентра́тор (광) 선광기
концентрацио́нный 집중의
концентра́ция 한 곳에 모으는·모이는 것, 집중, 전념, 정신 집중, 농화, 농도, (광)정선
концентри́зм (교수법에 대하여) 집중주의
концентри́ровать 한 곳에 모으다, 집중하다, 농후하게하다, 농축하다, 응축하다
концентри́роваться 한 곳에 모이다, 집중하다, (주위 따위가) 쏠리다, 전념하다, 농축되다
концентри́рованный 농축의, 농후한, 집중의, 농후한
концентри́ческий (수) 동중심의, (교수법에 대하여) 동심적인
метаце́нтр (선) 경심
моноцентри́зм 단일 중심설 (인류가 한 지역

의 한 원시인에 의해 발생했다고 주장하는)
ортоце́нтр (수) (삼각형의) 수심
перице́нтр 공전궤도나 천체에 가장 접근하는 점
селеноцентри́ческий 달을 중심으로 하는
телеце́нтр 텔레비전 중앙 방송국
эгоцентри́зм 자기 중심주의
эпице́нтр (지질) 진앙
централизи́ровать = централизова́ть 중앙으로 모으다
центра́л 중앙 감옥
централизо́ванный 중앙집권의
центра́льность 중심을 이루는 것, 향심성
центра́льный 중심의, 중추의
центриза́ция 중앙으로 모으는 것, 중앙 집권
центри́зм 중앙집권제도
центра́ль 주선, 본선, 본관
центри́ровать 중심에 맞추다
центри́зм 기회주의적 중립주의
центрифу́га 원심기, 원심 분리기
центрифуги́ровать 원심분리기로 분리하다
центробе́жный 원심의, 원심력을 이용한
центрова́льный 중심천공기
центрови́к 중앙위원
центро́вка 중심에 두는 것, 초점을 맞추는 것, (공작물에 있어서) 중심에 구멍을 뚫는 것
центровлеку́щий 구심적인
центрово́й 중심의
центропла́н 날개의 중앙부, 지준 날개
центросо́ма 중심체
центростреми́тельность 구심성
центростреми́тельный 구심의
центросфе́ра 지구 중심부, 중심구
центрфо́рвард 센터포드
отцентри́ровать 중심에 맞게 배치하다
сцентри́ровать 공구·부품·기계의 중심을 공통의 축에 고정하다

цепь 쇠사슬, 속박, 고리
це́пка 가늘고 짧은 사슬, 고리

цепно́й　쇠사슬의, 도리깨의
цепня́　쇠사슬로 올리는 두레박
цепчо́ка　가늘고 짧은 쉬사슬, 일렬의 병사

церемо́ния　의식, 예식, 굳어진 일
церемониа́л　예전, 예법
церемоний-ме́йстер　의전관
церемо́ниться = церемо́нничать　엄격해 지다, 의식·격식을 차리다
церемо́нник　거드름을 피우는 사람
церемо́нный　거드름을 피우는, 엄격한

це́рковь　교회, 교회당
церко́вник　성당지기, 교회의 후원자, 교회파
церковнослужи́тель　성당지기, 승려
церко́вность　교회의 의식·관례, 신앙심이 깊은 것
церко́вный　교회의, 사원의, 신앙심이 깊은
староцерко́вник　혁명전의 교회제도 지지자
живоцерко́в　혁명에 순응하려고 하는 그리스 정교회의 일파

цивилизова́ть　문명화하다, 교화하다
цивилизова́ться　문명화되다, 교화되다
цивилиза́тор　교화자, 문명 보급자
цивилиза́ция　문명, 문명사회
цивили́ст　민법학자
цивили́стика　민법학
циви́льный　시민의, 일반인의

цикл　권, 순환, 사이클, 순환기, 주기
цикли́зм　자전거 경주
цикли́ст　자전거 선수
цикли́чность　(현상·경과 등의) 순환성
цикли́чный　순환성의
циклова́ние　순환작업
циклодро́м　자전거 경기장
цикло́метр　회전 기록기
цикло́н　싸이클론, 선풍
циклотими́я　조울병

циклотро́н　싸이클로트론 (원자핵 파괴장치)
биоци́кл　바이오 싸이클

цирк　서커스, 서커스 흥행장
цирка́ч　곡예사
цирка́чество　곡예
циркули́ровать　순환 운행하다, (소문이) 퍼지다
ци́ркуль　양각기, 콤파스
кронци́ркуль　소형콤파스
крумци́ркуль　만각기, 측경기
цирку́льный　콤파스의, 원형의
циркуля́р　회람
циркуля́рка　둥근 톱
циркуля́рный　환상의
циркуля́ция　순환, 유통

ци́фра　숫자, 수
цифи́рь → ци́фра
цифра́ция　숫자로 표시하는 것
цифрова́ть　숫자로 표시하다
цифрово́й　숫자로 표시하는, 숫자의

цыга́н　집시
цыга́нить　(속) 조르다, 간청하다, 조롱하다, 야유하다
цыга́нщина　집시풍의 저속한 가요 스타일

··Ч··

чадолюби́вый   자식을 사랑하는
чадоро́дие   출산
чадоро́дный   자식이 있는, 자식을 낳은
чадоуби́ица   어린이 살해범
ча́дочко   응석 받이로 키운 아이
ча́душко   (비꼼) 다루기 힘든 사람, 어린애
исча́дие   어린이, 자손 (달갑지 않은 사람의)

чай   차, 티파티
ча́йная   다방, 찻집
ча́йник   차관, 물끓이는 주전자, (농담) 차를 좋아하는 사람
ча́йница   찻단지
ча́йничание   (농담) 차를 마시면서 시간을 보내는 것
чаева́ть   차를 마시면서 시간을 보내다
чаёвник   차마시기를 좋아하는 사람
чаево́д   차를 재배하는 사람
чаевы́е   차값, 팁
чаёк   дать на чаёк   팁을 주다
чаеобрабо́тка   차를 만드는 것
чаепи́тие   차를 마시는 것
чаеподо́бный   차와 비슷한
чаеторго́вля   차매매
чаи́нка   차찌꺼기
ча́йный   차의
чай-са́хар   за чай-са́хар   융숭한 대접을 받은 데 대하여
чай-хана́   (이란, 중앙아시아등) 찻집
чай-ха́нщик   찻집 주인, 종업원

ча́ры   마법, 요술, 매력, 매혹
чарова́ть   매혹하다, 요술 마법을 걸다
чарова́ние   매력, 매혹
чаро́вник   매혹적인 사람, 요술쟁이
чароде́й   요술쟁이, 마법사, 극히 매력이 있는 사람

чароде́йство   마법, 요술, 매력
чароде́йствовать   마법을 사용하다
зачарова́ть   마법에 걸다, 매료시키다
очарова́ть   매혹하다, 황홀하게 하다
очарова́ться   황홀해지다, 넋을 잃다
очарова́ние   매력, 뇌쇄
очаро́ванный   마술에 걸린, 매력있는
очарова́тельница   매혹적인 여자
очарова́тельный   매혹적인
причарова́ть   마음을 끌다, 매혹하다
разочарова́ть   실망시키다, 환멸을 느끼다
разочарова́ние   환멸
разочаро́ваный   세상일에 실망한

час   1) 시, 시간
час   2) 타고난 수명
часа́ми   긴시간, 몇시간이나
часи́к = часо́к → час
часово́й   한시간의, 시간마다, 보초, 초병
часовщи́к   시계기술자, 시계점 주인
ча́сом   때로는, 우연히, 불쑥
часы́   시계
ежеча́сный   매시의, 간단없는, 부단한
поча́сный   시간당의, 시간 단위의
всеча́сный   시시각각의, 끊임없는, 부단한
полчаса́   반시간
получа́с → полчаса́
получасово́й   반시간의

ча́стный   개인적인, 사적인, 사유의, 특수한, 특이한, 부분적인
ча́стник   개인 상인, 개인 경영자
частновладе́льческий   사유의
ча́стное   (수) 상, 몫
частнопратику́ющий   개인적으로 개업하고 있는
частнособственнический   사유재산제의, 사유재산 소유자의

ча́сто   자주, 빈번하게

частить   조밀하게 하다, 여러 번 반복하다
частица   작은 부분, 작은 조각
частность   상세, 세밀, 특수, 특별
частота   빈번함, 밀도
частомер   주파수계
частый   빈번한, 잦은, 조밀한, 밀생하는
чаща (чащоба)   밀림, 우거진 숲
за частую   자주, 때때로
по часту = часто   자주
участить   (숫자) 늘이다, 자주 반복하다, 빠르게 하다
участиться   횟수가 늘어 나다, 빈번하게 생기다

часть   (사물의) 부분, 일부, --분의 1, 부속품, (책 등의) 부·권, (관청 등의) 부, (군) 대, 조, 할당, 부문, 전문, 범위, 경찰서, 운명
частью   부분적으로, 일부분은
частица   작은 부분, 작은 조각
авиачасть   비행대
античастица   (물) 반립자
бронечасти   장갑부대
запчасти (запасные части)   예비부품
матчасть   기계설비 및 기재
моточасть   자동차 부대, 기계화 부대
политчасть   정치부
санчасть   (군) 의무·위생부대
причастить   성찬을 베풀다, 관여·참가 시키다, 더하다
причаститься   성찬을 받다, 관여·참가하다, 가담하다
причастие   형동사, 성찬, 성찬식, 관여, 참여
причастник   성찬을 받는 사람, 관여·참가자
причастный   형동사의, 관여·참가한
причащать → причастить
причащение   성찬수여, 성찬을 받음
сопричастный   관계하는, 관여하는, 연루하는
участвовать   관여·참여·참가 하다, 동정하다, 고락을 같이 나누다
участие   관여, 참가, 동정, 관심

безучастие   무관심, 냉담, 무심
безучастный   무관심한, 냉담한, 무심한, 태연한
участливый   생각이 깊은, 관심이 많은
участник   관여자, 참가자
участок   지역, 구역, 영역, 부분, 전투지역
соучаствовать   함께 참여·관여하다
соучастие   협력, 공범
соучастник   동류, 공범자, 협력자 (주로 나쁜 일의)
частокол   울타리, 방책

чаша   큰 술잔, (익살) 술, 음주, 주발, 공기, 운명, 천명
чашевидный   잔모양의
чашка   찻잔, 커피잔, 접시
чашник   고대러시아의 헌배관, 수도원의 식품계 겸 술창고 당번
чашничать   주연을 열다

чаять   (속) 기대하다, 희망하다
чаяние   희망, 기대, 가정, 가상
чаемость   가정, 예상, 기대
чаемый   기대하는, 예상하는
чаятельный   희망적인, 기대되는
отчаяться   절망하다, 낙담하다, 단념하다
отчаяние   절망, 낙담, 필사 적인 것
отчаянность   필사
отчаянный   필사의, 결사적인, 모험적인, 몹시 나쁜

человек   사람, 인간, 농노, 급사
человеколюбец   박애주의자
человеколюбивый   인류애에 넘치는
человеколюбие   박애
человекненавистник   사람을 싫어하는 사람
человекненавистничество   인간 혐오, 인간 증오
человекообразный   인간과 유사한
человекоподобный   사람을 닮은
человекоубийство   살인

человекоубийца 살인자
челове́чек = челове́нный 사람, 마네킹인형
обезья́но-челове́чек 원인 (원숭이 인간)
челове́чески 인간답게, 정겹게
челове́ческий 인간의, 인간다운, 인정이 있는
общечелове́ческий 인류 전반의, 전인류적인, 인간에게 흔히 있는
челове́чество 인류, 인간, 인성
челове́чий 사람의, 인간의
челове́чина 인육, 시체 (야수의 먹이로), 인적
челове́чность 인간미, 인도, 박애, 인정
челове́чный 인정의, 박애
бесчелове́чный 몰인정한, 무자비한
бесчелове́чие 몰인정, 무자비, 잔인, 무정
челове́чшика = челове́чище → человек
сверхчелове́к 초인
вочелове́читься (종) (신이) 인간의 모습으로 나타나다, 강림하다
вочелове́чение (종) (신이) 인간의 모습으로 나타나는 것, 강림
очелове́чить 인간미·인간성을 부여하다
очелове́читься 인간다움·인간성을 얻다
обесчелове́чивание 인간성을 없애는 것

чемода́н 여행가방, 슈트케이스, 트렁크
чемода́нчик 여행가방, 슈트케이스
чемода́нщик 가방제조인

червь (기는) 벌레, 구더기, 유충, 보잘것없는 사람
че́рва 벌집속의 벌새끼
червеобра́зный 벌레모양의
черве́ц 연지벌레
черви́веть = зачерви́веть = очерви́веть 벌레 먹다
черви́вить 벌레 먹은 자리가 생기다
черви́вый 벌레 먹은
черви́ть (꿀벌이) 산란하다
червобо́ина 병충해로 떨어진 사과
червобо́й 벌레 먹은 것

червово́д 양잠 전문가
червово́дня 양잠장
червово́вство 양잠, 양잠업
червото́чна 벌레 먹은 자국, 병충해
червото́чны 벌레 먹은
червя́к → червь
червяно́й → червь

че́реп 두개골, 땅을 덮은 어름판
черепо́к 도자기류의 파편, 도토 원료
черепу́шика 작은 주발, 냄비
черепно́й 두개골
че́репно-мозгово́й 대뇌의
черепоко́жый (동) 껍대기가 있는

чёркать(черкну́ть) 빨리 쓰다, 날려쓰다, 줄을 긋다 (말소 또는 주의를 위하여)
чёркаться 더럽게 욕설하다
вы́черкнуть (вычёркивать) 삭제하다, 말살하다
зачеркну́ть (한번 적은 것을) 지우다, 말소하다
очеркну́ть 주위에 선을 긋다
отчеркну́ть 선으로 구획을 짓다, 선으로 표시하다
перечеркну́ть (перечёркивать) (다수)를 없애다, 말살하다
подчеркну́ть (подчёркивать) 밑에 줄을 긋다, 강조하다, 역설하다
подчёркнутый 주의를 끌기위한, 강조된, 특별한, 고의의
прочеркну́ть (прочёркивать) 가로·세로로 가득히 선을 긋다
расчеркну́ться (글자에 멋을 부려) 서명하다
ро́счерк (서명·문자에 덧붙혀서) 장식을 하는 것, 글자의 장식
исчёркать 마구 선을 긋다, (쓴 것을) 지워서 더럽히다
начерка́ть 급히 휘갈겨 쓰다, (많이) 선 따위를 긋다

чёрный 검은, 검은색의, 더러운, 어두운, 나쁜, 몰래하는, 뒷거래의, 초안의, 흑인, (속) 간질병, 상복
чернéние 검게 하는 것
чернёный 검게 물들인
чéрмный 암적색의
чернáвка 얼굴이 가무잡잡한 여자
чёрненький 검은 빛이 도는
чернéть 검게 되다, 흑색으로 보이다
чернёхонький 매우 검은
чернúла 잉크
чернúльница 잉크병
чернúльный 잉크의
чернúть (начернúть) 검게 하다, 칠하다
черноброʹвый 눈썹이 검은
черновáтый 검은 빛을 띤
черновúк 원고, 초고
черноволóсый 검은 머리의
черноглáзый 검은 눈의
чернокнúжие 마법, 요술(문)
чернокнúжник 마법사, 요술사
чернокнúжный 마법의
черноóкий 눈이 검은
чернорабóчий 잡역인부, 육체노동자
чернотá 검은 빛, 어둠
чернь 서민, 천민, 대중, 특색
чернявый 얼굴이 거므스름한
черняк 모두 흑색인 것, 검은 바둑돌, (속) 초안, 원고
вчернé 대강, 대충
дочернá 까맣게 될 정도로
úсчерна 검은 빛을 띤
начернúть 검게하다
нáчерно 초안으로
зачернéть 멀리 거뭇스레 보이다
вычернить 검게 물들이다, 말살하다
зачернúть 검게하다, 검게 칠하다
начернúть 검게하다, 검게 칠하다
очернúть (очерня́ть) 비방하다, 욕하다
перечернúть 너무 까맣게 하다, 다시 까맣게 하다
подчернúть (조금) 검게 물들이다

чéрпать (черпнýть) 퍼올리다, 떠내다, 꺼내다
вы́черпать 다 퍼내다, 준설하다
дочéрпать 다 퍼내다
отчéрпать 퍼내다, 퍼서 줄이다, 꺼내다
перечéрпать (다량·전부를) 퍼올리다, 길다
счéрпать 떠내다
учерпнýть 퍼내다, 퍼서 줄이다
черпáк 국자
черпáлка → черпáк
черпáльный 퍼내기 위한
черпáльщик 퍼내는 노동자
чéрпание 퍼내는 일
самочéрпка 자동식 급양

чертá 선, 경계, 한계, 특성, 특색, 특질, 외모, 용모
чертúть (선을) 긋다, (도안을 그리다), 제도하다, 지도를 제작하다, --위에 선을 긋다, 제도 사이다
чертёж 도면, 정면도, 설계도
чертёжник 제도사, 제도공
чертúлка 선·점을 찍는 바늘
черчéние 선을 긋는 것, 제도하는 것
чёртачика → чертá 이음표
вы́чертить (вы́черчивать) 도면속에 그려넣다, 제도하다
вы́чертиться 제도·도형을 그릴 줄 알다
дочертúть (약도를) 다그리다, --까지 그리다
исчертúть (종이를) 줄로 가득 메우다, (연필 따위를) 줄을 긋기 위하여 다 써버리다
начертáть 쓰다, 그리다, 예정하다, 예언하다
начертáние (쓰거나 그린 것의) 윤곽·모양, (과학적인) 기술·서술
начертáтельный 화법의
начертúть 제도하다, 지도를 그리다,
очертúть (선으로) 외형·윤곽을 그리다, 소묘

하다

очерта́ние 외형, 윤곽

отчерти́ть 선으로 둘러싸다·나누다·표시를 하다, 제도를 마치다

перечерти́ть 다시 도면을 그리다, 도면을 복사하다·뜨다, 많은 도면을 뜨다

почерти́ть (잠깐 동안) 선을 긋다, 제도하다

подчерти́ть 도면을 정정하다, 도면에 추가하다

прочерти́ть 선을 긋다, 제도하다, (얼마 동안) 주연을 하다

расчерти́ть 여러방향으로 줄을 긋다

чеса́ть 긁다, (머리를) 빗질하다, 정돈하다, (삼 등을) 빗다, 재빨리·여러 번 결심하고 하다

чеса́ться 자기자신의 가려운 곳을 긁다, 자기 머리를 빗다, 정돈하다, 가렵다

чеса́лька 머리빗, 말빗, 빗질하는 것, 소면기(방직), 소모기

чеса́льный 빗질하기 위한

чеса́льщик 빗질하는 사람, (삼 등의) 쇄소공

чеса́ние 빗질 하는 것

чесо́тка 가려운 느낌, 가려움

чесо́точный 옴의, 옴에 걸린,

чёс 근질근질함

чёсанок 보풀이 있는 얇고 부드러운 펠트 장화

чёсаный (머리카락에 대하여) 빗질한, (삼) 빗질한

вы́чесать (вычёсывать) 빗질하다, 머리를 단정하게 하다, 훑다 (대마 따위를)

вы́ческа 빗질하는 것, 훑는 것

вы́чески (빗질하여) 빠진 털, 빗질한 머리털

дочеса́ть (дочёсывать) 빗질을 마치다, 다 긁다

зачеса́ть 머리를 빗어 올리다,

зачеса́ться 자기 머리를 빗어 올리다, 머리가 가리워지다

зачёс 빗어 올린 머리, 완전히 뒤로 넘긴 머리

начеса́ть (이마나 귀를 가리우도록) 머리를 빗다

начёс (이마에) 늘어진 머리

очеса́ть (очёсывать) 빗다, 빗질하다

очёс → очёски

очёска → очеса́ть

очёски 마·돼지털 따위를 빗고 난 부스러기

обчеса́ть (обчёсывать) 빗질하다 (예를 들어 아마를), (많은 사람을) 빗질하다

отчеса́ть (отчёсывать) 빗질을 마치다, 호되게 두들겨 패다, 마구 욕지거리를 퍼붓다

перечеса́ть (перечёсывать) 빗다·다시 빗다, (다수·전부를) 빗다

перечёска → перечеса́ть

почеса́ть (얼마 동안) 긁다·빗다

почеса́ться (잠깐 동안) 가렵다

подчеса́ть (подчёсывать) 조금 빗질하다, (손톱으로) 긁다·할퀴다

причеса́ть (причёсывать) 자기 머리를 빗다, 빗겨주다, 결발·속발을 해주다

причёска 조발, 속발, 결발, 들어올린 머리, 머리모양

прочеса́ть (прочёсывать) 빗질하다, 빗다, 긁다, 빗질하여·긁어 상처를 내다, (충분히) 조사하다, (얼마 동안) 빗질하다

прочёс = прочёска → прочеса́ть

расчеса́ть 빗질하다, 머리털을 긁다, 빗으로 긁다·다듬다, 긁어서 상처를 내다, (다수를·적군 따위를) 쳐부수다

расчеса́ться 자기머리에 빗질하다, 열심히 긁다

расчёска 빗질하는 것, 머리털을 긁는 것, 빗

счеса́ть (счёсывать) 긁어·빗질해 없애다

счёс = счёска → счеса́ть 긁어·빗질해 낸 것·장소

учеса́ть (учёсывать) (삼 등을 추려서) 빗질하여 줄이다

учеса́ться 추려서 빗질하여 줄다

учёс 삼부수러기, 조잡한 삼조각

гребнечеса́лый 빗으로 빗은

льночеса́лка (줄기를 부순 아마의) 소정기

льночеса́лый 아마 소정의

пенькочеса́лый   삼을 빗질하는
шерсточеса́лка   양털을 빗질하는 공장

чесно́к   마늘
чесно́ковка   마늘 알갱이
чесно́чница   마늘을 빻기 위한 절구, 개구리의 일종 (마늘 냄새가 나는)
чесно́чный   마늘의

честь   1) 명예, 체면, 정조, 영광, 존경, 정직, 성실, 공정
честь   2) 읽다, 세다, 간주하다
че́ствование   축하, 축하회
че́ствовать   축하하다, 경의를 표하다
честно́й   (종) 존경해야 할, 소중한, 성스러운
че́стность   정직, 성실, 존경
че́стный   정직한, 성실한, 공정한, 정당한, 순결한
нечести́вец   불신자
нечести́вый   불신의, 모독적인, 죄악적인
нече́стие   불신의 마음
нече́стный   부정직한, 불성실한, 부정한
честолю́бец   야심가, 공명심에 불타는 사람
честолю́бие   야심, 공명심
бесче́стить (обесче́стить)   명예를 훼손하다, 욕보이다, 비방하다
бесче́стный   스치스러운, 부정직한, 불성실한
бесче́стие   명예훼손, 능욕

четы́ре   넷, 4
четве́рг   목요일 (4째날)
четвери́к   모두 4로 이루어 지는
четве́рка   수자의 4, (5점 만점의) 4점, 4인조
четверни́   (속) 넷째 아들
четверно́й   4배의
че́тверо   4개, 4인
четвероднѐвный   4일간의
четвероева́нгелие   4복음서
четверкру́сник   (대학의) 4년생
четверти́на   4분의 1

четвёртка   4분의 1
четвертова́ние   사지를 찢는 형
четвертова́ть   육시 처참형에 처하다
четверто́к → четве́рг
четвёртый   제4의
четверя́   네필의 말이 끄는 설매, 마차, 또는 그 말
вче́тверо   4배로
вчетверо́м   모두 넷이서
в четвёртых   넷째로
счетвери́ть   (물건의) 네 부분을 맞추다
учетвери́ть   4배로 하다
учетвери́ться   4배가 되다
четыредеся́тница   (종) 사순절
че́тырежды   4배, 4번
четырёхгоди́чный   4개년의
четырёхголо́сный   4부 합창의
четырёхра́нник   4면체
четырёхдне́вный   4 일간의
четырёхкла́ссный   4 학년제의
четырёхконе́чный   4개의 끝이 있는
четырёхкра́тный   4회 반복의, 4번의
четырёхлето́к   4살난 아이, 4년제
четырёхле́тие   4년간, 4주년제
четырёхле́тный   4년간의, 4개년의, 4살의
четыреуго́льник   4각형
четырёхчле́нный   마디가 4개 있는
четь = че́тверть   옛 지적단위의 이름 (40×30 평방싸젠)

чин   관등, 관위, 관리, (고) 의식, 예식
по чину   관등에 따라, 순서에 따라
чини́ть   2) 하다, 행하다
чини́ться   지나치게 격식을 차리다, 어려워하다
чи́нность   예의 바른 것, 우아, 단정, --체 하는 것
чи́нный   단정한, 예의 바른
чино́вник   관리, 관료풍의 사람
чино́внический   관리의

чино́вничество 관리
чинодра́л 공무원
чинолю́бие 직위욕
чиннача́лие 관리의등급
чинпочита́ние 상급자에 대한 복종
чинпроизво́ство 승진, 승급
разночи́нец 지식계급 소시민(귀족 출신이 아닌)
вчини́ть (вчиня́ть) 제기하다, -- иск 소송을 제기하다
учини́ть (учиня́ть) 하다, 행하다, (좋지않은 일을) 하다
учини́ться (고대) - 이 되다
самочи́нствовать 제멋대로 굴다
самочи́нный 자의적인, 독단적인, 자발적인
самочи́нство 독단·월권행위
бесчи́ничать 무례하게 행동하다, 거칠고 난폭하게 행동하다
бесчи́нствовать 무례하게 행동하다, 거칠고 난폭하게 행동하다
бесчи́ный 예의에 어긋난, 무례한
учини́ть 행하다, 하다, (좋지 않은 일을) 하다,

число́ 수, 일, 날짜
чи́сленник 달력, 책력
чи́сленность 수, 수량, 정수
чи́сленный 수의, 수에 관한
числи́тель 분자
чи́слить 세다, 계산하다 - кем, -чем 간주하다
чи́слиться 계산되다, 간주되다
числово́й 숫자로 나타낸
бесчи́сленый 무수한
вы́числить 산출하다, 계산하다
зачи́слить 등록하다, 입적하다, 계정에 넣다
зачисле́ние 등록, 입적, 편입, 산입, 계산
исчи́слить 계산하다, 합산하다, 산정하다
исчи́слиться 합산되다
начи́слить 가산하다, 산입하다
начисле́ние 가산, 가산액
перечи́слить 열거하다, 전임시키다, 소속을 옮기다

перечисле́ние 열거, 하나하나 새는 것, 소속 변경
причи́слить 산입·가산하다
причисле́ние 산입, 가산
расчи́слить (계산에 따라) 나누다, 분배하다
счи́слить 세다, 계산하다
счисле́ние 계산(법)
малочи́сленый 적은 인원수의, 드물게 있는
многочи́сленый 다수의, 수많은, 많은 사람의

чи́стый 청결한, 정직한, 순수한, 맑은
чи́стить 깨끗하게 하다, 청소하다, (생선 등의) 내장을 꺼내다, 숙청하다
чи́ститься 자기를 깨끗이 하다
чи́стенький 깔끔한, 말숙한
чисти́лище (종) 연옥 (죄를 깨끗이 씻느 곳)
чисти́льный 깨끗이하기 위한, 구제용의
чисти́льщик чи́стить하는 것을 직업으로 하는 사람
чисти́тель (공) 청정기, 청소기
чистота́ 청결, 청정, 순수, 명료, 정확, 정직
чи́стка 숙청
чистю́ля = чистя́к 지나치게 결백한 사람
чи́сто 청결, (속) 마치-- 인 것처럼
чистови́к 깨끗이 쓴 것, 정서한 것
чистово́й 정서한, 정서용의
чистокро́вка 수종 동물
чистокро́вный (чистоплемённый) 순수한 혈통의, 순종의, 진짜의
чисто́ль 구리나 놋쇠를 닦는 것 (약제)
чистописа́ние 서법, 정서, 습자
чистопло́ность 청렴한 것, 청결, 순결
чистопло́тный 청결한, (도덕적으로) 청정한, 순결한
чистоплю́й (경멸) 결벽증이 있는 사람
чистоплю́йство 지나친 결벽(증)
чистопо́ле 나무가 자라고 있지 않은 개활지
чистопоро́дный 순수의, 순수한 혈통의
чистопро́бный (금·은에 대하여) 높은 품위

의, (비꼼) 완전한
чистопсо́вый (개에 대하여) 순종의
чистосерде́чие 솔직, 정직, 공정
чистосерде́чный 솔직·정직·공정한
чистосо́ртный 순종의
вчисту́ю (속) 완전히, 최종적으로
до́чиста 깨끗하게, 남김없이, 몽땅
на́чисто 깨끗이, 정서하여, 모조리, (구) 숨김없이
подчисту́ю 남김없이, 죄다
пречи́стый 극히 정결한
вы́чистить 깨끗이하다, 제명하다
вы́чиститься (자기 몸이나 옷을) 깨끗이하다
дочи́стить 깨끗하게 청소하다
зачи́стить 닦아서 광을 내다
зачи́стка (금속 등을) 가는 작업, 청소, 트리밍
начи́стить (과일 등의) 껍질을 벗기다, 생선의 비늘을 벗기다
начистоту́ 숨김없이, 솔직이
начисту́ю 완전히, 모조리, 깨끗이
очи́стить от чего́ 깨끗하게 하다, 정리하다, 정련·정류하다, 속을 비우다, 내주다, 지불을 마치다
очи́ститься 깨끗해지다, 정리되다, (과일 등의) 껍질이 벗겨지다, 속이비다
очи́стка 벗긴 과일 껍질, 정련, 정류하고 난 찌꺼기
очисти́тель 정화 장치, 기구, 약제
очисти́тельный 속죄의
водоочисти́тель 정수기
водоочисти́тельный 정수용의
водоочи́стка 정수, 증류
газоочисти́тель 가스소제기
газоочи́стка 가스의 정제
зерноочисти́тельный 종자 선별·정선용의
зубочи́стка 이쑤씨개
ухочи́стка 귀이개
хлопкоочи́стка 면정화
хлопкоочисти́тельный 섬유·종자 등을 얻기 위한 원면처리, 정면

снегоочисти́тель 제설기
воздухоочисти́тель 공기 정화기
воздухоочисти́тельный 환기용의, 공기를 정화하는
пылеочисти́тель 도로용 진애 청소기
очища́ть → очи́стить
очище́ние 깨끗이 하는 것, 출산 후의 출혈
очи́щенный 순수한, 불순물이 없는
обчи́стить 청소하여 깨끗하게 하다, (과일 따위의) 껍질을 벗기다, 소제하다, (속) 벌거 벗기다
обчи́ститься (자기의 옷을) 털다, 깨끗이하다
отчи́стить 청결하게 하다, (더러운 것을) 제거하다, 청소를 마치다
отчи́ститься 깨끗해지다, 말끔해지다
перечи́стить (전부) 깨끗이 하다, (속) 빼았다, 숙청하다
почи́стить (자기의 물건을) 깨끗하게 하다, (속) 세탁되다
подчи́стить 청소하다, 삭제하다, 지워버리다
прочи́стить (구멍·물건의 내부따위를) 소제하다
прочи́стка (구멍·물건의 내부따위의) 소제
расчи́стить 소제하다, (속) 쓸데없는 것을 치우다
расчи́стка 청소
счи́стить 표면에 붙어 있는 것을 청소하다

чита́ть 읽다, (지도·악보 등을) 이해하다, 낭독하다, **인식하다, 분별하다**
чита́ться 읽을 수 있다, 인식·분별할 수 있다
чита́бельный 읽기 쉬운
чита́емость 읽히는 것, (책의) 수요정도
чита́емый (책에 대하여) 널리 읽히는
удобочита́емый 읽기 좋은, 저질이 아닌(읽기에 좋은), 이해가 용이한
чита́лка 독서실, 독서대
чита́льный 독서의, 읽기 위한
чита́льня 독서실
чита́тель 독자, 도서관

чита́ющий   독해의
чте́ние   읽는 것, 독서, 독서회
чтец   읽는 사람, 독자, 직업적인 낭독자
чти́во   (구) 저속한 책
вчита́ться   정독하다, (잘 읽어서) 통달하다
вы́читать   (구) 읽어알다, 교열·정정·교정하다 (원고를)
дочита́ть   끝까지 읽다
дочита́ться   너무 알아서 나쁜 결과를 가져 오다
зачита́ть   (공개 석상에서) 낭독하다, (오랫동안 책을 읽어 주어) 피곤하게하다, (속) (교사가) 시간을 초과 하여 강의하다
зачита́ться   독서에 열중하다, (속) 지나치게 독서하여 바보가 되다
начита́ть   (많이) 읽다, 읽고 알다
начита́ться   많이 읽다, 마음껏 읽다
начёт   자기의 과실로 국가에 손해를 입혔을 때의 변상
начётничество   비판 없이 기계적 독서에의해 얻은 지식
начётчик   신화책의 다독자, 덮어 놓고 암송하여 많이 알고 있는 사람
отчита́ть кого   (구) 질책하다, 훈계하다, 독서를 마치다
отчита́ться   보고하다
перечита́ть   다시 읽다, (다수를) 통독하다
почита́ть   (잠시·조금) 읽다
подчита́ть   다시 한번 읽다, (교정 할 때 원고를) 읽다
подчи́тчик   원고 읽기, 교정할 때 원고를 읽는 사람
причита́ть   흐느껴 울다, 통곡하다
причита́льщица   곡하는 여자 (장례 때)
причита́ние = причёт   애곡, 통곡, 애가, 만가
причита́ться с кого   지불되어야 한다
прочита́ть   읽다, 통독하다
прочте́ние   읽는 것, 통독, 낭독
счита́ть   1) 세다, 계산하다, 셈하다
счёт   계산, 박자, 득점, 계산서, 구좌

счётец   계산서
счётно-реша́ющий   산정하는
счётный   계산의
счетово́д   회계원
счетово́дство   부기
счёты   주판
счисле́ние   계산(법)
счи́слить (счисля́ть)   세다, 계산하다
счита́лка   아이들의 숫자 풀이 노래
книгоче́й   독서가, 애서가

чих   애취(재채기 소리), 재채기
чиха́нье   재채기 하는 것, 재채기
чиха́тельный   재채기의
чиха́ть (чихну́ть)   재채기하다, (속) 무시하다
вы́чихать   재채기를 해서 내뱉다
начиха́ть   재채기를 하여 침을 내뱉다
отчиха́ть = отчиха́ться   재채기가 멎다
прочиха́ться   (구) 재채기하다
расчиха́ть   (구) 연달아 재채기 하다
чхать → чиха́ть
чох → чих

член   어떤 단체의 일원, 회원, 성원, 음경
члене́ние   건조물, 구조물의 일부분
чле́ник   (곤충의) 체절, 몸체의 마디
членистоно́гие   절족동물
члени́ть = расчленя́ть = расчлени́ть   분열시키다, 나누다, 분해하다
члени́ться   член으로 이루어 지다
членоразде́льный   (어) 단락이 뚜렷한
чле́нский   чле́нский биле́т   회원증
чле́нский взнос   회비, 당비
чле́нство   회원, 멤버쉽, 그 분신
отчлени́ть   일부를 나누다
сочлени́ть (сочленя́ть)   결합하다, 접합하다, 연결하다
сочле́н   같은 모임의 회원
сочлене́ние   (해) 관절, 마디
сочлено́вный   (해) 관절의

чре́во 배
чревобе́сие 대식
чревоверща́ние 복화술
чревоверща́тель 복화술사
чревосече́ние 개복술
чревоуго́дие 식도락
чревоуго́дник 식도락가, 미식가
чревоуго́дничать 식도락을 하다, 탐식하다
чревоуго́дничество → чревоуго́дие

чтить 존경하다, 숭상하다
чти́тель = почита́тель 숭배자
почти́ть чем (어떤 일로) 경의를 표하다
почита́ть 존중하다, 존경하다, 숭배하다
почита́ние 존중, 존경, 숭배
самопочита́ние 자존
чинопочита́ние 상급자에 대한 복종
почте́ние 존경, 숭배, 경의
почте́нейший (속) (친근감을 가지고 상대방을 부르는 말) 여보십시요
почте́нность 존경, 경의
почте́нный 존경할 만한, 훌륭한, (수) 큰
почтённый → почти́ть
почти́ → поче́сть 거의
почти́тельно 정중하게, 공손하게
почти́тельность 존경심, 존경하는 것
почти́тельный 존경하는, 정중한, 예의바른
непочте́ние 불경·무례한 태도
непочти́тельный 불경의, 무례한
достопочте́нный (야유) 극히 존경해 마지 않는
почёт 존경, 존중
почётный 존경해야 할, 명예의, 광영 있는

что 무엇, 어떤, 얼마
что́либо = что́нибудь 뭔가, 무엇이든
что́то 뭔가, 얼마간, 왠지 모르게
кое что́ 어떤 것, 다소, 이것 저것
не́что 무엇인가, 어떤 것
ничто́ 아무것도 -않는다, 없다

ничего́ 괜찮다, 상관없다, 꽤좋다, 나쁘지 않다
ничегонеде́лание 무위
ничто́жество (ничто́женость) 보잘것없는 것, 사소한 것
ничто́жить 멸망 시키다, 절멸시키다, 천하게 만들다
ничто́жный 보잘것없는, 사소한
уничтожа́ть = уничто́жить 멸망 시키다, 박멸하다, (익) 먹어 치우다
уничтожа́ющий 섬멸적인
уничтоже́ние 괴멸, 섬멸, 근절, 말살

чу́до 기적, 이상한, 경탄할 만 한일
чуда́к 이상한 사람, 기인, 괴짜
чудакова́тый 다소 별난, 다소 변태적인
чуда́чество 기이한 행위
чуда́чествовать 별난 사람·기인이다, 기이한 행동을 하다
чудачи́на → чуда́к
чуда́чить = чуде́сить 기이한 행동을 하다, 이상한 흉내를 내다
чудеса́ → чу́до
чуде́сник 장난꾸러기, 기적을 행하는 사람
чуде́сный 놀랄만한, 기적적인, 절묘한, 뛰어난
чуди́к = чуди́ла → чуда́к
чули́нка 이상한, 색다른
чуди́ть → чуде́сить
чуди́ться 놀라다
чу́дище = чудо́вище 괴물(괴수, 괴조, 괴어), 거인, 불구자, 악인
чудно́й 기묘한, 불가 사이한
чу́дный 절묘한, 탁월한, 이상한
чудо́вищность 과도, 지나친 것, 터무니없는 것
чудо́вищный 괴물의, (미술·건축양식에 대하여) 기괴한, 그로테스크한, 굉장한
чудоде́й 기적을 행하는 사람, 마법사
чудоде́йственный 기적을 행하는, 기적적인
чудотво́рец 기적을 행하는 사람

чудотво́рный 기적을 행하는
чудотво́рство 기적을 행하는 것
начуде́сить (구) 많은 기이한 행동을 하다, 어리석은 짓을 하다
отчуде́сить (속) 뜻밖의 일을 저지르다
расчуде́сный → чуде́сный (강한뜻)

чужо́й 연고 (혈족, 가족, 당, 같은 학교, 고향 등) 가 없는, 자기것이 아닌, (속) 낯설은
чужа́к (구) 낯선 사람, 타고장 사람
чужби́на 외국, 타국
чужда́ться кого, чего 피하다, 경원 하다, 모르다, 체험이 없다
чу́ждый 모르는, 낯선, 타고장의, 다른
чужевла́стие 남에게 지배을 당하는 것
чужеда́льний 먼 이국의
чужезе́мец 외국인, 다른 나라 사람
чужезе́мый 외국의
чужезе́мщина 타국, 외국
чужени́н 모르는 사람, 타관 사람
чужепле́менник 딴 종족의 사람
чужестра́нец 외국인
чужея́дный 기생하는
чужеязы́чный 외국어의
вчуже́ 남이지만, 남의 일이지만
отчуди́ть = отчужа́ть 소외하다, (국가 또는 공공기관) 수용하다
отчужде́ние 토지·재산의 소유권을 남에게 옮기는 것, 수용, 소외, 소원, 분리
отчуждённость 교제하지 않는 것, 고독
отчуждённый 교제를 싫어하는, 고독한

чу́ткий 민감한, 동정심이 많은
чу́ткость 민감한 것, 동정심이 많은 것, 이해심
чутьё (동물의) 본능, 특히 후각, 센스, 감각
чутьи́стый 눈치가 빠른, 냄새를 잘 맡는
чу́вственник 음탕한 남자
чу́вственность 감성, 육욕, 호색
чу́вственный 오감으로 감지 할 수 있는, 육감적인, 호색의, 음란한

чу́вствие → чу́вство
чувстви́лище 감정이 표현하는 것, 느낄수 있는 것
чувстви́тельность 민감, 다감한 성질
чувстви́тельный 감수성이 예민한, 민감한, 다감한, 센티멘탈한, 동정심이 있는, 심한
чу́вствовать 느끼다, 깨닫다, 이해하다
чу́вствоваться 느껴지다
чу́вство 감각, 오감, 감정, 기분, 느낌, 의식, 정신, (구) 연정, 애정, (복) 감수성
чу́вствование 느낌, 연정, 애정
вчу́вствоваться (사물의 본질을) 감각으로 알다
вчу́вствование (철) 감정 이입
восчу́вствовать 느끼다, 감지하다
очу́вствоваться 제정신으로 돌아오다, (구) 후회하다, 비리를 깨닫다
перечу́вствовать 여러 가지 감정을 체험하다, 많은 것을 느끼다
предчу́вствовать 예감하다
предчу́вствоваться 예감 되다
предчу́вствие 예감
прочу́вствовать 깊이 느끼다, 감정을 이해하다
прочу́вственный 감정이 넘친, 간절한, 진지한
расчу́вствоваться (구) 깊이 감동하여 동정하다
самочу́вствие 건강 상태의 자각, 심신의 감각, 기분
чу́ять → чу́янный 감지하다 예감하다, 냄새 맡다, 이해하다, 납득하다
чу́янный → чу́ять
чу́яться 느끼게 되다, 예감이 들다
зачу́ять (구) 감지하다, 느끼다
причу́ять (개가) 냄새를 맡아 찾아 내다
учу́ять 냄새를 맡다, 냄새로 알다, 감지하다

чуть 아주 조금, 겨우, 간신히, --하자 마자
чуть-чуть → чуть

чуто́к (속) 조금, 아주 약간
чу́точку 아주 조금, 겨우
чу́точный = чу́тошный 아주 약간의

·· Ш ··

шаг 일보, 한걸음, 보행, 걸음 걸이, 일보의 폭, 행동, 동작, (기) 피치

шага́ть (шагну́ть) 일정한 속도의 걸음 걸이로 걸어 가다, 행진하다

шага́ться 넘다, 건너다

шаги́стый 큰 걸음

шагоме́р 보수계, 측보계

дошагну́ть 어느 정도 까지 걸어서 도착하다

отшага́ть (어떤 거리나 시간을) 끝까지 걷다, 보행을 그치다

отшагну́ть 한 걸음 옆으로 다가가서, 깡충 뛰어 비키다

перешагну́ть 걸어서 넘다, 딛고 넘다

шажо́к → шаг

вышага́ть (어느 거리를) 보조를 맞추어 걷다

вы́шагнуть шаг하다, 일보 앞으로 나아 가다

исшага́ть 돌아 다니다, 편력하다

нашага́ть (어떤 거리를) 걷다

нашага́ться 오래 걷다, 걸어서 피곤해 지다

пришага́ть (익살) 터벅 터벅 걸어 오다

прошага́ть 느린 걸음으로 지나가다, 느린 걸음으로 끝까지 걸어가다

ушага́ть (속) 걸어서 떠나다

ша́пка = ша́пчка (대개 차양을 대지 않은) 부드러운 모자, (일반적으로) 위로 덮는 것

шапова́л 양털 모자공

ша́починик 모자 제조인

ша́почный 모자를 벗어 인사 할 정도의

шата́ть (шатну́ть) 뒤흔들다

шата́ться 흔들리다, 위태롭다, 동요하다

шата́ние 흔듬, 흔들리는 것, 빈둥빈둥함

ша́ткий 흔들리는, 불확실한, 위태한, 불안정한

шато́к 한번 흔들림

шату́н 부랑자, 게으름장이

шату́чий → ша́ткий

дошата́ть 흔들기를 마치다
зашата́ть → шата́ть
нашата́ться (속) 많이 방황하다, 배회하다
расшата́ть 움직여서 흔들리게 하다, 동요 시키다, 약화 시키다
расшата́ться 흔들리다, 동요되다, 문란 해 지다

шёлк 견, 견사, 견작물
шелкова́рня 생사 공장
шелкови́дный 비단 같은
шелкови́на 견사, 명주
шелкови́стый 비단 같은
шелкови́ца 뽕나무
шелкови́чный 양잠의
шелково́д 양잠업자
шелково́дство 양잠업
шёлковый 명주의, 비단 같은, 순수한, 얌전한
шёлкокомбина́т 견직 기업 합동
шёлкокруче́ние 생사를 잣는 것, 자아내기
шёлкомота́льный 견사조의
шёлкомота́льня 사조공장
шёлкомота́льщик 조사공
шёлкомота́ние 1) 사조
шёлкомота́ние 2) 실을 뽑음 (고치에서 생사를 뽑는 것)
шёлкообраба́тывающий 견사·견포가공의
шёлкоотдели́тельный 명주를 분비하는
шелкопря́д 누에나방
шёлкопряде́ние 견사를 뽑는 일
шёлкопряди́льня 견사공장
шёлкотка́цкий 명주제조의
шелкотка́чество 견포 제직
шелчина́ 견사

шерсть = шёртка 포유동물의 털, 양모, 모직물
шерсти́нка 하나의 양모
шерсти́стый 보풀이 많은, (양에 대하여) 털이 복슬 복슬한

шерсти́ть (털이 살갗을) 쿡쿡찌르다
шёрстность 모질
шёрстный 짐승의 털의
шерстово́й = шерстби́т 타모공, 털실 방적공
шерстово́йка 타모공, 털실 방적공
шерстово́йня 타모공장
шерстокра́с 털 염색공
шерсткпы́л 날 다람쥐
шерстомо́йка 털씻는 기계
шерстоно́сный (짐승에 대하여) 털이 있는
шерстопряде́ние 털실을 뽑는 것
шерстопряди́льня 털실공장
шерстопря́дка 방모기
шерстотка́чесво 모직물 제조
шерстотрепа́льный 양털을 빗질하는
шерсточеса́лка 양털를 빗질하는 공장
шерстя́ник 털실·모직물 제조공, 양털·양모 제품상
шерстя́нка 모직물 같은 면직물, 모직 각반
шерстяно́й 양모의, 짐승털의, 털실의, 모직물의
длинношёрстый = долгошёрстый 털이 긴

ше́ствовать 걷다, 걸어가다
ше́ствие 행렬, 행진
наше́ствие 내습, 유격, 갑작스러운 출현
предше́ствовать 선행하다, 선구하다
предше́ственик 선행자, 선구자
предше́ствие в предше́ствии --에 뒤이어, --의 뒤부터
предше́ствующий 선행하는, 앞에 있는, 이전의
путеше́ствовать 여행하다, (익) 걸어서 돌아 다니다
путише́ствие 여행
путеше́ственик 여행자, 나그네
прише́ствие 도래, (재림) 최후의 심판
проше́ствовать 줄을 지어 통과하다
проше́ствие 종료, 종결, 경과
    по проше́ствие года 1년 경과 후

сше́ствие 하강

шеф 장, 장관, (군) 명예대장, 요리장, 주방장, 후원자, 후원조직
ше́фский → шеф
ше́фство шеф의 직책, 협력, 협조
ше́фствовать шеф가 되다,
подше́фник 지도하에 있는 사람·기관
подше́фный 후원하의, 지도하의, 피지도자, 지도하에 있는 사람
культше́ф 문화계몽사업 지도부
культше́фство 문화계몽사업 지도

ше́я 목, 음표의 꼬리
ше́йка = шея (모든 물건의) 협소한 부분, 목
ше́йный 목의
взаше́й (속) 턱을 쿡쿡 찔러서
вертише́йка 딱따구리 속의 하나
голоше́ий 목을 다 내놓고, 목을 드러낸
заше́йна 목덜미, (동물의) 목덜미 고기
кривоше́ий 목이 굽은
кривоше́я 경부 만곡증
наше́йник = оше́йник 개 따위의 목걸이
още́ек (도살한 짐승의) 목부분 살
переше́ек 지협
подше́ек 목의 아랫부분

шик 풍류, 멋부림, 세련된 모양
шика́рить (속) 멋내다, 뽐내다
шика́рный = шика́зный 풍류적인, 세련된, 스마트한, 멋진
шикова́ть (шикону́ть) 세련된 옷차림을 하다

ши́на 고무 타이어, (차바퀴의) 쇠바퀴, (의) 부목, 전선
автоши́на 자동차 타이어
ши́нник 타이·바퀴 철공
ошино́вка 타이어를 바꿔 끼는 것

широ́кий 폭이 넓은, (옷) 헐거운, 큰, 넓은, 분방한
ширина́ 폭
ши́рить 넓게하다, 벌리다
ши́риться 넓어지다, 증대하다, 전개되다(눈앞에)
широковеща́ние (라디오) 방송
широковеща́тельный 과대한 약속을 하다
широкогру́дный 가슴폭이 넓은
широкодосту́пный 대중이 이해하기 쉬운 (서적 등)
широколи́стный 활옆의
широкоску́лый 광대뼈가 튀어나온
широта́ 넓음, 광대, 위도
широ́тник (수) 평행선
широче́нный (속) 매우 넓은
ширь 넓은 것, 넓은 곳
расши́рить 넓히다, 확장하다, 증대 시키다
расши́риться 넓어지다, 증대·증진하다
расшире́ние 확대, 확장, 팽창
расши́реный 확장된
расши́ритель 확장기, 신장기
расши́рительный 광의의
расширя́емость 팽창성
уши́рить 넓히다
уши́риться 넓어지다

шить 깁다, 기워 만들다, (판자를) 깔다, 자수하다, 재봉하다
ши́ться за кем (속) 귀찮게 졸졸 따라 다니다
шитьё = шитво́ 깁는 일, 재봉, 자수, 기운 것
ши́тый 자수의 무늬가 있는, 꿰메서 입은
ши́ло 송곳, 큰 바늘
шилови́дный 송곳 모양의
шилоза́дый (동) 엉덩이가 가는
шилоклю́вка 도요새를 닮은 새
шилохво́стить 수다 떨다
шилохво́стый 꼬리가 가는
ши́льник 사기꾼

ши́льница (구둣방의) 송곳, 큰바늘집
ши́льничать 사기치다
ши́льчатый 가시가 있는
шве́йка 재봉공
белошве́йка 속옷 등을 만드는 여재봉사
шве́йный 재봉의
белошве́йный 속옷 등을 재봉하는
золотошве́й 금수공
швец 재봉사
швея́ 여자 재봉사
вшить 꿰메어 넣다, 꿰메붙이다
вши́вка 꿰메어 넣음
вшивно́й 꿰메어 넣은
вы́шить 수놓다
вы́шивка 자수
вы́шивной 수놓은
доши́ть 다 깁다, 꿰메다
заши́ть 꿰메어 합치다, 봉합하다
заши́ться 헛일을 하다, 어려움을 만나다
заши́вка 꿰메 맞추는 것
исши́ть 자수로 장식하다
наши́ть 표면에 꿰메다, 바느질 하다
надши́ть 이어꿰메다
отши́ть (목공) (붙인 판자따위를) 떼다, 내쫓다, 바느질을 마치다
переши́ть 다시 꿰메다, 많이 깁다, 판자를 다시 깔다
переши́вка 다시 꿰메는 것
поши́ть (잠시) 꿰메다, 재봉하다
пошив (속) 재봉, 꿰메는 것, 바느질
поши́вщик 재봉공
подши́ть (밑에서부터) 꿰메다, 뒤집어서 꿰메다
подши́вка 옷깃·옷단에 꿰멘 것
приши́ть 꿰메다, (못 따위를) 때려 박다, 끌어 들이다
пришивно́й 꿰멘
проши́ть 맞춰 꿰메다(중간에), 솔기를 대다
расши́ть 꿰멘 것·접힌 것을 뜯다, 풀다, 수놓다

расши́ться 꿰멘 것이 풀어지다, 터지다
сши́ть 꿰메어 맞추다, 잇다, 못을 쳐서 박다
сшив → сши́ть
сши́вка 봉합된 부분, 솔기
уши́ть 꿰메어 줄이다, 수를 가득 놓다
уши́ться 꿰메어 좁게 되다

шко́ла (초등·중등) 학교, 학파
шко́лить 엄중히 가르치다, 훈련하다
шко́льник 국민·중학생
шко́льничать 어린학생 같은 장난을 하다
шко́льничество 학생다운 행동거지
шко́льный 학교의
школя́р 학생, 생도
школя́рство 스콜라 철학적인, 학자인 체 하는 것
шко́лка → шко́ла
внешко́льник 교외 교육 전문교사
внешко́льный 교외의
дошко́льник = дошколёнок 취학전의 아동
дошко́льный 취학전의
пришко́льный 학교 부근의

шлёп 철썩 때리다
шлёпать (шлёпнуть) 철썩 때리다, 툭·탁 던지다, 떨어 뜨리다
шлёпаться 철썩 떨어지다, 쓰러지다, 흔들거리다
шлёпка 철썩 때림
шлепок 철썩 한차례 때리는 것
нашлёпать 손바닥으로 치다
отшлёпать 손바닥으로 찰삭 때리다, (옷을) 더럽히다, (구) 진흙 속을 철벅 철벅 걸어가다
пришлёпнуть 철썩치다, 가볍게 두들기다

шля́па (특히 차양이 있는) 남자모자, 부인모자, 불량배
шля́пка 부인 모자
шля́пка гвоздя́ 못 대가리
шляпёнка = шля́пка 허술한 모자

шля́пник 모자 제조인
шля́пный 모자의

шафёр 자동차 운전사
шафёрство 운전사의 직

шпио́н 간첩, 스파이, 탐정
шпиона́ж 간첩행위
шпио́нить 간첩행위를 하다
шпио́нство 간첩행위

шторм (해상·상공의) 폭풍우
што́рмить (일기에 관하여) 거칠어지다
штормова́ть 폭풍우를 만나다
штормо́вка (수부·운동선수 등의) 두껍고 짧은 방수 웃옷
штормово́й → шторм
шторомя́га (속) 격심한 폭풍우

штраф 벌금, 과태료
штрафно́й 징벌의, 벌금의
штрафова́ть = оштрафова́ть 벌금을 부과하다

шту́ка 한 개, 하나, 한대, 한필, (구) 사건, 일, 농담, 장난, 허구, 허풍, 사기
штука́рить 장난·농담을 하다, 허풍을 떨다, 사기치나
штука́рство 장난, 농담, 허풍, 사기
штука́рь 사기꾼, 허풍쟁이, 장난꾸러기

шум 소음, 잡음, 소동, 소란한 말소리
шумёр (극) 음향 담당자
шуме́ть 웅성거리다, 소음·잡음을 내다, 떠들다
шуми́ха 활발한 의논, 큰 소동, 센세이션
шумли́вый 시끄러운, 떠들어 대는
шу́мный 소란스러운, 시끄러운, 문제의
шумови́к (사냥) 소리에 놀라 뛰어 나온 짐승, 음향 담당자, 재즈 악사

шумоглуше́ние (공) 소음 (음을 없애는 것)
шумоглуши́тель 소음 방지기
шумо́к 희미한 소리
шумопеле́нгатор (군) 음향 탐지기
прошуме́ть 떠들다 (얼마 동안), 왁자 지껄하다
расшуме́ться (구) 몹시 떠들기 시작하다, 대소동을 일으키다

шу́тка 농담, 익살, 장난
шути́ть (шуткова́ть) 장난치다, 농담하다, 경시하다
шут 어릿광대 (직업적인), 익살꾼, 웃음거리가 되는 사람, 악마
шуте́йный 장난섞인, 농담의
шутли́вый 익살 맞은
шу́тник 익살꾼, 광대
шуто́вство 웃김, 익살
шу́точный 웃기는, 농담의
шутя́ 쉽게, 용이하게
полушутя́ 농담 반으로
вы́шутить (вышу́чивать) 우롱하다, 조롱하다
дошути́ться 시종 장난치고 농담하여 나쁜 결과를 가져오다
нашути́ть 자꾸농담을 하다
нашути́ться 마구 농담을 하다
отшути́ться 농담으로 얼버무리다, 농담조로 대답하다, 농담으로 속이다
перешу́чиваться 서로 농담을 주고 받다
пошути́ть (잠시) 비웃다, 농담하다
подшути́ть 놀려대다, 희롱하다, 조롱하다
расшути́ться 몹시 희롱하기·깔보기 시작하다
сшути́ть 장난으로 하다, 농담하다

⋅⋅ Щ ⋅⋅

щади́ть (пощади́ть)   자비를 베풀다, 용서하다, 아끼다
щаже́ние → щади́ть
бесща́дный   용서 없는, 무자비한
поща́да   용서, 사면, 연민
беспоща́дный = неща́дный   가차 없는, 용서 없는

ще́дрый   아낌없이 주는, 잘 주는, 대범한, 풍부한
щедри́ться   아까워하지 않다
ще́дрость   아까워하지 않음, 대범함
щедро́ты   사물, 풍부한 선물, 정, 인자
расще́дриться   대범해 지다, 아끼지 않다

щека́ = щёчка = щёч   볼, 뺨, 측면, 옆쪽
щека́стый   (속) 볼이 통통한
защёчный   볼·뺨쪽의
пощёчина   따귀를 때림, 모욕, 능욕

щётка   솔, 브럿쉬, 수세미
щёткадержа́тель   솔 손잡이
щёточник   솔 제조인
щёточный   솔의
щёчка →щётка

щит   방패, 바람막이, 수위 조절 장치, 가리개
щи́тик   방패, 바람막이
щито́к = щит   작은 방패, 갑충의 앞가슴 부분
щитко́вый → щит
щитови́дка   갑상선
щитоно́сец   방패를 든 병사
щитоно́сный   방패를 지닌
щитообра́зный   방패 모양의

⋅⋅ Э ⋅⋅

эвакуи́ровать   철수 시키다, 철군하다, 후송하다
эвакуа́тор   철수, 소개
эвакуа́ция   철수, 후송, 송환, 귀한
реэвакуи́ровать   (철수한 국민을) 복귀시키다
реэвакуа́ция   철회·철수한 국민의 복귀

эвапора́тор   증발기, 증발, 건조기
эвапора́ция   증발, 기화
эвапоро́метр   (화) 증발 측정기

эволю́ция   진화, 발전
эволюциони́зм   진화론
эволюциони́ровать   진화하다, 발전하다
эволюционисти́ческий   진화론의

эгои́зм   이기주의
эгои́ст   이기주의자
эгоисти́ческий   이기주의의
эготи́зм   자아 (지상) 주의, 개인주의
эгоцентри́зм   자기 중심주의

эква́тор   적도, 공을 2등분 하는 주위선
экваториа́л   적도의

эквили́бр   평형, 균형
эквилибри́ровать   평형시키다, 줄을 타다
эквилибри́ст   곡예사, 임기 응변에 능한 사람
эквилибри́тика   곡예, 줄타기, 임기 응변

экзальта́ция   열광, 흥분
экзальтати́рованный   열광한

экза́мен   시험, 고사
экзамена́тор   시험관, 심사원
экзаменова́ть   시험하다
экзаменова́ться   수험하다

экзамено́тор 시험관
отэкзаменова́ть 수험을 끝내다
отэкзаменова́ться 수험이 끝나다
переэкзаменова́ть 수험을 끝내다
переэкзаменова́ться 수험이 끝나다
переэкзамено́вка 재시험
проэкзаменова́ть (얼마 동안) 시험하다

экзерси́с (음악·무용의) 연습
экзерци́ровать 훈련하다
экзерци́ция 연습, 교련

экзистенциали́зм 실존주의
экзистенциали́ст 실존주의자
экзистенциа́льный 실존주의의

экзога́мия 외족 결혼
экзоге́нный 외인성, 외래의
экзокри́нный 외분비의
экзо́тика 이국풍인 것
экзоти́ческий 이국풍의
экзоти́чность 이국정취

экипирова́ть 장비하다, 준비시키다
экипирова́ться 장비하다, 준비하다
экипиро́вка 장비, 치장, 비품

эконо́м 가령 (집사), 가정 관리인, 경세통
экономиза́ция 절량
эконо́мика 경제, 경제지구
экономи́ст 경제 학자
эконо́мить 절약·절감하다
экономи́ческий 경제의, 경제학의
экономи́чный 경제 적인
эконо́мия 절약, 검약, 경제
эконо́мичать 절약하다, 인색하게 굴다
эконо́мный 검약의, 절약의, 검소한
экономполи́тика 절약·긴축경제
наэконо́мить 절약하여 모으다
сэконо́мить → эконо́мить

экскава́тор 굴착기, 굴토끼
экскава́торщик 굴착기 운전수
экскава́ция (공) 굴착

экскреме́нты 배설물, 대변
экскре́ция 배설

экскурси́вать 견학, 소풍, 여행하다
экску́рсия 단체여행, 소풍, 견학
экскурсово́д 소풍·견학 지휘자, 안내자

экспа́нсия 확장, 확대, 신장, 발전, 영토확장
экспансиони́зм (영토·상업 등의) 확장·신장·발전주의
экспансиони́ст (영토·상업 등의) 확장·신장·발전주의자

экспатриа́нт 본국 국적을 잃은 사람, 국적을 빼앗긴 사람
экспатриа́ция 국적이탈, 국외추방
экспатрии́ровать 국외로 추방하다
экспатрии́роваться 망명하다, 국적을 버리다

экспеди́тор 발송인, 운송인
экспеди́ция 발송, 파견, 발송계

экспериме́нт 실험
эксперимента́тор 실험자
эксперимента́торство 실험을 행하는 것, 실험취미
эксперименти́ровать 실험을 행하다

экспе́рт 전문가
эксперти́за 전문가의 감정 (심사)

эксплози́вный 파열의
эксплози́вы 폭발물
эксплози́я 파열

эксплуата́тор 착취자, 이기적 이용자
эксплуатацио́нник 경영자, 현장 근무자
эксплуата́ция 착취, 채취, 개발, 사용, 이용
эксплуати́ровать 착취하다, 개발·사용하다
эксплуати́руемый 피착취자

экспози́ция (문학·음악의) 요지 설명, 진열, 전람
экспона́т 진열품, 전시품
экспоне́нт 출품자, 진열자

э́кспорт 수출, 수출액
экспортёр 수출업자
экспорти́равать 수출하다
э́кспортный 수출의, 수출용의

экспресси́вный 표정·표현력이 풍부한
экспрессиони́зм 표현주의
экспрессиони́ст 표현파 예술가
экспре́ссия 표현력, 표정

экссуда́т 침출, (의) 분비물
экссуда́ция (의) 침출

экста́з 황홀, 매우 기쁨, (의) 정신혼미
экстати́ческий 황홀한, 무아지경의

э́кстра 엑스트라
экстраваѓа́нтность 법의 부조리, 사치, 낭비, 방종
экстради́ция 외국인 범인을 본국정부에 인도함

экстра́кт 추출물, 정제
экстраги́ровать 뽑아내다, (화) 분석 추출하다
экстракти́вный 추출물의
экстра́ктор 추출기, 분리기, 발취기구
экстра́кция 분석, 추출

экстреми́зм 극단주의, 극단론
экстреми́ст 극단주의자

эксце́нтрик 편심륜
эксцентриа́да = эксце́нтрика (서커스·극 중의) 유별난·극단적으로 우수운 동작
эксцентрисите́ть (기계) 편심율
эксцентри́ческий (수) 이심의, 기묘한, 별난
эксцентри́чность 기묘한 행위·행동

эла́стик 합성 탄성 섬유
эласти́ческий = эласти́чний 탄력있는, 움직이기 쉬운

элега́нтный 우미한, 전아한
элега́нтность 우미, 전아, 우아

электи́вный 선거의, 선택의
эле́ктор 선거인, 선택자

электриза́ция 전기를 일으키는 일
электризава́ть 전기를 일으키다
эле́ктрик 전기공학자, 전기기사
электрифика́ция 전력보급, 전화, 전력, 전등 사용
электрифици́ровать 전기화하다
электри́ческий 전기의, 전력의
электри́чество 전기, 전력
электро - 전기의 뜻
электробри́тва 전기면도기
электробу́с 전기버스
электрово́з 전기기관차
электрогенера́тор 발전기
электро́д 전극
электродви́гатель 전동기
электродвижо́к 소형 전동기, 소형 전기모터
электродо́ика 전기착유기
электродре́ль 전기드릴
электроёмность 전기용량
электрозапа́л 휴즈

электрозвано́к 전기종
электроинструме́нт 전기공구
электрокардиогра́ма (의) 심전도
электрокардиогра́ф 심전도 기록장치
электрола́мпа 전등
электролече́ние 전기치료
электро́лиз = электролиза́ция (화) 전기분해
электролизова́ть (화) 전기분해하다
электроли́ния 전선, 송전선
электроли́т 전해질
электромагнети́зм 전자기
электромагни́т 전자석
электромасса́ж 전기 마사지
электромаши́на 전기 기계
электромеха́ник 전기공학자
электромеха́ника 전기공학
электромоби́ль 전동차
электромото́р 전기모터
электро́н 전자
электронапряже́ние 전압
электро́ника 전자공학
электропереда́ча 송전
электропита́ние 전기공급
электроплита́ 전기렌즈
электропредохрани́тель 전기 안전기
электроприбо́р 가정용 전기기구
электропро́вод 전선
электропрово́дность 전도성, 전도율
электроре́зка 전력에 의한 금속 절단
электросамова́р 전기 사모바르
электросва́рка 전기용접기
электросва́рщик 전기용접공
электросе́ть = электросисте́ма 전력계통
электросо́н 전기최면 요법
электроста́нция 발전소
электростолб 전주
электростри́жка (양털의) 전기 삭모
электрострой 발전소의 건설
электросчётчик 전기미터

электротерапи́я 전기요법
электроте́хник 전기기사
электроте́хника 전기공학
электротя́га 전기견인
электрофизиоло́гия 전기생리학
электрохи́мия 전기화학
электрохо́д 전기모터선
электрочасы́ 전기시계
электроэне́ргия 전기, 전력
электроэнцефалогра́фия (의) 뇌의 전류 기록술

элеме́нт 요소, 구성성분, (화) 원소, (속) 놈
элемента́рность 초보, 기본
элемента́рный 기초적인, 초보의
первоэлеме́нт 제일요소, 근본적요소

элимина́ция 제거, 소거
элимини́ровать 제거하다, 소거하다

элокве́нтный (비꼼, 익살) 웅변적인
элокве́нция 웅변

эмбриогене́з 배형성(의)
эмбрио́лог 발생학자
эмбриоло́гия 발생학
эмбрио́н (의) 배

эмигра́нт 망명자, 외국으로 이주하는 사람
эмигра́нщина 이주자들
эмигра́ция 망명, 외국으로의 이주
эмигри́ровать 이주하다, 망명하다

эмисса́р 밀사, 특사
эмисса́рство 밀사·특사의 임무

эмоциона́льность 감동하기 쉬운 것, 정에 약한 것
эмоциона́льный 정서의, 감동하기 쉬운
эмо́ция 정서, 희로애락

эндо-   내부의 뜻
эндога́мия   내혼제, 동족간의 혼인
эндока́рд   심내막
эндока́рдит   심내막염
эндокри́нный   내분비선
эндокриноло́гия   내분비학
эндометри́т   자궁내막염
эндопарази́т   체내 기생충
эндоско́п   (의) 내진경
эндотокси́н   내독소, 체내독

энерге́тика   에너지론, 동력공학
энерги́чность   정력적인것, 과단
энерги́чный   원기왕성한, 강력한, 맹렬한
эне́ргия   에너지, 힘, 정력, 원기
энерго-   동력, 발전의뜻
энергоёмкий   대량의 동력을 요하는
энергоснабже́ние   전력공급
энергостро́й   발전소 건립
энерготра́та   에너지 소비
энергоце́нтр   중앙 발전소

эни́гма   수수께끼
энигмати́ческий = энигмати́чный   수수께끼 같은

энтери́т   (의) 장염
энтеротоми́я   (의) 장 절제술

энтузиа́зм   열광, 열중
энтузиа́ст   열주하는 사람, 심취자

энциклопеди́зм   박학 다식, 백과통
энциклопеди́ческий   백과 사전의
энциклопе́дия   백과사전

эпо́ха   시대, 시기, 세, 원기, 획기적 사건
эпоха́льный = эпоха́иальный   획기적인

э́пик   서사시인

э́пика   서사시인
ли́рико-эпи́чески   (문학작품) 서정시와 서사시의 요소를 가진

эроди́ровать   (지질) 침식하다
эро́зия   침식
электро-эрозио́нный   방전의

э́рос   에로스
эроти́зм   호색(증), 다음
эро́тика   색정적요소, 연애시·문학
эроти́ческий   호색의
эротома́ния   색정광, 호색

эскала́тор   에스컬레이터
эскала́торный   높이는, 늘리는
эскала́ция   에스컬레이션, 단계적 확대

эско́рт   호위병, 의장병
эскорти́ровать   호위하다

эсте́т   유미주의자
эстетиза́ция   미화, 이상화
эстети́зм   미감, 심미주의
эсте́тик   탐미주의자
эсте́тика   미학
эстети́ческий   미학의
эсте́тство   유미주의의 행동, 지나친 탐미
эсте́тствовать   탐미파인 척하다, 미적형식만을 중시하다

эта́ж   (건물의) 층, (사회의) 층
этаже́рка   장 (선반이 몇단 있는 가구)
эта́жность   건물의 층수
-эта́жный   -층의 (건물)
бельэта́ж   (빌딩의) 가장 좋은 층 (보통 2층), (극장) 특등석
одноэта́жный   일층의, 일층건물의
ме́жду (ме́жу) эта́жный   계단 사이의
пятиэта́жный   5층의, 5층건물의

сорокаэта́жный 40층의, 40층 건물의
трёхэта́жный 3층의, 3층 건물의, (익살) 장황한, 수다스러운

этике́т 예의, 예의범절
этике́тничать 예의 범절을 중시하다

этимо́лог (어) 어원학자
этимологиза́ция 어원결정
этимологизи́ровать 어원을 정하다
этимоло́гия 어원, 어원 설·학
этимо́н (어) 원어 (파생어의)

эффе́кт 효과, 효력, 이상, 감동
эффекти́вность 효능, 능률
эффекти́вный 효과 있는, 실효있는
эффе́ктный 인상·감동을 주는, 효과를 거둔

••Ю••

юбиле́й 기념제, 기념축전
юбиля́р 기념축전을 개최받는 사람

ю́бка 스커트, (남자의 색정의 대상으로서) 여자
ю́бочка ю́бка의 애칭, 짧은 스커트
ю́бочный 스커트의
ю́бочник (속) 호색한, (구) 치마 재봉사
ю́бчонка → ю́бка

юг 남, 남부, 남쪽지방
юговосто́к 동남
югоза́пад 서남
южа́к 남풍
южа́нин 남방인, 남러시아인, 남유럽인
южно- 남쪽의·남방의 뜻
ю́жный 남쪽의, 남방의

ю́мор 유머, 해학, 기지, 유머작품
юморе́ска 유머작품, (음) 유머소곡
юмори́ст 유머작가, 작곡가, 유머가 풍부한 사람
юмори́стика 유머작품, 해학
юмористи́ческий 해학적인
юмористи́чный 유머가 있는, 우수운, 이상한

ю́ноша 청년, 젊은이
юн- 소년의, 청년이 뜻
ю́нга 배안의 견습수부
юне́ть 젊어지다, 젊음을 되찾다
юне́ц 젊은이, (현재는 경멸) 풋나기
юни́ца 소녀, 암송아지
юнио́р 소년선수(18-20세)
юнио́рка 소년선수(18-20세)
ю́ность 젊음, 청년시절, 청춘
ю́ношеский 청년의
ю́ношество 청년시절, 청춘, 청춘남녀
ю́ный 젊은, 연소한, 소년 같은

юриди́ческий　법률상의, 재판상의
юрисди́кция　재판권, 사법권
юриско́нсульт　법률 고문
юри́ст　법률가, 법학도
юрбюро́　법률 상담소

••Я••

я́блоко = я́блочко　사과, 안구, 원형으로된 크지 않은 여러종류의 것
я́блоневый = я́блонный　능금·사과나무의
я́блоновка　능금·사과주
я́блоня　능금·사과나무
я́блочник　사과장수
я́блочный　사과의

яви́ть (явля́ть)　가리키다, 보이다, 나타나다, 제시하다
яви́ться　출두하다, 나오다, 나타나다
я́вка　출두, 출석, 제시, 표시
явле́ние　현상, (희곡의) 장, 표현
явле́нный　(현재는 익살) (종) 기적에 의해 나타난
я́вный = я́вственный　공공연한, 명백한, 명료한
я́вствовать　명백히하다
явь　현실, 실제
заяви́ть (заявля́ть)　신고하다, 제출하다, 성명하다, 진술하다, 표명하다
заяви́ться　나타나다, 출두하다
зая́вка　(권리획득·물자·임금의 발급에 관한) 신청, 신청서
заявле́ние　제출, 출원, 신고, 제출서, 원서, 성명, 언명, 성명서
зая́вщик → заяви́ть
объяви́ть (объявля́ть) о чём　신청하다, 상신하다, 널리 알리다, 공고하다, 포고하다, 광고하다, 선언하다
объяви́ться　자인하다, (속) 나타나다, 드러나다
объявле́ние　공포, 공고, 선고, 선언, 포고, 주장, 신고, 광고
появи́ться (появля́ться)　나타나다, 출연하다, 모습을 보이다
появле́ние　출현

отъяви́ть (отявля́ть)　(사람 또는 물건을) 모두 인정하다, 딱지 붙이다
отъявле́нный　딱지 붙은, 숨을 수 없는, 유명한

я́года　장과 (딸기·포도 등의 열매의 한알맹이), 딸기
я́годник　장과가 자라는 초본 및 관목, 장과로 만든 술
я́годный　장과의
ягодообра́зный　장과 모양의

яд　독, 독물, 해로운 것, 악의, 원한
ядови́тость　유독성, 독살스러움, 악의
ядови́тый　독이 있는, 독살스러운, 유독한
ядозу́б　도마뱀의 일종(이에 독이 있는)
ядоно́сный　독을 지닌, 유독한
ядохимика́ты　화학 유독물, 농약 (살충제)
противоя́дие　(의) 해독제, 항독소

ядро́　(일반적으로) 사물의 중심을 이루는 부분, (식) 핵, (원자)핵, 세포핵, (조직의) 중심, 핵심, 포환, (해부)고환
я́дерник　원자핵 물리학자
ядернореакти́вный　핵반응에 의한
я́дерный　핵의, 중심의
я́дерщик = я́дерник　원자핵 물리학자
ядрёный　(속) (과실에 대하여) 알맹이가 크고 질이 좋은
термоя́дерный　열핵의
безъя́дерный　핵병기가 없는

я́зва　(의) 궤양, 전염병, 해, 악, 재난, 독설가, 균열
я́звенник　위궤양 환자·전문가
я́звенный　궤양의
я́звина　날이 망가진 것, (표면의) 꺼칠 꺼칠한 상처, 동물의 굴
язви́тель　독설가
язви́тельный　독살스러운, 가시돋힌
язви́ть (съязви́ть)　상처를 내다, 욕지거리하다, (벌레가) 찌르다
изъязви́ть (изъязвля́ся)　종기·상처를 내다, 욕지거리하다
сибирея́звенный　탄저병의

язы́к　혀, 혓고기, 국어, 언어, 말, 국민, 민족
языка́стый　잔소리가 많은, 독설의
языкове́д　언어 학자
языкове́дение　언어학
языково́й　언어의
языко́вый　혀의
языкотво́рец　신어 창조자
языкотво́рчество　(어) 조어
язы́ческий　이교, 이교도의
язы́чество　이교, 사교
--язы́чие　--개국어 사용
язы́чник　이교도, 독설가
язы́чный　혀의, (어) 혓소리의, 혀로 발음하는
язычо́к　혀, 목젖
двуязы́чие　2개국어 병용
злоязы́к　험담벽, 독설벽
злоязы́чник　독설을 지껄이는 사람
иноязы́чный　외국어의
коснояы́чие　(경멸) 눌변
коснояы́чный　(경멸) 말이 서투른, 눌변의
переднеязы́чный　(어) 설치음의, 전설면음
разноязы́чие　갖가지 언어를 말하는 것, 언어를 달리하는 제 민족의 존재
разноязы́чный　여러 언어로 말하는, 각 국어에 관한
праязы́к　(어) 원시어
чужеязы́чный　이국어의

яйцо́ = яи́чко　(복수 я́йца) 계란, 난세포, 알, 난자, (속)고환
яи́чник　난소, 계란 장수
яи́чница　계란 부침, 오믈렛
яи́чный　알의
яицеви́дный　계란 모양의
яйцево́д　난관

яйцевой 난자의
яйцеед (충) 난기 기생충
яйцеживорождение 난태생
яйцеклад (곤충·물고기의) 산란기관
яйцекладущий 산란하는
яйцекладка 난, 난자, 난세포
яйценоский 알을 많이 낳는
яйценоскость 산란능력, 산란율
яйцеобразный 계란모양을 한
яйцерезка 계란을 깨는 기계
яйцеродный 난생의
яйцерождение 난태생

яма 구멍, (기체의) 포켓, 감옥, 매음굴, 분지
ямина (구) 구멍 (주로 큰 것), 분지
ямистый 구멍투성이의
ямища = ямочка → яма
ямка 작은 구멍, 구덩이, 보조개, 하등 동물의 감각기관
приямок 움푹 펜 땅

яркий 빛이 강한, 밝은, 선명한, 현저한, 명료한
ярко- (색채가) 선명한 뜻
яркость 휘도, 명도

ярость 격노, 분노, 맹렬, 발정, 교미기
яриться 격노하다, 분노하다, (파도가) 용솟음 치다, 발정하다
яростный 격노한, 광폭한
ярый 격노한, 격분한, 순백의

ясный 분명한, 명백한, 청명한, (속) 빛나는
яснеть 분명해지다, 확실해지다, 개이다
яснookий 눈이 아름다운
ясность = яснота 밝기
выяснить 1) 해명하다, 천명하다, 밝히다
выясниться 밝혀지다
выяснить 2) 맑게 개다
выяснение 해명, 천명
изъяснить 설명·해석하다, 변명하다

изъясниться 의지를 명백히 하다, 생각을 밝히다
изъяснение 설명, 해석, 변명
изъяснительный 설명의, 변명의
объяснить 설명하다, 해석하다, 변명하다, 해명하다
объясниться 서로 설명하다, 함께 논의하다, 설명이되다
объяснение 설명, 해석, 변명, 주석, 원인, 의논
объяснимый 설명 할 수 있는
объяснительный 설명·해석에 도움이 되는
пояснить 설명하다, 주석을 달다
пояснение 설명, 주석, 해석
пояснитель 설명·해석·주석하는 사람
пояснительный 설명의, 주석의, 해석의
прояснеть 밝아 지다, 맑아 지다, 맑게 게다
прояснеть (얼굴·마음이) 밝아지다, 명랑해지다
прояснить (그림의 윤곽 따위를) 똑똑하게 하다, (속) 분명하게 하다, 해명하다
проясниться 똑똑해지다, 명료해지다, (하늘이) 개다
разъяснить = разъясниться (속) 활짝 개다 (날씨가)
разъяснить 설명·해설·해석·천명하다
разъясниться 명료해지다
разъяснение 설명, 해설, 해석
разъяснительный 설명의, 해설의, 해석의
уяснить 자신에게 알게하다, 이해하다, (속) 분명하게 하다, 이해 시키다, 천명하다
уясниться 분명하게 되다, 명료해지다
уяснение 해명, 천명
ясно → ясный
ясновельможный 폴란드 귀족
ясновидение 천리안, 통찰력이 뛰어난 것
ясновидец 천리안을 지닌 사람
ясновидящий 천리안의

ячиме́нь 보리, (의) 눈의 다래끼
ячиме́ный 보리의
я́чневик 보리가루로 만든 작은 빵
я́чневый 보리로 만든, 보리가루의
я́чный → я́чневый

я́щерица 도마뱀, 수궁
я́щер 천산갑속, 도마뱀속, 수궁
ящерёнок 도마뱀류의 새끼
я́щерный 도마뱀의

я́щик (я́щичек) 상자, 궤, 함, 통, 책상 설합
я́щичник 상자를 만드는 사람
я́щичный 상자의
хладоя́щик 냉동상자

Index
찾아보기

	A	
А		7
абду́ктор		7
абду́кция		7
аболициони́зм		7
аболициони́ст		7
аболи́ция		7
абонеме́нт		7
абоне́нт		7
абони́ровать		7
або́рт		7
абортарий		7
аборти́вный		7
абортма́хер		7
абсолю́т		7
абсолюти́вный		7
абсолютизи́ровать		7
абсолюти́зм		7
абсолюти́ст		7
абсолю́тно		7
абсолю́тность		7
абсолю́тный		7
абсорбе́нт		7
абсо́рбер		7
абсорби́ровать		7
абсорбцио́нный		7
абсо́рбция		7
абстра́кт		7
абстра́ктный		7
абстракциони́зм		7
абстра́кция		7
аванси́ровать		7
авантаж		7
авантажный		7
авантю́ра		7
авантюри́зм		7
авантюри́ст		7
авантюристи́ческий		7
авантю́рный		7
авари́йка		7
авари́йность		7
авари́йный		7

аварийщик	7
ава́рия	7
авиа-	7
авиаба́за	7
авиабиле́т	7
авиабо́мба	7
авиагоризо́нт	7
авиазаво́д	7
авиаинжене́р	7
авиака́рта	7
авиакомпа́ния	7
авиали́ния	7
авиало́дка	7
авиама́тка	172
авиамая́к	7
авиаметеоста́нция	7
авиамоде́ль	7
авиано́сец	7
авиано́сец	204
авиапа́рк	7
авиапо́чта	7
авиапромы́шленность	7
авиаскла́д	7
авиасъёмка	211
авиасъёмка	7
авиате́хник	7
авиате́хник	362
авиате́хника	7
авиате́хника	362
авиа́тор	8
авиатра́нспорт	8
авиацио́нный	8
авиа́ция	8
авиача́сть	8
авиача́сть	409
авиашко́ла	8
авиогородо́к	**8**
авиожурна́л	8
авиомотоцикле́тка	8
авио́н	8
авиониза́ция	8
авто-	**8**
автоба́за	8

автобензово́з	8
автобетономеша́лка	8
автобиогра́фия	8
авто́бус	8
автово́з	8
автога́мия	8
автогара́ж	8
автогене́з	8
автогипно́з	8
автого́нка	8
авто́граф	8
автодоро́га	81
автодро́м	8
автозаво́д	8
автокаранда́ш	8
автокла́в	8
автокра́т	8
автокра́тия	8
автома́т	8
автоматиза́ция	8
автоматизи́ровать	8
автомати́зм	8
автома́тика	8
автомати́ческий	8
автомати́чный	8
автомаши́на	8
автометаморфи́зм	8
автомобилестрое́ние	8
автомобилиза́ция	8
автомобили́ст	8
автомоби́ль	8
автомоби́льный	8
автоно́мия	8
автопа́рк	8
автоперево́зка	8
автопла́стика	8
автопокры́шка	8
автопортре́т	8
автопробе́г	8
автопробе́г	**17**
автопси́я	8
а́втор	8
авторегуля́тор	8

авторита́рный	8	агрономи́ческий	9	адсо́рбция	9
авторите́т	8	агроно́мия	9	азиа́т	10
авторите́тный	8	агроте́хник	9	азиа́тский	10
авторота́ция	8	агроте́хник	362	азиа́тчина	10
а́вторский	8	агроте́хника	9	**А́зия**	**10**
а́вторство	8	агроте́хника	362	азооспермия́	328
а́вторствовать	8	агрофи́зика	389	азосоедине́ние	10
авторучка	8	агрохи́мия	394	азо́т	10
автосамосва́л	30	агроэкономи́ческий	9	азоте́мия	10
автосвеча́	8	**ад**	**9**	азотиза́ция	10
автостра́да	8	**адапта́ция**	**9**	азоти́рование	10
автострое́ние	8	ада́птер	9	азоти́ровать	10
автото́рмоз	8	адапти́вный	9	азотистоки́слый	10
автотяга́ч	8	адапти́ровать	9	азо́тистый	10
авточа́сть	8	адапто́метр	9	азотноки́слый	126
автоши́на	8	администрати́вно	9	азотоба́ктер	10
автоши́на	421	администрати́вный	9	азотсодержа́щий	322
аге́нт	**8**	администра́тор	9	азотфикса́ция	10
аге́нти́рование	8	администра́ция	9	азотфикси́рующий	10
аге́нтство	8	администри́рование	9	азофо́ска	10
агенту́ра	8	администри́ровать	9	**ак-**	**10**
аги́т-	**9**	**адмира́л**	**9**	академи́зм	10
агита́тор	9	адмиралте́йство	9	акаде́мик	10
агитацио́нный	9	адмира́льский	9	академи́ст	10
агита́ция	9	адмира́льство	9	академи́ческий	10
агити́ровать	9	адмира́льша	9	академи́чный	10
агитма́ссовый	9	а́дов	9	акаде́мия	10
агонизи́ровать	**9**	адопта́тор	9	**аквала́нг**	**10**
аго́ния	9	адопта́ция	9	аквамари́н	10
агора́	**9**	адопти́вный	9	аквамоби́ль	10
агорафо́бия	9	адопти́ровать	9	акванавт	10
аграриза́ция	9	**а́дрес**	**9**	акварели́ст	10
агра́рий	9	адреса́нт	9	акваре́ль	10
агра́рник	9	адреса́т	9	аква́риум	10
агра́рный	9	адресова́льный	9	аквато́рия	10
агро-	**9**	адресова́ть	9	акведу́к	10
агроба́за	9	адресова́ться	9	акклиматиза́тор	130
агробиоло́гия	9	а́дский	9	**акклиматиза́ция**	**10**
агрогоро́д	9	**адсорбе́нт**	**9**	акклиматиза́ция	130
агрокульту́ра	9	адсо́рбер	9	акклиматизи́ровать	130
агроло́гия	9	адсорби́ровать	9	акклиматизи́ровать	10
агроно́м	9	адсорбцио́нность	9	акклиматизи́роваться	10
агрономиза́ция	9	адсорбцио́нный	9	акклиматизи́роваться	130

аккомода́ция	10	активи́ст	11	анекдоти́ст	11
аккомоди́ровать	10	акти́вность	11	анекдоти́ческий	11
аккомпанеме́нт	10	акти́вный	11	анеми́чный	11
аккомпаниа́тор	10	актинотерапи́я	358	**анеми́я**	11
аккомпани́рование	10	актри́са,	11	анестези́н	11
аккомпани́ровать	10	актуали́зм	11	анестезио́лог	11
аккомпанирово́вка	10	актуа́льность	11	анестези́ровать	11
аккредити́в	10	актуа́льный	11	**анестези́я**	11
аккредити́в	140	**алка́ние**	11	**анимали́зм**	11
аккредити́ровать	10	алка́ть	11	анимали́ст	11
аккредити́ровать	140	а́лчничать	11	анима́льный	12
аккумули́рование	10	а́лчность=	11	**аннули́ровать**	12
аккумули́ровать	10	а́лчный	11	аннуля́ция	12
аккумули́роваться	10	а́лчущий	11	**анома́лия**	12
аккумуля́тор	10	аминокислота́	125	анома́льный	12
аккумуля́ция	10	амнези́я	186	**анони́м**	12
аккура́т	10	амнисти́ровать	186	анони́мка	12
аккурати́ст	10	амни́стия	186	анони́мный	12
аккура́тность	10	**ампута́ция**	11	анони́мщик	12
аккура́тный	10	ампути́ровать	11	**ано́нс**	12
акроба́т	10	**ана́лиз**	11	анонси́ровать	12
акробати́зм	10	анализа́тор	11	анонсода́тель	12
акроба́тика	10	анализи́ровать	11	анорма́льный	208
акробати́ческий	10	анали́тик	11	**антагони́зм**	12
акроба́тничать	10	аналити́ческий	11	антагони́ст	12
акроба́тство	10	**ана́лог**	11	антагонисти́ческий	12
акроба́тствовать	10	аналоги́зм	11	**анти-**	12
акрости́х	336	аналоги́чный	11	антиалкого́льный	12
акселера́тор	11	анало́гия	11	антибио́тики	12
акселера́ция	11	**анархи́зм**	11	антивещество́	12
акселеро́метр	11	анархи́ст	11	антиви́рус	12
акт	11	анархи́чность	11	антивое́нный	12
актёр	11	ана́рхия	11	антиге́н	12
актёрка	11	анатоми́рование	11	антигигиени́чный	12
актёрство	11	анатоми́ровать	11	антигосуда́рственный	12
актёрствовать	11	анато́мичка	11	антидетона́тор	12
акти́в	11	анато́мия	11	антидо́т	12
актива́тор	11	**ана́том**	11	антиистори́ческий	12
актива́ция	11	**ана́фема**	11	**анти́к**	12
активиза́ция	11	анафема́тствовать	11	антиква́р	12
активизи́ровать	11	анафе́мский	11	антиквариа́т	12
активи́зм	11	ангиоспе́рм	328	антиква́рный	12
активи́ровать	11	**анекдо́т**	11	антикоррозио́нный	12

антикритика	12	антропоцентризм	13	аспирант	13
антинаучный	12	антропоцентризм	406	аспирантура	13
антиномия	12	**аплодировать**	13	аспиратор	13
антиобледенитель	153	аплодисмент	13	аспирация	13
антиобщественный	214	апологет	13	**ассимилировать**	13
антиоксиген	12	апологетика	13	ассимилироваться	13
антипатия	12	апология	13	ассимиляторство	13
антирелигиозник	274	апоцентр	406	ассимиляция	13
антирелигиозный	274	**аппендикс**	13	ассистент	13
антисейсмический	12	аппендицит	13	ассистировать	13
антисемит	12	**аппетит**	13	ассорти	326
антисептик	12	аппетитный	13	ассортимент	326
антисептик	301	**аппробация**	13	**ассоциация**	13
антисептика	12	аппробировать	13	ассоциировать	13
антисептика	301	**аптека**	13	**астро-**	13
антисептирование	12	аптекарский	13	астрогеография	13
антисептирование	301	аптекарь	13	астрогеология	13
антистаритель	12	аптечка	13	астрогнозия	14
антитело	12	**арбитр**	13	астродатчик	66
антитело	357	арбитраж	13	астролёт	14
антитоксин	12	**аргумент**	13	астролог	14
антифермент	12	аргументация	13	астрология	14
антифриз	12	аргументировать	13	астрометрия	14
антифрикционный	12	**аренда**	13	астронавигация	14
антихрист	12	арендатор	13	астронавт	14
антиципация	12	арендование	13	астронавтика	14
антиципировать	12	арендовать	13	астрономический	14
античастица	409	**арест**	13	астрономия	14
античность	12	арестант	13	астроскоп	14
античный	12	арестовать	13	астрофизика	14
антропо-	12	**аристократ**	13	астрофизика	389
антропогенез	12	аристократизм	13	**асфальт**	14
антропоид	12	аристократический	13	асфальтировать	14
антрополог	12	аристократия	13	асфальтировка	14
антропология	12	аритмия	276	асфальтит	14
антропометрия	12	**артист**	13	асфальтобетон	14
антропоморфизм	12	артистизм	13	асфальтосмеситель	14
антропоморфный	12	артистический	13	асфальтоукладчик	14
антропософия	12	артистичный	13	**атака**	14
антропотехника	12	архетип	363	атаковать	14
антропофаг	13	архипастырь	223	атеизм	14
антропофагия	13	асептика	301	атеизм	356
антропофобия	13	асперматизм	328	**атеист**	14

атеист	356	аэролит	15	бабушка	15
атлет	**14**	аэролог	15	бабьё	15
атлетизм	14	аэрология	15	**бавиться**	**15**
атлетика	14	аэромаяк	15	**багаж**	**16**
атлетический	14	аэромеханика	15	багажник	16
атмосфера	**14**	аэромобиль	15	бальнеотерапия	358
атмосферика	14	аэронавигация	15	банкомёт	182
атмосферический	14	аэронавт	15	барисфера	350
атмосферостойкий	14	аэронавтика	15	барицентр	406
атмосфильный	14	аэрономия	15	баротерапия	358
атом	**14**	аэроплан	15	барсолов	162
атомарный	14	аэропоезд	15	баснописец	231
атомизм	14	аэропорт	15	батисфера	350
атомистический	14	аэропочта	15	бациллоноситель	202
атомификация	14	аэрораспылитель	15	**бегать**	**16**
атомник	14	аэросалон	15	беглец	16
атомность	14	аэросев	15	бегло	16
атомный	14	аэросев	304	беглый	16
атомовоз	14	аэросолярий	15	беговой	16
атомоход	14	аэростат	15	бегом	16
атомоход	398	аэросъёмка	15	беготня	16
атония	367	аэросъёмка	211	бегство	16
атония	368	аэротерапия	15	бегун	16
аудиовизуальный	**14**	аэротерапия	358	бегунок	16
аудитория	14	аэрофобия	15	бегучий	16
аукцион	**14**	аэрофон	15	**беда**	**16**
аукционер	14	аэрофотоснимок	15	бедный	16
аффикс	389	аэроход	15	бедняга	16
аэрарий	**14**	аэроход	398	бедняк	16
аэратор	14			бедняцкий	16
аэрация	14	**Б**		беднячество	16
аэро-	14			бедовать	16
аэроб	14	Б	15	бедолага	16
аэробомба	14	**баба**	**15**	бедственный	16
аэробус	14	бабёнка	15	бедствие	16
аэровизуальный	14	бабий	15	бедствовать	16
аэровокзал	14	бабин	15	беженец	16
аэрограмма	14	бабиться	15	беженство	16
аэрограф	14	бабища	15	без	376
аэродинамика	14	бабка	15	безбедный	16
аэродром	15	бабник	15	безбожие	23
аэроклиматология	15	бабничать	15	безбожник	23
аэроклиматология	130	бабочка	15	безбожный	23

безбо́кий	24	безма́ток	172	белесова́тый	17
безве́рие	35	безме́рный	179	беле́ть	17
безве́рхий	37	безмо́лвие	189	бе́ли	17
безви́нный	44	безмо́лвный	189	белизна́	17
безвозду́шный	87	безмо́лвствовать	189	бели́ла	17
безво́лие	49	безнака́занность	118	бели́льница	17
безво́льный	49	безнака́занный	118	бели́льный	17
безголо́вый	58	безнача́лие	201	бели́льня	17
безголо́сица	59	безно́гий	207	бели́ть	17
безголо́сный	59	безоби́дный	212	бели́ться	17
безголо́сый	59	безогля́дный	54	бе́лка	17
безде́лица	71	безопа́сливый	217	белобиле́тник	17
безде́лка	71	безопа́сность	217	белобо́кий	17
безде́лье	71	безопа́сный	217	белобо́кий	24
безде́льник	71	безору́жный	217	белоборо́дый	17
безде́льничать	71	безотвя́зный	52	белобо́чка	17
безде́льный	71	безотры́вник	269	белобо́чка	24
безде́ятельный	76	безотры́вный	269	белобры́сый	17
бездоказа́тельный	118	безрассу́дничать	347	белова́тый	17
бездо́лье	80	безрассу́дный	347	белови́к	17
бездо́льный	80	безрассу́дство	347	белово́й	17
бездо́мник	80	безрезульта́тный	274	беловоло́сый	17
бездо́мный	80	безро́дный	278	белогва́рдия	17
безду́мный	84	безропо́тный	281	белоголо́вый	17
безду́мье	84	безрука́вка	283	белодере́вец	75
безжи́зненный	101	безру́кий	283	белодере́вный	75
беззако́ние	104	безумо́лкный	190	Бе́лое	17
беззако́нник	104	безу́молку	190	бело́к	17
беззако́нничать	104	безупре́чный	385	белокали́льный	17
беззако́нный	104	безусло́вно	316	белока́менный	17
беззамедли́тельно	173	безусло́вный	316	белока́менный	120
беззвёздный	105	безута́йки	354	белокро́вие	17
беззву́чный	107	безуча́стие	386	белоку́рый	17
безземе́лье	108	безуча́стие	409	белоли́ственный	17
безземе́льный	108	безуча́стный	386	белоли́цый	162
безле́сный	155	безуча́стный	409	белоли́чка	17
безли́кий	161	безъя́дерный	431	Белору́ссия	17
безли́ственный	159	безымя́нный	117	белору́чка	17
безли́цый	161	белево́й	17	белоры́бица	285
безли́чие	161	Бе́лое мо́ре	192	белосне́жный	17
безли́чность	161	беле́ние	17	белоте́лый	357
безли́чный	161	белёный	17	белохво́стие	394
безма́терний	172	бе́ленький	17	белошве́йка	422

белошве́йный	422	беспоря́дочный	287	бестала́нтный	354
бе́лый	17	беспо́чвенный	246	бесхво́стый	394
бель	17	беспоща́дный	424	бесхо́зный	399
бельмо́	17	беспреры́вный	269	бесхозя́йственный	399
бельэта́ж	428	бесприве́тный	249	бесхозя́йный	399
бензово́з	33	беспримéрный	179	бесце́льный	405
бензоме́р	180	бесприме́сный	184	бесце́нный	405
бензоре́з	272	беспрои́грышный	116	бесчелове́чие	410
бензо-указа́тель	120	беспросве́тный	296	бесчелове́чный	410
берегоукрепле́ние	141	беспросы́пный	324	бесче́стие	413
бережённый	18	беспро́сыпу	325	бесче́стить	413
бережли́вый	18	беспу́тица	258	бесче́стный	413
бе́режный	18	бессвя́зность	52	бесчи́ничать	414
бере́чь	18	бессерде́чие	302	бесчи́нствовать	414
бере́чься	18	бессерде́чный	302	бесчи́ный	414
бесконе́чность	132	бесси́лие	307	бесчи́сленый	414
бесконе́чный	132	бесси́лить	307	бесща́дный	424
бескоры́стие	136	бесси́льный	307	бетоново́з	33
бескоры́стный	136	бессла́вие	313	бетономеша́лка	184
беско́стный	137	бессла́вить	313	биатло́н	14
бескра́йний	138	бессла́виться	313	биатлони́ст	14
бескра́сочный	138	бессла́вный	313	биода́тчик	66
беcкро́вие	144	бессле́дный	314	биоси́нтез	308
беcкро́вный	144	бессле́зный	315	биосфе́ра	350
беспа́мятность	222	бессловéсный	315	биофи́зика	389
беспа́мятный	222	бессмы́сленный	196	биоци́кл	407
беспа́мятство	222	бессмы́слие	196	бита́	18
беспереса́дочный	289	бессмы́слица	196	би́тва	18
беспла́менный	234	бессне́жный	321	би́тый	18
беспла́тно	234	бессозна́тельный	112	бить	18
беспла́тный	234	бессо́нница	324	битьё	18
беспло́дие	235	бессо́нный	324	би́ться	18
беспло́дный	235	бесспо́рный	329	бла́го	20
беспоко́йный	238	бессро́чный	331	благо-	20
беспоко́йство	238	бесстра́стие	340	благове́рный	20
беспоко́ить	238	бесстра́стный	340	бла́говест	20
беспоко́иться	238	бессты́дник	346	благовести́ть	20
бесполе́зность	244	бессты́дничать	346	благови́дный	20
бесполе́зный	244	бессты́дный	346	благоволе́ние	20
беспо́лый	238	бессты́дство	346	благоволи́ть	21
беспо́мощный	194	бессты́жий	346	благово́ние	21
беспоро́чный	244	бессчётный	351	благово́нный	21
беспоря́док	287	бестала́нный	354	благовоспи́танный	21

благовре́мение	21	благонадёжность	21	благотвори́тельный	22
благовре́менный	21	благонадёжный	21	благотвори́тельствовать	22
благоглу́пость	21	благонаме́ренный	21	благотвори́ть	22
благогове́йный	21	благонра́вие	21	благотво́рный	22
благогове́ние	21	благонра́вие	208	благоуго́дный	22
благогове́ть	21	благонра́вный	21	благоусмотре́ние	22
благодаре́ние	21	благонра́вный	208	благоустро́енный	344
благодари́ть	21	благообра́зие	21	благоустро́енный	22
благода́рность	21	благообра́зный	21	благоустро́йство	22
благода́рный	21	благополу́чие	21	благоустро́йство	344
благода́рственный	21	благополу́чный	21	благоустро́ить	22
благодаря́	21	благоприли́чный	21	благоустро́ить	344
благода́тный	21	благоприобрете́ние	213	благоуха́ние	22
благода́ть	21	благоприобре́тение	21	благоуха́нный	22
благоде́нственный	21	благопристо́йный	21	благоуха́ть	22
благоде́нствие	21	благоприя́тный	21	благочести́вый	22
благоде́нствовать	21	благоприя́тствование	21	благоче́стие	22
благоде́тель	21	благоприя́тствовать	21	благочи́ние	22
благоде́тельный	21	благоразу́мие	21	блаже́нненький	22
благоде́тельствовать	76	благоразу́мный	21	блаже́нный	22
благодея́ние	21	благоразу́мный	385	блаже́нство	22
благодея́яние	76	благорасположе́ние	21	блаже́нствовать	22
благодея́тель	76	благорасполо́женный	21	блажи́ть	22
благодея́тельный	76	благораствоpе́ние	21	блажно́й	22
благоду́шествовать	21	благораствоpённый	21	блажь	22
благоду́шие	21	благоро́дить	21	блуд	22
благоду́шный	21	благоро́дный	21	**блуди́ть**	**22**
благожела́тель	21	благоро́дный	280	блуди́ть	22
благожела́тель	97	благоро́дство	21	блудни́к	22
благожела́тельный	21	благоро́дство	280	блу́дный	22
благожела́тельный	97	благоскло́нность	21	блудня́	22
благожела́тельствовать	21	благоскло́нный	21	блудя́га	22
благожела́тельствовать	97	благослове́ние	21	**блюсти́**	**22**
благозву́чие	21	благослове́нный	21	бобови́дный	43
благозву́чие	107	благослови́ть	21	**бог**	**23**
благозву́чный	21	благослови́ться	21	богаде́ленка	23
благозву́чный	107	благосостоя́ние	21	богаде́льня	23
благо́й	21	благо́стный	21	богоподо́бный	23
благоизво́лить	21	благосты́ня	22	богате́й	23
благоле́пие	21	бла́гость	22	богате́ть	23
благоле́пный	21	благотворе́ние	22	богати́ть	23
благомы́слящий	21	благотвори́тель	22	бога́тство	23
благомы́слящий	196	благотвори́тельность	22	**бога́тый**	**23**

богаты́рство	23	бо́дрствовать	24	бо́рзый	230
богаты́рь	**23**	бо́дрый	24	босоно́гий	207
бога́ч	23	бодря́к	24	босоно́жка	207
боги́ня	23	бое-	18	бочко́м	24
богобо́рец	23	боеви́к	18	бочо́к	24
богобоя́зненный	23	боеви́тость	18	бракоде́л	72
богоиска́тель	23	боево́й	18	бракоде́льство	72
боголе́пный	23	боеголо́вка	58	братолюби́вый	167
богома́з	169	боёк	18	братолю́бие	167
богома́терь	23	бое́нский	18	**брать**	**24**
богома́терь	172	боепита́ние	231	бра́ться	24
богоме́рзкий	23	боеспосо́бность	330	бронебо́йка	20
богоми́л	185	боеспосо́бный	330	бронебо́йщик	20
богоми́льство	185	бое́ц	18	броненосец	204
богомо́л	23	божба́	23	бронеча́сти	409
богомо́лье	23	бо́же	23	броня́	204
богомо́льный	23	бо́женька	23	броса́ние	26
богомо́льня	23	бо́жеский	23	броса́тельный	26
богоно́с	23	боже́ственный	23	**броса́ть**	**26**
богоотсту́пник	23	божество́	23	бро́ситься	26
богоотсту́пник	345	бо́жий	23	бро́ский	26
богоподо́бный	23	божи́ться	23	броско́м	26
богопроти́вный	23	божни́ца	23	бро́совый	26
богопроти́вный	253	божо́к	23	бросо́к	26
богоро́дица	23	бой	18	бру́тто	348
богоро́дица	280	бо́йкий	18	бурева́л	30
богорожде́ние	23	бойни́ца	18	буре́лом	165
богорожде́ние	280	бо́йный	18	бурозём	109
богосло́в	23	бо́йня	18	бутылко-мо́ечный	197
богосло́вие	23	бойцо́вый	18	быва́лец	27
богослуже́ние	23	бо́йщик	18	быва́лый	27
богоспаса́емый	23	**бок**	**24**	быва́льщина	27
боготвори́ть	23	бокови́на	24	быва́ть	27
богоуго́дный	23	боково́й	24	бы́вший	27
богоху́льник	23	бокову́ша	24	было́й	27
богоху́льство	23	бокову́шки	24	быль	27
богоху́льствовать	23	бо́ком	24	быстроно́гий	207
богочелове́к	23	болторе́з	272	быстрохо́дный	398
богоявле́ние	23	бомбодержа́тель	75	быт	27
бодри́ть	**23**	бомбомёт	182	бытие́	27
бодри́ться	24	бомбомета́ние	182	бы́тность	27
бо́дрость	24	борзописа́ние	230	бытова́ть	27
бо́дрствование	24	борзопи́сец	230	бытови́зм	27

бытови́к	27	вви́ть	45	ве́домостичка	31
бытово́й	27	ввод	39	ве́домость	31
бытописа́ние	27	вво́дный	39	ве́домственность	31
бытописа́ние	230	ввоз	32	ве́домственный	31
бытописа́тель	27	ввози́ть	32	ведо́мый	39
быть	27	ввози́ться	32	веду́н	31
бытьё	27	вво́зный	32	веду́щий	31
		вволо́чь	48	вездехо́д	398
В		вво́лю	49	**везти́**	**32**
		ввысь	51	везти́сь	32
вакцинотерапи́я	358	ввяза́ть	51	везу́чий	32
вале́жина	29	ввяза́ться	51	**век**	**33**
вале́жник	29	вя́зка	51	векова́ть	33
вали́ть	**29**	вгладь	53	вокове́чный	33
вали́ться	29	вгляде́ться	54	веково́й	33
ва́лка	29	вгоряча́х	60	веку́ха	33
ва́лкий	29	вдали́	66	веле-	34
ва́льщик	29	вдаль	66	велегла́сный	34
варе́нец	30	вда́ться	66	велему́дрый	34
варе́ние	30	вдво́е	70	велему́дрый	194
варе́ние	30	вдвоём	70	велере́чивый	34
варе́ник	30	вдво́йне	70	велере́чивый	275
варёный	30	вде́лать	72	велика́н	34
варе́нье	30	вде́лка	72	**вели́кий**	**34**
вари́ть	**30**	вдох	88	Великобрита́ния	34
вари́ться	30	вдохнове́ние	88	великова́тый	34
ва́рка	30	вдохнове́нный	88	великовозра́стный	34
ва́ркий	30	вдохнови́тель	88	великодержа́вный	34
вбежа́ть	16	вдохнови́тельный	88	великоду́шие	34
вбить	18	вдохнови́ть	88	всликоду́шие	87
вбить	18	вдохну́ть	88	великоду́шничать	34
вбок	24	вду́маться	84	великоду́шничать	87
вбро́сить	27	вду́мчивость	84	великоду́шный	34
ввали́ть	29	вду́мчивый	84	великоду́шный	87
ввали́ться	29	вдуть	85	великокня́жеский	34
вва́рить	30	**ве́дать**	**31**	великоле́пие	34
ввек	33	ве́дать	31	великоле́пный	34
вверну́ть	35	ве́даться	31	великому́ченик	34
вверну́ться	35	веде́ние	31	великому́ченик	195
вверх	37	веде́ние	39	великоро́дный	280
ввести́	39	ведовско́й	31	великоро́слый	34
ввести́сь	39	ведовство́	31	великору́с	34
ввинти́ть	44	ве́домо	31	великосве́тский	34

великость	34	вероучение	34	весеннее	74
величавый	34	вероучитель	34	весеннее	262
величание	34	вероятие	34	весить	38
величать	34	вероятно	34	вески	38
величаться	34	вероятностный	34	веский	38
величественный	34	вероятность	34	вескость	38
величество	34	вероятный	35	весовой	38
величие	34	**вертеть**	**36**	весовщик	38
величина	34	вертеться	36	весомый	38
велопробег	17	вертишейка	421	**вести**	**39**
венценосный	204	вёрткий	36	ветлечебница	158
венчиковидный	43	вертолёт	157	ветровал	30
вера	**34**	вертолётчик	157	ветровой	20
верва	35	верть	36	ветрогон	56
вервие	35	**верх**	**36**	ветрогонный	56
вервь	**35**	верхами	36	ветролом	165
верёвка	35	верхне-	37	ветроопыляемый	259
верёвочник	35	верхний	36	ветроуказатель	120
верёвочный	35	верховенство	37	вечник	33
веритель	34	верховик	37	вечно	33
верительный	34	верховник	37	вечно	33
верить	34	верховный	37	вечнозелёный	33
вериться	34	верховод	37	вечность	33
верификация	34	верховодить	37	вечный	33
верно	34	верховодка	37	вешалка	41
верноподданнический	34	верховой	37	вешание	41
верноподданный	34	верховье	37	**вешать**	**41**
верность	34	верхогляд	36	вешаться	41
вернуть	**35**	верхоглядничать	37	вещание	42
вернуться	35	верхоглядство	37	вещатель	42
верный	34	верхоконный	37	**вещать**	**42**
верняк	34	верхолаз	37	вещун	42
верование	34	верхолаз	155	вжатие	95
веровать	34	верхом	37	вжать	95
вероломный	34	верхом	37	вжаться	95
вероломство	34	верхотура	37	вживе	100
вероотступник	34	верхувечный	37	вживлять	100
вероотступнический	34	верхушка	38	вжиться	101
вероотступничество	34	вершина	38	взад	103
вероподобие	34	вершитель	38	взаём	209
вероподобный	34	**вершить**	**38**	взаимозависимый	103
веротерпимый	34	вершник	38	взаимопонимание	210
веротерпимый	360	**вес**	**38**	взаимосвязь	52

взалка́ть	11	взмани́ть	171	вида́ть	43
взаме́н	176	взмах	173	вида́ться	43
взапуски́	256	взма́хивать	173	виде́ние	43
взаше́й	421	взмёт	182	ви́дение	43
взбежа́ть	16	взмета́ть	182	видеоза́пись	43
взбить	18	взмо́кнуть	188	видеоза́пись	230
взби́ться	18	взмоли́ться	189	**ви́деть**	**43**
взбодри́ть	24	взмо́рье	192	ви́димо	43
взбодри́ться	24	взмочи́ть	188	ви́димо-неви́димо	43
взброс	27	взмути́ть	194	ви́димость	43
взбро́сить	27	взмы́лить	198	ви́дно	43
взве́сить	38	взмы́литься	198	ви́дный	43
взве́ситься	38	взнести́	204	видово́й	43
взвести́	39	взнос	204	видоизмене́ние	43
взвести́сь	39	взойти́	116	видоизмени́ть	43
взвесь	38	взор	113	видоизмени́ть	176
взвинти́ть	44	взорва́ть	268	видоизмени́ться	43
взвинти́ться	44	взорва́ться	268	видоизменя́емость	43
взви́нченный	44	взревнова́ть	270	видоизменя́емость	176
взвод	39	взрез	272	видоизменя́ться	176
взволо́к	48	взре́зать	272	видоиска́тель	117
взволо́чь	48	взросле́ть	266	видообразова́ние	43
взвороти́ть	50	взро́слый	266	видообразова́ние	212
взгляд	54	взрыв	268	вилоро́г	277
взгляну́ть	54	взрыва́тель	268	**вина́**	**44**
взгляну́ться	54	взрывни́к	268	вини́ть	44
взго́рок	60	взрывно́й	268	вини́ться	44
взгрсть	64	взрывобезопа́сный	268	виннока́менный	120
вздвои́ть	70	взры́вчатка	268	винова́тость	44
вздох	89	взры́вчатый	268	винова́тый	44
вздохну́ть	89	взры́вщик	268	вино́вник	44
вздремну́ть	82	взрыда́ть	285	вино́вность	44
вздремну́ться	82	взрыть	285	вино́вный	44
вздро́гнуть	83	взъе́сться	91	виноде́л	72
взду́мать	84	взыгра́ть	115	виноку́р	149
взду́маться	84	взыгра́ться	115	винокуре́ние	149
вздури́ться	85	взяткода́тель	68	виноку́рный	149
взлезть	154	взяткода́тельство	68	виноку́рня	149
взлёт	156	взяткополуча́тель	243	виносло́вный	44
взлете́ть	156	вибропрока́т	122	виноторго́вля	369
взлом	164	вид	43	**винт**	**44**
взлома́ть	164	вида́лый	43	винтёр	44
взло́мщик	164	вида́льщина	43	ви́нтик	44

винти́ть	44	вкривь	142	вме́сто	180
винти́ться	44	вкруг	145	вмета́ть	182
винтова́льня	44	вкруту́ю	146	вмеша́тельство	184
винтова́ть	44	влагоме́р	180	вмеша́ть	184
винто́вка	44	владе́лец	46	вмеша́ться	184
винтово́й	44	владе́ние	46	вмонти́ровать	192
винтокры́л	44	владе́тель	46	вмя́тина	199
винтокры́лая	44	**владе́ть**	**46**	вмять	199
винто́м	44	влады́ка	46	внаём	209
винтообра́зный	44	влады́чество	46	внаки́дку	124
винторе́зный	44	влады́чествовать	46	внакла́де	127
вислоза́дый	104	влады́чица	46	внакла́дку	127
витаминоно́сный	204	влады́чный	46	внача́ле	201
вито́й	45	вла́зить	154	внекорнево́й	134
вито́к	45	властолю́бец	167	внема́точный	172
виту́шка	45	властолюби́вый	167	внепло́дник	235
вить	**45**	властолю́бие	167	внесели́тебный	299
витьё	45	влёт	156	внесе́ние	204
ви́ться	45	влете́ть	156	внести́	204
вка́пать	120	влече́ние	158	внеце́нтренный	406
вката́ть	121	влечь	158	внешко́льник	422
вката́ться	121	влить	159	внешко́льный	422
вкача́ть	123	вли́ться	159	вниз	205
вкида́ть	124	вложе́ние	126	внизу́	205
вки́нуть	124	вложе́ние	162	внима́ние	209
вклад	126	вложи́ть	162	внима́тельный	209
вкла́дка	126	влюбе́	166	вно́ве	206
вкладно́й	126	влюби́ть	166	вновь	206
вкла́дчик	126	влюби́ться	166	внос	204
вкла́дыш	126	влюблённость	166	вноси́ть	204
вкласть	126	влюблённый	166	вно́ска	204
вкле́йка	129	влю́бчивый	166	внутрепло́дник	235
вкле́ить	129	вма́зать	168	внутривидово́й	43
вкле́иться	129	вма́зка	168	внутрисуста́вный	348
вконе́ц	132	вма́ле	171	вня́тный	209
вкопа́ть	133	вмёрзнуть	181	внять	209
вкопа́ться	133	вмёртвую	177	во	317
вкорени́ть	134	вмести́лище	180	вобра́ть	24
вкорени́ться	134	вмести́мость	180	вобра́ться	24
вкоротке́	136	вмести́мый	180	вове́к,	33
вкоси́ться	136	вмести́тельность	180	вогна́ть	55
вкра́тце	136	вмести́тельный	180	во́гнутость	56
вкрепи́ть	141	вмести́ть	180	во́гнутый	56

вогну́ть	56	водола́з	155	водоподъёмный	47
вогну́ться	56	водола́зный	46	водопо́й	47
вода́	**46**	водоле́й	46	водопо́й	233
води́тель	39	водоле́й	161	водопо́лье	47
води́тельство	39	водолече́бница	46	водопо́льзование	47
води́ться	39	водолече́бный	46	водопо́льзователь	47
води́ца	46	водолече́ние	46	водоприёмник	47
во́дник	46	водоли́в	46	водоприёмник	210
воднолы́жник	46	водоли́в	161	водоприёмный	47
во́дность	46	водолю́б	167	водопрово́д	47
воднотра́нспортный	46	водолюби́вый	46	водопрово́дчик	47
во́дный	46	водолюби́вый	167	водопроница́емый	47
водо-	46	водоме́р	46	водоразде́л	47
водобо́й	20	водоме́р	180	водоре́з	47
водобо́й	46	водомёт	47	водоро́д	47
водобоя́знь	46	водомёт	182	водоро́д	279
водовмести́лище	46	водонагрева́тель	47	во́доросль	47
водо-водяно́й	46	водоналивно́й	47	во́доросль	268
водово́з	33	водонапо́рный	47	водосбо́р	47
водово́з	46	водонепроница́емый	47	водосбо́рники	47
водово́зка	33	водоно́с	47	водоска́т	47
водово́зка	46	водоно́сный	47	водоска́т	123
водово́зный	46	водоно́сный	204	водосли́в	47
водоворо́т	46	водоотво́д	47	водосмо́тр	47
водовыпускно́й	46	водоотдели́тель	47	водосмо́тр	321
водогре́йка	64	водоотли́в	47	водосмягчи́тель	47
водогре́йный	64	водоотли́вщик	47	водоснабже́ние	47
водогре́йный	46	водоотопле́ние	47	водоспу́ск	47
водогре́йня	46	водоохра́нный	47	водоспу́ск	256
водогре́лка	46	водоочисти́тельный	415	водосто́к	47
водогре́йня	64	водоочисти́тель	47	водосто́к	363
вододе́йствующий	46	водоочисти́тель	415	водотёк	47
водоём	46	водоочисти́тельный	47	водотёк	362
водоёмкость	46	водоочи́стка	47	водото́к	47
водоёмник	46	водопа́д	47	водото́к	362
водозабо́р	25	водопа́д	224	водотру́бный	47
водозабо́р	46	водопла́вающий	47	водоупо́рный	47
водозащи́тный	46	водопла́вный	47	водоустро́йство	47
водоизмери́тель	46	водоподгото́вка	47	водохо́д	47
водоизмеще́ние	46	водоподогрева́тель	47	водохо́д	399
водока́чка	46	водоподпо́рный	47	водохо́дный	47
водока́чка	124	водоподъёмник	47	водохо́дный	399
водола́з	46	водоподъёмник	210	водохо́дство	47

водохо́дство	399	воздуходу́вка	86	возлю́бленный	166
водохозя́йственный	47	воздуходу́вный	86	возлю́бленный	166
водохрани́лище	47	воздухолета́ние	86	возмечта́ть	183
водохрани́лище	402	воздухонагнета́тельный	86	возмо́жно	193
водочерпа́лка	47	воздухонагрева́тель	86	возмо́жность	193
водяни́стый	47	воздухоно́сный	86	возмо́жный	193
водя́нка	47	воздухоно́сный	204	возмо́чь	193
водяно́й	47	воздухообме́н	86	возмути́тель	195
воеди́но	90	воздухоохлади́тель	86	возмути́тельный	195
военача́льник	201	воздухоочисти́тель	86	возмути́ть	194
военмо́р	192	воздухоочисти́тель	415	возмути́ться	194
вожа́к	39	воздухоочисти́тельный	86	возмуще́ние	195
вожа́тый	39	воздухоочисти́тельный	415	вознагради́ть	200
воз	32	воздухопла́вание	86	вознагражде́ние	200
возблагодари́ть	22	воздухопла́ватель	236	вознесе́ние	204
возвели́чить	34	воздухопла́ватель	86	вознести́	204
возвели́читься	34	воздухопла́вательный	86	вознести́сь	204
возвести́	39	воздухопрово́дный	86	возобнови́ть	207
возвы́сить	51	воздухопроница́емый	86	возобнови́ться	207
возвы́ситься	51	воздухотря́д	86	возобновле́ние	207
возвыше́ние	51	воздухофло́т	86	возо́к	33
возвы́шенность	51	воздухшко́ла	86	возомни́ть	186
возвы́шенный	51	возду́шник	86	возра́доваться	263
возгла́вить	59	воздушнодеса́нтный	86	во́зраст	266
во́зглас	59	возду́шно-реакти́вный	87	возраста́ние	266
возгласи́ть	59	возду́шность	87	возрасти́	266
возглаше́ние	59	возду́шный	87	возревнова́ть	270
возгна́ть	55	возже́чь	98	возропта́ть	281
возговори́ть	57	воззва́ние	104	возрыда́ть	285
возго́нка	55	воззва́ть	104	во́зчик	32
возгоре́ть	61	воззре́ние	113	возыме́ть	116
возда́ть	66	воззре́ть	113	войти́	116
возда́ться	66	воззри́ться	113	волево́й	48
воздая́ние	66	вози́лка	32	во́лей	48
возде́лать	72	вози́мый	32	волеизъявле́ние	48
воздержа́ние	75	вози́ть	32	во́лей-нево́лей	48
воздержа́ть	75	вози́ться	32	волноло́м	165
воздержа́ться	75	возлежа́ть	153	во́лок	48
во́здух	86	возле́чь	158	воло́ка	48
во́здух	86	возли́ть	159	волоки́тный	48
воздухобо́йный	20	возлия́ние	159	волоки́тство	48
воздухово́д	86	возлюби́ть	166	волоки́тчик	48
воздуходу́вка	86	возлю́бленная	166	волокни́на	48

волокни́стый	48	вор	49	восстанови́мый	331
волокно́	48	вори́шка	49	восстанови́тель	331
волокноотдели́тель	48	ворова́тый	49	восстанови́тельный	331
во́локом	48	ворова́ть	49	восстанови́ться	331
волоку́ша	48	воро́вка	49	восстановле́ние	331
волоче́ние	48	воровски́	49	восста́ть	334
волочёный	48	воровско́й	49	воссыла́ть	313
волочи́льный	48	воровство́	49	восто́рг	370
волочи́льня	48	вороти́ла	50	восторга́ть	370
волочи́ть	**48**	**вороти́ть**	**49**	восторга́ться	370
волочи́ться	48	вороти́ться	49	восто́рженность	370
во́лочь	48	воскли́кнуть	129	восто́рженный	370
во́лочься	48	восклица́ние	129	восторжествова́ть	370
во́льница	49	восклица́тельный	129	востре́бование	373
во́льничать	49	воскобо́й	20	востре́бовать	373
вольно-	49	воскрыли́ть	146	вострепета́ть	374
вольно́	49	воскури́ть	149	востру́шка	386
во́льно	49	воспале́ние	221	восхвале́ние	392
вольноду́мец	49	воспалённый	221	восхвали́ть	392
вольноду́мец	84	воспали́тельный	221	восхо́д	396
вольноду́мие	84	воспали́ть	221	восходи́тель	396
вольноду́мность	84	воспали́ться	221	восходи́ть	396
вольноду́мный	49	воспе́ть	227	восходя́щий	396
вольноду́мный	84	воспламене́ние	234	восхожде́ние	396
вольноду́мство	49	воспламени́ть	234	восчу́вствовать	418
вольнодумствовать	49	воспламени́ться	234	воткать	364
вольнодумствовать	84	воспламеняемость	234	воткну́ть	379
вольнолюби́вый	167	воспламеня́емый	234	воткну́ться	379
вольнонаёмный	49	воспо́лнить	240	воцаре́ние	403
вольнонаёмный	209	воспо́лниться	240	воцари́ться	403
вольноопределя́ющийся	49	воспомина́ние	244	вочелове́чение	410
вольноотпу́щенник	49	воспомяну́ть	244	вочелове́читься	410
вольноотпу́щенный	49	воспосле́довать	315	впаде́ние	224
вольнослу́шатель	49	воспроти́виться	253	впа́дина	224
во́льность	49	воспыла́ть	259	впа́дистый	224
во́льный	49	воссе́сть	303	впа́лый	224
во́ля	48	воссла́вить	313	впасть	224
вообще́	214	воссоедине́ние	90	впервинку	226
воору́женец	218	воссоедини́ть	90	впервой	226
вооруже́ние	218	воссоедини́ться	90	вперёд	226
вооружённость	218	воссозда́ние	323	впереди́	226
вооружи́ть	217	воссозда́ть	323	впереме́шку	184
во-пе́рвых	226	восстави́ть	331	вперерыв	269

вперёть	226	вразлад	151	вселенная	300
впереться	226	вразнотык	265	вселенский	300
впечатление	228	вразнотык	379	вселить	299
впечатлительность	228	вразрез	273	вселиться	300
впечатляемость	228	вразрядку	271	всемерный	179
впечатлять	228	вразумительный	384	всемилостивейший	185
вписать	230	вразумить	384	всемогущество	188
вписаться	230	враскачку	123	всемогущество	194
вписка	230	врасти	266	всемогущий	188
впить	232	врезать	272	всемогущий	194
впиться	232	врезаться	272	всенародный	278
вплавь	236	врезка	272	всеобщий	214
вплыть	236	врезной	272	всеобщность	214
вповалку	29	вровень	263	всепогодный	237
вполглаза	241	врождённый	278	всерьёз	303
вползти	239	врождённый	278	всесилие	306
вполне	240	врозницу	265	всесильный	306
вполоборота	241	врозь	265	всесожжение	99
вполовину	240	вруб	281	всецело	405
вполпути	240	врубить	281	всечасный	408
вполпути	258	врубиться	281	всеядный	91
вполсилы	306	врубка	281	всеять	305
вполсыта	353	врубмашина	281	вскакать	308
вполуха	386	врубмашинист	281	вскакивать	308
впотьмах	380	врубовный	281	вскатить	123
вправду	246	врубок	281	вскачь	308
вправе	249	врукопашную	283	вскипеть	125
вправо	249	вручение	283	вскиснуть	126
вприскочку	309	вручитель	283	всколебать	131
впросонках	325	вручить	283	всколебаться	131
впрыгнуть	253	вручную	283	вскопать	133
впрямь	254	врыть	285	вскоре	311
впуск	255	врыться	285	вскорм	135
впускной	255	всадить	288	вскормить	135
впусте	257	всадник	288	вскормленник	135
впустить	255	всеведение	31	вскрикнуть	143
впустую	257	всеведущий	31	вскричать	143
впутать	257	всевидящий	43	вскружить	145
впутаться	257	вседержитель	76	вскружиться	145
вработаться	261	вседневный	74	вскрытие	146
враз	263	всезнайка	112	вскрыть	146
вразброс	27	всезнайство	112	вскрыться	146
враздробь	83	вселение	300	всласть	151

вслед	314	вступительный	345	входной	396
вследствие	314	вступить	345	входящий	396
вслепую	315	вступиться	345	вхождение	396
вслух	318	вступление	345	вхожий	396
вслушаться	318	всухомятку	349	вчерне	411
всмотреться	320	всухую	349	вчетверо	413
всосать	326	всходить	397	вчетвером	413
всосаться	326	всходы	397	вчинить	414
вспарить	223	всхожест	397	вчистую	415
вспасть	224	всхолмлённый	400	вчитаться	416
вспенить	225	всыпать	351	вчувствование	418
вспениться	225	всыпаться	351	вчувствоваться	418
всплакать	233	всыпка	351	вчуже	418
всплыть	236	втайне	354	вшивка	422
вспоить	232	втаскать	355	вшивной	422
всползти	239	втекать	362	вшить	422
всполоснуть	243	втёмную	380	въедливый	90
всполье	238	втереть	359	въедчивый	91
вспомнить	244	втереться	359	въесться	90
вспомниться	244	втерпёж	360	выбег	16
вспомогательный	194	втеснить	361	выбежать	16
вспоможение	194	втирание	359	выбелить	18
вспомоществовать	194	втируша	359	выбелка	18
вспомянуть	244	втихаря	364	выбить	18
вспотелый	245	втихомолку	364	выбиться	18
вспотеть	245	втиши	364	выбор	24
вспрыгнуть	253	втолкать	365	выборка	24
вспугнуть	255	втолкаться	365	выборность	24
вспучить	259	втолковать	366	выборный	24
вспылить	259	втоптать	369	выборщик	24
вставить	331	второзаконие	104	выбрать	24
вставиться	331	второпях	370	выбраться	24
вставка	331	второсортный	326	выброс	27
вставление	331	втрое	375	выбросить	27
вставной	331	втроём	375	выброситься	27
вставочный	331	втройне	375	выбросок	27
встарь	334	втяжной	381	выбытие	28
встать	334	втянуть	381	выбыть	28
встащить	355	втянуться	381	вывалить	29
встроить	343	ВУЗ	51	выварить	30
встряска	377	вузовец	51	выварка	30
встряхнуть	377	вход	396	выварки	30
встряхнуться	377	входить	396	выварной	30

вы́ведать	32	вы́городить	62	вы́есть	91
вы́вернуть	35	вы́гребка	63	вы́ехать	92
вы́вернуться	35	вы́гребной	63	вы́жарить	94
вы́вершить	38	вы́грести	63	вы́жариться	94
вы́весить	38	вы́грузить	65	вы́жать	95
вы́весить	41	вы́грузиться	65	вы́жать	96
вы́веска	38	вы́грузка	65	вы́жаться	95
вы́веска	41	вы́грузной	65	вы́ждать	96
вы́весочный	38	вы́грузчик	65	вы́жечь	99
вы́весочный	41	вы́дать	66	вы́жиг	99
вы́вести	39	вы́даться	66	вы́жига	99
вы́винтить	44	вы́дача	66	выжида́тельный	96
вы́винтиться	44	выдаю́щийся	67	вы́жим	95
вы́вить	45	вы́дел	73	выжима́ла	95
вы́водить	39	вы́делать	72	выжима́ние	95
вы́водиться	39	выделе́ние	73	вы́жимки	96
вы́водка	39	выдели́тельный	73	вы́жимки	95
вы́водок	39	вы́делить	73	вы́жить	101
вы́воз	32	вы́делиться	73	вы́звать	104
вы́возить	32	вы́держанный	75	вы́зваться	104
вы́возиться	32	вы́держать	75	вы́звездить	105
вы́возка	32	вы́держка	75	вы́звонить	105
вы́возной	32	вы́дох	89	вы́здороветь	107
вы́волочка	48	вы́дохнуть	89	выздоровле́ние	107
вы́волочь	48	вы́дохнуться	89	вы́зеленить	108
вы́воротить	50	вы́драть	81	вы́зелениться	108
вы́воротиться	50	вы́драться	81	вызимова́ть	110
вы́вязать	51	выдува́льщик	85	вы́знать	111
вы́гарки	61	вы́дувка	85	вы́зов	104
вы́глядеть	54	вы́дувной	85	вы́зреть	113
вы́глянуть	54	вы́думать	84	вызыва́ющий	104
вы́гнуть	56	вы́думка	84	вы́играть	115
вы́гнуться	56	вы́думщик	84	вы́играться	115
вы́говор	57	вы́дуть	85	вы́игрыш	115
вы́говорить	57	выдыха́ние	89	вы́игрышный	115
вы́говориться	57	выдыха́тельный	89	вы́искать	117
вы́года	58	вы́езд	92	вы́искаться	117
вы́годный	58	вы́ездка	92	вы́йти	116
вы́гон	55	выездно́й	92	вы́кат	121
вы́гонка	55	вы́ем	209	вы́катать	121
вы́гонный	55	вы́ёмный	209	вы́кататься	121
вы́гонять	55	вы́ёмочный	209	вы́катка	121
вы́гореть	61	вы́емчатый	209	вы́катчик	121

вы́кидыш	124	вы́лазка	154	вы́морозить	193
вы́кинуть	124	вы́лежать	153	вы́морозиться	193
вы́кинуться	124	вы́лежаться	153	вы́морозки	193
вы́кипеть	125	вы́лежка	153	вы́морочный	178
вы́кладка	126	вы́лезти	154	вы́мочить	188
вы́кладывать	126	вы́лет	156	вы́мочиться	188
вы́кладываться	126	вы́лететь	156	вы́мочка	188
вы́клеить	129	вы́лечить	158	вы́мучить	195
вы́клеиться	129	вы́лечиться	158	вы́мылить	198
вы́клик	129	вы́лить	159	вы́мылиться	198
вы́кликать	129	вы́литься	159	вы́мысел	196
вы́кликнуть	129	вы́лов	162	вы́мысленный	196
вы́копать	133	вы́ловить	162	вы́мыслить	196
вы́копаться	133	вы́ложить	162	вы́мыть	197
вы́корм	135	вы́лом	164	вы́мять	199
вы́кормить	135	вы́ломать	164	вынима́ть	209
вы́кос	136	вы́мазать	168	выноси́ть	202
вы́косить	136	вы́мазаться	168	вы́носка	202
вы́коситься	136	вы́махать	173	выно́сливость	202
вы́красить	139	вы́махнуть	173	выно́сливый	202
вы́краситься	139	вы́межевать	174	выносно́й	202
вы́красть	140	вы́межеваться	174	вы́нуться	209
вы́красться	140	вы́менять	176	вы́пад	224
вы́крест	142	вы́мереть	177	выпаде́ние	224
вы́крестить	142	вы́мерзнуть	181	вы́пал	221
вы́крикнуть	143	вы́мерить	177	вы́палить	221
вы́кричать	143	вы́мерить	179	вы́палка	221
вы́кричаться	143	вы́метать	182	вы́парить	223
вы́крошить	144	вы́метаться	182	вы́парить	223
вы́крошиться	144	вы́метить	183	вы́парка	223
вы́круглить	145	вы́мешать	184	вы́парки	223
вы́крыть	146	вы́моина	197	выпарно́й	223
вы́куп	148	вы́мокнуть	188	вы́пасти	223
вы́купить	148	вы́мол	191	вы́пасть	224
выкупно́й	148	вы́молвить	189	вы́передить	226
вы́купщик	148	вы́молить	189	вы́переть	226
вы́курить	149	вы́молот	191	вы́петь	227
вы́куриться	149	вы́молотить	190	выпива́ла	233
вы́кус	149	вы́молотиться	191	выпива́ть	233
вы́кусать	149	вы́молотки	191	вы́пивка	233
вы́кусить	149	вы́молоть	191	выпиво́ха	233
вы́лаз	154	вы́морить	178	вы́пивши	233
вы́лазить	154	вы́морка	178	вы́писать	230

вы́писаться	230	вы́работать	261	вы́садок	288
вы́писка	230	вы́работка	261	вы́садочный	288
выписно́й	230	вы́расти	266	выса́ливание	324
вы́пись	230	вы́растить	266	вы́светить	295
вы́плакать	233	вы́рвать	268	вы́светлить	297
вы́плата	234	вы́рваться	268	вы́свободить	297
вы́платить	234	вы́рез	272	вы́свободиться	297
выплатно́й	234	вы́резать	272	высвобожде́ние	297
вы́плевать	234	вы́резаться	272	вы́сев	305
вы́плыть	236	вы́резка	272	вы́севка	305
вы́поить	232	вырезно́й	272	выселе́нец	300
вы́ползень	239	вы́решить	275	выселе́ние	300
вы́ползок	239	вы́решиться	275	вы́селить	300
вы́ползти	239	вы́рисовать	276	вы́селок	300
вы́полировать	239	вы́рисоваться	276	вы́семениться	301
вы́полироваться	239	вы́рисовка	276	вы́сечение	304
вы́полоскать	243	вы́ровниться	277	вы́сечь	304
вы́пор	226	вы́ровнять	277	вы́сечься	304
вы́пот	245	вы́родиться	278	вы́сеять	305
вы́потеть	245	вы́родок	278	вы́сидеть	306
вы́править	247	вырожда́емость	278	вы́сидеться	306
вы́правиться	247	вырожде́ние	278	вы́сидка	306
вы́правка	247	вырожде́нческий	278	вы́синить	307
вы́проводить	40	вы́ронить	280	вы́синиться	307
вы́просить	251	вы́рост	266	вы́ситься	51
вы́проситься	251	выростно́й	266	выска́зание	119
вы́простать	252	вы́росток	266	вы́сказать	119
вы́простаться	252	вы́руб	282	выска́зывание	119
вы́прыгнуть	253	вы́рубить	281	выска́зываться	119
выпрями́тель	254	вы́рубиться	282	вы́скакать	308
вы́прямить	254	вы́рубщик	282	вы́скочить	308
вы́прямиться	254	вы́ругать	282	вы́скочка	308
вы́пугнуть	255	вы́ругаться	282	вы́слать	313
вы́пукло-во́гнутый	224	вы́ручить	283	вы́следить	314
вы́пуск	255	вы́ручиться	283	вы́слуга	317
выпускно́й	256	вы́ручка	284	вы́служить	317
вы́пустить	255	вырыва́ть	285	вы́служиться	317
вы́путать	257	вырыва́ться	285	вы́слушать	318
вы́путаться	257	вы́рядить	286	выслу́шивание	318
вы́пучить	259	вы́рядиться	286	вы́смеять	319
вы́пучиться	259	вы́садить	288	вы́смеяться	319
вы́пытать	260	вы́садиться	288	вы́смолить	320
выраба́тываться	261	вы́садка	288	вы́смолиться	320

высмотреть	320	высокоширотный	51	высылка	313
высокий	50	высокоэластический	51	высыпать	351
высоко-	50	высолить	324	высыпка	351
высоковольтка	50	высосать	326	высь	51
высоковольтный	50	высотомер	180	вытаскать	355
высокогорный	50	высотописец	231	вытащить	355
высокоидейный	50	высохнуть	349	вытащиться	355
высококалорийный	50	высочить	323	вытаять	355
высококачественный	50	высочиться	323	вытворить	356
высококвалифицированный		выспаться	325	вытворяться	356
	50	выспеть	328	вытереть	359
высокомалекулярный	50	выспорить	329	вытереться	359
высокомасличный	50	выспросить	251	вытерпеть	360
высокомерие	50	выставить	331	вытеснение	361
высокомерничать	50	выставиться	331	вытеснить	361
высокомерный	50	выставка	331	вытечь	362
высоконравственный	50	выставка-продажа	331	выткать	364
высокообразованный	50	выставной	331	выткнуть	379
высокообразованный	212	выставочный	331	вытопить	368
высокоодарённый	50	выстирать	360	вытопиться	368
высокооктановый	50	выстлать	337	вытопки	368
высокооплачиваемый	50	выстоять	339	вытоптать	369
высокопарный	50	выстояться	339	выторговать	369
высокопоставленный	50	выстрадать	340	выточить	371
высокопробный	50	выстрел	341	выточка	371
высокопробный	250	выстрелять	341	вытребовать	373
высокопродуктивный	50	выстрижка	342	вытроить	375
высокопроизводительный	50	выстричь	342	вытрубить	376
высокоразвитый	50	выстричься	342	вытрясти	377
высокородный	280	выстрогать	342	вытрястись	377
высокосортный	50	выстрогаться	342	вытряхнуть	377
высокосортный	326	выстроить	343	вытряхнуться	377
высокоталантливый	50	выстроиться	343	вытягать	380
высокоталантливый	354	выстудить	344	вытянуть	381
высокотоварный	50	выстудиться	344	вытянуться	381
высокоторжественный	50	выстукать	345	выученик	387
высокоуважаемый	50	выступ	345	выучить	387
высокоуважаемый	383	выступить	345	выучка	387
высокоуловистый	50	высудить	346	выхвалить	392
высокоумный	50	высушить	349	выхвалиться	392
высокоурожайный	50	высушиться	349	выхватить	393
высокочастотный	50	высчитать	351	выхитрить	394
высокочтимый	50	высший	51	выхлоп	395

вы́хлопать	395
вы́ход	397
вы́ходец	397
вы́ходит	397
вы́ходить	397
вы́ходить	397
вы́ходка	397
вы́ходник	397
выходно́й	397
выходя́щий	397
вы́холодить	400
вы́холостить	400
вы́цвести	403
вы́черкнуть	410
вы́чернить	411
вы́черпать	411
вы́чертить	411
вы́чертиться	411
вы́чесать	412
вы́ческа	412
вы́чески	412
вы́числить	414
вы́чистить	415
вы́чиститься	415
вы́читать	416
вы́чихать	416
вы́шагать	419
вы́шагнуть	419
выше-	51
вышеизло́женный	51
вы́шелушить	51
вы́шелушиться	51
вышена́званный	51
вышеозна́ченный	51
вышеска́занный	119
вышестоя́щий	51
вышеука́занный	120
вы́шивка	422
вышивно́й	422
вышина́	51
вы́шить	422
вы́шка	51
вы́шутить	423
выясне́ние	432
вы́яснить	432
вы́яснить	432
вы́ясниться	432
вьюн	46
вьюно́к	46
вя́жущий	51
вяза́льный	51
вяза́льщик	51
вяза́ние	51
вяза́нка	51
вя́занка	51
вя́заный	51
вяза́нье	51
вяза́ть	51
вяза́ться	51
вя́зка	51
вя́зкий	51
вя́зкость	51
вя́зче	51
вя́зчик	51
вязь	51

Г

Г	53
газоочи́ститель	415
газоочи́стка	415
газожи́дкий	102
газонокоси́лка	136
газоно́сный	204
газоочи́стка	415
газотрубово́з	33
газотубохо́д	399
газохо́д	399
гальванотерапи́я	358
гарь	60
гелиотерапи́я	358
гелиофи́зика	389
гелицентри́зм	406
гемисфе́ра	350
гемотерапи́я	358
генерал-полко́вник	239
геофи́зика	389
геохи́мия	394
ги́бкий	56
ги́бкость	56
гидроавиа́ция	8
гидроресу́рсы	274
гидротерапи́я	358
гидрофи́зика	389
гидрофло́т	390
гидрохи́мия	394
гиперзву́к	107
гипертони́я	368
гипнотерапи́я	358
гипотони́я	368
гипоце́нтр	406
гистохи́мия	394
глав-	59
глава́	59
глава́рь	59
главбу́х	59
главвра́ч	59
главе́нство	59
главе́нствовать	59
гла́денький	53
гладилка	53
гладильный	53
гла́дить	53
гла́дкий	**53**
гла́дкий	53
гладкокра́шенный	53
гладкопись	53
гладкоство́льный	53
гладкошёрстный	53
гладь	53
гла́женый	53
гла́женье	53
глас	59
гласи́ть	59
гла́сность	59
гла́сный	59
глаша́тай	59
глиноби́тный	20
глинозём	109

глиномеша́лка	184	голо́вка	58	го́рец	60
глистого́нный	56	головно́й	58	гори́стый	60
глот	53	головокруже́ние	58	го́рка	60
глота́ние	53	головокруже́ние	145	горлодёр	82
глота́тельный	53	головокружи́тельный	58	гормонотерапи́я	358
глота́ть	**53**	головокружи́тельный	145	горнодобыва́ющий	60
гло́тка	53	головоло́мка	58	горнозаво́дский	60
глото́к	53	головоло́мка	165	горнозаво́дчик	60
глоттого́ния	53	головоло́мный	58	горноклимати́ческий	60
глубиноме́р	180	головомо́йка	58	горноклимати́ческий	130
глубокоуважа́емый	383	головоно́гий	58	горнолы́жник	60
глухонемо́й	202	головоно́гий	207	горнопромы́шленность	60
глухонемота́	202	головоре́з	58	горнопромы́шленность	196
гляде́ть	**54**	головотя́п	58	горнорабо́чий	60
гля́дь	54	головотя́пство	58	горнору́дный	60
гля́нуться	54	голову́шка	58	горноспаса́тельный	60
гнать	**54**	голодра́нец	81	горнотехни́ческий	60
гна́ться	54	гололёд	153	го́рный	60
гнилокро́вие	144	голоно́гий	207	горня́к	60
гноотделе́ние	73	**го́лос**	**59**	горовосходи́тель	396
гноеро́дный	280	голоси́на	59	**го́род**	**61**
гну́тый	56	голоси́стый	59	городи́ть	62
гнуть	**56**	голоси́ть	59	городи́шко	61
гнутьё	56	голоси́шко	59	городи́ще	61
гну́ться	56	голосло́вие	315	городни́чество	61
го́вор	57	голосло́вный	316	городни́чий	61
говоре́ние	57	голосова́ние	59	городово́й	61
говори́льный	57	голосова́ть	59	городо́к	61
говори́льня	57	голосово́й	59	городо́шник	62
говори́ть	**57**	голосо́к	59	городо́шный	62
говори́ться	57	голоше́ий	421	городско́й	61
говорли́вый	57	гон	54	городьба́	62
говорно́й	57	гоне́ние	54	горожа́нин	61
говоро́к	57	гоне́ц	54	горообразова́ние	212
говору́н	57	го́нчий	54	горю́честь	60
годи́ть	**58**	гоньба́	54	горю́чий	60
годи́ться	58	гоня́ть	54	горю́чка	61
го́дность	58	**гора́**	**60**	горячека́таный	121
го́дный	58	горево́й	60	горячека́таный	60
голова́	**58**	горе́лка	60	горя́ченный	60
голова́н	58	горе́льный	60	горя́ченький	60
голова́стик	58	горе́ние	60	горя́чий	60
голова́стый	58	**горе́ть**	**60**	горячи́тельный	60

горячи́ть	60	гре́лка	64		**Д**	
горячи́ться	60	**грести́**	63			
горя́чка	60	греть	63	Д		66
горя́чность	60	гре́ться	64	дава́й		66
горя́щий	60	гробокопа́тель	133	дава́лец		66
гостево́й	62	гробокопа́тельство	133	дава́льческий		66
гостеприи́мность	210	гроза́	64	дава́льщик		66
гостеприи́мный	62	**грози́ть**	64	дава́ть		66
гостеприи́мный	211	гро́зный	64	**далёкий**		**66**
гостеприи́мство	62	грозово́й	64	далеко́		66
гостеприи́мство	210	**гром**	64	далеко́нько		66
гости́ная	62	громи́ла	64	даль-		66
гости́нец	62	громи́ть	64	дальневосто́чный		66
гости́ница	62	гро́мкий	64	дальнобо́йка		20
гостинодво́рец	62	громкоговори́тель	64	дальнови́дение		43
гости́ть	62	громкоголо́сный	64	дальнови́дение		66
гость	**62**	громово́й	64	дальнови́дный		43
го́стья	62	гро́мовый	64	дальнови́дный		66
готова́льня	62	громогла́сный	59	дальноземе́лье		66
гото́венький	63	громогла́сный	65	дальноземе́лье		109
гото́вить	62	громозву́чный	65	дальнозо́ркий		66
гото́виться	62	громоподо́бный	65	дальнозо́ркость		66
гото́вка	63	гружёный	65	дальноме́р		66
гото́вность	63	**груз**	**65**	дальноме́рщик		66
гото́вый	**62**	грузи́ло	65	да́льность		66
град	61	грузи́ть	65	да́нник		66
градоби́тие	20	гру́зка	65	да́нность		66
градобо́йный	20	грузну́ть	65	да́нный		66
градонача́льник	62	гру́зный	65	дармое́д		91
градонача́льник	201	грузови́к	65	дармое́дничать		91
градонача́льство	62	грузовладе́лец	65	дармое́дский		91
градонача́льство	201	грузово́й	65	дармое́дство		91
градообра́зующий	62	грузооборо́т	65	да́тель		66
градопра́витель	247	грузоотправи́тель	65	да́тельный		66
градострои́тель	62	грузоподъёмность	65	да́точный		66
градострои́тельство	62	грузоподъёмный	65	да́тчик		66
гра́дский	62	грузополуча́тель	65	**дать**		**66**
гранатомета́ние	182	грузополуча́тель	243	да́ться		66
гребе́ц	63	грузопото́к	65	да́ча		66
гребля́	63	гру́зчик	65	дачевладе́лец		66
гребнечеса́лый	412	грязеприёмник	210	да́чник		66
гребно́й	63	гуртопра́в	247	да́чный		66
гребо́к	63			**два**		**68**

два	243	двойня	69	двуно́жный	69
двадцатигра́нник	68	двойня́шка	69	двуно́жный	207
двадцатиле́тие	68	дво́йственность	69	двуо́кись	69
двадцатипятиле́тие	68	дво́йственный	69	двупа́лубный	69
двадцатипятиле́тний	68	двои́ть	68	двупа́лый	69
двадца́тый	68	двои́ться	68	двупе́рстие	69
два́жды	68	двойча́тка	69	двупла́нный	69
двенадцатигра́нник	68	двои́чный	68	двупо́лый	69
двенадцатипе́рстный	68	двою́родный	280	двупо́лый	238
двенадцатиуго́льник	68	двоякоды́шащий	88	двупо́лье	69
двена́дцатый	68	дву	69	двупо́лье	238
двена́дцать	68	двубо́ртный	69	двуразде́льный	69
дви́гать	**70**	двубрю́шный	69	двуро́гий	69
движе́ние	70	двугла́вый	69	двуру́кие	69
движи́мость	70	двугла́сный	69	двуру́чный	69
дви́жимый	70	двуго́рбый	69	двуру́шник	69
движо́к	70	двугра́нный	69	двуру́шничать	69
дви́ижущий	70	двугу́бый	69	двуру́шничество	69
дви́нуться	70	двудо́нный	69	двуска́тный	69
двое-	68	двуеди́ный	69	двуска́тный	123
дво́е	68	двужи́льный	69	двусме́нный	69
двебо́рье	68	двузна́чный	69	двусмы́сленный	69
двебра́чие	68	двукла́ссный	69	двусмы́слица	69
двеве́рие	68	двуколёсный	70	двуспа́льный	69
двевла́стие	68	двуко́лка	70	двустволка	69
дведу́шие	68	двуко́нный	70	двуство́рчатый	69
дведу́шничать	68	двукра́тный	70	двустихи́йный	69
двеже́нец	68	двукры́лый	70	двусти́шие	69
двеже́нство	68	двуле́тник	70	двусторо́нний	69
двежёнство	98	двули́кий	70	двууглеки́слый	69
двекра́тный	68	двули́кий	162	двуу́стка	69
двему́жие	68	двули́цый	70	двуутро́бка	69
двему́жница	68	двули́цый	162	двух→—два	69
двемы́слие	68	двули́чие	70	двуха́ктный	69
двое́ние	68	двули́чие	162	двуха́томный	69
двео́чник	68	двули́чный	70	двухвеково́й	69
двесло́в	68	двули́чный	162	двухверши́нный	69
двето́чие	68	двум	70	двухвесе́льный	69
двое́шка	68	двуму́жие	69	двухвинтово́й	69
дво́йка	68	двуно́га	69	двухгоди́чный	69
двои́льный	68	двуно́га	207	двухгодова́лый	69
двойни́к	68	двуно́гий	69	двухголо́сный	69
двойно́й	68	двуно́гий	207	двухдека́дный	69

двухдне́вник	69	двухцве́тный	70	деля́га	71
двухдне́вный	69	двухчасово́й	70	деля́на	73
двухдне́вный	74	двухшёрстный	70	деля́чество	71
двухкварти́рный	69	двухэта́жный	70	демонта́ж	192
двухкилометро́вка	69	двучле́н	70	демонти́ровать	192
двухкилометро́вый	69	двуязы́чие	431	денёк	74
двухколе́йный	69	двуязы́чие	70	денни́ца	74
двухколёсный	69	двуяйцо́вый	70	денно́й	74
двухко́мнатный	69	дед	193	**день**	**74**
двухла́мповый	69	дееспосо́бность	330	дёр	81
двухле́тие	69	дееспосо́бный	330	дёра	81
двухле́тний	69	дезорганизова́ть	217	**дёргать**	**74**
двухле́ток	69	дезорганизова́ться	217	дёргаться	74
двухлитро́вый	69	де́йственный	76	деревене́ть	74
двухма́чтовый	70	де́йствие	76	ереви́на	74
двухме́стный	70	действи́тельно	76	де́рево	74
двухме́стный	181	действи́тельность	76	деревобето́н	74
двухме́сячник	70	действи́тельный	76	де́рево-земляно́й	74
двухме́сячный	70	де́йствовать	76	деревообде́лочник	74
двухмото́рный	70	де́йствующий	76	деревообде́лочный	74
двухнеде́льный	70	декато́нна	367	деревообраба́тывающий	261
двухпала́тный	70	де́ланный	71	деревообраба́тывающий	74
двухпа́лубный	70	де́латель	71	деревообрабо́тка	74
двухпо́люсный	70	**де́лать**	**71**	деревообрабо́тка	261
двухпроце́нтный	70	де́латься	71	де́ревце=	74
двухпу́тный	70	делёж	73	деревяни́стый	74
двухра́зовый	70	деле́ние	73	деревя́нный	74
двухра́зовый	264	деле́ц	71	деревя́шка	74
двухря́дка	70	дели́мое	73	держа́ва	75
двухря́дный	70	дели́мость	73	держа́вный	75
двухсве́тный	70	дели́тель	73	держа́лка	75
двухсме́нка	70	дели́тельный	73	де́ржаный	75
двухсме́нный	70	**дели́ть**	**73**	держа́тель	75
двухсоте́нный	70	дели́ться	73	**держа́ть**	**75**
двухсо́тник	70	де́ло	71	держа́ться	75
двухступе́нный	70	делови́к	71	держимо́рда	75
двухта́ктный	70	делови́тый	71	дёрка	81
двухто́мник	70	делово́д	41	дерносни́м	211
двухто́мник	366	делово́й	71	дет-	77
двухты́сячный	70	делопроизводи́тель	71	детва́	77
двухфа́зный	70	делопроизво́дство	71	детвора́	77
двухфа́зный	388	де́льный	71	детгородо́к	77
двухфо́кусный	70	де́льце	71	детдвиже́ние	77

детдо́м	77	ди́кий	77	дли́нный	78
детдо́м	81	ди́ко	77	длиноме́р	78
детдо́мец	77	дикобра́з	77	длинношёрстый	420
детдо́мец	81	дико́вина	77	дли́тельность	78
детдо́мовец	77	дико́винный	77	дли́тельный	78
детдо́мовец	81	дикопло́дный	235	дли́ть	78
детёныш	77	дикорасту́щий	77	дли́ться	78
де́ти	77	дикоро́с	77	дне	74
дети́на	77	ди́кость	77	днева́лить	74
дети́шки	77	дитё	77	днева́льный	74
дети́ще	77	дитя́	77	днева́льство	74
де́тка	77	дича́ть	77	днева́ть	74
де́тки	77	дичеразведе́ние	77	днёвка	74
детко́м	77	дичи́ться	77	дневни́к	74
де́тный	77	дичо́к	77	дневно́й=	74
детолюби́вый	77	дичь	77	днём	74
детолю́бный	167	длина́	78	днесь	74
детоприёмник	77	длиннеть	78	дня	74
деторо́дный	77	длинно-	78	доба́вить	15
дерожде́ние	77	длиннеборо́дый	78	доба́виться	15
детоуби́йство	77	длиннова́тый	78	доба́вка	15
детоуби́йца	77	длинново́лновый	78	доба́вочный	15
детплоща́дка	77	длинноволокни́стый	78	добега́ться	16
детса́д	77	длинноволо́сый	78	добежа́ть	16
детса́довский	77	длинноголо́вость	78	добела́	18
де́тский	77	длинноголо́вый	78	добели́ть	18
де́тство	77	длиннодне́вный	78	доби́ть	18
деформа́ция	391	длиннокры́лый	78	доби́ться	19
дея́ние	76	длинноли́цый	78	добо́р	24
де́ятель	76	длинноме́рный	180	добра́ть	24
де́ятельность	76	длинноно́гий	78	добра́ться	24
де́ятельный	76	длинноно́сый	78	добре́ть	78
де́ять	76	длиннопла́менный	78	добро-	78
де́яться	76	длиннопо́лый	78	добро́	78
диатони́ческий	367	длиннору́кий	78	добро́	78
диафи́льм	389	длиннота́	78	доброво́лец	49
диви́ть	77	длинноу́сый	78	доброво́лец	78
диви́ться	77	длинноу́хий	78	доброво́льный	49
ди́вный	77	длиннохво́ст	78	доброво́льный	78
ди́во	77	длиннохво́стый	78	доброво́льческий	78
диетотерапи́я	358	длинноше́ий	78	доброво́льчество	49
дика́рство	77	длинношёрстный	78	доброде́тель	78
дика́рь	77	длинну́хий	78	доброде́тельный	78

добродушие	78	довариться	30	догрести́	63
добродушие	87	доведать	32	догрузи́ть	65
добродушный	78	до́веку	33	догрузи́ться	65
добродушный	87	до́верху	37	догру́зка	65
доброжелатель	78	довершение	38	дода́ть	67
доброжелатель	97	довершить	38	доде́лать	72
доброжелательный	78	довершиться	38	доде́лка	72
доброжелательный	97	дове́сить	38	додержа́ть	75
доброжелательство	78	дове́сок	38	додержа́ться	75
доброжелательство	97	довести́	39	додне́сь	74
доброжелательствовать	97	довести́сь	39	додра́ть	81
доброжелательствовать	78	дове́шать	41	додра́ться	81
доброка́чественность	78	довинти́ть	44	доду́мать	84
доброка́чественный	78	дови́ть	45	доду́маться	84
добро́м	78	дови́ться	45	дое́здка	92
добронра́вие	78	до́вод	39	дое́сть	91
добронра́вие	208	дово́дка	39	дое́хать	92
добронра́вный	78	довози́ть	32	дожа́рить	94
добронра́вный	208	доволо́чь	48	дожа́риться	94
добропоря́дочный	78	**дово́льно**	**79**	дожа́ть	95
доброса́ть	27	дово́льный	79	дожа́ть	96
добросерде́чие	78	дово́льствие	79	дожда́ться	96
добросерде́чие	302	дово́льство	79	дождеприёмник	210
добросерде́чный	78	дово́льствовать	79	дождеприёмник	210
добросерде́чный	302	дово́льствоваться	79	доже́чь	99
добро́сить	27	довооружи́ть	218	дожива́ть	101
добросо́вестный	78	довооружи́ться	218	дожида́ться	96
добросо́вестный	322	доворова́ться	49	дожи́ть	101
добрососе́дский	78	довы́боры	24	дожи́ться	101
добрососе́дский	327	догла́дить	53	дозва́ться	104
доброта́	78	догля́д	54	дозвони́ться	105
доброта́	78	догляде́ть	54	дозимова́ть	110
добро́тный	79	догля́дчик	54	дозна́ние	112
доброхо́т	79	догово́р	57	дозна́ть	112
доброхо́т	401	договорённость	57	дозре́ть	113
доброхо́тный	79	договори́ть	57	доигра́ть	115
доброхо́тный	401	договори́ться	57	доигра́ться	115
доброхо́тство	79	догово́рник	57	доиска́ться	117
доброхо́тство	401	дого́н	55	дойти́	116
до́брый	79	дого́ня	55	доказа́тельный	118
добря́к	79	догоня́лки	55	доказа́тельство	118
довали́ться	29	догоня́ть	55	**доказа́ть**	**118**
довари́ть	30	догоре́ть	61	доказу́емый	118

дока́зчик	118	долгожда́нный	96	должо́к	79
доката́ть	121	долгожи́тель	79	доли́ть	80
доката́ться	121	долгоигра́ющий	79	доли́ть	159
докати́ть	121	долголе́тие	79	доли́ться	80
докати́ться	121	долголе́тний	79	доли́ться	159
докача́ть	123	долгоно́жка	79	долови́ть	162
докача́ться	123	долгоно́жка	207	доложи́ть	126
докида́ть	124	долгоно́сик	79	доложи́ть	162
доки́нуть	124	долгоно́сный	80	доложи́ться	126
докипа́ть	125	долгоне́ко	80	долома́ть	164
докла́д	126	долгопо́лый	80	доломи́ть	164
докладно́й	126	долгосро́чный	80	до́лька	80
докла́дчик	126	долгосро́чный	331	до́льник	80
докла́сть	126	долгота́	80	до́льчатый	80
доклеи́ть	129	долготерпели́вый	80	до́льщик	80
докли́каться	129	долготерпели́вый	360	**до́ля**	**80**
докопа́ть	133	долготерпе́ние	80	**дом**	**80**
докопа́ться	133	долготерпе́ние	360	домавладе́ние	80
докорми́ть	135	долгоу́хий	80	дома́зать	168
докоси́ть	136	долгохво́стик	80	домахну́ть	173
докра́сить	139	долгохво́стник	394	дома́шний	80
докра́ска	139	долгошейка	80	дома́шность	80
до́красна́	139	долгуне́ц	80	домека́ть	175
до́красна́	139	долгу́ша	80	домека́ться	175
докрича́ться	143	доледнико́вый	153	доме́рить	179
докупа́ть	147	долежа́ть	153	домета́ть	182
докупа́ться	147	долежа́ться	153	доме́тить	183
докупи́ть	148	доле́зть	154	домеша́ть	184
докури́ть	149	долете́ть	157	до́мик	80
докури́ться	149	долечи́ть	158	доми́на	80
доку́шать	150	долечи́ться	158	домици́лий	80
долг	**79**	должа́ть	79	домици́ль	80
до́лго	**79**	до́лжен	79	доми́шко	80
долго-	79	долженствова́ние	79	доми́ще	80
долгова́тый	79	долженствова́ть	79	домко́м	80
долгове́чный	79	должи́шко	79	домови́на	80
долгово́й	79	должни́к	79	домови́тый	80
долговре́менный	79	до́лжно	79	домовладе́лец	80
долговя́зый	79	до́лжно	79	домовни́ца	80
долгогри́вый	79	до́лжно	79	домовни́чать	80
долгоде́нствие	74	должностно́й	79	домово́д	80
долгоде́нствие	79	до́лжность	79	домово́дство	80
долгожда́нный	79	до́лжный	79	домово́й	80

домо́вый	80	допа́рить	223	дорабо́тать	261
домоде́льный	72	допа́риться	223	дорабо́таться	261
домоде́льный	80	допасти́	223	дорабо́тка	261
домоде́льщина	72	допе́ть	227	дорасти́	266
домоде́льщина	80	допе́ться	227	дорасти́ть	266
домо́й	80	допеча́тать	228	дорва́ть	268
домо́к	80	допеча́тка	228	дорва́ться	268
домо́кать	188	допе́чь	229	доре́зать	272
домо́лвить	189	допе́чься	229	дорисова́ть	276
домолоти́ть	191	дописа́ть	230	дорисо́вка	276
домоло́ть	191	дописа́ться	230	**доро́га**	**81**
домопра́витель	80	допи́ть	232	**до́рого**	**81**
домоправи́тель	247	допи́ться	232	дорогова́тый	81
домоправле́ние	80	допла́та	234	дороговизна́	81
домрабо́тница	80	доплати́ть	234	дорого́й	81
доплы́ть		236	дорогу́ша	81
доморо́щенный	80	доподли́нный	237	дорожа́ть	81
доморо́щенный	268	допо́здна	237	доро́женька	81
домосе́д	80	допои́ть	232	дорожи́ть	81
домосе́д	306	доползти́	239	дорожи́ться	81
домостро́евский	80	дополна́	240	доро́жка	81
домостроє́ние	80	дополне́ние	240	доро́жник	81
домострои́тельный	80	дополни́тельный	240	доро́жно-строи́тельный	81
домострои́тельство	80	допо́лнить	240	доруби́ть	282
домотка́нина	80	допо́лниться	240	доруга́ть	282
домоупра́в	80	дополоска́ть	243	доруга́ться	282
домоуправле́ние	80	дополоска́ться	243	доры́ть	285
домохозя́йка	80	дополучи́ть	244	доры́ться	285
домохозя́ин	80	допо́лучка	244	досади́ть	288
домоча́дец	80	допрода́ть	67	досе́ять	305
домучи́ть	195	допроси́ть	251	досиде́ть	306
домучи́ться	195	допроси́ться	251	досиде́ться	306
дому́шник	80	допро́сный	251	доси́ня	307
домы́сел	196	допро́счик	251	досказа́ть	119
домы́ть	197	допры́гать	253	доскака́ть	308
домя́ть	199	до́пуск	256	доскака́ться	308
донага́	200	допусти́м	256	досла́ть	313
донесе́ние	202	допусти́мый	256	досле́дование	314
донести́	202	допусти́ть	256	досле́довать	314
дони́зу	205	допуще́ние	256	досло́вный	316
доноси́ться	202	допыта́ть	260	дослужи́ть	317
доны́не	208	допыта́ться	260	дослужи́ться	317
доня́ть	**209**	допьяна́	232	дослу́шать	318
дообору́довать	212				

досмея́ться	319	дота́ять	355	дра́ться	81
досмоли́ть	320	дотемна́	380	драч	81
досмо́тр	320	дотере́ть	359	драчли́вый	81
досмотре́ть	320	дотерпе́ть	360	драчу́н	81
досмо́трщик	320	доте́чь	362	древеси́на	75
досо́л	324	дотле́ть	364	древе́сница	75
досоли́ть	324	дотопи́ть	368	древе́сный	75
досоли́ться	324	дотопи́ть	369	дре́вко	75
дососа́ть	326	дотяну́ть	381	дре́вле	82
дососа́ться	326	дотяну́ться	381	древлехрани́лище	82
досо́хнуть	349	доучи́ть	387	древля́не	82
досочини́ть	327	доучи́ться	387	древнегре́ческий	82
доспа́ть	325	дохну́ть	88	древнееврейский	82
доспа́ться	325	дохо́д	397	древнеру́сский	82
доспе́ть	328	дохо́диность	397	**дре́вний**	**82**
доспо́рить	329	доходи́ть	397	дре́вность	82
доспроси́ть	251	доходи́ть	397	дре́во	75
досро́чный	331	дохо́дишко	397	древова́л	30
доста́ток	334	дохо́дный	397	древова́л	75
доста́точно	334	дохо́дчивый	397	древови́дный	75
доста́точный	334	дохо́дяга	397	древогры́з	75
доста́ть	334	доцвести́	404	древое́д	75
достопа́мятный	222	дочерна́	411	древонасажде́ние	75
достопочте́нный	417	доче́рпать	411	древообра́зный	75
достопримеча́тельность	183	дочерти́ть	411	древосто́й	75
достопримеча́тельный	183	дочеса́ть	412	древосто́й	340
достосла́вный	313	дочи́ста	415	древоточец	75
достоуважа́емый	383	дочи́стить	415	**дрема́ть**	**82**
достоя́ние	339	дочита́ть	416	дрема́ться	82
достоя́ть	339	дочита́ться	416	дремли́вый	82
достоя́ться	339	дошагну́ть	419	дремо́та	82
достри́чь	342	дошата́ть	420	дремо́тный	82
достро́йка	343	доши́ть	422	дроби́лка	83
достро́ить	343	дошко́льник	422	дроби́льный	83
досту́каться	345	дошко́льный	422	дроби́на	83
досту́чаться	345	дошути́ться	423	дроби́тельный	83
до́суха	349	драгоце́нность	81	**дроби́ть**	**83**
досчита́ть	351	драгоце́нный	81	дроби́ться	83
досы́лка	313	дра́ка	81	дробле́ние	83
досы́пать	351	дра́нка	81	дроблёный	83
до́сыта	353	дра́ный	81	дро́бница	83
дотаска́ть	355	драньё	81	дро́бность	83
дотаска́ться	355	**драть**	**81**	дро́бный	83

дробовик	83	дума	84	духовой	86
дробовой	83	**думать**	**84**	духом	86
дроболитейный	83	думаться	84	духота	86
дробь	83	думец	84	**душа**	**87**
дрова	75	думка	84	душевнобольной	87
дровозаготовка	75	думный	84	душевный	87
дровокол	75	думский	84	душевой	87
дровокольный	75	думушка	84	душегрейка	64
дроворезный	75	дуновение	85	душегрейка	87
дроворуб	75	**дура**	**84**	душегуб	87
дровосек	304	дурак	84	душегубка	87
дровосека	75	дураковатый	84	душегубство	87
дровосека	304	дурацкий	84	душенька	87
дровяник	75	дурачество	84	душеполезный	87
дровянка	75	дурачина	84	душеполезный	244
дровяной	75	дурачить	84	душеприказчик	87
дрога	75	дурачиться	84	душераздирающий	87
дрогнуть	83	дурачливый	85	душеспасительный	87
дрожание	83	дурачок	85	душечка	87
дрожанка	83	дурачьё	85	душещипательный	87
дрожать	**83**	дурашливый	85	душистый	87
дрожмя	83	дурей	85	душитель	87
дрожь	83	дурень	85	**душить**	**87**
друг	**83**	дуреть	85	душиться	87
друг	83	дурёха	85	душица	87
друг	83	дурий	85	душка	87
другой	**83**	дуриком	85	душник	87
дружба	83	дурить	85	душный	87
дружелюбие	83	дурища	85	душок	87
дружелюбие	167	дутик	85	душонка	87
дружелюбный	83	дутый	85	**дым**	**87**
дружелюбный	167	**дуть**	**85**	дымить	87
дружеский	83	дутьё	85	дымиться	88
дружественый	83	дуться	85	дымка	88
дружество	83	**дух**	**86**	дымный	88
дружина	83	духов	86	дымовик	88
дружинник	83	духовенство	86	дымовой	88
дружить	83	духовидец	86	дымоволок	48
дружиться	83	духовитый	86	дымоволок	88
дружище	83	духовка	86	дымовье	88
дружка	83	духовник	86	дымогарный	60
дружный	83	духовность	86	дымогарный	88
дружок	83	духовный	86	дымок	88

дымоку́р	88	единовла́стие	89	е́здить	92
дымоку́р	149	единовре́менный	89	е́здка	92
дымообразу́ющий	88	единогла́сие	89	ездово́й	92
дымопу́ск	88	единогла́сный	89	ездо́к	92
дымосо́с	88	единодержа́вие	89	езжа́лый	92
дымосо́с	327	единоду́шие	89	е́зженый	92
дымохо́д	88	единоду́шный	89	ему́	33
дымохо́д	399	еди́ножды	89	ему́	72
ды́мчатый	88	единоже́нство	89	ему́	166
дыра́	**88**	единожёнство	98	есте́ственник	90
ды́рка	88	единокро́вный	89	есте́ственно	90
ды́рочка	88	единоли́чник	89	есте́ственно-нау́чный	90
ды́рчатый	88	единоли́чный	89	есте́ственность	90
дыря́вить	88	единомы́сленный	89	есте́ственный	90
дыря́вый	88	единомы́слие	89	естество́	90
ды́хало	88	единомы́слящий	196	естествове́д	90
ды́хальце	88	единомы́шленник	89	естествове́дение	90
дыха́ние	88	единонасле́дие	89	естествозна́ние	90
дыха́тельный	88	единонача́лие	89	естествоиспыта́тель	90
дыхну́ть	88	единонача́лие	201	**есть**	**90**
дыша́ть	88	единонача́льник	89	**есть**	**90**
		единонача́льник	201	**е́хать**	**92**
Е		единообра́зие	89		
		единообра́зный	89	**Ж**	
Е	89	единопле́менник	90		
		единопле́менный	90	Ж	93
еда́	90	единоро́г	90	жаброды́шащий	88
едине́ние	89	единоро́дный	90	жа́дина	93
едини́ть	89	единоро́дный	280	жадне́ть	93
едини́ца	89	единосу́щный	90	жа́дничать	93
едини́чный	89	единосу́щный	348	жа́дно	93
едино-	89	единоутро́бный	90	жа́дность	93
единобо́жие	89	еди́нственно	90	жа́дный	93
единобо́рец	89	еди́нственный	90	жа́дный	93
единобо́рство	89	еди́нство	90	жа́жда	93
единобо́рствовать	89	**еди́ный**	**89**	**жа́ждать**	**93**
единобра́чие	89	е́дкий	90	**жале́ть**	**93**
единове́рец	35	е́дкость	90	жа́лить	93
единове́рец	89	едо́к	90	жа́литься	93
единове́рие	35	еду́н	90	жа́лкий	93
единове́рие	89	ежедне́вный	74	жа́лко	93
единове́рный	35	ежеча́сный	408	**жа́ло**	**93**
единове́рный	89	езда́	92	жа́лоба	94

жа́лобить	94	жела́ние	97	жена́тик	98
жа́лобиться	94	жела́нный	97	жена́тый	98
жа́лобщик	94	жела́тельно	97	же́нин	98
жа́лование	94	жела́тельный	97	жени́ть	98
жа́лованный	94	**жела́ть**	**97**	жени́тьба	98
жа́лованье	94	жела́ться	97	жени́ться	98
жа́ловать	**94**	жела́ющий	97	жени́х	98
жа́ловаться	94	железнодоро́жник	81	жениха́ться	98
жалоно́сный	204	железнодоро́жный	81	женихо́вство	98
жа́лостливый	93	Жёлтая	97	женишо́к	98
жа́лостный	93	жёлтенький	97	жёнка	98
жа́лость	93	желте́ть	97	женолю́б	98
жаль	93	желтизна́	97	женолю́бие	98
жар	**94**	желти́нка	97	жено-му́жие	98
жара́	94	желти́ть	97	женонави́стник	98
жа́рево	94	желтобрю́хий	97	женоподо́бный	98
жа́реный	94	желтова́тый	97	женоподо́бный	237
жа́ренье	94	желтогла́зый	97	женотде́л	73
жа́рить	94	желтогру́дый	97	женоуби́йство	98
жа́риться	94	Жёлтое	97	женоуби́йца	98
жа́рища	94	желтозём	97	жен-премье́р	98
жа́ркий	94	жёлтозём	109	же́нский	98
жарко́е	94	желто́к	97	же́нственный	98
жаро́вня	94	желтоко́жий	97	же́нщина	98
жаро́к	94	желтокры́лый	97	**же́ртва**	**98**
жаропонижа́ющий	94	желтоли́цый	97	же́ртвенник	98
жаропро́чный	94	желтоно́сный	97	же́ртвенный	98
жаротру́бный	94	желторо́тый	97	же́ртвователь	98
жароупо́рный	94	желторо́тый	281	же́ртвовать	98
жар-пти́ца	94	желтоцве́т	97	жертвоприноше́ние	98
жары́нь	94	желтоцве́т	404	**жёсткий**	**98**
жа́тва	96	желто́чный	97	жесткокры́лый	98
жа́тка	96	желту́ха	97	жёсткость→	98
жать	**95**	**жёлтый**	**97**	жестоковы́йный	98
жать	**96**	желть	97	жестокосе́рдие	98
жа́ться	95	желтя́к	97	жестокосе́рдие	302
жва́ло	96	желче́ние	97	жестокосе́рдный	98
жва́чка	97	желчеотделе́ние	97	жестокосе́рдный	302
жва́чный	97	желчнока́менный	97	жесто́кость	98
жгут	98	жёлчность	97	жечь	98
жгу́чий	98	жёлчный	97	**же́чься**	**98**
ждать	**96**	жёлчь	97	жже́ние	98
жева́ть	96	жена́	98	жжёный	98

жива́лый	99	живо́тность	100	жиле́ц	100
живёхонек	99	живо́тный	100	жи́листый	102
живе́ц	99	животрепе́щуший	374	жили́ще	100
живи́нка	99	животрепе́щущий	100	жили́щный	100
живи́тельный	99	живоцерко́в	407	жи́лка	102
живи́ть	**99**	живу́чий	100	жилкова́ние	102
живи́ться	99	живу́щий	100	жилкова́тый	102
жи́вность	99	жи́вчик	101	жилова́тый	102
жи́во	99	живьё	100	жило́й	101
жи́во-	99	живьём	100	жилотде́л	73
живогло́т	53	жи́денький	102	жилотде́л	101
живогло́т	99	**жи́дкий**	**102**	жилпло́щадь	101
живодёр	82	жидкова́тый	102	жилстрои́тельство	101
живодёр	99	жидкоко́стный	102	жилтовари́щество	101
живодёрня	99	жидкоко́стный	137	жилуправле́ние	101
живодёрство	99	жидконо́гий	102	жилфо́нд	390
живо́й	99	жидконо́гий	207	жилча́сть	101
живо́й	377	жи́дкостный	102	жильё	101
живописа́ть	99	жи́дкость	102	жи́льный	102
живопи́сец	99	жи́жа	102	жим	95
живопи́сный	99	жижесбо́рник	102	**жир**	**102**
жи́вопись	99	жизне-	101	жире́ть	102
живоре́з	99	жизнода́вец	101	жи́рник	102
живородя́щий	99	жизнедея́тельный	101	жирнозём	109
живородя́щий	278	жизнелю́б	101	жирномоло́чность	103
живорожде́ние	100	жизнелюби́вый	101	жи́рный	103
живорожде́ние	278	жизнелю́бие	101	жирова́ть	103
живорождённый	100	жи́зненность	101	жирови́к	103
живорождённый	278	жи́зненный	101	жиро́вка	103
живоросль	100	жизнеобеспе́чение	101	жирово́й	103
живоры́бный	100	жизнеописа́ние	101	жирово́ск	103
живосече́ние	100	жизнеощуще́ние	101	жироло́вка	103
жи́вость	100	жизнеощуще́ние	220	жироло́вка	162
живо́т	100	жизнепонима́ние	101	жироотложе́ние	103
животвори́ть	100	жизнепонима́ние	101	жиропо́т	103
животво́рный	100	жизнера́достность	263	жиропо́т	246
животворя́щий	100	жизнера́достный	101	жиропрока́з	119
живо́тик	100	жизнеспосо́бный	101	жирораство́ряющий	103
живо́тина	100	жизнеспосо́бный	330	жиросодержа́щий	103
животново́д	100	жизнесто́йкий	101	жирото́п	103
животново́дство	100	жизнеутвержда́ющий	101	жиротопле́ние	103
живо́тное	100	**жизнь**	**101**	жирото́пня	103
животорасте́ние	100	**жи́ла**	**102**	жите́йский	100

житель	100	забор	24	завиваться	45
жительство	100	заборка	24	завидеть	43
жительствовать	100	заборный	24	завидеться	43
житие	100	заборщик	24	завидки	43
житуха	100	забрать	24	завидный	43
жить	100	забраться	24	завидовать	43
житьё	100	заброс	27	завидущий	43
житьишко	100	забросать	26	завинтить	44
житься	100	забросить	26	завинтиться	44
жмот	95	заброска	26	**зависеть**	**103**
жнейка	96	заброшенный	27	зависимость	103
жнец	96	завал	29	зависимый	103
жнёшь	96	завалить	29	завитка	45
жнива	96	завалиться	29	завитой	45
жом	95	завалка	29	завиток	45
		заваль	29	завитушка	45
		завальный	29	завить(завивать)	45
		заварить	30	завладеть	46
З		завариться	30	завод	39
		заварка	30	заводила	39
З	103	заварной	30	заводнение	40
за	409	заведомо	32	заводнение	47
забава	15	заведомый	32	заводнить	47
забавить	15	завернуть(завёртыват)	35	заводский	40
забавиться	15	завернуться	35	заводчик	40
забавник	15	завёртка	36	заводь	47
забавный	15	завёртывать	36	завоз	32
забег	16	завершающий	38	завозить	32
забегать	16	завершение	38	завозный	32
забегаться	16	завершить	38	завозня	32
забежать	16	завершиться	38	завозчик	32
забежной	16	завес	41	заволока	48
забелить	18	завесить	41	заволочь	48
забелка	18	завеска	41	заворот	50
забеспокоиться	238	завести	39	заворотить	50
забить	19	завестись	39	заворотиться	50
забиться	19	завет	42	завхоз	399
заблаговестить	22	заветный	42	завысить	51
заблаговременный	22	завешать	41	завязать	51
заблагорассудить	22	завещание	42	завязаться	51
заблагорассудиться	22	завещатель	42	завязка	51
заблудившийся	22	завещательный	42	загар	61
заблудиться	22	завещать	42	загиб	56
заблуждаться	22				
заблуждение	22				

заги́бщик	56	загрести́	63	задо́р	82
загла́дить	53	загру́женность	65	задо́рина=	82
загла́диться	53	загрузи́ть	65	задо́ристый	82
заглота́ть	53	загрузи́ться	65	задо́риться	81
заглотну́ть	53	загру́зка	65	за́дорого	81
загло́точный	53	загру́знуть	65	задра́ть	81
загляде́нье	54	загру́зочный	65	задра́ться	81
загляде́ться	54	загру́зчик	65	задрема́ть	82
загляну́ть	54	**зад**	**103**	заду́вка	85
за́гнутый	56	зада́ток	67	заду́мать	84
загну́ть	56	зада́ть	67	заду́маться	84
загну́ться	56	зада́ться	67	заду́мка	84
за́говор	57	зада́ча	67	заду́мчивость	84
заговори́ть	57	зада́чник	67	заду́мчивый	84
заговори́ться	57	задвига́ть	70	заду́ть	85
загово́рный	57	задви́жка	70	задуше́вный	87
загово́рщик	57	задви́нуться	70	задуше́ние	87
за́годя	58	задвои́ться	70	задуши́ть	87
заголосова́ть	59	заде́лать	72	задыми́ть	88
заго́н	54	заде́латься	72	задыми́ться	88
заго́нка	55	заде́лка	72	задымле́ние	88
заго́нщик	55	задёргать	74	задыха́ние	88
загоня́ть	54	задёргаться	74	заедино́	90
загоре́лый	61	задеревене́лый	75	зае́дки	91
загоре́ть	61	задеревене́ть	75	зае́зд	92
загоре́ться	61	задержа́ние	75	зае́здка	92
загороди́ть	62	задержа́ть	75	зае́здом	92
загороди́ться	62	задержа́ться	75	зае́зжий	92
загоро́дка	62	заде́ржка	75	заём	209
за́городный	61	зади́ра	81	заёмщик	209
загости́ться	62	задири́стый	81	зае́сть	91
загото́витель	63	задича́ть	77	зае́сться	91
загото́вительный	63	задне-	103	зае́хать	92
загото́вить	62	задненёбный	103	зажа́рить	94
загото́вить	63	заднепроходно́й	103	зажа́риться	94
загото́вка	63	заднеязы́чный	103	зажа́ть	95
загото́вление	63	за́днии	398	зажа́ть	96
загото́вщик	63	за́дний	103	зажа́ться	95
загото́пункт	63	за́дник	103	зажа́ться	96
загради́тельный	62	за́дница	103	зажда́ться	96
загради́ть	62	задо́брить	79	зажелти́ть	98
загражде́ние	62	задо́к	103	заже́чь	99
загребно́й	63	за́дом	103	заже́чься	99

заживить	100	заимообразный	209	законовед	104
зажививться	100	заимствование	209	законоведение	104
заживление	100	заимствовать	209	законосвещательный	104
заживо	100	заимствоваться	209	законодатель	68
зажигалка	99	заискивать	117	законодатель	104
зажигание	99	зайти	116	законодательный	68
зажигательный	99	заказ	118	законодательство	68
зажим	95	**заказать**	**118**	законодательство	104
зажимистый	95	заказник	118	закономерный	104
зажимный	95	заказной	118	законоположение	104
зажимщик	95	заказчик	118	законопослушный	104
зажин	96	закаменелый	120	законопреступление	104
зажиреть	103	закаменеть	120	законопроект	104
зажитой	101	закпеть	133	законоучение	104
зажиточный	101	закапать	120	законоучитель	104
зажить	101	закапаться	133	закопать	133
зажиться	101	закат	121	закопаться	133
зазвать	104	закатать	121	закоренеть	134
зазвонить	105	закатить	121	закормить	135
заздравный	107	закатиться	121	закосить	136
зазеленеть	108	закачать	123	закостенеть	137
зазеленить	108	закачаться	123	закоулок	384
заземление	109	закидать	124	закрай	138
заземлить	109	закинуть	124	закрасить	139
зазимовать	110	закинуться	124	закраситься	139
зазимок	110	закипать	125	закраска	139
зазнать	112	закислённый	125	закраснеть	139
зазнаться	112	закиснуть	125	закраснеться	139
зазор	113	заклад	126	закрепительный	141
зазрение	113	закладка	126	закрепить	141
зазрить	113	закладничество	126	закрепиться	141
зазубрина	114	закладной	126	закрепка	141
зазубрить	114	закладчик	126	закрепление	141
зазубриться	114	закласть	126	закрепостить	141
зазыв	104	заклейка	129	закрепоститься	141
зазывала	104	заклеить	129	закрепощение	141
заиграть	115	**закон**	**104**	закрестить	142
заиграться	115	законник	104	закривить	142
заигрывание	115	законнорождённый	104	закривиться	142
заимка	209	законность	104	закривление	142
заимодавец	66	законный	104	закричать	143
заимодавец	209	законоблюститель	22	закругление	145
заимодатель	68	законоблюститель	104	закруглённый	145

закруглить	145	заливочный	160	заменить	176
закруглиться	145	заливщик	160	замереть	177
закружить	145	залить	159	замёрзлый	181
закружиться	145	залиться	159	замёрзнуть	181
закрывать	146	залог	126	замерить	179
закрытие	146	залог	163	замертветь	177
закрытый	146	залогодатель	126	замертво	177
закрыть	146	залогодатель	163	заместитель	180
закрыться	146	залогодержатель	126	заместительство	180
закуп	148	залогодержатель	163	заместить	180
закупить	148	заложение	126	заметать	182
закупка	148	заложить	163	заметить	183
закупщик	148	заложник	126	заметиться	183
закурить	149	заложник	163	заметка	183
закуриться	149	залом	164	заметливый	183
закурка	149	заломать	164	заметный	183
закусать	149	заломить	164	замечание	183
закусить	149	зальстить	156	замечательный	183
закуска	149	залюбоваться	166	замеченный	183
закусочный	149	зам	180	замечтаться	183
заладить	150	зам-	180	замешательство	184
заладиться	150	замазать	168	замешать	184
залгаться	152	замазаться	168	замешаться	184
заледенелый	153	замазка	168	замещение	180
заледенеть	153	замазуля	168	замирание	177
залежалый	154	заманить	171	замирение	185
залежаться	153	заманка	171	замирить	185
залёжка	153	заманчивый	171	замириться	185
залежь	154	замаслить	172	замокать	188
залезть	154	замаслиться	172	замолачивать	191
залесённый	156	замах	173	замолвить	189
залесить	156	замхать	173	замолить	189
залесный	156	замахнуться	173	замолкнуть	190
залесье	156	замашистый	173	замолчать	192
залёт	156	замашка	173	замор	178
залететь	156	замдиректор	180	замораживание	193
залётный	156	замедление	173	заморить	178
залечить	158	замедлитель	173	замориться	178
залечиться	158	замедлить	173	заморозить	193
залив	159	замежевать	174	заморозки	193
заливистый	159	замена	176	заморский	192
заливка	159	заменимый	176	заморыш	178
заливной	160	заменитель	176	замочить	188

замочка	188	заострить	219	записать	230
зампред	180	заостриться	219	записаться	230
замудрить	194	заочник	217	записка	230
замудрствоваться	194	заочный	217	записной	230
замутить	195	запад	224	запись	230
замутиться	195	западина	224	запить	232
замутнеть	195	западник	224	заплавать	236
замучить	195	западнический	224	заплаваться	236
замучиться	195	западничество	224	заплевать	234
замысел	196	западный	224	заплыв	236
замыслить	196	запаковать	221	заплывчивый	236
замысловатый	196	запаковаться	221	заплыть	236
замыть	197	запал	221	запоздалый	237
замять	199	запалённый	221	запоздание	237
замяться	199	запалить	221	запоздать	237
занавес	42	запальник	221	запоздно	237
занавесить	42	запальный	221	запой	232
занавеситься	42	запальчивость	221	запойный	233
занавеска	42	запальчивый	221	заполевать	238
занедужить	201	запарить	222	заползти	239
занедужиться	201	запарка	223	заполнитель	240
занеметь	202	запарник	223	заполнить	240
занемочь	193	запарной	223	заполниться	240
занесение	202	запас	103	заполонить	235
занести	202	запаска	103	заполоскать	243
занижение	205	запасливый	103	заполоскаться	243
занизить	205	запасник	103	заполоснуть	243
занимательный	209	запасной	103	заполучить	244
заново	206	**запасти**	**103**	заполье	238
занос	202	запастись	103	заполярье	244
заноситься	202	запасть	224	запомнить	244
заносный	202	запах	225	запомниться	244
заносчивый	202	запахнуть	225	запотелый	245
заночевать	208	запашок	225	запотеть	245
заношенный	202	запев	227	запотеть	245
занятие	209	запевала	227	започивать	246
занятный	209	запенить	225	запоясать	246
занятой	209	запениться	225	запоясаться	246
занятость	209	запеть	227	заправду	246
занятый	209	запечатать	228	заправить	247
занять	**209**	запечный	229	заправиться	247
заняться	209	запечь	229	заправка	247
заорганизовать	217	запечься	229	заправщик	247

запримéтить	183	заразительность	264	заря́дчик	286
запродáжа	67	заразительный	264	заря́дье	286
запродáть	67	заразить	264	заряжáние	286
запродáться	67	зарази́ться	264	засáда	288
запрóс	251	зарáне	266	засади́ть	288
запроси́ть	251	зарасти́	266	засáдка	288
запрóсный	251	зарасти́ть	266	засáдный	288
зáпросто	251	зарегули́ровать	271	засáхарить	294
запрóсчик	251	зарéз	272	засáхариться	294
запры́гнуть	253	зарéзать	272	засвежéть	295
запря́тать	254	зарéзаться	272	засверкáть	295
запря́таться	254	зарекомендовáть	274	засвети́ть	295
запу́ганный	255	зарисовáть	276	засвети́ть	295
запугáть	255	зарисовáться	276	засвети́ться	295
запу́гивание	255	зарисóвка	276	засвети́ться	295
запу́гивать	255	заровня́ть	277	засвéтка	295
зáпуск	256	заровня́ться	277	засветлéть	297
запустéлый	257	зароди́ть	278	засветло	297
запустéлый	257	зароди́ться	278	засдáться	68
запустéние	257	зарóдыш	278	засéв	305
запустéние	257	зарóдышевый	278	засéка	304
запустéть	257	зарождéние	278	засели́ть	300
запустéть	257	зарони́ть	280	засели́ться	300
запусти́ть	256	зарони́ться	281	засéльщик	300
запу́танность	257	зáросль	266	засéсть	303
запу́танный	257	зарóсток	266	засéчка	304
запу́тать	257	зарплáта	234	засéчь	304
запу́таться	257	заруби́ть	282	засéчь	304
запу́хнуть	259	зарýбка	282	засéять	305
запчáсти	409	зарубцевáться	282	засидéть	306
запылáть	259	зарýбщик	282	засидéться	306
запыли́ть	259	заругáть	282	засúлье	307
запыли́ться	259	заругáться	283	засинéть	307
запытáть	260	зарукáвье	284	засинéться	307
запьянéть	232	зарýчка	284	засини́ть	307
запя́тить	260	зары́бить	285	заскакáть	308
запя́тки	260	зарыдáть	285	заскакáться	308
зарабóтать	261	зары́ть	285	засквози́ть	310
зарабóтаться	261	зары́ться	285	заскочи́ть	308
зарабóтный	261	заря́д	286	заскучáть	312
зарабóток	261	заряди́ть	286	засласти́ть	151
зарáз	264	заря́дка	286	заслáть	313
зарáза	264	заря́дный	286	заследи́ть	314

заслепи́ть	315	заста́вить	332	затаи́ть	354
заслу́га	317	заста́вка	332	затаска́ть	355
заслу́женный	317	застаре́ть	334	затверде́лый	356
заслужи́ть	317	заста́ть	334	затверде́ние	356
заслу́шать	318	застекли́ть	335	затверде́ние	356
заслу́шаться	318	засти́л	337	затверде́ть	356
заслы́шать	318	застира́ть	360	затёк	362
заслы́шаться	318	застла́ть	337	затемне́ние	380
заслюни́ть	318	застла́ться	337	затемне́ть	380
засмея́ть	319	засто́й	339	затемни́ть	380
засмея́ться	319	засто́йный	339	затемни́ться	380
засмоли́ть	320	засто́лица	339	затени́ть	357
засмоли́ться	320	засто́лье	339	затепли́ть	358
засмотре́ться	320	засто́льный	339	затепли́ться	358
заснеженный	321	застоя́лый	339	за́тепло	358
занима́ть	211	застоя́ться	339	затере́ть	359
засну́ть	324	застрахова́ть	341	затере́ться	359
засня́ть	211	застрахова́ться	341	затерза́ть	360
засо́веститься	322	застраща́ть	341	зате́рянный	361
засо́л	324	застри́чь	342	затеря́ть	361
засоле́ние	324	застрога́ть	342	затеря́ться	361
засолённый	324	застро́йка	343	затесни́ть	361
засоли́ть	324	застро́ить	343	зате́чь	362
засоли́ться	324	застро́иться	343	затира́нить	363
засо́льщик	324	застро́йщик	343	зати́хнуть	364
засоре́ние	325	застру́г	343	зати́шек	364
засори́ть	325	застуди́ть	344	зати́шный	364
засори́ться	325	застуди́ться	344	заткну́ть	379
засо́с	326	застука́ть	345	заткну́ться	379
засоса́ть	326	застыди́ть	346	затме́ние	380
засо́хлый	349	застыди́ться	346	затми́ть	380
засо́хнуть	349	засуди́ть	346	затова́рить	365
за́спанный	325	засуети́ться	348	затова́риться	365
заспа́ть	325	за́суха	350	затова́рность	365
заспа́ться	325	засуши́ть	349	зато́к	364
заспеши́ть	328	засу́шливый	350	затолка́ть	365
заспи́нник	329	засчита́ть	351	затоми́ться	367
заспиртова́ть	329	засы́лка	313	затону́ть	369
заспо́рить	329	засы́пать	351	затопи́ть	368
заспо́риться	329	засыпа́ться	351	затопи́ть	369
засрами́ть	330	засы́пка	352	затопи́ться	369
заста́ва	332	засы́пщик	352	зато́пка	368
заста́вить	332	затаённый	354	затопта́ть	369

затор	359	заход	397	звездиться	105
заторговать	369	заходить	397	звёздный	105
заторговаться	369	заходиться	397	звездолёт	105
затормозить	370	захождение	397	звездолёт	157
затормозиться	370	захожий	397	звездоносец	105
заторопить	370	захозяйничать	399	звездоносец	204
заточить	371	захозяйничаться	399	звездоносный	105
затошнить	371	захолодать	400	звездообразный	105
затрата	373	захолодеть	400	звездопад	105
затратить	373	захолоднуть	400	звездопад	224
затребовать	373	захоронение	401	звездоплавание	105
затронуть	375	захоронить	401	звездоплавание	236
затуманить	378	зацвести	404	звездоплаватель	105
затуманиться	378	зачаровать	408	звездоплаватель	236
затупить	378	зачеркнуть	410	звездопоклонство	105
затупиться	378	зачернеть	411	звездопоклонство	130
затычка	379	зачернить	411	звездорыл	105
затяжелеть	380	зачёс	412	звездочёт	105
затяжка	381	зачесать	412	звёздочка	105
затяжной	381	зачесаться	412	звездчатый	105
затянутый	381	зачисление	414	**звенеть**	**105**
затянуть	381	зачислить	414	зверёнок	106
затянуться	381	зачистить	415	звереть	106
заузить	384	зачистка	415	зверина	106
заулок	384	зачитать	416	зверинец	106
заутра	386	зачитаться	416	звериный	106
заутюжить	386	зачуять	418	зверобой	20
заученный	387	зашатать	420	зверобой	106
заучить	387	зашейна	421	зверобойка	20
заучиться	387	зашивка	422	звсробойный	106
заушательство	386	зашить	422	зверовать	106
заушение	386	зашиться	422	зверовод	106
заушить	386	защёчный	424	звероводство	106
заушница	386	заявить	430	зверовой	106
заушный	386	заявиться	430	зверовщик	106
захвалить	392	заявка	430	зверолов	162
захват	393	заявление	430	звероловство	106
захватанный	393	заявшик	430	звероловство	162
захватать	393	званый	104	звероoбразный	106
захватить	393	звательный	104	звероподобие	106
захлебнуть	395	**звать**	**104**	звероподобный	106
захлебнуться	395	зваться	104	зверосовхоз	106
захлёб	395	**звезда**	**105**	зверский	106

зве́рство	106	звукоте́хник	106	зелене́ть	107
зве́рствовать	106	звукоула́вливатель	106	зеленёхонек	107
зверь	**106**	звукоусиле́ние	106	зелени́ть	108
зверьё	106	звукоусили́тель	106	зелёнка	108
зверю́га	106	звукофикса́ция	106	зеленова́тый	108
звон	105	звуко-фикси́ровать	106	зеленогла́зый	108
звони́ть	105	звуча́ние	107	зеленоку́дрый	108
звони́ться	105	звуча́ть	107	зелену́шка	108
зво́нкий	105	зву́чный	107	зеленча́к	108
звонко́вый	105	звя́канье	107	зеленщи́к	108
звонкоголо́сный	59	звя́кнуть	107	**зелёный**	**107**
звонни́ца	105	здоро́вание	107	зеленя́	108
звоно́к	105	здоро́ваться	107	земе́льный	108
зво́нчатый	105	здоровёхонек	107	землеби́тный	108
звук	**106**	здорове́ть	107	землеве́д	108
звуко-	106	здорови́ла	107	землеве́дение	108
звукови́дение	106	здорови́ться	107	землевладе́лец	108
звукови́к	106	здоро́во	107	землевладе́ние	108
звуковоспроизведе́ние	106	здо́рово	107	землево́з	33
звуковоспроизводя́щий	106	здоро́вость	107	землево́з	108
звукоглуши́тель	106	здорову́щий	107	земледе́лец	72
звукозапи́сывающий	106	**здоро́вый**	**107**	земледе́лец	108
звукоза́пись	230	здоро́вый	107	земледе́лие	73
звукоза́пись	106	здоро́вье	107	земледе́лие	108
звукоизоля́ция	106	здрав-	107	земледе́лка	108
звукомаскиро́вка	106	здра́вие	107	земледе́льческий	73
звукоме́р	106	здра́вица	107	земледе́льческий	108
звукоме́р	180	здра́вница	107	землеко́п	108
звукоме́трия	106	здра́во-	107	землеко́п	134
звуконепроница́емый	106	здравомы́слие	107	землеме́р	108
звуконоси́тель	106	здравомы́слие	196	землеме́рие	108
звуконоси́тель	202	здравомы́слящий	107	землено́сный	108
звукообра́з	106	здравомы́слящий	196	землеописа́ние	108
звукоопера́тор	106	здравоохране́ние	107	землеотво́зный	108
звукопогло́титель	106	здравоохрани́тельный	107	землепа́шество	108
звукоподража́ние	106	здравоте́л	73	землепа́шец	108
звукоподража́тель	106	здравоте́л	107	землепо́льзование	108
звукопроводи́мость	106	здравпу́нкт	107	землепо́льзователь	108
звукопроница́емый	106	здра́вствовать	107	землепрохо́дец	108
звукоря́д	106	здра́вствуйте	107	землепрохо́дец	398
звукоря́д	286	здра́вый	107	землеро́б	108
звукосни́матель	211	зелене́ние	107	землеро́йка	108
звукосочета́ние	106	зелёненький	107	землеро́йный	108

землесо́с	108	зерноочисти́тельный	415	златоро́гий	113
землетрясе́ние	108	зерноочисти́тельный	109	златострунный	113
землетрясе́ние	377	зернопогру́зчик	109	златотка́нный	113
землеудобре́ние	108	зернопоста́вки	109	златоу́ст	113
землеустро́йство	108	зернопу́льт	109	златоцве́т	113
землеустро́йство	344	зерносклад	128	златоцве́т	404
землечерпа́лка	108	зерносовхо́з	109	златоцве́тник	113
землечерпа́ние	108	зерносуши́лка	109	златоцве́тник	404
земли́стость	108	зерноубо́рка	26	зле́е	110
земли́стый	108	зерноубо́рочный	109	злеть	110
земли́ца	108	зерноувлажни́тель	109	злец	110
земля́	108	зерноулови́тель	109	злить	110
земля́к	108	зернофура́ж	109	зли́ться	110
земляни́ка	108	зернохрани́лище	109	**зло**	**110**
земляни́чина	108	зернояд́ный	92	зло-	110
земляни́чный	108	зернояд́ный	109	зло́ба	110
земля́нка	108	зёрнышко	109	зло́бить	110
земляно́й	108	**зима́**	**109**	зло́биться	110
земля́сос	327	зи́мка	109	зло́бный	110
земля́чество	108	зи́мнее-солнцеворо́т	323	злободне́вный	110
зе́мно	108	зи́мний	109	зло́бствовать	110
земново́дный	108	зимова́лый	109	злове́щий	110
земно́й	108	зимова́льный	109	злово́ние	110
земноро́дный	108	зимова́ть	109	злово́нный	110
земноро́дный	280	зимо́вище	109	зловре́дный	110
земотде́л	108	зимо́вка	109	злоде́й	76
зе́мский	108	зимо́вник	109	злоде́й	110
земсна́ряд	108	зимо́вщик	109	злоде́йский	110
зе́мство	108	зимо́вье	109	злоде́йство	110
зе́мщина	108	зиморо́док	109	злоде́йствовать	110
зернёный	109	зимосто́йкий	109	злодея́ние	76
зерни́стый	109	зи́мушка	109	злодея́ние	110
зерни́ть	109	злати́ть	113	злоехи́дничать	110
зерно-	109	зла́тка	113	злоехи́дный	110
зерно́	**109**	зла́то	113	зложела́тель	97
зерноаспира́тор	109	злато-	113	зложела́тель	110
зернобобо́вый	109	златове́рхий	37	зложела́тельство	110
зернови́дный	109	златове́рхий	113	злой	110
зернови́к	109	златовла́сый	113	злока́чественный	110
зерно́вка	109	златогла́вый	113	злоко́зненный	110
зерново́й	109	златой	113	злонаме́ренный	110
зерновщи́к	109	златоку́дрый	113	злонра́вие	110
зернодроби́лка	109	златолюби́вый	167	злопа́мятливый	110

злопа́мятливый	222	змееви́дный	111	зна́ться	111
злопа́мятство	110	змееви́к	111	значе́ние	112
злопа́мятство	222	змеёк	111	зна́чимость	112
злополу́чие	110	змеено́сец	204	зна́чимый	112
злопыха́тель	110	змееобра́зный	111	**зна́чит**	**112**
злопыха́тельство	110	змеепокло́нство	111	значи́тельный	112
злора́дный	110	змей	111	зна́чить	112
злора́дство	110	зме́йка	111	значо́к	111
злора́дствовать	110	змеи́ный	111	зов	104
злоречи́вый	110	змеи́стый	111	золота́рь	112
злоречи́вый	275	змеи́ться	111	золоте́ть	112
злоре́чие	110	**змея́**	**111**	золоти́льный	112
злосло́вие	110	змий	111	золоти́льщик	112
злосло́вие	316	знава́ть	111	золоти́стый	112
злосло́вить	110	знае́мый	111	золоти́ть	112
злосло́вить	316	**знак**	**111**	золотко́	112
зло́стный	110	зна́ковый	111	**зо́лото**	**112**
зло́сть	110	знако́м	111	золотоволо́сый	112
злосча́стие	110	знако́мец	111	золотодобыва́ющий	112
злосча́стный	110	знако́мить	111	золотоиска́тель	112
злоторо́гий	277	знако́миться	111	золотоно́сный	112
злоумышле́ние	110	знако́мство	111	золотообре́зный	112
злоумышле́ние	197	знамена́тель	111	золотопого́нник	112
злоу́мышленник	110	знамена́тельный	111	золотопромы́шленник	113
злоу́мышленник	197	знамена́ть	111	золотопромы́шленность	113
злоу́мышленный	110	зна́мение	111	золотопромы́шленность	196
злоу́мышленный	197	знамени́тость	111	золотороте́ц	113
злоумышля́ть	110	знамени́тый	111	золотосодержа́щий	322
злоумышля́ть	197	знамённый	111	золотошве́й	113
злоупотреби́ть	110	зна́менный	111	золотошве́й	422
злоупотреби́ть	246	знаменова́ть	111	золотошве́йный	113
злоупотребле́ние	110	знаменова́ться	111	золо́тчик	113
злоупотребле́ние	246	знамено́сец	111	золоче́ние	113
злоязы́к	431	знамено́сец	204	золочёный	113
злоязы́чие	110	знамёнщик	111	зрак	113
злоязы́чник	110	зна́мо	111	зрачо́к	113
злоязы́чник	431	зна́мя	111	зре́лище	113
злы́день	110	зна́ние	111	зре́лость	113
злю́ка	110	зна́тность	111	зре́лый	113
злю́щий	110	зна́тный	111	зреть	113
змее-	111	знато́к	111	**зреть**	**113**
змеебо́рец	111	знато́чество	111	**зре́ться**	**113**
змеебо́рство	111	знать	111	зри́мый	113

зри́тель	113	иглотерапи́я	358	изби́ться	19
зри́тельный	113	иглоука́лывание	115	избо́ина	19
зря́чий	113	иглофи́льтр	115	избо́рник	25
зря́щий	113	иго́лка	115	избочи́ться	24
зуб	**114**	иго́лочник	115	избра́ние	25
зуба́стый	114	иго́льник	115	избра́нник	25
зуба́тый	114	иго́льный	115	избра́нничество	25
зубе́ц	114	иго́льчатый	115	и́збранный	25
зу́бик	114	иго́льщик	115	избра́ть	25
зуби́ло	114	**игра́ть**	**115**	изве́дать	32
зу́бник	114	игра́ючи	115	изве́ка	33
зубно́й	114	игра́ющий	115	изве́риться	35
зубоврачебный	114	игре́ц	115	извернуться	35
зубоврачева́ние	114	игре́цкий	115	извёртка	36
зубодёр	114	игри́вый	115	извёртывать	36
зубодроби́тельный	114	игри́стый	115	извести́	40
зубо́к	114	и́грище	115	извести́сь	40
зуболече́бница	114	игрови́к	115	изве́чный	33
зубо́резный	114	игрово́й	115	изви́в	45
зубо́резный	272	игро́к	115	изви́лина	45
зубоска́л	114	игроте́ка	115	изви́листый	45
зубоска́лить	114	игру́н	115	извине́ние	44
зубоска́льство	114	игру́шечник	115	извине́ние	44
зуботы́чина	114	игру́шечный	115	извини́тельный	44
зуботы́чина	379	игру́шка	115	извини́ть	44
зубочи́стка	114	идолопокло́нник	130	извини́ться	44
зубочи́стка	415	идолопокло́ннический	130	извинти́ть	44
зубри́ть	114	идолопокло́нство	130	извинти́ться	44
зубри́ться	114	**идти́**	**116**	изви́ть	45
зубча́тка	114	из	397	изви́ться	45
зубча́тый	114	избави́тель	15	изво́д	40
		изба́вить	15	изво́з	32
И		изба́виться	15	извози́ть	32
		изба́вление	15	извози́ться	32
И	115	избежа́ние	16	извозничать	32
игла́	**115**	избежа́ть	16	извозовладе́лец	32
игли́стый	115	избие́ние	19	изво́зчик	32
иглова́тый	115	избира́емость	25	изволочи́ть	48
иглови́дный	43	избира́тель	25	изволочи́ться	48
игловидный	115	избира́тельный	25	изворова́ться	49
иглодержа́тель	115	избирко́м	25	изворо́т	50
иглообра́зный	115	изби́тый	19	изворо́тливый	50
иглотерапи́я	115	изби́ть	19	извяза́ть	51

изги́б	56	излежа́ться	154	измери́тель	179
изги́бина	56	излёт	157	измери́тельный	179
изги́бистый	56	излета́ть	157	изме́рить	179
изгла́дить	53	излече́ние	158	изме́ряться	179
изгла́диться	53	излечи́мый	158	измока́ть	188
изгна́ние	55	излечи́ть	158	измоло́т	191
изгна́нник	55	излечи́ться	158	измолоти́ть	191
изгна́нничество	55	изли́ть	160	измолоти́ться	191
изголо́вок	58	изли́ться	160	измоло́ть	191
изголо́вье	58	излия́ние	160	измоло́ться	191
изгоня́ть	55	излови́ть	162	измо́р	178
изгоре́ть	61	изложе́ние	163	измори́ть	178
изгоро́дка	62	изложи́ть	163	измори́ться	178
и́згородь	62	изло́м	164	изморо́зить	193
изгото́вить	63	изло́манность	164	и́зморозь	193
изгото́виться	63	изло́манный	164	измочи́ть	188
изгото́вка	63	излома́ть	164	измочи́ться	188
изготовле́ние	63	изломи́ть	164	изму́чить	195
изгото́вщик	63	излю́бленный	166	изму́читься	195
издалека́	66	излюби́ть	166	измы́лить	198
и́здали	66	изма́зать	168	измы́литься	198
изде́лие	72	изма́заться	168	измы́слить	196
издре́вле	82	измала́	171	измышле́ние	196
издроби́ть	83	изма́слить	172	измя́кнуть	199
издыря́веть	88	изма́слиться	172	измя́ть	199
издыря́вить	88	измельча́ние	175	измя́ться	199
издыря́виться	88	измельча́ть	175	изнаси́лование	307
изжа́лить	93	измельчи́тель	176	изнача́ла	201
изжа́рить	94	измельчи́ть	175	изнача́льный	201
изжа́риться	94	измельчи́ться	175	изне́жить	202
изжёванный	97	изме́на	176	изнеможе́ние	193
изжева́ть	97	измене́ние	176	изнеможённый	193
изжелта́	97	измени́ть	176	изнемо́чь	193
изжелти́ть	97	изме́нник	176	изни́зу	205
изже́чь	99	изме́ннический	176	изнища́ть	206
изже́чься	99	изме́нничество	176	изно́с	202
изжи́тие	101	изме́нчивость	176	износи́ть	202
изжи́ть	101	изме́нчивый	176	износи́ться	202
изжи́ться	101	изме́нщик	176	износто́йкий	202
иззелена́-	108	изменя́емый	176	износто́йкость	202
иззелени́ть	108	изменя́ться	176	износусто́йчивость	202
изла́дить	150	измере́ние	179	изоби́деть	212
изла́зить	154	измёрзнуть	181	изоби́ловать	212

изобильный	212	изъясниться	432	иногда	117
изогнутый	56	изыск	118	иногородный	61
изогнуть	56	изыскание	118	иногородный	117
изогнуться	56	изысканность	118	иноземец	109
изогона	56	изысканный	118	**иной**	**117**
изодрать	82	изыскатель	118	иномыслие	117
изодраться	82	изыскать	117	инонациональный	117
изолгаться	152	изыскаться	118	инопланетец	117
изорвать	268	изъяснение	432	иноплеменник	117
изорваться	268	изъяснительный	432	иноплеменный	117
изостлать	337	иконописец	230	инородец	117
изострить	219	иконопись	230	инородец	280
изоткать	364	икромёт	182	инородный	280
изотонический	368	икрометание	182	иносказание	117
изотония	368	имение	116	иносказание	119
изработать	261	именинник	117	иносказательный	117
изработаться	261	именинный	117	иносказательный	119
изранить	266	именины	117	инославный	117
израстание	266	именительный	117	инославянский	117
изредить	271	именно	117	иностранец	117
изредка	271	именной	117	иностранец	340
изреженный	271	именовать	117	иностранный	340
изрезать	272	именоваться	117	иностранщина	117
изрезаться	272	именослов	117	иностранщина	340
изречь	275	именослов	316	иноходец	117
изрисовать	276	**иметь**	**116**	иноходь	399
изрисоваться	276	иметься	116	иноходь	117
изрубить	282	иммунотерапия	358	иноязычный	117
изрубцевать	282	имущественный	116	иноязычный	431
изругать	283	имущество	116	интопация	367
изругаться	283	имущий	116	интонировать	367
изрыть	285	**имя**	**117**	инфикс	389
изрядный	286	инакомыслящий	196	инфильтрировать	389
изубыточить	28	иначе	117	инфразвук	107
изукрасить	138	инженер-полковник	239	инфракрасный	139
изукраситься	138	ино-	117	инфраструктура	344
изучение	387	инобытие	117	ионотерапия	358
изучить	387	иноверец	35	ирреальный	270
изъездить	92	иноверец	117	иск	117
изъездиться	92	иноверие	35	искание	117
изъесть	91	иноверие	117	искапать	121
изъязвить	431	иноверный	35	искатель	117
изъяснить	432	иноверный	117	искательный	117

искательство	117	исплевать	234	иссечь	304
искать	**117**	исповедальня	32	иссечь	304
исколесить	132	исповедание	32	иссинить	307
искомый	117	исповедать	32	иссиня	307
ископаемый	133	исповедник	32	исследить	314
ископать	133	исповедный	32	исследование	314
искоренение	134	исповедь	32	исследователь	314
искоренить	134	исподнизу	205	исследовать	314
искорениться	134	исподтишка	364	исслюнить	318
искрасить	139	испоить	233	иссолить	324
искрасна-	139	исполосовать	243	иссосать	326
искрасножёлтый	139	исполу	243	иссохнуть	349
искрестить	142	использование	244	исстари	334
искривить	142	использовать	244	исстирать	360
искривиться	142	использоваться	244	исстрадаться	340
искривление	142	испортить	245	исстрелять	341
искровавить	143	испорченность	245	исстрогать	342
искровениться	143	испорченный	245	иссушить	350
искросыпительный	352	исправдом	81	иссушиться	350
искроудержатель	76	исправить	248	истаскать	355
искрошить	144	исправиться	247	истаскаться	355
искрошиться	144	исправление	247	истаять	355
искупитель	148	исправник	247	истереть	359
искупительный	148	исправность	247	истереться	359
искупить	148	исправный	248	истерзать	360
искупиться	148	испробовать	250	истерзаться	360
искупление	148	испрямить	254	истёртый	359
искурить	149	испрямиться	254	истёрханный	359
искуриться	149	испуг	255	истечение	362
искусать	149	испуганный	255	истечь	362
испарение	222	испугать	255	истиранить	363
испарина	222	испужать	255	истлеть	364
испарить	222	испускательный	256	исток	362
испариться	222	испустить	256	истолкование	366
испаряемость	222	испытание	260	истолкователь	366
испечь	229	испытатель	260	истолковать	366
испечься	229	испытательный	260	истолковаться	366
исписать	230	испытать	260	истома	367
исписаться	230	испытуемый	260	истомить	367
испитой	232	испытующий	260	истомиться	367
испить	232	испятнать	260	истомный	367
исплавать	236	испятнаться	260	источать	367
исплакаться	233	иссера-	303	источить	367

истончи́ться	367	исши́ть	422	ка́пать	120
истопи́ть	368	ище́йка	117	капе́ль	120
истопи́ться	368			капе́льник	120
исто́пник	368	**К**		капе́льница	120
истопта́ть	369			капельножи́дкий	102
истопта́ться	369	к	37	капе́льный	120
истоскова́ться	370	К	118	капустау́борка	26
источи́ть	362	к	179	картофелекопа́тель	133
источи́ть	371	каждодне́вие	74	ката́льный	121
источи́ть	371	ка́жимость	118	ката́льщик	121
источи́ться	371	ка́жущийся	118	ката́ние	121
исто́чник	362	**каза́ть**	118	ка́танка	121
исто́чник	371	каза́ться	118	ката́нок	121
источникове́дение	362	казнокра́д	140	ка́таный	121
источникове́дение	371	казнокра́дство	140	ката́ться	123
истоще́ние	372	как	319	**кати́ть**	121
истощи́ть	372	калое́д	91	кати́ться	121
истощи́ться	372	камене́ть	120	ка́ткий	121
истра́тить	373	камени́стый	120	като́к	121
истра́титься	373	каменноуго́льный	120	като́м	123
истре́скаться	374	ка́менный	120	кату́чий	121
иступи́ть	378	камено-	120	кату́шка	121
иступи́ться	378	каменобо́ец	120	ка́тыш	121
исхитри́ться	394	каменобо́ец	20	катышо́м	121
исхо́д	397	каменоло́мня	165	кача́лка	123
исхода́тайствовать	397	каменотёс	120	кача́ние	123
исходи́ть	397	ка́менщик	120	**кача́ть**	123
исходи́ть	397	**ка́мень**	120	кача́ться	123
исхо́дный	397	камне-	120	каче́ли	123
исходя́щий	397	камнеби́тный	120	ка́чка	123
исхолода́ться	400	камневи́дный	120	ка́чкий	123
исцеле́ние	404	камнедроби́лка	120	квартиро-нанима́тель	209
исцели́мый	404	камнело́мка	120	квартиросъёмщик	211
исцели́тель	404	камнемёт	120	квартпла́та	234
исцели́ть	404	камнемёт	182	кетокислота́	125
исцели́ться	404	камнепеча́тание	120	кза́ди	103
исча́дие	408	камнере́з	120	**кида́ть**	124
исчёркать	410	камнере́зный	120	килото́нна	367
и́счерна	411	камнесече́ние	120	кинозвезда́	105
исчерти́ть	411	камнетёсный	120	кинозри́тель	113
исчи́слить	414	камнеубо́рочный	26	кинолюби́тель	166
исчи́слиться	414	камнеубо́рочный	120	кинопро́ба	250
исшага́ть	419	канавокопа́тель	133	кинопрока́т	123

кинопрокатчик	123	клад	126	клониться	130
кинопромышленность	196	кладбище	126	клопогонный	56
киносъёмка	211	кладенец	126	клопомор	178
киноторговля	369	кладеный	126	книговедение	39
кинофильм	389	кладка	126	книгоед	91
кинуться	124	кладовая	126	книгочей	416
кипелка	125	кладовщик	126	книзу	205
кипение	125	кладчик	126	**ковёр**	**131**
кипень	125	кладь	126	ковёр-самолёт	157
кипеть	**125**	**класть**	**126**	ковровщик	131
кипка	125	класться	126	ковровый	131
кипучий	125	клеевар	128	ковроделие	73
кипятилка	125	клееварение	128	ковроделие	131
кипятильник	125	клееварня	128	когда	131
кипятильный	125	клеевой	128	когда-либо	131
кипятить	125	клеёнка	128	когда-то	131
кипятиться	125	клеёный	128	кое-когда	131
кипячение	125	клеесварной	129	кое-что	417
кипячёный	125	клей	128	**кожа**	**131**
кипящий	125	клейка	129	кожанка	131
кисленький	125	клеильный	129	кожволон	131
кислеть	125	клеильщик	129	кожевенный	131
кислинка	125	клеить	129	кожевник	131
кислить	125	клеиться	129	кожевня	131
кислица	125	клеянка	129	кожедёр	131
кислород	125	клик	129	кожеед	91
кислород	279	**кликать**	**129**	кожеед	131
кислосладкий	125	кликун	129	кожимит	131
кислота	125	кликуша	129	кожистый	131
кислотность	125	кликушеский	129	кожица	131
кислотный	125	кликушество	129	кожник	131
кислотоупорный	125	кликушествовать	129	кожный	131
кислощейный	125	**климат**	**130**	кожура	131
кислый	125	климатизёр	130	кожух	131
кислятина	125	климатизироваться	130	козлоногий	207
киснуть	**125**	климатология	130	колебание	131
кистовяз	52	климатотерапия	130	колебательный	131
кисть	52	климатотерапия	359	**колебать**	**131**
китобоец	20	климатрон	130	колебаться	131
китобой	20	клич	129	колеблемый	131
китобойный	20	кличка	129	колеблющийся	131
китолов	162	клон	130	коленный	132
китоловство	162	**клонить**	**130**	колено=коленка=коленце	131

коленопреклоне́ние	132	коннозаво́дчик	133	копа́ть	133
коле́нчатый	132	конноспорти́вный	133	копа́ться	133
колеси́ть	132	ко́нный	133	копа́ч	133
коле́сник	132	конова́л	133	копи́лка	134
колесни́ца	132	конево́д	133	копи́ть	134
колёсно-гу́сеничный	132	коново́дить	133	копи́ться	134
колёсный	132	ко́новый	133	ко́пка	133
колесо́	132	коновя́зь	52	ко́поткий	133
колесова́ние	132	коновя́зь	133	копотня́	133
колесова́ть	132	коного́н	56	копоту́н	133
коломазь	132	коного́н	133	копу́н	133
колхо́з	399	конокра́д	133	копь	133
колхо́зник	399	конокра́д	140	корена́стый	134
колчено́гий	207	конокра́дство	133	корениза́ция	134
колчено́жка	207	конокра́дство	140	корени́зировать	134
комбижи́р	103	контрата́ка	14	корени́стый	134
кампо́лка	239	контратакова́ть	14	корени́ться	134
комсомо́л	190	контрме́ра	179	коренни́к	134
комсомо́лец	190	контрминоно́сец	204	коренно́й	134
комсомо́льский	190	контрприка́з	119	ко́рень	134
конево́д	132	концево́й	132	коре́нья	134
конево́дство	132	конце́нтр	406	корм	135
коневор	132	концентра́т	406	корма́ч	135
конёвый	132	концентра́тор	406	кормёжка	135
конёк	132	концентрацио́нный	406	корми́лец	135
конепа́с	224	концентра́ция	406	корми́льщик	135
конесовхо́з	132	концентри́зм	406	корми́ть	135
конефе́рма	132	концентри́рованный	406	корми́ться	135
коне́ц	132	концентри́ровать	406	кормле́ние	135
коне́ц	132	концентри́роваться	406	ко́рмленый	135
коне́чно	132	концентри́ческий	406	кормово́й	135
коне́чность	132	ко́нченый	132	кормозапа́рник	135
коне́чный	132	ко́нчик	132	кормоку́хня	135
кони́на	133	кончи́на	132	кормомеша́лка	184
ко́нка	133	ко́нчить	132	кормоприготови́тельный	63
конкурентоспосо́бный	330	ко́нчиться	132	кормоприготови́тельный	135
ко́нник	133	конь	132	корморе́зка	135
ко́нница	133	конь-ры́ба	133	корму́шка	135
ко́нно-	133	конь-ры́ба	285	корнева́ть	134
конноартилле́рия	133	копа́лка	133	корневи́дный	134
конногварде́ец	133	копа́льный	133	корневи́ще	134
конножеле́зный	133	копа́ние	133	корнево́й	134
коннозаво́дство	133	копа́тель	133	корневщи́к	134

корнеклубнемо́йка	134	коса́	136	ко́тик	137
корнеклубнепло́ды	134	косого́р	60	коти́ться	137
корнено́жка	134	коса́рь	136	кофемо́лка	191
корнепло́д	134	коси́лка	136	коша́тина	138
корнере́зка	134	**коси́ть**	136	коша́тник	138
корносло́в	135	космопла́вание	236	коше́ние	136
корносло́в	316	космофи́зика	389	кошени́на	136
корносло́вие	135	косни́к	136	коше́чка	138
корносло́вие	316	коснояы́чие	431	ко́шка	138
корни́стый	135	коснояы́чный	431	кошкода́в	138
короо́д	91	ко́сный	136	кошу́рка	138
корота́ть	136	косови́ца	136	кпе́реди	226
корота́ться	136	косови́ще	136	кра́деный	140
коро́тенький	135	кососло́й	316	красве́д	138
коро́тить	135	косте-	137	красве́дение	138
коро́ткий	135	костево́й	137	красво́й	138
ко́ротко	135	костедроби́лка	137	красуго́льный	138
коротко́ватый	135	костене́ть	137	кра́ешек	138
коротковоло́сый	136	костеобжига́тельный	137	кра́жа	140
короткоголо́вый	136	кости́стый	137	**край**	138
короткогри́вый	136	костля́вость	137	край	138
короткометра́жный	136	костля́вый	137	крайбюро́	138
коротконо́гий	136	ко́стный	137	крайисполко́м	138
коротконо́жка	136	ко́сто	137	крайко́м	138
коротконо́сый	136	костое́д	91	кра́йне	138
короткопа́лый	136	костое́да	137	кра́йний	138
короткопо́лый	136	костоло́м	137	кра́йность	138
коро́ткость	136	костоло́м	165	крайоно́	138
короткоу́сый	136	костоло́мка	137	крайпла́н	138
короткофо́кусный	136	костоло́мка	165	краса́	138
короткохво́стый	136	костопра́в	137	краса́вец	138
короткоше́ий	136	костопра́в	247	краса́вчик	138
короты́ш	136	костре́з	137	краси́венький	138
коро́че	136	ко́сточка	137	краси́вость	138
коры́стливый	136	ко́сточковый	137	**краси́вый**	138
коры́стный	136	костре́ц	137	краси́лка	138
корыстолю́бец	136	**кость**	137	краси́льщик	138
корыстолю́бец	167	костя́к	137	краси́тель	139
корыстолюби́вый	136	костя́нка	137	краси́ть	138
корыстолюби́вый	167	костяно́й	137	краси́ться	138
корыстолю́бие	136	костя́шка	137	кра́ска	138
корыстолю́бие	167	**кот**	137	красково́р	31
коры́сть	136	котёнок	137	красково́р	139

красковарный	139	краткий	136	крепость	140
красковарня	31	кратко-	136	крепчать	141
красковарня	139	кратковременность	136	крепыш	141
краскомешалка	184	кратковременный	136	крепь	141
краскопульт	139	краткосрочный	136	**крест**	**141**
краскотёр	139	краткосрочный	331	крестец	141
краскотёр	360	краткость	136	крести	141
краскотёрка	139	крашение	139	крестить	141
красненький	139	крашенина	139	креститься	141
краснеть	139	крашеный	139	крестный	141
краснеться	139	кредит	140	крёстный	141
краснёхонек	139	**кредит**	**140**	крестовидный	141
красно-	139	кредитбюро	140	крестовик	141
красноармеец	139	кредитка	140	крестовина	141
краснобай	139	кредит-нота	140	крестовка	141
краснобайство	139	кредитный	140	крестовник	141
красноватый	139	кредитовать	140	крестовый	141
красногвардеец	139	кредитоваться	140	крестоносец	141
краснодеревец	75	кредитовый	140	крестоносец	204
краснодеревец	139	кредитор	140	крестоносный	141
краснодеревный	75	кредитоспособный	140	крестообразный	141
краснодерёвый	75	кредитоспособный	330	крестопоклонный	141
Красное	139	кредо	140	крестословица	141
краснозвёздный	105	крепёж	140	крестцовый	142
краснозём	139	крепильщик	140	крещение	142
краснокожий	139	крепитель	140	крещёный	142
краснолесье	139	крепительный	140	кривда	142
краснолесье	156	крепить	140	криветь	142
краснолицый	139	крепиться	140	кривизна	142
красноречивый	139	**крепкий**	**140**	кривить	142
красноречивый	275	крепко	140	кривиться	142
красноречие	139	крепко-	140	криво-	142
краснорядец	286	крепковатый	140	кривобокий	142
краснота	139	крепкоголовый	140	кривоглазый	142
краснощёкий	139	крепкодушный	140	криводушие	87
краснуха	139	крепконогий	140	криводушие	142
красный	**139**	крепление	140	криводушничать	87
красоваться	138	крепнуть	140	криводушничать	142
красота	138	крепостник	140	криводушный	142
красотка	138	крепостнический	140	**кривой**	**142**
красочный	138	крепостничество	140	кривоколенный	142
красть	**140**	крепостной	140	криволапый	142
красться	140	крепостца	141	криволинейный	142

кривоно́гий	142	кровообраще́ние	143	кро́шеный	144
кривоно́гий	207	кровообраще́ние	213	кро́шечка	144
кривоно́жка	142	кровоостана́вливающий	143	кро́шечный	144
кривоно́жка	207	кровоочище́ние	143	кроши́льщик	144
кривоно́сый	142	кровоперелива́ние	143	кроши́ть	144
криворо́гий	142	кровопи́йство	143	кроши́ться	144
криворо́гий	277	кровопи́йство	233	**круг**	**144**
криворо́тый	142	кровопи́йца	143	кру́гленький	144
кривосу́дие	347	кровопи́йца	233	кругле́ть	144
кривото́лки	142	кровоподтёк	143	круглёхонек	144
кривоше́ий	142	кровопоте́ря	361	кругли́ть	144
кривоше́ий	421	кровопроли́тие	143	кругли́ться	144
кривоше́я	142	кровопроли́тный	143	круглогоди́чный	144
кривоше́я	421	кровопуска́ние	143	круглоголо́вый	144
кривоши́п	142	кровопуска́ние	255	круглогу́бцы	144
криву́ля	142	кровосмеси́тель	143	круглоли́цый	144
криву́ша	142	кровосмеси́тельство	143	круглопи́льный	144
крик	142	кровосо́с	143	круглосу́точный	144
крикли́вый	142	кровосо́с	327	круглосу́точный	145
кри́кса	142	кровотече́ние	143	круглота́	144
крику́н	143	кровотече́ние	362	круглощёкий	144
крику́ша	143	кровоточи́вость	143	кру́глый	144
кристаллофи́зика	389	кровоточи́ть	143	кру́глыш	145
крича́ть	**142**	кровохарка́ние	143	кругля́к	145
крича́ть	385	кровохарка́ть	143	круговидный	43
крича́щий	143	**кровь**	**143**	кругово́й	145
крова́вить	143	кровяни́стый	143	кругооборо́т	50
крова́во-кра́сный	143	кровяни́ть	143	кругооборо́т	145
крова́вый	143	кровяно́й	143	круговраща́тельный	145
кровене́ть	143	кроликома́тка	172	круговраще́ние	145
кровени́ть	143	кронци́ркуль	407	кругозо́р	114
кровено́сный	143	кроха́	26	кругозо́р	145
кровено́сный	204	**кроха́**	**144**	круго́м	145
кровесо́сный	143	кро́ха	144	круго́м	145
кроветворе́ние	143	крохобо́р	26	круговоро́т	145
кроветво́рный	143	крохобо́р	144	кругообра́зный	145
крови́нка	143	крохобо́рство	26	кругообраще́ние	145
кро́вник	143	крохобо́рство	144	кругосве́тка	145
кро́вный	143	крохобо́рствовать	26	кругосве́тный	145
крово-	143	крохобо́рствовать	144	кружа́ло	145
кровожа́дный	143	кро́хотка	144	круже́ние	145
кровозамеща́ющий	143	кро́хотный	144	кружи́ть	145
кровоизлия́ние	143	кроше́во	144	кружи́ться	145

кру́жка	145	крыльцо́	146	**кури́ть**	**148**
кружко́вец	145	крыльча́тый	146	курно́й	149
кружково́д	145	крысоло́в	162	куря́щий	149
кружко́вый	145	крысоло́вка	162	кус	149
кру́жный	145	кры́тый	146	куса́ка	149
кружо́к	145	кры́ть	146	**куса́ть**	**149**
круи́з	145	кры́ться	146	куса́ться	149
крумци́ркуль	407	кры́ша	146	куса́чий	149
крупне́ть	145	кря́ду	286	куса́чки	149
кру́пно	145	кудрева́тый	147	ку́шанье	150
кру́пно-	145	**ку́дри**	**147**	ку́шать	150
крупноблочный	146	кудря́виться	147	кюритерапи́я	359
крупноголо́вый	146	кудря́вка	147		
крупнозерни́стый	109	кудря́вый	147	**Л**	
крупнозерни́стый	146	кудря́ш	147		
крупнокали́берный	146	культотде́л	73	Л	150
крупнопане́льный	146	культурфи́льм	389	лад	150
кру́пный	**145**	культше́ф	421	ла́да	150
крупору́шка	284	культше́фство	421	ла́дить	150
круте́нек	146	Купа́ла	147	ла́диться	150
крутизна́	146	купа́льник	147	ладко́м	150
кру́то	146	купа́льный	147	**ла́дно**	**150**
крутобере́жный	146	купа́льня	147	ла́дный	150
крутобо́кий	146	купа́льщик	147	лаз	154
крутого́р	60	купа́ние	147	лазе́йка	154
круто́й	**146**	**купа́ть**	**147**	лганьё	151
крутоло́бый	146	купа́ться	147	**лгать**	**151**
круторо́гий	146	купе́ль	147	лгун	151
круторо́гий	277	купе́ц	147	левофланго́вый	390
кру́тость	146	купе́цкий	148	легкоатле́тика	14
крутоя́р	146	купе́чество	148	**лёгкий**	**152**
кру́ча	146	**купи́ть**	**147**	легко́	152
кры́ланы	146	ку́пля	67	легкоатле́т	14
крыла́тка	146	ку́пля	148	легкоатле́т	152
крыла́тный	146	купцо́вский	148	легкоатле́тика	152
крыла́ч	146	ку́пчик	148	легкоатлети́ческий	14
крыло́	**146**	купчи́ха	148	легкова́тый	152
крылоно́гие	146	куре́ние	148	легкове́рие	35
крылоно́гие	207	куре́нь	148	легкове́рие	152
крылообра́зный	146	кури́лка	148	легкове́рный	35
кры́лый-	146	кури́льница	148	легкове́с	152
кры́лышко	146	кури́льня	148	легкове́сный	152
крыльево́й	146	кури́тельный	148	легково́й	152

легковой	152	ледолом	165	лесо-	155
легковоспламеняющий	234	ледопад	153	лесоведение	155
легковоспламеняющийся	152	ледопад	224	лесовик	155
легковушка	152	ледорез	153	лесовод	155
легкодорожный	81	ледоруб	153	лесоводство	155
легкодорожный	152	ледосброс	153	лесовоз	155
лёгкое	152	ледоспуск	153	лесовозвращение	155
легкокрылый	152	ледоспуск	256	лесовозный	155
легкомысленничать	152	ледостав	153	лесовозобновление	155
легкомысленничать	197	ледоход	153	лесовщик	155
легкомысленность	152	ледоход	399	лесозавод	155
легкомысленность	197	ледышка	153	лесозаготовительный	155
легкомысленный	152	леденеть	153	лесозаготовка	155
легкомысленный	197	ледянка	153	лесозащитный	155
легкомыслие	152	ледяной	153	лесоистребление	155
легкомыслие	197	лежак	153	лесок	155
легконогий	152	лежалый	153	лесокомбинат	155
легконогий	207	лежание	153	лесоматериалы	155
легкоплавкий	152	лежанка	153	лесонасаждение	155
легкоплавкость	152	лежать	153	лесообрабатывающий	155
легкорастворимый	152	лежачий	153	лесоохранение	155
лёгкость	152	лежбище	153	лесопарк	155
лёгонький	152	лежебока	153	лесопиление	155
лёгочник	152	лежень	153	лесопилка	155
лёгочный	152	лёжка	153	лесопильный	155
легчайший	152	лежмя	153	лесопильня	155
легчать	152	лежневый	153	лесопитомник	155
легчить	152	**лезть**	**154**	лесоповал	29
лёд	**152**	лейка	159	лесоповал	155
леденение	152	лекарка	158	лесоповальщик	29
леденеть	152	лекарский	158	лесопогрузочный	65
леденец	152	лекарственный	158	лесопогрузочный	155
леденистый	152	лекарство	158	лесополоса	155
леденить	152	лекарша	158	лесополоса	243
ледник	152	лекарь	158	лесопосадка	155
ледник	152	лекпом	158	лесопосадочный	155
ледобур	152	**лес**	**155**	лесопромышленик	155
ледовитый	152	лесина	155	лесопромышленность	155
ледовый	152	лесистый	155	лесопропускной	155
ледозащита	152	лесник	155	лесопункт	155
ледок	152	лесничество	155	лесоразведение	155
ледокол	153	лесничий	155	лесоразработка	155
ледолом	153	лесной	155	лесоразработка	156

лесоруб	155	летун	156	листовёртка	159
лесосека	304	летучий	156	листовидный	159
лесосплав	155	летучка	156	листовик	159
лесоспуск	155	лётчик	156	листовка	159
лесоспуск	256	летяга	156	листовой	159
лесостепь	155	лечебник	158	листоед	91
лесотаска	155	лечебница	158	листоеды	159
лесотехнический	155	лечебный	158	листозелень	159
лесоторговец	155	лечение	158	листок	159
лесоторговля	155	**лечить**	**158**	листоногий	159
лесотундра	155	лечиться	158	листоногий	207
лесоукладчик	155	**лечь**	**158**	листонос	159
лесоуправление	155	леший	155	листонос	204
лесоустройство	155	лже-	151	листообразный	159
лесохимия	155	лжеискусство	151	листопад	159
лесохозяйство	155	лжемудрец	151	листопад	224
лесоэксплуатация	155	лжеприсяга	151	листопрокатка	122
лесоэкспорт	155	лжепророк	151	листопрокатка	159
леспромхоз	399	лжесвидетель	151	листорез	159
лестный	156	лжесвидетельство	151	листочек	159
лесть	**156**	лжесвидетельствовать	151	литейный	159
лёт	156	лжесловие	151	литейщик	159
летание	156	лжетолкование	151	литка	159
летательный	156	лжетолкование	365	литник	159
летающий	156	лжеударник	151	литой	159
лететь	**156**	лжеумствовать	151	литосфера	350
летнее-солнцеворот	323	лжеучение	151	**лить**	**159**
летний	157	лжеучитель	151	литьё	159
летник	157	лжеучительство	151	литься	159
лётный	156	лжеучительствовать	151	лиходей	76
лето	157	лжец	152	лиходейство	76
летовать	157	лжи	152	лицевать	161
летовище	157	лживый	152	лицевой	161
летоисчисление	158	ливень	159	лицедей	161
летом	157	лирико-эпически	428	лицедейство	161
лётом	156	**лист**	**159**	лицедействовать	161
летописание	157	листаж	159	лицезрение	161
летописание	230	листать	159	лицезреть	161
летописец	158	листва	159	лицемер	161
летописец	230	лиственница	159	лицемерие	161
летопись	158	лиственный	159	лицемерить	161
летопись	230	листик	159	лицемерный	161
летось	158	листобит	159	**лицо**	**161**

ли́чико	161	ло́мка	164	льстить	156
личи́на	161	ло́мкий	164	льсти́ться	156
ли́чно	161	ло́мкость	164	люб	166
ли́чностный	161	ломо́та	164	лю́ба	166
ли́чность	161	ломо́ть	164	любвеоби́льный	166
ли́чный	161	ломтере́зка	164	любвеоби́льный	212
лише́нец	165	ло́мтик	164	любе́зник	166
лише́ние	165	ломщи́к	164	любе́зничать	166
лишённый	165	лукомо́рье	192	любе́зность	166
лиши́ть	**165**	луна́-ры́ба	285	любе́зный	166
лиши́ться	165	лункокопа́тель	133	люби́мец	166
лобогре́йка	64	луноход	399	люби́мчик	166
лов	162	луч	165	люби́мый	166
ловела́сничать	162	лучеви́дный	165	люби́тель	166
лове́ц	162	лучевики́	165	люби́тель	166
лови́льный	162	лучево́й	165	люби́тельский	166
лови́тва	162	лучеза́рность	165	люби́тельщина	166
лови́ть	**162**	лучеза́рный	165	люби́ть	166
лову́шка	162	лучеиспуска́ние	165	люби́ться	166
ло́вчий	162	лучеиспуска́ние	256	лю́бо	166
ло́жа	153	лучеме́р	165	лю́бо	166
ло́жа	162	лучеобра́зный	165	любова́ться	166
ло́же	153	лучепреломле́ние	166	любо́вник	166
ло́же	162	лучепреломля́емость	166	любо́вница	166
ложи́ть	162	лучи́на	166	любо́вный	166
ло́жно-	152	лучи́стость	166	**любо́вь**	**166**
ложноклассици́зм	152	лучи́ть	165	любодея́ние	166
ложноно́гие	152	лучи́ться	166	любозначи́тельность	166
ложноно́жка	207	льда	153	любозначи́тельный	166
ложноно́жка	152	льди́на	153	любому́др	166
ложнопаразити́зм	152	льди́стый	153	любому́др	194
ло́жный	152	льдо	153	любому́дрие	166
ложь	152	льдодроби́лка	153	любому́дрие	194
лом	164	льдообразова́ние	212	любопы́тничать	166
лом	164	льдоподо́бный	153	любопы́тство	166
лома́ка	164	льдоудали́тель	153	любостра́стие	166
ло́манный	164	льдохрани́лище	153	любостяжа́ние	166
лома́нье	164	льды	153	любостяжа́ние	346
лома́ть	**164**	льночеса́лка	412	лю́бый	166
лома́ться	164	льночеса́лый	413	лю́бящий	166
ло́мик	164	льстец	156	людое́д	91
ломи́ть	164	льсти́во	156	людое́дство	91
ломи́ться	164	льсти́вость	156		

М

М	168
ма́зальщик	168
ма́заный	168
ма́зать	**168**
ма́заться	168
мази́ла	168
мази́льщик	168
ма́зка	168
ма́зкий	168
мазло́	168
мазни́ца	168
мазня́	168
мазо́к	168
ма́зчик	168
мазь	168
мазю́кать	168
макрокли́мат	130
Мала́ия	10
мале́йший	169
малёк	169
ма́ленький	169
мале́нько	169
малёхонький	169
мале́ц	169
ма́ливать→	189
ма́ло	169
мало-	169
малоавторите́тный	169
малоблагоприя́тный	169
малова́жный	169
малова́т	169
малова́ттный	169
малове́р	169
малове́рие	169
маловероя́тный	169
малове́с	169
малове́сный	169
малово́дный	169
малово́дье	169
маловразуми́тельный	169
маловре́дный	169
малов́ыгодный	169
маловырази́тельный	169
малоговоря́щий	169
малоголо́вый	58
малогра́мотный	169
малодарови́тый	169
малоде́йственный	169
малоде́ржанный	169
малодо́йка	169
малодоказа́тельный	118
малодостове́рный	169
малодосту́пный	169
малодохо́дный	169
малоду́шествовать	87
малоду́шествовать	169
малоду́шие	87
малоду́шие	169
малоду́шничать	87
малое́жка	91
малое́жка	169
малое́зженый	169
малое́зжий	169
малозаме́тный	169
малозаселённый	169
малоземе́лье	109
малоземе́лье	169
малоземе́льный	109
малоземе́льный	169
малознако́мый	111
малознако́мый	169
малозна́чащий	169
малозначи́тельный	169
малоизве́данный	169
малоизве́стный	169
малоизу́ченный	169
малоиму́щий	116
малоиму́щий	169
малоинтеллиге́нтный	169
малоинтере́сный	169
малоиску́сный	169
малоиссле́дованный	169
малоказа́тельный	169
малокали́берный	169
малокалори́йный	169
малоквалифици́рованный	169
малокварти́рный	169
малокомпете́нтный	169
малоко́рмный	170
малокро́вие	144
малокро́вие	170
малокульту́рный	170
малоле́сье	170
малоле́тка	170
малоле́тний	170
малоле́тство	170
малолитра́жка	170
малолитра́жный	170
малолю́дный	170
малолю́дство	170
маломе́рка	170
маломе́рка	179
маломе́рный	170
маломе́рный	179
маломо́чный	194
маломо́щный	170
малонадёжный	170
малонаселённый	170
малоно́шеный	170
малообеспе́ченный	170
малообжито́й	170
малообита́емый	170
малообла́чный	170
малообосно́ванный	170
малообрабо́танный	170
малообрабо́танный	261
малообразо́ванный	170
малообщи́тельный	170
малоо́пытный	170
малооснова́тельный	170
малоотве́тственный	170
малопита́тельный	170
малоплодо́вый	170
малоподви́жный	170
малоподгото́вленный	170
малоподходя́щий	398
малополе́зный	170

малополе́зный	244	малохле́бный	395	маслобо́й	20
ма́ло-пома́лу	170	малохудо́жественный	171	маслобо́й	172
малопомести́тельный	170	малоце́нный	171	маслобо́йка	20
малопоня́тный	170	малочи́сленный	171	маслобо́йка	172
малоприбыльный	170	малочи́сленый	414	маслобо́йный	172
малопригодный	170	малочувстви́тельный	171	маслобо́йня	172
малоприменимый	170	малошёрстный	171	маслобо́йщик	172
малопродоро́дный	170	**ма́лый**	**169**	маслоде́л	172
малопродукти́вный	170	ма́лый	171	маслоде́лие	172
малопросо́льный	170	малы́ш	171	маслозаво́д	172
малопроце́нтный	170	малышко́вый	171	масломе́р	172
малоразвито́й	170	малышня́	171	маслонепроница́емый	172
малораспространённый	170	мальё	171	маслообра́зный	172
малорента́бельный	170	ма́льчик	171	маслоотдели́тель	172
малоречи́вый	170	мальчико́вый	171	маслоочисти́тель	172
малоречи́вый	275	мальчи́шеский	171	маслоочи́стка	172
малоро́с	170	мальчи́шество	171	маслосбо́рник	172
малоро́слый	170	мальчи́шник	171	маслото́п	172
малосве́души	170	мальчо́нка	171	маслоулови́тель	172
малосеме́йный	170	малю́сенький	171	масляни́стый	172
малоси́льный	170	малю́тка	171	ма́сляный	172
малосмы́сленный	170	**мани́ть**	**171**	матереуби́йство	172
малосне́жный	170	ма́нный	171	матереуби́йца	172
малосодержа́тельный	170	мановение	171	мате́рин	172
малосо́льный	170	мано́к	171	мате́ринский	172
малосостоя́тельный	170	**марш**	**171**	мате́ринство	172
малосостоя́тельный	340	маршеви́к	171	матери́ть	172
малосо́чный	323	ма́ршевый	171	матери́ться	172
малоспосо́бный	330	маршировать	171	мате́рный	172
малоспосо́бный	170	марширо́вка	171	матерщи́на	172
ма́лость	169	марш-ма́рш	171	ма́терь=мать	172
малосуще́ственный	170	маршру́т	171	ма́тка	172
малосуще́ственный	348	маршрутиза́ция	171	ма́точка	172
малотира́жный	170	маршру́тка	171	ма́точник	172
малоубеди́тельный	170	ма́сленик	172	ма́точница	172
малоуглеро́дистый	170	маслёнка	172	ма́точный	172
малоупотреби́тельный	170	маслёнщик	172	матча́сть	409
малоурожа́йный	170	масли́на	172	**мать**	**172**
малоуси́дчивый	170	ма́слить	172	мах	173
малоуспева́ющий	170	ма́слиться	172	маха́льный	173
малоуспе́шный	170	масли́чный	172	махао́н	173
малоутеши́тельный	171	**ма́сло**	**172**	маха́ть	172
малохле́бный	171	маслобло́к	172	маха́ться	172

махну́ть	172	междомолекуля́рный	174	межко́стный	137
махово́й	173	междоу́злие	174	межко́стный	174
ма́хом	173	междоусо́бие	174	межкраево́й	138
маши́нопись	231	ме́жду	428	межкраево́й	174
маши́стый	173	ме́жду	173	межледнико́вый	153
мгнове́ние	184	между-	174	межледнико́вый	174
мгнове́нный	184	междугоро́дный	61	межнациона́льный	174
мегато́нна	368	междугоро́дный	174	межни́к	174
мёд=	181	междузвёздный	174	межобластно́й	174
медва́	181	междунаро́дник	174	межокружно́й	174
медвя́ный	181	междунаро́дное	249	межотраслево́й	174
ме́дико-хирурги́ческий	394	междунаро́дный	174	межпарти́йный	174
ме́дленный	173	междунаро́дный	278	межплеменно́й	174
медле́нье	173	междунача́лие	174	межпло́дник	174
медли́тельный	173	междунача́лие	201	межпло́дник	235
ме́длить	173	междупа́рье	174	межпозвоно́чный	174
медова́р	31	междуплане́тный	174	межполо́сье	174
медова́р	181	междупу́тье	174	межполо́сье	243
медоваре́ние	31	междупу́тье	258	межпоро́дный	174
медоваре́ние	181	междурёберный	174	межремо́нтный	174
медови́к	181	междуре́чье	174	межродово́й	174
медова́рня	31	междуря́дье	174	межсезо́нье	174
медова́рня	181	междуря́дье	286	межсе́льский	174
медову́ха	181	междуселе́нный	174	межсессио́нный	174
медо́вый	181	междусою́знический	174	межсортово́й	174
медого́нка	56	междустро́чие	174	межцеховой	174
медо́к	181	междуца́рствие	174	ме́кать	175
медоно́с	181	междуэта́жный	174	ме́лево	191
медоно́с	204	межева́льный	174	меле́ть	175
медоно́сный	181	межева́ние	174	мелизна́	175
медосбо́р	181	межева́ть	174	мели́ть	175
медосо́с	327	межеви́к	174	ме́лкий	175
медоточи́вый	181	межёвка	174	мелко-	175
медьсодержа́щий	323	межево́й	174	мелкобо́ртный	175
меж	173	межевщи́к	174	мелкобуржуа́зный	175
межа́	173	ме́жень	174	мелково́дный	175
межбиблиоте́чный	173	межеу́мок	174	мелково́дье	175
межбро́вье	173	межеу́мье	174	мелкодо́нный	175
межве́домственный	174	межзаво́дский	174	мелкозём	175
межвидово́й	43	межзу́бный	174	мелкозерни́стый	109
межвидово́й	174	межкле́тник	174	мелкозерни́стый	175
междо-	174	межкле́точный	174	мелкозу́бка	175
междоме́тие	174	межконтинента́льный	174	мелкозу́бчатый	175

мелкозубый	175	менять	176	местный	180
мелкокалиберка	175	меняться	176	**место**	**180**
мелкокалиберный	175	мера	179	местожительство	180
мелкокрестьянский	175	**мереть**	**177**	местоимение	180
мелколесье	175	мерзавец	178	местонахождение	180
мелколиственный	175	**мерзеть**	**178**	местопоражение	180
мелкоплодный	175	мерзить	178	местопребывание	180
мелкопоместный	175	мерзкий	178	месторасположение	180
мелкорослый	175	мерзлота	181	месторождение	180
мелкосидящий	175	мерзлотоведение	181	**месть**	**182**
мелкособственнический	175	мёрзлый	181	мета	182
мелкость	175	мерзляк	181	металлолом	165
мелкота	175	мерзлятина	181	металлоносный	204
мелкотемье	175	мёрзнуть	181	металлофизика	389
мелкотоварный	175	мерзостный	178	метальщик-	182
мелкотравчатый	175	мерзость	178	метание	182
мелкотравчатый	175	мерило	179	метатель	182
мелкоцветный	175	мерильный	179	**метать**	**182**
мелкошёрстный	175	**мерить**	**178**	метать	182
мелочить	175	мериться	178	метаться	182
мелочиться	175	мерка	179	метафизик	389
мелочной	175	мерник	179	метафизика	389
мелочный	175	мерный	179	метацентр	406
мелочь	175	мероприятие	179	метеоспутник	258
мель	175	мерочка	179	метина	182
мельком	175	мертвенный	177	**метить**	**182**
мельник	191	мертветь	177	метить	182
мельница	191	мертвец	177	метиться	182
мельничать	191	мертвецкий	177	метка	182
мельчать	175	мертвечина	177	меткий	182
мелюзга	175	мертвить	177	меткость	183
мена	176	мёртво	177	метнуть	182
меновщик	176	Мёртвое	177	метчик	183
меньшак	176	мертвоед	91	мечение	183
меньше→	176	мертвоед	177	меченос	204
меньшевик	176	мертворождённый	177	меченосец	204
меньшевиствовать	176	мертворождённый	278	меченый	183
меньший	**176**	мёртвый	177	меч-рыба	285
меньшинство	176	местами	180	мечта	183
меньшой	176	местечко	180	мечтатель	183
меняла	176	местишко	180	**мечтать**	**183**
меняльный	176	местничество	180	мечтаться	183
меняльщик	176	местность	180	мешалка	184

меша́ни́на	184	мир	**185**	многобо́рье	186
ме́шаный	184	мир	**185**	многобра́чие	186
меша́ть	**184**	мири́ть	185	многова́то	186
меша́ть	**184**	мири́ться	185	многовеково́й	186
меша́ться	184	ми́рный	185	многовла́стие	186
меша́ться	184	мирове́дение	185	многово́дный	186
мздада́тель	68	мировоззре́ние	185	многово́дье	186
мига́лка	184	мирово́й	185	многогла́вый	187
мига́ние	184	мирово́й	185	многоглаго́лание	187
мига́тельный	184	мирозда́ние	185	многоглаго́ливый	187
мига́ть	184	миро́к	185	многоговоря́щий	187
мига́ч	184	миролю́бец	167	многоголо́вый	187
микрооргани́зм	217	миролю́бец	186	многоголо́сие	187
микрофи́льм	389	миролюби́вый	186	многоголо́сный	187
мила́ша	185	миролюби́вый	167	многогра́нник	187
милёнок	185	миролю́бие	167	многогра́нный	187
ми́ленький	185	миролю́бие	186	многогре́шный	187
миле́ть	185	миронаруши́тель	185	многоде́льный	187
милёхонек	185	мироощуще́ние	185	многоде́тный	187
ми́ловать	185	мироощуще́ние	220	многодне́вный	187
милова́ть	185	миропома́зание	168	многодо́льный	187
милови́дный	185	миропонима́ние	185	многожёнец	98
мило́к	185	миротво́рец	186	многожёнец	187
мило́рд	185	миротво́рный	186	многожёнство	98
милосе́рдие	185	мирско́й	185	многожёнство	187
милосе́рдие	302	миря́нин	185	многозаря́дный	187
милосе́рдный	185	мне	131	многозахо́дный	187
милосе́рдный	302	мне́ма	186	многозву́чие	187
милосе́рдствовать	185	Мнемози́на	186	многоземе́лье	187
милосе́рдствовать	302	мнемо́ник	186	многозна́йка	112
ми́лостивый	185	мнемо́ника	186	многозна́йка	187
ми́лость	**185**	мне́ние	186	многознамена́тельный	187
ми́лость	185	мни́мость	186	многозначи́тельный	112
ми́лочка	185	мнимоуме́рший	186	многозначи́тельный	187
ми́лый	**185**	мни́мый	186	многозна́чный	112
миля́га	185	мни́тельный	186	многозна́чный	187
мимолётный	157	**мнить**	**186**	многокле́точный	187
мимохо́дом	399	мни́ться	186	многокра́сочный	187
миноиска́тель	117	мно́гажды	186	многокра́тный	187
миномёт	182	**мно́го**	**186**	многола́мповый	187
мино́носец	204	много-	186	многоле́тие	187
мино́носка	204	многобо́жие	186	многоле́тник	187
мино́носный	204	многобо́рец	186	многолоша́дный	187

многолю́дность	187	многочи́сленый	414	моли́твенник	189
многоме́стный	187	многочле́н	187	молитвосло́в	189
многому́жество	187	многоэта́жный	187	молитвосло́в	316
многонача́лие	187	многоязы́чный	187	**моли́ть**	**189**
многонача́лие	201	многоя́русный	187	моли́ться	189
многоно́гие	207	мно́жественный	187	**мо́лкнуть**	**190**
многоно́жка	187	мно́жество	187	молода́я	190
мно́гонько	187	мно́жимое	187	молодёжь	190
многообеща́ющий	187	мно́житель	187	моло́денький	190
многообра́зие	187	мно́жительный	187	молоде́ть	190
многоо́сный	187	мно́жить	187	молоде́ц	190
многополю́сный	187	могу́тный	187	мо́лодец	190
многоразли́чный	187	могу́чий	188	молоде́цкий	190
многоречи́вый	187	могу́щественный	188	молоде́чество	190
многоречи́вый	275	могу́щество	188	молоди́ть	190
многосеме́йный	187	**могу́щий**	**188**	молоди́ться	190
многосемя́нный	187	мо́ечный	197	молоди́ца	190
многосло́вие	187	мо́же	193	моло́дка	190
многосло́жный	187	мо́жетсяя	193	молодня́к	190
многосло́йный	187	мо́жно	193	молодогварде́ец	190
многосне́жье	187	мо́йка	197	молодожён	98
многососта́вный	187	мо́йный	197	молодожён	190
многостепе́нный	336	мо́йщик	197	**молодо́й**	**190**
многострада́льный	187	мо́кнуть	188	мо́лодость	190
многостру́нный	187	мокре́нек	188	молодцева́тый	190
многоступе́нчатый	187	мокре́ц	188	моло́дчик	190
многоте́мный	187	мокри́ца	188	молодчи́на	190
многотира́жка	187	мокропого́дица	188	мо́лодь	190
многотира́жный	187	мокропого́дица	237	моложа́вый	190
многото́мный	187	мокрота́	188	моло́же	190
многото́нный	368	мокро́тный	188	молокого́нный	56
многото́чие	187	**мо́крый**	**188**	молокоприёмный	210
многотру́дный	187	мо́крядь	188	молокосо́с	327
многотру́дный	377	мо́крядь	188	**мо́лот**	**190**
многоуважа́емый	187	мол	189	моло́тилка	190
многоуважа́емый	383	молва́	189	моло́тило	190
многоуго́льник	187	**мо́лвить**	**189**	моло́тильня	190
многоуго́льный	187	молвь	189	моло́тильщик	190
многоуго́льный	383	моле́бен	189	молоти́ть	190
многохле́бный	395	моле́бствовать	189	моло́тковый	190
многоцве́тный	187	моле́льня	189	молотобо́ец	20
многоцелево́й	405	моле́ние	189	молотобо́ец	190
многочи́сленный	187	моли́тва	189	молотови́ще	190

молото́к	190	морепроду́кт	192	моча́	189
молото́чек	190	моретрясе́ние	192	мочага́	188
мо́лот-ры́ба	190	морехо́д	192	мочеви́на	189
мо́лот-ры́ба	285	морехо́д	399	мочево́й	189
моло́ть	191	морехо́дность	192	мочевыделе́ние	73
молотьба́	190	морехо́дность	399	мочего́нный	56
моло́чение	190	морехо́дство	192	мочего́нный	189
моло́ченый	190	морехо́дство	399	мочеизнуре́ние	189
молча́	191	мо́рж	192	мочеиспуска́ние	189
молчали́вый	191	мори́лка	178	мочеиспуска́ние	256
молча́льник	191	мори́льщик	178	мочека́менный	189
молча́ние	191	мори́стый	192	мочекро́вие	144
молча́ть	191	мори́ть	178	мочекро́вие	189
молчко́м	192	мори́ться	178	моче́ние	188
молчо́к	192	морово́й	178	мочёный	188
молчу́н	192	моро́женица	193	мо́ченька	194
мо́ль	175	моро́женое	193	мочеобразова́ние	189
мольба́	189	моро́женщик	193	мочеотделе́ние	73
монотеи́зм	357	моро́женый	193	мочеотделе́ние	189
монотеи́ст	357	моро́з	193	мочеполово́й	189
моното́ния	367	моро́зик	193	мочеполово́й	238
моното́нный	367	моро́зилка	193	мочето́чник	189
моноцентри́зм	406	моро́зильник	193	мочи́ло	188
монта́ж	192	моро́зить	193	мочи́льный	188
монтажёр	192	моро́зный	193	мочи́ть	188
монта́жник	192	морозобо́ина	193	мочи́ться	188
монта́жничать	192	морозосто́йкий	193	мочли́вый	188
монтёр	192	морозоупо́рный	193	мо́чь	193
монти́ровать	192	морозоусто́йчивый	193	мо́чь	194
монтиро́вка	192	морско́й	192	мо́чься	193
монтиро́вщик	192	морцо́	192	мсти́тель	182
мо́р	178	моря́к	192	мсти́тельность	182
морга́ние	192	моря́на	192	мсти́тельный	182
морга́ть	192	моря́нка	192	мсти́ть	182
моргу́н	192	моточа́сть	409	мудрено́	194
мо́рда	20	мо́х	193	мудрёный	194
мордоби́тие	20	мохна́тить	193	мудре́ц	194
мо́ре	192	мохна́тка	193	мудри́ть	194
море́ние	178	мохна́тый	193	му́дро́	194
морёный	178	мохноно́гий	193	му́дро	194
морепла́вание	192	мохово́й	193	му́дрость	194
морепла́вание	236	мохообра́зный	193	му́дрствовать	194
морепла́ватель	192	моча́	188	**му́дрый**	**194**

мужело́жство	153	мы́ло	198		**Н**	
му́ка	195	мылова́р	31			
мукомо́л	191	мылова́р	198	Н	200	
мукомо́льничать	191	мыловаре́ние	198	на	317	
мукомо́льный	191	мылова́рня	31	наба́вить	15	
мукомо́льня	191	мылова́рня	198	наба́вка	15	
мукосе́й	305	мылова́тый	198	наба́вщик	16	
мультфи́льм	389	мы́льница	198	набе́г	16	
мураве́д	91	мы́льный	198	набежа́ть	16	
му́сор	325	мы́льня	198	на́бело	18	
му́сорить	325	мы́льщик	198	наби́ть	19	
мусорово́з	325	мы́сленный	196	наби́ться	19	
мусородроби́лка	325	мы́слимый	196	наблюда́тель	22	
мусоропрово́д	326	мысли́тель	196	наблюда́тельность	22	
мусоросжига́тельный	326	мысли́тельный	196	наблюда́тельный	22	
мусороубо́рочный	326	мы́слить	196	наблюда́тельский	22	
му́сорщик	326	**мысль**	**196**	наблюда́ть	22	
мути́ть	**194**	мыть	197	наблюде́ние	22	
мути́ться	194	мытьё	197	наблюсти́	22	
мутне́ть	195	мы́ться	197	набо́жник	23	
му́тник	195	мышело́в	162	набо́жничать	23	
му́тность	195	мышело́вка	162	набо́жный	23	
му́тный	194	**мя́гкий**	**198**	набо́йка	19	
муто́вка	194	мя́гкий	198	набо́йник	19	
мутоско́п	194	мягкосерде́чие	198	набо́йщик	19	
муть	194	мя́гкость	198	набо́к	24	
мухое́дка	91	мягкоте́лый	198	набо́р	25	
мухомо́р	178	мягкошёрстный	198	набо́рщик	25	
муче́ние	195	мягча́йший	198	набра́ть	25	
му́ченик	195	мягче́ть	198	наброса́ть	27	
му́ченический	195	мягчи́тельный	198	набро́сить	27	
му́ченичество	195	мягчи́ть	198	набро́ситься	27	
мучи́тель	195	мя́клый	199	набро́ска	27	
мучи́тельный	195	мя́кнуть	198	набросно́й	27	
му́чить	**195**	мя́конький	199	набро́сок	27	
му́читься	195	мя́коть	199	навали́ть	29	
мша́ный	193	мя́лка	199	навали́ться	29	
мши́стый	193	мя́льня	199	нава́лка	29	
мши́ть	193	мя́льщик	199	нава́лом	29	
мши́ться	193	мясору́бка	282	нава́лочный	29	
мы́лить	198	мять	199	нава́льный	29	
мы́литься	198	мя́ться	199	нава́льщик	29	
мы́лкий	198			нава́р	30	

наварить	30	навязка	51	нагрузить	65		
наварка	30	навязчивый	51	нагрузиться	65		
наварной	30	нагишом	200	нагрузка	65		
наварный	30	нагладить	53	нагрузчик	65		
наведать	32	наглотаться	53	надавать	66		
наведаться	32	наглядеть	54	наддать	67		
навек	33	наглядеться	54	наддача	67		
navernut' навернуть	35	наглядный	54	надбить	19		
навернуться	35	нагнуть	56	надбой	19		
навёртка	36	нагнуться	56	надвигать	70		
наверх	37	наговор	57	надвигаться	71		
наверху	37	наговорить	57	надвижной	71		
навес	42	наговорщик	57	надвить	45		
навесить	41	**нагой**	**200**	надвое	70		
навеска	42	наголо	200	надвязать	51		
навесной	42	наголовник	58	надвязка	51		
навесный	42	наголову	58	надглавок	59		
навечно	33	нагон	55	надглавье	59		
навешать	42	нагонка	55	ingredient наделать	72		
навивальный	45	нагоняй	55	надёванный	200		
навивать	45	нагонять	55	надёжа	201		
навивка	45	нагоняться	55	надежда	200		
навивной	45	нагореть	61	надёжный	201		
навидаться	43	нагорный	60	надел	73		
навинтить	44	нагородить	62	наделать	72		
навить	45	нагорье	60	наделить	73		
навиться	45	нагоститься	62	наделка	72		
наводить	40	нагота	200	**надеть**	**200**		
наводка	40	наготове	63	надеться	200		
наводнение	47	наготовить	63	**надеяться**	**200**		
наводнить	47	наготовиться	63	надивить	77		
наводниться	47	награда	200	надивиться	77		
наводной	40	**наградить**	**200**	надклейка	129		
наводчик	40	наградной	200	надклеить	129		
навозная	102	награждение	200	надклеиться	129		
наволок	48	нагребальщик	63	надкожница	131		
наволочка	48	нагрев	64	надколенник	132		
наволочь	48	нагревальщик	64	надколенный	132		
наворовать	49	нагреватель	64	надломить	164		
наворотить	50	нагревательный	64	надломиться	164		
навыворот	50	нагрести	63	надломленный	164		
навырез	272	нагреть	64	надмокать	188		
навязень	51	нагреться	64	надмочить	189		

на́до	**201**	надсы́пать	352	нажа́ть	95
надоби́ться	201	надтре́снутый	374	нажа́ть	96
на́добно	201	надтре́снуть	374	нажда́ть	96
на́добность	201	наду́в	85	нажда́ться	96
на́добный	201	надува́ла	85	нажева́ть	97
надогну́ть	56	надува́льщик	85	нажева́ться	97
надодра́ть	82	надува́ние	85	наже́чь	99
надолжа́ть	79	надува́тельный	85	наже́чься	99
надо́мник	80	надува́тельский	85	нажи́ва	101
надо́мница	80	надува́ться	85	нажи́вка	101
надо́мный	80	наду́вка	85	наживно́й	101
надо́рванный	268	надувно́й	85	нажи́вщик	101
надорва́ть	268	наду́вочный	85	нажи́м	95
надорва́ться	268	наду́мать	84	нажи́мистый	95
надоу́мить	385	наду́маться	84	нажи́мный	95
надписа́ть	230	наду́манный	84	нажи́н	96
надпи́ска	230	наду́тый	85	нажи́ть	101
на́дпись	230	наду́ть	85	наза́д	103
надрасти́	267	надуши́ть	87	позади́	103
надра́ть	82	надши́ть	422	назанима́ть	209
надра́ться	82	надъе́сть	91	назва́ние	104
надре́з	272	надыми́ть	88	назва́ный	104
надреза́ть	272	надыша́ть	88	назвони́ть	105
надроби́ть	83	надыша́ться	88	назелени́ть	108
надрожа́ться	83	наедине́	90	назём	108
надру́б	282	нае́зд	92	назе́мный	108
надруби́ть	282	нае́здить	92	назёмный	108
надруга́тельство	283	нае́здиться	92	назре́ть	113
надруга́ться	283	нае́здник	92	называ́ть	104
надры́в	268	нае́здничать	92	называ́ться	104
надры́вистый	268	нае́зднический	92	наивы́сший	51
надры́вный	268	нае́здничество	92	наи́гранный	115
надсе́сться	303	нае́зжий	92	наигра́ть	115
надсма́тривать	320	наём	209	наигра́ться	115
надсмо́тр	320	наёмник	209	наи́грыш	115
надсмо́трщик	320	наёмничество	209	найма́	209
надста́вить	332	наёмный	209	наиме́нее	176
надста́вка	332	наёмщик	209	наименова́ние	117
надставна́я	332	нае́сть	91	наименова́ть	117
надставно́й	332	нае́сться	91	наиме́ньший	176
надстрога́ть	342	нажа́лить	93	наймит	209
надстро́йка	343	нажа́рить	94	найти́	116
надстро́ить	343	нажа́тие	95	найти́сь	116

наказ	118	накожный	131	належать	154
наказание	118	наконец	132	належаться	154
наказать	118	наконечник	132	належка	154
наказуемый	118	наконечный	132	налезть	154
накапать	121	накопать	133	налёт	157
накат	121	накопитель	134	налететь	157
накатать	121	накопить	134	налётный	157
накататься	121	накопиться	134	налётчик	157
накатить	121	накопление	134	налечь	158
накатка	121	накормить	135	налив	160
накатник	121	накоротке	136	наливаться	160
накатный	121	накоротко	136	наливка	160
накатчик	121	накосить	136	наливной	160
накачать	123	накоситься	137	налить	160
накачиваться	123	накостница	137	налицо	161
накачка	123	накостный	137	наличествовать	161
накидать	124	накрасить	139	наличие	161
накидка	124	накраситься	139	наличник	161
накидной	124	накрасть	140	наличность	161
накинуть	124	накрепко	141	наличный	161
накинуться	124	накриво	142	наловить	162
накипать	125	накричать	143	налог	127
накипятить	125	накричаться	143	налог	163
наклад	126	накрошить	144	налогообложение	127
накладка	126	накрывальщик	146	налогообложение	163
накладная	126	накрыть	146	налогоплательщик	127
накладно	126	накрыться	146	налогоплательщик	163
накладной	126	накупать	147	налогоплательщик	234
накладчик	127	накупаться	147	налогоспособность	127
накладывать	126	накупить	148	налогоспособность	163
накласть	127	накупиться	148	налогоспособность	330
наклейка	129	накурить	149	налогоспособный	127
наклеить	129	накуриться	149	налогоспособный	163
наклеиться	129	надкус	149	налогоспособный	330
накликать	130	накусать	149	наложение	127
наклон	130	накусить	149	наложение	163
наклонение	130	наладить	150	наложить	163
наклонить	130	наладиться	150	наложница	127
наклониться	130	наладка	150	наложница	163
наклонка	130	наладчик	150	наломать	164
наклонность	130	налгать	152	наломаться	164
наклонный	130	налегке	152	наломить	164
накожник	131	наледь	153	намазать	168

намазаться	168	намудрить	194	напечься	229
намазка	168	намутить	195	написание	230
намаслить	172	намучить	195	напитать	231
намахать	173	намучиться	195	напитаться	231
намахнуться	173	намыв	197	напиток	232
намежевать	174	намывной	197	напить	232
намёк	175	намылить	198	напиться	232
намекать	175	намылиться	198	наплав	236
намелко	176	намыть	197	наплавать	236
намельчить	176	намыться	197	наплаваться	236
наменять	176	намякнуть	199	наплавной	236
намереваться	179	намять	199	наплаву	236
намерен	179	нанежиться	202	наплакать	233
намерение	179	нанесение	203	наплакаться	233
намеренный	179	нанизм	205	наплевать	234
намёрзлый	181	нанизу	205	наплеваться	234
намёрзнуть	181	наниматель	209	наплыв	236
намерить	179	наниматься	209	наплыть	236
намертво	177	наново	206	наповал	29
наместник	180	наносить	203	наподобие	237
наместничать	180	**нанять**	**209**	напоение	233
наместо	180	наострить	219	напоить	233
наметать	182	наохотиться	220	напоказ	119
наметаться	182	нападение	224	наползти	239
наметить	183	нападки	224	наполировать	239
наметиться→	183	напарить	223	наполнение	240
намётка	183	напариться	223	наполнить	240
намечтаться	183	напасти	223	наполниться	240
намешать	184	напастись	223	наполовину	241
намин	199	напасть	224	наполоскать	243
наминка	199	напев	228	наполоскаться	243
намного	187	напевный	228	наполосовать	243
намокать	188	напенить	225	напольный	238
намол	191	наперво	226	напольный	238
намолот	191	наперебой	19	напомнить	244
намолотить	191	наперевес	42	напор	227
намолоть	191	наперёд	226	напортить	245
намолчаться	192	наперекрёст	142	напотеть	245
наморить	178	наперерез	273	направить	248
намориться	178	напереть	227	направка	248
наморозить	193	напеть	227	направление	248
намочить	188	напеться	228	направленность	248
намочиться	189	напечь	229	направленный	248

направля́ться	248	народи́ться	278	наса́харить	294
напра́во	249	наро́дишко	278	насбира́ть	26
напра́вщик	249	наро́дище	278	насда́ть	68
наприме́р	180	наро́дник	278	насе́д	303
напрока́зить	250	наро́дничество	278	насе́дка	303
напрока́т	123	наро́дно-	278	насе́ка	304
напроси́ть	251	наро́дно-демократи́ческий	278	насека́ла	304
напроси́ться	251	наро́дно-освободи́тельный	297	насека́льщик	304
напро́тив	252	наро́дность	278	насеко́мое	304
напры́гаться	253	наро́дность	278	насекомоопыля́емый	259
напрями́к	254	наро́дно-хозя́йственный	278	насекомоя́дный	92
напря́тать	254	наро́дный	278	насекомоя́дный	304
напуга́ть	255	народове́д	278	населе́ние	300
напуга́ться	255	народове́дение	278	населённость	300
на́пуск	256	народове́дение	278	насели́ть	300
напускно́й	256	народовла́стие	278	насели́ться	300
напусти́ть	256	народонаселе́ние	278	насе́льник	300
напусти́ться	256	народопра́вство	247	насе́сть	303
напу́тать	258	народопра́вство	278	насе́чка	304
напу́тственный	258	нароня́ть	281	насе́чь	304
напу́тствовать	258	наро́ст	267	насе́ять	305
напу́хнуть	259	наруби́ть	282	насиде́ть	306
нарабо́тать	261	нару́бка	282	насиде́ться	306
нарабо́таться	261	наруга́ться	283	наси́лие	307
наравне́	263	нарука́вник	284	наси́ловать	307
нара́доваться	263	нару́ку	284	наси́лу	307
нараста́ние	266	нару́чи	284	наси́льник	307
нарасти́	266	нару́чники	284	наси́льничать	307
нарасти́ть	266	нары́ть	285	наси́льнический	307
нараще́ние	267	наря́д	286	наси́льно	307
нарва́ть	268	наряди́ть	286	наси́льственный	307
нарва́ться	268	наряди́ть	286	насини́ть	307
наре́зать	272	наряди́ться	286	наска́з	119
наре́заться	272	наря́дный	286	насказа́ть	119
наре́зка	272	наряду́	286	наскака́ть	308
нарезно́й	272	наря́дчик	286	наскака́ться	309
нареќа́ться	275	наса́д	288	наскво́зь	310
наре́чь	275	насади́тель	288	наско́лько	310
нарисова́ть	276	насади́ть	288	на́скоро	311
наро́браз	212	насади́ть	288	наскочи́ть	309
наро́д	278	наса́дка	288	наскучи́ть	312
наро́дец	278	наса́жать	288	наслади́-	151
народи́ть	278	насажде́ние	288	наслади́ться	151

наслаждение	151	насосать	326	настриг	342
насластить	151	насосаться	326	настричь	342
наслать	313	насосчик	326	настрогать	342
наследие	314	насохнуть	349	настрого	343
наследить-	314	насочинить	327	настроение	343
наследник	314	насочиниться	327	настроенность	343
наследный	314	насочиться	323	настроенный	343
наследование	314	наспать	325	настрой	343
наследовать	314	наспаться	325	настройка	343
наследодатель	314	наспех	328	настроить	343
наследственность	314	наспинник	329	настроиться	343
наследственный	314	наспориться	329	настройщик	343
наследство	314	наставительный	332	настудить	344
наслоение	316	наставить	332	настукать	345
наслоить	316	наставка	332	наступательный	345
наслоиться	316	наставление	332	наступить	345
наслужить	317	наставник	332	наступление	345
наслужиться	317	наставничество	332	насуетиться	348
наслушаться	318	наставной	332	насухо	350
наслышанный	318	наставок	332	насухо	349
наслышаться	318	настать	334	насушить	350
наслышка	318	настил	337	насущный	348
наслюнить	318	настилка	337	насчитать	351
насмех	319	настильный	337	насчитаться	351
насмехательство	319	настильщик	337	насып	352
насмехаться	319	настирать	360	насыпальщик	352
насмешить	319	настлать	337	насыпать	352
насмешка	319	настой	339	насыпаться	352
насмешливый	319	настойчивый	339	насыпка	352
насмешник	319	настолько	337	насыпной	352
насмешничать	319	настольный	339	насыпщик	352
насмеяться	319	настороже	338	насыпь	352
насмолить	320	настороженный	338	насыреть	353
насмотреть	320	насторожить	338	насытить	353
насмотреться	320	насторожиться	338	насытиться	353
наснежить	321	настояние	339	насыщение	353
наснять	211	настоятель	339	насыщенность	353
насобачиться	322	настоятельный	339	натаска	355
насоветовать	322	настоять	339	натаскать	355
насолить	324	настояться	339	натаскаться	355
насорить	326	настоящий	339	натасчик	355
насортировать	326	настрадаться	340	натаять	355
насос	326	настращать	341	натворить	356

натёк	362	наутро	386	начерта́тельный	411
натёклый	362	наутю́жить	386	начерта́ть	411
нате́льный	357	научи́ть	387	начерти́ть	411
натере́ть	359	научи́ться	387	начеса́ть	412
натере́ться	359	нау́шник	386	начёт	416
натерпе́ться	360	наформова́ть	391	начётничество	416
нате́чь	362	нахвали́ть	392	начётчик	416
нате́шить	363	нахвали́ться	392	начи́н	201
нате́шиться	363	нахвата́ть	393	начина́ние	201
натка́ть	364	нахво́стник	394	начина́тель	201
наткну́ть	379	находи́ть	397	начина́тельный	201
наткну́ться	379	находи́ть	397	начина́ющий	201
натолка́ть	365	находи́ться	397	начи́нщик	201
натолка́ться	365	находи́ться	397	начисле́ние	414
натолкну́ть	365	нахо́дка	397	начи́слить	414
натолкну́ться	365	нахолода́ться	400	начи́стить	415
натоми́ть	367	нахолоди́ть	400	на́чисто	415
натоми́ться	367	нахолоди́ться	400	начистоту́	415
натопи́ть	368	наце́лить	405	начистую́	415
натопта́ть	369	на́цело	405	начита́ть	416
наторгова́ть	369	наце́ни́ть	405	начита́ться	416
натоскова́ться	370	наце́нка	405	начиха́ть	416
наточи́ть	371	национа́льно-	298	начсоста́в	201
натоща́к	372	нацме́н	176	начуде́сить	418
натра́тить	373	нацменьши́нство	176	нашага́ть	419
натре́скаться	374	нача́ло	201	нашага́ться	419
натре́снуть	374	**нача́льник**	**201**	нашата́ться	420
на́трое	375	нача́льнический	201	наше́йник	421
натруби́ть	376	нача́льный	201	наше́ствие	420
натруби́ться	376	нача́льственный	201	наши́ть	422
натруди́ть	377	нача́льство	201	нашлёпать	422
натруди́ться	377	нача́льствовать	201	нашути́ть	423
натрясти́	377	нача́тие	201	нашути́ться	423
натрясти́сь	377	нача́ток	201	наэконо́мить	425
натяга́ть	381	**нача́ть**	**201**	не	319
натяже́ние	381	нача́ться	201	небезнадёжный	201
натя́нутый	381	начди́в	201	небезоби́дный	212
натяну́ть	381	начёс	412	небезрезульта́тный	274
натяну́ться	381	начерка́ть	410	небезупре́чный	385
наузна́ть	112	начерни́ть	411	небе́сный	41
нау́ка	387	начерни́ть	411	небеспоко́иться	238
наукове́дение	387	на́черно	411	небесспо́рный	329
наукообра́зный	387	начерта́ние	411	небла́городный	280

небожи́тель	100	недалеко́	66	недомы́слие	196
небре́жный	18	недалёко	66	недонесе́ние	203
небыли́ца	27	неда́льний	66	недоноси́тель	203
небыва́лый	27	недальнови́дный	66	недоноси́тельство	203
небыва́льщина	27	неде́ля	71	недоно́сок	203
небытие́	27	недоби́ток	19	недоно́шенный	203
неве́дение	31	недобросо́вестный	322	недооцени́ть	406
неве́домый	31	недова́ренный	30	недооце́нка	406
неве́рие	35	недовершённый	38	недопёк	229
неве́рно	35	недове́с	38	недопи́ть	232
неве́рный	35	недове́сить	38	недопла́та	234
невероя́тие	35	недогляде́ть	54	недополучи́ть	244
невероя́тный	35	недогля́дка	54	недоразви́тие	46
неве́рующий	35	недоговори́ть	57	недоро́д	279
неви́даль	43	недогру́з	65	не́доросль	267
неви́данный	43	недогрузи́ть	65	недоро́сток	267
невиди́мка	43	недода́ть	67	недосе́в	305
неви́дмый	43	недода́ча	67	недосказа́ть	119
неви́дный	43	недоде́л	72	недосла́ть	313
неви́дящий	43	недоде́лка	72	недослы́шать	318
неви́нный	44	недоде́ржка	75	недосмо́тр	320
невино́вность	44	недоеда́ние	91	недосмотре́ть	320
невино́вный	44	недое́сть	91	недосо́л	324
невмоготу́	194	недожа́рить	94	недосоли́ть	324
невозмути́мый	195	недожа́ть	95	недоспа́ть	325
невознагради́мый	200	недожи́н	96	недоспе́лый	328
нево́лить	49	недожо́г	99	недосчита́ться	351
нево́льник	49	недозре́лый	113	недотяну́ть	381
нево́льничество	49	недоказа́тельный	118	недохва́т	393
нево́льный	49	недоки́сь	126	не́друг	83
нево́ля	49	недоко́рм	135	недружелю́бный	83
невтерпёж	360	недоли́в	160	неду́г	201
невы́держанный	75	недоли́ть	80	неду́жить	201
него́дник	58	недоли́ть	160	неду́житься	201
него́дность	58	недоло́в	162	неду́жный	201
него́дный	58	недолю́бливать	166	неесте́ственно	90
негодова́ние	58	недо́ля	80	нежда́нно	96
негодова́ть	58	недоме́рить	179	нежда́нный	96
негодя́й	58	недоме́рок	179	нежела́ние	97
негодя́йство	58	недомо́л	191	нежела́тельный	97
негодя́щий	58	недомо́л	191	не́женка	201
него́жий	58	недомо́лвка	189	неживо́й	100
недалёкий	66	недомолоти́ть	191	нежи́зненный	100

нежило́й	101	нема́лый	171	неожи́данность	96
не́жить	100	неме́дленный	173	неожи́данный	96
не́жить	202	неме́для	173	неопали́мый	221
не́житься	202	неме́ть	202	неопа́сный	217
не́жничать	201	немилосе́рдие	185	нео́пытный	217
не́жность	201	немилосе́рдный	185	неоспори́мый	329
не́жный	**201**	неми́лостивый	185	неотвя́зный	52
незавершённый	38	неми́лость	185	неотвя́зчивый	52
незави́симец	103	неми́лый	185	неотъе́млемый	210
незави́симость	103	немно́го	187	неохо́та	401
незави́симый	103	немогузна́йка	194	неоце́ненный	405
незави́сящий	103	немо́жется	194	неоцени́мый	405
незаконнорождённый	104	немо́жно	194	неощути́мый	220
незако́нный	104	**немо́й**	**202**	непобеди́мый	237
незамедли́тельный	173	немо́лчный	190	непого́да	237
незамени́мый	176	немота́	202	неподалёку	66
незва́ный	104	немо́тствовать	202	неподку́пный	148
нездоро́виться	107	немо́чь	194	неподходя́щий	398
нездоро́вый	107	немощно́й	194	непозволи́тельный	237
нездоро́вье	107	нему́дрый	194	непознава́емый	112
незлопа́мятный	222	немы́слимость	196	непоко́йный	238
незнако́мый	111	немы́слимый	196	непоколеби́мый	131
незре́лый	113	ненави́деть	43	непоко́рный	238
незри́мый	113	ненадёванный	200	неполнозу́бые	240
незря́чий	113	ненадёжный	201	неполнота́	240
неизглади́мый	53	ненадо́бность	201	неполноце́нный	240
неизжи́тый	101	ненаказу́емый	118	непо́лный	239
неизмери́мый	179	ненасы́тный	353	непоме́рный	179
неизноси́мый	203	ненасы́щенный	353	непоро́чный	244
неиме́ние	116	ненау́чный	387	непосе́да	303
неиму́щий	116	не нахвали́ться	392	непосе́дливый	303
нейрохиру́г	394	нену́жный	208	непоси́льный	307
нейрохирурги́я	394	необде́ланный	72	непочте́ние	417
неискорени́мый	134	необду́манный	84	непочти́тельный	417
неисцели́мый	404	необжито́й	101	непра́вда	246
не́когда	131	необозри́мый	113	непредусмотри́тельность	321
неле́стный	156	необрабо́танный	261	непредусмотри́тельный	321
нелюбе́зный	166	необразо́ванный	212	непреодоли́мый	216
нелюби́мый	166	необрати́мый	213	непреры́вка	269
нелю́бо	166	необходи́мость	397	непреры́вный	269
нелюбо́вь	166	необходи́мый	397	неприве́тливый	249
нема́ло	171	неогля́дный	54	неприли́чие	249
немалова́жный	171	неодоли́мый	216	неприли́чный	249

неприменимый	249	несознательный	112	нечестие	413
неприметный	183	несомненно	186	нечестный	413
непримечательный	183	несостоятельность	340	нечто	417
непринуждённый	208	несостоятельный	340	ниже	205
непроглядный	54	неспелый	328	нижеизложенный	205
непроизвольный	250	неспособный	330	нижеозначенный	205
непролазный	154	непроста	252	нижеподписавшийся	205
непростительный	251	несработанность	262	нижепоименованный	205
непрямой	254	несравненно	330	нижесказанный	119
непьющий	232	несравненный	330	нижеследующий	205
неравенство	263	несравнимый	330	нижестоящий	205
неравно	263	**нести**	**202**	нижеупомянутый	205
неравнодушный	263	нестойкий	339	нижний	205
неравномерный	263	нестоящий	337	**низ**	**205**
неравноправие	249	нестроевик	343	низведение	205
неравноправие	263	нестроевой	343	низвергать	205
неравный	263	несушка	202	низвергнуться	205
неразбериха	25	несущественный	348	низвержение	205
неразборчивый	25	несчастливый	350	низвести	205
неразвитый	46	несчастненький	350	низводить	40
нерасчёт	351	несчастный	350	низенький	205
нерасчётливый	351	несчастье	350	низёхонький	205
нереальный	270	несчётный	351	низина	205
нередкий	271	неталый	355	низина	205
неровный	276	нетель	357	низиться	205
неровня	276	неуверенный	35	низиться	205
нерушимый	284	неувязка	52	низкий	205
несвязный	52	неудача	68	низкозадый	205
несгибаемый	57	неудержимый	76	низколобый	205
несдержанный	76	неуёмный	211	низкооплачиваемый	205
несение	202	неуживчивый	102	низкопоклонник	130
несерьёзный	303	неуказанный	120	низкопоклонник	205
несказанный	119	неуклонный	131	низкопоклонничать	130
нескладёха	128	неуклончивый	131	низкопоклонничать	205
нескладица	128	неумеренный	180	низкопоклонничество	130
нескладный	128	неумолимый	190	низкопоклонничество	205
несколько	310	неурожай	279	низкорослый	205
несмысленный	196	нефтеносный	204	низкосортный	205
несмыслёночек	196	нефтепромышленность	196	низлагать	205
несмышлённый	196	нехватка	393	низложение	205
несогласие	60	нехотя	401	низменность	205
несогласность	60	нечестивец	413	низменный	205
несогласованность	60	нечестивый	413	низовка	205

низо́вье	205	новобра́чный	206	ножи́ще	207
низойти́	205	нововведе́ние	206	ножно́й	207
низо́к	205	нововведённый	206	но́не	208
ни́зом	205	нововы́строенный	206	ноосфе́ра	350
низри́нуть	205	нововы́строенный	343	**но́рма**	**207**
никогда́	131	нового́дний	206	нормализа́ция	207
ниско́лько	310	новозаве́тный	206	нормализи́ровать	207
ниспа́сть	224	новои́збранный	206	норма́ль	207
ниспосла́ть	313	новои́зданный	206	норма́льный	207
ниспусти́ть	256	новоизобретённый	206	норма́льный	208
нисхожде́ние	397	новоиспечённый	206	нормати́в	208
нисходи́ть	397	новокаи́н	206	нормативи́зм	208
нисходя́щий	397	новолу́ние	206	нормирова́ть	208
ничего́	417	новомо́дный	206	нормиро́вка	208
ничегонеде́лание	73	новонаречённый	206	нормиро́вщик	208
ничегонеде́лание	417	новонаселённый	206	носи́лки	202
ничто́	417	новообразова́ние	206	носи́льный	202
ничто́жество	417	новообразова́ние	212	носи́льщик	202
ничто́жить	417	новообращённый	206	носи́тель	202
ничто́жный	417	новоо́ткрытый	206	носи́ться	202
нища́ть	**206**	новопоселе́нец	206	носка́	202
нищебро́д	206	новопреста́вленный	206	носки́й	202
ни́щенка	206	новоприбы́вший	206	носогре́йка	64
ни́щенский	206	новорождённость	206	но́сик	202
ни́щенство	206	новорождённый	206	ночева́ть	207
ни́щенствовать	206	новосёл	206	ночёвка	208
нищета́	206	новосёл	300	ночле́г	159
ни́щий	206	новосе́лье	206	ночле́г	208
нова́тор	206	новосе́лье	300	ночле́жка	159
нова́торство	206	новостро́йка	206	ночле́жка	208
нове́йший	206	но́вость	206	ночле́жник	208
но́венький	206	новотёл	206	ночле́жничать	159
нове́ть	206	новотёл	357	ночле́жничать	208
нове́ть	207	новоте́льная	206	ночле́жный	159
новёхонький	206	новоте́льная	357	ночни́к	208
новизна́	206	новоя́вленный	206	ночни́ца	208
нови́к	206	но́вшество	206	ночно́й	208
нови́на	206	**но́вый**	**206**	ночь=но́ченька	207
нови́нка	206	новь	206	но́чью	208
новичо́к	206	**нога́**	**207**	но́ша	202
новобра́нец	26	нога́ми	37	ноше́ние	202
новобра́нец	206	нагови́ца	207	но́шеный	202
новобра́нческий	26	ногтое́д	91	**нрав**	**208**

нра́виться	208	обвини́тель	44	обду́мать	84
нра́вный	208	обвини́тельный	44	обду́маться	84
правописа́ние	208	обвини́ть	44	обдури́ть	85
правописа́ние	230	обви́ть	45	обду́ть	86
нравоуче́ние	208	обви́ться	45	обе́дать	90
нра́вственность	208	обво́д	40	обедни́ть	16
нра́вственный	208	обво́дка	40	обежа́ть	17
ну́дить	**208**	обводне́ние	47	обезво́деть	47
ну́диться	208	обводнённость	47	обезво́дить	47
ну́дный	208	обводни́тельный	47	обезво́лить	49
нудь	208	обводни́ть	47	обезгла́вить	58
нужда́	**208**	обводны́й	40	обезголосе́ть	59
нужда́емость	208	обво́з	32	обездви́живать	71
нужда́ться	208	обвози́ть	32	обездо́лить	80
ну́жник	208	оболо́чь	48	обезду́шить	87
ну́жно	208	оболо́чься	48	обезжи́ривание	103
ну́жный	208	обворова́ть	49	обезжи́рить	103
ны́не	208	обворотить	50	обезземе́лить	109
ны́нешний	208	обвяза́ть	52	обезу́беть	114
ны́нче	208	обвя́зка	52	обезле́сеть	156
		обгла́дить	53	обезле́сить	156
		обговори́ть	57	обезли́ствить	159
О		обго́н	55	обезли́чение	161
		обго́нный	55	обезли́чить	161
О	212	обгоня́ть	55	обезли́читься	161
обби́ть	19	обгоре́лый	61	обезма́точеть	172
обвали́ть	29	обгоре́ть	61	обезнадёжить	201
обвали́ться	29	обда́ть	67	обезноже́ть	207
обва́лка	29	обда́ться	67	обезножи́ть	207
обвари́ть	30	обде́лать	72	обезопа́сить	217
обвари́ться	30	обде́латься	72	обезопа́ситься	217
оберну́ть	35	обдели́ть	73	обезору́жение	218
обвёртка	36	обде́лка	72	обезору́жить	218
обвёртывать	36	обде́льщик	72	обезу́меть	385
обве́с	38	обдержа́ться	75	обезья́но-челове́чек	410
обве́с	42	обдира́ла	82	обели́ть	18
обве́сить	38	обдира́тельство	82	обели́ться	18
обве́сить	42	обди́рка	82	обе́лка	18
обве́ситься	38	обди́рный	82	обе́льный	18
обве́ситься	42	обдува́ла	86	о́берег	18
обвести́	40	обдува́ть	86	обере́чь	18
обве́шать	42	обду́манность	84	обере́чься	18
обве́шаться	42	обду́манный	84	оберто́н	367
обвине́ние	44				

обескро́вить	144	обвести́	40	обла́диться	150
обескро́вливание	144	обзако́нить	104	обла́зить	154
обескры́лить	146	обзако́ниться	104	облегче́ние	152
обеспа́мятеть	222	обзвони́ть	105	облегчённый	152
обеспе́чение	212	обзнако́миться	111	облегчи́тельный	152
обеспе́ченность	212	обзо́р	113	облегчи́ть	152
обеспе́ченный	212	обзо́рность	113	облегчи́ться	152
обеспечи́тельный	212	оби́да	212	обледенева́ть	153
обеспе́чить	**212**	**оби́деть**	**212**	обледене́лый	153
обеспе́читься	212	оби́дный	212	облежа́ть	154
обеспло́деть	235	оби́дчивый	212	облежа́ться	154
обеспло́дить	235	оби́дчик	212	обле́злый	154
обеспы́ливание	260	оби́лие	212	обле́зть	154
обеспы́лить	260	**оби́льный**	**212**	облесе́ние	156
обесси́леть	307	обира́ла	25	облеси́тельный	156
обесси́лить	307	обира́ловка	25	облеси́ть	156
обесла́вить	313	оби́ть	19	облёт	157
обессмы́слить	197	оби́ться	19	облета́ть	157
обессмы́слиться	197	обка́пать	121	облета́ться	157
обессо́ливание	324	обка́т	121	облете́ть	157
обессо́лить	324	обката́ть	121	обле́чь	158
обесцве́тить	403	обката́ть	122	обле́чься	158
обесцве́титься	403	обкати́ть	121	облива́ние	160
обесце́нение	406	обкати́ться	121	обли́вка	160
обесце́нить	406	обка́тка	122	обливно́й	160
обесце́ниться	406	обкида́ть	124	облиствене́ть	159
обесчелове́чивание	410	обки́нуть	124	облистве́неть	162
обжа́рить	94	обкла́сть	127	облиственность	159
обжа́риться	94	обкле́ить	129	облиственный	159
обжа́тие	95	обкорми́ть	135	облистве́ть	159
обжа́ть	95	обкоси́ть	137	обли́ть	160
обжа́ть	96	обкра́сить	139	обли́ться	160
обжа́ться	96	обкроши́ть	144	облицева́ть	161
обжева́ть	97	обкроши́ться	144	облицо́вка	161
обже́чь	99	обкури́ть	149	облицо́вщик	161
обже́чься	99	обкури́ться	149	обличе́ние	162
обжи́мка	95	обкуса́ть	149	обличи́тель	162
обжимно́й	95	обку́шаться	150	обличи́тельный	162
обжи́мок	95	облагоде́тельствовать	22	обличи́ть	161
обжи́нка	96	облагозву́чить	22	обли́чье	162
обжи́нок	96	облагоро́дить	22	обло́в	162
обжи́ть	101	облагоро́дить	280	облови́ть	162
обжи́ться	101	обла́дить	150	обло́г	127

обложе́ние	127	обмира́ть	177	обно́жка	207
обложе́ние	163	обмирщи́ть	185	обно́с	203
обложи́ть	127	обмо́кнуть	188	обно́сок	203
обложи́ть	163	обмо́л	191	**обня́ть**	**209**
обложи́ться	127	обмо́лвиться	189	обобра́ть	25
обложи́ться	163	обмо́лвка	189	обобра́ться	25
обло́жка	127	обмоло́т	191	обобще́ние	214
обло́жка	163	обмолоти́ть	191	обобщённый	214
обложно́й	127	обмолоти́ться	191	обобществи́ть	214
обло́м	164	обмоло́тки	191	обобществле́ние	214
облома́ть	164	обмоло́тки	191	обобщи́ть	214
облома́ться	164	обмоло́точный	191	обогати́тель	23
облюби́ть	166	обмоло́ть	191	обогати́ть	23
облюбова́ть	166	обмоло́ть	191	обогати́ться	23
обма́зать	168	обморо́зить	193	обогаще́ние	23
обма́заться	168	обморо́зиться	193	обогну́ть	56
обма́зка	168	обмочи́ть	189	обогну́ться	56
обма́слить	172	обмочи́ться	189	обогре́в	64
обма́слиться	172	обмы́в	197	обогрева́ться	64
обмахну́ть	173	обмы́лить	198	обогре́ть	64
обмежева́ть	174	обмы́литься	198	ободня́ть	74
обмеле́лый	175	обмы́лок	198	ободра́нец	82
обмеле́ние	175	обмы́ть	197	обо́дранный	82
обмеле́ть	175	обмы́ться	197	ободра́ть	82
обме́н	176	обмя́клый	199	ободра́ться	82
обмени́ть	176	обмя́кнуть	199	ободре́ние	24
обмени́ться	176	обмя́ть	199	ободри́тель	24
обме́нный	176	обмя́ться	199	ободри́тельный	24
обменя́ть	176	обнадёжить	201	ободри́ть	24
обменя́ться	176	обнаже́ние	200	ободри́ться	24
обме́р	177	обнажённый	200	обоепо́лый	238
обме́р	179	обнажи́ть	200	обожа́тель	23
обмере́ть	177	обнажи́ться	200	обожа́ть	23
обмёрзлый	181	обнаро́дывать	278	обожда́ть	96
обмёрзнуть	181	обнесе́ние	203	обожестви́ть	23
обме́рить	179	обнести́	203	обозва́ть	104
обме́риться	179	обнища́лый	206	обозна́ться	112
обме́рка	179	обнища́ть→	206	обознача́ть	111
обме́рок	179	обно́ва	207	обозначе́ние	111
обмёт	182	обнови́тель	207	обозна́чить	111
обмета́ть	182	обнови́ть	206	обозрева́тель	113
обме́тить	183	обновле́ние	207	обозрева́ть	113
обмира́ние	178	обновля́ться	207	обозре́ние	113

обозре́ть	113	о́браз	212	обрисо́вка	276
обозри́мый	113	образе́ц	212	обровня́ть	277
обо́й	19	образи́на	212	обровня́ться	277
обо́йка	19	образни́ца	212	оброни́ть	281
обо́йный	19	о́бразность	212	обру́б	282
обойти́	116	о́бразный	212	обруби́ть	282
обо́йщик	19	образова́ние	212	обру́бка	282
о́бок	24	образо́ванность	212	обру́бок	282
обокра́денный	140	образо́ванный	212	оброга́ть	283
обокра́сть	140	образова́тельный	212	оброга́ться	283
обольсти́тель	156	**образова́ть**	212	обруча́льный	284
обольсти́тельный	156	образова́ться	212	обруче́ние	284
обольсти́ть	156	образо́к	212	обручи́ть	284
обольсти́ться	156	о́бразом	212	обручи́ться	284
обомше́лый	193	образу́мить	213	обру́чье	284
обомше́ть	193	образу́мить	384	обру́шение	284
оборва́нец	268	образу́миться	213	обру́шенный	284
обо́рванный	268	образцо́во-показа́тельный	119	обру́шить	284
оборва́ть	268	образцо́вый	212	обру́шиться	284
оборва́ться	268	обра́мить	266	обры́в	268
оборва́шка	268	обрамле́ние	266	обры́вистый	269
обороноспосо́бность	330	обраста́ние	267	обры́вность	269
обороноспосо́бный	330	обрасти́	267	обры́вок	269
обору́дование	212	обрати́мый	213	обры́ть	286
обору́довать	212	**обрати́ть**	213	обры́ться	286
обоснова́ние	218	обрати́ться	213	обря́д	287
обосно́ванный	218	обра́тно	213	обряди́ть	287
обоснова́ть	218	обра́тный	213	обряди́ться	287
обоснова́ться	218	обраща́емость	213	обря́дность	287
обосо́бить	218	обраще́ние	213	обря́довый	287
обосо́биться	218	обре́з	272	обря́дчик	287
обособле́ние	218	обре́занец	272	обсади́ть	288
обосо́бленный	218	обре́зание	273	обса́харить	294
обостри́ть	219	обре́зать	272	обсе́вок	305
обостри́ться	219	обре́заться	272	обсели́ть	300
обо́чина	19	обрезно́й	273	обсели́ться	300
обоюдоприя́тный	211	обре́зок	273	обсемени́ть	301
обраба́тываемость	261	обре́зчик	273	обсе́сть	303
обрабо́тать	261	**обрести́**	213	обсе́чь	304
обрабо́таться	261	обрести́сь	213	обсе́ять	305
обрабо́тка	261	обрете́ние	213	обсе́яться	305
обрабо́тчик	261	обрисова́ть	276	обсиде́ть	306
обра́довать	263	обрисова́ться	276	обсиде́ться	306

обскака́ть	309	обти́рочный	359	общежи́тие	213	
обскочи́ть	309	обточи́ть	371	общезаводско́й	213	
обслу́живание	317	обтре́скаться	374	общезначи́мый	213	
обслужи́ть	317	обтрясти́	377	общеизве́стный	213	
обслюни́ть	318	обтя́жка	381	общекла́ссовый	213	
обсоли́ть	324	обтяну́ть	381	общенаро́дный	213	
обсоса́ть	326	обтяну́ться	381	общенаро́дный	278	
обсо́хнуть	349	обу́глить	383	обще́ние	213	
обста́вить	332	обу́глиться	383	общеобразова́тельный	213	
обстано́вка	332	обу́зить	384	общеобразова́тельный	213	
обстано́вочный	332	обусло́вить	316	общеобяза́тельный	213	
обстира́ть	360	обусло́виться	316	общеобяза́тельный	214	
обстоя́тельный	339	обустра́ивать	344	общепи́т	213	
обстоя́тельство	339	обу́треть	386	общепи́т	231	
обстоя́ть	339	обуче́ние	387	общеполе́зный	213	
обстре́л	341	обу́ченный	387	общеполе́зный	244	
обстреля́ть	341	обучи́ть	387	общепоня́тный	213	
обстрога́ть	342	обучи́ться	387	общепри́знанный	112	
обстро́ить	342	обхва́т	393	общепри́знанный	213	
обстро́иться	343	обхвата́ть	393	общепри́нятый	211	
обступи́ть	345	обхвати́ть	393	общепри́нятый	213	
обстуча́ть	345	обхитри́ть	394	общераспространённый	213	
обсуди́ть	347	обходи́ть	397	обще́ственник	213	
обсужде́ние	347	обходи́ть	397	обще́ственность	213	
обсу́живать	347	обходно́й	397	обще́ственный	214	
обсуши́ть	350	обхо́дный	397	о́бщество	214	
обсуши́ться	350	обхо́дчик	397	обществове́д	214	
обсу́шка	350	обхожде́ние	397	обществове́дение	214	
обсчёт	351	обчеса́ть	412	общетеорети́ческий	214	
обсчита́ть	351	обчи́стить	415	общеупотреби́тельный	214	
обсы́пать	352	обчи́ститься	415	общеустано́вленный	214	
обта́ять	355	о́бще	213	общефи́зика	389	
обтёк	362	обще-	213	общечелове́ческий	214	
обтека́емость	362	общеарме́йский	213	общечелове́ческий	410	
обтека́емый	362	общегородско́й	213	**о́бщий**	**213**	
обтека́тель	362	общегосуда́рственный	213	общи́на	214	
обтере́ть	359	общедосту́пный	213	общи́нник	214	
обтере́ться	359	о́бщее	213	общи́тельный	214	
обтерпе́ться	360	общежите́йский	100	о́бщность	214	
обтёртый	359	общежите́йский	213	объедине́ние	90	
обте́чь	362	общежи́тельный	100	объедини́тельный	90	
обтира́ние	359	общежи́тельный	213	объедини́ть	90	
обти́рка	359	общежи́тие	100	объедини́ться	90	

объединя́ть	90	овощни́к	214	оговори́ть	57
объе́док	91	овощно́й	214	оговори́ться	57
объе́дья	91	овцема́тка	172	огово́рка	57
объе́зд	92	ога́рок	61	огово́рщик	57
объе́здить	92	огла́дить	53	оголо́вок	58
объе́здиться	92	огласи́тельный	59	оголо́вье	58
объе́здка	92	огласи́ть	59	огонёк	215
объе́здчик	92	огла́ска	59	**ого́нь**	**214**
объе́зжий	92	оглаше́ние	59	огоро́д	62
объём	209	оглашённый	59	огоро́дина	62
объёмистый	209	огляде́ть	54	огороди́ть	62
объёмный	209	огляде́ться	54	огороди́ться	62
объемоме́тр	209	огля́дка	54	огоро́дник	62
объе́сть	91	огнебу́р	214	огоро́дничать	62
объе́сться	91	огневи́дный	214	огоро́дничество	62
объяви́ть	430	огневи́к	214	огрёбки	63
объяви́ться	430	огневи́ца	214	огрести́	63
объявле́ние	430	огнёвка	214	огре́ть	64
объясне́ние	432	огнево́й	214	огрузи́ть	65
объясни́мый	432	огнеды́шащий	215	огру́злый	65
объясни́тельный	432	огнезащи́тный	215	огрузне́ть	65
объясни́ть	432	огнемёт	182	огру́знуть	65
объясни́ться	432	огнемёт	215	**о́даль**	**66**
объя́тие	209	о́гненный	215	оде́жда	215
объя́ть	209	огнеопа́сный	215	одёжина	215
обыгра́ть	115	огнепокло́нник	215	одели́ть	73
обы́грыш	115	огнепокло́ннический	215	оде́тый	215
о́быск	118	огнепокло́нничество	215	оде́ть	215
обыска́ть	118	огнеприпа́сы	215	оде́ться	215
обя́занность	214	огнепрово́д	215	одея́лишко	215
обя́занный	214	огнесто́йкий	215	одея́ло	215
обяза́тельно	214	огнесто́йкость	215	одея́льщик	215
обяза́тельный	214	огнестре́льный	215	одея́ние	215
обяза́тельство	214	огнетуше́ние	215	**оди́н**	**215**
обяза́ть	**214**	огнетуши́тель	215	одина́кий	215
обяза́ться	214	огнеупо́рность	215	одина́рный	215
овладе́ть	46	огнеупо́рный	215	одинёхонек	215
овощево́д	214	огнеупо́ры	215	одино́жды	215
овощево́дство	214	огнецве́т	215	одино́кий	215
овощесуши́лка	214	огни́во	215	одино́чество	215
овощесуши́льный	214	огни́стый	215	одино́чка	215
овощехрани́лище	214	о́гнище	215	одино́чник	215
о́вощи	**214**	огово́р	57	одино́чный	215

одича́лый	77	однолю́б	216	одноутро́бный	216
одича́ть	77	однолю́б	167	одноу́хий	216
одна́жды	215	однома́чтовый	216	однофа́зный	216
одна́ко	215	одноме́стный	216	однофами́лец	216
одно-	215	одномото́рный	216	одноцве́тный	216
одноа́ктный	215	одноно́гий	216	одноча́сье	216
однобо́кий	24	однообра́зие	216	одночле́н	216
однобо́кий	215	однообра́зный	216	одноше́рстный	216
однобра́чие	215	однообще́ственник	216	одноэта́жный	216
одновесе́льный	215	однооо́сный	216	одноэта́жный	428
одновре́менный	215	однопала́тный	216	**одоле́ть**	**216**
одногла́вый	215	однопалу́бный	216	одолжа́ть	79
одногла́зка	215	одноплеме́нный	216	одолже́ние	79
одногоди́чник	215	однополча́нин	216	одолжи́ться	79
одногоди́чный	215	однополча́нин	239	одопи́сец	231
одного́док	215	однополча́нка	239	одревесне́ть	75
одноголо́с(н)ый	59	однопо́лый	216	оду́маться	84
одного́рбый	215	однопо́лый	238	одура́чить	85
однодереве́нец	215	однопомётник	182	одуре́лый	85
однодерёвка	75	однопомётник	216	одуре́ние	85
однодне́вка	215	однопу́тка	216	одурма́нить	85
однодне́вный	215	однора́зовый	216	о́дурь	85
однодо́мный	215	однора́зовый	264	одуря́ть	85
однодру́м	215	однорого́й	216	одухотворе́ние	87
одножи́льный	215	одноро́дный	216	одухотворённый	87
однозаря́дный	215	однору́кий	216	одухотвори́ть	87
однозву́чный	215	однору́чный	216	одухотвори́ться	87
однозна́чащий	216	односельча́нин	216	одушеви́ть	87
одноимённый	216	односи́льный	216	одушеви́ться	87
однокали́берный	216	однословный	216	одушевле́ние	87
однока́шник	216	однословный	316	одушевлённый	87
однокла́ссник	216	односло́жный	216	оды́шка	88
одноклето́чный	216	односпа́льный	216	ожени́ть	98
одноклу́бник	216	односторо́нний	216	ожесточа́ть	98
одноколе́йка	216	однострунный	216	ожесточе́ние	98
одноко́лка	216	одноти́пный	216	ожесточённый	98
одноко́мнатный	216	одното́мник	216	оже́чь	99
одноко́нный	216	одното́мник	366	оживи́ть	100
однокра́тный	216	одното́мный	216	оживле́ние	100
одноку́рсник	216	одното́нный	216	оживлёный	100
одноле́тний	216	одното́нный	367	оживотвори́ть	100
одноле́тник	216	одното́нный	368	ожида́лка	96
одноле́ток	216	одноуго́льный	216	ожида́ние	96

ожида́ть	96	окла́д	127	округле́ние	145
ожижа́ть	102	окла́дистый	127	округле́ть	145
ожиже́ние	102	окладно́й	127	округли́ть	145
ожижи́тель	102	окле́йка	129	округли́ться	145
ожи́нок	96	окле́ить	129	окру́глость	145
ожи́ть	101	окле́йщик	129	окру́глый	145
ожо́г	99	окли́кнуть	129	окружа́ющий	145
озвере́лый	106	окли́кнуться	129	окруже́ние	145
озвере́ть	106	**о́ко**	**216**	окружи́ть	145
озву́чить	107	окоём	216	окружно́й	145
оздорове́ть	107	околеси́ть	132	окру́жность	145
оздорови́тельный	107	околе́сица	132	окрыли́ть	146
оздорови́ть	107	околопло́дие	235	окрыли́ться	146
оздорови́ться	107	околопло́дник	235	окупа́емость	148
о́земь	108	околопло́дный	235	оку́ривание	149
ози́мый	110	околосерде́чный	302	окури́ть	149
о́зимь	110	околоу́шина	386	оку́рок	149
ознако́мить	111	околоцве́тник	404	оледене́лый	153
ознако́миться	111	оконча́ние	132	оледене́ть	153
ознакомле́ние	111	оконча́тельный	132	омерзе́ние	178
означа́ть	111	око́нчить	132	омерзе́ть	178
озна́ченный	111	око́нчиться	132	омерзи́тельный	178
озна́чить	111	око́п	133	омертве́лый	177
озолоти́ть	113	окопа́ть	133	омертве́ние	177
озре́ть	113	окопа́ться	133	омертви́ть	177
озре́ться	113	окорени́ться	134	омове́ние	197
оказа́ние	119	окорми́ть	135	омолоди́ть	190
оказа́ть	118	окороти́ть	136	омолоди́ться	190
оказа́ться	119	окостене́лый	137	омоложе́ние	190
окамене́лость	120	окостене́ть	137	оморя́чиваться	192
окамене́лый	120	окра́ина	138	омочи́ть	189
окамене́ть	120	окра́сить	139	омочи́ться	189
окамени́ть	120	окра́ситься	139	омша́ник	193
оки́дать	124	окра́ска	139	омыле́ние	198
оки́нуть	124	окрести́ть	142	омы́ть	197
окиса́ть	125	окрова́вить	143	онеме́лый	202
о́кисел	125	окрова́вленный	144	онеме́ть	202
окисле́ние	125	окрова́вливаться	143	опали́ть	221
окисли́тель	125	окровене́ть	144	опали́ться	221
окисли́ть	125	окровени́ть	144	опа́лка	221
окисли́ться	125	окру́г	145	опа́рить	223
о́кисный	125	о́круг	145	**опаса́ться**	**217**
о́кись	125	окру́га	145	опасе́ние	217

опаска	217	ополоснуть	243	опылитель	259
опасливый	217	ополченец	239	опылить	259
опасность	217	ополчение	239	опылиться	259
опасный	217	ополчить	239	**опыт**	**217**
опасть	224	ополчиться	239	опыт	260
опахло	225	опомниться	244	опытник	217
опахнуть	225	опорочить	244	опытник	260
опередить	226	опочивальня	246	опытно	260
опечатать	228	опочить	246	опытно-показательный	119
опечататься	228	опоясать	246	опытно-показательный	217
опечатка	228	опоясаться	246	опытность	260
опивала	233	опояска	246	опытный	217
опивки	233	оправа	248	опытный	260
описание	230	оправдание	247	опьянение	232
описатель	230	оправдать	247	опьянить	232
описательство	230	оправдаться	247	**орган**	**217**
описать	230	оправить	248	организатор	217
описаться	230	оправиться	248	организация	217
описка	230	оправка	248	организм	217
опись	230	опробовать	250	организменный	217
опить	232	опрос	251	организованный	217
опиться	232	опросить	251	организовать	217
оплакать	233	опростать	252	организоваться	217
оплата	234	опростелый	252	органика	217
оплатить	234	опростеть	252	органический	217
оплатиться	234	опростить	252	органичный	217
оплевать	234	опростоволоситься	252	органография	217
оплодотворение	235	опросчик	251	органоид	217
оплодотворить	235	опрощенец	252	органолептика	217
оплодотвориться	235	опрощение	252	органон	217
оплыв	236	опустелый	257	органопластика	217
оплыть	236	опустеть	257	органотерапия	217
опоздание	237	опустошение	257	оргнабор	25
опоздать	237	опустошительный	257	ороговеть	277
опознавательный	112	опустошить	257	ортоцентр	406
опознание	112	опутать	258	оружейник	217
опознать	112	опухать	259	оружейный	217
опой	233	опухлеродный	259	оруженосец	204
опоить	233	опухлеродный	280	оруженосец	217
оползень	239	опухлый	259	**оружие**	**217**
оползти	239	опухоль	259	осада	288
ополночь	241	опыление	259	осадитель	288
ополовинить	241	опыливатель	259	осадить	288

осадить	288	оскорбление	310	основной	218		
осадиться	288	оскуделый	311	основность	218		
осадка	288	оскудение	311	основный	218		
осадный	288	оскудеть	311	основополагающий	218		
осадок	288	ослабелый	312	основоположник	218		
осаждать	288	ослабеть	312	основоположный	218		
осаждение	288	ослабить	312	основщик	218		
осатанелый	294	ослабление	312	особа	218		
осатанеть	294	ослаблять	312	особенно	218		
освежительный	295	ослабнуть	312	особенность	218		
освежить	295	ославить	313	особенный	218		
освежиться	295	ославиться	313	особинка	218		
осветитель	295	ослепительный	315	особист	218		
осветительный	295	ослепить	315	особиться	218		
осветить	295	ослепиться	315	особица	218		
осветиться	295	ослепление	315	особняк	218		
осветлить	297	ослушание	318	особо	218		
освещение	295	ослушать	318	**особый**	**218**		
освещённость	295	ослушаться	318	особь	218		
освободитель	297	ослушник	318	осоед	91		
освободительный	297	ослушный	318	осознать	112		
освободить	297	ослышаться	318	оспоримый	329		
освободиться	297	ослышка	318	оспорить	329		
освобождение	297	осмелиться	319	осрамить	330		
освятить	299	осмеять	319	осрамиться	330		
осеменатор	301	осмолить	320	**оставить**	**218**		
осеменение	301	осмолка	320	оставлять	334		
осеменить	301	осмотр	320	остальной	218		
осеннее	74	осмотреть	320	остальной	334		
осеннее	262	осмотреться	320	останец	218		
осердить	301	осмотрительный	321	останки	218		
осердиться	301	осмотрщик	321	останки	335		
осесть	303	осмысление	197	останов	219		
осечка	304	осмысленный	197	остановить	219		
осечь	304	осмыслить	197	остановиться	219		
осечься	304	oneжить	321	остановка	219		
осилить	306	**основа**	**218**	остатний	335		
осквернить	309	основание	218	остаток	219		
оскверниться	309	основатель	218	остаток	334		
оскорбитель	309	основательный	218	остаточный	219		
оскорбительный	310	основать	218	остаточный	335		
оскорбить	309	основаться	218	остаться	218		
оскорбиться	310	основник	218	остаться	334		

остекленеть	335	остроносик	219	отблагодарить	22
остеклить	335	острослов	219	отбой	19
остекловать	335	острослов	316	отбойка	19
остепенённый	336	острословить	219	отбойный	19
остепенить	336	острословить	316	отбор	25
остепениться	336	остросовременный	219	отборный	25
остепеняться	336	острота	219	отброс	27
остолбенелый	337	остроугольник	219	отбросать	27
остолбенение	337	остроумец	219	отбросить	27
остолбенеть	337	остроумие	219	отброска	27
остолбить	337	остроумничать	219	отбросный	27
осторожничать	219	остроумный	219	отбывание	28
осторожничать	338	остроухий	219	отбывка	28
осторожно	338	острохвостый	219	отбытие	28
осторожность	**219**	**острый**	**219**	отбыть	28
осторожность	338	остряк	219	отвал	29
осторожный	219	остря́кизм	219	отвалить	29
осторожный	338	остуда	344	отвалиться	29
остренький	219	остудить	345	отвалка	29
остригаться	219	оступиться	345	отвальный	29
остриё	219	осудить	347	отвальщик	29
острильный	219	осуждение	347	отвар	30
острить	219	осушительный	350	отварка	30
острица	219	осушить	350	отварной	30
остричь	219	осушка	350	отведать	32
остричь	342	**осуществить**	**219**	отвезти	32
остров	**219**	осуществиться	219	отвековать	33
островерхий	219	осуществление	220	отверделый	356
островитянин	219	осчастливить	350	отвердеть	356
островной	219	осыпаемость	352	отверждать	356
островок	219	осыпание	352	отвернуть	35
островской	219	осыпать	352	отвернуться	35
остроглазый	219	осыпаться	352	отвёртка	36
остроголовый	219	осыпь	352	отвёртывать	36
остргорбый	219	осьминог	207	отвес	38
острогубцы	219	отбавить	16	отвес	42
острожить	219	отбавка	16	отвесить	38
острозаразный	219	отбежать	17	отвесить	42
острозубый	219	отбелить	18	отвесный	38
остроклювый	219	отбелка	18	отвесный	42
остроконечный	132	отбельщик	18	отвести	40
остроконечный	219	отбить	19	**ответить**	**220**
остролицый	219	отбиться	19	ответный	220

ответработник	220	отдалённый	66	отец	220
ответственность	220	отдалить	66	отеческий	220
ответственный	220	отдалиться	66	отечественный	220
ответствовать	220	отдание	67	отечество	220
ответчик	220	отдать	67	отечествоведение	220
отвешать	42	отдаться	67	отечь	362
отвинтить	44	отдача	67	отжарить	94
отвинтиться	44	отдача	67	отжать	95
отвить	45	отдвижной	71	отжать	96
отвод	40	отдвинуть	71	отжаться	95
отводка	40	отдвинуться	71	отжаться	96
отводной	40	отдел	73	отжевать	97
отводок	40	отделать	72	отживить	100
отводящий	40	отделение	73	отжиг	99
отвозчик	32	отделённый	73	отжилок	102
отволока	48	отделимый	73	отжим	95
отволочить	48	отделитель	73	отжимник	95
отволочь	48	отделительный	73	отжимный	95
отворот	50	отделить	73	отжимок	95
отворотить	50	отделиться	73	отжимщик	95
отвязать	52	отделка	72	отжить	101
отвязаться	52	отделочник	72	отзвенеть	105
отвязка	52	отделочный	72	отзвонить	105
отгладить	53	отдельность	73	отзвук	107
отгладиться	53	отдельный	73	отзвучать	107
отговорить	57	отдельщик	72	отзвучный	107
отговориться	57	отдневать	74	отзимовать	110
отговорка	57	отдохновение	89	отзовист	105
отговорщик	57	отдохнуть	89	отзыв	105
отговоры	57	отдувать	86	отзывной	105
отголосок	59	отдуваться	86	отказ	119
отгон	55	отдумать	84	отказать	119
отгонка	55	отдых	88	отказаться	119
отгонять	55	отдышаться	88	отказчик	119
отгореть	61	отёк	362	откапать	121
отгородить	62	отёклый	362	откат	122
отгородиться	62	отенить	357	откатать	122
отгостить	62	отепление	358	откатить	122
отгрёбщик	63	отеплитель	358	откатиться	122
отгрести	63	отеплительный	358	откатка	122
отгрузить	65	отеплить	358	откатчик	122
отгрузка	65	отереть	359	откачать	123
отдаление	66	отереться	359	откачка	123

откидно́й	124	отла́дить	150	отмаха́ть	173
отки́нуть	124	отла́дка	150	отмахну́ться	173
откину́ть	124	отла́зить	154	отмежева́ть	174
отки́нуться	124	отлежа́ть	154	отмежева́ться	174
откипа́ть	125	отлежа́ться	154	о́тмель	175
откла́дывать	127	отле́зть	154	отме́на	176
откла́дываться	127	отлёт	157	отмени́ть	176
откле́йка	129	отлета́ть	157	отме́нный	176
откле́ить	129	отлете́ть	157	отмере́ть	177
о́тклик	130	отлётный	157	отмёрзнуть	181
откли́кнуться	129	отле́чь	158	отме́рить	179
отклоне́ние	130	отли́в	160	отмета́ть	182
отклони́ть	130	отли́вка	160	отме́тина	183
отклони́ться	130	отливно́й	160	отме́тить	183
откопа́ть	133	отли́вщик	160	отме́титься	183
откопа́ться	133	отли́тие	160	отме́тка	183
отко́пка	133	отли́ть	160	отме́тчик	183
отко́рм	135	отли́ться	160	отмо́кнуть	188
откорми́ть	135	отли́чие=	220	отмоли́ть	189
откорми́ться	135	отличи́тельный	220	отмоли́ться	189
отко́рмок	135	**отличи́ть**	**220**	отмолоти́ть	191
отко́рмочный	135	отличи́ться	220	отмоло́ть	191
откоси́ть	137	отли́чно	220	отмолча́ться	192
откоси́ться	137	отли́чный	220	отморо́жение	193
откра́сить	139	отло́в	162	отморо́зить	193
открепи́ть	141	отлови́ть	162	отмочи́ть	189
открепи́ться	141	отло́гий	127	отмо́чка	189
открыва́лка	147	отло́гий	163	отмсти́ть	182
открыва́ть	146	отло́гость	163	отмути́ть	195
открыва́ться	147	отложе́ние	127	отму́тка	195
откры́тие	147	отложе́ние	163	отму́чить	195
откры́тка	147	отло́жистый	127	отму́читься	195
откры́то	147	отло́жистый	163	отмще́ние	182
откры́тый	147	отложи́ть	163	отмы́ть	197
о́ткуп	148	отложи́ться	163	отмы́ться	197
откупи́ть	148	отло́м	165	отмя́кнуть	199
отку́пить	148	отлома́ть	164	отмя́ть	199
откупи́ться	148	отлома́ться	165	отнесе́ние	203
отку́питься	148	отло́мок	165	отнести́	203
отку́с	150	отлюби́ть	166	отнести́сь	203
откуса́ть	149	отма́зать	168	отнима́ться	210
откуси́ть	150	отмани́ть	171	отно́с	203
отку́шать	150	отмарширова́ть	171	относи́тельно	203

относительность	203	отпахнуть	225	отпутешествовать	258
относительный	203	отпахнуться	225	отпущение	256
относка	203	отпевание	228	отпущенник	256
относчик	203	отпеть	228	отпыловка	260
отночевать	208	отпечатать	228	отпыловщик	260
отношение	203	отпечататься	228	отработать	262
отныне	208	отпечь	229	отработаться	262
отнятие	210	отпечься	229	отработка	262
отнять	**209**	отписать	230	отражаемость	264
отобрать	25	отписаться	230	отражатель	264
отоварить	365	отписка	231	отражение	264
отогнуться	56	отпить	232	отразитель	264
отогреть	64	отпиться	232	отразить	264
отодвинуть	71	отплата	234	отразиться	264
отодвинуться	71	отплатить	234	отрасль	267
отодрать	82	отплевать	234	отрасти	267
отодраться	82	отплеваться	234	отрастить	267
отождествить	365	отплытие	236	отрегулировать	271
отозвание	105	отплыть	236	отрез	273
отозвать	104	отпоить	233	отрезанность	273
отозваться	104	отползти	239	отрезать	273
отойти	116	отполоскать	243	отрезной	273
отолгаться	152	отполосовать	243	отрезок	273
отопительный	368	отпотеть	245	отрекомендовать	274
отопить	368	отправитель	248	отрекомендоваться	274
отопленец	368	отправить	248	отремонтировать	274
отопление	368	отправиться	248	отродиться	279
отопляемый	368	отправка	248	отроду	279
отоптать	369	отправление	248	отродье	279
оторванность	269	отправной	248	отродясь	279
оторвать	269	отпраздновать	249	отросток	267
оторваться	269	отпросить	251	отруб	282
отослать	313	отпроситься	251	отруби	282
отоспать	325	отпрыгать	253	отрубить	282
отоспаться	325	отпугать	255	отрыв	269
отохотить	401	отпуск	256	отрывистый	269
отощалый	372	отпускная	256	отрывной	269
отощать	372	отпускник	256	отрывок	269
отпадение	224	отпускной	256	отрыть	286
отпарить	223	отпустить	256	отрыться	286
отпасти	223	отпуститься	256	отряд	287
отпастись	223	отпутать	258	отрядить	287
отпасть	224	отпутаться	258	отсадить	288

отса́дка	288	отста́лость	335	отте́нок	357
отса́док	288	отста́лый	335	о́ттепель	358
отсверка́ть	295	отста́ть	335	оттере́ть	359
отсве́т	295	отстира́ть	360	оттере́ться	359
отсвети́ть	295	отстира́ться	360	оттесни́ть	361
отсве́чивать	295	отсти́рка	360	отте́чь	362
отсе́в	305	отсто́й	339	отти́рка	359
отсе́вки	305	отсто́йник	339	отто́к	362
отсевно́й	305	отсто́йный	339	оттолкну́ть	365
отсе́к	304	отстоя́ть	339	оттопта́ть	369
отсели́ть	300	отстоя́ться	339	отторгова́ть	369
отсели́ться	300	отстрада́ть	340	отто́чие	370
отсе́сть	303	отстре́л	341	отточи́ть	371
отсече́ние	304	отстрели́ть	341	оттруби́ть	376
отсе́чка	304	отстре́льщик	341	оттрясти́	377
отсе́чный	304	отстреля́ть	341	оття́жка	381
отсе́чь	304	отстреля́ться	341	оттяну́ть	381
отсе́ять	305	отстри́чь	342	отума́нить	378
отсиде́ть	306	отстрога́ть	343	отума́ниться	378
отсиде́ться	306	отстро́йка	343	отупе́ть	378
отси́дка	306	отстро́ить	343	отупи́ть	378
отскака́ть	309	отстро́иться	343	отутю́жить	386
отскочи́ть	309	о́тступ	345	отучи́ть	387
отслое́ние	316	отступа́тельный	345	отучи́ться	387
отслои́ть	316	отступи́ть	345	отфильтрова́ть	389
отслои́ться	316	отступи́ться	345	отформова́ть	391
отслужи́ть	317	отступле́ние	345	отхвати́ть	393
отслужи́ться	317	отсту́пник	345	отхо́д	397
отслу́шать	318	отступни́ческий	345	отходи́ть	397
отсме́иваться	319	отступни́чество	345	отходи́ть	397
отсмея́ться	319	отступно́й	345	отхо́дная	397
отсня́ть	211	отстуча́ть	345	отхо́дник	397
отсове́товать	322	отсуди́ть	347	отхо́дчивый	397
отсоедине́ние	90	отсчита́ть	351	отхо́жий	397
отсортирова́ть	326	отсы́пать	352	отхоте́ть	401
отсо́с	326	отсы́паться	352	отца́рствовать	403
отсоса́ть	326	отсыпно́й	352	отцвести́	404
отсо́хнуть	349	отсыре́ть	353	отцентри́ровать	406
отсро́чить	331	оттаска́ть	355	отцеуби́йство	220
отста́вить	332	оттаска́ться	355	отцеуби́йца	220
отста́вка	332	отта́ять	355	отцо́в	220
отста́вник	332	отте́к	362	отцо́вство	220
отставно́й	332	оттени́ть	357	отча́яние	409

отча́янность	409	отэкзаменова́ться	425	охране́ние	402
отча́янный	409	отяготе́ть	380	охрани́тель	402
отча́яться	409	отяготи́тельный	381	охрани́тельный	402
отчеркну́ть	410	отяготи́ть	381	охрани́ть	402
отче́рпать	411	отягчи́ть	381	охра́нка	402
отчерти́ть	412	отяжеле́лый	380	оцвети́ть	403
отчеса́ть	412	отяжеле́ть	380	оцени́ть	405
отчи́зна	220	отяжели́ть	380	оце́нка	405
о́тчий	220	оформи́тель	391	оце́нщик	405
о́тчим	220	оформи́тельство	391	очарова́ние	408
отчи́стить	415	офо́рмить	391	очаро́ванный	408
отчи́ститься	415	офо́рмиться	391	очарова́тельница	408
отчита́ть	416	оформле́ние	391	очарова́тельный	408
отчита́ться	416	охва́т	393	очарова́ть	408
отчиха́ть	416	охвати́ть	393	очарова́ться	408
отчлени́ть	416	охво́стье	394	очеви́дец	43
отчуде́сить	418	охладе́лый	400	очеви́дно	43
отчуди́ть	418	охлади́тель	400	очеви́дный	43
отчужде́ние	418	охлади́тельный	400	очелове́чить	410
отчуждённость	418	охлажде́ние	400	очелове́читься	410
отчуждённый	418	охло́пать	395	очеркну́ть	410
отшага́ть	419	охолоде́ть	400	очерни́ть	411
отшагну́ть	419	охолоди́ть	400	очерта́ние	412
отши́ть	422	охолоди́ться	400	очерти́ть	411
отшлёпать	422	охолости́ть	400	очёс	412
отшути́ться	423	охора́шивать	401	очеса́ть	412
отъедини́ть	90	охора́шиваться	401	очёска	412
отъе́зд	92	охо́та	220	очёски	412
отъезжа́ющий	92	охо́та	220	оче́чник	216
отъе́зжий	92	охо́та	401	оче́чный	216
отъём	210	охо́титься	220	очисти́тель	415
отъёмный	210	охо́тка	220	очисти́тельный	415
отъе́сть	91	охо́тка	401	очи́стить	415
отъе́хать	92	охо́тливый	401	очи́ститься	415
отъяви́ть	430	охо́тник	220	очи́стка	415
отъя́вленный	431	охо́тничать	220	очища́ть	415
отъя́ть	210	охо́тничий	220	очище́ние	415
отыгра́ть	115	охо́тничый	401	очи́щенный	415
отыгра́ться	115	охо́тно	401	о́чи	216
отымённый	117	охотове́д	220	очка́рик	217
отыска́ть	118	охотове́дение	220	очка́стый	217
отыска́ться	118	охо́тчий	401	очки́	217
отэкзаменова́ть	425	охра́на	402	очко́	217

очковать	217	пальба́	221	пароцина́мо	222
очковтира́тель	217	па́льник	221	паро́к	222
очковтира́тель	359	паля́щий	221	паромаши́на	222
очковтира́тельство	217	па́мятка	221	пароме́р	222
очковтира́тельство	359	па́мятливый	221	парообра́зный	222
о́чник	217	па́мятник	221	парообразова́ние	212
о́чный	217	па́мятно	221	парообразова́ние	222
очу́вствоваться	418	па́мятный	221	парообразова́тель	212
оше́ек	421	па́мятование	221	парообразова́тель	222
ошино́вка	421	па́мятовать	221	пароосуши́тель	222
ощути́мый	220	**па́мять**	**221**	пароотво́д	222
ощути́ть	220	**пансио́н**	**222**	пароотсека́тель	222
ощуще́ние	220	пансиона́т	222	пароохлади́тель	222
		пансионе́р	222	пароочисти́тель	222
П		пантеи́зм	356	пароперегрева́тель	222
		пантеи́ст	357	паропрово́д	222
П	221	**пар**	**222**	паропрово́дный	222
па́водок	47	**па́ра**	**223**	паропроизводи́тельность	222
па́далица	224	пари́ть	222	парораспределе́ние	222
па́даль	224	пари́ть	222	парораспредели́тель	222
па́данец	224	па́рить	222	паросбо́рник	222
па́дание	224	па́рная	222	паросилово́й	222
па́дающий	224	парни́к	222	паротурби́на	222
падёж	224	па́рник	222	паротя́га	222
паде́ние	224	парниково́д	222	парохо́д	222
па́дкий	224	парно́й	222	парохо́д	399
паду́н	224	парнокопы́тный	223	парохо́дик	222
паду́чий	224	па́рный	223	парохо́дик	399
паду́чка	224	паро-	222	парохо́дство	222
падь	224	парова́ние	222	парохо́дство	399
паке́т	**221**	парова́ть	222	парохо́дчик	222
пакетбо́т	221	парова́ть	222	парохо́дчик	399
пакети́ровать	221	парови́к	222	па́рочка	223
пакетоукла́дчик	221	пароводяно́й	222	па́сока	323
пакова́ть	221	парово́з	33	па́стбище	223
пако́вка	221	парово́з	222	па́ства	223
пако́вщик	221	парово́зник	222	**пасти́**	**223**
пале́ние	221	паровозоремо́нтный	222	пасти́сь	223
палени́на	221	паровозосбо́рочный	222	па́стор	223
палёный	221	паровозостро́ение	222	па́стриги	342
палеоазиа́т	10	парово́й	222	пасту́х	223
пали́ть	**221**	паровыпускно́й	222	пасту́шеский	223
паль	221	парогенера́тор	222	па́стырь	223

пасть	224	пенотуше́ние	225	перворазря́дник	226
пастьба́	223	пе́ночка	225	перворазря́дный	226
па́сынок	351	перва́ч	226	перворо́дный	226
патентоспосо́бный	330	пе́рвенец	225	перворо́дство	226
па́трубок	376	пе́рвенство	225	перворо́дящая	226
па́хнуть	225	пе́рвенствовать	225	перворождённый	226
па́хнуть	225	пе́рвенствующий	225	первосвяще́нник	226
пахотоспосо́бный	330	перви́нка	225	первосо́ртный	226
паху́честь	225	перво-	225	первостате́йный	226
паху́чий	225	первоапре́льский	225	первостепе́нный	226
паху́чка	225	первобы́тный	225	первотёлка	357
певе́ц	227	первовосходи́тель	225	первотёлка	226
певи́чка	227	первого́док	225	первоте́льная	226
певу́н	227	первозда́нный	226	первоцве́т	226
певу́честь	227	первози́мье	110	первоэлеме́нт	226
певу́чий	227	первози́мье	226	первоэлеме́нт	427
певче́ский	227	перво́й	226	пе́рвый	225
пе́вчий	227	первоисто́чник	226	переарестова́ть	13
пека́рить	229	первокатего́рник	226	перебежа́ть	17
пека́рний	229	первокла́ссник	226	перебе́жка	17
пека́рня	229	первокла́ссный	226	перебе́жчик	17
пе́карь	229	первоку́рсник	226	перебели́ть	18
пе́кло	229	перволе́тье	226	перебе́лка	18
пе́на́	225	Первома́й	226	переби́ть	19
пе́ние	227	первому́ченик	226	переби́ться	19
пе́нить	225	пе́рво-на́перво	226	перебо́й	19
пе́ниться	225	первонача́ло	201	перебо́йный	19
пе́нка	225	первонача́льно	201	перебо́р	25
пе́нковый	225	первонача́льно	226	перебо́рка	25
пеносни́матель	211	первонача́льный	201	перебра́ть	25
пенсосни́матель	225	первонача́льный	226	перебра́ться	25
пенсосни́мательство	225	первоо́браз	226	переброса́ть	27
пенькочеса́лый	413	первоо́бразный	226	перебро́сить	27
пе́нник	225	первоосно́ва	226	перебро́ситься	27
пе́нный	225	первооткрыва́тель	226	перебро́ска	27
пенобето́н	225	первоочередно́й	226	пребыва́ть	27
пеногенера́тор	225	первопеча́тник	226	пребы́ть	27
пеноги́пс	225	первопресто́льный	226	перева́л	29
пеного́н	225	первопричи́на	226	перева́лец	29
пеномагнези́т	225	первопрохо́дец	226	перевали́ть	29
пенопла́ст	225	первопрохо́дец	398	перевали́ться	29
пеностекло́	335	первопу́т	226	перева́лка	29
пеностекло́	225	первопу́т	258	перева́льный	29

перевари́ть	30	переворо́т	50	пе́ред	226
перевари́ться	30	переворотиться	50	**перёд**	**226**
перева́рка	30	перевы́боры	24	перед	226
переве́даться	32	перевы́брать	24	переда́ток	67
переве́денец	41	перевяза́ть	52	переда́точный	67
переведе́ние	41	перевя́зка	52	переда́тчик	67
переверну́ть	35	перевя́зочный	52	переда́ть	67
переверну́ться	35	пе́ревязь	52	переда́ться	67
переве́ртка	36	перевя́сло	52	переда́ча	67
переве́ртывать→	36	перега́р	61	передвиже́ние	71
переве́ртыш	36	перегла́дить	53	передви́жка	71
переве́с	39	перегла́диться	53	передви́жник	71
переве́с	42	переглота́ть	53	передвижно́й	71
переве́сить	38	перегля́д	54	передви́нуть	71
переве́сить	42	перегляде́ть	54	передви́нуться	71
переве́ситься	38	перегля́дка	54	передвои́ть	70
переве́ска	39	перегляну́ть	54	переде́л	72
переве́ска	42	перегляну́ться	54	переде́л	73
перевести́	40	перегну́ть	56	переде́лать	72
перевести́	41	перегну́ться	56	передели́ть	73
перевести́сь	40	перегова́риваться	57	передели́ться	73
переве́шать	42	переговори́ть	57	переде́лка	72
перевивно́й	45	перегово́ры	57	переде́льный	72
перевинти́ть	44	перегоди́ть	58	передержа́ть	75
переви́ть	45	перего́н	55	переде́ржка	76
переви́ться	45	перего́нка	55	переди́р	82
перево́д	41	перего́нный	55	переднева́ть	74
перево́дка	41	перего́нщик	55	передненёбный	226
перево́дный	41	перегоня́ть	55	переднеязы́чный	431
перево́дческий	41	перегоре́ть	61	пере́дний	226
перево́дчик	41	перегороди́ть	62	пере́дник	226
перево́з	33	перегоро́дка	62	передови́к	226
перевози́ть	33	перегости́ть	62	передови́ца	226
перево́зка	33	перегре́в	64	пере́довка	226
перевозни́чать	33	перегрести́	63	передово́й	226
перево́зный	33	перегре́ть	64	передовщи́к	226
перево́зня	33	перегре́ться	64	передо́к	226
перево́зчик	33	перегружа́тель	65	передолжа́ть	79
переволо́к	48	перегру́женность	65	передо́м	226
переволо́чь	48	перегрузи́ть	65	передра́ть	82
перевооруже́ние	218	перегрузи́ться	65	передра́ться	82
перевооружённость	218	перегру́зка	65	передрема́ть	82
перевооружи́ть	218	перегру́зочный	65	переду́мать	84

передуши́ть	87	перейти́	116	перекра́ска	139
передыха́ть	89	перека́пать	121	перекра́сть	140
переды́шка	88	перека́т	122	перекрепи́ть	141
перее́зд	92	переката́ть	122	перекрести́ть	142
перее́здить	92	переката́ться	122	перекрести́ться	142
перее́здной	92	перекати́-	122	перекрёстный	142
перее́здный	92	перека́тистый	122	перекрёсток	142
переём	210	перекати́ть	122	перекреще́ние	142
перее́сть	91	перекати́ться	122	перекриви́ть	142
пережа́рить	94	перека́тка	122	перекри́киваться	143
пережа́риться	94	перека́тный	122	перекрича́ть	143
пережа́ть	95	перекача́ть	123	перекроши́ть	144
пережа́ть	96	перекача́ться	123	перекроши́ться	144
пережда́ть	96	перека́ченный	123	перекры́тие	147
пережева́ть	97	перека́чка	123	перекры́ть	147
пережелти́ть	98	перекида́ть	124	переку́п	148
пережени́ть	98	переки́дка	124	перекупа́ть	147
пережени́ться	98	перекидно́й	124	перекупа́ться	147
переже́чь	99	перекипа́ть	125	перекупи́ть	148
переже́чься	99	перекипяти́ть	125	перекупно́й	148
пережи́г	99	перекиса́ть	125	переку́пщик	148
пережи́м	95	перекисли́ть	126	перекури́ть	149
пережи́ток	101	пе́рекись	126	перекури́ться	149
пережи́точный	101	перекла́д	127	переку́рка	149
пережи́ть	101	перекла́дина	127	переку́с	150
пережо́г	99	перекла́дка	127	перекуса́ть	150
перезанима́ть	209	перекладно́й	127	перекуса́ться	150
перезанима́ться	209	перекла́дчик	127	переку́ска	150
пере́звон	106	перекла́сть	127	переку́шать	150
перезвони́ть	105	переклеи́ть	129	перела́дить	150
перезвони́ться	106	пере́клик	130	перела́з	154
перезимова́ть	110	перекли́каться	130	перела́зить	154
перезимо́вка	110	перекли́кнуть	130	перележа́ть	154
перезнако́мить	111	перекли́чка	130	перелёжка	154
перезнако́миться	111	переко́п	133	переле́зть	154
перезре́ть	113	перекопа́ть	133	переле́сок	156
переигра́ть	115	переко́пка	133	переле́сье	156
переигро́вка	115	переко́рм	135	перелёт	157
переизбра́ние	25	перекорми́ть	135	перелета́ть	157
переизбра́ть	25	переко́с	137	перелётный	157
переименова́ть	117	перекоси́ть	137	перелечи́ться	158
переименова́ться	117	перекра́сить	139	переле́чь	158
переиска́ть	118	перекра́ситься	139	перели́в	160

переливание	160	переметать	182	переносчик	203	
переливчатый	160	переметить	183	переночевать	208	
перелить	160	перемётка	182	перенять	210	
перелиться	160	перемешать	184	переоборудование	212	
перелицевать	161	перемешаться	184	переоборудовать	212	
перелицованный	161	перемещение	181	переобучить	387	
перелицовка	161	перемигнуться	184	переодетый	215	
переловить	162	перемирие	186	переодеть	215	
перелог	127	перемирить	185	переорганизовать	217	
перелог	163	перемириться	186	переосмысление	197	
переложение	127	перемножение	188	переосмыслить	197	
переложение	163	перемножить	188	перепаковка	221	
переложить	163	перемокнуть	188	перепарить	223	
переложиться	127	перемолвить	189	перепариться	223	
переложиться	163	перемолвиться	189	перепасть	224	
переложный	163	перемолот	191	перепев	228	
перелом	165	перемолотить	191	перепереть	227	
переломать	165	перемолчать	192	перепеть	228	
переломаться	165	перемонтаж	192	перепечатать	228	
переломить	165	перемонтировать	192	перепечатка	228	
переломиться	165	переморить	178	перепечь	229	
переломный	165	переморозить	193	перепечься	229	
перемазать	168	перемочить	189	переписать	231	
переманить	171	перемочка	189	переписаться	231	
переманка	171	перемочь	193	переписка	231	
перемаслить	172	перемочься	194	переписчик	231	
перемахнуть	173	перемутить	195	перепить	232	
перемахнуться	173	перемутиться	195	перепиться	232	
перемежевать	174	перемучить	195	переплавить	236	
перемежевать	174	перемучиться	195	переплата	234	
перемежовка	174	перемыть	197	переплатить	234	
перемена	177	перемыться	197	переплевать	234	
переменить	176	перемять	199	переплытие	236	
перемениться	177	переняться	199	переплыть	236	
переменка	177	перенаём	209	переподготовить	63	
переменник	177	перенасытить	353	переподготовка	63	
переменный	177	перенасыщение	353	перепой	233	
переменчивый	177	перенести	203	перепоить	233	
перемереть	177	перенос	203	переползание	239	
перемёрзнуть	181	переноска	203	переползти	239	
перемерить	179	переносность	203	переполнение	240	
переместить	180	переносный	203	переполнить	240	
переместиться	181	переносок	203	переполниться	240	

переполоскать	243	перерешить	275	пересказ	120
перепортить	245	перерисовать	276	пересказать	120
перепортиться	245	перерод	279	пересказчик	120
перепоручить	284	переродить	279	перескакать	309
перепоясать	246	переродиться	279	перескачка	309
переправа	248	переродниться	279	перескок	309
переправить	248	перерожденец	279	перескочить	309
переправиться	248	перерождение	279	пересластить	151
переправление	248	перерожденчество	279	переслать	313
переправочный	248	перерослый	267	переслойка	316
переприём	210	переросток	267	переслоить	316
перепробовать	250	переруб	282	переслоиться	316
перепродавец	67	перерубить	282	переслужить	317
перепродажа	67	переругать	283	переслушать	318
перепродать	67	переругаться	283	переслюнить	318
перепросить	251	перерыв	269	пересмех	319
перепроситься	251	перерывчатый	269	пересмехнуться	319
перепрыгнуть	253	перерыть	286	пересмешить	319
перепрятать	254	перерядить	287	пересмешка	319
перепрятаться	254	перерядиться	287	пересмешник	319
перепуг	255	пересадить	288	пересмеять	319
перепугать	255	пересадка	289	пересмолить	320
перепускной	256	пересадок	289	пересмолиться	320
перепустить	256	пересадочный	289	пересмотр	321
перепутанный	258	пересажать	289	пересмотреть	321
перепутать	258	пересахарить	294	переснять	211
перепутаться	258	пересдать	68	пересняться	211
перепутье	258	пересдача	68	пересоздать	323
переработать	262	пересев	305	пересол	324
переработаться	262	пересек	304	пересолёный	324
переработка	262	пересекаемость	304	пересолить	324
переработочный	262	переселенец	300	пересолка	324
переразвить	46	переселение	300	пересортировать	326
переразвиться	46	переселенческий	300	пересортировка	326
переранить	266	переселить	300	пересортица	326
перерасти	267	пересесть	303	пересосать	326
перервать	269	пересечение	304	пересоставить	333
перерваться	269	пересечённый	304	пересоставление	333
перерегистрация	271	пересечь	304	пересохлый	349
перерегистрировать	271	пересеять	305	пересохнуть	349
перерегистрироваться	271	пересилить	306	пересочинить	327
перерез	273	пересинить	307	переспать	325
перерезать	273	пересиниться	307	переспелка	328

переспе́ть	328	пересы́пка	352	переубеди́ться	383
переспо́рить	329	пересы́тить	353	переуве́рить	35
переспроси́ть	251	пересы́титься	353	переу́лок	384
пересо́рить	331	перетерпе́ться	360	переутю́жить	386
пересо́риться	331	перете́чь	362	переучи́ть	387
переста́вить	332	перетира́ть	359	переформирова́ть	391
переставно́й	332	перетка́ть	364	перефрази́ровать	391
переста́новка	332	перетле́ть	364	перехвали́ть	393
перестара́ться	333	перето́лки	366	перехвата́ть	393
переста́рок	334	перетолкну́ть	365	перехвати́ть	393
переста́ть	335	перетолкова́ть	366	перехитри́ть	394
пестри́лка	337	перетоми́ть	367	перехо́д	397
перестира́ть	360	перетони́ть	367	переходи́ть	397
перестла́ть	337	перетону́ть	369	переходи́ть	397
пересто́й	339	перетопи́ть	368	перехо́дный	397
перестоя́ть	339	перетопи́ть	369	перехо́дчивый	397
перестрада́ть	340	перетопи́ться	368	переходя́щий	397
перестреля́ть	342	перетопи́ться	369	перехо́жий	397
перестреля́ться	342	перето́пка	369	перехорони́ть	401
перестри́га	342	перетопта́ть	369	перецелова́ть	405
перестри́чь	342	переторго́вывать	369	переце́нить	405
перестрога́ть	342	перето́чить	371	переце́нка	406
перестро́йка	344	перетра́тить	373	перечеркну́ть	410
перестро́ить	343	перетрево́жить	374	перечерни́ть	411
перестро́иться	343	перетрево́житься	374	перече́рпат	411
пересту́дить	344	перетрениров́ать	374	перечерти́ть	412
пересту́кать	345	перетренирова́ться	374	перечеса́ть	412
пересту́каться	345	перетре́скаться	374	перечёска	412
переступа́ть	345	перетро́гать	375	перечисле́ние	414
переступи́ть	345	перетруди́ть	377	перечи́слить	414
пересу́д	347	перетруди́ться	377	перечи́стить	415
пересу́дчик	347	перетрясти́	377	перечита́ть	416
пересу́живать	347	перетрясти́сь	377	перечу́вствовать	418
пересуши́ть	350	переступи́ть	378	перешагну́ть	419
пересу́шка	350	перетуши́ть	379	переше́ек	421
пересчёт	351	перетыка́ть	379	переши́вка	422
пересчита́ть	351	**пере́ть**	**226**	переши́ть	422
пересъёмка	211	перетяга́ть	381	перешу́чиваться	423
пересыла́ться	313	перетя́жка	381	переэкзаменова́ть	425
пересы́лка	313	перетя́нутый	381	переэкзаменова́ться	425
пересы́лочный	313	перетяну́ть	381	переэкзамено́вка	425
пересы́льный	313	перетяну́ться	381	перифрази́ровать	391
пересыпа́ть	352	переубеди́ть	383	перице́нтр	406

пёс	227	пече́нье	229	письмоно́сец	204
песе́льник	227	печи́ще	229	письмоно́сец	230
песе́нка	227	пе́чка	229	пита́ние	231
песе́нник	227	печни́к	229	пита́тель	231
песе́ц	227	печу́рка	229	пита́тельный	231
пёсий	227	**печь**	229	**пита́ть**	231
пёсик	227	печь	229	пита́ться	231
пескоду́вка	86	пе́чься	229	пите́йный	232
пескоду́вный	86	пешедра́лом	229	пити́е	232
пескожи́л	102	пешехо́д	229	пито́мец	231
песколо́вка	162	пешехо́д	399	пито́мник	231
песнопе́вец	227	пе́ший	229	**пить**	232
песнопе́ние	227	пе́шка	229	питьево́й	232
песнотво́рец	227	**пешко́м**	229	пи́ща	231
песнь	227	пивова́р	31	пищебло́к	231
пе́сня	227	пивоваре́ние	31	пищеваре́ние	231
песча́ный	120	пивова́рня	31	пищевари́тельный	231
пету́х	227	пила́-ры́ба	285	пищеви́к	231
пету́х	232	пимока́т	123	пищевкусово́й	231
петуши́ться	227	писа́ка	229	пищево́д	231
петушо́к	227	писа́ние	229	пищево́й	231
петь	227	писани́ца	229	плав	236
пёхом	229	писну́ть	230	пла́авание	236
печа́лить	228	пи́саный	229	пла́вательный	236
печа́литься	228	пи́сарь	229	плавба́за	236
печа́ловаться	228	писа́тель	229	плавдо́к	236
печа́ль	228	писа́тельство	230	пла́вить	236
печа́льник	228	**писа́ть**	229	плавни́к	236
печа́льный	228	писа́ться	230	плавно́й	236
печа́тание	228	писа́чка	230	пла́вный	236
печа́тать	228	пису́лька	230	плавсоста́в	236
печа́таться	228	пису́н	230	плаву́н	236
печа́тка	228	писцо́вый	230	плавуне́ц	236
печа́тная	228	писчебума́жный	230	плаву́нчик	236
печа́тник	228	пи́счий	230	плавучесть	236
печа́тно	228	письмена́	230	плаву́чий	236
печа́тный	228	пи́сьменность	230	пла́вщик	236
печа́точный	228	пи́сьменный	230	плака́льщик	233
печа́ть	228	письмо́	230	**пла́кать**	233
пе́чево	229	письмо́вник	230	пла́каться	233
печево́й	229	письмоводи́тель	230	пла́кса	233
пече́ние	229	письмоводи́тельство	230	плакси́вый	233
печёный	229	письмово́дство	230	плаку́н	233

плаку́чий	233	плоди́ться	235	плотохо́д	399
пламегаси́тель	233	пло́дник	235	плотоя́дный	92
пламене́ть	233	пло́дный	235	плотоя́дный	235
пламени́стый	234	плодови́тый	235	пло́тский	236
пла́менник	233	плодово́д	235	**плоть**	**235**
пла́менный	234	плодово́дство	235	плыву́н	236
пламеобра́зный	234	плодово́й	235	плыву́чий	236
пла́мя	**233**	плодого́нный	56	**плыть**	**236**
пла́та	234	плодого́нный	235	пляж	236
платёж	234	плодожи́л	102	пля́жный	236
платёжеспосо́бность	234	плодожо́рка	235	пневмозажи́м	95
платёжеспосо́бный	234	плодоизгна́ние	235	по	34
платёжный	234	плодоли́стик	235	по	179
плате́льщик	234	плодоно́жка	207	по	317
плати́ть	234	плодоно́жка	235	по	401
плати́ться	234	плодоноси́ть	235	по	409
пла́тный	234	плодоно́сность	204	по	413
плач	233	плодоно́сность	235	побе́г	17
плаче́вность	233	плодоно́сный	204	побе́гать	17
плаче́вный	233	плодоно́сный	235	побегу́шка	17
пла́чущий	233	плодоноше́ние	204	**побе́да**	**237**
плева́ть	**234**	плодоноше́ние	235	победи́тель	237
плева́ться	234	плодоовощево́д	235	победи́ть	237
племена́	235	плодоо́вощь	235	побе́дный	237
племенно́й	235	плодопито́мник	235	победоно́сный	204
племфе́рма	235	плодоро́дие	235	победоно́сный	237
племхо́з	399	плодоро́дный	235	побежа́ть	17
пле́мя	**234**	плодоро́дный	280	побежда́ть	237
племя́нник	235	плодосбо́р	235	побе́жка	17
племя́нница	235	плодосме́н	235	побели́ть	18
племя́шка	235	плодосни́матель	211	побе́лка	18
плен	**235**	плодосуши́лка	235	побере́чь	18
плене́ние	235	плодосуши́льня	235	побере́чься	18
плени́тельность	235	плодосъём	235	побеспоко́ить	238
плени́тельный	235	плодосъёмник	211	побеспоко́иться	238
плени́ть	235	плодотво́рно	235	побира́шка	25
плени́ться	235	плодотво́рность	235	побиру́ха	25
пле́нник	235	плодохрани́лище	235	поби́тие→поби́ть	19
пле́нный	235	плодоя́годный	235	поби́ть	19
плове́ц	236	плодоя́дный	235	поби́ться	19
пловчи́ха	236	плоду́ха	235	поблужда́ть	22
плод	**235**	плоду́щий	235	по-боево́му	19
плоди́ть	235	плотоуго́дный	235	побо́й	19

побоище	19	повод	40	погодушка	237
побоку	24	поводить	40	погожий	237
побор	25	поводырь	40	поголовный	59
побочный	24	повозить	33	поголовье	59
побрать	25	повозиться	33	поголосить	59
побывальщина	28	повозка	33	погон	54
побывать	28	повойник	45	погонка	54
побыть	28	поволочь	48	погонный	54
повар	30	поволочься	48	погончик	54
поваренный	31	повольник	49	погонщик	54
поварёнок	31	поворовать	49	погонь	54
поварёшка	31	поворот	50	погоня	54
поварить	30	поворотить	50	погонялка	54
повариха	31	поворотливость	50	погонять	54
поварничать	31	поворотливый	50	погорелец	61
поварня	31	поворотный	50	погорелый	61
поварской	31	повседневность	74	погореть	61
поведать	32	повседневный	74	по-городски	61
поведение	32	повсеместный	181	погорячиться	60
повезти	33	повывести	39	погостить	62
поверить	35	повывестись	39	граничная полоса	243
поверка	35	повыгонять	55	погрести	63
повернуть	36	повысить	51	погреть	64
повернуться	36	повыситься	51	погреться	64
повёртка	36	повязать	52	погром	64
повёртывать→	36	повязаться	52	погромить	64
поверх	37	повязка	52	погромщик	64
поверхностно	37	погладить	53	погружение	65
поверхностный	37	поглотать	53	погрузить	65
поверхность	37	поглотить	53	погрузка	65
поверху	37	поглощение	53	погрузчик	65
повершить	38	поглядеть	54	подальше	66
повести	40	поглядеться	54	податель	67
повести	41	погнать→	54	податливый	67
повестись	40	погнаться	54	податной	67
повивальник	45	погнуть	56	подать	67
повивальный	45	погнуться	56	податься	67
повидаться	43	поговорить	57	подача	67
по-видимому	43	поговорка	57	подачка	67
повидло	43	погода	237	подаяние	67
повинный	44	погодить	237	подбавить	16
повитель	45	погодный	237	подбавиться	16
повить	45	погодный	237	подбавка	16

подбежа́ть	17	подви́ться	45	подгребно́й	63
подбе́лка	18	подво́д	41	подгрести́	63
подбе́льщик	18	подво́да	41	подгрести́сь	63
подби́ть	19	подво́дник	48	подгрузи́ть	65
подби́ться	19	подво́дничать	48	подгру́зка	65
подбодри́ть	24	подво́дный	41	подда́ть	67
подбодри́ться	24	подво́дный	47	подда́ться	67
подбо́йка	19	подво́дчик	41	подда́ча	67
подбо́йщик	19	подво́з	33	поддвига́ть	71
подбо́р	25	подвози́ть	33	подде́лать	72
подбо́рка	25	подволо́ка	48	подде́латься	72
подбо́рщик	25	подволочи́ть	48	подде́лка	72
подбоче́ниться	24	подворо́тить	50	подде́лыватель	72
подбро́сить	27	подвы́пить	232	подде́льный	72
подбро́ска	27	подвы́сить	51	поддержа́ние	76
подва́л	29	подвяза́ть	52	поддержа́ть	76
подвали́ть	29	подвяза́ться	52	поддержа́ться	76
подвали́ться	29	подвя́зка	52	подде́ржка	76
подва́льный	29	подвязно́й	52	подди́р	82
подва́льщик	29	по́дгиб	56	подди́рка	82
подверну́ть	36	подгла́дить	53	поддува́ло	86
подверну́ться	36	подгляде́ть	54	поде́лать	72
подвёртка	36	подгну́ть(подгиба́ть)	56	поде́лка	72
подвёртывать	36	подгово́р	57	поде́лом	72
подверши́ть	38	подговори́ть	57	подёнка	74
подве́сить	42	подговори́ться	57	подённый	74
подве́ситься	42	подгово́рщик	57	подёнщик	74
подве́ска	42	подголо́вник	59	подёнщина	74
подвесно́й	42	подголо́вок	59	подёргать	74
подвести́	41	подголо́сок	59	подёргивание	74
подвздо́х	89	подго́н	55	подержа́ние	76
подвздо́шный	89	подго́нка	55	поде́ржанный	76
подви́вка	45	подго́нщик	55	поджа́ристый	94
по́двиг	71	подгоре́лый	61	поджа́рить	94
подвига́ть	71	подгоре́ть	61	поджа́риться	94
подвига́ться	71	подго́рный	60	поджа́рка	94
подви́д	43	подгороди́ть	62	поджа́ть	95
подви́жка	71	подгоро́дный	61	поджа́ть	96
подви́жник	71	подгото́вить	63	поджечь	99
подви́жнический	71	подгото́виться	63	поджи́вить	100
подви́жничество	71	подгото́вка	63	поджига́тель	99
подвинти́ть	44	подгото́вленность	63	поджига́тельство	99
подви́ть	45	подгрёбка	63	поджи́лки	102

поджо́г	99	подкорми́ться	135	подлови́ть	162
подзагоре́ть	61	подко́рмка	135	подложи́ть	127
подзанима́ть	209	подко́рмочный	135	подложи́ть	163
подзанима́ться	209	подкороти́ть	136	подло́жный	163
подзём	109	подко́с	137	подло́м	165
подземе́лье	109	подкоси́ть	137	подлома́ть	165
подзе́мка	109	подкоси́ться	137	подлома́ться	165
подзе́мный	109	подко́стный	137	подлю́бливать	166
подзи́мний	110	подко́шенный	137	подма́зать	168
подзы́в	105	подкра́сить	139	подмани́ть	171
подиви́ть	77	подкра́ска	139	подма́слить	172
подиви́ться	77	подкрепи́ть	141	подмахну́ть	173
подка́менный	120	подкрепи́ться	141	подме́на	177
подка́менщик	120	подкрепле́ние	141	подмени́ть	177
подка́пать	121	подкругли́ть	145	подме́нный	177
подка́т	122	подкры́лок	146	подмёрзлый	181
подката́ть	122	подкры́льный	146	подмёрзнуть	181
подкати́ть	122	подкупа́ющий	148	подме́тить	183
подкати́ться	122	подкупи́ть	148	подмеша́ть	184
подкида́ть	124	подкупно́й	148	подмигну́ть	184
подки́дка	124	подкури́ть	149	подмо́га	194
подкидно́й	124	подкуси́ть	150	подмо́клый	188
подки́дыш	124	подку́шать	150	подмо́кнуть	188
подки́нуть	124	подла́з	154	подмола́живаться	190
подкисли́ть	126	подледене́ть	153	подмолоди́ть	190
подкла́дка	127	подле́дник	153	подмоло́ть	191
подкладно́й	127	подлёдный	153	подмо́р	178
подкла́дочный	127	подле́зть	154	подморгну́ть	192
подкла́дывать	127	подле́карь	158	подмори́ть	178
подкле́йка	129	подле́сок	156	подмори́ться	178
подкле́ить	129	подле́сье	156	подморо́зить	193
по́дклик	130	подлёт	157	подмочи́ть	189
подкли́кнуть	130	подлете́ть	157	подмочи́ться	189
подколе́нка	132	подлечи́ть	158	подмо́чь	194
подколе́нник	132	подлечи́ться	158	подмы́лить	198
подколе́нный	132	подле́чь	158	по́дмыль	198
подко́п	133	подли́в	160	подмы́ть	197
подкопа́ть	133	подливно́й	160	подмы́ться	197
подкопа́ться	133	по́длинник	237	подмы́шка	197
подкопи́ть	134	по́длинность	237	подмя́кнуть	199
подкоренно́й	134	**по́длинный**	**237**	поднаём	209
подко́рм	135	подли́ть	160	поднажа́ть	95
подкорми́ть	135	подли́ться	160	поднакопи́ть	134

543

поднакопи́ться	134	подо́мный	81	подпоя́саться	246
поднанима́тель	209	подомовни́чать	81	подпоя́ска	246
поднача́льный	201	подо́пытный	217	подпра́вить	248
поднево́льный	49	подорва́ть	269	подпры́гнуть	253
поднесе́ние	203	подорва́ться	269	подпря́тать	255
поднести́	203	подорожа́ть	81	подпугну́ть	255
поднести́сь	203	подоро́жник	81	подпу́тать	258
подне́сь	74	подоро́жный	81	подпуха́ть	259
поднови́ть	207	подосла́ть	313	подпу́хлый	259
поднови́ться	207	подоснова́	218	подрабо́тать	262
поднновле́ние	207	подоспе́ть	328	подрабо́таться	262
подно́с	203	подостла́ть	337	подрабо́тка	262
подноси́тель	203	подпали́на	221	подра́мник	265
подно́сный	203	подпали́ть	221	подра́нить	266
подно́счик	203	подпа́сок	223	подра́нок	266
подноше́ние	203	подпева́ла	228	подрасти́	267
подня́тие	210	подпёк	229	подрасти́	267
подня́ть	**210**	подпе́карь	229	подра́ть	82
подня́ться	210	подпе́ть	228	подре́з	273
подо́бие	237	подпеча́тать	228	подреза́ть	273
подо́бный	**237**	подпе́чь	229	подре́зка	273
подо́бранный	25	подпе́чься	229	подре́зчик	273
подобра́ть	25	по́дпис	231	подремонти́ровать	274
подобра́ться	25	подписа́ние	231	подрисова́ть	276
подогна́ть	55	подписа́ть	231	подровня́ть	263
подогну́ться	56	подписа́ться	231	подровня́ть	277
подогре́в	64	подпи́ска	231	подро́ст	267
подогрева́тель	64	подписно́й	231	подро́сток	267
подогре́вный	64	подпи́счик	231	подруби́ть	282
подогре́ть	64	подпи́тие	232	подру́га	83
подогре́ться	64	подпи́ть	232	по-друго́му	83
пододвига́ть	71	подплы́ть	237	подру́жка	83
пододви́нуться	71	подпои́ть	233	подрука́вый	284
пододра́ть	82	по́дпол	238	подрули́ть	284
подожда́ть	96	подползти́	239	подру́чник	284
подозва́ть	105	подполко́вник	239	подру́чный	284
подозрева́ть	**114**	подпо́лье	238	подры́в	269
подозре́ние	114	подпо́льный	238	подры́вник	269
подозре́ть	113	подпо́льщик	238	подрывно́й	269
подозри́тельность	114	подпо́льщина	238	подры́вщик	269
подозри́тельный	114	подпо́ртиться	245	подры́ть	286
подольсти́ться	156	подпо́чвенный	246	подры́ться	286
по-дома́шнему	80	подпоя́сать	246	подря́д	287

подря́д	287	подсне́жный	321	подсуши́ть	350
подряди́ть	287	подсобра́ть	26	подсуши́ться	350
подряди́ться	287	подсобра́ться	26	подсу́шка	350
подря́дный	287	подсоедини́ть	90	подсчёт	351
подря́дчик	287	подсозна́ние	112	подсчита́ть	351
подсади́ть	289	подсозна́тельный	112	подсы́л	313
подса́дка	289	подсо́ка	323	подсыпа́ть	352
подсадно́й	289	подсо́л	324	подсыпа́ться	352
подса́дный	289	подсоли́ть	324	подсыре́ть	353
подса́харить	294	подсоли́ться	324	подтаска́ть	355
подсвети́ть	295	подсортирова́ть	326	подта́ять	355
подсве́чивать	296	подсоса́ть	326	подтере́ть	359
подсве́чник	296	подсоса́ться	327	подтере́ться	359
подсе́в	305	подсоседи́ться	327	подте́чный	362
подсе́вка	305	подсо́сный	327	подте́чь	362
подсе́ка	304	подсосо́к	327	подтова́рник	365
подсе́кция	304	подсо́хнуть	349	подто́к	362
подсели́ть	300	подсочи́ть	323	подтолкну́ть	365
подсели́ться	300	подста́ва	332	подтопи́ть	369
подсерде́чный	302	подста́вить	332	подтопи́ть	369
подсе́сть	303	подста́вка	332	подто́пка	369
подсе́чь	304	подставно́й	332	подтопле́ние	369
подсе́ять	305	постано́вка	332	подтопта́ть	369
подсиде́ть	306	подста́нция	332	подторгова́ть	369
подси́дка	306	подста́рок	334	подто́ржье	369
подси́живание	306	подстере́чь	338	подтормози́ть	370
подсини́ть	307	подсти́л	337	подточи́ть	371
подсказа́ть	120	подсто́жник	339	подтупи́ть	378
подска́зка	120	подсто́й	339	подтыка́ть	379
подска́зчик	120	подсто́йный	339	подтя́жка	382
подскака́ть	309	подсто́лье	339	подтя́нутый	382
подско́к	309	подстрели́ть	342	подтяну́ть	382
подскочи́ть	309	подстри́чь	342	подтяну́ться	382
подсласти́ть	151	подстрога́ть	343	подува́ть	86
подсле́дственный	314	подстро́ить	344	поду́мать	84
подслои́ть	316	подстро́иться	344	поду́мывать	84
подслужи́ться	317	подсту́п	346	поду́мываться	84
подслу́шать	318	подступи́ть	346	поду́ть	86
подсме́иваться	319	подступи́ться	346	подутю́жить	386
подсме́на	177	подсуди́мый	346	поду́шина	87
подсмоли́ть	320	подсуди́ть	347	подуши́ть	87
подсмотре́ть	321	подсу́дность	346	подуши́ться	87
подсне́жник	321	подсумо́к	348	подхва́т	393

подхвата́ть	393	подыша́ть	88	позволе́ние	237
подхвати́ть	393	пое́дом	91	позволи́тельный	237
подхво́стник	394	пое́зд	92	**позво́лить**	**237**
подхихи́кавать	395	пое́здить	92	позвони́ть	106
подхо́дец	398	пое́здка	92	позвоно́к	106
подходи́ть	398	поездно́й	92	позвоно́чник	106
подхо́дный	398	поезжа́нин	92	поздне́нько	237
подходя́щий	398	пое́сть	91	позднеспе́лый	237
подцвети́ть	404	пожа́ловаться	94	позднеспе́лый	328
подцве́тка	404	пожа́р	94	**по́здний**	**237**
подчёркнутый	410	пожа́рить	94	поздоро́виться	107
подчеркну́ть	410	пожа́рище	94	поздрави́тель	107
подчерни́ть	411	пожа́рка	94	поздра́вить	107
подчерти́ть	412	пожа́рник	94	поздравле́ние	107
подчеса́ть	412	пожа́рный	94	поземе́льный	108
подчи́стить	415	пожа́тие	95	позе́мица	108
подчисту́ю	415	пожа́ть	95	позёмный	109
подчита́ть	416	пожа́ть	96	позёмок	109
подчи́тчик	416	пожа́ться	95	позёр	237
подше́ек	421	пожева́ть	97	позёрство	237
подше́фник	421	пожела́ть	97	позимова́ть	110
подше́фный	421	пожелте́лый	98	пози́ровать	237
подши́вка	422	пожелти́ть	98	позлати́ть	113
подши́ть	422	пожени́ться	98	познава́емое	112
подшути́ть	423	поже́чь	99	познава́емый	112
подъе́зд	93	пожи́ва	100	познава́ние	112
подъе́здить	93	пожива́ть	100	познава́тельный	112
подъе́здка	93	пожи́вший	100	познако́мить	111
подъездно́й	93	пожиде́ть	102	позна́ние	112
подъе́здный	92	пожи́зненный	101	позна́ть	112
подъе́здчик	93	пожи́зненный	101	позна́ться	112
подъём	210	пожило́е	101	позы́в	105
подъёмистый	210	пожило́й	101	позыва́ть	105
подъёмка	210	пожи́нки	96	позывно́й	105
подъёмник	210	пожи́тки	101	поигра́ть	116
подъёмный	210	пожи́ть	101	пои́лка	232
подъёмщик	210	пожни́вный	96	пои́льник	232
подъе́сть	91	пожни́во	96	поимённо	117
подъе́хать	93	пожо́г	99	поимённый	117
подыгра́ть	116	**по́за**	**237**	поименова́ть	117
подыгра́ться	116	позади́	103	по́иск	118
подыми́ть	88	позаня́ть	209	поиска́ть	118
подыска́ть	118	позаре́з	272	поиско́вый	118

поить	232	покорить	238	полагать	163
показ	119	покориться	238	полагаться	127
показание	119	покорливый	238	поладить	150
показанный	119	покормить	135	поладка	150
показатель	119	покормиться	135	полазить	154
показательный	119	покорность	238	полбеды	241
показать	**119**	покорный	238	полбутылки	241
показаться	119	покорствовать	238	полвека	33
показной	119	покосить	137	полвека	241
показуха	119	покрасить	139	полветра	241
покапать	121	покраска	139	полгать	152
покат	122	покраснеть	139	полгода	241
покатать	122	покрасочный	139	полдела	241
покатить	122	покрасть	140	полдень	74
покатиться	122	покрестить	142	полдень	241
покатом	122	покреститься	142	полдневный	74
покатывать	122	покривляться	142	полдневный	241
покатый	122	покрик	143	полдник	74
покачать	123	покричать	143	полдник	241
покачаться	123	покров	147	полдничать	74
покачивать	123	покровитель	147	полдничать	241
покачиваться	123	покровительственный	147	полдороги	81
покипеть	125	покровительство	147	полдороги	241
покипятиться	125	покровительствовать	147	полдюжины	241
поклажа	127	покровный	147	**поле**	**238**
поклон	130	покрошить	144	полевать	238
поклонение	130	покружить	145	полёвка	238
поклониться	130	покружиться	145	полевод	238
поклонник	130	покрывало	147	полеводство	238
поклонный	130	покрытосеменные	301	полсвой	238
покой	**238**	покрыть	147	полегаемость	158
покойник	238	покрышка	147	полёглый	158
покойницкий	238	покупатель	148	полежать	154
покойный	238	покупательный	148	полёживать	154
покоить	238	покупать	148	полезность	244
покоиться	238	покупка	148	полезный	244
поколебать	131	покупной	148	полёт	157
поколебаться	131	покупщик	148	полетать	157
поколение	132	покусать	150	полететь	157
поколенный	132	покушать	150	полечить	158
покончить	132	**пол**	**238**	полечиться	158
покопать	133	**пол**	**238**	полечь	158
покопаться	134	полагать	127	ползком	239

ползти́	**239**	полно-	240	полови́нка	240
ползу́н	239	полно́	240	полови́нный	240
ползунки́	239	по́лно	240	полови́нчатость	240
ползуно́к	239	полнове́сный	240	полови́нчатый	240
ползу́честь	239	полновла́стие	240	полови́нщик	240
ползу́чий	239	полновла́стный	240	полови́ца	238
поли́в	160	полново́дный	240	поло́вник	240
поли́ва	160	полново́дье	240	полови́к	240
полива́льщик	160	полногру́дый	240	поло́вничать	240
поли́венный	160	полнозву́чный	240	поло́вничество	240
поливно́й	160	полнокро́вие	144	половозре́лый	238
поли́вочный	160	полнокро́вный	144	полово́й	238
поли́р	239	полнокро́вный	240	полово́й	238
полирова́льный	239	полноли́цый	240	полови́ик	238
полиро́ванный	239	полнолу́ние	240	по́лог	127
полирова́ть	239	полноме́ра	240	по́лог	163
полиро́вка	239	полноме́ра	179	поло́гий	127
полиро́вщик	239	полноме́ра	241	поло́гость	127
полисперми́я	328	полноме́рный	179	положе́ние	127
поли́стный	159	полноме́рный	240	положе́ние	163
политде́нь	74	полномо́чие	240	поло́женный	127
политеи́зм	357	полномо́чный	240	поло́женный	163
политеи́ст	357	полнопра́вие	240	поло́жим	127
политона́льный	367	полнопра́вный	240	поло́жим	163
политча́сть	409	полнопра́вный	249	положи́тельно	127
поли́ть	160	полноро́дный	280	положи́тельно	163
поли́ться	160	по́лностью	240	положи́тельный	127
полк	239	полнота́	240	положи́тельный	163
Полка́н	241	полноте́лый	240	положи́ть	127
полкирпича́	241	полноце́нный	240	положи́ть	163
полко́вник	239	полно́чи	208	положи́ться	127
полко́вница	239	полно́чи	240	положи́ться	163
полково́дец	239	полно́чи	241	поло́к	238
полково́й	239	полно́чный	240	поло́м	165
полкру́га	145	полно́чный	241	полома́ть	165
полкру́га	241	по́лночь	208	поломи́ть	165
поллитра́	241	по́лночь	240	поломо́йка	238
полмину́ты	241	по́лночь	241	поло́н	235
полми́ра	185	**по́лный**	239	полони́ть	235
полми́ра	241	полны́м-поло́н	240	полоня́ник	235
полне́ть	239	полоборо́та	241	полоро́гий	277
полнёхонький	240	полови́к	238	полоро́тый	281
полни́ть	239	**полови́на**	240	полоса́	243

полоса́тик	243	полуго́док	241	полума́ска	242
полоса́тый	243	полуголо́дный	241	полумгла́	242
поло́ска	243	полуго́лый	241	полуме́ра	179
полоска́нье	243	полугра́ция	241	полуме́ра	242
полоска́тельница	243	полугусени́чный	241	полумёртвый	177
полоска́тельный	243	полуде́ва	241	полумёртвый	242
полоска́ть	**243**	полудённый	241	полуме́сяц	242
полоска́ться	243	полу́денный	74	полуме́сячный	242
полосова́ние	243	полу́денный	241	полумра́к	242
полосова́ть	243	полуде́тский	241	полунаго́й	242
полосово́й	243	полуди́кий	77	полуно́чник	208
полосо́нька	243	полуди́кий	241	полуно́чник	242
полотёр	238	полуду́рье	85	полуно́чничать	208
полотёр	359	полуживо́й	100	полуно́чничать	242
полотёрничать	238	полуживо́й	241	полуно́чный	242
полотёрничать	359	полужи́дкий	102	полуно́чный	208
поло́чный	238	полужи́рный	241	полу́ночь	208
полпути́	241	полузабы́тый	241	полу́ночь	242
полсло́ва	241	полузабытьё	241	полуобезья́на	242
полсо́тни	241	полузакры́ть	241	полуобнажённый	200
полсто́лька	241	полузащи́та	241	полуобнажённый	242
полсто́лька	337	полузащи́тник	241	полуоборо́т	242
полтора́	241	полузна́йка	241	полуоде́тый	215
полуавтома́т	241	полузна́йство	241	полуоде́тый	242
полуавтомати́ческий	241	полуи́мя	117	полуокру́жность	242
полуба́к	241	полуи́мя	241	полуосвещённый	242
полубезрабо́тный	241	полуквалифици́рованный	242	полуо́стров	219
полубессозна́тельный	241	полуколо́ния	242	полуо́стров	242
полубо́г	241	полукольцо́	242	полуо́сь	242
полубольно́й	241	полукоче́вник	242	полуотворённый	242
полубо́рт	241	полукочево́й	242	полуофициа́льный	242
полуботи́нки	241	полукро́вка	144	полупа́льто	242
полубре́д	241	полукро́вка	242	полупарази́т	242
полуваго́н	241	полукро́вный	144	полуперча́тки	242
полува́л	241	полукру́г	242	полуподва́л	242
полувеково́й	241	полукру́жие	242	полупокло́н	242
полуги́чка	241	полукру́жный	242	полупочте́нный	242
полугла́сная	241	полулега́льный	242	полуприседа́ние	242
полугла́сный	241	полулежа́ть	154	полуприце́п	242
полугли́ссер	241	полулежа́ть	242	полупроводни́к	242
полугнило́й	241	полуле́чь	159	полупроду́кт	242
полуго́дие	241	полуле́чь	242	полупрозра́чный	242
полугодова́лый	241	полули́ст	242	полупусты́ня	242

полупья́ный	242	полу́чка	243	по́мазь	168
полуразде́тый	242	полуша́г	243	помале́ньку	171
полуразру́шенный	242	полуша́лок	243	помале́ть	171
полураскры́тый	242	полуша́рие	243	пома́лу	171
полуро́та	242	полушёлковый	243	пома́ргивать	192
полусапо́жки	242	полушерстяно́й	243	пома́слиться	172
полусве́т	242	полушу́бок	243	помбу́х	194
полусиде́ть	242	полушутли́вый	243	помдире́ктора	194
полусиде́ть	306	полушутя́	243	поме́длить	173
полусло́во	242	полушутя́	423	помеле́ть	175
полусме́рть	242	полуэкипа́ж	243	поменя́ть	177
полусо́гнутый	242	полуя́вь	243	поменя́ться	177
полусо́н	242	полцены́	243	помере́ть	177
полусо́н	324	полчаса́	408	помёрзлый	181
полуста́нок	242	по́лчище	239	помёрзнуть	181
полусти́шие	242	полымя́	234	поме́рить	179
полусу́мрак	242	**по́льза**	**244**	поме́риться	179
полусфе́ра	242	по́льзительный	244	помертве́лый	177
полусфе́ра	350	по́льзование	244	помести́тельный	181
полутёмный	242	по́льзователь	244	помести́ть	181
полуте́нь	242	по́льзовать	244	помести́ться	181
полуто́н	242	по́льзоваться	244	поме́стный	181
полуто́н	367	польщённый	156	поме́стье	181
полуто́нка	242	полюби́ть	166	поме́стьице	181
полу́тора	242	полюби́ться	166	помёт	182
полу́торка	242	**по́люс**	**244**	поме́та	183
полу́торный	242	поля́ра	244	помета́ть	182
полутьма́	242	поляриза́тор	244	поме́тить	183
полутьма́	380	поляризацио́нный	244	помехоусто́йчивость	184
полуфабрика́т	242	поляриза́ция	244	помеча́ть	183
полуфина́л	242	поляризова́ть	244	поме́шанный	184
полуфина́л	389	поляри́метр	244	помеша́тельство	184
полуфинали́ст	389	поляриско́п	244	помеша́тельство	184
полуцирку́льный	242	поля́рка	244	помеша́ть	184
получа́с	243	поля́рник	244	помеша́ть	184
получа́с	408	поля́рность	244	помеша́ться	184
получасово́й	243	поля́рный	244	поме́шка	184
получасово́й	408	пома́зание	168	помеще́ние	181
получа́тель	243	пома́занник	168	поме́щик	181
получе́ние	244	пома́зать	168	поми́н	244
получи́стый	243	пома́заться	168	помина́льный	244
получи́ть	**243**	помаза́ться	168	помина́льный	244
получи́ться	243	пома́зок	168	поми́нки	244

поминове́ние	244	помя́нутый	244	попа́рно	223
помири́ть	186	помяну́ть	244	попасти́	223
помни́ть	244	помя́ть	199	попасти́сь	223
по́мнить	**244**	помя́ться	199	попа́сть	224
по́мниться	244	понастро́ить	343	попервонача́лу	201
помно́гу	188	понача́лу	201	попервонача́лу	226
помноже́ние	188	понево́ле	49	попере́ть	227
помно́жить	188	понево́лить	49	попе́ть	228
помно́житься	188	понежи́ть	202	попеча́ловаться	228
помо́га	194	понежи́ться	202	попе́чь	229
помо́й	197	поне́жничать	202	попе́чься	229
помо́йка	197	понемно́гу	188	пописа́ть	231
помо́йник	197	понести́	203	попи́ть	232
помо́йный	197	понести́сь	203	попла́вать	236
помо́кнуть	188	пони́зить	205	попла́вок	236
помолоти́ть	191	пони́зиться	205	попла́кать	233
помолча́ть	192	понизо́вщина	205	поплева́ть	234
помо́р	192	понизо́вый	205	поплы́ть	236
помо́рец	192	понизо́вье	205	попо́йка	233
помори́ть	178	пони́зу	205	попои́ть	233
поморо́зить	193	понима́ние	210	попола́м	241
помо́рский	192	понови́ть	207	поползти́	239
помо́рье	192	поно́с	203	пополне́ние	240
поморя́нин	192	поноси́ть	203	попо́лнить	240
помочи́ть	189	поноси́ться	203	попо́лниться	240
помочи́ться	189	поно́ска	203	пополоска́ть	243
помо́чь	194	поно́сный	203	пополоска́ться	243
помо́щник	194	поноше́ние	203	попо́мнить	244
по́мощь	194	поно́шенный	203	попо́ртить	245
по́меж	194	поны́не	208	попра́вить	248
помудри́ть	194	поня́тие	210	попра́виться	248
помути́ть	195	поня́тливость	210	попра́вка	248
помути́ться	195	поня́тливый	210	поправле́ние	248
помутне́ние	195	поня́тно	210	попро́бовать	250
помутнённый	195	поня́тный	210	попро́сту	252
помутни́ть	195	поня́той	210	попроша́йка	251
помуч́ивать	195	поня́ть	210	попроша́йничать	251
помуч́ить	195	поостри́ть	219	попроша́йничество	251
помуч́иться	195	попада́ние	224	попрыгу́н	254
помы́лить	198	попада́ться	224	попря́тать	254
помы́лки	198	попали́ть	221	попря́таться	254
по́мысел	196	попа́рить	223	попуга́ть	254
помы́слить	196	попа́риться	223	попусти́тель	256

попустительство	256	породность	279	поруха	284
попустительствовать	256	породный	279	порученец	284
попустить	256	порождение	279	поручение	284
по-пустому	257	порознь	265	поручень	284
попутать	258	**порок**	**244**	поручи	284
попутаться	258	поронять	281	поручитель	284
попутничество	258	поросль	267	поручительный	284
попутный	258	порочить	244	поручительство	284
попутчик	258	порочный	245	поручить	284
попущение	256	пороша	245	поручиться	284
попытать	260	порошина	245	порушить	284
попытка	260	порошить	245	порушиться	284
поработать	262	порошка	245	порфироносец	204
поработитель	262	порошковый	245	порфирородный	280
поработить	262	порошкообразный	245	порча	245
поработиться	262	**порошок**	**245**	порченый	245
порабощение	262	порошочный	245	порыв	269
поравнять	263	**портить**	**245**	порывание	269
поравняться	263	портиться	245	порывать	269
порадовать	263	портниха	245	порываться	269
порадоваться	263	портновский	245	порывистый	269
поражаться	264	**портной**	**245**	порыть	286
пораженец	264	портняга	245	порыться	286
поражение	264	портняжить	245	порядить	287
поразить	264	портняжка	245	порядковый	287
поразмыслить	196	портняжний	245	порядком	287
по-разному	264	портняжничать	245	порядливый	287
поранить	266	портняжничество	245	порядовка	287
пораниться	266	портняжный	245	порядок	287
порасти	267	портомойка	198	порядочно	287
порастить	267	портомойня	198	порядочность	287
поревновать	270	порттабак	354	порядочный	287
порез	273	порубить	282	подсад	289
порезать	273	порубиться	282	посад	289
порезаться	273	порубка	282	посадить	289
порешить	275	порубливать	282	посадка	289
порешиться	275	порубщик	282	посадник	289
поровну	263	поругание	283	посадничество	289
поровнять	277	поругать	283	посадочный	289
порода	279	поругаться	283	посадочный	289
породистость	279	поругивать	283	посадский	289
породистый	279	поругиваться	283	посадчик	289
породить	279	порука	284	посажать	289

посажёный	289	после́д	314	поспеша́ть	328
посвети́ть	295	последе́йствие	314	поспеше́ние	329
по-сво́ему	298	последи́ть	314	поспешествовать	329
посе́в	305	последи́ть	314	поспе́шный	329
посевно́й	305	после́дки	314	поспо́рить	329
посе́вщик	305	после́дний	314	попроси́ть	251
поселе́нец	300	после́дователь	314	посрами́ть	330
поселе́ние	300	после́довательность	314	посрами́ться	330
поселённый	300	после́довательный	314	поста́в	332
посели́ть	300	после́довый	315	поставе́ц	332
посели́ться	300	после́дствие	315	поста́вить	332
поселко́вый	300	после́дующий	315	поста́вка	332
посёлок	300	после́дыш	315	поста́вка	332
посе́лье	300	послеледнико́вый	153	поставля́ть	332
поселя́нин	300	послеродово́й	279	поставщи́к	332
посерди́ть	301	послесло́вие	316	постано́вка	332
посерди́ться	301	послеубо́рочный	26	постановле́ние	332
посе́сть	303	посло́вица	316	постано́вочный	332
посети́тель	245	посло́вный	316	постано́вщик	332
посети́ть	**245**	послужи́ть	317	постара́ться	333
посе́чь	304	послужно́й	317	постаре́ние	334
посеща́емость	245	по́слух	318	по-ста́рому	334
посиде́лки	306	послуша́ние	318	посте́ль	337
посиде́ть	306	послу́шать	318	посте́льник	337
поси́льный	307	послу́шный	318	посте́льный	337
поскака́ть	309	послы́шать	318	постере́чь	338
поска́чка	309	послюни́ть	318	пости́лка	337
поско́к	309	посме́иваться	319	постла́ть	337
поско́льку	310	посмеши́ть	319	постла́ться	337
поско́льку	337	посме́шище	319	посто́й	339
поскуча́ть	312	посмея́ние	319	посто́льку	337
послабе́ть	312	посмея́ться	319	посторожи́ть	338
послаби́ть	312	посмотре́ть	321	постоя́лец	339
послабле́ние	312	поснима́ть	211	постоя́лый	339
посла́нец	313	посо́л	313	постоя́нно	339
посла́ние	313	посо́л	324	постоя́нность	339
посла́нник	313	посоли́ть	324	постоя́нный	339
посла́нница	313	посо́лочный	324	постоя́ть	339
посла́ть	313	посо́льский	313	пострада́вший	340
посла́ться	313	посо́льство	313	пострада́ть	340
по́сле	314	пососа́ть	326	постра́нствовать	340
после-	314	поспа́ть	325	по́стриг	342
послевое́нный	314	поспе́ть	328	постриже́нец	342

пострижение	342	потемнелый	380	потребительский	246		
постричь	342	потение	245	**потребить**	**246**		
постричься	342	потепление	358	потребление	246		
построение	344	потеплить	358	потребность	246		
постройка	344	потереть	359	потребовать	246		
построить	344	потёртость	359	потрескивать	374		
поступательный	346	потёртый	359	потронуть	375		
поступить	345	потеря	361	потрудиться	377		
поступиться	346	потерянный	361	потрясение	377		
поступление	346	потерять	361	потрясти	377		
поступок	346	потеть	245	потрястись	377		
поступь	346	потеха	363	потьма	380		
поступь	346	потечь	362	потяг	381		
постыдить	346	потешить	363	потягать	380		
постыдный	346	потешиться	363	потягаться	380		
посуда	**245**	потешник	363	потягивание	381		
посуда	347	потешный	363	потягивать	381		
посудина	245	потихоньку	364	потягиваться	381		
посудина	347	потливость	245	потянуть	381		
посудник	245	потливый	245	поубыть	28		
посудник	347	потник	245	поулечься	158		
посудомоечный	245	потница	245	поутру	386		
посудомоечный	347	потный	245	поучительный	387		
посудомойка	245	потовой	245	поучить	387		
посудомойка	347	потогонный	56	похититель	246		
посуху	349	потогонный	245	**похитить**	**246**		
посчитать	351	поток	362	похищение	246		
посчитаться	351	потоотделение	73	поход	397		
посыл	313	потоп	369	походить	397		
посылка	313	потопать	369	походить	397		
посыльный	313	потопить	369	походка	397		
посыпать	352	потопить	369	походный	398		
посыпаться	352	потопление	369	походя	398		
пот	**245**	потоптать	369	похожение	398		
потаённый	354	поторговать	369	похожий	398		
потай	354	поторговаться	369	похоронка	401		
потайной	354	поточность	362	похоронный	401		
потаить	354	поточный	362	похороны	401		
потакатель	354	потреба	246	похотливый	220		
потакнуть	354	потреба	373	похотник	220		
потапливать	369	потребилка	246	поцарствовать	403		
потёк	362	потребитель	246	почасный	408		
потёмки	380	потребительный	246	**почва**	**246**		

почвенник	246	пояснитель	432	правозаступник	248
почвенничество	246	пояснительный	432	правозаступничество	248
почвенный	246	пояснить	432	правомерный	248
почвовед	246	поясница	246	правомочие	248
почвоведение	246	поясной	246	правомочный	249
почвозащитный	246	поясок	246	правонарушение	248
почвообрабатывающий	246	прабабушка	15	правонарушитель	248
почвообразующий	246	**правда**	**247**	правооппортунист	248
почвоуглубитель	246	правдивость	246	правоотношение	248
почвоутомление	246	правдивый	246	правописание	230
почертить	412	правдолюб	167	правописание	248
почесать	412	правдолюб	246	правописание	248
почесаться	412	правдолюбивый	246	правопоражение	248
почёт	417	правдолюбивый	167	правопорядок	248
почётный	417	правдолюбие	167	правопорядок	287
почивальня	246	правдолюбие	246	правопреемник	248
почистить	415	правдоподобие	246	правопреемство	248
почитание	417	правдоподобный	247	правопроизношение	248
почитать	416	праведник	247	православие	249
почитать	417	праведный	247	правосознание	249
почить	**246**	праветь	248	правоспособность	249
почкоед	91	**правило**	**247**	правоспособность	330
почтенейший	417	правильность	247	правосудие	249
почтение	417	правильный	247	правосудие	347
почтенность	417	правильный	247	правосудный	347
почтенный	417	правильщик	247	правота	249
почтённый	417	правитель	247	правофланговый	390
почти	417	правительство	247	правый	249
почтительно	417	**править**	**247**	правый	249
почтительность	417	**править**	**247**	празднество	249
почтительный	417	правка	247	**праздник**	**249**
почтить	417	правленец	247	праздничать	249
пошив	422	правление	247	праздничный	249
пошивщик	422	правленый	247	праздновать	249
пошить	422	**право**	**248**	празднолюбивый	249
пошутить	423	право	248	празднолюбие	249
пощада	424	право-	248	празднослов	249
пощёчина	424	правобережный	248	празднослов	316
появиться	430	правобережье	249	празднословие	249
появление	430	правовед	249	празднословие	316
пояс	**246**	правоверие	248	празднословить	249
поясина	246	правовик	248	празднословить	316
пояснение	432	правовой	248	праздность	249

праздношатание	249	предлог	163	предшествующий	420
праздный	249	предложение	163	предшестовать	420
празелень	108	предложить	163	предыдущий	116
праматерь	172	предложный	163	презрение	114
праотец	220	предносить	203	презренный	114
прапрабабушка	15	предноситься	203	презреть	114
прародина	279	предночной	208	презрительность	114
прародитель	279	предобрый	79	преклонение	130
праязык	431	предорогой	81	преклонить	130
пребогатый	23	предосторожность	219	преклониться	130
пребывание	28	предохранение	402	прекрасно	138
пребыть	28	предохранитель	402	прекрасно	140
превозвысить	51	предохранитель	402	прекраснодушие	140
превозвышение	51	предохранительный	402	прекрасное	140
превознести	204	предохранить	402	прекрасный	138
превознести	205	предощутить	220	прекрасный	140
превозношение	205	предощущение	220	прельститель	156
превысить	51	предписание	231	прельстительный	156
превыспренний	51	предписать	231	прельстить	156
превыше	51	предполье	238	прельститься	156
превышение	51	предполярный	244	прельщение	156
предатель	67	предпослать	313	прелюбодей	76
предательский	67	предрешить	275	прелюбодействовать	76
предательство	67	предродовой	279	прелюбодеяние	77
предать	67	предсказание	120	премногий	187
предаться	67	предсказатель	120	премного	187
предвечный	33	предсказать	120	премногоуважаемый	383
предвидение	43	предстоять	339	премножество	187
предвидеть	43	предстоящий	339	премудрость	194
предвидеться	43	предубедить	383	премудрый	194
предгорье	60	предубеждение	383	преображение	213
предгрозовой	64	предубеждённый	383	преобразить	213
предгрозовье	64	предуборочный	26	преобразиться	213
предел	74	предузнать	112	преобразование	213
предельный	74	предуказание	120	преобразователь	213
предзимний	110	предумышленный	197	преобразовать	213
предзимье	110	предусмотреть	321	преобразоваться	213
предзнаменование	111	предусмотрительный	321	преобратить	213
предзнаменовать	111	предчувствие	418	преодолеть	216
предисловие	316	предчувствовать	418	преодолимый	216
предкрылок	146	предчувствоваться	418	препоясать	246
предлежание	154	предшественник	420	препоясаться	246
предлежать	154	предшествие	420	препожаловать	94

препоручи́ть	284	прибедни́ться	16	**приве́т**	**249**
препроводи́лка	40	прибежа́ть	17	приве́тить	249
препроводи́тельный	40	прибе́жище	17	приве́тливый	249
препроводи́ть	40	прибере́чь	18	приве́тный	249
препровожде́ние	40	приби́вка	19	приве́тствие	249
прерва́ть	269	прибивно́й	19	приве́тствовать	249
прерва́ться	269	приби́ть	19	приви́вка	45
пререка́ние	275	приби́ться	19	привиде́ние	43
пререка́ться	275	приблуди́ть	22	привинти́ть	44
прерыва́тель	269	приободри́ться	24	привинти́ться	44
преры́вистый	269	прибо́й	19	приви́тие	45
преспоко́йный	329	прибо́р	25	приви́ть	45
престаре́лый	334	прибо́рка	25	приви́ться	45
престо́л	339	прибра́ть	25	привнести́	204
престолонасле́дие	339	прибра́ться	25	приво́д	41
престолонасле́дник	339	прибро́сать	27	приво́дка	41
преступи́ть	346	прибро́сить	27	приводне́ние	47
преступле́ние	346	прибыло́й	28	приводни́ться	47
престу́пник	346	при́быль	28	приводно́й	41
престу́пность	346	при́быльный	28	приво́з	33
престу́пный	346	прибы́тие	28	привози́ть	33
пресы́тить	353	прибы́ток	28	привози́ться	33
пресы́титься	353	прибы́точный	28	приволо́чь	48
пресыще́ние	353	прибы́ть	28	приволо́чься	48
преткну́ться	379	прива́л	29	приворо́т	50
преувеличе́ние	34	привали́ть	29	привороти́ть	50
преувели́ченность	34	привали́ться	29	приворо́тный	50
преувели́ченный	34	прива́льный	29	привходи́ть	396
преувели́чить	34	привари́ть	31	привяза́ть	52
преуменьше́ние	176	прива́рка	31	привяза́ться	52
преуме́ньшить	176	прива́рок	31	привя́зка	52
преуспе́ть	385	приверну́ть	36	привязно́й	52
префи́кс	389	приве́сить	39	привя́зчивый	52
преходи́мость	398	приве́сить	42	при́вязь	52
преходи́ть	398	приве́ситься	39	пригибно́й	56
преходя́щий	398	приве́ситься	42	пригла́дить	53
пречи́стый	415	приве́ска	39	пригла́женный	53
при	317	приве́ска	42	пригласи́тельный	59
приарендава́ть	13	привесно́й	42	пригласи́ть	59
приба́вить	16	привесо́к	39	пригласи́ть(приглаша́ть)	59
приба́виться	16	привесо́к	42	приглаше́ние	59
приба́вка	16	привести́	41	пригля́д	54
прибавле́ние	16	привести́сь	41	пригляде́ть	54

приглядеться	54	придержаться	76	прижим	95
приглядка	54	придомовый	81	прижимистый	95
приглядный	54	придорожный	81	прижимный	95
пригнать	55	придремать	83	прижить	102
пригнуть	56	придуманный	84	прижиться	102
пригнуться	56	придумать	84	призадуматься	84
приговор	57	придумка	84	призанимать	209
приговорённый	57	придумщик	84	призвание	105
приговорить	57	придуривать	85	приземистый	109
пригодиться	58	придуриваться	85	приземление	109
пригодность	58	придурковатый	85	приземлить	109
пригодный	58	придурь	85	приземлиться	109
пригон	55	придуть	86	приземной	109
пригонка	55	придыхание	88	признание	112
пригонный	55	придыхательный	88	признанный	112
пригорелый	61	придышаться	88	признательность	112
пригореть	61	приезд	93	признательный	112
пригород	61	приезжающий	93	признать	112
пригородить	62	приём	210	признаться	112
пригородка	62	приёмистость	210	призор	114
пригорок	60	приемлемость	210	призрение	114
приготовительный	63	приемлемый	210	призреть	114
приготовить	63	приёмник	210	призыв	105
приготовиться	63	приёмный	210	призывать	105
приготовление	63	приёмочный	210	призываться	105
пригрев	64	приёмщик	210	призывник	105
пригрести	63	приёмыш	210	призывной	105
пригрестись	63	приесть	91	приискание	118
пригреть	64	приесться	91	приискатель	118
приданник	67	приехать	93	приискать	118
приданое	67	прижать	95	приказ	119
придаток	67	прижаться	95	приказание	119
придать	67	прижечь	99	**приказать**	**119**
придача	67	приживаемость	100	приказный	119
придвижной	71	приживаемость	102	приказник	119
придвинуть	71	приживал	102	прикат	122
придвинуться	71	приживальщик	102	прикатать	122
придел	72	приживить	100	прикатить	122
приделать	72	приживиться	100	прикатиться	122
приделаться	72	приживление	100	прикатывание	122
приделка	72	приживчивый	100	прикачивать	123
придержать	76	приживчивый	102	прикидка	124
придержать	76	прижизненный	101	прикинуть	124

прикинуться	124	прилечь	158	примётка	182
прикипать	125	прилив	160	приметливый	183
прикипеть	125	приливный	160	приметный	183
приклад	127	прилитие	160	примечание	183
прикладистый	128	прилить	160	примечательный	183
прикладка	128	прилиться	160	примешать	184
прикладник	128	приличествовать	249	примиренец	186
прикладной	128	приличие	249	примирение	186
приклейка	129	**приличный**	**249**	примирённость	186
приклеить	129	приложение	128	примирённый	186
приклеиться	129	приложение	163	примиренчество	186
приклонить	130	приложить	128	примиритель	186
приклониться	130	приложить	163	примирительный	186
прикончить	132	приложиться	128	примирить	186
прикончиться	132	приложиться	163	примириться	186
прикопать	134	примазать	168	примолкнуть	190
прикопить	134	примазаться	168	примолотить	191
прикопка	134	примазка	168	примолоть	191
прикормить	135	приманить	171	приморец	192
прикормиться	135	приманка	171	приморозить	193
прикормка	135	приманочный	171	приморский	192
прикорнуть	134	приманчивый	171	приморье	192
прикраса	138	примаслить	172	примочить	189
прикрасить	138	применение	249	примочка	189
прикрепить	141	применительно	249	примыслить	196
прикрепление	141	**применить**	**249**	примыть	197
прикрытие	147	примениться	249	примышление	196
прикрыть	147	применяемость	249	примять	199
прикрыться	147	примёр	179	примяться	199
прикуп	148	примереть	177	принажать	95
прикупить	148	примёрзлый	181	принакопить	134
прикурить	149	примёрзнуть	181	приналечь	158
прикус	150	примерить	179	принародный	278
прикусить	150	примериться	179	принарядить	287
прикуска	150	примерка	179	принарядиться	287
прикушать	150	примерно	179	принесение	203
приладить	150	примерный	179	принести	203
приладка	150	примерочный	179	принижение	205
прилгать	152	примерщик	179	приниженный	205
прилезть-	154	примесь	184	принизить	205
прилёт	157	примета	183	принимание	210
прилететь	157	приметать	182	приниматься	210
прилётный	157	приметить	183	принос	203

приносный	203	приплыть	237	прирубить	282
приношение	203	приподнять	210	прирубка	282
принудиловка	208	припоздать	237	прирулить	284
принудительный	208	припоздниться	237	приручить	284
принудить	208	приползти	239	приручиться	284
принуждение	208	приполюсный	244	присадистый	289
принуждённый	208	приполярный	244	присадить	289
принять	**210**	припомнить	244	присадка	289
приободрить	24	припомниться	244	присадка	303
приободриться	24	припорох	245	присахарить	294
приобрести	213	припорошить	245	присвоение	298
приобретатель	213	припросить	251	присвоить	298
приобретение	213	припрыгать	253	присев	305
приобщение	214	припрыжка	253	приседание	303
приобщить	214	припрятать	254	приселить	300
приобщиться	214	припугнуть	255	присесть	303
приодеть	215	припутать	258	присеять	305
приодеться	215	припутаться	258	присказка	120
приоткрыть	147	припухлость	259	прискакать	309
приотлечь	158	припухлый	259	прискорбие	310
приохотить	401	припухнуть	259	прискорбный	310
приохотиться	401	приработать	262	прискочить	309
припадок	224	приработка	262	прискучить	312
припалить	221	приравнять	263	прислать	313
припарить	223	приравняться	263	прислуга	317
припарка	223	прирасти	267	прислуживать	317
припасть	224	прирастить	267	прислужиться	317
припев	228	приращение	267	прислужливый	317
припевать	228	приревновать	270	прислужник	317
припевка	228	прирез	273	прислужничество	317
припёк	229	прирезать	273	прислушаться	318
припереть	227	прирезной	273	присмиреть	319
припереться	227	пририсовать	276	присмирить	319
припечатать	228	прировнять	277	присмотр	321
припечатка	228	природа	279	присмотреть	321
припечь	229	природный	279	присмотреться	321
приписать	231	природовед	279	присмотрщик	321
приписаться	231	природоведение	279	присниться	324
припить	232	прирождённый	278	приснопамятный	222
приплата	234	прирождённый	279	присоветовать	322
приплатить	234	прирост	267	присоединение	90
приплатиться	234	приросток	267	присоединительный	90
приплод	235	прируб	282	присоединить	90

присоедини́ться	90	пристро́йка	344	притопта́ть	369
присоли́ть	324	пристро́ить	344	приторгова́ть	370
присо́с	327	пристро́иться	344	приторгова́ться	370
присоса́ть	327	пристру́нить	344	притормози́ть	370
присоса́ться	327	присту́п	346	приточи́ть	371
присо́хнуть	349	приступи́ть	346	приточ́ка	371
присочини́ть	327	приступи́ться	346	притупи́ть	378
приспе́ть	328	присту́пка	346	притыч́ка	379
приспосо́бить	**249**	пристыди́ть	346	притяга́тельный	382
приспосо́биться	249	присуди́ть	347	притяжа́тельный	382
приспособле́нец	249	прису́ха	350	притяже́ние	382
приспособле́ние	249	присуши́ть	350	притяну́ть	382
приспосо́бленность	249	присчёт	351	приубра́ть	26
приспосо́бленчество	249	присчита́ть	351	приубра́ться	26
приспособля́емость	249	присы́л	313	приукра́сить	138
при́став	332	присыпа́ть	352	приуле́чься	158
пристава́ла	332	присы́пка	352	приуме́ньшить	176
пристава́ла	335	притаи́ться	354	приумно́жить	188
пристава́ние	332	притвори́ться	356	приумно́житься	188
пристава́ние	335	притво́рный	356	приумы́ть	198
приста́вить	332	притво́рство	356	приуста́ть	335
приста́вка	332	притво́рствовать	356	приутю́жить	386
приставле́ние	332	притво́рщик	356	приучи́ть	387
приста́вник	332	притемни́ть	380	приучи́ться	387
приставно́й	332	притени́ть	357	прихвати́ть	393
приставу́чий	332	притере́ть	359	прихва́тка	393
приста́лый	335	притере́ться	359	прихво́стень	394
приста́нище	332	притерпе́ться	360	прихо́д	398
приста́нище	335	притёртый	359	приходава́ть	398
приста́нский	332	притесне́ние	361	приходи́ть	398
при́стань	335	притесни́тель	361	прихо́дный	398
приста́ть	335	притесни́тельный	361	прихо́до-расхо́дный	398
пристра́нствовать	340	притесни́ть	361	прихо́дский	398
пристра́стие	341	прите́чь	362	приходя́щий	398
пристрасти́ть	340	притира́ние	359	прихожа́нин	398
пристрасти́ться	341	прити́рочный	359	прихо́жая	398
пристра́стный	341	прити́хнуть	364	прихора́шивать	401
пристраща́ть	341	приткну́ть	379	прихора́шиваться	401
пристре́л	342	приткну́ться	379	прицве́тник	404
пристрели́ть	342	прито́к	363	прицве́тник	404
пристре́лка	342	притолкну́ть	365	прице́л	405
пристреля́ть	342	притоми́ть	367	прице́ливание	405
пристрога́ть	343	притоми́ться	367	прице́лить	405

прице́литься	405	прия́тельский	211	пробы́ть	28
прице́льный	405	прия́тельство	211	прова́л	30
прицени́ться	406	прия́тие	211	провали́ть	29
причарова́ть	408	прия́тность	211	провали́ться	30
прича́стие	386	прия́тный	211	прова́р	31
прича́стие	409	прия́ть	211	провари́ть	31
причасти́ть	386	про́ба	250	провари́ться	31
причасти́ть	409	пробавля́ться	16	прова́рка	31
причасти́ться	386	пробежа́ть	17	прове́дать	32
причасти́ться	409	пробежа́ться	17	прове́ренный	35
прича́стник	386	пробе́жка→	17	прове́рить	35
прича́стник	409	пробезде́льничать	71	прове́рка	35
прича́стный	386	пробе́л	17	проверну́ть	36
прича́стный	409	пробели́ть	17	прове́с	39
прича́щать	386	пробели́ться	17	прове́с	42
прича́щать	409	пробе́ль	17	прове́сить	39
прича́щение	386	пробе́льщик	17	прове́сить	42
прича́щение	409	проби́рер	250	прове́ситься	42
причеса́ть	**249**	проби́рка	250	прове́сный	39
причеса́ть	412	проби́рный	250	прове́сный	42
причеса́ться	250	проби́ровать	250	провести́	33
причёска	250	проби́рочный	250	провести́	40
причёска	412	проби́рщик	250	провеща́ть	42
причи́на	250	проби́тие	19	провиде́ние	43
причине́ние	250	проби́ть	19	прови́дение	43
причини́ть	**250**	проби́ться	19	провиденциали́зм	43
причи́нность	250	про́бка	19	прови́деть	43
причи́нный	250	**пробле́ма**	**250**	прови́дец	43
причисле́ние	414	проблема́тика	250	провини́ться	44
причи́слить	414	проблемати́ческий	250	прови́нность	44
причита́ние	416	проблуди́ть	22	провинти́ть	44
причита́льщица	416	про́бник	250	про́вод	40
причита́ть	416	**про́бовать**	**250**	про́вод	40
причита́ться	416	пробо́й	19	проводи́мость	40
причуя́ть	418	пробо́йка	19	прово́дка	40
пришага́ть	419	пробо́ина	19	проводни́к	40
прише́ствие	420	пробо́р	25	проводно́й	40
пришивно́й	422	пробо́рка	25	прово́дчик	40
приши́ть	422	пробра́ть	25	провожде́ние	40
пришко́льный	422	пробра́ться	25	прово́з	33
пришлёпнуть	422	проброса́ть	27	провозгласи́ть	59
прия́мок	432	проброса́ться	27	провозглаше́ние	59
прия́тель	211	пробро́сить	27	провозгласи́ть	59

провози́ть	33	продви́нуться	71	про́жига	99
провози́ться	33	проде́лать	72	прожига́тель	99
провозно́й	33	проде́лка	72	прожига́тельный	99
провозспосо́бность	33	продержа́ть	76	прожи́лка	102
провозспосо́бность	330	продержа́ться	76	прожи́лок	102
проволочи́ть	48	продле́ние	78	прожи́рить	103
проволочи́ться	48	продлёнка	78	прожи́тие	102
проволо́чка	48	продли́ть	78	прожи́ток	102
проволо́чный	48	продра́ть	82	прожи́точный	102
проволо́чь	48	продра́ться	82	прожи́тый	102
проволо́чься	48	продрожа́ть	83	прожи́ть	102
проворова́ться	49	продува́ние	86	прожитьё	102
проги́б	56	продува́ться	86	прозва́ние	105
прогла́дить	53	проду́вка	86	прозвене́ть	106
проглоти́ть	53	продувно́й	86	про́звище	105
прогляде́ть	54	проду́мать	84	прозвони́ть	106
прогляну́ть	54	проду́ть	86	прозимова́ть	110
прогно́з	250	продыми́ть	88	прозна́ть	112
прогно́стика	250	продыми́ться	88	прозорли́вец	114
прогну́ть	56	продыря́вить	88	прозра́чность	114
прогну́ться	56	продыря́ться	88	прозрева́ние	114
проговори́ть	57	продыха́ть	89	прозре́ть	114
проголо́сный	59	продыша́ть	88	прозыва́ть	105
проголосова́ть	59	продыша́ться	88	прозыва́ться	105
прого́н	55	прое́дина	91	проигра́ть	116
прого́нка	55	прое́зд	93	проигра́ться	116
прого́нный	55	прое́здить	93	прои́грыватель	116
прогоня́ть	55	прое́здиться	93	про́игрыш	116
прогоре́лый	61	прое́здка	93	произведе́ние	40
прогоре́ть	61	проездно́й	93	произвсти́	40
прогости́ть	62	прое́здом	93	производи́тель	40
прогре́в	64	прое́зжий	93	производи́тельность	40
прогрести́	63	проём	211	производи́тельный	40
прогре́ть	64	прое́сть	91	произво́дный	40
прогре́ться	64	прое́сться	91	производственник	40
продаве́ц	67	прожа́рить	95	производственный	40
прода́жа	67	прожа́риться	95	производство	40
прода́жный	67	прожа́ть	95	**произво́л**	**250**
прода́ть	67	прожа́ть	96	произволе́ние	250
прода́ться	67	прожа́ться	95	произво́льный	250
продвиже́ние	71	прожда́ть	96	произрасти́	267
продви́жка	71	проже́чь	99	пройти́	116
продви́нуть	71	проже́чься	99	пройти́сь	116

прокажённый	250	пролаз	154	прометаться	182
проказа	**250**	пролазать	154	промечтать	183
проказить	250	пролежать	154	промешать	184
проказливый	250	пролежень	154	промешать	184
проказник	250	пролезть	155	промигать	184
прокапать	121	пролесок	156	проминка	199
прокат	122	пролёт	157	промоина	197
прокатать	122	пролететь	157	промокнуть	188
прокататься	122	пролечить	158	промолвить	189
прокатить	122	пролечиться	158	промолотить	191
прокатиться	122	пролечь	158	промолоть	191
прокатка	122	пролив	160	промолчать	192
прокатный	122	проливень	160	проморгать	192
прокатчик	122	пролитие	160	проморить	178
прокачивать	123	пролить	160	проморозить	193
прокинуть	124	пролиться	160	промочить	189
прокипятить	125	пролог	128	промутить	195
прокислый	126	проложить	163	промучить	195
прокиснуть	126	пролом	165	промучиться	195
проклейка	129	проломать	165	промывание	197
проклеить	129	проломаться	165	промывательный	197
проклейщик	129	проломить	165	промывка	197
прокоп	134	проломиться	165	промывной	197
прокопать	134	проломный	165	промысел	196
прокопаться	134	пролюбить	166	промысл	196
прокопка	134	промазать	168	промыслить	196
прокорм	135	промазка	168	промысловик	196
прокормить	135	промаршировать	171	промысловый	196
прокормиться	135	промаслить	172	промыть	197
прокормление	135	промах	173	промышленник	196
прокос	137	промахать	173	промышленность	196
прокосить	137	промахнуть	173	промышленность	196
прокрасить	139	промахнуться	173	промышленный	196
прокраситься	139	промедление	173	**промякнуть**	**199**
прокраска	139	промедлить	173	промять	199
прокрасться	140	променять	177	промяться	199
прокричать	143	промер	180	пронести	203
прокружить	145	промёрзлый	182	пронестись	203
прокружиться	145	промёрзнуть	182	проникновение	250
прокурить	149	промерить	180	проникновенность	250
прокуриться	149	промерник	180	проникновенный	250
прокусать	150	промерный	180	проникнутый	250
прокусить	150	прометать	182	проникнуть	250

прони́кнуться	250	пропове́дничество	250	проросто́к	267
проница́емый	250	пропове́довать	32	про́рость	267
проница́тельный	250	про́поведь	32	проруби́ть	282
проно́с	204	про́поведь	250	проруби́ться	282
проноси́ться	204	пропо́й	233	про́рубь	282
проно́сный	204	пропои́ть	233	проры́в	269
проня́ть	**211**	пропо́йца	233	проры́вка	269
про́падом	225	проползти́	239	проры́вщик	269
пропали́ть	221	прополоска́ть	243	проры́тие	286
пропа́рить	223	прополоска́ться	243	проры́ть	286
пропа́риться	223	пропоте́лый	246	проры́ться	286
пропа́сти́	224	пропоте́ть	245	просади́ть	289
пропа́сти́сь	224	про́пуск	256	проса́дка	289
пропа́сть	224	пропускни́к	256	просвежи́ть	295
пропа́сть	225	пропускно́й	256	просвежи́ться	295
пропа́хнуть	225	пропусти́ть	256	просверка́ть	295
пропере́ть	227	пропутеше́ствовать	258	просве́т	296
пропере́ться	227	пропыли́ть	259	просвети́тель	296
пропе́ть	228	пропыли́ться	259	просвети́тельный	296
пропеча́тать	228	прора́б	262	просвети́тельство	296
пропе́чь	229	прорабо́тать	262	просвети́ть	296
прописа́ть	231	прорабо́тка	262	просвети́ть	296
пропи́ска	231	прораста́ние	267	просвети́ться	296
прописно́й	231	прорасти́	267	просветле́ть	297
про́пись	231	прорасти́ть	267	просветли́ть	297
пропита́ние	232	про́рва	269	просветли́ться	297
пропита́ть	232	прорва́ть	269	просве́чивание	296
пропита́ться	232	прорва́ться	269	просвеща́ть	296
пропи́тие	232	прореди́ть	271	просвеще́нец	296
пропи́тка	232	проре́живание	271	просвеще́ние	296
пропи́ть	232	проре́зать	273	просвещённый	296
пропи́ться	232	проре́заться	273	просе́в	305
пропла́вать	236	прорези́нить	273	просе́к	304
пропла́кать	233	прорези́нка	273	просе́чь	304
пропла́каться	233	проре́зка	273	просе́чься	304
пропла́кнуть	233	прорезно́й	273	просе́ять	305
проплева́ть	234	про́резь	273	просе́яться	305
про́плыв	237	проре́ктор	274	просиде́ть	306
проплы́ть	237	проре́чь	275	про́синь	307
пропове́дать	**250**	прорисова́ть	276	проси́тель	251
пропове́дник	32	проро́к	275	**проси́ть**	**251**
пропове́дник	250	пророни́ть	281	проси́ться	251
пропове́дничество	32	проро́ст	267	проскака́ть	309

проска́чка	309	про́стенький	251	простреля́ть	342
просквози́ть	310	простере́чь	338	простри́чь	342
проско́к	309	простете́ть	252	просту́да	345
проскочи́ть	309	простец́	251	простуди́ть	344
проскуча́ть	312	просте́цкий	251	простуди́ться	345
просла́вить	313	прости́ль	337	просту́дливый	345
просла́виться	313	простира́ть	360	просту́дный	345
просла́вление	313	простирну́ть	360	проступи́ть	346
просла́вленный	313	прости́тельный	251	просту́пок	346
проследи́ть	315	**прости́ть**	**251**	просуди́ть	347
проследовать	315	прости́ться	251	просуди́ться	347
прослой	316	простла́ть	337	просуши́ть	350
просло́йка	316	**про́сто**	**251**	просуши́ться	350
прослужи́ть	317	простова́тый	251	просу́шка	350
прослу́шать	318	простоволо́сый	252	просчёт	351
прослы́шать	318	простоду́шие	87	просчита́ть	351
просмея́ть	319	простоду́шие	252	просчита́ться	351
просмоли́ть	320	простоду́шничать	87	про́сып	325
просмоли́ться	320	простоду́шничать	252	просыпа́ть	352
просмо́тр	321	простоду́шный	87	просыпа́ться	352
просмотре́ть	321	простоду́шный	252	про́сьба	251
просну́ться	324	просто́й	251	прося́щий	251
прособира́ть	26	просто́й	339	прота́лина	355
прособира́ться	26	простоква́ша	252	протаска́ть	355
просо́л	324	простолюди́н	252	протаска́ться	355
просоле́ть	324	простонаро́дный	252	прота́ять	355
просоли́ть	324	простонаро́дный	279	протёк	363
просоли́ться	324	простонаро́дье	252	протека́ние	363
про́соль	324	просторе́чие	275	протере́ть	359
просо́рушка	284	просторе́чие	252	протере́ться	359
просо́с	327	просторо́жить	338	протерпе́ть	360
прососа́ть	327	простосерде́чие	252	протесни́ться	361
просо́хнуть	349	простосерде́чие	302	проте́чь	363
просочи́ться	323	простосерде́чный	252	**про́тив**	**252**
проспа́ть	325	простосерде́чный	302	проти́вень	252
проспа́ться	325	простота́	251	противи́тельный	252
проспиртова́ть	329	простофи́ля	252	проти́виться	252
проспо́рить	329	простоя́ть	339	противле́ние	252
просро́чить	331	простра́нный	252	проти́вник	252
просро́чка	331	простра́нный	340	проти́вно	252
проста́вить	332	простра́нственный	252	проти́вно	252
проста́вка	332	**простра́нство**	**252**	проти́вность	252
проста́к	251	простра́нство	340	проти́вный	252

противо-	252	противоречить	253	протяжный	382
противоалкого́льный	252	противосамолётный	253	протяну́ть	382
противоа́томный	253	противосия́ние	253	проу́лок	384
противоболево́е	253	противосна́рядный	253	проутю́жить	386
противоболево́й	253	противостари́тель	253	проучи́ть	387
противобо́рство	253	противостоя́ние	339	проу́шина	386
противове́с	38	противостоя́ть	253	профильтрова́ть	389
противове́с	253	противостоя́ть	339	профо́рма	391
противовозду́шный	87	противота́нковый	253	прохвати́ть	393
противовозду́шный	253	противохими́ческий	253	прохо́д	398
противога́з	253	противоя́дие	253	проходи́мец	398
противога́зовый	253	противоя́дие	431	проходи́мость	398
противогриппо́зный	253	проти́рка	359	проходи́мый	398
противодавле́ние	253	проти́рщик	359	проходи́ть	398
противоде́йствие	253	проткну́ть	379	проходи́ть	398
противоде́йствовать	253	протле́ть	364	прохо́дка	398
противоесте́ственный	90	прото́к	363	проходно́й	398
противоесте́ственный	253	протолкну́ть	365	прохо́дность	398
противозако́нный	104	протолкну́ться	365	прохо́дом	398
противозако́нный	253	протоми́ть	367	прохо́дчик	398
противозача́точный	253	протоми́ться	367	проходя́щий	398
противоизлуче́ние	253	протопи́ть	369	прохо́жий	398
противообледени́тель	153	протопи́ться	369	прохолоди́ть	400
противолежа́щий	253	протопта́ть	369	процвести́	404
противолихора́дочный	253	проторгова́ть	370	процвета́ние	404
противоло́дочный	253	проторгова́ться	370	прочеркну́ть	410
противоми́нный	253	прототи́п	363	прочерти́ть	412
противообще́ственный	253	прото́чино	371	прочёс	412
противоокисли́тель	253	проточи́ть	371	прочеса́ть	412
противопожа́рный	253	прото́чный	371	прочи́стить	415
противопоказа́ние	119	протра́тить	373	прочи́стка	415
противопоказа́ние	253	протра́титься	373	прочита́ть	416
противопока́занный	119	протруби́ть	376	прочиха́ться	416
противоположи́ть	253	протрясти́	377	прочте́ние	416
противополо́жность	253	протрясти́сь	377	прочу́вственный	418
противополо́жный	253	протыка́ть	379	прочу́вствовать	418
противопоста́вить	253	протяга́ть	380	прошага́ть	419
противопоста́вить	332	протя́гивать	380	проше́ние	251
противопоставле́ние	253	протя́гивать	382	проше́ствие	420
противоправи́тельственный	253	протяже́ние	382	проше́ствовать	420
противора́ковый	253	протяжённость	382	проши́ть	422
противоречи́вый	253	протяжённый	382	прошуме́ть	423
противоре́чие	253	протя́жка	382	проща́льный	251

прощение	251	психофизика	389	пустозвонить	106
прощённый	251	псоветь	227	пустозвонить	257
проэкзаменовать	425	псовина	227	пустозвонный	106
прояснеть	432	псовый	227	пустозвонный	257
прояснеть	432	**птица**	254	пустозвонство	106
прояснить	432	птицевод	254	пустозвонство	257
проясниться	432	птицеводство	254	**пустой**	**256**
прыгалка	253	птицелов	254	пустолайка	257
прыгать	**253**	птицеловство	254	пустомеля	191
прыгун	253	птицеоткормочный	254	пустомеля	257
прыгунчик	253	птицефабрика	254	пустопорожний	257
прыжок	253	птицеферма	254	пусторосль	257
прямёхонький	254	птичий	254	пустосвят	257
прямизна	254	птичник	254	пустосвят	299
прямило	254	пугало	255	пустослов	257
прямить	254	пуганый	255	пустослов	316
прямлённый	254	**пугать**	**255**	пустословие	257
прямо	254	пугаться	255	пустословие	316
прямо-	254	пугач	255	пустословить	257
прямодушие	87	пугливый	255	пустословить	316
прямодушие	254	пулемёт	182	пустота	257
прямоезжий	254	**пульт**	**255**	пустотелый	257
прямой	**254**	пультовой	255	пустотный	257
прямокрылый	254	пуск	255	пустоцвет	257
прямолинейный	254	пускатель	255	пустоцвет	404
прямопропорциональный	254	пускаться	255	пустошить	257
прямослойный	254	пускач	255	пустошный	257
прямослойный	316	пусковой	255	пустошь	257
прямота	254	пустельга	256	пустула	257
прямоток	362	пустенький	256	пустулёзный	257
прямоугольник	254	пустеть	256	пустынник	257
прямоугольный	254	пустить	255	пустынножитель	100
прямоугольный	383	пусто-	256	пустынножитель	257
прятать	**254**	пустобрёх	256	пустынножительство	100
прятаться	254	пустоватый	256	пустынножительство	257
прятки	254	пустовать	256	пустынный	257
псалмопение	227	пустоголовый	256	пустынный	257
псарня	227	пустодом	81	пустынь	257
псарь	227	пустодом	257	пустыня	257
псевдонаука	387	пустодомство	81	пустырь	257
псина	227	пустодомство	257	пустышка	257
псиный	227	пустозвон	106	пустяк	257
психотерапия	359	пустозвон	257	пустяковый	257

пу́таник	257	пыла́ть	259	пятиэта́жный	428
пу́таница	257	пылеви́дный	259	пя́тка	260
пу́таный	257	пылевса́сывающий	259	пятна́ть	260
пу́тать	**257**	пылеме́р	180	пятни́стый	260
пу́таться	257	пылеме́р	259	пятни́стый	260
путеви́к	257	пыленепроница́емый	259	**пятно́**	**260**
путёвка	258	пыле́ние	259		
путеводи́тель	258	пылеотса́сывающий	259	**Р**	
путеводи́тельный	258	пылеочисти́тель	259		
путево́й	258	пылесо́с	259	Р	261
путе́ец	258	пылесо́с	327	раб	261
путе́йский	258	пылесо́сить	327	ра́бий	261
путеме́р	258	пылеуго́льный	259	рабовладе́лец	261
путеобхо́дчик	258	пылеулови́тель	259	рабовладе́ние	261
путеочисти́тель	258	пыли́нка	259	раболе́пие	261
путепогру́зчик	65	пыли́ть	259	раболе́пный	261
путепогру́зчик	258	пыли́ться	259	раболе́пствовать	261
путеподъёмник	210	пыли́ща	259	рабо́та	261
путеподъёмник	258	пы́лкий	259	рабо́тать	261
путепрово́д	258	пы́лкость	259	рабо́тник	261
путеукла́дка	258	пылеочисти́тель	415	рабо́тницкий	261
путеукла́дчик	258	**пыль**	**259**	рабо́тный	261
путе́ц	258	пы́льник	259	работода́тель	261
путеше́веник	420	пыльно́й	259	работорго́вец	261
путеше́ственник	258	пы́льный	259	работорго́вля	261
путеше́ствие	258	пыльца́	259	работорго́вля	369
путеше́ствовать	258	**пыта́ть**	**260**	работоспосо́бность	330
путеше́ствовать	420	пыта́ться	260	работоспосо́бность	261
путеше́ствие	420	пы́тка	260	работоспосо́бный	330
путь	**258**	пытли́вый	260	работоспосо́бный	261
пу́хленький	258	пы́точный	260	работя́га	261
пухлощёкий	258	пьяне́ть	232	работя́щий	261
пу́хлявый	259	пьяни́ть	232	рабо́че-крестья́нский	261
пу́хнуть	**258**	пья́ница	232	рабо́чий	261
пухое́д	91	пья́нка	232	рабо́чий	261
пучегла́зие	259	пья́нство	232	рабочко́м	261
пучегла́зик	259	пья́нствовать	232	рабсе́кция	261
пучи́на	259	пьянчу́га	232	рабси́ла	261
пу́чить	**259**	пья́ный	232	ра́бский	261
пу́читься	259	**пята́**	**260**	ра́бство	261
пуща́ть	255	пятидне́вка	74	ра́бствовать	261
пчелое́д	91	пяти́ть	260	равне́ние	262
пыл	**259**	пяти́ться	260	равнёхонький	262

равнина	262	рад	263	развалистый	30
равнинник	262	радёхонек	263	развалить	30
равно-	262	радиопровещательный	42	развалиться	30
равноапостольный	262	радиосеть	303	развалка	30
равнобедренник	262	радиоточка	370	развальца	30
равнобедренный	262	радиофизика	389	развалюга	30
равнобочий	262	радовать	263	разварить	31
равновеликий	34	радоваться	263	развариться	31
равновеликий	262	радостный	263	разварной	31
равновесие	38	радость	263	разведать	32
равновесие	262	радуга	263	разведаться	32
равновесный	38	радужный	263	разведка	32
равновесный	262	раз	263	разведчик	32
равновесомый	38	разбавить	16	разведывательный	32
равновесомый	262	разбавиться	16	развернуть	36
равнодействующий	262	разбавка	16	развернуться	36
равноденствие	74	разбег	17	развёртка	36
равноденствие	75	разбивка	19	развёртывание	36
равноденствие	262	разбивной	20	развёртывать	36
равнодушие	262	разбивчивый	20	развесить	39
равнодушный	262	разбирательство	25	развесить	42
равнозначащий	262	разбить	19	развеситься	39
равномерный	179	разбиться	19	развеситься	42
равномерный	262	разбогатеть	23	развеска	39
равномощный	262	разбой	20	развеска	42
равноплечий	263	разбойник	20	развесной	39
равнопотенциальный	263	разбойничать	20	развесочный	39
равноправие	249	разбойничество	20	развесочный	42
равноправие	263	разбор	25	развести	33
равноправный	249	разборка	25	развести	41
равноправный	263	разборный	25	развестись	33
равносильный	263	разборчивый	25	развестись	41
равносторонний	263	разборщик	25	развешать	42
равносторонний	338	разбросанность	27	развинтить	45
равноостоящий	262	разбросанный	27	развинтиться	45
равенство	262	разбросать	27	развитие	45
равноугольный	263	разбросаться	27	развитой	46
равноугольный	383	разбросить	27	развить	45
равноускоренный	263	разброска	27	развиться	45
равноценный	263	разбросной	27	развод	41
равный	**262**	развал	30	разводка	41
равнять	263	развалец	30	разводчик	41
равняться	263	развалина	30	разводье	48

разводя́щий	41	разгру́зочный	65	раздружи́ться	83
разво́з	33	разда́точник	68	раздува́льный	86
разво́зка	33	разда́точный	68	раздува́льный	86
развозно́й	33	разда́ть	68	раздува́тельный	86
развозчик	33	разда́ться	68	раздува́ть	86
разволо́чь	48	разда́ча	68	раздува́ться	86
разволо́чься	48	раздвига́ть	71	разду́мать	84
развopoва́ть	49	раздвига́ть	71	разду́маться	84
разворо́т	50	раздвига́ться	71	разду́мчивый	84
разворoти́ть	50	раздвижно́й	71	разду́мье	84
развяза́ть	52	раздвое́ние	70	раздура́читься	85
развяза́ться	52	раздвое́нный	70	разду́тие	86
развя́зка	52	раздвои́ть	70	разду́шить	87
развя́зный	52	раздвои́ться	70	разду́шиться	87
разга́р	61	разде́л	73	разжа́лобить	94
разгла́дить	53	разде́лать	72	разжа́лобиться	94
разгла́диться	53	разде́латься	72	разжа́ловать	94
разгла́живающий	53	разделе́ние	73	разжа́ть	95
разгласи́тель	59	раздели́мый	73	разжа́ться	95
разгласи́ть	59	раздели́тельный	73	разжева́ть	97
разглаше́ние	59	раздели́ть	73	разжени́ть	98
разгляде́ть	54	раздели́ться	73	разжени́ться	98
разгово́р	57	разде́лка	72	разже́чь	99
разговори́ть	57	разде́лочный	72	разже́чься	99
разговори́ться	57	раздельнопо́лость	73	разжиди́ть	102
разгово́рник	57	раздельнопо́лый	73	разжиди́ться	102
разгово́рчивый	57	раздельнопо́лый	238	разжиже́ние	102
разгово́рчик	57	разде́льный	74	разжи́ться	102
разгово́рщик	57	раздобри́ть	79	раззадо́рить	82
разго́н	55	раздобри́ться	79	раззадо́риться	82
разго́нистый	56	раздраже́ние	264	раззвони́ть	106
разго́нка	56	раздражённый	264	разнакомить	111
разго́нный	56	раздражи́мый	264	разнакомиться	111
разгоре́ться	61	раздражи́тель	264	ра́зик	263
разгороди́ть	62	раздражи́тельный	264	рази́тельный	264
разгороди́ться	62	**раздражи́ть**	**264**	рази́ть	264
разгрести́	63	раздражи́ться	264	разла́д	150
разгро́м	64	раздроби́тельный	83	разла́дить	150
разгроми́ть	64	раздроби́ть	83	разла́диться	150
разгрузи́ть	65	раздроби́ться	83	разла́дица	151
разгрузи́ться	65	раздробле́ние	83	разлежа́ться	154
разгру́зка	65	раз-друго́й	84	разле́зться	155
разгрузно́й	65	раздружи́ть	83	разлёт	157

разлета́йка	157	размахну́ться	173	размочи́ться	189
разлета́ться	157	разма́шистый	173	размо́чка	189
разлете́ться	157	размежева́ть	174	razмучить	195
разле́чься	158	размежева́ться	175	размучиться	195
разли́в	160	размежёвка→	175	размы́в	198
разли́ванный	161	размельчи́ть	176	размыва́ние	198
разлива́тельный	161	размельчи́ться	176	размыва́тель	198
разли́вка	161	разме́нник	177	размы́вчатый	198
разли́вщик	161	разме́нный	177	размы́слить	196
разли́тие	160	разменя́ть	177	размы́ть	197
разлито́й	160	разменя́ться	177	размышле́еие	196
разли́ть	160	разме́р	180	размягче́ние	199
разли́чествовать	264	разме́рить	180	размягчи́ть	199
разли́чие	264	разме́рность	180	размя́клый	199
различи́тельный	264	разме́рный	180	размя́кнуть	199
различи́ть	**264**	размести́ть	181	размя́ть	199
различи́ться	264	размести́ться	181	размя́ться	199
разли́чный	264	размёт	182	размя́ться	200
разложе́нец	163	размета́ть	182	разне́жничаться	202
разложе́ние	128	размета́ться	182	разнемо́чься	193
разложе́ние	163	разме́тить	183	ра́зниться	264
разложи́ть	128	разме́тка	183	ра́зница	264
разложи́ть	163	разме́тчик	183	ра́зно	264
разложи́ть	163	размечта́ться	183	ра́зно-	264
разложи́ться	128	размеша́ть	184	разнобо́й	20
разложи́ться	128	размеша́ться	184	разнобо́й	264
разложи́ться	163	размеще́ние	181	разнове́с	264
разло́м	165	разми́нка	200	разнове́ска	264
разлома́ть	165	размноже́ние	188	разнови́дность	43
разлома́ться	165	размно́жить	188	разнови́дность	264
разломи́ть	165	размо́клый	188	разнови́дный	43
разло́мка	165	размо́кнуть	188	разнови́дный	264
разло́мщик	165	размо́л	191	разновреме́нный	264
разлюби́ть	167	размо́лвка	189	разновысо́кий	264
разма́зать	168	размолоти́ть	191	разногла́зый	264
разма́заться	168	размоло́ть	191	разногла́сие	59
разма́зка	168	размоло́ться	191	разногла́сие	264
размазня́	168	размо́льщик	191	разногла́сить	59
разма́нить	171	размонти́рование	192	разногла́сить	265
разма́х	173	размори́ть	178	разногла́сный	265
разма́хать	173	заморо́зить	193	разноголо́сица	265
разма́хаться	173	заморо́зиться	193	разноголо́сый	265
размахну́ть	173	размочи́ть	189	разнознача́щий	265

разноимённый	265
разнокали́берный	265
разноли́кий	265
разноли́стный	265
разнома́рочный	265
разнома́стный	265
разномы́слие	197
разномы́слие	265
разномы́слящий	197
разномы́слящий	265
разно́жка	265
разнообра́зие	265
разнообра́зить	265
разнообра́зиться	265
разнообра́зный	265
разноплемённый	265
разнорабо́чий	265
разноречи́вый	265
разноречи́вый	275
разноре́чие	265
разноре́чие	275
разноре́чить	265
разноре́чить	275
разноро́дный	265
разно́с	204
разноси́ть	204
разноси́ться	204
разно́ска	204
разноскloня́емый	265
разносло́жный	265
разносо́л	265
разнососло́вный	265
разнососта́вный	265
разноспряга́емый	265
разносто́пный	265
разносторо́нний	265
разносторо́нний	338
разносторо́нность	338
разностро́йный	265
разностро́йный	343
ра́зность	264
разноти́пный	265
разноти́пный	363
разното́нный	265
разното́нный	367
разнотра́вье	265
разнохара́ктерный	265
разноцве́тный	265
разноцентре́нный	265
разночи́нец	414
разночте́ние	265
разношёрстный	265
разноязы́чие	265
разноязы́чие	431
разноязы́чный	265
разноязы́чный	431
ра́знствовать	264
ра́зный	**264**
разня́ть	**211**
разня́ться	211
разоби́деть	212
разоби́деться	212
разобра́ть	25
разобра́ться	25
разобще́ние	214
разобщённый	214
разобщи́тельный	214
разобщи́ть	214
разобщи́ться	214
разови́к	263
разово́й	263
разогна́ть	55
разогна́ться	55
разогну́ть	56
разогну́ться	57
разоде́тый	215
разоде́ть	215
разоде́ться	215
разодра́ть	82
разодра́ться	82
разойти́сь	116
разо́к	263
разолга́ться	152
ра́зом	263
разонра́виться	208
разорва́ть	269
разорва́ться	269
разоруже́ние	218
разоружи́ть	218
разосла́ть	313
разоспа́ться	325
разостла́ть	337
разостла́ться	337
разохо́титься	401
разочарова́ние	408
разочаро́ваный	408
разочарова́ть	408
разрабо́танный	262
разрабо́тать	262
разрабо́тка	262
разрасти́сь	267
разрасти́ть	267
разраще́ние	267
разрегули́ровать	271
разреди́ть	271
разреди́ться	271
разреже́ние	271
разрежённый	271
разре́з	273
разреза́льный	273
разреза́льщик	273
разре́зать	273
разрезно́й	273
разреше́ние	276
разреши́мый	276
разреши́тельный	276
разреши́ть	275
разреши́ться	275
разровня́ть	277
разроди́ться	279
разрозни́ть	265
разрозни́ться	265
разроня́ть	281
разру́б	282
разруби́ть	282
разру́бка	282
разруга́ть	283
разруга́ться	283
разру́ха	284

разру́шение	284	разъём	211	раска́тник	122
разруши́мый	284	разъёмный	211	раска́чивать	123
разруши́тель	284	разъе́сть	91	раска́чка	123
разруши́тельный	284	разъе́хаться	93	раскидно́й	124
разру́шить	284	разъясне́ние	432	раски́дчивый	124
разру́шиться	284	разъяснени́тельный	432	раски́дывать	124
разры́в	269	разъясни́ть	432	раски́нуть	124
разрывно́й	269	разъясни́ть	432	раски́нуть	124
разрыда́ться	285	разыгра́ть	116	раски́нуться	124
разры́ть	286	разыгра́ться	116	раски́нуться	124
разря́д	287	разыска́ние	118	раскипяти́ться	125
разряди́ть	271	разыска́ть	118	раскисле́ние	125
разряди́ть	287	разыска́ться	118	раски́слый	125
разряди́ть	287	разъясни́ться	432	раски́снуть	125
разряди́ться	287	ракетоноси́тель	202	раскла́д	128
разря́дка	271	ракое́дка	91	раскла́дка	128
разря́дка	287	**ра́ма**	**265**	раскладно́й	128
разря́дник	287	ра́мка	265	раскладу́шка	128
разря́дный	287	рамотёс	265	раскла́сть	128
разубеди́ть	383	**ра́на**	**266**	раскле́йка	129
разубеди́ться	383	ра́не	266	раскле́ить	129
разубра́ть	26	раневой	266	раскле́иться	129
разува́жить	383	ране́ние	266	раскле́йщик	129
разуве́рение	35	ра́неный	266	раскопа́ть	134
разуве́рить	35	ране́нько	266	раско́пка	134
разузна́ть	112	ранёхонько	266	раскорми́ть	135
разукра́сить	138	рани́мый	266	раскоси́ть	137
разукра́ситься	138	ра́нить	266	раскраса́вец	138
ра́зум	384	раннеспе́лый	266	раскраса́вица	138
разуме́ние	384	раннеспе́лый	328	раскра́сить	138
разуме́ть	384	**ра́нний**	**266**	раскра́сить	138
разу́мник	384	ра́но	266	раскра́ска	138
разу́мный	384	ранова́то	266	раскрасне́ться	140
разутю́жить	386	рань	266	раскра́сть	140
разучи́ть	387	рань	266	раскра́счик	138
разъеда́ть	91	ра́ньше	266	раскрепи́ть	141
разъедени́ть	90	рапидсъёмка	211	раскрепи́ться	141
разъедине́ние	90	раска́т	122	раскрепости́ть	141
разъедини́тель	90	раската́ть	122	раскрепости́ться	141
разъе́здить	93	раската́ться	122	раскрича́ть	143
разъе́здиться	93	раскати́ть	122	раскрича́ться	143
разъездно́й	93	раскати́ться	122	раскровени́ть	144
разъезжа́ть	93	раска́тка	122	раскроши́ть	144

раскрошиться	144	расподобление	237	распущенный	256
раскрываемость	147	распознание	112	распыл	260
раскры́ть	147	распозна́ть	112	распыла́ться	259
раскры́ться	147	расползти́сь	239	распылённый	259
раскупи́ть	148	располне́ть	240	распыли́тель	259
раскури́ть	149	располоска́ться	243	распыли́ть	259
раскури́ться	149	располосова́ть	243	распыли́ться	259
раску́рка	149	распо́р	227	распьяны́йм	232
раскуси́ть	150	распоря́док	287	распя́лка	266
распа́д	225	распоте́шить	363	распя́тие	266
распаде́ние	225	распоте́шиться	363	**распя́ть**	**266**
распа́док	225	распоя́сать	246	распя́ться	266
распакова́ть	221	распоя́саться	246	расса́да	289
распакова́ться	221	распра́ва	248	рассади́ть	289
распали́ть	221	распра́вить	248	расса́дка	289
распали́ться	221	распра́виться	248	расса́дник	289
распа́р	223	распро́бовать	250	рассадопоса́дочный	289
распа́рить	223	распрода́жа	68	рассве́т	296
распа́риться	223	распрода́ть	68	рассвета́ть	296
распа́сться	225	распроси́ться	251	рассе́в	305
распахну́ть	225	распростране́ние	252	рассе́ление	300
распахну́ться	225	распространённый	252	рассели́ть	300
распе́в	228	распространи́т	252	рассели́ться	300
распере́ть	227	распространи́тель	252	рассерди́ть	301
распе́ть	228	распространи́тельный	252	рассерди́ться	301
распе́ться	228	распространи́тельский	252	рассерча́ть	301
распеча́тать	228	распры́гаться	254	рассе́сться	303
распеча́таться	228	распрями́ть	254	рассе́чка	304
распи́вочный	233	распрями́ться	254	рассе́чь	304
расписа́ние	231	распугну́ть	255	рассе́чься	304
расписа́ть	231	распу́колка	256	рассе́яние	305
расписа́ться	231	распуска́ние	256	рассе́янность	305
распи́ска	231	распустёха	256	рассе́янный	305
расписно́й	231	распусти́ть	256	рассе́ять	305
распи́ть	232	распусти́ться	256	рассиде́ться	306
распла́канный	233	распу́тать	258	расска́з	120
распла́каться	233	распу́таться	258	рассказа́ть	120
распла́та	234	распу́тица	258	расска́зчик	120
расплати́ться	234	распу́тье	258	расскака́ться	309
расплева́ться	234	распу́хлый	259	рассла́бе́ть	312
расплы́вчатый	237	распу́хнуть	259	рассла́бить	312
расплы́ться	237	распу́чить	259	рассла́бление	312
распого́диться	237	распу́щенность	256	рассла́бнуть	312

расславить	313	расстроиться	344	растленный	364
расслойка	316	расступиться	346	растлить	364
расслоить	316	рассудительный	347	растлиться	364
расслушать	318	рассудить	347	растолкнуть	365
расслышать	318	рассудок	347	растолковать	366
рассмешить	319	рассудочный	347	растолковаться	366
рассмеяться	319	рассуждать	347	растомить	367
рассмотрение	321	рассуждение	347	растопить	369
рассмотреть	321	рассчитанный	351	растопиться	369
рассол	324	рассчитать	351	растопка	369
рассольник	324	рассчитаться	351	растоптать	369
рассорить	326	рассылать	313	расторговать	370
рассорить	331	рассылка	313	расторговаться	370
рассориться	326	рассыльный	313	расторопный	370
рассориться	331	рассыпать	352	растосковать	370
рассортировать	326	рассыпаться	352	расточение	371
рассортировка	326	рассыпка	352	расточить	371
рассосать	327	рассыпной	352	расточить	371
рассосаться	327	рассыпчатый	352	расточиться	371
рассохнуться	349	рассыпщик	352	расточка	371
расспрос	251	растаскать	355	растрата	373
расспросить	251	растащить	355	растратить	373
рассредоточить	330	растаять	355	растратчик	373
рассрочить	331	растекаться	363	растревожить	374
рассрочка	331	растелиться	267	растревожиться	374
расставить	332	растелиться	357	растрескаться	374
расставиться	332	растение	266	растрогать	375
расставка	332	растениевод	266	растрогаться	375
расстановка	332	растениеводство	266	раструб	376
расстановщик	332	растениепитатель	266	раструбить	376
расстараться	333	растереть	359	растрясальщик	377
расстаться	335	растереться	360	растрясти	377
расстеклование	335	растерзать	360	растыкать	379
расстил	337	растеря	361	растягивать	382
расстрелять	342	растерянность	361	растяжение	382
расстрига	342	растерянный	361	растяжимый	382
расстрижение	342	растерять	361	растяжной	382
расстричь	342	растеряться	361	растянутость	382
расстричься	342	**расти**	**266**	растянутый	382
расстроенный	344	растирка	360	растянуть	382
расстройка	344	растительность	268	расформировать	391
расстройство	344	растительный	268	расформироваться	391
расстроить	344	растление	364	расформировка	391

расхвали́ть	393	расшире́ние	421	ребя́чество	270
расхвали́ться	393	расши́реный	421	ребя́чий	270
расхва́т	393	расшири́тельный	421	ребя́читься	270
расхвата́ть	393	расшири́тель	421	ребя́чливый	270
расхвати́ть	393	расши́рить	421	ревизиони́зм	270
расхо́д	398	расши́риться	421	ревизиони́ст	270
расхо́довать	398	расширя́емость	421	ревизио́нный	270
расхо́доваться	398	расши́ть	422	**реви́зия**	**270**
расходи́ться	398	расши́ться	422	ревизова́ть	270
расходи́ться	398	расшуме́ться	423	ревизо́вка	270
расходи́ться	398	расшути́ться	423	ревизо́р	270
расхо́дный	398	расщедри́ться	424	ревни́вец	270
расхожде́ние	398	ращение	266	ревни́вый	270
расхо́жий	398	рвану́ть	268	ревни́тель	270
расхолоди́ть	400	рвану́ться	268	ревнова́ть	270
расхоте́ться	401	рва́ный	268	ре́вностный	270
расхохота́ться	401	рвань	268	**ре́вность**	**270**
расхраби́ться	401	рваньё	268	революционе́р	270
расцвести́	404	**рвать**	**268**	революционизи́ровать	270
расцве́т	404	рва́ться	268	революционизи́роваться	270
расцвети́ть	404	рвач	268	революциони́зм	270
расцве́тка	404	рва́чество	268	революцио́нный	270
расцелова́ть	405	рве́ние	268	**револю́ция**	**270**
расцени́ть	406	рво́та	268	реги́стр	270
расце́нка	406	рво́тный	268	регистра́тор	270
расце́нщик	406	реа́л	270	регистрату́ра	270
расчеркну́ться	410	реализа́ция	270	**регистра́ция**	**270**
расчерти́ть	412	реали́зм	270	регистри́ровать	271
расчеса́ть	412	**реализова́ть**	**270**	регистри́роваться	271
расчеса́ться	412	реализова́ться	270	реги́стровый	271
расчёска	412	реали́ст	270	регули́рование	271
расчёт	351	реалисти́ческий	270	**регули́ровать**	**271**
расчётливый	351	реалисти́чный	270	регулиро́вка	271
расчётный	351	реа́льность	270	регулиро́вщик	271
расчётчик	351	реа́льный	270	ре́гулы	271
расчи́слить	414	**ребёнок**	**270**	регуля́рность	271
расчи́стить	415	ребя́та	270	регуля́рный	271
расчи́стка	415	ребятёнок	270	регуляти́вный	271
расчиха́ть	416	ребяти́шки	270	**регуля́тор**	**271**
расчу́вствоваться	418	ребятия́	270	регуля́ция	271
расчуде́сный	418	ребя́тки→	270	редакти́ровать	271
расшата́ть	420	ребяту́шки	270	реда́ктор	271
расшата́ться	420	ребя́ческий	270	реда́кторствовать	271

реда́ктура	271	резьба́	272	рефлексоло́гия	274
редакцио́нный	271	резьбово́й	272	рефлекти́вный	274
реда́кция	271	резьбоме́р	272	рефлекти́ровать	274
реде́ть	271	**рекла́ма**	**274**	рефлекто́метр	274
ре́дечка	271	реклама́ция	274	рефле́ктор	274
ре́дечный	271	реклами́ровать	274	рефлекто́рный	274
ре́дкий	**271**	рекламѝст	274	**рефо́рма**	**274**
редковоло́сый	271	рекла́мный	274	реформа́т	275
редкозу́бый	271	рекламода́тель	274	реформа́тор	275
редколе́сье	271	рекоменда́тельный	274	реформато́рий	275
редкометалли́ческий	271	рекоменда́ция	274	реформа́тство	275
редкосло́йный	271	рекомендова́ть	274	реформа́ция	275
ре́дкостный	271	рекомендова́ться	274	рефо́рменный	275
ре́дкость	271	**ре́ктор**	**274**	реформи́зм	275
редни́на	271	ректора́т	274	реформи́ровать	275
ре́дька	**271**	религио́зность	274	реформи́роваться	275
реза́к	272	религио́зный	274	реформи́ст	275
ре́залка	272	**рели́гия**	**274**	реформи́стский	275
ре́зальный	272	**рельс=**	**274**	**реце́пт**	**275**
ре́зальщик	272	рельсопрока́тный	122	рецепта́р	275
ре́зание	272	рельсопрока́тный	274	рецепту́ра	275
ре́заный	272	рельсопрока́тчик	122	речево́й	275
ре́зать(резну́ть, заре́зать)	**271**	рельсопрока́тчик	274	рече́ние	275
ре́заться	271	ремне́ц	274	речённый	275
резе́ц	272	реме́нный	274	речи́вый	275
резеци́ровать	272	**реме́нь**	**274**	речи́стый	275
рези́на	**273**	ремеше́чник	274	речу́га	275
рези́нить	273	ремешко́вый	274	**речь**	**275**
рези́нка	273	реме́шник	274	реша́емость	275
рези́нковый	273	ремешо́к-	274	реша́ться	275
рези́нщик	273	ремнецве́тник	274	реше́бник	275
ре́зка	272	**ремо́нт**	**274**	реше́ние	275
ре́зник	272	ремонти́ровать	274	решённый	275
резно́й	272	ремонтиро́вка	274	реши́мость	275
резну́ть	272	ремо́нтник	274	реши́тельно	275
резня́	272	ремо́нтный	274	реши́тельность	275
результа́т	**273**	рентгеносъёмка	211	реши́тельный	275
результати́вность	273	реорганиза́ция	217	реши́ть	275
результати́вный	273	реорганизова́ть	217	реша́ющий	275
результа́тный	274	**ресу́рс**	**274**	реэвакуа́ция	424
результи́рующий	274	**рефле́кс**	**274**	реэвакуи́ровать	424
ре́зчик	272	рефле́ксия	274	ржа́нище	280
резь	272	рефле́ксный	274	ржа́нка	280

ржано́й	280	рога́теть	277	родонача́льник	201
ржи→рожь	280	рога́тик	277	родонача́льник	278
ржи́ца→	280	рога́тица	277	родосло́вец	278
рис	276	рога́тка	277	родосло́вие	278
риск	276	рога́тый	277	ро́дственник	278
риско́ванный	276	рога́ч	277	ро́дственный	278
рискова́ть	276	рогови́дный	277	родство́	278
риско́вой	276	рогови́к	277	рожда́емость	278
риско́вый	276	рогови́на	277	рожда́ть	278
рисова́льный	276	рогови́ца	277	рожде́ние	278
рисова́льщик	276	рогово́й	277	рожде́нник	278
рисова́ние	276	рогоно́сец	277	рождённый	278
рисова́ть	276	рогу́лька	277	рожде́ственский	278
рисова́ться	276	рогу́льник	277	рождество́	278
рисо́вка	276	рогу́ля	277	роже́ница	278
рисово́д	276	род	277	рожь	280
рисово́дство	276	роди́льница	277	ро́за	280
ри́совый	276	роди́льный	277	ро́зан	280
рисоубо́рка	26	роди́менький	277	ро́занчик	280
рису́нок	276	роди́мец	277	роза́рий	280
рису́нчатый	276	роди́мый	277	роза́риум	280
ритм	276	ро́дина	277	ро́злив	161
ритмиза́ция	276	роди́нка	277	ро́зливень	161
ритмизи́ровать	276	роди́ны	277	ро́знить	265
ритмизо́ванный	276	роди́тель	277	ро́зница	265
ри́тмика	276	роди́тельный	277	ро́зно	265
ритми́ческий	276	роди́тельский	277	ро́зный	265
ритмопла́стика	276	роди́ть	277	рознь	265
ров	285	роди́ться	277	розова́тый	280
рове́сник	276	ро́дич	277	розове́ть	280
ро́вик	285	родне́нький	277	розоволи́цый	280
ровнёхонький	276	родни́к	278	розовощёкий	280
ровнёхонько	276	родни́ться	277	ро́зовый	280
ро́вно	276	родно́й	278	розоцве́тные	280
ро́вность	276	ро́дный	278	ро́зочка	280
ро́вный	276	родня́	278	ро́зыгрыш	116
ровня́	263	родови́тый	278	ро́зыск	118
ровня́ть	276	родо́вич	278	**рома́н**	**280**
ровня́ться	276	родово́й	278	романи́ст	280
рог	277	родовспомоиа́тельное	278	романи́ческий	280
рога́лик	277	родовспомога́тельный	278	рома́нный	280
рога́ль	277	родовспоможе́ние	278	романтизи́ровать	280
рога́стый	277	рододе́ндрон	278	романти́зм	280

романтик	280	рубило	281	рукодельница	283
романтика	280	рубильник	281	рукодельничать	73
романтический	280	**рубить**	**281**	рукодельный	283
романтичный	280	рубиться	281	рукокрылые	283
ронить	**280**	рубка	281	рукомойник	283
ронять	280	рубленый	281	рукопашный	283
ропот	281	рубцевание	281	рукописание	230
ропотливый	281	рубцеватый	281	рукописание	283
ропотный	281	рубцеваться	281	рукописный	230
роптание	281	рубчатый	281	рукописный	283
роптать	**281**	рубчик	281	рукопись	230
роса	**281**	ругань	282	рукопись	283
росинка	281	ругатель	282	рукоплескание	283
росистый	281	ругательный	282	рукоплескать	283
росить	281	ругательский	282	рукопожатие	283
роситься	281	ругательство	282	рукоприкладство	128
роскошество	281	**ругать**	**282**	рукотворный	283
роскошествовать	281	ругаться	282	рукоятка	283
роскошник	281	рудознатец	112	рукоять	283
роскошничать	281	рудокоп	134	рулевой	284
роскошный	281	**рука**	**283**	руление	284
роскошь	**281**	рукав	283	рулить	284
рослый	267	рукавица	283	**руль**	**284**
росный	281	рукавичник	283	рученька	283
росомер	281	рукавный	283	ручка	283
росплывь	237	рукавчик	283	ручнеть	283
россыпь	352	рукастый	283	ручник	283
рост	267	рукобитье	20	ручница	283
ростить	267	рукобитье	283	ручной	283
ростовой	267	рукоблудие	22	ручонка	283
ростовщик	267	рукоблудие	283	рушение	284
ростовщичество	267	рукоблудник	22	рушильный	284
росток	267	рукоблудник	283	**рушить**	**284**
росточек	267	руковод	283	рушиться	284
росчерк	410	руководительство	283	**рыба**	**284**
росяной	281	руководительствовать	283	рыбак	284
рот	**281**	руководить	283	рыбаковать	284
ротик	281	руководиться	283	рыбалить	284
ротовой	281	руководство	283	рыбалка	285
ротозей	281	руководящий	283	рыбарь	285
ротозейничать	281	рукоделие	73	рыбацкий	285
ротозейство	281	рукоделие	283	рыбачество	285
рубец	281	рукодельница	73	рыбачий	285

рыба́чить	285	**рыда́ть**	285	садоразведе́ние	288
рыба́чка	285	рыло	285	садострои́тельство	288
рыбе́ц	285	рылово́рот	285	саж	288
рыбёшка	285	ры́льце	285	са́жалка	288
ры́бий	285	**рыть**	285	са́жалка	288
ры́бина	285	рытьё	285	са́жальный	288
ры́бинка	285	ры́ться	285	са́жальщик	288
ры́бица	285	ряд	286	**сажа́ть**	**288**
рыбнадзо́р	285	ря́да	286	са́женец	288
ры́бник	285	ряди́ть	286	са́женный	288
ры́бница	285	ряди́ться	286	салова́р	31
ры́бный	285	рядко́м	286	**сам**	**289**
рыбово́д	285	ря́дность	286	само-	289
рыбово́дство	285	ря́дный	286	само-	289
рыбозаво́д	285	рядови́к	286	самоана́лиз	289
рыбокомбина́т	285	рядово́й	286	самобичева́ние	289
рыболо́в	285	рядо́к	286	самобо́рство	289
рыболове́цкий	285	**ря́дом**	**286**	самобре́йка	289
рыболо́вство	285	ря́дчик	286	самобро́ска	289
рыбоморози́льный	193	ря́дышком	286	самобы́тность	289
рыбомучно́й	285	ря́женный	286	самобы́тный	289
рыбонасо́с	285	ря́женый	286	самова́р	31
рыбоохра́на	285	ря́женье	286	самова́р	289
рыбопито́мник	285			самова́рничать	31
рыбоподъёмник	210			самова́рничать	289
рыбоподъёмный	285		С		самови́дец	43
рыбопоса́дочный	285	с	179	самови́дец	289
рыбоприёмный	285	С	287	самовла́ствовать	289
рыбопромысло́вый	285	с	385	самовла́стие	289
рыбопромы́шленник	285	сад	288	самовласти́тель	289
рыбопромы́шленность	285	са́дик	288	самовласти́тельный	289
рыборазво́дня	285	са́дка	288	самовласти́тельство	289
рыботорго́вец	285	са́дкий	288	самовла́стный	289
рыбохо́д	285	садовладе́лец	288	самовлюблённый	166
рыбохо́д	399	садо́вник	288	самовлюблённый	289
рыбохо́з	399	садо́вничать	288	самовнуше́ние	289
рыбоя́дный	92	садово́д	288	самовозбужде́ние	289
рыбоя́дный	285	садово́дство	288	самовозвеличе́ние	289
рыбчо́нка	285	садо́во-огоро́дный	288	самовозгора́емость	61
рыво́к	268	садо́во-па́рковый	288	самовозгора́емость	290
рыда́лец	285	садо́вый	288	самовозгора́ние	61
рыда́льщица	285	садозащи́тный	288	самовозгора́ние	290
рыда́ние	285	садо́к	288	самовозгора́ться	61

самовозгора́ться	290	самоде́лка	73	самоиспыта́ние	290
самово́лие	49	самоде́лка	290	самои́стина	290
самово́лие	290	самоде́льный	73	самоистребле́ние	290
самово́лка	49	самоде́льный	290	самоистяза́ние	291
самово́лка	290	самоде́льщина	290	самока́л	291
самово́льник	49	самодержа́вие	290	самока́т	123
самово́льник	290	самодержа́вный	290	самока́т	291
самово́льничать	49	самодержец	290	самока́том	123
самово́льничать	290	самоде́ятельность	290	самока́том	291
самово́льный	49	самоде́ятельный	290	самока́тчик	123
самово́льный	290	самодисципли́на	290	самока́тчик	291
самово́льство	49	самодовле́ющий	290	самокла́д	291
самово́льщик	49	самодово́льный	290	самокла́дчик	291
самово́льщик	290	самодово́льство	290	самоконтро́ль	291
самово́льщина	49	самоду́р	85	самокорму́шка	291
самово́льщина	290	самоду́р	290	самокри́тика	291
самовоспита́ние	290	самоду́рничать	85	самокрити́чный	291
самовоспита́тельный	290	самоду́рство	85	самокру́тка	291
самовоспла́мени́ться	234	самоду́рство	290	самокру́тка	291
самовосхвале́ние	290	самоду́рствовать	290	самоку́рсы	291
самовыпрямля́ющийся	290	саможе́ртвование	290	самолёт	157
самовя́з	290	самозабве́ние	290	самолёт	291
самовя́зный	290	самозабве́нный	290	самолётовожде́ние	157
самогипно́з	290	самозаводя́щийся	290	самолётовожде́ние	291
самогла́сный	290	самозагото́вка	290	самолётострое́ние	157
самоговоря́щий	290	самозажига́ние	290	самолётострое́ние	291
самого́н	56	самозажига́тель	290	самолётчик	157
самого́н	290	самозака́ливание	290	самоли́чность	161
самого́н	290	самозака́ливаться	290	самоли́чность	291
самого́нка	56	самозакрепле́ние	290	самоли́чный	161
самого́нка	290	самозапи́сывающийся	290	самоли́чный	291
самого́нный	56	самозараже́ние	290	самоло́в	162
самогонова́рение	56	самозарожде́ние	290	самоло́в	291
самогонова́рение	290	самозаря́дный	290	самоло́вный	291
самогонокуре́ние	56	самозата́чиваться	290	самолю́б	167
самогонокуре́ние	290	самозащи́та	290	самолю́б	291
самого́нщик	56	самозва́нец	104	самолюби́вый	291
самого́нщик	290	самозва́нец	290	самолюби́вый	167
самодви́гатель	290	самозва́нный	104	самолю́бие	167
самодвиже́ние	290	самозва́нный	290	самолюбова́ние	167
самодви́жность	290	самозва́нство	104	самолюбова́ние	291
самодви́жущийся	290	самозва́нство	290	самомне́ние	291
самоде́йствующий	290	самоинду́кция	290	самомни́тельный	291

самонаблюде́ние	291	самооса́дка	291	самопроизво́льный	250
самонаведе́ние	291	самоосвобожде́ние	291	самопря́лка	292
самонаводя́щийся	291	самооста́нов	291	самопу́ск	255
самонаде́янность	201	самоосужде́ние	291	самопу́ск	292
самонаде́янность	291	самоотверже́ние	291	саморазвива́ющийся	292
самонаде́янный	201	самоотве́рженный	292	саморазви́тие	292
самонаде́янный	291	самоотво́д	292	саморазгружа́ющийся	292
самоназва́ние	291	самоотда́ча	292	саморазгру́зчик	292
самонакла́д	291	самоотравле́ние	292	саморазложе́ние	292
самонастра́ивающийся	291	самоотрече́ние	292	саморазоблаче́ние	292
самонра́вный	208	самоотрешённость	292	саморазря́д	292
самонра́вный	291	самоотчёт	292	самора́нение	292
самообвине́ние	291	самоотчётность	292	самораспа́д	225
самообеспе́чение	291	самоохра́на	292	самораспа́д	292
самооблада́ние	291	самооце́нка	292	самора́счёт	292
самообличе́ние	291	самоочеви́дный	292	самора́счёт	351
самообложе́ние	291	самоочища́ться	292	саморегистри́рующий	292
самообма́н	291	самоочище́ние	292	саморегули́рующий	292
самообогаще́ние	291	самоощуще́ние	220	саморекла́ма	292
самообожа́ние	291	самоощуще́ние	292	саморо́дковый	279
самообольща́ться	156	самопа́л	292	саморо́дковый	292
самообольща́ться	291	самопа́льник	292	саморо́дность	279
самообольще́ние	156	самопи́сец	292	саморо́дность	292
самооборо́на	291	самопи́ска	292	саморо́дный	279
самообразова́ние	212	самопи́щущий	292	саморо́дный	292
самообразова́ние	291	самопла́в	292	саморо́док	279
самообразо́ванный	212	самоплави́йк	292	саморо́док	292
самообслу́живание	291	самопла́вом	292	самоса́д	289
самообуче́ние	291	самоподава́тель	292	самоса́д	292
самооговор	291	самоподаю́щий	292	самоса́дка	289
самоограниче́ние	291	самоподгото́вка	63	самоса́дка	292
самоока́пывание	291	самоподгото́вка	292	самосбро́ска	292
самоокисле́ние	291	самопоже́ртвование	292	самосва́л	30
самоокупа́емость	291	самопозна́ние	292	самосва́л	292
самооплодотворе́ние	291	самопо́мощь	292	самосветя́щийся	292
самооправда́ние	291	самопочита́ние	292	самосе́в	292
самоопределе́ние	291	самопочита́ние	417	самосе́в	304
самоопредели́ться	291	самопре́сс	292	самосе́вка	305
самооприки́дывающийся	291	самоприви́вка	292	самосе́дка	292
самоопыле́ние	291	самопричи́нный	292	самосе́дка	306
самоопыли́тель	291	самопрове́рка	292	самосе́й	292
самоопыля́ться	291	самопроизво́льность	250	самоси́льно	292
самоорганизу́ющийся	291	самопроизво́льность	292	самоски́дка	124

самосма́з	169	самоудовлетворе́ние	293	самохо́дом	293
самосма́з	292	самоудовлетворённый	293	самохо́дом	399
самосма́зка	169	самоумале́ние	293	самохо́дчик	293
самосма́зывающийся	292	самоуниже́ние	293	самоцве́т	293
самоснабже́ние	292	самоуничиже́ние	385	самоцве́т	404
самосоверше́нствование	38	самоуничтоже́ние	293	самоцве́тный	293
самосоверше́нствование	292	самоуплотне́ние	293	самоцве́тный	404
самосогрева́ние	292	самоупра́вец	247	самоце́ль	293
самосожже́ние	292	самоупра́вец	293	самоце́ль	405
самосожига́тель	292	самоуправле́ние	247	самоцентро́вка	293
самосозерца́ние	292	самоуправле́ние	293	самоче́рпка	411
самосозна́ние	293	самоуправля́емый	247	самочи́нный	293
самосохране́ние	293	самоуправля́емый	293	самочи́нный	414
самоспла́в	293	самоуправля́ться	247	самочи́нство	293
самостери́льный	293	самоупра́вный	247	самочи́нство	414
самости́йный	293	самоупра́вный	293	самочи́нствовать	293
самости́л	293	самоупра́вство	247	самочи́нствовать	414
самости́л	337	самоупра́вство	293	самочу́вствие	293
самостоя́тельность	293	самоупра́вствовать	247	самочу́вствие	418
самостоя́тельный	293	самоуслажде́ние	293	**санато́рий**	**293**
самострахо́вка	293	самоуспокое́ние	293	санато́рник	293
самостре́л	293	самоуспоко́енность	293	санато́рно	293
самостре́льный	293	самоустана́вливающийся	293	сана́ция	293
са́мость	293	самоустрани́ться	293	санба́т	293
самосу́д	293	самоутвержде́ние	293	санвра́ч	293
самосу́д	347	самоучи́тель	293	санинстру́ктор	294
самосхва́т	293	самоучи́тель	387	сани́ровать	294
самота́ска	293	самоу́чка	293	санита́р	294
самотёк	293	самоу́чка	387	санита́рия	294
самоткани́на	293	самоферти́льность	293	санита́рка	294
самотка́нный	293	самохва́л	293	санита́рный	294
самоторможе́ние	293	самохва́л	393	саннадзо́р	294
самото́чка	293	самохва́льный	393	санпо́езд	294
самотря́с	293	самохва́льство	293	санпропускни́к	294
самотря́с	377	самохва́льствовать	293	санпросве́т	294
самоуби́йственный	293	самохва́льствовать	393	санпу́нкт	294
самоуби́йство	293	самохо́д	293	санте́хник	294
самоуби́йца	293	самохо́д	399	санте́хника	294
самоуваже́ние	293	самохо́дка	293	сану́пр	294
самоуве́ренность	293	самохо́дка	399	санча́с	294
самоуве́ренный	293	самохо́дчик	399	санча́сть	294
самоуве́ренный	35	самохо́дный	293	санча́сть	409
самоуглублённый	293	самохо́дный	399	**сатана́**	**294**

сатане́ть	294	сбой	20	сведе́ние	32
сатани́зм	294	сбо́йка	20	све́дущий	32
сатани́нский	294	сбо́ку	24	свежа́к	294
сатани́нство	294	сбор	26	свежа́тина	294
сатани́нщина	294	сбо́рить	26	свежева́льщик	294
са́хар	**294**	сбо́рище	26	свежева́тый	294
сахара́т	294	сбо́рка	26	свежева́ть	294
са́харец	294	сбо́рник	26	свежевьё	294
сахари́д	294	сбо́рность	26	свежезаморо́женный	294
сахари́метр	294	сбо́рный	26	свежеиспечённый	294
сахари́н	294	сборня́	26	све́женький	295
сахари́нщик	294	сбо́рочный	26	свежеобмоло́ченный	191
саха́ристость	294	сбо́рчатый	26	свежепросо́льный	295
саха́ристый	294	сбо́рщик	26	све́жесть	295
са́харить	294	сбочени́ться	24	свеже́ть	295
са́хариться	294	сбо́чить	24	свежёхонький	295
сахарифика́ция	294	сброс	27	**све́жий**	**294**
са́харник	294	сброса́ть	27	свежина́	294
са́харница	294	сбро́сить	27	свежо́	294
са́харный	294	сбро́ситься	27	свеклоподъёмник	210
сахарова́р	31	сбро́сный	27	свекова́ть	33
сахарова́р	294	сбыт	28	**све́ргнуть**	**295**
сахаваре́ние	31	сбы́тный	28	све́ргнуться	295
сахароваре́ние	294	сбытово́й	28	сверже́ние	295
сахарова́рня	31	сбы́точный	28	све́рзить	295
сахарова́рня	294	сбы́тчик	28	све́рзиться	295
сахароно́с	294	сбыть	28	сверка́ние	295
сба́вить	16	сбы́ться	28	**сверка́ть**	**295**
сба́вка	16	свал	30	сверну́ть	36
сба́вочный	16	свали́ть	30	сверну́ться	36
сбег	17	свали́ться	30	свёртка	36
сбежа́лый	17	сва́льный	30	свёрток	36
сбежа́ться	17	сва́льщик	30	свёртываемость	36
сберега́тель	18	сва́риваемость	31	свёртывание	36
сберега́тельный	18	свари́ть	30	свёртывать	36
сбереже́ние	18	свари́ть	31	сверх	37
сбере́чь	18	свари́ться	30	сверх-	37
сбере́чься	18	свари́ться	31	сверхбы́стрый	37
сби́тень	20	сва́рка	31	сверхвысо́кий	37
сби́теньщик	20	сварно́й	31	сверхвысо́кий	51
сби́тый	20	сва́рщик	31	сверхвысо́тный	37
сбить	20	све́дать	32	сверхвысо́тный	51
сби́ться	20	све́даться	32	сверхгига́нт	37

сверхда́льний	37	сверхчу́вственный	37	светло-голубо́й	296
сверхда́льний	66	сверхшта́тный	37	светло-жёлтый	296
сверхдальнобо́йный	37	сверхъесте́ственный	37	светло-зелёный	296
сверхдредно́ут	37	сверхъесте́ственный	90	светло-кашта́новый	296
сверхзада́ча	37	сверхэкспре́сс	37	светло-кори́чневый	296
сверхзвуково́й	37	сверши́тель	38	светло-кра́сный	296
сверхзвуково́й	107	сверши́ть	38	светлокры́лый	296
сверхкомпле́кт	37	сверши́ться	38	светлоку́дрый	296
сверхкрити́ческий	37	свес	42	светлоли́кий	296
сверхлёгкий	37	свес	39	светло-лило́вый	296
сверхлими́тный	37	све́сить	39	светло-мали́новый	296
сверхмагистра́ль	37	све́сить	42	светло-ро́зовый	296
сверхме́рный	37	све́ситься	39	светло-ру́сый	296
сверхме́рный	179	све́ситься	42	светло-се́рый	296
сверхме́ткий	37	свести́	41	светло-си́ний	296
сверхмо́щный	37	**свет**	**295**	све́тлость	296
сверхнормати́вный	37	света́ние	295	светлота́	296
сверхнормати́вный	208	света́ть	295	светлоцве́тный	296
сверхпа́мять	37	светёлка	295	светля́к	296
сверхпа́мять	222	свете́ц	295	светобоя́знь	296
сверхпла́новый	37	свети́лен	295	светово́д	296
сверхпри́быль	28	свети́ленка	295	светово́й	296
сверхпри́быль	37	свети́ло	295	светодальноме́р	296
сверхпроводи́мость	37	свети́льник	295	светоза́рный	296
сверхра́нний	37	свети́льничный	295	светокопирова́льный	296
сверхра́нний	266	свети́льный	295	светокопирова́ние	296
сверхсветово́й	37	свети́мость	295	светокульту́ра	296
сверхскоростно́й	37	свети́ть	295	светолече́бница	296
сверхсме́нный	37	свети́ться	295	светолече́ние	296
сверхсме́тный	37	све́тленький	296	светолюби́вый	296
сверхсро́чник	37	светле́ть	296	светомаскиро́вка	296
сверхсро́чник	331	светле́ться	296	светоме́р	296
сверхсро́чный	37	светлина́	296	светому́зыка	296
сверхсро́чный	331	светли́ть	296	светонепроница́емый	296
сверхтеку́честь	37	светли́ца	296	светоно́ска	204
сверхто́ки	37	светло́	296	светоно́ска	296
све́рху	37	светло-	296	светоно́сный	204
сверхуда́рник	37	светло́	296	светоно́сный	296
сверхуда́рный	37	светло-бу́рый	296	светоотда́ча	296
сверхуро́чный	37	светлова́ть	296	све́топись	296
сверхуро́чный	385	световоло́сый	296	светопроница́емый	296
сверхчелове́к	37	светлогла́зый	296	светосигна́л	296
сверхчелове́к	410	светло-гнедо́й	296	светоси́ла	296

светоси́льный	297	свинокопчёности	297	сводно́й	41
светососта́в	297	свинома́тка	297	сво́дный	41
светосто́йкий	297	свиномолодня́к	297	сво́дня	41
светотенево́й	297	свиноотко́рм	297	сводообра́зный	41
светоте́нь	297	свиноотко́рмочный	297	сво́дчатый	41
светоте́нь	357	свинопа́с	224	сво́дчик	41
светоте́хника	297	свинопа́с	297	свое-	298
светоте́хника	362	свиноро́й	297	своевла́стие	298
светофи́льтр	297	свинотова́рный	297	своевла́стный	298
светофо́н	297	свинофе́рма	297	своево́лие	49
светофо́р	297	сви́нский	297	своево́лие	298
свето́ч	297	сви́нство	297	своево́льник	49
светочувстви́тельность	297	свинти́ть	45	своево́льник	298
светя́щийся	295	свинти́ться	45	своево́льничать	49
светя́щийся	297	сви́нтус	297	своево́льничать	298
свеча́	295	свину́шник	297	своево́льный	49
свече́ние	295	свинья́	297	своево́льство	49
све́чка	295	свиня́рник	297	своево́льство	298
све́чник	295	свиня́рня	297	своевре́менный	298
свечно́й	295	свиня́чий	297	своекоры́стие	298
свещено́сец	204	свиня́чить	297	своекоры́стный	298
свещено́сец	295	свито́к	46	своеко́штный	298
свива́льник	46	свить	46	своенра́вие	208
свива́льный	46	сви́ться	46	своенра́вие	298
свида́ние	43	свобо́да	297	своенра́вный	208
свиде́тель	44	свобо́дно	297	своенра́вный	298
свиде́тельство	44	свободномы́слящий	196	своеобра́зие	298
свиде́тельствование	44	свободнорождённый	278	своеобра́зный	298
свиде́тельствовать	44	свободнорождённый	297	своеобы́чие	298
сви́дться	43	свобо́дный	297	своеру́чный	298
сви́деться	43	свободолю́бец	297	своз	33
свина́рник	297	свободолюби́вый	297	свози́ть	33
свина́рный	297	свободолю́бие	297	свози́ться	33
свина́рня	297	свободомы́слие	297	сво́зчик	33
свина́рь	297	свободомы́сляший	297	свой	298
свинёнок	297	свод	41	сво́йски	298
свини́на	297	свод	41	сво́йственник	298
свинобо́ец	297	свводи́ть	385	сво́йственный	298
свинобо́й	20	своди́ться	41	сво́йство	298
свинобо́й	297	сво́дка	41	сво́йство	298
свиново́д	297	сво́дник	41	сволочи́ть	48
свиново́дство	297	сво́дничать	41	сволочи́ться	48
свино́й	297	сво́дничество	41	сворова́ть	49

сво́рот	50	святота́тствовать	298	сгрузи́ться	65
свороти́ть	50	святота́ть	298	сгру́зка	65
свысока́	51	свя́точный	298	сда́точный	68
свы́ше	51	святоша	298	сдать	68
свя́занность	298	свя́тцы	298	сда́ться	68
свя́занный	52	святы́ня	298	сда́ча	68
свя́занный	298	свяще́ние	299	сдвиг	71
связа́ть	52	свяще́нник	299	сдви́жка	71
связа́ть	**298**	свяще́нно-	299	сдвижно́й	71
связа́ться	52	священноде́йствие	299	сдви́нуть	71
связа́ться	298	священноде́йствовать	299	сдви́нуться	71
связи́ст	52	священнои́нок	299	сдво́ить	70
связи́ст	298	священнонача́лие	299	сдво́иться	70
связи́шка	52	священнослуже́ние	299	сде́лать→	72
связи́шка	298	священнослужи́тель	299	сде́ржанность	76
свя́зка	52	свяще́нный	299	сде́ржанный	76
свя́зка	298	свящённый	299	сдержа́ть	76
свя́зник	52	свяще́нство	299	сдержа́ться	76
свя́зник	298	свяще́нствовать	299	сде́рживание	76
связно́й	52	сгиб	57	сдо́брить	79
связно́й	298	сгиба́ние	57	сдружи́ть	83
свя́зность	52	сгиба́тель	57	сдружи́ться	83
свя́зность	298	сгибно́й	57	сдуре́ть	85
свя́зный	52	сгибно́й	57	сдури́ть	85
свя́зный	298	сгла́дить	53	сдуть	86
свя́зочка	52	сгла́диться	53	себесто́имость	337
свя́зочка	298	сглота́ть	53	**себя́**	**299**
свя́зующий	298	сглотну́ть	53	себялю́б	167
связь	52	сго́вор	58	себялю́б	299
связь	298	сговори́ть	57	себялюби́вый	167
свя́сло	298	сговори́ться	58	себялюби́вый	299
святе́йшество	298	сгово́рчивость	58	себялю́бие	167
святе́йший	298	сгово́рчивый	58	себялю́бие	299
святи́лище	298	сгоди́ться	58	себяобольще́ние	156
святи́тель	298	сгон	55	сев	304
святи́ть	298	сго́нный	55	сева́лка	304
свя́тки	298	сго́нщик	55	сева́ть	304
свя́то	298	сгоня́ть	55	**се́вер**	**299**
свято́й	**298**	сгоре́ть	61	се́верный	299
свя́тость	298	сгоряча́	60	североатланти́ческий	299
святота́тец	298	сгото́вить	62	се́веро-восто́к	299
святота́тственный	298	сгото́вить	63	се́веро-за́пад	299
святота́тство	298	сгрузи́ть	65	северомо́рец	299

североморский	299	секущий	303	семечко	300
северянин	299	секция	303	семзерно	301
северянка	299	селение	299	семидневка	74
севец	304	селеноцентрический	406	семизвездие	105
севок	304	селитрород	279	семинар	301
севооборот	304	**селить**	**299**	семинарий	301
севосмен	304	селитьба	299	семинарист	301
севщик	304	селиться	299	семинария	301
седален	299	селишко	299	семиполье	239
седалище	299	село	299	семссуда	301
седалищный	299	сель-	299	семфонд	301
седёлка	299	сельмашина	299	**семья**	**300**
седельник	299	сельскосоюз	299	семьянин	300
седельный	299	сельскохозяйственный	299	**семя**	**300**
седельце	299	сельхоз	399	семянка	300
седельчатый	299	сельцо	299	сеновал	30
седельщик	299	сельчанин	299	сеноед	91
седенький	299	селянин	299	сенокос	137
седина	299	семейка	300	сенокосилка	137
сединка	299	семейность	300	сеноподъёмник	210
седлать	299	семейный	300	сеностав	331
седлистый	299	семейственный	300	сеностав	333
седло	**299**	семейство	300	сеноставец	331
седловатый	299	семена	300	сеноставец	333
седловидный	299	семенистый	300	сепаративный	301
седловина	299	семенить	300	сепаратизм	301
седловка	299	семениться	300	сепаратист	301
сёдлышко-	299	семенная жидкость	300	сепарация	301
седобородый	299	семенник	300	сепаратный	301
седобровый	299	семенновместилище	301	сспаратор	301
седоватый	299	семенной	300	**сепарировать**	**301**
седовласый	299	семенной канал	300	**сепсис**	**301**
седоголовый	299	семеновед	301	септицемия	301
седой	**299**	семеноведение	301	септический	301
седок	303	семеновод	301	**сера**	**301**
седоусый	299	семеноводство	301	сердечки	301
сейсмоприёмник	210	семенодоля	80	сердечко	301
секануть	303	семенодоля	301	сердечник	301
секарь	303	семенозачаток	301	сердечность	301
секатор	303	семеноложие	301	сердечный	302
секач	303	семеноносный	301	сердешный	302
секира	303	семеноносный	204	сердитка	301
секуция	303	семеночистительный	301	**сердитый**	**301**

серди́ть	301	се́ристый	301	сетча́тка	303
серди́ться	301	се́рить	301	сетчатокры́лый	303
сердобо́лие	302	се́рка	302	се́тчатый	303
сердобо́льничать	302	сернаякислота́	125	**сеть**	**303**
сердобо́льный	302	серни́к	301	се́ча	303
се́рдце	**301**	серноводоро́дный	301	сече́ние	303
сердцебие́ние	302	сернокислый	301	се́ченый	303
сердцеве́д	302	се́рный	301	се́чиво	303
сердцеви́дка	302	серо-	302	се́чка	303
сердцеви́дный	43	серобакте́рия	301	**сечь**	**303**
сердцеви́дный	302	се́ро-бу́рный	302	се́чься	303
сердцеви́на	302	се́ро-бу́ро-мали́новый	302	се́ялка	305
сердцее́д	91	серова́тый	302	се́яльный	305
сердцее́д	302	сероводоро́д	301	се́яльня	305
сердцее́дка	91	сероглазый	302	се́яльщик	305
сердцее́дка	302	се́ро-голубо́й	302	се́янец	305
сердцее́дство	91	се́ро-гри́вый	302	се́яние	305
сердцее́дство	302	се́ро-жёлтый	302	се́янка	305
сердцеобра́зный	302	се́ро-зелёный	302	се́яный	305
сердцеукрепи́тельный	141	серозём	302	се́ятель	305
сердцещипа́тельный	302	се́рокись	301	се́ятельный	305
сердчи́шко	302	се́рость	303	**се́ять**	**304**
сердя́га	302	сероуглеро́д	301	сжа́литься	93
серебре́ние	302	сероуглеро́д	383	сжа́тие	96
серебре́ник	302	серча́ть	301	сжа́тость	96
серебрёный	302	**се́рый**	**302**	сжа́тый	96
серебри́льщик	302	серь	303	сжать	95
серебри́сто-се́рый	302	серьёз	303	сжать	96
серебри́стый	302	серьёзнеть	303	сжа́ться	96
серебри́ть	302	серьёзничать	303	сжева́ть	97
серебри́ться	302	серьёзность	303	сжечь	99
серебро́	**302**	**серьёзный**	**303**	сжиди́ть	102
сереброно́сный	302	серя́нка	301	сжиже́ние	102
сереброплави́льный	302	**сесть**	**303**	сжим	96
сере́бряник	302	сетево́й	303	сжима́емость	96
сере́брянка	302	сетевяза́льный	303	сжима́ние	96
сере́бряный	302	сетевяза́ние	303	сжима́тельнная	96
се́рение	301	сетеподъёмник	210	сжима́тельный	96
се́ренка	301	сетеподъёмный	303	сжить	102
се́ренький	302	се́тка	303	сза́ди	104
сере́ть	302	сетно́й	303	сибирея́звенный	431
сере́ться	302	се́точник	303	сигна́л	305
сержение	301	се́точный	303	сигнализа́тор	305

сигнализацио́нный	305	символи́чный	307	система́тика	308
сигнализа́ция	305	синева́	307	системати́ческий	308
сигна́лик→	305	синева́то-багро́вый	307	системати́чность→	308
сигнали́ст	305	синева́тость	307	системати́чный	308
сигна́лить	305	синева́тый	307	системоте́хника	308
сигна́льный	305	синегла́зый	307	сказ	119
сигна́льчик	305	синённый	307	сказа́ние	119
сигна́льщик	306	си́ненький	307	сказану́ть	119
сиде́лец	306	синеро́д	279	сказа́тель	119
сиде́лица	306	синеро́д	307	сказа́ть	119
сиде́лка	306	сине́ть	307	сказа́ться	119
сиде́лый	306	синёхонький	307	скази́тель	119
сиде́льчиха	306	си́ний	307	ска́зка	119
сиде́ние	306	сини́льник	307	ска́зовый	119
сиде́нь	306	сини́льный	307	ска́зочка	119
сиде́нье	306	сини́ть	307	ска́зочник	119
сиде́ть	306	си́нтез	308	ска́зочный	119
сиде́ться	306	синтези́ровать	308	сказу́емое	119
си́дка	306	синте́ктик	308	сказу́емость	119
сидя́чий	306	синтета́за	308	ска́зывать	119
си́жено	306	синте́тика	308	скак	308
си́ла	306	синтети́ческий	308	скака́лка	308
сила́ч	306	синти́н	308	скака́ние	308
силён	306	синто́л	308	скака́ть	308
сили́ться	306	синь	307	скаково́й	308
си́лка	306	си́нька	307	скаку́ля	308
силови́к	306	синю́ха	307	скаку́н	308
силово́й	306	синю́шный	307	скакуно́к	308
силоизмери́тель	306	синя́к	307	скаку́нчик	308
силоме́р	306	сирота́	308	скаку́ня	308
силоприёмник	306	сироте́ть	308	скакуха́	308
си́лушка	307	сироти́на	308	**скала́**	**309**
си́льно	306	сироти́ть	308	скалола́з	155
сильноде́йствующий	307	сиротли́вый	308	скалола́з	309
сильното́чник	307	сиро́тский	308	скалола́зание	155
си́мвол	307	сиро́тство	308	скалола́зание	309
символиза́ция	307	сиро́тствовать	308	ска́льный	309
символизи́ровать	307	си́рый	308	ска́льщик	309
символи́зм	307	систе́ма	308	**сканда́л**	**309**
символика	307	систематиза́тор	308	скандалёзный	309
символи́ст	307	систематиза́ция	308	скандализи́ровать	309
символи́стика	307	систематизи́ровать	308	скандали́ст	309
символи́ческий	307	система́тик	308	сканда́лить	309

скандалиться	309	складка	128	скоренько	310
скандальничать	309	складно	128	скорёхонький	310
скандальный	309	складной	128	скормить	135
скандальчик	309	складность	128	скоро	310
скат	123	складный	128	скоро-	310
скатать	122	складочный	128	скоробогатей	23
скататься	122	складской	128	скоробогатей	310
скатерть-самобранка	26	складчатость	128	скоробогатеть	23
скатистый	123	складчик	128	скоробогатеть	310
скатить	123	складчина	128	скоробогатый	23
скатиться	123	складчинный	128	скоробогатый	310
скатка	123	скласть	128	сковарка	310
скатыш	123	склейка	129	скороговорка	310
скачать	123	склеить	129	скородум	84
скачка	123	склеиться	129	скоролётка	157
сквернавец	309	склейщик	129	скоролётный	157
сквернеть	309	склон	131	скороморозилка	310
скверно	**309**	склонение	131	скороморозильный	193
скверно-	309	склонить	130	скороморозильный	310
сквернослов	309	склониться	130	скороногий	310
сквернослов	316	склонность	131	скороножка	310
сквернословие	309	склонный	131	скоропалительный	310
сквернословие	316	склоняемый	131	скоропечатный	310
сквернословить	309	скок	308	скоропечатня	310
сквернословить	316	скок	308	скоропись	230
сквернословный	309	скок	308	скоропись	310
сквернословный	316	сколечко	310	скороплодный	310
скверность	309	сколь	310	скороподъёмность	210
скверный	309	**сколько**	**310**	скороподъёмность	310
сквозить	310	сколько-нибудь	310	скоропортящийся	310
сквозник	310	сколько-то	310	скоропостижный	310
сквозной	310	скопать	134	скоропреходящий	310
сквозняк	310	скопить	134	скороспелка	310
сквозь	**310**	скопиться	134	скороспелка	328
скидать	124	скопище	134	скороспелость	328
скидка	124	скопление	134	скороспелый	310
скидочка	124	скопом	134	скороспелый	328
скинуть	124	скорбеть	310	скороспельность	310
скинуться	124	скорбный	310	скоростемер	310
скипеться	125	**скорбь**	**310**	скоростник	310
склад	128	скорбящий	310	скоростной	310
складень	128	скорее	310	скорострелка	310
складировать	128	скоренький	310	скорострельность	310

скоростре́льный	310	скотоподо́бие	311	скругли́ть	145
ско́рость	310	скотоподо́бный	311	скругли́ться	145
скоросши́ватель	310	скотоприго́нный	311	скрыва́ться	147
скороте́льный	357	скотоприёмный	210	скры́тный	147
скороте́льный	136	скотоприёмный	311	скры́тый	147
скороте́льный	310	скотопрого́н	311	скрыть	147
скороте́чный	310	скотопромы́шленник	311	скуде́ть	311
скорохо́д	310	скотосырьё	311	скудне́нький	311
скорохо́д	399	скототорго́вец	311	**ску́дный**	**311**
скорохо́дь	399	скотоубо́йный	311	скудоборо́дый	311
скорохо́дь	310	ско́тский	311	скудомы́слие	311
ско́рый	**310**	ско́тство	311	ску́дость	311
скос	137	ско́шенный	137	скудоу́мие	311
скот	**311**	скра́сить	138	скудоу́мие	385
ско́тий	311	скра́сть	140	ску́ка	312
скоти́на	311	скра́сться	140	скуп	148
скоти́нка	311	скреп	141	скупа́тель	148
ско́тник	311	скрепи́ть	141	скупа́ть	148
ско́тный	311	скрепи́ться	141	скуперда́й	148
ското-	311	скре́пка	141	скупе́ц	148
скотобо́ец	311	скрепле́ние	141	скупи́ться	148
скотобо́ец	20	скрепно́й	141	скупно́й	148
скотобо́йный	311	скре́почный	141	скупова́тый	148
скотобо́йня	20	скрести́ть	142	скупо́й	148
скотобо́йня	311	скрести́ться	142	ску́пость	148
скотово́д	311	скреще́ние	142	ску́пщик	148
скотово́дничать	311	скре́щиваемость	142	скуси́ть	150
скотово́дный	311	скре́щивание	142	**скуча́ть**	**312**
скотово́дство	311	**скрипе́ть**	**311**	скучи́ща	312
скотово́дческий	311	скрипи́чный	311	скучли́вый	312
скотовра́ч	311	скри́пка	311	скучне́нький	312
скотовраче́бный	311	скри́почка	311	скучне́ть	312
скотозагото́вка	311	скри́почник	311	скучнова́тый	312
скотокра́дство	140	скри́почный	311	ску́чный	312
скотокра́дство	311	скрипу́н	311	ску́шать	150
скотолече́бница	311	скрипу́чий	311	слаба́к	312
скотолече́ние	311	скро́мник	311	слабе́нький	312
скотоло́жец	153	скро́мничание	311	слабе́ть	312
скотоло́жец	311	скро́мничать	311	слабже́	312
скотоло́жство	153	скро́мность	311	слабина́	312
скотоло́жство	311	**скро́мный**	**311**	слаби́тельный	312
скотоме́сто	311	скромня́га	311	слаби́ть	312
скотомоги́льник	311	скругле́ние	145	сла́бнуть	312

слабо	312	сладковонный	151	следовать	314
слабоватый	312	сладкогласие	151	следовой	314
слабоволие	49	сладкогласный	151	следом	314
слабоволие	312	сладко-горький	151	следопыт	260
слабоголовый	312	сладкоежка	91	следопыт	314
слабоголосый	312	сладкоежка	151	следоуказатель	314
слабогрудый	312	сладкозвучие	107	следственно	314
слабодушие	87	сладкозвучие	151	следуемый	314
слабодушие	312	сладкозвучный	107	следующий	314
слаболетучий	312	сладкозвучный	151	слежаться	154
слабонервный	312	сладко-кислый	151	слежка	314
слабопамятный	222	сладкокорень	151	слёжка	154
слабопамятный	312	сладкопевец	151	**слеза**	**315**
слаборазвитый	312	сладкоречивый	151	слезиться	315
слабосилие	312	сладкоречивый	275	слезливый	315
слабосильный	312	сладостный	151	слезница	315
слабость	312	сладострастие	151	слёзный	315
слабоуздый	312	сладострастник	151	слезоотделение	73
слабоумие	312	сладострастный	151	слезоотделение	315
слабохарактерный	312	сладость	151	слезотечение	315
слабый	**312**	сладчайший	151	слёзотечение	362
слава	**312**	слаженность	151	слезоточащий	315
славильный	312	сластёна	151	слезоточащий	315
славильщик	312	сластёны	151	слезоточить	315
славистика	312	сластить	151	слезохранилище	315
славить	312	сластолюбец	151	слезть	155
славица	312	сластолюбец	167	слепень	315
славка	312	сластолюбивый	151	слепец	315
славненький	312	сластолюбивый	167	слепить	315
славный	312	сластолюбие	151	**слепой**	**315**
славолюбец	167	сластолюбие	167	слепорождённый	278
славолюбец	312	сластолюбствовать	151	слепорождённый	315
славолюбивый	312	сластолюбствовать	167	слепота	315
славолюбивый	167	сласть	151	слепун	315
славолюбие	167	**слать**	**313**	слепушонка	315
славолюбие	313	слаться	313	слепыш	315
славословие	313	слащённый	151	слёт	157
славословить	313	слегка	152	слётанность	157
славушка	313	**след**	**314**	слетать	157
сладить	151	следить	314	слетаться	157
сладиться	151	следование	314	слететь	157
сладкий	151	следователь	314	слететься	157
сладковатый	151	следовательно	314	слечь	158

слив	161	словоупотребление	315	служитель	317
сливки	161	словцо́	315	служить	316
сливкоотделитель	161	слоева́тый	316	служка	317
сливной	161	слоевище	316	слухать	317
сливочник	161	слоевцовый	316	слухач	317
сливочница	161	слоёк	316	слуховой	317
сливочный	161	слоение	316	слухопротезирование	318
сливщик	161	слоёный	316	случай	317
слитие	161	сложа́	128	случайно	317
слитковый	161	сложение	128	случайность	317
слитный	161	сложенный	128	случайный	317
слиток	161	сложенный	164	**случи́ться**	**317**
слиточный	161	сложённый	164	слушание	317
слить	161	сложить	164	слушатель	317
слиться	161	сложиться	128	**слу́шать**	**317**
словарик	315	сложиться	164	слушаться	317
словаришка	315	сложносокращённый	128	слушок	317
словарник	315	сложносокращённый	136	слышать	318
словесник	315	сложносочинённый	128	слышаться	318
словесность	315	сложность	128	слышимость	318
словесный	315	сложность	164	слышимый	318
словечко	315	сложный	128	слышно	318
словить	162	сложный	164	слышный	318
словник	315	**слой**	**316**	слышь	318
слово	**315**	слоистый	316	слюбиться	167
словоблудие	315	слоить	316	**слюна́**	**318**
словоизвержение	315	слоиться	316	слюнистый	318
словоизвитие	315	слойчак	316	слюнить	318
словоизлияние	315	слом	165	слюниться	318
словоизменение	315	сломить	165	слюнный	318
словолитие	315	сломиться	165	слюногонный	56
словолитня	315	сломка	165	слюногонный	318
словолитчик	161	слуга́	316	слюноотделение	73
словолитчик	315	служака	316	слюноотделение	318
словооблудие	315	служанка	317	слюноотделительный	318
словообразование	315	служащий	317	слюнотечение	318
словоохотливый	315	служба	317	слюнтяй	318
словоохотливый	401	службист	317	слюнтяйство	318
словопрение	315	служебник	317	слюняветь	318
словосложение	315	служебный	317	слюнявить	318
словотворчество	315	служение	317	слюнявка	318
словотолкование	315	служивый	317	слюнявый	318
словотолкователь	315	служилый	317	смазать	168

смазаться	168	смерть	178	смиренномудрие	186
смазка	169	смеситель	184	смиренному́дрый	194
смазной	169	смесить	184	смире́нный	186
смазочный	169	смеска	184	смире́нный	319
смазчик	169	сместить	181	смирённый	186
смазь	169	сместиться	181	смиренство	186
смалу	171	смесь	184	смире́ть	186
сманить	171	смета	183	смире́ть	319
смахнуть	173	сметать	182	смиритель	319
смаху	173	сметить	183	смирительный	186
смекалистый	175	смётка	182	смирительный	319
смекалка	175	смётка	183	смирительный	319
смекание	175	сметливый	183	смирить	319
смекать	175	сметный	183	смирить(смирять)	186
смеленький	319	сметчик	183	смириться	186
смеле́ть	319	**сметь**	**318**	смириться	319
смелёхонький	319	**смех**	**319**	сми́рный	186
сме́ло	319	смехота́	319	**сми́рный**	**319**
сме́лость	319	смехотворный	319	смирять	319
сме́лый	319	сме́шанный	184	смокнуть	188
сме́льчак	319	смешать	184	смолеватый	320
сме́на	177	смешаться	184	смолевой	320
смени́ть(сменя́ть)	177	смешение	184	смоле́ние	320
смени́ться	177	смешиваемость	184	смолёный	320
сме́нник	177	смешиватель	184	смолильный	320
сме́нность	177	смешинка	319	смолильщик	320
сме́нный	177	смешить	319	смолистый	320
сме́нщик	177	смешливый	319	смолить	320
сменя́емость	177	смешной	319	смолка	320
сменя́емый	177	смешок	319	смолкнуть	190
смёрзлый	182	смещение	181	смольня́	320
смёрзнуть	182	смеяться	319	смоловар	320
сме́рить	180	смигну́ться	184	смоловарня	320
сме́рка	180	смиловаться	185	смологон	56
смерте́льно	178	смиловаться	185	смологон	320
смерте́льность	178	смирёна	319	смологонный	56
сме́ртник	178	смирение	186	смологонный	320
сме́ртничество	178	смирение	319	смолоду	190
сме́ртность	178	смиренник	186	смолокур	149
сме́ртный	178	смиренничать	186	смолокурение	149
смертоно́сный	178	смиренничать	319	смолокурение	320
смертоно́сный	204	смиренномудрие	194	смолокуренный	320
смертоубийство	178	смиренномудрие	319	смолокурный	149

смолоку́рня	149	смыть	198	сне́жник	321
смоло́носный	320	смы́ться	198	сне́жница	321
смолча́ть	192	смышлённый	196	сне́жно-бе́лый	321
смольё	320	смягче́ние	199	сне́жный	321
смоля́к	320	смягчи́тель	199	снежо́к	321
смоляни́стый	320	смягчи́тельный	199	снежура́	321
смоля́нка	320	смя́кнуть	199	снести́	204
смоляно́й	320	смя́тка	200	снести́сь	204
смоля́р	320	смя́тый	200	сниже́ние	205
смонти́ровать	192	смять	200	сни́зить	205
смонти́ровка	192	смя́ться	200	сни́зиться	205
смори́ть	178	сна́добиться	201	снизойти́	116
сморо́зить	193	снаря́д	286	снизойти́	206
смотр	320	снаряди́ть	286	сни́зу	206
смотре́ть	**320**	снаряди́ться	286	снима́ть	211
смотре́ться	320	снаряже́ние	287	снима́ться	211
смотри́ны	320	снача́ла	201	сни́мка	211
смотри́тель	320	**снег**	**321**	сни́мки	211
смотрово́й	320	снегова́л	30	сни́мок	211
смотро́к	320	снегова́ние	321	сни́мочный	211
смочи́ть	189	снегови́к	321	сни́мщик	211
смочи́ться	189	снегово́й	321	сни́ться	324
смочь	194	снегозадержа́ние	321	сно́ва	206
смудри́ть	194	снегозащи́та	321	сновиде́ние	325
сму́та	195	снеголо́м	165	снови́дец	325
смути́ть	195	снеголо́м	321	сногсшиба́тельный	207
смути́ться	195	снегоме́р	321	снопови́з	52
сму́тник	195	снегообра́зный	321	снос	204
сму́тный	195	снегоочисти́тель	321	сно́ска	204
смутья́н	195	снегоочисти́тель	415	сно́сливый	204
смутья́нить	195	снегопа́д	224	сно́счик	204
смучи́ть	195	снегопа́д	321	снотво́рное	325
смуща́ть	195	снегопогру́зчик	321	снотво́рный	325
смуще́ние	195	снеготалка	321	снотолкова́ние	325
смыв	198	снегота́яние	321	снотолкова́ние	365
смыва́льный	198	снегоубо́рка	26	снотолкова́тель	325
смы́вочный	198	снегоубо́рщик	321	снотолкова́тель	365
смы́вщик	198	снегохо́д	321	сня́тие	211
смы́лить	198	снегохо́д	399	**снять**	**211**
смы́лки	198	снегу́рка	321	сня́ться	211
смысл	196	снежи́на	321	соаре́нда	13
смы́слить	196	сне́жистый	321	соаренда́тор	13
смыслово́й	196	снежи́ть	321	**соба́ка**	**321**

собакевич	321	собственноручный	322	совхозец	399
собаковед	321	собственность	322	согласие	60
собаковедение	321	**собственный**	**322**	согласительный	60
собаковод	321	событие	28	согласить	59
собаководство	321	событийный	28	согласиться	59
собакообразный	321	совершение	38	согласно	60
собачата	321	совершенно	38	согласность	60
собачей	321	совершеннолетие	38	согласный	60
собачёнка	321	совершеннолетний	38	согласование	60
собаченька	321	совершенный	38	согласованный	60
собачий	322	совершённый	38	согласовать	60
собачина	322	совершенство	38	согласоваться	60
собачиться	322	совершенствовать	38	соглашатель	60
собачища	322	совершенствоваться	38	соглашательский	60
собачка	322	совершитель	38	соглашение	60
собачливый	322	совершить	38	согнуть	57
собачник	322	совершиться	38	согнуться	57
собачонка	322	совестить	322	согревание	64
собачоночка	322	совеститься	322	согревательный	64
собирание	26	совестливый	322	согревающий	64
собиратель	26	совестно	322	согреть	64
собирательный	26	совестный	322	согреться	64
собирательство	26	**совесть**	**322**	содейственный	77
соблаговоление	22	**совет**	**322**	содействие	77
соблаговолить	22	советизация	322	содействователь	77
соблазн	322	советник	322	содействовать	77
соблазнитель	322	советовать	322	содержание	322
соблазнительный	322	советоваться	322	содержанка	322
соблазнить	**322**	советолог	322	содержатель	322
соблазниться	322	советский	322	**содержать**	**322**
соблюдение	22	советчик	322	содержаться	322
соблюсти	22	совещание	322	содержащий	322
собор	25	совещательный	322	содержимое	322
соборность	25	совещаться	322	содержимость	322
собрание	25	совзнак	322	содеять	76
собранный	25	совиновник	44	содеяться	76
собрать	25	совиновный	44	содрать	82
собраться	25	совладелец	46	содраться	82
собственник	322	совладение	46	содружество	83
собственнический	322	совладеть	46	соединение	90
собственно	322	Совсоюз	322	соединённо	90
собственнолично	161	совхоз	322	соединённый	90
собственнолично	322	совхоз	399	соединимый	90

соединитель	90	сокращение	136	солнопёк	229	
соединительный	90	сокращённость	136	**солнце**	**323**	
соединить	90	сокращённый	136	солнцеворот	323	
соединиться	90	солгать→лгать	152	солнцезащитный	323	
сожаление	93	**солдат**	**323**	солнцелечение	323	
сожалеть	93	солдатёнок	323	солнцепёк	323	
сожитель	100	солдатик	323	солнышко	323	
сожительство	100	солдатина	323	солонец	324	
сожительствовать	100	солдатка	323	солонина	324	
сожитие	100	солдатский	323	солоница	324	
созвать	105	солдатчина	323	солоно	324	
созвездие	105	солдафон	323	солоноватый	324	
созвониться	106	солдафонство	323	солонцеватый	324	
созвучие	107	солевар	31	солончак	324	
созвучный	107	солевар	323	соло́ный	324	
создание	323	солеварение	31	**соль**	**323**	
создатель	323	солеварение	323	сомневаться	186	
создать	**323**	солеварня	31	сомнение	186	
создаться	323	солеварня	323	сомнительность	186	
сознание	112	солевой	323	сомнительный	186	
сознательность	112	солевыносливый	323	**сон**	**324**	
сознательный	112	соледобывание	323	сонаниматель	209	
сознать	112	солеломня	165	сонливец	324	
сознаться	112	солеломня	323	сонливость	324	
созреть	113	солелюбивый	323	сонливый	324	
созыв	105	солемер	180	сонник	324	
соизмеримый	179	солемер	323	сонность	324	
соизмерить	179	солемолка	191	сонный	324	
соименник	117	соление	323	сон-трава	325	
соименный	117	солёно-кислый	323	сопь	324	
соискание	117	солёность	323	соня	324	
соискатель	117	солёный	323	соображение	325	
соискательство	117	соленье	323	сообразительный	325	
сойти	116	солепромышленность	323	**сообразить**	**325**	
сойтись	116	солеразработки	323	сообразно	213	
сок	**323**	солерод	279	сообразный	213	
соковарка	323	солесос	327	сообразовать	213	
соковыжималка	95	солильный	323	сообразоваться	213	
соковыжималка	323	солильщик	323	сообща	214	
сокодвижение	323	солить	323	сообщение	214	
сократимый	136	солка	324	сообщество	214	
сократить	136	солкий	324	сообщительный	214	
сократиться	136	солнечный	323	сообщить	214	

сообщи́ться	214	со́рный	325	сосло́вие	316
сообщник	214	сорня́к	325	сосло́вность	316
сообщничество	214	соро́дич	279	сосло́вный	316
сорганизова́ть	217	сорокаэта́жный	429	сослужи́вец	317
сооруди́тель	325	сороконо́жка	207	сослужи́ть	317
сооруди́ть	**325**	соро́м	330	**сосна́**	**327**
сооруже́ние	325	соро́мный	330	сосни́на	327
соотве́тственно	220	**сорт**	**326**	сосни́ща	327
соотве́тственный	220	сорта́мент	326	сосно́вый	327
соотве́тствие	220	сортирова́ть	326	сосну́ть	325
соотве́тствовать	220	сортиро́вка	326	сосня́к	327
соотве́тствующий	220	сортиро́вочный	326	сосо́к	326
соотве́тчик	220	сортиро́вщик	326	сосо́чек	326
соотечественник	220	со́ртность	326	со́сочка	326
сопережива́ть	101	со́ртный	326	со́сочный	326
сопе́рник	**325**	сортова́ть	326	сосредото́чение	330
сопе́рничать	325	сортово́й	326	сосредото́ченность	331
сопе́рнический	325	сортоиспыта́ние	326	сосредото́ченный	331
сопе́рничество	325	сортообновле́ние	326	сосредото́чие	331
сопло́дие	235	сортосме́на	326	сосредото́чить	330
сопра́витель	247	соса́льце	326	соста́в	333
сопричастный	386	соса́льщик	326	состави́тель	333
сопричастный	409	соса́ние	326	соста́вить	332
сопроводи́ловка	40	соса́тельный	326	соста́виться	333
сопроводи́тель	40	**соса́ть**	**326**	составля́ться	333
сопроводи́тельный	41	**сосе́д**	**327**	составно́й	333
сопроводи́ть	40	сосе́дить	327	соста́риться	334
сопроводи́ться	41	сосе́дка	327	состоя́ние	340
сопровожда́ющий	41	сосе́дний	327	состоя́тельность	340
сопровожде́ние	41	сосе́дский	327	состоя́ть	339
сопротивле́ние	252	сосе́дственный	327	состоя́ться	339
сопротивля́емость	252	сосе́дство	327	сострада́ние	340
сопротивля́ться	252	сосе́дствовать	327	сострада́тельный	340
сопу́тствовать	258	сосе́душка	327	сострада́ть	340
сор	**325**	сосе́ц	326	состри́чь	342
соразме́рить	180	со́ска	326	сострога́ть	343
соразме́риться	180	соско́к	309	состро́ить	344
соразме́рно	180	соскочи́ть	309	сосу́д	347
соразме́рность	180	соску́читься	312	сосу́дистый	347
сорва́ть	269	сосла́ть	313	сосудодви́гатель	347
соре́ние	325	сосла́ться	313	сосудорасшири́тель	347
сори́нка	325	соследи́ть	315	сосудосжима́тель	347
сори́ть	325	со́слепа	315	сосу́н	326

сосуно́к	326	сочле́н	416	сперва́	226		
сосуществова́ть	348	сочлене́ние	416	спервонача́ла	201		
сосу́щий	326	сочлени́ть	416	спервонача́ла	226		
сосчита́ть	351	сочлено́вный	416	спе́реди	226		
сосчита́ться	351	со́чность	323	спере́ть	227		
сотво́рчество	356	со́чный	323	спере́ться	227		
соткну́ть	379	сочо́к	323	**спе́рма**	**328**		
сотови́дный	327	спад	225	сперматогене́з	328		
со́товый	**327**	спаде́ние	225	сперматозо́ид	328		
со́товый-телефо́н	327	спа́льник	325	сперматоло́гия	328		
сотру́дник	377	спа́льный	325	сперматоре́я	328		
сотру́дничать	377	спа́льня	325	сперматоци́т	328		
сотру́дничество	377	спанье́	325	**спеть**	**328**		
сотрясе́ние	377	спа́ренный	223	спеть	228		
сотрясти́	377	спа́рить	223	спе́ться	228		
сотрясти́сь	377	спари́ть	223	спех	328		
со́ты	327	спа́риться	223	спец	328		
сою́зник	384	спари́ться	223	спецее́д	91		
соумы́шленник	197	спа́рник	223	спецее́д	328		
соумы́шленный	197	спарова́ть	223	спецее́дство	328		
соуча́ствовать	387	спарова́ться	223	спецзна́ние	328		
соуча́ствовать	409	спас	327	специализа́ция	328		
соуча́стие	387	спас	327	специализи́ровать	328		
соуча́стие	409	спаса́ние	327	специализи́роваться	328		
соуча́стник	387	спаса́тель	327	специали́зм	328		
соуча́стник	409	спаса́тельный	327	специали́ст	328		
со́хнуть	349	спаса́тельный по́яс	327	специа́льность	328		
сохозя́ин	399	спаса́ть	327	**специа́льный**	**328**		
сохране́ние	402	спаса́ться	327	специа́льный	328		
сохрани́ть	402	спасе́ние	327	специ́фика	328		
сохрани́ться	402	спаси́бо	327	специфика́тор	328		
сохра́нно	402	спаси́бочка	327	специфика́ция	328		
сохра́нный	402	спаси́тель	328	специ́фикум	328		
сохра́ность	402	Спаси́тель	328	специфици́ровать	328		
соцве́тие	404	спаси́тельный	328	специфи́ческий	328		
со́чиво	323	спа́сский	328	спецко́р	328		
сочине́ние	327	спасть	225	спецкорреспонде́нт	328		
сочини́тель	327	спа́сться	225	спецку́рс	328		
сочини́тельный	327	спа́ться	325	спецоде́жда	328		
сочини́тельство	327	спе́вка	228	спецпримене́ние	328		
сочини́ть	**327**	спека́ние	229	спецснабже́ние	328		
сочи́ть	323	спе́лость	328	спецста́вка	328		
сочи́ться	323	спе́лый	328	спецу́ра	328		

спецфак	328	сплавление	236	спроситься	251
спецхоз	328	сплавной	236	спросонков	325
спечь	229	сплавщик	236	спроста́	252
спеши́ть	**328**	сплыть	237	спры́гнуть	254
спе́шка	328	сплы́ться	237	спрями́ть	254
спе́шность	328	сплю́нуть	234	спрямле́ние	254
спе́шный	328	сплю́шка	325	спугну́ть	255
спина́	**329**	сподру́чник	284	спуск	256
спи́нка	329	сподру́чничать	284	спускно́й	256
спинно́й	329	сподру́чно	284	спуста́	257
спи́нной	329	сподру́чный	284	спусти́ть	256
спи́нушка	329	спозара́нку	266	спусти́ться	256
спира́ль	**329**	спозна́ться	112	спу́тать	258
спира́лька	329	спои́ть	233	спу́таться	258
спира́льный	329	споко́й	329	спу́тник	258
спири́ллы	329	**споко́йный**	**329**	спьяна́	232
спири́т	329	споко́йствие	329	сраба́тывание	262
спирити́зм	329	сползти́сь	239	сраба́тывать	262
спири́тский	329	сполна́	240	срабо́танность	262
спиритуализа́ция	329	споло́винить	241	срабо́танный	262
спиритуали́зм	329	сполосну́ть	243	срабо́тать	262
спиритуали́ст	329	спо́лье	239	срабо́таться	262
спирогра́мма	329	спо́льный	239	сравне́ние	263
спиро́метр	329	спор	329	сравне́ние	330
спироме́трия	329	**спо́рить**	**329**	сравни́мость	330
спирт	**329**	спо́риться	329	сравни́тельно	263
спиртова́ть	329	спо́рливый	329	сравни́тельно	330
спирто́вка	329	спо́рный	329	сравни́тельный	263
спиртоме́р	329	спо́рщик	329	сравни́тельный	330
спирт-ректифика́тор	329	**спо́соб**	**329**	сравни́ть	263
спиртуо́зы	329	спосо́бность	329	**сравни́ть**	**330**
списа́ние	231	спосо́бный	329	сравни́ться	330
списа́ть	231	спосо́бствовать	330	сравня́ть	330
списа́ться	231	спра́ва	249	сравня́ться	263
спи́сок	231	спра́вить	248	сража́ть	264
спито́й	232	спра́виться	248	сража́ться	264
спить	232	спра́вка	248	сраже́ние	264
спи́ться	232	спра́вочник	248	сра́зу	264
сплав	236	спра́вочный	248	**срам**	**330**
сплав	236	спра́вщик	248	срами́ть	330
спла́вать	236	спроказить	251	срами́ться	330
спла́вать	236	спрос	251	срамни́к	330
спла́вить	236	спроси́ть	251	срамно́й	330

срамосло́вие	330	сро́дник	279	ссудополуча́тель	243
срамота́	330	сродни́ть	279	ссудополуча́тель	331
сраста́ние	267	сродни́ться	279	ссужа́ть	331
срасти́сь	267	сро́дный	279	ссы́лка	314
срасти́ть	267	сродство́	279	ссы́лочный	314
сраще́ние	267	**срок**	**330**	ссыльнока́торжный	314
сра́щивание	267	срони́ть	281	ссыльнопоселе́нец	314
сребролю́бец	167	срост	267	ссы́льный	314
сребролюби́вый	167	сро́сток	267	ссыпа́ть	352
среда́	330	сро́чно	330	ссы́пщик	352
средакти́ровать	271	сро́чность	330	стабилиза́тор	331
Средизе́мное	109	сро́чный	331	стабилиза́ция	331
Средиземномо́рье	330	сруби́ть	282	стабилизи́ровать	331
средизе́мный	109	сру́бщик	282	стабилизи́роваться	331
Средизе́мье	109	срыв	268	стабиловольт	331
сре́дне	330	срыв	269	стаби́льность	331
сре́дне-	330	срыва́ться	269	**стаби́льный**	**331**
среднеазиа́тский	330	срывка́	269	ставе́ц	331
средневеко́вый	330	срыву́	268	**ста́вить**	**331**
средневеко́вый	33	сры́вщик	268	ста́вка	331
средневеко́вье	330	сры́вщик	270	ста́вленник	331
средневеко́вье	33	сры́тие	286	ста́вленный	331
средневи́к	330	срыть	286	ста́вник	331
среднегодово́й	330	сря́ду	286	ставно́й	331
среднеме́сячный	330	ссади́ть	289	ста́вня	331
среднесу́точный	330	ссели́ть	300	сталева́р	31
сре́дний	**330**	ссели́ться	300	сталеваре́ние	31
средосте́ние	330	ссе́сться	303	сталеде́лательный	73
средото́чис	330	ссечь	304	**стан**	**333**
сре́дство	330	ссе́чька	304	станкострое́ние	333
срез	273	ссо́ра	331	станова́ть	333
среза́льщик	273	**ссо́рить**	**331**	станови́ще	333
сре́занный	273	ссо́риться	331	станово́й	333
сре́зать	273	ссо́рливый	331	стано́вье	333
сре́заться	273	ссо́рщик	331	стано́к	333
сре́зка	273	ссоса́ть	327	стано́к	333
срезно́й	273	ссо́хнуться	349	стано́чник	333
срезо́к	273	ссу́да	331	стара́ние	333
срисова́ть	276	**ссуди́ть**	**331**	стара́тель	333
срисо́вка	276	ссу́дный	331	стара́тельность	333
сровня́ть	277	ссудоба́нк	331	стара́тельство	333
сровня́ться	277	ссудода́тель	68	**стара́ться**	**333**
сродни́	279	ссудода́тель	331	старвра́ч	334

старе́йший	334	старожи́льский	102	старьёвщик	334
старе́йшина	334	старожи́льский	333	таска́ть	355
старе́йшинство	334	старозаве́тный	333	стаска́ться	355
старе́ние	334	старозако́нный	104	стати́стый	334
старе́нький	334	старозако́нный	333	**стать**	**334**
старе́ть	334	старозале́жный	333	стать	334
старёхонький	334	старозапа́шный	333	ста́ться	334
ста́рец	334	старолетний	333	ста́ять	356
стари́к	334	старомо́дный	333	стекленеть	335
старика́н	334	старообра́зный	333	стекли́льщик	335
старика́шка	334	старообря́д	333	стекли́ть	335
старико́вский	334	старообря́дский	333	**стекло́**	**335**
старина́	334	старопа́шня	333	стеклова́льщик	335
стари́на	334	старопеча́тный	229	стеклова́ние	335
старина́рь	334	старопеча́тный	333	стеклова́р	31
стари́нка	334	старопи́сный	333	стеклова́рение	31
стари́нный	334	старопоме́стный	333	стеклова́тый	335
стари́нщик	334	старорежи́мец	333	стеклова́ть	335
ста́рить	334	старо́речье	333	стеклови́дный	335
ста́риться	334	старору́сский	333	стекло́граф	335
ста́рица	334	старосве́тскость	333	стеклоде́л	335
стари́чина	334	старосве́тский	333	стеклоде́лательный	335
старичо́нка	334	старосе́лье	333	стеклоде́лие	335
старичьё	334	старослу́жащий	333	стеклоду́в	86
ста́рка	334	старослужи́вый	333	стеклоду́в	335
старо-	333	староста	333	стекломасса	335
старобы́тный	333	староста́т	334	стеклоочисти́тель	335
старова́тый	333	ста́рость	334	стеклопаке́т	335
старове́р	35	староцерко́вник	407	стеклоре́жущий	335
старове́р	333	стару́ха	334	стеклоре́з	335
старове́рство	35	стару́шечий	334	стеклоре́зный	335
старове́рство	333	стару́шка	334	стеклуе́мость	335
старове́рчество	35	ста́рческий	334	стёклышко	335
старове́рчество	333	ста́рчество	334	стекляни́стый	335
старове́рщина	35	старшекла́ссник	334	стекля́нница	335
старове́рщина	333	старшеку́рсник	334	стекля́нный	335
старода́вний	333	ста́рший	334	стекля́рус	335
старода́вность	333	старши́на	334	стекля́русник	335
староде́вичий	333	старшинство́	334	стекля́шка	335
староде́довский	333	старши́нство	334	стёкол	335
староду́м	333	**ста́рый**	**333**	стеко́лышко	335
старожи́л	102	старь	334	стеко́льчатый	335
старожи́л	333	старьё	334	стеко́льщик	335

стелька	336	стесниться	361	стихосложение	336
стельность	357	стечь	363	стихотвор	336
стельный	357	стечься	363	стихотворение	336
стелю́	336	стилево́й	336	стихотворец	336
сте́лющийся	336	стилиза́тор	336	стихотво́рный	336
стемна́	380	стилизация	336	стихотво́рство	336
стена́	**335**	стилизова́ть	336	стихотво́рческий	336
стенга́з	335	стили́ст	336	стишо́к	336
стенгазе́тный	335	стили́стика	336	стишо́нки	336
стенгазе́тчик	335	стилисти́ческий	336	стла́нец	336
сте́нка	335	сти́лка	336	стла́ник	336
стенко́р	335	**стиль**	**336**	стлань	336
стенно́вка	335	сти́льный	336	стланьё	336
стенно́й	335	стиля́га	336	**стлать**	**336**
стеноби́тный	20	стиля́жи	336	стла́ться	336
стеноби́тный	335	стиля́жничать	336	стли́ще	336
стенобо́йный	335	стиля́жничество	336	стля́га	336
стеново́й	336	**сти́мул**	**336**	сто	394
стенола́з	155	стимули́рование	336	стожи́льный	102
стеноло́м	165	стимули́ровать	336	сто́йбище	338
стеноло́м	336	стимуля́тор	336	сто́йка	338
стенопи́сец	231	стира́льная	360	сто́йкий	338
стенопи́сец	336	стира́льный	360	сто́йкость	338
сте́нопись	231	стира́ние	360	сто́йло	338
сте́нопись	336	стира́ный	360	сто́имостный	337
степе́нник	336	стира́ть	360	сто́имость	337
степе́нничать	336	стира́ться	360	стоймя́	338
степе́нной	336	стирка	360	**сто́ить**	**337**
степе́нный	336	стиро́ль	360	сток	363
степе́нство	336	сти́рочный	360	стол	338
сте́пень	**336**	**стих**	**336**	**столб**	**337**
стервоя́дный	92	стихи́ра	336	столбене́ть	337
стереозву́к	107	стихира́ль	336	столбе́ц	337
стере́ть	360	сти́хнуть	364	сто́лбик	337
стере́ться	360	стихове́дение	336	столби́ть	337
стере́чь	338	стихо́вна	336	столбня́к	337
стере́чься	338	стихово́й	336	столбово́й	337
стерпе́ть	360	стиходе́й	77	столбча́к	337
стерпе́ться	360	стихоло́гия	336	столбча́тый	337
стесне́ние	361	стихома́ния	336	столе́шник	338
стеснённый	361	стихоплёт	336	столе́шница	338
стесни́тельный	361	стихоплётство	336	сто́лик	339
стесни́ть	361	стихослага́тель	336	столи́кий	338

столи́ца	339	сторо́жка	338	странноприи́мный	211
столи́шка	339	сторо́жкий	338	странноприи́мство	211
столи́ще	339	сторожо́к	338	стра́нный	340
столкну́ть	365	**сторона́**	**338**	стра́нствие	340
столкну́ться	365	сторони́ться	338	стра́нствовать	340
столкова́ться	366	сторо́нка	338	страсти́шка	340
столова́нье	339	сторо́нний	338	страстно́й	340
столова́ться	339	сторо́нник	338	стра́стность	340
столо́вая	338	сторо́нничать	338	стра́стный	340
столо́вая	339	сторо́нушка	338	страстоте́рпец	340
столо́вка	339	стоскова́ться	370	страстоте́рпец	360
столо́вник	339	сточи́ть	371	страстоцве́т	404
столо́вский	339	сточи́ться	371	**страсть**	**340**
столо́вый	339	сто́чка	371	страсть	340
столонача́льник	201	сто́чный	371	стратоплава́ние	236
столонача́льник	339	стошни́ть	371	стратосфе́ра	350
столп	337	сто́я	338	**страх**	**341**
столпи́ть	366	стоя́к	338	страхова́ние	341
столпи́ться	366	стоя́лый	338	страхова́тель	341
столь	**337**	стоя́ние	338	страхова́ть	341
сто́лький	337	стоя́нка	338	страхова́ться	341
сто́лько	337	**стоя́ть**	**338**	страхови́дный	341
сто́лько-то	337	стоя́чий	338	страхови́к	341
сто́льник	339	стоя́чка	338	страхови́тый	341
сто́льный	339	стоя́щий	337	страхо́вка	341
стольча́к	339	стоя́щий	338	страхово́й	341
стоно́жка	207	страда́	340	страхо́вщик	341
стоо́кий	216	страда́лец	340	страхолю́дина	341
стоп	**337**	страда́ние	340	стра́шенный	341
стопи́ть	369	страда́тельность	340	страши́ла	341
стопи́ться	369	страда́тельный	340	страши́ть	341
сто́пор	337	страда́тельный	340	страши́ться	341
сто́порить	337	страда́тельство	340	страшли́вый	341
сто́порный	338	**страда́ть**	**340**	стра́шненький	341
стопта́ть	369	страж	338	стра́шный	341
стопта́ться	369	стра́жа	338	страща́ть	341
сторгова́ть	370	стра́жник	338	стре́бовать	373
сто́рож	**338**	страна́	340	стрела́	341
сторо́жа	338	стра́нник	340	стрелбри́г	341
сторожеви́к	338	стра́нничество	340	стрелди́в	341
сторожево́й	338	страннолюби́вый	167	стреле́ц	341
сторожи́ть	338	страннолюби́вый	340	стре́лка	341
сторожи́ха	338	странноприи́мец	210	стрелкова́ние	341

стрелко́вый	341	строй	343	студи́ть	344
стрелово́й	341	стройба́т	343	студи́ться	344
стрело́к	341	стройдво́р	343	сту́жа	344
стрелоли́ст	341	стройдета́ли	343	сту́женый	344
стреломёт	341	стро́йка	343	**стук**	**345**
стрелообра́зный	341	стройматериа́лы	343	сту́кать	345
стре́лочник	341	стро́йный	343	сту́кнуть	345
стре́лочный	341	строипла́н	343	сту́кнуться	345
стрелполк	341	стройплоща́дка	343	ступе́нчатый	345
стрельба́	341	строи́тель	343	**ступе́нь**	**345**
стре́льбище	341	строи́тельный	343	ступе́нька	345
стрельну́ть	341	строи́тельство	343	**ступи́ть**	**345**
стре́льчатый	341	**стро́ить**	**343**	ступня́	345
стреля́ние	341	стро́иться	343	стуча́ть	345
стре́ляный	341	стро́нуть	375	стуча́ться	345
стреля́ть	**341**	струг	343	**стыд**	**346**
стреля́ться	341	струга́ть	343	стыди́ть	346
стремгла́в	341	стружи́ть	343	стыди́ться	346
стреми́тельность	342	стру́жка	343	стыдли́вица	346
стреми́тельный	342	стружколо́м	165	стыдли́вый	346
стреми́ть	**342**	стружо́к	343	сты́дный	346
стреми́ться	342	**структу́ра**	**344**	стыжу́	346
стремле́ние	342	структурали́зм	344	стык	379
стремоу́хий	386	структура́льный	344	сты́чка	379
стрига́ла	342	структу́рщик	344	сты́чный	379
стрига́льщик	342	**струна́**	**344**	стяжа́ние	346
стригну́ть	342	струни́ть	344	стяжа́тель	346
стри́женый	342	стру́нник	344	стяжа́тельство	346
стри́жка	342	стру́нный	344	**стяжа́ть**	**346**
стричь	**342**	струнобето́н	344	стяже́ние	382
стри́чься	342	струнодержа́тель	344	стя́жка	382
строга́ло	342	струнцы́	344	стяжно́й	382
строга́ль	342	стрясти́	377	стяну́ть	382
строга́ние	342	стрясти́сь	377	суаре́нда	13
стро́ганый	342	студене́ть	344	су́бчик	346
строга́ть	**342**	студене́ц	344	субъедини́ца	90
строга́ч	343	студени́стый	344	**субъе́кт**	**346**
стро́гий	**343**	студени́чный	344	субъективи́зм	346
стро́гость	343	**студе́нт**	**344**	субъективи́ст	346
строеви́к	343	студе́нтка	344	субъекти́вность	346
строево́й	343	студе́нчество	344	субъекти́вный	346
строе́ние	343	студёный	344	субъе́ктный	346
стро́енный	343	сту́день	344	суголо́вный	59

суд	346	судоходство	347	супруга	348
судбище	346	судоходство	399	супружеский	348
судебномедицинский	346	судохозяин	347	супружество	348
судебный	346	судохозяин	399	супружник	348
судеец	346	суевер	347	супружница	348
судейский	346	суеверие	347	суржа	280
судейство	346	суеверить	347	суроветь	348
судилище	346	суеверничать	347	суровость	348
судимость	346	**суеверный**	**347**	**суровый**	**348**
судисполнитель	346	суемудрие	194	сустав	348
судить	**346**	суемудрие	347	суставчатый	348
судиться	346	суемудрствовать	194	суставчик	348
судия	346	суемыслие	197	**сутки**	**348**
судно	**347**	суета	347	суточник	348
судно	347	суетиться	348	суточный	348
судный	347	суетиться	347	**суть**	**348**
судный	347	суетливый	348	суффикс	389
судоверфь	347	суетность	348	сухарик	349
судовладелец	347	суетный	348	сухарище	349
судоводитель	347	суетня	348	сухарь	349
судовождение	347	сузить	384	сухменный	349
судовой	347	сукнодел	73	сухмень	349
судовщик	347	сукноделие	73	сухо	348
судок	347	сукровица	144	суховатый	348
судомодельный	347	сукровичный	144	суховей	348
судомойка	198	**сума**	**348**	суховерхий	38
судомойка	347	сумасшедший	385	суховерхий	348
судомойня	198	сумасшествовать	385	суховершинность	348
судомойня	347	сумка	348	суховоздушный	349
судоподъём	347	**сумма**	**348**	сухогруз	349
судоподъёмник	210	суммарный	348	суходол	349
судоподъёмник	347	сумматор	348	сухожилие	102
судопроизводство	347	суммировать	348	сухожилие	349
судорабочий	347	суммовой	348	сухозадый	104
судоремонт	347	сумочка	348	сухозадый	349
судосборщик	347	сумчатка	348	сухой	348
судостроение	347	сумчатый	348	сухолом	349
судостроитель	347	**суп**	**348**	сухолюб	349
судоустройство	347	суперагент	9	сухолюбивый	349
судоход	347	супец	348	сухомятка	200
судоход	399	супник	348	сухоногий	207
судоходный	347	суповой	348	сухоногий	349
судоходный	399	**супруг**	**348**	сухонос	349

сухонький	349	существование	348	счастье	350
сухопарник	223	существовать	348	счерпать	411
сухопарник	349	существующий	348	счёс	412
сухопарый	349	сущий	348	счесать	412
сухопутный	258	сущность	348	счёт	350
сухопутный	349	сфера	350	счёт	416
сухопутье	258	сферический	350	счетверить	413
сухопутье	349	сферичность	350	счётец	350
сухорёбрый	349	сферичный	350	счётец	416
сухорукий	349	сфероид	350	счётно-решающий	416
сухостой	340	сфероидизация	350	счётный	350
сухостой	349	схват	393	счётный	416
сухость	349	схватить	393	счетовод	350
сухота	349	схватиться	393	счетовод	416
сухотелый	349	схватка	394	счетоводство	350
сухотка	349	схватывание	394	счетоводство	416
сухоцвет	404	сходбище	398	счётчик	350
сухофрукты	349	сходень	398	счёты	351
сухоцвет	349	сходимость	398	счёты	416
сухощавый	349	сходить	398	счисление	351
сухояде́ние	349	сходить	398	счисление	414
сухоя́дец	92	сходить	385	счисление	416
сухояде́ние	92	сходка	398	счислить	414
сучкоруб	282	сходность	398	счислить	416
суша	349	сходный	398	считалка	416
сушение	349	сходство	398	счистить	415
сушенина	349	сходствовать	398	считалка	351
сушёный	349	схожение	398	**считать**	**350**
сушилка	349	схожий	398	считать	350
сушило	349	схоронить	401	считать	416
сушильный	349	сцена	350	считаться	350
сушильня	349	сценарий	350	сшествие	421
сушильщик	349	сценарист	350	сшив	422
сушина	349	сценариус	350	сшивка	422
сушить	349	сценарный	350	сшить	422
сушиться	349	сценический	350	сшутить	423
сушка	349	сценичный	350	съедение	91
сушняк	349	сценка	350	съедобность	91
сушь	349	сцентрировать	406	съедобный	91
существенность	348	счастливец	350	съезд	93
существенный	348	счастливиться	350	съездить	93
существительное	348	счастливчик	350	съезжий	93
существо	348	счастливый	350	съём	211

съёмка	211	сыродельный	352	табачный	354		
съёмник	211	сыродутный	86	табачок	354		
съёмный	211	сыроежка	91	тайком	354		
съёмцы	211	**сырой**	353	тайна	354		
съёмщик	211	сырок	352	тайник	354		
съестной	91	сыромолот	191	тайничать	354		
съесть	91	сыромятина	200	тайнобрачие	354		
сыгранность	116	сыромятник	200	тайнопись	231		
сыгранный	116	сыромятня	200	тайнопись	354		
сыграть	116	сыромять	200	тайность	354		
сыграться	116	сыромять	353	таинственный	354		
сыгровка	116	сырость	353	таинство	354		
сыгрывка	116	сырцовый	353	тайный	354		
сызвека	33	сырь	353	**таить**	354		
сызнова	206	сырьё	353	таиться	354		
сын	351	сырьевой	353	**так**	354		
сынов	351	сыск	118	так-с	354		
сыпать	351	сыскать	118	такальщик	354		
сыпаться	351	сыскаться	118	такать	354		
сыпец	351	сыта	353	такать	354		
сыпка	351	сытенький	353	также	354		
сыпной	351	сытеть	353	таки	354		
сыпно-тифозный	351	сытёхонький	353	таков	354		
сыпуха	351	сытить	353	таковой	354		
сыпучий	351	сытный	353	таковский	354		
сыпь	351	сытость	353	такой	354		
сыр	352	сытый	353	такой-сякой	354		
сырейщик	353	сыщик	118	такой-то	354		
сыреть	353	сэкономить	425	так-с	354		
сырец	353	сюрреализм	270	**талант**	354		
сырковый	352	сюрреалист	270	талантливый	354		
сырник	352			тали	355		
сырный	352			талик	355		
сырня	352	Т		талина	355		
сыровар	31			таломёрзлый	355		
сыровар	352	**табак**	**354**	тало-мёрзлый	181		
сыроварение	31	табакерка	354	талый	355		
сыроварение	352	табаковод	354	таль	355		
сыроваренный	352	табаководство	354	**там**	**354**		
сыроварня	31	табакур	149	тамошний	354		
сыроватый	353	табакур	354	там-сям	354		
сыродел	73	табачная	354	таска	355		
сыродел	353	табачник	354	таска	355		

таска́ть	355	театрове́дный	356	темни́ца	379		
таска́ться	355	тезоимени́тство	117	темно-	379		
таску́н	355	тезоимени́тый	117	темно́	379		
таще́ние	355	**теи́зм**	356	тёмно-багро́вый	379		
тащи́ть	355	теи́ст	356	темнова́тый	380		
тащи́ться	355	теисти́ческий	356	темноволо́сый	379		
та́ялка	355	теку́честь	362	темногла́зый	379		
та́яние	355	теку́чий	362	темноко́жий	379		
та́ять	355	теку́щий	362	темноли́кий	380		
тварь	356	телезри́тель	113	темнота́	380		
тверде́ть	356	телеизмере́ние	179	тёмный	379		
твердёхонек	356	**телёнок**	357	тёмный	380		
твёрдо	356	телеприёмник	210	темь	380		
твердозём	356	телеса́	357	теневой	357		
твердока́менный	356	теле́сно	357	теневыно́сливый	357		
твердоко́жий	356	теле́сность	357	тенелю́б	167		
твердоло́бый	356	теле́сный	357	тенелю́б	357		
твердоме́р	180	телеце́нтр	406	тенелюби́вый	357		
твердоме́р	356	тели́ться	357	тени́стый	357		
твердосерде́чный	302	тели́ца	357	тени́ть	357		
твердосерде́чный	356	тёлка	357	**тень**	357		
твердоспла́вный	356	**те́ло**	357	теоретиза́ция	357		
твёрдость	356	телогре́йка	64	теоретизи́ровать	357		
твёрдый	356	телогре́йка	357	теоре́тик	357		
тверды́ня	356	телодвиже́ние	357	теорети́ческий	357		
твердь	356	телохрани́тель	357	теорети́чный	357		
творе́ние	356	телохрани́тель	402	теори́йка	357		
творёный	356	те́льник	357	**тео́рия**	357		
творе́ц	356	тельно́е	357	тёпел	357		
твори́тельный	356	те́льный	357	тёпленький	357		
твори́ть	356	те́льце	357	тепле́ть	358		
твори́ться	356	теля́	357	теплёхонький	358		
творо́г	356	теля́та	357	теплина́	358		
тво́рчество	356	теля́тина	357	тепли́ть	358		
теа́тр	356	теля́тки	357	те́плить	358		
театра́л	356	теля́тник	357	те́плиться	358		
театрализа́ция	356	теля́чий	357	тепли́ца	358		
театрализи́ровать	356	те́мень	379	тепло-	357		
театра́льность	356	тёмненький	379	**тепло́**	357		
театра́льный	356	темне́ть	379	тепло́	357		
театра́льщина	356	темнёхонький	379	теплова́тый	358		
театрове́д	356	темни́тель	379	теплова́я	358		
театрове́дение	356	темни́ть	380	теплово́з	33		

тепловоз	358	терзание	360	технициизм	361
тепловозник	358	терзать	360	технический	361
тепловой	358	терзаться	360	техничка	361
тепловой	358	тёрка	359	техничный	361
теплоёмкий	358	термотерапия	359	технолог	361
теплоёмкость	358	термоядерный	431	технологичность	361
теплозащита	358	тёрочный	359	технологичный	361
теплокровный	144	терпёж	360	технология	362
теплокровный	358	терпеливость	360	технорук	362
теплолечение	358	терпеливый	360	техобслуживание	362
теплолюб	358	терпение	360	техперсонал	362
тепломер	358	**терпеть**	**360**	техпропаганда	362
теплоноситель	202	терпеться	360	техред	362
теплообмен	358	терпимость	360	техупр	362
теплопаровоз	358	терпимый	360	техусловия	362
теплопередача	358	терпкий	360	теча	362
теплопотеря	361	**терпнуть**	**360**	течение	362
теплопровод	358	тёртый	359	течка	362
теплопроводник	358	тёрщик	359	течь	362
теплопроводность	358	**терять**	**361**	течь	362
теплопроизводительность	358	теряться	361	тешить	363
теплород	279	теснение	361	тешиться	363
теплород	358	тесненький	361	тип	363
теплосеть	303	теснина	361	типаж	363
теплосиловой	358	**теснить**	**361**	типажный	363
теплостойкий	358	тесниться	361	типизация	363
теплота	358	тесно	361	типизировать	363
теплотворный	358	тесноватый	361	типик	363
теплотехник	358	теснота	361	типический	363
теплотрасса	358	тестодел	73	типовой	363
теплофикация	358	тестоделательный	73	типогравюра	363
теплоход	358	тестомесилка	184	типограф	363
теплоход	399	техвод	361	типография	363
теплоцентраль	358	техинспектор	361	типографский	363
теплушка	358	техком	361	типология	363
теплынь	358	технарь	361	**тираж**	**363**
тепляк	358	технеций	361	тиражировать	363
терапевт	358	технизация	361	**тиран**	**363**
терапевтика	358	техник	361	тиранить	363
терапевтический	358	**техника**	**361**	тиранический	363
терапия	**358**	техник-интендант	361	тирания	363
тереть	**359**	технико-экономический	361	тиранство	363
тереться	359	техникум	361	**тихий**	**363**

ти́хнуть	363	тлить	364	то́лком	366
ти́хо	363	тли́ться	364	толкотня́	365
тихове́йный	363	тля	364	толку́н	365
тихово́дный	363	тмить	380	толма́ч	366
тихово́дье	363	тми́ться	380	толма́чить	366
тиходо́л	364	**това́р**	**365**	**толпа́**	**366**
тиходо́м	364	това́ришко	365	толпи́ться	366
тихомо́лком	190	това́рность	365	толсте́нный	366
тихомо́лком	364	това́рный	365	то́лстенький	366
тихонра́вие	208	товаро-бага́ж	365	толсте́ть	366
тихо́нько	364	товарове́д	365	толсти́ть	366
тихо́ня	364	товароведе́ние	365	толстобрю́хий	366
тихоокеа́нский	364	товарообме́н	365	толстобрю́шка	366
тихоречи́вый	275	товарооборо́т	365	толстове́ц	366
тихостру́йный	364	товарообраще́ние	213	толстоголо́вка	366
ти́хость	364	това́ро-пассажи́рский	365	толстоголо́вый	366
тихохо́д	364	товарополуча́тель	243	толстогу́бый	366
тихохо́д	399	товарополуча́тель	365	толстоза́дый	366
тихохо́дный	364	товаропроизводи́тель	365	толстоко́жий	366
тихохо́дный	399	товарораспоряди́тельный	365	толстоко́рый	366
тиша́йший	363	товарохозя́ин	365	толстомо́рдый	366
тиша́ть	364	тожде́ственный	365	толстомя́сый	366
тишко́м	364	то́ждество	365	толстоно́гий	366
тишь	364	**то́же**	**365**	толстоно́жка	366
тка́льный	364	ток	362	толстоно́сый	366
тка́льня	364	тока́рничать	371	толстопу́зый	366
тка́невый	364	тока́рничий	371	толсторо́жий	366
тка́невый	364	тока́рня	371	толстосте́нный	366
ткани́на	364	то́карь	371	толстосу́м	348
тка́ный	364	токопро́вод	362	толстосу́м	366
ткань	364	толи́ка	366	толстота́	366
тканьё	364	толи́кий	366	толстоте́лый	366
ткать	**364**	толк	365	толсто́тный	366
тка́цкий	364	толка́ние	365	толстоше́ий	366
ткацкопряди́льный	364	толка́тель	365	толстоше́я	366
ткач	364	**толка́ть**	**365**	толсту́н	366
тка́чество	364	толка́ться	365	толсту́ха	366
тлен	364	толка́ч	365	толсту́щий	366
тле́ние	364	толкова́ние	365	то́лстый	366
тле́нный	364	толкова́тель	365	толстя́к	366
тлетво́рный	364	**толкова́ть**	**365**	толчо́к	365
тлеть	**364**	толко́вник	366	толчо́к	365
тле́ться	364	толко́вый	366	толща́	366

толь	366	топиться	369	тоска́	370
то́лько	366	то́пка	368	тоскли́вый	370
томи́тельный	367	то́пкий	368	тоскова́ть	370
томи́ть	366	топки́й	369	точе́ние	370
томи́ться	366	топле́ние	368	точёный	370
томле́ние	366	топлёный	368	то́чечка	370
то́мный	367	то́пливник	368	то́чечный	370
тон	367	то́пливо	368	точе́чный	370
тона́льность	367	топливопода́ча	368	точи́ло	370
тона́льный	367	топливоснабже́ние	368	точи́льный	370
тониза́ция	368	топля́к	369	точи́льня	371
тонизи́ровать	368	топта́ть	369	точи́льщик	371
то́ника	367	топта́ться	369	точи́ть	370
тони́ровать	367	топь	369	точи́ть	371
тониро́вка	367	торг	369	то́чка	370
тони́ческий	367	торг-	369	точка́	371
то́нкий	367	торга́ш	369	точнёхонько	371
тонко-	367	торга́шество	369	то́чно	371
тонкобро́вый	367	торгба́нк	369	то́чность	371
тонкова́тый	367	торгова́ть	369	то́чный	371
тонкогру́дый	367	торго́вец	369	точь-в-то́чь	371
тонкозерни́стый	367	торго́вка	369	тошнёхонько	371
тонкоко́жий	367	торговли́шка	369	тошни́ть	371
тонкоко́рый	367	торго́во-промы́шленный	369	тошнова́тый	371
тонконо́гий	367	торго́вый	369	тошнота́	371
тонкопа́лый	367	торгпо́рт	369	тошнотво́рный	371
тонкосло́йный	367	торгу́ч	369	то́шный	371
тонкосте́нный	367	торгфло́т	369	тоща́ть	371
тонкостру́нный	367	торже́ственный	370	**то́щий**	**371**
то́нкость	367	торжество́	370	**трава́**	**372**
тонкоше́ий	367	торжествова́ть	370	травене́ть	372
тонме́йстер	367	то́ржище	370	трави́на	372
то́нна	367	торможе́ние	370	трави́нка	372
тонна́ж	367	то́рмоз	370	тра́вка	372
тоно́метр	367	тормози́льщик	370	**тра́вма**	**372**
то́нус	368	тормози́ть	370	травмати́зм	372
тону́ть	369	тормозно́й	370	травмати́ческий	372
тонфи́льм	389	тормо́зчик	370	травмато́лог	372
тонча́ть	367	торопи́ть	370	травматоло́гия	372
то́ньше	367	торопи́ться	370	травми́ровать	372
топи́ть	368	торопли́вый	370	травмобезопа́сный	372
топи́ть	369	торопы́га	370	тра́вник	372
топи́ться	368	торфосо́с	327	травни́стый	372

травове́дение	372	трансля́ция	372	тре́бователь	373
травоко́с	137	трансмисси́вный	372	тре́бовательность	373
травопо́лье	239	трансми́ссия	372	тре́бовательный	373
травопо́лье	372	трансми́ттер	372	**тре́бовать**	**373**
травосе́йный	305	трансокеа́нский	372	тре́боваться	373
травосе́йный	372	трансотде́л	372	**трево́га**	**374**
травосе́яние	305	транспара́нт	372	трево́жить	374
травосме́сь	372	транспира́ция	373	трево́житься	374
травосто́й	340	транспланта́т	373	трево́жный	374
травосто́й	372	транспланта́ция	373	трезво́н	105
травоя́дный	92	транспози́ция	373	трезвони́ть	105
травоя́дный	372	транспони́ровать	373	трена́ж	374
травоя́ды	92	тра́нспорт	373	тренажёр	374
тра́вушка	372	тра́нспорт	373	тре́нер	374
тра́вчатый	372	транспорта́бельный	373	тре́ние	359
травяне́ть	372	транспортёр	373	тре́нинг	374
травяни́стый	372	транспорти́р	373	тренирова́ть	374
травя́нка	372	транспорти́ровать	373	тренирова́ться	374
травяно́й	372	транспортиро́вка	373	трено́жник	207
трагеди́йный	372	транспортиро́вочный	373	тре́пет	374
траге́дия	**372**	транспо́ртник	373	**трепета́ть**	**374**
траги́зм	372	тра́нспортный	373	трепета́ться	374
тра́гик	372	транссуда́т	373	тре́петный	374
трагикоме́дия	372	транссуда́ция	373	треска́ние	374
траги́ческий	372	трансфе́р	373	**треска́ться**	**374**
традиционали́зм	372	трансформа́тор	373	трескотня́	374
традицио́нный	**372**	трансформа́ция	373	треску́н	374
тради́ция	372	трансформи́зм	373	треску́чий	374
транзи́т	372	трансформи́ровать	373	тре́снутый	374
транзити́вность	372	трансформи́роваться	373	тре́снуть	374
транс	**372**	трансфу́зия	373	тре́тий	375
транс-	372	**тра́пеза**	**373**	трети́на	375
транса́кция	372	тра́пезник	373	трети́чный	375
трансальпи́йский	372	тра́пезничать	373	тре́тник	375
трансаркти́ческий	372	тра́пезный	373	треть	375
трансатланти́ческий	372	тра́пезовать	373	третье-	375
трансве́ртер	372	трассоиска́тель	118	третьёводни	375
трансгре́ссия	372	тра́та	373	третьёвошний	375
трансконтинента́льный	372	**тра́тить**	**373**	третья́к	375
транскриби́ровать	372	тра́титься	373	треуго́лка	375
транскри́пция	372	тре́ба	373	треуго́льник	375
трансли́ровать	372	тре́ба	373	трёхдне́вный	74
транслитера́ция	372	тре́бование	373	трёхме́рный	179

трёхме́стный	181	тро́йственный	375	трубочи́ст	376
трёхпо́лье	239	трои́ть	375	тру́бчатый	376
трехра́зовый	264	трои́ться	375	труд	376
трёхфа́зный	388	тро́ица	375	труд-	376
трёхэта́жный	429	тро́ицын	375	труддисципли́на	376
тре́щина	374	тройча́тка	375	труддогово́р	376
тре́щинный	374	тройча́тка	375	труди́ть	376
трещинова́тый	374	тройча́тный	375	**труди́ться**	**376**
три	**374**	трону́ться	375	труди́ться	376
три́дцать	375	тропосфе́ра	350	труднало́г	376
три́дцатью	375	**трос**	**375**	трудне́нек	376
триеди́нство	90	тро́стие	376	тру́дно	376
триеди́нство	375	тростильщик	375	труднова́тый	376
триеди́ный	90	тростина́	376	труднодосту́пный	376
триеди́ный	375	трости́ть	375	труднопла́вкий	376
три́жды	375	тростни́к	376	труднопроизноси́мый	376
трина́дцать	375	тростнико́вый	376	труднопроходи́мый	376
тро́гание	375	тросточка	376	трудносгора́емый	376
тро́гательный	375	**трость**	**376**	тру́дность	376
тро́гать	**375**	троще́ние	375	тру́дный	376
трое-	374	трою́родный	280	трудово́й	376
тро́е	374	трояќий	375	трудоде́нь	74
троебо́рье	374	**труба́**	**376**	трудоде́нь	376
троебра́чие	374	труби́ть	376	трудоёмкий	376
троевла́стие	375	труби́ться	376	трудолю́б	167
троеже́нец	375	тру́бка	376	трудолю́б	376
троеже́нство	375	трубкожи́л	376	трудолюби́вый	167
троекра́тный	375	трубкозу́б	376	трудолюби́вый	376
троему́жие	375	тру́бник	376	трудолю́бие	167
трое́ние	375	тру́бный	376	трудолю́бие	376
троепе́рстие	375	трубоги́б	57	трудоспосо́бность	330
троетёс	375	трубоги́б	376	трудоспосо́бность	376
троеца́рствие	375	трубоду́р	376	трудоспосо́бный	330
тро́ечник	375	трубкожи́л	102	трудоспосо́бный	376
тро́ечный	374	трубокла́д	376	трудоустро́йство	344
тро́йка	374	трубоку́р	149	трудоустро́йство	376
тройни́к	375	трубоку́р	376	трудоустро́ить	376
тройни́чник	375	трубалёт	376	трудоуча́стие	376
тройни́чный	375	трубопрово́д	376	трудпови́нность	376
тройно́й	375	труборе́з	376	трудпо́мощь	376
тройно́й	375	трубоста́в	331	трудя́га	376
тро́йня	375	трубоста́в	333	трудя́щийся	377
тро́йственность	375	трубоста́в	376	труже́ничество	377

труп	377	тупоум	385	тяга	381
трупник	377	тупоумие	378	тягальный	381
трясавица	377	тупоумничать	385	тягать	381
трясение	377	тупоумный	378	тягаться	381
трясильщик	377	тупоумок	378	тягач	381
трясина	377	турбина	378	тягачок	381
трясинный	377	турбо-	378	тяглец	381
тряский	377	турбобур	378	тягло	381
трясогузка	377	турбовоз	378	тягло	381
трясти	377	турбонасос	378	тяглый	381
трястись	377	турбоход	378	тягомер	180
трясун	377	тускло	378	тягомер	381
трясучий	377	тускловатый	378	тягомотина	380
трясучка	377	тусклый	378	тягостный	380
трясушка	377	**тускнеть**	378	тягость	380
трясца	377	тучнеть	378	тяготение	380
туго	386	**тучный**	378	тяготеть	380
тугоухий	386	тушение	378	тяготить	380
тук	378	тушение	379	тяготиться	380
туман	378	тушёнка	379	тягучесть	381
туманистый	378	тушёный	379	тягучий	381
туманить	378	тушилка	378	тяж	381
туманиться	378	тушильный	378	тяжба	380
туманность	378	тушитель	378	тяжебник	380
туманный	378	**тушить**	378	тяжебный	380
тумба	378	**тушить**	379	тяжёлая	380
тумбочка	378	тщеславие	313	тяжелоатлетика	14
тунцелов	162	тщеславиться	313	тяжелеть	380
тупеть	378	тщеславный	313	тяжелёхонек	380
тупец	378	**тыкать**	379	тяжелить	380
тупик	378	тыкаться	379	тяжелоатлет	14
тупить	378	тысяцкий	379	тяжелоатлет	380
тупиться	378	**тысяча**	379	тяжелоатлетика	380
тупой	378	тысячекратный	379	тяжелоатлетический	14
тупоконечный	132	тысячелетие	379	тяжеловатый	380
тупоконечный	378	тысячелетний	379	тяжеловес	380
туполобие	378	тысяченожка	379	тяжеловесный	380
тупомордый	378	тысячник	379	тяжеловоз	380
тупоноска	378	тысячный	379	тяжелодум	84
тупость	378	тычина	379	тяжелодум	380
тупоугольный	378	тычок	379	тяжелодум	385
тупоугольный	383	**тьма**	379	тяжелодумный	84
тупоум	378	тьма-тьмущая	380	тяжелодумный	380

тяжёлый	380	уборка	26	увериться	35
тяжкий	380	уборная	26	увернуть	36
тяжущийся	380	уборный	26	увернуться	36
тянуть	381	уборочная	26	уверовать	35
тянуться	381	уборочный	26	увёртка	36
тянучка	381	уборщик	26	увёртливый	36
тянущий	381	убрать	26	увёртываться	36
		убраться	26	увесистый	39
У		убылой	28	увесить	42
		убыль	28	увеска	42
у	383	убыток	28	увести	33
убавить	16	убыточить	28	увести	41
убавиться	16	убыточный	28	увешать	42
убавка	16	убыть	28	увешаться	42
убавочный	16	уважаемый	383	увещание	42
убег	17	**уважать**	383	увещатель	42
убедительный	383	уважение	383	увещательный	42
убедить	383	уважительный	383	увещать	42
убедиться	383	уважить	383	увидеть	44
убежать	17	увал	30	увинтить	45
убежище	17	увалистый	30	увиться	46
уберечь	18	увалить	30	увод	41
уберечься	18	увальность	30	уволочить	48
убивка	20	увальчивый	30	уволочиться	48
убиение	20	уварить	31	угар	61
убийственный	20	увариться	31	угарный	61
убийство	20	уварка	31	угладить	53
убийца	20	уварочный	31	угластый	383
убить	20	уведомить	32	углевод	383
убиться	20	уведомление	32	углеводород	383
ублаготворить	22	увековечить	33	углевоз	383
ублаготвориться	22	увековечиться	34	углевыжигательная	383
ублажить	22	увеличение	34	углевыжигательный	383
убогий	23	увеличитель	34	угледобыча	383
убожество	23	увеличительное	34	углежжение	383
убожествовать	23	увеличительный	34	углекислота	383
убожить	23	увеличить	34	углекислый	383
убой	20	увеличиться	34	углекоп	134
убоина	20	уверение	35	углекоп	383
убойность	20	уверенность	35	угленосный	383
убойный	20	уверенный	35	углепромышленник	383
убор	26	уверительный	35	углепромышленность	383
убористый	26	уверить	35	углерод	279

углерод	383	угрев	64	удлинить	78
углеродистый	383	угревать	64	удлиниться	78
углесос	327	угреваться	64	удобность	384
углехимия	383	угрести	63	**удобный**	**384**
угловатый	383	угрожать	64	удобо-	384
угломер	180	угрожающий	64	удобоваримый	31
угломер	383	угроза	64	удобоваримый	384
углядеть	54	угрозыск	118	удобоисполнимый	384
угнуть	57	удаление	66	удобоносимый	384
уговорить	58	удалённость	66	удобообозримый	113
уговориться	58	удалённый	66	удобопереносимый	384
уговорный	58	удалить	66	удобопонятный	384
уговорчивый	58	удалиться	66	удобопроходимый	384
уговорщик	58	удар	384	удобоуправляемый	384
угода	58	ударение	384	удобочитаемый	384
угодить	58	**ударить**	**383**	удобочитаемый	415
угодливость	58	удариться	383	удобрение	79
угодливый	58	ударник	383	удобрительный	79
угодник	58	ударность	383	удобрить	79
угодничать	58	ударный	383	удобство	384
угодно	58	удаться	68	удовлетворение	79
угодность	58	удача	68	удовлетворённый	79
угодный	58	удачливый	68	удовлетворительный	79
угождение	58	удачник	68	удовлетворить	79
угол	**383**	удачный	68	удовольствие	79
уголёк	383	удвоение	70	удовольствовать	79
уголовник	383	удвоенный	70	удорожить	81
уголовный	**383**	удвоить	70	удорожиться	81
уголовщина	383	удвоиться	70	удрать	82
уголок	383	удел	74	удружить	83
уголь	**383**	уделать	72	едливый	91
уголье	383	уделить	74	уезд	93
угольный	383	уделка	72	уездить	93
угон	55	удерж	76	уездиться	93
угонять	55	удержание	76	уездный	93
угор	60	удержать	76	уезженный	93
угорелый	61	удержаться	76	уесть	91
угореть	61	удивительный	77	уехать	93
угорок	60	удивить	77	ужаление	93
угорье	60	удивиться	77	ужалить	93
угостить	62	удивление	77	ужарить	95
уготовить	63	удлинение	78	ужариться	95
угощение	62	удлинительный	78	**ужас**	**384**

ужаса́ть	384	указа́тельный	120	украси́ться	138
ужаса́ться	384	**указа́ть**	**120**	укра́сть	140
ужа́сный	384	ука́зка	120	украша́тель	138
ужа́сти	384	указни́к	120	украша́тельский	138
ужа́ть	96	указно́й	120	украша́тельство	138
ужесточа́ться	98	указчик	120	украше́ние	138
ужесточённый	98	ука́зывающий	120	укрепи́тельный	141
ужи́вчивый	102	ука́пать	121	укрепи́ть	141
ужи́мина	96	уката́ть	123	укрепи́ться	141
ужи́мка	96	уката́ться	123	укрепле́ние	141
у́жин	96	укати́ть	123	укрупни́ть	146
ужи́ться	102	укати́ться	123	укрупни́ться	146
узаконе́ние	104	ука́тка	123	укрыва́тель	147
узако́ненный	104	ука́тчик	123	укрыва́тельский	147
узако́нить	104	укача́ть	123	укрыва́тельство	147
у́зенький	384	укача́ться	124	укры́тие	147
узи́лище	384	укла́д	128	укры́тый	147
узина́	384	укла́дистый	128	укры́ть	147
у́зить	384	укла́дка	128	укры́ться	147
у́зкий	**384**	укла́дочный	128	укупи́ть	148
узко-	384	укла́сть	128	уку́с	150
узкогла́зие	384	укле́ить	129	укуси́ть	150
узкого́рлый	384	укло́н	131	ула́дить	151
узкогру́дый	384	уклоне́ние	131	ула́диться	151
узкоза́дый	384	уклони́зм	131	улежа́ть	154
узколе́йка	384	уклони́ст	131	уле́зть	155
узколи́цый	384	уклони́ть	131	улести́ть	156
узколо́бие	384	уклони́ться	131	улете́ть	157
узкоспециализи́рованный	328	укло́нный	131	уле́чься	158
узкоспециа́льный	328	уклономе́р	180	ули́ть	161
у́зкость	384	уклоноуказа́тель	131	ули́ться	161
узловяза́тель	52	укорене́ние	134	**у́лица**	**384**
узна́ть	112	укорени́ть	134	у́личный	384
узна́ться	112	укорени́ться	134	уло́в	162
у́зник	384	укороти́ть	136	улови́мый	162
у́зничество	384	укоро́чение	136	улови́стый	162
узо́к-	384	уко́с	137	улови́тель	162
узре́ть	114	укоси́ть	137	улови́ть	162
у́зы	384	уко́сный	137	уло́вка	162
уйти́	116	укра́ек	138	уловле́ние	162
ука́з	120	укра́ина	138	улавля́ть	162
указа́ние	120	Украи́на	138	уло́вный	162
указа́тель	120	укра́сить	138	уложе́ние	128

уложе́ние	164	умеша́ть	184	у́мствовать	384
уло́женный	164	умеще́ние	181	умудрённость	194
уложи́ть	164	уме́ючи	385	умудри́ть	194
уложи́ться	128	умиле́ние	185	умудри́ться	194
уложи́ться	164	умилённый	185	уму́чить	195
улома́ть	165	умили́тельный	185	уму́читься	196
уломи́ть	165	умили́ть	185	умыва́лка	198
ультразву́к	107	умили́ться	185	умыва́льник	198
ультрафи́льтр	389	умилосе́рдить	302	умыва́льный	198
ум	**384**	умилосе́рдиться	302	умыва́льня	198
ума́зать	169	уми́лостивить	185	умыва́ние	198
ума́заться	169	уми́лостивиться	185	умыва́ться	198
умали́тельный	171	умира́ние	178	умыва́ться	198
умали́ть	171	умири́ть	186	у́мысел	197
умали́ться	171	умири́ться	186	у́мыслить	197
умалишённый	165	умиротворе́ние	186	умы́ть	198
умани́ть	171	умиротворённый	186	умы́шленность	197
ума́слить	172	умиротвори́тель	186	умы́шленный	197
ума́слиться	172	умиротвори́ть	186	умягче́ние	199
уме́длить	173	умиротвори́ться	186	умягче́ние	199
уме́длиться	173	уми́шко	384	умя́кнуть	199
уме́лец	385	умне́ть	384	умя́кнуть	199
уме́лый	385	у́мник	384	умя́ть	200
умельчи́ть	176	у́мничать	384	умя́ться	200
умельчи́ться	176	умножа́ть	188	унести́	205
уме́ние	385	умноже́ние	188	унести́сь(уноси́ться)	205
уменьша́емое	176	умно́житься	188	униже́ние	206
уменьша́ть	176	у́мный	384	уни́женный	206
уменьше́ние	176	умню́щий	384	унизи́тельный	206
уменьши́тельный	176	умозаключе́ние	385	уни́зить	206
уме́ньшить	176	умозаключи́ть	385	уни́зиться	206
уме́ньшиться	176	умо́кнуть	188	унифо́рма	391
уме́ренность	180	умоли́ть	190	унифо́рмист	391
уме́ренный	180	умо́лкнуть	190	**уничижа́ть**	**385**
умере́ть	177	умоло́т	191	уничижа́ться	385
уме́рить	180	умолоти́ть	191	уничиже́ние	385
уме́риться	180	умолча́ние	192	уничтожа́ть	417
умертви́ть	177	умолча́ть	192	уничтожа́ющий	417
уме́рший	177	умо́ра	178	уничтоже́ние	417
умести́ть	181	умори́ть	178	уно́с	205
умести́ться	181	умори́ться	178	унтерто́н	367
умета́ть	182	у́мственность	384	**уня́ть**	**211**
уме́ть	**385**	у́мственный	384	уня́ться	211

упа́д	225	уполномо́чие	240	упроще́нство	252
упа́док	225	уполномо́чить	240	упры́гнуть	254
упа́дочничество	225	уполови́нить	241	упры́гнуться	254
упа́дочный	225	упомина́ние	244	упря́мец	254
упакова́ть	221	упо́мнить	244	упря́миться	254
упакова́ться	221	упомяну́ть	244	упря́мство	254
упако́вка	221	упо́р	227	упря́мствовать	254
упако́вочный	221	упо́рность	227	упря́мый	254
упако́вщик	221	упо́рный	227	упря́тать	254
упа́рить	223	упоря́дочить	287	упря́таться	254
упа́риться	223	упоря́дочиться	287	упусти́ть	256
упа́сть	225	употе́ть	246	упу́тать	258
упёк	229	употреби́ть	246	упуще́ние	256
упереди́ть	226	употреби́ться	246	**ура́**	**385**
упереди́ться	226	употребле́ние	246	уравне́ние	263
упере́ть	227	управ-	247	уравни́ловец	263
упере́ться	227	упра́ва	247	уравни́ловка	263
упеча́тать	228	управде́л	247	уравни́тельность	263
упеча́таться	228	управдо́м	81	уравни́тельный	263
упе́чь	229	управдо́м	247	уравнове́сить	39
упе́чься	229	управи́тель	247	уравнове́сить	263
уписа́ть	231	упра́вить	247	уравнове́ситься	39
уписа́ться	231	управле́нец	247	уравнове́ситься	263
упи́танный	232	управля́емость	247	уравнове́шенность	263
упита́ть	232	управля́емый	247	уравнове́шенный	263
упи́ться	232	управля́ться	247	уравня́ть	263
упла́та	234	управхо́з	247	уразуме́ть	384
уплати́ть	234	управхо́з	399	урасти́	267
уплы́ть	237	упражне́ние	385	урва́ть	270
упова́ние	385	**упражня́ть**	**385**	урва́ться	270
упова́ть	**385**	упражня́ться	385	урегули́ровать	271
уподо́бить	237	упраздни́ть	249	уре́з	273
уподо́биться	237	упраздни́ться	249	уре́зать	273
уподобле́ние	237	упрёк	385	уре́зник	273
упое́ние	233	**упрека́ть**	**385**	у́ровень	277
упоённый	233	упроси́ть	251	уровнеме́р	277
упои́тельный	233	упрости́тель	252	уровня́ть	277
упои́ть	233	упрости́тельство	252	уровня́ться	277
упои́ть	233	упрости́ть	252	уро́д	279
упоко́ить	238	упроще́нец	252	уроди́ть	279
упоко́иться	238	упроще́ние	252	уроди́ться	279
уползти́	239	упрощённый	252	уро́дливый	279
уполномо́ченный	240	упроще́нский	252	уро́довать	279

уро́доваться	279	уси́ленный	307	усоверше́нствованность	38
уро́дский	279	уси́лие	307	усоверше́нствовать	38
уро́дство	279	уси́litель	307	усо́вестить	322
урожа́й	279	уси́лительный	307	усо́л	324
урожа́йность	279	уси́лить	307	усоли́ть	324
урожа́йный	279	уси́литься	307	усоли́ться	324
урождённая	279	ускака́ть	309	усо́лье	324
уроже́нец	279	ускоре́ние	311	усомни́ться	186
уро́к	**385**	уско́ренный	311	усо́хлый	349
уркода́тель	385	ускори́тель	311	усо́хнуть	349
уро́н	281	ускори́тельный	311	успева́емость	385
уро́чный	385	уско́рить	311	успева́ющий	385
уры́вками	270	уско́риться	311	**успе́ть**	**385**
уры́вочками	270	усла́да	151	успе́ть	385
уры́вочный	270	усладительный	151	успе́ться	385
уряди́ть	287	услади́ть	151	успе́х	385
уряди́ться	287	услади́ться	151	успокое́ние	329
уря́дчик	287	услажде́ние	151	успока́ивающее	329
уряжа́ть	287	усласти́ть	151	успока́ивающий	329
ус	**385**	усласти́ться	151	успокои́тель	329
уса́д	289	усла́ть	314	успокои́тельный	329
усади́ть	289	уследи́ть	315	успоко́ить	329
уса́дка	289	усло́вие	316	усредни́ть	330
уса́стый	385	усло́виться	316	**у́ста**	**385**
уса́тый	385	усло́вленный	316	уста́в	333
усаха́рить	294	усло́вность	316	уста́вить	333
уса́ч	385	усло́вный	274	уставно́й	333
усвое́ние	298	усло́вный	316	уста́вщик	333
усво́ить	298	услу́га	317	уста́лость	335
усвоя́емость	298	услужа́ющий	317	уста́лый	335
усвоя́ть	298	служе́ние	317	у́сталь	335
усе́рдие	302	услужи́ть	317	устаре́лый	334
усе́рдный	302	услу́жливый	317	устаре́ть	334
усе́рдствовать	302	услу́жник	317	уста́ток	335
усе́сться	303	усмире́ние	320	уста́ть	335
усече́ние	304	усмире́ть	320	устере́чь	338
усе́чь	304	усмири́тель	320	устере́чься	338
усе́ять	305	усмири́тельный	320	усти́лка	337
усе́яться	305	усмири́ть	320	устла́ть	337
усиде́ть	306	усмотре́ние	321	устла́ться	337
уси́дчивость	306	усмотре́ть	321	у́стный	385
уси́дчивый	306	усну́ть	325	усто́й	340
усиле́ние	307	усоверше́нствование	38	усто́йчивость	340

усто́йчивый	340	утверди́ть	356	утолще́ние	366
устороши́ть	338	утверди́ться	356	утоми́тельный	367
устороши́ться	338	утвержде́ние	356	утоми́ть	367
устоя́ть	340	утёк	363	утоми́ться	367
устоя́ться	340	утемне́ние	380	утомле́ние	367
устраши́ть	341	утемни́ть	380	утомлённый	367
устраши́ться	341	утемни́ться	380	утомля́емость	367
устреми́ть	342	утёнок	385	утоне́ние	367
устреми́ться	342	утепли́тель	358	утони́ть	367
устремле́ние	342	утепли́ть	358	утону́ть	369
устрога́ть	343	утере́ть	360	утончи́ться	367
устрое́ние	344	утере́ться	360	уто́п	369
устро́енный	344	утерпе́ть	360	утопа́ть	369
устро́йство	344	уте́ря	361	утопле́ние	369
устрои́тель	344	утеря́ть	361	уто́пленник	369
устрои́тельство	344	утеря́ться	361	утопта́ть	369
устро́ить	344	утесне́ние	361	утопта́ться	369
устро́иться	344	утесни́тель	361	уторопи́ть	370
устро́йщик	344	утесни́ть	361	уточи́ть	371
устроя́ть	344	уте́чка	363	уточи́ться	371
уступи́ть	346	уте́чь	363	у́точка	371
усту́пка	346	утеше́ние	363	у́точка	385
устыди́ть	346	утеши́тель	363	уточне́ние	371
устыди́ться	346	утеши́тельный	363	уточни́ть	371
усуши́ть	350	уте́шить	363	уточни́ться	371
усуши́ться	350	уте́шиться	363	утра́та	373
усу́шка	350	ути́ный	385	утра́тить	373
усчита́ть	351	утира́льник	360	утра́титься	373
усы́лка	314	утира́льный	360	у́тренний	386
усынови́тель	351	ути́рка	360	у́тренник	386
усынови́ть	351	у́ти-у́ти	386	у́тренничать	386
усыновле́ние	351	ути́хнуть	364	у́треня	386
усыпа́ть	352	утихоми́рить	185	у́тречком	386
усыпи́тельный	325	утихоми́рить	364	у́тро	**386**
усыпи́ть	325	утихоми́риться	185	утрои́ть	375
усыпле́ние	325	утихоми́риться	364	утрои́ться	375
утае́ние	354	ути́шить	364	утруди́ть	377
ута́йка	354	ути́шиться	364	утру́ска	377
утаи́ть	354	**у́тка**	**385**	утрясти́	377
ута́йщик	354	утка́ть	364	утрясти́сь	377
утащи́ть	355	уткну́ть	379	утучни́ть	378
утащи́ться	355	уткну́ться	379	утучни́ться	378
утверди́тельный	356	уто́к	364	утуши́ть	378
		утолсти́ть	366		

утушить	379
утушить	379
утыкать	379
утюг	**386**
утюжение	386
утюженный	386
утюжильный	386
утюжильщик	386
утюжить	386
утюжка	386
утюжник	386
утяжелитель	380
утяжелить	380
утяжелиться	380
утянуть	382
утята	385
утятина	385
утячий	386
ухват	394
ухватистый	394
ухватить	394
ухватиться	394
ухватка	394
ухватливый	394
ухвостье	394
ухитриться	395
ухлопать	395
ухо	**386**
уховёртка	386
уход	398
уходбище	398
уходить	398
уходить	398
уходиться	398
ухоженный	398
ухорез	386
ухорониться	401
ухоронка	401
ухочистка	386
ухочистка	415
уценить	406
уценка	406
участвовать	386
участвовать	409
участие	386
участие	409
участить	409
участиться	409
участливый	386
участливый	409
участник	387
участник	409
участок	386
участок	409
учащий	387
учащийся	387
учёба	387
учебник	387
учебный	387
учение	387
ученик	387
ученический	387
учёный	387
учерпнуть	411
учёс	412
учесать	412
учесаться	412
учетверить	413
учетвериться	413
училище	387
учинить	414
учинить	414
учиниться	414
учитель	387
учительный	387
учительский	387
учительство	387
учить	**387**
учиться	387
учредилка	387
учредиловец	387
учредитель	387
учредительный	387
учредить	**387**
учреждение	387
учуять	418
учхоз	400
ушагать	419
ушан	386
ушанка	386
ушат	386
ушатый	386
уширить	421
ушириться	421
ушить	422
ушиться	422
ушкан	386
ушко	386
ущерб	387
ущербить	**387**
ущербиться	387
ущерблённый	387
ущербный	387
уют	**387**
уютный	387
уяснение	432
уяснить	432
уясниться	432

Ф

Ф	388
фабрика	**388**
фабрика-кухня	388
фабрикант	388
фабрикат	388
фабрикация	388
фабриковать	388
фаза	**388**
фазис	388
фазный	388
фазопреобразователь	213
факт	**388**
фактический	388
фактичный	388
фальшивка	388
фальшь	**388**
фантазёр	388
фантазировать	388

фанта́зия	388	фи́зико-географи́ческий	389	фининспе́ктор	390
фантасмаго́рия	388	фи́зико-математи́ческий	389	фининспекту́ра	390
фанта́стика	388	**физиогно́мия**	**389**	фининспе́кция	390
фантасти́ческий	388	**физио́лог**	**388**	фи́ниш	390
фантасти́чность	388	физиологи́ческий	388	фи́нишер	390
фантасти́чный	388	физиоло́гия	388	финиши́ровать	389
фаршемеша́лка	184	физиономи́ст	389	**фи́рма**	**390**
фемениза́ция	**388**	физи́ческий	389	фирма́ч	390
феминизи́ровать	388	фи́зия	389	**флаг**	**390**
feminíзм	388	фикс	389	флаг-капита́н	390
feminíст	388	фикса́ж	389	фла́гман	390
фено́мен	**388**	фикса́тор	389	флаг-офице́р	390
феноменали́зм	388	фикса́ция	389	флагшто́к	390
феномена́льность	388	**фикси́ровать**	**389**	флажко́вый	390
феноменоло́гия	388	фикси́роваться	389	фла́жный	390
фе́од	**388**	**фил**	**389**	флажо́к	390
феода́л	388	фил-	389	**фланг**	**390**
феодализа́ция	388	филантро́п	389	фланго́вый	390
феодали́зм	388	филантропи́зм	389	фланк	390
феокра́тия	**388**	филантро́пия	389	фланкёр	390
феоло́гия	388	филармо́ния	389	фланки́ровать	390
ферме́нт	**388**	филатели́зм	389	фланкиро́вка	390
ферментати́вный	388	филатели́ст	389	**флот**	**390**
ферментацио́нный	388	филоло́г	389	флота́тор	390
ферменпа́ция	388	филоло́гия	389	флотацио́нный	390
ферменти́ровать	388	филосо́фия	389	флота́ция	390
фе́рмер	**388**	филосо́фский	389	флоти́лия	390
фе́рмерство	388	филосо́фствовать	389	флоти́ровать	390
фе́рмерша	388	**фильм**	**389**	флотово́дец	390
фи́бра	**388**	фильмова́ть	389	флотово́дческий	390
фибри́лла	388	фильмоко́пия	389	флотоконцентра́т	390
фибри́н	388	**фильтр**	**389**	фло́тский	390
фибриноге́н	388	фильтра́т	389	**флуктуа́ция**	**390**
фи́бровый	388	фильтра́ция	389	флуктуи́ровать	390
фибро́зный	388	фильтрова́льный	389	флуоресце́нтный	390
фигу́ра	**388**	фильтрова́ть	389	**флуоресце́нция**	**390**
фигура́льность	388	фина́гент	9	флуоресци́ровать	390
фигури́ст	388	**фина́л**	**389**	флуорогра́фия	390
фигу́рка	388	финали́ст	389	фока́льный	390
фигу́рный	388	финанси́ровать	390	**фо́кус**	**390**
фигуря́ть	388	финанси́ст	390	фокуси́ровать	390
фи́зик	389	фина́нсовый	390	фоку́сный	390
фи́зика	**389**	фина́нсы	390	фона́рик	390

фона́рный	390	фото́метр	391	фуционе́р	392		
фона́рщик	390	фото́н	391	фуциони́рование	392		
фона́рь	**390**	фотонабо́рный	25	**фу́нция**	**392**		
фонд	**390**	фотопреобразова́тель	213	**футури́зм**	**392**		
фонди́ровать	390	фотоси́нтез	308	футури́ст	392		
фонта́н	**390**	фотосфе́ра	350	футуроло́гия	392		
фонтани́ровать	390	фототерапи́я	391				
фо́рма	**390**	фотоувеличи́тель	391	**X**			
формали́зм	390	**фра́за**	**391**				
формали́ст	390	фразеоло́гия	391	X	392		
формали́стика	390	фразёр	391	**хам**	**392**		
формалисти́ческий	390	фразёрство	391	хами́ть	392		
форма́льность	390	фразёрствовать	391	хамова́тый	392		
форма́льный	390	фрази́ровать	391	ха́мский	392		
форма́т	390	фрази́стый	391	ха́мство	392		
форма́ция	391	фракционе́р	391	хамьё	392		
фо́рменный	391	фракциони́ровать	391	**хао́с**	**392**		
формирова́ние	391	фракцио́нный	391	хаоти́ческий	392		
формирова́ть	391	**фра́кция**	**391**	**хара́ктер**	**392**		
формова́ть	391	**фра́нция**	**392**	хара́ктерец	392		
формова́ться	391	францу́з	392	характеризи́ровать	392		
формо́вка	391	францу́зить	392	характеризи́роваться	392		
формово́й	391	францу́зкий	392	характери́стика	392		
формо́вщик	391	**френо́лог**	**392**	характеристи́ческий	392		
формоизмене́ние	391	френоло́гия	392	хара́ктерность	392		
формообразова́ние	212	фрикцио́нный	392	хара́ктерный	392		
формообразова́ние	391	**фрика́ция**	**392**	хара́ктерный	392		
фо́рте	391	фронт	392	хвале́бный	392		
форте́ция	391	фронта́льный	392	хвале́бщик	392		
форти́ссимо	391	фронтови́к	392	хвале́ние	392		
форт	**391**	**фрукт**	**392**	хвалёный	392		
фо́то	**391**	фруктова́р	31	хвали́тель	392		
фотоаппара́т	391	фрукто́вый	392	**хвали́ть**	**392**		
фотобума́га	391	фруктова́р	392	хвали́ться	392		
фото́граф	391	фруктовщи́к	392	хвастли́вый	393		
фотографи́ровать	391	**фунда́мент**	**392**	**хва́стать**	**393**		
фотографи́ческий	391	фундамента́льность	392	хвастну́н	393		
фотографи́чный	391	фундамента́льный	392	**хвати́ть**	**393**		
фотогра́фия	391	фунда́ментный	392	хвати́ться	393		
фотока́мера	391	фунди́ровать	392	хва́тка	393		
фотоко́пия	391	функционали́зм	392	хва́ткий	393		
фотоли́з	391	функциона́лка	392	хвато́к	393		
фотолюби́тель	391	функциона́льный	392	хва́тский	393		

хвать	393	хихи́	395	хлеборе́з	395
хвост	**394**	хище́ние	395	хлеборе́зка	395
хвоста́стый	394	хи́щник	395	хлеборо́б	395
хвоста́тый	394	хи́щничать	395	хлеборо́д	280
хвоста́ть	394	хи́щнический	395	хлеборо́д	395
хвоста́ться	394	хи́щничество	395	хлеборо́дный	280
хвосте́ц	394	хи́щность	395	хлебсда́ча	395
хво́стик	394	**хи́щный**	**395**	хлебосо́л	324
хвости́ст	394	хлад	400	хлебосо́л	395
хвости́стик	394	хладаге́нт	400	хлебосо́лство	395
хвости́ще	394	хладнокро́вие	144	хлебосо́льный	324
хвостово́й	394	хладнокро́вие	400	хлебосо́льство	324
хемоси́нтез	308	хладнокро́вный	144	хлебосто́й	340
херуви́м	**394**	хладосто́йкий	400	хлебосто́й	395
херуви́мчик	394	хладотра́нспорт	400	хлеботорго́вец	395
химзаво́д	394	хладоцентра́ль	400	хлеботорго́вля	369
химиза́ция	394	хладоя́щик	400	хлеботорго́вля	395
химизи́ровать	394	хладоя́щик	433	хлебоубо́рка	395
хими́зм	394	**хлеб**	**395**	хлеб-со́ль	395
хи́мик	394	хлеба́ла	395	хлоп	395
химиотерапи́я	359	хлеба́ло	395	хло́пальщик	395
химиотерапи́я	394	**хлеба́ть**	**395**	**хло́пать**	**395**
хими́ческий	394	хле́бец	395	хлопко́вник	396
хи́мия	**394**	хле́бина	395	хлопково́д	396
химчи́стка	394	хле́бник	395	хлопково́дство	396
хиру́г	394	хле́бничать	395	хло́пковый	396
хирурги́я	**394**	хле́бный	395	хлопкоочисти́тельный	415
хи́тренький	394	хлебобу́лочный	395	хлопкоочи́стка	415
хитре́ц	394	хлёбово	395	хлопкопряде́ние	396
хитреца́	394	хлебово́д	395	хлопкоро́б	396
хитри́ть	394	хлебода́р	395	хлопкосе́ющий	396
хитросплете́ние	394	хлебозаготови́тел	395	хлопкоубо́рка	396
хи́тростный	394	хлебозагото́вка	395	хлопо́к	395
хи́трость	394	хлебо́к	395	**хло́пок**	**396**
хитроу́мие	385	хлебокопи́тель	395	хло́пок-сыре́ц	353
хитроу́мие	394	хлебопа́шество	395	хло́пья	396
хитроу́мный	385	хлебопа́шествовать	395	хлопяно́й	396
хитроу́мный	394	хлебопа́шец	395	**хлор**	**396**
хи́трый	**394**	хлебопёк	229	хлора́л	396
хитрю́га	394	хлебопёк	395	хлоралгидра́т	396
хихи́канье	395	хлебопека́рния	395	хлора́тор	396
хихи́кать	395	хлебопече́ние	395	хлора́торная	396
хиха́ньки	395	хлебопрода́вец	395	хлорацетофено́н	396

хлорил	396	хозуправление	399	холожёный	400
хлорировать	396	хозяйка	399	холостёжь	400
хлористоводородный	396	**хозяин**	**399**	холостильщик	400
хлористый	396	хозяйничать	399	холостить	400
хлорит	396	хозяйский	399	**холостой**	**400**
хлорка	396	хозяйственник	399	холостяк	400
хлорноватый	396	хозяйственность	399	холостячка	400
хлорный	396	хозяйственный	399	холощение	400
хлорпикрии	396	хозяйство	399	холощёный	400
хлорформ	396	хозяйствование	399	**хор**	**400**
хлорформировать	396	хозяйствовать	399	хора	400
ход	396	хозяйчик	399	хорал	401
хода	396	**холм**	**400**	хоровод	400
ходатай	396	холмистый	400	**хоронить**	**401**
ходатайство	396	холмить	400	хорониться	401
ходатайствовать	396	холмиться	400	хорошенький	401
ходебщик	396	холмогорые	400	хорошенечко	401
ходень	396	холмообразный	400	хорошеть	401
ходец	396	холмообразование	212	**хороший**	**401**
ходик	396	**холод**	**400**	хорошиться	401
ходимость	396	холодать	400	хорошо	401
ходить	396	холодеть	400	хорый-хоровой	400
ходка	396	холодец	400	**хотеть**	**401**
ходкий	396	холодильник	400	хотеться	401
ходкость	396	холодильный	400	**хоть**	**401**
ходовой	396	холодильщик	400	хотя	401
ходули	396	холодить	400	**хохо**	**401**
ходульность	396	холодненьки	400	хохот	401
ходун	396	холоднеть	400	хохоталивый	401
ходунок	396	холодно	400	хохотать	401
ходьба	396	холодноватый	400	хохотня	401
ходячий	396	холоднокатаный	121	хохоток	401
хожалый	396	холоднокровие	144	хохотун	401
хождение	396	холоднокровие	400	храбреть	401
хожение	396	холоднокровный	144	храбрец	401
хожено	396	холоднокровный	400	храбрить	401
хоздоговор	399	холодность	400	храбрость	401
хозкор	399	холодный	400	**храбрый**	**401**
хозмаг	399	холодовый	400	**храм**	**402**
хозотдел	73	холодок	400	храмина	402
хозотдел	399	холодопроизводство	400	храмоздатель	402
хозрасчёт	351	холодостойкий	400	храмоздательство	402
хозрасчёт	399	холодоутойчвый	400	хранение	402

хранилище	402	хулиганствовать	403	цветковый	404
хранитель	402	хулиганьё	403	цветоложе	153
хранить	**402**			цветоложе	404
храниться	402	**Ц**		цветолюб	404
хромать	402			цветоножка	207
хрометь	402	Ц	403	цветоножка	404
хромец	402	царёв	403	цветоносный	204
хромой	**402**	царевич	403	цветоносный	404
хромоногий	207	царевна	403	цветорасположение	404
хромоногость	207	царедворец	403	цветость	403
хромоногость	402	царёк	403	цветочник	404
хромоножка	402	царение	403	цветочница	404
хромосфера	350	цареубийство	403	цветочный	404
хромота	402	цареубийца	403	цветуха	404
хромуша	402	царизм	403	цветущий	404
хрупать(хрупнуть)	**402**	царистский	403	целебность	404
хрупкий	402	царить	403	целебный	404
хрупкость	402	царица	403	целевой	405
хрупст	402	царственный	403	целенаправленность	405
худать	402	царство	403	целенаправленный	405
худить	402	царствование	403	целение	405
худо	402	царствовать	403	целесообразность	405
худоба	402	**царь**	**403**	целесообразный	405
художественность	402	цвести	404	целеустремлённый	405
художественный	402	**цвет**	**403**	целизна	405
художество	402	**цвет**	**404**	целик	405
художник	**402**	цветастый	403	целик	405
худой	**402**	цветастый	404	целиком	405
худородный	280	цветовод	404	целина	405
худородный	402	цветоводство	404	целитель	404
худородство	280	цветение	404	целительный	404
худость	402	цветень	404	**целить**	**404**
худощавость	402	цветик	404	целить	405
худощавый	402	цветистость	404	целиться	405
худущий	402	цветистый	404	целовалник	404
худышка	402	цветить	403	целовалный	404
хуже	402	цветневой	404	целование	405
хужеть	402	цветник	404	**целовать**	**404**
хулиган	**402**	цветной	403	целоваться	404
хулиганистый	402	цветовой	403	целодневный	405
хулиганить	402	цветоделённый	403	целомудренность	405
хулиганичать	403	цветоед	404	целомудренный	405
хулиганство	403	цветок	404	целомудрие	405

це́лостность	405	центростреми́тельность	406	циркули́ровать	407		
це́лостный	405	центростреми́тельный	406	ци́ркуль	407		
це́лость	405	центросфе́ра	350	ци́ркульный	407		
це́лый	**405**	центросфе́ра	406	циркуля́р	407		
цель	405	центрфо́рвард	406	циркуля́рка	407		
цель	**405**	це́пка	406	циркуля́рный	407		
цельнокро́енный	405	цепно́й	407	цифра́ция	407		
цельнометали́ческий	405	цепня́	407	цифи́рь	407		
це́льность	405	цепчо́ка	407	**ци́фра**	**407**		
цельнотя́нутый	405	**цепь**	**406**	цифрово́й	407		
це́льный	405	церемониа́л	407	цифрова́ть	407		
це́льный	405	церемо́ний-ме́йстер	407	**цыга́н**	**407**		
цена́	**405**	церемо́ниться	407	цыга́нить	407		
цени́тель	405	**церемо́ния**	**407**	цыга́нщина	407		
цени́ть	405	церемо́нник	407				
цени́ться	405	церемо́нный	407				
це́нник	405	церко́вник	407	**ч**			
це́нностный	405	церковнослужи́тель	407				
це́нность	405	церко́вность	407	чадолюби́вый	167		
це́нный	405	церко́вный	407	чадолюби́вый	408		
ценообразова́ние	212	**це́рковь**	**407**	чадолю́бие	167		
ценообразова́ние	405	цивилиза́тор	407	чадоро́дие	280		
центр	**406**	цивилиза́ция	407	чадоро́дие	408		
центра́л	406	**цивилизова́ть**	**407**	чадоро́дный	280		
централизи́ровать	406	цивилизова́ться	407	чадоро́дный	408		
централизо́ванный	406	цивили́ст	407	чадоуби́йца	408		
центра́ль	406	цивили́стика	407	ча́дочко	408		
центра́льный	406	циви́льный	407	ча́душко	408		
центра́льость	406	**цикл**	**407**	чаева́ть	408		
центриза́ция	406	циклова́ние	407	чаёвник	408		
центри́зм	406	цикли́зм	407	чаево́д	408		
центри́зм	406	цикли́ст	407	чаевы́е	408		
центри́ровать	406	цикли́чность	407	чаёк	408		
центрифу́га	406	цикли́чный	407	ча́емость	409		
центрифуги́ровать	406	циклодро́м	407	ча́емый	409		
центробе́жный	406	цикломе́тр	407	чаеобрабо́тка	408		
центрова́льный	406	цикло́н	407	чаепи́йца	233		
центрови́к	406	циклотими́я	407	чаепи́тие	233		
центро́вка	406	циклотро́н	407	чаепи́тие	408		
центровлеку́щий	406	**цирк**	**407**	чаеподо́бный	408		
центрово́й	406	цирка́ч	407	чаеторго́вля	408		
центропла́н	406	цирка́чество	407	**чай**	**408**		
центросо́ма	406	циркуля́ция	407	ча́йная	408		
				ча́йник	408		

ча́йница	408	ча́ша	409	черве́ц	410
ча́йничание	408	чашеви́дный	409	черви́веть	410
ча́йнка	408	ча́шка	409	черви́вить	410
ча́йный	408	ча́шник	409	черви́вый	410
чай-са́хар	408	ча́шничать	409	черви́ть	410
чай-хана́	408	ча́ща	409	червобо́й	20
чай-ха́нщик	408	ча́яние	409	червобо́й	410
чарова́ние	408	ча́ятельный	409	червобо́ина	20
чарова́ть	408	**ча́ять**	**409**	червобо́ина	410
чаро́вник	408	чекода́тель	68	червово́д	410
чароде́й	408	чело́-	20	червово́дня	410
чароде́йство	408	челоби́тная	20	червово́ство	410
чароде́йствовать	408	челоби́тчик	20	червото́чна	410
чароде́иство	76	челоби́тье	20	червото́чны	410
ча́ры	**408**	челове́к	409	**червь**	**410**
час	**408**	человекненави́стник	409	червя́к	410
час	408	человекненави́стничество	409	червяно́й→	410
часа́ми	408	человеко-де́нь	74	черезэе́рница	109
часи́к	408	человеколю́бец	167	**че́реп**	**410**
часово́й	408	человеколю́бец	409	черепидела́тельный	73
часовщи́к	408	человеколюби́вый	167	черепно́й	410
ча́сом	408	человеколюби́вый	409	черепно-мозгово́й	410
части́ть	408	человеколю́бие	167	черепо́к	410
части́ца	409	человеколю́бие	409	черепоко́жый	410
части́ца	409	человекообра́зный	409	черепу́шика	410
ча́стник	408	человекоподо́бный	237	**чёркать(черкну́ть)**	**410**
частновладе́льческий	408	человекоподо́бный	409	чёркаться	410
ча́стное	408	человекоуби́йство	409	че́рмный	411
частнопратику́ющий	408	человекоуби́йца	410	черна́вка	411
частнособственнический	408	челове́чек	410	черне́ние	411
ча́стность	409	челове́чески	410	чернённый	411
ча́стный	**408**	челове́ческий	410	чёрненький	411
ча́сто	**408**	челове́чество	410	черне́ть	411
частоко́л	409	челове́чий	410	чернёхонький	411
частоме́р	409	челове́чина	410	черни́ла	411
частота́	409	челове́чность	410	черни́льница	411
частотоме́р	179	челове́чный	410	черни́льный	411
ча́стый	409	челове́чшика	410	черни́ть	411
часть	**386**	**чемода́н**	**410**	чернобро́вый	411
часть	**409**	чемода́нчик	410	чернова́тый	411
ча́стью	409	чемода́нщик	410	черновѝк	411
час	396	че́рва	410	черноволо́сый	411
часы́	408	червеобра́зный	410	черногла́зый	411

чернокни́жие	411	че́стность	413	чинача́лие	414
чернокни́жник	411	че́стный	413	чи́нность	413
чернокни́жный	411	честолю́бец	413	чи́нный	413
чернолесье	156	честолю́бие	167	чино́вник	413
черномазый	169	честолю́бие	413	чино́внический	413
черноо́кий	411	**честь**	**413**	чино́вничество	414
чернорабо́чий	411	честь	413	чинодра́л	82
чернота́	411	четве́рг	413	чинодра́л	414
чёрный	**411**	четыродне́вный	413	чинолю́бие	167
чернь	411	четвероева́нгелие	413	чинолю́бие	414
черня́вый	411	четвери́к	413	чинонача́лие	201
черня́к	411	четвёрка	413	чинопочита́ние	417
черпа́к	411	четверокру́сник	413	чинпочита́ние	414
черпа́лка	411	четверни́	413	чинпроизво́ство	414
черпа́льный	411	четверно́й	413	чи́сленник	414
черпа́льщик	411	че́тверо	413	чи́сленность	414
черпа́ние	411	четверти́на	413	чи́сленный	414
черпа́ть	**411**	четвёртка	413	чи́слитель	414
черта́	**411**	четвертова́ние	413	чи́слить	414
чёртачика	411	четвертова́ть	413	чи́слиться	414
чертёж	411	четверто́к	413	**число́**	**414**
чертёжник	411	четвёртый	413	числово́й	414
черти́лка	411	четвертьфина́л	389	чи́стенький	414
черти́ть	411	четверня́	413	чисти́лище	414
черче́ние	411	**четы́ре**	**413**	чисти́льный	414
чёс	412	четыредеся́тница	413	чисти́льщик	414
чеса́лька	412	четы́режды	413	чисти́тель	414
чеса́льный	412	четыреуго́льник	413	чи́стить	414
чеса́льщик	412	четырёхгоди́чный	413	чи́ститься	414
чеса́ние	412	четырёхголо́сный	413	чи́стка	414
чёсанок	412	четырёхдне́вный	413	чи́сто	414
чёсаный	412	четырёхкла́ссный	413	чистови́к	414
чеса́ть	**412**	четырёхконе́чный	413	чистово́й	414
чеса́ться	412	четырёхкра́тный	413	чистокро́вка	144
чесно́к	**413**	четырёхле́тие	413	чистокро́вка	414
чесно́ковка	413	четырёхле́тний	413	чистокро́вный	144
чесно́чница	413	четырёхлето́к	413	чистокро́вный	414
чесно́чный	413	четырёхгра́нник	413	чисто́ль	414
чесо́тка	412	четырёхчле́нный	413	чистописа́ние	414
чесо́точный	412	четь	413	чи́стописа́ние	230
че́ствование	413	**чин**	**413**	чистопло́ность	414
че́ствовать	413	чини́ть	413	чистопло́тный	414
честно́й	413	чини́ться	413	чистоплю́й	414

чистоплюйство	414	чрево	417	чудовищность	417
чистополье	414	чревосечение	417	чудовищный	417
чистопородный	414	чревоугодие	417	чудодей	77
чистопробный	250	чревоугодник	417	чудодей	417
чистопробный	414	чревоугодничать	417	чудодейственный	77
чистопсовый	415	чревоугодничество	417	чудодейственный	417
чистосердечие	302	чрезмерный	179	чудотворец	356
чистосердечие	415	чтение	416	чудотворец	417
чистосердечный	302	чтец	416	чудотворный	356
чистосердечный	415	чтиво	416	чудотворный	418
чистосортный	415	чтитель	417	чудотворство	356
чистота	414	**чтить**	**417**	чудотворство	418
чистый	**414**	что	417	чужак	418
чистюля	414	чтолибо	417	чужбина	418
читабельный	415	чтото	417	чуждаться	418
читаемость	415	чувственник	418	чуждый	418
читаемый	415	чувственность	418	чужевластие	418
читалка	415	чувственный	418	чуждедальний	66
читалный	415	чувствие	418	чуждедальний	418
читальня	415	чувствилище	418	чужеземец	109
читатель	415	чувствительность	418	чужеземец	418
читать	**415**	чувствительный	418	чужеземный	109
читаться	415	чувство	418	чужеземщина	109
читающий	416	чувствование	418	чужеземщина	418
чих	**416**	чувствовать	418	чужеземый	418
чиханье	416	чувствоваться	418	чуженин	418
чихательный	416	чудак	417	чужеплеменник	418
чихать	416	чудаковатый	417	чужеродный	280
член	**416**	чудачество	417	чужестранец	340
членение	416	чудачествовать	417	чужестранец	418
членик	416	чудачина	417	чужеядный	92
членистоногие	416	чудачить	417	чужеядный	418
членистоногий	207	чудеса	417	чужеязычный	418
членить	416	чудесник	417	чужеязычный	431
члениться	416	чудесный	417	**чужой**	**418**
членораздельный	416	чудик	417	**чуткий**	**418**
членский	416	чудинка	417	чуткость	418
членский	416	чудить	417	чуток	419
членство	416	чудиться	417	чуточку	419
чох	416	чудище	417	чуточный	419
чревобесие	417	чудной	417	**чуть**	**418**
чревовещание	417	чудный	417	чутьё	418
чревовещатель	417	**чудо**	**417**	чутьистый	418

чуть-чуть	418	шелкови́чный	420	шерстотрепа́льный	420
чу́янный	418	шелково́д	420	шерсточеса́лка	413
чу́ять	418	шелково́дство	420	шерсточеса́лка	420
чу́яться	418	шёлковый	420	**шерсть**	**420**
чха́ть	416	шёлкокомбина́т	420	шерстя́ник	420
		шёлкокруче́ние	420	шерстя́нка	420
Ш		шёлкомота́льный	420	шерстяно́й	420
		шёлкомота́льня	420	ше́ствие	420
ш	419	шёлкомота́льщик	420	**ше́ствовать**	**420**
шаг	**419**	шёлкомота́ние	420	шестидне́вка	74
шага́ть	419	шёлкомота́ние	420	**шеф**	**421**
шага́ться	419	шёлкообраба́тывающий	420	ше́фский	421
шаги́стый	419	шёлкоотдели́тельный	420	ше́фство	421
шагоме́р	180	шелкопря́д	420	ше́фствовать	421
шагоме́р	419	шёлкопряде́ние	420	**ше́я**	**421**
шажо́к	419	шёлкопряди́льня	420	**шик**	**421**
ша́пка	**419**	шёлкотка́цкий	420	шика́рить	421
шапова́л	419	шелкоткаче́ство	420	шика́рный	421
ша́починик	419	шелчи́на	420	шикова́ть	421
ша́почный	419	шерсти́нка	420	ши́ло	421
шата́ние	419	шерсти́стый	420	шилови́дный	421
шата́ть	**419**	шерсти́ть	420	шилоза́дый	421
шата́ться	419	шерсткпы́л	420	шилоза́дый	104
ша́ткий	419	шёрстность	420	шилоклю́вка	421
ша́ток	419	шёрстный	420	шилохво́стить	421
шату́н	419	шерстоби́т	20	шилохво́стый	421
шату́чий	419	шерстобо́йка	20	ши́льник	421
шафеня́	423	шерстобо́йня	20	ши́льница	422
ша́фер	**423**	шерстово́й	420	ши́льничать	422
ша́ферство	423	шерстово́йка	420	ши́льчатый	422
шве́йка	422	шерстово́йня	420	**ши́на**	**421**
шве́йный	422	шерстокра́с	420	ши́нник	421
швец	422	шерстокры́л	146	ширина́	421
швея́	422	шерстомо́ечный	198	ши́рить	421
ше́йка	421	шерстомо́йка	420	ши́риться	421
ше́йный	421	шерстомо́йка	198	**широ́кий**	**421**
шёлк	**420**	шерстомо́йня	198	широковеща́ние	42
шелкова́рня	31	шерстоно́сный	204	широковеща́ние	421
шелкова́рня	420	шерстоно́сный	420	широковеща́тельный	42
шелкови́дный	420	шерстопряде́ние	420	широковеща́тельный	421
шелкови́на	420	шерстопряди́льня	420	широкогру́дный	421
шелкови́стый	420	шерстопря́дка	420	широкодосту́пный	421
шелкови́ца	420	шерстотка́чесво	420	ширококо́стный	137

широколистный	421	штрафной	423	щит	424
широкоскулый	421	штрафовать	423	щитик	424
широта	421	**штука**	**423**	щитковый	424
широтник	421	штукарить	423	щитовидка	424
широченный	421	штукарство	423	щиток	424
ширь	421	штукарь	423	щитоносец	424
шитый	421	**шум**	**423**	щитоносный	424
шить	**421**	шумёр	423	щитообразный	424
шитьё	421	шуметь	423		
шиться	421	шумиха	423	**Э**	
школа	**422**	шумливый	423		
школить	422	шумный	423	Э	424
школка	422	шумовик	423	эвакуатор	424
школьный	422	шумоглушение	423	эвакуация	424
школьник	422	шумоглушитель	423	**эвакуировать**	**424**
школьничать	422	шумок	423	**эвапоратор**	**424**
школьничество	422	шумопеленгатор	423	эвапорометр	424
школяр	422	шут	423	эволюционизм	424
школярство	422	шутейный	423	эволюционировать	424
шлёп	**422**	шутить	423	эволюционистический	424
шлёпать	422	**шутка**	**423**	**эволюция**	**424**
шлёпаться	422	шутливый	423	**эгоизм**	**424**
шлёпка	422	шутник	423	эгоист	424
шлепок	422	шутовство	423	эгоистический	424
шляпа	422	шуточный	423	эгосентризм	424
шляпёнка	422	шутя	423	эготизм	424
шляпка	422			эгоцентризм	406
шляпка гвоздя	422	**Щ**		**экватор**	**424**
шляпник	423			экваториал	424
шляпный	423	щ	424	**эквилибр**	**424**
шпагоглотатель	53	**щадить**	**424**	эквилибрировать	424
шпион	**423**	щажение	424	эквилибрист	424
шпионаж	423	щедриться	424	эквилибритика	424
шпионить	423	щедрость	424	**экзамен**	**424**
шпионство	423	щедроты	424	экзаменатор	424
штокроза	280	**щедрый**	**424**	экзаменовать	425
шторм	**423**	щека	424	экзаменоваться	425
штормить	423	щекастый	424	экзаменотор	425
штормовать	423	щётка	424	**экзерсис**	**425**
штормовка	423	щёткадержатель	424	экзерцировать	425
штормовой	423	щёточник	424	экзерциция	425
штормяга	423	щёточный	424	**экзистенциализм**	**425**
штраф	**423**	щёчка	424	экзистенциалист	425

экзистенциа́льный	425	эксперименти́ровать	425	элега́нтность	426
экзальтати́рованный	424	экспе́рт	425	элега́нтный	426
экзальта́тия	424	экспертиза	425	электи́вный	426
экзога́мия	425	эксплози́вный	425	эле́ктор	426
экзоге́нный	425	эксплози́вы	425	электризава́ть	426
экзокри́нный	425	эксплози́я	425	электриза́ция	426
экзо́тика	425	эксплуата́тор	426	эле́ктрик	426
экзоти́ческий	425	эксплуатацио́нник	426	электрифика́ция	426
экзоти́чность	425	эксплуата́ция	426	электрифици́ровать	426
экипирова́ть	425	эксплуати́ровать	426	электри́ческий	426
экипирова́ться	425	эксплуати́руемый	426	электри́чество	426
экипиро́вка	425	экспози́ция	426	электро́	426
эконо́м	425	экспона́т	426	электробри́тва	426
экономиза́ция	425	экспоне́нт	426	электробу́с	426
эконо́мика	425	э́кспорт	426	электрово́з	33
экономи́ст	425	экспортёр	426	электрово́з	426
эконо́мить	425	экспорти́равать	426	электрогенера́тор	426
экономича́ть	425	экспо́ртный	426	электро́д	426
экономи́ческий	425	экспресси́вный	426	электродви́гатель	426
эконо́мичный	425	экспрессиони́зм	426	электродвижо́к	426
эконо́мия	425	экспрессиони́ст	426	электродо́ика	426
эконо́мный	425	экспре́ссия	426	электродре́ль	426
экономполи́тика	425	экссуда́т	426	электроёмность	426
экскава́тор	425	экссуда́ция	426	электрозапа́л	426
экскава́торщик	425	экста́з	426	электрозвано́к	427
экскава́ция	425	экстати́ческий	426	электролизова́ть	427
экскреме́нты	425	э́кстра	426	электроинструме́нт	427
экскре́ция	425	экстравага́нтность	426	электрокардиогра́ма	427
экскурси́вать	425	экстраги́ровать	426	электрокардио́граф	427
экску́рсия	425	экстради́ция	426	электрола́мпа	427
экскурсово́д	425	экстра́кт	426	электролече́ние	427
экспансиони́зм	425	экстракти́вный	426	электро́лиз	427
экспансиони́ст	425	экстра́ктор	426	электроли́ния	427
экспа́нсия	425	экстра́кция	426	электроли́т	427
экспатриа́нт	425	экстреми́зм	426	электромагнети́зм	427
экспатриа́ция	425	экстреми́ст	426	электромагни́т	427
экспатрии́ровать	425	эксцентриа́да	426	электромасса́ж	427
экспатрии́роваться	425	эксце́нтрик	426	электромаши́на	427
экспеди́тор	425	эксцентрицитете́ть	426	электромеха́ник	427
экспеди́ция	425	эксцентри́ческий	426	электромеха́ника	427
экспериме́нт	425	эксцентри́чность	426	электромоби́ль	427
эксперимента́тор	425	эласти́к	426	электромото́р	427
эксперимента́торство	425	эласти́ческий	426	электро́н	427

электронапряже́ние	427	**элимина́ция**	427	**энциклопеди́зм**	428
электро́ника	427	элимини́ровать	427	энциклопеди́ческий	428
электропереда́ча	427	**элокве́нтный**	427	энциклопе́дия	428
электропита́ние	231	элокве́нция	427	**э́пик**	428
электропита́ние	427	**эмбриогене́з**	427	э́пика	428
электроплита́	427	эмбрио́лог	427	эпице́нтр	406
электропредохрани́тель	427	эмбриоло́гия	427	**эпо́ха**	428
электроприбо́р	427	эмбрио́н	427	эпоха́льный	428
электропро́вод	427	**эмигра́нт**	427	**эроди́ровать**	428
электропрово́дность	427	эмигра́нщина	427	эро́зия	428
электроре́зка	427	эмигра́ция	427	**э́рос**	428
электросамова́р	427	эмигри́ровать	427	эроти́зм	428
электросва́рка	427	**эмисса́р**	427	эро́тика	428
электросва́рщик	427	эмисса́рство	427	эроти́ческий	428
электросе́ть	303	**эмоциона́льность**	427	эротома́ния	428
электросе́ть	427	эмоциона́льный	427	эскала́тор	428
электросо́н	324	эмо́ция	427	эскала́торный	428
электросо́н	427	**эндо-**	428	эскала́ция	428
электроста́нция	427	эндога́мия	428	**эско́рт**	428
электросто́лб	427	эндока́рд	428	эскорти́ровать	428
электростри́жка	342	эндокарди́т	428	**эсте́т**	428
электростри́жка	427	эндокри́нный	428	эстетиза́ция	428
электростро́й	427	эндокриноло́гия	428	эстети́зм	428
электросчётчик	427	эндометри́т	428	эсте́тик	428
электротерапи́я	359	эндопарази́т	428	эсте́тика	428
электротерапи́я	427	эндоско́п	428	эстети́ческий	428
электроте́хник	362	эндотокси́н	428	эсте́тство	428
электроте́хник	427	**энерге́тика**	428	эсте́тствовать	428
электроте́хника	362	энерги́чность	428	**эта́ж**	428
электроте́хника	427	энерги́чный	428	этаже́рка	428
электротя́га	427	эне́ргия	428	эта́жность	428
электрофи́зика	389	**энерго-**	428	**этике́т**	429
электрофизиоло́гия	427	энергоёмкий	428	этике́тничать	429
электрохи́мия	427	энергоснабже́ние	428	**этимо́лог**	429
электрохо́д	427	энергостро́й	428	этимологиза́ция	429
электрочасы́	427	энерготра́та	428	этимологизи́ровать	429
электроэне́ргия	427	энергоце́нтр	428	этимоло́гия	429
электроэнцефалогра́фия	427	**эни́гма**	428	этимо́н	429
электро-эрозио́нный	428	энигмати́ческий	428	э́то	404
электрхо́д	399	**энтери́т**	428	**эффе́кт**	429
элеме́нт	427	энтерото́мия	428	эффекти́вность	429
элемента́рность	427	**энтузиа́зм**	428	эффекти́вный	429
элемента́рный	427	энтузиа́ст	428	эффе́ктный	429

Ю

Ю	429
юбиле́й	429
юбиля́р	429
ю́бка	429
ю́бочка	429
ю́бочник	429
ю́бочный	429
юбчо́нка	429
юг	429
юговосто́к	429
югоза́пад	429
южа́к	429
южа́нин	429
южно-	429
ю́жный	429
ю́мор	429
юморе́ска	429
юмори́ст	429
юмори́стика	429
юмористи́ческий	429
юмористи́чный	429
юн-	429
ю́нга	429
юне́ть	429
юне́ц	429
юни́ца	429
юнио́р	429
юнио́рка	429
ю́ность	429
ю́ноша	429
ю́ношеский	429
ю́ношество	429
ю́ный	429
юриди́ческий	430
юрисди́кция	430
юриско́нсульт	430
юри́ст	430
юрбюро́	430

Я

Я	430
я́блоко	430
я́блоневый	430
я́блоновка	430
я́блоня	430
я́блочник	430
я́блочный	430
яви́ть	430
яви́ться	430
я́вка	430
явле́ние	430
явле́нный	430
я́вный	430
я́вствовать	430
явь	430
я́года	431
я́годник	431
я́годный	431
ягодообра́зный	431
яд	431
я́дерник	431
ядернореакти́вный	431
я́дерный	431
я́дерщик=	431
ядови́тость	431
ядови́тый	431
ядозу́б	114
ядозу́б	431
ядоно́сный	431
ядохимика́ты	431
ядрёный	431
ядро́	431
я́зва	431
я́звенник	431
я́звенный	431
я́звина	431
язви́тель	431
язви́тельный	431
язви́ть	431
язы́к	431
языка́стый	431
языкове́д	431
языкове́дение	431
языково́й	431
языко́вый	431
языкотво́рец	431
языкотво́рчество	431
язы́ческий	431
язы́чество	431
язы́чник	431
язы́чный	431
язычо́к	431
яйцево́д	431
яйцево́й	431
яйцее́д	432
яйцеживорожде́ние	432
яйцекла́д	126
яйцекла́д	432
яйцекла́дка	126
яйцекла́дка	432
яйцекладу́щие	126
яйцекладу́щий	126
яйцекладу́щий	432
яйцено́скость	432
яйцено́ский	432
яйцеобра́зный	432
яйцере́зка	432
яйцеро́дный	280
яйцеро́дный	432
яйцерожде́ние	432
яйцо́	431
яичеви́дный	431
яи́чник	431
яи́чница	431
яи́чный	431
я́ма	432
я́мина	432
я́мистый	432
я́мища	432
я́мка	432
яри́ться	432
я́ркий	432
ярко-	432
ярко́мер	180

я́ркость	432	ячиме́ный	433	
я́ростный	432	ячиме́нь	433	
я́рость	432	я́чневик	433	
я́рый	432	я́чневый	433	
ясне́ть	432	я́чный	433	
я́сно	432	я́щер	433	
ясновельмо́жный	432	ящерёнок	433	
ясновиде́ние	43	я́щерица	433	
яснови́дение	432	я́щерный	433	
яснови́дец	43	я́щик	433	
яснови́дец	432	я́щичник	433	
ясновидя́щий	43	я́щичный	433	
ясновидящий	432			
ясноо́кий	216			
ясноо́кий	432			
я́сность	432			
я́сный	432			

참 / 고 / 문 / 헌

А.Н.ТИХОНОВ. Словообразовательный словарь русского языка
러시아어 한국어 사전, 러시아 문화 연구소편. 2006년
D.J Yermolovich Comprehensive Dictionary